圖解

刑事法　學習六法

劉宗榮 主編　謝國欣 審訂

三民書局

主編序

　　三民書局，以出版各種法政文史書籍著名，先後有多種版本的六法全書問世。為了與時俱進，服務讀者，又有《圖解學習六法》的出版。

　　《圖解學習六法》，是在以前《最新綜合六法全書》的基礎上，進行大幅度地增修而成的。為便利攜帶與閱讀，全書分《民法》、《商事法》、《民訴法》、《刑事法》與《公法》五冊印行。《圖解學習六法》有下列特點：

一、收錄法令比較周全，內容與時俱進

　　本書收集包括憲法、法律、解釋、命令以及大學法律課程相關的國際公約，收集的範圍相對較多，內容新穎，與時俱進。

二、專有名詞收集豐富，解釋詳實易懂

　　本書收集龐大的法律專有名詞，以淺顯易懂的文字，詳實說明，對類似的法律概念或學術用語，也適時區辨異同，以釐清法律觀念。

三、精心繪製多幅法律關係圖，以鳥瞰法律的規範體系，明瞭請求權的法律基礎

　　本書附有多幅法律關係圖，以靜態的表解，幫助讀者鳥瞰法律體系；以動態的請求權過程，幫助讀者明瞭權利的行使。

　　本書專有名詞的解釋，由臺大法律學研究所多位研究生撰寫初稿，黃銘輝、王欽彥、謝國欣諸位教授與本人負責審校。三民書局編輯部同仁，以敬業精神，搜集資料，排版校對，歷時數年，始得以付梓，茲值全書完成之際，謹敬綴數語，用表謝悃。

劉宗榮敬誌

110 年 8 月 1 日

審訂序

　　合抱之木，生於毫末，九層之臺，起於累土，千里之行，始於足下，老子所言，亦適用於學習法律。細小萌芽、奠基之土與第一步相當於法律基本概念。要先能掌握定義，方能了解法律，進而運用法律。

　　以刑事訴訟法為例：警察違背法定程序取得之證據，有無證據能力？何謂「證據排除法則」(the exclusionary rule of evidence)？何謂「毒樹果實原則」(the fruit of poisonous tree doctrine)？在掌握基本概念後，我們可針對不同概念進行比較，例如：「證據排除法則」與「毒樹果實原則」間有何差異？並進一步思考，既然已有「證據排除法則」，為何還要創設「毒樹果實原則」？刑事訴訟法第 158 條之 4 屬「證據排除法則」嗎？可是根據該條，實施刑事程序之公務員因違背法定程序取得之證據，其有無證據能力之認定，應審酌人權保障及公共利益之均衡維護。該條並未表示，警察違背法定程序取得之證據，無證據能力，那排除了什麼呢？何謂「人權保障」？何謂「公共利益」？又要如何「均衡維護」？

　　看到本書，不禁憶起蔡墩銘教授之諄諄教誨與在臺大的青春歲月。祝福莘莘學子們志陵雲霄，在法學世界裡，像風一樣自由，像雁兒般快樂飛翔。

謝國欣謹誌

於國立中正大學

2021 年 7 月

編輯部序

　　三民書局早於五十年前出版《最新綜合六法全書》，暢銷海內外，盛況空前。惟鑑於法律之文義深奧、文字艱澀、讀者不易徹底瞭解，且為因應現今新時代讀者的閱讀習慣與需求，除既有的《最新綜合六法全書》與《基本六法》外，特編纂此一《圖解學習六法》系列工具書。

　　本系列共分五冊，分別為：《民法》、《刑事法》、《公法》、《商事法》與《民訴法》，除收錄重要法規與判決例等實務見解外，針對生難詞彙佐以白話的說明，更增添數百張圖表，輔助初入法學殿堂的讀者理解學習，同時也有助於備考時相關觀念的彙整與連結。

　　為確保本書的正確性與專業性，特邀請國內知名法律學者劉宗榮教授擔任主編，同時由各領域的專精學者王欽彥、黃銘輝與謝國欣教授（以上依姓氏筆畫排序）擔任各分科六法的審閱，由臺灣大學的碩士班同學撰寫底稿，再經由諸位學者的審閱，以求本系列工具書內容的盡善與完備。

　　在此感謝參與本書編纂的同學們：王綱、吳晉維、吳語涵、李庭歡、林志洋、張海韻、許凱翔、陳育驊、黃士剛、楊壽慧、楊穎嘩、廖堃安。

　　本書為三民書局重要法律出版物之一，自當精益求精，以利讀者，尚祈不吝指教，俾使完善。

編輯部謹誌
2021 年 8 月

凡　例

一、本書蒐集現行重要法規，按《民法》、《刑事法》、《公法》、《商事法》與《民訴法》，其中《民法》一冊並包含勞動法相關法規、《刑事法》則兼含刑法、刑事訴訟法以及法學倫理相關法規。

二、法規條文前後，逐條附註以助瞭解：

　　㈠條文要旨：列於法律條文之前，在條目下以「（　）」符號表示，以使讀者迅速掌握規範重點。

　　㈡立法理由：民法、刑法等主要法規條文之後，附「立法理由書」，並以小號字體排印，上冠以「仝」以資識別。

　　㈢修正理由：於立法理由之後，以「⑨」表示九十二年之修正理由。

　　㈣名詞解釋：列於條文之後，上冠以「◇」符號，白話說明生難詞彙意涵。

　　㈤有關判解：列於相關法令之後，冠以「▲」符號，包括全部司法院大法官會議解釋文及精選之最高法院民、刑事判決例、行政法院判決要旨。判解內間有沿用舊條文者，均在該條文前後註明（舊）字。

三、圖解表格

　　針對重要法律概念或程序，於相關法規頁面間穿插圖表，輔助讀者理解。

圖解學習六法　目次

刑法及相關法規 (A)

中華民國刑法 **A–1**

　第一編　總則 **A–1**

　　第一章　法例 A–1

　　第二章　刑事責任 A–7

　　第三章　未遂犯 A–17

　　第四章　正犯與共犯 A–19

　　第五章　刑 A–24

　　第五章之一　沒收 A–26

　　第五章之二　易刑 A–28

　　第六章　累犯 A–30

　　第七章　數罪併罰 A–31

　　第八章　刑之酌科及加減 A–36

　　第九章　緩刑 A–41

　　第十章　假釋 A–42

　　第十一章　時效 A–45

　　第十二章　保安處分 A–46

　第二編　分則 **A–51**

　　第一章　內亂罪 A–53

　　第二章　外患罪 A–53

　　第三章　妨害國交罪 A–56

　　第四章　瀆職罪 A–57

　　第五章　妨害公務罪 A–63

　　第六章　妨害投票罪 A–65

　　第七章　妨害秩序罪 A–67

　　第八章　脫逃罪 A–70

　　第九章　藏匿人犯及湮滅證據罪 A–71

　　第十章　偽證及誣告罪 A–72

　　第十一章　公共危險罪 A–75

　　第十二章　偽造貨幣罪 A–85

　　第十三章　偽造有價證券罪 A–86

　　第十四章　偽造度量衡罪 A–88

　　第十五章　偽造文書印文罪 A–88

　　第十六章　妨害性自主罪 A–94

　　第十六章之一　妨害風化罪 A–99

　　第十七章　妨害婚姻及家庭罪 A–101

　　第十八章　褻瀆祀典及侵害墳墓屍體罪
　　　　　　　　 .... A–102

　　第十九章　妨害農工商罪 A–104

　　第二十章　鴉片罪 A–105

　　第二十一章　賭博罪 A–106

　　第二十二章　殺人罪 A–107

　　第二十三章　傷害罪 A–110

　　第二十四章　墮胎罪 A–113

　　第二十五章　遺棄罪 A–113

　　第二十六章　妨害自由罪 A–116

　　第二十七章　妨害名譽及信用罪 A–119

　　第二十八章　妨害秘密罪 A–121

　　第二十九章　竊盜罪 A–122

　　第三十章　搶奪強盜及海盜罪 A–125

　　第三十一章　侵占罪 A–128

　　第三十二章　詐欺背信及重利罪 A–129

　　第三十三章　恐嚇及擄人勒贖罪 A–132

　　第三十四章　贓物罪 A–134

　　第三十五章　毀棄損壞罪 A–134

　　第三十六章　妨害電腦使用罪 A–135

中華民國刑法施行法 **A–137**

陸海空軍刑法 **A–140**

毒品危害防制條例 **A–149**

槍砲彈藥刀械管制條例 **A–158**

組織犯罪防制條例 **A–164**

懲治走私條例 **A–167**

貪污治罪條例 **A–169**

洗錢防制法 **A–173**

性侵害犯罪防治法 **A–179**

兒童及少年性剝削防制條例 **A–186**

兒童及少年性剝削防制條例施行細則 **A–195**

性騷擾防治法 **A–198**

家庭暴力防治法 **A–202**

刑訴法及相關法規 (B)

刑事訴訟法......................................**B-1**

  第一編　總則......................................B-1

    第一章　法例......................................B-1

    第二章　法院之管轄..........................B-2

    第三章　法院職員之迴避...................B-5

    第四章　辯護人、輔佐人及代理人......B-8

    第五章　文書....................................B-14

    第六章　送達....................................B-18

    第七章　期日及期間.........................B-21

    第八章　被告之傳喚及拘提..............B-23

    第八章之一　限制出境、出海...........B-29

    第九章　被告之訊問.........................B-32

    第十章　被告之羈押.........................B-36

    第十一章　搜索及扣押.....................B-47

    第十二章　證據...............................B-56

      第一節　通則...............................B-56

      第二節　人證...............................B-77

      第三節　鑑定及通譯.....................B-82

      第四節　勘驗...............................B-88

      第五節　證據保全.........................B-90

    第十三章　裁判...............................B-92

  第二編　第一審................................B-94

    第一章　公訴..................................B-94

      第一節　偵查...............................B-94

      第二節　起訴.............................B-108

      第三節　審判.............................B-111

    第二章　自訴................................B-127

  第三編　上訴..................................B-133

    第一章　通則................................B-133

    第二章　第二審.............................B-137

    第三章　第三審.............................B-142

  第四編　抗告..................................B-151

  第五編　再審..................................B-154

  第六編　非常上訴...........................B-160

  第七編　簡易程序...........................B-163

    第七編之一　協商程序...................B-165

    第七編之二　沒收特別程序.............B-167

    第七編之三　被害人訴訟參與.........B-174

  第八編　執行..................................B-178

    第九編　附帶民事訴訟...................B-183

刑事訴訟法施行法..........................**B-189**

刑事妥速審判法.............................**B-193**

國民法官法...................................**B-195**

國際刑事司法互助法......................**B-211**

軍事審判法...................................**B-217**

軍事審判法施行法.........................**B-242**

少年事件處理法.............................**B-243**

保安處分執行法.............................**B-258**

提審法..**B-267**

羈押法..**B-269**

羈押法施行細則.............................**B-287**

通訊保障及監察法.........................**B-293**

通訊保障及監察法施行細則............**B-300**

警察職權行使法.............................**B-307**

去氧核醣核酸採樣條例...................**B-312**

證人保護法...................................**B-315**

犯罪被害人保護法.........................**B-319**

監獄行刑法...................................**B-325**

刑事補償法...................................**B-349**

法院辦理刑事訴訟案件應行注意事項...**B-354**

法院辦理刑事訴訟簡易程序案件應行注意事項

....**B-386**

法院辦理停止羈押及再執行羈押注意要點

....**B-388**

法官法..**B-390**

法官倫理規範................................**B-413**

律師法..**B-416**

刑法及相關法規

中華民國刑法

一百一十年六月十六日總統令修正公布

①民國二十四年一月一日國民政府公布
②三十七年十一月七日總統令修正公布
③四十三年七月二十一日總統令修正公布
④四十三年十月二十三日總統令修正公布
⑤五十八年十二月二十六日總統令修正公布
⑥八十一年五月十六日總統令修正公布
⑦八十三年一月二十八日總統令修正公布
⑧八十六年十月八日總統令修正公布
⑨八十六年十一月二十六日總統令修正公布
⑩八十八年二月三日總統令修正公布
⑪八十八年四月二十一日總統令修正公布
⑫九十年一月十日總統令修正公布
⑬九十年六月二十日總統令修正公布
⑭九十年十一月七日總統令修正公布
⑮九十一年一月三十日總統令修正公布
⑯九十二年六月二十五日總統令修正公布
⑰九十四年二月二日總統令修正公布
⑱九十五年五月十七日總統令修正公布
⑲九十六年一月二十四日總統令修正公布
⑳九十七年一月二日總統令修正公布
㉑九十八年一月二十一日總統令修正公布
㉒九十八年六月十日總統令修正公布
㉓九十八年十二月三十日總統令修正公布
㉔九十九年一月二十七日總統令修正公布
㉕一百年一月二十六日總統令修正公布
㉖一百年十一月三十日總統令修正公布
㉗一百零一年十二月五日總統令修正公布
㉘一百零二年一月二十三日總統令修正公布
㉙一百零二年六月十一日總統令修正公布
㉚一百零三年一月十五日總統令修正公布
㉛一百零三年六月十八日總統令修正公布
㉜一百零四年十二月三十日總統令修正公布
㉝一百零五年六月二十二日總統令修正公布
㉞一百零五年十一月三十日總統令修正公布
㉟一百零七年五月二十三日總統令修正公布
㊱一百零七年六月十三日總統令修正公布
㊲一百零八年五月十日總統令修正公布
㊳一百零八年五月二十九日總統令修正公布
㊴一百零八年六月十九日總統令修正公布
㊵一百零八年十二月二十五日總統令修正公布
㊶一百零八年十二月三十一日總統令修正公布
㊷一百零九年一月十五日總統令修正公布
㊸一百一十年一月二十日總統令修正公布第一三五、一三六、二四〇、二四一條條文
㊹一百一十年五月二十八日總統令修正公布第一八五之四條條文
㊺一百一十年六月九日總統令修正公布第二二二條條文
㊻一百一十年六月十六日總統令修正公布第二四五條；並刪除第二三九條條文

第一編　總　　則

⇧查暫行律原案謂總則之義，略與名例相似，往古法制，無總則與名例之稱，各國皆然。其在中國，李悝法經六編，殿以具法，漢律益戶興廐三篇為九章，而具法列於第六，魏律始改稱刑名，居十八篇之首，晉律分刑名法例為二，北齊始合而為一曰名例。厥後歷隋唐宋元明洎於前清，沿而不改，是編以刑名法例之外，凡一切通則，悉宜賅載，若仍用名例，其義過狹，故仿歐美及日本各國刑法之例，定名曰總則。

第一章　法　　例

⇧查暫行律原案謂本章係規定刑法之效力，如關於時之效力，關於人及地之效力，及刑法總則對於此外罰則之效力等，故曰法例，與晉律所謂法例，語同而義異。

第 1 條　（罪刑法定主義）

行為之處罰，以行為時之法律有明文規定者為限。拘束人身自由之保安處分，亦同。

⑨⑷一、本條前段酌作修正。

二、拘束人身自由之保安處分（如強制工作），係以剝奪受處分人之人身自由為其內容，在性質上，帶有濃厚自由刑之色彩，亦應有罪刑法定主義衍生之不溯及既往原則之適用，爰於後段增列拘束人身自由之保安處分，亦以行為時之法律有明文規定者為限，以求允當。

中華民國刑法　第一編　總　則　（第二條）

◇罪刑法定原則：犯罪成立之構成要件及法律效果，以法律有明文規定為限。此原則的精神，係為了保障人民權利，實現法治國原則；使人民得以事先預見其行為是否構成犯罪；同時，將國家刑罰權之行使交由具備民意基礎的立法者決定，亦符合權力分立原則及民主正當性原則。

◇罪刑法定原則之衍生內涵

習慣法禁止原則	犯罪處罰之法律以立法者決定者為限，禁止以習慣法創設或擴張構成件的內涵
罪刑明確性原則	根據釋字第 432 號解釋，法規需符合以下三要件：意義非難以理解、受規範者所能預見、可經由司法審查加以確認。一般認為此原則衍生出「絕對不定期刑之禁止」之要求
禁止類推適用原則	刑法禁止不利於行為人的類推適用，但利於行為人者一般認為有類推之空間
禁止溯及既往原則	行為之評價，原則上應適用其行為時有效之刑法，而非後來才生效之刑法。但行為後刑法有利於行為人時，適用從舊從輕原則，構成例外

◇行為：討論行為之目的在於確認刑法所評價的對象，以過濾與刑法無關的自然現象。一般認為行為係「**人類意志所能支配的外在舉止**」，有學理認為除了上述外在舉止亦應包含該舉止所造成的變動。依通說見解，「**反射動作**」及「**直接強制之動作**」並非刑法下的行為，不受刑法評價。

▲【31 上 2019】上訴人犯罪在舊刑法有效時代，舊刑法關於從事業務之人對於業務上作成之文書為虛偽之登載，並未定有處罰明文，依照刑法第 1 條，自不能援用新法論罪。

▲【72 臺上 6306】槍砲彈藥刀械管制條例係於 72 年 6 月 27 日公布施行，上訴人等攜帶武士刀、扁鑽等刀械行為當時之法律，並無處罰之規定，依刑法第 1 條之規定，自不得因其後施行之法律

有處罰規定而予處罰。**法律不溯既往及罪刑法定主義為刑法時之效力之兩大原則，行為之應否處罰，應以行為時之法律有無規定處罰為斷，若行為時與行為後之法律皆有處罰規定，始有刑法第 2 條比較新舊法之適用**。原判決竟謂上訴人等未經許可無故持有刀械，觸犯公布施行在後之槍砲彈藥刀械管制條例，並適用刑法第 2 條第 1 項但書，自屬適用法則不當。

第 2 條　（從舊從輕主義）

I. 行為後法律有變更者，適用行為時之法律。但行為後之法律有利於行為人者，適用最有利於行為人之法律。

II. 沒收、非拘束人身自由之保安處分適用裁判時之法律。

III. 處罰或保安處分之裁判確定後，未執行或執行未完畢，而法律有變更，不處罰其行為或不施以保安處分者，免其刑或保安處分之執行。

---

⑩照協商條文通過。

◇**法律變更**：此之法律指立法院通過，總統公布之法律，原則上不包括命令。惟學說上提出，基於現實立法需求，**例外在一定程度上允許空白刑法之存在**，即立法者授權其他法律或行政機關決定部分犯罪成立要件的內容。

▲【29 上 964】行為後法律有變更者，應將行為時之法律與中間法及裁判時之法律比較適用最有利於行為人之法律，刑法第 2 條第 1 項規定甚明。本件原判決衹將行為時之暫行新刑律與裁判時之刑法比較，而將中間之舊刑法置諸不問，殊屬違誤。

▲【51 臺非 76】刑法第 2 條所謂有變更之法律，乃指刑罰法律而言，並以依中央法規制定標準法第 2 條之規定制定公布者為限，此觀憲法第 170 條、第 8 條第 1 項、刑法第 1 條之規定甚明。行政法令縱可認為具有法律同等之效力，但因其並

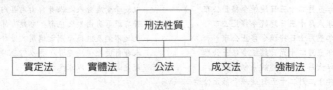

刑法之性質

刑法性質 — 實定法 · 實體法 · 公法 · 成文法 · 強制法

無刑罰之規定，究難解為刑罰法律，故如事實變更及刑罰法律外之法令變更，均不屬本條所謂法律變更範圍之內，自無本條之適用。

▲【72 臺上 6306】參見本法第 1 條。

第 3 條　（屬地主義）

本法於在中華民國領域內犯罪者，適用之。在中華民國領域外之中華民國船艦或航空器內犯罪者，以在中華民國領域內犯罪論。

⑨按「航空機」之含義，較之包含飛機、飛艇、氣球及其他任何藉空氣之反作用力，得以飛航於大氣中器物之「航空器」（參見民用航空法第 2 條第 1 款）範圍為狹。航空器雖未必盡可供人乘坐航行，但「犯罪地」一詞如採廣義解釋，當包括中間地，則此種航空器亦有成為犯罪地之可能。為期推廣涵蓋，乃將「航空機」一詞，修改為「航空器」。

◇屬地原則：即刑法地之效力，因刑罰權涉及國家主權之行使，因此以中華民國主權所能及之範圍為限。惟有疑問者，中國大陸地區依憲法第 4 條、憲法增修條文第 11 條與臺灣地區與大陸地區人民關係條例第 2 條規定，應然面上仍為中華民國之領土，則中國大陸地區之犯罪，是否為我國刑法效力所及？實務見解認為我國主權不及於中國大陸僅為「**事實上之障礙**」，故我國刑事法院仍有審判權（89 臺非 94）。

第 4 條　（隔地犯）

犯罪之行為或結果，有一在中華民國領域內者，為在中華民國領域內犯罪。

◇隔地犯：依本條規定，犯罪之行為或結果，只要其一發生在中華民國領土內，我國刑法即有適用。惟未遂犯(指行為人已著手但結果未實現之犯罪)並無犯罪結果，是否有隔地犯之適用？學說上有見解認為不適用，亦有見解認為應以預想的結果地為結果地，只要預想的結果地在中華民國領土內，即有我國刑法之適用。

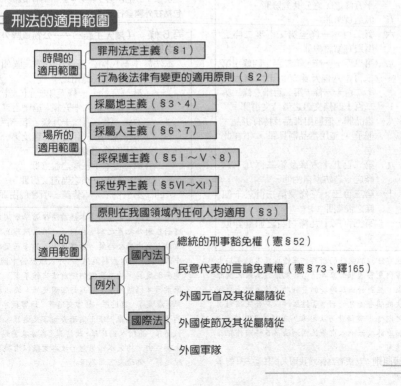

刑法的適用範圍

時間的適用範圍
- 罪刑法定主義（§1）
- 行為後法律有變更的適用原則（§2）

場所的適用範圍
- 採屬地主義（§3、4）
- 採屬人主義（§6、7）
- 採保護主義（§5 I～V、8）
- 採世界主義（§5 VI～XI）

人的適用範圍
- 原則在我國領域內任何人均適用（§3）
- 例外
  - 國內法
    - 總統的刑事豁免權（憲§52）
    - 民意代表的言論免責權（憲§73、釋165）
  - 國際法
    - 外國元首及其從屬隨從
    - 外國使節及其從屬隨從
    - 外國軍隊

▲【70 臺上 5753】 上訴人辯稱其犯罪地點在美國，依刑法第 6 條、第 7 條規定，不適用刑法第 241 條第 3 項第 1 款規定處罰，經查上訴人違反監護權人即自訴人之意思，擅將陳某帶回臺灣定居，所犯和誘罪為繼續犯，其侵害自訴人監護權之犯罪行為至提起自訴時仍在繼續中，**依刑法第 4 條規定犯罪之行為或結果有一在中華民國領域內者，為在中華民國領域內犯罪，上訴人犯罪行為既在中華民國領域內，自得依刑法規定追訴處罰。**

第 5 條 （保護主義、世界主義——國外犯罪之適用）

本法於凡在中華民國領域外犯下列各罪者，適用之：

一　內亂罪。
二　外患罪。
三　第一百三十五條、第一百三十六條及第一百三十八條之妨害公務罪。
四　第一百八十五條之一及第一百八十五條之二之公共危險罪。
五　偽造貨幣罪。
六　第二百零一條至第二百零二條之偽造有價證券罪。
七　第二百十一條、第二百十四條、第二百十八條及第二百十六條行使第二百十一條、第二百十三條、第二百十四條文書之偽造文書罪。
八　毒品罪。但施用毒品及持有毒品、種子、施用毒品器具罪，不在此限。
九　第二百九十六條及第二百九十六條之一之妨害自由罪。
十　第三百三十三條及第三百三十四條之海盜罪。
十一　第三百三十九條之四之加重詐欺罪。

⑩跨境電信詐騙案件的新興犯罪造成民眾財產鉅大損害與危害國家形象等情形，為維護本國之國際形象，並對於該類跨境加重詐欺案件，賦予我國司法機關有優先的刑事管轄權，以符合民眾對司法之期待，暨提升司法形象，爰將第 339 條之 4 之加重詐欺罪納入中華民國刑法第 5 條國外犯罪之適用。

◇**保護原則**：立法者為保護我國人民法益，針對本條所列部分犯罪，縱使行為地和結果地都在國外，仍有中華民國刑法之適用，為屬地原則之例外。

◇**世界法原則**：立法者針對一些「萬國公罪」、「侵害超國家法益」之犯罪，因屬特別嚴重之犯罪行為，故無論犯罪人、被害人、行為地為何，我國刑法均有適用，亦為屬地原則之例外。

▲【釋 176】 刑法第 5 條第 5 款所列第 216 條之罪，不包括行使第 210 條、第 212 條及第 215 條之文書，但包括行使第 213 條之文書。

▲【69 臺上 2685】 刑法第 5 條第 5 款所指犯刑法第 214 條、第 216 條之罪，**其所謂公務員職務上所掌之公文書，係指我國公務員（如駐外使、領館人員）職務上所掌管之我國公文書而言。至於在我國境外使外國公務員在其職務上所掌之外國公文書為不實之登載，自不在我刑法保護範圍之內。**

▲【72 臺上 5872】刑法為國內法，採屬地主義；刑法第 5 條第 1 款至第 5 款之規定，雖兼採保護主義，但以我國國家、社會、人民之法益為保護之對象；故刑法第 5 條第 4 款所稱有價證券，**不包括在外國發行流通之有價證券在內。**

第 6 條 （屬人主義㈠——公務員國外犯罪之適用）

本法於中華民國公務員在中華民國領域外犯左列各罪者，適用之：

一　第一百二十一條至第一百二十三條、第一百二十五條、第一百二十六條、第一百二十九條、第一百三十一條、第一百三十二條及第一百三十四條之瀆職罪。
二　第一百六十三條之脫逃罪。
三　第二百十三條之偽造文書罪。
四　第三百三十六條第一項之侵占罪。

介查第二次修正案理由謂本條前法律館草案規定，處罰在國外犯罪之本國公務員，不以國籍為限，故外人為中國公務員，亦得適用。其修正案改為中國臣民，則以國籍為限，而外人服務於中國者，竟無從處罰，故本案擬仍從前法律館草案。

原案第 4 條所列舉之罪為妨害國交罪、漏洩機密罪、瀆職罪、脫逃罪、妨害交通罪、妨害秩序罪、偽造文書印文罪，修正案刪去妨害交通罪、妨害秩序罪，而增入鴉片罪、賭博罪、姦非及重婚罪，未具理由，均失本條原意，故本案擬以瀆職罪、脫逃罪、偽造文書罪為限。

第 7 條　（屬人主義(二)——國民國外犯罪之適用）

本法於中華民國人民在中華民國領域外犯前二條以外之罪，而其最輕本刑為三年以上有期徒刑者，適用之。但依犯罪地之法律不罰者，不在此限。

↑查第二次修正案理由謂本條前法律館草案作兩項：第 1 項、凡本國人在國外犯所列各罪者適用之，不問被害人為本國人或外國人，即學說上所謂屬人主義。第 2 項、外國人對於本國人在國外犯罪者適用之，是為擴充保護主義以及於本國人民。二者用意不同，憲政編查館核訂案，始以兩項併為一項，以至讀者將後句被害人國籍混合前句，殊失本條之原意。故本案仍從前法律館草案分作兩項，以期顯豁。

原第 5 條仿日本刑法而擴充其範圍，例如偽證及誣告罪、妨害交通罪、褻瀆祀典及發掘墳墓罪、毀棄損壞罪，皆日本所無者，修正案復有損益，但所列舉者，在外國犯罪之外國人，皆得處罰。且依原案第 6 條雖經中國法院論罪者，在本國仍得處罰，不獨使犯人自覺不平，恐與外國國權或至衝突，1886 年葛丁之案，其前車也。（美人葛丁，在美國對於墨西哥人犯妨害名譽罪，後因事抵墨，墨法院適用墨法處罰，美國抗議，卒釀成重大交涉，墨國不得已釋放之。）

考國外立法例對於前 2 條列舉以外之罪，在國外犯者本國處罰類多附以條件，本法略仿其意，規定本條其第 1 款，不涉及輕微罪。第 2、第 3 款則使犯人泯不平之憾，庶幾參酌中外情形，求適中之辦法。

第 8 條　（國外對國人犯罪之準用）

前條之規定，於在中華民國領域外對於中華民國人民犯罪之外國人，準用之。

◇屬人原則、保護原則：第 7 條與第 8 條揭示，若罪名符合第 7 條之範圍，且行為人或被害人具備中華民國國籍者，有我國刑法之適用，為屬地原則之例外。惟若犯罪地法律不罰，此時也不適用我國刑法。此係為了保護犯罪人依犯罪地法律為行為準則之信賴。

第 9 條　（外國裁判服刑之效力）

同一行為雖經外國確定裁判，仍得依本法處斷。但在外國已受刑之全部或一部執行者，得免其刑之全部或一部之執行。

↑查第二次修正案理由謂原案第 6 條，犯罪者雖經外國確定審判，仍得依本律處斷，犯罪者三字，擬改為同一行為，蓋本條之適用以同一行為為準，非以同一罪名為準。（同一行為而法律罪名不同者，各國往往有之。）若用犯罪二字，恐於同一行為，在外國被處罰之罪名，與在本國應處罰之罪名不同，至有不適用本條之誤會，故以行為言之。日本修正刑法各草案，用犯人二字或有用事件二字者，後始改作行為。（參照德國刑法第 7 條及其刑法準備草案第 7 條）

又原案本條修正案刪去得字，其理由謂在民國既經確定判決之案，在民國應否提起公訴，應由檢察官視有無實益斷之，其經起訴者審判官不能不依本法處斷，而無不依本法處斷之權。原案仍得依本律處斷句之得字應刪去，以明彼此權限等語案，本條係對於在外國確定裁判之行為，在外國能否再行處罰而設，似不至牽及檢察官審判官之權限。本案擬仍用得字。

第 10 條　（名詞定義）

I 稱以上、以下、以內者，俱連本數或本刑計算。

II 稱公務員者，謂下列人員：

　一　依法令服務於國家、地方自治團體所屬機關而具有法定職務權限，以及其他依法令從事於公共事務，而具有法定職務權限者。

　二　受國家、地方自治團體所屬機關依法委託，從事與委託機關權限有關之公共事務者。

III 稱公文書者，謂公務員職務上製作之文書。

IV 稱重傷者，謂下列傷害：

　一　毀敗或嚴重減損一目或二目之視能。

　二　毀敗或嚴重減損一耳或二耳之聽能。

　三　毀敗或嚴重減損語能、味能或嗅能。

　四　毀敗或嚴重減損一肢以上之機能。

　五　毀敗或嚴重減損生殖之機能。

　六　其他於身體或健康，有重大不治或難治之傷害。

V 稱性交者，謂非基於正當目的所為之下列性侵入行為：

　一　以性器進入他人之性器、肛門或口

腔，或使之接合之行為。

二　以性器以外之其他身體部位或器物進入他人之性器、肛門，或使之接合之行為。

Ⅵ稱電磁紀錄者，謂以電子、磁性、光學或其他相類之方式所製成，而供電腦處理之紀錄。

Ⅶ稱凌虐者，謂以強暴、脅迫或其他違反人道之方法，對他人施以凌辱虐待行為。

⑩一、刑法第 126 條第 1 項、第 222 條第 1 項第 5 款及第 286 條均有以凌虐作構成要件之規範，依社會通念，凌虐係指凌辱虐待等非人道待遇，不論積極性之行為，如時予毆打，食不使飽；或消極性之行為，如病不使醫，傷不使療等行為均包括在內。

二、參酌德國刑法有關凌虐之相類立法例第 225 條凌虐受照顧之人罪、第 343 條強脅取供罪、第 177 條之加重強制性交，有關凌虐之文字包括有：quälen 即長期持續或重複地施加身體上或精神上苦痛，以及 mißhandeln 即不計時間長短或持續，對他人施以身體或精神上之虐待。

三、是以，倘行為人對被害人施以強暴、脅迫，或以強暴、脅迫以外，其他違反人道之積極作為或消極不作為，不論採肢體或語言等方式、次數、頻率，不計時間之長短或持續，對他人施加身體或精神上之凌辱虐待行為，造成被害人身體上或精神上苦痛之程度，即屬凌虐行為。前述所謂其他違反人道之方法，係獨立之行為態樣。爰增訂第 7 項。

◇公務員

第 10 條 第 1 項 前段	身分公務員	因國家或地方自治團體依法任用之人員**代表國家或地方自治團體處理公共事務，具有法定職務權限**，即負有特別保護義務及服從義務。至於受任用但無法定職務權限之人員如保全或清潔人員，則非本款所指之公務員
第 10 條 第 1 項 後段	授權公務員	如依水利法、農田水利會組織通則設置之農田水利會會長與專任職員，或依政府採購法之公立學校或公營事業承辦、監辦採購人員均屬之

第 10 條 第 2 項	委託公務員	因受託人得於受任範圍內，依法行使委託機關之公權力，故應視為公務員，如海基會承辦人員

◇**毀敗或嚴重減損**：依據刑法第 10 條第 4 項第 1 至 5 款以及最高法院 22 年上字第 142 號判例之意旨，毀敗係指於該項所列機能全部喪失效用者謂。至於第 6 款之重大不治或難治之傷害，部分實務有認為如摘除一腎、容貌變更、精神疾病等均屬此類傷害。

◇**其他於身體健康重大不治或難治**：解釋上應限於前五款所列機能以外之身體健康。

▲【28 上 1098】刑法第 10 條第 4 項第 4 款所稱毀敗一肢以上之機能，**係指肢體因傷害之結果完全喪失其效用者**而言，初不以驗斷時之狀況如何為標準，如經過相當之診治而能回復原狀，或雖不能回復原狀而僅祇減衰其效用者，仍不得謂為該款之重傷。（註：應注意 94.2.2 修正公布刑法第 10 條第 4 項第 4 款之規定。）

▲【29 上 135】手之作用全在於指，上訴人將被害人左手大指、食指、中指砍傷斷落，其殘餘之無名指、小指即失其效用，自不能謂非達於毀敗一肢機能之程度。

▲【29 上 685】刑法第 10 條第 4 項第 6 款所謂其他於身體或健康有重大不治或難治之傷害，係指傷害重大，且不能治療或難於治療者而言，故**傷害雖屬不治或難治，如於人之身體或健康無重大影響者，仍非本款所稱之重傷**。

▲【51 臺上 600】用硫酸潑灑被害人之面部，顯有使其受重傷之故意，雖被害人及時逃避，僅面部胸部灼傷，疤痕不能消失，雙目未致失明，自亦無解於使人受重傷未遂之罪責。

▲【54 臺上 1697】司法院字第 1459 號解釋之**重傷**，依其解釋全文及刑法第 10 條第 4 項第 6 款規定，係**指傷害重大且不能治療或難於治療者而言，如傷害雖重大，而未達於不能治療或難於治療之程度，仍難以重傷既遂論**。

▲【62 臺上 3454】被害人左膝蓋關節組織主要之伸出迴轉機能，既經完全喪失，不能回復而殘廢，無法上下樓梯，且該關節屈時受阻，伸時呈無力並發抖，自難自由行走並保持身體重心之平衡，殊不能謂非達於毀敗一肢機能之程度。上訴人既因其傷害行為，發生重傷之結果，自應構成傷害致人重傷罪。

▲【70 臺上 1059】刑法上之公務員，係指依據法令從事於公務之人員而言，被告既係屏東縣九如鄉公所依照臺灣省公墓火葬場、殯儀館、納骨堂塔管理規則第 22 條之規定，僱用之公墓管理工，掌理勘測公墓使用面積，催收公墓使用費等事務，即屬依據法令，從事於公務之人員。

▲【97 臺上 510】修正前刑法第 10 條第 2 項「稱公務員者，謂依法令從事於公務之人員」之規定，已修正為「稱公務員者，謂下列人員：一、依法令服務於國家、地方自治團體所屬機關而具有法定職務權限，以及其他依法令從事於公共事務，而具有法定職務權限者。二、受國家、地方自治團體所屬機關依法委託，從事與委託機關權限有關之公共事務者」。考其修正之目的，在對公務員課予特別之保護及服從義務，嚴予規範其職權之行使，係為節制使代表國家之人適當行使公權力，並避免不當擴大刑罰權之適用。故上開修正後關於公務員定義之規定，其所謂**「國家、地方自治團體所屬機關」**，係指基於國家公權力作用，行使國家統治權之公務機關；所稱**「公共事務」**，乃指與國家公權力作用有關，而具有國家公權力性質之事項；至**「法定職務權限」**，則指所從事之事務，符合法令所賦與之職務權限，例如機關組織法規所明定之職務等。**公立學校校長及其教、職員**，依上開修正前規定，本屬依法令從事於公務之公務員；修正施行後，因公立學校非行使國家統治權之國家、地方自治團體所屬機關，則公立學校校長及其教、職員自非依法令服務於國家、地方自治團體所屬機關之「身分公務員」。然依司法院釋字第 462 號解釋意旨，教師升等資格評審程序係為維持學術研究與教學之品質所設，亦為憲法保障學術自由真諦所繫，各公、私立大學校、院、系（所）教師評審委員會關於教師升等審查之權限，係屬法律在特定範圍內授予公權力之行使，所為教師升等通過與否之決定，與教育部學術審議委員會對教師升等資格所為之最後審定，應屬公法上之行政行為。從而各大學校長關於承辦該校教師升等評審直接相關之前置作業事宜，例如初選送請評審之教師人選等，應屬上揭修正後所稱之其他依法令從事於公共事務，而具有法定職務權限之**「授權公務員」**。

▲【109 臺上 4353（節錄）】祇要以強暴、脅迫或其他違反人道之積極作為或消極不作為之方法，使他人承受凌辱虐待等非人道待遇，即屬凌虐行為，尚不以長期性、持續性或多次性為必要。

該項關於凌虐之定義性規定，適用於刑法分則所有與凌虐構成要件有關之規定。至同法第 286 條第 1 項修正理由雖謂：「實務上認為凌虐行為具有持續性，與偶然之毆打成傷情形有異」，旨在說明增訂第 10 條第 7 項前之實務見解，自不得據此認為該條所稱之凌虐構成要件，以具有持續性為必要。

第 11 條　（本法總則對於其他刑罰法規之適用）

本法總則於其他法律有刑罰、保安處分或沒收之規定者，亦適用之。但其他法律有特別規定者，不在此限。

⑭照協商條文通過。

第二章　刑事責任

⧌查第二次修正案謂原案本章不為罪之名稱，未盡妥善。前法律館草案及修正案，原名不論罪，但不論罪者指有罪而不論，似不能包括該章各條，即如依法令或正當業務之行為謂為有罪而不論，於常情及法理，均有未允。憲政編查館核訂案，如改名不為罪章，但不為罪之名稱，亦不能包括各條與不論罪之失相等。如原案第 11 條未滿十二歲人之行為不為罪云云，第 12 條精神病人之行為不為罪云云，按照共犯之解釋，教唆及幫助犯其罪成立與否，一依正犯之罪為準，質言之，即共犯為附屬正犯之性質，不能獨立自成一罪（理由詳共犯章）。若謂未滿年齡人及精神病人之行為不為罪，則幫助此等人之行為，照共犯之解釋，亦當然不為罪，將使幫助幼年及精神病人犯罪者，無所顧忌，恐非立法者之本意。況不為罪章條文中，亦有規定為罪處罰者，如第 13 條之但書，及其他減刑若干等之條文，均係有罪而處罰者，此不為罪之名稱，應當改正者也。又宥減章及自首章，關於減等或免除各條，與不為罪章減等各條旨意相類，故本案擬將宥減自首兩章併入不為罪，名曰刑事責任及刑之減免章。

第 12 條　（犯罪之責任要件——故意、過失）

I.行為非出於故意或過失者，不罰。

II.過失行為之處罰，以有特別規定者，為限。

⧌查暫行律第 13 條理由謂本條係確立無犯意之原

則，凡非出於故意，不得謂為其人之行為，即不得謂其人犯有罪惡，本條之設以此。

又查同律同條補箋謂故意者，謂知犯罪事實，而又有犯罪行為之決意，二者不備，不得為故意。例如入山獵獸，以人為獸，而誤擊殺之，此雖有犯罪行為之決意，而究不知犯罪事實，若此者不得為故意。又如獵人知前道有人，本持鎗不發，執知誤觸其機而發之，遂犯殺人罪，若此者雖知犯罪事實，究無犯罪行為之決意，仍不得為故意。依分則明文所列，以過失犯論。

▲【院 2357】某甲請由某看護附員施打藥劑後，反應過烈，疼痛不堪，該看護附員因無止痛藥針，囑令吸食鴉片，以減少痛苦，某甲即吸食鴉片一次，均係以治療為目的，其行為並無違法性，自不構成犯罪。

▲【27 非 15】犯罪之成立，除應具備各罪之特別要件外，尤須具有故意或過失之一般要件，**如某種犯罪必以他人之身分始能構成者，則以明知他人有此身分，方能成立**，否則對於犯罪客體欠缺認識，即非出於該罪之故意行為。

▲【30 上 2671】**犯罪之故意，祇須對於犯罪事實有所認識而仍實施為已足，不以犯人主觀之認識與客觀事實不生齟齬為必要**。上訴人率人向被害人屋內開鎗射擊，雖被害人事先走避未遭殺害，然上訴人既認其尚在屋內而開鎗，不能謂無殺人事實之認識及發生死亡結果之希望，而其犯罪結果之不能發生，既係由於被害人事先走避之意外障礙，則上訴人對此應負故意殺人未遂之責，自屬毫無疑義。

▲【50 臺上 1690】刑法上所謂過失，指無犯罪故意因欠缺注意致生犯罪事實者而言。**故是否過失，應以對於其行為之結果有無認識為標準**，若明知有此結果而悍然為之，自不得謂係過失。

▲【74 臺上 4225】行為雖適合於犯罪構成要件之規定，但如無實質之違法性時，仍難成立犯罪。本件上訴人擅用他人之空白信紙一張，雖其行為適合刑法第 335 條第 1 項之侵占罪構成要件，但該信紙一所值無幾，其侵害之法益及行為均極輕微，在一般社會倫理觀念上尚難認有科以刑罰之必要。且此項行為，不予追訴處罰，亦**不違反社會共同生活之法律秩序，自得視為無實質之違法性**，而不應繩之以法。

第 13 條　（直接故意與間接故意）

I.行為人對於構成犯罪之事實，明知並有意使其發生者，為故意。

II.行為人對於構成犯罪之事實，預見其發生而其發生並不違背其本意者，以故意論。

介查第二次修正案理由謂原案於故意及過失之範圍，未嘗確定，解釋上一伸一縮，即易出入人罪，其關係非淺。且故意與過失，法家學說各有不同，若不確定其範圍，匪惟律文之解釋不能劃一，而犯人之處罰尤惠失平。近年立法例，如意大利、俄國、暹羅等國刑法典及瑞士前後各草案，德國刑法準備草案與委員會刑法草案，皆於條文規定故意及過失之定義，故本案擬從之。

關於故意之解釋，學說不一，其最要者有二派：一為意欲主義。一為認識主義。此二主義互相辯論，而以意欲主義為最多數學者所主張，及外國立法例所採用。故本案從之，於本條第 1 項規定直接之故意，第 2 項規定間接之故意，此外皆不得以故意論。

◇**構成要件錯誤**：因主觀構成要件故意的成立，係以行為人對構成要件事實有正確認識為前提。故若行為人對構成要件事實認識有錯誤，則可能影響所涉犯罪故意之評價。

◇**客體錯誤**：行為人對於行為客體的身份、特徵等有誤認，以致其主觀上認識的行為客體，與客觀上行為實際作用之客體不一致。又可細分為等價客體錯誤與不等價客體錯誤。

等價客體錯誤	指行為人主觀認識的行為作用客體法益位階與客觀上實際作用之法益位階**相同**，如甲欲殺乙，誤認丙為乙而殺之。通說認為不影響故意之評價
不等價客體錯誤	指行為人主觀認識的法益位階與客觀上實際所受侵害的法益位階**不同**，如甲欲殺某人所有的山豬，誤認叢林裡之乙為山豬而殺之。通說認為應成立一個故意未遂與一個過失既遂的想像競合（競合論係處理多項犯罪同時成立時應如何評價之議題，而想像競合為一行為侵害數法益成立數罪名之情形）

◇**打擊錯誤**：行為人的攻擊方法發生技術上的偏誤，使得行為人的目標客體與實際上誤擊客體不同。又可分為等價打擊錯誤與不等價打擊錯誤。

等價打擊錯誤	例如甲欲射殺乙，卻因子彈偏離射到丙	依通說見解，兩種錯誤均成立一個故意未遂加一個過失既遂的想像

| 不等價打擊錯誤 | 例如甲欲砍殺某人所有的獒犬，卻因用力過猛揮空，反而傷到乙 | 像競合；然也有學說見解認為，只要主觀上具備侵害法益之故意，客觀上也實現法益侵害構成要件，就具備完整的不法，從而等價客體錯誤與等價打擊錯誤皆應論以故意既遂 |

◇**因果歷程錯誤**：行為人內心所預想的法益侵害因果歷程，與實際上發生的法益侵害因果歷程不同，例如甲在大街上基於殺人故意砍殺乙，乙身中一刀負傷逃離，卻在跨越橋墩時不慎失足墜落身亡。通說認為，應視「**因果歷程偏離的重大性**」而定，如果因果歷程的偏離已超出一般生活經驗，行為人即不負故意既遂責任；反之若因果歷程偏離並未超出一般生活經驗，不具有刑法上重要性，則不影響故意之成立，行為人仍負故意既遂責任。

▲【28 上 1008】㈠**打擊錯誤**，係指行為人對於特定之人或物加以打擊，誤中他人等之情形而言。若對於並非是匪之人，誤認為匪而開槍射擊，自屬**認識錯誤**，而非打擊錯誤。

㈡殺人罪之客體為人，苟認識其為人而實施殺害，則其人之為甲為乙，並不因之而有歧異。

第 14 條　（無認識之過失與有認識之過失）

I.行為人雖非故意，但按其情節應注意，並能注意，而不注意者，為過失。

II.行為人對於構成犯罪之事實，雖預見其能發生而確信其不發生者，以過失論。

✿查第二次修正案理由謂本案增入本條之理由，與前條同。第 1 項之規定，即學說上所謂不認識之過失，第 2 項之規定，即學說上所謂認識之過失。

◇**過失種類**：依第 14 條第 1 項，應注意、能注意而不注意者，學說上稱之「**有認識過失**」；第 2 項為「**無認識過失**」。

◇**過失要素**：過失由注意義務之違反與預見可能性之欠缺組成。**注意義務的具體內容通常來自法規內的明確規定**，如道路交通管理處罰條例中賦予駕駛人禮讓行人的義務等，亦有可能是不成文的注意義務，如醫療規則；**預見可能性又分為客觀預見可能性與主觀預見可能性**，前者係指一個與行為人條件相同之理性平均人，在該具體情況下可能遇見因果侵害流程及法益侵害結果，而後者係以行為人個人的智識、能力、背景為判斷標準。

▲【院 2383】㈠二人以上因共同之**過失發生犯罪者，應各科以過失罪之刑**，不適用刑法第 28 條條文。其判決主文亦毋庸為共同過失之宣示。㈡連續傷害因而致人於死，自應成立傷害人與傷害人致死之連續犯，傷害人部分如已有合法告訴，而檢察官僅以傷害罪起訴者，仍應依連續傷害人致死罪論科。

▲【56 臺上 1574】**懈怠過失**與**疏慮過失**雖同為犯罪之責任條件，然前者係應注意能注意而不注意，對於犯罪事實之發生並無預見，後者則為預見其發生，而確信其不發生，對於犯罪事實之發生本有預見，由於自信不致發生於防慮，終於發生，二者態樣顯不相同，故刑法第 14 條第 1 項、第 2 項分別予以規定，以示區別。

▲【74 臺上 4219】汽車駕駛人雖可信賴其他參與交通之對方亦能遵守交通規則，同時為必要之注意，謹慎採取適當之行動，而對於不可知之對方違規行為並無預防之義務，然因對於違規行為所導致之危險，若屬可預見，且依法律、契約、習慣、法理及日常生活經驗等，在不超越社會相當性之範圍應有注意之義務者，自仍有以一定之行為避免結果發生之義務。因此，**關於他人之違規事實已極明顯，同時有充足之時間可採取適當之措施以避免發生交通事故之結果時，即不得以信賴他方定能遵守交通規則為由，以免除自己之責任。**

▲【75 臺上 1685】**汽車駕駛人對於防止危險發生之相關交通法令之規定，業已遵守，並盡相當之注意義務，以防止危險發生，始可信賴他人亦能遵守交通規則並盡同等注意義務。**若因此而發生交通事故，方得以信賴原則為由免除過失責任。

▲【76 臺上 192】刑法上之過失，其過失行為與結果間，在客觀上有相當因果關係始得成立。所謂**相當因果關係，係指依經驗法則，綜合行為當時所存在之一切事實，為客觀之事後審查，認為在一般情形下，有此環境、有此行為之同一條件，均可發生同一之結果者，則該條件即為發生結果之相當條件，行為與結果即有相當之因果關係。**反之，若在一般情形下，有此同一條件存在，而依客觀之審查，認為不必皆發生此結果者，則該條件與結果並不相當，不過為偶然之事實而已，其行為與結果間即無相當因果關係。

▲【84 臺上 5360】汽車駕駛人對於防止危險發生之相關交通法令之規定，業已遵守，並盡相當之注意義務，以防止危險發生，始可信賴他人亦

能遵守交通規則並盡同等注意義務。若因此而發生交通事故，方得以信賴原則為由免除過失責任。

第 15 條　（不作為犯）

I. 對於犯罪結果之發生，法律上有防止之義務，能防止而不防止者，與因積極行為發生結果者同。

II. 因自己行為致有發生犯罪結果之危險者，負防止其發生之義務。

⑭第 1 項、第 2 項所謂「一定結果」，實務及學者通說均認為係指「犯罪結果」，雖然在解釋與適用上並無爭議，惟「一定結果」用語，語意模糊，爰修正為「犯罪結果」，以資明確。

◇**不作為犯：係指以不積極行為的方式而達成法益侵害結果。**刑法典中有將不作為本身直接明文為構成要件者（如肇事逃逸罪、遺棄罪），稱之**純正不作為犯**；亦有單純以不作為實現作為之構成要件者，稱之**不純正不作為犯**。討論不作為犯的實益，在於不作為本身是放任自然因果流動，行為人並無加諸任何物理力改變自然運行，故只有在特定情形（即下述保證人地位），行為人消極的不作為才能被評價為與積極的作為具有同樣出動國家公權力處罰的正當性。

◇**保證人地位：**具備保證人地位之人，才有作為義務，從而違反作為義務，才值得為了其消極的行為出動刑法處罰。傳統學說認為，保證人地位來自法律、契約、緊密生活關係與危險前行為，近期通說則區分為「**監督型**」與「**保護型**」保證人地位，傾向以實質觀點界定。亦有學說從**侵害原則**出發，認為人並無改善他人狀態的積極義務，故僅有「**自由法秩序的補充性扶助體制**」及「**風險管轄的合意移轉**」兩種情形，才能構成行為人的保證人地位。此外，就保證人地位在犯罪審查階層的定位，通說認為係客觀不法構成要素，惟亦有學說從期待可能性出發，將保證人地位理解為罪責要素。

◇**危險前行為：**依刑法第 15 條第 2 項，**行為人之行為有一定侵害法益結果之危險者，行為人仍為之，即屬危險前行為。**通說認為構成不作為犯的危險前行為須以違反義務者為前提，亦有學說認為不一定須以違反義務為前提。此外，故意的危險前行為是否構成保證人地位，有學說認為可直接追究故意前行為本身之責任即可，毋庸二次評價後續之不作為，亦有學說基於舉輕以明重之原理，既然過失前行為得構成保證人地位，故意之前行

為更應構成保證人地位。

◇**作為可能性：**係指行為人在該具體情況下，是否有能力從事迴避法益侵害行為之謂。若行為人不具作為可能性，則不構成不作為犯。

▲【29 上 2975】　原審判決以被告前往某甲家擬邀其外出同看電影，某甲見被告衣袋內帶有土造小手槍，取出弄看，失機槍響斃命，認某甲之死，非由被告之行為所致，論知被告無罪，惟被告所帶手槍，如果裝有子彈，則取而弄看，不免失機誤傷人命之危險，按之刑法第 15 條第 2 項規定，被告即有阻止某甲弄看，或囑其注意之義務，倘當時情形，被告儘有阻止或囑其注意之時間，因不注意而不為之，以致某甲因失機彈發斃命，依同條第 1 項規定，即不得不負過失致人於死之責。

▲【29 上 3039】　被害人某甲，雖係自己躍入塘內溺水身死，如果某甲確因被告追至塘邊，迫不得已，始躍入水中，則依刑法第 15 條第 2 項規定，被告對於某甲之溺水，負有救護之義務，倘當時並無不能救護之情形，而竟坐視不救，致某甲終被溺身死，無論其消極行為之出於故意或過失，而對於某甲之死亡，要不得不負相當罪責。

▲【30 上 1148】　因自己行為致有發生一定結果之危險者，應負防止其發生之義務，刑法第 15 條第 2 項定有明文。**設置電網既足使人發生觸電之危險，不能謂非與該項法條所載之情形相當。**上訴人為綜理某廠事務之人，就該廠設置之電網，本應隨時注意防止其危險之發生，乃於其電門之損壞，漫不注意修理，以致發生觸電致死情形，顯係於防止危險之義務有所懈怠，自難辭過失致人於死之罪責。

▲【31 上 2324】　**消極的犯罪，必以行為人在法律上具有積極的作為義務為前提，**此種作為義務，雖不限於明文規定，要必就法律之精神觀察，有此義務時，始能令負犯罪責任。

▲【52 臺上 521】　上訴人既以經營電氣及包裝電線為業，乃於命工裝置電線當時及事後並未前往督察，迨被害人被該電線刮碰跌斃，始悉裝置不合規定，自難辭其於防止危險發生之義務有所懈怠，而應負業務上過失致人於死之罪責。

第 16 條　（法律之不知與錯誤）

除有正當理由而無法避免者外，不得因不知法律而免除刑事責任。但按其情節，得減輕其刑。

⑭一、現行條文所謂「不知法律」，其態樣包含消極

之不認識自己行為為法律所不許，以及積極之誤認自己行為為法律所許二者，此二者情形，即為學理上所謂「違法性錯誤」，又稱「法律錯誤」，本條之立法，係就違法性錯誤之效果所設之規定。

二、關於違法性認識在犯罪論之體系，通說係採責任說立場。惟關於違法性錯誤之效果，不論暫行新刑律、舊刑法及現行刑法，均未以一定條件下得阻卻犯罪之成立，而僅就減輕或免除其刑之要件，予以規定，本條此種立法例，實與當前刑法理論有違。按對於違法性之錯誤，如行為人不具認識之可能時，依當前刑法理論，應阻卻其罪責；惟依現行規定，至多僅得免除其刑，且限於行為人積極誤信自己行為為法律所許之情形，而不包含消極不知自己行為為法律所不許之情形，過於嚴苛，故有修正必要。

三、按法律頒布，人民即有知法守法義務，惟如行為人具有上揭違法性錯誤之情形，進而影響法律效力，宜就違法性錯誤之情節，區分不同法律效果。其中，(一)行為人對於違法性錯誤，有正當理由而屬無法避免者，應免除其刑事責任，而阻卻其犯罪之成立。(二)如行為人對於違法性錯誤，非屬無法避免，而不能阻卻其犯罪之成立，然得視具體情節，減輕其刑，爰修正現行條文，以配合違法性錯誤與責任理論。

◇**違法性錯誤（法律面錯誤、不法意識）**：指行為人正確認知構成要件事實，但對於行為是否牴觸法秩序（行為是否違法）的認知發生違誤，例如居住國外的某甲認知到他正攜帶一包大麻入境臺灣，卻以為臺灣並未處罰持有毒品的行為。其中，行為人誤認行為並未牴觸法律規範者，稱之**直接禁止錯誤**；行為人正確認識法規範的存在，卻誤認行為符合特定容許規範者，稱之**間接禁止錯誤（又稱容許錯誤）**。通說認為，禁止錯誤之法律效果應視此一錯誤可否避免而定，若是可避免的禁止錯誤，行為人潛在仍具備不法意識，至多只能減輕罪責；若是不可避免的禁止錯誤，得阻卻罪責。至於可否避免，應考量行為人之智識、能力、背景等一切條件而定。

◇**包攝錯誤**：又稱**涵攝錯誤，指行為人對構成要件之解釋，與有權解釋者之解釋不同**，例如買受人付款後，誤以為買賣標的所有權已經移轉，而擅自取走出賣人尚未交付、仍為出賣人所有的物品。此一錯誤類型實質上仍屬不法意識之欠缺，應以禁止錯誤之法理解決之。

▲**【44臺上150】**刑事訴訟法上**所謂現行犯，係指違反刑罰法令之現行犯而言**，其違反行政法令者，不包括在內，而刑法第16條所謂自信其行為為法律所許可，以有正當理由者為限。上訴人明知告訴人非違反刑罰法令，而竟加以逮捕，其理由自難謂為正當，與該條之情形自有未符。

第17條　（加重結果犯）

因犯罪致發生一定之結果，而有加重其刑之規定者，如行為人不能預見其發生時，不適用之。

⇧查第二次修正案理由謂原案分則，所犯某罪因而發生其他結果者，加重其刑等條文頗多，案科刑專以結果為斷，不問犯人之罪責如何，此為古代刑法，近世學者深非之。蓋犯罪所生之結果，其在犯人意中者，科以較重之刑，未為不當，若意外之結果，其發生之原因，至為複雜，因偶然之事實，使犯人負此意外之結果，不獨受罰者，自痛不平，即刑事政策亦不應爾爾。1902年萬國刑法學會議決，犯人對於犯罪行為之結果所負之刑事責任，應以其能預見者為限。晚近立法例如那威、俄國刑法典及奧國、瑞士、德國各刑法準備草案，與德國委員會刑法草案，皆規定犯人祇對於其能預見之結果而負其責任，故本案擬增入本條。

◇**加重結果犯**：指行為人實行特定的基本犯罪後，發生法益侵害更為嚴重的結果。在法有明文規定的情況下，具備加重結果犯的構成要件會導致更嚴重的刑罰。加重結果犯由故意的基本犯罪與過失的加重結果構成，且基本行為和加重結果須具備**特殊風險實現關係（特殊危險關聯性）**。惟加重結果犯的正當性有極大爭議，部分學說認為，逕以競合理論處理之即可，挑選部分犯罪型態明定加重結果犯，有違反罪責原則與平等原則的疑慮。

◇**預見可能性**：我國實務認為本條條文「如行為人不能預見其發生時，不適用之」係指**客觀預見可能性**。如最高法院47年臺上字第920號判例指出：「所謂能預見，乃指客觀情形而言，與主觀上有無預見之情形不同，若主觀上有預見而結果之發生又不違背其本意時，則屬故意範圍。」惟學說上有認為，基於罪責原則之要求，行為人應具備主觀預見可能性。亦有學說認為加重結果犯之存在有違憲疑慮，故現行法解釋上應盡量限縮，從而只有在具備高度預見可能性時，才成立加重結果犯。

▲【32上1206】上訴人之強姦雖尚未遂，亦未將被害人推墜水中，但該被害人既係因拒姦跌入塘內溺斃，其死亡之發生，與上訴人之強姦行為，顯有相當因果關係，上訴人自難辭強姦因而致被害人於死之罪責。

▲【61臺上289】刑法上之加重結果犯，以行為人對於加重結果之發生有預見之可能為已足。如傷害他人，而有使其受重傷之故意，即應成立刑法第278條第1項使人受重傷罪，無論以同法第277條第2項，傷害人之身體因而致重傷罪之餘地。

▲【91臺上50】共同正犯在犯意聯絡範圍內之行為，應同負全部責任。惟加重結果犯，以行為人能預見其結果之發生為要件，所謂能預見乃指客觀情形而言，與主觀上有無預見之情形不同，若主觀上有預見，而結果之發生又不違背其本意時，則屬故意範圍；是以，加重結果犯對於加重結果之發生，並無主觀上之犯意可言。從而共同正犯中之一人所引起之加重結果，其他之人應否同負加重結果之全部責任，端視其就此加重結果之發生，於客觀情形能否預見；而非以各共同正犯之間，主觀上對於加重結果之發生，有無犯意之聯絡為斷。

第18條　（未成年人、滿八十歲人之責任能力）

Ⅰ.未滿十四歲人之行為，不罰。

Ⅱ.十四歲以上未滿十八歲人之行為，得減輕其刑。

Ⅲ.滿八十歲人之行為，得減輕其刑。

☆查第二次修正案理由謂未及年歲人犯罪不應處罰，但得施以感化教育為各國之善制。故本法將責任年齡提高至十四歲，宥減年齡提高至十八歲，同時將感化教育及監督品行等處分，詳細規定於保安處分章內。

◇**責任能力**：行為人有能力認知行為違法，且依此認知為行為之能力。現行法明文行為人之年齡（第18條）、精神狀態（第19條）和生理狀態（第20條）將影響責任能力之評價。

0	14	18	80	
無責任能力	減輕責任	完全刑事責任	減輕責任	

▲【49臺上1052】未滿十八歲人犯罪，而其本刑為死刑或無期徒刑者，依刑法第63條第1項規定，必須減輕其刑，審判上並無裁量之餘地，因而同法第18條第2項之規定於此亦無適用。上訴人所犯之罪，其本刑既係惟一死刑，而其時上訴人又尚未滿十八歲，自應先依刑法第63條第1項、第64條第2項減輕後，再適用同法第59條遞減其刑方為適法。乃原判決不依此項規定，竟引用同法第18條第2項為遞減其刑之根據，不無違誤。

▲【66臺非139】少年事件處理法第2條明定：「本法稱少年者，謂十二歲以上未滿十八歲之人」，乃規定少年之範圍，刑法第18條第1項，則係規定刑事責任之年齡，是以**涉及刑事責任之年齡，仍應依刑法之規定，而不得適用少年事件處理法第2條之最低年齡**，此觀乎同法第27條第3項所載：「前二項情形，於少年犯罪時未滿十四歲者不適用之」之規定甚明。原判決對於犯罪時未滿十四歲之被告未依刑法第18條第1項之規定予以處罰，顯屬判決不適用法則。

第19條　（責任能力㈠──精神狀態）

Ⅰ.行為時因精神障礙或其他心智缺陷，致不能辨識其行為違法或欠缺依其辨識而行為之能力者，不罰。

Ⅱ.行為時因前項之原因，致其辨識行為違法或依其辨識而行為之能力，顯著減低者，得減輕其刑。

Ⅲ前二項規定，於因故意或過失自行招致者，不適用之。

⑭一、現行法第1項「心神喪失」與第2項「精神耗弱」之用語，學說及實務見解，均認其等同於「無責任能力」與「限制責任能力」之概念。惟：

㈠「心神喪失」與「精神耗弱」之語意極不明確，其判斷標準更難有共識。實務上，欲判斷行為人於行為時之精神狀態，常須藉助醫學專家之鑑定意見；惟心神喪失與精神耗弱概念，並非醫學上之用語，醫學專家鑑定之結果，實務上往往不知如何採用，造成不同法官間認定不一致之情形。

㈡學理上，責任能力之概念，已因犯罪理論之演變，而使其範圍限縮。在傳統犯罪理論上，犯罪之構成要件該當性與違法性所判斷之對象，係客觀之外在犯罪事實，至行為人之主觀能力或心理狀態事實，則屬有責性判斷之對象；惟當今通說之犯罪理論，則認犯罪之構成要件該當性、違法

性及有責性，所判斷之對象，均有客觀及主觀事實，尤其故意犯之構成要件該當性，對於客觀之構成犯罪事實，行為人主觀上須具備認識及意欲，始足當之，學理上，亦有行為能力之概念。因此，現今責任能力之範圍，已較傳統理論為狹。應如何將其具體標準予以明文，更屬必要。

二、關於責任能力之內涵，依當前刑法理論，咸認包含行為人辨識其行為違法之能力，以及依其辨識而行為之能力。至責任能力有無之判斷標準，多認以生理學與心理學之混合立法體例為優。易言之，區分其生理原因與心理結果二者，則就生理原因部分，實務即可依醫學專家之鑑定結果為據，而由法官就心理結果部分，判斷行為人於行為時，究屬無責任能力或限制責任能力與否。在生理原因部分，以有無精神障礙或其他心智缺陷為準；在心理結果部分，則以行為人之辨識其行為違法，或依其辨識而行為之能力，是否屬不能、欠缺或顯著減低為斷。行為人不能辨識其行為違法之能力或辨識之能力顯著減低之情形，例如，重度智障者，對於殺人行為完全無法明瞭或難以明瞭其係法所禁止；行為人依其辨識違法而行為之能力欠缺或顯著減低之情形，例如，患有被害妄想症之行為人，雖知殺人為法所不許，但因被害妄想，而無法控制或難以控制而毆害被害人。爰仿德國立法例，將現行第1項、第2項之規定，予以修正。

三、按犯罪之成立，當前刑法理論咸認行為應具備犯罪之構成要件該當性、違法性與有責性後，始足當之。責任能力之有無及其高低，為犯罪有責性判斷之一要件。關於責任能力之判斷，依通說之規範責任論，應就行為人所實施具備構成要件該當且屬違法之行為，判斷行為人辨識其行為違法之能力，以及依其辨識而行為之能力，倘行為人之欠缺或顯著減低前述能力，係由於行為人因故意或過失自行招致者，而行為人仍能實施具備犯罪構成要件該當性及違法性之行為，依規範責任論，即難謂其屬無責任能力或限制責任能力；爰參酌暫行新刑律第12條第2項酗酒不適用不為罪之規定及瑞士現行刑法第12條、奧地利現行刑法第35條之立法例，於第3項予以明定。

◇**原因自由行為**：基於「罪責與行為同時存在原則」，倘若行為人行為時不具備責任能力，無法成立犯罪。惟若行為人在有責任能力時故意採取特定行為，使自己陷於無責任能力而犯罪，刑法例外透過原因自由行為理論，處罰該無責任能力時

點的行為。此理論認為，行為人須(1)**故意自陷於無責任能力**、(2)**於無責任能力時實現不法行為**、(3)**於有責任能力時已形成犯罪之決意**，始可援引本條加以處罰。至於原因自由行為之理論基礎，學說上提出例外模式與構成要件模式。例外模式認為，原因自由行為是「罪責與行為同時存在原則」之例外；構成要件模式則認為，行為人是基於自陷於無責任能力之行為被處罰，而非無責任能力下的行為而被處罰。

▲【**28 上 3816**】舊刑法第 32 條關於不得因酗酒而免除刑事責任之規定，已為現行刑法所不採，故**如被告尚未飲酒之先，即已具有犯罪之故意，其所以飲酒至醉，實欲憑藉酒力以增加其犯罪之勇氣者，固不問其犯罪時之精神狀態如何，均應依法處罰**。假使被告於飲酒之初，並無犯罪之意圖，祇因偶然飲酒至醉，以致心神喪失，或精神耗弱而陷於犯罪，即難謂其心神喪失之行為仍應予以處罰，或雖係精神耗弱亦不得減輕其刑。（註：應注意 94、2、2 修正公布刑法第 19 條之規定。）

▲【**99 臺上 6035**】刑法第 19 條第 3 項之原因自由行為，係指行為人在精神、心智正常，具備完全責任能力時，本即有犯罪故意，並為利用以之犯罪，故意使自己陷入精神障礙或心智缺陷狀態，而於辨識行為違法之能力與依辨識而行為之自我控制能力欠缺或顯著降低，已不具備完全責任能力之際，實行該犯罪行為；或已有犯罪故意後，偶因過失陷入精神障礙或心智缺陷狀態時，果為該犯罪；甚或無犯罪故意，但對客觀上應注意並能注意或可能預見之犯罪，主觀上卻疏未注意或確信其不發生，嗣於故意或因有認識、無認識之過失，自陷於精神障礙或心智缺陷狀態之際，發生該犯罪行為者，俱屬之。故原因自由行為之行為人，在具有完全刑事責任能力之原因行為時，既對構成犯罪之事實，具有故意或應預見其發生，即有不自陷於精神障礙、心智缺陷狀態及不為犯罪之期待可能性，竟仍基於犯罪之故意，或對應注意並能注意，或能預見之犯罪事實，於故意或因過失等可歸責於行為人之原因，自陷於精神障礙或心智缺陷狀態，致發生犯罪行為者，自應與精神、心智正常狀態下之犯罪行為同其處罰。是原因自由行為之行為人，於精神、心智狀態正常之原因行為階段，即須對犯罪事實具有故意或應注意並能注意或可得預見，始符合犯罪行為人須於行為時具有責任能力方加以處罰之原則。

第 20 條　（責任能力㈡──生理狀態）

瘖啞人之行為，得減輕其刑。

> 查暫行律第 50 條理由謂瘖啞人，究不能與普通犯罪同論，故本法定為減輕。又注意內謂瘖啞有生而瘖啞者，有因疾病或受傷而瘖啞者，生而瘖啞，乃自來痼疾，不能承受教育，能力薄弱，故各國等諸幼年之列。若因疾病或受傷而瘖啞者，不過肢體不具，其精神知識與普通無異，則不能適用此例。

▲【院 1700】刑法第 20 條**所謂瘖啞人，自係指出生及自幼瘖啞者言**。瘖而不啞，或啞而不瘖，均不適用本條。

第 21 條　（依法令之行為）

I.依法令之行為，不罰。

II.依所屬上級公務員命令之職務上行為，不罰。但明知命令違法者，不在此限。

> 查暫行律第 14 條理由謂本條所揭之行為，皆係正當，故不為罪。但實際上刑法與其餘律例相衝突之時，究應先從何者以斷定其罪之有無，不無疑義，故特設本條以斷其疑。本條第 2 項查暫行律第 14 條注意依律例不以為罪之行為，如死傷敵兵、執行死刑、逮捕犯人、沒收財產，係出於從本屬長官之命令盡自己之職務者，或此種行為，係本於律例上直接所屬之權限者，總之依律例規定不以為罪之一切行為是也。惟本法以明知命令違法者，仍須負責，故增設但書之規定。

◇**明知命令違法**：本法律概念之解釋，係處理公務員對於違法命令的程度應知悉到什麼程度，始依本條但書而不能援引「依命令之行為」阻卻違法之問題。學說通說認為，基於行政效率之考量，僅要該命令形式合法，且公務員非明知該命令違法時，均得援引本條阻卻違法。

▲【29 上 721】依上級公務員命令之行為，限於為其職務上行為，且**非明知命令違法**者，始在不罰之列，刑法第 21 條第 2 項規定甚明。上訴人等將捕獲之匪犯某甲，立即槍決，固係奉有聯保主任之命令，但聯保主任對於捕獲之匪犯，並無槍決之權，既非上訴人所不知，此項槍殺之命令，亦顯非屬於上訴人職務上之行為，乃明知命令違法，任意槍殺，自不能援據刑法第 21 條第 2 項之規定，而主張免責。

▲【30 上 1070】依法逮捕犯罪嫌疑人之公務員，遇有抵抗時，雖得以武力排除之，但其程度以能達逮捕之目的為止，如超過程度，即非法之所許，不得認為依法令之行為。

▲【30 上 2393】現行犯不問何人，得逕行逮捕之，固為刑事訴訟法第 88 條第 1 項所規定。但逮捕現行犯，應即送交檢察官、司法警察官或司法警察，同法第 92 條第 1 項亦著有明文。若逮捕之後，不送官究辦，仍難免留妨害自由之罪責。上訴人甲，因乙與其弟婦通姦，幫同其弟在姦所將乙捕獲綑縛，雖係逮捕現行犯，然上訴人並不將乙即行送官，而任令其弟命其妻加以剌害，以圖洩憤，按之上開說明，自應仍依妨害自由論罪，不能藉口鄉村習慣，而妄冀脫卸罪責。

▲【102 臺上 4092】刑法第 21 條第 2 項規定：依所屬上級公務員命令之職務上行為，不罰。但明知命令違法者，不在此限。則以但書所定排除本文之阻卻違法事由之適用，應就明知命令違法為嚴格之證明。尤其軍人以服從為天職，陸海空軍刑法第 47 條第 1 項並就違抗長官職權範圍內所下達與軍事有關之命令者，定有處罰。於此，**雖非可謂軍人排除上開刑法但書之適用，惟於判斷其是否明知上級命令違法時，自應與一般公務員不同，即應採更高密度之審查標準，以免在違法執行與抗命間產生生義務衝突。就具體個案，並應審酌有無期待可能性而阻卻責任。**

第 22 條　（業務上正當行為）

業務上之正當行為，不罰。

◇**業務上正當行為**：本條之法理，在於部分正當業務之存在對於社會有益，故利益衡量後，應容許業務行為存在之風險。惟行為人主張本條應具備若干要件：業務合法、行為人之行為屬於業務範圍、該業務行為屬於正當行為。至於正當與否之實質判準，應考量該業務之性質、目的、執行方法和是否獲得相對人同意等，依個案決定。

第 23 條　（正當防衛）

對於現在不法之侵害，而出於防衛自己或他人權利之行為，不罰。但防衛行為過當者，得減輕或免除其刑。

> 查第二次修正案理由謂本條之規定，即學說上所謂正當防衛，各國刑法皆以不法之侵害為限。其侵害既屬不法，即未至不得已時，亦得防衛，與次條緊急狀態之行為微有不同。日本刑法擴充防衛之範圍，以不正之侵害為準，又恐防衛誤用，遂加以不得已之條件。原案亦以不正之侵害為限，

但遺漏不得已等字樣，其範圍較日本更廣矣。就日本刑法而論，對於不法之侵害，亦須待至不得已時，方予以防衛，事實上既有所不能，而於立法者，保護法益之意，亦有所未盡，故本案擬從多數國立法例，凡不法之侵害，即得正當防衛，於不得已之條件，概無所取。又原案防衛行為過當者，得減本刑若干等，修正案刪去得字改從必減主義，本案擬仿用得字以免藉口防衛而加以過當之危害，但防衛行為，法官於事後從容論斷以為過當者，主犯人當時，急不暇待，或以為非過當，往往有之。且過當之程度，仍有輕重之分，若少有過當，即科以刑罰未免近苛，故本案於減輕後，增入或免除字樣，以使法官裁奪。

又修正案第 15 條第 2 項正當防衛之規定，對於直系尊親屬不適用之，此項為原案所無，係依刑律補充條例增入者，本案擬刪。蓋尊屬之於卑屬，當然有相當之懲責權，此為東西各國之所同，當執行懲責權時，斷不得視為不法之侵害。

正當防衛

客觀要件　｜　主觀要件

防衛情狀（現在不法之侵害）｜防衛行為（防衛自己或他人之權利）｜防衛意思

◇**防衛過當**：正當防衛之要件為客觀上具備防衛行為、防衛情狀；主觀上具備防衛意思。防衛過當為行為人具備主觀防衛意思與客觀防衛情狀，惟防衛行為不符比例原則。於此情形，行為人即不符合正當防衛之要件，僅能在罪責層次主張期待可能性降低或不存在而減輕或免除罪責。

◇**誤想防衛**：行為人主觀上具備防衛意思，客觀上具備防衛行為，惟不具備防衛情狀。如某甲誤以為拿著剪刀的某乙要傷害自己，遂出拳打傷某乙，但其實某乙只是要修剪庭院花木。此種情形為容許構成要件錯誤，學說上有諸多理論之爭，依通說「**限制法律效果的罪責理論**」則認為，應阻卻故意罪責，法律效果準用過失犯。

◇**偶然防衛**：行為人客觀上具備防衛情狀與防衛行為，惟主觀上欠缺防衛意思。此為「**反面容許構成要件錯誤**」，有學說認為此情形不符合正當防衛要件，仍應論以故意既遂犯，通說則認為行為人結果非價較低，應類推未遂法理處罰之。

◇現在不法侵害：為客觀防衛情狀之要件。
　1.「**侵害**」係指危害法益之「**人類舉止**」，已經發生或尚在持續中為限，故已經結束的侵害並不具侵害適格。
　2.惟就如何區分「現在」與「未來」的不法侵害，通說認為應以行為對法益造成具體危險始為侵害，不以著手實行為必要；有學說則採「有效理論」，認為正當防衛之目的在於有效保全法益，故只要到達最後有效的防衛時點，即該當現在侵害。
　3.而就「不法」之要件，通說認為不以該行為具備罪責為必要，故對於無罪責之行為仍可能成立正當防衛，僅在防衛手段應受到社會倫理檢驗，即行為人應優先採取迴避手段，迴避無效方可行防衛行為；然亦有學說主張，此處不法侵害應以具備罪責為前提，使無罪責的侵害回歸緊急避難。

◇**挑唆防衛**：指行為人故意誘使相對人實施現在不法侵害，製造一個防衛情狀，以讓自己的攻擊行為得以主張正當防衛而阻卻違法。通說認為，挑唆防衛屬於權利濫用，不得主張正當防衛。

▲【院 2464】刑法第 23 條所稱之權利，**不包含國家拘禁力**在內，執行拘禁之公務員，追捕脫逃罪犯而將其擊斃者，不適用該條規定。

▲【38 臺上 29】正當防衛以對於**現在不法之侵害**為條件，縱如上訴人所云恐遭傷害，始開槍示威，但被害人之加害與否，僅在顧慮之中，既非對於現在不法之侵害加以防衛，即與刑法第 23 條之規定不符。

▲【48 臺上 1475】對於現在不法侵害之防衛行為是否過當，須就侵害行為之如何實施，防衛之行為是否超越其必要之程度而定，不專以侵害行為之大小及輕重為判斷之標準。

▲【52 臺上 103】被告因自訴人壓在身上強姦，並以舌頭伸入口中強吻，無法呼救，不得已而咬傷其舌頭，以為抵抗，是被告顯係基於排除現在不法侵害之正當防衛行為，且未超越必要之程度，依法自屬不罰。

▲【63 臺上 2104】刑法上之防衛行為，祇以基於排除現在不法之侵害為已足，防衛過當，指防衛行為超越必要之程度而言，**防衛行為是否超越必要之程度，須就實施之情節而為判斷，即應就不法侵害者之攻擊方法與其緩急情勢，由客觀上審察防衛權利者之反擊行為，是否出於必要以定之。**

中華民國刑法　第一編　總則　（第二四條）

第 24 條　（緊急避難）

I. 因避免自己或他人生命、身體、自由、財產之緊急危難而出於不得已之行為，不罰。但避難行為過當者，得減輕或免除其刑。

II. 前項關於避免自己危難之規定，於公務上或業務上有特別義務者，不適用之。

```
                緊急避難
                   │
        ┌──────────┴──────────┐
     客觀要件              主觀要件
        │                    │
   ┌────┴────┐              │
 避難情狀   避難行為        避難意思
```

介 查暫行律第 16 條理由謂本條所規定，係不得已之行為或放任之行為，與前條正當防衛情形不同，非由於驅斥他人侵害，乃由水火雷震及其餘自然之厄，或由於自力所不能抵抗之人力強制，不得已而為之者，刑律即不加以罰，蓋本於法律不責人所不能之原則也。本條第 2 項之制限，例如軍人臨陣脫逃，及船長見船將近覆沒，自先脫逃，上陸之類，此為違背職務、業務上之特別行為，不得以不得已之理由，謂為無罪。又該條注意謂遇水、火、雷震、及其餘變故，窘身避免，致使他人死傷，如因強盜以死傷相脅迫，乃導致財物所在之處之類，皆屬本條之範圍。本條所揭之行為，無論出於故意與否，凡一切被不能抵抗之強力所強制者，皆賅於其中，雖出於故意者，仍得因本條之故，不論其罪，以非法之力所能及也。又該條補箋，謂本條在學說上謂之放任行為，放任行為者，有責任行為而為法律所保護，不處罰者之謂。人情當緊急時，因欲保護自己之現時危難不得已而牽害他人法益者，亦所不免。例如屋將傾頹，己欲先出推他人落後而致死，又如甲乙同舟遇風將溺，甲獲木而浮，乙奪之致甲溺死，此皆由救己情切，出於不得已，故法律以之為放任行為，斷為無罪。羅馬、德意志二國法律皆然，日本新舊刑法亦採用，故以道德言之，仁者殺身以成仁，若損人利己，此甚不可為之事，而法律置之而不論罪者，因對於一般人之法，不宜責以難能，倘以道德之行為，定於法律，無論何國，均未有此程度。又查第二次修正案謂本條之規定，即學說上所謂緊急狀態，非如前條之有一違法侵害人可比。質言之，與有關係之人，皆為無過，但因緊急情狀得以犧牲第三者之法益，以保全自己或他人之利益，故其適用範圍不得漫無限制。本案擬從多數國立法例。以關於生命、身體、自由、財產為限。又本條但書，本案擬增入或免除三字。

◇ **緊急避難**：指危難發生，以致行為人唯有犧牲特定法益，才能保全其他法益時，基於吾人均負有社會連帶義務，使得行為人侵害法益的行為得以被阻卻違法。

◇ **避難過當**：指行為人主觀上具備避難意思，客觀上具備避難情狀，惟避難手段不符比例原則以致不能援引本條阻卻違法，最多僅能減輕或免除罪責。

◇ **緊急危難**：指法律上所保護的利益發生急迫之危險，通說認為，受保護的法益不限於刑法第 24 條文義之「生命、身體、自由、財產」，解釋上**應包括所有受法律所保護的個人法益或超個人法益在內**。

◇ **自招危難**：指行為人可歸責而製造出危難情狀，此時是否仍得主張緊急避難，即有疑問。有見解認為自招危難不得主張緊急避難，如最高法院 72 年度臺上字第 7058 號判決即認為：若得阻卻違法，「無異鼓勵因過失而即將完成犯罪之人，轉而侵害他人，尤非立法之本意」；但亦有見解單純回歸阻卻違法事由「利益衡量」的共通法理，認為只要通過諸要件的檢驗，仍可主張緊急避難。至於該可歸責之行為是否構成刑法上之犯罪，係另一問題。

▲【72 臺上 7058】刑法第 24 條所稱因避免緊急危難而出於不得已之行為，係基於社會之公平與正義所為不罰之規定。**倘其危難之所以發生，乃因行為人自己過失行為所惹起，而其為避免自己因過失行為所將完成之犯行，轉而侵害第三人法益**；與單純為避免他人之緊急危難，轉而侵害第三人法益之情形不同。依社會通念，**應不得承認其亦有緊急避難之適用**。否則，行為人由於本身之過失致侵害他人之法益，即應成立犯罪，而其為避免此項犯罪之完成，轉而侵害他人，卻因此得阻卻違法，非特有背於社會之公平與正義，且無異鼓勵因過失即將完成犯罪之人，轉而侵害他人，尤非立法之本意。至其故意造成「危難」，以

遂其犯罪行為，不得為緊急避難之適用，更不待言。

第三章　未　遂　犯

⤒查暫行律第二章原案謂未遂罪者，即分則所定之犯罪行為，著手而未完結，或已完結而未生既遂之結果者是也。

第 25 條　（未遂犯之定義及處罰）

I.已著手於犯罪行為之實行而不遂者，為未遂犯。

II.未遂犯之處罰，以有特別規定者為限，並得按既遂犯之刑減輕之。

⑭一、第 1 項及第 2 項前段未修正。

二、現行條文第 1 項係就一般未遂犯之成立要件所設之規定；至一般未遂犯之處罰要件與處罰效果，則於本條第 2 項及第 26 條前段分設規定；另現行條文第 26 條後段係就不能未遂之成立要件與處罰效果所設之規定，就該條而言，兼合一般未遂與不能未遂，在立法體例上，實屬不妥，爰將第 26 條前段關於一般未遂犯處罰效果之規定，改列於本條第 2 項後段，而使本條規範一般未遂犯之規定趨於完整，第 26 條則專為規範不能未遂，以利體例之清晰。

◇未遂犯：犯罪之階段，可大別為**陰謀、預備、未遂、既遂**。討論犯罪階段之實益，就是立法政策上應將犯罪可罰性時點畫到哪裡，對法益保護周密性多寬或多嚴的問題。「**未遂犯**」即是行為人已**著手，但結果未發生，法政策上仍予處罰的犯罪型態**。

◇陰謀：指兩人以上形成犯罪協議，現行刑法典於部分保護國家法益的罪章中處罰陰謀。

◇預備：指犯罪的準備行為具有重要性或提升法益侵害風險之謂，亦有學說指出應以主觀已有犯意，客觀趨近著手為標準。刑法典中的預備犯分為形式預備犯與實質預備犯，前者係法條明文以預備行為為構成要件（如預備殺人罪），後者係特定犯罪之行為實質上是其他犯罪的預備行為（如偽造貨幣器械罪）。此類行為通常與後續犯罪具有階段與競合關係。

◇著手：著手概念之討論實益，在於劃分預備階段與未遂階段。亦即，行為人只要一著手，而該犯罪又有處罰未遂犯時，行為人即構成犯罪；反之，若行為人未達著手，縱該犯罪有處罰未遂犯，行

為人仍不構成犯罪。著手之學說百家爭鳴，依通說見解，係以行為人主觀認知之事實基礎，開始實現對侵害客體有直接危險之行為、行為與構成要件結果實現有時空上密接關係時，行為人即為著手。

◇既遂：指行為完全實現犯罪構成要件，發生法益侵害結果。

◇終了：在繼續犯的犯罪類型中，法益侵害的狀態具有時空上的繼續性（如剝奪行動自由罪），單純侵害發生與侵害完全結束並非同一時點。**終了係指法益侵害完全結束**（如被害人重獲自由）。既遂與終了概念的區別實益，在於既遂後的犯罪參與，是否得成立參與犯，或僅能論以單純事後幫助之問題。

▲【30 上 684】刑法第 25 條**所謂已著手於犯罪行為之實行，係指對於構成犯罪要件之行為，已開始實行者**而言，若於著手此項要件行為以前之準備行動，係屬預備行為，除法文有處罰預備犯之明文，應依法處斷外，不能遽以未遂罪論擬。

▲【48 臺上 1348】刑法第 26 條前段僅為未遂犯之處罰得按既遂犯之刑減輕之原則規定，至於應否減輕，尚有待於審判上之衡情斟酌，並非必須**減輕**，縱予減輕，仍應依刑法第 57 條審一切情狀以為科刑輕重之標準，並應依刑事訴訟法第 302 條第 2 款（現行法第 310 條）之規定，於判決理由內記明其審之之情形，並非一經減輕即須處以最低度之刑。

第 26 條　（不能犯）

行為不能發生犯罪之結果，又無危險者，不罰。

⑭一、現行法本條前段，係就一般未遂犯之處罰效果所設之規定；後段，則係就不能未遂之成立要件與處罰效果所設之規定。不能未遂犯，既屬未遂犯之一種型態，在立法體例上，應與一般未遂犯有所區別為當，爰就本條前段關於一般未遂犯處罰效果之規定，改列於第 25 條第 2 項後段，以使本條成為規範不能未遂犯之專條。

二、關於未遂犯之規定，學理中有採客觀未遂論、主觀未遂論、或折衷的「印象理論」。主張不能犯之前提係以法益未受侵害或未有受侵害之危險，如仍對於不能發生法益侵害或危險之行為課處刑罰，無異對於行為人表露其主觀心態對法律敵對性之制裁，在現代刑法思潮下，似欠合理性。因

中華民國刑法

第一編　總則　（第二七條）

此，基於刑法謙抑原則、法益保護之功能及未遂犯之整體理論，宜改採客觀未遂論，亦即行為如不能發生犯罪之結果，又無危險者，不構成刑事犯罪。

◇**不能未遂**：指行為人主觀上具有故意，客觀上已著手，惟行為自始無法達成侵害結果。學說上又區分為客體不能、手段不能和主體不能。此時是否仍有處罰之必要，涉及本條**無危險**如何解釋。有學說認為，此指**無危險**係客觀上絕對無危險；有學說認為，係指行為人出於重大無知，亦即其對自然因果的認知異於常人，使此類行為並未動搖大眾對法秩序的信賴故無處罰必要性；有學說則認為，應從一般人的角度具體觀察，該行為是否對法益侵害產生具體危險。

◇**幻覺犯與迷信犯**

幻覺犯	**行為人誤以為自己的行為觸犯法律，事實上法律根本不罰此類行為**。學說上稱之「**反面禁止錯誤**」，因客觀上並無觸犯法律，幻覺犯之行為人無罪
迷信犯	**行為人出於宗教或其他因素的迷信，希望以超自然的力量實現犯罪構成要件**，如果甲深信茅山道術，希望以唸咒的方式殺死某乙，故每天對著寫有某乙姓名和生辰八字的稻草人唸咒。通說認為，行為人的行為只是一種單純的願望，不具實現構成要件的故意，故構成要件不該當；惟亦有學說認為，此係不能未遂之問題

▲【28上2075】上訴人向某甲開槍時，某甲已為某乙毆斃，是其所射擊者為屍體，而非有生命之自然人，縱令該上訴人意在殺人，因犯罪客體之不存在，仍不負殺人罪責。

▲【48臺非26】刑法第26條但書所謂不能發生犯罪之結果，即學說上所謂**不能犯**，在行為人方面，其惡性之表現雖與普通未遂犯初無異致，但在客觀上則有不能與可能發生結果之分，未可混為一談。

第27條　（中止犯）

I.已著手於犯罪行為之實行，而因己意中止或防止其結果之發生者，**減輕或免除其刑**。結果之不發生，非防止行為所致，而行為人已盡力為防止行為者，亦同。

II.前項規定，於正犯或共犯中之一人或數人，因己意防止犯罪結果之發生，或結果

之不發生，非防止行為所致，而行為人已盡力為防止行為者，亦適用之。

⑨一、按行為人已著手於犯罪行為之實行終了後，而於結果發生前，已盡防止結果發生之誠摯努力，惟其結果之不發生，事實上係由於其他原因所致者，因其防止行為與結果不發生之間並無因果關係存在，固與以自己之行為防止結果發生之中止犯不同，惟就行為人衷心悔悟，對結果之發生已盡其防止能事之觀點而言，並無二致。為鼓勵犯人於結果發生之先儘早改過遷善，中止犯之條件允宜放寬，爰參考德國現行刑法第24條(1)之立法例，將現行規定改列為第1項，並增列「結果之不發生，非防止行為所致，而行為人已盡力為防止行為者，亦同。」等字樣，使準中止犯亦能適用減免其刑之規定。

二、又我國自暫行新刑律、舊刑法以迄於現行刑法，對於從犯及共犯中止未遂，雖無明文規定，惟實例及解釋則予承認。如大理院6年非字第67號判例「共謀行劫，同行上盜，經抵事主門首，心生畏懼，即行逃回，事後亦未分得贓物者，既已於著手強盜之際，以己意而中止，則對野犯入室後拒傷事主，自不負責。」及司法院院字第785號解釋「共同正犯、教唆犯、從犯須防止結果發生，始能依中止犯之例處斷」。關於從犯及共犯亦成立中止犯，固已為各國立法例、實例所一致承認，惟僅因己意中止其犯罪行為即足成立中止犯，抑須進而防止結果之發生，始成立中止犯，則實例態度並不一致。德國刑法第24條(2)規定「因己意而防止犯罪之完成」，即從後說。日本實例(日本大審院昭和9年2月10日第二刑事部判決)亦採後說。我國實務上見解初ըն僅「以己意而中止」即可依中止犯之例處斷，嗣後則進而認為「須防止結果發生之效果發生」，始可依中止犯之例處斷。按中止犯既為未遂犯之一種，必須犯罪之結果尚未發生，始有成立之可言。從犯及共犯中止之情形亦同此理，即僅共同正犯之一人或數人或教唆犯、從犯自己任意中止犯罪，尚未足生中止之利益，必須經其中止行為，與其他從犯以實行之障礙或有效防止其犯罪行為結果之發生或勸導正犯全體中止。此項見解既已為實務所採，殊有納入刑法，予以明文化之必要。再者，犯罪之未完成，雖非由於中止者之所為，祇須行為人因己意中止而盡防止犯罪完成之誠摯努力者，仍足認定其成立中止犯，乃參照上開德國刑

法條文，增訂第 2 項規定，以杜疑義。

◇**中止未遂**：行為人已著手犯罪行為，惟採取中止行為致法益侵害結果未發生。其法理基礎，學說上有採「**黃金橋理論**」，給予行為人浪子回頭，只要防免法益侵害發生即可獲得刑罰減輕優惠的誘因，亦有認為基於一般預防和特別預防的角度，中止犯並無這麼高的處罰必要性。至於本條「**因己意**」之解釋，**實務採取「我能我亦不願，我願我亦不能」之法蘭克公式**；通說則提出是否出於行為人自由意思，即行為人是否出於自律，或單純他律而中止的標準；部分學說則指出，應視形成中止行為的原因是否為為人犯罪前可預料而定。

◇**準中止未遂**：**行為人出於己意，採取中止行為，惟最後結果未發生與行為人之中止行為並無因果關係**之謂，如某甲出於殺人故意開車高速撞某乙，某乙奄奄一息倒在地上時某甲忽然良心發現，遂跑到附近警察局求助，殊不知某乙在某甲離開的時候已被路人送醫而免於一死。本於此種情形惡性較低，依第 27 條第 1 項後段，亦得減免其刑。

◇**未了未遂與既了未遂之中止**：**未了未遂**係行為人認知其尚未完成實現不法構成要件所必要的行為；而**既了未遂**則指行為人認知其已經完成實現不法構成要件所必要的行為。兩者的區別實益，**在於未了未遂行為人僅需單純放棄接下來的侵害行為，即構成中止行為；但既了未遂行為人需積極採取結果措施，方構成中止行為。**

▲【**院 785**】中止犯以犯罪已著手為前提，刑法第 41 條規定甚明，陰謀預備，其程度在著手以前，自不適用中止犯之規定，如犯有預備或陰謀罪之犯罪，於預備或陰謀中止進行，法無處罰明文，應不為罪。

▲【**32 上 2180**】殺人之幫助犯，欲為有效之中止行為，非使以前之幫助全然失效或為防止犯罪完成之積極行為不可，**如屬預備犯，則其行為之階段，尚在著手以前，縱因己意中止進行，仍與刑法第 27 條所定已著手之條件不合，自應仍以殺人預備罪論科。**

▲【**48 臺上 415**】刑法第 27 條中止犯之減輕，**以已著手於犯罪之實行，而因己意中止其結果之發生者為限。**上訴人持刀殺妻時，既因其妻呼救，並逃往鄰家，驚動其兄及四鄰，始棄刀向警自首，則其當時並非因己意中止犯罪甚明，自無本條之適用。

▲【**66 臺上 662**】依原判決所記載之事實，認定

上訴人著手實施殺人行為後，乃中止殺意，並囑案外人某甲將被害人送醫急救，防止死亡結果之發生，依此情形，自屬**中止未遂**，第一審誤認為障礙未遂，適用刑法第 26 條前段，顯係用法錯誤。

第四章　正犯與共犯

☝查第二次修正案理由謂原案本章名共犯罪，但恐誤以為別種罪名，故改為共犯。共犯最要之意義，為主觀說及客觀說所公認者，即一切共犯除原案第 29 條第 1 項共同正犯外，皆有附屬之性質，其罪之成立與否，一以正犯為準。雖或因特種情形，如原案第 29 條第 2 項科以正犯之刑，然其性質仍為從犯。又第 30 條教唆犯，科以正犯之刑，然其性質仍為教唆犯，原案準正犯論及依正犯之例處斷等字樣，於共犯之意義，未能顯達，故本案於各條擬改為處以正犯之刑。

◇**正犯與共犯之區分**：刑法上的正共犯區分，可大別為「區分理論」與「單一正犯理論」。區分理論下，依據通說所採的「犯罪支配理論」，正犯係對於犯罪流程具備支配力之人。**具備意思支配者為「間接正犯」，具備功能支配者為「共同正犯」，具備行為支配者為「直接正犯」，相對而言，欠缺支配力而在犯罪流程中處於邊緣人物者，為參與犯**；惟早期實務（25 上 2253）則採取主客觀擇一說，凡主觀上以自己犯罪之意思而參與犯罪「或」客觀上實現犯罪構成要件之行為者，均為正犯，其餘皆為從犯。相對於區分理論，單一正犯理論則將觀察重點置於最後的法益侵害，傾向認為正共犯並無區分之必要，只要行為與構成要件結果實現間具有因果關係，均為正犯。

第 28 條　（共同正犯）

二人以上共同實行犯罪之行為者，皆為正犯。

---

⑭一、現行條文「**實施**」一語，實務多持 31 年院字 2404 號解釋之意旨，認其係涵蓋陰謀、預備、著手、實行概念在內（即承認陰謀共同正犯、預備共同正犯），非僅侷限於直接從事構成犯罪事實之行為，故解釋上包括「共謀共同正犯」。而實務之所以採取此種見解，即在為共謀共同正犯尋求法源之依據。但對於本條之解釋，如採 31 年院字 2404 號解釋之見解，其所產生之最大爭議，即在於應否承認「**陰謀共同正犯**」與「**預備共同正**

犯」，基於近代刑法之個人責任原則及法治國人權保障之思想，應以否定見解為當，蓋：(一)預備犯、陰謀犯因欠缺行為之定型性，參之現行法對於犯罪行為之處罰，係以處罰既遂犯為原則，處罰未遂犯為例外，處罰預備、陰謀更為例外中之例外，學說對於預備共同正犯多持反對之立場，尤其對於陰謀共同正犯處罰，更有淪於為處罰意思、思想之虞，更難獲贊成之意見。(二)近代刑法之基本原理，強調「個人責任」，並強調犯罪係處罰行為，而非處罰行為人之思想或惡性，偏重視客觀之犯罪行為。陰謀犯、預備犯之行為，既欠缺如正犯之定型性，就陰謀犯而言，行為人客觀上僅有互為謀議之行為，主觀上具有一定犯罪之意思，即得成立。倘承認預備、陰謀共同正犯之概念，則數人難於陰謀階段互有謀議之行為，惟其中一人或數人於預備或著手階段前，即已脫離，並對於犯罪之結果未提供助力者，即便只有陰謀行為，即須對於最終之犯罪行為，負共同正犯之刑責，如又無中止未遂之適用，實有悖於平等原則，且與一般國民感情有違。故有修訂共同正犯之參與類型，確定在「實行」概念下之共同參與行為，始成立共同正犯，為杜爭議，爰將「實施」一語，修正為「實行」。

二、將「實施」修改為「實行」，基於下列之理由，並無礙於現行實務處罰「共謀共同正犯」之立場。(一)所謂「共同實行」犯罪行為，無論「實質客觀說」或「行為(犯罪)支配理論」，均肯定共謀共同正犯之處罰。僅在極少數採取「形式客觀說」立場者，對於無分擔構成要件行為者，不得論以共同正犯外，多數學說主張之見解仍肯定對共謀共同正犯之處罰。(二)至於各國立法例，對於共同正犯之成立要件，規定為共同「實行」之日本立法例，亦承認共謀共同正犯之概念；而德國通說對於共同正犯，採取「行為(犯罪)支配理論」，亦肯定共謀共同正犯之存在。(三)另依現行實務對於共同正犯與從犯之區別標準，其採「以自己共同犯罪之意思，實施構成要件之行為者，為正犯；以自己共同犯罪之意思，實施構成要件以外之行為者，亦為正犯；以幫助他人犯罪之意思，實施構成要件之行為者，亦為正犯；以幫助他人犯罪之意思，實施構成要件以外之行為者，始為從犯」之立場(主觀客擇一標準說)，更肯定共謀共同正犯之存在。

◇間接正犯：依據通說所採之**犯罪支配理論**，間接正犯係具備意思支配之正犯，即以他人為工具，利用自己的優越認知或優越地位，達成犯罪構成要件之實現。學說上發展出間接正犯(正犯後正犯)之下位類型，包括**強制支配**(幕後者以強制力逼迫行為人為犯罪行為)、**錯誤支配**(利用他人可避免之禁止錯誤，或故意使他人陷於客體錯誤)、**組織支配**(幕後者透過具備嚴密科層組織的權力機器，使權力機器中可替換的行為人犯罪，如大型犯罪集團)。

◇**必要共犯**：相對於「任意共犯」，必要共犯係指特定犯罪以兩人以上之參與為必要條件(81 臺非233)。又分為「聚合犯」及「對向犯」，「**聚合犯**」**指兩人以上朝向同一犯罪目標，共同參與實施該犯罪之構成要件，如公然聚眾施強暴脅迫罪；「對向犯」則指兩人以上基於相互對立的意思所成立之犯罪，如賄賂罪、賭博罪、重婚罪**。

◇**共同正犯的著手**：本於共同正犯係一犯罪共同體，只要一人著手，全部即為著手；一人既遂，全部即為既遂。

◇**過失共同正犯**：通說認為，因過失犯欠缺「犯意聯絡」，故不可能成立過失共同正犯。此時兩個以上的過失犯罪人應回歸單一正犯理論，分別論以過失犯之責任。

◇**共同正犯之脫離**：指共同正犯之一人或數人，基於自己真摯之意思，切斷自己對於犯罪共同體物理上及心理上之因果力。在共同正犯著手前脫離者，行為人僅須不參與犯罪之著手實行，此時因共同正犯之間已不具共同行為決意，脫離之人自不負正犯之責(惟其是否可能成立參與犯，應另外檢驗參與犯之要件)；在共同正犯著手後脫離者，學說認為須以積極行動消除其已付出之物理上、心理上貢獻，始對脫離後之犯罪結果不負責任(惟就脫離前之犯罪結果，仍不可免責)。

▲【院 2404】刑法第 28 條所謂**實施，係指犯罪事實之結果直接由其所發生，別乎教唆或幫助者而言**，即未著手實行前犯陰謀預備等罪，如有共同實施情形，亦應適用該條處斷。至實行在現行刑法上乃專就犯罪行為之階段而言，用以別乎陰謀預備著手各階段之術語。

▲【27 上 1333】刑法上之幫助犯，固以幫助他人犯罪之意思而參與犯罪構成要件以外之行為而成立，惟所謂以幫助他人犯罪之意思而參與者，指其參與之原因，僅在助成他人犯罪之實現者而言，**倘以合同之意思而參加犯罪，即係以自己犯罪之意思而參與，縱其所參與者為犯罪構成要件以外之行為，仍屬共同正犯**，又所謂參與犯罪構

成要件以外之行為者，指其所參與者非直接構成某種犯罪事實之內容，而僅係助成其犯罪事實實現之行為而言，苟已參與構成某種犯罪事實之一部，即屬分擔實施犯罪之行為，雖僅以幫助他人犯罪之意思而參與，亦仍屬共同正犯。

▲【45 臺上 473】教唆犯係指僅有教唆行為者而言，如於實施犯罪行為之際，當場有所指揮，且就其犯罪實施之方法，以及實施之順序，有所計畫，以促成犯罪之實現者，則其擔任計畫行為之人，與加工於犯罪之實施初無異致，即應認為共同正犯，而不能以教唆犯論。又如在正犯實施前曾參加計畫，其後復參加構成犯罪事實之一部者，即屬分擔實施之犯罪行為，亦應認為共同正犯，而不能以幫助犯論。

▲【46 臺上 1304】共同實施犯罪行為為共同正犯構成要件之一。**所謂共同實施，雖不以參與全部犯罪行為為限，要必分擔實施一部分，始得為共同正犯**。

▲【65 臺上 590】被告既與行將殺人之某甲共同將被害人拉出毆打，並於其擬逃之際，自後抱住不放，便於某甲下手刺殺，自難辭其行為分擔之責，縱其意在幫助，但其參與犯罪分擔，既已達成犯罪構成要件之行為，仍應論以共同殺人之正犯，而非從犯。

▲【69 臺上 695】上訴人等冒用會員名義，偽造標單，行使得標，詐取會款，**彼此有犯意聯絡及行為分擔，應為共同正犯**。偽造署押為偽造私文書之部分行為，不另成罪，偽造私文書而後行使，偽造之低度行為應為行使之高度行為所吸收，應依行使論擬。**行使偽造私文書與詐欺二罪之間，有方法與結果牽連關係，應從行使偽造私文書一重論處**。先後三次為之，時間緊接，犯意概括，構成要件亦復相同，應依連續犯例論以一罪。（註：應注意刑法已修正，刪除牽連犯、連續犯之規定。）

▲【69 臺上 1931】上訴人等四人同時同地基於同一原因圍毆被害人等二人，其中一人因傷致死，**當時既無從明確分別圍毆之對象，顯係基於一共同之犯意分擔實施行為，應成立共同正犯**，並同負加重結果之全部罪責。

▲【73 臺上 1886】共同正犯之意思聯絡，不限於事前有所協議，其於行為當時，基於相互之認識，以共同犯罪之意思參與者，亦無礙於共同正犯之成立。

▲【73 臺上 2364】**意思之聯絡並不限於事前有所謀議，即僅於行為當時有共同犯意之聯絡者，亦屬之**，且其表示之方法，亦不以明示通謀為必要，即相互間有默示之合致，亦無不可。

▲【73 臺上 2616】教唆犯並非共同正犯，上訴人夫妻如屬共同教唆偽證，應就教唆行為共同負責，無適用刑法第 28 條規定之餘地，原判決主文揭示上訴人共同教唆偽證字樣，並於結論欄引用刑法第 28 條，殊嫌錯誤。

▲【76 臺上 7210】**刑法分則或刑法特別法中規定之結夥二人或三人以上之犯罪，應以在場共同實施或在場參與分擔實施犯罪之人為限，不包括同謀共同正犯在內**。司法院大法官會議釋字第 109 號解釋「以自己共同犯罪之意思，事先同謀，而由其中一部分之人實施犯罪之行為者，均為共同正犯」之意旨，雖明示將「同謀共同正犯」與「實施共同正犯」併包括於刑法總則第 28 條之「正犯」之中，但此與規定於刑法分則或刑法特別法中之結夥犯罪，其態樣並非一致。

▲【77 臺上 2135】**共同正犯之意思聯絡，原不以數人間直接發生者為限，即有間接之聯絡者，亦包括在內**。如甲分別邀約乙、丙犯罪，雖乙、丙間彼此並無直接之聯絡，亦無礙於其為共同正犯之成立。

▲【91 臺上 50】參見本法第 17 條。

第 29 條　（教唆犯及其處罰）

I.教唆他人使之實行犯罪行為者，為教唆犯。

II.教唆犯之處罰，依其所教唆之罪處罰之。

(94)一、關於教唆犯之性質為何，實務及學說之見解至為混亂，惟依現行教唆犯之立法理由「教唆犯惡性甚大，宜採獨立處罰主義。惟被教唆人未至犯罪，或雖犯罪而未遂，即處教唆犯既遂犯之刑，未免過嚴，故本案規定此種情形，以未遂犯論。」似可得知係採共犯獨立性說立場。

二、教唆犯如採共犯獨立性說之立場，實側重於處罰行為人之惡性，此與現行刑法以處罰犯罪行為為基本原則之立場有違。更不符合現代刑法思潮之共犯從屬性思想，故改採德國刑法及日本多數見解之共犯從屬性說中之「限制從屬形式」。依限制從屬形式之立場，共犯之成立係以正犯行為（主行為）之存在為必要，而此正犯行為則須正犯者（被教唆者）著手於犯罪之實行行為，且具備違法性（即須正犯行為具備構成要件該當性、

違法性），始足當之，至於有責性之判斷，則依個別正犯或共犯判斷之，爰刪除現行條文第 3 項失敗教唆與無效教唆之處罰，並修正要件為「教唆他人使之實行犯罪行為者，為教唆犯」，亦即被教唆者未產生犯罪決意，或雖生決意卻未實行者，教唆者皆不成立教唆犯。

三、修正後之教唆犯既採共犯從屬性說之立場，因此，關於教唆犯之處罰效果，仍維持現行法第 2 項「教唆犯，依其所教唆之罪處罰之」之規定，在適用上係指被教唆者著手實行，且具備違法性後，教唆者始成立教唆犯。而成立教唆犯後之處罰，則依教唆犯所教唆之罪（如教唆殺人者，依殺人罪處罰之）。至於應適用既遂、未遂何者之刑，則視被教唆者所實行之構成要件事實既遂、未遂為斷。

◇**共犯從屬性**：共犯之成立，須以正犯犯罪成立為前提。惟就共犯從屬性應從屬到哪種程度，學說上有所爭議：**最小從屬性理論**認為，僅需正犯構成要件該當即可；**限制從屬性理論**認為，僅需正犯不法成立即可；**嚴格從屬性理論**認為，需正犯是一個不法且有責的犯罪行為，共犯方能從屬。**新法修正後**，於立法理由中明白採限制從屬性理論。

◇**陷害教唆**：教唆人基於使他人犯罪所行的教唆行為，如警方釣魚辦案。因此類行為不具教唆既遂故意，故不成立教唆犯。

◇**教唆之過剩**：教唆人教唆他人實行基本犯罪，卻發生加重結果時，教唆人應否為加重之結果負責？學說上認為，過失之加重結果應回歸單一正犯理論，視教唆人對於該結果是否有預見可能性而定。

◇**教唆之錯誤**：被教唆人發生打擊錯誤或客體錯誤之情形，應如何論教唆犯之刑責？通說認為，被教唆人僅是教唆人實現犯罪手段之工具，故工具發生技術上的偏誤，對教唆人來說均屬**打擊錯誤**；亦有學說認為，本於限制從屬性原則，教唆人應從屬被教唆人的錯誤型態，定其責任。

◇**教唆之雙重故意**：即教唆故意與教唆既遂故意，前者係教唆人認知到其正在挑起他人犯意的事實，後者係教唆人認知到其教唆行為將引起實害結果。

◇**教唆未遂與未遂教唆**

教唆未遂	教唆人已形成被教唆人之犯罪決意，惟被教唆人著手後未遂
未遂教唆	教唆人自始並未形成被教唆人之犯罪決意，如某甲教唆某乙殺某丙，某乙

卻跑回家睡覺。本於限制從屬性原則，既被教唆人並未為任何犯罪行為，教唆人亦不可罰

▲【46 臺上 831】某甲原無殺父之意，某乙教唆毒殺後，復送給毒藥，並又催促實施，則某乙前之教唆與後之催促，係一個教唆行為，其送給毒藥之幫助行為，在教唆之後，應為教唆行為所吸收，自應以教唆殺人論科。

▲【70 臺上 6854】本件王某原無偽造支票之犯意，上訴人蘇某供給空白支票與王某，教唆王某偽造印章使用。是其行為，係教唆王某偽造支票。其教唆王某偽造印章，在用以偽造支票，應為犯罪行為之一部，即應論以教唆偽造有價證券罪。

▲【73 臺上 2616】參見本法第 28 條。

第 30 條　（幫助犯及其處罰）

I 幫助他人實行犯罪行為者，為幫助犯。雖他人不知幫助之情者，亦同。

II 幫助犯之處罰，得按正犯之刑減輕之。

⑭一、關於現行幫助犯之性質，實務及學說多數見解，認係採共犯從屬性說之立場，然第 1 項關於幫助犯之規定，與現行條文第 29 條第 1 項體例相同，在解釋上，亦滋生共犯獨立性說與從屬性說之爭。依學界通說既認幫助犯應採共犯從屬性說之「限制從屬形式」，使教唆犯及幫助犯之從屬理論一致，爰修第 1 項之文字，以杜疑義。

二、「從犯」一語，常有不同解讀，關於教唆犯之理論，既改採從屬性說中「限制從屬形式」，已如前述，則「從犯」一語宜修正為「幫助犯」，以符本意。爰將第 1 項前段之文字，修正為「幫助他人實行犯罪行為者，為幫助犯」，並明示幫助犯之成立，亦以被幫助者著手犯罪之實行，且具備違法性為必要。至於被幫助者是否具有「有責性（罪責）」，皆不影響幫助犯之成立。因此，如被幫助之人未滿十四歲，或有第 19 條第 1 項之情形而不罰，依幫助犯之限制從屬形式，仍得依其所幫助之罪處罰之。

三、由於幫助犯之不法內涵輕於正犯、教唆犯，在處罰效果上，仍維持「得減輕其刑」之規定為妥。

◇**幫助犯**：係指具備幫助行為、幫助之雙重故意之參與犯型態。

◇**幫助犯的因果關係**：係探討幫助行為與正犯既遂之間，是否以具有因果關係為必要。依據我國

實務早期見解（23上1738），行為人之行為與他人犯罪間有**直接重要關係**即可成立幫助犯，然此一模糊的概念廣受學說批評。有學說指出，幫助犯只要促成正犯的既遂即可，不以具備條件理論下的因果關係為必要；部分學說則強調應以具備因果關係為必要；採風險升高理論的論者則認為，幫助行為必須提升正犯既遂的風險。

▲【27上2766】從犯之幫助行為，雖兼賅積極、消極兩種在內，然必有以物質上或精神上之助力予正犯之實施犯罪之便利時，始得謂之幫助。若於他人實施犯罪之際，**僅以消極態度不加阻止，並無助成正犯犯罪之意思，及便利其實施犯罪之行為者，即不能以從犯論擬**。

▲【33上793】刑法第28條之共同正犯，係指二人以上共同實施之行為者而言，**幫助他人犯罪，並非實施正犯**，在事實上雖有二人以上共同幫助殺人，要亦各負幫助殺人責任，仍無適用該條之餘地。

▲【49臺上77】刑法上之幫助犯，係指以幫助之意思，對於正犯資以助力，而未參與實施犯罪之行為者而言，**如就構成犯罪事實之一部，已參與實施即屬共同正犯**。上訴人既於他人實施恐嚇時，在旁助勢，攔阻被恐嚇人之去路，即已分擔實施犯罪行為之一部，自係共同正犯，原判決以幫助犯論擬，非無違誤。

▲【60臺上2159】刑法上之幫助犯，**以正犯已經犯罪為構成要件，故幫助犯無獨立性**，如無他人犯罪行為之存在，幫助犯即無由成立。

▲【68臺上2961】少年事件處理法第85條規定成年人幫助未滿十八歲之人犯罪，加重其刑，業已排除適用刑法第30條幫助犯得減輕其刑之規定。

第31條　（共犯與身分之關係）

I.因身分或其他特定關係成立之罪，其共同實行、教唆或幫助者，雖無特定關係，仍以正犯或共犯論。但得減輕其刑。

II.因身分或其他特定關係致刑有重輕或免除者，其無特定關係之人，科以通常之刑。

�94一、第28條至第30條對於正犯與共犯之共同或參與行為，已修正為「實行」或「使之實行」犯罪行為，本條係規範正犯與共犯之身分或特定關係，自應採取相同之立場，爰將第1項之「實施」

修正為「實行」，俾利適用。

二、現行法對共同實行、教唆或幫助者，雖無身分或其他特定關係，一律論以共犯，較有些國家之僅承認無身分或其他特定關係之教唆犯或幫助犯構成共犯者為嚴格(德國現行刑法第28條(1)所稱共犯，係指教唆犯或幫助犯而言，不及於共同正犯)。衡情而論，無身分或特定關係之共同正犯、教唆犯、或幫助犯，其可罰性應較有身分或特定關係者為輕，不宜同罪。再衡以第2項於對無身分或特定關係者之刑較對有身分或特定關係者之刑為輕時，對無特定關係之人科以輕罪之規定，益徵對無特定關係之正犯或共犯宜減刑規定。惟又鑑於無身分或特定關係之正犯或共犯，其惡性較有身分或特定關係者為重之情形，亦屬常見。另除配合第四章章名之修正將第1項內之「共犯」修正為「正犯或共犯」外，並增設但書規定得減輕其刑，以利實務上之靈活運用。

三、第2項未修正。

◇**身分犯**：部分犯罪的成立、刑之減輕或加重，以行為人具備特定身分為必要，這種犯罪類型，稱為「身分犯」。依據通說見解，本條第1項犯罪因特定身分而成立者，稱為「**純正身分犯**」，本條第2項犯罪因特定身分而在刑度上加重減輕者，稱為「**不純正身分犯**」。惟亦有學者將本條第1項理解為「**不法身分**」，第2項則理解為「**罪責身分**」。

◇**己手犯**：部分犯罪的成立，以行為人親自實施構成要件行為為必要，如偽證罪。

▲【28上3441】刑法第31條第1、2兩項所規定之情形，迥不相同。前者非有某種身分或其他特定關係不能構成犯罪，故以身分或其他特定關係為犯罪構成條件，後者不過因身分或其他特定關係為刑罰重輕或應否免除其刑之標準，質言之，即**無身分或其他特定關係之人，亦能構成犯罪，僅以身分或其他特定關係為刑罰重輕或應否免除其刑之條件**。

▲【70臺上2481】共犯中之林某乃味全公司倉庫之庫務人員，該被盜之醬油，乃其所經管之物品，亦即基於業務上關係所持有之物，竟串通上訴人等乘載運醬油及味精之機會，予以竊取，此項**監守自盜之行為，實應構成業務上侵占之罪，雖此罪係以身分關係而成立，但其共同實施者，雖無此特定關係，依刑法第31條第1項規定，仍應以共犯論**。

第五章　刑

第 32 條　（刑罰之種類）

刑分為主刑及從刑。

◇主刑與從刑

主刑	法院得獨立科處犯罪人的刑罰，依照我國現行刑法第 33 條，主刑分為死刑、無期徒刑、有期徒刑、拘役、罰金五種
從刑	法院必須依附在有效的主刑上，才能附加科處犯罪人的刑罰，如褫奪公權

◇刑

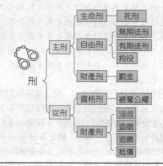

第 33 條　（主刑之種類）

主刑之種類如下：

一　死刑。

二　無期徒刑。

三　有期徒刑：二月以上十五年以下。但遇有加減時，得減至二月未滿，或加至二十年。

四　拘役：一日以上，六十日未滿。但遇有加重時，得加至一百二十日。

五　罰金：新臺幣一千元以上，以百元計算之。

⑭一、序文之「如左」一語，改為「如下」。

二、第 1 款至第 2 款未修正。

三、第 4 款拘役原定為一日以上二月未滿，其最高期限「五十九日」與有期徒刑之最低期限「二月」相銜接。但拘役宜以日為單位，日本立法例（日本現行刑法第十六條）採用之，乃參考而修正為「拘役：一日以上六十日未滿。但遇有加重時，得加至一百二十日」。

四、第 5 款罰金原規定為一元以上，且以銀元為

計算單位，已不符目前社會經濟狀況。其他特別刑法或附屬刑法多數改以「新臺幣」為計算單位，造成現行罰金計算單位之混亂，應有統一必要。其次，現行罰金最低額為一元以上，以現今之經濟水準殊嫌過低，無法發生刑罰懲戒作用，故修正提高為新臺幣一千元以上，且為計算之便宜，避免有零數之困擾，爰一併規定以百元計算，以符實際。

▲【35 非 2】原判科被告以拘役，既未認定有加重本刑之原因，即應在二月未滿之限度以內處斷，乃竟諭知拘役二月，顯與刑法第 33 條第 4 款之規定相違背。

▲【46 臺非 42】拘役之期間，除加重時外，為一日以上二月未滿，刑法第 33 條第 4 款定有明文。原判決既未說明其有加重情由，乃諭知科處拘役六十五日，顯屬違背法令。

第 34 條　（刪除）

⑭照協商條文通過。

第 35 條　（主刑之重輕標準）

Ⅰ.主刑之重輕，依第三十三條規定之次序定之。

Ⅱ.同種之刑，以最高度之較長或較多者為重。最高度相等者，以最低度之較長或較多者為重。

Ⅲ.刑之重輕，以最重主刑為準，依前二項標準定之。最重主刑相同者，參酌下列各款標準定其輕重：

一　有選科主刑者與無選科主刑者，以無選科主刑者為重。

二　有併科主刑者與無併科主刑者，以有併科主刑者為重。

三　次重主刑同為選科刑或併科刑者，以次重主刑為準，依前二項標準定之。

⑭一、第 1 項、第 2 項未修正。

二、現行第 3 項之規定，對於刑之重輕之判斷標準似過於簡略。蓋判斷刑之重輕，情形至為複雜，現行規定幾等於未設標準；且「得依犯罪情節定之」，更有違法理。為便於未來刑之重輕判斷更趨明確，茲就實務適用情形，分別規定如下：㈠各罪法定刑之重輕，應以最重主刑為準，依第 1 項、第 2 項之標準定其輕重。㈡二罪之最重主刑相同，

而不能依第 1 項、第 2 項之標準定其重輕者，如一罪有選科主刑者，他罪並無選科主刑者，則以無選科主刑者為重。(三)二罪之最重主刑相同，而不能依第 1 項、第 2 項之標準定其重輕者，如一罪有併科主刑者，他罪並無併科主刑者，則以有併科主刑者為重。(四)二罪之最重主刑相同，而其次重主刑同為選科刑或併科刑者，以次重主刑為準，依第 1 項、第 2 項之標準定其重輕。

第 36 條　（褫奪公權之內容）

Ⅰ.從刑為褫奪公權。

Ⅱ.褫奪公權者，褫奪下列資格：
- 一　為公務員之資格。
- 二　為公職候選人之資格。

⑩照協商條文通過。

◇**褫奪公權**：即國家剝奪特定犯罪人為公務員、公職人員或其候選人，已享有公法上權利之資格。

▲【50 臺非 58】刑法第 36 條所定之褫奪公權，其被褫奪之資格並無服兵役之資格在內。原判決以臺北市政府徵集被告服兵役，係在被告褫奪公權期內，當時被告已無服兵役之權利及義務，其居住所遷移不報，並無妨害兵役可言，實屬於法無據。

第 37 條　（褫奪公權之宣告）

Ⅰ.宣告死刑或無期徒刑者，宣告褫奪公權終身。

Ⅱ.宣告一年以上有期徒刑，依犯罪之性質認為有褫奪公權之必要者，宣告一年以上十年以下褫奪公權。

Ⅲ.褫奪公權，於裁判時併宣告之。

Ⅳ.褫奪公權之宣告，自裁判確定時發生效力。

Ⅴ.依第二項宣告褫奪公權者，其期間自主刑執行完畢或赦免之日起算。但同時宣告緩刑者，其期間自裁判確定時起算之。

⑭一、第 1 項、第 3 項未修正。

二、現行條文第 2 項規定對宣告六月以上有期徒刑者，法院可依其裁量，宣告有期褫奪公權。惟徵諸實務，法院除特別法上有法定褫奪公權規定外，對於宣告一年未滿有期徒刑之案件，併予宣告褫奪公權者，尚非多見。雖不宜將上述宣告刑之下限作大幅度的提高，惟按宣告六月以上未滿一年有期徒刑者，犯罪情狀多屬輕微，並無褫奪公權之必要。宜將其宣告刑下限由六月酌改為一

年。

三、自法理言，刑罰之宣告應自裁判確定時起，發生效力，褫奪公權既為從刑之一種，當應作相同的解釋，不因其為終身褫奪或有期褫奪而有所差別（參照司法院院字第 2494 號解釋）。現行第 4 項上段稱「依第一項宣告褫奪公權者」就其文義言，應僅指終身褫奪，而不包括有期褫奪之情形在內，對有期褫奪自何時發生效力問題，易生歧見，參酌民國 17 年舊刑法第 59 條第 2 項前段、德國現行刑法第 45 條 a(1)及瑞士現行刑法第 51 條等三立法例，宜予刪除「依第一項」四字，並修正為「褫奪公權之宣告」，以示有期褫奪與終身褫奪相同，其宣告均自裁判確定時發生效力。

四、為配合第 4 項上段之修正，另將該項下段改列為第 5 項，並增列「其期間」三字，明示主刑執行完畢或赦免之日為有期褫奪公權之期間起算日期，並用以澄清有期褫奪公權除生效日期外，另有其期間之起算日期，兩者不容混淆。

五、第 74 條第 5 項增訂「緩刑之效力不及於從刑與保安處分之宣告。」因緩刑期內主刑既無執行，則現行第 5 項褫奪公權自主刑執行完畢或赦免之日起算之規定，已無法適用，爰於但書增訂「但同時宣告緩刑者，其期間自裁判確定時起算之。」俾利適用。

▲【43 臺非 45】褫奪公權為從刑之一種，應隨主刑宣告，如係數罪併罰內有褫奪公權必要者，須於分別宣告主刑之下一併宣告褫奪公權，再定其應執行之主從各刑，若僅於定執行刑時載明褫奪公權若干年，應認褫奪公權未經合法宣告。

第 37 條之 1　（刑期起算日）

Ⅰ.刑期自裁判確定之日起算。

Ⅱ.裁判雖經確定，其尚未受拘禁之日數，不算入刑期內。

⑩照協商條文通過。

第 37 條之 2　（羈押之日數）

Ⅰ.裁判確定前羈押之日數，以一日抵有期徒刑或拘役一日，或第四十二條第六項裁判所定之罰金額數。

Ⅱ.羈押之日數，無前項刑罰可抵，如經宣告拘束人身自由之保安處分者，得以一日抵保安處分一日。

⑩照協商條文通過。

第五章之一　沒　收

◇新法將沒收「去從刑化」：民國 104 年修法前之舊刑法第 34 條，將沒收視為從刑的一種，亦即沒收必須依附於有效的主刑之上才能科處。惟 104 年之修法理由指出，沒收為刑法所定刑罰及保安處分以外之法律效果，具有獨立性，故新增第五章之一。新法將沒收視為一個「獨立的法律效果」，將沒收去從刑化。至於犯罪所得之沒收（利得沒收），新法將其定位為「準不當得利之衡平措施」，學者並指出，此係基於任何人不得因不法獲得利益、犯罪得利者不應存在合理的信賴保護之精神。

第 38 條　（沒收物）

I.違禁物，不問屬於犯罪行為人與否，沒收之。

II.供犯罪所用、犯罪預備之物或犯罪所生之物，屬於犯罪行為人者，得沒收之。但有特別規定者，依其規定。

III.前項之物屬於犯罪行為人以外之自然人、法人或非法人團體，而無正當理由提供或取得者，得沒收之。但有特別規定者，依其規定。

IV.前二項之沒收，於全部或一部不能沒收或不宜執行沒收時，追徵其價額。

⑩照協商條文通過。

◇違禁物：指依法令禁止製造、運輸、販賣、持有、轉讓或行使之物。

◇供犯罪所用或犯罪預備之物：前者如菜刀、球棒；後者為以實行犯罪為目的而預作準備之物，如用以殺人之毒藥等等。

◇犯罪所生之物：如犯罪所得之偽鈔、爆裂物等等。學說指出，此類物品應沒收之理由在於避免進一步的犯罪行為，或使犯罪結果擴大。應注意的是，若刑法分則中有專科沒收規定（如第 219 條），應優先於本條適用之。

▲【51 臺非 13】刑法第 38 條第 1 項第 2 款所定得沒收之供犯罪所用或供犯罪預備之物，必於犯罪有**直接關係**者，始屬相當。

▲【71 臺上 754】違禁物固不問屬於犯人與否，均應沒收，但該物苟係屬於第三人所有，則其是否違禁，即應視該第三人有無違禁情形為斷。**故犯人雖係違禁持有，而所有之第三人如係經合法**允許持有者，仍不在應行沒收之列。本件上訴人所竊得之雷管雖屬違禁物，但原所有人係經允准持有供其砍伐林班之用，並非未受允准亦無正當理由持有。依照上開說明自不在沒收之列，原判決逕行諭知沒收，顯屬於法有違。

▲【95 臺上 2050】(五)按刑法第 38 條第 1 項第 2 款**所稱「供犯罪預備之物」，係指以供實施犯罪構成要件之行為之用為目的所預備之物，而尚未使用者**。申言之，乃以供預備犯特定罪之目的所用之物，而屬於犯罪實施中或犯罪實施前，所預備者而言。此項物件，並非犯罪構成要件應具備而不可或缺者，與刑法上處罰預備行為之獨立所用之構成物，係屬供犯罪所用之物者有別，故「供犯罪預備之物」之沒收，並不以法律有明文處罰預備犯者為絕對必要。

▲【106 臺上 1374】修正刑法第 38 條第 2 項規定：「供犯罪所用、犯罪預備之物或犯罪所生之物，屬於犯罪行為人者，得沒收之。但有特別規定者，依其規定。」旨在藉以剝奪犯罪行為人所有以預防並遏止犯罪，而由法官審酌個案情節決定有無沒收必要。**所謂「供犯罪所用之物」，乃指對於犯罪具有促成、推進或減少阻礙的效果，而於犯罪之實行有直接關係之物而言**。由於供犯罪所用之物與犯罪本身有密切關係，透過剝奪所有權的沒收宣示，除能預防再以相同工具易地反覆非法使用之外，亦能向社會大眾傳達國家實現刑罰決心的訊息，對物之所有權人濫用其使用權利也產生更強烈的懲戒作用，寓有一般預防與特別預防之目的。**在主觀要件上**，本法雖未明文限制故意犯或過失犯，但過失行為人欠缺將物品納入犯罪實行媒介之主觀利用認識，並未背離其使用財產的合理限度或有濫權使用財產之情形，故無剝奪其財產權之必要，**自應將犯罪工具沒收適用範圍限縮為故意犯**，方符合目的性解釋。另**在客觀要件上**，應區分該供犯罪所用之物，是否為實現犯罪構成要件的事實前提，即欠缺該物品即無由成立犯罪，此類物品又稱為關聯客體，該關聯客體本身並不具促成、推進構成要件實現的輔助功能，故**非供犯罪所用之物，其沒收必須有特別規定方得為之**。例如不能安全駕駛罪，行為人所駕駛之汽車或機車即為構成該罪之事實前提，僅屬該罪之關聯客體，而不具促成、推進犯罪實現的效用，即非屬供犯罪所用而得沒收。至於犯罪加重構成要件中若有特別工具，例如攜帶兇器竊盜罪、利用駕駛供不特定人運輸之交通工具

之機會犯強制性交罪，該兇器、交通工具屬於犯罪行為人者，分別對於基本構成要件之普通竊盜罪、強制性交罪而言，仍具有促成、推進功能，即屬於供犯罪所用之物，而在得沒收之列。

第 38 條之 1 　（沒收犯罪所得）

I.犯罪所得，屬於犯罪行為人者，沒收之。但有特別規定者，依其規定。

II.犯罪行為人以外之自然人、法人或非法人團體，因下列情形之一取得犯罪所得者，亦同：

　一　明知他人違法行為而取得。

　二　因他人違法行為而無償或以顯不相當之對價取得。

　三　犯罪行為人為他人實行違法行為，他人因而取得。

III.前二項之沒收，於全部或一部不能沒收或不宜執行沒收時，追徵其價額。

IV.第一項及第二項之犯罪所得，包括違法行為所得、其變得之物或財產上利益及其孳息。

V.犯罪所得已實際合法發還被害人者，不予宣告沒收或追徵。

⑩照協商條文通過。

◇犯罪所得：又稱「利得沒收」，新法將其列為一種獨立的沒收型態，修法理由明確指出，其法理在於避免被告因犯罪而坐享犯罪所得，顯失公平正義。宜注意者，新法特別增訂第 2 項向惡意第三人沒收之規定，以填補裁罰漏洞。此處之犯罪所得，依修法理由，其型態包括犯罪所得之物、財產上利益及其孳息等，且犯罪所得並不限於有體物，而廣義包括直接或間接所得、所生之財物或利益，無論係物質或非物質、動產或不動產、有形或無形，均應包括在內。

◇財產上利益：包括積極利益和消極利益，前者包括占用他人房屋所得利益、接受性招待之利益、變得之孳息指利息或租金收入；後者則包括法定應建置設備未建置因而減省之費用等。又，基於徹底剝奪犯罪所得，根絕犯罪誘因之精神，財產上利益無論成本或利潤，均應沒收。

◇優先發還被害人：依據本條第 5 項，為優先保障被害人因犯罪所生之民事求償權，如沒收前之犯罪所得已實際發還被害人，意味著已回復合乎法秩序的利益歸屬狀態，則國家毋庸再予介入。

惟就程序進行期間被害人始主張發還與被害人相關之程序權利，請參見刑事訴訟法第 455 條之 12 以下沒收特別程序之規定。

第 38 條之 2 　（犯罪所得及追徵之範圍與價額以估算認定）

I.前條犯罪所得及追徵之範圍與價額，認定顯有困難時，得以估算認定之。第三十八條之追徵，亦同。

II.宣告前二條之沒收或追徵，有過苛之虞、欠缺刑法上之重要性、犯罪所得價值低微，或為維持受宣告人生活條件之必要者，得不宣告或酌減之。

⑩照協商條文通過。

◇過苛調節條款：其法理在於衡平國家干預私人財產權之界線。其具體判斷標準，條文「有過苛之虞」學說指出即比例原則之操作，「欠缺刑法上之重要性」係沒收所帶來之預防效果相對於主徵不足道時，「為維持受宣告人生活條件之必要」如犯罪人為結構性弱勢族群，沒收其物品將使其無法維生時。符合此條件者，效果為不沒收或酌減追徵之價額。

第 38 條之 3 　（沒收裁判確定時移轉為國家所有）

I.第三十八條之物及第三十八條之一之犯罪所得之所有權或其他權利，於沒收裁判確定時移轉為國家所有。

II.前項情形，第三人對沒收標的之權利或因犯罪而得行使之債權均不受影響。

III.第一項之沒收裁判，於確定前，具有禁止處分之效力。

⑩一、原條文第 1 項、第 3 項未修正。

二、刑法沒收目的在剝奪犯罪不法利得，以預防犯罪，基於被害人保護優先及交易安全之維護，不僅第三人對於沒收標的之權利不應受沒收裁判確定效力影響，對於國家沒收或追徵之財產，因與犯罪行為有關，自應賦予被害人優先行使其債權之權利，以避免因犯罪行為人履行不能，致求償無門，有害於被害人權利之實現。爰修訂原條文第 2 項規定。

第 39 條　（刪除）

⑩照協商條文通過。

第 40 條 　（沒收之宣告）

I.沒收，除有特別規定者外，於裁判時併宣告之。

II.違禁物或專科沒收之物得單獨宣告沒收。

III.第三十八條第二項、第三項之物、第三十八條之一第一項、第二項之犯罪所得，因事實上或法律上原因未能追訴犯罪行為人之犯罪或判決有罪者，得單獨宣告沒收。

⑩照協商條文通過。

第 40 條之 1 　（刪除）

⑩照協商條文通過。

第 40 條之 2 　（宣告多數沒收者一併執行）

I.宣告多數沒收者，併執行之。

II.沒收，除違禁物及有特別規定者外，逾第八十條規定之時效期間，不得為之。

III.沒收標的在中華民國領域外，而逾前項之時效完成後五年者，亦同。

IV.沒收之宣告，自裁判確定之日起，逾十年未開始或繼續執行者，不得執行。

⑩照協商條文通過。

第五章之二　易　　刑

第 41 條 　（易科罰金及易服社會勞動）

I.犯最重本刑為五年以下有期徒刑以下之刑之罪，而受六月以下有期徒刑或拘役之宣告者，得以新臺幣一千元、二千元或三千元折算一日，易科罰金。但易科罰金，難收矯正之效或難以維持法秩序者，不在此限。

II.依前項規定得易科罰金而未聲請易科罰金者，得以提供社會勞動六小時折算一日，易服社會勞動。

III.受六月以下有期徒刑或拘役之宣告，不符第一項易科罰金之規定者，得依前項折算規定，易服社會勞動。

IV.前二項之規定，因身心健康之關係，執行顯有困難者，或易服社會勞動，難收矯正之效或難以維持法秩序者，不適用之。

V.第二項及第三項之易服社會勞動履行期間，不得逾一年。

VI.無正當理由不履行社會勞動，情節重大，或履行期間屆滿仍未履行完畢者，於第二項之情形應執行原宣告刑或易科罰金；於第三項之情形應執行原宣告刑。

VII.已繳納之罰金或已履行之社會勞動時數依所定之標準折算日數，未滿一日者，以一日論。

VIII.第一項至第四項及第七項之規定，於數罪併罰之數罪均得易科罰金或易服社會勞動，其應執行之刑逾六月者，亦適用之。

IX.數罪併罰應執行之刑易服社會勞動者，其履行期間不得逾三年。但其應執行之刑未逾六月者，履行期間不得逾一年。

X.數罪併罰應執行之刑易服社會勞動有第六項之情形者，應執行所定之執行刑，於數罪均得易科罰金者，另得易科罰金。

⑱一、為求用語統一，爰將第1項及第3項「受六個月以下有期徒刑」修正為「受六月以下有期徒刑」、第8項「逾六個月者」修正為「逾六月者」。

二、確因不執行所宣告之刑，難收矯正之效或難以維持法秩序者，同為不得易科罰金與不得易服社會勞動之事由，造成因該事由而不得易科罰金者，亦應不得易服社會勞動。惟不適於易科罰金者，未必不適於易服社會勞動。爰將現行第1項及第4項「確因不執行所宣告之刑」之規定，分別修正為「易科罰金」及「易服社會勞動」。

三、第2項、第5項及第6項未修正。

四、徒刑、拘役易科罰金係依裁判所定標準折算，徒刑、拘役易服社會勞動則係依第2項、第3項之規定折算，非以裁判為之。爰將第7項之「裁判」二字刪除。

五、司法院於98年6月19日作成釋字第662號解釋。解釋文謂「中華民國94年2月2日修正公布之現行刑法第41條第2項，關於數罪併罰，數宣告刑均得易科罰金，而定應執行之刑逾六個月者，排除適用同條第1項得易科罰金之規定部分，與憲法第23條規定有違，並與本院釋字第366號解釋意旨不符，應自解釋公布之日起失其效力。」現行第8項關於數罪併罰，數宣告刑均得易服社會勞動，而定應執行之刑逾六月者，不得易服社會勞動之規定，雖未在該解釋範圍內，惟解釋所持理由亦同樣存在於易服社會勞動。爰修正第8項規定，以符合釋字第662號解釋意旨。數罪併

罰之數罪均得易科罰金者，其應執行之刑雖逾六月，亦有第 1 項規定之適用。數罪併罰之數罪均得易服社會勞動者，其應執行之刑雖逾六月，亦得聲請易服社會勞動，有第 2 項至第 4 項及第 7 項規定之適用。

六、配合第 8 項數罪併罰之數罪均得易服社會勞動，其應執行之刑逾六月，亦得聲請易服社會勞動之修正，爰增訂第 9 項明定數罪併罰應執行之刑易服社會勞動之履行期間。考量易服社會勞動制度旨在替代短期自由刑之執行，避免短期自由刑之流弊，則適宜易服社會勞動之數罪併罰應執行之刑不宜過長，並審酌易服社會勞動履行期間之長短，攸關刑執行完畢之時間，影響累犯之認定等事由，明定數罪併罰應執行之刑易服社會勞動者，其履行期間不得逾三年。另於但書明定數罪併罰應執行之刑未逾六月者，其易服社會勞動之履行期間，不得逾一年，以與單罪易服社會勞動之履行期間一致。

七、數罪併罰應執行之刑易服社會勞動，於有第 6 項所定正當理由不履行社會勞動，情節重大，或履行期間屆滿仍未履行完畢之情形，數罪均得易科罰金者，應執行所定之執行刑或易科罰金。數罪均得易服社會勞動，惟非均得易科罰金者，因應執行之刑本不得易科罰金，則應執行所定之執行刑，增訂第 10 項明定之。

◇**易刑處分**：基於某些事實上之需要，將原本應執行的刑罰，改為其他形式執行，為一種刑事執行程序上的便宜措施。

第 42 條　（易服勞役）

I 罰金應於裁判確定後二個月內完納。期滿而不完納者，強制執行。其無力完納者，易服勞役。但依其經濟或信用狀況，不能於二個月內完納者，得許期滿後一年內分期繳納。遲延一期不繳或未繳足者，其餘未完納之罰金，強制執行或易服勞役。

II 依前項規定應強制執行者，如已查明確無財產可供執行時，得逕予易服勞役。

III 易服勞役以新臺幣一千元、二千元或三千元折算一日。但勞役期限不得逾一年。

IV 依第五十一條第七款所定之金額，其易服勞役之折算標準不同者，從勞役期限較長者定之。

V 罰金總額折算逾一年之日數者，以罰金總額與一年之日數比例折算。依前項所定之

期限，亦同。

VI 科罰金之裁判，應依前三項之規定，載明折算一日之額數。

VII 易服勞役不滿一日之零數，不算。

VIII 易服勞役期內納罰金者，以所納之數，依裁判所定之標準折算，扣除勞役之日期。

⑱一、第 1 項至第 5 項、第 7 項及第 8 項未修正。

　二、現行條文於 94 年間修正時，係將修正前之第 2 項及第 3 項分別移為現行條文第 3 項及第 5 項，並新增第 4 項。惟修正前之第 4 項於移列為現行條文第 6 項時，並未配合調整所引項次，致生爭議，爰予酌修。

第 42 條之 1　（罰金易服勞役之再易服社會勞動）

I 罰金易服勞役，除有下列情形之一者外，得以提供社會勞動六小時折算一日，易服社會勞動：

　　一　易服勞役期間逾一年。

　　二　入監執行逾六月有期徒刑併科或併執行之罰金。

　　三　因身心健康之關係，執行社會勞動顯有困難。

II 前項社會勞動之履行期間不得逾二年。

III 無正當理由不履行社會勞動，情節重大，或履行期間屆滿仍未履行完畢者，執行勞役。

IV 社會勞動已履行之時數折算勞役日數，未滿一日者，以一日論。

V 社會勞動履行期間內繳納罰金者，以所納之數，依裁判所定罰金易服勞役之標準折算，扣除社會勞動之日數。

VI 依第三項執行勞役，於勞役期內納罰金者，以所納之數，依裁判所定罰金易服勞役之標準折算，扣除社會勞動與勞役之日數。

⑱一、配合第 41 條第 8 項之修正，酌修第 1 項第 2 款。考量社會接受度及社會勞動執行之困難度，對於須入監執行逾六月有期徒刑者，其併科或併執行罰金之執行，亦不得易服社會勞動，包括下列情形：㈠單罪宣告刑逾六月有期徒刑併科之罰金。㈡數罪併罰之徒刑應執行刑不得易科罰金或易服社會勞動，而須入監執行逾六月有期徒刑者，其併執行之罰金。㈢數罪併罰之徒刑應執行刑得

易科罰金或易服社會勞動，惟未聲請易科罰金或易服社會勞動，而入監執行逾六月有期徒刑者，其併執行之罰金。㈣數罪併罰之徒刑應執行刑得易科罰金或易服社會勞動，經聲請易科罰金或易服社會勞動，惟未獲准許易科罰金或易服社會勞動，而入監執行逾六月有期徒刑者，其併執行之罰金。

二、第2項至第6項未修正。

第 43 條　（易以訓誡）

受拘役或罰金之宣告，而犯罪動機在公益或道義上顯可宥恕者，得易以訓誡。

▲【院 1350】訓誡之方式，法無明文規定，應由檢察官斟酌之情形，以言詞或書面行之。

第 44 條　（易刑之效力）

易科罰金、易服社會勞動、易服勞役或易以訓誡執行完畢者，其所受宣告之刑，以已執行論。

㊾配合本法第41條及修正條文第42條之1易服社會勞動制度之增訂，明定易服社會勞動執行完畢者，其所受宣告之刑，以已執行論。

第 45 條　（刪除）

㊾照協商條文通過。

第 46 條　（刪除）

㊾照協商條文通過。

第六章　累　犯

㊑查暫行律第19條原案謂凡已受刑之執行，復再犯罪，此其人習於為惡，實為社會之大蠹，若仍繩以初犯之刑，有乖刑期無刑之義。故本章特設規定。

第 47 條　（累犯）

Ⅰ受徒刑之執行完畢，或一部之執行而赦免後，五年以內故意再犯有期徒刑以上之罪者，為累犯，加重本刑至二分之一。

Ⅱ第九十八條第二項關於因強制工作而免其刑之執行者，於受強制工作處分之執行完畢或一部之執行而免除後，五年以內故意再犯有期徒刑以上之罪者，以累犯論。

㊼一、累犯之加重，係因犯罪行為人之刑罰反應力薄弱，需再延長其矯正期間，以助其重返社會，並兼顧社會防衛之效果。參之同為大陸法系之日本現行刑法第56條及改正刑法草案第56條、瑞士刑法第67條、奧地利刑法第39條、法國刑法第132條之8至第132條之11仍有累犯之規定，宜維持現行累犯制度。惟可因行為人惡性之程度酌予量處適當之刑。

二、犯罪行為人之再犯係出於故意者，固有適用累犯加重規定之必要；惟若過失再犯者因難據以確認其刑罰反應力薄弱，故宜以勸導改善等方式，促其提高注意力以避免再犯，而不宜遽行加重其刑，故第1項限制以故意再犯者為限，方成立累犯。

三、保安處分本有補充或代替刑罰之功用，為配合第98條第2項增訂強制工作處分與刑罰之執行效果得予以互代，爰參採竊盜犯贓物犯保安處分條例第7條之立法體例，於本條第2項增訂擬制累犯之規定。

◇執行完畢：指受刑人服滿刑期。學說上並指出，本條之執行完畢，包括「已執行論」，故依刑法第44條易刑處分、第79條第1項未經撤銷假釋之情形，亦為本條「執行完畢」之態樣（蔡墩銘，刑法精義）。

▲【院解 3534】刑法第 47 條所謂赦免係指特赦及免除其刑者而言，不包括大赦在內。至罪犯經依罪犯赦免減刑令赦免，既係大赦，自不生累犯問題。

▲【47 臺上 1004】刑法第 47 條所謂加重本刑至二分之一，祗為最高度之規定，並無最低度之限制，法院於本刑二分之一以下範圍內，如何加重，本有自由裁量之權，自不能以原判決僅加重其本刑十分之一，並未加至二分之一，而再予減輕二分之一為不當。

▲【47 臺上 1027】累犯之成立，以曾受有期徒刑之執行完畢，或受無期徒刑或有期徒刑一部之執行而赦免後，五年以內再犯有期徒刑以上之罪為要件，故所處徒刑雖已確定，但既尚未執行而更犯有期徒刑以上之罪，即不得依累犯之例論處。

▲【69 臺上 2884】上訴人前受之保護管束處分，係依少年事件處理法第 42 條之規定所為之處分，雖經於 67 年 6 月 26 日執行完畢，然此與依戡亂時期竊盜犯贓物犯保安處分條例第 9 條所定保護管束處分執行完畢之情形不同，自無累犯規定之適用。

▲【75 臺上 635】緩刑期滿而緩刑之宣告未經撤

銷者，其刑之宣告，失其效力，與以已執行論之效果，並不相同，嗣後縱然再犯，不發生累犯之問題。

▲【釋 775】刑法第 47 條第 1 項規定：「受徒刑之執行完畢，或一部之執行而赦免後，5 年以內故意再犯有期徒刑以上之罪者，為累犯，加重本刑至二分之一。」有關累犯加重本刑部分，不生違反憲法一行為不二罰原則之問題。惟其不分情節，基於累犯者有其特別惡性及對刑罰反應力薄弱等立法理由，一律加重最低本刑，於不符合刑法第 59 條所定要件之情形下，致生行為人所受之刑罰超過其所應負擔罪責之個案，其人身自由因此遭受過苛之侵害部分，對人民受憲法第 8 條保障之人身自由所為限制，不符憲法罪刑相當原則，牴觸憲法第 23 條比例原則。於此範圍內，有關機關應自本解釋公布之日起 2 年內，依本解釋意旨修正之。於修正前，為避免發生上述罪刑不相當之情形，法院就該個案應依本解釋意旨，裁量是否加重最低本刑。

刑法第 48 條前段規定：「裁判確定後，發覺為累犯者，依前條之規定更定其刑。」與憲法一事不再理原則有違，應自本解釋公布之日起失其效力。刑法第 48 條前段規定既經本解釋宣告失其效力，刑事訴訟法第 477 條第 1 項規定：「依刑法第 48 條應更定其刑者……由該案犯罪事實最後判決之法院之檢察官，聲請該法院裁定之。」應即併同失效。

第 48 條　（裁判確定後發覺累犯之處置）

裁判確定後，發覺為累犯者，依前條之規定更定其刑。但刑之執行完畢或赦免後發覺者，不在此限。

⇧查第二次修正案理由謂原案裁判確定後，於執行其刑之時，發覺為累犯者，依前二條之例，更定其刑，其意謂裁判確定後，始發覺者，得變更其裁判，而重新科罪，惟執行完畢或免除後，則不得變更其裁判，是兩點一得變更其裁判，一不得變更其裁判。原案將此兩層合為一句，設於判決之後執行之前發覺為累犯者，恐有不能變更其刑之誤解，故本案擬將此條分為兩項。

▲【79 臺非 146】有罪判決確定後，檢察官發見為累犯，依刑法第 48 條規定，聲請更定其刑，係以主刑漏未依同法第 47 條累犯加重其刑至二分之一為聲請之範圍。至於，確定判決主文諭知之從刑及其他部分，例如沒收、緩刑、保安處分等是，因非聲請更定之範圍，即令有違法之情形存在，如合於非常上訴之條件者，應另以非常上訴救濟之，尚非可依更定其刑之裁定程序予以救濟而將之撤銷。

第 49 條　（累犯適用之例外）

累犯之規定，於前所犯罪在外國法院受裁判者，不適用之。

(94) 88 年 10 月 2 日公布修正之軍事審判法，有關第三審上訴程序，依上訴原因，分別由司法審判機關之最高法院或高等法院審理，依本條自應適用累犯加重之規定；反觀依軍法受裁判者，則排除累犯適用之規定，則將發生同一案件視被告是否提起第三審上訴，而發生是否適用累犯加重規定之歧異結果，實有未妥，爰將本條關於「依軍法」受裁判者不適用累犯之規定刪除，以求司法、軍事審判程序中，適用法律之一致。

▲【院解 2957】刑法第 49 條所稱依軍法受裁判，凡前所犯罪係受軍法機關裁判者皆屬之，不以犯罪之性質及裁判適用之實體法為準。

第七章　數罪併罰

⇧查第二次修正案謂原案本章名俱發罪，沿用舊律之名稱，但本章之規定，非限於數罪俱發，即數罪各別發覺，亦得適用。是以日本舊刑法名為數罪俱發，新刑法改為併合罪，然所謂併合罪，並非將數罪併合為一罪，其各罪仍獨立存在，不過併合處斷之耳。故本案改為併合論罪。

第 50 條　（數罪併罰之要件）

I.裁判確定前犯數罪者，併合處罰之。但有下列情形之一者，不在此限：

一　得易科罰金之罪與不得易科罰金之罪。

二　得易科罰金之罪與不得易服社會勞動之罪。

三　得易服社會勞動之罪與不得易科罰金之罪。

四　得易服社會勞動之罪與不得易服社會勞動之罪。

II.前項但書情形，受刑人請求檢察官聲請定應執行刑者，依第五十一條規定定之。

(102) 一、現行數罪併罰規定未設限制，造成併罰範圍

於事後不斷擴大有違法安定性，為明確數罪併罰適用範圍，爰增訂但書規定。

二、因不得易科罰金之罪與得易科罰金之罪合併，造成得易科罰金之罪無法單獨易科罰金，故宜將兩者分開併科。故於第 1 項將易科罰金與易服社會勞動之罪，分別列舉得易科、不得易科、得易服與不得易服等不同情形之合併，以作為數罪合處罰之依據。

三、增列第 2 項，規範第 1 項但書情形，受刑人請求檢察官聲請定應執行刑者，依第 51 條有關數罪併罰之方法所規定之情形，以作為定執行刑之準則。

◇**行為單數與行為複數**：此係競合論所欲處理之先決問題，蓋先確定行為數，才能討論接下來行為與所犯法條之間的競合態樣。學說有區分自然意義的一行為及法律意義的一行為。

自然意義的一行為	從自然意義，客觀上地判斷人類個別物理身體舉止為一行為	
法律意義的一行為	數個自然意義下的一行為，在法律上因為某些需求被認定成一行為	
	自然的行為單數	例如**接續犯**，亦即行為人主觀上基於同一侵害意思，客觀上做出具有時空緊密關聯的數個物理動作
	法律的行為單數	為立法者直接透過構成要件的制定把自然意義的數行為擬制為法律意義的一行為，如集合犯、結合犯等

◇**實質競合**：為數行為侵害數法益該當數罪名的競合類型。刑法第 50 條特別列出不得併合處罰之例外。

◇**與罰之前、後行為**：行為人做出數個侵害行為，但前行為與後行為間具有某種接續關係，以致於前（後）行為的不法內涵實際上已包含於後（前）行為之中，此時僅論以後（前）行為之罪名即可。

◇**集合犯**：構成要件所描述的行為具備「**反覆實施**」的特性，以致於物理上雖然是複數的同種行為，立法者仍將其擬制為法律意義下的一行為。如販賣妨害衛生物品罪（第 191 條）、偽造貨幣罪（第 195 條）等。蓋販賣、偽造依常理不可能只有一次的販賣或偽造行為，故立法者將複數的販賣、偽造行為擬制為法律意義的一行為，為集合

犯的態樣之一。

▲【70 臺上 2898】刑法上之接續犯，係指以單一行為，經數個階段，持續侵害同一法益而言。被告於竊取第一張空白支票後，非但已予偽造，並經持以行使，其偽造有價證券之行為，業已完成，嗣因李某發覺支票印鑑模糊，交還被告予以撕毀丟棄，於一星期後，又再竊取第二張空白支票，另行偽造行使，應已侵害兩個社會法益，自屬兩個單一之犯罪，兩者之間，殊無接續關係之可言。原判決就此兩個單一之犯罪，依接續關係，論以一罪，其法律見解，自屬可議。

▲【71 臺上 1027】所謂繼續犯，係以一個行為持續的侵害一個法益，其特性則僅屬一個行為，不過其不法之狀態，係在持續狀態中而言，上訴人等既先變造公文書行使後，復偽造公文書行使，其犯罪行為顯然不祇一個，原判決以繼續犯之理論，認為僅成立一罪，其法律上之見解，顯有不當。（註：應注意刑法已修正，刪除連續犯之規定。）

第 51 條　（數罪併罰之執行）

數罪併罰，分別宣告其罪之刑，依下列各款定其應執行者：
一　宣告多數死刑者，執行其一。
二　宣告之最重刑為死刑者，不執行他刑。但罰金及從刑不在此限。
三　宣告多數無期徒刑者，執行其一。
四　宣告之最重刑為無期徒刑者，不執行他刑。但罰金及從刑不在此限。
五　宣告多數有期徒刑者，於各刑中之最長期以上，各刑合併之刑期以下，定其刑期。但不得逾三十年。
六　宣告多數拘役者，比照前款定其刑期。但不得逾一百二十日。
七　宣告多數罰金者，於各刑中之最多額以上，各刑合併之金額以下，定其金額。
八　宣告多數褫奪公權者，僅就其中最長期間執行之。
九　依第五款至前款所定之刑，併執行之。但應執行者為三年以上有期徒刑與拘役時，不執行拘役。

⑭照協商條文通過。

▲【43 臺上 441】數罪併罰，應於判決時，依刑

法第 51 條各款，宣告其應執行之刑者，以其數個罪刑之宣告，係同一判決者為限。上訴人被訴相姦罪，早經判決確定，既非與和誘罪刑同時宣告，自應俟和誘罪刑確定後，由該案犯罪事實最後判決法院之檢察官，依刑事訴訟法第 481 條之規定辦理，原審法院遽於和罪之判決內併合各該罪刑，定其應執行之刑，自非允洽。

▲【68 臺非 50】對於已判決確定之各罪，已經裁定其應執行之刑者，如又重複裁定其應執行之刑，自係違反一事不再理之原則，即屬違背法令，對於後裁定，得提起非常上訴。

▲【78 臺非 44】原判決將被告等關於強劫哨兵及故意殺人部分撤銷發回，其他上訴駁回，雖判決確定部分未再明定其應執行之刑，但依刑法第 51 條第 2 款、第 4 款規定，各被告應僅執行最重之死刑或最重之無期徒刑，再依第 1 款規定，多數死刑執行其一，依第 8 款規定，執行最長期間之褫奪公權，是其應執行之刑，極為明確，要無不能執行之問題。

▲【80 臺非 473】法律上屬於自由裁量之事項，並非概無法律性之拘束。**自由裁量係法律一定之外部性界限內（以定執行刑言**，即不得違反刑法第 51 條之規定），使法官具體選擇以為適當之處理；因此在裁量時，必須符合所適用之法規之目的。更進一步言，必須受法律秩序之理念所指導，此亦即所謂之自由裁量之內部性界限。關於**定應執行之刑，既屬自由裁量之範圍，其應受此項內部性界限之拘束，要屬當然**。中華民國 80 年罪犯減刑條例之所以制定，依其第 1 條規定，係為紀念開國 80 年，予罪犯更新向善之機。是其適用此一減刑條例，自不得違反此一法律之目的。本件被告曾某犯有原裁定附表所列三罪，前經依中華民國 77 年罪犯減刑條例分別予以減刑後，定其應執行刑為有期徒刑十年六月；而原裁定既認附表編號 2、3 兩罪合乎中華民國 80 年罪犯減刑條例減刑之要件，依檢察官之聲請予以減刑，乃其與附表編號 1 之罪定其應執行刑時，竟定為有期徒刑十年八月，反較減刑前所定者為重，殊悖減刑之目的，自屬違法。

第 52 條　（裁判確定後餘罪之處理）

數罪併罰，於裁判確定後，發覺未經裁判之餘罪者，就餘罪處斷。

介查第二次修正案理由謂本條及次條規定，數罪各

別發覺處斷之法。原案第 24 條第 1 項，一罪先發已經確定審判，餘罪後發，或數罪經各別確定審判者云云，以裁判確定為標準，似未妥著。蓋裁判既已宣告，雖未至確定，不應因發覺他罪而取消之，當就未經裁判之罪科刑，依下條處斷較為簡當云。惟本法因著重刑罰之效果，故仍採裁判確定與否為合併科刑之標準。

▲【院 662】所詢情形，甲罪未裁判前，乙罪業已裁判確定，自應專就甲罪審判，合與乙罪原處之刑，依刑法第 70 條定其應執行之刑。

第 53 條　（執行刑）

數罪併罰，有二裁判以上者，依第五十一條之規定，定其應執行之刑。

▲【45 臺非 66】刑法第 53 條所謂數罪併罰，有二裁判以上者，依第 51 條之規定，定其應執行之刑，係指二以上之確定裁判，定其應執行之刑而言，如第一審判決所宣告之刑，一部分業經第二審判決予以撤銷確定後，其經撤銷之刑，自無合併其他刑罰，定其應執行刑之餘地。

▲【47 臺抗 41】抗告人所犯行賄罪之最重本刑。雖在三年以下，但其竊取森林主產物所犯森林法第 50 條之罪之最重本刑，則已超過三年，因併合處罰之結果，根本不得易科罰金，縱其因犯竊取森林主產物罪，所宣告之徒刑，經已執行完畢，亦與刑法第 54 條，及司法院院字第 1304 號解釋所謂僅餘一罪之情形迥然不同，仍應依同法第 53 條定其應執行之刑。

第 54 條　（各罪中有受赦免時餘罪之執行）

數罪併罰，已經處斷，如各罪中有受赦免者，餘罪仍依第五十一條之規定，定其應執行之刑，僅餘一罪者，依其宣告之刑執行。

介查第二次修正案理由謂原案第 25 條，俱發與累犯互合者，其俱發罪依前二條之例斷處，與累犯罪之刑並執行之云云，按此條之規定，似有誤解。前法律館草案理由所舉之例，如犯甲乙兩罪，甲罪應處徒刑三年，尚未發覺，僅以乙罪受宣告徒刑五年，執行既終後，再犯丙罪，值審判之際同甲罪一併發覺是也。此種情形，應據本條規定，先按其甲乙兩罪而援用前二條，以甲罪之徒刑三年與乙罪比較，於八年以下五年以上之範圍內，

定執行刑期六年，以前此五年執行既終，故以其餘刑一年與再犯丙罪之刑合併執行等語，案所犯之丙罪，係在裁判後，依負發罪之定義，自應獨立科刑分別執行。如具累犯條件，則科以加重之刑，否則科以通常之刑。然則丙罪與其他各罪分別執行，固不以累犯為限，是故本條之用意，係俱發罪與非俱發罪混合時，其非俱發罪獨立科刑，而與俱發罪之刑一併執行，此乃俱發罪定義當然之解釋。故本案擬刪去之。

▲【院1304】關於數罪併罰之裁判確定後，未經執行或執行尚未完畢，其中有一罪，因刑法不處罰其行為而免其刑之執行，設仍餘數罪，應依刑法第54條及刑事訴訟法（舊）第481條之規定，聲請該法院以裁定更定其刑，若僅餘一罪，則依其宣告之刑執行。又牽連犯案件，輕罪之刑，已被重罪之刑吸收，如其處刑之重罪，因法律變更而不處罰，應逕免其刑之執行。

第55條　（數罪從重）

一行為而觸犯數罪名者，從一重處斷。但不得科以較輕罪名所定最輕本刑以下之刑。

⑭一、關於牽連犯之成立要件，依通說認應具備下列要件：㈠須係數個行為；㈡觸犯數罪名；㈢犯罪行為間須有方法、目的或原因、結果之牽連關係；㈣須侵害數個法益；㈤行為人對於數個犯罪行為，主觀上須具概括犯意。因其犯罪行為，須係複數，其法益侵害，亦係複數，而與法條競合、包括一罪等本來一罪有異。有關想像競合犯之實質根據，通說均以「單一行為之處罰一次性」作為說明，至牽連犯之實質根據，則難有適當之說明。因此，在外國立法例上，德國現行法並無牽連犯之規定，日本昭和15年之改正刑法案、昭和刑法準備草案、以及昭和49年之改正刑法草案，均將牽連犯之規定予以刪除，改正刑法草案說明書之要旨，認為「在構成牽連犯之數罪中，作為手段之行為罪與結果罪間，具有相當時間之間隔，倘將其中一方之既判力及於他者，並不適當。而判例通常係以數罪間具有手段、結果之關係作為牽連犯之成立要件，惟在具體適用上，亦不盡一貫，在現行法下，許多應適用牽連犯之場合，判例將其論以想像競合犯。因此，將牽連犯之規定予以刪除，並不會造成被告之不利益。」牽連犯之實質根據既難有合理之說明，且其存在亦不無

擴大既判力範圍，而有鼓勵犯罪之嫌，實應予刪除為當。

二、至牽連犯廢除後，對於目前實務上以牽連犯予以處理之案例，在適用上，則得視其具體情形，分別論以想像競合犯或數罪併罰，予以處斷。

三、想像上競合與牽連犯，依現行法規定，應從一重處斷，遇有重罪之法定最輕本刑較輕罪之法定最輕本刑為輕時，裁判者仍得在重罪之最輕本刑以上，輕罪之最輕本刑以下，量定其宣告刑。此種情形，殊與法律規定從一重處斷之原旨相違背，難謂合理。德國刑法第52條(2)及奧地利現行刑法第28條，均設有相當之限制規定，我刑法亦有仿採之必要，爰增設但書規定，以免科刑偏失。又依增設本但書規定之精神，如所犯罪名在三個以上時，量定宣告刑，不得低於該重罪以外各罪法定最輕本刑中之最高者，此乃當然之解釋。

◇想像競合：一行為而侵害數法益該當數罪名之競合類型。

◇輕罪的封鎖效力：想像競合之法律效果為從一重處斷，即依重罪的法定刑範圍定其宣告刑，然而若最後定的宣告刑反而低於輕罪的最低法定刑，則不甚適當。故「輕罪的封鎖效力」意思即為，雖然法官需以重罪法定刑為標準，然亦不得低於輕罪的最低法定刑。如某甲同時構成A罪（法定刑三～九年）與B罪（法定刑四～六年）的想像競合，則B罪法定刑下限四年產生封鎖效力，法官僅能在四～九年的範圍內定某甲之宣告刑。

◇牽連犯：依舊刑法第55條，「一行為而觸犯數罪名，或犯一罪而其方法或結果之行為犯他罪名者，從一重處斷。」諸如以侵入住宅為方法，達到進入住宅後殺人之目的，依舊法僅以殺人（較重之罪）處斷。惟舊法時代曾對於牽連犯究應被歸類為一行為或數行為有重大學說爭議，民國94年修法已廢除牽連犯之概念，目前的法條操作，應視行為人的行為是一行為或數行為，而依不同的競合理論（法條競合、想像競合、數罪併罰）處理。

◇法條競合：一行為侵害一法益該當數罪名的競合類型，其存在目的是處理保護同一法益的多數罪名，應如何優先適用的問題。學說上又可區分為特別關係（如殺直系血親尊親屬罪之於普通殺人罪）、補充關係（如殺人既遂罪之於殺人未遂罪）、吸收關係（在構成要件間的典型伴隨現象，如行為人毀越門扇而竊盜，僅成立加重竊盜罪，毀損行為為本罪之「典型伴隨行為」，會被加重竊盜罪

所吸收，不另論罪）。

▲【院解3454】刑法第55條所謂從一重處斷，應以法定刑為比較輕重之標準，設有在敵偽機關團體服務，憑藉敵偽勢力而犯懲治盜匪條例第2條第1項各款之罪者，盜匪罪之法定刑既較漢奸罪為重，固應從盜匪罪處斷，惟其牽連所犯之一罪，既不在赦令減刑之列，則其據以處斷之他罪，自應予予減刑。

▲【30上2271】刑法第55條前段所謂一行為而觸犯數罪名，係指所謂數罪名為一個犯罪行為之結果者而言，如果行為非僅一個，即與該條前段之規定無涉。

▲【37上2318】上訴人槍擊之目的，既在甲而不在乙、丙，則其槍擊甲未中，應構成殺人未遂罪，其誤將乙打傷丙打死，應分別構成過失傷害人及過失致人於死罪，依刑法第55條從一重論以殺人未遂罪，原判遽以殺人罪處斷，自屬違誤。

▲【38穗上128】刑法第55條前段所稱一行為而觸犯數罪名，係指所犯數罪名出於一個意思活動，且僅有一個行為者而言，如其意思各別，且有數個行為，應構成數個獨立罪名，不能適用第55條之規定。

▲【42臺上410】刑法上所謂犯罪行為之吸收關係，係指其低度行為為高度行為所吸收（例如由收受偽造紙幣器械原料而偽造紙幣，其收受偽造紙幣器械原料之低度行為，為偽造紙幣之高度行為所吸收），**或某種犯罪行為之性質或結果當然含有他罪之成分，自亦當然吸收者而言**（例如行使偽造之紙幣購買物品，既曰行使，當然冒充真幣，則性質上含有詐欺之成分，已為行使偽造紙幣所吸收）。被告等共同自外國輸入海洛因而販賣之，其輸入與販賣之各犯罪行為，彼此程度不相牽連，本難謂有低度行為與高度行為之關係，而海洛因自外國輸入，按其性質或結果，又非當然含有販賣之成分，故兩者之間祇能謂有刑法第55條之牽連犯關係，乃第一審判決誤解其販賣行為為輸入行為所吸收，僅適用刑法第257條第3項處斷，原判決仍予維持，於法殊難謂合。

▲【71臺上1027】所謂繼續犯，係以一個行為持續的侵害一個法益，其特性則僅屬一個行為，**不過其不法之狀態，係在持續狀態中而言**，上訴人等既先變造公文書行使後，復偽造公文書行使，其犯罪行為顯然不祇一個，原判決以繼續犯之理論，認為僅成立一罪，其法律上之見解，顯有不當。

▲【71臺上2837】一行為觸犯數罪名之想像上競合犯，係指行為人以一個意思決定發為一行為，而侵害數個相同或不同之法益，具備數個犯罪構成要件，成立數個罪名之謂，乃處斷上之一罪；此與行為人就同一犯罪構成事實，以單一行為之數個舉動接續進行，以實現一個犯罪構成要件，侵害同一法益，成立一個罪名之接續犯不同，雖接續犯於犯罪行為完畢之前，其各個舉動與該罪之構成要件相符，但行為人主觀上係以其各個舉動僅為全部犯罪行為之一部，而客觀上，亦認係實施一個犯罪，是以僅成立一個罪名。

▲【73臺上3629】同時偽造同一被害人之多件同類文書或同一被害人之多張支票時，其被害法益仍僅一個，不能以其偽造之文書件數或支票張數，計算其法益。此與同時偽造不同被害人之文書或支票時，因有侵害數個人法益，係一行為觸犯數罪名者迥異。

▲【73臺覆25】刑法上所謂法規競合，係指同一犯罪構成要件之一個犯罪行為，而因法規之錯綜關係，同時有數法條可以適用，乃依一般法理擇一適用之謂。本件被告將海洛因自曼谷輸入臺灣之一個行為，係屬同時觸犯構成犯罪要件不同之私運管制物品（毒品）進口，與運輸毒品二罪，應依刑法第55條想像競合之規定處斷，原判決認係法規競合，其法律之適用，顯有未洽。

第 56 條　（刪除）

(94)一、本條刪除。

二、按連續犯在本質上究為一罪或數罪，學說上迭有爭議，一般均認為連續犯在本質上應屬數罪，僅係基於訴訟經濟或責任吸收原則之考量，而論以一罪，故本法承認連續犯之概念，並規定得加重其刑至二分之一。然本法規定連續犯以來，實務上之見解對於本條「同一罪名」之認定過寬，所謂「概括犯意」，經常可連綿數年之久，且在採證上多趨於寬鬆，每每在起訴之後，最後事實審判決之前，對繼續犯同一罪名之罪者，均適用連續犯之規定論處，不無鼓勵犯罪之嫌，亦使國家刑罰權之行使發生不合理之現象。因此，基於連續犯原為數罪之本質及刑罰公平原則之考量，其修正既難以周延，爰刪除本條有關連續犯之規定。

三、從立法例而言，連續犯係大陸法系之產物，英美刑法並不承認連續犯之概念，德國刑法自1871年以後、日本自昭和22年（民國36年）以

中華民國刑法 第一編 總則 （第五七條）

後，均將連續犯之規定予以刪除，其餘大陸法系國家如瑞士、奧地利、法國等均無連續犯之明文，惟在實務上則視具體情形，或認係一罪，或認係數罪併罰。故有必要參考上開外國立法例，刪除有關連續犯之規定。

四、至連續犯之規定廢除後，對於部分習慣犯，例如竊盜、吸毒等犯罪，是否會因適用數罪併罰而使刑罰過重產生不合理之現象一節，在實務運用上應可參考德、日等國之經驗，委由學界及實務以補充解釋之方式，發展接續犯之概念，對於合乎「接續犯」或「包括的一罪」之情形，認為構成單一之犯罪，以限縮數罪併罰之範圍，用以解決上述問題。

◇連續犯：依據舊刑法第56條規定：「連續數行為而犯同一之罪名者，以一罪論。但得加重其刑至二分之一。」又依釋字第152號，行為人主觀上需出於同一概括犯意，客觀上須先後連續數行為，觸犯構成要件相同之罪名，使成立連續犯。此概念係基於訴訟經濟與責任吸收原則之考量，惟在舊法時代迭有爭議，乃於民國94年廢除。廢除此條後，原先構成連續犯之情形，有學說認為應以數罪併罰處理，亦有學說主張若以數罪併罰處理會過重，故若個案構成集合犯或接續犯時，應認定為行為單數，而非數罪併罰。

◇接續犯：數行為於同時同地或密切接近之時地實施，侵害同一之法益，各行為之獨立性極為薄弱，依一般社會健全觀念，在時間差距上難以強行分開，在刑法評價上，以視為數個舉動之接續施行，合為包括之一行為予以評價者，為接續犯（86臺上3295）。接續犯是行為單數的一種類型，如某甲出於同一傷害犯意，連續打某乙五個巴掌之謂。

第八章 刑之酌科及加減

↑查第二次修正案謂原案本章名酌減，修正案改為酌加酌減，其理由謂原案分則各罪，高低額相懸，三等之自由裁量既改為一等，恐審判官無酌之餘地，故特設酌之加一等或酌減一等或二等之規定，藉濟其實。然以修正案所改，其結果殆與原案三等之刑，無甚區別，故本案於分則各罪，仍多從原案三等刑而略加修正，俾審判官得自由裁量，不至有窮於酌之餘之虞矣。又謂酌加之法，雖為各國通例所無，然有酌減而無酌加，乃沿博愛時代之遺習，並非根據學說，既許酌減何獨不許酌加云云。夫刑罰為國家無上之權，古代刑罰不由法定，法官得以自由科刑，其為害於社會，自不待

言，故近代皆採法定刑主義，以防濫用。夫犯罪而有惡性者，科以法定之刑可矣，犯罪而無惡情者，其情節至不一端，科以法定之刑，或過於酷，故得酌減。例如姦所殺姦夫與圖財害命，依法律條文，其為殺人罪雖同，而所應科之刑則異，故凡行為雖屬犯罪，而情節確有可原者，裁判上則有酌減之例，行政上則有特赦之權，蓋以此也。更證以各國刑法典之體例，犯罪因特別情節，應加重者，皆於分則各罪規定之。例如原案分則各罪加重之情節，至為繁密，有因犯人身分者（第140條），有因被害人身分者（第183條），有因犯罪目的者（第101條），有因犯罪人數者（第368條），有因發生一定之結果者（第133條），有因被害法益者（第186條），有因犯罪之方法者（第283條），有因以犯罪為常業者（第277條），有因職務上犯罪者（第135條），有因犯罪之程度者（第140條），其餘各條之加重，類多以此為準。是應加重各情節，既科以加重之刑，似不當於總則中，再設加之規定，故本案擬將修正案酌加之條文刪去，並增入科刑之標準，改章名為刑之酌科。

第 57 條 （科刑輕重應審酌之事項）

科刑時應以行為人之責任為基礎，並審酌一切情狀，尤應注意下列事項，為科刑輕重之標準：

一 犯罪之動機、目的。
二 犯罪時所受之刺激。
三 犯罪之手段。
四 犯罪行為人之生活狀況。
五 犯罪行為人之品行。
六 犯罪行為人之智識程度。
七 犯罪行為人與被害人之關係。
八 犯罪行為人違反義務之程度。
九 犯罪所生之危險或損害。
十 犯罪後之態度。

---

⑭一、科刑（或稱刑罰裁量、量刑等）之標準與科刑之基礎，二者之關係至為密切，在適用上，對於犯罪行為事實論罪科刑時，須先確認科刑之基礎，始得進而依科刑之標準，諭知被告一定之宣告刑。而責任原則，不僅為刑事法律重要基本原則之一，且為當代法治國家引為科刑之基礎。現行法僅就科刑之標準予以規定，並未對科刑之基礎設有規範。為使法院於科刑時，嚴守責任原則，

爰仿德國刑法第46條第1項、日本改正刑法草案第48條第1項之立法例，明定以行為人之責任為科刑之基礎；並將序文「左列」一語，修正為「下列」。

二、配合第38條第2項、第3項將「犯人」修正為「犯罪行為人」，本條第4款至第8款亦配合修正用語。

三、本條所定刑罰酌科之一般標準中第1款「犯罪之動機」與第2款「犯罪之目的」乃故意犯專設之事項，予以合併改訂於第1款。

四、現行第3款至第8款內容未修正，款次循序改為第2款至第7款。

五、現行第8款之科刑標準，範圍較狹，僅包括犯罪行為人與被害人平日有無恩怨、口角，或其他生活上之關係；惟犯罪行為人與被害人在犯罪行為上之關係，則不在其內。蓋按犯罪之原因，常與犯罪行為人及被害人間，在行為時之互動密切相關，例如，在竊盜案件中，被害人之炫耀財產，常係引起犯罪行為人覬覦下手之原因。此種犯罪行為人與被害人在犯罪行為上之關係，亦屬科刑時應予考量之標準，爰將「平日」一語刪除，使其文義範圍，亦得包含犯罪行為人與被害人在犯罪行為上之關係；並將其款次改列為第7款。

六、過來處罰違反義務犯之法規日益增多（如電業法第107條），而以違反注意義務為違法要素之過失犯罪發生率，亦有增高趨勢（如車禍案件，醫療糾紛案件），犯罪行為人違反注意義務之程度既有不同，其科刑之輕重，亦應有所軒輊，又就作為犯與不作為犯（如本法第149條）而言，其違反不作為義務或作為義務之程度，亦宜審酌以為科刑之標準。爰參酌德國立法例（刑法第46條(2)）增訂第8款規定「犯罪行為人違反義務之程度」，以利具體案件量刑時審酌之運用。

七、第9款及第10款均未修正。

▲【47臺上1249】刑法上之共同正犯，雖應就全部犯罪結果負其責任，但科刑時仍應審酌刑法第57條各款情狀，為各被告量刑輕重之標準，並非必須科以同一之刑。

▲【50臺上1131】科刑時必須審酌之犯人本身之犯罪情狀，至於社會一般事項，雖亦堪作參考，要不得據為科刑輕重之唯一標準。

▲【55臺上2853】有期徒刑之減輕，應就其最高度及最低度同減輕之，然後於減輕之最高度與最低度範圍內，審酌一切情狀為科刑輕重之標準，並非一經減輕，即須處以減輕後之最低度刑。

第58條　（罰金之酌量）

科罰金時，除依前條規定外，並應審酌犯罪行為人之資力及犯罪所得之利益。如所得之利益超過罰金最多額時，得於所得利益之範圍內酌量加重。

㊈配合第38條第2項、第3項將「犯人」修正為「犯罪行為人」，本條亦配合修正用語。

▲【院2665】刑法第58條，乃關於罰金刑量定標準之規定，犯人所得之利益超過罰金最高額時，自得於所得利益之限度內酌量加重，與同法第68條加重方法之規定無涉。

▲【院解4043】刑法第58條所稱因犯罪所得之利益，係指犯罪行為時因犯罪所得之利益而言。

第59條　（酌量減輕㈠）

犯罪之情狀顯可憫恕，認科以最低度刑仍嫌過重者，得酌量減輕其刑。

㊈一、現行第59條在實務上多從寬適用。為防止酌減其刑之濫用，自應嚴定其適用之條件，以免法定刑形同虛設，破壞罪刑法定之原則。

二、按科刑時，原即應依第57條規定審酌一切情狀，尤應注意該條各款所列事項，以為量刑標準。本條所謂「犯罪之情狀可憫恕」，自係指裁判者審酌第57條各款所列事項以及其他一切與犯罪有關之情狀之結果，認其犯罪足堪憫恕者而言。惟其審認究係出於裁判者主觀之判斷，為使其主觀判斷具有客觀妥當性，宜以「可憫恕之情狀較為明顯」為條件，故特加一「顯」字，用期公允。

三、依實務上見解，本條係關於裁判上減輕之規定，必於審酌一切之犯罪情狀，在客觀上顯然足以引起一般同情，認為縱予宣告法定最低刑度猶嫌過重者，始有其適用（最高法院38年臺上字第16號、45年臺上字第1165號、51年臺上字第899號判例），乃增列文字，將此適用條件予以明文化。

▲【28上1064】刑法上之酌量減輕，必於犯罪之情狀可憫恕時，始得為之，為刑法第59條所明定，**至情節輕微僅可為法定刑內從輕科刑之標準，不得據為酌量減輕之理由**，原判決既未認上訴人之犯罪情狀有何可憫恕之處，僅謂情節尚輕，輒依同法第59條酌減本刑，其援引法令，自屬失當。

▲【38臺上16】刑法第59條所定減輕其刑，以

宣告法定最低度之刑猶嫌過苛者，始有此適用，其法定最輕本刑為拘役，即**酌減之仍不能出於刑種之範圍**，自無適用減刑之餘地，乃原判依第59條減輕處斷，自有未合。

▲【45臺上1361】上訴人意圖營利，略誘未滿二十歲之少女脫離家庭，迫令為娼，衡情殊難認為有可憫恕之處，原判法猶復引用刑法第59條減輕其刑，顯屬失當。

▲【51臺上899】刑法第59條之酌量減輕其刑，**必於犯罪之情狀，在客觀上足以引起一般同情，認為即予宣告法定度刑期，猶嫌過重者，始有其適用**，至於被告無前科，素行端正，子女眾多等情狀，僅可為法定刑內從輕科刑之標準，不得據為酌量減輕之理由。

▲【61臺上1781】刑法第59條所定減輕其刑，以宣告法定最低度之刑猶嫌過重者，始有其適用，刑法第273條義憤殺人罪之法定刑為有期徒刑七年以下二月以上，原審既諭知被告有期徒刑四年，殊無引用刑法第59條之餘地。

第60條　（酌量減輕(二)）

依法律加重或減輕者，仍得依前條之規定酌量減輕其刑。

☆查暫行律第55條注意謂法律之加重，如再犯及俱發之類，法律上之減輕，如未遂從犯及宥恕自首之類，雖各項情形競合，苟有減輕之情形，仍宜準前條辦理。

▲【34上738】法律適用上所謂特別法優於普通法之原則，係指特別法之適用有排斥普通法之適用者而言，減刑辦法上之減刑，與刑法上各種規定之減刑（即法律上之減輕、裁判上之減輕與特別減輕），均得依刑法第60條同時適用，並不能謂減刑辦法有排他性可言，且刑法第60條為一種注意條文，其已依法律減輕者，如認為情堪憫恕，仍得依該條遞減之，即已依他種法律加重者，亦仍得依該條減輕，不過還受第71條之適用耳。至關於量刑之標準，除審酌一切情狀及注意刑法第57條所列各款事項外，並審酌犯情可恕，得依同法第59條減輕至法定刑以外之刑，自不受變更罪名之拘束，如第一審論以較輕之罪，而第二審變更法條改為較重之罪，其量刑較第一審所科處者為輕，果屬裁量未致失平，亦不能指為違法。

第61條　（裁判免除）

犯下列各罪之一，情節輕微，顯可憫恕，認為依第五十九條規定減輕其刑仍嫌過

重者，得免除其刑：

一　最重本刑為三年以下有期徒刑、拘役或專科罰金之罪。但第一百三十二條第一項、第一百四十三條、第一百四十五條、第一百八十六條及對於直系血親尊親屬犯第二百七十一條第三項之罪，不在此限。

二　第三百二十條、第三百二十一條之竊盜罪。

三　第三百三十五條、第三百三十六條第二項之侵占罪。

四　第三百三十九條、第三百四十一條之詐欺罪。

五　第三百四十二條之背信罪。

六　第三百四十六條之恐嚇罪。

七　第三百四十九條第二項之贓物罪。

⑩配合修正條文第272條及第276條規定，第1款但書所定之「第二百七十二條第三項」，修正為「對於直系血親尊親屬犯第二百七十一條第三項」，並刪除該款但書中之「第二百七十六條第一項」。

▲【57臺上3414】原判決既適用刑法第134條加重其刑至二分之一，則被告等所犯刑法第277條第1項之傷害罪，因加重之結果，其最重本刑已超過三年以上有期徒刑，自與刑法第61條第1款前段規定犯最重本刑為三年以下有期徒刑之罪不相適合。乃原判決仍依該條款諭知免刑，顯屬於法有違。

▲【81臺上3521】森林法第50條所規範竊取森林主、副產物，搬運、寄藏、收買贓物或為牙保者之各個犯罪態樣與刑法普通竊盜或贓物罪毫無差異，該法條本身並無刑之規定，而係「依刑法規定處斷」，與刑法第320條第2項竊佔罪本身無「刑」之規定，而係「依前項（竊盜罪）之規定處斷」完全相同。竊佔罪依竊盜罪之規定處斷，既為竊盜行為之一種，而列為刑法第61條第2款之案件。同理森林法第50條規定之竊取森林主、副產物，搬運、寄藏、收買贓物或為牙保者，自可認為即係刑法上之普通竊盜罪或贓物罪，而為刑法第61條第2款或第5款之案件。

第62條　（自首減刑）

對於未發覺之罪自首而受裁判者，得減輕其刑。但有特別規定者，依其規定。

㊈按自首之動機不一而足，有出於內心悔悟者，有

由於情勢所迫者，亦有基於預期邀獲必減之寬典者。對於自首者，依現行規定一律必減其刑，不僅難於獲致公平，且有使犯人恃以犯罪之虞。在過失犯罪，行為人為獲減刑判決，急往自首，而坐令損害擴大之情形，亦偶有所見。必減主義，在實務上難以因應各種不同動機之自首案例。我國暫行新刑律第51條、舊刑法第38條第1項、日本現行刑法第42條均採得減主義，既可委由裁判者視具體情況決定減輕其刑與否，運用上較富彈性。真誠悔悟者可得減刑自新之機，而狡黠陰暴之徒亦無所遁飾，可符公平之旨，宜予採用。故於現行文字「減輕其刑」之上，增一「得」字。

◇**自首**：指犯人在犯罪未發覺前，向該管公務員（有偵查權之公務員，如檢察官、警察官或警察等）**自行申告犯罪事實並接受裁判之意**。其制度目的在於鼓勵犯人悔過自新，並使有權偵查機關了解犯罪事實，節省偵查成本。自首須符合三要件：(1)**必須在犯罪未發覺前為之**、(2)**須告知自己的犯罪行為**、(3)**須向有偵查權之機關或公務員為之**。所謂「犯罪未發覺」，學說指出係有偵查權之公務員未發覺，或已發覺犯罪事實但不知犯人是誰之意。此外，自首後須自動接受裁判，若自首後立即逃亡，並無法達成本制度之目的，不構成自首。

◇**自白：指被告對於自己所為已經構成犯罪要件之事實，在偵查及審判中向有偵查、審判犯罪職權之公務員坦白陳述而言**（102臺上4999）。至於行為人犯罪事實客觀上應為何種法律評價，係由有權裁判機關（法院）為之，最後裁判所認定的罪名與行為人自承之罪名不相同，亦不影響自白之成立。蓋本制度之目的在於鼓勵犯罪嫌疑人悔過，並節約訴訟成本、司法資源，故特別設有減輕其刑之規定。

▲【50臺上65】**自首以對於未發覺之罪投案而受裁判為要件**，至其方式雖不限於自行投案，即託人代理自首或向非偵查機關請其轉送，亦無不可，但須有向該管司法機關自承犯罪而受裁判之事實，始生效力，**若於犯罪後，僅向被害人或非有偵查犯罪職權之公務員陳述自己犯罪之事實，而無受裁判之表示，即與自首之條件不符**。

▲【51臺上1486】刑法第62條所謂自首，祇以犯人在其犯罪未發覺前，向該管公務員自承犯罪，而受裁判為已足，並**不以使用自首字樣為必要**。

▲【63臺上1101】犯人在犯罪未發覺之前，向該管公務員告知其犯罪，而不逃避接受裁判，即

與刑法第62條規定自首之條件相符，**不以言明「自首」並「願受裁判」為必要**。

▲【72臺上641】刑法第62條所謂發覺，固非以有偵查犯罪權之機關或人員確知其犯罪無誤為必要，而於對其發生嫌疑時，即得謂為已發覺；但此項對犯人之嫌疑，仍須有確切之根據得為合理之可疑者，始足當之，**若單純主觀上之懷疑，要不得謂已發生嫌疑**。

▲【75臺上1634】刑法第62條之所謂**發覺，係指有偵查犯罪職權之公務員已知悉犯罪事實與犯罪之人而言**，而所謂**知悉，固不以確知其為犯罪之人為必要，但必其犯罪事實，確實存在，且為該管公務員所確知，始屬相當**。如犯罪事實並不存在而懷疑其已發生，或雖已發生，而為該管公務員所不知，僅係推測其已發生而與事實巧合，均與已發覺之情形有別。

第63條　（老幼處刑之限制）

　　未滿十八歲人或滿八十歲人犯罪者，不得處死刑或無期徒刑，本刑為死刑或無期徒刑者，減輕其刑。

⑭一、第1項未修正。

二、現行條文第2項刪除。按第63條第2項之立法理由，係基於傳統孝道精神而對未滿十八歲人犯殺害直系血親尊親屬罪者，例外得判處死刑或無期徒刑。然未滿十八歲人犯重大刑案，如擄人勒贖而故意殺害被害人，其惡性並不亞於殺害直系血親尊親屬。在現行法適用之結果，未滿十八歲人犯擄人勒贖而殺人罪不得判處死刑、無期徒刑，僅能判處有期徒刑，而殺害直系血親尊親屬罪反而可判處死刑、無期徒刑，似有罪刑不均衡之失。

三、「公民與政治權利國際公約」第5條揭示「未滿十八歲之人犯罪，不得處死刑。」有超過一百四十個國家為其會員國；另「兒童權利公約」第37條提到，對未滿十八歲之人之犯罪行為，不得判處死刑或釋放可能之無期徒刑，並已有一百九十個國家成為該公約之會員國，可知對未滿十八歲之人不得判處死刑或無期徒刑，已成為國際間之共識，基於上開公約之精神及國際間之共識，爰刪除現行第2項之規定。

第64條　（死刑加重之限制與減輕方法）

Ⅰ死刑不得加重。
Ⅱ死刑減輕者，為無期徒刑。

⑨一、第 1 項未修正。

二、死刑之減輕，減為無期徒刑部分，固無疑義；惟現行法第 2 項規定得減為十五年以下十二年以上有期徒刑部分，則有未妥，因㈠單一犯罪有期徒刑之最高上限，第 33 條第 3 款規定原則上為十五年，遇有重時得加至二十年，何以死刑之減輕，除得減為無期徒刑外，尚得減為有期徒刑，且其上限為十五年，下限為十二年？㈡現行第 65 條第 2 項之規定，無期徒刑減輕者，減為七年以上，其上限依第 33 條第 3 款之意旨，應為十五年。死刑減輕為無期徒刑之上限，與無期徒刑減輕之上限，同為十五年，死刑與無期徒刑之性質，差異極大，如其減輕之效果無法予以區別，實有違衡平原則之要求。其次，現行死刑減輕得減至有期徒刑，實係過去有為數不少之罪為絕對死刑，為避免有情輕法重之情形，死刑減輕至有期徒刑有其必要性。惟現行刑事政策已陸續將絕對死刑之罪，修正為相對死刑，而相對死刑之罪遇有減輕事由，依本條及第 65 條無期徒刑減輕之規定，使相對死刑減輕後之選科可能為無期徒刑、有期徒刑，為避免上開㈠㈡所述之缺點，爰將第 2 項後段死刑得減輕至有期徒刑之規定刪除。

第 65 條　（無期徒刑加重之限制與減輕方法）

I.無期徒刑不得加重。

II.無期徒刑減輕者，為二十年以下十五年以上有期徒刑。

⑨一、第 1 項未修正。

二、無期徒刑之減輕效果，應與死刑及有期徒刑之減輕效果，具有合理之差異為當。易言之，無期徒刑減輕為有期徒刑之下限，不應低於有期徒刑減輕之上限。據此，無期徒刑減輕之效果，應以二十年以下十五年以上有期徒刑為當，爰修正第 2 項之規定。

第 66 條　（有期徒刑、拘役、罰金之減輕方法）

有期徒刑、拘役、罰金減輕者，減輕其刑至二分之一。但同時有免除其刑之規定者，其減輕得減至三分之二。

▲【41 臺非 27】有期徒刑減輕者，除同時有免除其刑之規定外，減輕其刑至二分之一，為刑法第 66 條所明定，被告犯罪時年尚未滿十八歲，原判

既依同法第 18 條第 2 項於其所犯第 321 條第 1 項之最低度法定刑減輕處斷，又無其他減刑原因，自應處有期徒刑三月，乃僅處有期徒刑二月，顯非適法。

第 67 條　（有期徒刑或罰金加減之方法）

有期徒刑或罰金加減者，其最高度及最低度同加減之。

⑨第 33 條第 5 款現行規定罰金為一元以上，此次既已修正為新臺幣一千元以上，當不致因加減其最低度，而產生不滿一元之零數，允宜許其加減最低度，本條自應配合修正。

▲【55 臺上 2853】有期徒刑之減輕，應就其最高度及最低度同減輕之，然後於減輕之最高度與最低度範圍內，審酌一切情狀為科刑輕重之標準，並非一經減輕，即須處以減輕後之最低度刑。

第 68 條　（拘役加減之方法）

拘役加減者，僅加減其最高度。

⑨罰金既將最低金額修正為新臺幣一千元（修正條文第 33 條第 5 款），自應與有期徒刑相同，許其最高度及最低度同加減之，並已併入修正條文第 67 條，故在本條內將「或罰金」字樣予以刪除。

第 69 條　（二種主刑以上併加減例）

有二種以上之主刑者，加減時併加減之。

第 70 條　（遞加、遞減例）

有二種以上刑之加重或減輕者，遞加或遞減之。

ⓘ按遞加遞減，與通加通減不同之點，即係於加重之後如須再加時，就已加重之數再加，不問原刑為若干也。於減輕之後如須再減，就已減輕之數再減，不問原刑為若干也。若為通加通減，則始終以原刑為加減之標準。

第 71 條　（主刑加減之順序）

I.刑有加重及減輕者，先加後減。

II.有二種以上之減輕者，先依較少之數減輕之。

第 72 條　（零數不算）

因刑之加重、減輕，而有不滿一日之時間或不滿一元之額數者，不算。

第 73 條　（酌量減輕之準用）

酌量減輕其刑者，準用減輕其刑之規定。

第九章　緩　刑

第 74 條　（緩刑要件）

I.受二年以下有期徒刑、拘役或罰金之宣告，而有下列情形之一，認以暫不執行為適當者，得宣告二年以上五年以下之緩刑，其期間自裁判確定之日起算：

　一　未曾因故意犯罪受有期徒刑以上刑之宣告者。

　二　前因故意犯罪受有期徒刑以上刑之宣告，執行完畢或赦免後，五年以內未曾因故意犯罪受有期徒刑以上刑之宣告者。

II.緩刑宣告，得斟酌情形，命犯罪行為人為下列各款事項：

　一　向被害人道歉。

　二　立悔過書。

　三　向被害人支付相當數額之財產或非財產上之損害賠償。

　四　向公庫支付一定之金額。

　五　向指定之政府機關、政府機構、行政法人、社區或其他符合公益目的之機構或團體，提供四十小時以上二百四十小時以下之義務勞務。

　六　完成戒癮治療、精神治療、心理輔導或其他適當之處遇措施。

　七　保護被害人安全之必要命令。

　八　預防再犯所為之必要命令。

III.前項情形，應附記於判決書內。

IV.第二項第三款、第四款得為民事強制執行名義。

V.緩刑之效力不及於從刑、保安處分及沒收之宣告。

⑩照協商條文通過。

◇緩刑：指針對被判處二年（少年犯為三年）以下有期徒刑、拘役或罰金之被告，同時宣告於一定期間暫緩執行其刑之制度。此一制度目的在於被告罪行程度較輕，為了給予被告自新機會，故暫時予以不執行。然而緩刑期間若符合第 75 條、第 75 條之 1 之情形，亦會被撤銷緩刑。緩刑期間屆滿後，依第 76 條規定，其效力為「**刑之宣告失其效力**」，不再執行。

▲【**院解 3519**】**被判褫奪公權而經宣告緩刑者，在緩刑期內，仍得應省縣公職候選人考試，其在緩刑期內當選為省縣公職人員者不得撤銷其資格**（參照院字第 1033 號、院解字第 2956 號、第 3316 號、第 3362 號解釋）。

▲【**54 臺非 148**】凡在判決前已經受有期徒刑以上刑之宣告確定者，即不合於緩刑條件，至於前之宣告刑已否執行，以及被告犯罪時間之或前或後，在所不問，因而前已受有期徒刑之宣告，即不得於後案宣告緩刑。

▲【**75 臺上 7033**】**關於刑之量定及緩刑之宣告，係實體法上賦予法院得為自由裁量之事項**，倘其未有逾越法律所規定之範圍，或濫用其權限，即不得任意指摘為違法，以為第三審上訴之理由。

第 75 條　（緩刑宣告之撤銷㈠）

I.受緩刑之宣告，而有下列情形之一者，撤銷其宣告：

　一　緩刑期內因故意犯他罪，而在緩刑期內受逾六月有期徒刑之宣告確定者。

　二　緩刑前因故意犯他罪，而在緩刑期內受逾六月有期徒刑之宣告確定者。

II.前項撤銷之聲請，於判決確定後六月以內為之。

⑱一、依本法第 41 條第 3 項之規定，受六月以下有期徒刑或拘役之宣告而不得易科罰金者，亦得易服社會勞動。此類案件既可毋庸入監執行，故於緩刑之效果，應與受得易科罰金之案件相同，成為修正條文第 75 條之 1 得撤銷緩刑之事由，而非本條應撤銷緩刑之事由。又不得易科罰金或不得易服社會勞動之案件皆係受逾六月有期徒刑之宣告，爰修正第 1 項各款。

二、第 2 項未修正。

▲【**院 2125**】某甲先犯誣告罪經宣告緩刑確定後，又發覺於緩刑前另犯瀆職罪，在緩刑期內判處徒刑，雖該徒刑准予易科罰金，但其所受宣告之刑，仍不失為有期徒刑，依刑事訴訟法第 480 條及刑法第 75 條第 1 項第 2 款各規定，應撤銷其緩刑之宣告。

▲【**院解 2918**】**刑法第 74 條各款所謂受有期徒**

刑以上刑之宣告，係指宣告其刑之裁判確定者而言，某甲犯子丑二罪，先發覺子罪，後發覺丑罪，經第一審先就子罪案件判處徒刑六月宣告緩刑二年，後就丑罪案件判決諭知無罪，某甲對於子罪案件上訴後，檢察官亦對丑罪案件上訴，第二審先就丑罪案件判處徒刑六月，在未確定前又就子罪案件判決將上訴駁回，均非違法，兩案裁判俱經確定，丑罪既非在子罪緩刑期內宣告之徒刑，則子罪所宣告之緩刑即不合於刑法第 75 條第 1 項各款所列撤銷之原因，檢察官僅應就丑罪所宣告之徒刑予以執行。

第 75 條之 1 （緩刑宣告之撤銷(二)）

I. 受緩刑之宣告而有下列情形之一，足認原宣告之緩刑難收其預期效果，而有執行刑罰之必要者，得撤銷其宣告：
　一　緩刑前因故意犯他罪，而在緩刑期內受六月以下有期徒刑、拘役或罰金之宣告確定者。
　二　緩刑期內因故意犯他罪，而在緩刑期內受六月以下有期徒刑、拘役或罰金之宣告確定者。
　三　緩刑期內因過失更犯罪，而在緩刑期內受有期徒刑之宣告確定者。
　四　違反第七十四條第二項第一款至第八款所定負擔情節重大者。
II. 前條第二項之規定，於前項第一款至第三款情形亦適用之。

⑱一、依本法第 41 條第 3 項之規定，受六月以下有期徒刑或拘役之宣告而不得易科罰金者，亦得易服社會勞動。此類案件既可毋庸入監執行，故於緩刑之效果，應與受得易科罰金之案件相同，成為本條得撤銷緩刑之事由。又得易科罰金或易服社會勞動之案件皆係受六月以下有期徒刑之宣告，爰修正第 1 項第 1 款及第 2 款。
二、第 2 項未修正。

第 76 條 （緩刑之效力）

緩刑期滿，而緩刑之宣告未經撤銷者，其刑之宣告失其效力。但依第七十五條第二項、第七十五條之一第二項撤銷緩刑宣告者，不在此限。

⑭本法對於緩刑制度採罪刑附條件宣告主義，認緩刑期滿未經撤銷者有消滅罪刑之效力，現行第 76

條規定謂「緩刑期滿，而緩刑宣告未經撤銷者，其刑之宣告失其效力」。對於緩刑期內更犯罪或緩刑前犯他罪，縱於緩刑期間內開始刑事追訴或為有罪判決之宣告，如其判決確定於緩刑期滿後者，不得撤銷其緩刑。又為督促主管機關注意即時行使撤銷緩刑之責，修正條文第 75 條第 2 項、第 75 條之 1 第 2 項已增訂「判決確定後六月以內，聲請撤銷緩刑」之規定，為配合此項修正，並重申其修正原旨，爰增設但書規定，凡依第 75 條第 2 項、第 75 條之 1 第 2 項之規定聲請撤銷者，即便撤銷緩刑之裁定在緩刑期滿後，其刑之宣告，並不失其效力。

▲【院解 3930】 刑法第 76 條所謂刑之宣告失其效力，包括主刑從刑在內，曾受徒刑及褫奪公權之宣告者，於緩刑期滿而緩刑之宣告未經撤銷時，依該條規定褫奪公權之宣告亦失其效力。

第十章　假　釋

第 77 條 （假釋之要件）

I. 受徒刑之執行而有悛悔實據者，無期徒刑逾二十五年，有期徒刑逾二分之一、累犯逾三分之二，由監獄報請法務部，得許假釋出獄。
II. 前項關於有期徒刑假釋之規定，於下列情形，不適用之：
　一　有期徒刑執行未滿六個月者。
　二　犯最輕本刑五年以上有期徒刑之罪之累犯，於假釋期間，受徒刑之執行完畢，或一部之執行而赦免後，五年以內故意再犯最輕本刑為五年以上有期徒刑之罪者。
　三　犯第九十一條之一所列之罪，於徒刑執行期間接受輔導或治療後，經鑑定、評估其再犯危險未顯著降低者。
III. 無期徒刑裁判確定前逾一年部分之羈押日數算入第一項已執行之期間內。

⑭一、假釋制度係發軔於英國，固已為目前大多數國家刑事立法例所採行，惟對於受刑人應服刑多久，始得許其假釋，各國立法規定不一。尤其對於重刑犯及累犯是否准予假釋，尤有爭執。鑑於晚近之犯罪學研究發現，重刑犯罪者，易有累犯之傾向，且矯正不易，再犯率比一般犯罪者高，

因此在立法上為達到防衛社會之目的，漸有將假釋條件趨於嚴格之傾向。如美國所採之「三振法案」，對於三犯之重刑犯罪者 (Felony) 更採取終身監禁不得假釋 (Life Sentence Without Parole) 之立法例。我國現行對於重大暴力犯罪被判處無期徒刑者，於服刑滿十五年或二十年後即有獲得假釋之機會，然其再犯之危險性較之一般犯罪仍屬偏高，一旦給予假釋，其對社會仍有潛在之侵害性及危險性。近年來多起震撼社會之重大暴力犯罪，均屬此類情形。因此目前之無期徒刑無法發揮其應有之功能，實際上變成較長期之有期徒刑，故應提高無期徒刑，以達到防衛社會之目的有其必要性，爰將無期徒刑假釋之條件提高至執行逾二十五年，始准許假釋。

二、無期徒刑累犯部分，因修正後之無期徒刑假釋至少需執行二十五年，對被告已有相當之嚇阻效果，而人之壽命有限，累犯如再加重五年或十年，似無實益，如其仍無悔悟實據，儘可不准其假釋，且為避免我國刑罰過苛之感，爰刪除無期徒刑累犯之假釋條件。

三、㈠現行規定不得假釋者，僅有第1項但書之「有期徒刑之執行未滿六個月者」係因此類犯罪之惡性，並不嚴重，且刑期僅六個月，假釋對於受刑人並無實質利益可言，故仍維持之。而此次不得假釋之修正另增訂二種情形，為使條文清晰，爰將不得假釋之規定，單獨於第2項中規定，現行第1項但書改列於第2項第1款。㈡對於屢犯重罪之受刑人，因其對刑罰痛苦之感受度低，尤其犯最輕本刑五年以上重罪累犯之受刑人，其已依第1項規定(執行逾三分之二)獲假釋之待遇，猶不知悔悟，於1.假釋期間、2.徒刑執行完畢或赦免後五年內再犯最輕本刑五年以上之罪，顯見刑罰教化功能對其已無效益，為社會之安全，酌採前開美國「三振法案」之精神，限制此類受刑人假釋之機會應有其必要性，爰於第2項第2款增訂之。

四、㈠依監獄行刑法第81條第2項、第3項分別規定「犯刑法第二百二十一條至第二百三十條及其特別法之罪，而患有精神疾病之受刑人，於假釋前，應經輔導或治療。」、「報請假釋時，應附具足資證明受刑人確有悔悟情形之紀錄及假釋審查委員會之決議。前項受刑人之假釋並應附具曾受輔導或治療之紀錄。」再配合本法第91條之1之修正，則性侵害犯罪之加害人進入強制治療之程序，理應依監獄行刑法接受輔導或治療後，經

評估、鑑定其再犯危險並未顯著降低者，始有接受刑法強制治療之必要；反之，如受刑人依前開規定接受輔導或治療後，其再犯危險顯著降低，即可依假釋程序審核是否有悔悟實據，而准予假釋。從而，監獄中之治療評估小組作整體評估、鑑定時，似無一方面認受刑人接受輔導或治療，其再犯危險顯著降低而准其假釋，另一方面又評估其應繼續接受強制治療之矛盾情形。故刑法之強制治療應是刑期內之輔導或治療不具成效，其再犯危險仍未顯著降低時，始有進一步施以強制治療之必要。㈡86年第77條修正前之規定「犯刑法第十六章妨害風化各條之罪者，非經強制診療，不得假釋。」亦以接受強制診療作為犯性侵害犯罪加害人假釋之要件，為避免強制治療由刑前治療改為刑後治療，與假釋規定發生適用法律之疑義，爰於第2項第3款增訂不得假釋之規定，以杜爭議。

五、現行條文第2項未修正，但項次循序移列至第3項。

◇**假釋**：基於長期自由刑對受刑人有邊際處罰效應，故設有假釋制度，即受刑人受徒刑執行未滿受宣告之刑期，但具備一定要件時，允許其提前出獄。倘若其在假釋期間表現良好，所餘刑期未經撤銷，則在期間屆滿後，尚未執行之所餘刑期以已執行完畢論。

▲【**釋801**】中華民國86年11月26日修正公布之刑法第77條第2項規定：「無期徒刑裁判確定前逾1年部分之羈押日數算入前項已執行之期間內。」(嗣94年2月2日修正公布同條時，移列同條第3項，僅調整文字，規範意旨相同)，其中**有關裁判確定前未逾1年之羈押日數不算入無期徒刑假釋之已執行期間內部分，與憲法第7條平等原則有違**，應自本解釋公布之日起失其效力。

第78條　（假釋之撤銷）

Ⅰ.假釋中因故意更犯罪，受有期徒刑以上刑之宣告者，於判決確定後六月以內，撤銷其假釋。但假釋期滿逾三年者，不在此限。

Ⅱ.假釋撤銷後，其出獄日數不算入刑期內。

---

⑨④一、現行條文第2項之規定，對於實務運用，固甚便利，惟依本項規定，假釋中再犯罪，假釋期滿而未起訴之案件，受限法條之規定，不能再撤銷假釋，似有鼓勵受刑人於假釋期滿前再犯罪

中華民國刑法　第一編　總則　（第七八條）

之嫌，應有未妥，爰將撤銷之期限修正於「判決確定後六月以內」為之。

二、現行條文規定假釋中更故意犯罪，其判決確定在假釋期滿後者，於確定後六月以內撤銷之，則受刑人將長期處於是否撤銷之不確定狀態，蓋案件非可歸責於受刑人延滯，亦可能一再發回更審，致使訴訟程序遲遲未能終結，如未設一定期間限制假釋撤銷之行使，則受刑人形同未定期限之處於假釋得被撤銷之狀態，對於法律安定效果，實屬不當，亦對受刑人不公，爰增設假釋期滿逾三年未撤銷者，不得撤銷假釋之規定，以期公允。

三、第 3 項未修正，惟配合現行第 1 項與第 2 項之合併修正，而移列為第 2 項。

▲【釋 796】刑法第 78 條第 1 項本文規定：「假釋中因故意更犯罪，受有期徒刑以上刑之宣告者，於判決確定後六月以內，撤銷其假釋。」**不分受假釋人是否受緩刑或六月以下有期徒刑之宣告，以及有無基於特別預防考量，使其再入監執行殘刑之必要之具體情狀，僅因該更犯罪受有期徒刑以上刑之宣告，即一律撤銷其假釋，致受緩刑或六月以下有期徒刑宣告且無特別預防考量必要之個案受假釋人，均再入監執行殘刑，於此範圍內，其所採取之手段，就目的之達成言，尚非必要，牴觸憲法第 23 條比例原則，與憲法第 8 條保障人身自由之意旨有違，應自本解釋公布之日起失其效力。**上開規定修正前，相關機關就假釋中因故意更犯罪，受緩刑或六月以下有期徒刑宣告者，應依本解釋意旨，個案審酌是否撤銷其假釋。

第 79 條　（假釋之效力）

I.在無期徒刑假釋後滿二十年或在有期徒刑所餘刑期內未經撤銷假釋者，其未執行之刑，以已執行論。但依第七十八條第一項撤銷其假釋者，不在此限。

II.假釋中另受刑之執行、羈押或其他依法拘束人身自由之期間，不算入假釋期內。但不起訴處分或無罪判決確定前曾受之羈押或其他依法拘束人身自由之期間，不在此限。

㉔一、為配合第 77 條無期徒刑假釋條件之提高，爰將第 1 項之十五年修正為二十年。

二、有關撤銷假釋之事由及期間，已於修正條文第 78 條第 1 項規範，故修本條第 1 項但書文字，將「第二項」修正為「第一項」，以資配合。

三、現行條文第 2 項不算入假釋期內之規定，其範圍包含受刑人因不起訴處分或無罪判決確定前之審理過程中之羈押等拘束人身自由之情形，致使受刑人之權益受損，實有不當。蓋受刑人於假釋期間內，既已獲不起訴處分或無罪判決確定，其所曾受之羈押或其他拘束人身自由之期間，自無排除於假釋期內之理。爰參酌冤獄賠償法第 1 條之法理，明定不起訴處分與無罪判決確定前曾受之羈押或其他依法拘束人身自由之期間，仍算入假釋期內。

第 79 條之 1　（併執行之假釋）

I.二以上徒刑併執行者，第七十七條所定最低應執行之期間，合併計算之。

II.前項情形，併執行無期徒刑者，適用無期徒刑假釋之規定；二以上有期徒刑合併刑期逾四十年，而接續執行逾二十年者，亦得許假釋。但有第七十七條第二項第二款之情形者，不在此限。

III.依第一項規定合併計算執行期間而假釋者，前條第一項規定之期間，亦合併計算之。

IV.前項合併計算後之期間逾二十年者，準用前條第一項無期徒刑假釋之規定。

V.經撤銷假釋執行殘餘刑期者，無期徒刑於執行滿二十五年，有期徒刑於全部執行完畢後，再接續執行他刑，第一項有關合併計算執行期間之規定不適用之。

㉔一、第 1 項未修正。

二、第 51 條數罪併罰有期徒刑之期限已提高至三十年，而具有數罪性質之合併執行，其假釋條件亦應配合修正，爰將㈠第 2 項合併刑期「逾三十年」修正為「逾四十年」。㈡如符合合併刑期逾四十年者之假釋條件，其接續執行應與單一罪加重結果之假釋及與無期徒刑之假釋有所區別，爰修正須接續執行「逾二十年」始得許其假釋。

三、合併執行之數罪中，如有符合第 77 條第 2 項第 2 款之情形者，依該款之規定已不得假釋，自不得因與他罪合併執行逾四十年，而獲依本項假釋之待遇，爰增訂但書，以杜爭議。

四、第 3 項未修正。

五、第 4 項、第 5 項關於有期徒刑、無期徒刑之假釋最長期間，亦配合修正為「逾二十年」、「滿二十五年」，以資衡平。

第十一章 時　效

介查暫行律第十五章原案謂關於刑事法上時效之規定之地位，有左列三種：

第一主義，以時效全部屬於刑事訴訟法之中。（例如法國刑訴第635條以下）蓋起訴權固不待論，即刑權亦屬裁判執行權之一，皆訴訟法之事也。

第二主義，以起訴權之時效，屬於刑事訴訟法之中，而行刑權之時效，則以刑法定之。（例如日本現行刑事訴訟法第8條，同改正草案第204條以下，現行刑法第58條以下，改正刑法第32條。）蓋以起訴權之時效，雖屬訴訟法上之關係，然行刑權之時效，關乎起刑之時限，故為關係於刑法也。

第三主義，以其全部屬於刑法之中。蓋以刑法雖為各種犯罪，定其所科之刑而設，然入起訴權及行刑權之時效者，其科刑不必實施，故其時效，即屬刑法上一種科刑之限度矣。

以上三種主義之中，其第三最為適於條理，故德意志刑法第66條以下、匈牙利刑法第106條以下、荷蘭刑法第70條以下、布加利亞刑法第72條以下、墨西哥刑法第262條以下、意大利刑法第91條以下、芬蘭刑法第八章之第7條、那威刑法第67條以下，凡此多數之立法例，皆採此主義。

第 80 條　（追訴權之時效期間）
I.追訴權，因下列期間內未起訴而消滅：
一　犯最重本刑為死刑、無期徒刑或十年以上有期徒刑之罪者，三十年。但發生死亡結果者，不在此限。
二　犯最重本刑為三年以上十年未滿有期徒刑之罪者，二十年。
三　犯最重本刑為一年以上三年未滿有期徒刑之罪者，十年。
四　犯最重本刑為一年未滿有期徒刑、拘役或罰金之罪者，五年。
II.前項期間自犯罪成立之日起算。但犯罪行為有繼續之狀態者，自行為終了之日起算。

⑩一、原第1項依法定刑之不同而分別規範追訴權時效之期間，惟為兼顧法定刑及法益權衡，故參考德國刑法第78條有關謀殺罪無追訴權期間限制；日本刑事訴訟法第250條造成被害人死亡且所犯之罪最重可處死刑之犯罪無追訴權期間限

制；奧地利刑法第57條、丹麥刑法第93條、義大利刑法第172條就最重本刑為無期徒刑之罪，排除追訴權時效之規定，將侵害生命法益之重罪排除追訴權時效之適用，爰於第1項第1款增訂但書規定，對於所犯係最重本刑為死刑、無期徒刑或十年以上有期徒刑之罪，且發生死亡結果者（如第271條第1項殺人罪、修正條文第277條第2項傷害致死罪及修正條文第278條第2項重傷害致死罪），均無追訴權時效之適用。
二、第2項未修正。

◇**追訴權時效**：指國家機關對於某犯罪的追訴權力，因一定期間的經過而消滅。其制度目的在於追求法安定性、處罰必要性降低以及避免因證據毀損滅失而大幅提升的誤判風險。

第 81 條　（刪除）
⑭一、本條刪除。
二、本條係規定第80條第1項各款之追訴權時效期間之計算標準。因現行條文語義籠統，而第80條第1項既增列「犯最重本刑」之文字，本條似無重複規定必要，爰刪除之。

第 82 條　（本刑應加減時追訴權時效期間之計算）
本刑應加重或減輕者，追訴權之時效期間，仍依本刑計算。

第 83 條　（追訴權時效之停止）
I.追訴權之時效，因起訴而停止進行。依法應停止偵查或因犯罪行為人逃匿而通緝者，亦同。
II.前項時效之停止進行，有下列情形之一者，其停止原因視為消滅：
一　諭知公訴不受理判決確定，或因程序上理由終結自訴確定者。
二　審判程序依法律之規定或因被告逃匿而通緝，不能開始或繼續，而其期間已達第八十條第一項各款所定期間三分之一者。
三　依第一項後段規定停止偵查或通緝，而其期間已達第八十條第一項各款所定期間三分之一者。
III.前二項之時效，自停止原因消滅之日起，與停止前已經過之期間，一併計算。

⑩按追訴權之性質，係檢察官或犯罪被害人，對於

犯罪，向法院提起確認國家刑罰權之有無及其範圍之權利。因此，為維護國家刑罰權的實現，避免時效停止進行變相淪為犯罪者脫法的工具，爰將第 2 項第 2 款、第 3 款有關四分之一之規定，修正為三分之一，以落實司法正義。

▲【釋 123】審判中之被告經依法通緝者，其追訴權之時效，固應停止進行，本院院字第 1963 號解釋並未有所變更。至於**執行中之受刑人經依法通緝，不能開始或繼續執行時，其行刑權之時效亦應停止進行**，但仍須注意刑法第 85 條第 3 項之規定。

▲【院 1795】告訴乃論之罪，因告訴權人不為告訴，或無告訴權人之告訴，致偵查起訴諸程序不能開始時，自可停止追訴權時效期間之進行。

▲【院 1963】㈠於偵查或審判中通緝被告，其追訴權之時效均應停止進行，但須注意刑法第 83 條第 3 項之規定。㈡縣政府受理刑事案件應否認為已經起訴，須視其訴訟行為至如何程度而定，不能為具體之解答。

第 84 條　（行刑權之時效期間）

I.行刑權因下列期間內未執行而消滅：

一　宣告死刑、無期徒刑或十年以上有期徒刑者，四十年。

二　宣告三年以上十年未滿有期徒刑者，三十年。

三　宣告一年以上三年未滿有期徒刑者，十五年。

四　宣告一年未滿有期徒刑、拘役或罰金者，七年。

II.前項期間，自裁判確定之日起算。但因保安處分先於刑罰執行者，自保安處分執行完畢之日起算。

⑩照協商條文通過。

◇**行刑權時效**：被告受科刑判決後，理應執行。然因故未執行而經過一定期間後，國家即不得再對被告行刑，其制度目的亦在確保法安定性。宜注意者，行刑權時效完成，並無消滅刑罰宣告之效力，僅對之不得再執行刑罰而已，原確定判決所宣告之罪行，依然存在（102 臺非 311）。

第 85 條　（行刑權時效之停止）

I.行刑權之時效，因刑之執行而停止進行。有下列情形之一而不能開始或繼續執行時，亦同：

一　依法應停止執行者。

二　因受刑人逃匿而通緝或執行期間脫逃未能繼續執行者。

三　受刑人依法另受拘束自由者。

II.停止原因繼續存在之期間，如達於第八十四條第一項各款所定期間三分之一者，其停止原因視為消滅。

III第一項之時效，自停止原因消滅之日起，與停止前已經過之期間，一併計算。

⑩按時效制度之設，不外對於永續存在之一定狀態加以尊重，藉以維持社會秩序，刑法規定刑罰權因時效完成而消滅，其旨趣即在於此，為維護國家刑罰權的實現，避免時效停止進行變相淪為犯罪者脫法的工具，爰將第 2 項有關四分之一之規定，修正為三分之一，以落實司法正義。

第十二章　保安處分

◇**保安處分**：是一種針對存在社會危險性的特定行為人，所設立的社會防衛措施。我國現行刑法下，刑罰與保安處分併存，學理上稱為「**雙軌制裁體系**」。有鑑於保安處分也是一種實質干預人民自由的刑事措施，亦須受法律保留原則與比例原則的拘束。目前對於保安處分的種類，規範在刑法第 86 條以下，亦散見於各特別法（如少年事件處理法）中。

第 86 條　（感化教育處分）

I.因未滿十四歲而不罰者，得令入感化教育處所，施以感化教育。

II.因未滿十八歲而減輕其刑者，得於刑之執行完畢或赦免後，令入感化教育處所，施以感化教育。但宣告三年以下有期徒刑、拘役或罰金者，得於執行前為之。

III感化教育之期間為三年以下。但執行已逾六月，認無繼續執行之必要者，法院得免其處分之執行。

⑭一、按現行少年事件處理法對於未滿十四歲者之犯罪，雖亦設有感化教育之規定，惟本法係規定犯罪之基本法，就其防制犯罪之手段，設有刑罰及保安處分兩種，對於未滿十四歲人之刑事責任，不惟於第 18 條第 1 項設有明文規定，且於第 86 條規定感化教育之保安處分，以資配合，為求體例完整，宜予保留，第 1 項及第 2 項不予修正，合先敘明。

二、修正條文第3項配合第97條之刪除及少年事件處理法規定將關於免除執行中之感化教育之規定，納入本項內。

三、現行條文第4項刪除，移至第98條第1項後段規範。

四、依中央法規標準法第16條之規定：「法規對其他法規所規定之同一事項而為特別之規定者，應優先適用。其他法規修正後，仍應優先適用。」本條第2項、第3項與現行少年事件處理法相關規定，分屬不同法規，而有規定同一事項之情形，因少年事件處理法係特別法規，自應優先適用。惟為求本章體例之完整，仍規定如上。

五、按刑事訴訟法第481條第1項有關於現行刑法第86條第3項、第88條第3項免刑之執行、第96條但書之付保安處分、第97條延長或免其處分之執行、第98條免其處分之執行，由檢察官聲請法院裁定之規定，因此次刑法總則之修正而有調整條次、內容之情形，應於修正本法後，配合修正刑事訴訟法第481條第1項。

第87條　（監護處分）

I. 因第十九條第一項之原因而不罰者，其情狀足認有再犯或有危害公共安全之虞時，令入相當處所，施以監護。

II. 有第十九條第二項及第二十條之原因，其情狀足認有再犯或有危害公共安全之虞時，於刑之執行完畢或赦免後，令入相當處所，施以監護。但必要時，得於刑之執行前為之。

III. 前二項之期間為五年以下。但執行中認無繼續執行之必要者，法院得免其處分之執行。

---

⑭一、保安處分之目標，在消滅犯罪行為人之危險性，藉以確保公共安全。對於因第19條第1項之原因而不罰之人或有第2項及第20條原因之人，並非應一律施以監護，必於其情狀有再犯或有危害公共安全之虞時，為防衛社會安全，應由法院宣告付監護處分，始符保安處分之目的。爰參考德國現行刑法第63條之規定，於第1項、第2項增設此一要件，並採義務宣告，而修正第1項、第2項「得」令入相當處所之規定。

二、監護並具治療之意義，行為人如有第19條第2項之原因，而認有必要時，在刑之執行前，即有先予治療之必要，故保安處分執行法第4條

2項、第3項分別規定，法院認有緊急必要時，得於判決前將被告先以裁定宣告保安處分；檢察官於偵查中認被告有先付監護之必要者亦得聲請法院裁定之。惟判決確定後至刑之執行前，能否將受刑人先付監護處分，則欠缺規定，爰於第2項但書增設規定，使法院於必要時，宣告監護處分先於刑之執行。

三、對精神障礙者之監護處分，其內容不以監督保護為已足，並應注意治療（參照保安處分執行法第47條）及預防對社會安全之危害。現行第3項規定監護處分期間僅為三年以下，尚嫌過短，殊有延長必要，故將其最長執行期間提高為五年以下。

四、受處分人於執行中精神已回復常態、或雖未完全回復常態，但已不足危害公共安全、或有其他情形（如出國就醫），足認無繼續執行之必要者，自得免其處分之繼續執行。特參酌現行法第97條前段旨意，修正如第3項後段。

第88條　（禁戒處分㈠）

I. 施用毒品成癮者，於刑之執行前令入相當處所，施以禁戒。

II. 前項禁戒期間為一年以下。但執行中認無繼續執行之必要者，法院得免其處分之執行。

---

⑭一、本條以「吸食」、「施打」為犯罪行為，惟「吸食」與「施打」是否能包羅所有使用毒品之方法，頗有疑問。爰改採較廣含義之「施用」，以資概括；另為配合第5條第8款之修正並甫文字簡明一致，本條不再就所有種類毒品一一列舉，逕以「毒品」一詞統括之。

二、按禁戒處分，貴在儘速執行，以期早日收戒絕之效，故明定施用毒品成癮者，應於刑之執行前令入相當處所，施以禁戒。另參考毒品危害防制條例規定，行為人符合本條之要件時，法官即應義務宣告令入相當處所施以禁戒，以收成效。其次，施用毒品成癮者，有所謂身癮及心癮，其身癮當可於短期內戒除，欲解除施用毒品者身體內毒素，必須於其查獲後，即送往禁戒處所施以治療，始能達到禁戒之醫療功能。心癮之戒除則較費時，爰以一年以下為其禁戒治療之期間，執行中視治療之情況認已治癒或因其他情形，而無治療之必要時，自應賦予法院免其處分執行之權，爰修正第2項、第3項之規定。

三、依中央法規標準法第16條之規定：「法規對其他法規所規定之同一事項而為特別之規定者，應優先適用之。」其他法規修正後，仍應優先適用。」本條第1項、第2項與現行毒品危害防制條例，分屬不同法規，而有規定同一事項之情形，因毒品危害防制條例係特別法規，自應優先適用。惟為求本章體例之完整，仍規定如上。

四、按刑事訴訟法第481條第1項有關於現行刑法第86條第4項、第88條第3項免其刑之執行、第96條但書之付保安處分、第97條延長或免其處分之執行、第98條免其處分之執行，由檢察官聲請法院裁定之規定，因此次刑法總則之修正而有調整條次、內容之情形，應於修正本法後，配合修正刑事訴訟法第481條第1項。

▲【院解3979】行政機關對於吸食煙毒人犯於移送司法機關裁判前，實施禁戒斷癮者，非刑法第88條第3項所謂禁戒處分之執行，不得由檢察官聲請免其刑之執行(參照院解字第3887號解釋)。

第 89 條　（禁戒處分(二)）

I.因酗酒而犯罪，足認其已酗酒成癮並有再犯之虞者，於刑之執行前，令入相當處所，施以禁戒。

II.前項禁戒期間為一年以下。但執行中認無繼續執行之必要者，法院得免其處分之執行。

⑼一、「酗酒」與「施用毒品」不同，其本身非為刑法所處罰之行為，須因酗酒以致犯罪，且已酗酒成癮及有再犯之虞者，基於維護社會公共安全之立場，始有考慮施以禁戒之必要。爰參酌德國現行刑法第64條、奧地利現行刑法第22條、瑞士現行刑法第44條，修正第1項之規定。

二、按禁戒處分，貴在儘速執行，故參酌保安處分執行法第4條第2項、第3項之精神，將本條第1項「得於刑之執行完畢或赦免後」，修正為「於刑之執行前」。

三、醫療上酒癮（酒精依賴）之治療可分為三階段：(一)酒精戒斷症狀之處理；(二)因酗酒導致身體併發症之評估與治療；(三)復健。國內醫院所提供之治療，大抵為(一)與(二)之階段，如以全日住院方式進行，平均約須二週。至於(三)復健，因涉及戒酒「動機」及個案需要，其治療期間應為長期，而現行規定僅三月，對於已酗酒成癮而有再犯之虞之行為人而言，似嫌過短。從而，對於此類行

為人之禁戒，固然在於使行為人戒絕酒癮，去除其再犯之因子，惟其戒癮標準，醫學上並無絕對禁絕之標準，爰訂以最長期間為一年，由執行機關或法院就其個案判斷，如執行中認已治癒或因其他情形而無治療之必要時，賦予法院免其處分執行之權，爰修正第2項。

第 90 條　（強制工作處分）

I.有犯罪之習慣或因遊蕩或懶惰成習而犯罪者，於刑之執行前，令入勞動場所，強制工作。

II.前項之處分期間為三年。但執行滿一年六月後，認無繼續執行之必要者，法院得免其處分之執行。

III.執行期間屆滿前，認為有延長之必要者，法院得許可延長之，其延長之期間不得逾一年六月，並以一次為限。

⑼一、本法有關常業犯之規定，已因廢除連續犯，而全數刪除之，為符立法體例，自不宜再保留「以犯罪為常業」而宣告強制工作之規定，爰刪除之。惟特別法仍有關於常業犯之處罰，在配合本法刪除之前，如犯特別法之常業罪，其行為符合「有犯罪之習慣者」之要件時，仍應依本條宣告強制工作之處分。

二、本條現行第1項規定強制工作應於刑之執行後為之，惟按其處分之作用，原在補充或代替刑罰，爰參考德國現行刑法第67條立法例及竊盜犯贓物犯保安處分條例第3條第1項強制工作處分應先於刑之執行而執行之意旨修正為應於刑之執行前為之。

三、強制工作執行滿一年六月後，認為無繼續執行之必要者，為鼓勵向上，得免其處分之執行。執行將屆三年，認為有延長之必要者，得許可延長之，其延長以一次為限，延長期間不得逾一年六月。

第 91 條　（刪除）

⑩八一、本條刪除。

二、配合刪除原第285條，本條所定強制治療即無規範必要，爰予刪除。

第 91 條之 1　（治療處分）

I.犯第二百二十一條至第二百二十七條、第二百二十八條、第二百二十九條、第二百三十條、第二百三十四條、第三百三十二

條第二項第二款、第三百三十四條第二款、第三百四十八條第二項第一款及其特別法之罪，而有下列情形之一者，得令入相當處所，施以強制治療：

一　徒刑執行屆滿前，於接受輔導或治療後，經鑑定、評估，認有再犯之危險者。

二　依其他法律規定，於接受身心治療或輔導教育後，經鑑定、評估，認有再犯之危險者。

II.前項處分期間至其再犯危險顯著降低為止，執行期間應每年鑑定、評估有無停止治療之必要。

(94)一、關於與強制性交之結合犯是否得施以強制治療，現行條文並無規定，而引起實務適用之疑義，為昭爭議，爰於第1項增列第332條第2項第2款強盜強制性交罪、第334條第2款海盜強制性交罪及第348條第2項第1款擄人勒贖強制性交罪及其特別法（如兒童及少年性交易防制條例第22條）等罪，以資涵括。

二、現行法就強制治療之認定為「於裁判前應經鑑定有無施以治療之必要」，在實務上常引起鑑定人質疑行為人有無犯意不明下，無以憑作鑑定之質疑，亦或有判決與鑑定意見相左之情形，而認有修正裁判前應經鑑定之必要。其次，多數學者及精神醫學專家咸認此類行為人於出獄前一年至二年之治療最具成效，爰修正現行法刑前治療之規定。

三、性罪犯之矯治應以獄中強制診療（輔導或治療）或社區身心治療輔導教育程序為主，若二者之治療或輔導教育仍不足矯正行為人偏差心理時，再施以保安處分。而性罪犯之矯治以再犯預防及習得自我控制為治療目的，其最佳之矯正時點咸認係出獄前一年至二年之期間，已如前述，現行依監獄行刑法之輔導或治療，即在符合此項理論下，於受刑人出獄前一至二年內進行矯治。如刑期將滿但其再犯危險仍然顯著，而仍有繼續治療必要時，監獄除依第77條第2項第3款規定，限制其假釋外，亦須於刑期屆滿前提出該受刑人執行過程之輔導或治療紀錄、自我控制再犯預防成效評估報告及應否繼續施以治療之評估報告，送請檢察官審酌是否向法院聲請強制治療之參考，爰於第1項第1款定之。

四、依性侵害犯罪防治法第18條規定對於刑及保

安處分之執行完畢、假釋、緩刑、免刑、赦免之性侵害犯罪加害人，主管機關應對其施以身心治療或輔導教育，依現有之社區治療體系進行矯治事宜，如經鑑定、評估有強制治療之必要，再由各縣市政府性侵害防治中心提出評估、鑑定結果送請檢察官向法院聲請強制治療之依據，爰於第1項第2款規定之，以落實此類犯罪加害人之治療。

五、綜上說明，性侵害犯罪之加害人有無繼續接受強制治療之必要，係根據監獄或社區之治療結果而定，如此將可避免現行規定之鑑定，因欠缺確定之犯罪事實，或為無效之刑前強制治療，浪費寶貴資源，使強制治療與監獄或社區之治療結合，為最有效之運用。

六、加害人之強制治療是以矯正行為人異常人格及行為，使其習得自我控制以達到再犯預防為目的，與尋常之疾病治療有異，學者及醫界咸認無治癒之概念，應以強制治療目的是否達到而定，故期限以「再犯危險顯著降低為止」為妥。惟應每年鑑定、評估，以避免流於長期監禁，影響加害人之權益。

七、強制治療既已修正於刑後執行，應無折抵刑期之問題，爰刪除第3項有關折抵刑期之規定。

▲【釋799（節錄）】刑法第91條之1第2項前段規定及性侵害犯罪防治法第22條之1第3項規定關於強制治療期間至再犯危險顯著降低為止之部分，與憲法比例原則尚屬無違。惟若干特殊情形之長期強制治療仍有違憲之疑慮，有關機關應依本解釋意旨有效調整改善。

第92條　（代替保安處分之保護管束）
I.第八十六條至第九十條之處分，按其情形得以保護管束代之。
II.前項保護管束期間為三年以下。其不能收效者，得隨時撤銷之，仍執行原處分。

▲【38臺上14】刑法第92條第1項所定之保護管束，須以依第86條至第90條之規定諭知保安處分為前提要件，先有保安處分，然後始得斟酌情節代以保護管束，被告竊盜案原判並未諭知保安處分，即逕行諭知保護管束，顯屬違法。

第93條　（緩刑與假釋之保護管束）
I.受緩刑之宣告者，除有下列情形之一，應於緩刑期間付保護管束外，得於緩刑期間付保護管束：

中華民國刑法

第一編　總則（第九四～九七條）

　　一　犯第九十一條之一所列之罪者。
　　二　執行第七十四條第二項第五款至第八款所定之事項者。
II.假釋出獄者，在假釋中付保護管束。

(94)一、緩刑制度在暫緩宣告刑之執行，促犯罪行為人自新，藉以救濟短期自由刑之弊，則緩刑期內，其是否已自我約制而洗心革面，自須予以觀察，尤其對於因生理或心理最需加以輔導之妨害性自主罪之被告，應於緩刑期間加以管束，故於第1項增訂對此類犯罪宣告緩刑時，應於緩刑期間付保護管束之宣告，以促犯罪行為人之再社會化。惟為有效運用有限之觀護資源，並避免徒增受緩刑宣告人不必要之負擔，其餘之犯罪仍宜由法官審酌具體情形，決定是否付保護管束之宣告。
二、依第74條第2項第5款至第8款之執行事項，因執行期間較長，為收其執行成效，宜配合保安處分之執行，方能發揮效果，爰於第1項第2款增列法官依第74條第2項規定，命犯罪行為人遵守第5款至第8款之事項時，應付保護管束，以利適用。
三、依刑事訴訟法第481條規定，刑法第96條但書之保安處分之執行，由檢察官聲請法院裁定，亦即假釋中付保護管束，係由法院裁定之，既法有明文，本條第2項無修正必要。
四、現行第3項所稱「違反保護管束規則，情節重大」，因保護管束規則業已廢止（64年2月10日內政部臺內警字第62194號及前司法行政部臺64令字第01397號令會銜廢止），自不宜再保留。另保安處分執行法第74條之3對於違反保護管束應遵守之事項，其情節重大者，檢察官得聲請撤銷假釋或緩刑，故第3項無須規範，爰予以刪除。

第 94 條　（刪除）

(94)一、本條刪除。
二、本條屬執行程序事項，性質上應委諸保安處分執行法予以規範。查保安處分執行法第64條以下已有相當規定，本條宜予刪除。

第 95 條　（驅逐出境處分）

外國人受有期徒刑以上刑之宣告者，得於刑之執行完畢或赦免後，驅逐出境。

▲【84 臺非 195】刑法第95條規定外國人受有期徒刑以上刑之宣告，得於刑之執行完畢或赦免後，驅逐出境者，應僅限於外國人始有其適用。倘具有中華民國國籍者，縱同時具有外國國籍，即俗稱擁有**雙重國籍之人**，若未依國籍法第11條之規定，經內政部許可喪失中華民國國籍時，則**其仍不失為本國人民**，與一般所謂「外國人」之含義不符，自無刑法第95條規定之適用。

第 96 條　（保安處分之宣告）

保安處分於裁判時併宣告之。但本法或其他法律另有規定者，不在此限。

(94)一、保安處分應否實施，由法院依法決定之。如其涉及人身自由之拘束者，原則上應於裁判時併為宣告；惟以下情形，則例外許其於裁判外單獨宣告：㈠依法律規定，先於判決而為裁定者，如現行本法第88條第1項之禁戒處分、第91條之強制治療等。另依保安處分執行法第4條第2項及第3項規定，亦有得於判決前宣告之規定。㈡依法律規定，許其事後補行裁定者，如依刑事訴訟法第481條第3項宣告之保安處分，或依本法第93第2項於假釋中付保護管束之處分，乃發生於裁判確定後，性質上自宜許其於事後裁定。㈢因無裁判，法律准許單獨裁定保安處分者，如刑事訴訟法第481條第2項所定檢察官不起訴處分後向法院所為聲請之情形，即屬之。
二、因依本法或其他法律之規定，關於保安處分於裁判以外單獨宣告之情形，尚有多種，為求涵蓋，爰修正為「但本法或其他法律另有規定者，不在此限」。
三、按第93條第2項假釋期間付保護管束者，依刑事訴訟法第481條第1項、修正後第96條但書之規定，由檢察官聲請法院裁定之，附此敘明。

第 97 條　（刪除）

(94)一、本條刪除。
二、現行第97條係就裁判論知保安處分之期間特設免除及延長之規定，而普遍適用於各種保安處分。惟經分別檢討修正後之各種保安處分與本條之關係：㈠免除處分之執行，已分別納入第86條至第90條中。㈡現行第90條規定已依次將本條延長執行之規定納入第90條第2項中。㈢現行第86條至第89條執行最長期間分別為五年、三年、一年，而依其處分之性質，應無再延長執行必要。㈣第91條、第91條之1，則以「治癒」或「再犯危險顯著降低為止」，亦無再延長必要。依上開說明，本條已無保留必要，爰予以刪除。

三、按刑事訴訟法第481條第1項有關於現行刑法第86條第4項、第88條第3項免其刑之執行、第97條延長或免其處分之執行、第98條免其處分之執行，由檢察官聲請法院裁定之規定，因此次刑法總則之修正而有調整條次、內容之情形，應分修正本法後，配合修正刑事訴訟法第481條第1項。

第98條　（保安處分執行之免除）

Ⅰ.依第八十六條第二項、第八十七條第二項規定宣告之保安處分，其先執行徒刑者，於刑之執行完畢或赦免後，認為無執行之必要者，法院得免其處分之執行；其先執行保安處分者，於處分執行完畢或一部執行而免除後，認為無執行刑之必要者，法院得免其刑之全部或一部執行。

Ⅱ.依第八十八條第一項、第八十九條第一項、第九十條第一項規定宣告之保安處分，於處分執行完畢或一部執行而免除後，認為無執行刑之必要者，法院得免其刑之全部或一部執行。

Ⅲ.前二項免其刑之執行，以有期徒刑或拘役為限。

⑽一、配合刪除原第91條，爰修正第2項。
　二、第1項及第3項未修正。

第99條　（保安處分之執行時效）

保安處分自應執行之日起逾三年未開始或繼續執行者，非經法院認為原宣告保安處分之原因仍繼續存在時，不得許可執行；逾七年未開始或繼續執行者，不得執行。

⑼一、本條現行規定，僅針對本法第86條至第91條所定之保安處分而設，依竊盜犯贓物犯保安處分條例等特別法宣告之保安處分，自應執行之日起經過三年未執行者，如不能適用此一規定，前受處分人是否須接受處分之執行，永在不確定狀態中，殊非所宜，爰將「第八十六條至第九十一條之」句，修正為「保安處分」。
二、現行條文所稱「經過三年未執行者」，應包括「未開始」執行，與開始執行後「未繼續」執行兩種情形。受處分人逃匿，自始即未受執行之例屬前者；受執行中脫逃，未繼續執行之例屬後者。為免爭議，爰修正為「逾三年未開始或繼續執行」，以期明確。

三、現行條文就保安處分經過相當期間未執行者，採許可執行制度，而不適用時效規定。至法院於如何情形，應許可執行，現行條文未規定其實質要件。按各種保安處分經修正後業已增訂其實質要件，而原來宣告各該保安處分之實質要件，應即為許可執行之實質要件，本條既仍採許可執行制度，則逾三年後是否繼續執行，應視原宣告保安處分之原因，是否繼續存在為斷，故參考檢肅流氓條例第18條第3項之體例，規定非經法院認為原宣告保安處分之原因仍繼續存在時，不得許可執行；逾七年未開始或繼續執行者，不得執行，以維護人權。

第二編　分　　則

👉謹按本編各條於原案及修正案有所修改，其要者如左：

一　體例　原案關於未遂罪、預備罪及陰謀罪，皆另條規定，本案擬揭舉於各本條，以便閱者援用，可省翻檢之勞。

原案稱為某罪，各條修正案，將為某罪字樣刪去，例如原案第101條為內亂罪云云，修正案刪去為內亂罪四字，其理由謂此四字不過為確定罪名，與本條之內容及審判之實施並無關係，故應刪去。他條稱為某罪者，皆準此等語，但如原案該條為內亂罪云云，所以確立此罪名而標其定義者，為以後各條所稱內亂二字有所依據，其他各條稱為某罪者，用意與此同。故本案據擬仍從原案。

二　故意　本案直接及間接之故意，依總則第19條概行處罰，是為原則，其例外以直接故意為限者，皆於各條標舉明知字樣，蓋謂科罰擴充。至間接恐於事業之進行或有妨礙，原以明知為犯罪成立之要件者，僅第240條，本案所規定凡九條。

三　未遂罪、預備罪及陰謀罪　較輕罪之未遂概不處罰，此各國之通例也。茲將原案及修正案與日本現行刑法關於未遂罪之規定，列表如左，以資比較。

罪	名	科	刑	條	文
	總數	罰未遂罪者	總　數		罰未遂罪者
日　本	四〇	一九	約一五〇		五六
原　案	三五	二九	約二五〇		一二〇
修正案	三八	三一	約二〇〇		一四三

中華民國刑法

第二編　分　則（第九九條）

右表原案未遂罪，較諸日本為多，而修正案較原案尤多，即處以罰金之最輕罪亦有罰者，例如妨害衛生罪之未遂，凡三條，此其範圍之過廣也。至原案規定未遂罪如第212條，以強暴脅迫妨害尋常集會者，罰其未遂，而於第160條以強暴脅迫妨害選舉，則不罰未遂。此外仍有輕重失均者，本案擬參照原案，斟酌輕重分別規定。

預備罪及陰謀罪，以不處罰為原則，蓋犯罪之程序陰謀及預備，皆在著手實行以前，其著手實行而不遂者為未遂罪，而未遂罪且有不罰者，故著手以前之預備及陰謀，與意中所欲犯之罪，相去尚遠，無處罰之必要，其有例外者，僅三數重罪耳。例如日本刑法，預備及陰謀之處罰，為內亂罪、外患罪、妨害國交罪，其有預備罪而無陰謀罪者，為放火罪、殺傷罪、強盜罪。原案擴充預備及陰謀罪至八種之多，修正案復擴充至十二種，未免失之略苛。本案規定，擬以數重罪為限。

四　自首　原案自首而免除或得免除其刑各條，本案以此種規定，易為惡人利用，構陷入罪，暫行律適用以來，蓋已數見矣。故本案擬刪，仍適用總則第31條，自首得減輕本刑之例。

五　科刑範圍　原案關於科刑之範圍廣狹，間有失均，例如第190條因失火而至有某條之損害者，處五等有期徒刑、拘役或一千圓以下罰金，因而致有某條之損害者，處拘役或五百圓以下罰金，因而致有某條之損害者，處三百圓以下罰金，則其最輕刑為三百圓以下罰金，最重刑為五等有期徒刑，在律文詳為規定，欲限制法官之自由裁量。乃第311條之殺人罪，則僅規定殺人者，處死刑、無期徒刑或一等有期徒刑，是自有期徒刑以至無期徒刑，自無期徒刑至於死刑，如此重罪反予法官以莫大之自由裁量，於罪重之情節未嘗分別規定，其他各條類此者尚多，故本案擬略加修正。

六　科刑之躐等　原案科刑間有躐等者，如第119條處二等至四等有期徒刑，或二千圓以下二百圓以上罰金，遺漏五等有期徒刑及拘役，第123條處三等至五等有期徒刑或一千圓以下一百圓以上罰金，遺漏拘役，獨於四等以下有期徒刑，如第115條，則自徒刑而拘役而罰金，詳考各條，大抵三等至五等有期徒刑或二等至四等而至罰金，四等以下有期徒刑則否。就二等至四等有期徒刑各條而論，其躐等之刑，（五等有期徒刑及拘役）皆重於罰金，而反不能科之，其結果遂使法官非科以二等至四等有期徒刑，即科以最輕刑之罰金，未免趨於極端，故本案對於躐等之刑，概加補入。

七　結果加重　原案犯某罪因而致人死傷者，援用傷害各條依俱發罪第23條之例處斷者，凡十二條。前法律館草案規定以本罪比較傷害罪從重處斷，其修正案以所罰太輕，改從俱發罪處罰，但俱發罪第23條，係規定實體上犯數罪之處罰，若犯人本意犯一罪，因而有致人死傷之結果，雖加重其刑，然斷不能視為實體上兩罪之俱發。蓋其情節較諸既犯一罪復犯傷害致死傷者，輕重不同，故本案擬從前法律館草案，以本罪比較傷害罪，從重處斷。

八　過失加重　原案過失罪，因被害人之身分加重其刑，本案以其過失罪，無故意侵害之惡性，故刪。

九　自由刑與罰金　多數國立法例，自由刑與罰金併科者往往有之，蓋恐專科自由刑，或不足以懲戒犯人之貪欲，原案犯某罪因而得利者，併科若干罰金凡四條，範圍過狹，本案對於其他與貪欲觀念有關之罪，擬一併增入。又原案規定以得利為限，若犯人於所犯之罪，未嘗得利，則雖有財產，反無從併科罰金，仍不足以懲戒其貪欲，故本案將因而得利句刪，以便援用。

原案科罰金，以價額若干倍為標準者，凡十三條，比例所得之多寡而定其應科之罰金，用意本善，惟施行上，頗有困難。蓋證明犯罪，復須詳查其價額，然後科罰，若不能確知或不能證明其價額時，則判定所科之罰金，恐有違法之嫌。且所謂價額，亦未規定以某時間內所得為限，則其額數尤難確定。故本案擬廢去價額之制，明定罰金數目，於實施上較為便利。

十　褫奪公權　褫奪公權，為從刑之一種，其科刑之範圍，大抵以無廉恥之犯罪為限，與主刑性質不同，德國刑法準備草案，且有明文規定（第45條），以防濫用。況其受刑之結果，至不公平，與公權無關係者，即令科之，犯人毫無所覺，與公權有關係者，出獄後復科以此刑或至奪其自存之路。原案褫奪公權，有併褫奪及得褫奪兩例，均無一定之標準（詳本案第47條之理由），本案擬仿日本刑法修

正案採得科主義，俾法官準情酌定。又原案對於各罪，皆有褫奪公權之規定，修正案除妨害衛生罪外（因此罪概科以罰金，而總則褫奪公權以四等以上有期徒刑為限），與原案同其科褫奪公權之範圍，略嫌太廣。日本刑法修正案罪名，凡三十有九，而規定褫奪公權者僅十有八耳。故本案對於較輕微之罪，或與廉恥無甚關係者，概不科之。

第一章　內　亂　罪

⇧查暫行律第二章理由謂內亂之義，與第三章外患相對待，凡以暴力紊亂國家內部存立之條件者，謂之內亂，即舊律十惡之謀反是也。

舊律以謀反為謀危社稷，本案改為內亂，因其事不僅謀危社稷一項，凡關於國權國土國憲，濫用暴力，冀謀變更者均是，故範圍較前加廣。內亂之罪，往昔之見解，以為人民對於祖國而謀不軌之謂，自今世法律思想推之，關於一國之內政而犯大罪，應不問犯者之是否己國人民，故本案並不限定何國之國籍。援第2條之例，雖為外國人，亦必須適用本章也。

第 100 條　（普通內亂罪）

I.意圖破壞國體，竊據國土，或以非法之方法變更國憲，顛覆政府，而以強暴或脅迫著手實行者，處七年以上有期徒刑；首謀者，處無期徒刑。

II.預備犯前項之罪者，處六月以上五年以下有期徒刑。

◇強暴：泛指一切有形物理力之行使，不問對人或對物實施，均屬本罪之強暴。

◇脅迫：指使人心生畏懼之惡害通知。

第 101 條　（暴動內亂罪）

I.以暴動犯前條第一項之罪者，處無期徒刑或七年以上有期徒刑。首謀者，處死刑或無期徒刑。

II.預備或陰謀犯前項之罪者，處一年以上七年以下有期徒刑。

⇧查暫行律第 101 條補箋稱暴動之內容有三：一多數協同。二加以腕力或脅迫之行為。三不法。缺一則非暴動。

第 102 條　（內亂罪自首之減刑）

犯第一百條第二項或第一百零一條第二項之罪而自首者，減輕或免除其刑。

第二章　外　患　罪

⇧查第二次修正案理由謂原案第五章，漏洩機務罪所規定各條，過於嚴酷，為他國法律所無，即較諸我國庶民不議之時代，亦無如此重大。查外國立法例如德國、奧國、意大利、荷蘭、那威等國，凡漏洩秘密，皆規定於外患罪章，而以有損害於國家之安全，致貽外患者為限，本案擬仿其意，改入本章。

第 103 條　（通謀開戰端罪）

I.通謀外國或其派遣之人，意圖使該國或他國對於中華民國開戰端者，處死刑或無期徒刑。

II.前項之未遂犯罰之。

III.預備或陰謀犯第一項之罪者，處三年以上十年以下有期徒刑。

⇧查第二次修正案理由謂原案第 110 條用外國字樣，似未明晰，歐洲多數國刑法，用外國政府字樣。但犯此罪者，多係與外國政府秘密遣派之人通謀，而所遣派者，又不限於外國人，故法國、英國、暹羅刑法及瑞士刑法準備草案，皆用外國政府或其遣派之人字樣，本案從之。

第 104 條　（通謀喪失領域罪）

I.通謀外國或其派遣之人，意圖使中華民國領域屬於該國或他國者，處死刑或無期徒刑。

II.前項之未遂犯罰之。

III.預備或陰謀犯第一項之罪者，處三年以上十年以下有期徒刑。

⇧查第二次修正案理由謂原案第 109 條，以中華民國人民犯本罪者為限，本案從外國立法例，將國籍之限制刪去。

第 105 條　（直接抗敵民國罪）

I.中華民國人民在敵軍執役，或與敵國械抗中華民國或其同盟國者，處死刑或無期徒刑。

II.前項之未遂犯罰之。

III.預備或陰謀犯第一項之罪者，處三年以上十年以下有期徒刑。

⇧查第二次修正案理由謂本案第 1 項，修正案分為兩條，本案以其性質相類，擬併為一，而略加修正。

本條之罪，依原案總則第 3 條外國人在外國亦得

犯之，範圍未免太廣。本案從多數國立法例，以本國人犯罪為限。

第 106 條 （單純助敵罪）

Ⅰ.在與外國開戰或將開戰期內，以軍事上之利益供敵國，或以軍事上之不利益害中華民國或其同盟國者，處無期徒刑或七年以上有期徒刑。

Ⅱ.前項之未遂犯罰之。

Ⅲ.預備或陰謀犯第一項之罪者，處五年以下有期徒刑。

介查第二次修正案理由謂凡交戰開戰後皆有嚴重之取締，故犯本條之罪者，多在外交喫緊，將開戰而未開戰之期內。本案擬倣那威、俄國刑法，及瑞士、奧國、德國刑法準備草案，增入或將開戰期內句。

第 107 條 （加重助敵罪）

Ⅰ.犯前條第一項之罪而有左列情形之一者，處死刑或無期徒刑：

一 將軍隊交付敵國，或將要塞、軍港、軍營、軍用船艦、航空機及其他軍用處所建築物，與供中華民國軍用之軍械、彈藥、錢糧及其他軍需品，或橋樑、鐵路、車輛、電線、電機、電局及其他供轉運之器物，交付敵國或毀壞或致令不堪用者。

二 代敵國招募軍隊，或煽惑軍人使其降敵者。

三 煽惑軍人不執行職務，或不守紀律，或逃叛者。

四 以關於要塞、軍港、軍營、軍用船艦、航空機及其他軍用處所建築物，或軍略之秘密文書、圖畫、消息或物品，洩漏或交付於敵國者。

五 為敵國之間諜，或幫助敵國之間諜者。

Ⅱ.前項之未遂犯罰之。

Ⅲ.預備或陰謀犯第一項之罪者，處三年以上十年以下有期徒刑。

介查暫行律第 111 條注意謂本條之行為，有應受軍律之處斷者，即應從軍律，惟不從軍律者，乃得照此處斷。

◇煽惑：煽動與誘惑，使相對人為或不為一定之行為之謂。

第 108 條 （戰時不履行軍需契約罪）

Ⅰ.在與外國開戰或將開戰期內，不履行供給軍需之契約或不照契約履行者，處一年以上七年以下有期徒刑，得併科十五萬元以下罰金。

Ⅱ.因過失犯前項之罪者，處二年以下有期徒刑、拘役或三萬元以下罰金。

⑩一、本罪於民國 72 年 6 月 26 日後並未修正，爰依刑法施行法第 1 條之 1 第 2 項本文規定將罰金數額修正提高三十倍，以增加法律明確性，並使刑法分則各罪罰金數額其內在邏輯一致性。

二、第 1 項中段「一年以上、七年以下」修正為「一年以上七年以下」；第 2 項中「有期徒刑，拘役」修正為「有期徒刑、拘役」。

▲【29 上 3731】㈠上訴人與兵工署之工廠訂立供給軍用大小鍋及大斧等物品之契約，既在與外國戰爭期內，關係至巨，對於契約之履行，自應負特別注意義務，乃於訂立契約後，並不即時招僱工人及為材料之蒐集，竟轉包於無充分資力之小工廠，以致不能照約履行，縱如上訴意旨所稱不能供給之原因係由於嗣後之鐵價高漲工人難僱，要於其應負因過失而不照約履行之罪責，無可解免。㈡**刑法第 108 條之外患罪，祗須在與外國開戰或將開戰期內，對於訂立供給軍需之契約不履行或不照約履行，而有故意或過失之情形，即已具備其構成要件，初非以其契約係與國家機關直接所訂者為限，徵諸該法條規定之文義至為瞭然。**上訴人等當本國與外國戰爭期內，與某甲經理之某公司訂立供給鍋斧等物品之契約，曾經載明照兵工署分發圖樣說明書辦理等字樣，自屬於供給軍需之一種契約，上訴人等既係因不注意而未能依照原約履行其供給之義務，即與上開法條所載之情形相當，自不得以該項契約非與國家機關直接訂立，為解免罪責之理由，至所稱訂約後因材料及工資陸續高漲以致不能履行，縱令屬實，亦係訂約當時應予注意且並非不能注意之事項，不足影響於犯罪之成立。

第 109 條 （洩漏交付國防秘密罪）

Ⅰ.洩漏或交付關於中華民國國防應秘密之文書、圖畫、消息或物品者，處一年以上七年以下有期徒刑。

II.洩漏或交付前項之文書、圖畫、消息或物品於外國或其派遣之人者，處三年以上十年以下有期徒刑。

III.前二項之未遂犯罰之。

IV.預備或陰謀犯第一項或第二項之罪者，處二年以下有期徒刑。

☞查第二次修正案理由謂原案第 133 條第 2 項規定，因而致與外國生紛議戰爭也，處加重之刑。按此項於適用上，頗覺困難，蓋與外國生紛議或戰爭，是否creditable由，或犯罪之行為，適為外國所藉口者，殊難證明。德國刑法準備草案，對於外患罪，將因而致與外國戰爭，加重本罪之條文刪去，即本斯意，本案擬從之。

◇洩漏：使他人知悉應保密之事項。

第 110 條　（公務員過失洩漏交付國防秘密罪）

公務員對於職務上知悉或持有前條第一項之文書、圖畫、消息或物品，因過失而洩漏或交付者，處二年以下有期徒刑、拘役或三萬元以下罰金。

⑩本罪於民國 72 年 6 月 26 日後並未修正，爰依刑法施行法第 1 條之 1 第 2 項本文規定將罰金數額修正提高三十倍，以增加法律明確性，並使刑法分則各罪罰金數額具內在邏輯一致性。

第 111 條　（刺探收集國防秘密罪）

I.刺探或收集第一百零九條第一項之文書、圖畫、消息或物品者，處五年以下有期徒刑。

II.前項之未遂犯罰之。

III.預備或陰謀犯第一項之罪者，處一年以下有期徒刑。

第 112 條　（不法侵入或留滯軍用處所罪）

意圖刺探或收集第一百零九條第一項之文書、圖畫、消息或物品，未受允准而入要塞、軍港、軍艦及其他軍用處所建築物，或留滯其內者，處一年以下有期徒刑。

☞查第二次修正案理由謂意圖犯他罪，而有本條之行為者，與外患無關，故本案增入意圖刺探或收集第 105 條，即本法第 114 條第 1 項之文書、圖畫、消息或物品句，以示限制。

第 113 條　（私與外國訂約罪）

應經政府授權之事項，未獲授權，私與外國政府或其派遣之人為約定，處五年以下有期徒刑、拘役或科或併科五十萬元以下罰金；足以生損害於中華民國者，處無期徒刑或七年以上有期徒刑。

⑩一、原條文所定「應經政府授權之事項」，涵蓋所有行政管轄事項，適用範圍過廣；且臺灣地區與大陸地區人民關係條例（下稱兩岸條例）對於兩岸往來應經政府許可之事項，已訂有相關規範及罰則，例如該條例第 35 條赴陸投資許可、第 36 條金融往來許可等，違反者可依該條例相關規定處罰，爰將原條文修正為「應經政府授權之事項，未獲授權」，以資明確。

二、行為人未獲授權而侵犯公權力，倘已足生損害於國家安全，由於該行為對於國家法益之侵害程度較高，有特別規範之必要，爰增列危險犯之處罰規定；並參考兩岸條例第 79 條之 3 第 2 項規定，將未達足生損害於中華民國之程度者，法定刑度修正為五年以下有期徒刑、拘役或科或併科五十萬元以下罰金，以別輕重。

第 114 條　（違背對外事務委任罪）

受政府之委任，處理對於外國政府之事務，而違背其委任，致生損害於中華民國者，處無期徒刑或七年以上有期徒刑。

☞查原案第 108 條規定議定不利中華民國之條約句，議定二字及條約二字範圍太狹，故改議定為處理，改條約為事務，以示概括。本條係因違背委任，有故意不利於民國之孕意，故規定處以重刑。

第 115 條　（毀匿國權證據罪）

偽造、變造、毀棄或隱匿可以證明中華民國對於外國所享權利之文書、圖畫或其他證據者，處五年以上十二年以下有期徒刑。

☞查第二次修正案理由謂本條原案，無犯之者適用毀棄損壞罪之規定，但對外之文件與對內之文件，似應分別。蓋對內文件，如有毀棄損壞情節，尚可補救，至對外不獨補救為難，且於外交上或致發生關係，故本案增入本條，科以較重之刑。

> **第 115 條之 1　（外患罪亦適用之地域或對象違反規定之處斷）**
>
> 　　本章之罪，亦適用於地域或對象為大陸地區、香港、澳門、境外敵對勢力或其派遣之人，行為人違反各條規定者，依各該條規定處斷之。

⑱一、本條新增。

二、外患罪章現行各條涉及境外勢力者，係以「外國或其派遣之人」、「敵軍」或「敵國」等為其構成要件，在我國現行法制架構及司法實務運作下，以大陸地區、香港、澳門、境外敵對勢力或其派遣之人為對象犯本章之罪者，恐難適用各該條文，形成法律漏洞。為確保臺灣地區安全、民眾福祉暨維護自由民主之憲政秩序，爰增訂本條，明定本章之罪，亦適用於地域或對象為大陸地區、香港、澳門、境外敵對勢力或其派遣之人。

三、本條所稱「大陸地區」、「香港」、「澳門」依兩岸條例第2條第2款、香港澳門關係條例第2條第1項、第2項規定；本條所稱「境外敵對勢力」依通訊保障及監察法第8條規定。

四、行為人違反本章個條規定者，依各該條規定處斷之。舉例而言，有下列各款情形之一者，依所列之罪處斷：

(一)通謀大陸地區、香港、澳門、境外敵對勢力或其派遣之人，意圖使大陸地區、香港、澳門或境外敵對勢力對於中華民國開戰端者，依103條處斷。

(二)通謀大陸地區、香港、澳門、境外敵對勢力或其派遣之人，意圖使中華民國領域屬於大陸地區、香港、澳門或境外敵對勢力者，依104條處斷。

(三)中華民國人民在敵軍執役，或與敵國、大陸地區、香港、澳門或境外敵對勢力械抗中華民國或其同盟國者，依105條處斷。

(四)在與大陸地區、香港、澳門或境外敵對勢力開戰或將開戰期內，以軍事上之利益供大陸地區、香港、澳門或境外敵對勢力，或以軍事上之不利益害中華民國或其同盟國者，依106條處斷。

(五)在與大陸地區、香港、澳門或境外敵對勢力開戰或將開戰期內，無故不履行供給軍需之契約或不照契約履行者，依108條處斷。

(六)洩漏或交付109條第1項所定之文書、圖畫、消息或物品於外國、大陸地區、香港、澳門、境外敵對勢力或其派遣之人者，依109條第2項處斷。

(七)公務員對於職務上知悉或持有前款之文書、圖畫、消息或物品，因過失而洩漏或交付大陸地區、香港、澳門或境外敵對勢力或其派遣之人者，依110條處斷。

(八)應經政府授權之事項，未獲授權，私與外國政府、大陸地區、香港、澳門、境外敵對勢力或其派遣之人為約定、足以生損害於中華民國者，依113條處斷。

(九)受政府之委任，處理對於大陸地區、香港、澳門或境外敵對勢力之事務，而違背其委任，致生損害於中華民國者，依114條處斷。

(十)偽造、變造、毀棄或隱匿可以證明中華民國對於大陸地區、香港、澳門或境外敵對勢力所享權利之文書、圖畫或其他證據者，依115條處斷。

(十一)在與大陸地區、香港、澳門或境外敵對勢力開戰或將開戰期內，以軍事上之利益供大陸地區、香港、澳門或境外敵對勢力，或以軍事上之不利益害中華民國或其同盟國者，而有下列情形之一者，依107條處斷：

1.將軍隊交付大陸地區、香港、澳門或境外敵對勢力，或將要塞、軍港、軍營、軍用船艦、航空機及其他軍用處所建築物，與供中華民國軍用之軍械、彈藥、錢糧及其他軍需品，或橋樑、鐵路、車輛、電線、電機、電局及其他供轉運之器物，交付大陸地區、香港、澳門或境外敵對勢力或毀壞或致令不堪用者。

2.代大陸地區、香港、澳門或境外敵對勢力招募軍隊，或煽惑軍人使其降敵者。

3.煽惑軍人不執行職務，或不守紀律或逃叛者。

4.以關於要塞、軍港、軍營、軍用船艦、航空機及其他軍用處所建築物或軍略之秘密文書、圖畫、消息或物品，洩漏或交付於大陸地區、香港、澳門或境外敵對勢力者。

5.為大陸地區、香港、澳門或境外敵對勢力之間諜，或幫助大陸地區、香港、澳門或境外敵對勢力之間諜者。

(十二)未遂、預備或陰謀違反個條規定者，亦依各該條文規定處斷之。

第三章　妨害國交罪

查暫行律第四章理由謂近年往來，日就便利，列國交際益繁，本章所揭，皆損害國家睦誼，而影響於全國之利害者。茲特設為一章，是最新之立法例也。

第116條　（侵害友邦元首或外國代表罪）

對於友邦元首或派至中華民國之外國代表，犯故意傷害罪、妨害自由罪或妨害名譽罪者，得加重其刑至三分之一。

↰查第二次修正案理由謂本條之規定，係仿侵犯大總統罪章。又原案第118條至第120條，外國二字，範圍太廣，各國立法例，對於特別保護他國元首，可分三派：第一派以外國元首為限（或以他國亦有特別保護本國元首之條文方能適用者）法國、俄國、比利士、西班牙、意大利等國是也。第二派以友邦之元首為限，英國、德國、荷蘭、丹麥、瑞士（刑法準備草案）、芬蘭、暹羅等國是也。第三派以留滯本國之外國元首為限，日本是也。前法律館草案從第三派，其修正案改從第一派，憲政編查館核訂案，復改從第三派，原案又改從第一派，均未具理由。案第三派範圍太狹，因他國元首，雖不在本國，若對之犯罪，亦有妨害兩國之國交。至第一派外國元首，不問是否友邦，一律保護，又未免範圍太廣，蓋非友邦，則與國交無關，故本案擬從第二派，以友邦之元首為限。

又查第二次修正案理由謂原案第121條，外國使節句外國二字，範圍太廣。查各國立法例保護外國代表，均以派至本國者為限，若派至第三國而路經本國者，在本國法律上仍視為常人。故本案擬從前法律館草案，及憲政編查館核訂案，增入派至民國句。

原案保護外國代表之罪，為殺傷罪、強暴脅迫罪及侮辱罪，修正案增捕監禁罪，較諸外國刑法為嚴。查法國僅規定侮辱罪（1881年報律）、荷蘭、德國、奧國亦僅有侮辱罪，比利士規定侮辱及脅迫罪（1858年法律），日本規定暴行脅迫侮辱等罪，原案對於外國代表犯殺傷罪者，科以特重刑，而對於本國公務員有犯者則否。至犯強暴脅迫侮辱等罪，其刑亦較諸對於本國公務員所犯者為重，未免失均。故本案擬從意大利、暹羅先例，規定本條。

▲【院753】刑法（舊）第122條之友邦元首不以滯留於我國者為限（注意同法第3條第2項、第4條及第7條第1項之規定），至同法第127條之請求，須外國政府或足以代表外國政府者為之，領事自動請求，不能認為代表外國政府。

第117條　（違背中立命令罪）

於外國交戰之際，違背政府局外中立之命令者，處一年以下有期徒刑、拘役或九萬元以下罰金。

⑩本罪於民國72年6月26日後並未修正，爰依刑法施行法第1條之1第2項本文規定將罰金數額修正提高三十倍，以增加法律明確性，並使刑法分則各罪罰金數額具內在邏輯一致性。

第118條　（侮辱外國旗章罪）

意圖侮辱外國，而公然損壞、除去或污辱外國之國旗、國章者，處一年以下有期徒刑、拘役或九千元以下罰金。

⑩一、本罪於民國72年6月26日後並未修正，爰依刑法施行法第1條之1第2項本文規定將罰金數額修正提高三十倍，以增加法律明確性，並使刑法分則各罪罰金數額具內在邏輯一致性。
二、前段「公然損毀」修正為「公然損壞」。
◇公然：使不特定多數人得以共見共聞之狀態。又依釋字第145號解釋，所謂不特定多數人，亦包含特定多數人在內。

第119條　（請求乃論）

第一百十六條之妨害名譽罪及第一百十八條之罪，須外國政府之請求乃論。

↰查暫行律第124條補箋謂對於外國君主大統領不敬之行為，往往以判決宣告之故，喧傳於國際社會，於是君主大統領之名譽反有妨害，若不待其請求而論罪，欲全國交而反損矣。況其不敬與否，全被害者感情上之作用，而感情既各因人而異，其不敬與否，亦即以人而殊，此所以有本條之限制也。對於外國之使節侮辱，亦然。

▲【院753】參見本法第116條。

第四章　瀆　職　罪

↰按本章係將暫行律瀆職罪及淺漏機務罪內，有關於瀆職者併為一章。

第120條　（委棄守地罪）

公務員不盡其應盡之責，而委棄守地者，處死刑、無期徒刑或十年以上有期徒刑。

◇委棄守地：擅自放棄其職責上應防守之地域。行為人若已盡責防守，因不敵而不得不棄守時，不

構成本要件。學說上並認為，所委棄之守地最後是否被敵所佔領，不影響本罪之成立。換言之，只要行為人一委棄，即構成本要件。

第 121 條　（不違背職務之受賄罪）

公務員或仲裁人對於職務上之行為，要求、期約或收受賄賂或其他不正利益者，處七年以下有期徒刑，得併科七十萬元以下罰金。

⑩一、第 1 項罰金刑已不符時宜，爰依自由刑之輕重，修正為七十萬元以下罰金。

二、依實務見解，原第 2 項規定應沒收之賄賂，專指金錢或得以金錢計算之財物，不包括得以金錢計算或具經濟價值之不正利益，其範圍過於狹隘，致收受上述不正利益之公務員仍得享有犯罪所得，為符合 104 年 12 月 30 日修正公布之本法總則編第五章之一沒收相關規定之意旨，爰刪除第 2 項規定，一體適用本法總則編沒收之相關規定，以達澈底剝奪犯罪所得之刑事政策目的。

◇**賄賂**：指金錢，或得以金錢換算之一切有形財物。

◇**其他不正利益**：指賄賂以外足以供人需要或滿足慾望一切有形或無形之利益（21 上 369）。

◇**職務上行為**：公務員或仲裁人權限範圍內的職務事項。惟「職務」之認定應到多廣，學說上有不同意見。有學說認為，應以**法定一般職務權限**為準；亦有學說與部分實務見解採**實質影響力說**，認為行為、職務間有關聯性，實質為該職務影響力所及者均謂之；亦有學說採**法定具體職務權限說**，認為依法令具有法定職務權限範圍內的具體特定職務行為才屬之。

◇**對價關係**：對公務員為特定職務行為之對待給付。**對價關係之判斷，實務見解認為應就職務行為之內容、交付者與收受者的關係、賄賂之種類、價額、贈與之時間等客觀情形加以審酌**（100 臺上 7001）。換言之，實務見解認為並非單憑形式上對價關係之名目認定，而需**實質認定**。

▲【29 上 3426】刑法第 121 條之收受賄賂罪，**以公務員或仲裁人對於職務上之行為非法收受報酬為必要**，若公務員就非職務之行為取得人民財物而出於恐嚇或詐欺之行為者，則應成立恐嚇或詐欺之罪。

▲【58 臺上 884】刑法上之賄賂罪所謂職務上之行為，係指公務員在其職務範圍內所應為或得為之行為。**所謂違背職務之行為，係指在其職務範**圍內不應為而為，或應為而不為者而言。

▲【69 臺上 1414】 要求期約或收受賄賂罪所侵害之法益為國家公務執行之公正，雖同時向數人為之，其所侵害之法益仍屬一個，祇成立單純一罪，原判決認上訴人同時與林某等三人期約賄賂，係一行為觸犯數罪名，應從一重處斷，自屬違誤。

▲【69 臺上 1760】 某甲原無交付賄款之意思，其虛予交付，意在檢舉上訴人之犯罪，以求入贓俱獲，既非交付賄賂，則上訴人陷於圈套而收受該所送款項，自亦無從成立收受賄賂罪，僅應就其前階段行為，成立要求賄賂或期約賄賂罪。

第 122 條　（違背職務受賄罪及行賄罪）

I.公務員或仲裁人對於違背職務之行為，要求、期約或收受賄賂或其他不正利益者，處三年以上十年以下有期徒刑，得併科二百萬元以下罰金。

II.因而為違背職務之行為者，處無期徒刑或五年以上有期徒刑，得併科四百萬元以下罰金。

III.對於公務員或仲裁人關於違背職務之行為，行求、期約或交付賄賂或其他不正利益者，處三年以下有期徒刑，得併科三十萬元以下罰金。但自首者減輕或免除其刑。在偵查或審判中自白者，得減輕其刑。

⑩一、第 1 項、第 2 項及第 3 項之罰金刑已不符時宜，爰依自由刑之輕重，依序修正為二百萬元、四百萬元及三十萬元以下罰金，並酌作標點符號修正。

二、依實務見解，原第 2 項規定應沒收之賄賂，專指金錢或得以金錢計算之財物，不包括得以金錢計算或具經濟價值之不正利益，其範圍過於狹隘，致收受上述不正利益之公務員仍得享有犯罪所得，為符合 104 年 12 月 30 日修正公布之本法總則編第五章之一沒收相關規定之意旨，爰刪除第 4 項規定，一體適用本法總則編沒收之相關規定，以達澈底剝奪犯罪所得之刑事政策目的。

◇**違背職務之行為**：指公務員就職務上之事項，不應為而為，或應為而不作為，或執行不當者言。因此，若就職務上之行為，如有違背職務上之義務或裁量，即屬「違背職務之行為」。

▲【43 臺非 14】刑法第 122 條第 3 項對公務員關於違背職務之行為交付賄賂之罪，雖於懲治貪污條例第 5 條有概括規定，但懲治貪污條例為有關

身分犯罪之特別法，其犯罪主體已於該條例第 1 條有所列舉，被告甲以一普通人民獨自私製菸絲，被警查獲，為求免究而交付賄款新臺幣十四元五角，自應依刑法第 122 條第 3 項論科，原審竟援引懲治貪污條例第 5 條第 1 項處斷，顯屬違誤。（註：應注意貪污治罪條例第 11 條已修正。）

▲【62 臺上 879】原判決既認上訴人將一百元券四張，塞入交通警察某甲之左側褲袋內而被拒收，該警員顯無收受之意思，則上訴人之行為應僅止於行求階段，乃仍依交付賄賂罪論科，自有違誤。

▲【65 臺上 1688】刑法第 122 條第 2 項之公務員因受賄而違背職務罪，與同條第 1 項之公務員違背職務受賄罪，既以公務員是否因受賄，而發生違背職務之結果行為，以為區別之標準，則法院就該違背職務事項之具體內容，以及公務員作為或不作為之結果，已否達於違背職務之程度，均須明確予以認定，方足資為適用法律之依據。

第 123 條　（準受賄罪）

於未為公務員或仲裁人時，預以職務上之行為，要求、期約或收受賄賂或其他不正利益，而於為公務員或仲裁人後履行者，以公務員或仲裁人要求、期約或收受賄賂或其他不正利益論。

⇧查第二次修正案理由謂本條之規定，蓋以官吏舞弊最巧，往往於未為公務員前，預受賄賂，藉為運動，此種行為，與公務員之受賄賂，其惡相等，然不在前三條範圍內，無從科罰。故擬仿蘇丹、印度、暹羅刑法，增入本條，以正官邪。又本條犯罪行為，擴充至未為公務員之前，故僅罰受賄之人，而不罰行賄之人。

◇**而於為公務員或仲裁人後履行者**：本要件之定位，究係「構成要件要素」抑或「客觀處罰條件」，有所爭議。

構成要件要素說	應將本要件認定屬於行為的一部份，若行為人最後未成為公務員，或是成為公務員後未履行，則是客觀構成要件不該當，不構成本罪
客觀處罰條件說	本罪之不法內涵應落在「要求、期約或收受賄賂或其他不正利益」上，蓋若將「而後履行」解釋為構成要件的一部份，無法將本條與第 121、122 條做出區隔，喪失本罪的規範目的

第 124 條　（枉法裁判或仲裁罪）

有審判職務之公務員或仲裁人，為枉法之裁判或仲裁者，處一年以上七年以下有期徒刑。

⇧查第二次修正案理由謂原案第 146 條第 2 項，範圍太狹，修正案略為擴充，仍有遺漏。本條概括規定，即舊律之故出故入，外國刑法，亦有類似之條文，與第 121 條、本法第 130 條之受賄罪，用意不同。

◇**有審判職務之公務員**：指職務上具有司法或軍法上審判職權之公務員，包括各級法院之法官、公務員懲戒委員會委員（釋 162）。

◇**仲裁人**：依法仲裁當事人爭議事項之人，如勞資爭議處理法中的仲裁委員，或仲裁法中的仲裁人。

▲【院 1687】㈠明知為無罪之人而使受處罰，或明知為有罪之人而使不受處罰，刑法第 125 條第 1 項第 3 款既有特別規定，應不包括於同法前條所謂枉法裁判之內，亦非一行為而觸犯兩罪名，又刑事訴訟法第 370 條、第 371 條之違法判決，或民、刑事一事再理之裁判，如非出於枉法故意，即不屬於枉法裁判。㈡刑法第 124 條未如第 125 條有第 2 項之規定，不屬解釋問題。

▲【29 上 1474】刑法第 124 條**所謂枉法之裁判，係指故意不依法律之規定而為裁判**，質言之，即指明知法律而故為出入者而言。

第 125 條　（濫權追訴處罰罪）

Ⅰ.有追訴或處罰犯罪職務之公務員，為左列行為之一者，處一年以上七年以下有期徒刑：

一　濫用職權為逮捕或羈押者。

二　意圖取供而施強暴脅迫者。

三　明知為無罪之人，而使其受追訴或處罰，或明知為有罪之人，而無故不使其受追訴或處罰者。

Ⅱ.因而致人於死者，處無期徒刑或七年以上有期徒刑。致重傷者，處三年以上十年以下有期徒刑。

⇧查第二次修正案理由謂本條係合併原案第 144 條至第 146 條第 1 項，又原案第 144 條第 1 項，強暴凌虐之行為句，本案改作意圖取供而施強暴脅迫，科以特重之刑，至其他侵害身體及自由之罪，依第 131 條（按即本法第 134 條），加重常人犯罪三

分之一，已足示懲。若虐待之行為，不至犯罪程度者，可援用懲戒法，似不必牽入刑事。又原案佐理人，亦得犯此罪，但佐理人雖係輔助公務員執行職務，究無職守之可言，故本案擬刪。

◇**有追訴或處罰犯罪職務之公務員**：追訴指對犯罪人偵查起訴，處罰指對犯罪人科處刑罰，故有追訴或處罰犯罪職務之公務員，指依法具備偵查犯罪、裁判犯罪職權的公務員，如法官、檢察官。惟就司法警察（官）是否屬於本條所指之公務員，則有爭議。實務見解認為，司法警察（官）僅是偵查之輔助機關，並非偵查主體，不具追訴權，非本罪之行為主體；惟部分學者則認為，司法警察（官）依法有拘提、逮捕、搜索、扣押的權限，可能發生濫權的情事。故基於擴大人權保障之觀點，應擴大解釋包含於本罪行為主體之中。

◇**逮捕**：指依刑事訴訟法之規定，限制人民人身自由而言。一般認為，雖本條字面上使用「逮捕」，惟解釋上亦包括刑事訴訟法上之拘提。

◇**羈押**：指依刑事訴訟法第101條、第101條之1之規定，拘束人民身體自由而言。

▲【院1687】參見本法第124條。

▲【30上511】刑法第125條第1項第2款之犯罪主體，以有追訴或處罰犯罪職務之公務員為限，**所謂有追訴或處罰犯罪職務之公務員，係指檢察官或兼檢察職務之縣長、及推事審判官、或其他依法律有追訴或審判犯罪職務之公務員而言**，區長區員，既非有追訴或審判犯罪之職權，則其捕獲盜匪嫌疑犯意圖取供刑訊致人於死，自應構成刑法第277條第2項傷害致人於死之罪，依同法第134條加重其刑，不應適用第125條第2項處斷。

▲【32上2051】刑法第125條第1項第3款**所謂明知為無罪之人而使其受追訴，係指有追訴犯罪職務之公務員，明知刑事被告並無犯罪行為，而仍向審判機關訴求科刑者而言**，如其主觀上誤認刑事被告有犯罪嫌疑，據以提起公訴，即不能執上開條款以相繩。

第126條　（凌虐人犯罪）

I.有管收、解送或拘禁人犯職務之公務員，對於人犯施以凌虐者，處一年以上七年以下有期徒刑。

II.因而致人於死者，處無期徒刑或七年以上有期徒刑。致重傷者，處三年以上十年以下有期徒刑。

◇**管收**：可分為依「管收條例」對民事案件被告之管收、「強制執行法」對債務人之管收，與依據「行政執行法」第17條第2項對行政法上義務人之管收。

◇**解送**：將犯人移解至一定處所，例如將被告移交至法定機關、將羈押被告移交至指定場所，或是將受判決確定之被告移交至刑事執行機構的過程。

◇**拘禁**：在判決確定前，對犯罪嫌疑人或刑事被告的羈押，或在判決確定後對受判決人的監禁、對等待遣返外國人之收容、對秩序違反而經裁決之拘留而言（盧映潔，刑法分則新論）。

◇**凌虐**：以強暴脅迫或其他方法，對犯人施行非人道的苛酷行為，肉體上與精神上的虐待均屬之。

▲【31上2204】刑法第126條之凌虐人犯罪，以有管收、解送、拘禁人犯職務之公務員，於行使管收、解送、拘禁職務之際，對於被管收、解送、拘禁之人犯，施以凌虐為構成要件，上訴人充當警佐，雖有解送人犯之職務，而因某甲追毆某乙闖入警所，對之訊問時並非行使解送職務之際，某甲之受訊問，亦非在被解送中之人犯，上訴人於訊問後加以棍責保釋，除其他法令對該行為設有處罰規定，應依各該規定辦理外，殊與凌虐人犯罪構成之要件不合。

第127條　（違法行刑罪）

I.有執行刑罰職務之公務員，違法執行或不執行刑罰者，處五年以下有期徒刑。

II.因過失而執行不應執行之刑罰者，處一年以下有期徒刑、拘役或九千元以下罰金。

⑩⑧本罪於民國72年6月26日後並未修正，爰依刑法施行法第1條之1第2項本文規定將罰金數額修正提高三十倍，以增加法律明確性，並使刑法分則各罪罰金數額具內在邏輯一致性。

◇**有執行刑罰職務之公務員**：如檢察官、法官（刑事訴訟法第470條第1項但書）、監獄人員等依法執行刑罰職務之人員，惟不包括執行羈押的人員（院133）、執行行政秩序罰之人員。

▲【院解3325】㈠檢察官誤算刑期指揮執行刑罰，致受刑人在監多拘禁若干日，如具備過失條件，除應受行政法之制裁外，並應成立刑法第127條第2項之罪。

▲【31上76】刑法第127條第1項之罪，係以執行刑罰之公務員對於應執行之刑罰故意為違背法令之執行，或故意違背法令不為執行為要件，至

對於受刑人應否加以腳鐐，係屬於監獄法規之戒護問題，**與受刑人刑罰之執行無關**，原判決以舊監獄對於犯人例須加帶腳鐐，上訴人未將某甲等加鐐而將帶鐐之某乙等開去腳鐐，認為成立刑法第 127 條第 1 項犯罪，顯有未合。

第 128 條　（越權受理罪）

公務員對於訴訟事件，明知不應受理而受理者，處三年以下有期徒刑。

第 129 條　（違法徵收罪、抑留或剋扣款物罪）

I. 公務員對於租稅或其他入款，明知不應徵收而徵收者，處一年以上七年以下有期徒刑，得併科二十一萬元以下罰金。

II. 公務員對於職務上發給之款項、物品，明知應發給而抑留不發或剋扣者，亦同。

III. 前二項之未遂犯罰之。

⑩ 一、本罪於民國 72 年 6 月 26 日後並未修正，爰依刑法施行法第 1 條之 1 第 2 項本文規定將罰金數額修正提高三十倍，以增加法律明確性，並使刑法分則各罪罰金數額具有內在邏輯一致性。

二、第 1 項後段「一年以上、七年以下」修正為「一年以上七年以下」；第 2 項末句「亦同」修正為「，亦同」。

◇ **租稅**：指中央政府、地方政府對人民課徵的稅捐，如貨物稅、所得稅、贈與稅、證所稅、土地稅、遺產稅等。

◇ **其他入款**：稅捐以外之一切公法上收入，如行政機關收取之規費。

◇ **抑留**：係就公務員對於職務上發給之款項、物品，故意不發給而言（30 上 2562）。

◇ **剋扣**：公務員在職務上應發給，但只做部分發給，並未全數發給而言。

▲【28 非 47】公務員對於租稅或其他入款，明知不應徵收而徵收者，刑法第 129 條第 1 項設有處罰明文，此項規定，就公務員之浮收目的是否圖利自己或第三人並無何種限制，是**該公務員縱係圖為自己之不法所有而為浮收之行為，仍應論以該條項之罪**，至同法第 131 條第 1 項，雖有公務員對於主管或監督之事務直接或間接圖利之處罰規定，但此係公務員圖利之一般的規定，應以其他法條並無特別規定時，始能適用，如公務員對於入款，明知不應徵收而徵收，藉以圖利，按照

特別規定優於普通規定之原則，自應逕依第 129 條第 1 項論處，無適用第 131 條第 1 項之餘地，又此種浮收行為，當然含有詐欺作用，即令公務員施用詐術，使被徵收人交付財物，亦已吸收於第 129 條第 1 項之內，不能再論以第 339 條之詐欺罪名。

▲【54 臺上 1884】刑法第 129 條第 1 項所定公務員對於租稅或其他入款，明知不應徵收而徵收罪，雖屬侵害國家法益之罪，但**被違法徵收稅款之個人，顯亦同時直接被害，則該被害之個人，自得提起自訴**。

▲【75 臺上 742】刑事訴訟法第 319 條第 1 項規定犯罪之被害人始得提起自訴，而**所謂犯罪之被害人以因犯罪而直接被害之人為限**，司法院院字第 1306 號解釋有案，刑法第 129 條第 2 項抑留或剋扣應發給之款物罪，其直接被害者為公務機關之公信，亦即國家之法益，至於得受領該項應發給之款項、物品之人，雖因此受有損害，但乃**間接被害人**，依上開解釋，自不得提起自訴。

第 130 條　（廢弛職務釀成災害罪）

公務員廢弛職務釀成災害者，處三年以上十年以下有期徒刑。

▲【30 上 2898】刑法第 130 條之釀成災害罪，以對於某種災害有預防或遏止職務之公務員，廢弛其職務，不為預防或遏止，以致釀成災害，為其成立要件，若不合於所列要件，即難謂為應構成該條罪名。

第 131 條　（公務員圖利罪）

公務員對於主管或監督之事務，明知違背法令，直接或間接圖自己或其他私人不法利益，因而獲得利益者，處一年以上七年以下有期徒刑，得併科一百萬元以下罰金。

⑩ 一、第 1 項之罰金刑已不符時宜，爰依自由刑之輕重，修正為一百萬元以下罰金。

二、為符合 104 年 12 月 30 日修正公布之本法總則編第五章之一沒收相關規定之意旨，爰刪除第 2 項，一體適用本法總則編沒收之相關規定。

◇ **主管或監督之事務**：主管事務指依法令在職務上對於該事務有主持或執行之權責而言；監督事務指事務雖非其掌管，但公務員對掌管事務之人在職務上具有督導之權責而言（31 上 304）。

▲【院 2804】刑法第 131 條第 1 項之圖利行為，應包含圖利第三人在內。

▲【49 臺上 1570】刑法第 131 條第 2 項犯前項之罪者，所得之利益沒收之，如全部或一部不能沒收時，追徵其價額等規定，其應沒收或追徵者，以實施犯罪行為者所得之利益為限，如實施犯罪行為者未得利益，即無沒收或追徵之可言，本件上訴人等有無得利，每人所得利益若干，原判事實欄內全未記載，率行諭知所得利益六十八萬元沒收，適用法律尚欠允洽。

▲【51 臺上 750】刑法第 131 條之罪，係關於公務員職務上圖利之概括規定，必其圖利行為不合刑法各條特別規定者，始受本條之支配，若其圖利行為合於其他條文之特別規定，即應依該特定條文論擬，不得適用本條。

第 132 條　（洩漏國防以外之秘密罪）

I.公務員洩漏或交付關於中華民國國防以外應秘密之文書、圖畫、消息或物品者，處三年以下有期徒刑。

II.因過失犯前項之罪者，處一年以下有期徒刑、拘役或九千元以下罰金。

III.非公務員因職務或業務知悉或持有第一項之文書、圖畫、消息或物品，而洩漏或交付之者，處一年以下有期徒刑、拘役或九千元以下罰金。

⑩本罪於民國 72 年 6 月 26 日後並未修正，爰依刑法施行法第 1 條之 1 第 2 項本文規定將罰金數額修正提高三十倍，以增加法律明確性，並使刑法分則各罪罰金數額具內在邏輯一致性。

◇洩漏：使秘密讓不應知悉者知悉或處於可得瞭解之狀態。

◇交付：即將應秘密之物移轉予他人管有，交付之方式亦無限制，親自交付或託請他人交付均可，重點在於使應秘密之物移轉予不應持有者之管有，以移轉管有為實行既遂之要件，且交付當然涵蓋洩漏之意旨，不另論罪。

▲【31 上 288】刑法第 132 條第 1 項之罪，係以應秘密之文書、圖畫、消息或物品為其客體，故**如某特定人對於該項文書有請求公務員朗讀或令其閱覽之權利，則此項文書對於某特定人即無秘密之可言**，因而公務員縱使有將此項文書洩漏或交付於該特定人情事，亦難以該條項之罪責相繩。

第 133 條　（郵電人員妨害郵電秘密罪）

在郵務或電報機關執行職務之公務員，開拆或隱匿投寄之郵件或電報者，處三年以下有期徒刑、拘役或一萬五千元以下罰金。

⑩本罪於民國 72 年 6 月 26 日後並未修正，爰依刑法施行法第 1 條之 1 第 2 項本文規定將罰金數額修正提高三十倍，以增加法律明確性，並使刑法分則各罪罰金數額具內在邏輯一致性。

第 134 條　（公務員犯罪加重處罰之規定）

公務員假借職務上之權力、機會或方法，以故意犯本章以外各罪者，加重其刑至二分之一。但因公務員之身分已特別規定其刑者，不在此限。

⇧查第二次修正案理由謂本條之規定，即學說上所謂非純粹之瀆職罪，蓋常人亦能犯之者，惟官吏則可假借職務上之權力或機會或方法，其情節較常人為重，且有妨害職務上之尊嚴信用，故應加重其刑。原案於各罪中，雖有特為規定者，如第 172 條、第 217 條、第 268 條、第 346 條、第 386 條，遺漏尚多。本案擬仿荷蘭、意大利刑法，德國刑法準備草案及委員會草案，增入本條。

◇假借職務上之權力、機會或方法：解釋上不以合法執行職務為必要，故執行之職務縱非合法，只要利用其職務上之權力、機會或方法而故意犯罪，亦構成本要件（24 上 1344）。

▲【32 永上 32】刑法第 134 條關於公務員犯罪加重處罰之規定，祇以假借職務上之權力、機會或方法而故意犯瀆職罪章以外各罪為已足，初不以其合法執行職務為條件，故公務員之執行職務，縱非合法，苟係利用其職務上之權力、機會或方法而故意犯刑法瀆職罪章以外之罪，即不能解免加重之責。上訴人充任保長，帶同竊犯某乙前往其家起贓，因某乙要求少憩，遂以竹扁挑折其毆傷身死，顯係假借職務上之權力犯刑法第 277 條第 2 項之罪，即不得因保長無偵查犯罪逮捕犯人之職權，謂其起贓毆人致死非利用職務上之權力，而不予加重其刑。

第五章　妨害公務罪

第 135 條　（妨害公務執行及職務強制罪）

Ⅰ.對於公務員依法執行職務時，施強暴脅迫者，處三年以下有期徒刑、拘役或三十萬元以下罰金。

Ⅱ.意圖使公務員執行一定之職務或妨害其依法執行一定之職務或使公務員辭職，而施強暴脅迫者，亦同。

Ⅲ.犯前二項之罪而有下列情形之一者，處六月以上五年以下有期徒刑：

一　以駕駛動力交通工具犯之。

二　意圖供行使之用而攜帶兇器或其他危險物品犯之。

Ⅳ.犯前三項之罪，因而致公務員於死者，處無期徒刑或七年以上有期徒刑；致重傷者，處三年以上十年以下有期徒刑。

⑩一、鑑於妨害公務案件數量逐年攀升，犯罪手段及結果益趨嚴重，導致公務員執行職務之風險及人身安全之威脅大幅增加，爰修正提高第1項罰金數額，並符罰金刑級距之配置。

二、參考德國刑法第113條第2項之妨害公務加重條款，本法第321條加重竊盜罪及第326條加重搶奪罪等相關規定，並參酌我國常見妨害公務之危險行為態樣，如駕駛動力交通工具衝撞，或意圖供行使之用而攜帶兇器或其他危險物品（例如易燃性、腐蝕性液體）犯之，該等行為態樣對公務員之生命、身體、健康構成嚴重危害，有加重處罰之必要，爰增訂第3項之加重事由，並提高刑度，以保障公務員依法執行職務之安全。

三、本條第3項第1款所稱以駕駛動力交通工具犯之者，應係施強暴脅迫之手段，如單純駕駛動力交通工具到場，而未以該交通工具施強暴脅迫者，並不構成本款。又本條第3項第2款之加重處罰要件，須意圖供行使之用，如未具此意圖，自不構成本款，併予指明。

四、原第2項未修正；第3項移列第4項，並配合第3項之增訂，修正適用範圍。

◇依法執行職務：解釋上應為公務員執行具有合法性的職務，蓋非法的職務行為無保護之必要。惟就職務是否具備合法性之判斷，學說指出應以職務形式上是否合法為基準，蓋人民只能從外觀判斷，不一定能得知實質上是否合法。

▲【30 上 955】刑法第135條第1項之妨害公務罪，以公務員依法執行職務時加以妨害為要件，若**超越職務範圍以外之行為，即不得謂為依法執行職務，縱令對之有所阻，要無妨害公務之可言**。本件告訴人以硝礦分局長身分，率領緝私員赴上訴人家查緝私硝，固難謂非依法執行職務，但於查獲私硝後，因上訴人向某有所爭執，竟令毆打，實已軼出執行職務範圍之外，因此引起上訴人之反擊，自難據妨害公務之律以相繩。

第 136 條　（聚眾妨害公務罪）

Ⅰ.在公共場所或公眾得出入之場所，聚集三人以上犯前條之罪者，在場助勢之人，處一年以下有期徒刑、拘役或十萬元以下罰金；首謀及下手實施強暴、脅迫者，處一年以上七年以下有期徒刑。

Ⅱ.因而致公務員於死或重傷者，首謀及下手實施強暴脅迫之人，依前條第四項之規定處斷。

⑩一、隨著科技進步，透過社群通訊軟體（如LINE、微信、網路直播等）進行串連集結，時間快速、人數眾多且流動性高，不易先期預防，致使此等以多數人犯妨害公務案件規模擴大，亦容易傷及無辜。惟原條文中之「公然聚眾」，司法實務認為必須於「公然」之狀態下聚集多數人，始足當之；亦有實務見解認為，「聚眾」係指參與之多數人有隨時可以增加之狀況，若參與之人均係事前約定，人數既已確定，便無隨時可以增加之狀況，自與聚眾之情形不合（最高法院28年上字第621號判例、92年度台上字第5192號判決參照）。此等見解範圍均過於限縮，學說上多有批評，也無法因應當前社會之需求。爰將本條前段修正為「在公共場所或公眾得出入之場所」有「聚集」之行為為構成要件，亦即行為不論其在何處、以何種聯絡方式（包括上述社群通訊軟體）聚集，其係在遠端或當場為之，均為本條之聚集行為，且包括自動與被動聚集之情形，亦不論是否係事前約定或臨時起意者均屬之。因上開行為對於執行公權力與人員之安全，均易造成危害，爰修正其構成要件，以符實需。

二、為免聚集多少人始屬「聚眾」在適用上有所疑義，爰參酌組織犯罪防制條例第2條第1項及其於106年4月19日修正之立法理由，認三人以

上在公共場所或公眾得出入之場所實施強暴脅迫，就人民安寧之影響及對公共秩序已有顯著危害，是將聚集之人數明定為三人以上，不受限於須隨時可以增加之情形，以臻明確。

三、現行第 149 條、第 150 條「公然聚眾」之要件，已修正如上，本條第 1 項規定亦配合修正，以為一致。另提高罰金刑數額，以符罰金刑級距之配置。

四、因第 135 條條文項次調整，爰配合修正第 2 項所引該條項次。

第 137 條 　（妨害考試罪）

I.對於依考試法舉行之考試，以詐術或其他非法之方法，使其發生不正確之結果者，處一年以下有期徒刑、拘役或九千元以下罰金。

II.前項之未遂犯罰之。

⑩本罪於民國 72 年 6 月 26 日後並未修正，爰依刑法施行法第 1 條之 1 第 2 項本文規定將罰金數額修正提高三十倍，以增加法律明確性，並使刑法分則各罪罰金數額具內在邏輯一致性。

第 138 條 　（妨害職務上掌管之文書物品罪）

毀棄、損壞或隱匿公務員職務上掌管或委託第三人掌管之文書、圖畫、物品，或致令不堪用者，處五年以下有期徒刑。

⇧查第二次修正案理由謂本條原案無，設有犯之者，則適用毀棄損壞罪，但其情節，較通常犯罪為重，且直接妨害公務，故本案擬仿外國先例增入。

◇毀棄：使整個標的物滅失。

◇損壞：使標的物全部或一部喪失效用。

◇隱匿：隱密藏匿，使不易被發現。

▲【27 上 2353】刑法第 138 條所謂公務員職務上掌管之文書，以該文書由公務員本於職務上之關係所掌管者為限，又所謂**損壞，亦係指該文書之全部或一部因其損壞致喪失效用者**而言，法院之傳票，本係送達於被傳人之文件，如在已經送達之後，即不能認為公務員職務上掌管之文書，若在未經送達之前，加以損壞，而損壞部分於傳票內容之記載無關者，亦不成立該條之損壞罪名。

▲【54 臺上 477】刑法第 138 條**所謂公務員職務上掌管之物品，以該物品由公務員本於職務上之關係所掌管者為已足，與物品之所有權無涉**。

▲【64 臺上 422】警員依規定制作之談話筆錄，即屬公務員職務上掌管之文書，上訴人於氣忿中故予撕壞，致不能辨認其全部內容，顯不堪用，對其所為，自應按刑法第 138 條論罪。

▲【71 臺上 7292】本件上訴人既將奪取之警訊筆錄二份予以撕毀，則不問其他是否仍有同式之筆錄存在，其毀棄該筆錄之行為，即應成立刑法第 138 條之罪。上訴人徒以另有一份筆錄可供使用，而指摘原審未詳加調查，有應於審判期日調查之證據而未予調查之違法，要與刑事訴訟法第 379 條第 10 款之規定不相適合。

▲【73 臺上 4557】刑法第 138 條所謂公務員職務上掌管之物品，係指該物品因公務員本於職務上之關係而掌管者而言，若與其職務無關，僅供日常使用之物品，縱予損壞，亦難繩以該條之罪。

第 139 條 　（污損封印、查封標示或違背其效力罪）

I.損壞、除去或污穢公務員依法所施之封印或查封之標示，或為違背其效力之行為者，處二年以下有期徒刑、拘役或二十萬元以下罰金。

II.為違背公務員依法所發具扣押效力命令之行為者，亦同。

⑩一、本條保護之法益為國家公務之正常行使，故行為人損壞、除去或污穢公務員所施之封印或查封之標示，或為違背其效力之行為者，自須以公務員依法所為者為限，始具處罰必要性，爰參酌第 135 條第 1 項、第 137 條第 1 項及第 140 條第 1 項等規定，酌修文字及標點符號，以杜爭議，並列為第 1 項。

二、公務員依法所施之封印，除依強制執行法、行政執行法或刑事訴訟法為之者外，公務員以禁止物之漏逸使用或其他任意處置為目的所施封緘之印文，即屬當之（最高法院 25 年非字第 188 號判例），如依食品安全衛生管理法第 41 條規定，是行政機關依法所施封印之規定眾多，為免掛一漏萬，故凡公務員係依法所為者均屬之。

三、本條立法目的在於保全公務員依法施以封印或查封之標示，彰顯國家公權力，行為人之損壞等行為，對法益侵害之嚴重性並不亞於第 356 條損害債權罪，惟原條文規定最重法定刑僅為一年有期徒刑，顯然過輕，且罰金刑亦過低，不足嚇阻犯罪，爰參酌第 356 條法定刑，修正為二年以

下有期徒刑、拘役或二十萬元以下罰金。

四、依司法實務見解，本罪之成立須以公務員依法施以封印或查封之標示者為要件，係對動產或不動產之保全，惟保全執行之標的為債權或物權時，其執行方式係以發扣押命令為禁止收取、清償、移轉或處分等方式為之，如有違反此類扣押命令禁止處分之效力，其侵害國家公務之行使，與違背封印或查封標示效力之情形並無不同，原條文未納入處罰，顯有未周。公務員依法所發具扣押效力命令，例如依強制執行法或刑事訴訟法，亦有如消費者債務清理條例第19條第5項、行政執行法第26條、行政訴訟法第306條第2項等準用強制執行法規定，為違背其效力之行為者，應同受規範納入處罰，爰增訂第2項規定，明定對於公務員依法所發具扣押效力之命令，所為違背效力之行為，亦應受規範，其法定刑與第1項相同。

◇污穢：以不潔之物變更客體之外觀。

▲【43臺非28】債務人於將受強制執行之際，意圖損害債權人之債權，而毀壞處分或隱匿其財產者，始應依刑法第356條懲處，若在強制執行實施後，僅將公務員所施之封印或查封之標示予以損壞除去或污穢，並無毀壞處分或隱匿其自己財產之可能，即應構成同法第139條之妨害公務罪，無同法第356條適用之餘地。

第140條　（侮辱公務員、公署罪）

Ⅰ.於公務員依法執行職務時，當場侮辱或對於其依法執行之職務公然侮辱者，處六月以下有期徒刑、拘役或三千元以下罰金。

Ⅱ.對於公署公然侮辱者，亦同。

⑩一、本罪於民國72年6月26日後並未修正，爰依刑法施行法第1條之1第2項本文規定將罰金數額修正提高三十倍，以增加法律明確性，並使刑法分則各罪罰金數額具內在邏輯一致性。

二、第1項首句「執行職務」時修正為「執行職務時，」；第2項末句「亦同」修正為「，亦同」。

▲【院1922】㈣於公務員依法執行職務時，在其辦公室緊隔一交通門扇之所屬職員連席辦公室內，加以侮辱者，既非該公務員執行職務之場所，即不成立刑法第140條第1項前段當場侮辱之罪。至刑法第140條後段所稱之**公然侮辱，係指該侮辱行為，使一般不特定人得以共聞共見者而言。**

▲【臺灣高院103上易1069（節錄）】刑法第140條侮辱公務員或公署罪雖未如同法妨害名譽罪章設有「善意發表言論不罰」規定（刑法第311條參照），然因**本質上同為限制人民言論自由之規定，且侮辱性言論通常難以證明為真實，司法實務上針對妨害名譽罪所發展之「合理評論原則」、「實際惡意原則」於侮辱公務員或公署罪責上亦應有其適用。**故對於可受公評之事項，尤其對政府施政措施、公務員執行公務內容，縱然以不留餘地或尖酸刻薄之語言文字予以批評，亦應認為仍受憲法之保障。

第141條　（侵害文告罪）

意圖侮辱公務員或公署，而損壞、除去或污穢實貼公共場所之文告者，處拘役或三千元以下罰金。

⑩本罪於民國72年6月26日後並未修正，爰依刑法施行法第1條之1第2項本文規定將罰金數額修正提高三十倍，以增加法律明確性，並使刑法分則各罪罰金數額具內在邏輯一致性。

第六章　妨害投票罪

✍查暫行律分則第八章原案謂凡選舉事宜，以純正涓潔安全為要義，尚純正則用各種詐術者有罰，尚涓潔則用各種誘惑者有罰，尚安全則用各種暴者皆有罰。選舉為立憲之首務，故本律採各種立法例方針，而定為本章如左。

第142條　（妨害投票自由罪）

Ⅰ.以強暴脅迫或其他非法之方法，妨害他人自由行使法定之政治上選舉或其他投票權者，處五年以下有期徒刑。

Ⅱ.前項之未遂犯罰之。

✍第二次修正案理由謂本條即原案第160條，本案擬概括規定。又選舉與政治有重大之關係，故本案於原案強暴脅迫句下，加或其他非法之方法句，以求嚴密。

第143條　（投票受賄罪）

有投票權之人，要求、期約或收受賄賂或其他不正利益，而許以不行使其投票權或為一定之行使者，處三年以下有期徒刑，得併科三十萬元以下罰金。

⑩一、第1項之罰金刑已不符時宜，爰依自由刑之

中華民國刑法

第二編　分　則　（第一四四～一四六條）

輕重，修正為三十萬元以下罰金。

二、依實務見解，原第 2 項規定應沒收之賄賂，專指金錢或得以金錢計算之財物，不包括得以金錢計算或其經濟價值之不正利益，其範圍過於狹隘，致收受上述不正利益之公務員仍得享有犯罪所得，為符合 104 年 12 月 30 日修正公布之本法總則編第五章之一沒收相關規定之意旨，爰刪除第 2 項規定，一體適用本法總則編沒收之相關規定，以達澈底剝奪犯罪所得之刑事政策目的。

◇**有投票權之人**：具備法定之政治上選舉及法定之其他政治上投票權之人（24 年第 7 次刑庭決議）。實務上曾經出現過一個問題，即縣市議會正副議長選舉之賄選，縣市議員何時方成為「有投票權之人」？有見解認為，經選舉委員會公告當選時起即成為有投票權之人；另有見解認為，當選結果揭曉後即成為有投票權之人，無待選委會公告。惟，若正副議長候選人於縣市議員選舉之前，即預為賄賂或資助經費之情形，實務（90 年第 6 次刑庭決議）認為，若拘泥於狹隘之文義解釋，則無法處罰此類尚未取得投票權之人，無非鼓勵賄選者提前為之，故認為此時該人雖非現實上有投票權之人，但係「著手賄選之實施」，待日後取得投票權時，「犯罪構成要件即屬成就」，此係在賄選者預期犯意範圍內，均為其犯罪行為內容之一部，不以其賄選在先，當選在後，而影響其犯之成立。換言之，**實務認為，行賄受賄當時尚未當選市議員，但事後當選者，仍該當於本條「有投票權之人」**。

第 144 條　（投票行賄罪）

對於有投票權之人，行求、期約或交付賄賂或其他不正利益，而約其不行使投票權或為一定之行使者，處五年以下有期徒刑，得併科二十一萬元以下罰金。

⑩一、本罪於民國 72 年 6 月 26 日後並未修正，爰依刑法施行法第 1 條之 1 第 2 項本文規定將罰金數額修正提高三十倍，以增加法律明確性，並使刑法分則各罪罰金數額具內在邏輯一致性。

二、「行求期約」修正為「行求、期約」。

第 145 條　（利誘投票罪）

以生計上之利害，誘惑投票人不行使其投票權或為一定之行使者，處三年以下有期徒刑。

介查第二次修正案理由謂本條即原案第 159 條第 1 項第 3 款，本案擬概括規定。又原案選舉人受誘惑者處罰，本案以其過苛故刪去。按本法以投票之範圍較選舉為廣，故改用投票二字，以期周密。

◇**生計上之利害**：一般生活所必須之利害關係，至利害是否需影響生計，有部分學者認為應依客觀事實認定之，亦有學者認為應依行為人之主觀意思設定之。

第 146 條　（妨害投票正確罪）

Ⅰ.以詐術或其他非法之方法，使投票發生不正確之結果或變造投票之結果者，處五年以下有期徒刑。

Ⅱ.意圖使特定候選人當選，以虛偽遷徙戶籍取得投票權而為投票者，亦同。

Ⅲ.前二項之未遂犯罰之。

介查第二次修正案理由謂外國立法例，對於選舉之舞弊，可分兩派：一為列舉規定，法國、比國、意大利、西班牙、匈加利、英國、美國等國是也。一為概括規定，德國、奧國、芬蘭等國是也。第一派之選舉法，雖屢經更改然難臻嚴密，即如法國 1852 年 2 月 2 日之選舉法頒布後，至 1889 年曾經六次更改，其列舉之犯罪行為，幾及百種，仍有未盡，乃於 1902 年 3 月 30 日頒布概括規定之條文，蓋以列舉終有遺漏也。原案第 158 條第 1 項，係仿列舉式，其所注意者一為選舉名簿，一為無資格之投票，其嚴密不如法國，且於選舉後，選舉結果前一切弊端無明文處罰，故本案擬從第二派為概括之規定。又原案關於選舉名簿一層，係本條之未遂罪與偽造公文書罪為想像上之兩罪競合，仍依併合論罪，從重處斷，故不另為規定。又原案本條第 2 項，本案於瀆職罪章第 131 條已有規定，故刪。

◇**其他非法方法**：除詐術之外，一切不正當之方法均屬之。學者指出如重複領選票而重複投票、重複計票或變造選票等等。

◇**不正確之結果**：使結果背於正確之情形，如票數不正確、得票率不正確、選舉權人數不正確，不以使落選人當選，或使當選人落選為必要。

▲【32 永上 283】刑法第 146 條之罪，以舉行投票為前提，倘依法應用投票選舉而改用口頭推舉，實際並未投票者，縱以詐術或其他非法之方法使此項選舉發生不正確之結果，除其行為觸犯其他罪名，又當別論外，不構成該條之妨害投票罪。

▲【101 臺上 1237（節錄）】刑法第 146 條第 2 項規定之意圖使特定候選人當選，以虛偽遷徙戶籍取得投票權而為投票罪，依其文義，行為人祇要虛偽遷籍，享有投票權而領取選票，罪即成立，至是否確實投票給原欲支持之候選人，在所不問。其中所稱虛偽遷徙戶籍，當從行為人之主觀意思和客觀作為，合併判斷；詳言之，**純因求學、就業、服兵役未實際按籍居住者，或為子女學區、農保、都會區福利給付優渥、保席次或其他正當原因遷籍未入住者，既與虛偽製造投票權無關，難認存有妨害投票正確之主觀犯意**；又為支持直系血親或配偶之競選而遷籍未實際居住者，雖然基於情、理、法之調和與社會通念之容許，或有認為不具可罰違法性或非難必要性者，但於其他旁系血親、姻親，仍應藉由四個月之實際繼續入住，以確實建立上揭人、地之連結關係，尚無相提並論餘地；至於離去幼齡住居之所，遷往他處生活並入籍之情形，當認已經和原居之地，脫離共同生活圈之關係，縱遇節日、休假或親友婚喪喜慶而有重返，無非短暫居留，非可視同「繼續居住」原所，更無所謂遷回幼時之籍，即回到從前繼續居住狀態，不該當虛偽入籍，不算犯罪云者。

第 147 條　（妨害投票秩序罪）

妨害或擾亂投票者，處二年以下有期徒刑、拘役或一萬五千元以下罰金。

⑩本罪於民國 72 年 6 月 26 日後並未修正，爰依刑法施行法第 1 條之 1 第 2 項本文規定將罰金數額修正提高三十倍，以增加法律明確性，並使刑法分則各罪罰金數額具內在邏輯一致性。

第 148 條　（妨害投票秘密罪）

於無記名之投票，刺探票載之內容者，處九千元以下罰金。

⑩本罪於民國 72 年 6 月 26 日後並未修正，爰依刑法施行法第 1 條之 1 第 2 項本文規定將罰金數額修正提高三十倍，以增加法律明確性，並使刑法分則各罪罰金數額具內在邏輯一致性。

第七章　妨害秩序罪

介查王寵惠氏所提之「刑法草案與新刑律之異同」內稱暫行律妨害秩序罪章，與騷擾罪，各自獨立為一章。然騷擾罪之性質，亦係妨害秩序，故本法併為一章。（按暫行律妨害秩序罪章內，間有涉及妨害自由者，本法將其妨害自由各條，歸入妨害自由罪章內，而以純粹的妨害秩序各條，歸入本章。）

第 149 條　（公然聚眾不遵令解散罪）

在公共場所或公眾得出入之場所聚集三人以上，意圖為強暴脅迫，已受該管公務員解散命令三次以上而不解散者，在場助勢之人處六月以下有期徒刑、拘役或八萬元以下罰金；首謀者，處三年以下有期徒刑。

⑩一、隨著科技進步，透過社群通訊軟體（如 LINE、微信、網路直播等）進行串連集結，時間快速、人數眾多且流動性高，不易先期預防，致使此等以多數人犯妨害秩序案件規模擴大，亦容易傷及無辜。惟原條文中之「公然聚眾」，司法實務認為必須於「公然」之狀態下聚集多數人，始足當之；亦有實務見解認為，「聚眾」係指參與之多數人有隨時可以增加之狀況，若參與之人均係事前約定，人數既已確定，便無隨時可以增加之狀況，自與聚眾之情形不合（最高法院 28 年上字第 621 號判例、92 年度臺上字第 5192 號判決參照）。此等見解範圍均過於限縮，學說上多有批評，也無法因應當前社會之實際需求。爰將本條前段修正為「在公共場所或公眾得出入之場所」有「聚集」之行為為構成要件，亦即行為不論其在何處、以何種聯絡方式（包括上述社群通訊軟體）聚集，其係在遠端或當場為之，均為本條之聚集行為，且包括自動與被動聚集之情形，亦不論是否係事前約定或臨時起意者均為之。因上開行為對於社會治安與秩序，均易造成危害，爰修正其構成要件，以符實需。

二、為免聚集多少人始屬「聚眾」在適用上有所疑義，爰參酌組織犯罪防制條例第 2 條第 1 項及其於 106 年 4 月 19 日修正之立法理由，認三人以上在公共場所或公眾得出入之場所實施強暴脅迫，就人民安寧之影響及對公共秩序已有顯著危害，是將聚集之人數明定為三人以上，不受限於須隨時可以增加之情形，以臻明確。

三、按集會遊行係人民之基本權利，受憲法與集會遊行法之保障，應與本條係處罰行為人具有為強暴脅迫之意圖而危害治安者有所區隔。因此，一般集會遊行之「聚眾」人群行為，本不具有施

中華民國刑法 第二編 分則（第一五○～一五三條）

強暴脅迫之意圖，自無構成本罪情事，併予指明。

四、另本條之罰金予以提高，以符合罰金刑級距之配置，並酌作文字及標點符號修正。

◇**公然聚眾**：公開聚集特定多數人或不特定多數人於同一地點。有學者指出，本於本條係保護公共秩序，故聚眾之人數需達足以危害公安的程度，始足構成。

第 150 條　（公然聚眾施強暴脅迫罪）

I.在公共場所或公眾得出入之場所聚集三人以上，施強暴脅迫者，在場助勢之人，處一年以下有期徒刑、拘役或十萬元以下罰金；首謀及下手實施者，處六月以上五年以下有期徒刑。

II.犯前項之罪，而有下列情形之一者，得加重其刑至二分之一：

一　意圖供行使之用而攜帶兇器或其他危險物品犯之。

二　因而致生公眾或交通往來之危險。

⑩一、修正原「公然聚眾」要件，理由同修正條文第 149 條說明一至三。倘三人以上，在公共場所或公眾得出入之場所聚集，進而實行強暴脅迫（例如：鬥毆、毀損或恐嚇等行為）者，不論是對於特定人或不特定人為之，已造成公眾或他人之危害、恐懼不安，應即該當犯罪成立之構成要件，以符保護社會治安之刑法功能。另提高罰金刑，以符合罰金刑級距之配置，並酌作文字及標點符號修正，將原條文列為第 1 項。

二、實務見解有認本條之妨害秩序罪，須有妨害秩序之故意，始與該條之罪質相符，如公然聚眾施強暴脅迫，其目的係在另犯他罪，並非意圖妨害秩序，除隱成立其他相當罪名外，不能論以妨害秩序罪（最高法院 31 年上字第 1513 號、28 年上字第 3428 號判例參照）。然本罪重在安寧秩序之維持，若其聚眾施強暴脅迫之目的在犯他罪，固得依他罪處罰，若行為人就本條之構成要件行為有所認識而仍為本罪構成要件之行為，自仍應構成本罪，予以處罰。

三、參考我國實務常見之群聚鬥毆危險行為態樣，應及行為人意圖供行使之用而攜帶兇器或者易燃性、腐蝕性液體，抑或於車輛往來之道路上追逐，對往來公眾所造成之生命身體健康等危險大增，破壞公共秩序之危險程度升高，而有加重處罰之必要，爰增訂第 2 項。至新增第 2 項第 2 款之加重處罰，須以行為人於公共場所或公眾得出入之

場所聚集三人以上，而施強暴脅迫為前提，進而致生公眾或交通往來之危險始足該當，亦即致生公眾或交通往來之危險屬本款之結果；此與本法第 185 條「損壞或壅塞陸路、水路、橋樑或其他公眾往來之設備或以他法致生往來之危險」之規定，係行為人以損壞、壅塞，或以他法致生往來危險等行為，在構成要件上，有所不同，附此敘明。

第 151 條　（恐嚇公眾罪）

以加害生命、身體、財產之事恐嚇公眾，致生危害於公安者，處二年以下有期徒刑。

介查第二次修正案理由謂本條原案無，惟妨害安全信用名譽及秘密罪章，祇有恐嚇個人之規定，然恐嚇公眾，實屬妨害秩序，故本案增入本條。

▲【94 矚上訴 7】按刑法第 151 條之恐嚇危害公安罪，僅行為人有以加害生命、身體、財產之事恐嚇公眾之行為，致使公眾中有人心生畏懼，公安秩序因之受到騷擾不安，即屬該當；易言之，**行為人若主觀上對於其以加害生命、身體、財產之恐嚇內容恐嚇特定或不特定多數人，將足以威脅公眾安全之事實，有所認識復決意而對公眾為恐嚇行為，致發生公安上之危險，即已成立本罪；至行為人主觀上有無進一步實現加害內容之意圖或決意，或公眾安全是否已發生實害，則非所問。**

第 152 條　（妨害合法集會罪）

以強暴脅迫或詐術，阻止或擾亂合法之集會者，處二年以下有期徒刑。

介查暫行律第 222 條注意謂，本條除他條有特別規定，如妨害選舉之集會，妨害說教禮拜等宗教上之集會等類之外，其餘妨害一切正當集會，例如用暴力以解散學堂聽講之人，或紊亂得公署許可所開之演說會等，皆屬本條範圍。

第 153 條　（煽惑他人犯罪或違背法令罪）

以文字、圖畫、演說或他法，公然為下列行為之一者，處二年以下有期徒刑、拘役或三萬元以下罰金：

一　煽惑他人犯罪者。

二　煽惑他人違背法令，或抗拒合法之命令者。

⑩一、本罪於民國 72 年 6 月 26 日後並未修正，爰

依刑法施行法第 1 條之 1 第 2 項本文規定將罰金數額修正提高三十倍，以增加法律明確性，並使刑法分則各罪罰金數額具內在邏輯一致性。

二、序文前段「以文字、圖畫演說或他法，公然為左列行為之一者」修正為「以文字、圖畫、演說或他法，公然為下列行為之一者」。

◇**煽惑**：煽動或蠱惑他人為犯罪行為。實務見解認為，須對不特定之人或多數人而為煽惑，被煽惑人不必然受行為人之煽惑，且需公然為之。若針對特定多數人，多數見解認為係屬教唆，非屬本條之煽惑。

第 154 條 （參與犯罪結社罪）

I.參與以犯罪為宗旨之結社，處三年以下有期徒刑、拘役或一萬五千元以下罰金；首謀者，處一年以上七年以下有期徒刑。

II.犯前項之罪而自首者，減輕或免除其刑。

⑩一、本罪於民國 72 年 6 月 26 日後並未修正，爰依刑法施行法第 1 條之 1 第 2 項本文規定將罰金數額修正提高三十倍，以增加法律明確性，並使刑法分則各罪罰金數額具內在邏輯一致性。

二、第 1 項末句「一年以上、七年以下」修正為「一年以上七年以下」。

◇**結社**：多數人出於共同目的，結合組織，成為具備時間上一定持續性的幫會或社團。惟文獻指出，自從組織犯罪防制條例此一特別法制定後，本罪就少有適用之機會。

▲【27 上 2118】 刑法第 154 條第 1 項所稱以犯罪為宗旨之結社，**係指其結社以妨害公共安寧秩序及其他某種類之犯罪為目的者**而言，若因對於某人挾嫌，希圖加害，而與多數共犯結合商議，相約為特定之一個犯罪之實行，不能依該條項論罪。

第 155 條 （煽惑軍人背叛罪）

煽惑軍人不執行職務，或不守紀律，或逃叛者，處六月以上五年以下有期徒刑。

企查第二次修正案謂本條原案無，本案增入，蓋以煽惑軍人，不僅破壞軍隊組織，且有關國家社會，故另立專條也。

▲【46 臺上 1532】 刑法第 155 條所謂煽惑，必以**對於不特定人或多數人為之而有公然性質者**為限。

第 156 條 （私招軍隊罪）

未受允准，召集軍隊，發給軍需或率帶軍隊者，處五年以下有期徒刑。

企查第二次修正案理由謂本條原案無，本案以比年各省私招軍隊者屢見疊出，不可不有法以禁止之。考外國規定此罪者，為英國、德國、法國、意大利刑法，及奧國刑法準備草案，而我國舊律，擅調官軍有罰，範圍雖較狹而用意則同，故本案增入本條。

第 157 條 （挑唆包攬訴訟罪）

意圖漁利，挑唆或包攬他人訴訟者，處一年以下有期徒刑、拘役或五萬元以下罰金。

⑭一、配合第 56 條連續犯之刪除，刪除本條第二項常業犯之規定。

二、因第 33 條之罰金刑已提高為新臺幣一千元以上，現行法第 1 項之罰金刑為「五百元以下」顯與前開修正扞格，爰依目前社會經濟水準、人民平均所得，參考罰金罰鍰提高標準條例第二條關於易科罰金、易服勞役就原定數額提高一百倍之標準，酌予提高罰金刑之上限。

◇**漁利**：從中取利。

◇**挑唆**：他人本無興訟之意，而挑撥、唆使他人興訟（院解 3104）。

◇**包攬**：承包、招攬訴訟，惟不以手段不合法為必要。

▲【院解 3104】 刑法上第 157 條第 1 項所謂意圖漁利，係意圖從中取利之意，所謂挑唆，係挑撥唆使之意，如他人本無興訟之意，巧言引動，使其成訟之情形是。所謂包攬，係承包招攬之意，如不法為他人包辦詞訟之情形是。至該條所謂訴訟，係指民事訴訟、刑事訴訟及行政訴訟而言。

第 158 條 （僭行公務員職權罪）

I.冒充公務員而行使其職權者，處三年以下有期徒刑、拘役或一萬五千元以下罰金。

II.冒充外國公務員而行使其職權者，亦同。

⑩一、本罪於民國 72 年 6 月 26 日後並未修正，爰依刑法施行法第 1 條之 1 第 2 項本文規定將罰金數額修正提高三十倍，以增加法律明確性，並使刑法分則各罪罰金數額具內在邏輯一致性。

二、第 2 項末句「亦同」修正為「，亦同」。

第 159 條　（冒充公務員服章官銜罪）

公然冒用公務員服飾、徽章或官銜者，處一萬五千元以下罰金。

⑩本罪於民國 72 年 6 月 26 日後並未修正，爰依刑法施行法第 1 條之 1 第 2 項本文規定將罰金數額修正提高三十倍，以增加法律明確性，並使刑法分則各罪罰金數額具內在邏輯一致性。

◇**服飾**：依法規定公務員專用之服裝、飾物。如法官、檢察官、書記官、通譯之制服、陸海空軍制服、警察制服。

◇**徽章**：表示公務身份之法定標記。如軍人之臂章。實務上強調，不以徽章上有效為限，凡使人足以誤信已足。

◇**官銜**：依法為公務員專用之官階、職銜。

第 160 條　（侮辱國徽、國旗及國父遺像罪）

Ⅰ.意圖侮辱中華民國，而公然損壞、除去或污辱中華民國之國徽、國旗者，處一年以下有期徒刑、拘役或九千元以下罰金。

Ⅱ.意圖侮辱創立中華民國之孫先生，而公然損壞、除去或污辱其遺像者，亦同。

⑩一、本罪於民國 72 年 6 月 26 日後並未修正，爰依刑法施行法第 1 條之 1 第 2 項本文規定將罰金數額修正提高三十倍，以增加法律明確性，並使刑法分則各罪罰金數額具內在邏輯一致性。
二、第 2 項末句「亦同」修正為「，亦同」。

第八章　脫　逃　罪

第 161 條　（脫逃罪）

Ⅰ.依法逮捕、拘禁之人脫逃者，處一年以下有期徒刑。

Ⅱ.損壞拘禁處所械具或以強暴脅迫犯前項之罪者，處五年以下有期徒刑。

Ⅲ.聚眾以強暴脅迫犯第一項之罪者，在場助勢之人，處三年以上十年以下有期徒刑，首謀及下手實施強暴脅迫者，處五年以上有期徒刑。

Ⅳ.前三項之未遂犯罰之。

⇧查暫行律第 168 條注意謂既決之囚，於刑事上既受有罪之確定審判，為將受執行而監禁者，及在審判確定前受監禁者皆是。故雖係處以罰金之犯，

然既易以監禁，亦賅於既決囚人之中。又該條補箋內稱未決之囚，無論有罪無罪，並無論已經提起公訴否，皆包括在內。脫逃者，不法回復自由，而逸出於監督力之外也，脫逃罪之既遂、未遂界限，頗難分明，然得以是否逸出監督力之外為斷。故如意圖逃脫，而潛伏廄舍時，雖在監督者耳目之外，而尚為監督力之所能及，仍為未遂，即逸出於監獄之外，而仍在官員追蹤中者，亦同。

◇**脫逃**：行為人未受允許，非法擅自排除公權力拘束，脫離公權力之監督、支配，而為逃逸。

◇**械具**：指一切拘束依法逮捕或拘禁者處所中的安全設備，以及用以拘束依法逮捕或拘禁者，防止其脫逃或自殺的器械，如手銬、腳鐐、鍊條等器具。

▲【44 臺上 400】刑法第 161 條之脫逃罪，**以依法拘禁之人而不法脫離公之拘禁力為構成要件**，若公之拘禁力已不存在，縱使自由行動脫離拘禁處所，亦不成立本罪，被告於民國 43 年 1 月 18 日被捕拘禁後，雖經警察局於二十四小時內聲請延長羈押期間十日，但檢察官既僅批准延長羈押七日，自 1 月 19 日起至 25 日止，此後並未再延長羈押期間之聲請，亦不移送檢察官處置，而仍繼續非法拘禁，則該被告縱於 1 月 28 日毀壞拘禁處所木柵脫逃，亦難成立脫逃罪。

第 162 條　（縱放或便利脫逃罪）

Ⅰ.縱放依法逮捕拘禁之人或便利其脫逃者，處三年以下有期徒刑。

Ⅱ.損壞拘禁處所械具或以強暴脅迫犯前項之罪者，處六月以上五年以下有期徒刑。

Ⅲ.聚眾以強暴脅迫犯第一項之罪者，在場助勢之人，處五年以上十二年以下有期徒刑。首謀及下手實施強暴脅迫者，處無期徒刑或七年以上有期徒刑。

Ⅳ.前三項之未遂罰之。

Ⅴ.配偶、五親等內之血親或三親等內之姻親犯第一項之便利脫逃罪者，得減輕其刑。

⇧查暫行律第 170 條注意謂盜取者，雖不分竊取強取，然加暴行脅迫，致監禁者自行脫逃，則屬第 3 項之範圍，於第 1 項之盜取者，乃盜取之人，將被監禁者自行劫奪也。又該條補箋內稱盜取者，出犯人、嫌疑人於該管官員監督之外，而入於自己監督之內之行為也。僅出於官員監督之外，而聽其所之者，則係第 1 項後段之罪，非盜取也。

◇**縱放、便利**：縱放係縱令依法逮捕、拘禁之人脫離公權力監督範圍，任其逃逸，例如打開監牢大門使受刑人離開。便利脫逃係指對於依法逮捕、拘禁之人，給予助力或機會，使其脫離公權力拘束，如暗示受刑人脫逃方法、供給脫逃之用具。

▲【22 上 2730】刑法第 171 條之便利脫逃罪，**其被害法益係侵害公之拘禁力，必須脫逃之囚人原在依法逮捕拘禁之中，始能成立**，假使便利脫逃之行為，已在此項拘禁力解除之後，即應分別情形，論以第 174 條之藏匿犯人，或使其隱避之罪，不得以該條之便利脫逃論科。

▲【28 上 1093】縱放依法逮捕拘禁人罪，所侵害之法益，係公之拘禁力，故所縱放者，**無論為一人或數人，其被害法益祇有一個，不能以其所縱放人數之多寡，為計算犯罪個數之標準**。

▲【42 臺上 124】上訴人對於公務員依法執行職務時，施以強暴脅迫，便利依法逮捕人脫逃，雖同時有妨害公務，而**其妨害公務之行為，已包括於便利脫逃中，不得謂其方法上又犯妨害公務之罪**。原判決以其妨害公務與便利脫逃有牽連關係，除適用刑法第 162 條第 2 項外，並援引同法第 135 條第 1 項、第 55 條，從一重處斷，殊有未合。

第 163 條　（公務員縱放或便利脫逃罪）

I.公務員縱放職務上依法逮捕、拘禁之人或便利其脫逃者，處一年以上七年以下有期徒刑。

II.因過失致前項之人脫逃者，處六月以下有期徒刑、拘役或九千元以下罰金。

III.第一項之未遂罰之。

---

⑩一、本罪於民國 72 年 6 月 26 日後並未修正，爰依刑法施行法第 1 條之 1 第 2 項本文規定將罰金數額修正提高三十倍，以增加法律明確性，並使刑法分則各罪罰金數額具內在邏輯一致性。

二、第 1 項末句「一年以上、七年以下」修正為「一年以上七年以下」。

▲【院解 3691】看守所所長以在押人犯疾病，僅憑醫師證明即派看守戒護病犯出所診治，因看守允許犯人便道回家，致被乘機脫逃，該看守所所長應負刑法第 163 條第 2 項之罪責。

▲【44 臺非 76】刑法第 163 條第 2 項**所謂公務員因過失致職務上依法逮捕拘禁之人脫逃，係指因過失致已經逮捕置於拘禁力支配下之人脫逃者**而

言，如其人僅經通緝尚未逮捕使在拘禁力支配中，自無脫逃之可言，從而公務員縱有過失致未能將通緝人犯弋獲，亦與該罪之構成要件不合，即難令負該條項之罪責。

第九章　藏匿人犯及湮滅證據罪

⇧查第二次修正案第十章內稱，原案本章名藏匿罪人及湮滅證據罪，修正案謂罪人不外證據之一種，藏匿罪人，即包舉於湮滅證據內，故刪去藏匿罪人四字。本案以犯人與證據，本屬兩事，仍從原案，改定今名。

第 164 條　（藏匿人犯或使之隱避、頂替罪）

I.藏匿犯人或依法逮捕、拘禁之脫逃人或使之隱避者，處二年以下有期徒刑、拘役或一萬五千元以下罰金。

II.意圖犯前項之罪而頂替者，亦同。

---

⑩一、本罪於民國 72 年 6 月 26 日後並未修正，爰依刑法施行法第 1 條之 1 第 2 項本文規定將罰金數額修正提高三十倍，以增加法律明確性，並使刑法分則各罪罰金數額具內在邏輯一致性。

二、第 2 項末句「亦同」修正為「，亦同」。

◇**藏匿**：窩藏隱匿，使偵查機關不易發覺之行為。

◇**使之隱避**：藏匿以外之方式，使隱匿逃避。

◇**頂替**：頂冒代替犯人或依法逮捕、拘禁之人。

▲【27 渝上 1517】上訴人之妻以符咒邪術醫療疾病，不過構成違警罰法第 46 條第 1 項第 5 款之違警行為，與刑法第 164 條第 1 項所稱犯人，係指犯刑罰法令之人者不同，且違警罰法第 27 條既規定因違警之嫌疑，經公署傳訊者，自傳票到達之日起須於三日以內到案，若逾期不到得逕行判定依法處罰，則**違警嫌疑人經派警往傳後原無即時隨警到案之義務，其不隨警到案，亦非依法逮捕拘禁之脫逃人，上訴人因其妻違警被傳囑令暫時出避，自不能以刑法第 164 條第 1 項之罪責相繩**。

▲【33 上 1679】刑法上**所謂藏匿犯人，係指藏匿已經犯罪之人而言**，若於實施犯罪之前，將其窩藏，以直接或間接予以犯罪之便利，則除有特別規定外，應為該犯罪之幫助犯，不成立藏匿犯人罪名。

第 165 條　（湮滅刑事證據罪）

偽造、變造、湮滅或隱匿關係他人刑事被告案件之證據，或使用偽造、變造之證據者，處二年以下有期徒刑、拘役或一萬五千元以下罰金。

⑩一、本罪於民國 72 年 6 月 26 日後並未修正，爰依刑法施行法第 1 條之 1 第 2 項本文規定將罰金數額修正提高三十倍，以增加法律明確性，並使刑法分則各罪罰金數額具內在邏輯一致性。

二、中段「或使用偽造」修正為「，或使用偽造」。

◇他人：**除了犯罪人本身的任何人**，其法理在於要求犯罪人不去變造、隱匿、湮滅犯罪證據，欠缺期待可能性。惟有問題的在於，倘若犯人甲要求他人乙隱匿自己（甲）的證據，是否構成本罪之教唆犯？學說上認為，本於本罪不罰犯人乃出於期待可能性之法理，故行為人教唆他人為自己滅證，也屬於欠缺期待可能性的情形，故亦不成立本罪教唆犯。另一問題在於，**湮滅實體法上共犯關係之人之證據，是否屬於本條之「他人」而構成犯罪？**部分學說認為應區分該共犯之證據是否與行為人有利害關係，若有，即屬關係自己之證據，不構成本罪；部分學說認為對行為人一概欠缺期待可能性而不構成本罪。

▲【98 臺上 7241】刑法第 165 條之湮滅證據罪，該條所稱之「刑事被告案件」，係指因告訴、告發、自首等情形，已開始偵查後之案件，行為人若對於已開始偵查之他人案件為湮滅證據之行為時，始該當該條之犯罪。

第 166 條　（犯湮滅證據罪自白之減免）

犯前條之罪，於他人刑事被告案件裁判確定前自白者，減輕或免除其刑。

第 167 條　（親屬間犯本章罪之減免）

配偶、五親等內之血親或三親等內之姻親圖利犯人或依法逮捕拘禁之脫逃人，而犯第一百六十四條或第一百六十五條之罪者，減輕或免除其刑。

▲【26 渝上 1288】原審所認上訴人因其子和誘某氏，恐被查獲，寄款使逃，果屬非虛，亦僅係血親圖利犯人使之隱避，尚難以幫助和誘論。

第十章　偽證及誣告罪

介查暫行律第十二章原案謂偽證與誣告之罪，其性質分為二種：一則認為直接對於原告、被告之罪。法典之用此主義者，有民事、刑事之別，其關於刑事一端，更分為曲庇被告、陷害被告兩意，又復於陷害已成者，就其被害所受刑罰之輕重，以為犯人刑罰之差等。一則認為直接對於公署訊問，違背陳述真實義務之罪。法典之用此主義者，對於公署為偽證、為誣告，俱應處以同一之刑，但其處分之輕重，一任審判官按其情節而定。今按此二論題，其第一種殊有紕誤，蓋審判及行政之處分，係司法官或行政官所定，非證人所能直接而自定之，乃竟以證人為可以直接處分者，其誤一也。司法官與行政官，並無盡用證人所言之義務，應察其真偽而定其切之判斷，此其義務也，即使誤用證言，亦不能使證人負其全部之責任，其誤二也。不得以不正加害於他人，是人民一體所負之義務，違此義務，自成他項犯罪，詳於各章規定之中，非本章所得而規定者，且審判廳及一定之行政官署，當其徵求人言之際，其人之見聞，必無有隱蔽，無有夸大，無有變更，如有違此真實供述之義務者，必致諸罪今不能貫通此義，其誤三也。有此三者，故本案特據第二項之說，以定處分也。

第 168 條　（偽證罪）

於執行審判職務之公署審判時，或於檢察官偵查時，證人、鑑定人、通譯於案情有重要關係之事項，供前或供後具結，而為虛偽陳述者，處七年以下有期徒刑。

介查第二次修正案理由謂偽證罪，近世各國分為二派：凡依法宣誓而為虛偽供述者，為偽證罪。故不論行政或司法公署，若能依法取誓宣誓者，對之為虛偽供述，罪即成立。採此派者，為日本、德國、荷蘭、那威、（有例外）英國、美國。此派科罰之旨，以其背誓，蓋誓言含有宗教意味，背誓即係違背宗教，其罪之成立，以依法宣誓之供述為準，此一派也。審判公署審判時，依法宣誓而為虛偽供述者罪方成立，而所謂審判公署者，奧國解釋謂指執行審判職務之機關，若普通審判、海陸軍審判、行政審判皆是。故於非行使審判職務之機關，為虛偽供述，不得謂為偽證，此又一派也。採此派者為法國、比國、瑞士數州、奧國

及瑞士刑法準備草案。原案規定，範圍過泛，似應加以限制，而第一派以背誓為主義，我國宗教思想薄弱，且無宣誓形式，及宣誓法律似難採用，若第二派與我國舊律大略相符（明律若鞫囚，而證佐人不言實情，故行誑証及化外人有罪，通事傳譯番語不以實對，致罪有出入者，證佐人減罪一等，通事與同罪。清律與明律同），故本案擬從之。

修正案於本條加入具結一項，按我國具結與外國宣誓制度用意略同。故本案從修正案，增入供前或供後具結句。

本案偽證罪以案情有重要關係之虛偽供述為限，按外國立法例，對此問題，亦分為二派：法國、比國、意大利、英國、美國、暹羅等國，皆以虛偽供述於案情有重要關係者，乃罰。例如證人之年歲與案情無關者，苟有虛偽，亦不論罪，此一派也。德國、奧國、荷蘭等國，凡虛偽之供述皆罰，不問與案情有無重要關係，此又一派也。第二派於宣誓後，雖與案情無關重要者亦罰，未免過酷，若未經宣誓，雖與案情有重要關係者不罰，又未免過寬，學者非議之。故本案擬從第一派。

◇證人：就他人訴訟案件，到庭陳述其親身所見所聞之人。

◇鑑定人：經檢察官或法官之選任，就其專業知識、特別技術對特定事務從事鑑定而提供專業意見之人。

◇通譯：訴訟程序中擔任翻譯工作之人。

◇具結：依據刑事訴訟法第 187 條以下之法定程序，擔保其將據實陳述或公正鑑定之程序。

◇虛偽陳述：不為真實之陳述。惟就何謂不為真實，學說上有不同意見。部分學說認為，本於偽證罪在保護國家司法機關執行司法工作之順遂和結果之正確，因此凡與客觀事實不符之陳述，均為虛偽陳述；部分學說則認為，偽證罪所欲處罰的在於陳述者違反其真實陳述之義務，故只要陳述者主觀上並未依照其所經歷的事實或事項正確陳述，即便客觀上誤打誤撞屬於事實，亦屬於「虛偽陳述」。實務見解則傾向認為，虛偽之陳述，係指與案件之真實事實相悖，足以陷偵查或審判於錯誤之危險而言（69 臺上 2427）。

▲【院 1749】民刑訴訟法既於證人具結前，應告以具結之義務及偽證之處罰等程序，規定甚詳，**若未履行此等程序，而命其具結，縱其陳述虛偽，不能依刑法第 168 條偽證罪論科。**

▲【29 上 2341】 依刑法第 168 條規定證人依法

作證時，必須對於案情有重要關係之事項，為虛偽之陳述，始負偽證罪之責，**所謂於案情有重要關係之事項，係指該事項之有無，足以影響於裁判之結果者而言**，蓋證人就此種事項為虛偽之陳述，則有使裁判陷於錯誤之危險，故以之為偽證罪，而科以刑罰，苟其事項之有無，與裁判之結果無關，僅因其陳述之虛偽，而即對之科刑未免失之過酷，是以上開法條加此特別構成要件，以限定虛偽陳述之範圍，與其他立法例對於證人虛偽陳述之結果不設何等區別者，其立法精神自有不同。

▲【69 臺上 1506】**所謂偽證，係指證人對於所知實情故作虛偽之陳述而言，不包括證人根據自己之意見所作之判斷在內。**

▲【69 臺上 2427】偽證罪之構成，以於執行審判職務之公署或於檢察官偵查時對於案情有重要關係之事項，供前或供後具結，而為虛偽之陳述為要件，**所謂虛偽之陳述，係指與案件之真正事實相悖，而足以陷偵查或審判於錯誤之危險者**而言，若在此案之供證為屬真實，縱後於其他案件所供與前此之供述不符，除在後案件所供述合於偽證罪之要件得另行依法辦理外，究不得遽指在前與實情相符之供證為偽證。

▲【71 臺上 8127】按刑法上之**偽證罪，不以結果之發生為要件**，一有偽證行為，無論當事人是否因而受有利或不利之判決，均不影響其犯罪之成立。而該罪**所謂於案情有重要關係之事項，則指該事項之有無，足以影響於裁判之結果者**而言。

第 169 條　（誣告罪）

I.意圖他人受刑事或懲戒處分，向該管公務員誣告者，處七年以下有期徒刑。

II.意圖他人受刑事或懲戒處分，而偽造、變造證據，或使用偽造、變造之證據者，亦同。

⇧查暫行律第 182 條理由謂懲戒處分者，官員於其職務如有失錯，或玷其品行，而加以行政處分也。又該條補箋內稱本罪成立，以遠因為第一要件，故無使人受刑事或懲戒處分之目的者，不列於本罪。以對於相當之官署為第二要件，故欲使人受刑事處分，而告訴於行政衙門，欲使人受懲戒處分，而告訴審判衙門。非本罪以訴時有特定之人為第三要件，故無特定人時須援次條論罪，告發與報告亦同。本罪於既為告訴、告發、報告之

中華民國刑法　第二編　分　則　（第一七○～一七二條）

時為既遂，將為此等行為，而因障礙而止者，為未遂，惟法律上無處罰誣告未遂之規定，故不為罪。或謂已使人受刑罰，或懲戒者，為既遂，否則為未遂，實謬也。

◇懲戒處分：指公務員懲戒法所規定之處分（29上2986）。

◇該管公務員：有偵查犯罪、審判、監督、彈劾、懲戒職權之公務員，即有權接受申告，並開始刑事或行政懲戒程序之公務員，如法官、（軍事）檢察官、司法警察（官）、監察委員等等。

◇誣告：以反於真實之事實而申告。誣告之內容不以全部虛偽為必要，部分虛偽亦可構成誣告。所謂申告，包括告訴、告發、自訴或報告，以自己名義或他人名義為之，在所不問。

▲【26渝上1910】刑法第169條第1項**所謂懲戒處分，係指公務員懲戒法規所定之各項處分**而言，故受此項懲戒處分之主體，以有受上開法規懲戒處分之公務員之身分為前提，**國營事業之職工，其進退縱由所屬長官以命令行之，而按其實質，要不過為一種僱傭關係，並無公務員懲戒法規上公務員之身分，即不受該項法規之適用**，若意圖其歇業而申告僞偽事實於其僱用之機關，並非使受懲戒處分，自難以誣告論。

▲【30上1886】虛偽之申告，以意圖使他人受刑事或懲戒處分而為之者，始構成誣告罪，若所指事實**出於訟爭上攻擊防禦之方法，縱有請求懲辦對方之表示**，而其目的既在脫卸自己罪責，即**難謂與上開要件相合。**

▲【54臺上1139】刑法第169條第2項所謂意圖他人受刑事或懲戒處分，而偽造、變造證據或使用偽造、變造之證據，祇須有偽造、變造證據或使用偽造、變造之證據，而有使他人受刑事或懲戒處分之意圖為已足，不必有實行誣告之行為，故為**準誣告罪，於侵害國家法益之中，同時並具有侵害個人法益之意旨，**與本院26年渝上字第893號判例，對於偽證罪解釋能否自訴之情形有別，被害人對於準誣告罪不能謂非直接被害人，自得提起自訴。

▲【55臺上888】刑法第169條第1項誣告罪之構成，須具有意圖他人受刑事或懲戒處分之要件，**如其報告之目的，在求判明是非曲直，並無使他受刑事或懲戒處分之請求，即與誣告罪之構成要件不符。**

▲【59臺上581】告訴人所訴事實，不能證明其為真實，對於被訴人為不起訴處分確定者，是否

構成誣告罪，尚**應就其有無虛構誣告之故意以為斷**，並非當然可以誣告罪相繩。

第170條 （加重誣告罪）

意圖陷害直系血親尊親屬，而犯前條之罪者，加重其刑至二分之一。

第171條 （未指定犯人誣告罪）

I.未指定犯人，而向該管公務員誣告犯罪者，處一年以下有期徒刑、拘役或九千元以下罰金。

II.未指定犯人，而偽造、變造犯罪證據，或使用偽造、變造之犯罪證據，致開始刑事訴訟程序者，亦同。

⑩一、本罪於民國72年6月26日後並未修正，爰依刑法施行法第1條之1第2項本文規定將罰金數額修正提高三十倍，以增加法律明確性，並使刑法分則各罪罰金數額具內在邏輯一致性。

二、第2項末句「亦同」修正為「，亦同」。

第172條 （偽證、誣告自白減免）

犯第一百六十八條至第一百七十一條之罪，於所虛偽陳述或所誣告之案件，裁判或懲戒處分確定前自白者，減輕或免除其刑。

介查第二次修正案理由謂原案第183條，誣告尊屬於未確定審判前自白者，無免除其刑之規定，故本案增入。又原案曾免除其刑，本案擬改為必減主義，刪去得字，並增入減輕一層。

▲【31上345】刑法第172條之規定，並不專在獎勵犯罪人之悛悔，而要在**引起偵查或審判機關之易於發見真實，以免被誣告人終於受誣**，故不論該被告之自白在審判前或審判中，自動或被動，簡單或詳細，一次或二次以上，並其自白後有無翻異，苟其自白在所誣告之案件裁判確定以前，即應依該條減免其刑。

▲【72臺上3311】㈠刑法第172條偽證罪自白減輕或免除其刑之規定，**所謂於虛偽陳述之案件裁判確定前自白者，係指於案情有重要關係之事項，為虛偽陳述後，而自白其陳述係屬虛偽者**而言，上訴人嗣後變更以往之陳述內容，並未自白前二次之陳述係屬虛偽，尚不能解免裁判權陷於誤用或濫用之虞，即與該條規定不相符合，不能減免其刑。又上訴人所為應成立偽證罪，該罪為

侵害國家法益之犯罪，其罪數應以訴訟之件數為準，上訴人雖先後二度偽證，然僅一件訴訟，應論以單純一罪，無連續犯罪之可言。（註：應注意刑法已修正，刪除連續犯之規定。）

第十一章　公共危險罪

仚查第二次修正案第十二章理由謂本案併合原案放火、決水及妨害水利罪、危險物罪、妨害交通罪、妨害飲料水罪、妨害衛生罪為一章，蓋本章所規定者，皆屬妨害公共安全之行為。前法律館草案放火、決水、及水利罪章理由，謂本罪各條之規定，係採對於公眾危險之方針，又於飲料水罪章，謂本罪所賊以有害公共之行為為限，若係妨害特定之一人或數人者，不在此例。是原案對於此兩罪，均以妨害公共之安全，為立法之本旨，故本案擬仿外國立法例，如荷蘭、那威、意大利等國刑法及奧國、瑞士、德國等國刑法準備草案，改定今名。

本章所謂公共危險者，謂其於他人之生命財產所危害之程度，非犯人所預能節制，且被加害之人為誰，亦非犯人所悉能逆料。故各國刑法，對於放火、決水等罪，科以重刑，蓋以此也。

第 173 條　（放火、失火燒燬現住建築物及交通工具罪）

I 放火燒燬現供人使用之住宅或現有人所在之建築物、礦坑、火車、電車或其他供水、陸、空公眾運輸之舟、車、航空機者，處無期徒刑或七年以上有期徒刑。

II 失火燒燬前項之物者，處一年以下有期徒刑、拘役或一萬五千元以下罰金。

III 第一項之未遂犯罰之。

IV 預備犯第一項之罪者，處一年以下有期徒刑、拘役或九千元以下罰金。

⑩本罪於民國 72 年 6 月 26 日後並未修正，爰依刑法施行法第 1 條之 1 第 2 項本文規定將罰金數額修正提高三十倍，以增加法律明確性，並使刑法分則各罪罰金數額具內在邏輯一致性。

◇失火：過失燒燬特定物之謂。

◇燒燬：以火力燃燒焚燬，使特定物失去效用。

◇本罪既遂未遂區別：即何時完全該當「燒燬」之構成要件，學說上有不同見解。

獨立燃燒說	只要標的物可獨立燃燒時，即為既遂
效用喪失說	標的物之重要部分已燒毀，致喪失其原來效用，方為既遂
折衷說	標的物重要部分開始燃燒時為既遂

◇現有人所在之建築物：此一現有人所在之解釋，學說上有不同見解。實務（92 臺上 5913）謂只要該建築物於平時有人在內使用已足，不以行為時確有人在內為必要，惟學說有認為應限於放火時確實有行為人以外之人在內方該當本要件。

▲【28 上 3218】㈠刑法第 173 條第 1 項之放火罪，係以放火燒燬之住宅或建築物等現既供人使用或有人所在，依通常情形往往因放火結果遭受意外之危害，為保護公共安全起見，特為加重處刑之規定。故該條項所稱之人，當然係指放火人犯以外之人而言，如果前項住宅或建築物，即為放火人犯自行使用或祇有該犯在內，則其使用或所在之人，已明知放火行為並不致遭受何種意外危害，自不能適用該條項處斷，上訴人教唆某甲、某乙放火燒燬某處店房，該屋之住戶某丙，即為上訴人事前串商之共犯，此外並無不知情之他人在內，顯與刑法第 173 條第 1 項所載之客體不符。

▲【29 上 66】刑法第 173 條第 1 項所謂現供人使用之住宅，係指現時供人住居使用之房宅而言，如果住宅業已他遷，其原來住宅，縱尚有雜物在內，為原來住戶所保管，但該住宅既非現時供人居住之使用，即難謂係該條項所稱之住宅。

▲【79 臺上 1471】刑法第 173 條第 1 項放火燒燬現有人使用之住宅罪，其直接被害法益，為一般社會之公共安全，雖同時侵害私人之財產法益，但仍以保護社會公安法益為重，況放火行為原含有毀損性質，而放火燒燬現供人使用之住宅罪，自係指供人居住房屋之整體而言，應包括牆垣及該住宅內所有設備、傢俱、日常生活上之一切用品。故一個放火行為，若同時燒燬住宅與該住宅內所有其他物品，無論該其他物品為他人或自己所有，與同時燒燬數犯罪客體者之情形不同，均不另成立刑法第 175 條第 1 項或第 2 項放火燒燬住宅以外他人或自己所有物罪。

▲【83 臺上 1118】公寓之樓梯間，乃構成集合住宅之一部分，上訴人在有人居住之公寓樓梯間，潑灑汽油，點火燃燒，自係已經著手實施放火燒燬現供人使用之住宅。

▲【84 臺上 1134】刑法第 176 條之準放火罪，以其燒燬之原因係由於爆炸所致，亦即藉其爆風、

中華民國刑法　第二編　分　則（第一七四～一七八條）

高熱等急烈膨脹力，致其物毀壞或焚燬之義，如單純之以火藥或煤氣等為放火之方法，**並非利用其膨脹力使之炸燬者，應逕依放火罪論處**，不成立該條之罪。

第 174 條　（放火、失火燒燬非現住建築物及交通工具罪）

I.放火燒燬現非供人使用之他人所有住宅或現未有人所在之他人所有建築物、礦坑、火車、電車或其他供水、陸、空公眾運輸之舟、車、航空機者，處三年以上十年以下有期徒刑。

II.放火燒燬前項之自己所有物，致生公共危險者，處六月以上五年以下有期徒刑。

III.失火燒燬第一項之物者，處六月以下有期徒刑、拘役或九千元以下罰金；失火燒燬前項之物，致生公共危險者，亦同。

IV.第一項之未遂犯罰之。

⑩一、本罪於民國 72 年 6 月 26 日後並未修正，爰依刑法施行法第 1 條之 1 第 2 項本文規定將罰金數額修正提高三十倍，以增加法律明確性，並使刑法分則各罪罰金數額具內在邏輯一致性。
二、第 1 項末句「三年以上、十年以下」修正為「三年以上十年以下」；第 2 項末句「六月以上、五年以下」修正為「六月以上五年以下」；第 3 項末句「亦同」修正為「，亦同」。

◇**致生公共危險**：本要件之所以存在，係因第 2 項與第 3 項後段為行為人自己之所有物，燒燬自己所有物原為所有人之處分行為，故限於致生公共危險結果方予處罰。惟就該物若屬行為人與他人共有，解釋上仍屬「他人之物」，應依他人所有物之規定論。倘若係燒燬無主物，因無人之所有權應受到保護，利益狀態與自己所有物相同，學說上認為應依自己所有物規定處斷。

▲【**院解 2977**】刑法上所稱之他人，涵義並不一致，如第 189 條第 1 項之他人，係專以自然人為限，而第 23 條第 174 條第 1 項之他人，則係兼指自然人及法人而言，此類情形，自應依各法條規定之性質分別決之，至同法所稱之第三人，均包含自然人及法人在內。

第 175 條　（放火、失火燒燬住宅等以外之物罪）

I.放火燒燬前二條以外之他人所有物，致生公共危險者，處一年以上七年以下有期徒刑。

II.放火燒燬前二條以外之自己所有物，致生公共危險者，處三年以下有期徒刑。

III.失火燒燬前二條以外之物，致生公共危險者，處拘役或九千元以下罰金。

⑩一、本罪於民國 72 年 6 月 26 日後並未修正，爰依刑法施行法第 1 條之 1 第 2 項本文規定將罰金數額修正提高三十倍，以增加法律明確性，並使刑法分則各罪罰金數額具內在邏輯一致性。
二、第 1 項末句「一年以上、七年以下」修正為「一年以上七年以下」。

▲【**79 臺上 1471**】參見本法第 173 條。

第 176 條　（準放火罪）

故意或因過失，以火藥、蒸氣、電氣、煤氣或其他爆裂物炸燬前三條之物者，準用各該條放火、失火之規定。

◇**爆裂物**：刑法上所謂爆裂物，係指其物有爆發性，且有破壞力，可於瞬間將人及物殺傷或毀損者（22 上 4131）。

◇**炸燬**：即爆炸或燒燬，本條為放火罪、失火罪之補充性規定。

▲【**84 臺上 1134**】參見本法第 173 條。

第 177 條　（漏逸或間隔氣體罪）

I.漏逸或間隔蒸氣、電氣、煤氣或其他氣體，致生公共危險者，處三年以下有期徒刑、拘役或九千元以下罰金。

II.因而致人於死者，處無期徒刑或七年以上有期徒刑；致重傷者，處三年以上十年以下有期徒刑。

⑩一、本罪於民國 72 年 6 月 26 日後並未修正，爰依刑法施行法第 1 條之 1 第 2 項本文規定將罰金數額修正提高三十倍，以增加法律明確性，並使刑法分則各罪罰金數額具內在邏輯一致性。
二、第 2 項末句「三年以上、十年以下」修正為「三年以上十年以下」。

◇**漏逸**：使洩漏於外界。
◇**間隔**：截斷使其不得自由流通。

第 178 條　（決水浸害現供人使用之住宅或現有人所在之建築物及交通工具罪）

I.決水浸害現供人使用之住宅或現有人所在之建築物、礦坑或火車、電車者，處無期徒刑或五年以上有期徒刑。

II.因過失決水浸害前項之物者，處一年以下有期徒刑、拘役或一萬五千元以下罰金。
III.第一項之未遂犯罰之。

⑩本罪於民國72年6月26日後並未修正，爰依刑法施行法第1條之1第2項本文規定將罰金數額修正提高三十倍，以增加法律明確性，並使刑法分則各罪罰金數額具內在邏輯一致性。

◇決水：使水氾濫於地面。學說上對於「決水」的程度有不同之見解。有學者認為，應達拆除防水設備，放任水橫決方屬之；有學者認為，只要放任水在外界產生破壞性，氾濫於流通區域之外即可；有學者認為，應係解放自然河川湖泊之水，使其不受控制自然流通；有學者認為，只要使水逸脫原有範圍而氾濫，均屬之。

◇浸害：以水的自然力破壞掉目的之物。有學者認為須達使不特定多數人生命、身體、財產發生危險方屬之；有學者主張使物質毀損；亦有學者主張須待物質效用滅失。

第 179 條 （決水浸害現非供人使用之住宅或現未有人所在之建築物罪）

I.決水浸害現非供人使用之他人所有住宅或現未有人所在之他人所有建築物或礦坑者，處一年以上七年以下有期徒刑。
II.決水浸害前項之自己所有物，致生公共危險者，處六月以上五年以下有期徒刑。
III.因過失決水浸害第一項之物者，處六月以下有期徒刑、拘役或九千元以下罰金。
IV.因過失決水浸害前項之物，致生公共危險者，亦同。
V.第一項之未遂犯罰之。

⑩一、本罪於民國72年6月26日後並未修正，爰依刑法施行法第1條之1第2項本文規定將罰金數額修正提高三十倍，以增加法律明確性，並使刑法分則各罪罰金數額具內在邏輯一致性。
二、第1項末句「一年以上、七年以下」修正為「一年以上七年以下」；第2項末句「六月以上、五年以下」修正為「六月以上五年以下」；第4項末句「亦同」修正為「，亦同」。

第 180 條 （決水浸害住宅等以外之物罪）

I.決水浸害前二條以外之他人所有物，致生公共危險者，處五年以下有期徒刑。
II.決水浸害前二條以外之自己所有物，致生公共危險者，處二年以下有期徒刑。
III.因過失決水浸害前二條以外之物，致生公共危險者，處拘役或九千元以下罰金。

⑩本罪於民國72年6月26日後並未修正，爰依刑法施行法第1條之1第2項本文規定將罰金數額修正提高三十倍，以增加法律明確性，並使刑法分則各罪罰金數額具內在邏輯一致性。

第 181 條 （破壞防水蓄水設備罪）

I.決潰隄防、破壞水閘或損壞自來水池，致生公共危險者，處五年以下有期徒刑。
II.因過失犯前項之罪者，處拘役或九千元以下罰金。
III.第一項之未遂犯罰之。

⑩本罪於民國72年6月26日後並未修正，爰依刑法施行法第1條之1第2項本文規定將罰金數額修正提高三十倍，以增加法律明確性，並使刑法分則各罪罰金數額具內在邏輯一致性。

第 182 條 （妨害救災罪）

於火災、水災、風災、震災、爆炸或其他相類災害發生之際，隱匿或損壞防禦之器械或以他法妨害救災者，處三年以下有期徒刑、拘役或三萬元以下罰金。

㉙一、現行關於妨害救災罪侷限於「火災、水災之際」之要件似嫌過狹，為提升救災之效率，宜有擴大災害範圍必要，爰增列「風災、震災、爆炸或其他相類災害發生」以期周延。
二、因第33條之罰金刑已提高為新臺幣一千元以上，現行法第1項之罰金刑為「三百元以下」顯與前開修正扞格，爰依目前社會經濟水準、人民平均所得，參考罰金罰鍰提高標準條例第2條關於易科罰金、易服勞役就原定數額提高一百倍之標準，酌予提高罰金刑之上限。

◇防禦之器械：公有、私有之救災器械。

第 183 條 （傾覆或破壞現有人所在之交通工具罪）

I.傾覆或破壞現有人所在之火車、電車或其他供水、陸、空公眾運輸之舟、車、航空機者，處無期徒刑或五年以上有期徒刑。
II.因過失犯前項之罪者，處三年以下有期徒刑、拘役或三十萬元以下罰金。
III.第一項之未遂犯罰之。

⑩一、提高過失犯罪之法定刑為三年以下有期徒刑、拘役或三十萬元以下罰金，由法官依其體個案之過失情節量處適當之刑。又其罰金刑額數已不符時宜，配合提高為三十萬元，爰修正第2項。

二、原第2項及第3項依是否為業務過失而有不同法定刑，有違平等原則，爰刪除原第3項業務過失處罰之規定。

三、第1項未修正，原第4項配合移列至第3項。

◇傾覆：傾倒、翻覆，使其脫離原有運行軌道。

◇破壞：毀損某物，使其失去效用。

▲【49臺上1223】刑法第183條之罪，係指**現有人所在之火車、電車或其他供水陸空公眾運輸之舟、車、航空機**被其傾覆或破壞者，始能構成，誠以此種卅車航空機，均係供公眾運輸之交通工具，苟於現有人所在之際傾覆或破壞之，危害公共安全較大，特設其處罰規定，反之，所傾覆或破壞者，非供公眾運輸之交通工具，除另成立其他罪名外，要與本條所定要件不合。

▲【52臺上1935】**貨運行之卡車，固係供人雇用運輸，但祇限於雇用之特定人之運輸**，而非多數不特定人安全之所繫，即與公共危險之罪質不符。

第184條 　（妨害舟車及航空機行駛安全罪）

Ⅰ.損壞軌道、燈塔、標識或以他法致生火車、電車或其他供水、陸、空公眾運輸之舟、車、航空機往來之危險者，處三年以上十年以下有期徒刑。

Ⅱ.因而致前項之舟、車、航空機傾覆或破壞者，依前條第一項之規定處斷。

Ⅲ.因過失犯第一項之罪者，處二年以下有期徒刑、拘役或二十萬元以下罰金。

Ⅳ.第一項之未遂犯罰之。

⑩一、第1項酌作標點符號修正。

二、提高過失犯罪之法定刑為二年以下有期徒刑、拘役或二十萬元以下罰金，由法官依其體個案之過失情節量處適當之刑。又其罰金刑額數已不符時宜，配合提高為二十萬元，爰修正第3項。

三、原第3項及第4項依是否為業務過失而有不同法定刑，有違平等原則，爰刪除原第4項業務過失處罰之規定。

四、第2項未修正，原第5項配合移列至第4項。

▲【61臺上2933】鐵路軌道旁所裝設之紅綠號誌線，對於火車之來往，有防止危險之用途，上訴人竟以鋼刀割斷該號誌線，其有損壞之故意無疑。原判決因認上訴人並非損壞標識，乃係損壞線路，使號誌失靈，屬於刑法第184條第1項以他法致生火車往來危險之行為，尚無不合。

▲【63臺上687】刑法第184條第1項之往來危險罪，區別其既遂、未遂之標準，在於是否致生火車、電車或其他供水、陸、空公眾運輸之舟、車、航空機往來之危險，**至於因而致舟車等傾覆或破壞者，則屬同條第2項加重結果犯之問題**，殊不得資為判斷同條第1項犯罪既遂、未遂之標準。

第185條 　（妨害公眾往來安全罪）

Ⅰ.損壞或壅塞陸路、水路、橋樑或其他公眾往來之設備或以他法致生往來之危險者，處五年以下有期徒刑、拘役或一萬五千元以下罰金。

Ⅱ.因而致人於死者，處無期徒刑或七年以上有期徒刑；致重傷者，處三年以上十年以下有期徒刑。

Ⅲ第一項之未遂犯罰之。

⑩一、本罪於民國72年6月26日後並未修正，爰依刑法施行法第1條之1第2項本文規定將罰金數額修正提高三十倍，以增加法律明確性，並使刑法分則各罪罰金數額具內在邏輯一致性。

二、第2項後段「。致重傷者，處三年以上、十年以下有期徒刑」修正為「；致重傷者，處三年以上十年以下有期徒刑」。

◇壅塞：以障礙物干擾、阻擋通行之意。

◇他法：損壞、壅塞以外一切妨害通行之方法。

▲【28上3547】刑法第185條第1項之規定，係為保護公眾往來交通上之安全而設，故其**所謂水路，當然指可供公眾往來之水道**而言，其壅塞非供公眾往來之水道，尚難以本條論擬。

▲【79臺上2250】刑法第185條第1項損壞或壅塞陸路致生往來之危險罪，採具體危險制，祇須損壞、壅塞之行為，造成公眾往來危險之狀態為已足，不以全部損壞、壅塞或發生實害為必要。

第185條之1 　（劫持交通工具之罪）

以強暴、脅迫或其他非法方法劫持使用中之航空器或控制其飛航者，處死刑、無期徒刑或七年以上有期徒刑。其情節輕微者，處七年以下有期徒刑。

因而致人於死者，處死刑或無期徒刑；致重傷者，處死刑、無期徒刑或十年以上期徒刑。

以第一項之方法劫持使用中供公眾運輸之舟、車或控制其行動者，處五年以上有期徒刑。其情節輕微者，處三年以下有期徒刑。

因而致人於死者，處無期徒刑或十年以上有期徒刑；致重傷者，處七年以上有期徒刑。

第一項、第三項之未遂犯罰之。

預備犯第一項之罪者，處三年以下有期徒刑。

⑧一、本條新增。

二、民用航空法雖有空中劫機之處罰規定，唯屬特別法，且僅限於民用航空機，不能適用於一切航空器。爰增設空中劫機之犯罪類型，對於非法劫持使用中之航空器或控制其飛航等行為予以處罰。因此等犯罪情節重大，自應規定較重之刑度，以維護航空之安全。

三、劫持使用中供公眾運輸之舟、車或控制其行駛者，亦有處罰之必要。惟其犯罪情節較輕，另設較輕之處罰規定。

四、另增設未遂犯及預備犯之處罰，以遏止此類犯罪。

第 185 條之 2 　（危害毀損交通工具之罪）

Ⅰ.以強暴、脅迫或其他非法方法危害飛航安全或其設施者，處七年以下有期徒刑、拘役或九十萬元以下罰金。

Ⅱ.因而致航空器或其他設施毀損者，處三年以上十年以下有期徒刑。

Ⅲ.因而致人於死者，處死刑、無期徒刑或十年以上有期徒刑；致重傷者，處五年以上十二年以下有期徒刑。

Ⅳ.第一項之未遂犯罰之。

⑩本罪增訂於民國88年3月30日，爰依刑法施行法第1條之1第2項但書規定將罰金數額提高三倍，以增加法律明確性，並使刑法分則各罪罰金數額具內在邏輯一致性。

第 185 條之 3 　（不能安全駕駛罪）

Ⅰ.駕駛動力交通工具而有下列情形之一者，

處二年以下有期徒刑，得併科二十萬元以下罰金：

一　吐氣所含酒精濃度達每公升零點二五毫克或血液中酒精濃度達百分之零點零五以上。

二　有前款以外之其他情事足認服用酒類或其他相類之物，致不能安全駕駛。

三　服用毒品、麻醉藥品或其他相類之物，致不能安全駕駛。

Ⅱ.因而致人於死者，處三年以上十年以下有期徒刑；致重傷者，處一年以上七年以下有期徒刑。

Ⅲ.曾犯本條或陸海空軍刑法第五十四條之罪，經有罪判決確定或經緩起訴處分確定，於五年內再犯第一項之罪因而致人於死者，處無期徒刑或五年以上有期徒刑；致重傷者，處三年以上十年以下有期徒刑。

⑩一、行為人有本條或陸海空軍刑法第54條之行為，因不能安全駕駛，除有提高發生交通事故之風險外，更有嚴重危及用路人生命身體安全之虞。若行為人曾因違犯本條，而經法院判決有罪確定或經檢察官為緩起訴處分確定，則其歷此司法程序，應生警惕，強化自我節制能力，以避免再蹈覆轍。倘又於判決確定之日起或緩起訴處分確定之日起五年內，再犯本條之罪，並肇事致人於死或重傷，則行為人顯具有特別之實質惡意，為維護用路人之安全，保障人民生命、身體法益，有針對是類再犯行為提高處罰之必要性，以抑制酒駕等不能安全駕駛行為之社會危害性，爰增訂第3項。

二、至於犯本條之罪並肇事，倘綜合一切情狀足以證明行為人對於其行為造成他人死亡、重傷或傷害之結果，有第13條直接故意或間接故意之情形，本即應依第二十二章殺人罪或第二十三章傷害罪各條處斷，附此敘明。

三、第1項及第2項未修正。

◇**其他相類之物**：係毒品、麻醉藥品、酒類以外，具備麻醉意識之作用，足以使人喪失安全駕駛能力之物品，如具備嗜睡效果的感冒藥。

◇**不能安全駕駛**：現行規定將不能安全駕駛區分成「絕對不能安全駕駛」與「相對不能安全駕駛」兩種不能安全駕駛行為，前者係指「酒駕且有酒

測值」（§185-3Ⅰ①）之原因情狀，後者則指「酒駕但無酒測值」（§185-3Ⅰ②）以及「非酒駕」（§185-3Ⅰ③）之兩種原因情狀。至於本罪之性質，通說認為係構成要件要素，惟亦有學者認為係客觀處罰條件，行為人無需認識。

絕對不能安全駕駛	行為人吐氣所含酒精濃度達每公升0.25毫克或血液中酒精濃度達百分之0.05以上者
相對不能安全駕駛	有本條第1項第1款以外之其他情事足認服用酒類或其他相類之物，致不能安全駕駛者；以及服用毒品、麻醉藥品或其他相類之物，致不能安全駕駛者，均屬之

◇**本罪性質**：多數見解認為本罪為已手犯，即只有駕駛本人才會成立犯罪。

▲【88易2786】刑法第185條之3係屬抽象危險構成要件之立法，其理由在於，對於法益做前置性的保護，不必等到違規行為惹起具體危險狀態，才用刑法手段介入；亦即對於還沒有造成實際侵害的交通違規行為，運用抽象危險構成要件，在立法上規定為犯罪，就是為了保護超越個人的生活利益，因為整體社會利益可能遭到違規者傷害；並能避免訴訟程序上舉證的重大困難。又查刑法第185條之3係屬完整的構成要件，非空白構成要件，行為人「**血液中或呼氣中的酒精值」僅係認定是否出於故意的證據要素，不是構成要件要素。**

第185條之4　（肇事逃逸罪）

Ⅰ駕駛動力交通工具發生交通事故，致人傷害而逃逸者，處六月以上五年以下有期徒刑；致人於死或重傷而逃逸者，處一年以上七年以下有期徒刑。

Ⅱ犯前項之罪，駕駛人於發生交通事故致人死傷係無過失者，減輕或免除其刑。

◇**肇事逃逸罪之保護法益**：本罪雖列於公共危險罪章，惟其保護法益為何，實務、學說有重大爭議。有學說認為本罪純保護公共安全法益，蓋車禍會殘留肇事現場，影響公安；有學說認為本罪係保護生命身體法益，蓋立法理由即謂「維護交通安全，加強救護，減少被害人之死傷，促使駕駛人於肇事後，能對被害人即時救護」，係為促使肇事人能即時救助被害人，故賦予行為人在場義務；有學說認為本罪係保護民事求償權，蓋交通

事故的證據易即時滅失，無從確定責任歸屬，進而影響求償權之行使；有學說認為本罪係保護責任釐清之利益。

◇**致人死傷**：本要件之定位，有學者及部分實務見解認為係屬客觀處罰條件，其理由係與聚眾鬥毆罪「致人於死或重傷」相當；有學者及部分實務見解認為係客觀不法構成要件。至於本要件之程度，亦有學者主張，若將本罪保護法益作生命及重大身體法益理解，則應目的性限縮，排除當場死亡或只受輕傷的情形。

◇**肇事逃逸與有義務遺棄罪之競合**：本罪與遺棄罪的競合關係，端視對本罪保護法益的理解。若將本罪理解為保護生命身體法益，則兩者保護法益相同，應為法條競合；惟若將本罪理解為保護其他法益，則兩者應為想像競合關係。早期實務（92臺上4552）傾向前者見解，惟近期實務有採本罪保護混合法益的看法，依此見解，本罪與遺棄罪屬想像競合關係。

▲【100臺上645】刑法第185條之4之肇事致人死傷逃逸罪，係以處罰肇事後逃逸之駕駛人為目的，俾促使駕駛人於肇事後能對被害人即時救護，以減少死傷，此觀該條之立法理由，係「為維護交通安全，加強救護，減少被害人之死傷，促使駕駛人於肇事後，能對被害人即時救護，特增設本條，關於肇事致人死傷而逃逸之處罰規定。」自明。**所謂「逃逸」係指逃離肇事現場而逸走之行為，故前揭規定實揭櫫駕駛人於肇事致人死傷時有「在場義務」。**因此，肇事駕駛人雖非不得委由他人救護，然仍應留置現場等待或協助救護，並確認被害人已經獲得救護、或無隱瞞而讓被害人、執法人員或其他相關人員得知其真實身分、或得被害人同意後，始得離去；於被害人已於第一時間死亡，而無救護可能時，亦應等候檢、警等相關人員確認事故及責任歸屬後，始得離開現場。否則，僅委由他人處理或撥打救護專線請求救助，而隱匿其身分，或自認被害人並無受傷或傷無大礙，即可不待確認被害人已否獲得救護、不候檢、警等相關執法人員到場處理善後事宜，而得自行離去，自非該法條規範之意旨。

▲【釋777】中華民國88年4月21日增訂公布之刑法第185條之4規定：「駕駛動力交通工具肇事，致人死傷而逃逸者，處六月以上五年以下有期徒刑。」（102年6月11日修正公布同條規定，提高刑度為一年以上七年以下有期徒刑，構成要件均相同）**其中有關「肇事」部分，可能語意所**

及之範圍，包括「因駕駛人之故意或過失」或「非因駕駛人之故意或過失」（因不可抗力、被害人或第三人之故意或過失）所致之事故，除因駕駛人之故意或過失所致之事故為該條所涵蓋，而無不明確外，其餘非因駕駛人之故意或過失所致事故之情形是否構成「肇事」，尚非一般受規範者所得理解或預見，於此範圍內，其文義有違法律明確性原則，此違反部分，應自本解釋公布之日起失其效力。

88 年上開規定有關刑度部分，與憲法罪刑相當原則尚無不符，未違反比例原則。102 年修正公布之上開規定，一律以一年以上七年以下有期徒刑為其法定刑，致對犯罪情節輕微者無從為易科罰金之宣告，對此等情節輕微個案構成顯然過苛之處罰，於此範圍內，不符憲法罪刑相當原則，與憲法第 23 條比例原則有違。此違反部分，應自本解釋公布之日起，至遲於屆滿二年時，失其效力。

第 186 條　（單純危險物罪）

未受允准，而製造、販賣、運輸或持有炸藥、棉花藥、雷汞或其他相類之爆裂物或軍用槍砲、子彈而無正當理由者，處二年以下有期徒刑、拘役或一萬五千元以下罰金。

⑩本罪於民國 72 年 6 月 26 日後並未修正，爰依刑法施行法第 1 條之 1 第 2 項本文規定將罰金數額修正提高三十倍，以增加法律明確性，並使刑法分則各罪罰金數額具有內在邏輯一致性。

▲【46 臺上 112】被告既負辦理私有槍彈收購之責，私槍之收購自為其主管事務，其對私槍出售人偽稱公家收購，暗中以黑市出售圖利，除犯未受允准販賣軍用槍彈罪外，尚應負對於主管之事務直接圖利罪責，再就其犯罪意思以定應否以一罪論。

▲【73 臺上 1689】刑法第 186 條之所謂製造軍用槍，固包含製造槍之零件（包括初製與改造），已達於即可組合而成為槍，具有軍用槍之效用者而言，若僅製造槍之部分零件，而以該些零件尚未能組合而成為具有軍用槍效用之槍者，則其製造軍用槍之行為，尚在未遂階段，難以首開法條之罪名論科。

▲【74 臺上 3400】㈠寄藏與持有，均係將物置於自己實力支配之下，僅寄藏必先有他人之持有行為，而後始為之受寄代藏而已，故寄藏之受人委託代為保管，其保管之本身，亦屬持有，不過，

此之持有係受寄之當然結果。刑法第 186 條雖僅規定「持有」，而未將寄藏行為定為獨立之罪名，但仍不能以此即謂「寄藏」在槍砲彈藥刀械管制條例公布施行前不成立犯罪。㈡槍砲彈藥刀械管制條例第 7 條第 4 項，第 11 條第 3 項係將「持有」與「寄藏」為分別之處罰規定，則單純之「持有」，固不包含「寄藏」，但「寄藏」之受人委託代為保管，其保管之本身所為之「持有」，既係「寄藏」之當然結果，法律上自宜僅就「寄藏」行為為包括之評價，不應另就「持有」予以論罪。㈢同時寄藏手槍、子彈係觸犯該條例第 7 條第 4 項、第 11 條第 3 項之罪，應依想像上競合犯從較重之該條例第 7 條第 4 項未經許可無故寄藏手槍罪處斷。

第 186 條之 1　（不法使用爆裂物及其加重結果犯）

Ⅰ 無正當理由使用炸藥、棉花藥、雷汞或其他相類之爆裂物爆炸，致生公共危險者，處一年以上七年以下有期徒刑。

Ⅱ 因而致人於死者，處無期徒刑或七年以上有期徒刑；致重傷者，處三年以上十年以下有期徒刑。

Ⅲ 因過失致炸藥、棉花藥、雷汞或其他相類之爆裂物爆炸而生公共危險者，處二年以下有期徒刑、拘役或一萬五千元以下罰金。

Ⅳ 第一項之未遂犯罰之。

⑩本罪增訂於民國 88 年 3 月 30 日，爰依刑法施行法第 1 條之 1 第 2 項但書規定將罰金數額提高三倍，以增加法律明確性，並使刑法分則各罪罰金數額具有內在邏輯一致性。

第 187 條　（加重危險物罪）

意圖供自己或他人犯罪之用，而製造、販賣、運輸或持有炸藥、棉花藥、雷汞或其他相類之爆裂物或軍用槍砲、子彈者，處五年以下有期徒刑。

第 187 條之 1　（不依法令製造、販賣、運輸或持有核子原料等物之處罰）

不依法令製造、販賣、運輸或持有核子原料、燃料、反應器、放射性物質或其原料者，處五年以下有期徒刑。

⑧一、本條新增。

二、因科學技術發達，使用核能、放射線之機會日漸增多，如被不法使用，危害公共安全甚鉅。特增設此類犯罪類型，以應需要。

第 187 條之 2　（放逸核能、放射線致生公共危險之處罰）

I.放逸核能、放射線，致生公共危險者，處五年以下有期徒刑。

II.因而致人於死者，處無期徒刑或十年以上有期徒刑；致重傷者，處五年以上有期徒刑。

III.因過失犯第一項之罪者，處二年以下有期徒刑、拘役或一萬五千元以下罰金。

IV.第一項之未遂犯罰之。

⑩本罪增訂於民國 88 年 3 月 30 日，爰依刑法施行法第 1 條之 1 第 2 項但書規定將罰金數額提高三倍，以增加法律明確性，並使刑法分則各罪罰金數額具內在邏輯一致性。

第 187 條之 3　（無正當理由使用放射線之處罰）

無正當理由使用放射線，致傷害人之身體或健康者，處三年以上十年以下有期徒刑。

因而致人於死者，處無期徒刑或十年以上有期徒刑；致重傷者，處五年以上有期徒刑。

第一項之未遂犯罰之。

⑧一、本條新增。

二、放射線極易傷害人之身體或健康，如被不法利用，危害社會大眾之安全甚鉅。特於第 1 項設無正當理由使用放射線致傷害人之身體或健康之處罰規定，以維大眾之安全。另於第 2 項及第 3 項分別增訂結果加重犯及未遂犯之處罰規定。

第 188 條　（妨害公用事業罪）

妨害鐵路、郵務、電報、電話或供公眾之用水、電氣、煤氣事業者，處五年以下有期徒刑、拘役或一萬五千元以下罰金。

⑩本罪於民國 72 年 6 月 26 日後並未修正，爰依刑法施行法第 1 條之 1 第 2 項本文規定將罰金數額修正提高三十倍，以增加法律明確性，並使刑法分則各罪罰金數額具內在邏輯一致性。

▲【88 臺上 6831】刑法第 188 條之妨害公用事業罪，以妨害鐵路、郵務、電報、電話，或供公眾之用水、電氣、煤氣事業為要件，此所稱之妨害，指以不當方法妨礙、侵害其正常狀態之行為而言；考其立法目的，係為保障公眾使用上開列舉公用事業之利益而設，用以維護公共之安全，故於刑法公共危險罪章立此規定。從而其妨害行為，必足以危害不特定或特定多數之公眾使用上揭公用事業利益，始足當之，倘未達此程度而僅妨害特定少數人，除另該當其他犯罪構成要件，應依他罪論處外，尚難成立本罪。

第 189 條　（損壞保護生命設備罪㈠）

I.損壞礦坑、工廠或其他相類之場所內關於保護生命之設備，致生危險於他人生命者，處一年以上七年以下有期徒刑。

II.因而致人於死者，處無期徒刑或七年以上有期徒刑；致重傷者，處三年以上十年以下有期徒刑。

III.因過失犯第一項之罪者，處二年以下有期徒刑、拘役或二十萬元以下罰金。

IV.第一項之未遂犯罰之。

⑧一、第 1 項及第 2 項酌作標點符號修正。

二、提高過失犯罪之法定刑為二年以下有期徒刑、拘役或二十萬元以下罰金，由法官依具體個案之過失情節量處適當之刑。又其罰金刑額數已不符時宜，配合提高為二十萬元，爰修正第 3 項。

三、原第 3 項及第 4 項依是否為業務過失而有不同法定刑，有違平等原則，爰刪除原第 4 項業務過失之處罰規定。

四、原第 5 項配合移列至第 4 項。

◇關於保護生命之設備：意指救助生命的設備，例如逃生門、逃生梯、防災設備、防火設備、防毒設備、工廠內或機器裝置的安全設備、通風設備等等。

第 189 條之 1　（損壞保護生命設備罪㈡）

I.損壞礦場、工廠或其他相類之場所內關於保護生命之設備或致令不堪用，致生危險於他人之身體健康者，處一年以下有期徒刑、拘役或九千元以下罰金。

II.損壞前項以外之公共場所內關於保護生命之設備或致令不堪用，致生危險於他人之身體健康者，亦同。

⑩⑧本罪增訂於民國 88 年 3 月 30 日，爰依刑法施行法第 1 條之 1 第 2 項但書規定將罰金數額提高三倍，以增加法律明確性，並使刑法分則各罪罰金數額具內在邏輯一致性。

第 189 條之 2 　（阻塞逃生通道之處罰）

阻塞戲院、商場、餐廳、旅店或其他公眾得出入之場所或公共場所之逃生通道，致生危險於他人生命、身體或健康者，處三年以下有期徒刑。阻塞集合住宅或共同使用大廈之逃生通道，致生危險於他人生命、身體或健康者，亦同。

因而致人於死者，處七年以下有期徒刑；致重傷者，處五年以下有期徒刑。

⑧⑧一、本條新增。

二、明文規定阻塞公共場所內關於保護生命之設備，致生危險於他人之身體或健康之處罰。

第 190 條 　（妨害公眾飲水罪）

Ⅰ投放毒物或混入妨害衛生物品於供公眾所飲之水源、水道或自來水池者，處一年以上七年以下有期徒刑。

Ⅱ因而致人於死者，處無期徒刑或七年以上有期徒刑；致重傷者，處三年以上十年以下有期徒刑。

Ⅲ因過失犯第一項之罪者，處六月以下有期徒刑、拘役或九千元以下罰金。

Ⅳ第一項之未遂犯罰之。

⑩⑧一、本罪於民國 72 年 6 月 26 日後並未修正，爰依刑法施行法第 1 條之 1 第 2 項本文規定將罰金數額修正提高三十倍，以增加法律明確性，並使刑法分則各罪罰金數額具內在邏輯一致性。

二、第 1 項末句「一年以上、七年以下」修正為「一年以上七年以下」；第 2 項末句「三年以上、十年以下」修正為「三年以上十年以下」。

第 190 條之 1 　（流放毒物罪及加重結果犯）

Ⅰ投棄、放流、排出、放逸或以他法使毒物或其他有害健康之物污染空氣、土壤、河川或其他水體者，處五年以下有期徒刑、拘役或科或併科一千萬元以下罰金。

Ⅱ廠商或事業場所之負責人、監督策劃人員、代理人、受僱人或其他從業人員，因事業活動而犯前項之罪者，處七年以下有

期徒刑，得併科一千五百萬元以下罰金。

Ⅲ犯第一項之罪，因而致人於死者，處三年以上十年以下有期徒刑；致重傷者，處一年以上七年以下有期徒刑。

Ⅳ犯第二項之罪，因而致人於死者，處無期徒刑或七年以上有期徒刑；致重傷者，處三年以上十年以下有期徒刑。

Ⅴ因過失犯第一項之罪者，處一年以下有期徒刑、拘役或科或併科二百萬元以下罰金。

Ⅵ因過失犯第二項之罪者，處三年以下有期徒刑、拘役或科或併科六百萬元以下罰金。

Ⅶ第一項或第二項之未遂犯罰之。

Ⅷ犯第一項、第五項或第一項未遂犯之罪，其情節顯著輕微者，不罰。

⑩⑦一、本條所稱之污染，係指各種空氣、土壤、河川或其他水體，因物質、生物或能量之介入，而使其外形變得混濁、污穢，或使得其物理、化學或生物性質發生變化，或者使已受污染之空氣、土壤、河川或其他水體品質更形惡化之意，並不限於已危害國民健康及生活環境之情形。另考量污染環境手段多樣，增列「他法」之樣態，以應實務需求，爰修正第 1 項規定。

二、近年環境污染嚴重，因事業活動而投棄、流放、排出、放逸或以他法使毒物或其他有害健康之物污染空氣、土壤、河川或其他水體，往往造成環境無法彌補之損害；且實務上對於本條「致生公共危險」之構成要件採嚴格解釋，致難以處罰此類環境污染行為，故為保護環境，維護人類永續發展，刪除「具體危險犯」之規定形式，即行為人投棄、放流、排出或放逸毒物或其他有害健康之物於空氣、土壤、河川或其他水體造成污染者，不待具體危險之發生，即足以構成犯罪，俾充分保護環境之安全。

三、第 2 項因事業活動而投棄、流放、排出、放逸或以他法使毒物或其他有害健康之物污染空氣、土壤、河川或其他水體時，現行規定負責人或監督策劃人員，未能涵蓋從事該事業活動之相關人員，故增訂代理人、受僱人或其他從業人員，爰修正第 2 項，以期周延。

四、第 1 項及第 2 項之法定刑輕重有別，是其加重結果之法定刑分別規定為第 3 項及第 4 項。另為使本法加重結果犯之法定刑兼顧罪刑均衡及避

免恣意，並符合本法之整體性及一致性，就本罪之法定刑輕重，分別規範加重結果犯之法定刑。

五、本條處罰過失犯，亦應依第1項及第2項情形分別規定，是將原第4項移列為第5項，修正其罰金刑，另增訂第6項處罰第2項之過失犯，以資適用。

六、行為人已著手於投棄、放流、排出或放逸毒物或其他有害健康之物於空氣、土壤、河川或其他水體行為之實行，如客觀上不足以認定該行為已使上開客體受到污染者，仍不能將行為人繩之以法，難免使行為人心生僥倖，無法達到預防污染空氣、土壤、河川或其他水體之環境犯罪行為的發生，爰增訂第7項處罰未遂犯之明文。

七、對於污染空氣、土壤、河川或其他水體之程度顯然輕微或具社會相當性（例如：將極少量的衣物漂白劑或碗盤洗潔劑倒入河川、湖泊中），其侵害之法益及行為均極輕微，在一般社會倫理觀念上尚難認有科以刑罰之必要，且此項行為不予追訴處罰，亦不違反社會共同生活之法律秩序，自得視為無實質違法性，而不應繩之以法（最高法院74年臺上字第4225號判例參照），如科以刑罰顯有違比例原則及罪刑相當原則，原非環境破壞犯罪適用之對象，為免解釋及適用本條污染環境行為時，誤將污染空氣、土壤、河川或其他水體程度顯然輕微之個案納入處罰範圍，爰參考德國刑法第326條第6項微量廢棄物不罰規定之類似意旨，增訂第8項規定，排除程度顯然輕微個案之可罰性。

第 191 條 （製造販賣陳列妨害衛生物品罪）

製造、販賣或意圖販賣而陳列妨害衛生之飲食物品或其他物品者，處六月以下有期徒刑、拘役或科或併科三萬元以下罰金。

⑩本罪於民國72年6月26日後並未修正，爰依刑法施行法第1條之1第2項本文規定將罰金數額修正提高三十倍，以增加法律明確性，並使刑法分則各罪罰金數額具內在邏輯一致性。

第 191 條之 1 （流通食品下毒之罪及結果加重犯）

對他人公開陳列、販賣之飲食物品或其他物品滲入、添加或塗抹毒物或其他有害人體健康之物質者，處七年以下有期徒刑。

將已滲入、添加或塗抹毒物或其他有害人

體健康之飲食物品或其他物品混雜於公開陳列、販賣之飲食物品或其他物品者，亦同。

犯前二項之罪而致人於死者，處無期徒刑或七年以上有期徒刑；致重傷者，處三年以上十年以下有期徒刑。

第一項及第二項之未遂犯罰之。

⑧一、本條係新增。近來發生不法歹徒仿日本千面人於市面流通食品內下毒以勒索廠商鉅款案件，嚴重破壞社會安寧及危害消費大眾生命安全，亟應加以過止。對於此種不法行為，雖有刑法第346條恐嚇取財罪可資適用，惟刑度過輕，難以發揮過止作用，爰增訂處罰專條。

二、又，仿日本千面人於食品下毒案件，極易造成死傷等嚴重後果，故增訂因而致人於死或重傷之結果加重犯及未遂犯之處罰規定，以期適用。

第 192 條 （違背預防傳染病法令罪及散布傳染病菌罪）

Ⅰ 違背關於預防傳染病所公布之檢查或進口之法令者，處二年以下有期徒刑、拘役或三萬元以下罰金。

Ⅱ 暴露有傳染病菌之屍體，或以他法散布病菌，致生公共危險者，亦同。

⑩一、本罪於民國72年6月26日後並未修正，爰依刑法施行法第1條之1第2項本文規定將罰金數額修正提高三十倍，以增加法律明確性，並使刑法分則各罪罰金數額具內在邏輯一致性。

二、第2項後段「散佈病菌，致生公共危險者亦同」修正為「散布病菌，致生公共危險者，亦同」。

◇空白構成要件：本條第1項「違背關於預防傳染病所公布之檢查或進口之法令」，例如違背傳染病防治法。行為人該當傳染病防治法之要件時，除依該法應受行政罰外，亦應依本條處罰，故為空白構成要件。

第 193 條 （違背建築術成規罪）

承攬工程人或監工人於營造或拆卸建築物時，違背建築術成規，致生公共危險者，處三年以下有期徒刑、拘役或九萬元以下罰金。

⑩一、本罪於民國72年6月26日後並未修正，爰依刑法施行法第1條之1第2項本文規定將罰金

數額修正提高三十倍，以增加法律明確性，並使刑法分則各罪罰金數額具內在邏輯一致性。

二、首句「承攬工程人或監工人，」修正為「承攬工程人或監工人」。

◇**承攬工程人**：依民法第 490 條規定，係約定為他方完成營造或拆卸建築物而領受報酬之人，亦即現時通稱營造建築物之營造廠商，而指實際施作工程或對施作工程之人加以指揮之人（臺中高分院 91 上易 950 刑事判決）。

◇**監工人**：指建築法第 15 條負責監督施工人員是否按建築技術施工之人，監工人為營造廠內部之負責施工技術責任之人，通常為主任技師，為營造廠之受僱人，且依營造業管理規則規定營造業所僱請之專任工程人員至少須以內政部核准登記之建築師、經濟部核准登記之土木、水利、環境衛生工程、結構工程技師領有執業執照者，或經濟部核准登記之土木、水利、衛生工程或建築技副，並有五年以上建築或土木工程經驗者，或領有內政部與委託訓練學校會銜核發之工地主任訓練結業證書者為限，可知營造業內部所設置之專任工程人員，係屬具備相關土木、營造等專業技術人員，並依建築法第 15 條第 1 項之規定，負承攬工程之施工責任（臺中高分院 91 上易 950 刑事判決）。

◇**建築術成規**：指建築技術上一般人所承認之建築法則，不以法令明文規定者為限。

第 194 條　（不履行賑災契約罪）

　於災害之際，關於與公務員或慈善團體締結供給糧食或其他必需品之契約，而不履行或不照契約履行，致生公共危險者，處五年以下有期徒刑，得併科九萬元以下罰金。

⑱本罪於民國 72 年 6 月 26 日後並未修正，爰依刑法施行法第 1 條之 1 第 2 項本文規定將罰金數額修正提高三十倍，以增加法律明確性，並使刑法分則各罪罰金數額具內在邏輯一致性。

第十二章　偽造貨幣罪

Δ查暫行律第十七章原案謂往昔認偽造貨幣之本質，為侵害主權，科以死刑為居多。然據現今之法律及政府思想而論，政府專握製造貨幣之權，亦如郵政、電報、鹽法、鐵路（凡此種類因國而異）等事業，以國家秩序及利益計之，不過獨有

權之一種，其侵害之罪雖大，不必科以死刑。況民之趨利，甚於生命，雖蹈湯赴火，亦所不辭，欲杜私鑄，是在政府維持得宜，斷非僅恃嚴刑峻罰所能獲效，觀於漢貢誼之議，其理益信。故本案做歐美各國及日本通例，而以無期徒刑為最重之刑。

第 195 條　（偽造變造通貨、幣券罪）

I.意圖供行使之用，而偽造、變造通用之貨幣、紙幣、銀行券者，處五年以上有期徒刑，得併科十五萬元以下罰金。

II.前項之未遂犯罰之。

⑱本罪於民國 72 年 6 月 26 日後並未修正，爰依刑法施行法第 1 條之 1 第 2 項本文規定將罰金數額修正提高三十倍，以增加法律明確性，並使刑法分則各罪罰金數額具內在邏輯一致性。

◇**偽造與變造**

偽造	刑法上偽造之概念分為有形偽造與無形偽造。**有形偽造**指無製作權人冒用他人名義，製作內容不實之文書；**無形偽造**指有製作權人以自己名義，製作內容不實之文書。本條所指偽造，為有形偽造
變造	無改造權人而改造，即對貨幣內容進行局部加工、變更之意

◇**紙幣**：政府所發行具備通行力之貨幣代用證券。

◇**銀行券**：刑法上所謂銀行券，係指經政府許可，由銀行發行之兌換券而言（22 上 348）。

▲【28 上 896】刑法上所謂紙幣，係指政府發行之紙質貨幣，具有強制通用力，而不與硬幣兌換者而言，現僅中央、中國、交通、農民四行之鈔票足以當之，廣東省銀行鈔票不過經政府許可而發行之銀行券，無論是否停止兌現，不能以紙幣論。

第 196 條　（行使收集或交付偽造變造通貨、幣券罪）

I.行使偽造、變造之通用貨幣、紙幣、銀行券，或意圖供行使之用而收集或交付於人者，處三年以上十年以下有期徒刑，得併科十五萬元以下罰金。

II.收受後方知為偽造、變造之通用貨幣、紙幣、銀行券而仍行使，或意圖供行使之用而交付於人者，處一萬五千元以下罰金。

III.第一項之未遂犯罰之。

⑱一、本罪於民國 72 年 6 月 26 日後並未修正，爰依刑法施行法第 1 條之 1 第 2 項本文規定將罰金數額修正提高三十倍，以增加法律明確性，並使刑法分則各罪罰金數額具內在邏輯一致性。

二、第 1 項後段「三年以上、十年以下」修正為「三年以上十年以下」。

◇行使：將偽造、變造之通用貨幣置於可得流通之狀態之下，而加以使用之行為。

◇收集：收藏、將貨幣置於自己實力支配之下之行為。

◇交付：行為人將偽造、變造之標的物，交予他人持有。本要件與行使之差別在於，行使之相對人並不知貨幣為偽造，而交付之相對人知貨幣為偽造，有通謀之性質存在。

▲【26 渝上 867】 刑法第 196 條第 1 項所謂收集，係指收買受贈互換等一切行為，在收取以前，即有行使之犯罪意思者而言，**雖以反覆而為多數收取行為為常業，但以圖供行使意思，一次收取，亦即成立該項收集罪名。**

第 197 條 （減損通用貨幣罪）

I.意圖供行使之用而減損通用貨幣之分量者，處五年以下有期徒刑，得併科九萬元以下罰金。

II.前項之未遂犯罰之。

⑱本罪於民國 72 年 6 月 26 日後並未修正，爰依刑法施行法第 1 條之 1 第 2 項本文規定將罰金數額修正提高三十倍，以增加法律明確性，並使刑法分則各罪罰金數額具內在邏輯一致性。

◇減損分量：減少、損壞貨幣之成分或重量，而不變更原貨幣之物質、形狀或外觀。

第 198 條 （行使減損通用貨幣罪）

I.行使減損分量之通用貨幣，或意圖供行使之用而收集或交付於人者，處三年以下有期徒刑，得併科三萬元以下罰金。

II.收受後方知為減損分量之通用貨幣而仍行使，或意圖供行使之用而交付於人者，處三千元以下罰金。

III.第一項之未遂犯罰之。

⑱本罪於民國 72 年 6 月 26 日後並未修正，爰依刑法施行法第 1 條之 1 第 2 項本文規定將罰金數額修正提高三十倍，以增加法律明確性，並使刑法分則各罪罰金數額具內在邏輯一致性。

第 199 條 （預備偽造變造幣券或減損貨幣罪）

意圖供偽造、變造通用之貨幣、紙幣、銀行券或意圖供減損通用貨幣分量之用，而製造、交付或收受各項器械、原料者，處五年以下有期徒刑，得併科三萬元以下罰金。

⑱本罪於民國 72 年 6 月 26 日後並未修正，爰依刑法施行法第 1 條之 1 第 2 項本文規定將罰金數額修正提高三十倍，以增加法律明確性，並使刑法分則各罪罰金數額具內在邏輯一致性。

◇製造：創製、改造、混合之行為。

◇交付：行為人將標的物，交予他人持有。

◇收受：行為人接受標的物。

▲【46 臺上 947】 刑法第 199 條所定**意圖供偽造通用銀行券之用而收受器械原料罪，必須所收受者，**確係能供偽造銀行券之器械原料，方足成立，否則被告主觀上有惡性之表現，而實際收受者並非偽造銀行券之器械原料，即不成立該條之罪。

第 200 條 （沒收物之特例）

偽造、變造之通用貨幣、紙幣、銀行券，減損分量之通用貨幣及前條之器械原料，不問屬於犯人與否，沒收之。

▲【30 上 2014】 得依刑法第 200 條沒收之偽造紙幣，**以構成同法分則第十二章所定各罪之偽造紙幣為限，**如偽造紙幣係構成該章以外特別刑事法令之罪名者，則該項偽造之紙幣，即不得適用該條沒收之。

▲【43 臺上 134】 刑法第 200 條所定沒收，為對於同法第 38 條之特別規定，係採**必須沒收主義，**更**不以其已經扣押為必要，**原審既認上訴人犯罪成立，祇以上訴人持有之偽幣未經扣押，亦不復存在，為無從沒收之根據，並未就其不復存在之事實，予以具體說明，難謂於法無違。

第十三章　偽造有價證券罪

第 201 條 （有價證券之偽造變造與行使罪）

I.意圖供行使之用，而偽造、變造公債票、公司股票或其他有價證券者，處三年以上十年以下有期徒刑，得併科九萬元以下罰金。

II.行使偽造、變造之公債票、公司股票或其他有價證券，或意圖供行使之用而收集或交付於人者，處一年以上七年以下有期徒刑，得併科九萬元以下罰金。

⑩一、本罪於民國 72 年 6 月 26 日後並未修正，爰依刑法施行法第 1 條之 1 第 2 項本文規定將罰金數額修正提高三十倍，以增加法律明確性，並使刑法分則各罪罰金數額具內在邏輯一致性。

二、第 1 項末段「三年以上、十年以下」修正為「三年以上十年以下」；第 2 項末段「一年以上、七年以下」修正為「一年以上七年以下」。

◇公債票：中央或地方政府為了彌補財政不足，向人民募集公債，所發行之債券，稱之公債票。

◇有價證券：表彰特定財產權之證券，欲行使該證券所表彰之權利時，以占有該證券為必要條件。

▲【院解 3291】(一)單純偽造變造偽中國聯合準備銀行紙幣事，在准許兌換法幣以前不成立犯罪，**但已達於行使之程度，則應依詐欺罪論科**，倘在准許兌換法幣期內偽造變造此項紙幣時，應依偽造有價證券論罪。(二)美鈔現時在國內交易上既有流通效力，自屬有價證券之一種，如有偽造變造者，應依刑法第 201 條第 1 項處斷。

▲【70 臺上 2898】參見本法第 50 條。

▲【70 臺上 6854】參見本法第 29 條。

▲【73 臺上 3629】參見本法第 55 條。

▲【98 臺上 1144】刑法第 201 條第 2 項後段之意圖供行使之用而交付偽造、變造之有價證券罪，**其犯罪構成要件「意圖供行使之用」之「行使」，係指以偽造、變造之有價證券，作真正之有價證券使用之意，含有詐欺取財之性質**；而該條文所指之「交付」，係指相對人明知有價證券為偽造或變造，而移轉占有於知情之對方，以供相對人向他人行使，而非由自己行使。**故交付偽造、變造之有價證券予知情之對方時，如無使相對人向不知情之他人行使之意圖，即不成立此罪，至於受交付人是否有向他人行使，與本罪之成立不生影響。**

第 201 條之 1 　（偽造變造有價證券供行使罪）

I.意圖供行使之用，而偽造、變造信用卡、金融卡、儲值卡或其他相類作為簽帳、提款、轉帳或支付工具之電磁紀錄物者，處一年以上七年以下有期徒刑，得併科九萬

元以下罰金。

II.行使前項偽造、變造之信用卡、金融卡、儲值卡或其他相類作為簽帳、提款、轉帳或支付工具之電磁紀錄物，或意圖供行使之用，而收受或交付於人者，處五年以下有期徒刑，得併科九萬元以下罰金。

⑩本罪最後修正於民國九十年六月一日，爰依刑法施行法第 1 條之 1 第 2 項但書規定將罰金數額提高三倍，以增加法律明確性，並使刑法分則各罪罰金數額具內在邏輯一致性。

第 202 條 　（郵票印花稅票之偽造變造與行使塗抹罪）

I.意圖供行使之用，而偽造、變造郵票或印花稅票者，處六月以上五年以下有期徒刑，得併科三萬元以下罰金。

II.行使偽造、變造之郵票或印花稅票，或意圖供行使之用而收集或交付於人者，處三年以下有期徒刑，得併科三萬元以下罰金。

III.意圖供行使之用，而塗抹郵票或印花稅票上之註銷符號者，處一年以下有期徒刑、拘役或九千元以下罰金；其行使之者，亦同。

⑩一、本罪於民國 72 年 6 月 26 日後並未修正，爰依刑法施行法第 1 條之 1 第 2 項本文規定將罰金數額修正提高三十倍，以增加法律明確性，並使刑法分則各罪罰金數額具內在邏輯一致性。

二、第 1 項末段「六月以上、五年以下」修正為「六月以上五年以下」；第 2 項前段「或印花稅票」修正為「或印花稅票，」；第 3 項末句「亦同」修正為「，亦同」。

◇印花稅票：用以證明已繳納印花稅之印紙，凡政府正式出售之一切印花稅票均包括在內。

第 203 條 　（偽造變造及行使往來客票罪）

意圖供行使之用，而偽造、變造船票、火車、電車票或其他往來客票者，處一年以下有期徒刑、拘役或九千元以下罰金；其行使之者，亦同。

⑩一、本罪於民國 72 年 6 月 26 日後並未修正，爰依刑法施行法第 1 條之 1 第 2 項本文規定將罰金數額修正提高三十倍，以增加法律明確性，並使

中華民國刑法　第二編　分則　（第二○四～二○九條）

刑法分則各罪罰金數額具內在邏輯一致性。

二、末句「亦同」修正為「，亦同」。

◇往來客票：交通運輸機關、業者，為運輸旅客所發行之證券，如火車票、傳票、機票、汽車票、飛機票等。

第 204 條　（預備偽造變造有價證券罪）

I 意圖供偽造、變造有價證券、郵票、印花稅票、信用卡、金融卡、儲值卡或其他相類作為簽帳、提款、轉帳或支付工具之電磁紀錄物之用，而製造、交付或收受各項器械、原料、或電磁紀錄者，處二年以下有期徒刑，得併科一萬五千元以下罰金。

II 從事業務之人利用職務上機會犯前項之罪者，加重其刑至二分之一。

⑱本罪最後修正於民國 90 年 6 月 1 日，爰依刑法施行法第 1 條之 1 第 2 項但書規定將罰金數額提高三倍，以增加法律明確性，並使刑法分則各罪罰金數額具內在邏輯一致性。

第 205 條　（沒收物）

偽造、變造之有價證券、郵票、印花稅票、信用卡、金融卡、儲值卡或其他相類作為提款、簽帳、轉帳或支付工具之電磁紀錄物及前條之器械原料及電磁紀錄，不問屬於犯人與否，沒收之。

⑳由於偽造、變造之信用卡、金融卡、儲值卡或其他相類之電磁紀錄物及製作之器械、原料及電磁紀錄本身即為犯罪之工具，並無合法之用途，故有專科沒收規定之必要，以杜絕上開物品再次被利用為犯罪之工具。

第十四章　偽造度量衡罪

介查暫行律第十九章原案謂度量衡之正確與否，與本國之農工商業，及此外一切事宜，關係至鉅。故歐美各國及日本，皆政府製作，而使民間販賣，或民間製作，經政府查驗之後，始許販賣，其私造度量衡，及持有不合之度量衡，而使用之於業務上者，有一定之制裁。此本章之所由設也。

第 206 條　（偽造變造度量衡定程罪）

意圖供行使之用，而製造違背定程之度量衡，或變更度量衡之定程者，處一年以下有期徒刑、拘役或九千元以下罰金。

⑱本罪於民國 72 年 6 月 26 日後並未修正，爰依刑法施行法第 1 條之 1 第 2 項本文規定將罰金數額修正提高三十倍，以增加法律明確性，並使刑法分則各罪罰金數額具內在邏輯一致性。

◇定程：指度量衡法規之標準（院解 3228）。

◇度量衡：日常生活交易所做之計算長度、容積、重量等單位的標準。

第 207 條　（販賣違背定程之度量衡罪）

意圖供行使之用，而販賣違背定程之度量衡者，處六月以下有期徒刑、拘役或九千元以下罰金。

⑱本罪於民國 72 年 6 月 26 日後並未修正，爰依刑法施行法第 1 條之 1 第 2 項本文規定將罰金數額修正提高三十倍，以增加法律明確性，並使刑法分則各罪罰金數額具內在邏輯一致性。

第 208 條　（行使違背定程之度量衡罪）

I 行使違背定程之度量衡者，處九千元以下罰金。

II 從事業務之人，關於其業務犯前項之罪者，處六月以下有期徒刑、拘役或一萬五千元以下罰金。

⑱本罪於民國 72 年 6 月 26 日後並未修正，爰依刑法施行法第 1 條之 1 第 2 項本文規定將罰金數額修正提高三十倍，以增加法律明確性，並使刑法分則各罪罰金數額具內在邏輯一致性。

第 209 條　（沒收物）

違背定程之度量衡，不問屬於犯人與否，沒收之。

第十五章　偽造文書印文罪

介查暫行律第十八章原案謂本章所謂文書、公文書、印章、印文、署押者，皆有關律例上權力權利義務，或事實上證據之用者而言，其餘私家撰述不在此限。又該條補箋內稱，公文書（公圖樣亦同）、特定公文書（文憑執照護照）、有價證券、私文書、特定私文書（診斷書檢案書死亡證書），在學理上，統謂之文書。文書者，定著文字於有體物上，而表明其思想，可以供證據之用者也。所謂文字，有以符號代用之者，例如電信所用之符號，及盲人所用之符號皆是。此等符號，如有一定法則，以為多數人代表思想之用者，除純然

之繪畫外，在刑律須以文字論，惟繪畫之效用，與文書相同者，刑律中以符號二字規定之。所謂定著於有體物上者，不論物質及方法如何，如紙絹上以筆墨寫之，或布帛上以染織為之，或金石竹木等由雕剝出之者皆是。所謂表明思想者，指敘述一定權利義務及事實之存否，與其範圍之廣狹而言，僅表明姓名之名冊，記載詩歌之書幅，指示號數之木牌等皆非表明思想者，不得謂之文書。所謂供證據之用者，指該文書所有體裁，足以證明權利義務或事實而言，不問作成之時，有無供證據之用之意思也。偽造文書罪之成立，有兩問題：（第一）權利義務或事實，為構成文書之內容，所謂偽造，必須內容係虛構乎，抑不問內容之虛實，僅指其形式而言乎。前者例如甲乙本無債權債務關係，而甲假造乙之借金證書，內容與形式均偽也。後者如乙借甲金，而甲摹乙式之借金證書，內容實而形虛偽也。此二說宜以後者為是。至於前例，內容既虛，形式自偽，即賅於後說之中矣。（第二）文書所揭各事宜，雖不係該文書應證明者，是否為偽造罪乎。例如借金證書，雙方姓名、金額、利率及履行期限等，為該文書應證明者，其雙方當事者之家族，非該文書應證明之類是也。此宜察其情節而定之，若所偽造者，全無利害關係，則不為罪。

行使偽造文書，指以偽文書充真文書之用而言，行使既遂之標準，在已得偽造利益之時乎，抑僅在證明之時乎。例如甲乙本無借貸關係，而甲假造乙之借據，以既得訛造之金錢為標準，抑以提出據於對手人時為標準之類是也。按本罪成立，在證明文書所揭之權利義務或事實，雖未得偽造之利益，若已提出而證明之，即不得不以本罪論。若已得利益時，則比較各本條，應照第74條處斷，但有當注意者二：第一、由公署保存之文書，若依定例既經綴定時，雖未提出證明，亦為既遂。第二、以偽造之文書，供證明權利義務或事實之用者，雖僅提示於第三者之時，亦為既遂。

第 210 條　（偽造、變造私文書罪）

偽造、變造私文書，足以生損害於公眾或他人者，處五年以下有期徒刑。

介查第二次修正案理由謂各國刑法，對於偽造變造文書罪，略分兩派：以證明權利義務之文書為限者，德國是也。以足生損害於公眾或他人之文書為限者，法國是也。原案從德國派，惟證明權利

義務之標準，未易確定，德國關於此條，數十年來，施行上多生困難，試舉一例以明之。如偽造藥單強解為權利義務之文書，其實則無權利義務之可言，若用法國損害制，則可免強解之失，是以德國學者多非議之。其刑法準備草案，刪去足以證明權利義務句，而以欺騙他人重要權利義務為標準，所謂欺騙他人之權利義務，其結果殆與法國損害制無大區別，故本案擬從法國派。原案凡有偽造變造行為，罪即成立，考各國刑法於偽造變造行為外，加以限制。即如日本以供行使之目的為限制，德國則更嚴，須有違法之目的，並行使之行為以欺騙他人者，罪方成立，其餘各國多有相當之規定。更有按文書之種類，而限制不一者，本案擬分別規定之。

◇**文書**：學說上有認為文書需具備以下五要件：**文字性、有體性、意思性、名義性、持續性**；有認為需具備三大公文功能：**穩固性、保證性、證明性**，穩固性指內容需具備一定持續性，**保證性**指文書能辨別出製作之人，**證明性**指文書足以證明法律上具備重要性的權利義務關係事項，故單純日記並非文書。

◇**私文書**：一般大眾以個人身分所製造之文書。公務員非職務上製作之文書，亦屬私文書。

◇**足以生損害於公眾或他人之判斷標準**：僅要有使公眾或他人發生損害之處即已足，不以確實發生實際上損害為必要。

▲【31 上 2124】刑法第 210 條之**偽造私文書罪，以無製作權人而捏造他人名義製作該文書為構成要件**，如行為人對於此種文書本有製作權，縱令其製作之內容虛偽，且涉及他人之權利，除合於同法第 215 條之規定，應依該條處罰外，尚難論以首開法條之罪。

▲【50 臺上 1268】刑法上之偽造文書罪，須以足生損害於公眾或他人為成立要件，而**所謂足生損害，係指他人有可受法律保護之利益，因此遭受損害或有受損害之處**而言，若他人對行為人原負有製作某種文書之義務而不履行，由行為人代為製作，既無損於他人之合法利益，自與偽造文書罪之構成要件不合。

▲【53 臺上 2905】刑法第 220 條以文書論之文書，有公文書與私文書之分，原判決既未引用刑法第 210 條或第 211 條之條文，亦未逃明上訴人所行使者究為私文書抑公文書，已屬理由不備，又該條以文書論之文書，指在紙上或物品上之文字、符號，依習慣或特約足以為表示其用意之證

明者而言，故凡以虛偽之文字、符號或在物品或紙上表示一定用意之證明者，即謂之偽造。

▲【69臺上695】參見本法第28條。

▲【70臺上221】臺灣地區入出境保證書，若其所載內容係保證人對於被保人來臺後負多項保證責任，如有違反，保證人願接受法令懲處等文字，應屬私文書，而非刑法第212條之關於品行之證書，原審既未調取上訴人偽造之保證書正聯，查明其所載內容，遽認入出境保證書為關於品行之證書，自嫌率斷，難謂無刑事訴訟法第379條第10款之違背法令。

▲【70臺上2162】上訴人在支票背面偽造張某之署押，以為背書，其偽造支票背書，在票據法上係表示對支票負擔保責任之意思，為法律規定之文書，並非依習慣表示一定用意之證明，而其此項行為，足以生損害於他人，故應成立偽造私文書罪。又其所偽造之此項署押，依法律規定，固應成立偽造私文書罪，但仍不失為偽造之署押，應依刑法第219條宣告沒收。

▲【70臺上5782】送達證書乃表示收領訴訟文書送達之證明，雖證書內容由送達人製作，但應由受送達人簽名蓋章或捺指印，以證明送達，為法律規定之文書，其冒名簽收或蓋用偽造印章以示簽收，仍屬偽造私文書。

▲【73臺上5870】**豐榮水利會雖係公法人，但其出售土地與人民，乃係基於私經濟之地位**，而與買受人訂立買賣契約，**故其買賣契約書、土地登記申請書、委託書在性質上與一般私人間為土地買賣所訂立之買賣契約書等並無差異，自屬於私文書**。原判決謂上訴人將該392之112號土地連同其他四筆土地，一併填載在以豐榮水利會名義製作之同一登記聲請書、委託書、買賣契約書內，即係偽造公文書云云，有適用法則不當之違法。

▲【83臺上6631】上訴人在交通違規通知單移送聯「收受通知聯者簽章」欄內偽簽「林某」姓名，自不待依據習慣或特約，單從形式上觀察，即足以知悉係表示由林某名義出具領收通知聯之證明，此與事先在印妥內容之收據上偽簽他人姓名之情形，無分軒輊，當然屬於刑法第210條所稱之**私文書**，原判決理由中論以準文書，引用刑法第220條之規定，適用法則尚有未合。

第211條　（偽造、變造公文書罪）

偽造、變造公文書，足以生損害於公眾或他人者，處一年以上七年以下有期徒刑。

▲【54臺上1404】刑法上偽造文書罪，係著重於**保護公共信用之法益**，即使該偽造文書所載名義製作人實無其人，而社會上一般人仍有誤信其為真正文書之危險，仍難阻卻犯罪之成立。況上訴人所偽造之機關現仍存在，其足生損害於該機關及被害人了無疑義。原判決以其偽造後持以行使詐財，從一重論處行使偽造公文書罪刑，於法尚無違誤。（註：應注意刑法已修正，刪除牽連犯之規定。）

▲【70臺上4986】**印鑑證明書**，大都於不動產物權或於法律上重要權利之得喪、變更有重大影響之事項，作為當事人表示真意之主要憑證，自**不在刑法第212條範圍之內**。

▲【71臺上1027】參見本法第50條。

▲【72臺上4709】所謂行使偽造之文書，乃依文書之用法，以之充作真正文書而加以使用之意，故必須行為人就所偽造文書之內容向他方有所主張，始足當之；若**行為人雖已將該文書提出，而尚未達於他方可得瞭解之狀態者，則仍不得謂為行使之既遂**。查上訴人既係僱用何某為其裝載私宰並加蓋偽造稅戳之毛豬屠體，欲運往三重市交肉商售賣，但於尚未到達目的地前，即在途中之新莊市為警查獲，是該私宰之毛豬，仍在上訴人占有之中，並未向他方提出作任何主張，顯未達到行使既遂之程度，殊為明顯，自不能依刑法第216條之規定對之處罰。原判決按行使偽造公文書論處上訴人之罪刑，顯有適用法則不當之違法。

▲【73臺上3885】**影本與原本可有相同之效果，如將原本予以影印後，將影本之部分內容竄改，重加影印**，其與無製作權人將其原本竄改，作另一表示其意思者無異，**應成立變造文書罪**。

▲【73臺上5870】參見本法第210條。

第212條　（偽造變造特種文書罪）

偽造、變造護照、旅券、免許證、特許證及關於品行、能力、服務或其他相類之證書、介紹書，足以生損害於公眾或他人者，處一年以下有期徒刑、拘役或九千元以下罰金。

⑩一、本罪於民國72年6月26日後並未修正，爰依刑法施行法第1條之1第2項本文規定將罰金數額修正提高三十倍，以增加法律明確性，並使刑法分則各罪罰金數額具內在邏輯一致性。

二、末句「，拘役」修正為「、拘役」。

◇**護照**：主管機關依護照條例所簽發之護照，分為外交護照、公務護照與普通護照三種。學說上認

為此指之護照解釋上限於中華民國護照，不包括外國護照在內。

◇**特許證**：特別許可之證書，例如醫師證書、律師證書、護理師證書、會計師證書、汽車牌照（63臺上1550）等。

◇**關於品行、能力、服務之證書**：用以證明個人品行、能力、資格、其他資歷等相關書類文件，如身分證、成績單、工作能力證明書、考試及格證書、操行證書、資歷證件等。

▲【院解3020】㈠**送審證件上之印信並非偽造，僅於文件內捏造事實者**，如係捏造關於品行能力服務之事實足生損害於證明之機關或個人，**應成立刑法第212條之罪**。

▲【68臺上3612】上訴人所偽造之駐加拿大多倫多埠安大略省中華總會館主席名義之依親生活證明書，固屬私文書，**但其名稱已載明為依親生活，內容又僅止於證明擬前往該處之人與當地僑民之身分關係，與國民身分證僅為證明身分無殊，為屬於刑法第212條其他相類證書之一種**，依特別規定優於普通規定之原則，無適用同法第210條論罪之餘地。

▲【70臺上221】參見本法第210條。

▲【70臺上4986】參見本法第211條。

第213條　（公文書不實登載罪）

公務員明知為不實之事項，而登載於職務上所掌之公文書，足以生損害於公眾或他人者，處一年以上七年以下有期徒刑。

▲【44臺上387】刑法第213條犯罪處罰，原係以保護公文書之正確性為目的，**所謂明知不實事項而登載，祇須登載之內容失真出於明知，並不問失真情形為全部或一部，亦不問其所以失真係出於虛增或故減**。某甲於42年度在鎮公所服務紀錄，曾有記大過一次，已為上訴人所明知，乃上訴人為甲製發服務成績證明書時，將記過一節故予刪除，其登載不實之責，自屬難辭。

▲【45臺上674】公務員明知為不實之事項而登載於職務上所掌之公文書，同時更以虛偽聲明，利用他公務員不知其事項之不實，而使之登載，足以生損害於公眾或他人者，固於犯刑法第213條之罪外，更犯同法第214條之罪，若他公務員對於事項之不實，亦所明知，則其登載縱係出於被動，亦已入於共犯範圍，除均成立刑法第213條之罪外，別不構成同法第214條之罪。

▲【52臺上2437】刑法第213條之罪，係因身分而成立，與同法第134條但書所謂因公務有關之身分已特別規定其刑之情形相當，故犯公務員登載不實之罪時，因有上開但書規定，不得再依同條前段加重其刑。

▲【69臺上595】刑法第213條不實登載公文書罪之成立，除**客觀上**公務員在其職務上所掌公文書，**有為虛偽不實之登載行為**，且足生損害於公眾或他人外，其在**主觀上須明知為不實**。所謂明知係指直接之故意而言。

第214條　（使公務員登載不實罪）

明知為不實之事項，而使公務員登載於職務上所掌之公文書，足以生損害於公眾或他人者，處三年以下有期徒刑、拘役或一萬五千元以下罰金。

⑩本罪於民國72年6月26日後並未修正，爰依刑法施行法第1條之1第2項本文規定將罰金數額修正提高三十倍，以增加法律明確性，並使刑法分則各罪罰金數額具內在邏輯一致性。

◇**審查權限**：實務見解認為本條須限於公務員不知情，且公務員無審查權限，即一經申報即需登載時方成立本罪。惟亦有學說認為，公務員有無審查權限與否並不會使文書公共信用利益受到侵害的程度有所差別，故不認同實務的作法。

▲【69臺上732】凡對公務員有所申請，所提供之資料，雖有不實在之情形，但未為該公務員採取者，即不足構成刑法第214條之罪責。

▲【69臺上2685】參見本法第5條。

▲【69臺上2982】參加有官股百分之五十以上之商業銀行，其服務之職員，雖可視為刑法上之公務員，**但人民向其申請開立支票存款帳戶，銀行為之核准，尚非執行政府公務，純屬私法上之行為**，縱使銀行職員為不實之登載，亦難繩以刑法第214條之罪。

▲【73臺上1710】刑法第214條**所謂使公務員登載不實事項於公文書罪，須一經他人之聲明或申報，公務員即有登載之義務，並依其所為之聲明或申報予以登載，而屬不實之事項者，始足構成**，若其所為聲明或申報，公務員尚須為實質之審查，以判斷其真實與否，始得為一定之記載者，即非本罪所稱之使公務員登載不實。上訴人等以偽造之杜賣證書提出法院，不過以此提供為有利於己之證據資料，至其採信與否，尚有待於法院

第 215 條　　（業務上文書登載不實罪）

從事業務之人，明知為不實之事項，而登載於其業務上作成之文書，足以生損害於公眾或他人者，處三年以下有期徒刑、拘役或一萬五千元以下罰金。

⑩本罪於民國 72 年 6 月 26 日後並未修正，爰依刑法施行法第 1 條之 1 第 2 項本文規定將罰金數額修正提高三十倍，以增加法律明確性，並使刑法分則各罪罰金數額具內在邏輯一致性。

▲【院 2394】律師代人撰狀，捏稱對造律師在外宣傳，謂有同鄉在上訴法院任事，可以情面推翻原案等語，係從事律師業務之人，明知為不實之事項，而登載於其業務上作成之文書，且於對造律師之名譽等，並非不足以生損害，自應構成刑法第 215 條之罪。

▲【92 臺上 3677】會計憑證，依其記載之內容及其製作之目的，亦屬文書之一種，凡商業負責人、主辦及經辦會計人員或依法受託代他人處理會計事務之人員，以明知為不實事項而填製會計憑證或記入帳冊者，即該當**商業會計法第 71 條第 1 款之罪，本罪乃刑法第 215 條業務上文書登載不實罪之特別規定，自應優先適用**。良以商業會計法第 33 條明定：「非根據真實事項，不得造具任何會計憑證，並不得在帳簿表冊作任何記錄。」倘明知尚未發生之事項，不實填製會計憑證或記入帳冊，即符合本法第 71 條第 1 款之犯罪構成要件，立法認上開行為當然足生損害於他人或公眾，不待就具體個案審認其損害之有無，故毋庸明文規定，否則不足達成促使商業會計制度步入正軌，商業財務公開，以取信於大眾，促進企業資本形成之立法目的，反足以阻滯商業及社會經濟之發展。**從而商業會計人員等主體，就明知尚未發生之事項，一有填製會計憑證或記入帳冊之行為，犯罪即已成立，不因事後該事項之發生或成就，而得解免罪責。**

第 216 條　（行使偽造、變造或登載不實之文書罪）

行使第二百十條至第二百十五條之文書者，依偽造、變造文書或登載不實事項或使登載不實事項之規定處斷。

介本條之規定專指行使而言，且僅適用其刑，而非論其罪。

◇行使：將文書置於他人可得認識之狀態。有見解認為需行為人對文書內容有所主張之程度，方為行使（94 臺上 1813 決）；惟亦有見解認為，有形偽造使文書的真正性受損，無形偽造在行為人形式上一提出錯誤內容，已足生損害，故似無須以行為人對內容有所主張為必要。

▲【67 臺上 1422】上訴人利用電話口述，使不知情之某報社工作人員，在報上刊登冒用臺北市第十信用合作社簡稱「十信」名義之廣告，應成立偽造私文書罪之**間接正犯**，刊登廣告，藉報紙之販賣而流傳，已達行使之程度，應依行使偽造私文書論擬。

▲【69 臺上 695】參見本法第 28 條。

▲【69 臺上 696】上訴人盜取陳某之印章交與不知情之李某，蓋用於當收據用之「工資發放明細表」領款人陳某之蓋章欄內，足以生損害於陳某，應成立偽造私文書之間接正犯。上訴人進而應該「工資發放明細表」之蓋章，以代收據，使李某發放陳某之工資，即已達於行使該文書之階段。**其偽造行為應為行使之高度行為所吸收。其盜用印章，係偽造私文書之部分行為，不另論罪。**行使偽造私文書之目的，在於領取工資，另成立詐欺罪，兩罪有方法結果之牽連關係，應從一重之行使偽造私文書罪處斷。（註：應注意刑法已修正，刪除牽連犯之規定。）

▲【70 臺上 1107】**行使影本，作用與原本相同**，偽造私文書後，持以行使其影本，偽造之低度行為為高度之行使所吸收，應論以行使偽造私文書罪。

▲【71 臺上 1027】參見本法第 50 條。

▲【72 臺上 4709】參見本法第 211 條。

第 217 條　　（偽造盜用印章印文或署押罪）

Ⅰ偽造印章、印文或署押，足以生損害於公眾或他人者，處三年以下有期徒刑。

Ⅱ盜用印章、印文或署押，足以生損害於公眾或他人者，亦同。

介查暫行律第 246 條補箋謂印者，指由本人辨識當該事實之符號而言，質言之，關於文書及其他物件，證明為本人作成，或所有，或閱看等事實之符號是也。有印章與印文之別，印文者，即用印

章所現出之符號是也。又該條注意內稱盜用，謂以不正而鈐押真正之印文，並非盜竊印件。

◇印章：用以顯現印文的物品。

◇印文：蓋用印章而顯現出的文字、符號或圖形。

◇署押：署名畫押，例如指印、簽名等等足以代表本人的符號或文字。

▲【43 臺非 157】刑法第 217 條第 1 項之偽造印章罪，係**以足生損害於公眾或他人為構成要件**，如能證明制作當時僅係以供鑑賞或習藝，自始即於公眾或他人不致發生損害之虞者，即應因犯罪構成要件欠缺，而無本條之適用。

▲【44 臺上 864】上訴人因行使偽造私文書詐財，其偽造他人之印章，及蓋用偽印文於委託函上，**係屬偽造私文書行為之一部，不另構成偽造印章、印文之罪**，該偽造之委託函，雖經交付他人所有，而其中所蓋之偽印文，依刑法第 219 條之規定，仍應予以沒收。原判決適用刑法第 216 條、第 210 條、第 339 條第 1 項、第 55 條從一重處斷，乃竟併引同法第 217 條，科以偽造印章、印文罪，適用同法第 219 條諭知沒收偽造之印章，又漏未及於偽造之印文，均屬於法有違。

▲【60 臺上 1746】刑法為國內法，其第 218 條第 1 項之**偽造公印，係指偽造表示本國公署或公務員資格之印信而言**，偽造表示外國公署或外國公務員資格之印信，僅足構成同法第 217 條偽造印章之罪，尚難以偽造公印罪相繩。

▲【61 臺上 4781】原判決既認被告冒充某甲，在定期放款借據上偽造某甲之署押，以示承還保證之意思，顯係偽造保證之文書，其行為非僅止於偽造署押，乃原判決僅以偽造署押罪相繩，自有違誤。

▲【70 臺上 2480】郵政存簿儲金提款單儲戶姓名欄填寫儲戶姓名，與填寫帳號之用意相同，僅在識別儲戶為何人，以便郵政人員查出存戶卡片，既非表示儲戶本人簽名之意思，則未經儲戶本人授權而填寫其姓名，尚不生偽造署押問題，原第一審判決竟認為係偽造蘇某署押，並依刑法第 219 條諭知沒收，自屬於法有違。

第 218 條　（偽造、盜用公印或公印文罪）

I.偽造公印或公印文者，處五年以下有期徒刑。

II.盜用公印或公印文，足以生損害於公眾或他人者，亦同。

⇧查第二次修正案理由謂本條第一項，因特別保護公印，及公印文起見，故不以發生損害為本罪成立之條件。

◇公印：公務員或公署基於執行公務所使用之印信，例如政府印信、市長職章。

▲【40 臺非 22】刑法第 218 條第 2 項之盜用公印或公印文罪，必以盜取後，兼有使用之行為，足以生損害於公眾或他人為構成要件，被告攜帶某處蓋有公印之空白公文紙，僅備作填寫證明之用，與上述情形並不相合，自難遽令負刑事罪責。

▲【44 臺上 839】刑法第 218 條第 2 項之**盜用公印或公印文，必以盜取後兼有使用之行為，足以生損害於公眾或他人為構成要件**。原判決既認上訴人在高雄港務警察所任職期內盜用該所關防，加蓋於該所空白公文紙上備供使用，即係盜而未用，乃未就其是否與盜用之要件相符，予以斟酌，又未對其如何足生損害於公眾或他人有所說明，遽依本條項處罰，非無違誤。

▲【69 臺上 1676】刑法上所稱之**公印，係指表示公署或公務員資格之印信而言，如不足以表示公署或公務員之資格者，不得謂之公印，即為普通印章**。上訴人等所偽造之「交通部公路總局監理處行車執照之章」，其機關全銜之下既綴有「行車執照之章」數字，其非依印信條例規定，由上級機關所製發之印信，以表示該機關之資格者甚明，自非公印。

▲【71 臺上 1831】刑法第 218 條第 1 項所稱之**公印，指表示公務機關或機關長官資格及其職務之印信而言，即俗稱大印與小官章**，若僅為證明稅款已經繳納之稅戳，其效用顯然不同，自難以公印論。

第 219 條　（沒收之特例）

偽造之印章、印文或署押，不問屬於犯人與否，沒收之。

▲【48 臺上 1533】刑法第 219 條所定不問屬於犯人與否沒收之者，以偽造之印章、印文或署押為限，盜用者不在其列，原判決竟將盜用印章蓋在限欠字據之印文，依該條予以沒收，顯屬於法有違。

▲【54 臺上 2171】偽造之「圍屠宰印」及「桃縣稅印」，並非表示機關團體之印信，祇不過為在物品上之文字、符號，用以表示完稅之證明而已，自與刑法第 219 條所規定之印章、印文不符，以之加蓋於豬皮上，亦祇屬於刑法第 220 條以文書

論之文書，與純正之公文書亦有別，偽造之稅印既與刑法第219條所定印章、印文不同，即不得適用該條作為沒收之依據，而應依刑法第38條第1項第2款上段沒收，蓋有偽印文之豬皮一塊，為上訴人所有用供犯罪之物，亦得予以沒收，不必僅將豬皮上所蓋之偽印文沒收。

▲【70臺上2162】參見本法第210條。

▲【70臺上2480】參見本法第217條。

第220條　（以文書論之定義）

I.在紙上或物品上之文字、符號、圖畫、照像，依習慣或特約，足以為表示其用意之證明者，關於本章及本章以外各罪，以文書論。

II.錄音、錄影或電磁紀錄，藉機器或電腦之處理所顯示之聲音、影像或符號，足以為表示其用意之證明者，亦同。

(94)本條第3項電磁紀錄之定義，已修正移列於總則編第10條第6項，以利普遍適用於其他罪章及法令之規定，爰配合刪除本條第3項。

▲【53臺上2905】參見本法第210條。

▲【55臺上305】上訴人偽刻臺糖飼料檢驗用之戳記，加蓋於換裝飼料出售之紙袋，表示業經臺糖公司檢驗合格，即與刑法第220條所稱足以表示其用意之證明者相當，其連續行使此種偽造以文書論之公文書，自係足生損害於公眾之行為。

▲【64臺上1597】偽造印章蓋於支票之背面即係偽造背書，其性質係屬偽造**私文書**，不待依習慣或特約，即足認定其用意之表示，無刑法第220條之適用。

▲【66臺上1961】**機車引擎號碼，係機車製造廠商出廠之標誌，乃表示一定用意之證明**，依刑法第220條規定，應以私文書論。上訴人將原有舊機車上之引擎號碼鋸下，用強力膠黏貼於另一機車引擎上，乃具有創設性，應屬偽造而非變造。

▲【83臺上6631】參見本法第210條。

第十六章　妨害性自主罪

第221條　（強制性交罪）

對於男女以強暴、脅迫、恐嚇、催眠術或其他違反其意願之方法而為性交者，處三年以上十年以下有期徒刑。

前項之未遂犯罰之。

(88)一、原條文中「姦淫」一詞其意為男女私合，或男女不正當之性交行為，不無放蕩淫逸之意涵，對於被害人誠屬難堪，故予修正為「性交」。

二、強制性交罪之被害人包括男性，故修改「婦女」為「男女」，以維男女平權之原則。

三、原條文中的「致使不能抗拒」，要件過於嚴格，容易造成受侵害者，因為需要「拼命抵抗」而造成生命或身體方面更大的傷害，故修正為「違反其意願之方法」。

◇**強暴**：物理力之施加。

◇**脅迫**：使對方心生畏怖，而行**現在**之惡害告知。

◇**恐嚇**：使對方心生畏怖，而行**未來**之惡害告知。惟亦有見解認為，部分學說區分脅迫為現在惡害、恐嚇為未來惡害並無實益，蓋對脅迫（恐嚇）行為當下而言，所有的惡害均為未來之惡害，故重點在於惡害通知本身而非惡害發生的時間點，係恐嚇或脅迫，並無實質差異。

◇**其他違反意願之方法**：本要件之性質，學說上有不同看法。有見解採「**高度強制手段說**」，認為須與前揭強暴、脅迫等要件程度相當；有見解採「**低度強制手段說**」，認為只要陷被害人於一無助、難以反抗或逃脫之狀態，即可構成；而實務見解（97年第5次刑庭決議）認為，其他違反意願之方法不以類似於所列舉之強暴、脅迫、恐嚇、催眠術等相當之其他強制方法，足以壓抑被害人之性自主決定權為必要，即採「**強制手段不要說**」。

▲【58臺上51】強姦罪既遂與未遂之區分，採**接合說**，祇須陰莖之一部插入女陰即屬既遂，不以全部插入為必要，而女方之處女膜有無因姦破裂，尤非所問。

▲【62臺上2090】所謂兩性生殖器接合構成姦淫既遂一節，係**以兩性生殖器官已否接合為準**，不以滿足性慾為必要，申言之，即男性陰莖一部已插入女陰，縱未全部插入或未射精，亦應成立姦淫既遂，否則雙方生殖器官僅接觸而未插入，即未達於接合程度，應為未遂犯。

▲【63臺上2235】刑法上之**猥褻罪，係指姦淫以外，足以興奮或滿足性慾之一切色情行為**而言，若行為人意在姦淫，而已著手實行且已達於用強程度，縱令未達目的，仍應論以強姦未遂，不得論以猥褻。

▲【71臺上1562】刑法（舊）第221條第1項強姦罪、第224條第1項強制猥褻罪，與第225條第1項乘機姦淫罪、同條第2項乘機猥褻罪，

其主要區別在於**犯人是否施用強制力及被害人不能抗拒之原因如何造成**，為其判別之標準。如被害人不能抗拒之原因，為犯人所故意造成者，應成立強姦罪或強制猥褻罪。如被害人不能抗拒之原因，非出於犯人所為，且無共犯關係之情形，僅於被害人心神喪失或其他相類之情形不能抗拒時，犯人乘此時機以行姦淫或猥褻行為者，則應依乘機姦淫或乘機猥褻論處。

▲【103 臺上 2730】 刑法第 221 條第 1 項及第 224 條規定所稱「**其他違反其意願之方法**」，並不**以類似同條項所列舉之強暴、脅迫、恐嚇或催眠術等方法為必要，祇要行為人主觀上具備侵害被害人性自主之行使、維護，以足使被害人性自主決定意願受妨害之任何手段，均屬之**。而人之智能本有差異，於遭逢感情、健康、事業等挫折，而處於徬徨無助之際，其意思決定之自主能力顯屬薄弱而易受影響，若以科學上無法即為印證之手段為誘使（例如法力、神怪、宗教或迷信等），由該行為之外觀，依通常識能力判斷其方法、目的，欠缺社會相當性，且係趁人急迫無助之心理狀態，以能解除其困境而壓制人之理性思考空間，使之作成通常一般人所不為而損己之性交或猥褻決定，此行為即屬一種違反意願之方法。

▲【105 臺上 1549】刑法第 221 條第 1 項之強制性交罪，以對於男女以強暴、脅迫、恐嚇、催眠術或其他違反其意願之方法而為性交，為成立要件。**所稱其他「違反其意願之方法」，指所列舉之強暴、脅迫、恐嚇、催眠術以外，其他一切違反被害人意願之方法，妨害被害人之意思自由者而言**。是行為人假借神靈之說及陰陽調和之術，使被害人相信而同意發生性交行為，是否成立強制性交罪，端視行為人是否利用被害人之錯誤或無知，致令被害人心生畏懼，或因而對被害人形成心理強制狀態，足以影響甚至壓抑或妨害被害人之性自主決定權而定；**如行為人所告知之事項或其行為，並未令被害人畏懼恐怖或因而形成心理強制狀態，被害人之性自由決定權未受侵害者，即難謂為違反其意願**。

第 222 條 　（加重強制性交罪）

I 犯前條之罪而有下列情形之一者，處七年以上有期徒刑：

　一　二人以上共同犯之。

　二　對未滿十四歲之男女犯之。

　三　對精神、身體障礙或其他心智缺陷

　　　之人犯之。

　四　以藥劑犯之。

　五　對被害人施以凌虐。

　六　利用駕駛供公眾或不特定人運輸

　　　之交通工具之機會犯之。

　七　侵入住宅或有人居住之建築物、船

　　　艦或隱匿其內犯之。

　八　攜帶兇器犯之。

　九　對被害人為照相、錄音、錄影或散

　　　布、播送該影像、聲音、電磁紀

　　　錄。

II.前項之未遂犯罰之。

◇「**二人以上**」共同犯之：本要件之解釋，實務見解認為兩人均需在場共同實行或參與分擔行為，方可計入，故排除共謀共同正犯計入「二人」之計算；惟學說上有認為，本條加重處罰之理由在於帶給被害人更大的性羞恥，單純分擔強制行為而未親為性交的情形，以共同正犯法理評價即已足夠，故將**此處「二人」限於親自性交之人方計入**。

▲【102 臺上 5128】刑法第 222 條第 1 項第 3 款加重強制性交罪與第 225 條第 1 項乘機性交罪，其被害客體均為精神、身體障礙或其他心智缺陷之人，兩者主要之區別在於**犯罪行為人是否施用強制力及被害人不能抗拒之原因如何造成**為其判別之標準。設若被害人不能抗拒之原因，為犯罪行為人以詐術以外其他違反其意願之方法所故意造成者，應成立強制性交罪；如被害人不知或不能抗拒之原因，非出於犯罪行為人所為，僅於被害人精神、身體障礙、心智缺陷或其他相類之情形，犯罪行為人利用被害人困於本身因素所造成不知或難以擷取意願之狀態下而為性交者，則依乘機性交罪論處。

▲【103 臺上 3066】修正前刑法第 221 條之強姦罪，係將藥劑與強暴、脅迫、催眠術，同列為該罪之手段，嗣因社會通念認為以藥劑為之，情節較惡劣，應加重非難，乃予修正，單獨提出，移列第 222 條，作為加重強制性交（按「性交」一詞，係中性文字，不涉法律評價，不同於「姦淫」具有貶抑之評價文義，無關風化）罪之一種。**此所稱藥劑，不以傳統上具有催情作用之藥劑為限，兼含迷幻、興奮劑及安眠、鎮靜劑等，祇要足以致人無法或難以自主決定、自由表達性意願，或超越正常表現性慾念者，均已該當**。其給與時

中
華
民
國
刑
法

第
二
編　
分　
則　
（第
二
二
三
～
二
二
四
之
一
條）

機，在性行為終了之前，任何時段均可，非謂必須先期備藥，而後投藥，再促成性交，依序進行；又其方式，暗中入藥、明白給藥、誘惑供藥，悉相同評價，僅情節輕重有別，量刑時允宜考慮而已。易言之，**其因果關係，乃存在於行為人利用藥劑，結果致被害人性意思自主之能力受有妨害，要與行為人是否事先備藥，而後發生性行為無關；至於獲得對方同意，利用藥劑，以促進或助益性事，無成立本罪之餘地，乃係當然**。惟該藥劑，倘屬管制之各級毒品，於誘惑供藥之場合，毒品危害防制條例第 7 條設有引誘他人施用毒品之禁制規定，此所謂引誘，顧名思義，即引導誘惑，類似於教唆、煽惑之概念，但偏重引導，例如：示範使人一樣模仿；游說令人嚮往照做；指引方向、誘發踐行造者所欲之事。具體言之，引誘他人施用毒品，結果影響其性自主決定能力，無論係增加性慾或降低性抗拒能力而性交，皆成立此罪，因與上揭刑法妨害性自主罪具有想像競合犯關係，應從一重論以加重強制性交罪。再者，上揭諸情，要與行為人利用被害人自行、主動、非受引誘施用藥劑，自陷於不能或不知抗拒田地，而對之性交，應成立刑法第 225 條第 1 項之乘機性交罪情形，仍有不同。

第 223 條　（刪除）

⑧原條文「強姦殺人罪」併入第 226 條之 1，與強制性交重傷害被害人等之結合犯並列，故刪除。

第 224 條　（強制猥褻罪）

對於男女以強暴、脅迫、恐嚇、催眠術或其他違反其意願之方法，而為猥褻之行為者，處六月以上五年以下有期徒刑。

⑧一、原條文中「致使不能抗拒」改為「違反其意願之方法」，參考第 221 條說明三。

二、原條文第 2 項本質上屬合意猥褻，移至第 227 條第 2 項。

◇**猥褻**：實務認為係姦淫以外有關風化，客觀上足以引起、滿足行為人性慾之行為。至於程度為何，有所爭議。學說上有認為須限於肉體接觸如性器、私密部位之接觸，否則只構成單純的強制罪；有學說認為本罪係處罰行為人以其他性主體為工具而發洩自己性慾之行為，觀察重點在行為人的侵害；亦有學說認為本罪目的在於避免被害人受不當色慾之侵犯，故觀察重點應放在被害人的性自

主權是否受侵害，而非行為人性慾是否受到滿足。

▲【45 臺上 563】刑法（舊）第 224 條所謂猥褻行為，**係指姦淫以外有關風化之一切色慾行為而言**，若行為人意在姦淫而施用強暴脅迫之手段者，即使姦淫尚未開始，仍不得謂非著手強姦，不能論以刑法第 224 條第 1 項之罪。

▲【63 臺上 2235】參見本法第 221 條。

▲【71 臺上 1562】參見本法第 221 條。

第 224 條之 1　（加重強制猥褻罪）

犯前條之罪而有第二百二十二條第一項各款情形之一者，處三年以上十年以下有期徒刑。

⑧一、本條新增。

二、犯強制猥褻罪而有第 222 條第 1 項第 1 款之情形，均較普通強制猥褻罪惡性更重大，故加重處罰。

▲【101 臺上 5314】按刑法第 224 條所稱「其他違反其意願之方法」，係指該條所列舉之強暴、脅迫、恐嚇、催眠術以外，其他一切違反被害人意願，妨害被害人意思自由之方法而言，不以類似於所列舉之強暴、脅迫、恐嚇、催眠術等足以壓抑被害人性自主決定權之其他強制方法為必要；而刑法第 227 條第 2 項對於未滿十四歲之男女猥褻罪，係指行為人與未滿十四歲之男女合意為猥褻行為而言，對未滿十四歲男女為猥褻行為，苟非出於雙方合意，自不得論以該條項之罪，是**猥褻之對象倘為未滿七歲之男女，因該男女並無意思能力，即不可能與行為人有猥褻之合意，行為人所為自已妨害該未滿七歲男女「性自主決定」之意思自由，均應「以違反意願之方法」而為，應論以刑法第 224 條之 1 之加重強制猥褻罪**。

▲【101 臺上 1281】刑法第 224 條之 1 之加重強制猥褻罪，係以強暴、脅迫、恐嚇、催眠術或其他違反其意願之方法而對未滿十四歲之男女為猥褻之行為為其構成要件之一，而所謂「其他違反其意願之方法」，除須知情該男女不同意外，尚須以行為人使用違反其意願之「方法」始克當之，亦即**行為人所使用之手段雖不必使該未滿十四歲之男女已達不能抗拒而完全壓抑被害人之性自主決定權為必要，但仍應有積極施用手段，達於妨害被害人之意思自由，始足當之**，並非凡對於未滿十四歲之男女為猥褻者，即認當然係違反該男女意願之加重強制猥褻行為，否則刑法第 227 條

第 2 項之對於未滿十四歲之男女為猥褻之行為罪規定將形同具文。

第 225 條 （乘機性交猥褻罪）

I 對於男女利用其精神、身體障礙、心智缺陷或其他相類之情形，不能或不知抗拒而為性交者，處三年以上十年以下有期徒刑。

II 對於男女利用其精神、身體障礙、心智缺陷或其他相類之情形，不能或不知抗拒而為猥褻之行為者，處六月以上五年以下有期徒刑。

III 第一項之未遂犯罰之。

⑭一、有關行為人責任能力之認定標準，多數認為以生理學與心理學之混合立法體例為優，現行法以心神喪失、精神耗弱為認定之依據，實務上即因與醫學用語難以配合，而生適用之疑義，爰修正現行法第 19 條有關責任能力之認定。

二、所謂生理學與心理學之混合立法體例，在生理原因部分，以有無精神障礙或其他心智缺陷為準；在心理結果部分，則以行為人之辨識其行為違法，或依其辨識而行為之能力，是否屬不能、欠缺或顯著減低為斷。本條係因行為人利用被害人之不能或不知抗拒之狀態，而為性交或猥褻行為之處罰，亦屬對被害人之保護，則前開有關第 19 條「心神喪失、精神耗弱」之修正並不當然亦適用於本條之被害人，且修正案已修正此心神喪失、精神耗弱之名詞，故本條第 1 項及第 2 項亦應配合修正，以避免實務之適用，將行為人之責任能力與被害人特質之認定，採相同之認定標準，而與本條保護被害人之意旨有悖。故配合醫學用語，修正本條第 1 項、第 2 項之要件為利用「其精神、身體障礙、心智缺陷或其他相類之情形」。其次，本條被害人狀態之認定，不以被害人是否領有身心障礙手冊為判斷之依據，而係以被害人身、心之客觀狀態作為認定之標準，以與保護被害人之意旨相呼應。

▲【48 臺上 910】上訴人深夜侵入室內，乘被害人熟睡，登床伏身摸乳及褪褲腰，其目的非在猥褻而係圖姦，因被害人驚醒呼叫未達目的，應負對於婦女乘其與心神喪失相類之情形，不能抗拒而姦淫未遂罪，與其無故侵入住宅，又有方法結果之關係，應從較重之妨害風化未遂罪處斷。（註：應注意刑法已修正，刪除牽連犯之規定）

▲【60 臺上 3335】告訴人指稱被告在告訴人熟睡中壓在其身上感痛驚醒，拼命抗拒，被告將伊兩手捉住，用左手壓住伊嘴，再以右手拉脫其內褲等情，如果非虛，即已著手強姦行為，而進入強姦未遂階段，核與乘機姦淫未遂之情形不同。

▲【71 臺上 1562】參見本法第 221 條。

▲【103 臺上 4570】刑法第 225 條第 1 項之乘機性交罪，除以行為人之性交行為係利用被害人精神、身體障礙、心智缺陷或其他相類之情形外，尚須被害人「不能或不知抗拒而為性交」始足當之。

第 226 條 （強制性交猥褻等罪之加重結果犯）

犯第二百二十一條、第二百二十二條、第二百二十四條、第二百二十四條之一或第二百二十五條之罪，因而致被害人於死者，處無期徒刑或十年以上有期徒刑；致重傷者，處十年以上有期徒刑。

因而致被害人羞忿自殺或意圖自殺而致重傷者，處十年以上有期徒刑。

⑧一、依現行法輪姦致被害人於死或致重傷者，只論以第 222 條之輪姦罪非常不合理，故增訂對於「加重強制性交」及「加重強制猥褻罪」之加重結果犯之處罰。

二、比較第 222 條之刑度，將最低本刑七年以上有期徒刑，提高為十年以上有期徒刑，以求刑罰之公平。

三、第 2 項條文加重刑罰。

▲【30 上 1614】刑法第 226 條第 2 項關於強姦因而致被害人羞忿自殺之規定，必須有強姦已遂或未遂之事實，及被害人因此事實而羞忿自殺者，始有其適用，**如並無此項事實，或雖有此事實，但其自殺並非由於羞忿，而係另有原因者，均不能依該條論罪。**

▲【32 上 1206】上訴人之強姦雖尚未遂，亦未將被害人推墜水中，但該被害人既係因拒姦跌入塘內溺斃，其死亡之發生，與上訴人之強姦行為，**顯有相當因果關係**，上訴人自難辭強姦因而致被害人於死之罪責。

第 226 條之 1 （強制性交猥褻等罪之殺人重傷害之結合犯）

犯第二百二十一條、第二百二十二條、第二百二十四條、第二百二十四條之一或第

二百二十五條之罪，而故意殺害被害人者，處死刑或無期徒刑；使被害人受重傷者，處無期徒刑或十年以上有期徒刑。

⑧一、現行法第 223 條「強姦殺人罪」併入本條。

二、現行法只對強姦故意殺人者處以死刑規定，然「強制性交罪」、「加重強制性交罪」、「強制猥褻罪」及「加重強制猥褻罪」，雖其犯罪行為狀況不同，但若故意殺害被害人，其結果相同，惡性同等重大，故一併規範之。

三、強姦而殺被害人，現行法規定絕對死刑一種，難以依實際犯罪情節，妥當量處，爰修改為相對死刑，得處死刑或無期徒刑。

四、強姦或強制猥褻被害人而重傷害被害人者，現行法並無結合犯之處罰，實務上僅能與現行法第 278 條第 1 項從一重處斷，造成情重法輕之現象，爰增設後段規定之，以求刑罰之公平。

▲【99 臺上 5941】刑法第 226 條之 1 之強制性交而故意殺害被害人罪，係將強制性交與殺人二個獨立犯罪行為，依法律規定結合為一罪，並加重其處罰，祇須相結合之殺人行為係既遂，即屬相當，其基礎犯之行為，不論是既遂或未遂，均得與之成立結合犯。又**所謂結合犯，僅須結合之二罪係相互利用其時機，在時間上有銜接性，在地點上有關連性，亦即二行為間具有密切之關連、事實之認識，即可與結合犯之意義相當**；至行為人究係先犯基本罪，抑或先犯結合罪，並非所問，亦不以行為之初具有相結合各罪之包括犯意為必要，是他罪之意究係出於實行基本行為之初，而為預定之計畫或具有概括之犯意，抑或出於實行基本行為之際，而新生之犯意，均不生影響。

第 227 條　（對未成年人為性交猥褻罪）

對於未滿十四歲之男女為性交者，處三年以上十年以下有期徒刑。

對於未滿十四歲之男女為猥褻之行為者，處六月以上五年以下有期徒刑。

對於十四歲以上未滿十六歲之男女為性交者，處七年以下有期徒刑。

對於十四歲以上未滿十六歲之男女為猥褻之行為者，處三年以下有期徒刑。

第一項、第三項之未遂犯罰之。

⑧一、現行法第 221 條第 2 項「準強姦罪」，改列本條第 1 項；第 224 條第 2 項「準強制猥褻罪」改列本條第 2 項。

二、妨害性自主罪之保護客體及於男性，故將現行法中「女子」改為「男女」。

◇合意：實務（99 年刑庭第 7 次決議）區分被害人七歲以下與七至十四歲之情形。七歲以下本於難以證明幼童意願，行為人均構成刑法第 222 條第 1 項第 2 款之加重強制性交罪；七至十四歲之情形則區分合意與非合意，非合意者構成刑法第 222 條第 1 項第 2 款之加重強制性交罪，合意者構成刑法第 227 條與幼童性交罪。惟有學者批評本條未以合意與否為要件，實務如此區分將民法的合意規定類推適用，違反罪刑法定原則，且有無同意能力及是否合意係兩層次問題，不宜混為一談。

▲【63 臺上 3827】刑法（舊）第 227 條第 1 項姦淫十四歲以上未滿十六歲之女子罪，係因年稚之女子對於性行為欠缺同意能力，故特設處罰明文以資保護，其父之同意不能阻卻犯罪，亦無刑法第 16 條但書後段所定免刑之適用。

第 227 條之 1　（減刑或免刑）

十八歲以下之人犯前條之罪者，減輕或免除其刑。

⑧對年齡相若之年輕男女，因相戀自願發生性行為之情形，若一律以第 227 條之刑罰論處，未免過苛，故一律減輕或免除其刑。

第 228 條　（利用權勢性交或猥褻罪）

I.對於因親屬、監護、教養、教育、訓練、救濟、醫療、公務、業務或其他相類關係受自己監督、扶助、照護之人，利用權勢或機會為性交者，處六月以上五年以下有期徒刑。

II.因前項情形而為猥褻之行為者，處三年以下有期徒刑。

第一項之未遂犯罰之。

⑧增訂因「教育」、「訓練」、「醫療」之關係利用權勢或機會為性交或為猥褻行為之處罰。

▲【33 上 262】刑法第 228 條之姦淫罪，係以行為人與被姦人有該條所定監督與服從之關係，**行為人對於服從其監督之人，利用其監督之權勢，實施姦淫，而被姦淫之人處於權勢之下，有不得不服從之勢者**，方可構成，如相姦者出於甘願，絲毫與權勢無關，即係一種單純之和姦行為，彼此雖有上開關係，仍不在本條適用範圍之內。

第 229 條　（詐術性交罪）
　　以詐術使男女誤信為自己配偶，而聽從其
　　為性交者，處三年以上十年以下有期徒
　　刑。
　　前項之未遂犯罰之。

⑧一、修正原條文「婦女」為「男女」，使男性同為
　　保護之客體。
　　二、修正「姦淫」為「性交」，參考第 221 條說明
　　一。

▲【28 上 38】所謂以詐術使婦女誤信為自己配偶
　　而聽從其姦淫云者，係指他人施行詐術使婦女陷
　　於錯誤，誤信該犯人為其已結婚之配偶，與之性
　　交之謂，如該婦女僅誤信為將來可以結婚，先與
　　通姦，不能構成本罪。

第 229 條之 1　（告訴乃論）
　　對配偶犯第二百二十一條、第二百二十四
　　條之罪者，或未滿十八歲之人犯第二百二
　　十七條之罪者，須告訴乃論。

⑨現行條文關於對配偶犯第 221 條之罪須告訴乃
　　論，而情節較輕之第 224 條強制猥褻罪反而為非
　　告訴乃論罪，有欠妥恰，爰增訂之。

第十六章之一　妨害風化罪

第 230 條　（血親為性交罪）
　　與直系或三親等內旁系血親為性交者，處
　　五年以下有期徒刑。

⑧原條文「相和姦」修正為「為性交」。

第 231 條　（圖利使人為性交或猥褻罪）
　Ⅰ意圖使男女與他人為性交或猥褻之行為，
　　而引誘、容留或媒介以營利者，處五年以
　　下有期徒刑，得併科十萬元以下罰金。以
　　詐術犯之者，亦同。
　Ⅱ公務員包庇他人犯前項之罪者，依前項之
　　規定加重其刑至二分之一。

⑨一、配合第 56 條連續犯之刪除，刪除現行第 2 項
　　常業犯之規定。
　　二、現行第 3 項條文移列為第 2 項。「前二項」及
　　「各該項」均修正為「前項」。

◇引誘：引導、誘惑，指引方向，以踐行造意者所
　　欲發生之事。

◇容留：提供場所，使人與他人在內為性交或猥褻
　　之行為。

▲【29 上 3853】刑法（舊）第 231 條第 1 項所
　　謂容留，係指供給姦淫者之場所而言，上訴人令
　　其買之良家女子賣淫，應成立意圖營利引誘與
　　人姦淫罪，雖仍觸犯同一法條，而罪名究有區別。

▲【51 臺上 166】參見本法第 41 條。

第 231 條之 1　（圖利強制使人為性交或
猥褻罪）
　Ⅰ意圖營利，以強暴、脅迫、恐嚇、監控、
　　藥劑、催眠術或其他違反本人意願之方法
　　使男女與他人為性交或猥褻之行為者，處
　　七年以上有期徒刑，得併科三十萬元以下
　　罰金。
　Ⅱ媒介、收受、藏匿前項之人或使之隱避
　　者，處一年以上七年以下有期徒刑。
　Ⅲ公務員包庇他人犯前二項之罪者，依各該
　　項之規定加重其刑至二分之一。
　Ⅳ第一項之未遂犯罰之。

⑨一、配合第 56 條連續犯之刪除，刪除現行第 3 項
　　常業犯之規定。
　　二、現行第 4 項改列為第 3 項，「前三項」之文字
　　修正為「前二項」；現行第 5 項改列第 4 項。

第 232 條　（利用權勢或圖利使人性交之
加重其刑）
　　對於第二百二十八條所定受自己監督、扶
　　助、照護之人，或夫對於妻，犯第二百三
　　十一條第一項、第二百三十一條之一第一
　　項、第二項之罪者，依各該條項之規定加
　　重其刑至二分之一。

⑧利用其身分、權勢而為第 228 條、第 231 條第 1
　　項、第 231 條之 1 第 1、2 項之行為者，應該加重
　　其處罰，以收遏阻之效，故加重其刑度。

▲【57 臺上 1846】刑法（舊）第 232 條之犯罪
　　對象，雖包括同法（舊）第 228 條所謂業務關係，
　　但以犯罪行為人因業務上之關係，對被害人處於
　　監督地位，而被害人亦因業務上之關係有服從之
　　義務者而言，如係普通僱傭關係，尚難謂有監督
　　及服從之必要。

▲【58 臺上 2276】刑法（舊）第 232 條，夫對
　　於妻意圖營利引誘與他人姦淫罪，以具有夫之身
　　分之人始能成立。上訴人既非被害人之夫，自難

為該條犯罪主體，如係與被害人之夫共同犯之，應依刑法第 31 條第 2 項規定，論以同法第 231 條第 1 項之罪。

第 233 條 （使未滿十六歲之男女為性交或猥褻罪）

I 意圖使未滿十六歲之男女與他人為性交或猥褻之行為，而引誘、容留或媒介之者，處五年以下有期徒刑、拘役或一萬五千元以下罰金。以詐術犯之者，亦同。

II 意圖營利犯前項之罪者，處一年以上七年以下有期徒刑，得併科十五萬元以下罰金。

⑩本罪最後修正於民國 88 年 3 月 30 日，爰依刑法施行法第 1 條之 1 第 2 項但書規定將罰金數額提高三倍，以增加法律明確性，並使刑法分則各罪罰金數額具內在邏輯一致性。

▲【51 臺上 1718】刑法上所謂引誘未滿十六歲之男女與他人為猥褻之行為或姦淫者，必其未滿十六歲之男女，本無與他人為猥褻之行為或姦淫之意思，因被其勾引誘惑，始決意與他人為猥褻之行為或姦淫，方足當之。

第 234 條 （公然猥褻罪）

I 意圖供人觀覽，公然為猥褻之行為者，處一年以下有期徒刑、拘役或九千元以下罰金。

II 意圖營利犯前項之罪者，處二年以下有期徒刑、拘役或科或併科三萬元以下罰金。

⑩本罪最後修正於民國 88 年 3 月 30 日，爰依刑法施行法第 1 條之 1 第 2 項但書規定將罰金數額提高三倍，以增加法律明確性，並使刑法分則各罪罰金數額具內在邏輯一致性。

◇猥褻：依實務見解，屬一切足以挑起他人性慾或滿足自己性慾，引起一般人性羞恥感之行為。

第 235 條 （散布、販賣猥褻物品及製造持有罪）

I 散布、播送或販賣猥褻之文字、圖畫、聲音、影像或其他物品，或公然陳列，或以他法供人觀覽、聽聞者，處二年以下有期徒刑、拘役或科或併科九萬元以下罰金。

II 意圖散布、播送、販賣而製造、持有前項文字、圖畫、聲音、影像及其附著物或其他物品者，亦同。

III 前二項之文字、圖畫、聲音或影像之附著物及物品，不問屬於犯人與否，沒收之。

⑩本罪最後修正於民國 88 年 3 月 30 日，爰依刑法施行法第 1 條之 1 第 2 項但書規定將罰金數額提高三倍，以增加法律明確性，並使刑法分則各罪罰金數額具內在邏輯一致性。

◇以他法供人觀覽：指條文所列之散布、播送、販賣、公然陳列以外，使他人得以觀賞、瀏覽猥褻物之行為。

◇散布：將猥褻物傳送、散布於特定或不特定多數人。

▲【84 臺上 6294】刑法第 235 條第 1 項之供人觀覽猥褻物品罪，乃屬侵害社會法益之罪，係以散布或販賣或公然陳列或以他法供人觀覽猥褻物品為要件，其中散布、販賣、公然陳列，乃例示規定，均屬圖供他人觀覽方法之一，但供人觀覽之方法，實不以上開三種為限，故又以他法供人觀覽之補充概括規定加以規範。**所謂公然陳列者，指陳列於不特定人或特定多數人得以共見共聞之公然狀態；而散布者，乃散發傳布於公眾之意；販賣行為，亦足以流傳於眾，多係對不特定人或特定多數人為之。**考其立法目的，以此等行為，使猥褻物品流傳於社會公眾，足以助長淫風，破壞社會善良風俗，其可罰性甚為顯著，此與猥褻物品僅供己或僅供極少數特定人觀覽，未達危害社會秩序而屬個人自由權限範疇之情形有別，故設刑罰規定，以資禁制。從而本罪所稱以他法供人觀覽之補充概括規定，雖未明定為公然，實與上開例示規定相同而含有公然之意，必係置於不特定人或特定多數人可得觀賞、瀏覽之狀態下，始足當之。

附註
本則判例與 88 年 4 月 21 日修正公布之刑法第 235 條規定並無牴觸。

▲【釋 617（節錄）】刑法第 235 條第 1 項規定所謂散布、播送、販賣、公然陳列猥褻之資訊或物品，或以他法供人觀覽、聽聞之行為，係指對**含有暴力、性虐待或人獸性交等而無藝術性、醫學性或教育性價值之猥褻資訊或物品為傳布，或對其他客觀上足以刺激或滿足性慾，而令一般人感覺不堪呈現於眾或不能忍受而排拒之猥褻資訊或物品，未採取適當之安全隔絕措施而傳布，使一般人得以見聞之行為；**同條第 2 項規定所謂意圖散布、播送、販賣而製造、持有猥褻資訊、物品

之行為，亦僅指**意圖傳布含有暴力、性虐待或人獸性交等而無藝術性、醫學性或教育性價值之猥褻資訊或物品而製造、持有之行為，或對其他客觀上足以刺激或滿足性慾，而令一般人感覺不堪呈現於眾或不能忍受而排拒之猥褻資訊或物品，意圖不採取適當安全隔絕措施之傳布，使一般人得以見聞而製造或持有該等猥褻資訊、物品之情形**，至對於製造、持有等原屬散布、播送及販賣等之預備行為，擬制為與散布、播送及販賣等傳布性資訊或物品之構成要件行為具有相同之不法程度，乃屬立法之形成自由；同條第 3 項規定針對猥褻之文字、圖畫、聲音或影像之附著物及物品，不問屬於犯人與否，一概沒收，亦僅限於違反前二項規定之猥褻資訊附著物及物品。依本解釋意旨，上開規定對性言論之表現與性資訊之流通，並未為過度之封鎖與歧視，對人民言論及出版自由之限制尚屬合理，與憲法第 23 條之比例原則要無不符，並未違背憲法第 11 條保障人民言論及出版自由之本旨。

第 236 條　（告訴乃論）

第二百三十條之罪，須告訴乃論。

⑱強制性交、強制猥褻等罪須告訴乃論，立法本意良善，但助長加害人逍遙法外，坐實本罪之氾濫，且強化被害人引以為恥之觀念。為破除此種不合時代潮流的父權社會思想，將強制性交等罪改為非告訴乃論，故本條修正只有第 230 條需告訴乃論。

第十七章　妨害婚姻及家庭罪

⬆查第二次修正案第十七章謂本案將原案姦非及重婚、略誘及和誘罪兩章，關於妨害婚姻及家庭各條，併為本章，以明立法之本旨。

第 237 條　（重婚罪）

有配偶而重為婚姻或同時與二人以上結婚者，處五年以下有期徒刑。其相婚者，亦同。

⬆查第二次修正案理由謂有配偶而重為婚姻句，修正案改作重為婚姻，而刪去有配偶之條件，其理由謂同時與二人結婚，是否重婚，顏涉疑問。但修正案所改包涵過廣，蓋重婚二字，指多於一次

而言，即續婚亦在其內。本案擬仍從原案，並加入同時與二人結婚句，較為完善。

查暫行律第 291 條注意謂既有配偶重為婚姻，雖不同居，然於律例上完備婚姻成立之要件，則為本罪之既遂。又查該條補箋內謂本罪非猥褻，亦非姦淫，乃為違背一夫一婦制度之罪，故本罪以已成婚之人，締結重複婚姻時而成立，不必男女閒有一日片時同樓之事實也。

第 238 條　（詐術結婚罪）

以詐術締結無效或得撤銷之婚姻，因而致婚姻無效之裁判或撤銷婚姻之裁判確定者，處三年以下有期徒刑。

⬆查第二次修正案理由謂本條原案無，本案以此種行為，祇負民事上離婚及扶養之義務，未足以蔽其辜，故擬參照外國立法例增入。

◇**致婚姻無效之裁判或撤銷婚姻之裁判確定者**：學說上多認為此要件為**客觀處罰條件**，即行為人主觀上無需認識，僅需客觀上條件達成即可。

第 239 條　（刪除）

▲【釋 791】刑法第 239 條規定：「有配偶而與人通姦者，處一年以下有期徒刑。其相姦者亦同。」對憲法第 22 條所保障性自主權之限制，與憲法第 23 條比例原則不符，應自本解釋公布之日起失其效力；於此範圍內，本院釋字第 554 號解釋應予變更。

刑事訴訟法第 239 條但書規定：「但刑法第 239 條之罪，對於配偶撤回告訴者，其效力不及於相姦人。」與憲法第 7 條保障平等權之意旨有違，且因刑法第 239 條規定業經本解釋宣告違憲失效而失所依附，故亦應自本解釋公布之日起失其效力。

第 240 條　（和誘罪）

Ⅰ.和誘未成年人脫離家庭或其他有監督權之人者，處三年以下有期徒刑。

Ⅱ.和誘有配偶之人脫離家庭者，亦同。

Ⅲ.意圖營利，或意圖使被誘人為猥褻之行為或性交，而犯前二項之罪者，處六月以上五年以下有期徒刑，得併科五十萬元以下罰金。

Ⅳ.前三項之未遂犯罰之。

⑩一、原第一項之保護客體為「未滿二十歲」之男女，及父母或其他有監督權之人對於未成年人之

監督權，係以未滿二十歲之人尚未成年而有保護之必要，為配合民法成年年齡下修為十八歲，爰將「未滿二十歲」修正為「未成年」，俾與民法規範一致。另本項保護之對象應無區分男女之必要，一併予以修正，以杜爭議。

二、提高第 3 項之罰金刑，以符合罰金刑級距之配置。

三、第 2 項及第 4 項未修正。

◇**和誘**：以和平、不違反被害人意願的方式誘拐被害人，使其脫離有監督權人之監督，而置於自己實力支配之下。

▲【29 上 2442】刑法上之和誘，**原係指得被誘人同意將其誘出置於自己支配力之下者而言**，某婦雖自願背夫與被告偕逃，而既係出自被告之引誘，要難謂與和誘之要件不符。

▲【51 臺上 2272】刑法上之和誘，**係指被誘人知拐誘之目的而予同意者而言**，如施用詐術等不正當手段，反乎被誘人之意思，而將其置於自己實力支配之下，則為略誘，而非和誘。

第 241 條　（略誘罪）

Ⅰ略誘未成年人脫離家庭或其他有監督權之人者，處一年以上七年以下有期徒刑。

Ⅱ意圖營利，或意圖使被誘人為猥褻之行為或性交，而犯前項之罪者，處三年以上十年以下有期徒刑，得併科二百萬元以下罰金。

Ⅲ和誘未滿十六歲之人，以略誘論。

Ⅳ前三項之未遂犯罰之。

⑩一、第 1 項修正「未滿二十歲之男女」為「未成年人」，理由同修正條文第 240 條說明一。

二、提高第 2 項之罰金刑，以符合罰金刑級距之配置。

三、第 3 項修正「男女」為「人」，理由同修正條文第 240 條說明一。

四、第 4 項未修正。

◇**略誘**：違反被害人意思而誘拐被害人，使其脫離有監督權人之監督，而置於自己實力支配之下。至於違反何人之意思，有學說認為以被誘人為主，亦有學說認為違反被誘人或監督權人之意思均可。

▲【51 臺上 2128】刑法（舊）第 241 條第 3 項和誘未滿十六歲之女子以略誘論之規定，係指行為人誘拐之手段本係和而非略誘而言，若意圖營

利施用略誘之手段犯之者，即屬略誘行為，雖被害人年齡未滿十六歲，仍應適用該條第 2 項處斷，無再適用同條第 3 項之餘地。

第 242 條　（移送被誘人出國罪）

Ⅰ移送前二條之被誘人出中華民國領域外者，處無期徒刑或七年以上有期徒刑。

Ⅱ前項之未遂犯罰之。

第 243 條　（收受、藏匿被誘人或使之隱避罪）

Ⅰ意圖營利、或意圖使第二百四十條或第二百四十一條之被誘人為猥褻之行為或性交，而收受、藏匿被誘人或使之隱避者，處六月以上五年以下有期徒刑，得併科一萬五千元以下罰金。

Ⅱ前項之未遂犯罰之。

⑩⑧本罪於民國 88 年 3 月 30 日修正時並未依刑法施行法第 1 條之 1 所揭之旨將罰金數額提高十倍，造成刑法內在邏輯不一致之情形，亦有違罪責相當性原則之要求，爰提案修正將罰金數額提高三十倍。

▲【51 臺上 2272】參見本法第 240 條。

▲【87 臺上 1568】刑法第 243 條第 1 項之收受被誘人罪，**所謂「收受」係指對於他人所誘出之人，予以收受，置於自己實力支配之下而言**。故在被誘人未脫離犯罪者實力支配前，仍應認為在犯罪行為繼續中，即為繼續犯，而非即成犯。

第 244 條　（減刑之特例）

犯第二百四十條至第二百四十三條之罪，於裁判宣告前送回被誘人或指明所在地因而尋獲者，得減輕其刑。

第 245 條　（告訴乃論）

第二百三十八條、第二百四十條第二項之罪，須告訴乃論。

第十八章　褻瀆祀典及侵害墳墓屍體罪

介查第二次修正案第十八章謂原案名褻瀆祀典及發掘墳墓罪，未能包括侵犯屍體各條，考各國刑法，其定本罪於專章者，類多名曰妨害宗教罪，改定

第二次修正案亦如之,迨本法由國民政府頒布時,又改用今名。又查暫行律第二十章原案謂中律祀典向隸禮律祭祀,凡邱壇寺觀,俱賅於內。查各國刑法,宗教特立一門,蓋崇奉神明之意,中外同此一理,既根於全國之習慣,即為社會秩序所關係,故仍設為專章。至各國正教,亦附於後,以符信教自由之原則。發掘墳墓,大率利其棺內財物,自唐以後俱列盜賊,然就廣義言之,或挾仇示辱,或貪圖吉壤,或指稱旱魃,原因複雜,不僅財物一項,茲從各國通例移輯本章之後。

第 246 條 　(侮辱宗教建築物或紀念場所罪、妨害祭禮罪)

I.對於壇廟、寺觀、教堂、墳墓或公眾紀念處所公然侮辱者,處六月以下有期徒刑、拘役或九千元以下罰金。

II.妨害喪、葬、祭禮、說教、禮拜者,亦同。

⑩一、本罪於民國 72 年 6 月 26 日後並未修正,爰依刑法施行法第 1 條之 1 第 2 項本文規定將罰金數額修正提高三十倍,以增加法律明確性,並使刑法分則各罪罰金數額具內在邏輯一致性。

二、第 2 項末句「亦同」修正為「,亦同」。

▲【院 1327】 死亡者之旁系卑親屬,因遺產爭執,妨害喪葬,應成立刑法第 246 條第 2 項之罪。至其有無繼承遺產權,與犯罪之成立無關。

第 247 條 　(侵害屍體罪、侵害遺骨遺髮殮物遺灰罪)

I.損壞、遺棄、污辱或盜取屍體者,處六月以上五年以下有期徒刑。

II.損壞、遺棄或盜取遺骨、遺髮、殮物或火葬之遺灰者,處五年以下有期徒刑。

III.前二項之未遂犯罰之。

⇧查第二次修正案理由謂姦淫屍體,及其他污辱之行為,間有所聞,近世法典,亦有規定為罪者,故本案於第 1 項增入污辱二字。又火葬遺灰與遺骨、遺髮性質相同,故擬仿意大利刑法及德國刑法準備草案增入。

又查暫行律第 258 條注意謂屍體未脫化者,與單純之人骨不同,遺骨及遺髮可代屍體埋葬禮拜,及其他宗教上崇為儀式者皆是。該條補箋內稱,屍體指人類之死體,其筋絡尚未分離者而言,既分離者稱為遺骨、遺髮,若全然化為石灰土泥者,不在屍體遺骨、遺髮字樣之內。我國習慣不重視

嬰兒及童稚之屍體與遺骨,本章雖未明揭,以法理推之,當包括此等字樣之中,蓋自獨自呼吸後,即為人類也。

▲【29 上 873】 遺棄屍體罪,以所遺棄者係屬屍體為要件。上訴人猛擊某甲倒地後,疑其已死,將其移置他處,次晨復甦,經醫治無效身死,是某甲當時實未身死,尚未成為屍體,上訴人之行為,自不另行成立遺棄屍體罪。

▲【62 臺上 4313】 刑法第 247 條第 1 項之污辱屍體罪,以行為人知悉其加害之對象係屬屍體而予以污辱,始克當之,**若行為人並無屍體之認識,即無構成本條之罪之可言**。

第 248 條 　(發掘墳墓罪)

I.發掘墳墓者,處六月以上五年以下有期徒刑。

II.前項之未遂犯罰之。

⇧查第二次修正案理由謂修正案第 271 條,仿舊律於發掘墳墓句下,加見棺槨字樣,以為犯罪成立之條件,本案擬仍從原案,凡發掘墳墓者,概行處罰。至於見棺槨與否,乃犯罪行為之程度,可由法官審情處判。

◇**發掘**:開掘墳墓、損毀墳墓之建築,使墳墓中的屍骨暴露於外之行為。

▲【32 上 2248】 發掘墳墓,當然於墳墓有所毀損,自**不另行成立毀損罪**。

▲【70 臺上 3333】 發掘墳墓罪,乃係保護社會敬重墳墓之善良風俗,而非保護墳墓之本身或死者之遺族,**故無主之墳墓,亦在保護之列**。原判決所稱之王某,雖不知埋骨罈之墳墓係江某之祖墳,但對其所挖掘者為墳墓,當有認識,其予以挖掘之行為,仍應成立本罪。

第 249 條 　(發掘墳墓結合罪)

I.發掘墳墓而損壞、遺棄、污辱或盜取屍體者,處三年以上十年以下有期徒刑。

II.發掘墳墓而損壞、遺棄或盜取遺骨、遺髮、殮物或火葬之遺灰者,處一年以上七年以下有期徒刑。

▲【31 上 2334】 上訴人於發掘墳墓時,並挖損棺木,**該棺木既殮有屍體,即屬殮物之一種**,自應構成刑法第 249 條第 2 項之罪。至挖損之棺木,雖係他人之物,但其損壞之罪責,已包含於損壞殮物之內,不應再依同法第 354 條從一重處斷。

第 250 條　（侵害直系血親尊親屬屍體墳墓罪）

對於直系血親尊親屬犯第二百四十七條至第二百四十九條之罪者，加重其刑至二分之一。

⇧查暫行律第262條理由謂發塚之罪，自唐迄明本重，今益嚴厲，故本條所定之刑，較各國之立法例為重。我國舊律本應科死罪，今改以無期徒刑為其最重之刑，蓋以此種難屬大罪，而究與生存之尊親屬加以暴行者有別，故酌當稍輕，其理一也。發掘尊親因之墳墓而盜取其葬具，此種狂暴之行為，實教化未普之證，然刑與教化當對待，徒峻其刑，必不能絕此種非行之迹，故廢其剝奪生命之刑，而使腹感化主義之自由刑，其理二也。

第十九章　妨害農工商罪

第 251 條　（不法囤積物品哄抬價格牟利罪）

I.意圖抬高交易價格，囤積下列物品之一，無正當理由不應市銷售者，處三年以下有期徒刑、拘役或科或併科三十萬元以下罰金：

一　糧食、農產品或其他民生必需之飲食物品。

二　種苗、肥料、原料或其他農業、工業必需之物品。

三　前二款以外，經行政院公告之生活必需用品。

II.以強暴、脅迫妨害前項物品之販運者，處五年以下有期徒刑、拘役或科或併科五十萬元以下罰金。

III.意圖影響第一項物品之交易價格，而散布不實資訊者，處二年以下有期徒刑、拘役或科或併科二十萬元以下罰金。

IV.以廣播電視、電子通訊、網際網路或其他傳播工具犯前項之罪者，得加重其刑至二分之一。

V.第二項之未遂犯罰之。

⑩一、重要生活必需用品偶有藉機從事人為操縱或其他不當行為，將影響國民生活安定並阻礙全體社會經濟之發展，且國民健康與衛生之保障屬基本生存需求，惡意囤積商品影響國民健康與衛生

之行為，嚴重影響人民權益，實有處罰必要。

二、本條以刑罰手段處罰囤積不應市行為，而一般生活必需用品甚多，何種生活必需用品之囤積不應市應以刑罰手段處罰，應使人民得以預見，因國家負有維護國民健康與衛生以保障基本生存需求之義務，為因應生活必需用品供應之實際情勢，並避免擴大至所有民生物品，是以法律明定授權行政院公告生活必需用品，以符合授權明確性原則，爰增訂第1項第3款規定。

三、考量現今以廣播電視、電子通訊、網際網路或其他傳播工具等傳播方式，同時或長期對社會多數之公眾發送訊息傳送影響物價之不實資訊，往往造成廣大民眾恐慌及市場交易動盪更鉅。是意圖影響第1項物品之交易價格，而透過前開手段傳送不實資訊者，有加重處罰之必要，爰增訂第4項之加重處罰事由。

四、原第2項及第3項未修正；第4項移列第5項。

▲【25上7085】刑法第251條第1項第2款所謂妨害販運種子、肥料、原料及其他農業所需之物品，係指對於種子、肥料、原料及其他農業所需物品之販賣、運送加以妨害而言。上訴意旨，謂係妨害販運種子、肥料、原料及妨害農業上所需物品之義，顯屬誤會。

第 252 條　（妨害農事水利罪）

意圖加損害於他人而妨害其農事上之水利者，處二年以下有期徒刑、拘役或九千元以下罰金。

⑩本罪於民國72年6月26日後並未修正，爰依刑法施行法第1條之1第2項本文規定將罰金數額修正提高三十倍，以增加法律明確性，並使刑法分則各罪罰金數額具內在邏輯一致性。

▲【28上4216】妨害農事上水利罪之成立，一方需對於他人農事上之水利有妨害行為，而他方尤重在有加損害於他人之企圖，其僅在灌救自己田畝，而非圖損他人者，自難以該條論擬。

第 253 條　（偽造仿造商標商號罪）

意圖欺騙他人而偽造或仿造已登記之商標、商號者，處二年以下有期徒刑、拘役或科或併科九萬元以下罰金。

⑩本罪於民國72年6月26日後並未修正，爰依刑法施行法第1條之1第2項本文規定將罰金數額

修正提高三十倍，以增加法律明確性，並使刑法分則各罪罰金數額具內在邏輯一致性。

▲【院678】所謂仿造商標，指製造類似之商標足以使一般人誤認為真正商標者而言。

第254條 （販賣陳列輸入偽造仿造商標商號之貨物罪）

明知為偽造或仿造之商標、商號之貨物而販賣，或意圖販賣而陳列，或自外國輸入者，處六萬元以下罰金。

⑩本罪於民國72年6月26日後並未修正，爰依刑法施行法第1條之1第2項本文規定將罰金數額修正提高三十倍，以增加法律明確性，並使刑法分則各罪罰金數額具內在邏輯一致性。

第255條 （對商品為虛偽標記與販賣陳列輸入該商品罪）

I意圖欺騙他人，而就商品之原產國或品質，為虛偽之標記或其他表示者，處一年以下有期徒刑、拘役或三萬元以下罰金。

II明知為前項商品而販賣，或意圖販賣而陳列，或自外國輸入者，亦同。

⑩一、本罪於民國72年6月26日後並未修正，爰依刑法施行法第1條之1第2項本文規定將罰金數額修正提高三十倍，以增加法律明確性，並使刑法分則各罪罰金數額具內在邏輯一致性。
二、末句「亦同」修正為「，亦同」。

第二十章　鴉　片　罪

介查第二次修正案第二十章謂原案本章名鴉片烟罪，修正案理由謂，鴉片所以成立罪名者，因其貽毒社會，不論其為生藥、為熟膏、為煙為灰，厥害相等，是以海牙禁止鴉片公約，分別生熟兩項辦理。若僅舉烟字，反滋遺漏等語，故本案擬從修正案，改定今名。（按國民政府於18年7月25日公布之禁烟法，其科刑一章為本法之特別法，應儘先採用。）

第256條 （製造鴉片、毒品罪）

I製造鴉片者，處七年以下有期徒刑，得併科九萬元以下罰金。

II製造嗎啡、高根、海洛因或其化合質料者，處無期徒刑或五年以上有期徒刑，得併科十五萬元以下罰金。

III前二項之未遂犯罰之。

⑩一、本罪於民國72年6月26日後並未修正，爰依刑法施行法第1條之1第2項本文規定將罰金數額修正提高三十倍，以增加法律明確性，並使刑法分則各罪罰金數額具內在邏輯一致性。
二、第2項前段「或其他化合質料者」修正為「或其化合質料者」。

第257條 （販賣運輸鴉片、毒品罪）

I販賣或運輸鴉片者，處七年以下有期徒刑，得併科九萬元以下罰金。

II販賣或運輸嗎啡、高根、海洛因或其化合質料者，處三年以上十年以下有期徒刑，得併科十五萬元以下罰金。

III自外國輸入前二項之物者，處無期徒刑或五年以上有期徒刑，得併科三十萬元以下罰金。

IV前三項之未遂犯罰之。

⑩一、本罪於民國72年6月26日後並未修正，爰依刑法施行法第1條之1第2項本文規定將罰金數額修正提高三十倍，以增加法律明確性，並使刑法分則各罪罰金數額具內在邏輯一致性。
二、第2項中段「三年以上、十年以下」修正為「三年以上十年以下」。

▲【42臺上410】參見本法第55條。

第258條 （製造販運吸食鴉片器具罪）

I製造、販賣或運輸專供吸食鴉片之器具者，處三年以下有期徒刑，得併科一萬五千元以下罰金。

II前項之未遂犯罰之。

⑩本罪於民國72年6月26日後並未修正，爰依刑法施行法第1條之1第2項本文規定將罰金數額修正提高三十倍，以增加法律明確性，並使刑法分則各罪罰金數額具內在邏輯一致性。

第259條 （為人施打嗎啡或以館舍供人吸食鴉片罪）

I意圖營利，為人施打嗎啡或以館舍供人吸食鴉片或其化合質料者，處一年以上七年以下有期徒刑，得併科三萬元以下罰金。

II前項之未遂犯罰之。

⑩一、本罪於民國72年6月26日後並未修正，爰依刑法施行法第1條之1第2項本文規定將罰金數額修正提高三十倍，以增加法律明確性，並使刑法分則各罪罰金數額具內在邏輯一致性。

二、第 1 項後段「一年以上、七年以下」修正為「一年以上七年以下」。

▲【44 臺上 758】僅以館舍供人自行施打嗎啡之**行為**，祇能構成施打嗎啡之**幫助犯**，與刑法第 259 條之要件不合。

第 260 條 （栽種與販運罌粟種子罪）

I.意圖供製造鴉片、嗎啡之用而栽種罌粟者，處五年以下有期徒刑，得併科九萬元以下罰金。

II.意圖供製造鴉片、嗎啡之用而販賣或運輸罌粟種子者，處三年以下有期徒刑，得併科九萬元以下罰金。

III.前二項之未遂犯罰之。

⑩一、本罪於民國 72 年 6 月 26 日後並未修正，爰依刑法施行法第 1 條之 1 第 2 項本文規定將罰金數額修正提高三十倍，以增加法律明確性，並使刑法分則各罪罰金數額具內在邏輯一致性。

二、第 2 項前段「嗎啡之用，而販賣或運輸」修正為「嗎啡之用而販賣或運輸」。

第 261 條 （公務員強迫他人栽種或販運罌粟種子罪）

公務員利用權力強迫他人犯前條之罪者，處死刑或無期徒刑。

第 262 條 （吸用煙毒罪）

吸食鴉片或施打嗎啡或使用高根、海洛因或其化合質料者，處六月以下有期徒刑、拘役或一萬五千元以下罰金。

⑩本罪於民國 72 年 6 月 26 日後並未修正，爰依刑法施行法第 1 條之 1 第 2 項本文規定將罰金數額修正提高三十倍，以增加法律明確性，並使刑法分則各罪罰金數額具內在邏輯一致性。

第 263 條 （持有煙毒或吸食鴉片器具罪）

意圖供犯本章各罪之用，而持有鴉片、嗎啡、高根、海洛因或其化合質料，或專供吸食鴉片之器具者，處拘役或一萬五千元以下罰金。

⑩本罪於民國 72 年 6 月 26 日後並未修正，爰依刑法施行法第 1 條之 1 第 2 項本文規定將罰金數額修正提高三十倍，以增加法律明確性，並使刑法分則各罪罰金數額具內在邏輯一致性。

第 264 條 （公務員包庇煙毒罪）

公務員包庇他人犯本章各條之罪者，依各該條之規定加重其刑至二分之一。

第 265 條 （沒收物）

犯本章各條之罪者，其鴉片、嗎啡、高根、海洛因或其化合質料，或種子或專供吸食鴉片之器具，不問屬於犯人與否，沒收之。

第二十一章 賭 博 罪

第 266 條 （普通賭博罪與沒收物）

I.在公共場所或公眾得出入之場所賭博財物者，處三萬元以下罰金。但以供人暫時娛樂之物為賭者，不在此限。

II.當場賭博之器具與在賭檯或兌換籌碼處之財物，不問屬於犯人與否，沒收之。

⑩本罪於民國 72 年 6 月 26 日後並未修正，爰依刑法施行法第 1 條之 1 第 2 項本文規定將罰金數額修正提高三十倍，以增加法律明確性，並使刑法分則各罪罰金數額具內在邏輯一致性。

◇公共場所：不特定多數人出於公共之目的而使用的場所。

◇公眾得出入之場所：不特定多數人得以隨時進出之場所。**旅館房間**是否屬於公眾得出入之場所，學說上有所爭議。部分實務見解本於大眾得自由進出旅館採肯定見解，惟有學說認為房客對於房間有排他的支配使用權限，採否定見解。

◇**賭博**：兩人以上以不確定之事實為標的，以財物作為賭注之遊戲行為。

◇**供人暫時娛樂之物**：價值輕微、可即時消費，以供暫時娛樂的物品。

第 267 條 （刪除）

⑭一、本條刪除。

二、配合第 56 條連續犯之刪除，刪除本條常業犯之規定。

第 268 條 （圖利供給賭場或聚眾賭博罪）

意圖營利，供給賭博場所或聚眾賭博者，處三年以下有期徒刑，得併科九萬元以下罰金。

⑩本罪於民國 72 年 6 月 26 日後並未修正，爰依刑法施行法第 1 條之 1 第 2 項本文規定將罰金數額修正提高三十倍，以增加法律明確性，並使刑法分則各罪罰金數額具內在邏輯一致性。

◇供給賭博場所：以一定場所供給他人為賭博行為之意，至於該場所是否為公眾場所或具備賭博使用之設備，要非所問。

◇聚眾賭博：聚集不特定或特定多數人而為賭博行為。

▲【院解 3962】㈠意圖營利供給賭博場所或聚眾賭博，其賭場縱設在私人住宅內，仍應成立刑法第 268 條之罪。

第 269 條　（辦理有獎儲蓄或發行彩票罪、經營或媒介之罪）

I.意圖營利，辦理有獎儲蓄或未經政府允准而發行彩票者，處一年以下有期徒刑或拘役，得併科九萬元以下罰金。

II.經營前項有獎儲蓄或為買賣前項彩票之媒介者，處六月以下有期徒刑、拘役或科或併科三萬元以下罰金。

⑩本罪於民國 72 年 6 月 26 日後並未修正，爰依刑法施行法第 1 條之 1 第 2 項本文規定將罰金數額修正提高三十倍，以增加法律明確性，並使刑法分則各罪罰金數額具內在邏輯一致性。

◇有獎儲蓄：行為人聚集他人存款，定期開獎給予儲戶中獎機會之儲蓄。

◇發行彩票：發行具備一定金額，中獎給予一定獎金之彩票。

▲【院解 3326】賽馬本屬技術競賽，惟其附售彩票，如未經政府允准者，應成立刑法第 269 條第 1 項之罪。

第 270 條　（公務員包庇賭博罪）

公務員包庇他人犯本章各條之罪者，依各該條之規定，加重其刑至二分之一。

第二十二章　殺　人　罪

↥查第二次修正案第二十二章謂原案本章名殺傷罪，本案以殺人與傷害兩罪，輕重懸殊，而情節或有未易分明之處。例如殺人未遂成傷，以其有殺人之故意，應科以殺人未遂罪，不應科以傷害罪。又如傷害至死者，以其無殺人之故意，應科以傷害致死之罪，不應科以殺人罪。此種區別，每易錯誤，故本案擬將兩罪分為二章。

第 271 條　（普通殺人罪）

I.殺人者，處死刑、無期徒刑或十年以上有期徒刑。

II.前項之未遂犯罰之。

III.預備犯第一項之罪者，處二年以下有期徒刑。

↥查第二次修正案理由，謂原案因廢謀殺、故殺之別，故科罰自十年以上有期徒刑至死刑。按殺人罪之規定，各國刑法科刑之裁量，其範圍廣大，如原案者，惟日本一國，英美系分謀殺、故殺，德法系亦然，而羅馬人種之國，若意大利及南美洲諸國，皆分別殺人之尋常情節及重大情節，而謀殺則重大情節之一也。考各國刑法所謂情節重大者，約分為四：

一　因被害人之身分者，例如內外元首，依法執行職務之官員，尊親屬等。

二　因殺死之方法者，例如刺殺、毒殺及有凶殘行為等。

三　以殺人為犯他罪之目的者，例如謀財殺人、放火殺人、強姦殺人等。

四　因犯人有特別惡性者，例如謀殺及因貪殺人等。

以上各情節，我國舊律亦大同小異，故本案擬參酌中外法律，分別法定，庶免法官執行之失當。謀殺人者，為殺人重大情節之一，原案分謀殺、故殺之區別，其理由有三：一謂有預謀之殺意，與無預謀之殺意，法理上不能有正確之分別。二謂即使可分，而同一殺人，刑法究無輕重之差。三謂因犯意出於預謀，而加重其刑，何以別種犯罪俱無特許以重刑之規定，則預謀之殺傷，自無應處重罰之理。按第一說，因其難於分別，故主張廢止，似無充分之理由。夫律文之有待於解釋，及解釋上之難於分別者，多矣，即如原案所稱強暴詐術，不正當等名辭，學理上亦無正確之標準，有賴乎法官之酌情定奪，不獨謀殺為然。況謀殺、故殺，我國舊律，向有分別，成例具在，當不至如原案所慮之虞也。第二說，謂同一殺人罪，刑法究無輕重之差，以一語而抹煞各罪中輕重情節之條文，似有未當，即如同一賭博罪，而以賭博為常業與否，科罰遂有輕重，又同一殺人罪，而殺死尊親屬與殺死常人，科罰亦有輕重，故以犯意之輕重，而區別謀殺、故殺，未為不當。第三說，謂因犯意出於預謀，而加重其刑，何以他罪無此區別。夫各罪加重之情節，因其性質而異，

中華民國刑法

第二編　分　則

（第二七二～二七四條）

例如以犯某罪為常業，而加重其刑者，某罪有之，而某罪無之，因被害人之年齡而加重其刑者，亦然，其餘各種加重之標準（詳見總則刑之酌科章），莫不如是。故以預謀之故意，為殺人罪加重之情節，謂犯罪人有特別之兇性，因科以重刑，非必他罪亦出於一律也。以上原案三理由，尚嫌薄弱，本案故擬分別謀殺、故殺科罰。惟本法以普通殺人罪，既可處至死刑，如犯罪之手段極其可惡，自可由法官審酌一切，判處極刑，毋庸另為規定，故仍廢謀殺、故殺及殘忍殺人等之區別。又查暫行律第311條補箋，謂人者，指自己以外之自然人，在別條中無特別規定者而言。法律上之人字，有法人與自然人之別，刑律僅指自然人而言，惟胎兒，及死體，不在人字範圍之內。因胎兒未出生者，當為母體之一部，法律上不認為人，死體則人格已消滅，亦不得稱為人也，故殺胎兒及死體，另成其他之罪，不成本章之罪。至於殺害嬰兒，在普通知識，頗輕視之，揆之法理，實為大謬，蓋人自受生以後，在民法即為權利主體，在刑法則為被害主體，烏得置輕重於其間也。所謂特別規定者，如殺害尊親屬，另有專條之類是也。

◇**人的始期與終期**：人的始期，部分學者採**分娩程序開始說**，部分採**獨立呼吸說**，部分採**全部或一部露出說**，部分採**具備獨立存活能力說**。此一議題的討論實益，在於劃分墮胎罪、殺人罪、傷害罪等罪名的界線，蓋現行法針對「胎兒」的保護密度較低，僅在於侵害胎兒生命時方為可罰，但對於「人」的保護密度則遠較胎兒為高；人的終期，多數學說採「**心肺功能停止說**」，即呼吸和血液循環停止，導致生命徵候全部消失為止；部分學說採三徵候說、全腦死說等，惟在器官移植時，有學者主張應例外採「**腦死說**」。討論人的終期之實益，在於區分殺人、傷害等罪與毀損屍體罪的界線。

▲【48臺上33】殺人罪之成立，須於實施殺害時，即具有使其喪失生命之故意，倘缺乏此種故意，僅在使其成為重傷，而結果致重傷者，祇與使人受重傷之規定相當，要難遽以殺人未遂論處。

▲【66臺上542】上訴人以殺人之意思將其女拖殺後，雖昏迷而未死亡，誤認已死，而棄置於水圳，乃因溺水窒息而告死亡，仍不違背其殺人之本意，應負殺人罪責。

第272條　（殺直系血親尊親屬罪）

對於直系血親尊親屬，犯前條之罪者，加重其刑至二分之一。

⑩一、殺害直系血親尊親屬，除侵害生命法益外，更違反我國倫常孝道而屬嚴重之逆倫行為，故其法定刑較第271條殺人罪為重。惟原第1項法定刑為死刑或無期徒刑，嚴重限制法官個案量刑之裁量權。司法實務常見之個案，行為人因長期遭受直系血親尊親屬之虐待，因不堪被虐而犯本條之殺人犯行，其行為固屬法所不許，惟若只能量處無期徒刑或死刑，恐又過於嚴苛。爰參酌第250條侵害直系血親尊親屬屍體墳墓罪、第280條傷害直系血親尊親屬之規定，修正第1項之法定刑為加重其刑至二分之一，使法官得視其具體個案事實、犯罪情節及動機等為妥適量刑。

二、第1項修正為「對於直系血親尊親屬，犯前條之罪者，加重其刑至二分之一」，所謂「前條之罪」自包括第271條第2項未遂犯及第3項預備犯之處罰，為免重複規定，爰刪除原第2項及第3項。

◇**直系血親尊親屬**：本於加重理由在於敬重人倫的高度期待可能性，解釋上直系血親尊親屬當然包含自然與擬制血親。至於其體系地位有所爭議，但學說多認為係罪責要素。

▲【37上2192】被告某乙殺死養父某甲，依民法第1077條之規定，某甲自係某乙之直系血親尊親屬，應依刑法第272條第1項處斷。原判按照同法第271條第1項普通殺人罪論科，殊有違誤。

第273條　（義憤殺人罪）

Ⅰ當場激於義憤而殺人者，處七年以下有期徒刑。

Ⅱ前項之未遂犯罰之。

介查第二次修正案理由謂本條原案無，本案參照我國舊律，及外國立法例增入。所謂出於義憤者，例如因自己或親屬受莫大之侮辱，或妻子真人通姦等情節是也。

◇**基於義憤**：係「**被害人先有不義行為，且客觀上無可容忍足以引起公憤**」之行為（28上2564），立法理由並指出係例如配偶與人通姦、自己或親屬受重大侮辱情形。

第274條　（母殺嬰兒罪）

Ⅰ母因不得已之事由，於生產時或甫生產後，殺其子女者，處六月以上五年以下有期徒刑。

Ⅱ前項之未遂犯罰之。

⑩一、本條係對於殺人罪特別寬減之規定，其要件應嚴格限制，以避免對於甫出生嬰兒之生命保護

流於輕率。除維持原條文所規定之生產時或甫生產後之時間限制外，新增須限於「因不得已之事由」始得適用本條之規定。至於是否有「不得已之事由」，由司法實務審酌具體個案情事認定。例如：是否係遭性傷害受孕、是否係生產後始發現嬰兒有嚴重身心缺陷障礙或難以治療之疾病、家庭背景、經濟條件等綜合判斷之，爰修正第1項，並酌作標點符號修正。

二、第2項未修正。

▲【28上2240】上訴人扼死其所生女孩，已在出生後之第五日，自與刑法所定母於甫生產後，殺其子女之情形不合。

第275條　（加工自殺罪）

I.受他人囑託或得其承諾而殺之者，處一年以上七年以下有期徒刑。

II.教唆或幫助他人使之自殺者，處五年以下有期徒刑。

III.前二項之未遂犯罰之。

IV.謀為同死而犯前三項之罪者，得免除其刑。

⑩一、生命法益主體之個人處分自己生命之自殺行為，不構成犯罪。然因生命法益同時是社會國家存立基礎的法益，而具有絕對最高之價值，原條文就「受害人囑託殺人」、「得被害人承諾殺人」、「教唆他人自殺」及「幫助他人自殺」四種態樣均有處罰之規定。原條文就上開四種行為態樣之法定刑均定為一年以上七年以下有期徒刑，惟此四種行為態樣之惡性並不相同，前二者係被告從事殺人之構成要件行為，後二者係被害人自行結束生命，法律評價應有區別。爰將原第1項修正分設為二項，第1項為受他人囑託或得其承諾而殺之者，其惡性較重，維持原法定刑，另將惡性較輕之教唆或幫助他人使之自殺者，移列至第2項，並酌減其法定刑為五年以下有期徒刑，以符罪刑相當原則。

二、原第2項移列至第3項，並酌為文字修正。

三、原第3項規定得免除其刑之要件，係謀為同死而犯第1項之罪者，惟行為人謀為同死而為本罪之行為而未遂時，解釋上亦應得免除其刑，否則未遂情節較既遂為輕，反不能免除其刑，顯不合理，爰修正謀為同死而犯本罪之未遂犯亦得免除其刑，並配合移列至第4項。

◇受囑託而殺人：行為人得被害人本人之囑託殺害。

◇得承諾而殺人：行為人向被害人提出將之殺害之邀約，經被害人承諾而殺害。

◇謀為同死：個人阻卻刑罰事由，蓋謀為同死的加工自殺行為仍成立犯罪，僅因對其施以刑罰無法達成刑罰目的，基於刑事政策之考量而免除其刑。

▲【29上2014】教唆他人自殺罪，係指被教唆人於受教唆後願否自殺，仍由自己之意思決定者而言。**如被教唆人之自殺，係受教唆人之威脅所致，並非由於自由考慮之結果，即與教唆他人自殺之情形不同，其教唆者自應以殺人罪論處。**

▲【41臺上118】刑法第275條第1項幫助他人使之自殺罪，須於他人起意自殺之後，對於其自殺之行為，加以助力，以促成或便利其自殺為要件。事先對於他人縱有欺騙侮辱情事，而於其人自尋短見之行為，**並未加以助力，僅未予以阻止者**，尚不能繩以幫助他人使之自殺之罪。

第276條　（過失致死罪）

因過失致人於死者，處五年以下有期徒刑、拘役或五十萬元以下罰金。

⑩一、過失致死罪與殺人罪，雖行為人主觀犯意不同，但同樣造成被害人死亡之結果，惟原關於過失致死罪之法定刑為二年以下有期徒刑、拘役或二千元以下罰金，與殺人罪法定刑為死刑、無期徒刑或十年以上有期徒刑落差過大，在部分個案上，顯有不合理，而有提高過失致死罪法定刑之必要。爰修正第1項法定刑為五年以下有期徒刑、拘役或五十萬元以下罰金，使法官依個案情形審酌違反注意義務之情節而妥適之量刑，列為本條文。

二、原過失致死依行為人是否從事業務而有不同法定刑，原係考慮業務行為之危險性及發生實害頻率，高於一般過失行為，且其後果亦較嚴重；又從事業務之人對於一定危險之認識能力較一般人為強，其避免發生一定危險之期待可能性亦較常人為高，故其違反注意義務之可責性自亦較重。因此就業務過失造成之死亡結果，應較一般過失行為負較重之刑事責任。惟學說認從事業務之人因過失行為而造成之法益損害未必較一般人為大，且對其課以較高之注意義務，有違平等原則，又難以說明何以從事業務之人有較高之避免發生危險之期待。再者，司法實務適用之結果，過於擴張業務之範圍，已超越立法目的。而第1項已提高法定刑，法官得依具體個案違反注意義務之情節，量處適當之刑，已足資適用，爰刪除原第

2 項關於業務過失致死規定。

◇**業務加重的學說爭議**：108 年修法前有業務過失加重之規定。多數學說提出質疑：為何業務身份得以創設較高不法或罪責的量？一般認為，執行業務之人因為反覆實施業務，具備較高危險性，對於避免法益侵害結果之發生具有較高的期待可能性。惟批評論者認為，反覆實施業務若造成較多的犯罪行為，本有數個處罰依據，並無針對個別犯罪行為加重處罰的必要；再者所謂反覆實施即具有較高期待可能性，論證跳躍且空洞。因此學說上多認為欠缺合理加重依據的業務加重，恐怕會違反平等原則。108 年修法時刪除第 2 項業務過失加重之規定。

▲【64 臺上 1306】某甲於行兇後正欲跳海自殺，上訴人為防止其發生意外，命人將其綑縛於船員寢室之木櫃上，使之不能動彈達四天之久，致其自己刺傷之左手掌流血不止，既經鑑定因此造成四肢血液循環障礙，左前臂且已呈現缺血性壞死之變化，終於引起休克而死亡，具見上訴人未盡注意之能事，其過失行為與某甲之死亡，有相當之因果關係，自應負過失致人於死之刑責。

第二十三章　傷　害　罪

第 277 條　（普通傷害罪）

I. 傷害人之身體或健康者，處五年以下有期徒刑、拘役或五十萬元以下罰金。

II. 犯前項之罪，因而致人於死者，處無期徒刑或七年以上有期徒刑；致重傷者，處三年以上十年以下有期徒刑。

⑩一、本條為對身體實害之處罰，原第 1 項之法定刑為三年以下有期徒刑，拘役或一千元以下罰金，與第 302 條妨害自由罪、第 320 條竊盜罪等保護自由、財產法益之法定刑相較，刑度顯然過輕，且與修正條文第 278 條第 1 項重傷罪五年以上十二年以下有期徒刑之刑度落差過大。又傷害之態樣、手段、損害結果不一而足，應賦予法官較大之量刑空間，俾得視具體個案事實、犯罪情節及動機而為適當之量刑。爰將第 1 項法定刑修正為五年以下有期徒刑、拘役或五十萬元以下罰金，並酌作標點符號修正。

二、第 2 項酌作標點符號修正。

◇**傷害罪之法益**：有見解採「**傷害生理機能說**」，認為僅在於實際上造成被害者生理機能減損時方

該當於傷害，因此單純剪下一根頭髮不構成本罪；有見解採「**破壞身體完整性說**」，認為只要行為人使被害人的身體變成被害人不想要變成的樣子，而破壞其身體完整性者，即該當於傷害。故前例在此說之下則構成傷害罪。

▲【53 臺非 50】刑法第 277 條第 2 項傷害致人於死之罪，係因犯罪致發生一定結果而為加重其刑之規定，即以不法侵害人身體之故意，所施之傷害行為，致生行為人所不預期之死亡結果，使其就死亡結果負其刑責，與刑法第 276 條第 1 項因過失致人於死罪，其死亡結果係出於行為人之過失者迥異。

▲【59 臺上 1746】**重傷罪之成立，必須行為人原具有使人受重傷之故意始為相當**，若其僅以普通傷害之意思而毆打被害人，雖發生重傷之結果，亦係刑法第 277 條第 2 項後段普通傷害罪之加重結果犯，祇應成立傷害人致重傷罪，不能以刑法第 278 條第 1 項之重傷罪論科。

▲【61 臺上 289】參見本法第 17 條。

▲【62 臺上 3454】參見本法第 10 條。

▲【69 臺上 1931】 上訴人等四人同時同地基於同一原因圍毆被害人等二人，其中一人因傷致死，當時既無從明確分別圍毆之對象，顯係基於一共同之犯意分擔實施行為，應成立共同正犯，並負加重結果之全部罪責。

第 278 條　（重傷罪）

I. 使人受重傷者，處五年以上十二年以下有期徒刑。

II. 犯前項之罪因而致人於死者，處無期徒刑或十年以上有期徒刑。

III. 第一項之未遂犯罰之。

⑩一、第 1 項酌作標點符號修正。

二、原第 2 項之法定刑與修正條文第 277 條第 2 項前段傷害致死罪相同，惟本項係以重傷害之故意傷害他人而造成死亡結果，行為人主觀犯意與普通傷害有別，若法定刑相同，顯然輕重失衡而不符罪刑相當原則，爰修正第 2 項法定刑為無期徒刑或十年以上有期徒刑，以與傷害致死罪有所區別。

三、第 3 項未修正。

▲【47 臺上 1433】上訴人以小刀刺傷被害人面部，**既意在毀壞其容貌，即不能謂非有使人受重傷之故意**，縱因被害人竭力躲避，未致毀容，仍

應以使人受重傷未遂罪論處。

▲【51 臺上 600】參見本法第 10 條。

▲【55 臺上 1703】使人受重傷未遂與普通傷害之區別，**應以加害時有無致人重傷之故意為斷**。至於被害人受傷之部位以及加害人所用之兇器，有時雖可藉為認定有無重傷故意之心證，究不能據為絕對之標準。

▲【59 臺上 1746】參見本法第 277 條。

▲【61 臺上 289】參見本法第 17 條。

第 279 條　（義憤傷害罪）

當場激於義憤犯前二條之罪者，處二年以下有期徒刑、拘役或二十萬元以下罰金。但致人於死者，處五年以下有期徒刑。

⑩原條文罰金刑額數已不符時宜，爰配合修正罰金為二十萬元以下。

第 280 條　（傷害直系血親尊親屬罪）

對於直系血親尊親屬，犯第二百七十七條或第二百七十八條之罪者，加重其刑至二分之一。

第 281 條　（加暴行於直系血親尊親屬罪）

施強暴於直系血親尊親屬，未成傷者，處一年以下有期徒刑、拘役或十萬元以下罰金。

⑩原條文罰金刑額數已不符時宜，爰配合修正罰金為十萬元以下，並酌作標點符號修正。

第 282 條　（加工自傷罪）

I.受他人囑託或得其承諾而傷害之，因而致死者，處六月以上五年以下有期徒刑；致重傷者，處三年以下有期徒刑。

II.教唆或幫助他人使之自傷，因而致死者，處五年以下有期徒刑；致重傷者，處二年以下有期徒刑。

⑩一、身體健康法益主體之個人處分自己身體健康之自傷行為，不構成犯罪。然為善良風俗，原條文就「受被害人囑託傷害致死或致重傷」、「得被害人承諾傷害致死或致重傷」、「教唆傷害致死或致重傷」及「幫助他人傷害致死或致重傷」四種態樣均有處罰之規定。原條文就上開四種態樣之法定刑均相同，惟其行為態樣之惡性並不相同，

前二者係被告從事傷害之構成要件行為而致重傷或致死，後二者係被害人自行傷害身體，而造成重傷、死亡之結果，法律評價應與後二者不同。爰就其行為態樣區分為二項，第 1 項為受他人囑託或得其承諾而傷害者，其惡性較重，維持原法定刑，另將惡性較輕之教唆或幫助他人使之自傷者移列至第 2 項，並酌減其法定刑，致死者處五年以下有期徒刑，致重傷者處二年以下有期徒刑，以符罪刑相當原則。

二、有關加重結果致死或至重傷之處罰體例，本法均先規定致死，再規定致重傷，爰配合修正之，以符體例。

第 283 條　（聚眾鬥毆罪）

聚眾鬥毆致人於死或重傷者，在場助勢之人，處五年以下有期徒刑。

⑩一、聚眾鬥毆之在場助勢之人，若有事證足認其與實行傷害之行為人間有犯意聯絡及行為分擔，或有幫助行為，固可依正犯、共犯理論以傷害罪論處。惟若在場助勢之人與實行傷害之行為人間均無關係，且難以認定係幫助何人時，即應論以本罪。又在場助勢之人如有阻卻違法事由時，本可適用總則編關於阻卻違法之規定，爰刪除非出於正當防衛之要件。

二、在場助勢之行為，極易因群眾而擴大鬥毆之規模，造成對生命、身體更大之危害，而現今電子通訊、網際網路或其他媒體等傳播工具發達，屢見鬥毆之現場，快速、輕易地聚集多數人到場助長聲勢之情形，除使生命、身體法益受嚴重侵害之危險外，更危及社會治安至鉅，為有效遏止聚眾鬥毆在場助勢之行為，爰提高法定刑為五年以下有期徒刑。

三、本罪係處罰單純在場助勢者，若其下手實行傷害行為，本應依其主觀犯意及行為結果論罪。是原條文後段關於下手實施傷害者，仍依傷害各條之規定處斷之規定並無實益，爰予刪除。

◇**聚眾鬥毆**：依據本條之立法理由，本罪係為解決聚眾鬥毆時因歸責證明困難，導致殺人罪或傷害罪無法成立的漏洞。依實務見解（28 上 621），**「聚眾」係指參與鬥毆多數人處於隨時可以增加之狀況**，惟有學說認為此一限縮並無理由，解釋上應不以隨時可以增加為限。

◇**致人於死或重傷**：多數學說認為此為**客觀處罰條件**，即不以行為人主觀上有所認識為必要。惟

客觀上死亡或重傷結果，須與聚眾鬥毆有因果關係。

▲【28 上 621】刑法第 283 條所謂聚眾鬥毆，係指參與鬥毆之多數人，**有隨時可以增加之狀況者**而言。上訴人等與被告等雙方械鬥時，其參與鬥毆之人均係事前約定，並無隨時可以增加之狀況，自與聚眾鬥毆之情形不合。

第 284 條　（過失傷害罪）

因過失傷害人者，處一年以下有期徒刑、拘役或十萬元以下罰金；致重傷者，處三年以下有期徒刑、拘役或三十萬元以下罰金。

⑩一、原過失傷害依行為人是否從事業務而有不同法定刑，原係考慮業務行為之危險性及發生實害頻率，高於一般過失行為，且其後果亦較嚴重；又從事業務之人對於一定危險之認識能力較一般人為強，其避免發生一定危險之期待可能性亦較常人為高，故其違反注意義務之可責性自亦較重。因此就業務過失造成之傷害結果，應較一般過失行為而造成之傷害結果負擔較重之刑事責任。惟學說認認從事業務之人因過失行為而造成之法益損害未必較一般人為大，且對其課以較高之注意義務，有違平等原則，又難以說明何以從事業務之人有較高之避免發生危險之期待。再者，司法實務適用之結果，過於擴張業務之範圍，已超越立法目的，而有修正必要，爰刪除原第 2 項業務過失傷害之處罰規定，由法官得依其體個案違反注意義務之情節，量處適當之刑。

二、將第 1 項過失傷害、過失傷害致重傷之法定刑分別修正提高為一年以下有期徒刑、拘役或十萬元以下罰金及三年以下有期徒刑、拘役或三十萬元以下罰金，以符罪刑相當，列為本條文。

▲【49 臺上 517】㈠刑法第 277 條第 1 項之傷害罪及第 284 條之過失傷害罪，依第 287 條之規定，均須**告訴乃論**，縱與其他非告訴乃論之罪有方法結果之牽連關係，如未經合法告訴，仍不應予以受理。

第 285 條　（刪除）

⑩一、本條刪除。

二、本罪之行為人主觀上明知自己罹患花柳病，仍刻意隱瞞與他人為猥褻或姦淫等行為，而造成傳染花柳病予他人之結果，已構成修正條文第

277 條傷害罪，為避免法律適用之爭議，爰刪除本條規定。

第 286 條　（妨害幼童發育罪）

I 對於未滿十八歲之人，施以凌虐或以他法足以妨害其身心之健全或發育者，處六月以上五年以下有期徒刑。

II 意圖營利，而犯前項之罪者，處五年以上有期徒刑，得併科三百萬元以下罰金。

III 犯第一項之罪，因而致人於死者，處無期徒刑或十年以上有期徒刑；致重傷者，處五年以上十二年以下有期徒刑。

IV 犯第二項之罪，因而致人於死者，處無期徒刑或十二年以上有期徒刑；致重傷者，處十年以上有期徒刑。

⑩一、為促進兒童及少年身心健全發展並保護其權益，聯合國《兒童權利公約》(Convention on the Rights of the Child) 已由我國透過制定《兒童權利公約施行法》予以國內法化，該公約保護對象係以未滿十八歲者為對象；另鑒於《兒童及少年福利與權益保障法》第 2 條亦規定十八歲以下為兒童及少年，且同法第 49 條禁止對其身心虐待。為使本法與《兒童權利公約施行法》及《兒童及少年福利與權益保障法》對兒童及少年之保障規定有一致性，爰修正本條第 1 項前段，將受虐對象年齡由十六歲以下提高至十八歲以下。

二、原第 1 項之「凌虐」係指通常社會觀念上之凌辱虐待等非人道待遇，不論積極性之行為，如時予毆打，食不使飽；或消極性之行為，如病不使醫，傷不使療養等行為均包括在內。另實務上認為凌虐行為具有持續性，與偶然之毆打成傷情形有異。如行為人對於未滿十八歲之人施以凌虐行為，處罰不宜過輕，況修正條文第 277 條第 1 項傷害罪法定刑已提高為五年以下有期徒刑、拘役或五十萬元以下罰金，爰修正第 1 項後段法定刑為六月以上五年以下有期徒刑。

三、本法以凌虐為構成要件行為之犯罪，除本條以外，尚有第 126 條凌虐人犯罪，該罪就致人死及致重傷均定有加重結果犯之規定。為保護未滿十八歲之人免於因凌虐而致死、致重傷，爰參考德國刑法第 225 條規定，於第 3 項、第 4 項增訂加重結果犯之處罰。

四、第 2 項未修正。

▲【30 上 1787】刑法第 286 條第 1 項之凌虐，

係凌辱虐待之意，若偶有毆傷，而非通常社會觀念上所謂凌辱虐待之情形，祇能構成傷害人身體之罪。

第 287 條　（告訴乃論）

第二百七十七條第一項、第二百八十一條及第二百八十四條之罪，須告訴乃論。但公務員於執行職務時，犯第二百七十七條第一項之罪者，不在此限。

⑩配合刪除原第 285 條，酌作修正。
▲【49 臺上 517】參見本法第 284 條。

第二十四章　墮　胎　罪

第 288 條　（自行或聽從墮胎罪）

I.懷胎婦女服藥或以他法墮胎者，處六月以下有期徒刑、拘役或三千元以下罰金。
II.懷胎婦女聽從他人墮胎者，亦同。
III.因疾病或其他防止生命上危險之必要，而犯前二項之罪者，免除其刑。

⑩一、本罪於民國 72 年 6 月 26 日後並未修正，爰依刑法施行法第 1 條之 1 第 2 項本文規定將罰金數額修正提高三十倍，以增加法律明確性，並使刑法分則各罪罰金數額具內在邏輯一致性。
　二、第 2 項末句「亦同」修正為「，亦同」。
◇墮胎：胎兒自然分娩前將其與母體分離之行為。學說上有認為使胎兒早產與在母體內將胎兒殺害均屬之，惟亦有學說認為應排除早產，單純從殺胎解釋。

第 289 條　（加工墮胎罪）

I.受懷胎婦女之囑託或得其承諾，而使之墮胎者，處二年以下有期徒刑。
II.因而致婦女於死者，處六月以上五年以下有期徒刑。致重傷者，處三年以下有期徒刑。

第 290 條　（意圖營利加工墮胎罪）

I.意圖營利而犯前條第一項之罪者，處六月以上五年以下有期徒刑，得併科一萬五千元以下罰金。
II.因而致婦女於死者，處三年以上十年以下有期徒刑，得併科一萬五千元以下罰金；致重傷者，處一年以上七年以下有期徒刑，得併科一萬五千元以下罰金。

⑩一、本罪於民國 72 年 6 月 26 日後並未修正，爰依刑法施行法第 1 條之 1 第 2 項本文規定將罰金數額修正提高三十倍，以增加法律明確性，並使刑法分則各罪罰金數額具內在邏輯一致性。
　二、第 1 項中段「六月以上、五年以下」修正為「六月以上五年以下」；第 2 項前段「三年以上、十年以下」修正為「三年以上十年以下」；第 2 項後段「一年以上、七年以下」修正為「一年以上七年以下」。

第 291 條　（未得孕婦同意使之墮胎罪）

I.未受懷胎婦女之囑託或未得其承諾，而使之墮胎者，處一年以上七年以下有期徒刑。
II.因而致婦女於死者，處無期徒刑或七年以上有期徒刑。致重傷者，處三年以上十年以下有期徒刑。
III.第一項之未遂犯罰之。

⇧查第二次修正案理由謂原案第 334 條，列舉四款行為，皆係未得婦女之囑託或承諾者，故本案改為今文。

▲【29 上 3120】刑法第 291 條第 1 項之使婦女墮胎罪，**以有直接或間接之墮胎故意為必要**。倘無使之墮胎之故意，而由另一原因發生墮胎之結果者，則祇成立他罪，而不能論以本罪，即因墮胎致死，亦不能以同條第 2 項前段之罪論擬。

第 292 條　（介紹墮胎罪）

以文字、圖畫或他法，公然介紹墮胎之方法或物品，或公然介紹自己或他人為墮胎之行為者，處一年以下有期徒刑、拘役或科或併科三萬元以下罰金。

⑩本罪於民國 72 年 6 月 26 日後並未修正，爰依刑法施行法第 1 條之 1 第 2 項本文規定將罰金數額修正提高三十倍，以增加法律明確性，並使刑法分則各罪罰金數額具內在邏輯一致性。

第二十五章　遺　棄　罪

第 293 條　（無義務者之遺棄罪）

I.遺棄無自救力之人者，處六月以下有期徒刑、拘役或三千元以下罰金。
II.因而致人於死者，處五年以下有期徒刑；致重傷者，處三年以下有期徒刑。

⑩本罪於民國 72 年 6 月 26 日後並未修正，爰依刑

中華民國刑法

第二編　分　則　（第二九四～二九四之一條）

法施行法第 1 條之 1 第 2 項本文規定將罰金數額修正提高三十倍，以增加法律明確性，並使刑法分則各罪罰金數額具其內在邏輯一致性。

◇**遺棄**：解釋上本條**限於積極遺棄行為**，即移置或棄置無自救力之人，提升其生命、身體之風險到非容許程度的行為，例如從安全場所移置至危險場所，或從危險場所移置至更危險場所（95 臺上7250）。

◇**無自救力之人**：**指其人無維持生存所必要之能力而言**（32 上 2497）。此外，無自救力狀態除應具備繼續性，一時的無自救力不屬之。無自救力亦須在遺棄行為發生之前已經存在，而非透過遺棄行為始創設無自救力狀態。

▲**【院 1508】**刑法第 294 條**所謂無自救力之人，係指其人無維持其生存所必要之能力**而言，年力健全之婦女，不能僅以無資金、技能或未受教育為無自救力之原因。

第 294 條　（違背義務之遺棄罪）

Ⅰ對於無自救力之人，依法令或契約應扶助、養育或保護，而遺棄之，或不為其生存所必要之扶助、養育或保護者，處六月以上五年以下有期徒刑。

Ⅱ因而致人於死者，處無期徒刑或七年以上有期徒刑，致重傷者，處三年以上十年以下有期徒刑。

↑查暫行律第 339 條注意謂因法令而膺義務云者，指一定之親族，及其餘之人而言。因契約而膺義務云者，受人薪給之養老院、育嬰場、醫院、監督、執務員，及其餘運送人等而言。又該條補箋內稱本罪以不履行義務而成立，雖被害者無何等危險，亦不得以本罪論。例如，遺棄嬰兒於巡警廳內，雖有巡警即時為保護之處置，亦當以遺棄論。本罪成立，有三特別要件：（第一）遺棄者，係擔負法令上或契約上之義務，例如父子之間，夫婦之間，為擔負法令上義務者，運送業者對於旅客，為擔負契約上之義務者是也。（第二）被遺棄者，須係不能自活之人，不能自活非本資產之謂，謂其人為生存上必要之事宜之體力也，即老幼殘廢疾病者是。（第三）遺棄指不履行扶助養育保護而言，例如移被害者於寥閴無人之地而稽留之，或留被害者於住所，而犯人他往而不顧，或未辦被害者之身際，而不為之備辦飲食衣服等類皆是。原案注中，以已離被害者之身際解釋之，似嫌太狹。（按未離身際而不履行義務，如坐視病

者不予醫藥飲食之類，雖有義務者朝夕在側，亦不能不認為刑事犯罪。）

▲**【31 上 1867】**刑法第 294 條**所謂無自救力之人，係指其人非待他人之扶養、保護，即不能維持其生存者而言**。故依法令或契約負有此項義務之人，縱不履行義務，而被扶養保護人，並非絕無自救能力，或對於約定之扶養方法發生爭執，致未能繼續盡其扶養之義務者，均不能成立該條之遺棄罪。

▲**【32 上 2497】**刑法上**所謂無自救力之人，係指其人無自行維持生存所必要之能力者而言**，如因疾病、殘廢或老弱、幼稚等類之人等是。至其財產之能否自給，雖不無相當關係，究非以此為必要之條件。

▲**【87 臺上 2395】**刑法第 294 條第 1 項後段之遺棄罪，以負有扶助、養育或保護義務者，對於無自救力之人，不為其生存所必要之扶助、養育或保護為要件。**所謂「生存所必要之扶助、養育或保護」，係指義務人不履行其義務，於無自救力人之生存有危險者而言**。是本院 29 年上字第3777 號判例所稱：「若負有此項義務之人，不盡其義務，而事實上尚有他人為之養育或保護，對於該無自救力人之生命，並不發生危險者，即難成立該條之罪」應以對於該義務人不履行其義務之際，業已另有其他義務人為之扶助、養育或保護者為限；否則該義務人一旦不履行其義務，對於無自救力人之生存自有危險，仍無解於該罪責。

第 294 條之 1　（違背義務遺棄罪之免責條件）

對於無自救力之人，依民法親屬編應扶助、養育或保護，因有下列情形之一，而不為無自救力之人生存所必要之扶助、養育或保護者，不罰：

一　無自救力之人前為最輕本刑六月以上有期徒刑之罪之行為，而侵害其生命、身體或自由者。

二　無自救力之人前對其為第二百二十七條第三項、第二百二十八條第二項、第二百三十一條第一項、第二百八十六條之行為或人口販運防制法第三十二條、第三十三條之行為者。

三　無自救力之人前侵害其生命、身體、自由，而故意犯前二款以外之

中華民國刑法　第二編　分　則　（第二九四之一條）

　　罪，經判處逾六月有期徒刑確定者。

四　無自救力之人前對其無正當理由未盡扶養義務持續逾二年，且情節重大者。

⑨一、本條新增。

二、按民法扶養義務乃發生於有扶養必要及有扶養能力之一定親屬之間。惟徵諸社會實例，行為人依民法規定，對於無自救力人雖負有扶養義務，然因無自救力人先前實施侵害行為人生命、身體、自由之犯罪行為，例如殺人未遂、性侵害、虐待，或是未對行為人盡扶養義務，行為人因而不為無自救力人生存所必要之扶助、養育或保護，應認不具可非難性。若仍課負行為人遺棄罪責，有失衡平，亦與國民法律情感不符。爰增訂本條，明定阻卻遺棄罪成立之事由。

三、刑法第294條所謂「依法令」應扶助、養育或保護，不以民法親屬規定之扶養、保護及教養義務為限，尚包含其他法令在內，例如海商法之海難救助義務、道路交通管理處罰條例第62條之肇事救護義務。爰明定本條之適用，以依民法親屬編規定應負扶助、養育或保護者為限。

四、刑法第294條遺棄之遺棄行為，包含積極遺棄無自救力人之行為，以及消極不為無自救力人生存所必要之扶助、養育或保護之行為。爰明定僅限於「不為無自救力人生存所必要之扶助、養育或保護」之消極遺棄行為，始有本條之適用。若行為人積極遺棄無自救力人，即便有本條所定事由，仍不能阻卻遺棄罪之成立。

五、法定最輕本刑六月以上有期徒刑之罪，已非屬輕罪。無自救力人侵害行為人之生命、身體、自由而為是類犯罪行為，顯難苛求行為人仍對之為生存所必要之扶助、養育或保護，爰訂立第1款。所謂為侵害生命、身體、自由之犯罪行為，不以侵害個人法益之犯罪行為為限，凡侵害國家法益或社會法益之犯罪行為，致個人之生命、身體、自由間接或直接被害者，亦包括在內。

六、無自救力人對行為人為第227條3項、第228條第2項、第231條第1項或第286條之行為者，雖非法定最輕本刑六月以上有期徒刑之罪，惟亦難期待行為人仍對之為生存所必要之扶助、養育或保護，爰訂立第2款。

七、無自救力人對行為人故意犯本條第1款、第2款以外之罪，而侵害行為人之生命、身體、自由者，考量可能成立之罪名不一，個案之侵害結果輕重有別，復審的是類犯罪多為輕罪，為避免因無自救力人之輕微犯罪，即阻卻行為人遺棄罪之成立，造成輕重失衡，爰於第3款明定是類犯罪，必須經判處逾六月有期徒刑確定，始得阻卻遺棄罪之成立。又併受緩刑之宣告者，於緩刑期滿而緩刑之宣告未經撤銷前，依刑法第76條之規定，刑之宣告失其效力。刑既已消滅，即不符合本款之規定，從而不能阻卻遺棄罪之成立。

八、無自救力人對行為人負法定扶養義務，竟無正當理由而未盡扶養義務，雖因行為人另有人扶養，致其生命未陷於危險狀態，無自救力人方未成立遺棄罪。所謂正當理由，例如身心障礙、身患重病。若不論無自救力人未盡扶養義務之原因、期間長短、程度輕重，皆可阻卻行為人遺棄罪之成立，造成阻卻遺棄罪成立之範圍過大，影響無自救力人之法益保護，有失衡平，爰訂立第4款。又民法第1119條規定，扶養之程度，應按受扶養權利者之需要與負扶養義務者之經濟能力及身分定之。所謂「未盡扶養義務」包含未扶養及未依民法第1119條規定之扶養程度扶養。所謂「持續逾二年」係指未盡扶養義務之期間必須持續至逾二年。若係斷斷續續未盡扶養義務，且每次未盡扶養義務之期間持續皆未逾二年，即便多次未盡扶養義務之期間加總合計已逾二年，仍非此處所謂之「未盡扶養義務持續二年」。所謂「情節重大」係用以衡量未盡扶養義務之程度輕重。

九、無自救力人對行為人若有本條阻卻遺棄罪成立事由以外之事由，行為人因而不為無自救力人生存所必要之扶助、養育或保護者，例如無自救力人傷害行為人，經判處有期徒刑四月確定，則仍成立遺棄罪，惟依個案之情節輕重、影響，檢察官可依刑事訴訟法之規定裁量給予緩起訴處分，起訴後法院可依刑法第57條之規定，作為量刑之因素，甚或依刑法第59條之規定，予以減輕其刑。

十、依「民法」第1118條之1修正草案之規定，扶養義務之減輕或免除，須請求法院為之。法院減輕或免除扶養義務之確定裁判，僅向後發生效力，並無溯及既往之效力。因而於請求法院裁判減輕或免除扶養義務之前，依民法規定仍負扶養義務。本條所定阻卻遺棄罪成立之事由，與「民法」第1118條之1修正草案扶養義務之減輕免除事由相同者，事由是否存在，民刑事案件各自認定，彼此不受拘束，併此敘明。

第 295 條　（遺棄直系血親尊親屬罪）

對於直系血親尊親屬犯第二百九十四條之罪者，加重其刑至二分之一。

⑨配合第 294 條之 1 之增訂，修正「前條」之用語為第 294 條。

第二十六章　妨害自由罪

✿查第二次修正案第二十六章謂本章之罪，原案分別規定於私濫逮捕監禁罪，及妨害安全信用名譽及秘密罪兩章，本案以其侵害之法益為個人之自由，故合併原案各條，統名曰妨害自由罪，似較明顯。又侵犯居住一條，原案規定於妨害秩序章，本案以其為侵犯個人居住之自由，於公共秩序，尚為間接之關係，故仿外國立法例，一併規定於本章。

第 296 條　（使人為奴隸罪）

I.使人為奴隸或使人居於類似奴隸之不自由地位者，處一年以上七年以下有期徒刑。
II.前項之未遂犯罰之。

✿查第二次修正案理由謂本條原案無，惟舊律有買賣人口罪，其意與此略同。修正案第 363、64 條，依刑律補充條例增入強賣、和賣被扶助養育保護之人，及尊親屬強賣卑幼，或夫強賣妻之犯罪行為，本案以其所列舉遺漏尚多，故改為概括規定。

◇**使人為奴隸**：侵害被害人之人性尊嚴，否定被害人的主體性，使其喪失行動自由、意思自由的行為。

▲【院解 2941】擄掠人為奴或擄掠人賣與他人為奴，如係意圖營利，**應視被擄人年齡性別及有無家庭或其他有監督權之人**，分別適用刑法第 241 條第 2 項或第 298 條第 2 項處斷，如並非圖利而被擄人為未滿二十歲之男女，且有家庭或其他有監督權之人，應適用刑法第 241 條第 1 項處斷，若被擄人為已滿二十歲之男子，僅使其為奴而非圖利，或單純出賣男女與人為奴，並無擄掠情形者，均應依刑法第 296 條論科。

▲【32 上 1542】刑法第 296 條第 1 項使人為奴隸或使人居於類似奴隸之不自由地位者，**必須使人居於不法實力支配之下，而失去其普通人格者應有之自由**，始足當之。如僅令使女為傭僕之事，並未剝奪其普通人格者應有之自由，即與上開犯罪構成要件不符，不能律以該條之罪。

第 296 條之 1　（買賣、質押人口罪）

I.買賣、質押人口者，處五年以上有期徒刑，得併科五十萬元以下罰金。
II.意圖使人為性交或猥褻之行為而犯前項之罪者，處七年以上有期徒刑，得併科五十萬元以下罰金。
III.以強暴、脅迫、恐嚇、監控、藥劑、催眠術或其他違反本人意願之方法犯前二項之罪者，加重其刑至二分之一。
IV.媒介、收受、藏匿前三項被買賣、質押之人或使之隱避者，處一年以上七年以下期徒刑，得併科三十萬元以下罰金。
V.公務員包庇他人犯前四項之罪者，依各該項之規定加重其刑至二分之一。
VI.第一項至第三項之未遂犯罰之。

⑨一、配合第 56 條連續犯之刪除，刪除現行第 5 項常業犯之規定。

二、現行第 6 項、第 7 項條文移列為第 5 項、第 6 項，並將現行第 6 項之「前五項」修正為「前四項」。

第 297 條　（意圖營利以詐術使人出國罪）

I.意圖營利，以詐術使人出中華民國領域外者，處三年以上十年以下有期徒刑，得併科三十萬元以下罰金。
II.前項之未遂犯罰之。

⑨一、配合第 56 條連續犯之刪除，刪除本條第 2 項常業犯之規定。

二、因第 33 條之罰金刑已提高為新臺幣一千元以上，現行法第 1 項之罰金刑為「三千元以下」顯與前開修正扞格，爰依目前社會經濟水準、人民平均所得，參考罰金罰鍰提高標準條例第 2 條關於易科罰金、易服勞役就原定數額提高一百倍之標準，酌予提高罰金刑之上限。

三、現行第 3 項改列為第 2 項，文字「第一項」修正為「前項」。

第 298 條　（略誘婦女結婚罪、加重略誘罪）

I.意圖使婦女與自己或他人結婚而略誘之者，處五年以下有期徒刑。
II.意圖營利、或意圖使婦女為猥褻之行為或性交而略誘之者，處一年以上七年以下有

期徒刑，得併科三萬元以下罰金。

III.前二項之未遂犯罰之。

⑩本罪於民國88年3月30日修正時並未依刑法施行法第1條之1所揭之旨將罰金數額提高十倍，造成刑法內在邏輯不一致之情形，亦有違罪責相當性原則之要求，爰提案修正將罰金數額提高三十倍。

▲【71臺上280】刑法第302條妨害他人行動自由，係妨害自由罪之概括規定，若有合於其他特別較重規定者，如刑法（舊）第298條之略誘婦女罪，因其本質上已將剝奪人行動自由之觀念包含在內，即應逕依該條處罰，不能再依第302條論處。

第299條　（移送被略誘人出國罪）

I.移送前條被略誘人出中華民國領域外者，處五年以上有期徒刑。

II.前項之未遂犯罰之。

第300條　（收受、藏匿或隱避被略誘人罪）

I.意圖營利，或意圖使被略誘人為猥褻之行為或性交，而收受、藏匿被略誘人或使之隱避者，處六月以上五年以下有期徒刑，得併科一萬五千元以下罰金。

II.前項之未遂犯罰之。

⑩本罪於民國88年3月30日修正時並未依刑法施行法第1條之1所揭之旨將罰金數額提高十倍，造成刑法內在邏輯不一致之情形，亦有違罪責相當性原則之要求，爰提案修正將罰金數額提高三十倍。

◇使之隱避：收受、藏匿之外，使被略誘人隱藏退避而不易被人發現的行為。

▲【29上1325】刑法（舊）第300條之被略誘人，雖未明定以婦女為限，但該條既係承接同章第298條、第299條而來，就上開兩條之文義及條文排列之順序比較觀察，則其所謂被略誘人，自係指第298條之被略誘婦女而言。

第301條　（減輕之特例）

犯第二百九十八條至第三百條之罪，於裁判宣告前，送回被誘人或指明所在地因而尋獲者，得減輕其刑。

第302條　（剝奪他人行動自由罪）

I.私行拘禁或以其他非法方法，剝奪人之行動自由者，處五年以下有期徒刑、拘役或九千元以下罰金。

II.因而致人於死者，處無期徒刑或七年以上有期徒刑；致重傷者，處三年以上十年以下有期徒刑。

III.第一項之未遂犯罰之。

⑩一、本罪於民國72年6月26日後並未修正，爰依刑法施行法第1條之1第2項本文規定將罰金數額修正提高三十倍，以增加法律明確性，並使刑法分則各罪罰金數額具內在邏輯一致性。

二、第2項後段「三年以上、十年以下」修正為「三年以上十年以下」。

◇行動自由：本條行動自由如何解釋，學說上有不同見解。部分學說採「現實自由說」，即被害人擁有行動自由須以其現實上能行使其自由為前提。故若被害人當下並無行使行動自由的條件，行為人不構成本罪。依此見解，對熟睡中的被害人為拘禁可能不成立本罪 ；部分學說採 「潛在自由說」，即不以被害人現實上能行使自由為要件，只要被害人有行使自己行動自由的「可能性」，行為人即可成立本罪。

▲【45臺上31】上訴人為派出所警員，因某甲違警被其處罰後，風聞某甲將不利於己，乃擅行通知某甲到所，即以手銬將其銬扣於椅背，自難認為依法執行職務。當時某甲並未酗酒泥醉，亦與行政執行法第7條所定情形不符。即依警械使用條例更無執行警務而使用手銬之規定。其竟濫用手銬加諸於人，實難卸免假借職務上之權力妨害自由之罪責。

▲【71臺上280】參見本法第298條。

▲【74臺上3404】刑法第302條之妨害自由罪，原包括私禁及以其他非法方法剝奪人之行動自由而言，所謂非法方法，當包括強暴脅迫等情事在內。上訴人以水果刀強押周女上其駕駛之自用轎車，剝奪其行動自由，並將車駛向屏東縣萬丹公墓途中，周女要求迴車，並表示如不迴車，即跳車云云，上訴人於妨害自由行為繼續中，嚇稱如跳車即予輾死等語，自屬包含於妨害周女行動自由之同一意念之中。縱其所為，合於刑法第305條恐嚇危害安全之情形，仍應視為剝奪行動自由之部分行為，原判決認所犯低度之恐嚇危害安全

罪，為高度之剝奪行動自由罪所吸收，其法律見解，不無可議。

第303條　（剝奪直系血親尊親屬行動自由罪）

對於直系血親尊親屬犯前條第一項或第二項之罪者，加重其刑至二分之一。

▲【28上2382】繼母之身分，依民法規定，不過為血親之配偶，並**非直系血親尊親屬**，以非法方法剝奪其行動自由，自不能依刑法第303條加重其刑。

第304條　（強制罪）

I.以強暴、脅迫使人行無義務之事或妨害人行使權利者，處三年以下有期徒刑、拘役或九千元以下罰金。
II.前項之未遂犯罰之。

⑩本罪於民國72年6月26日後並未修正，爰依刑法施行法第1條之1第2項本文規定將罰金數額修正提高三十倍，以增加法律明確性，並使刑法分則各罪罰金數額具內在邏輯一致性。

◇**行無義務之事或妨害人行使權利**：實為妨害被害人法律上意思決定自由的一體兩面，學說上認為並無區分實益。宜注意者，此指的義務和權利僅限於合於法律的義務或權利，故非法的自由不受本條所保護。

◇**開放性構成要件**：通說認為，**在構成要件該當性具備之後，要正面審查本罪違法性，即審查手段目的關聯性是否值得非難**。其理由在於，強制罪「行無義務之事或妨害人行使權利」要件過廣，涵蓋諸多欠缺典型不法內涵的行為，故為限縮強制罪的可罰範圍，特於違法性從推定違法變成正面審查。其判斷標準在於強制手段與強制目的之間的可非難性，以社會倫理為標準，參考干預自由之目的、手段目的之間的內在關聯性、行為人是否優先使用國家提供之強制手段等，綜合衡量。惟通說見解將使合法手段追求不當目的之案例可能構成強制罪。**有學說則認為，強制罪並非在保護新的權利，而是原有規範下既有的自由，故只能保護被害人意志形成過程中不受過度干預，而非保護人的意志絕對不受扭曲**。因此並無必要正面審查違法性，合法的惡害手段既本為法秩序所許可，那麼僅是道德上值得非議，並不構成強制罪的不法。

▲【28上3650】刑法第304條之強暴、脅迫，祇以所用之強脅手段足以妨害他人行使權利，或足使他人行無義務之事為已足，並非以被害人之自由完全受其壓制為必要。如果上訴人雇工挑取積沙，所使用之工具確為被告強行取走，縱令雙方並無爭吵，而其攜走工具，既足以妨害他人工作之進行，要亦不得謂非該條之強暴、脅迫行為。

▲【28上3853】以強暴、脅迫使人行無義務之事，如係使人交付財物，或藉以取得不法之利益，即應成立強盜罪名，不得論以刑法第304條之罪。

▲【32上1378】搶奪及取取財物畀之內容，當然含有使人行無義務之事，或妨害人行使權利等妨害自由之性質，各該罪一經成立，則妨害自由之行為，即已包含在內，自無另行成立妨害自由罪名之餘地。

▲【53臺上475】被告等因上訴人購布尚未給付布款，聞其行將倒閉，情急強搬貨物，**意在抵債，並非意圖為自己不法之所有**，其行為僅應成立妨害人行使權利罪，尚難以搶奪或強盜罪相繩。

第305條　（恐嚇危害安全罪）

以加害生命、身體、自由、名譽、財產之事恐嚇他人，致生危害於安全者，處二年以下有期徒刑、拘役或九千元以下罰金。

⑩本罪於民國72年6月26日後並未修正，爰依刑法施行法第1條之1第2項本文規定將罰金數額修正提高三十倍，以增加法律明確性，並使刑法分則各罪罰金數額具內在邏輯一致性。

◇**恐嚇**：使相對人心生畏懼的惡害告知。

◇**致生危害於安全感**：指被害人主觀上感受到畏懼，妨害個人法和平之謂。

▲【26渝非15】刑法第305條所謂致生危害於安全，係指受惡害之通知者，因其恐嚇，生安全上之危險與實害而言。被告因與甲欠款涉訟，竟以槍打死等詞，向甲恐嚇。甲因畏懼向法院告訴，是其生命深感不安，顯而易見，即難謂未達於危害安全之程度。

▲【52臺上751】刑法第305條之恐嚇罪，所稱以加害生命、身體、自由、名譽、財產之事，**恐嚇他人者，係指以使人生畏怖心為目的，而通知將加惡害之旨於被害人而言**。若僅在外揚言加害，並未對於被害人為惡害之通知，尚難構成本罪。

第306條　（侵入住居罪）

I.無故侵入他人住宅、建築物或附連圍繞之

中華民國刑法　第二編　分　則　（第三〇七～三一〇條）

土地或船艦者，處一年以下有期徒刑、拘役或九千元以下罰金。

II.無故隱匿其內，或受退去之要求而仍留滯者，亦同。

⑱一、本罪於民國72年6月26日後並未修正，爰依刑法施行法第1條之1第2項本文規定將罰金數額修正提高三十倍，以增加法律明確性，並使刑法分則各罪罰金數額具內在邏輯一致性。

二、第2項末句「亦同」修正為「，亦同」。

◇無故：此要素之定位有所爭議。部分實務見解認為無故即無正當理由之意，學說見解則認為此為違法性的提示要素，即本身並無獨立內涵，僅在於提示司法者須審查是否具備阻卻違法事由而已。

▲【48臺上910】參見本法第225條。

第307條　（違法搜索罪）

不依法令搜索他人身體、住宅、建築物、舟、車或航空機者，處二年以下有期徒刑、拘役或九千元以下罰金。

⑱本罪於民國72年6月26日後並未修正，爰依刑法施行法第1條之1第2項本文規定將罰金數額修正提高三十倍，以增加法律明確性，並使刑法分則各罪罰金數額具內在邏輯一致性。

第308條　（告訴乃論）

I.第二百九十八條及第三百零六條之罪，須告訴乃論。

II.第二百九十八條第一項之罪，其告訴以不違反被略誘人之意思為限。

第二十七章　妨害名譽及信用罪

☆查第二次修正案第二十七章謂原案本章，合併於妨害安全信用名譽及秘密罪章，本案擬另為一章，蓋所侵害之法益不同，且有特種免刑之情節，未可與他罪合併也。

第309條　（公然侮辱罪）

I.公然侮辱人者，處拘役或九千元以下罰金。

II.以強暴犯前項之罪者，處一年以下有期徒刑、拘役或一萬五千元以下罰金。

⑱本罪於民國72年6月26日後並未修正，爰依刑法施行法第1條之1第2項本文規定將罰金數額修正提高三十倍，以增加法律明確性，並使刑法分則各罪罰金數額具內在邏輯一致性。

◇侮辱：對他人之人格表示輕蔑或貶低的言語、舉動。本要件與刑法第310條誹謗之差別在於，**侮辱涉及價值判斷，命題無真假可言，不涉具體事實**。例如甲罵乙是醜八怪，惟美醜涉及個人好惡的主觀判斷，並無絕對的答案，故為侮辱；但若甲指稱乙於某年某月某日公然作弊，此涉及事實真假，有絕對的答案，故為誹謗。

▲【院2179】刑法上之公然侮辱罪，祇**須侮辱行為足使不特定人或多數人得以共見共聞**，即行成立（參照院字第2033號解釋），不以侮辱時被害人在場聞見為要件。

▲【臺東地院87易476（節錄）】刑法第140條第1項所稱「侮辱」與同法第309條之「侮辱」應為相同之概念，僅係前者之對象以公務員為限（且須於執行職務時或涉及職務之言論），後者則不以公務員為限，前者所保護者尚包含對國家公務之所謂國家法益，後者所保護者則為單純之個人名譽法益。簡言之，二罪保護之法益不同，前者為後者之加重或特別規定，是前者所稱「侮辱」之概念，即須參諸後者之規定。按學理上所謂「言論」尚可大分為「事實」陳述及「意見」表達二種。事實陳述有所謂真實與否的問題；意見表達或對於事物之「評論」，因為個人主觀評價的表現，即無所謂真實與否之問題。次按刑法第309條所稱「侮辱」及第310條所稱「誹謗」之區別，一般以為，**前者係未指定具體事實，而僅為抽象之謾罵；後者則係對於具體之事實，有所指摘，而提及他人名譽者**，稱之誹謗。

第310條　（誹謗罪）

I.意圖散布於眾，而指摘或傳述足以毀損他人名譽之事者，為誹謗罪，處一年以下有期徒刑、拘役或一萬五千元以下罰金。

II.散布文字、圖畫犯前項之罪者，處二年以下有期徒刑、拘役或三萬元以下罰金。

III.對於所誹謗之事，能證明其為真實者，不罰。但涉於私德而與公共利益無關者，不在此限。

⑱一、本罪於民國72年6月26日後並未修正，爰依刑法施行法第1條之1第2項本文規定將罰金

數額修正提高三十倍，以增加法律明確性，並使刑法分則各罪罰金數額具內在邏輯一致性。

二、第1項首句「意圖散布於眾而指摘」修正為「意圖散布於眾，而指摘」。

◇指摘傳述：揭發特定事實，或將該事實予以傳播、轉述的行為。

◇誹謗：降低他人名譽的具體事實。

◇名譽：學說上區分為「內在名譽」、「外在名譽」與「感情名譽」。**內在名譽**指人格價值的本質，**外在名譽**為名譽持有人在社會中的外在名聲，**感情名譽**則為名譽持有人個人內心的主觀感受。部分學說認為公然侮辱罪保護感情名譽，惟亦有學者認為內在名譽亦受本罪保護。

◇真實惡意原則：亦稱「**實質惡意原則**」，指當不實內容言論侵害到公務員或公眾人物名譽時，如果該名譽受到侵害的公務員或公眾人物能夠證明發表言論者具有「真正惡意」，亦即發表言論者於發表言論時明知所言非真實，或因過於輕率疏忽而未探究所言是否為真實，則此種不實內容之言論才要受法律制裁（臺東地院 87 易 476）。

▲【釋 509】言論自由為人民之基本權利，憲法第11條有明文保障，國家應給予最大限度之維護，俾其實現自我、溝通意見、追求真理及監督各種政治或社會活動之功能得以發揮。惟為兼顧對個人名譽、隱私及公共利益之保護，法律尚非不得對言論自由依其傳播方式為合理之限制。刑法第310條第1項及第2項誹謗罪即係保護個人法益而設，為防止妨礙他人之自由權利所必要，符合憲法第23條規定之意旨。至刑法同條第3項前段以對誹謗之事，能證明其為真實者不罰，係針對言論內容與事實相符者之保障，並藉以限定刑罰權之範圍，非謂指摘或傳述誹謗事項之行為人，必須自行證明其言論內容確屬真實，始能免於刑責。惟行為人雖不能證明言論內容為真實，但依其所提證據資料，認為行為人有相當理由確信其為真實者，即不能以誹謗罪之刑責相繩，亦不得以此項規定而免除檢察官或自訴人於訴訟程序中，依法應負行為人故意毀損他人名譽之舉證責任，或法院發現其為真實之義務。就此而言，刑法第310條第3項與憲法保障言論自由之旨趣並無牴觸。

第 311 條　（免責條件）

以善意發表言論，而有左列情形之一者，不罰：

一　因自衛、自辯或保護合法之利益者。

二　公務員因職務而報告者。

三　對於可受公評之事，而為適當之評論者。

四　對於中央及地方之會議或法院或公眾集會之記事，而為適當之載述者。

☝查第二次修正案理由謂本條原案無，本案增入，蓋保護名譽，應有相當之限制，否則拘束言論，足為社會之害，故以善意發表言論，而有本條所列情形者，不問事之真偽，概不處罰。本條的採多數國立法例，規定本條，庶於保護名譽及言論自由兩者折衷，以求適當。

第 312 條　（侮辱誹謗死者罪）

I.對於已死之人公然侮辱者，處拘役或九千元以下罰金。

II.對於已死之人犯誹謗罪者，處一年以下有期徒刑、拘役或三萬元以下罰金。

⑩本罪於民國 72 年 6 月 26 日後並未修正，爰依刑法施行法第 1 條之 1 第 2 項本文規定將罰金數額修正提高三十倍，以增加法律明確性，並使刑法分則各罪罰金數額具內在邏輯一致性。

◇保護法益：死者人格已消滅，無名譽可言，故通說認為係保護遺族對死者虔敬的敬拜情感。

第 313 條　（妨害信用罪）

I.散布流言或以詐術損害他人之信用者，處二年以下有期徒刑、拘役或科或併科二十萬元以下罰金。

II.以廣播電視、電子通訊、網際網路或其他傳播工具犯前項之罪者，得加重其刑至二分之一。

⑩一、罰金金額與社會現況差距甚大，爰修正提高罰金刑之額度，以杜不法，並列為第1項。

二、考量現今以廣播電視、電子通訊、網際網路或其他傳播工具等傳播方式，同時或長期對社會多數之公眾發送訊息傳送損害他人信用之不實資訊，對該他人信用之損害更為嚴重，有加重處罰之必要，爰增訂第2項之加重處罰事由。

第 314 條　（告訴乃論）

本章之罪，須告訴乃論。

第二十八章 妨害秘密罪

✿查第二次修正案第二十八章內稱原案本章合併於妨害安全信用名譽及秘密罪章，本案以其侵害之法益，與他罪不同，故另為一章。

第 315 條 （妨害書信秘密罪）

無故開拆或隱匿他人之封緘信函、文書或圖畫者，處拘役或九千元以下罰金。無故以開拆以外之方法，窺視其內容者，亦同。

⑩本罪最後修正於民國 86 年 9 月 25 日，爰依刑法施行法第 1 條之 1 第 2 項但書規定將罰金數額提高三倍，以增加法律明確性，並使刑法分則各罪罰金數額具內在邏輯一致性。

◇開拆：開啟、拆視信件。

◇隱匿：隱藏、匿避信件。

◇封緘：附著於文書，使他人無法從外部知悉內容的阻絕措施。

◇開拆以外之方法：開拆以外使封緘失去效力的手段。

第 315 條之 1 （妨害秘密罪）

有下列行為之一者，處三年以下有期徒刑、拘役或三萬元以下罰金：
一　無故利用工具或設備窺視、竊聽他人非公開之活動、言論、談話或身體隱私部位者。
二　無故以錄音、照相、錄影或電磁紀錄竊錄他人非公開之活動、言論、談話或身體隱私部位者。

⑩原條文有關罰金之規定已不符時宜，爰予提高至三十萬元，以增加法院之斟酌裁量空間。

◇非公開：主觀上具備不欲他人知悉的隱密性期待，客觀上亦採取相當設備、或選擇相當環境足以確保活動隱密性之行為。

第 315 條之 2 （圖利為妨害秘密罪）

I.意圖營利供給場所、工具或設備，便利他人為前條之行為者，處五年以下有期徒刑、拘役或科或併科五十萬元以下罰金。

II.意圖散布、播送、販賣而有前條第二款之行為者，亦同。

III.製造、散布、播送或販賣前二項或前條第二款竊錄之內容者，依第一項之規定處斷。

IV.前三項之未遂犯罰之。

⑩一、第 315 條之 1 並未分項次，故第 1 項援引前條「第 1 項」之文字係贅字，爰刪除之。

二、原第 1 項之罰金額數已不符時宜，爰修正提高為五十萬元以下。

三、第 2 項至第 4 項未修正。

第 315 條之 3 （沒收妨害秘密之物品）

前二條竊錄內容之附著物及物品，不問屬於犯人與否，沒收之。

⑧一、本條新增。

二、竊錄內容之附著物及物品，對於被害人之隱私既有妨害，不問屬於犯人與否，應予以沒收，以免此種侵害持續存在，爰於本條設義務沒收之規定。

第 316 條 （洩漏業務上知悉之他人秘密罪）

醫師、藥師、藥商、助產士、心理師、宗教師、律師、辯護人、公證人、會計師或其業務上佐理人，或曾任此等職務之人，無故洩漏因業務知悉或持有之他人秘密者，處一年以下有期徒刑、拘役或五萬元以下罰金。

⑨一、由於社會結構的改變，一般人對於心理諮商之需求相較過去，顯得越來越多，且心理師於診療過程中，極易知悉對方之隱私，則諮商之需求者與心理師間應有極高的信賴關係，始能達心理諮商之目的。若心理師因業務而得知或持有他人秘密，竟任意洩漏，已屬危害個人隱私，實有加以處罰之必要，爰參諸現行條文列舉處罰之業務，增訂心理師亦負有保守職業秘密之義務。

二、因第 33 條之罰金刑已提高為新臺幣一千元以上，現行法第 1 項之罰金刑為「五百元以下」顯與前開修正扞格，爰依目前社會經濟水準、人民平均所得，參考罰金罰鍰提高標準條例第二條關於易科罰金、易服勞役就原定數額提高一百倍之標準，酌予提高罰金刑之上限。

第 317 條 （洩漏業務上知悉工商秘密罪）

依法令或契約有守因業務知悉或持有工商秘密之義務而無故洩漏之者，處一年以下有期徒刑、拘役或三萬元以下罰金。

⑩本罪於民國 72 年 6 月 26 日後並未修正，爰依刑法施行法第 1 條之 1 第 2 項本文規定將罰金數額修正提高三十倍，以增加法律明確性，並使刑法分則各罪罰金數額具內在邏輯一致性。

第 318 條 （洩漏職務上工商祕密罪）
公務員或曾任公務員之人，無故洩漏因職務知悉或持有他人之工商祕密者，處二年以下有期徒刑、拘役或六萬元以下罰金。

⑩本罪於民國 72 年 6 月 26 日後並未修正，爰依刑法施行法第 1 條之 1 第 2 項本文規定將罰金數額修正提高三十倍，以增加法律明確性，並使刑法分則各罪罰金數額具內在邏輯一致性。

第 318 條之 1 （洩漏用電腦或其他相關設備知悉祕密罪）
無故洩漏因利用電腦或其他相關設備知悉或持有他人之祕密者，處二年以下有期徒刑、拘役或一萬五千元以下罰金。

⑩本罪增訂於民國 86 年 9 月 25 日，爰依刑法施行法第 1 條之 1 第 2 項但書規定將罰金數額提高三倍，以增加法律明確性，並使刑法分則各罪罰金數額具內在邏輯一致性。

第 318 條之 2 （利用電腦等妨害祕密罪）
利用電腦或其相關設備犯第三百十六條至第三百十八條之罪者，加重其刑至二分之一。

第 319 條 （告訴乃論）
第三百十五條、第三百十五條之一及第三百十六條至第三百十八條之二之罪，須告訴乃論。

⑧第 315 條之 2 之罪除侵害個人法益外，並影響社會生活之安寧，故列為非告訴乃論之罪，本章其餘之罪仍須告訴乃論。

第二十九章　竊　盜　罪

⑪查第二次修正案第二十九章謂原案本章合併於強盜罪章，本案以竊盜為侵害財產罪，與強盜之侵犯財產罪及自由罪，其保護之法益不同，故擬分別規定。

又查暫行律第三十二章原案內稱舊律盜賊門，係分縷析，規定綦詳，然其成立所必需之要件，尚未揭明，故本案第 367 條及第 370 條，所以規定盜罪成立之要件。第 377 條，復從側面以揭其要件，觀於第 382 條以下（詐欺取財），及第 391 條以下（侵占）之規定，則盜罪之範圍益明。

本案竊盜及強盜之要件有四：一曰以自己或第三者之所有為宗旨，若暫時使用他人之物（例如使用車馬即還原主）之類，非盜罪者。二曰原則上係他人之所有物，若所盜係自己之所有物，即因第 377 條而輕其刑。三曰竊取強取之行為，必以他人持有移為自己所持有，若其物早經自己持有者，則屬第三十四章侵占之罪，不得以盜論。又使他人喪失持有，而未嘗取為自己持有，則屬第 406 條毀損之罪，亦不得以盜論。四曰必係持有可以移轉之物，若發掘土地房屋，而盜取土地或損壞土地房屋，而盜取其木片瓦石者，不得即以盜土地房屋本體之罪論者也。

本章之罪，專以不法移取他人所有之財物，為自己或第三者之所有為要端，如舊律之劫囚及略人略賣人等，不關乎財物者，又恐嚇欺詐之特種手段，得無效之承諾，藉以取其財物者，又發塚及夜無故入人家之特種之罪惡等，皆不在此章之列。舊律於賊盜罪及此外對於財產罪之類，俱以贓之價額而分罪之輕重，殊於現今法理未愜，夫以贓物之價額而論，富人之萬金與貧人之一錢，輕重相匹，又自犯人之心術而論，有奪富人萬金而在可恕，有奪貧人一錢而罪不勝誅者，是不能為定刑之準無容疑也。故本案不過設關於竊盜及強盜普通之規定（第 367 條、第 370 條），以便審判後，得宣告與各種情節適合之刑罰。（竊盜得於五年以下二月以上，強盜得於十五年以下三年以上之範圍內，因各種情節而伸縮其刑期。）更列舉理論上及實際上情節之重輕，以擬定法律上處刑之重輕（第 373 條、第 374 條及第 377 條）。本案之義如此，歐美日本亦莫不然也。

第 320 條 （普通竊盜罪、竊佔罪）
I. 意圖為自己或第三人不法之所有，而竊取他人之動產者，為竊盜罪，處五年以下有期徒刑、拘役或五十萬元以下罰金。

II. 意圖為自己或第三人不法之利益，而竊佔他人之不動產者，依前項之規定處斷。

III. 前二項之未遂犯罰之。

⑩一、原第 1 項罰金刑額數已不符時宜，爰修正提

高為五十萬元以下罰金。

二、第 2 項及第 3 項未修正。

◇**竊取**：未得持有人同意，破壞持有，建立新持有。

◇**不法意圖**：據為己有的客觀違法性及其故意。有學者認為本意圖應獨立於客觀構成要件、主觀構成要件之外審查，蓋不法意圖的內涵兼具客觀、主觀的成分，嚴格來說無法被整合於主觀要件的意圖之中。

◇**所有意圖**：所有意圖的消極要素為持續排除他人所有之未必故意；所有意圖的積極要素為至少短暫居於所有權人地位的意圖。

◇**竊盜罪保護法益的學說實務爭議**：竊盜罪之保護法益為所有人對財產的所有權，惟是否包括持有人的持有，有所爭議。部分學說認為，本於「竊取」的本質在於破壞持有建立新持有的行為，竊盜罪保護法益當然包括持有；部分學說則主張，若將保護法益兼及持有，在部分情形可能使持有人的地位高於所有人，有價值失衡之弊。

▲【院解 3533】刑法上之竊佔罪為**即成犯**，如其竊佔之時期在民國 35 年 12 月 31 日以前，即應依罪犯赦免減刑令甲項予以赦免。

▲【33 上 1134】刑法上之詐欺罪與竊盜罪，雖同係意圖為自己或第三人不法之所有而取得他人之財物，但**詐欺罪以施行詐術使人將物交付為其成立要件，而竊盜罪則無使人交付財物之必要**，所謂交付，係指對於財物之處分而言，故詐欺罪之行為人，其取得財物，必須由於被詐欺人對於該財物之處分而來，否則被詐欺人提交財物，雖係由於行為人施用詐術之所致，但其提交既非處分之行為，則行為人因其對於該財物之支配力一時弛緩，乘機取得，即與詐欺罪應具之條件不符，自應論以竊盜罪。

▲【51 臺上 58】刑法上之背信罪，為一般的違背任務之犯罪，如果其違背任務係圖為自己不法之所有，已達於竊盜或侵占之程度，縱另有以舊抵新之彌縫行為，仍應從竊盜或侵占罪處斷，不能援用背信之法條相繩。

▲【66 臺上 3118】刑法第 320 條第 2 項之竊佔罪，**為即成犯，於其竊佔行為完成時犯罪即成立**，以後之繼續竊佔乃狀態之繼續，而非行為之繼續。又因所竊佔者為他人不動產，祇是非法獲取其利益，其已否辦理登記，與犯罪行為之完成無關。

▲【81 臺上 3521】參見本法第 61 條。

第 321 條　（加重竊盜罪）

I.犯前條第一項、第二項之罪而有下列情形之一者，處六月以上五年以下有期徒刑，得併科五十萬元以下罰金：

一　侵入住宅或有人居住之建築物、船艦或隱匿其內而犯之。

二　毀越門窗、牆垣或其他安全設備而犯之。

三　攜帶兇器而犯之。

四　結夥三人以上而犯之。

五　乘火災、水災或其他災害之際而犯之。

六　在車站、港埠、航空站或其他供水、陸、空公眾運輸之舟、車、航空機內而犯之。

II.前項之未遂犯罰之。

⑩一、犯竊佔罪而有第 1 項各款之事由時，應有本罪之適用，為杜爭議，爰將第 1 項序文之「犯竊盜罪」修正為「犯前條第 1 項、第 2 項之罪」，以資明確，並酌作標點符號修正。又第 1 項之罰金刑額數已不符時宜，爰修正提高為五十萬元以下。

二、第 1 項第 2 款「門扇」修正為「門窗」，第六款「埠頭」修正為「港埠」，以符實務用語，另刪除各款「者」字。

三、第 2 項未修正。

◇**兇器**：穩定實務見解認為，**凡客觀上足以對人的生命、身體構成威脅的物品，均為兇器**，且不限行為人是否意識到自己正攜帶該物品，或有將該物品用以提升行竊成功機率之主觀意圖。學說上則有從法益目的的觀點，認為需客觀上產生阻力，增加行竊成功可能性，且主觀上亦要行為人有增加行竊機會認識者，方符合此要件之見解。

◇**毀越**：毀損逾越，實務見解認為不包括使用鑰匙開門。

◇**其他安全設備**：實務見解認為，為社會通常觀念足以防盜之設備，惟須附著於不動產之上。

▲【院 2264】某甲乘敵人進城，秩序紊亂之際，聚眾空手搶奪無人看管之財物，仍係竊盜行為，應視其犯罪行為如何，分別成立刑法第 321 條第 1 項各該款之罪。

▲【49 臺上 170】被告於火車站，當車停下之際，在車廂門口之車梯上扒竊正當上車旅客衣袋內之錢款，則其並非在火車車廂內行竊，而係於

車靠月臺乘旅客上下之際，實施竊盜甚明，自難謂非在車站竊盜。

▲【50 臺上 532】刑法第 321 條第 1 項第 1 款**所謂建築物，係指住宅以外上有屋頂周有門壁，足蔽風雨，供人出入，且定著於土地之工作物**而言，其附連圍繞之土地，不包括在內。如僅踰越圍繞之牆垣行竊，尚未侵入有人居住之建築物，自難遽以該條款之罪相繩。

▲【55 臺上 547】刑法第 321 條第 1 項第 2 款**所謂安全設備，係指依社會通常觀念足認為防盜之設備**而言。原判決既認上訴人係乘修繕房屋機會，將被害人房內木櫃打開，將櫃內珠寶箱鑿壞，取去美鈔等物，顯與毀壞安全設備竊盜情形不同，乃竟改論以上開條款之罪，自有違誤。

▲【69 臺上 1474】旅客對於住宿之旅館房間，各有其監督權，且既係供旅客起居之場所，即不失為住宅性質，是上訴人於夜間侵入旅館房間行竊，係犯刑法第 321 條第 1 項第 1 款於夜間侵入住宅竊盜之罪。

▲【69 臺上 3945】刑法第 321 條第 1 項所列各款為竊盜之加重條件，如犯竊盜罪兼具數款加重情形時，因竊盜行為祇有一個，仍祇成立一罪，不能認為法律競合或犯罪競合，但判決主文應將各種加重情形順序揭明，理由並應引用各款，俾相適應。**又所謂有人居住之建築物，不以行竊時有人居住其內為必要，其居住人宿於樓上，或大樓管理員居住另室，而乘隙侵入其他房間行竊者，均不失為侵入有人居住之建築物行竊。**

▲【70 臺上 1613】扣案之短刀為單面尖形，甚**為鋒利，無論上訴人等主觀上是否旨在行兇抑僅便利行竊，然在客觀上顯具有行兇之危險性，自屬兇器之一種**，其攜帶而犯竊盜罪，應成立刑法第 321 條第 1 項第 3 款之罪。

▲【76 臺上 2972】刑法第 321 條第 1 項第 1 款之夜間侵入住宅竊盜罪，其所謂「**住宅**」，乃指人類日常居住之場所而言，公寓亦屬之。至公寓樓下之「**樓梯間**」，雖僅供各住戶出入通行，然就公寓之整體而言，該樓梯間為該公寓之一部分，而與該公寓有密切不可分之關係，故於夜間侵入公寓樓下之樓梯間竊盜，難謂無同時妨害居住安全之情形，自應成立刑法第 321 條第 1 項第 1 款於夜間侵入住宅竊盜罪。

▲【76 臺上 7210】參見本法第 28 條。

▲【79 臺上 5253】刑法第 321 條第 1 項第 3 款之攜帶兇器竊盜罪，係以行為人攜帶兇器竊盜為

其加重條件，**此所謂兇器，其種類並無限制，凡客觀上足對人之生命、身體、安全構成威脅，具有危險性之兇器均屬之**，且祇須行竊時攜帶此種具有危險性之兇器為已足，並不以攜帶之初有行兇之意圖為必要。**螺絲起子**為足以殺傷人生命、身體之器械，顯為具有危險性之兇器。

第 322 條 （刪除）

⑭一、本條刪除。

二、配合第 56 條連續犯之刪除，刪除本條常業犯之規定。

第 323 條 （以動產論之定義）
電能、熱能及其他能量，關於本章之罪，以動產論。

⑫本條係 86 年 10 月 8 日修正時，為規範部分電腦犯罪，增列電磁紀錄以動產論之規定，使電磁紀錄亦成為竊盜罪之行為客體。惟學界及實務界向認為：刑法上所稱之竊盜，須符合破壞他人持有、建立自己持有之要件，而電磁紀錄具有可複製性，此與電能、熱能或其他能量經使用後即消耗殆盡之特性不同；且行為人於建立自己持有時，未必會同時破壞他人對該電磁紀錄之持有。因此將電磁紀錄竊盜納入竊盜罪章規範，與刑法傳統之竊盜罪構成要件有所扞格。為因應電磁紀錄之可複製性，並期使電腦及網路犯罪規範體系更為完整，爰將本條有關電磁紀錄部分修正刪除，將竊取電磁紀錄之行為改納入新增之妨害電腦使用罪章中規範。

▲【84 臺非 214】電業法第 106 條之規定，係在保護經營供給電能之事業，並非一般之用電戶，此觀該條各款、同法第 2 條及處理竊電規則之規定自明。故私接電線，若係通過電力公司允許供電之鄰人電錶所設之線路內，因用電已有電錶控制計算，該通過電錶控制計算後之電氣，即屬該鄰人所有之動產，如予竊取，即應視其犯罪形態，依刑法之竊盜罪章論處。

第 324 條 （親屬相盜免刑與告訴乃論）
I 於直系血親、配偶或同財共居親屬之間，犯本章之罪者，得免除其刑。
II 前項親屬或其他五親等內血親或三親等內姻親之間，犯本章之罪者，須告訴乃論。

介謹按暫行律對於本條第 1 項之規定，係絕對的免除其刑，本條係得免除，宜注意。

第三十章　搶奪強盜及海盜罪

介查第二次修正案第三十章謂關於搶奪罪，各國法律及判例略分三派：第一派以強盜論。第二派以竊盜論。第三派獨立科刑。本案以搶奪情節，雖重於竊盜，然不至如強盜之甚，蓋強盜須以強暴脅迫或他法致使人不能抗拒，質言之，是使被害人失其自由舉動，即欲抗拒，而有所不能。若搶奪則祇乘人不備而掠取之，與強盜實有差別，故擬從第三派。又原案海盜罪無罪明文，惟在海洋行劫者，為強盜加重之情節，本案擬另規定為海盜罪，科以較重之刑。

第 325 條　（普通搶奪罪）

I.意圖為自己或第三人不法之所有，而搶奪他人之動產者，處六月以上五年以下有期徒刑。

II.因而致人於死者，處無期徒刑或七年以上有期徒刑，致重傷者，處三年以上十年以下有期徒刑。

III.第一項之未遂犯罰之。

◇**搶奪**：實務見解認為，係趁人不備或趁人不及抗拒之意。惟學說認為，單純的趁人不備不會提升搶奪罪作為保護財產法益的不法程度，故應限於行為人之搶奪行為已達提升被害者生命或身體法益的風險時，才該當此要件。

▲【46臺上81】搶奪罪以行為人明知無取得之權利，而圖為自己或第三人不法之所有為構成要件。**如果誤認為有權取得，縱令有奪取行為，而因欠缺意思要件，其結果雖不免負有民事上侵權行為之責任，然亦不能以搶奪罪相繩。**

▲【64臺上1165】搶奪與強盜雖同具不法得財之意思，然**搶奪係乘人不備，公然掠取他人之財物**，如施用強暴脅迫，至使不能抗拒而取其財物或令其交付者，則為強盜罪。

第 326 條　（加重搶奪罪）

I.犯前條第一項之罪，而有第三百二十一條第一項各款情形之一者，處一年以上七年以下有期徒刑。

II.前項之未遂犯罰之。

第 327 條　（刪除）

㉙一、本條刪除。

二、配合第 56 條連續犯之刪除，刪除本條常業犯之規定。

第 328 條　（普通強盜罪）

I.意圖為自己或第三人不法之所有，以強暴、脅迫、藥劑、催眠術或他法，至使不能抗拒，而取他人之物或使其交付者，為強盜罪，處五年以上有期徒刑。

II.以前項方法得財產上不法之利益或使第三人得之者，亦同。

III.犯強盜罪因而致人於死者，處死刑、無期徒刑或十年以上有期徒刑；致重傷者，處無期徒刑或七年以上有期徒刑。

IV.第一項及第二項之未遂犯罰之。

V.預備犯強盜罪者，處一年以下有期徒刑、拘役或九千元以下罰金。

⑩本罪最後修正於民國 91 年 1 月 8 日，爰依刑法施行法第 1 條之 1 第 2 項但書規定將罰金數額提高三倍，以增加法律明確性，並使刑法分則各罪罰金數額具有內在邏輯一致性。

◇**強暴、脅迫、藥劑、催眠術或他法**：「強暴」是指以有形力壓制被害人身體之手段；「脅迫」是指威脅、逼迫被害人之精神、自由意志。強暴、脅迫行為之對象不以財物持有人為限，尚包括間接地對其家人或親友行之，亦無不可。「藥劑」是指利用藥物控制他人；「催眠術」是指使人昏睡之方法；「他法」是除前開強暴、脅迫、藥劑、催眠術以外其他類似之方法，例如以酒將人灌醉。（曾淑瑜，刑法分則實例研習）

◇**至使不能抗拒**：使相對人喪失自由意思。實務認為，行為人之行為是否至使相對人不能抗拒，應綜合考量被害人之性別、年齡、性格、體能與當時所處環境等因素，綜合客觀考察。本要件存在之目的，一方面用以衡平本罪高度法定刑，一方面與不法程度較低之恐嚇取財罪區分。

◇**轉念強盜**：行為人原出於竊盜犯意行竊，後因意外狀況（如被害人突然發現）而轉為強盜之主觀犯意並遂行強盜罪之客觀構成要件。學說上有認為，犯意變更後應評價為數行為，故應以一個竊盜罪未遂與一個強盜罪既遂，數罪併罰之；實務見解則認為，行為人既係出於侵害同一財產法益之主觀意思，論以一個強盜罪已足。

▲【院 2723】刑法第 328 條第 1 項所定強盜罪之物體，固不以動產為限，但對於不動產僅能使人交付，而不能逕自奪取，**如以強暴脅迫手段使人不能抗拒，而於他人不動產上取得財產上不法利益者，則屬於同條第 2 項之罪。**

▲【27 上 1722】強盜罪之強暴、脅迫，以在客觀上對於人之身體及自由確有侵害行為必要，若犯人並未實施此項行為，僅因他人主觀上之畏懼，不敢出而抵抗，任其取物以去者，尚不能謂與強盜罪之要件相符。

▲【64 臺上 1165】參見本法第 325 條。

▲【67 臺上 583】**強盜罪之既遂與否，以已未得財產為標準，**上訴人既已取得被害人甲二百八十元、乙四百零二元、丙一千二百三十元、丁二百元、戊四百元、己一千四百元，其犯罪即已既遂，縱其喝令甲、乙、丙三人再交付手錶未曾得手，亦不過其取得之財物範圍有多寡而已，並不影響於犯罪之既遂。

第 329 條　（準強盜罪）

竊盜或搶奪，因防護贓物、脫免逮捕或湮滅罪證，而當場施以強暴、脅迫者，以強盜論。

▲【28 上 1984】刑法第 329 條**所謂當場，固不以實施竊盜或搶奪者尚未離去現場為限，即已離盜所而尚在他人跟蹤追躡中者，仍不失為當場。**惟於竊盜或搶奪者離去盜所後，行至中途始被撞遇，則該中途，不得謂為當場，此時如因彼此爭執，犯人予以抵抗，實施強暴或脅迫，除可另成其他罪名外，不生以強盜論之問題。

▲【57 臺上 1017】刑法第 329 條所定之竊盜以強盜論，係**指已著手搜取財物行為，足構成竊盜罪名，為湮滅罪證，當場施以強暴、脅迫者而言，**若尚未著手於竊盜行為之實行，則根本不能成立竊盜罪名，從而其為湮滅罪證，實施強暴殺人，亦即難以準強盜殺人罪論擬。

▲【68 臺上 2772】刑法準強盜罪，係以竊盜或搶奪為前提，在脫免逮捕之情形，其竊盜或搶奪既遂者，即以強盜既遂論，如竊盜或搶奪為未遂，即以強盜未遂論，但竊盜或搶奪不成立時，雖有脫免逮捕而當場施以強暴、脅迫之情形，除可能成立他罪外，不能以準強盜罪論。

▲【釋 630】刑法第 329 條之規定旨在以刑罰之手段，保障人民之身體自由、人身安全及財產權，免受他人非法之侵害，以實現憲法第 8 條、第 22 條及第 15 條規定之意旨。立法者就竊盜或搶奪而當場施以強暴、脅迫者，僅列舉防護贓物、脫免逮捕或湮滅罪證三種經常導致強暴、脅迫行為之具體事由，係選擇對於身體自由與人身安全較為危險之情形，視為與強盜行為相同，而予以重罰。**至於僅將上開情形之竊盜罪與搶奪罪擬制為強盜罪，乃因其他財產犯罪，其取財行為與強暴、脅迫行為間鮮有時空之緊密連接關係，故上開規定尚未逾越立法者合理之自由形成範圍，難謂係就相同事物為不合理之差別對待。經該規定擬制為強盜罪之強暴、脅迫構成要件行為，乃指達於使人難以抗拒之程度者而言，是與強盜罪同其法定刑，尚未違背罪刑相當原則，與憲法第 23 條比例原則之意旨並無不符。**

第 330 條　（加重強盜罪）

Ⅰ 犯強盜罪而有第三百二十一條第一項各款情形之一者，處七年以上有期徒刑。
Ⅱ 前項之未遂犯罰之。

⑨① 懲治盜匪條例第 3 條第 1 項第 3 款對於聚眾劫而執持槍械或爆裂物者處罰甚重，以其對社會造成之危害及危險甚鉅。而刑法第 330 條之規定雖能賅括懲治盜匪條例前開規定之含意，但處罰太輕，因應懲治盜匪條例之廢止，及配合本法第 328 條第 1 項之修正，酌予提高其法定刑。

▲【48 臺上 878】原判決認定上訴人等結夥於夜間侵入鐵工廠行竊，得手後正在搁贓越牆逃逸之際，即被該廠守衛發覺，跟蹤追捕，由同夥下手用棍擊傷該守衛倒地，上訴人則在旁喝打，脫免逮捕等情，如果無訛，則上訴人等所犯刑法第 329 條之準強盜罪，並有第 321 條第 1 項各款情形，應依同法第 330 條論處，原判決維持第一審僅依刑法第 329 條論科之判決，適用法則，不無違誤。

第 331 條　（刪除）

⑨④ 一、本條刪除。

二、配合第 56 條連續犯之刪除，刪除本條常業犯之規定。

第 332 條　（強盜結合罪）

Ⅰ 犯強盜罪而故意殺人者，處死刑或無期徒刑。
Ⅱ 犯強盜罪而有下列行為之一者，處死刑、

無期徒刑或十年以上有期徒刑：
一　放火者。
二　強制性交者。
三　擄人勒贖者。
四　使人受重傷者。

⑨一、增訂第 1 項。

二、原第 1 項移列為第 2 項。犯強盜罪而故意使人受重傷者，亦屬惡行重大，且懲治盜匪條例第 2 條第 1 項第 6 款原有處罰規定，配合懲治盜匪條例之廢止，爰於第 2 項增列「使人受重傷者」。

◇**強盜罪結合犯的故意**：以本條第 1 項為例，此問題在於，行為人若在強盜之初未有殺人犯意，係於犯行途中才生殺人犯意時，得否論以本條強盜罪結合犯？近期實務見解認為，強盜與殺人不必出於事前概括的預定計劃，僅需強盜罪與殺人罪「**有所關聯**」即可。惟學說普遍批評，有見解認為結合犯為一罪，基於故意之同時性原則，應在行為之初即有殺人與強盜之故意；有見解則認為，結合犯存之正當性本就基礎薄弱，有違反平等原則之虞，惟現行法仍存在結合犯的現狀之下，應盡可能限縮解釋構成要件，故應嚴格限於行為自始即有雙重故意的情形才可罰。

▲【**101 臺上 6566**】結合犯係立法者將兩個獨立之故意犯罪，合成一罪，加重其處罰之犯罪類型。乃以其間出現機率頗大，危害至鉅、惡性更深，依國民法感，特予結合。而**刑法第 332 條第 1 項所定之強盜而故意殺人罪，自屬強盜罪與殺人罪之結合犯，係將強盜及殺人之獨立犯罪行為，依法律規定結合成一罪，其強盜行為為基本犯罪，只須行為人利用強盜之犯罪時機，而故意殺害被害人，其強盜與故意殺人間互有關聯，即得成立。至殺人之意思，不論為預定之計畫或具有概括之犯意，抑或於實行基本行為之際新生之犯意，亦不問其動機如何，祇須二者在時間上有銜接性，地點上有關聯性，均可成立結合犯。**初不論其數行為間實質上為數罪併罰或想像競合。

第 333 條　（海盜罪、準海盜罪）

I.未受交戰國之允准或不屬於各國之海軍，而駕駛船艦，意圖施強暴、脅迫於他船或他船之人或物者，為海盜罪，處死刑、無期徒刑或七年以上有期徒刑。

II.船員或乘客意圖掠奪財物，施強暴、脅迫於其他船員或乘客，而駕駛或指揮船艦者，以海盜論。

III.因而致人於死者，處死刑、無期徒刑或十二年以上有期徒刑；致重傷者，處死刑、無期徒刑或十年以上有期徒刑。

⑨五一、原條文第 3 項前段對於犯海盜罪而有致人於死之結果，其法定刑為唯一死刑，第 334 條海盜結合罪亦為唯一死刑，有違反罪刑均衡原則，為配合第 334 條法定刑之修正，而通盤檢討本條及第 334 條之法定刑，使海盜加重結果罪與海盜結合罪之處罰，有其合理之差距，以符罪刑均衡原則。

二、修正條文第 334 條第 1 項犯海盜罪而故意殺人之法定刑因已檢討修正為死刑或無期徒刑，為符罪刑均衡原則，爰將本條第 3 項可罰性較低之海盜致人於死罪之法定刑配合修正為死刑、無期徒刑或十二年以上有期徒刑，海盜致重傷罪之法定刑修正為死刑、無期徒刑或十年以上有期徒刑。

第 334 條　（海盜結合罪）

I.犯海盜罪而故意殺人者，處死刑或無期徒刑。

II.犯海盜罪而有下列行為之一，處死刑、無期徒刑或十二年以上有期徒刑：
一　放火者。
二　強制性交者。
三　擄人勒贖者。
四　使人受重傷者。

⑨五一、91 年 1 月 30 日因懲治盜匪條例之廢止，而配套修正之中華民國刑法部分條文，就結合犯之規範，因其犯罪行為輕重不同，而歸納區分為二類：一為故意殺人；另一則為放火、強制性交、擄人勒贖及使人受重傷等行為，而規範不同刑責，本條亦援引上開體例，將海盜罪之結合犯行為區分為二類，將原條文修正為二項，並於第 2 項中配合增列使人受重傷之類型，以期體例一致。

二、第 2 項新增。將原條文修正為二項，第 1 項犯海盜罪而故意殺人之法定刑已由唯一死刑修正為死刑或無期徒刑，則第 2 項之放火、強制性交、擄人勒贖及使人受重傷等結合行為之法定刑亦應一併修正為死刑、無期徒刑或十二年以上有期徒刑，以資相應。

第 334 條之 1　（竊能量罪之準用）

第三百二十三條之規定，於本章之罪準用之。

⑨一、本條新增。

二、增設本條,使本法第 323 條之規定,於本章之罪有其適用。

第三十一章 侵 占 罪

查暫行律第三十四章原案謂此章所規定之侵占罪,若其成立,係對於自己管有之他人所有物,及准此之財物,並已離他人管有之財物等者,則其罪之性質,與竊盜罪及詐欺取財罪有異。侵占之情形,各有不同,或擅自處分自己管有之他人所有物,或變易管有之意為所有之意,而遷為所有人之行為,或以所有之意,而取得遺失物之管有權,凡此之類皆是。故行為之外形,雖各有不同,而凡不法處分行為,或領有行為,皆屬侵占也。

第 335 條 (普通侵占罪)

I.意圖為自己或第三人不法之所有,而侵占自己持有他人之物者,處五年以下有期徒刑、拘役或科或併科三萬元以下罰金。

II.前項之未遂犯罰之。

⑩本罪於民國 72 年 6 月 26 日後並未修正,爰依刑法施行法第 1 條之 1 第 2 項本文規定將罰金數額修正提高三十倍,以增加法律明確性,並使刑法分則各罪罰金數額具內在邏輯一致性。

◇侵占:易持有為所有。

◇持有:需主觀上有支配意思,客觀上有支配之事實。部分實務認為限因法律或契約關係持有他人之物,才受本條規範之保護;有學說見解則認為不必加諸此等限制,包括一切合法、非法之持有,均受保護。

▲【52 臺上 1418】刑法上所謂侵占罪,以被侵占之物先有法律或契約上之原因在其持有中者為限,否則不能成立侵占罪。

▲【68 臺上 3146】刑法上之侵占罪,須持有人變易其原來之持有意思而為不法所有之意思,始能成立,如僅將持有物延不交還或有其他原因致一時未能交還,既缺乏主觀要件,即難遽以該罪相繩。

▲【71 臺上 2304】刑法上之侵占罪,係以侵占自己持有他人之物為要件,所謂他人之物,乃指有形之動產、不動產而言,並不包括無形之權利在內,單純之權利不得為侵占之客體。

第 336 條 (公務公益侵占罪、業務侵占罪)

I.對於公務上或因公益所持有之物,犯前條第一項之罪者,處一年以上七年以下有期徒刑,得併科十五萬元以下罰金。

II.對於業務上所持有之物,犯前條第一項之罪者,處六月以上五年以下有期徒刑,得併科九萬元以下罰金。

III.前二項之未遂犯罰之。

⑩一、本罪於民國 72 年 6 月 26 日後並未修正,爰依刑法施行法第 1 條之 1 第 2 項本文規定將罰金數額修正提高三十倍,以增加法律明確性,並使刑法分則各罪罰金數額具內在邏輯一致性。

二、第 1 項中段「一年以上、七年以下」修正為「一年以上七年以下」;第 2 項中段「六月以上、五年以下」修正為「六月以上五年以下」。

◇業務上持有:實務見解認為,本罪以持有原因為執行業務關係為前提。且部分實務見解認為,本罪與背信罪之區分,在於背信罪之不法利益需與本人之財產或其他利益所受之損害存在間接關係始能成立;如將持有他人所有物直接加以處分,則屬侵占罪之範圍。

▲【53 臺上 2910】刑法第 336 條第 1 項所謂侵占公務上所持有之物,必須其物因公務上之原因歸其持有,從而侵占之,方與該罪構成要件相合。如原無公務上持有關係,其持有乃由其詐欺之結果,則根本上無侵占之可言,自難以公務侵占罪論擬。

▲【65 臺上 1072】上訴人受僱載運鋼筋,貨主既未派人押運,此項貨物,自屬由上訴人持有,竟與捆工某甲同謀卸下一部出售,應成立共同業務上侵占罪責。

▲【68 臺上 36】上訴人受僱為某公司駕駛散裝水泥車,公司交付其所載運之水泥,即屬其業務上所持有之物,對於殘留車櫃中之水泥,不依公司作業之規定處理,而私自在外清理,據為己有,自屬業務上之侵占。

▲【70 臺上 954】慶豐社區理事會係依臺灣省社區發展十年計畫第 9 項第 2 款之規定設立,並非公務機關,而係舉辦公益為目的之民眾團體,亦非受公務機關委託承辦公務。上訴人以理事長身分持有該社區財物,乃因公益而持有。其將因公益而持有之押標金侵占化用,應成立刑法上之侵

占公益上持有物罪。

▲【70 臺上 2481】參見本法第 31 條。

第 337 條 （侵占遺失物罪）

意圖為自己或第三人不法之所有，而侵占遺失物、漂流物或其他離本人所持有之物者，處一萬五千元以下罰金。

⑩本罪於民國 72 年 6 月 26 日後並未修正，爰依刑法施行法第 1 條之 1 第 2 項本文規定將罰金數額修正提高三十倍，以增加法律明確性，並使刑法分則各罪罰金數額具內在邏輯一致性。

◇遺失物：所有人並無拋棄所有權之意，而喪失持有之物。

◇漂流物：漂流於水上之物。

◇其他脫離本人所持有之物：非出於本人意思而喪失持有之物。

▲【50 臺上 2031】 刑法第 337 條**所謂離本人所持有之物，係指物之離其持有，非出於本人之意思者而言**。如本人因事故，將其物暫留置於某處而他往，或託請他人代為照管，則與該條規定之意義不符。

第 338 條 （侵占電氣與親屬間犯侵占罪者準用竊盜罪之規定）

第三百二十三條及第三百二十四條之規定，於本章之罪準用之。

第三十二章　詐欺背信及重利罪

介查第二次修正案第三十二章謂原案本章名詐欺取財罪，所謂詐欺者，必以虛偽之事，欺騙他人，而原案第 383 條為處理他人財產違背其義務罪，非必有虛偽之事，即與外國學說及立法例所謂背信罪。故本案擬改定今名。

第 339 條 （普通詐欺罪）

I.意圖為自己或第三人不法之所有，以詐術使人將本人或第三人之物交付者，處五年以下有期徒刑、拘役或科或併科五十萬元以下罰金。

II.以前項方法得財產上不法之利益或使第三人得之者，亦同。

III.前二項之未遂犯罰之。

⑩一、原條文之罰金刑原規定為一千元以下罰金，依刑法施行法第 1 條之 1 規定，即為新臺幣三萬元，顯已不符時宜，應予提高，爰原條文第 1 項酌予修正提高罰金刑額度，以求衡平。

二、原條文第 2 項、第 3 項未修正。

◇陷於錯誤：使相對人產生與客觀事實不符合的主觀認知、誤信客觀不實的資訊為真實。

◇財產：「財產」之概念，學說上有不同見解。「**法律財產概念**」認為，僅有法律上具備財產地位者為財產，不包括不受法律財產權利保障者，如單純占有；「**經濟財產概念**」認為，客觀上在市場具備經濟價值者，均為財產，故前述占有如具備經濟價值、有對價之勞動力（如給付特定服務）、獲利之機會或期待權，均為財產；「**法律與經濟財產概念**」則認為原則上具有市場經濟價值的利益亦應劃入財產中受保護，為基於法秩序一體性，法律不應保障有其他法律不保護的經濟利益，如違法取得之占有、違反善良風俗獲取之勞動力等。

◇損害：採整體財產觀察法，被害人因系爭詐欺行為，整體財產價值下降者，即為受有損害。應注意者，被害人因詐欺而獲得之請求權（如民法上不當得利請求權、所有物返還請求權），雖然客觀上具備一定經濟價值，惟學說上認為，此種需要透過另一個獨立行為才能發生損害填補效果者，不計算在損害的價額之內，否則所有的詐欺行為都將因客觀上有相應的請求權產生而認定損害為零。

◇詐欺罪構成要件：行為人施用詐術、被害人陷於錯誤，處分財產並受有財產損害。各要素之間必須有因果關係。

◇三角詐欺：**指陷於錯誤之人與受有財產損害之人不同**，此時處分財產之人究應認為是處分「自己財產」而行為人成立詐欺罪，抑或處分「他人財產」而使行為人成立竊盜罪間接正犯，有所爭議。通說認為，僅有處分財產之人與實際受有財產損害之人存在貼近關係時，行為人始成立詐欺罪，惟就所謂貼近關係之內涵，學說上不無爭議。「**事實貼近理論**」主張應視處分人與被害人間是否存在事實上的密切關係（如共同持有）；「**規範貼近理論**」主張應視處分人是否站在被害人的立場，基於被害人的地位而處分財產；「**權限理論**」則視處分人在民事法上是否存在客觀的處分權限。

◇詐術：提供錯誤資訊。詐術亦可能透過不作為而達成，例如基於誠信原則一方具有作為義務時。

▲【66 臺非 145】被告共同以詐術，向質權人將

質物（汽車）騙回另售他人且經過戶，致質權人喪失其質物之占有而不能請求返還，質權歸於消滅，使取回之原質物價值增高，即屬取得財產上之不法利益，應共同成立刑法第339條第2項之罪。

第 339 條之 1 （以收費設備不法取得他人之物或利益罪）

Ⅰ.意圖為自己或第三人不法之所有，以不正方法由收費設備取得他人之物者，處一年以下有期徒刑、拘役或十萬元以下罰金。

Ⅱ.以前項方法得財產上不法之利益或使第三人得之者，亦同。

Ⅲ.前二項之未遂犯罰之。

⑩一、原條文之罰金刑已不符時宜，應予提高，爰原條文第1項酌予修正提高罰金刑額度，以求衡平。

二、原條文第2項未修正；另考量第1項及第2項之罪有未遂犯之可能，爰增訂第3項。

◇收費設備：例如自動販賣機、公共電話等，行為人投入錢幣或具備交易功能之物品，得以換取商品或特定服務之設備。

◇不正方法：學說與實務有諸多爭議。「**違反處分權人意思說**」認為只要無處分權限之人違反有處分權人之意思，即屬不正方法；「**違反設備操作規則說**」則以設備之操作規則作為解釋基礎；「**強調詐欺特性說**」則假設將機器代換成自然人，同樣條件下自然人是否會陷於錯誤；「**非法取得來源說**」則視硬幣或卡片的取得合法或非法。

第 339 條之 2 （由自動付款設備取得他人之物或利益罪）

Ⅰ.意圖為自己或第三人不法之所有，以不正方法由自動付款設備取得他人之物者，處三年以下有期徒刑、拘役或三十萬元以下罰金。

Ⅱ.以前項方法得財產上不法之利益或使第三人得之者，亦同。

Ⅲ.前二項之未遂犯罰之。

⑩一、原條文之罰金刑已不符時宜，應予提高，爰原條文第1項酌予修正提高罰金刑額度，以求衡平。

二、原條文第2項未修正；另考量本法就三年以下有期徒刑之罪，多設有未遂犯之處罰規定，爰增訂第3項。

◇自動付款設備：如自動提款機。

第 339 條之 3 （以不正方法將虛偽資料等輸入電腦等而不法取得他人財產或利益罪）

Ⅰ.意圖為自己或第三人不法之所有，以不正方法將虛偽資料或不正指令輸入電腦或其相關設備，製作財產權之得喪、變更紀錄，而取得他人之財產者，處七年以下期徒刑，得併科七十萬元以下罰金。

Ⅱ.以前項方法得財產上不法之利益或使第三人得之者，亦同。

Ⅲ.前二項之未遂犯罰之。

⑩一、為使法官於具體個案裁判更具量刑彈性，同時遏止行為人以不正方法取得他人之財產，爰第1項增列得併科罰金之處罰規定。

二、原條文第2項未修正；另本條係第339條普通詐欺罪之加重類型，卻反無未遂犯之處罰規定，顯有闕漏，爰增訂第3項。

第 339 條之 4 （加重詐欺罪）

Ⅰ.犯第三百三十九條詐欺罪而有下列情形之一者，處一年以上七年以下有期徒刑，得併科一百萬元以下罰金：
　一　冒用政府機關或公務員名義犯之。
　二　三人以上共同犯之。
　三　以廣播電視、電子通訊、網際網路或其他媒體等傳播工具，對公眾散布而犯之。

Ⅱ.前項之未遂犯罰之。

⑩一、本條新增。

二、近年來詐欺案件頻傳，且趨於集團化、組織化，甚至結合網路、電信、通訊科技，每每造成廣大民眾受騙，此與傳統犯罪型態有別，若僅論以第339條詐欺罪責，實無法充分評價行為人之惡性。參酌德國、義大利、奧地利、挪威、荷蘭、瑞典、丹麥等外國立法例，均對於特殊型態之詐欺犯罪定有獨立處罰規定，爰增訂本條加重詐欺罪，並考量此等特殊詐欺型態行為之惡性、對於社會影響及刑法各罪衡平，將本罪法定刑定為一年以上七年以下有期徒刑，得併科一百萬元以下罰金，且處罰未遂犯。

三、第1項各款加重事由分述即下：㈠行為人冒用政府機關或公務員名義施以詐欺行為，被害人係因出於遵守公務部門公權力之要求，及避免自

身違法等守法態度而遭到侵害，則行為人不僅侵害個人財產權，更侵害公眾對公權力之信賴。是以，行為人之惡性及犯罪所生之危害均較普通詐欺為重，爰定為第1款加重事由。(二)多人共同行使詐術手段，易使被害人陷於錯誤，其主觀惡性較單一個人行使詐術為重，有加重處罰之必要，爰仿照本法第222條第1項第1款之立法例，將「三人以上共同犯之」列為第2款之加重處罰事由。又本款所謂「三人以上共同犯之」，不限於實施共同正犯，尚包含同謀共同正犯。(三)考量現今以電信、網路等傳播方式，同時或長期對社會不特定多數之公眾發送訊息施以詐術，往往造成廣大民眾受騙，此一不特定、多數性詐欺行為類型，其侵害社會程度及影響層面均較普通詐欺為嚴重，有加重處罰之必要，爰定為第3款之加重處罰事由。

第 340 條　（刪除）

(94)一、本條刪除。

二、配合第56條連續犯之刪除，刪除本條常業犯之規定。

第 341 條　（乘機詐欺罪）

I.意圖為自己或第三人不法之所有，乘未滿十八歲人之知慮淺薄，或乘人精神障礙、心智缺陷而致其辨識能力顯有不足或其他相類之情形，使之將本人或第三人之物交付者，處五年以下有期徒刑、拘役或科或併科五十萬元以下罰金。

II.以前項方法得財產上不法之利益或使第三人得之者，亦同。

III.前二項之未遂犯罰之。

(103)一、本條之行為客體原為未滿二十歲之人，然考量現今國民發育與教育等客觀因素，並參酌兒童及少年福利法及聯合國兒童權利公約均係以未滿十八歲為特別保護對象。是以，本條就特定年齡者之保護有採相同標準之必要，爰將原條文第1項所定「未滿二十歲之人」修正為「未滿十八歲之人」；另酌予修正提高罰金刑額度，以求衡平。

二、原條文第2項、第3項未修正。

▲【32 上 2707】刑法第341條第1項所謂乘未滿二十歲人之知慮淺薄，係指其人依照周年計算未滿二十歲，且其知慮確屬淺薄者而言，至其人已否結婚則非所問。

第 342 條　（背信罪）

I.為他人處理事務，意圖為自己或第三人不法之利益，或損害本人之利益，而為違背其任務之行為，致生損害於本人之財產或其他利益者，處五年以下有期徒刑、拘役或科或併科五十萬元以下罰金。

II.前項之未遂犯罰之。

(103)一、原條文之罰金刑已不符時宜，應予提高，爰原條文第1項酌予修正提高罰金刑額度，以求衡平。

二、原條文第2項未修正。

◇**事務**：實務見解認為本罪之事務限於**財產事務**，且限於有裁量權限之事務（故排除機械性事務）。學說上則有區分外部事務與內部事務，並認為單純內部事務之背託，最好的防免方法應是慎選受任人，回歸單純民事債務不履行解決，不屬本罪之事務。故本罪之事務應僅限於**外部事務**。

◇**背信罪之本質**：學說上有濫權理論、背託理論之爭，影響是否違背任務要件之解釋。背託理論指行為人違背被害人之信賴，濫權理論則指行為人濫用被害人所賦予之權限。依據**濫權理論**，背信行為僅限於法律行為，但學說通說兼採**背託理論**，認為違背本人財產照料義務的法律行為與事實行為，均有可能構成違背任務之行為。

▲【53 臺上 2429】刑法第342條第1項之背信罪，必須違背任務之行為，具有為圖取不法利益，或圖加不法損害之意思，為構成要件，**若本人利益之受損害，乃基於正當原因，並非不法，則因缺乏犯罪意思要件之故，即難律以本罪**。

▲【62 臺上 4320】被告未履行出賣人之義務，而將買賣標的物再出賣於他人，與為他人處理事務有間，核與刑法上背信罪以為他人處理事務為前提之構成要件不符。

▲【63 臺上 292】刑法上之背信罪為一般的違背任務之犯罪，若為他人處理事務，意圖為自己或第三人不法之所有，以詐術使他人交付財物者，應成立詐欺罪，不能論以背信罪。

第 343 條　（準用規定）

第三百二十三條及第三百二十四條之規定，於第三百三十九條至前條之罪準用之。

(103)為杜爭議，爰明列第339條至第342條之罪，以資明確。

第 344 條 （重利罪）

I.乘他人急迫、輕率、無經驗或難以求助之處境，貸以金錢或其他物品，而取得與原本顯不相當之重利者，處三年以下有期徒刑、拘役或科或併科三十萬元以下罰金。

II.前項重利，包括手續費、保管費、違約金及其他與借貸相關之費用。

⑩一、本條構成要件原為「乘他人急迫、輕率或無經驗」，惟考量若干情形可能未能為上開情形所涵蓋，為避免法律適用上之漏洞，爰於第 1 項增列「難以求助之處境」之情形。又本條之最高法定刑原為一年有期徒刑，惟行為人利用被害人經濟處境，獲取不法利益，使被害人經濟處境更為不利，導致被害人陷於經濟困境中難以解決，若最重法定刑僅為一年有期徒刑，未考量行為人惡性與被害人受害程度等情形，實不足以遏止重利歪風，爰將原條文第 1 項最重法定刑修正為三年，以使法官於具體個案裁判更具量刑彈性，俾充分評價行為人之惡性；另酌予修正提高罰金額度，以求衡平。

二、考量社會上重利案件，常以手續費、保管費、違約金等各類費用名目，取得原本以外之款項，無論費用名目為何，只要總額與原本相較有顯不相當之情形，即概屬於重利。為避免爭議，爰參考義大利刑法重罪分則第 644 條第 3 項、第 4 項規定，增訂第 2 項，以資周延。

◇急迫：他人因故急須金錢或物品之情狀。

◇輕率：草率決定。

◇無經驗：欠缺社會經驗。

◇取得與原本顯不相當之重利：實務見解主張，應按民間借貸習慣，參酌當地之經濟狀況而定。也有部分見解以民法第 205 條之最高約定利率為準。

▲【院解 3029】約定利率雖超過法定限制，致取得之利益與原本顯不相當，但在立約當時債權人如無乘債務人急迫輕率或無經驗之情形，尚不構成刑法第 344 條之重利罪。

第 344 條之 1 （加重重利罪）

I.以強暴、脅迫、恐嚇、侵入住宅、傷害、毀損、監控或其他足以使人心生畏懼之方法取得前條第一項之重利者，處六月以上五年以下有期徒刑，得併科五十萬元以下罰金。

II.前項之未遂犯罰之。

⑩一、本條新增。

二、重利被害人遭受不當債務索討，而衍生社會問題之案件，層出不窮，此等行為較諸單純收取或索討重利之行為更為惡劣，危害性亦更鉅。雖以強暴、脅迫、恐嚇、傷害等違法方法索討重利債權，可能該當妨害自由、恐嚇、傷害等罪，惟實務上行為人索討債權之方法未必構成犯罪行為，卻足使被害人心生畏懼或感受強烈之壓力，例如：在被害人住處外站崗、尾隨被害人……等，就此等行為態樣如無處罰規定，不當係法律漏洞，為遏止此類行為，爰增列本條之處罰規定，並衡酌刑法分則傷害罪章、妨害自由罪章及本章各罪之刑度，將法定刑定為六月以上五年以下有期徒刑，得併科五十萬元以下罰金，並於第 2 項規範未遂犯之處罰規定。

第 345 條 （刪除）

⑭一、本條刪除。

二、配合第 56 條連續犯之刪除，刪除本條常業犯之規定。

第三十三章　恐嚇及擄人勒贖罪

介查第二次修正案第三十三章謂原案本罪與詐欺罪併合規定，似未妥協，蓋恐嚇與詐欺，顯然大異。故本案另規定本章。

第 346 條 （單純恐嚇罪）

I.意圖為自己或第三人不法之所有，以恐嚇使人將本人或第三人之物交付者，處六月以上五年以下有期徒刑，得併科三萬元以下罰金。

II.以前項方法得財產上不法之利益或使第三人得之者，亦同。

III.前二項之未遂犯罰之。

⑩一、本罪於民國 72 年 6 月 26 日後並未修正，爰依刑法施行法第 1 條之 1 第 2 項本文規定將罰金數額修正提高三十倍，以增加法律明確性，並使刑法分則各罪罰金數額具內在邏輯一致性。

二、第 1 項後段「六月以上、五年以下」修正為「六月以上五年以下」；第 2 項末句「亦同」修正為「，亦同」。

▲【65 臺上 1212】刑法上之恐嚇取財罪，係以將來之惡害恫嚇被害人使其交付財物為要件，若當場施以強暴脅迫達於不能抗拒程度，即係強盜

行為，不能論以恐嚇罪名。

▲【67臺上542】刑法第346條之恐嚇取財罪之恐嚇行為，係指以將來惡害之通知恫嚇他人而言，**受恐嚇人尚有自由意志**，不過因此而懷有恐懼之心，故與強盜罪以目前之危害脅迫他人，致喪失自由意志不能抗拒者不同。

第 347 條 　（擄人勒贖罪）

Ⅰ.意圖勒贖而擄人者，處無期徒刑或七年以上有期徒刑。

Ⅱ.因而致人於死者，處死刑、無期徒刑或十二年以上有期徒刑；致重傷者，處無期徒刑或十年以上有期徒刑。

Ⅲ.第一項之未遂犯罰之。

Ⅳ.預備犯第一項之罪者，處二年以下有期徒刑。

Ⅴ.犯第一項之罪，未經取贖而釋放被害人者，減輕其刑；取贖後而釋放被害人者，得減輕其刑。

⑩³一、按公民與政治權利國際公約及經濟社會文化權利國際公約施行法（以下簡稱「兩公約施行法」）第2條規定：「兩公約所揭示保障人權之規定，具有國內法律效力。」而公民與政治權利國際公約第6條第2款規定：「凡未廢除死刑之國家，非犯情節重大之罪，且依照犯罪時有效並與本公約規定及防止及懲治殘害人群罪公約不牴觸之法律，不得科處死刑……。」

二、兩公約施行法第3條復規定：「適用兩公約規定，應參照其立法意旨及兩公約人權事務委員會之解釋。」則公民與政治權利國際公約第6條第2款關於「情節重大之罪」之解釋，應參酌聯合國人權事務委員會1982年第十六屆會議作成之第六號一般性意見：「意義必須嚴格限定」。查經濟及社會理事會1984年5月25日第五十號決議附件「關於保護死刑犯的權利的保障措施」提及：「死刑的範圍只限於對蓄意而結果危害生命或其他極端嚴重後果的罪行」。至於何種罪名屬於「情節重大之罪」，經濟及社會理事會秘書長自2000年起每五年提出的「死刑和關於保護死刑犯的權利的保障措施報告」、人權理事會2007年提出之特別報告、立法院第八屆第一會期第二次會議議案關係文書政五四八，均揭示未導致喪命的綁架並不屬於可判處死刑的「情節重大之罪」。

三、原條文第1項規定：「意圖勒贖而擄人者，處死刑、無期徒刑或七年以上有期徒刑。」第二項後段規定「致重傷者，處死刑、無期徒刑或十年以上有期徒刑」與第2項前段規定「因而致人於死者，處死刑、無期徒刑或十二年以上有期徒刑」相較，無論行為人是否致人於死，均有科處死刑之規定，顯有違反比例原則。又單純意圖勒贖而擄人或擄人勒贖致重傷之情形，均非屬剝奪生命法益之犯罪，牴觸前開「公民與政治權利國際公約」第6條第2款之「非犯情節重大之罪……不得科處死刑」規定。為符合兩公約施行法之規定，爰為第1項、第2項之修正。

四、原條文第3項至第5項未修正。

◇**擄人勒贖罪既遂時點**：實務見解認為，行為人只要以勒贖之目的擄人，只要擄人既遂，本罪即既遂，至於行為人後續向誰勒贖、是否實施勒贖、有無取得贖款，均非所問；惟有學說批評認為本罪兼保護財產法益，故勒贖既遂與否應也會影響本罪既遂之認定。

◇**與強盜罪之區別**：此涉及本罪被勒贖人與被擄人可否為同一人之問題。實務見解認為，被勒贖人與被擄人可為同一人，擄與否以是否改變人質位置判斷；學說則認為本罪應限於三面關係，蓋若被勒贖人與被擄人為同一人，則本罪無法與刑法第328條強盜罪相互區別。而認為被勒贖人與被擄人限於不同人，亦可回應本罪兼保護人質利益和第三人財產之高度不法內涵。

▲【65臺上3356】**擄人勒贖罪，須行為人自始有使被害人以財物取贖人身之意思**，如使被害人交付財物，別有原因，為達其取得財物之目的，而剝奪被害人之自由者，除應成立其他財產上之犯罪或牽連犯妨害自由罪外，要無成立擄人勒贖罪之餘地。

第 348 條 　（擄人勒贖結合罪）

Ⅰ.犯前條第一項之罪而故意殺人者，處死刑或無期徒刑。

Ⅱ.犯前條第一項之罪而有下列行為之一者，處死刑、無期徒刑或十二年以上有期徒刑：

　一　強制性交者。

　二　使人受重傷者。

⑨¹參酌本法第332條第2項之規定，於第2項增訂犯擄人勒贖而使被害人受重傷之結合犯之處罰規定，以求刑罰之公平。

▲【72 臺上 4675】擄人勒贖而故意殺被害人為結合犯，刑法第 348 條第 1 項定有處罰明文，**祇須以犯擄人勒贖罪為前提又故意將被擄人殺害者，罪即成立，其殺害原因如何及已否得贖可以不問，如係先有殺人行為而後起意擄人勒贖者則非結合犯。**

第 348 條之 1 （意圖勒贖而擄人）

擄人後意圖勒贖者，以意圖勒贖而擄人論。

⑨一、本條新增。

二、擄人後而起意勒贖者，其情節與意圖勒贖而擄人相若。增設本條以意圖勒贖而擄人論之規定，俾能依本法第 347 條及第 348 條之規定處罰。

第三十四章 贓 物 罪

第 349 條 （普通贓物罪）

I.收受、搬運、寄藏、故買贓物或媒介者，處五年以下有期徒刑、拘役或科或併科五十萬元以下罰金。

II.因贓物變得之財物，以贓物論。

⑩一、竊盜案件頻傳，近三年竊盜案件雖有下降，由 97 年的二十萬餘件下降至 99 年的十四萬餘件，破獲率卻未見提升，以普通竊盜案為例，近三年破獲率竟均未達五成，汽車竊盜案也未達七成。

二、易銷贓行業如當鋪、舊貨業等的營業家數逐年增加，也增加了銷贓的管道，影響破案的難度，實有必要將現行罰則加重，以有效嚇阻銷贓行為，並進一步防止竊盜案件的發生。

三、為保障民眾財產安全，爰將原條文第 1 項、第 2 項合併，並提高罰金刑，修正為「收受、搬運、寄藏、故買贓物或媒介者，處五年以下有期徒刑、拘役或科或併科五十萬元以下罰金。」

◇贓物：實行財產犯罪所獲得之財物。

◇寄藏：為他人窩藏、保管贓物。

◇故買：故意購買贓物以取得贓物之所有權。

◇因贓物變得之財物：又稱準贓物，處分贓物所變得之財物或所衍生之孳息稱之。

◇本罪犯罪主體：本於本罪不法內涵在於行為人與財產犯罪人共同維持前行為所創造的違法狀態，並創造他人違犯財產犯罪的誘因，本罪犯罪主體解釋上應限於前行為財產犯罪以外之人。故前行為之正犯（直接正犯、間接正犯、共同正犯）

不屬本罪犯罪主體，共犯（教唆犯、幫助犯）則有爭議，實務見解認為共犯一律被排除於行為主體之外，學說見解則認為共犯的收受行為亦有可能阻礙被害人返還請求權之行使，故亦可構成本罪犯罪主體。

▲【41 臺非 36】刑法上之**贓物罪**，原在防止因竊盜、詐欺、侵占各罪被奪取或侵占之物難於追及或回復，故其前提要件，必須犯前開各罪所得之物，始得稱為贓物。

▲【51 臺上 87】刑法上之**寄藏贓物，係指受寄他人之贓物，為之隱藏**而言，必須先有他人犯財產上之罪，而後始有受寄代藏贓物之行為，否則即難以該項罪名相繩。

▲【81 臺上 3521】參見本法第 61 條。

第 350 條 （刪除）

⑨一、本條刪除。

二、配合第 56 條連續犯之刪除，刪除本條常業犯之規定。

第 351 條 （親屬贓物罪）

於直系血親、配偶或同財共居親屬之間，犯本章之罪者，得免除其刑。

⑪查第二次修正案理由謂修正案於本罪之罪，準用第 333 條第 2 項（按係指第二次修正之條文，即本法第 351 條），於其他親屬間犯罪者，須告訴乃論，係指親屬為被害人而言。故親屬不告訴，則不論罪，則第三人為被害人，而親屬間互相授受，恐無告訴之理，該條第 2 項，似不適用，故本案擬仍從原案。

第三十五章 毀棄損壞罪

第 352 條 （毀損文書罪）

毀棄、損壞他人文書或致令不堪用，足以生損害於公眾或他人者，處三年以下有期徒刑、拘役或三萬元以下罰金。

⑩本罪最後修正於民國 92 年 6 月 3 日，爰依刑法施行法第 1 條之 1 第 2 項但書規定將罰金數額提高三倍，以增加法律明確性，並使刑法分則各罪罰金數額具內在邏輯一致性。

第 353 條 （毀壞建築物、礦坑、船艦罪）

I.毀壞他人建築物、礦坑、船艦或致令不堪用者，處六月以上五年以下有期徒刑。

II.因而致人於死者，處無期徒刑或七年以上有期徒刑，致重傷者，處三年以上十年以下有期徒刑。

III.第一項之未遂犯罰之。

▲【50臺上870】毀壞建築物罪，**以行為人有毀壞他人建築物重要部分，使該建築物失其效用之故意，為成立要件**，如因鬥毆氣憤而亂擲石塊，致將他人房屋之牆壁上泥土剝落一部分，既未喪失該建築物之效用，除具有刑法第354條毀損他人所有物之條件，得成立該罪外，要難以毀損建築物罪相繩。

▲【56臺上622】牆壁既係共用，並非被告單獨所有，倘有無端毀損之行為，而影響他人房屋之安全，仍難謂非毀損他人建築物。

第 354 條　（毀損器物罪）

毀棄、損壞前二條以外之他人之物或致令不堪用，足以生損害於公眾或他人者，處二年以下有期徒刑、拘役或一萬五千元以下罰金。

⑩本罪於民國72年6月26日後並未修正，爰依刑法施行法第1條之1第2項本文規定將罰金數額修正提高三十倍，以增加法律明確性，並使刑法分則各罪罰金數額具內在邏輯一致性。

◇**毀棄**：毀損、丟棄，致原物滅失。

◇**損壞**：原物未達滅失之程度，但一部份效用減損。

▲【47臺非34】刑法第354條之毀損罪，**以使所毀損之物，失其全部或一部之效用為構成要件**。被告潛至他人豬舍，投以殺鼠毒藥，企圖毒殺之豬，既經獸醫救治，得免於死，則其效用尚無全部或一部喪失情事，而本條之罪，又無處罰未遂之規定，自應為無罪之諭知。

▲【50臺上870】參見本法第353條。

▲【臺灣高院108上訴196（節錄）】按刑法第354條之毀損罪，**所謂「毀棄」，係根本毀滅物之存在或導致其可用性完全喪失。所謂「損壞」，乃指損害破壞，使物之本體發生重大變化，並減低物之可用性**。如未損壞物之本體，僅物之外表形貌變更，是否該當損壞之要件，則有爭議。惟古蹟，本以其原有存在的形式，表彰其歷史、文化或藝術價值，且不以致令不堪用為必要，則依目的性解釋，本罪之「損壞」，不以改變古蹟本體之完整性或發生重大變化，或喪失原有效用為限，

應包括改變古蹟外貌致貶抑古蹟歷史、文化、藝術價值之情形在內。

第 355 條　（間接毀損罪）

意圖損害他人，以詐術使本人或第三人為財產上之處分，致生財產上之損害者，處三年以下有期徒刑、拘役或一萬五千元以下罰金。

⑩本罪於民國72年6月26日後並未修正，爰依刑法施行法第1條之1第2項本文規定將罰金數額修正提高三十倍，以增加法律明確性，並使刑法分則各罪罰金數額具內在邏輯一致性。

第 356 條　（損害債權罪）

債務人於將受強制執行之際，意圖損害債權人之債權，而毀壞、處分或隱匿其財產者，處二年以下有期徒刑、拘役或一萬五千元以下罰金。

⑩本罪於民國72年6月26日後並未修正，爰依刑法施行法第1條之1第2項本文規定將罰金數額修正提高三十倍，以增加法律明確性，並使刑法分則各罪罰金數額具內在邏輯一致性。

◇**將受強制執行之際**：取得強制執行名義至強制執行程序終結前。

第 357 條　（告訴乃論）

第三百五十二條、第三百五十四條至第三百五十六條之罪，須告訴乃論。

第三十六章　妨害電腦使用罪

◇**本章保護之法益**：有學者認為係保護個人法益中的隱私權或個人資訊處分權，有學者認為係保護網路溝通秩序中身份識別同一性的社會法益，有學者認為係保護電腦使用安全的利益。立法理由則提及保護電腦系統之安全性。

第 358 條　（入侵電腦或其相關設備罪）

無故輸入他人帳號密碼、破解使用電腦之保護措施或利用電腦系統之漏洞，而入侵他人之電腦或其相關設備者，處三年以下有期徒刑、拘役或科或併科三十萬元以下罰金。

中華民國刑法　第二編　分　則　（第三五九～三六三條）

⑩本罪增訂於民國 92 年 6 月 3 日，爰依刑法施行法第 1 條之 1 第 2 項但書規定將罰金數額提高三倍，以增加法律明確性，並使刑法分則各罪罰金數額具內在邏輯一致性。

第 359 條　（破壞電磁紀錄罪）

無故取得、刪除或變更他人電腦或其相關設備之電磁紀錄，致生損害於公眾或他人者，處五年以下有期徒刑、拘役或科或併科六十萬元以下罰金。

⑩本罪增訂於民國 92 年 6 月 3 日，爰依刑法施行法第 1 條之 1 第 2 項但書規定將罰金數額提高三倍，以增加法律明確性，並使刑法分則各罪罰金數額具內在邏輯一致性。

第 360 條　（干擾電腦或其相關設備罪）

無故以電腦程式或其他電磁方式干擾他人電腦或其相關設備，致生損害於公眾或他人者，處三年以下有期徒刑、拘役或科或併科三十萬元以下罰金。

⑩本罪增訂於民國 92 年 6 月 3 日，爰依刑法施行法第 1 條之 1 第 2 項但書規定將罰金數額提高三倍，以增加法律明確性，並使刑法分則各罪罰金數額具內在邏輯一致性。

第 361 條　（加重妨害電腦使用罪）

對於公務機關之電腦或其相關設備犯前三條之罪者，加重其刑至二分之一。

⑨二一、本條新增。

二、由於公務機關之電腦系統如被入侵往往造成國家機密外洩，有危及國家安全之虞，因此對入侵公務機關電腦或其相關設備之犯行加重刑度，以適當保護公務機關之資訊安全，並與國際立法接軌。

三、本條所稱公務機關，係指電腦處理個人資料保護法第 3 條所定之公務機關。

第 362 條　（製作犯罪電腦程式罪）

製作專供犯本章之罪之電腦程式，而供自己或他人犯本章之罪，致生損害於公眾或他人者，處五年以下有期徒刑、拘役或科或併科六十萬元以下罰金。

⑩本罪增訂於民國 92 年 6 月 3 日，爰依刑法施行法第 1 條之 1 第 2 項但書規定將罰金數額提高三

倍，以增加法律明確性，並使刑法分則各罪罰金數額具內在邏輯一致性。

第 363 條　（告訴乃論）

第三百五十八條至第三百六十條之罪，須告訴乃論。

⑨二一、本條新增。

二、刑罰並非萬能，即使將所有狹義電腦犯罪行為均規定為非告訴乃論，未必就能有效遏止電腦犯罪行為，尤其對於個人電腦之侵害行為，態樣不一，輕重有別，如受害人無告訴意願，並配合偵查，實際上亦難達到偵查成效，故採告訴乃論，有助於紛爭解決及疏解訟源，並可將國家有限之偵查及司法資源集中於較嚴重之電腦犯罪，有效從事偵查，爰增訂本條。

中華民國刑法施行法

一百零八年十二月三十一日總統令修正公布

①民國二十四年四月一日國民政府公布
②八十六年十一月二十六日總統令修正公布
③八十八年四月二十一日總統令修正公布
④九十年一月十日總統令修正公布
⑤九十四年二月二日總統令修正公布
⑥九十五年六月十四日總統令修正公布
⑦九十八年一月二十一日總統令修正公布
⑧九十八年六月十日總統令修正公布
⑨九十八年十二月三十日總統令修正公布
⑩一百零四年十二月三十日總統令修正公布
⑪一百零五年六月二十二日總統令修正公布
⑫一百零八年五月二十九日總統令公布
⑬一百零八年十二月三十一日總統令修正公布第八之一條條文

第 1 條　（舊刑法、刑律、其他法令之定義）

本法稱舊刑法者，謂中華民國十七年九月一日施行之刑法，稱刑律者，謂中華民國元年三月十日頒行之暫行新刑律，稱其他法令者，謂刑法施行前與法律有同一效力之刑事法令。

第 1 條之 1　（貨幣單位）

I.中華民國九十四年一月七日刑法修正施行後，刑法分則編所定罰金之貨幣單位為新臺幣。

II.九十四年一月七日刑法修正時，刑法分則編未修正之條文定有罰金者，自九十四年一月七日刑法修正施行後，就其所定數額提高為三十倍。但七十二年六月二十六日至九十四年一月七日新增或修正之條文，就其所定數額提高為三倍。

第 2 條　（褫奪公權從新主義）

依刑法第二條第一項但書，適用舊刑法、刑律或其他法令時，其褫奪公權所褫奪之資格，應依刑法第三十六條之規定。

第 3 條　（易科監禁之期限與易科罰金折算之抵充）

I.依舊刑法易科監禁者，其監禁期限自刑法施行之日起不得逾六個月。

II.其在刑法施行後易科監禁期限內納罰金者，以所納之數，仍依裁判所定之標準扣除監禁日期。

第 3 條之 1　（法律之適用㈠）

I.刑法第四十一條之規定，中華民國九十年一月四日刑法修正施行前已裁判確定之處罰，未執行或執行未完畢者，亦適用之。

II.未諭知得易科罰金之處罰者，亦同。

III.於九十四年一月七日刑法修正施行前犯合併處罰數罪中之一罪，且該數罪均符合第四十一條第一項得易科罰金之規定者，適用九十年一月四日修正之刑法第四十一條第二項規定。

第 3 條之 2　（易服社會勞動制度之適用範圍）

刑法第四十一條及第四十二條之一之規定，於中華民國九十八年九月一日刑法修正施行前已裁判確定之處罰，未執行或執行未完畢者，亦適用之。

第 3 條之 3　（法律之適用㈡）

刑法第四十一條及第四十二條之一之規定，於中華民國九十八年十二月十五日刑法修正施行前已裁判確定之處罰，未執行或執行未完畢者，亦適用之。

第 4 條　（累犯加重之限制）

I.刑法施行前，累犯舊刑法第六十六條第一項所定不同一之罪或不同款之罪一次者，其加重本刑不得逾三分之一。

II.依刑法第四十八條更定其刑者，準用前項之規定。

第 5 條 （老幼人減刑之方法與例外）

刑法施行前，未滿十八歲人或滿八十歲人犯罪，經裁判確定處死刑或無期徒刑者，應報由司法行政最高官署呈請司法院提請國民政府減刑。但有刑法第六十三條第二項情形者，不在此限。

第 6 條 （緩刑假釋之保護管束）

刑法施行前，受緩刑之宣告或假釋出獄者，刑法施行後於其緩刑期內得付保護管束，假釋中，付保護管束。

第 6 條之 1 （緩刑適用規定之情形）

I.於中華民國九十四年一月七日刑法修正施行前，受緩刑之宣告，九十四年一月七日修正刑法施行後，仍在緩刑期內者，適用九十四年一月七日修正施行之刑法第七十五條、第七十五條之一及第七十六條規定。

II.於中華民國九十八年五月十九日刑法修正施行前，受緩刑之宣告，九十八年五月十九日修正刑法施行後，仍在緩刑期內者，適用九十八年五月十九日修正施行之刑法第七十五條及第七十五條之一規定。

第 7 條 （緩刑假釋之撤銷）

刑法施行前，宣告緩刑或准許假釋者，在刑法施行後撤銷時，應依刑法之規定。

第 7 條之 1 （不溯既往原則）

I.於中華民國八十六年刑法第七十七條修正施行前犯罪者，其假釋適用八十三年一月二十八日修正公布之刑法第七十七條規定。但其行為終了或犯罪結果之發生在八十六年刑法第七十七條修正施行後者，不在此限。

II.因撤銷假釋執行殘餘刑期，其撤銷之原因事實發生在八十六年刑法第七十九條之一修正施行前者，依修正前之刑法第七十九條之一規定合併計算其殘餘刑期與他刑應執行之期間。但其原因事實行為終了或犯罪結果之發生在八十六年刑法第七十七條修正施行後者，不在此限。

第 7 條之 2 （假釋適用規定之情形）

I.於中華民國八十六年十一月二十六日刑法修正公布後，九十四年一月七日刑法修正施行前犯罪者，其假釋適用八十六年十一月二十六日修正公布之刑法第七十七條規定。但其行為終了或犯罪結果之發生在九十四年一月七日刑法修正施行後者，其假釋適用九十四年一月七日修正施行之刑法第七十七條規定。

II.因撤銷假釋執行殘餘刑期，其撤銷之原因事實發生在八十六年十一月二十六日刑法修正公布後，九十四年一月七日刑法修正施行前者，依八十六年十一月二十六日修正公布之刑法第七十九條之一規定合併計算其殘餘刑期與他刑應執行之期間。但其原因事實行為終了或犯罪結果之發生在九十四年一月七日刑法修正施行後者，依九十四年一月七日修正施行之刑法第七十九條之一規定合併計算其殘餘刑期與他刑應執行之期間。

第 8 條 （行刑權時效停止之起算）

刑法施行前，行刑權之時效停止原因繼續存在者，適用刑法第八十五條第三項之規定，其期間自刑法施行之日起算。

第 8 條之 1 （適用最有利之規定）

於中華民國九十四年一月七日刑法修正施行前，其追訴權或行刑權時效已進行而未完成者，比較修正前後之條文，適用最有利於行為人之規定。於一百零八年十二月六日刑法修正施行前，其追訴權或行刑權時效已進行而未完成者，亦同。

⑩配合刑法總則篇時效章關於追訴權時效及行刑權時效之規定修正。

第 8 條之 2 （刑法修正施行前其追訴權時效已進行而未完成者適用修正後之規定，不適用前條之規定）

於中華民國一百零八年五月十日修正之刑法第八十條第一項第一款但書施行前，其追訴權時效已進行而未完成者，適用修正後之規定，不適用前條之規定。

⑱一、本條新增。

二、刑法第 80 條關於追訴權時效規定已有修正，為避免法律變更後之適用疑義，爰予增訂。

三、德國刑法第 78 條第 2 項將原有追訴權時效限制之謀殺罪，修正為無追訴權時效限制，對此修正之適用範圍，依德國學界通說，適用於追訴權時效新法施行前尚未時效完成之犯行，至於追訴權時效業已完成之犯行，則不得再依追訴權時效新法重行追訴，此項見解亦經德國聯邦憲法法院認屬合憲；日本有關追訴權時效規定在刑事訴訟法第 250 條至第 255 條，犯罪後因刑事訴訟法修正而變更時效期間，判例均認應依修正後規定計算時效期間。是參考德、日學說及實務見解，增訂本條。

四、本次修正之刑法第 80 條施行前，其追訴權時效已進行而未完成者，將發生從輕或從新原則規定之適用問題，為杜爭議，爰明定刑法第 80 條第 1 項第 1 款但書情形，適用修正後之規定，不適用第 8 條之 1 規定。

第 9 條　（刑法施行前非配偶而同居者不適用通姦罪）

刑法第二百三十九條之規定，於刑法施行前非配偶而以永久共同生活為目的有同居之關係者，不適用之。

第 9 條之 1　（不適用刑法第二百三十一條之情形）

刑法第二百三十一條之規定，於中華民國八十八年三月三十日刑法修正施行前依法令規定經營妓女戶者，不適用之。

第 9 條之 2　（適用修正前規定之情形）

刑法第二百二十一條、第二百二十四條之罪，於中華民國八十九年十二月三十一日前仍適用八十八年三月三十日修正施行前之刑法第二百三十六條告訴乃論之規定。

第 9 條之 3　（強制治療適用規定之情形）

於中華民國九十四年一月七日刑法修正施行前，受強制治療之宣告，九十四年一月七日修正刑法施行後，仍在執行期間內者，適用八十八年四月二十一日修正公布之刑法第九十一條之一規定。

第 10 條　（施行日期㈠）

Ⅰ.本法自刑法施行之日施行。

Ⅱ.刑法修正條文及本法修正條文，除另定施行日期者外，自公布日施行。

第 10 條之 1　（施行日期㈡）

中華民國九十四年一月七日修正公布之刑法，自九十五年七月一日施行。

第 10 條之 2　（施行日期㈢）

Ⅰ.中華民國九十七年十二月三十日修正之刑法第四十一條，自九十八年九月一日施行。

Ⅱ.中華民國九十八年五月十九日修正之刑法第四十二條之一、第四十四條、第七十四條、第七十五條、第七十五條之一，自九十八年九月一日施行。

第 10 條之 3　（施行日期㈣）

Ⅰ.中華民國一百零四年十二月十七日及一百零五年五月二十七日修正之刑法，自一百零五年七月一日施行。

Ⅱ.一百零五年七月一日前施行之其他法律關於沒收、追徵、追繳、抵償之規定，不再適用。

⑩一、修正原條文第 1 項。

二、本次修正中華民國刑法（以下簡稱刑法）第 38 條之 3，為中華民國 104 年 12 月 17 日修正刑法沒收制度之相關配套，應與其同時施行，以免發生法制落差。爰修正原條文第 1 項，明定中華民國 104 年 12 月 17 日修正之刑法部分條文，及本次修正之刑法第 38 條之 3，均自 105 年 7 月 1 日施行。

陸海空軍刑法

一百零八年十一月二十日總統令修正公布

①民國十八年九月二十五日國民政府公布
②二十六年七月十九日國民政府修正公布
③八十八年四月二十一日總統令修正公布
④九十年九月二十八日總統令修正公布
⑤九十六年一月十日總統令修正公布
⑥九十六年十二月十二日總統令修正公布
⑦九十七年一月二日總統令修正公布
⑧一百年十一月三十日總統令修正公布
⑨一百零二年五月二十二日總統令修正公布
⑩一百零三年一月十五日總統令修正公布
⑪一百零六年四月十九日總統令修正公布
⑫一百零八年十一月二十日總統令修正公布第五四、七二條條文

第一編　總　則

第1條　（現役軍人之適用）

現役軍人犯本法之罪者，依本法處罰。

第2條　（非現役軍人之適用）

I 非現役軍人於戰時有下列情形之一者，亦適用本法之規定處罰：
　一　犯第十六條之罪。
　二　犯第十七條第一項、第十八條第一項第一款、第二款之罪。
　三　犯第五十三條第一項、第五十八條第一項、第五十九條第一項、第六十三條第一項之罪。
　四　犯第六十七條第一項、第二項、第六十八條第二項之罪。
　五　犯第七十二條之罪，致生軍事上之不利益。
II 前項第十七條第一項、第十八條第一項第一款、第二款、第五十三條第一項、第五十八條第一項、第五十九條第一項及第六十七條第一項、第二項之未遂犯，亦同。

第3條　（喪失軍人身分之適用）

現役軍人犯本法之罪後，喪失現役軍人身分者，仍適用本法處罰。

第4條　（國外犯）

現役軍人在中華民國領域外犯本法之罪者，仍適用本法；非現役軍人於戰時在中華民國領域外犯第二條之罪者，亦同。

第5條　（屬地主義）

現役軍人在中華民國軍隊占領地域內犯中華民國刑法或其他法律之罪者，以在中華民國領域內犯罪論。

第6條　（現役軍人之定義）

本法所稱現役軍人，謂依兵役法或其他法律服現役之軍官、士官、士兵。

第7條　（準現役軍人）

依法成立之武裝團隊，戰時納入作戰序列者，視同現役軍人。

第8條　（長官、上官之定義）

I 本法所稱長官，謂有命令權或職務在上之軍官、士官。
II 本法所稱上官，謂前項以外，而官階在上之軍官、士官。

第9條　（部隊之定義）

本法所稱部隊，謂國防部及所屬軍隊、機關、學校。

第10條　（敵人之定義）

本法所稱敵人，謂與中華民國交戰或武力對峙之國家或團體。

第11條　（戰時規定之適用）

I 本法關於戰時之規定，適用於總統依憲法宣戰之期間及地域。其因戰爭或叛亂發生而宣告戒嚴之期間及地域者，亦同。但宣戰或戒嚴未經立法院同意或追認者，不在此限。
II 戰時犯本法之罪，縱經媾和、全部或局部

有停火之事實或協定，仍依戰時之規定處罰。但按其情節顯然過重者，得減輕或免除其刑。

第 12 條　（阻卻違法事由）

戰時為維護國防或軍事上之重大利益，當事機急迫而出於不得已之行為，不罰。但其行為過當者，得減輕或免除其刑。

第 13 條　（刑法總則之適用）

刑法總則之規定，與本法不相牴觸者，適用之。

第二編　分　則

第一章　違反效忠國家職責罪

第 14 條　（強暴脅迫叛亂罪）

I.意圖破壞國體、竊據國土，或以非法之方法變更國憲、顛覆政府，而以強暴或脅迫著手實行者，處十年以上有期徒刑；首謀者，處死刑、無期徒刑或十年以上有期徒刑。

II.預備犯前項之罪者，處一年以上七年以下有期徒刑。

第 15 條　（暴動勾結外力叛亂罪）

I.以暴動或勾結外力犯前條第一項之罪者，處無期徒刑或七年以上有期徒刑；首謀者，處死刑或無期徒刑。

II.預備或陰謀犯前項之罪者，處三年以上十年以下有期徒刑。

第 16 條　（煽惑現役軍人暴動罪）

意圖犯第十四條第一項之罪，而以文字、圖畫、演說或他法煽惑現役軍人暴動者，處七年以上有期徒刑。

第 17 條　（直接利敵罪）

I.有下列行為之一者，處死刑或無期徒刑：

一　將部隊或第五十八條第一項或第五十九條第一項之軍用設施、物品交付敵人者。

二　為敵人從事間諜活動，或幫助敵人之間諜從事活動者。

三　擅打旗號或發送、傳輸電信授意於敵人者。

四　使敵人侵入軍用港口、機場、要塞或其他軍用設施、建築物，或為敵人作嚮導或指示地理者。

五　強暴、脅迫或恐嚇長官或上官投降敵人者。

六　為敵人奪取或縱放捕獲之艦艇、航空器或俘虜者。

II.前項之未遂犯，罰之。

III.預備或陰謀犯第一項之罪者，處一年以上七年以下有期徒刑。

IV.犯前三項之罪，情節輕微者，得減輕其刑。

第 18 條　（間接利敵罪）

I.意圖利敵，而有下列行為之一者，處死刑、無期徒刑或十年以上有期徒刑：

一　毀壞第五十八條第一項或第五十九條第一項之軍用設施、物品，或致令不堪用者。

二　損壞或壅塞水陸通路、橋樑、燈塔、標記，或以他法妨害軍事交通者。

三　長官率部隊不就指定守地或擅離配置地者。

四　解散部隊或誘使潰走、混亂，或妨害其聯絡、集合者。

五　使部隊缺乏兵器、彈藥、糧食、被服或其他重要軍用物品者。

六　犯第六十六條第一項或第四項之罪者。

II.前項之未遂犯，罰之。

III.預備或陰謀犯第一項之罪者，處六月以上五年以下有期徒刑。

IV.犯前三項之罪，情節輕微者，得減輕其刑。

第 19 條　（補充利敵罪）

I.以前二條以外之方法供敵人軍事上之利益，或以軍事上之不利益害中華民國或其同盟國者，處死刑、無期徒刑或十年以上有期徒刑。

陸海空軍刑法

第二編　分　則　（第二〇～二八條）

II.前項之未遂犯，罰之。

III.預備或陰謀犯第一項之罪者，處六月以上五年以下有期徒刑。

IV.犯前三項之罪，情節輕微者，得減輕其刑。

第 20 條　（洩漏或交付軍事機密罪）

I.洩漏或交付關於中華民國軍事上應秘密之文書、圖畫、消息、電磁紀錄或物品者，處三年以上十年以下有期徒刑。戰時犯之者，處無期徒刑或七年以上有期徒刑。

II.洩漏或交付前項之軍事機密於敵人者，處死刑或無期徒刑。

III.前二項之未遂犯，罰之。

IV.因過失犯第一項前段之罪者，處三年以下有期徒刑、拘役或新臺幣三十萬元以下罰金。戰時犯之者，處一年以上七年以下有期徒刑。

V.預備或陰謀犯第一項或第二項之罪者，處五年以下有期徒刑。

第 21 條　（洩漏或交付職務上軍事機密罪）

洩漏或交付職務上所持有或知悉之前條第一項軍事機密者，加重其刑至二分之一。

第 22 條　（刺探或收集軍事機密罪）

I.刺探或收集第二十條第一項之軍事機密者，處一年以上七年以下有期徒刑。戰時犯之者，處三年以上十年以下有期徒刑。

II.為敵人刺探或收集第二十條第一項之軍事機密者，處五年以上十二年以下有期徒刑。戰時犯之者，處無期徒刑或七年以上有期徒刑。

III.前二項之未遂犯，罰之。

IV.預備或陰謀犯第一項或第二項之罪者，處二年以下有期徒刑、拘役或新臺幣二十萬元以下罰金。

第 23 條　（侵入軍事處所罪）

I.意圖刺探或收集第二十條第一項之軍事機密，未受允准而侵入軍事要塞、堡壘、港口、航空站、軍營、軍用艦船、航空器、械彈廠庫或其他軍事處所、建築物，或留滯其內者，處三年以上十年以下有期徒刑。戰時犯之者，加重其刑至二分之一。

II.前項之未遂犯，罰之。

III.預備或陰謀犯第一項之罪者，處二年以下有期徒刑、拘役或新臺幣二十萬元以下罰金。

第 24 條　（投敵罪）

I.投敵者，處死刑、無期徒刑或十年以上有期徒刑。

II.不盡其應盡之責而降敵者，處一年以上七年以下有期徒刑。

III.前二項之未遂犯，罰之。

IV.預備或陰謀犯第一項之罪者，處六月以上五年以下有期徒刑。

第 25 條　（自首）

犯本章之罪自首而受裁判者，減輕或免除其刑；在偵查或審判中自白者，減輕其刑。

第二章　違反職役職責罪

第 26 條　（無故開啟戰端罪）

指揮官無故開啟戰端者，處死刑、無期徒刑或十年以上有期徒刑。

第 27 條　（違抗作戰命令罪）

I.敵前違抗作戰命令者，處死刑或無期徒刑。

II.前項之未遂犯罰之。

第 28 條　（遺棄傷病、俘虜罪）

I.戰時有救護、醫療職務之人，無故遺棄傷病軍人或俘虜者，處一年以上七年以下有期徒刑。

II.因而致人於死者，處無期徒刑或七年以上有期徒刑；致重傷者，處三年以上十年以下有期徒刑。

第 29 條 （未盡維修義務罪）

I.有維修軍用艦艇、航空器、戰車、砲車、裝甲車、武器、彈藥或其他重要軍用設施、物品職務之人，未盡維修義務，或明知機件損壞匿不報告，致乘駕或使用人員陷於危險者，處五年以下有期徒刑。

II.因而致前項人員於死者，處無期徒刑或七年以上有期徒刑；致重傷者，處三年以上十年以下有期徒刑。

第 30 條 （妨害健康罪）

I.有補給或食勤職務之人，供給部隊有害身體或健康之飲食品或其他物品者，處七年以下有期徒刑。

II.因而致人於死者，處無期徒刑或七年以上有期徒刑；致重傷者，處三年以上十年以下有期徒刑。

III.第一項之未遂犯，罰之。

第 31 條 （委棄軍機罪）

I.委棄軍事上應秘密之文書、圖畫、電磁紀錄或其他物品者，處三年以下有期徒刑、拘役或新臺幣三十萬元以下罰金。

II.棄置前項物品於敵者，處七年以下有期徒刑。

III.因過失犯前二項之罪，致生軍事上之不利益者，處二年以下有期徒刑、拘役或新臺幣二十萬元以下罰金。

IV.戰時犯第一項或第二項之罪者，處無期徒刑或七年以上有期徒刑；致生軍事上之不利益者，處死刑、無期徒刑或十年以上有期徒刑；犯第三項之罪者，處一年以上七年以下有期徒刑。

第 32 條 （無故使軍用物品缺乏或遲誤罪）

I.有補給或運輸武器、彈藥、糧秣、被服或其他重要軍用物品職務之人，無故使之缺乏或遲誤，致生軍事上之不利益者，處一年以上七年以下有期徒刑。

II.因過失犯前項之罪者，處三年以下有期徒刑、拘役或新臺幣三十萬元以下罰金。

III.戰時犯第一項之罪者，處無期徒刑或七年以上有期徒刑；犯第二項之罪者，處三年

以上十年以下有期徒刑。

第 33 條 （縱放俘虜脫逃罪）

I.有看守或管理俘虜職務之人，縱放俘虜或便利其脫逃者，處一年以上七年以下有期徒刑。

II.因過失犯前項之罪者，處一年以下有期徒刑、拘役或新臺幣十萬元以下罰金。

III.第一項以外之人，縱放俘虜或便利其脫逃者，處三年以下有期徒刑、拘役或新臺幣三十萬元以下罰金。

IV.第一項之未遂犯，罰之。

第 34 條 （衛兵、哨兵等廢弛職務罪）

I.衛兵、哨兵或其他擔任警戒職務之人，因睡眠、酒醉或其他相類之情形，而廢弛職務，足以生軍事上之不利益者，處五年以下有期徒刑。

II.戰時犯前項之罪者，處一年以上七年以下有期徒刑；致生軍事上之不利益者，處無期徒刑或七年以上有期徒刑。

III.戰時因過失犯第一項之罪者，處三年以下有期徒刑、拘役或新臺幣三十萬元以下罰金。

第 35 條 （衛兵、哨兵等擅離勤務所在地罪）

I.衛兵、哨兵或其他擔任警戒、傳令職務之人，不到或擅離勤務所在地者，處一年以下有期徒刑、拘役或新臺幣十萬元以下罰金；致生軍事上之不利益者，處一年以上七年以下有期徒刑。

II.因過失犯前項前段之罪，致生軍事上之不利益者，處六月以下有期徒刑、拘役或新臺幣五萬元以下罰金。

III.戰時犯第一項前段之罪者，處五年以下有期徒刑；致生軍事上之不利益者，處無期徒刑或七年以上有期徒刑。

IV.戰時因過失犯第一項前段之罪者，處三年以下有期徒刑、拘役或新臺幣三十萬元以下罰金。

第 36 條 （違規使衛兵、哨兵等交接罪）

I.無故不依規定使衛兵、哨兵或其他擔任警戒、傳令職務之人交接者，處一年以下有

期徒刑、拘役或新臺幣十萬元以下罰金；致生軍事上之不利益者，處一年以上七年以下有期徒刑。

Ⅱ.使違反其他勤務規定者，亦同。

第 37 條　（避免職役之詐偽罪）

Ⅰ.意圖免除職役，偽為疾病、毀傷身體或為其他詐偽之行為者，處一年以上七年以下有期徒刑。

Ⅱ.前項之未遂犯，罰之。

第 38 條　（詐術免除勤務罪）

Ⅰ.以詐術或其他不正方法，而免除全部或一部之重要軍事勤務者，處三年以下有期徒刑、拘役或新臺幣三十萬元以下罰金。

Ⅱ.前項之未遂犯，罰之。

第 39 條　（單純逃亡罪）

Ⅰ.意圖長期脫免職役而離去或不就職役者，處五年以下有期徒刑。但於六日內自動歸隊者，減輕其刑。

Ⅱ.戰時犯前項前段之罪者，處無期徒刑或十年以上有期徒刑。

Ⅲ.前二項之未遂犯，罰之。

第 40 條　（擅自缺職罪）

Ⅰ.無故離去或不就職役逾六日者，處三年以下有期徒刑、拘役或新臺幣三十萬元以下罰金。

Ⅱ.戰時無故離去或不就職役者，處三年以上十年以下有期徒刑。

Ⅲ.無故離去或不就職役逾三十日，或戰時逾六日者，依前條之規定處罰。

第 41 條　（攜械逃亡罪）

Ⅰ.無故離去或不就職役而攜帶軍用武器、彈藥或其他直接供作戰之軍用物品者，處七年以上有期徒刑。戰時犯之者，處死刑、無期徒刑或十年以上有期徒刑。

Ⅱ.犯前項前段之罪，於七十二小時內自首，並繳交所攜帶之物品者，減輕或免除其刑；其於偵查或審判中自白，並繳交所攜帶之物品者，減輕其刑。

Ⅲ.第一項之未遂犯，罰之。

第三章　違反長官職責罪

第 42 條　（擅離部屬罪）

Ⅰ.長官擅離部屬、配置地或擅自遷移部隊駐地者，處一年以上七年以下有期徒刑。

Ⅱ.戰時犯前項之罪者，處無期徒刑或七年以上有期徒刑；致生軍事上之不利益者，處死刑或無期徒刑。

第 43 條　（遺棄傷病部屬罪）

Ⅰ.戰時長官無故遺棄傷病部屬者，處一年以上七年以下有期徒刑。

Ⅱ.因而致人於死者，處無期徒刑或七年以上有期徒刑；致重傷者，處三年以上十年以下有期徒刑。

第 44 條　（凌虐部屬罪）

Ⅰ.長官凌虐部屬者，處三年以上十年以下有期徒刑。致人於死者，處無期徒刑或七年以上有期徒刑；致重傷者，處五年以上十二年以下有期徒刑。

Ⅱ.上官或資深士兵藉勢或藉端凌虐軍人者，處五年以下有期徒刑。致人於死者，處無期徒刑或七年以上有期徒刑；致重傷者，處三年以上十年以下有期徒刑。

Ⅲ.前二項所稱凌虐，指逾越教育、訓練、勤務、作戰或其他軍事之必要，使軍人受凌辱虐待之非人道待遇行為。

Ⅳ.前項教育、訓練、勤務、作戰或其他軍事必要之實施範圍及應遵行事項，由國防部以準則定之。

Ⅴ.長官明知軍人犯第一項、第二項之罪，而包庇、縱容或不為舉發者，處三年以下有期徒刑、拘役或新臺幣三十萬元以下罰金。

第 45 條　（不應懲罰而懲罰罪）

Ⅰ.長官對於部屬明知依法不應懲罰而懲罰者，處三年以下有期徒刑、拘役或新臺幣三十萬元以下罰金。

Ⅱ.對部屬施以法定種類、限度以外之懲罰者，處一年以下有期徒刑、拘役或新臺幣十萬元以下罰金。

陸海空軍刑法

第二編　分　則　（第四六～五四條）

第46條　（阻撓部屬陳情罪）

I.長官以強暴、脅迫、恐嚇、利誘或其他不正方法阻撓部屬請願、訴願、訴訟、陳情或申訴者，處三年以下有期徒刑、拘役或新臺幣三十萬元以下罰金。

II.有審查或轉呈之職責而犯前項之罪者，亦同。

第四章　違反部屬職責罪

第47條　（違抗命令罪）

I.違抗上級機關或長官職權範圍內所下達或發布與軍事有關之命令者，處五年以下有期徒刑。

II.戰時犯前項之罪者，處死刑或無期徒刑。

III.戰時因過失未執行第一項之命令，致生軍事上之不利益者，處五年以上十二年以下有期徒刑。

IV.犯第一項之罪，而命令不須立即執行，行為人適時且自願履行者，減輕或免除其刑。

第48條　（聚眾抗命罪）

I.聚眾犯前條第一項之罪，首謀者，處三年以上十年以下有期徒刑；在場助勢之人，處一年以上七年以下有期徒刑。

II.戰時犯前項之罪，首謀者，處死刑或無期徒刑；在場助勢之人，處死刑、無期徒刑或十年以上有期徒刑。

第49條　（對長官施暴脅迫罪）

I.對於長官施強暴、脅迫或恐嚇者，處一年以上七年以下有期徒刑。

II.戰時犯前項之罪者，處死刑、無期徒刑或十年以上有期徒刑。

III.對上官犯第一項之罪者，處三年以下有期徒刑、拘役或新臺幣三十萬元以下罰金。戰時犯之者，處一年以上七年以下有期徒刑。

IV.前三項之未遂犯，罰之。

第50條　（聚眾對長官施暴脅迫罪）

I.聚眾犯前條第一項之罪，首謀者，處七年以上有期徒刑；下手實施者，處五年以上

有期徒刑；在場助勢之人，處一年以上七年以下有期徒刑。

II.戰時犯前項之罪，首謀者，處死刑或無期徒刑；下手實施者，處死刑、無期徒刑或十年以上有期徒刑；在場助勢之人，處三年以上十年以下有期徒刑。

III.前二項之未遂犯，罰之。

第51條　（減刑）

犯前二條之罪，其情狀可憫恕者，減輕其刑。

第52條　（公然侮辱長官、上官罪）

I.公然侮辱長官者，處二年以下有期徒刑、拘役或新臺幣二十萬元以下罰金。

II.公然侮辱上官者，處一年以下有期徒刑、拘役或新臺幣十萬元以下罰金。

III.以文字、圖畫、演說或他法，犯前二項之罪者，加重其刑至二分之一。

IV.前三項之罪，須告訴乃論。

第五章　其他軍事犯罪

第53條　（劫持軍艦、軍機罪）

I.以強暴、脅迫、恐嚇或他法劫持軍用艦艇、航空器，或控制其航行者，處死刑、無期徒刑或十年以上有期徒刑。

II.前項之未遂犯，罰之。

III.預備犯第一項之罪者，處六月以上五年以下有期徒刑。

第54條　（不能安全駕駛罪）

I.駕駛動力交通工具而有下列情形之一者，處二年以下有期徒刑，得併科新臺幣三十萬元以下罰金：

一　吐氣所含酒精濃度達每公升零點二五毫克或血液中酒精濃度達百分之零點零五以上。

二　有前款以外之其他情事足認服用酒類或其他相類之物，致不能安全駕駛。

三　服用毒品、麻醉藥品或其他相類之物，致不能安全駕駛。

II.因而致人於死者，處三年以上十年以下有

期徒刑；致重傷者，處一年以上七年以下有期徒刑。

III.曾犯本條或刑法第一百八十五條之三之罪，經有罪判決確定或經緩起訴處分確定，於五年內再犯第一項之罪因而致人於死者，處無期徒刑或五年以上有期徒刑；致重傷者，處三年以上十年以下有期徒刑。

IV.駕駛公務或軍用動力交通工具犯本條之罪者，得加重其刑至二分之一。

第 55 條　（無故攻擊醫療設施罪）

戰時無故攻擊醫院、醫療設施、醫療運輸工具或醫療救護人員者，處一年以上七年以下有期徒刑。攻擊談判代表或戰地新聞記者者，亦同。

第 56 條　（攫取財物罪）

I.在戰地無故攫取傷病或死亡國軍、友軍或敵軍之財物者，處一年以上七年以下有期徒刑。

II.前項之未遂犯，罰之。

第 57 條　（違法徵用物資罪）

I.不依法令徵購、徵用物資、設施或民力者，處三年以上十年以下有期徒刑。

II.前項之未遂犯，罰之。

第 58 條　（毀壞直接供作戰軍用設施、物品罪）

I.毀壞軍用機場、港口、坑道、碉堡、要塞、艦艇、航空器、車輛、武器、彈藥、雷達、通信、資訊設備、器材或其他直接供作戰之重要軍用設施、物品，或致令不堪用者，處無期徒刑或七年以上有期徒刑。情節輕微者，處五年以下有期徒刑。

II.因過失犯前項之罪者，處三年以下有期徒刑、拘役或新臺幣三十萬元以下罰金。

III.戰時犯第一項之罪者，處死刑或無期徒刑；犯第二項之罪者，加重其刑至二分之一。

IV.第一項、第三項前段之未遂犯，罰之。

V.預備犯第一項之罪者，處三年以下有期徒刑、拘役或新臺幣三十萬元以下罰金。戰時犯之者，加重其刑至二分之一。

VI.犯前四項之罪，情節輕微者，得減輕其刑。

第 59 條　（毀壞重要軍用設施、物品罪）

I.毀壞軍用工廠、倉庫、船塢、橋樑、水陸通路、油料、糧秣或製造武器、彈藥之原料或其他重要軍用設施、物品，或致令不堪用者，處三年以上十年以下有期徒刑。情節輕微者，處三年以下有期徒刑、拘役或新臺幣三十萬元以下罰金。

II.因過失犯前項之罪者，處二年以下有期徒刑、拘役或新臺幣二十萬元以下罰金。

III.戰時犯第一項之罪者，處無期徒刑或七年以上有期徒刑；犯第二項之罪者，加重其刑至二分之一。

IV.第一項、第三項前段之未遂犯，罰之。

V.犯前三項之罪，情節輕微者，得減輕其刑。

第 60 條　（毀壞一般軍用設施、物品罪）

I.毀壞前二條以外之軍用設施、物品，或致令不堪用者，處三年以下有期徒刑、拘役或新臺幣三十萬元以下罰金。

II.前項之罪，須告訴乃論。

第 61 條　（遺失武器、彈藥罪）

遺失武器、彈藥或其他直接供作戰之軍用物品，致生公眾或軍事之危險者，處三年以下有期徒刑、拘役或新臺幣三十萬元以下罰金。

第 62 條　（毀損古蹟、文物罪）

戰時無故毀損具有歷史價值之古蹟、文物者，處五年以下有期徒刑。情節重大者，處一年以上七年以下有期徒刑。

第 63 條　（妨害軍事電磁紀錄正確罪）

I.意圖損害軍事利益，非法輸出、干擾、變更、刪除軍事電磁紀錄，或以他法妨害其正確性者，處一年以上七年以下有期徒刑。

II.戰時犯前項之罪者，處三年以上十年以下有期徒刑；致生軍事上之不利益者，處無期徒刑或七年以上有期徒刑。

第 64 條　（竊取或侵占械彈罪）

I.竊取或侵占軍用武器或彈藥者，處三年以上十年以下有期徒刑。

II.意圖供自己或他人犯罪之用，而犯前項之罪者，處無期徒刑或十年以上有期徒刑。

III.竊取或侵占第一項以外之軍用物品者，處一年以上七年以下有期徒刑。

IV.前三項之未遂犯，罰之。

V.犯第一項或第三項之罪，情節輕微者，處五年以下有期徒刑。

第 65 條　（違法製造、販賣軍火罪）

I.未經許可，製造、販賣或運輸軍用武器或彈藥者，處死刑、無期徒刑或十年以上有期徒刑。

II.意圖供自己或他人犯罪之用，而犯前項之罪者，處死刑或無期徒刑。

III.未經許可，製造、販賣或運輸軍用武器或彈藥之主要組成零件者，處無期徒刑或七年以上有期徒刑。

IV.前三項之未遂犯，罰之。

第 66 條　（為虛偽命令、通報或報告罪）

I.為軍事上虛偽之命令、通報或報告者，處五年以下有期徒刑；致生軍事上之不利益者，處無期徒刑或七年以上有期徒刑。

II.戰時犯前項前段之罪者，處死刑、無期徒刑或十年以上有期徒刑；致生軍事上之不利益者，處死刑或無期徒刑。

III.因過失犯前項前段之罪者，處三年以上十年以下有期徒刑。

IV.對於軍事上之命令、通報或報告，傳達不實、不為傳達或報告者，依前三項之規定處罰。

第 67 條　（對衛兵、哨兵等施暴脅迫罪）

I.對於衛兵、哨兵或其他擔任警戒、傳令職務之人執行職務時，施強暴、脅迫或恐嚇者，處六月以上五年以下有期徒刑。

II.聚眾犯前項之罪，首謀者，處三年以上十年以下有期徒刑；下手實施者，處一年以上七年以下有期徒刑；在場助勢之人，處三年以下有期徒刑、拘役或新臺幣三十萬元以下罰金。

III.前二項之未遂犯，罰之。

第 68 條　（多眾集合為施暴脅迫罪）

I.對於前條以外之軍人執行職務時，施強暴、脅迫或恐嚇者，處三年以下有期徒刑，拘役或新臺幣三十萬元以下罰金。

II.聚眾犯前項之罪，首謀者，處一年以上七年以下有期徒刑；下手實施者，處六月以上五年以下有期徒刑；在場助勢之人，處二年以下有期徒刑、拘役或新臺幣二十萬元以下罰金。

III.前二項之未遂犯，罰之。

第 69 條　（結夥強占場所罪）

I.結夥三人以上強占公署、鐵道、公路、車站、埠頭、航空站、電臺、電視臺、電信站或其他相類之場所者，處三年以上十年以下有期徒刑。

II.前項之未遂犯，罰之。

第 70 條　（對衛兵、哨兵等公然侮辱罪）

對於衛兵、哨兵或其他擔任警戒、傳令職務之人執行職務時，當場侮辱，或對於其執行之職務公然侮辱者，處一年以下有期徒刑、拘役或新臺幣十萬元以下罰金。

第 71 條　（欺矇或不服衛兵、哨兵等）

欺矇衛兵、哨兵或其他擔任警戒職務之人，而通過其警戒之處所，或不服其禁止而通過者，處一年以下有期徒刑、拘役或新臺幣十萬元以下罰金。

第 72 條　（捏造或傳述軍事謠言或不實訊息罪）

I.意圖散布於眾，捏造或傳述關於軍事上之謠言或不實訊息者，處三年以下有期徒刑、拘役或新臺幣三十萬元以下罰金。

II.以廣播電視、電子通訊、網際網路或其他傳播工具犯前項之罪者，得加重其刑至二分之一。

第 73 條　（匿名或冒名發送虛偽訊息罪）

I.意圖影響有任命、建議、審議、核可或同意權人，關於任命、陞遷、降免職役之決

定，而匿名或冒名發送不利於他人之虛偽
訊息者，處一年以下有期徒刑、拘役或新
臺幣十萬元以下罰金。

II明知其為匿名或冒名之虛偽訊息，而提供
有調查或人事權責之人參考者，處六月以
下有期徒刑、拘役或新臺幣五萬元以下罰
金。

第 74 條　（公然冒用軍用服飾罪）

I公然冒用軍人服飾、徽章或官銜者，處一
年以下有期徒刑、拘役或新臺幣十萬元以
下罰金。

II犯前項之罪而行使其職權者，處五年以下
有期徒刑。

第 75 條　（包庇賭博罪）

I在營區、艦艇或其他軍事處所、建築物賭
博財物者，處六月以下有期徒刑、拘役或
科或併科新臺幣五萬元以下罰金。但以供
人暫時娛樂之物為賭者，不在此限。

II長官包庇或聚眾賭博者，處五年以下有期
徒刑。

III當場賭博之器具與在賭檯或兌換籌碼處
之財物，不問屬於犯罪行為人與否，沒收
之。

第三編　附　則

第 76 條　（戰時從重處罰）

I現役軍人犯刑法下列之罪者，除本法另有
規定外，依各該規定處罰：

一　外患罪章第一百零九條至第一百
十二條之罪。

二　瀆職罪章。

三　故意犯公共危險罪章第一百七十
三條至第一百七十七條、第一百八
十五條之一、第一百八十五條之
二、第一百八十五條之四、第一百
九十條之一或第一百九十一條之
一之罪。

四　偽造文書印文罪章關於公文書、公
印文之罪。

五　殺人罪章。

六　傷害罪章第二百七十七條第二項、

第二百七十八條第二項之罪。

七　妨害性自主罪章。

八　在營區、艦艇或其他軍事處所、建
築物所犯之竊盜罪。

九　搶奪強盜及海盜罪章。

十　恐嚇及擄人勒贖罪章。

II前項各罪，特別法另有規定者，從其規
定。

III戰時犯前二項之罪者，得加重其刑至二分
之一。

第 77 條　（違反毒品危害防制條例之處理）

現役軍人違反毒品危害防制條例之規定
者，依其規定處理之。

第 78 條　（關於軍事國防秘密文書、物品等之種類、範圍及等級）

關於中華民國軍事上及國防部主管之國
防上應秘密之文書、圖畫、消息、電磁紀
錄或物品之種類、範圍及等級，由國防部
以命令定之。

第 79 條　（施行日期）

本法除中華民國九十年九月二十八日修
正公布之條文自九十年十月二日施行者
外，自公布日施行。

毒品危害防制條例
一百零九年一月十五日總統令修正公布

①民國十八年七月二十五日國民政府公布（原名為「禁烟法」）

②二十二年三月十六日國民政府修正公布

③二十四年十月二十八日國民政府修正公布（更名為「禁烟治罪暫行條例及禁毒治罪暫行條例」）

④二十五年六月三日國民政府修正公布

⑤三十年二月十九日國民政府修正公布（更名為「禁煙禁毒治罪暫行條例」）

⑥三十五年八月二日國民政府修正公布（更名為「禁煙禁毒治罪條例」）

⑦三十六年五月一日國民政府修正公布

⑧三十六年七月十六日國民政府修正公布

⑨三十八年七月三十一日總統令修正公布

⑩三十九年六月三日總統令修正公布

⑪四十四年六月三日總統令修正公布（更名為「戡亂時期肅清煙毒條例」）

⑫六十二年六月二十一日總統令修正公布

⑬八十一年七月二十七日總統令修正公布（更名為「肅清煙毒條例」）

⑭八十七年五月二十日總統令修正公布（更名為「毒品危害防制條例」）

⑮九十二年七月九日總統令修正公布

⑯九十七年四月三十日總統令修正公布

⑰九十八年五月二十日總統令修正公布

⑱九十九年十一月二十四日總統令修正公布

⑲一百零四年二月四日總統令修正公布

⑳一百零五年六月二十二日總統令修正公布

㉑一百零六年六月十四日總統令修正公布

㉒一百零九年一月十五日總統令修正公布第二、四、九、一一、一五、一七～二〇、二一、二三、二四、二七、二八、三二之一、三三之一、三四、三六條；並增訂第三五之一條條文

第 1 條　（立法目的）

為防制毒品危害，維護國民身心健康，制定本條例。

第 2 條　（毒品之定義、分級及品項）

I.本條例所稱毒品，指具有成癮性、濫用性、對社會危害性之麻醉藥品與其製品及影響精神物質與其製品。

II.毒品依其成癮性、濫用性及對社會危害性，分為四級，其品項如下：

一　第一級　海洛因、嗎啡、鴉片、古柯鹼及其相類製品（如附表一）。

二　第二級　罌粟、古柯、大麻、安非他命、配西汀、潘他唑新及其相類製品（如附表二）。

三　第三級　西可巴比妥、異戊巴比妥、納洛芬及其相類製品（如附表三）。

四　第四級　二丙烯基巴比妥、阿普唑他及其相類製品（如附表四）。

III.前項毒品之分級及品項，由法務部會同衛生福利部組成審議委員會，每三個月定期檢討，審議委員會並得將具有成癮性、濫用性、對社會危害性之虞之麻醉藥品與其製品、影響精神物質與其製品及與該等藥品、物質或製品具有類似化學結構之物質進行審議，並經審議通過後，報由行政院公告調整、增減之，並送請立法院查照。

IV.醫藥及科學上需用之麻醉藥品與其製品及影響精神物質與其製品之管理，另以法律定之。

第 2 條之 1　（毒品防制專責組織之成立及應辦事項）

I.直轄市、縣（市）政府為執行毒品防制工作，應由專責組織辦理下列事項：

一　毒品防制教育宣導。

二　提供施用毒品者家庭重整及心理輔導等關懷訪視輔導。

三　提供或轉介施用毒品者各項社會救助、法律服務、就學服務、保護安置、危機處理服務、職業訓練及就業服務。

四　提供或轉介施用毒品者接受戒癮治療及追蹤輔導。

五　依法採驗尿液及訪查施用毒品者。

六　追蹤及管理轉介服務案件。
七　其他毒品防制有關之事項。
II.直轄市、縣（市）政府應編列預算辦理前項事宜；必要時，得由各中央目的事業主管機關視實際情形酌予補助。

第2條之2　（毒品防制業務基金之來源與用途）

I.法務部為推動毒品防制業務，應設基金，其來源如下：
一　循預算程序之撥款。
二　犯本條例之罪所科罰金及沒收、追徵所得款項之部分提撥。
三　違反本條例所處罰鍰之部分提撥。
四　基金孳息收入。
五　捐贈收入。
六　其他有關收入。
II.前項基金之用途如下：
一　補助直轄市、縣（市）政府辦理前條第一項所列事項。
二　辦理或補助毒品檢驗、戒癮治療及研究等相關業務。
三　辦理或補助毒品防制宣導。
四　提供或補助施用毒品者安置、就醫、就學、就業及家庭扶助等輔導與協助。
五　辦理或補助與其他國家或地區間毒品防制工作之合作及交流事項。
六　辦理或補助其他毒品防制相關業務。
七　管理及總務支出。
八　其他相關支出。

第3條　（法律之適用）

本條例有關法院、檢察官、看守所、監獄之規定，於軍事法院、軍事檢察官、軍事看守所及軍事監獄之規定亦適用之。

第4條　（販運製造毒品罪）

I.製造、運輸、販賣第一級毒品者，處死刑或無期徒刑；處無期徒刑者，得併科新臺幣三千萬元以下罰金。
II.製造、運輸、販賣第二級毒品者，處無期徒刑或十年以上有期徒刑，得併科新臺幣

一千五百萬元以下罰金。
III.製造、運輸、販賣第三級毒品者，處七年以上有期徒刑，得併科新臺幣一千萬元以下罰金。
IV.製造、運輸、販賣第四級毒品者，處五年以上十二年以下有期徒刑，得併科新臺幣五百萬元以下罰金。
V.製造、運輸、販賣專供製造或施用毒品之器具者，處一年以上七年以下有期徒刑，得併科新臺幣一百五十萬元以下罰金。
VI.前五項之未遂犯罰之。

▲【釋792】最高法院25年非字第123號刑事判例稱：「……販賣鴉片罪，……以營利為目的將鴉片購入……其犯罪即經完成……」及67年臺上字第2500號刑事判例稱：「所謂販賣行為，……祇要以營利為目的，將禁藥購入……，其犯罪即為完成……屬犯罪既遂。」部分，與毒品危害防制條例第4條第1項至第4項所定販賣毒品既遂罪，僅限於「銷售賣出」之行為已完成始足該當之意旨不符，於此範圍內，均有違憲法罪刑法定原則，牴觸憲法第8條及第15條保障人民人身自由、生命權及財產權之意旨。

第5條　（意圖販賣持有毒品罪）

I.意圖販賣而持有第一級毒品者，處無期徒刑或十年以上有期徒刑，得併科新臺幣七百萬元以下罰金。
II.意圖販賣而持有第二級毒品者，處五年以上有期徒刑，得併科新臺幣五百萬元以下罰金。
III.意圖販賣而持有第三級毒品者，處三年以上十年以下有期徒刑，得併科新臺幣三百萬元以下罰金。
IV.意圖販賣而持有第四級毒品或專供製造、施用毒品之器具者，處一年以上七年以下有期徒刑，得併科新臺幣一百萬元以下罰金。

第6條　（強暴、脅迫、欺瞞或其他非法方法使人施用毒品罪）

I.以強暴、脅迫、欺瞞或其他非法之方法使人施用第一級毒品者，處死刑、無期徒刑或十年以上有期徒刑；處無期徒刑或十年以上有期徒刑者，得併科新臺幣一千萬元

以下罰金。

II.以前項方法使人施用第二級毒品者，處無期徒刑或七年以上有期徒刑，得併科新臺幣七百萬元以下罰金。

III.以第一項方法使人施用第三級毒品者，處五年以上有期徒刑，得併科新臺幣五百萬元以下罰金。

IV.以第一項方法使人施用第四級毒品者，處三年以上十年以下有期徒刑，得併科新臺幣三百萬元以下罰金。

V.前四項之未遂犯罰之。

第 7 條　（引誘他人施用毒品罪）

I.引誘他人施用第一級毒品者，處三年以上十年以下有期徒刑，得併科新臺幣三百萬元以下罰金。

II.引誘他人施用第二級毒品者，處一年以上七年以下有期徒刑，得併科新臺幣一百萬元以下罰金。

III.引誘他人施用第三級毒品者，處六月以上五年以下有期徒刑，得併科新臺幣七十萬元以下罰金。

IV.引誘他人施用第四級毒品者，處三年以下有期徒刑，得併科新臺幣五十萬元以下罰金。

V.前四項之未遂犯罰之。

第 8 條　（轉讓毒品罪）

I.轉讓第一級毒品者，處一年以上七年以下有期徒刑，得併科新臺幣一百萬元以下罰金。

II.轉讓第二級毒品者，處六月以上五年以下有期徒刑，得併科新臺幣七十萬元以下罰金。

III.轉讓第三級毒品者，處三年以下有期徒刑，得併科新臺幣三十萬元以下罰金。

IV.轉讓第四級毒品者，處一年以下有期徒刑，得併科新臺幣十萬元以下罰金。

V.前四項之未遂犯罰之。

VI.轉讓毒品達一定數量者，加重其刑至二分之一，其標準由行政院定之。

第 9 條　（加重其刑）

I.成年人對未成年人販賣毒品或犯前三條之罪者，依各該條項規定加重其刑至二分之一。

II.明知為懷胎婦女而對之販賣毒品或犯前三條之罪者，亦同。

III.犯前五條之罪而混合二種以上之毒品者，適用其中最高級別毒品之法定刑，並加重其刑至二分之一。

第 10 條　（施用毒品罪）

I.施用第一級毒品者，處六月以上五年以下有期徒刑。

II.施用第二級毒品者，處三年以下有期徒刑。

第 11 條　（持有毒品罪）

I.持有第一級毒品者，處三年以下有期徒刑、拘役或新臺幣三十萬元以下罰金。

II.持有第二級毒品者，處二年以下有期徒刑、拘役或新臺幣二十萬元以下罰金。

III.持有第一級毒品純質淨重十公克以上者，處一年以上七年以下有期徒刑，得併科新臺幣一百萬元以下罰金。

IV.持有第二級毒品純質淨重二十公克以上者，處六月以上五年以下有期徒刑，得併科新臺幣七十萬元以下罰金。

V.持有第三級毒品純質淨重五公克以上者，處二年以下有期徒刑，得併科新臺幣二十萬元以下罰金。

VI.持有第四級毒品純質淨重五公克以上者，處一年以下有期徒刑，得併科新臺幣十萬元以下罰金。

VII.持有專供製造或施用第一級、第二級毒品之器具者，處一年以下有期徒刑、拘役或新臺幣十萬元以下罰金。

第 11 條之 1　（無正當理由持有第三、四級毒品等罪）

I.第三級、第四級毒品及製造或施用毒品之器具，無正當理由，不得擅自持有。

II.無正當理由持有或施用第三級或第四級毒品者，處新臺幣一萬元以上五萬元以下罰鍰，並應限期令其接受四小時以上八小時以下之毒品危害講習。

III.少年施用第三級或第四級毒品者，應依少

年事件處理法處理，不適用前項規定。

IV.第二項裁罰之基準及毒品危害講習之方式、內容、時機、時數、執行單位等事項之辦法，由法務部會同內政部、行政院衛生署定之。

第 12 條　（栽種罌粟、古柯、大麻罪）

I.意圖供製造毒品之用，而栽種罌粟或古柯者，處無期徒刑或七年以上有期徒刑，得併科新臺幣七百萬元以下罰金。

II.意圖供製造毒品之用，而栽種大麻者，處五年以上有期徒刑，得併科新臺幣五百萬元以下罰金。

III.前二項之未遂犯罰之。

▲【釋790（節錄）】毒品危害防制條例第12條第2項規定：「意圖供製造毒品之用，而栽種大麻者，處五年以上有期徒刑，得併科新臺幣五百萬元以下罰金。」不論行為人犯罪情節之輕重，均以五年以上有期徒刑之重度自由刑相繩，對違法情節輕微、顯可憫恕之個案，法院縱適用刑法第59條規定酌減其刑，最低度刑仍達二年六月之有期徒刑，無從具體考量行為人所應負責任之輕微，為易科罰金或緩刑之宣告，尚嫌情輕法重，致罪責與處罰不相當。上開規定對犯該罪而情節輕微者，未併為得減輕其刑或另為適當刑度之規定，於此範圍內，對人民受憲法第8條保障人身自由權所為之限制，與憲法罪刑相當原則不符，有違憲法第23條比例原則。相關機關應自本解釋公布之日起一年內，依本解釋意旨修正之；逾期未修正，其情節輕微者，法院得依本解釋意旨減輕其法定刑至二分之一。

第 13 條　（運輸、販賣罌粟、古柯、大麻種子罪）

I.意圖供栽種之用，而運輸或販賣罌粟種子或古柯種子者，處五年以下有期徒刑，得併科新臺幣五十萬元以下罰金。

II.意圖供栽種之用，而運輸或販賣大麻種子者，處二年以下有期徒刑，得併科新臺幣二十萬元以下罰金。

第 14 條　（持有、轉讓罌粟、古柯、大麻種子罪）

I.意圖販賣而持有或轉讓罌粟種子、古柯種子者，處三年以下有期徒刑。

II.意圖販賣而持有或轉讓大麻種子者，處二年以下有期徒刑。

III.持有罌粟種子、古柯種子者，處二年以下有期徒刑、拘役或新臺幣三萬元以下罰金。

IV.持有大麻種子者，處一年以下有期徒刑、拘役或新臺幣一萬元以下罰金。

第 15 條　（公務員加重其刑）

I.公務員假借職務上之權力、機會或方法犯第四條第二項或第六條第一項之罪者，處死刑或無期徒刑；處無期徒刑者，得併科新臺幣三千萬元以下罰金。犯第四條第三項至第五項、第五條、第六條第二項至第四項、第七條第一項至第四項、第八條第一項至第四項、第九條至第十四條之罪者，依各該條項規定加重其刑至二分之一。

II.公務員明知他人犯第四條至第十四條之罪而予以庇護者，處一年以上七年以下有期徒刑。

第 16 條　（刪除）

第 17 條　（減輕或免除其刑）

I.犯第四條至第八條、第十條或第十一條之罪，供出毒品來源，因而查獲其他正犯或共犯者，減輕或免除其刑。

II.犯第四條至第八條之罪於偵查及歷次審判中均自白者，減輕其刑。

III.被告因供自己施用而犯第四條之運輸毒品罪，且情節輕微者，得減輕其刑。

第 18 條　（查獲毒品或器具之銷燬）

I.查獲之第一級、第二級毒品及專供製造或施用第一級、第二級毒品之器具，不問屬於犯罪行為人與否，均沒收銷燬之；查獲之第三級、第四級毒品及製造或施用第三級、第四級毒品之器具，無正當理由而擅自持有者，均沒入銷燬之。但合於醫藥、研究或訓練之用者，得不予銷燬。

II.查獲易生危險、有喪失毀損之虞、不便保管或保管需費過鉅之毒品，經取樣後於判

決確定前得銷燬之 ； 其取樣之數量、 方式、 程序及其他相關事項之辦法， 由法務部定之。

Ⅲ毒品檢驗機構檢驗出含有新興毒品或成分而有製成標準品之需者， 得由衛生福利部或其他政府機關依法設置之檢驗機關（構）領用部分檢體， 製成標準品使用或供其他檢驗機構使用。

Ⅳ第一項但書與前項合於醫藥、研究或訓練用毒品或器具、 檢驗機關（構）領用檢體之要件、 程序、 管理及其他相關事項之辦法， 由法務部會同衛生福利部定之。

第 19 條 　（供犯罪所用物或交通工具之沒收及擴大沒收制度）

Ⅰ犯第四條至第九條、第十二條、第十三條或第十四條第一項、第二項之罪者， 其供犯罪所用之物， 不問屬於犯罪行為人與否， 均沒收之。

Ⅱ犯第四條之罪所使用之水、 陸、空交通工具， 沒收之。

Ⅲ犯第四條至第九條、第十二條、第十三條或第十四條第一項、第二項之罪， 有事實足以證明行為人所得支配之前二項規定以外之財物或財產上利益， 係取自其他違法行為所得者， 沒收之。

第 20 條 　（施用毒品者之觀察、勒戒或強制戒治）

Ⅰ犯第十條之罪者， 檢察官應聲請法院裁定， 或少年法院（地方法院少年法庭）應先裁定， 令被告或少年入勒戒處所觀察、勒戒， 其期間不得逾二月。

Ⅱ觀察、勒戒後， 檢察官或少年法院（地方法院少年法庭）依據勒戒處所之陳報， 認受觀察、勒戒人無繼續施用毒品傾向者， 應即釋放， 並為不起訴之處分或不付審理之裁定； 認受觀察、勒戒人有繼續施用毒品傾向者， 檢察官應聲請法院裁定或由少年法院（地方法院少年法庭）裁定令入戒治處所強制戒治， 其期間為六個月以上， 至無繼續強制戒治之必要為止。但最長不得逾一年。

Ⅲ依前項規定為觀察、勒戒或強制戒治執行

完畢釋放後， 三年後再犯第十條之罪者， 適用前二項之規定。

Ⅳ受觀察、勒戒或強制戒治處分之人， 於觀察、勒戒或強制戒治期滿後， 由公立就業輔導機構輔導就業。

▲【89 臺上 1489】毒品危害防制條例第 20 條第 1 項規定：「犯第十條之罪者， 檢察官或少年法庭應先將被告或少年送勒戒處所觀察、勒戒， 其期間不得逾一月」；同條第 2 項前段規定：「經觀察、勒戒後， 無繼續施用毒品傾向者， 應由檢察官為不起訴之處分或由少年法庭為不付審理之裁定」；同條第 3 項前段規定：「依前項規定為不起訴之處分或不付審理之裁定後， 五年內再犯第十條之罪， 經觀察、勒戒後， 認有繼續施用毒品之傾向或三犯以上者， 不適用前項之規定」。依上開法條第 3 項規定之意旨， 不因不同等級之毒品而為相異之觀察、勒戒， 並無須先後均係施用同等級之毒品， 方構成該項所規定之再犯情形。

第 20 條之 1 　（得聲請重新審理之情形）

Ⅰ觀察、勒戒及強制戒治之裁定確定後， 有下列情形之一， 認為應不施以觀察、勒戒或強制戒治者， 受觀察、勒戒或強制戒治處分之人， 或其法定代理人、配偶， 或檢察官得以書狀敘述理由， 聲請原裁定確定法院重新審理：

一　適用法規顯有錯誤， 並足以影響裁定之結果者。

二　原裁定所憑之證物已證明為偽造或變造者。

三　原裁定所憑之證言、鑑定或通譯已證明其為虛偽者。

四　參與原裁定之法官， 或參與聲請之檢察官， 因該案件犯職務上之罪， 已經證明者。

五　因發現確實之新證據足認受觀察、勒戒或強制戒治處分之人， 應不施以觀察、勒戒或強制戒治者。

六　受觀察、 勒戒或強制戒治處分之人， 已證明其係被誣告者。

Ⅱ聲請重新審理， 應於裁定確定後三十日內提起。但聲請之事由， 知悉在後者， 自知悉之日起算。

Ⅲ聲請重新審理， 無停止觀察、勒戒或強制

戒治執行之效力。但原裁定確定法院認為有停止執行之必要者，得依職權或依聲請人之聲請，停止執行之。

IV.法院認為無重新審理之理由，或程序不合法者，應以裁定駁回之；認為有理由者，應重新審理，更為裁定。法院認為無理由裁定駁回聲請者，不得更以同一原因，聲請重新審理。

V.重新審理之聲請，於裁定前得撤回之。撤回重新審理之人，不得更以同一原因，聲請重新審理。

第 21 條 　（施用毒品者之自動請求治療）

I.犯第十條之罪者，於犯罪未發覺前，自動向衛生福利部指定之醫療機構請求治療，醫療機構免將請求治療者送法院或檢察機關。

II.依前項規定治療中經查獲之被告或少年，應由檢察官為不起訴之處分或由少年法院（地方法院少年法庭）為不付審理之裁定。但以一次為限。

第 22 條 　（刪除）

第 23 條 　（強制戒治期滿之法律豁免及再犯之刑事處遇）

I.依第二十條第二項強制戒治期滿，應即釋放，由檢察官為不起訴之處分或少年法院（地方法院少年法庭）為不付審理之裁定。

II.觀察、勒戒或強制戒治執行完畢釋放後，三年內再犯第十條之罪者，檢察官或少年法院（地方法院少年法庭）應依法追訴或裁定交付審理。

第 23 條之 1 　（即時聲請裁定觀察、勒戒並移送訊問）

I.被告因拘提或逮捕到場者，檢察官依第二十條第一項規定聲請法院裁定觀察、勒戒，應自拘提或逮捕之時起二十四小時內為之，並將被告移送該管法院訊問；被告因傳喚、自首或自行到場，經檢察官予以逮捕者，亦同。

II.刑事訴訟法第九十三條之一之規定，於前項情形準用之。

第 23 條之 2 　（不付審理或不付保護處分裁定時得併為之處分）

I.少年經裁定觀察、勒戒或強制戒治者，不適用少年事件處理法第四十五條第二項規定。

II.少年法院（地方法院少年法庭）依第二十條第二項、第二十三條第一項規定為不付審理之裁定，或依第三十五條第一項第四款規定為不付保護處分之裁定者，得併為下列處分：

一 轉介少年福利或教養機構為適當之輔導。

二 交付少年之法定代理人或現在保護少年之人嚴加管教。

三 告誡。

III.前項處分，均交由少年調查官執行之。

第 24 條 　（緩起訴處分之多元處遇）

I.第二十條第一項及第二十三條第二項之程序，於檢察官先依刑事訴訟法第二百五十三條之一第一項、第二百五十三條之二第一項第四款至第六款或第八款規定，為附條件之緩起訴處分時，或於少年法院（地方法院少年法庭）認以依少年事件處理法程序處理為適當時，不適用之。

II.前項緩起訴處分，經撤銷者，檢察官應繼續偵查或起訴。

III.檢察官依刑事訴訟法第二百五十三條之二第一項第六款規定為緩起訴處分前，應徵詢醫療機構之意見；必要時，並得徵詢其他相關機關（構）之意見。

IV.刑事訴訟法第二百五十三條之二第一項第六款規定之緩起訴處分，其適用戒癮治療之種類、實施對象、內容、方式、執行醫療機構或其他機構與其他相關事項之辦法及完成戒癮治療之認定標準，由行政院定之。

第 24 條之 1 　（追訴權消滅時不得執行之處分）

觀察、勒戒或強制戒治處分於受處分人施用毒品罪之追訴權消滅時，不得執行。

第 25 條 （尿液之強制採驗）

I.犯第十條之罪而付保護管束者，或因施用第一級或第二級毒品經裁定交付保護管束之少年，於保護管束期間，警察機關或執行保護管束者應定期或於其有事實可疑為施用毒品時，通知其於指定之時間到場採驗尿液，無正當理由不到場，得報請檢察官或少年法院（地方法院少年法庭）許可，強制採驗。到場而拒絕採驗者，得違反其意思強制採驗，於採驗後，應即時報請檢察官或少年法院（地方法院少年法庭）補發許可書。

II.依第二十條第二項前段、第二十一條第二項、第二十三條第一項規定為不起訴之處分或不付審理之裁定，或依第三十五條第一項第四款規定為免刑之判決或不付保護處分之裁定，或犯第十條之罪經執行刑罰或保護處分完畢後二年內，警察機關得適用前項之規定採驗尿液。

III.前二項人員採驗尿液實施辦法，由行政院定之。

IV.警察機關或執行保護管束者依第一項規定通知少年到場採驗尿液時，應併為通知少年之法定代理人。

第 26 條 （時效進行之停止）

犯第十條之罪者，於送觀察、勒戒或強制戒治期間，其所犯他罪之行刑權時效，停止進行。

第 27 條 （勒戒處所之設立）

I.勒戒處所，由法務部、國防部於所屬戒治處所、看守所、少年觀護所或所屬醫院內附設，或委託國軍退除役官兵輔導委員會、衛生福利部、直轄市或縣（市）政府指定之醫院內附設。

II.受觀察、勒戒人另因他案依法應予羈押、留置或收容者，其觀察、勒戒應於看守所或少年觀護所附設之勒戒處所執行。

III.戒治處所、看守所或少年觀護所附設之勒戒處所，由國防部、國軍退除役官兵輔導委員會、衛生福利部或直轄市或縣（市）政府指定之醫療機構負責其醫療業務。

IV.第一項受委託醫院附設之勒戒處所，其戒護業務由法務部及國防部負責，所需相關戒護及醫療經費，由法務部及國防部編列預算支應。

V.第一項之委託辦法，由法務部會同國防部、國軍退除役官兵輔導委員會、衛生福利部定之。

第 28 條 （戒治處所之設立）

戒治處所，由法務部及國防部設立。未設立前，得先於監獄或少年矯正機構內設立，並由國防部、衛生福利部、國軍退除役官兵輔導委員會、直轄市或縣（市）政府指定之醫療機構負責其醫療業務；其所需員額及經費，由法務部及國防部編列預算支應。

第 29 條 （觀察、勒戒及強制戒治之執行）

觀察、勒戒及強制戒治之執行，另以法律定之。

第 30 條 （觀察等費用之收取及解繳）

I.觀察、勒戒及強制戒治之費用，由勒戒處所或戒治處所填發繳費通知單向受觀察、勒戒或強制戒治處分人或上開受處分少年之扶養義務人收取並解繳國庫。但自首或貧困無力負擔者，得免予繳納。

II.前項費用經限期繳納，屆期未繳納者，由勒戒處所及戒治處所，依法移送強制執行。

第 30 條之 1 （冤獄賠償法規定之準用）

I.受觀察、勒戒或強制戒治處分人其原受觀察、勒戒或強制戒治處分之裁定經撤銷確定者，得請求返還原已繳納之觀察、勒戒或強制戒治費用；尚未繳納者，不予以繳納。

II.受觀察、勒戒或強制戒治處分人其原受觀察、勒戒或強制戒治處分之裁定經撤銷確定者，其觀察、勒戒或強制戒治處分之執行，得準用冤獄賠償法之規定請求賠償。

第 31 條 （先驅化學品原料流向之申報）

I.經濟部為防制先驅化學品之工業原料流

供製造毒品，得命廠商申報該項工業原料之種類及輸出入、生產、銷售、使用、貯存之流程、數量，並得檢查其簿冊及場所；廠商不得規避、妨礙或拒絕。

II.前項工業原料之種類及申報、檢查辦法，由經濟部定之。

III.違反第一項之規定不為申報者，處新臺幣三萬元以上三十萬元以下罰鍰，並通知限期補報，屆期仍未補報者，按日連續處罰。

IV.規避、妨礙或拒絕第一項之檢查者，處新臺幣三萬元以上三十萬元以下罰鍰，並得按次處罰及強制檢查。

V.依前二項所處之罰鍰，經限期繳納，屆期未繳納者，依法移送強制執行。

第 31 條之 1 　（特定營業場所之防制措施）

I.為防制毒品危害，特定營業場所應執行下列防制措施：

一　於入口明顯處標示毒品防制資訊，其中應載明持有毒品之人不得進入。

二　指派一定比例從業人員參與毒品危害防制訓練。

三　備置負責人及從業人員名冊。

四　發現疑似施用或持有毒品之人，通報警察機關處理。

II.特定營業場所未執行前項各款所列防制措施之一者，由直轄市、縣（市）政府令負責人限期改善；屆期未改善者，處負責人新臺幣五萬元以上五十萬元以下罰鍰，並得按次處罰；其屬法人或合夥組織經營者，併同處罰之。

III.特定營業場所人員知悉有人在內施用或持有毒品，未通報警察機關處理者，由直轄市、縣（市）政府處負責人新臺幣十萬元以上一百萬元以下罰鍰；其屬法人或合夥組織經營者，併同處罰之。其情節重大者，各目的事業主管機關得令其停止營業六個月以上一年六個月以下或勒令歇業。

IV.直轄市、縣（市）政府應定期公布最近一年查獲前項所定情節重大之特定營業場所名單。

V.第一項特定營業場所之種類、毒品防制資訊之內容與標示方式、負責人及從業人員名冊之格式、毒品危害防制訓練、執行機關與執行程序之辦法，由法務部會商相關機關定之。

第 32 條　（獎懲辦法之訂定）

防制毒品危害有功人員或檢舉人，應予獎勵，防制不力者，應予懲處；其獎懲辦法，由行政院定之。

第 32 條之 1 　（控制下交付之實施）

I.為偵辦跨國性毒品犯罪，檢察官或刑事訴訟法第二百二十九條之司法警察官，得由其檢察長或其最上級機關首長向最高檢察署提出偵查計畫書，並檢附相關文件資料，經最高檢察署檢察總長核可後，核發偵查指揮書，由入、出境管制相關機關許可毒品及人員入、出境。

II.前項毒品、人員及其相關人、貨之入、出境之協調管制作業辦法，由行政院定之。

第 32 條之 2 　（偵查計畫書之應載事項）

前條之偵查計畫書，應記載下列事項：

一　犯罪嫌疑人或被告之年籍資料。

二　所犯罪名。

三　所涉犯罪事實。

四　使用控制下交付調查犯罪之必要性。

五　毒品數量及起迄處所。

六　毒品及犯罪嫌疑人入境航次、時間及方式。

七　毒品及犯罪嫌疑人入境後，防制毒品散逸及犯罪嫌疑人逃逸之監督作為。

八　偵查犯罪所需期間、方法及其他作為。

九　國際合作情形。

第 33 條　（尿液之採驗）

I.為防制毒品氾濫，主管機關對於所屬或監督之特定人員於必要時，得要求其接受採驗尿液，受要求之人不得拒絕；拒絕接受採驗者，並得拘束其身體行之。

II.前項特定人員之範圍及採驗尿液實施辦法，由行政院定之。

第 33 條之 1　（尿液之檢驗機關（構）及驗餘檢體之處理）

I.尿液之檢驗，應由下列機關（構）為之：

一　衛生福利部認證之檢驗及醫療機構。

二　衛生福利部指定之衛生機關。

三　法務部調查局、內政部警政署刑事警察局、國防部憲兵指揮部或其他政府機關依法設置之檢驗機關（構）。

II.檢驗機構對於前項驗餘尿液檢體之處理，應依相關規定或與委驗機構之約定為之。但合於人體代謝物研究供開發檢驗方法或試劑之用者，於不起訴處分、緩起訴處分或判決確定，經去識別化方式後，得供醫藥或研究機構領用。

III.第一項第一款檢驗及醫療機構之認證標準、認證與認證之撤銷或廢止及管理等事項之辦法；第二款、第三款檢驗機關（構）之檢驗設置標準，由衛生福利部定之。

IV.第一項各類機關（構）尿液檢驗之方式、判定基準、作業程序、檢體保管，與第二項驗餘檢體之處理、領用及其他相關事項之準則，由衛生福利部定之。

第 34 條　（施行細則）

本條例施行細則，由法務部會同內政部、衛生福利部擬訂，報請行政院核定之。

第 35 條　（修正施行前繫屬案件之處理）

I.於中華民國九十二年六月六日本條例修正施行前繫屬之施用毒品案件，於修正施行後，適用修正後之規定，並依下列方式處理：

一　觀察、勒戒及強制戒治中之案件，適用修正後觀察、勒戒及強制戒治之規定。

二　偵查中之案件，由檢察官依修正後規定處理之。

三　審判中之案件，由法院或少年法院（地方法院少年法庭）依修正後規定處理之。

四　審判中之案件，依修正後之規定應為不起訴之處分或不付審理之裁定者，法院或少年法院（地方法院少年法庭）應為免刑之判決或不付保護處分之裁定。

II.前項情形，依修正前之規定有利於行為人者，適用最有利於行為人之法律。

第 36 條　（施行日期）

本條例除中華民國九十九年十一月五日修正之第二條之一、第二十七條及第二十八條，一百零四年一月二十三日、一百零六年五月二十六日修正之條文，自公布日施行；一百零五年五月二十七日修正之條文，自一百零五年七月一日施行；一百零八年十二月十七日修正之第十八條、第二十四條及第三十三條之一之施行日期，由行政院定之外，自公布後六個月施行。

槍砲彈藥刀械管制條例
一百零九年六月十日總統令修正公布

①民國七十二年六月二十七日總統令公布
②七十四年一月十八日總統令修正公布
③七十九年七月十六日總統令修正公布
④八十五年九月二十五日總統令修正公布
⑤八十六年十一月二十四日總統令修正公布
⑥八十九年七月五日總統令修正公布
⑦九十年十一月十四日總統令修正公布
⑧九十三年六月二日總統令修正公布
⑨九十四年一月二十六日總統令修正公布
⑩九十七年十一月二十六日總統令修正公布
⑪九十八年五月二十七日總統令修正公布
⑫一百年一月五日總統令修正公布
⑬一百年十一月二十三日總統令修正公布
⑭一百零六年六月十四日總統令修正公布
⑮一百零九年六月十日總統令修正公布第四、七～九、二〇、二〇之一、二五條條文

第 1 條 　（立法目的）
為管制槍砲、彈藥、刀械，維護社會秩序、保障人民生命財產安全，特制定本條例。

第 2 條 　（法律之適用）
槍砲、彈藥、刀械，除依法令規定配用者外，悉依本條例之規定。

第 3 條 　（主管機關）
槍砲、彈藥、刀械管制之主管機關：中央為內政部；直轄市為直轄市政府；縣（市）為縣（市）政府。

第 4 條 　（定義）
I.本條例所稱槍砲、彈藥、刀械如下：
　　一　槍砲：指制式或非制式之火砲、肩射武器、機關槍、衝鋒槍、卡柄槍、自動步槍、普通步槍、馬槍、手槍、鋼筆槍、瓦斯槍、麻醉槍、獵槍、空氣槍、魚槍及其他可發射金屬或子彈具有殺傷力之各式槍砲。

　　二　彈藥：指前款各式槍砲所使用之砲彈、子彈及其他具有殺傷力或破壞性之各類炸彈、爆裂物。
　　三　刀械：指武士刀、手杖刀、鴛鴦刀、手指虎、鋼（鐵）鞭、扁鑽、匕首（各如附圖例式）及其他經中央主管機關公告查禁，非供正當使用具有殺傷力之刀械。
II.前項第一款、第二款槍砲、彈藥，包括其主要組成零件。但無法供組成槍砲、彈藥之用者，不在此限。
III.槍砲、彈藥主要組成零件種類，由中央主管機關公告之。

第 5 條 　（槍砲、彈藥之禁止）
前條所列槍砲、彈藥，非經中央主管機關許可，不得製造、販賣、運輸、轉讓、出租、出借、持有、寄藏或陳列。

第 5 條之 1 　（槍砲、彈藥之禁止事項）
手槍、空氣槍、獵槍及其他槍砲、彈藥專供射擊運動使用者，非經中央主管機關許可，不得製造、販賣、運輸、轉讓、出租、出借、持有、寄藏或陳列。

第 5 條之 2 　（槍砲、彈藥、刀械之撤銷或廢止許可與給價收購）
I.依本條例許可之槍砲、彈藥、刀械，有下列情形之一，撤銷或廢止其許可；其持有之槍砲、彈藥、刀械，由中央主管機關給價收購。但政府機關（構）購置使用之槍砲、彈藥、刀械或違反本條例之罪者，不予給價收購：
　　一　許可原因消滅者。
　　二　不需置用或毀損致不堪使用者。
　　三　持有人喪失原住民或漁民身分者。
　　四　持有人規避、妨礙或拒絕檢查者。
　　五　持有人死亡者。
　　六　持有人受判處有期徒刑以上之刑

　　　確定者。

　七　持有人受監護或輔助宣告，尚未撤
　　　銷者。

　八　持有槍砲、彈藥、刀械之團體解散
　　　者。

　九　其他違反應遵行事項之規定者。

II.刀械持有人死亡、團體解散，重新申請許
可持有者，或自製獵槍持有人死亡，其繼
用人申請繼續持有者，經許可後，不予給
價收購。

III.前項自製獵槍繼用人，以享有法定繼承權
人之一人為限。但未成年人或無行為能力
人者，不得申請繼續持有。

IV.第一項給價收購經費由中央主管機關逐
年編列預算支應；其價格標準由中央主管
機關定之，並委由直轄市、縣（市）政府
執行。

V.第一項收購之槍砲、彈藥、刀械及收繳之
證照，由中央主管機關送交內政部警政署
銷毀。但經留用者，不予銷毀。

VI.第一項第六款規定，於經許可持有自製獵
槍或魚槍之原住民，以其故意犯最輕本刑
為三年以上有期徒刑之罪或犯下列規定
之一之罪為限，適用之：

　一　刑法第一百八十五條之二第一項、
　　　第四項、第一百八十六條、第一百
　　　八十六條之一第一項、第四項、第
　　　一百八十七條、第二百二十四條、
　　　第二百三十一條之一第二項、第二
　　　百七十一條第三項、第二百七十二
　　　條第三項、第二百七十三條、第二
　　　百七十四條、第二百七十五條、第
　　　二百七十七條第一項、第二百七十
　　　九條、第二百八十一條、第二百八
　　　十二條、第二百九十六條、第二百
　　　九十八條、第三百零二條第一項、
　　　第三項、第三百零三條、第三百零
　　　四條、第三百零五條、第三百二十
　　　一條、第三百二十五條第一項、第
　　　三項、第三百二十六條、第三百二
　　　十八條第五項、第三百四十六條或
　　　第三百四十七條第四項。

　二　森林法第五十一條第二項、第五十
　　　二條、第五十三條第二項或第五十
　　　四條。

　三　野生動物保育法第四十條、第四十
　　　一條或第四十二條。但於本條文修
　　　正前，基於原住民族之傳統文化、
　　　祭儀或非營利自用而犯野生動物
　　　保育法第四十一條之罪者，不在此
　　　限。

　四　本條例第九條、第十二條第一項、
　　　第二項、第四項、第五項、第十三
　　　條第二項、第四項、第五項、第十
　　　四條或第十五條。

　五　懲治走私條例第二條、第三條或第
　　　七條。

　六　組織犯罪防制條例第三條第一項
　　　後段或第六條。

　七　毒品危害防制條例第四條第五項、
　　　第六項、第五條第四項、第七條第
　　　二項、第三項、第四項、第五項、
　　　第八條、第十條、第十一條、第十
　　　三條、第十四條或第十五條。

VII.本條例中華民國一百零六年五月二十六
日修正之本條文施行前，原住民犯前項規
定以外之罪，經直轄市、縣（市）主管機
關依第一項第六款規定撤銷或廢止其自
製獵槍或魚槍之許可，尚未給價收購者，
直轄市、縣（市）主管機關應通知其於三
個月內重新申請許可；屆期未申請許可或
其申請未經許可者，仍依規定給價收購。

第 6 條　（刀械之禁止事項）

第四條第一項第三款所列之各式刀械，非
經主管機關許可，不得製造、販賣、運
輸、轉讓、出租、出借、持有。

第 6 條之 1　（槍砲、彈藥、刀械許可之申請）

I.第五條及第六條所定槍砲、彈藥、刀械之
許可申請、條件、廢止、檢查及其他應遵
行事項之管理辦法，由中央主管機關定
之。

II.第五條之一所定槍砲、彈藥之許可申請、
條件、期限、廢止、檢查及其他應遵行事
項之管理辦法，由中央目的事業主管機關
會同中央主管機關定之。

III.違反前項所定之管理辦法者，處新臺幣五

槍砲彈藥刀械管制條例

（第七～九條）

萬元以下之罰鍰。但違反第五條之一，或意圖供自己或他人犯罪而使用經許可之槍砲、彈藥者，不適用之。

第7條　（製造、販賣、運輸槍砲彈藥罪）

Ⅰ.未經許可，製造、販賣或運輸制式或非制式火砲、肩射武器、機關槍、衝鋒槍、卡柄槍、自動步槍、普通步槍、馬槍、手槍或各類砲彈、炸彈、爆裂物者，處無期徒刑或七年以上有期徒刑，併科新臺幣三千萬元以下罰金。

Ⅱ.未經許可，轉讓、出租或出借前項所列槍砲、彈藥者，處無期徒刑或五年以上有期徒刑，併科新臺幣一千萬元以下罰金。

Ⅲ.意圖供自己或他人犯罪之用，而犯前二項之罪者，處死刑或無期徒刑；處徒刑者，併科新臺幣五千萬元以下罰金。

Ⅳ.未經許可，持有、寄藏或意圖販賣而陳列第一項所列槍砲、彈藥者，處五年以上有期徒刑，併科新臺幣一千萬元以下罰金。

Ⅴ.意圖供自己或他人犯罪之用，以強盜、搶奪、竊盜或其他非法方法，持有依法執行公務之人所持有之第一項所列槍砲、彈藥者，得加重其刑至二分之一。

Ⅵ.第一項至第三項之未遂犯罰之。

▲【74臺上3400】㈠寄藏與持有，均係將物置於自己實力支配之下，僅寄藏必先有他人之持有行為，而後始為之受寄代藏而已，故寄藏之受人委託代為保管，其保管之本身，亦屬持有，不過，此之持有係受寄之當然結果。刑法第186條雖僅規定「持有」，而未將寄藏行為定為獨立之罪名，但仍不能以此即謂「寄藏」在槍砲彈藥刀械管制條例公布施行前不成立犯罪。
㈡槍砲彈藥刀械管制條例第7條第4項、第11條第4項係將「持有」與「寄藏」為分別之處罰規定，則**單純之「持有」，固不包括「寄藏」，但「寄藏」之受人委託代為保管，其保管之本身所為之「持有」，既係「寄藏」之當然結果，法律上自宜僅就「寄藏」行為為包括之評價，不應另就「持有」予以論罪。**
㈢同時寄藏手槍、子彈係觸犯該條例第7條第4項、第11條第4項之罪，應依想像上競合犯從較重之該條例第7條第4項未經許可無故寄藏手槍罪處斷。

第8條　（製造、販賣、運輸槍砲罪）

Ⅰ.未經許可，製造、販賣或運輸制式或非制式鋼筆槍、瓦斯槍、麻醉槍、獵槍、空氣槍或第四條第一項第一款所定其他可發射金屬或子彈具有殺傷力之各式槍砲者，處無期徒刑或五年以上有期徒刑，併科新臺幣一千萬元以下罰金。

Ⅱ.未經許可，轉讓、出租或出借前項所列槍砲者，處五年以上有期徒刑，併科新臺幣一千萬元以下罰金。

Ⅲ.意圖供自己或他人犯罪之用，而犯前二項之罪者，處無期徒刑或七年以上有期徒刑，併科新臺幣一千萬元以下罰金。

Ⅳ.未經許可，持有、寄藏或意圖販賣而陳列第一項所列槍砲者，處三年以上十年以下有期徒刑，併科新臺幣七百萬元以下罰金。

Ⅴ.第一項至第三項之未遂犯罰之。

Ⅵ.犯第一項、第二項或第四項有關空氣槍之罪，其情節輕微者，得減輕其刑。

▲【77臺上5721】槍砲彈藥刀械管制條例第8條第1項，既將製造、販賣、運輸為併列之規定，有一於此即構成犯罪。該條第2項（編按：現行法第3項）所稱意圖供自己或他人犯罪之用而犯前項之罪，係指意圖供自己或他人犯未經許可製造、販賣或運輸以外之其他罪行之用，而為製造、販賣或運輸行為之意，至若其所規定製造、販賣、運輸行為之本身，應不在意圖供自己或他人犯罪之用列；其同條例第11條第1、2項之規定亦然。

第9條　（製造、販賣魚槍罪）

Ⅰ.未經許可，製造、販賣、轉讓、出租或出借制式或非制式魚槍者，處一年以下有期徒刑、拘役或新臺幣五十萬元以下罰金。

Ⅱ.意圖供自己或他人犯罪之用，而犯前項之罪者，處二年以下有期徒刑、拘役或新臺幣一百萬元以下罰金。

Ⅲ.未經許可，持有、寄藏或意圖販賣而陳列制式或非制式魚槍者，處六月以下有期徒刑、拘役或新臺幣五十萬元以下罰金。

Ⅳ.第一項及第二項之未遂犯罰之。

第 10 條 （刪除）

第 11 條 （刪除）

第 12 條 （製造、販賣、運輸彈藥罪）
I.未經許可，製造、販賣或運輸子彈者，處一年以上七年以下有期徒刑，併科新臺幣五百萬元以下罰金。
II.未經許可，轉讓、出租或出借子彈者，處六月以上五年以下有期徒刑，併科新臺幣三百萬元以下罰金。
III.意圖供自己或他人犯罪之用，而犯前二項之罪者，處三年以上十年以下有期徒刑，併科新臺幣七百萬元以下罰金。
IV.未經許可，持有、寄藏或意圖販賣而陳列子彈者，處五年以下有期徒刑，併科新臺幣三百萬元以下罰金。
V.第一項至第三項之未遂犯罰之。

第 13 條 （製造、販賣、運輸槍砲、彈藥主要零件罪）
I.未經許可，製造、販賣或運輸槍砲、彈藥之主要組成零件者，處三年以上十年以下有期徒刑，併科新臺幣七百萬元以下罰金。
II.未經許可，轉讓、出租或出借前項零件者，處一年以上七年以下有期徒刑，併科新臺幣五百萬元以下罰金。
III.意圖供自己或他人犯罪之用，而犯前二項之罪者，處五年以上有期徒刑，併科新臺幣一千萬元以下罰金。
IV.未經許可，持有、寄藏或意圖販賣而陳列第一項所列零件者，處六月以上五年以下有期徒刑，併科新臺幣三百萬元以下罰金。
V.第一項至第三項之未遂犯罰之。

第 14 條 （製造、販賣、運輸刀械罪）
I.未經許可，製造、販賣或運輸刀械者，處三年以下有期徒刑，併科新臺幣一百萬元以下罰金。
II.意圖供自己或他人犯罪之用，而犯前項之罪者，處六月以上五年以下有期徒刑，併科新臺幣三百萬元以下罰金。

III.未經許可，持有或意圖販賣而陳列刀械者，處一年以下有期徒刑、拘役或新臺幣五十萬元以下罰金。
IV.第一項及第二項之未遂犯罰之。

第 15 條 （攜帶刀械罪）
未經許可攜帶刀械而有下列情形之一者，處二年以下有期徒刑：
一　於夜間犯之者。
二　於車站、埠頭、航空站、公共場所或公眾得出入之場所犯之者。
三　結夥犯之者。

第 16 條 （加重其刑）
公務員或經選舉產生之公職人員明知犯第七條、第八條或第十二條之罪有據予以包庇者，依各該條之規定加重其刑至二分之一。

第 17 條 （刪除）

第 18 條 （自首與自白）
I.犯本條例之罪自首，並報繳其持有之全部槍砲、彈藥、刀械者，減輕或免除其刑；其已移轉持有而據實供述全部槍砲、彈藥、刀械之來源或去向，因而查獲者，亦同。
II.前項情形，於中央主管機關報經行政院核定辦理公告期間自首者，免除其刑。
III.前二項情形，其報繳不實者，不實部分仍依本條例所定之罪論處。
IV.犯本條例之罪，於偵查或審判中自白，並供述全部槍砲、彈藥、刀械之來源及去向，因而查獲或因而防止重大危害治安事件之發生者，減輕或免除其刑。拒絕供述或供述不實者，得加重其刑至三分之一。

第 19 條 （刪除）

第 20 條 （原住民、漁民製造、運輸或持有自製獵槍、魚槍之規定）
I.原住民未經許可，製造、運輸或持有自製獵槍、其主要組成零件或彈藥；或原住民、漁民未經許可，製造、運輸或持有自

製魚槍，供作生活工具之用者，處新臺幣二千元以上二萬元以下罰鍰，本條例有關刑罰之規定，不適用之。

II.原住民相互間或漁民相互間未經許可，販賣、轉讓、出租、出借或寄藏自製獵槍、其主要組成零件或彈藥、自製魚槍，供作生活工具之用者，處新臺幣二千元以上二萬元以下罰鍰，本條例有關刑罰之規定，不適用之。

III.第一項之自製獵槍、魚槍之構造、自製獵槍彈藥，及前二項之許可申請、條件、期限、廢止、檢查及其他應遵行事項之管理辦法，由中央主管機關會同中央原住民族主管機關及國防部定之。

IV.於中華民國九十年十一月十四日本條例修正施行前，原住民單純僅犯未經許可製造、運輸、持有及相互間販賣、轉讓、出租、出借或寄藏自製獵槍、魚槍之罪，受判處有期徒刑以上之刑確定者，仍得申請自製獵槍、魚槍之許可。

V.主管機關應輔導原住民及漁民依法申請自製獵槍、魚槍。

VI.第一項、第二項情形，於中央主管機關報經行政院核定辦理公告期間自動報繳者，免除其處罰。

▲【釋803（節錄）】中華民國94年1月26日修正公布之**槍砲彈藥刀械管制條例第20條第1項**規定：「原住民未經許可，製造、運輸或持有自製之獵槍……，供作生活工具之用者，處新臺幣二千元以上二萬元以下罰鍰……。」(嗣109年6月10日修正公布同條項時，就自製之獵槍部分，僅調整文字，規範意旨相同) **就除罪範圍之設定，尚不生違反憲法比例原則之問題；其所稱自製之獵槍一詞，尚與法律明確性原則無違。**
103年6月10日修正發布之**槍砲彈藥刀械許可及管理辦法第2條第3款**規定對於自製獵槍之規範尚有所不足，未符合使原住民得安全從事合法狩獵活動之要求，於此範圍內，**與憲法保障人民生命權、身體權及原住民從事狩獵活動之文化權利之意旨有違。**有關機關應至遲自本解釋公布之日起2年內，依本解釋意旨儘速檢討修正，就上開規範不足之部分，訂定符合憲法保障原住民得安全從事合法狩獵活動之自製獵槍之定義性規範。

第20條之1 （模擬槍之管制）

I.具類似真槍之外型、構造、材質及火藥式擊發機構裝置，且足以改造成具有殺傷力者，為模擬槍，由中央主管機關會同中央目的事業主管機關公告查禁。

II.製造、販賣、運輸或轉讓前項公告查禁之模擬槍者，處新臺幣二百五十萬元以下罰鍰；其情節重大者，得併命其停止營業或勒令歇業。但專供外銷及研發並經警察機關許可，且列冊以備稽核者，不在此限。

III.出租、出借、持有、寄藏或意圖販賣而陳列第一項公告查禁之模擬槍者，處新臺幣二十萬元以下罰鍰。

IV.改造第一項公告查禁之模擬槍可供發射金屬或子彈，未具殺傷力者，處新臺幣三十萬元以下罰鍰。

V.警察機關為查察第一項公告查禁之模擬槍，得依法派員進入模擬槍製造、儲存或販賣場所，並應會同目的事業主管機關就其零組件、成品、半成品、各種簿冊及其他必要之物件實施檢查，並得詢問關係人及命提供必要之資料。

VI.前項規定之檢查人員於執行檢查任務時，應主動出示執行職務之證明文件，並不得妨礙該場所正常業務之進行。

VII.規避、妨礙或拒絕第五項之檢查、詢問或提供資料者，處新臺幣二十萬元以上五十萬元以下罰鍰，並得按次處罰及強制執行檢查。

VIII.公告查禁前已持有第一項模擬槍之人民或團體，應自公告查禁之日起六個月內，向警察機關報備。於期限內完成報備者，其持有之行為不罰。

IX.第一項公告查禁之模擬槍，不問屬於何人所有，沒入之。但有第二項但書或前項情形者，不在此限。

X.第二項但書許可之申請程序、應備文件、條件、期限、廢止與第五項檢查之程序及其他應遵行事項之辦法，由中央主管機關會同中央目的事業主管機關定之。

第21條 （從重處罰）

犯本條例之罪，其他法律有較重處罰之規定者，從其規定。

第 22 條　（檢舉人之獎勵）

Ⅰ.因檢舉而破獲違反本條例之案件，應給與檢舉人獎金。

Ⅱ.前項獎金給獎辦法，由行政院定之。

第 23 條　（刪除）

第 24 條　（刪除）

第 25 條　（施行日期）

Ⅰ.本條例自公布日施行。

Ⅱ.本條例中華民國九十八年五月十二日修正之條文，自九十八年十一月二十三日施行；一百零九年五月二十二日修正之條文，除第二十條第三項之施行日期，由行政院另定外，自公布日施行。

組織犯罪防制條例

一百零七年一月三日總統令修正公布

①民國八十五年十二月十一日總統令公布
②一百零五年七月二十日總統令修正公布
③一百零六年四月十九日總統令修正公布
④一百零七年一月三日總統令修正公布第二、三、一二條條文

第1條 （立法目的）
I.為防制組織犯罪，以維護社會秩序，保障人民權益，特制定本條例。
II.本條例未規定者，適用其他法律之規定。

第2條 （犯罪組織之定義）
I.本條例所稱犯罪組織，指三人以上，以實施強暴、脅迫、詐術、恐嚇為手段或最重本刑逾五年有期徒刑之刑之罪，所組成具有持續性或牟利性之有結構性組織。
II.前項有結構性組織，指非為立即實施犯罪而隨意組成，不以具有名稱、規約、儀式、固定處所、成員持續參與或分工明確為必要。

第3條 （發起、主持、操縱或指揮犯罪組織者之處罰）
I.發起、主持、操縱或指揮犯罪組織者，處三年以上十年以下有期徒刑，得併科新臺幣一億元以下罰金；參與者，處六月以上五年以下有期徒刑，得併科新臺幣一千萬元以下罰金。但參與情節輕微者，得減輕或免除其刑。
II.具公務員或經選舉產生之公職人員之身分，犯前項之罪者，加重其刑至二分之一。
III.犯第一項之罪者，應於刑之執行前，令入勞動場所，強制工作，其期間為三年。
IV.前項之強制工作，準用刑法第九十條第二項但書、第三項及第九十八條第二項、第三項規定。
V.以言語、舉動、文字或其他方法，明示或暗示其為犯罪組織之成員，或與犯罪組織或其成員有關聯，而要求他人為下列行為之一者，處三年以下有期徒刑，得併科新

臺幣三百萬元以下罰金：
一 出售財產、商業組織之出資或股份或放棄經營權。
二 配合辦理都市更新重建之處理程序。
三 購買商品或支付勞務報酬。
四 履行債務或接受債務協商之內容。
VI.前項犯罪組織，不以現存者為必要。
VII.以第五項之行為，使人行無義務之事或妨害其行使權利者，亦同。
VIII.第五項、第七項之未遂犯罰之。

▲【89臺上5065】組織犯罪防制條例第3條第3項固規定「犯第一項之罪者，應於刑之執行完畢或赦免後，令入勞動場所，強制工作」；但就**少年刑事案件**，少年事件處理法第78條第1項規定「**對於少年不得宣告褫奪公權及強制工作**」，依狹義法優於廣義法之原則，少年犯上開條例第3條第1項之罪者，應無該條例第3條第3項之適用。

第4條 （招募他人加入犯罪組織者之處罰）
I.招募他人加入犯罪組織者，處六月以上五年以下有期徒刑，得併科新臺幣一千萬元以下罰金。
II.成年人招募未滿十八歲之人加入犯罪組織者，依前項規定加重其刑至二分之一。
III.以強暴、脅迫或其他非法之方法，使他人加入犯罪組織或妨害其成員脫離者，處一年以上七年以下有期徒刑，得併科新臺幣二千萬元以下罰金。
IV.前項之未遂犯罰之。

第5條 （刪除）

第6條 （資助犯罪組織者之處罰）
非犯罪組織之成員而資助犯罪組織者，處六月以上五年以下有期徒刑，得併科新臺幣一千萬元以下罰金。

第 7 條　（財產之沒收）

I.犯第三條之罪者，其參加之組織所有之財產，除應發還被害人者外，應予沒收。

II.犯第三條之罪者，對於參加組織後取得之財產，未能證明合法來源者，亦同。

第 7 條之 1　（法人及自然人之處罰）

法人之代表人、法人或自然人之代理人、受僱人或其他從業人員，因執行業務，犯第三條至第六條之罪者，除處罰其行為人外，並對該法人或自然人科以各該條之罰金。但法人或自然人為被害人或對於犯罪之發生，已盡監督責任或為防止行為者，不在此限。

第 8 條　（減免其刑之規定）

I.犯第三條之罪自首，並自動解散或脫離其所屬之犯罪組織者，減輕或免除其刑；因其提供資料，而查獲該犯罪組織者，亦同；偵查及審判中均自白者，減輕其刑。

II.犯第四條、第六條之罪自首，並因其提供資料，而查獲各該條之犯罪組織者，減輕或免除其刑；偵查及審判中均自白者，減輕其刑。

第 9 條　（公務員或公職人員包庇之處罰）

公務員或經選舉產生之公職人員明知為犯罪組織有據予以包庇者，處五年以上十二年以下有期徒刑。

第 10 條　（檢舉獎金）

檢舉人於本條例所定之犯罪未發覺前檢舉，其所檢舉之犯罪，經法院判決有罪者，給與檢舉人檢舉獎金。其辦法由行政院定之。

第 11 條　（檢舉人身分之保密）

I.前條檢舉人之身分資料應予保密。

II.檢察機關、司法警察機關為保護檢舉人，對於檢舉人之身分資料，應另行封存，不得附入移送法院審理之文書內。

III.公務員洩漏或交付前項檢舉人之消息、身分資料或足資辨別檢舉人之物品者，處一年以上七年以下有期徒刑。

第 12 條　（檢舉人、被害人及證人之保護）

I.關於本條例之罪，證人之姓名、性別、年齡、出生地、職業、身分證字號、住所或居所或其他足資辨別之特徵等資料，應由檢察官或法官另行封存，不得閱卷。訊問證人之筆錄，以在檢察官或法官面前作成，並經踐行刑事訴訟法所定訊問證人之程序者為限，始得採為證據。但有事實足認被害人或證人有受強暴、脅迫、恐嚇或其他報復行為之虞者，法院、檢察機關得依被害人或證人之聲請或依職權拒絕被告與之對質、詰問或其選任辯護人檢閱、抄錄、攝影可供指出被害人或證人真實姓名、身分之文書及詰問。法官、檢察官應將作為證據之筆錄或文書向被告告以要旨，訊問其有無意見陳述。

II.於偵查或審判中對組織犯罪之被害人或證人為訊問、詰問或對質，得依聲請或依職權在法庭外為之，或利用聲音、影像傳真之科技設備或其他適當隔離方式將被害人或證人與被告隔離。

III.組織犯罪之被害人或證人於境外時，得於我國駐外使領館或代表處內，利用聲音、影像傳真之科技設備為訊問、詰問。

IV.檢舉人、被害人及證人之保護，另以法律定之。

第 13 條　（登記為公職人員候選人之限制）

犯本條例之罪，經判處有期徒刑以上之刑確定者，不得登記為公職人員候選人。

第 14 條　（政黨之處罰）

I.本條例施行後辦理之各類公職人員選舉，政黨所推薦之候選人，於登記為候選人之日起五年內，經法院判決犯本條例之罪確定者，每有一名，處該政黨新臺幣一千萬元以上五千萬元以下之罰鍰。

II.前項情形，如該類選舉應選名額中有政黨比例代表者，該屆其缺額不予遞補。

III.前二項處分，由辦理該類選舉之選務主管機關為之。

組織犯罪防制條例

（第一五～一九條）

第 15 條 （合作條約及國際協定之簽訂）
　為防制國際性之組織犯罪活動，政府或其授權之機構依互惠原則，得與外國政府、機構或國際組織簽訂防制組織犯罪之合作條約或其他國際協定。

第 16 條 （軍事審判程序之準用）
　第十條至第十二條之規定，於軍事審判機關偵查、審判組織犯罪時，準用之。

第 17 條 （刪除）

第 18 條 （刪除）

第 19 條 （施行日期）
　本條例自公布日施行。

懲治走私條例

一百零一年六月十三日總統令修正公布

① 民國三十七年三月十一日國民政府公布
② 四十四年十二月二十九日總統令修正公布
③ 五十八年十一月十一日總統令修正公布
④ 六十七年一月二十三日總統令修正公布
⑤ 七十四年六月二十六日總統令修正公布
⑥ 八十一年七月二十九日總統令修正公布
⑦ 九十一年六月二十六日總統令修正公布
⑧ 九十五年五月三十日總統令修正公布
⑨ 一百零一年六月十三日總統令修正公布第二、四、一三條條文

第 1 條　（立法目的）

為懲治私運政府管制物品或應稅物品之進口或出口，特制定本條例。

第 2 條　（私運管制物品罪）

I.私運管制物品進口、出口者，處七年以下有期徒刑，得併科新臺幣三百萬元以下罰金。

II.前項之未遂犯罰之。

III.第一項之管制物品，由行政院依下列各款規定公告其管制品項及管制方式：

一　為防止犯罪必要，禁止易供或常供犯罪使用之特定器物進口、出口。

二　為維護金融秩序或交易安全必要，禁止偽造、變造之各種貨幣及有價證券進口、出口。

三　為維護國民健康必要，禁止、限制特定物品或來自特定地區之物品進口。

四　為維護國內農業產業發展必要，禁止、限制來自特定地區或一定數額以上之動植物及其產製品進口。

五　為遵守條約協定、履行國際義務必要，禁止、限制一定物品之進口、出口。

第 3 條　（運送、銷售或藏匿管制物品罪）

I.運送、銷售或藏匿前條第一項之走私物品

者，處五年以下有期徒刑、拘役或科或併科新臺幣一百五十萬元以下罰金。

II.前項之未遂犯罰之。

第 4 條　（加重走私罪㈠）

犯走私罪而持械拒捕或持械拒受檢查，傷害人致死者，處死刑、無期徒刑或十年以上有期徒刑，得併科新臺幣一千萬元以下罰金；致重傷者，處無期徒刑或十年以上有期徒刑，得併科新臺幣八百萬元以下罰金。

第 5 條　（加重走私罪㈡）

犯走私罪而有下列行為之一者，處無期徒刑或七年以上有期徒刑，得併科新臺幣五百萬元以下之罰金：

一　公然為首，聚眾持械拒捕或持械拒受檢查者。

二　公然為首，聚眾威脅稽徵關員或其他依法令負責檢查人員者。

第 6 條　（走私罪）

犯走私罪而有下列行為之一者，處三年以上十年以下有期徒刑，得併科新臺幣五百萬元以下罰金：

一　持械拒捕或持械拒受檢查，傷害人未致重傷者。

二　公然聚眾，持械拒捕或持械拒受檢查時，在場助勢者。

三　公然聚眾威脅稽徵關員或其他依法令負責檢查人員時，在場助勢者。

第 7 條　（知情不報罪）

服務於鐵路、公路、航空、水運或其他供公眾運輸之交通工具人員，明知有走私情事而不通知稽徵關員或其他依法令負責檢查人員者，處三年以下有期徒刑、拘役或科新臺幣一百五十萬元以下罰金。

第 8 條　（刪除）

第 9 條　（放行、銷售、藏匿走私物品罪及未遂犯）

I.稽徵關員或其他依法令負責檢查人員，明知為走私物品而放行或為之銷售或藏匿者，處七年以上有期徒刑。

II.前項之未遂犯罰之。

第 10 條　（包庇走私罪及未遂犯）

I.公務員、軍人包庇走私者，處無期徒刑或七年以上有期徒刑。

II.前項之未遂犯罰之。

第 11 條　（適用規定）

走私行為之處罰，海關緝私條例及本條例無規定者，適用刑法或其他有關法律。

第 12 條　（本條例之適用）

自大陸地區私運物品進入臺灣地區，或自臺灣地區私運物品前往大陸地區者，以私運物品進口、出口論，適用本條例規定處斷。

第 13 條　（施行日期）

本條例除中華民國九十五年五月五日修正之條文，自九十五年七月一日施行，及一百零一年五月二十九日修正之第二條，自一百零一年七月三十日施行外，自公布日施行。

貪污治罪條例
一百零五年六月二十二日總統令修正公布

①民國五十二年七月十五日總統令公布
②六十二年八月十七日總統令修正公布
③八十一年七月十七日總統令修正公布條文及法規名稱（原名為「戡亂時期貪污治罪條例」）
④八十五年十月二十三日總統令修正公布
⑤九十年十一月七日總統令修正公布
⑥九十二年二月六日總統令修正公布
⑦九十五年五月三十日總統令修正公布
⑧九十八年四月二十二日總統令修正公布
⑨一百年六月二十九日總統令修正公布
⑩一百年十一月二十三日總統令修正公布
⑪一百零五年四月十三日總統令修正公布
⑫一百零五年六月二十二日總統令修正公布第一○、二○條條文

第1條　（立法目的）
　為嚴懲貪污，澄清吏治，特制定本條例。

第2條　（犯罪主體）
　公務員犯本條例之罪者，依本條例處斷。

▲【36上3415】上訴人雖係中央信託局青島分局臨時雇員，惟既受該局委託，承辦所有青島敵偽房屋之統計租約之訂定，即與懲治貪污條例第1條受公務機關委託承辦之人規定相符，其利用職務上之機會詐取財物，自應構成貪污罪。

▲【37非198】懲治貪污條例之犯罪主體，依同條例第1條第1項規定，**以軍人公務員或受公務機關委託承辦之人為限**，被告往某縣索取販賣壯丁欠款，為當地警長查悉，即向之交付賄賂，被告既係普通人民，並未具有前開特定身分，自應依照通常刑事訴訟程序適用刑法處斷。

第3條　（共犯適用）
　與前條人員共犯本條例之罪者，亦依本條例處斷。

第4條　（貪污罪㈠）
Ⅰ.有下列行為之一者，處無期徒刑或十年以上有期徒刑，得併科新臺幣一億元以下罰金：

一　竊取或侵占公用或公有器材、財物者。
二　藉勢或藉端勒索、勒徵、強占或強募財物者。
三　建築或經辦公用工程或購辦公用器材、物品，浮報價額、數量、收取回扣或有其他舞弊情事者。
四　以公用運輸工具裝運違禁物品或漏稅物品者。
五　對於違背職務之行為，要求、期約或收受賄賂或其他不正利益者。
Ⅱ.前項第一款至第四款之未遂犯罰之。

◇回扣：指公務員與相對人約定將一部份比例之價額，作為自己利益的不法之所有。
◇利用職務之機會：公務員假借職務上一切事機，以欺罔之手段使人陷於錯誤而交付財物之謂（103臺上3239）。

▲【63臺上3091】設定擔保物權原為所有權人之處分行為，不屬於持有人之權限，如以公務上所持有之公有有價證券，擅自向銀行質押借款以供己用，其性質即係設定權利質權，屬於持有人處分持有他人所有物之行為，亦即變更其持有為不法所有之意，與公務員侵占公用財物罪之構成要件相符。

第5條　（貪污罪㈡）
Ⅰ.有下列行為之一者，處七年以上有期徒刑，得併科新臺幣六千萬元以下罰金：

一　意圖得利，擅提或截留公款或違背法令收募稅捐或公債者。
二　利用職務上之機會，以詐術使人將本人之物或第三人之物交付者。
三　對於職務上之行為，要求、期約或收受賄賂或其他不正利益者。
Ⅱ.前項第一款及第二款之未遂犯罰之。

▲【63臺上3460】戡亂時期貪污治罪條例，雖於62年8月17日修正公布施行，但上訴人之連續利用職務上之機會詐取財物之行為，既祇以一罪論，而其中最後一次犯罪行為又係在該條例修

正公布施行之後，自不發生行為後法律有變更之問題。第一審引用刑法第2條第1項前段之規定，原判決未予糾正，不能謂非違背法令。

▲【69臺上1760】某甲原無交付賄款之意思，其虛予交付，意在檢舉上訴人之犯罪，以求人贓俱獲，既非交付賄賂，則上訴人陷於圈套而收受該所送款項，自亦無從成立收受賄賂罪，僅應就其前階段行為，成立要求賄賂或期約賄賂罪。

▲【84臺上1】貪污治罪條例第5條第1項第3款之對於職務上之行為收受賄賂罪，衹須所收受之金錢或財物與其職務有相當對價關係，即已成立，且包括假借餽贈等各種名義之變相給付在內。又是否具有相當對價關係，應就職務行為之內容、交付者與收受者之關係、賄賂之種類、價額、贈與之時間等客觀情形加以審酌，**不可僅以交付之財物名義為贈與或政治獻金，即謂與職務無關而無對價關係**。

第6條　（貪污罪(三)）

I.有下列行為之一，處五年以上有期徒刑，得併科新臺幣三千萬元以下罰金：

一　意圖得利，抑留不發職務上應發之財物者。

二　募集款項或徵用土地、財物，從中舞弊者。

三　竊取或侵占職務上持有之非公用私有器材、財物者。

四　對於主管或監督之事務，明知違背法律、法律授權之法規命令、職權命令、自治條例、自治規則、委辦規則或其他對多數不特定人民就一般事項所作對外發生法律效果之規定，直接或間接圖自己或其他私人不法利益，因而獲得利益者。

五　對於非主管或監督之事務，明知違背法律、法律授權之法規命令、職權命令、自治條例、自治規則、委辦規則或其他對多數不特定人民就一般事項所作對外發生法律效果之規定，利用職權機會或身分圖自己或其他私人不法利益，因而獲得利益者。

II.前項第一款至第三款之未遂犯罰之。

▲【32上304】懲治貪污暫行條例第3條第1項第2款**所謂主管事務，係指依法令於職務上對於**該事務有主持或執行之權責者而言，故對於職務上有執行權責之事務藉端詐財，即屬該款所謂對於主管事務圖利。

▲【41臺特非9】懲治貪污條例第3條第1款規定**所謂抑留不發職務上應行發給之財物，係指行為人對於職務上應即時發給之財物無故抑留遲不發給而言**，如捏稱已發，實際上已變更持有之意思而為所有之意思，將應發給之財物歸入私囊者，即應成立同條第2款之侵占公有財物罪。

▲【69臺上1325】上訴人恃其縣議員身分，以在議會審議預算時可以負責代為爭取預算為詞，向縣政府所轄單位高價推銷該項預算應行採購之貨品，並以偽裝之比價方式，圍標獨占，獲得暴利，自屬依據法令從事公務之人員對於非主管之事務利用身分圖得不法利益。

▲【73臺上1594】戡亂時期貪污治罪條例第6條第4款規定，依據法令從事公務之人員，對於非主管或監督之事務，利用職權機會或身分圖利罪，必須行為人之身分，對於該事務有某種影響力，而據以圖利。又利用機會圖利，亦必須為行為人對該事務，有可憑藉影響之機會，方屬相當。

第6條之1　（就來源可疑之財產提出說明）

公務員犯下列各款所列罪嫌之一，檢察官於偵查中，發現公務員本人及其配偶、未成年子女自公務員涉嫌犯罪時及其後三年內，有財產增加與收入顯不相當時，得命本人就來源可疑之財產提出說明，無正當理由未為說明、無法提出合理說明或說明不實者，處五年以下有期徒刑、拘役或科或併科不明來源財產額度以下之罰金：

一　第四條至前條之罪。

二　刑法第一百二十一條第一項、第一百二十二條第一項至第三項、第一百二十三條至第一百二十五條、第一百二十七條第一項、第一百二十八條至第一百三十條、第一百三十一條第一項、第一百三十二條第一項、第一百三十三條、第二百三十一條第二項、第二百三十一條之一第三項、第二百七十條、第二百九十六條之一第五項之罪。

三　組織犯罪防制條例第九條之罪。

四　懲治走私條例第十條第一項之罪。

五　毒品危害防制條例第十五條之罪。
六　人口販運防制法第三十六條之罪。
七　槍砲彈藥刀械管制條例第十六條之罪。
八　藥事法第八十九條之罪。
九　包庇他人犯兒童及少年性剝削防制條例之罪。
十　其他假借職務上之權力、機會或方法所犯之罪。

第7條　（司法人員之加重其刑）

有調查、追訴或審判職務之人員，犯第四條第一項第五款或第五條第一項第三款之罪者，加重其刑至二分之一。

第8條　（自首自白之減刑）

I.犯第四條至第六條之罪，於犯罪後自首，如有所得並自動繳交全部所得財物者，減輕或免除其刑；因而查獲其他正犯或共犯者，免除其刑。
II.犯第四條至第六條之罪，在偵查中自白，如有所得並自動繳交全部所得財物者，減輕其刑；因而查獲其他正犯或共犯者，減輕或免除其刑。

第9條　（修正施行後一年內自首之準用）

本條例修正施行前，犯第四條至第六條之罪，於修正施行後一年內自首者，準用前條第一項之規定。

第10條　（視為犯罪之所得）

犯第四條至第六條之罪，本人及其配偶、未成年子女自犯罪時及其後三年內取得之來源可疑財產，經檢察官或法院於偵查、審判程序中命本人證明來源合法而未能證明者，視為其犯罪所得。

第11條　（行賄罪）

I.對於第二條人員，關於違背職務之行為，行求、期約或交付賄賂或其他不正利益者，處一年以上七年以下有期徒刑，得併科新臺幣三百萬元以下罰金。
II.對於第二條人員，關於不違背職務之行為，行求、期約或交付賄賂或其他不正利益者，處三年以下有期徒刑、拘役或科或併科新臺幣五十萬元以下罰金。
III.對於外國、大陸地區、香港或澳門之公務員，就跨區貿易、投資或其他商業活動有關事項，為前二項行為者，依前二項規定處斷。
IV.不具第二條人員之身分而犯前三項之罪者，亦同。
V.犯前四項之罪而自首者，免除其刑；在偵查或審判中自白者，減輕或免除其刑。
VI.在中華民國領域外犯第一項至第三項之罪者，不問犯罪地之法律有無處罰規定，均依本條例處罰。

第12條　（輕微案件之處罰）

I.犯第四條至第六條之罪，情節輕微，而其所得或所圖得財物或不正利益在新臺幣五萬元以下者，減輕其刑。
II.犯前條第一項至第四項之罪，情節輕微，而其行求、期約或交付之財物或不正利益在新臺幣五萬元以下者，亦同。

第12條之1　（刪除）

第13條　（長官之包庇罪）

I.直屬主管長官對於所屬人員，明知貪污有據，而予以庇護或不為舉發者，處一年以上七年以下有期徒刑。
II.公務機關主管長官對於受其委託承辦公務之人，明知貪污有據，而予以庇護或不為舉發者，處六月以上五年以下有期徒刑。

第14條　（監察、會計、審計、政風人員等不為舉發罪）

辦理監察、會計、審計、犯罪調查、督察、政風人員，因執行職務，明知貪污有據之人員，不為舉發者，處一年以上七年以下有期徒刑。

第15條　（收受、搬運、藏匿、故買贓物罪）

明知因犯第四條至第六條之罪所得之財

貪污治罪條例

（第一六～二○條）

物，故為收受、搬運、隱匿、寄藏或故買者，處一年以上七年以下有期徒刑，得併科新臺幣三百萬元以下罰金。

第 16 條　（誣告罪）

I.誣告他人犯本條例之罪者，依刑法規定加重其刑至二分之一。

II.意圖他人受刑事處分，虛構事實，而為第十一條第五項之自首者，處三年以上十年以下有期徒刑。

III.不具第二條人員之身分而犯前二項之罪者，亦依前二項規定處斷。

第 17 條　（褫奪公權）

犯本條例之罪，宣告有期徒刑以上之刑者，並宣告褫奪公權。

第 18 條　（獎勵、保護辦法之訂定）

I.貪污瀆職案件之檢舉人應予獎勵及保護；其辦法由行政院定之。

II.各機關應採取具體措施防治貪污；其辦法由行政院定之。

第 19 條　（適用規定）

本條例未規定者，適用其他法律之規定。

第 20 條　（施行日期）

本條例施行日期，除中華民國九十五年五月五日修正之條文，自九十五年七月一日施行，及一百零五年三月二十五日修正之條文，由行政院定之；一百零五年五月二十七日修正之條文，自一百零五年七月一日施行外，自公布日施行。

洗錢防制法

一百零七年十一月七日總統令修正公布

①民國八十五年十月二十三日總統令公布
②九十二年二月六日總統令修正公布
③九十五年五月三十日總統令修正公布
④九十六年七月十一日總統令修正公布
⑤九十七年六月十一日總統令修正公布
⑥九十八年六月十日總統令修正公布
⑦一百零五年四月十三日總統令修正公布
⑧一百零五年十二月二十八日總統令修正公布
⑨一百零七年十一月七日總統府令修正公布第五、
　六、九～一一、一六、一七、二二、二三條條文

第1條　（立法目的）

為防制洗錢，打擊犯罪，健全防制洗錢體系，穩定金融秩序，促進金流之透明，強化國際合作，特制定本法。

第2條　（洗錢之定義）

本法所稱洗錢，指下列行為：

一　意圖掩飾或隱匿特定犯罪所得來源，或使他人逃避刑事追訴，而移轉或變更特定犯罪所得。
二　掩飾或隱匿特定犯罪所得之本質、來源、去向、所在、所有權、處分權或其他權益者。
三　收受、持有或使用他人之特定犯罪所得。

第3條　（特定犯罪）

本法所稱特定犯罪，指下列各款之罪：

一　最輕本刑為六月以上有期徒刑以上之刑之罪。
二　刑法第一百二十一條第一項、第一百二十三條、第二百零一條之一第二項、第二百六十八條、第三百三十九條、第三百三十九條之三、第三百四十二條、第三百四十四條、第三百四十九條之罪。
三　懲治走私條例第二條第一項、第三條第一項之罪。
四　破產法第一百五十四條、第一百五

十五條之罪。
五　商標法第九十五條、第九十六條之罪。
六　廢棄物清理法第四十五條第一項後段、第四十七條之罪。
七　稅捐稽徵法第四十一條、第四十二條及第四十三條第一項、第二項之罪。
八　政府採購法第八十七條第三項、第五項、第六項、第八十九條、第九十一條第一項、第三項之罪。
九　電子支付機構管理條例第四十四條第二項、第三項、第四十五條之罪。
十　證券交易法第一百七十二條第一項、第二項之罪。
十一　期貨交易法第一百十三條第一項、第二項之罪。
十二　資恐防制法第八條、第九條之罪。
十三　本法第十四條之罪。

第4條　（特定犯罪所得）

Ⅰ 本法所稱特定犯罪所得，指犯第三條所列之特定犯罪而取得或變得之財物或財產上利益及其孳息。
Ⅱ 前項特定犯罪所得之認定，不以其所犯特定犯罪經有罪判決為必要。

第5條　（金融機構及指定之非金融事業或人員）

Ⅰ 本法所稱金融機構，包括下列機構：

一　銀行。
二　信託投資公司。
三　信用合作社。
四　農會信用部。
五　漁會信用部。
六　全國農業金庫。
七　辦理儲金匯兌、簡易人壽保險業務之郵政機構。

八　票券金融公司。
九　信用卡公司。
十　保險公司。
十一　證券商。
十二　證券投資信託事業。
十三　證券金融事業。
十四　證券投資顧問事業。
十五　證券集中保管事業。
十六　期貨商。
十七　信託業。
十八　其他經目的事業主管機關指定之金融機構。

II.辦理融資性租賃、虛擬通貨平臺及交易業務之事業，適用本法關於金融機構之規定。

III.本法所稱指定之非金融事業或人員，指從事下列交易之事業或人員：

一　銀樓業。
二　地政士及不動產經紀業從事與不動產買賣交易有關之行為。
三　律師、公證人、會計師為客戶準備或進行下列交易時：
　㈠買賣不動產。
　㈡管理客戶金錢、證券或其他資產。
　㈢管理銀行、儲蓄或證券帳戶。
　㈣有關提供公司設立、營運或管理之資金籌劃。
　㈤法人或法律協議之設立、營運或管理以及買賣事業體。
四　信託及公司服務提供業為客戶準備或進行下列交易時：
　㈠關於法人之籌備或設立事項。
　㈡擔任或安排他人擔任公司董事或秘書、合夥之合夥人或在其他法人組織之類似職位。
　㈢提供公司、合夥、信託、其他法人或協議註冊之辦公室、營業地址、居住所、通訊或管理地址。
　㈣擔任或安排他人擔任信託或其他類似契約性質之受託人或其他相同角色。
　㈤擔任或安排他人擔任實質持股股東。
五　其他業務特性或交易型態易為洗

錢犯罪利用之事業或從業人員。

IV.第二項辦理融資性租賃、虛擬通貨平臺及交易業務事業之範圍、第三項第五款指定之非金融事業或人員，其適用之交易型態，及得不適用第九條第一項申報規定之前項各款事業或人員，由法務部會同中央目的事業主管機關報請行政院指定。

V.第一項金融機構、第二項辦理融資性租賃業務事業及第三項指定之非金融事業或人員所從事之交易，必要時，得由法務部會同中央目的事業主管機關指定其使用現金以外之支付工具。

VI.第一項、第二項及前二項之中央目的事業主管機關認定有疑義者，由行政院指定目的事業主管機關。

VII.前三項之指定，其事務涉司法院者，由行政院會同司法院指定之。

第6條 （建立洗錢防制內部控制與稽核制度）

I.金融機構及指定之非金融事業或人員應依洗錢與資恐風險及業務規模，建立洗錢防制內部控制與稽核制度；其內容應包括下列事項：

一　防制洗錢及打擊資恐之作業及控制程序。
二　定期舉辦或參加防制洗錢之在職訓練。
三　指派專責人員負責協調監督第一款事項之執行。
四　備置並定期更新防制洗錢及打擊資恐風險評估報告。
五　稽核程序。
六　其他經中央目的事業主管機關指定之事項。

II.前項制度之執行，中央目的事業主管機關應定期查核，並得委託其他機關（構）、法人或團體辦理。

III.第一項制度之實施內容、作業程序、執行措施，前項查核之方式、受委託之資格條件及其他應遵行事項之辦法，由中央目的事業主管機關會商法務部及相關機關定之；於訂定前應徵詢相關公會之意見。

IV.違反第一項規定未建立制度，或前項辦法中有關制度之實施內容、作業程序、執行

措施之規定者，由中央目的事業主管機關限期令其改善，屆期未改善者，處金融機構新臺幣五十萬元以上一千萬元以下罰鍰；處指定之非金融事業或人員新臺幣五萬元以上一百萬元以下罰鍰。

V.金融機構及指定之非金融事業或人員規避、拒絕或妨礙現地或非現地查核者，由中央目的事業主管機關處金融機構新臺幣五十萬元以上五百萬元以下罰鍰；處指定之非金融事業或人員新臺幣五萬元以上五十萬元以下罰鍰。

第 7 條　（確認客戶身分程序及留存所得資料）

I.金融機構及指定之非金融事業或人員應進行確認客戶身分程序，並留存其確認客戶身分程序所得資料；其確認客戶身分程序應以風險為基礎，並應包括實質受益人之審查。

II.前項確認客戶身分程序所得資料，應自業務關係終止時起至少保存五年；臨時性交易者，應自臨時性交易終止時起至少保存五年。但法律另有較長保存期間規定者，從其規定。

III.金融機構及指定之非金融事業或人員對現任或曾任國內外政府或國際組織重要政治性職務之客戶或受益人與其家庭成員及有密切關係之人，應以風險為基礎，執行加強客戶審查程序。

IV.第一項確認客戶身分範圍、留存確認資料之範圍、程序、方式及前項加強客戶審查之範圍、程序、方式之辦法，由中央目的事業主管機關會商法務部及相關機關定之；於訂定前應徵詢相關公會之意見。前項重要政治性職務之人與其家庭成員及有密切關係之人之範圍，由法務部定之。

V.違反第一項至第三項規定及前項所定辦法者，由中央目的事業主管機關處金融機構新臺幣五十萬元以上一千萬元以下罰鍰、處指定之非金融事業或人員新臺幣五萬元以上一百萬元以下罰鍰。

第 8 條　（辦理國內外交易應留存交易紀錄）

I.金融機構及指定之非金融事業或人員因執行業務而辦理國內外交易，應留存必要交易紀錄。

II.前項交易紀錄之保存，自交易完成時起，應至少保存五年。但法律另有較長保存期間規定者，從其規定。

III.第一項留存交易紀錄之適用交易範圍、程序、方式之辦法，由中央目的事業主管機關會商法務部及相關機關定之；於訂定前應徵詢相關公會之意見。

IV.違反第一項、第二項規定及前項所定辦法者，由中央目的事業主管機關處金融機構新臺幣五十萬元以上一千萬元以下罰鍰、處指定之非金融事業或人員新臺幣五萬元以上一百萬元以下罰鍰。

第 9 條　（一定金額以上通貨交易之申報）

I.金融機構及指定之非金融事業或人員對於達一定金額以上之通貨交易，除本法另有規定外，應向法務部調查局申報。

II.金融機構及指定之非金融事業或人員依前項規定為申報者，免除其業務上應保守秘密之義務。該機構或事業之負責人、董事、經理人及職員，亦同。

III.第一項一定金額、通貨交易之範圍、種類、申報之範圍、方式、程序及其他應遵行事項之辦法，由中央目的事業主管機關會商法務部及相關機關定之；於訂定前應徵詢相關公會之意見。

IV.違反第一項規定或前項所定辦法中有關申報之範圍、方式、程序之規定者，由中央目的事業主管機關處金融機構新臺幣五十萬元以上一千萬元以下罰鍰；處指定之非金融事業或人員新臺幣五萬元以上一百萬元以下罰鍰。

第 10 條　（金融機構及指定之非金融事業或人員之申報義務）

I.金融機構及指定之非金融事業或人員對疑似犯第十四條、第十五條之罪之交易，應向法務部調查局申報；其交易未完成者，亦同。

II.金融機構及指定之非金融事業或人員依前項規定為申報者，免除其業務上應保守秘密之義務。該機構或事業之負責人、董

事、經理人及職員，亦同。

III.第一項之申報範圍、方式、程序及其他應遵行事項之辦法，由中央目的事業主管機關會商法務部及相關機關定之；於訂定前應徵詢相關公會之意見。

IV.前項、第六條第三項、第七條第四項、第八條第三項及前條第三項之辦法，其事務涉司法院者，由司法院會商行政院定之。

V.違反第一項規定或第三項所定辦法中有關申報之範圍、方式、程序之規定者，由中央目的事業主管機關處金融機構新臺幣五十萬元以上一千萬元以下罰鍰；處指定之非金融事業或人員新臺幣五萬元以上一百萬元以下罰鍰。

第 11 條 （對洗錢或資恐高風險國家或地區得採相關防制措施）

I.為配合防制洗錢及打擊資恐之國際合作，金融目的事業主管機關及指定之非金融事業或人員之中央目的事業主管機關得自行或經法務部調查局通報，對洗錢或資恐高風險國家或地區，為下列措施：

一 令金融機構、指定之非金融事業或人員強化相關交易之確認客戶身分措施。

二 限制或禁止金融機構、指定之非金融事業或人員與洗錢或資恐高風險國家或地區為匯款或其他交易。

三 採取其他與風險相當且有效之必要防制措施。

II.前項所稱洗錢或資恐高風險國家或地區，指下列之一者：

一 經國際防制洗錢組織公告防制洗錢及打擊資恐有嚴重缺失之國家或地區。

二 經國際防制洗錢組織公告未遵循或未充分遵循國際防制洗錢組織建議之國家或地區。

三 其他有具體事證認有洗錢及資恐高風險之國家或地區。

第 12 條 （一定金額、有價證券、黃金及物品之申報義務）

I.旅客或隨交通工具服務之人員出入境攜帶下列之物，應向海關申報；海關受理申報後，應向法務部調查局通報：

一 總價值達一定金額以上之外幣、香港或澳門發行之貨幣及新臺幣現鈔。

二 總面額達一定金額以上之有價證券。

三 總價值達一定金額以上之黃金。

四 其他總價值達一定金額以上，且有被利用進行洗錢之虞之物品。

II.以貨物運送、快遞、郵寄或其他相類之方法運送前項各款物品出入境者，亦同。

III.前二項之一定金額、有價證券、黃金、物品、受理申報與通報之範圍、程序及其他應遵行事項之辦法，由財政部會商法務部、中央銀行、金融監督管理委員會定之。

IV.外幣、香港或澳門發行之貨幣未依第一項、第二項規定申報者，由海關沒入之；申報不實者，其超過申報部分由海關沒入之；有價證券、黃金、物品未依第一項、第二項規定申報或申報不實者，由海關處以相當於未申報或申報不實之有價證券、黃金、物品價額之罰鍰。

V.新臺幣依第一項、第二項規定申報者，超過中央銀行依中央銀行法第十八條之一第一項所定限額部分，應予退運。未依第一項、第二項規定申報者，由海關沒入之；申報不實者，其超過申報部分由海關沒入之，均不適用中央銀行法第十八條之一第二項規定。

VI.大陸地區發行之貨幣依第一項、第二項所定方式出入境，應依臺灣地區與大陸地區人民關係條例相關規定辦理，總價值超過同條例第三十八條第五項所定限額時，海關應向法務部調查局通報。

第 13 條 （禁止處分）

I.檢察官於偵查中，有事實足認被告利用帳戶、匯款、通貨或其他支付工具犯第十四條及第十五條之罪者，得聲請該管法院指定六個月以內之期間，對該筆交易之財產為禁止提款、轉帳、付款、交付、轉讓或其他必要處分之命令。其情況急迫，有相

當理由足認非立即為上開命令，不能保全得沒收之財產或證據者，檢察官得逕命執行之。但應於執行後三日內，聲請法院補發命令。法院如不於三日內補發或檢察官未於執行後三日內聲請法院補發命令者，應即停止執行。

II.前項禁止提款、轉帳、付款、交付、轉讓或其他必要處分之命令，法官於審判中得依職權為之。

III.前二項命令，應以書面為之，並準用刑事訴訟法第一百二十八條規定。

IV.第一項之指定期間如有繼續延長之必要者，檢察官應檢附具體理由，至遲於期間屆滿之前五日聲請該管法院裁定。但延長期間不得逾六個月，並以延長一次為限。

V.對於外國政府、機構或國際組織依第二十一條所簽訂之條約或協定或基於互惠原則請求我國協助之案件，如所涉之犯罪行為符合第三條所列之罪，雖非在我國偵查或審判中者，亦得準用前四項規定。

VI.對第一項、第二項之命令、第四項之裁定不服者，準用刑事訴訟法第四編抗告之規定。

第 14 條　（洗錢行為之處罰）

I.有第二條各款所列洗錢行為者，處七年以下有期徒刑，併科新臺幣五百萬元以下罰金。

II.前項之未遂犯罰之。

III.前二項情形，不得科以超過其特定犯罪所定最重本刑之刑。

第 15 條　（罰則㈠）

I.收受、持有或使用之財物或財產上利益，有下列情形之一，而無合理來源且與收入顯不相當者，處六月以上五年以下有期徒刑，得併科新臺幣五百萬元以下罰金：

　一　冒名或以假名向金融機構申請開立帳戶。

　二　以不正方法取得他人向金融機構申請開立之帳戶。

　三　規避第七條至第十條所定洗錢防制程序。

II.前項之未遂犯罰之。

第 16 條　（罰則㈡）

I.法人之代表人、代理人、受雇人或其他從業人員，因執行業務犯前二條之罪者，除處罰行為人外，對該法人並科以各該條所定之罰金。

II.犯前二條之罪，在偵查或審判中自白者，減輕其刑。

III.前二條之罪，於中華民國人民在中華民國領域外犯罪者，適用之。

IV.第十四條之罪，不以本法所定特定犯罪之行為或結果在中華民國領域內為必要。但該特定犯罪依行為地之法律不罰者，不在此限。

第 17 條　（洩漏或交付罪責）

I.公務員洩漏或交付關於申報疑似犯第十四條、第十五條之罪之交易或犯第十四條、第十五條之罪嫌疑之文書、圖畫、消息或物品者，處三年以下有期徒刑。

II.第五條第一項至第三項不具公務員身分之人洩漏或交付關於申報疑似犯第十四條、第十五條之罪之交易或犯第十四條、第十五條之罪嫌疑之文書、圖畫、消息或物品者，處二年以下有期徒刑、拘役或新臺幣五十萬元以下罰金。

第 18 條　（洗錢犯罪所得之沒收範圍）

I.犯第十四條之罪，其所移轉、變更、掩飾、隱匿、收受、取得、持有、使用之財物或財產上利益，沒收之；犯第十五條之罪，其所收受、持有、使用之財物或財產上利益，亦同。

II.以集團性或常習性方式犯第十四條或第十五條之罪，有事實足以證明行為人所得支配之前項規定以外之財物或財產上利益，係取自其他違法行為所得者，沒收之。

III.對於外國政府、機構或國際組織依第二十一條所簽訂之條約或協定或基於互惠原則，請求我國協助執行扣押或沒收之案件，如所涉之犯罪行為符合第三條所列之罪，不以在我國偵查或審判中者為限。

第 19 條　（沒收財產）

Ⅰ.犯本法之罪沒收之犯罪所得為現金或有價證券以外之財物者，得由法務部撥交檢察機關、司法警察機關或其他協助查緝洗錢犯罪之機關作公務上使用。

Ⅱ.我國與外國政府、機構或國際組織依第二十一條所簽訂之條約或協定或基於互惠原則協助執行沒收犯罪所得或其他追討犯罪所得作為者，法務部得依條約、協定或互惠原則將該沒收財產之全部或一部撥交該外國政府、機構或國際組織，或請求撥交沒收財產之全部或一部款項。

Ⅲ.前二項沒收財產之撥交辦法，由行政院定之。

第 20 條　（設置基金）

法務部辦理防制洗錢業務，得設置基金。

第 21 條　（國際合作條約或協定之簽訂）

Ⅰ.為防制洗錢，政府依互惠原則，得與外國政府、機構或國際組織簽訂防制洗錢之條約或協定。

Ⅱ.對於外國政府、機構或國際組織請求我國協助之案件，除條約或協定另有規定者外，得基於互惠原則，提供第九條、第十條、第十二條受理申報或通報之資料及其調查結果。

Ⅲ.臺灣地區與大陸地區、香港及澳門間之洗錢防制，準用前二項規定。

第 22 條　（定期陳報查核成效）

第六條第二項之查核，第六條第四項、第五項、第七條第五項、第八條第四項、第九條第四項、第十條第五項之裁處及其調查，中央目的事業主管機關得委辦直轄市、縣（市）政府辦理，並由直轄市、縣（市）政府定期陳報查核成效。

第 23 條　（施行日期）

Ⅰ.本法自公布日後六個月施行。

Ⅱ.本法修正條文自公布日施行。

性侵害犯罪防治法
一百零四年十二月二十三日總統令修正公布

①民國八十六年一月二十二日總統令公布
②九十一年五月十五日總統令修正公布
③九十一年六月十二日總統令修正公布
④九十四年二月五日總統令修正公布
⑤九十九年一月十三日總統令修正公布
⑥一百年十一月九日總統令修正公布
⑦一百零四年十二月二十三日總統令修正公布第
　二、三、八、一三、一七、二〇、二二之一、二
　五條；並增訂第一三之一、一五之一、一六之一、
　一六之二條條文

第1條　（立法目的）
為防治性侵害犯罪及保護被害人權益，特制定本法。

第2條　（名詞定義）
I.本法所稱性侵害犯罪，係指觸犯刑法第二百二十一條至第二百二十七條、第二百二十八條、第二百二十九條、第三百三十二條第二項第二款、第三百三十四條第二項第二款、第三百四十八條第二項第一款及其特別法之罪。

II.本法所稱加害人，係指觸犯前項各罪經判決有罪確定之人。

III.犯第一項各罪經緩起訴處分確定者及犯性騷擾防治法第二十五條判決有罪確定者，除第九條、第二十二條、第二十二條之一及第二十三條規定外，適用本法關於加害人之規定。

第3條　（主管機關及其權責範圍）
I.本法所稱主管機關：在中央為衛生福利部；在直轄市為直轄市政府；在縣（市）為縣（市）政府。

II.本法所定事項，主管機關及目的事業主管機關應就其權責範圍，針對性侵害防治之需要，尊重多元文化差異，主動規劃所需保護、預防及宣導措施，對涉及相關機關之防治業務，並應全力配合之，其權責事項如下：

一　社政主管機關：性侵害被害人保護扶助工作、性侵害防治政策之規劃、推動、監督及定期公布性侵害相關統計等相關事宜。

二　衛生主管機關：性侵害被害人驗傷、採證、身心治療及加害人身心治療、輔導教育等相關事宜。

三　教育主管機關：各級學校性侵害防治教育、性侵害被害人及其子女就學權益之維護等相關事宜。

四　勞工主管機關：性侵害被害人職業訓練及就業服務等相關事宜。

五　警政主管機關：性侵害被害人人身安全之維護、性侵害犯罪偵查、資料統計、加害人登記報到、查訪、查閱等相關事宜。

六　法務主管機關：性侵害犯罪之偵查、矯正、獄中治療等刑事司法相關事宜。

七　移民主管機關：外籍人士、大陸地區人民或港澳居民因遭受性侵害致逾期停留、居留及協助其在臺居留或定居權益維護與加害人為外籍人士、大陸地區人民或港澳居民，配合協助辦理後續遣返事宜。

八　文化主管機關：出版品違反本法規定之處理等相關事宜。

九　通訊傳播主管機關：廣播、電視及其他由該機關依法管理之媒體違反本法規定之處理等相關事宜。

十　戶政主管機關：性侵害被害人及其未成年子女身分資料及戶籍等相關事宜。

十一　其他性侵害防治措施，由相關目的事業主管機關依職權辦理。

第4條　（性侵害防治委員會之設立及其職掌）
I.中央主管機關應辦理下列事項：

一　研擬性侵害防治政策及法規。
二　協調及監督有關性侵害防治事項之執行。
三　監督各級政府建立性侵害事件處理程序、防治及醫療網絡。
四　督導及推展性侵害防治教育。
五　性侵害事件各項資料之建立、彙整、統計及管理。
六　性侵害防治有關問題之研議。
七　其他性侵害防治有關事項。
II.中央主管機關辦理前項事項，應遴聘（派）學者專家、民間團體及相關機關代表提供諮詢；其中任一性別代表人數不得少於三分之一，學者專家、民間團體代表之人數不得少於二分之一。

第5條　（刪除）

第6條　（性侵害防治中心之設立）
I.直轄市、縣（市）主管機關應設性侵害防治中心，辦理下列事項：
一　提供二十四小時電話專線服務。
二　提供被害人二十四小時緊急救援。
三　協助被害人就醫診療、驗傷及取得證據。
四　協助被害人心理治療、輔導、緊急安置及提供法律服務。
五　協調醫院成立專門處理性侵害事件之醫療小組。
六　加害人之追蹤輔導及身心治療。
七　推廣性侵害防治教育、訓練及宣導。
八　其他有關性侵害防治及保護事項。
II.前項中心應配置社工、警察、醫療及其他相關專業人員；其組織由直轄市、縣（市）主管機關定之。
III.地方政府應編列預算辦理前二項事宜，不足由中央主管機關編列專款補助。

第7條　（性侵害防治教育課程）
I.各級中小學每學年應至少有四小時以上之性侵害防治教育課程。
II.前項所稱性侵害防治教育課程應包括：
一　兩性性器官構造與功能。

二　安全性行為與自我保護性知識。
三　性別平等之教育。
四　正確性心理之建立。
五　對他人性自由之尊重。
六　性侵害犯罪之認識。
七　性侵害危機之處理。
八　性侵害防範之技巧。
九　其他與性侵害有關之教育。
III.第一項教育課程，學校應運用多元方式進行教學。
IV.機關、部隊、學校、機構或僱用人之組織成員、受僱人或受服務人數達三十人以上，應定期舉辦或鼓勵所屬人員參與性侵害防治教育訓練。

第8條　（通報義務）
I.醫事人員、社工人員、教育人員、保育人員、警察人員、勞政人員、司法人員、移民業務人員、矯正人員、村（里）幹事人員，於執行職務時知有疑似性侵害犯罪情事者，應立即向當地直轄市、縣（市）主管機關通報，至遲不得超過二十四小時。
II.前項通報內容、通報人之姓名、住居所及其他足資識別其身分之資訊，除法律另有規定外，應予保密。
III.直轄市、縣（市）主管機關於知悉或接獲第一項通報時，應立即進行分級分類處理，至遲不得超過二十四小時。
IV.前項通報及分級分類處理辦法，由中央主管機關定之。

第9條　（性侵害加害人之建檔）
I.中央主管機關應建立全國性侵害加害人之檔案資料；其內容應包含姓名、性別、出生年月日、國民身分證統一編號、住居所、相片、犯罪資料、指紋、去氧核醣核酸紀錄等資料。
II.前項檔案資料應予保密，非依法律規定，不得提供；其內容管理及使用等事項之辦法，由中央主管機關定之。

第10條　（診療及驗傷診斷書拒絕開立之禁止）
I.醫院、診所對於被害人，不得無故拒絕診

療及開立驗傷診斷書。

II.醫院、診所對被害人診療時，應有護理人員陪同，並應保護被害人之隱私，提供安全及合適之就醫環境。

III.第一項驗傷診斷書之格式，由中央衛生主管機關會商有關機關定之。

IV.違反第一項規定者，由衛生主管機關處新臺幣一萬元以上五萬元以下罰鍰。

第 11 條　（驗傷及取證之同意）

I.對於被害人之驗傷及取證，除依刑事訴訟法、軍事審判法之規定或被害人無意識或無法表意者外，應經被害人之同意。被害人為受監護宣告或未滿十二歲之人時，應經其監護人或法定代理人之同意。但監護人或法定代理人之有無不明、通知顯有困難或為該性侵害犯罪之嫌疑人時，得逕行驗傷及取證。

II.取得證據後，應保全證物於證物袋內，司法、軍法警察並應即送請內政部警政署鑑驗，證物鑑驗報告並應依法保存。

III.性侵害犯罪案件屬告訴乃論者，尚未提出告訴或自訴時，內政部警政署應將證物移送犯罪發生地之直轄市、縣（市）主管機關保管，除未能知悉犯罪嫌疑人外，證物保管六個月後得逕行銷毀。

第 12 條　（身分資料之保密）

I.因職務或業務知悉或持有性侵害被害人姓名、出生年月日、住居所及其他足資識別其身分之資料者，除法律另有規定外，應予保密。警察人員必要時應採取保護被害人之安全措施。

II.行政機關、司法機關及軍法機關所製作必須公示之文書，不得揭露被害人之姓名、出生年月日、住居所及其他足資識別被害人身分之資訊。

第 13 條　（禁止媒體或其他方法公開揭露被害人身分之資訊）

I.宣傳品、出版品、廣播、電視、網際網路或其他媒體不得報導或記載有被害人之姓名或其他足資辨別身分之資訊。但經有行為能力之被害人同意、檢察官或法院依

法認為有必要者，不在此限。

II.前項以外之任何人不得以媒體或其他方法公開或揭露第一項被害人之姓名及其他足資識別身分之資訊。

III.第一項但書規定，於被害人死亡經目的事業主管機關權衡社會公益，認有報導或揭露必要者，亦同。

第 13 條之 1　（被害人身分資訊違反保護規定之罰則）

I.廣播、電視事業違反前條第一項規定者，由目的事業主管機關處新臺幣六萬元以上六十萬元以下罰鍰，並命其限期改正；屆期未改正者，得按次處罰。

II.前項以外之宣傳品、出版品、網際網路或其他媒體違反前條第一項規定者，由目的事業主管機關處負責人新臺幣六萬元以上六十萬元以下罰鍰，並得沒入前條規定之物品、命其限期移除內容、下架或其他必要之處置；屆期不履行者，得按次處罰至履行為止。

III.前二項以外之任何人違反前條第二項規定而無正當理由者，處新臺幣二萬元以上十萬元以下罰鍰。

IV.宣傳品、出版品、網際網路或其他媒體無負責人或負責人對行為人之行為不具監督關係者，第二項所定之罰鍰，處罰行為人。

第 14 條　（性侵害事件之專人處理）

I.法院、檢察署、軍事法院、軍事法院檢察署、司法、軍法警察機關及醫療機構，應由經專業訓練之專人處理性侵害事件。

II.前項專責人員，每年應至少接受性侵害防治專業訓練課程六小時以上。

III.第一項醫療機構，係指由中央衛生主管機關指定設置處理性侵害事件醫療小組之醫療機構。

第 15 條　（得陪同在場之人）

I.被害人之法定代理人、配偶、直系或三親等內旁系血親、家長、家屬、醫師、心理師、輔導人員或社工人員得於偵查或審判中，陪同被害人在場，並得陳述意見。

性侵害犯罪防治法

（第一五之一～一七條）

II.前項規定，於得陪同在場之人為性侵害犯罪嫌疑人或被告時，不適用之。

III.被害人為兒童或少年時，除顯無必要者外，直轄市、縣（市）主管機關應指派社工人員於偵查或審判中陪同在場，並得陳述意見。

第 15 條之 1 　（專業人士在場協助詢問）

I.兒童或心智障礙之性侵害被害人於偵查或審判階段，經司法警察、司法警察官、檢察事務官、檢察官或法官認有必要時，應由具相關專業人士在場協助詢（訊）問。但司法警察、司法警察官、檢察事務官、檢察官或法官受有相關訓練者，不在此限。

II.前項專業人士於協助詢（訊）問時，司法警察、司法警察官、檢察事務官、檢察官或法官，得透過單面鏡、聲音影像相互傳送之科技設備，或適當隔離措施為之。

III.當事人、代理人或辯護人詰問兒童或心智障礙之性侵害被害人時，準用前二項之規定。

第 16 條　（隔離詰問之措施）

I.對被害人之訊問或詰問，得依聲請或依職權在法庭外為之，或利用聲音、影像傳送之科技設備或其他適當隔離措施，將被害人與被告或法官隔離。

II.被害人經傳喚到庭作證時，如因心智障礙或身心創傷，認當庭詰問有致其不能自由陳述或完全陳述之虞者，法官、軍事審判官應採取前項隔離詰問之措施。

III.審判長因當事人或辯護人詰問被害人不當而禁止其詰問者，得以訊問代之。

IV.性侵害犯罪之被告或其辯護人不得詰問或提出有關被害人與被告以外之人之性經驗證據。但法官、軍事審判官認有必要者，不在此限。

第 16 條之 1 　（專家證人之指定或選任）

I.於偵查或審判中，檢察官或法院得依職權或依聲請指定或選任相關領域之專家證人，提供專業意見，經傳喚到庭陳述，得為證據。

II.前項規定，準用刑事訴訟法第一百六十三條至第一百七十一條、第一百七十五條及第一百九十九條。

第 16 條之 2 　（審判中任何性別歧視之陳述與舉止應予制止）

性侵害犯罪之被告或其辯護人於審判中對被害人有任何性別歧視之陳述與舉止，法官應予即時制止。

第 17 條　（調查中之陳述得為證據之情形）

被害人於審判中有下列情形之一，其於檢察事務官、司法警察官或司法警察調查中所為之陳述，經證明具有可信之特別情況，且為證明犯罪事實之存否所必要者，得為證據：

一　因性侵害致身心創傷無法陳述。

二　到庭後因身心壓力於訊問或詰問時無法為完全之陳述或拒絕陳述。

三　依第十五條之一之受詢問者。

▲【釋 789】（被害人警詢陳述得為證據之規定不違憲）

中華民國 94 年 2 月 5 日修正公布之性侵害犯罪防治法第 17 條第 1 款規定：「被害人於審判中有下列情形之一，其於檢察事務官、司法警察官或司法警察調查中所為之陳述，經證明具有可信之特別情況，且為證明犯罪事實之存否所必要者，得為證據：一、因性侵害致身心創傷無法陳述者。」旨在兼顧性侵害案件發現真實與有效保護性侵害犯罪被害人之正當目的，為訴訟上採為證據之例外與最後手段，其解釋、適用應從嚴為之。法院於訴訟上以之作為證據者，為避免被告訴訟上防禦權蒙受潛在不利益，基於憲法公平審判原則，應採取有效之訴訟上補償措施，以適當平衡被告無法詰問被害人之防禦權損失。包括在調查證據程序上，強化被告對其他證人之對質、詰問權；在證據評價上，法院尤不得以被害人之警詢陳述為被告有罪判決之唯一或主要證據，並應有其他確實之補強證據，以支持警詢陳述所涉犯罪事實之真實性。於此範圍內，系爭規定與憲法第 8 條正當法律程序及第 16 條訴訟權之保障意旨均尚無違背。

第 18 條　（審判不公開）

性侵害犯罪之案件，審判不得公開。但有下列情形之一，經法官或軍事審判官認有必要者，不在此限：

一　被害人同意。

二　被害人為無行為能力或限制行為能力者，經本人及其法定代理人同意。

第 19 條　（補助費用之核發）

Ⅰ.直轄市、縣（市）主管機關得依被害人之申請，核發下列補助：

一　非屬全民健康保險給付範圍之醫療費用及心理復健費用。

二　訴訟費用及律師費用。

三　其他費用。

Ⅱ.前項補助對象、條件及金額等事項之規定，由直轄市、縣（市）主管機關定之。

第 20 條　（加害人經評估應接受身心治療或輔導教育之情形）

Ⅰ.加害人有下列情形之一，經評估認有施以治療、輔導之必要者，直轄市、縣（市）主管機關應命其接受身心治療或輔導教育：

一　有期徒刑或保安處分執行完畢。但有期徒刑經易服社會勞動者，於准易服社會勞動時起執行之。

二　假釋。

三　緩刑。

四　免刑。

五　赦免。

六　經法院、軍事法院依第二十二條之一第三項裁定停止強制治療。

Ⅱ.前項規定對於有觸犯第二條第一項行為，經依少年事件處理法裁定保護處分確定而法院認有必要者，得準用之。

Ⅲ.觀護人對於付保護管束之加害人，得採取下列一款或數款之處遇方式：

一　實施約談、訪視，並得進行團體活動或問卷等輔助行為。

二　有事實足認其有再犯罪之虞或需加強輔導及管束者，得密集實施約談、訪視；必要時，並得請警察機

關派員定期或不定期查訪之。

三　有事實可疑為施用毒品時，得命其接受採驗尿液。

四　無一定之居住處所，或其居住處所不利保護管束之執行者，得報請檢察官、軍事檢察官許可，命其居住於指定之處所。

五　有於特定時間犯罪之習性，或有事實足認其有再犯罪之虞時，得報請檢察官、軍事檢察官，命於監控時段內，未經許可，不得外出。

六　得報請檢察官、軍事檢察官許可，對其實施測謊。

七　得報請檢察官、軍事檢察官許可，對其實施科技設備監控。

八　有固定犯罪模式，或有事實足認其有再犯罪之虞時，得報請檢察官、軍事檢察官許可，禁止其接近特定場所或對象。

九　轉介適當機構或團體。

十　其他必要處遇。

Ⅳ.第一項之執行期間為三年以下。但經評估認有繼續執行之必要者，直轄市、縣（市）主管機關得延長之，最長不得逾一年；其無繼續執行之必要者，得免其處分之執行。

Ⅴ.第一項之評估，除徒刑之受刑人由監獄或軍事監獄、受感化教育少年由感化教育機關辦理外，由直轄市、縣（市）主管機關辦理。

Ⅵ.第一項評估之內容、基準、程序與身心治療或輔導教育之內容、程序、成效評估等事項之辦法，由中央主管機關會同法務主管機關及國防主管機關定之。

Ⅶ.第三項第三款採驗尿液之執行方式、程序、期間、次數、檢驗機構及項目等，由法務主管機關會商相關機關定之。

Ⅷ.第三項第六款之測謊及第七款之科技設備監控，其實施機關（構）、人員、方式及程序等事項之辦法，由法務主管機關會商相關機關定之。

第 21 條　（罰則）

Ⅰ.前條加害人有下列情形之一者，得處新臺

幣一萬元以上五萬元以下罰鍰，並限期命其履行：

一　經直轄市、縣（市）主管機關通知，無正當理由不到場或拒絕接受評估、身心治療或輔導教育者。

二　經直轄市、縣（市）主管機關通知，無正當理由不按時到場接受身心治療或輔導教育或接受之時數不足者。

三　未依第二十三條第一項、第二項及第四項規定定期辦理登記、報到、資料異動或接受查訪者。

II.前項加害人屆期仍不履行者，處一年以下有期徒刑、拘役或科或併科新臺幣五萬元以下罰金。

III.直轄市、縣（市）主管機關對於假釋、緩刑、受緩起訴處分或有期徒刑經易服社會勞動之加害人為第一項之處分後，應即通知該管地方法院檢察署檢察官、軍事法院檢察署檢察官。

IV.地方法院檢察署檢察官、軍事法院檢察署檢察官接獲前項通知後，得通知原執行監獄典獄長報請法務部、國防部撤銷假釋或向法院、軍事法院聲請撤銷緩刑或依職權撤銷緩起訴處分及易服社會勞動。

第 22 條　（強制治療㈠）

加害人依第二十條第一項規定接受身心治療或輔導教育，經鑑定、評估其自我控制再犯預防仍無成效者，直轄市、縣（市）主管機關得檢具相關評估報告，送請該管地方法院檢察署檢察官、軍事檢察署檢察官依法聲請強制治療。

第 22 條之 1　（強制治療㈡）

I.加害人於徒刑執行期滿前，接受輔導或治療後，經鑑定、評估，認有再犯之危險，而不適用刑法第九十一條之一者，監獄、軍事監獄得檢具相關評估報告，送請該管地方法院檢察署檢察官、軍事法院檢察署檢察官聲請法院、軍事法院裁定命其進入醫療機構或其他指定處所，施以強制治療。

II.加害人依第二十條接受身心治療或輔導

教育後，經鑑定、評估其自我控制再犯預防仍無成效，而不適用刑法第九十一條之一者，該管地方法院檢察署檢察官、軍事法院檢察署檢察官或直轄市、縣（市）主管機關得檢具相關評估報告聲請法院、軍事法院裁定命其進入醫療機構或其他指定處所，施以強制治療。

III.前二項之強制治療期間至其再犯危險顯著降低為止，執行期間應每年至少一次鑑定、評估有無停止治療之必要。其經鑑定、評估認無繼續強制治療必要者，加害人、該管地方法院檢察署檢察官、軍事法院檢察署檢察官或直轄市、縣（市）主管機關得聲請法院、軍事法院裁定停止強制治療。

IV.第二項之加害人經通知依指定期日到場接受強制治療而未按時到場者，處一年以下有期徒刑、拘役、科或併科新臺幣五萬元以下罰金。

V.第一項、第二項之聲請程序、強制治療之執行機關（構）、處所、執行程序、方式、經費來源及第三項停止強制治療之聲請程序、方式、鑑定及評估審議會之組成等，由法務主管機關會同中央主管機關及國防主管機關定之。

▲【釋 799】（現行性侵防治法不違憲）

刑法第 91 條之 1 第 1 項及第 2 項前段規定，與法律明確性原則尚無違背；刑法第 91 條之 1 第 1 項規定未牴觸比例原則，與憲法保障人身自由之意旨尚屬無違。

刑法第 91 條之 1 第 2 項前段規定及性侵害犯罪防治法第 22 條之 1 第 3 項規定關於強制治療期間至再犯危險顯著降低為止之部分，與憲法比例原則尚屬無違。惟若干特殊情形之長期強制治療仍有違憲之疑慮，有關機關應依本解釋意旨有效調整改善。

性侵害犯罪防治法第 22 條之 1 第 1 項規定，尚不違反法律不溯及既往原則及信賴保護原則。

刑事訴訟法及性侵害犯罪防治法均未規定應賦予受處分人於法院就聲請宣告或停止強制治療程序，得親自或委任辯護人到庭陳述意見之機會，以及如受治療者為精神障礙或其他心智缺陷無法為完全之陳述者，應有辯護人為其辯護，於此範圍內，均不符憲法正當法律程序原則之意旨。有

關機關應自本解釋公布之日起二年內檢討修正。完成修正前，有關強制治療之宣告及停止程序，法院應依本解釋意旨辦理。

刑事訴訟法第 481 條第 1 項後段規定與憲法保障訴訟權之意旨尚無違背。

現行強制治療制度長年運作結果有趨近於刑罰之可能，而悖離與刑罰之執行應明顯區隔之憲法要求，有關機關應自本解釋公布之日起三年內為有效之調整改善，以確保強制治療制度運作之結果，符合憲法明顯區隔要求之意旨。

第 23 條　（定期資料之登記及報到）

I.犯刑法第二百二十一條、第二百二十二條、第二百二十四條之一、第二百二十五條第一項、第二百二十六條、第二百二十六條之一、第三百三十二條第二項第二款、第三百三十四條第二款、第三百四十八條第二項第一款或其特別法之罪之加害人，有第二十條第一項各款情形之一者，應定期向警察機關辦理身分、就學、工作、車籍及其異動等資料之登記及報到；其登記、報到之期間為七年。

II.犯刑法第二百二十四條、第二百二十五條第二項、第二百二十八條之罪，或曾犯刑法第二百二十七條之罪再犯同條之罪之加害人，有第二十條第一項各款情形之一者，亦適用前項之規定；其登記、報到之期間為五年。

III.前二項規定於犯罪時未滿十八歲者，不適用之。

IV.第一項、第二項之加害人於登記報到期間應定期或不定期接受警察機關查訪及於登記內容變更之七日內辦理資料異動。

V.登記期間之事項，為維護公共利益及社會安全之目的，於登記期間得供特定人員查閱。

VI.登記、報到、查訪之期間、次數、程序與前項供查閱事項之範圍、內容、執行機關、查閱人員之資格、條件、查閱程序及其他應遵行事項之辦法，由中央警政主管機關定之。

第 23 條之 1　（逃亡或藏匿經通緝者身分資訊之公告）

I.第二十一條第二項之被告或判決有罪確定之加害人逃亡或藏匿經通緝者，該管警察機關得將其身分資訊登載於報紙或以其他方法公告之；其經拘提、逮捕或已死亡或顯無必要時，該管警察機關應即停止公告。

II.前項規定於犯罪時未滿十八歲者，不適用之。

第 24 條　（施行細則之訂定）

本法施行細則，由中央主管機關定之。

第 25 條　（施行日期）

I.本法自公布後六個月施行。

II.本法中華民國九十八年十二月二十二日修正之條文，自九十八年十一月二十三日施行。

III.本法中華民國一百年十月二十五日修正之條文，自一百零一年一月一日施行。

IV.本法中華民國一百零四年十二月八日修正之條文，除第十五條之一自一百零六年一月一日施行外，自公布日施行。

兒童及少年性剝削防制條例
一百零七年一月三日總統令修正公布

①民國八十四年八月十一日總統令公布
②八十八年四月二十一日總統令修正公布
③八十八年六月二日總統令修正公布
④八十九年十一月八日總統令修正公布
⑤九十四年二月五日總統令修正公布
⑥九十五年五月三十日總統令修正公布
⑦九十六年七月四日總統令修正公布
⑧一百零四年二月四日總統令修正公布全文及法規名稱（原名為「兒童及少年性交易防制條例」）
⑨一百零六年十一月二十九日總統令修正公布
⑩一百零七年一月三日總統令修正公布第二、七、八、一五、一九、二一、二三、三〇、四四、四五、四九、五一條條文

第一章 總 則

第1條 （立法目的）
為防制兒童及少年遭受任何形式之性剝削，保護其身心健全發展，特制定本條例。

第2條 （兒童或少年性剝削之定義）
I.本條例所稱兒童或少年性剝削，係指下列行為之一：
　　一 使兒童或少年為有對價之性交或猥褻行為。
　　二 利用兒童或少年為性交、猥褻之行為，以供人觀覽。
　　三 拍攝、製造兒童或少年為性交或猥褻行為之圖畫、照片、影片、影帶、光碟、電子訊號或其他物品。
　　四 使兒童或少年坐檯陪酒或涉及色情之伴遊、伴唱、伴舞等行為。
II.本條例所稱被害人，係指遭受性剝削或疑似遭受性剝削之兒童或少年。

第3條 （主管機關）
I.本條例所稱主管機關：在中央為衛生福利部；在直轄市為直轄市政府；在縣（市）為縣（市）政府。主管機關應獨立編列預算，並置專職人員辦理兒童及少年性剝削防制業務。
II.內政、法務、教育、國防、文化、經濟、勞動、交通及通訊傳播等相關目的事業主管機關涉及兒童及少年性剝削防制業務時，應全力配合並辦理防制教育宣導。
III.主管機關應會同前項相關機關定期公布並檢討教育宣導、救援及保護、加害者處罰、安置及服務等工作成效。
IV.主管機關應邀集相關學者或專家、民間相關機構、團體代表及目的事業主管機關代表，協調、研究、審議、諮詢及推動兒童及少年性剝削防制政策。
V.前項學者、專家及民間相關機構、團體代表不得少於二分之一，任一性別不得少於三分之一。

第4條 （兒童及少年性剝削防制教育課程或教育宣導）
I.高級中等以下學校每學年應辦理兒童及少年性剝削防制教育課程或教育宣導。
II.前項兒童及少年性剝削教育課程或教育宣導內容如下：
　　一 性不得作為交易對象之宣導。
　　二 性剝削犯罪之認識。
　　三 遭受性剝削之處境。
　　四 網路安全及正確使用網路之知識。
　　五 其他有關性剝削防制事項。

第二章 救援及保護

第5條 （檢警專責指揮督導辦理）
中央法務主管機關及內政主管機關應指定所屬機關專責指揮督導各地方法院檢察署、警察機關辦理有關本條例犯罪偵查工作；各地方法院檢察署及警察機關應指定經專業訓練之專責人員辦理本條例事件。

第 6 條 （主管機關應提供緊急庇護等必要服務）

為預防兒童及少年遭受性剝削，直轄市、縣（市）主管機關對於脫離家庭之兒童及少年應提供緊急庇護、諮詢、關懷、連繫或其他必要服務。

第 7 條 （相關從業人員之通報義務）

I.醫事人員、社會工作人員、教育人員、保育人員、移民管理人員、移民業務機構從業人員、戶政人員、村里幹事、警察、司法人員、觀光業從業人員、電子遊戲場業從業人員、資訊休閒業從業人員、就業服務人員及其他執行兒童福利或少年福利業務人員，知有本條例應保護之兒童或少年，或知有第四章之犯罪嫌疑人，應即向當地直轄市、縣（市）主管機關或第五條所定機關或人員報告。

II.本條例報告人及告發人之身分資料，應予保密。

第 8 條 （網際網路平臺提供者、網際網路應用服務提供者及電信事業協助調查之義務）

I.網際網路平臺提供者、網際網路應用服務提供者及電信事業知悉或透過網路內容防護機構、其他機關、主管機關而知有第四章之犯罪嫌疑情事，應先行移除該資訊，並通知警察機關且保留相關資料至少九十天，提供司法及警察機關調查。

II.前項相關資料至少應包括本條例第四章犯罪網頁資料、嫌疑人之個人資料及網路使用紀錄。

第 9 條 （偵查或審判時應通知社工人員之陪同）

I.警察及司法人員於調查、偵查或審判時，詢（訊）問被害人，應通知直轄市、縣（市）主管機關指派社會工作人員陪同在場，並得陳述意見。

II.被害人於前項案件偵查、審判中，已經合法訊問，其陳述明確別無訊問之必要者，不得再行傳喚。

第 10 條 （偵審中被害人受詢問或詰問時，得陪同在場之相關人員）

I.被害人於偵查或審理中受詢（訊）問或詰問時，其法定代理人、直系或三親等內旁系血親、配偶、家長、家屬、醫師、心理師、輔導人員或社會工作人員得陪同在場，並得陳述意見。於司法警察官或司法警察調查時，亦同。

II.前項規定，於得陪同在場之人為本條例所定犯罪嫌疑人或被告時，不適用之。

第 11 條 （對證人、被害人、檢舉人、告發人或告訴人之保護）

性剝削案件之證人、被害人、檢舉人、告發人或告訴人，除依本條例規定保護外，經檢察官或法官認有必要者，得準用證人保護法第四條至第十四條、第十五條第二項、第二十條及第二十一條規定。

第 12 條 （偵查時訊問兒童或少年應注意其人身安全，並提供安全環境與措施）

I.偵查及審理中訊問兒童或少年時，應注意其人身安全，並提供確保其安全之環境與措施，必要時，應採取適當隔離方式為之，另得依聲請或依職權於法庭外為之。

II.於司法警察官、司法警察調查時，亦同。

第 13 條 （兒童或少年於檢警調查中所為陳述得為證據之情形）

兒童或少年於審理中有下列情形之一者，其於檢察事務官、司法警察官、司法警察調查中所為之陳述，經證明具有可信之特別情況，且為證明犯罪事實存否所必要者，得為證據：

一　因身心創傷無法陳述。

二　到庭後因身心壓力，於訊問或詰問時，無法為完全之陳述或拒絕陳述。

三　非在臺灣地區或所在不明，而無法傳喚或傳喚不到。

第 14 條 （兒童及少年被害人身分資訊之保護）

I.宣傳品、出版品、廣播、電視、網際網路

兒童及少年性剝削防制條例 （第一五～一九條）

或其他媒體不得報導或記載有被害人之姓名或其他足以識別身分之資訊。

II.行政及司法機關所製作必須公開之文書，不得揭露足以識別前項被害人身分之資訊。但法律另有規定者，不在此限。

III.前二項以外之任何人不得以媒體或其他方法公開或揭露第一項被害人之姓名及其他足以識別身分之資訊。

第三章　安置及服務

第15條　（查獲及救援之被害人或自行求助者之處置）

I.檢察官、司法警察官及司法警察查獲及救援被害人後，應於二十四小時內將被害人交由當地直轄市、縣（市）主管機關處理。

II.前項直轄市、縣（市）主管機關應即評估被害人就學、就業、生活適應、人身安全及其家庭保護教養功能，經列為保護個案者，為下列處置：

一　通知父母、監護人或親屬帶回，並為適當之保護及教養。

二　送交適當場所緊急安置、保護及提供服務。

三　其他必要之保護及協助。

III.前項被害人未列為保護個案者，直轄市、縣（市）主管機關得視其需求，轉介相關服務資源協助。

IV.前二項規定於直轄市、縣（市）主管機關接獲報告、自行發現或被害人自行求助者，亦同。

第16條　（繼續安置之評估及採取之措施）

I.直轄市、縣（市）主管機關依前條緊急安置被害人，應於安置起七十二小時內，評估有無繼續安置之必要，經評估無繼續安置必要者，應不付安置，將被害人交付其父母、監護人或其他適當之人；經評估有安置必要者，應提出報告，聲請法院裁定。

II.法院受理前項聲請後，認無繼續安置必要者，應裁定不付安置，並將被害人交付其

父母、監護人或其他適當之人；認有繼續安置必要者，應交由直轄市、縣（市）主管機關安置於兒童及少年福利機構、寄養家庭或其他適當之醫療、教育機構，期間不得逾三個月。

III.安置期間，法院得依職權或依直轄市、縣（市）主管機關、被害人、父母、監護人或其他適當之人之聲請，裁定停止安置，並交由被害人之父母、監護人或其他適當之人保護及教養。

IV.直轄市、縣（市）主管機關收到第二項裁定前，得繼續安置。

第17條　（緊急安置時限之計算及不予計入之時間）

前條第一項所定七十二小時，自依第十五條第二項第二款規定緊急安置被害人之時起，即時起算。但下列時間不予計入：

一　在途護送時間。

二　交通障礙時間。

三　依其他法律規定致無法就是否有安置必要進行評估之時間。

四　其他不可抗力之事由所生之遲滯時間。

第18條　（主管機關審前報告之提出及其內容項目）

I.直轄市、縣（市）主管機關應於被害人安置後四十五日內，向法院提出審前報告，並聲請法院裁定。審前報告如有不完備者，法院得命於七日內補正。

II.前項審前報告應包括安置評估及處遇方式之建議，其報告內容、項目及格式，由中央主管機關定之。

第19條　（審前報告之裁定）

I.法院依前條之聲請，於相關事證調查完竣後七日內對被害人為下列裁定：

一　認無安置必要者應不付安置，並交付父母、監護人或其他適當之人。其為無合法有效之停（居）留許可之外國人、大陸地區人民、香港、澳門居民或臺灣地區無戶籍國民，亦同。

二　認有安置之必要者，應裁定安置於直轄市、縣（市）主管機關自行設立或委託之兒童及少年福利機構、寄養家庭、中途學校或其他適當之醫療、教育機構，期間不得逾二年。

三　其他適當之處遇方式。

II.前項第一款後段不付安置之被害人，於遣返前，直轄市、縣（市）主管機關應委託或補助民間團體貿予輔導，移民主管機關應儘速安排遣返事宜，並安全遣返。

第 20 條　（不服法院裁定得提起抗告之期限）

I.直轄市、縣（市）主管機關、檢察官、父母、監護人、被害人或其他適當之人對於法院裁定有不服者，得於裁定送達後十日內提起抗告。

II.對於抗告法院之裁定，不得再抗告。

III.抗告期間，不停止原裁定之執行。

第 21 條　（定期評估、聲請繼續安置及停止安置之規定）

I.被害人經依第十九條安置後，主管機關應每三個月進行評估。經評估無繼續安置、有變更安置處所或為其他更適當處遇方式之必要者，得聲請法院為停止安置、變更處所或其他適當處遇之裁定。

II.經法院依第十九條第一項第二款裁定安置期滿前，直轄市、縣（市）主管機關認有繼續安置之必要者，應於安置期滿四十五日前，向法院提出評估報告，聲請法院裁定延長安置，其每次延長之期間不得逾一年。但以延長至被害人年滿二十歲為止。

III.被害人於安置期間年滿十八歲，經評估有繼續安置之必要者，得繼續安置至期滿或年滿二十歲。

IV.因免除、不付或停止安置者，直轄市、縣（市）主管機關應協助該被害人及其家庭預為必要之返家準備。

第 22 條　（中途學校之設置、員額編制、經費來源及課程等相關規定）

I.中央教育主管機關及中央主管機關應聯合協調直轄市、縣（市）主管機關設置安置被害人之中途學校。

II.中途學校之設立，準用少年矯正學校設置及教育實施通則規定辦理；中途學校之員額編制準則，由中央教育主管機關會同中央主管機關定之。

III.中途學校應聘請社會工作、心理、輔導及教育等專業人員，並結合民間資源，提供選替教育及輔導。

IV.中途學校學生之學籍應分散設於普通學校，畢業證書應由該普通學校發給。

V.前二項之課程、教材及教法之實施、學籍管理及其他相關事項之辦法，由中央教育主管機關定之。

VI.安置對象逾國民教育階段者，中途學校得提供其繼續教育。

VII.中途學校所需經費來源如下：

一　各級政府按年編列之預算。

二　社會福利基金。

三　私人或團體捐款。

四　其他收入。

VIII.中途學校之設置及辦理，涉及其他機關業務權責者，各該機關應予配合及協助。

第 23 條　（指派社工人員進行輔導處遇及輔導期限）

I.經法院依第十九條第一項第一款前段、第三款裁定之被害人，直轄市、縣（市）主管機關應指派社會工作人員進行輔導處遇，期間至少一年或至其年滿十八歲止。

II.前項輔導期間，直轄市、縣（市）主管機關或父母、監護人或其他適當之人認為難收輔導成效者或認仍有安置必要者，得檢具事證及敘明理由，由直轄市、縣（市）主管機關自行或接受父母、監護人或其他適當之人之請求，聲請法院為第十九條第一項第二款之裁定。

第 24 條　（受交付者對交付者之輔導義務）

經法院依第十六條第二項或第十九條第一項裁定之受交付者，應協助直轄市、縣（市）主管機關指派之社會工作人員對被害人為輔導。

第 25 條 （對免除、停止或結束安置無法返家者之處遇）

直轄市、縣（市）主管機關對於免除、停止或結束安置，無法返家之被害人，應依兒童及少年福利與權益保障法為適當之處理。

第 26 條 （有無另犯其他罪之處理）

I.兒童或少年遭受性剝削或有遭受性剝削之虞者，如無另犯其他之罪，不適用少年事件處理法及社會秩序維護法規定。

II.前項之兒童或少年如另犯其他之罪，應先依第十五條規定移送直轄市、縣（市）主管機關處理後，再依少年事件處理法移送少年法院（庭）處理。

第 27 條 （由受交付安置之機構行使、負擔父母對未成年子女之權利義務）

安置或保護教養期間，直轄市、縣（市）主管機關或受其交付或經法院裁定交付之機構、學校、寄養家庭或其他適當之人，在安置或保護教養被害人之範圍內，行使、負擔父母對於未成年子女之權利義務。

第 28 條 （父母、養父母或監護人之另行選定）

I.父母、養父母或監護人對未滿十八歲之子女、養子女或受監護人犯第三十二條至第三十八條、第三十九條第二項之罪者，被害人、檢察官、被害人最近尊親屬、直轄市、縣（市）主管機關、兒童及少年福利機構或其他利害關係人，得向法院聲請停止其行使、負擔父母對於被害人之權利義務，另行選定監護人。對於養父母，並得請求法院宣告終止其收養關係。

II.法院依前項規定選定或改定監護人時，得指定直轄市、縣（市）主管機關、兒童及少年福利機構或其他適當之人為被害人之監護人，並得指定監護方法、命其父母、原監護人或其他扶養義務人交付子女、支付選定或改定監護人相當之扶養費用及報酬、命為其他必要處分或訂定必要事項。

III.前項裁定，得為執行名義。

第 29 條 （加強親職教育輔導，並實施家庭處遇計畫）

直轄市、縣（市）主管機關得令被害人之父母、監護人或其他實際照顧之人接受八小時以上五十小時以下之親職教育輔導，並得實施家庭處遇計畫。

第 30 條 （對被害人進行輔導處遇及追蹤之情形）

I.直轄市、縣（市）主管機關應對有下列情形之一之被害人進行輔導處遇及追蹤，並提供就學、就業、自立生活或其他必要之協助，其期間至少一年或至其年滿二十歲止：

一　經依第十五條第二項第一款及第三款規定處遇者。

二　經依第十六條第一項、第二項規定不付安置之處遇者。

三　經依第十六條第二項規定安置於兒童及少年福利機構、寄養家庭或其他適當之醫療、教育機構，屆期返家者。

四　經依第十六條第三項規定裁定停止安置，並交由被害人之父母、監護人或其他適當之人保護及教養者。

五　經依第十九條第一項第二款規定之安置期滿。

六　經依第二十一條規定裁定安置期滿或停止安置。

II.前項輔導處遇及追蹤，教育、勞動、衛生、警察等單位，應全力配合。

第四章　罰　　則

第 31 條 （與未滿十六歲之人為有對價之性交或猥褻行為等之處罰）

I.與未滿十六歲之人為有對價之性交或猥褻行為者，依刑法之規定處罰之。

II.十八歲以上之人與十六歲以上未滿十八歲之人為有對價之性交或猥褻行為者，處三年以下有期徒刑、拘役或新臺幣十萬元

以下罰金。

III中華民國人民在中華民國領域外犯前二項之罪者，不問犯罪地之法律有無處罰規定，均依本條例處罰。

第 32 條　（罰則㈠）

I.引誘、容留、招募、媒介、協助或以他法，使兒童或少年為有對價之性交或猥褻行為者，處一年以上七年以下有期徒刑，得併科新臺幣三百萬元以下罰金。以詐術犯之者，亦同。

II.意圖營利而犯前項之罪者，處三年以上十年以下有期徒刑，併科新臺幣五百萬元以下罰金。

III媒介、交付、收受、運送、藏匿前二項被害人或使之隱避者，處一年以上七年以下有期徒刑，得併科新臺幣三百萬元以下罰金。

IV.前項交付、收受、運送、藏匿行為之媒介者，亦同。

V.前四項之未遂犯罰之。

第 33 條　（罰則㈡）

I.以強暴、脅迫、恐嚇、監控、藥劑、催眠術或其他違反本人意願之方法，使兒童或少年為有對價之性交或猥褻行為者，處七年以上有期徒刑，得併科新臺幣七百萬元以下罰金。

II.意圖營利而犯前項之罪者，處十年以上有期徒刑，併科新臺幣一千萬元以下罰金。

III媒介、交付、收受、運送、藏匿前二項被害人或使之隱避者，處三年以上十年以下有期徒刑，得併科新臺幣五百萬元以下罰金。

IV.前項交付、收受、運送、藏匿行為之媒介者，亦同。

V.前四項之未遂犯罰之。

第 34 條　（罰則㈢）

I.意圖使兒童或少年為有對價之性交或猥褻行為，而買賣、質押或以他法，為他人人身之交付或收受者，處七年以上有期徒刑，併科新臺幣七百萬元以下罰金。以詐術犯之者，亦同。

II.以強暴、脅迫、恐嚇、監控、藥劑、催眠術或其他違反本人意願之方法，犯前項之罪者，加重其刑至二分之一。

III媒介、交付、收受、運送、藏匿前二項被害人或使之隱避者，處三年以上十年以下有期徒刑，併科新臺幣五百萬元以下罰金。

IV.前項交付、收受、運送、藏匿行為之媒介者，亦同。

V.前四項未遂犯罰之。

VI預備犯第一項、第二項之罪者，處二年以下有期徒刑。

第 35 條　（罰則㈣）

I.招募、引誘、容留、媒介、協助、利用或以他法，使兒童或少年為性交、猥褻之行為以供人觀覽，處一年以上七年以下有期徒刑，得併科新臺幣五十萬元以下罰金。

II.以強暴、脅迫、藥劑、詐術、催眠術或其他違反本人意願之方法，使兒童或少年為性交、猥褻之行為以供人觀覽者，處七年以上有期徒刑，得併科新臺幣三百萬元以下罰金。

III意圖營利犯前二項之罪者，依各該條項之規定，加重其刑至二分之一。

IV.前三項之未遂犯罰之。

第 36 條　（罰則㈤）

I.拍攝、製造兒童或少年為性交或猥褻行為之圖畫、照片、影片、影帶、光碟、電子訊號或其他物品，處一年以上七年以下有期徒刑，得併科新臺幣一百萬元以下罰金。

II.招募、引誘、容留、媒介、協助或以他法，使兒童或少年被拍攝、製造性交或猥褻行為之圖畫、照片、影片、影帶、光碟、電子訊號或其他物品，處三年以上七年以下有期徒刑，得併科新臺幣三百萬元以下罰金。

III.以強暴、脅迫、藥劑、詐術、催眠術或其他違反本人意願之方法，使兒童或少年被拍攝、製造性交或猥褻行為之圖畫、照片、影片、影帶、光碟、電子訊號或其他物品者，處七年以上有期徒刑，得併科新

臺幣五百萬元以下罰金。

IV.意圖營利犯前三項之罪者，依各該條項之規定，加重其刑至二分之一。

V.前四項之未遂犯罰之。

VI.第一項至第四項之物品，不問屬於犯罪行為人與否，沒收之。

第 37 條　（罰則（六））

I.犯第三十三條第一項、第二項、第三十四條第二項、第三十五條第二項或第三十六條第三項之罪，而故意殺害被害人者，處死刑或無期徒刑；使被害人受重傷者，處無期徒刑或十二年以上有期徒刑。

II.犯第三十三條第一項、第二項、第三十四條第二項、第三十五條第二項或第三十六條第三項之罪，因而致被害人於死者，處無期徒刑或十二年以上有期徒刑；致重傷者，處十二年以上有期徒刑。

第 38 條　（罰則（七））

I.散布、播送或販賣兒童或少年為性交、猥褻行為之圖畫、照片、影片、影帶、光碟、電子訊號或其他物品，或公然陳列，或以他法供人觀覽、聽聞者，處三年以下有期徒刑，得併科新臺幣五百萬元以下罰金。

II.意圖散布、播送、販賣或公然陳列而持有前項物品者，處二年以下有期徒刑，得併科新臺幣二百萬元以下罰金。

III.查獲之前二項物品，不問屬於犯罪行為人與否，沒收之。

第 39 條　（罰則（八））

I.無正當理由持有前條第一項物品，第一次被查獲者，處新臺幣一萬元以上十萬元以下罰鍰，並得令其接受二小時以上十小時以下之輔導教育，其物品不問屬於持有人與否，沒入之。

II.無正當理由持有前條第一項物品第二次以上被查獲者，處新臺幣二萬元以上二十萬元以下罰金，其物品不問屬於犯罪行為人與否，沒收之。

第 40 條　（罰則（九））

I.以宣傳品、出版品、廣播、電視、電信、

網際網路或其他方法，散布、傳送、刊登或張貼足以引誘、媒介、暗示或其他使兒童或少年有遭受第二條第一項第一款至第三款之虞之訊息者，處三年以下有期徒刑，得併科新臺幣一百萬元以下罰金。

II.意圖營利而犯前項之罪者，處五年以下有期徒刑，得併科新臺幣一百萬元以下罰金。

第 41 條　（公務員或經選舉產生之公職人員之加重處罰）

公務員或經選舉產生之公職人員犯本條例之罪，或包庇他人犯本條例之罪者，依各該條項之規定，加重其刑至二分之一。

第 42 條　（意圖違犯本條例而移送被害人入出臺灣地區之加重處罰）

I.意圖犯第三十二條至第三十六條或第三十七條第一項後段之罪，而移送被害人入出臺灣地區者，依各該條項之規定，加重其刑至二分之一。

II.前項之未遂犯罰之。

第 43 條　（父母自白或自首之減免）

I.父母對其子女犯本條例之罪，因自白或自首，而查獲第三十二條至第三十八條、第三十九條第二項之犯罪者，減輕或免除其刑。

II.犯第三十一條之罪自白或自首，因而查獲第三十二條至第三十八條、第三十九條第二項之犯罪者，減輕或免除其刑。

第 44 條　（觀覽兒童或少年為性交、猥褻之行為而支付對價之處罰）

觀覽兒童或少年為性交、猥褻之行為而支付對價者，處新臺幣一萬元以上十萬元以下罰鍰，並得令其接受二小時以上十小時以下之輔導教育。

第 45 條　（利用兒童或少年從事陪酒或涉及色情之侍應工作者之處罰）

I.利用兒童或少年從事坐檯陪酒或涉及色情之伴遊、伴唱、伴舞等侍應工作者，處新臺幣六萬元以上三十萬元以下罰鍰，並命其限期改善；屆期未改善者，由直轄

市、縣（市）主管機關移請目的事業主管機關命其停業一個月以上一年以下。

II.招募、引誘、容留、媒介、協助、利用或以他法，使兒童或少年坐檯陪酒或涉及色情之伴遊、伴唱、伴舞等行為，處一年以下有期徒刑，得併科新臺幣三十萬元以下罰金。以詐術犯之者，亦同。

III.以強暴、脅迫、藥劑、詐術、催眠術或其他違反本人意願之方法，使兒童或少年坐檯陪酒或涉及色情之伴遊、伴唱、伴舞等行為，處三年以上五年以下有期徒刑，得併科新臺幣一百五十萬元以下罰金。

IV.意圖營利犯前二項之罪者，依各該條項之規定，加重其刑至二分之一。

V.前三項之未遂犯罰之。

第 46 條 　（違反通報義務者之處罰）

違反第七條第一項規定者，處新臺幣六千元以上三萬元以下罰鍰。

第 47 條 　（違反網路、電信業者協助調查義務之處罰）

違反第八條規定者，由目的事業主管機關處新臺幣六萬元以上三十萬元以下罰鍰，並命其限期改善，屆期未改善者，得按次處罰。

第 48 條 　（違反被害人身分資訊保護規定之處罰）

I.廣播、電視事業違反第十四條第一項規定者，由目的事業主管機關處新臺幣三萬元以上三十萬元以下罰鍰，並命其限期改正；屆期未改正者，得按次處罰。

II.前項以外之宣傳品、出版品、網際網路或其他媒體之負責人違反第十四條第一項規定者，由目的事業主管機關處新臺幣三萬元以上三十萬元以下罰鍰，並得沒入第十四條第一項規定之物品、命其限期移除內容、下架或其他必要之處置；屆期不履行者，得按次處罰至履行為止。

III.宣傳品、出版品、網際網路或其他媒體無負責人或負責人對行為人之行為不具監督關係者，第二項所定之罰鍰，處罰行為人。

第 49 條 　（不接受親職教育輔導等之處罰）

I.不接受第二十九條規定之親職教育輔導或拒不完成其時數者，處新臺幣三千元以上一萬五千元以下罰鍰，並得按次處罰。

II.父母、監護人或其他實際照顧之人，因未善盡督促配合之責，致兒童或少年不接受第二十三條第一項及第三十條規定之輔導處遇及追蹤者，處新臺幣一千二百元以上六千元以下罰鍰。

第 50 條 　（罰則（十））

I.宣傳品、出版品、廣播、電視、網際網路或其他媒體，為他人散布、傳送、刊登或張貼足以引誘、媒介、暗示或其他使兒童或少年有遭受第二條第一項第一款至第三款之虞之訊息者，由各目的事業主管機關處新臺幣五萬元以上六十萬元以下罰鍰。

II.各目的事業主管機關對於違反前項規定之媒體，應發布新聞並公開之。

III.第一項網際網路或其他媒體若已善盡防止任何人散布、傳送、刊登或張貼使兒童或少年有遭受第二條第一項第一款至第三款之虞之訊息者，經各目的事業主管機關邀集兒童及少年福利團體與專家學者代表審議同意後，得減輕或免除其罰鍰。

第 51 條 　（罰則（土））

I.犯第三十一條第二項、第三十二條至第三十八條、第三十九條第二項、第四十條或第四十五條之罪，經判決或緩起訴處分確定者，直轄市、縣（市）主管機關應對其實施四小時以上五十小時以下之輔導教育。

II.前項輔導教育之執行，主管機關得協調矯正機關於犯罪行為人服刑期間辦理，矯正機關應提供場地及必要之協助。

III.無正當理由不接受第一項或第三十九條第一項之輔導教育，或拒不完成其時數者，處新臺幣六千元以上三萬元以下罰鍰，並得按次處罰。

第 52 條　（從重處罰及軍人犯罪之準用）

I.違反本條例之行為，其他法律有較重處罰之規定者，從其規定。

II.軍事審判機關於偵查、審理現役軍人犯罪時，準用本條例之規定。

第五章　附　則

第 53 條　（行為人服刑期間執行輔導教育相關辦法之訂定）

第三十九條第一項及第五十一條第一項之輔導教育對象、方式、內容及其他應遵行事項之辦法，由中央主管機關會同法務主管機關定之。

第 54 條　（施行細則之訂定）

本條例施行細則，由中央主管機關定之。

第 55 條　（施行日期）

本條例施行日期，由行政院定之。

兒童及少年性剝削防制條例施行細則
一百零七年六月二十二日衛生福利部令修正發布

①民國八十五年二月十日內政部令發布
②八十九年二月二日內政部令修正發布
③八十九年十二月三十日內政部令修正發布
④一百零五年十二月十三日衛生福利部令修正發布全文及法規名稱（原名為「兒童及少年性交易防制條例施行細則」）
⑤一百零七年六月二十二日衛生福利部令修正發布第三、一二、二一條條文

第1條　（訂定依據）
本細則依兒童及少年性剝削防制條例（以下簡稱本條例）第五十四條規定訂定之。

第2條　（報告人及告發人身分資料之封存）
受理本條例第七條第一項報告之機關或人員，對報告人及告發人之身分資料應另行封存，不得附入移送法院審理之文書內。

第3條　（主管機關）
I.本條例第九條第一項、第十五條、第十六條、第十八條第一項、第十九條第二項及第二十六條第二項所稱直轄市、縣（市）主管機關，指檢察官、司法警察官及司法警察救援被害人所在地之直轄市、縣（市）主管機關。
II.本條例第十九條第一項第二款、第二十一條第一項、第二項、第四項、第二十三條至第二十五條、第二十七條、第二十九條及第三十條第一項所稱主管機關或直轄市、縣（市）主管機關，指被害人戶籍地之直轄市、縣（市）主管機關。
III.本條例第四十七條、第四十八條第一項、第二項及第五十條第一項、第二項所稱各目的事業主管機關，指下列機關：
一　廣播、電視、電信事業：國家通訊傳播委員會。
二　網際網路平臺提供者、網際網路應用服務提供者、出版品、宣傳品或其他媒體：行為人或所屬公司、商業所在地之直轄市、縣（市）政府。
IV.本條例第五十一條第一項及第二項所稱直轄市、縣（市）主管機關或主管機關，指犯罪行為人戶籍地之直轄市、縣（市）主管機關。

第4條　（社會工作人員之定義）
本條例第九條第一項、第十條第一項所稱社會工作人員，指下列人員：
一　直轄市、縣（市）主管機關編制內或聘僱之社會工作及社會行政人員。
二　受直轄市、縣（市）主管機關委託之兒童及少年福利機構與民間團體之社會工作人員。

第5條　（臺灣地區之定義）
本條例第十三條第三款、第十九條第一項第一款、第四十二條所稱臺灣地區，指臺灣、澎湖、金門、馬祖及政府統治權所及之其他地區。

第6條　（單獨晤談）
I.警察及司法人員依本條例第九條第一項規定進行詢（訊）問前，直轄市、縣（市）主管機關指派之社會工作人員得要求與被害人單獨晤談。
II.前項社會工作人員未能到場，警察及司法人員應記明事實，並得在不妨礙該被害人身心情況下，逕送請檢察官進行本條例第九條第一項之訊問。

第7條　（護送到場）
法院為本條例第三章事件之審理、裁定，或司法機關為第四章案件之偵查、審判，傳喚安置之被害人時，該被害人之主管機關應指派社會工作人員護送被害人到場。

第 8 條 （報告（通報）單等相關資料之檢具）

司法警察官或司法警察依本條例第十五條第一項將被害人交由當地直轄市、縣（市）主管機關處理時，應檢具報告（通報）單等相關資料。

第 9 條 （本條例第十五、十六條之二十四小時、七十二小時之起算與終止）

I.本條例第十五條第一項所定二十四小時，自依本條例第九條第一項規定通知直轄市、縣（市）主管機關時起算。

II.本條例第十六條第一項所定七十二小時期間之終止，逾法定上班時間者，以次日上午代之。其次日為休息日時，以其休息日之次日上午代之。

第 10 條 （不計入本條例第十五條期間計算之時間）

下列時間不計入本條例第十五條第一項所定期間之計算：

一　在途護送時間。
二　交通障礙時間。
三　因不可抗力事由所致之遲滯時間。

第 11 條 （法定代理人或最近尊親屬之通知）

直轄市、縣（市）主管機關依本條例第十五條第二項第二款安置被害人後，應向其法定代理人或最近尊親屬敘明安置之依據，並告知其應配合事項。但無法通知其法定代理人或最近尊親屬者，不在此限。

第 12 條 （其他犯罪情事之通報）

直轄市、縣（市）主管機關於依本條例第十五條、第十六條安置被害人期間，發現另有本條例第三十一條至第四十條、第四十五條第二項至第五項之犯罪情事者，應通知該管檢察署或警察機關。

第 13 條 （個案資料之建立與保存）

I.直轄市、縣（市）主管機關於依本條例第十五條第二項第二款、第十六條及第十九條第一項第二款安置被害人時，應建立個案資料；必要時，得請被害人戶籍地、住所地或居所地之直轄市、縣（市）主管機關配合提供資料。

II.前項個案資料，應於個案結案後保存七年。

第 14 條 （聲請法院裁定不得隨案移送被害人）

依本條例第十六條第一項、第十八條第一項規定聲請法院裁定，不得隨案移送被害人。但法院請求隨案移送者，不在此限。

第 15 條 （繼續安置期間之起算）

I.法院依本條例第十六條第二項為有安置必要之裁定時，該繼續安置期間，由同條第一項安置七十二小時後起算。

II.本條例第十八條第一項所定四十五日內，由本條例第十六條第二項繼續安置時起算。

第 16 條 （裁定不付安置之通知）

直轄市、縣（市）主管機關對法院依本條例第十六條第二項、第十九條第一項第一款裁定不付安置之被害人，應通知法院裁定交付對象戶籍地之直轄市、縣（市）主管機關。

第 17 條 （被害人逾假未歸或未假離開之協尋）

I.被害人逾假未歸，或未假離開兒童及少年福利機構、寄養家庭、中途學校或其他醫療與教育機構者，直轄市、縣（市）主管機關應立即以書面通知當地警察機關協尋；尋獲被害人時，直轄市、縣（市）主管機關應即評估及適當處理。

II.協尋原因消滅或被害人年滿二十歲時，直轄市、縣（市）主管機關應以書面通知前項警察機關撤銷協尋。

第 18 條 （施予職業訓練或推介就業）

I.直轄市、縣（市）主管機關對十五歲以上未就學之被害人，認有提供職業訓練或就業服務必要時，應移請當地公共職業訓練機構或公立就業服務機構依其意願施予

職業訓練或推介就業。

II.直轄市、縣（市）主管機關對前項接受職業訓練或就業服務之被害人，應定期或不定期派社會工作人員訪視，協助其適應社會生活。

第 19 條　（被害人遷居後之輔導及協助）

直轄市、縣（市）主管機關對被害人因就學、接受職業訓練或就業等因素，經其法定代理人同意遷離住居所，主管機關認有續予輔導及協助之必要者，得協調其他直轄市、縣（市）主管機關協助處理。

第 20 條　（電子訊號之範圍）

本條例第三十八條所定電子訊號，包括全部或部分電子訊號。

第 21 條　（裁罰機關）

本條例第四十四條及第四十五條第一項所定處罰之裁罰機關，為查獲地直轄市、縣（市）主管機關。

第 22 條　（書面通知應建立檔案資料）

直轄市、縣（市）主管機關接獲警察機關、檢察署或法院對行為人為移送、不起訴、緩起訴、起訴或判決之書面通知，應建立資料檔案，並通知被害人所在地或戶籍地直轄市、縣（市）主管機關。

第 23 條　（施行日期）

本細則自本條例施行之日施行。

性騷擾防治法
九十八年一月二十三日總統令修正公布

①民國九十四年二月五日總統令公布
②九十五年一月十八日總統令修正公布
③九十八年一月二十三日總統令修正公布第一條條文

第一章　總　則

第1條　（立法目的）

I 為防治性騷擾及保護被害人之權益，特制定本法。

II 有關性騷擾之定義及性騷擾事件之處理及防治，依本法之規定，本法未規定者，適用其他法律。但適用性別工作平等法及性別平等教育法者，除第十二條、第二十四條及第二十五條外，不適用本法之規定。

第2條　（性騷擾之定義）

本法所稱性騷擾，係指性侵害犯罪以外，對他人實施違反其意願而與性或性別有關之行為，且有下列情形之一者：

一　以該他人順服或拒絕該行為，作為其獲得、喪失或減損與工作、教育、訓練、服務、計畫、活動有關權益之條件。

二　以展示或播送文字、圖畫、聲音、影像或其他物品之方式，或以歧視、侮辱之言行，或以他法，而有損害他人人格尊嚴，或造成使人心生畏怖、感受敵意或冒犯之情境，或不當影響其工作、教育、訓練、服務、計畫、活動或正常生活之進行。

第3條　（名詞定義）

I 本法所稱公務員者，指依法令從事於公務之人員。

II 本法所稱機關者，指政府機關。

III 本法所稱部隊者，指國防部所屬軍隊及學校。

IV 本法所稱學校者，指公私立各級學校。

V 本法所稱機構者，指法人、合夥、設有代表人或管理人之非法人團體及其他組織。

第4條　（主管機關）

本法所稱主管機關：在中央為內政部；在直轄市為直轄市政府；在縣（市）為縣（市）政府。

第5條　（中央主管機關之辦理事項）

中央主管機關辦理下列事項。但涉及各中央目的事業主管機關職掌者，由各中央目的事業主管機關辦理：

一　關於性騷擾防治政策、法規之研擬及審議事項。

二　關於協調、督導及考核各級政府性騷擾防治之執行事項。

三　關於地方主管機關設立性騷擾事件處理程序、諮詢、醫療及服務網絡之督導事項。

四　關於推展性騷擾防治教育及宣導事項。

五　關於性騷擾防治績效優良之機關、學校、機構、僱用人、團體或個人之獎勵事項。

六　關於性騷擾事件各項資料之彙整及統計事項。

七　關於性騷擾防治趨勢及有關問題研究之事項。

八　關於性騷擾防治之其他事項。

第6條　（性騷擾防治委員會之設立）

I 直轄市、縣（市）政府應設性騷擾防治委員會，辦理下列事項。但涉及各直轄市、縣（市）目的事業主管機關職掌者，由各直轄市、縣（市）目的事業主管機關辦理：

一　關於性騷擾防治政策及法規之擬定事項。

二　關於協調、督導及執行性騷擾防治事項。

三　關於性騷擾爭議案件之調查、調解及移送有關機關事項。

四　關於推展性騷擾防治教育訓練及宣導事項。

五　關於性騷擾事件各項資料之彙整及統計事項。

六　關於性騷擾防治之其他事項。

II.前項性騷擾防治委員會置主任委員一人，由直轄市市長、縣（市）長或副首長兼任；有關機關高級職員、社會公正人士、民間團體代表、學者、專家為委員；其中社會公正人士、民間團體代表、學者、專家人數不得少於二分之一；其中女性代表不得少於二分之一；其組織由地方主管機關定之。

第二章　性騷擾之防治與責任

第 7 條　（性騷擾行為之防治、糾正及補救）

I.機關、部隊、學校、機構或僱用人，應防治性騷擾行為之發生。於知悉有性騷擾之情形時，應採取立即有效之糾正及補救措施。

II.前項組織成員、受僱人或受服務人員人數達十人以上者，應設立申訴管道協調處理；其人數達三十人以上者，應訂定性騷擾防治措施，並公開揭示之。

III.為預防與處理性騷擾事件，中央主管機關應訂定性騷擾防治之準則；其內容應包括性騷擾防治原則、申訴管道、懲處辦法、教育訓練方案及其他相關措施。

第 8 條　（防治性騷擾之教育訓練）

前條所定機關、部隊、學校、機構或僱用人應定期舉辦或鼓勵所屬人員參與防治性騷擾之相關教育訓練。

第 9 條　（性騷擾之損害賠償）

I.對他人為性騷擾者，負損害賠償責任。

II.前項情形，雖非財產上之損害，亦得請求賠償相當之金額，其名譽被侵害者，並得請求回復名譽之適當處分。

第 10 條　（不當差別待遇之禁止）

I.機關、部隊、學校、機構、僱用人對於在性騷擾事件申訴、調查、偵查或審理程序中，為申訴、告訴、告發、提起訴訟、作證、提供協助或其他參與行為之人，不得為不當之差別待遇。

II.違反前項規定者，負損害賠償責任。

第 11 條　（適當協助之提供）

I.受僱人、機構負責人利用執行職務之便，對他人為性騷擾，依第九條第二項對被害人為回復名譽之適當處分時，雇主、機構應提供適當之協助。

II.學生、接受教育或訓練之人員於學校、教育或訓練機構接受教育或訓練時，對他人為性騷擾，依第九條第二項對被害人為回復名譽之適當處分時，學校或教育訓練機構應提供適當之協助。

III.前二項之規定於機關不適用之。

第 12 條　（被害人之身分保護）

廣告物、出版品、廣播、電視、電子訊號、電腦網路或其他媒體，不得報導或記載被害人之姓名或其他足資識別被害人身分之資訊。但經有行為能力之被害人同意或犯罪偵查機關依法認為有必要者，不在此限。

第三章　申訴及調查程序

第 13 條　（性騷擾事件之申訴）

I.性騷擾事件被害人除可依相關法律請求協助外，並得於事件發生後一年內，向加害人所屬機關、部隊、學校、機構、僱用人或直轄市、縣（市）主管機關提出申訴。

II.前項直轄市、縣（市）主管機關受理申訴後，應即將該案件移送加害人所屬機關、部隊、學校、機構或僱用人調查，並予錄案列管；加害人不明或不知有無所屬機

關、部隊、學校、機構或僱用人時，應移請事件發生地警察機關調查。

III.機關、部隊、學校、機構或僱用人，應於申訴或移送到達之日起七日內開始調查，並應於二個月內調查完成；必要時，得延長一個月，並應通知當事人。

IV.前項調查結果應以書面通知當事人及直轄市、縣（市）主管機關。

V.機關、部隊、學校、機構或僱用人逾期未完成調查或當事人不服其調查結果者，當事人得於期限屆滿或調查結果通知到達之次日起三十日內，向直轄市、縣（市）主管機關提出再申訴。

VI.當事人逾期提出申訴或再申訴時，直轄市、縣（市）主管機關得不予受理。

第 14 條 　（申訴案件之調查）

直轄市、縣（市）主管機關受理性騷擾再申訴案件後，性騷擾防治委員會主任委員應於七日內指派委員三人至五人組成調查小組，並推選一人為小組召集人，進行調查。並依前條第三項及第四項規定辦理。

第 15 條 　（性騷擾事件之議決停止）

性騷擾事件已進入偵查或審判程序者，直轄市或縣（市）性騷擾防治委員會認有必要時，得議決於該程序終結前，停止該事件之處理。

第四章　調解程序

第 16 條 　（當事人之申請調解）

I.性騷擾事件雙方當事人得以書面或言詞向直轄市、縣（市）主管機關申請調解；其以言詞申請者，應製作筆錄。

II.前項申請應表明調解事由及爭議情形。

III.有關第一項調解案件之管轄、調解案件保密、規定期日不到場之效力、請求有關機關協助等事項，由中央主管機關另以辦法定之。

第 17 條 　（勘驗費之支付）

調解除勘驗費，應由當事人核實支付外，不得收取任何費用或報酬。

第 18 條 　（調解書之作成）

I.調解成立者，應作成調解書。

II.前項調解書之作成及效力，準用鄉鎮市調解條例第二十五條至第二十九條之規定。

第 19 條 　（調解不成立之移送）

調解不成立者，當事人得向該管地方政府性騷擾防治委員會申請將調解事件移送該管司法機關；其第一審裁判費暫免徵收。

第五章　罰　　則

第 20 條 　（性騷擾之罰鍰）

對他人為性騷擾者，由直轄市、縣（市）主管機關處新臺幣一萬元以上十萬元以下罰鍰。

第 21 條 　（利用權勢或機會為性騷擾之加重處罰）

對於因教育、訓練、醫療、公務、業務、求職或其他相類關係受自己監督、照護之人，利用權勢或機會為性騷擾者，得加重科處罰鍰至二分之一。

第 22 條 　（未依規定辦理之處罰）

違反第七條第一項後段、第二項規定者，由直轄市、縣（市）主管機關處新臺幣一萬元以上十萬元以下罰鍰。經通知限期改正仍不改正者，得按次連續處罰。

第 23 條 　（不當差別待遇之處罰）

機關、部隊、學校、機構或僱用人為第十條第一項規定者，由直轄市、縣（市）主管機關處新臺幣一萬元以上十萬元以下罰鍰。經通知限期改正仍不改正者，得按次連續處罰。

第 24 條 　（違反被害人保護之處罰）

違反第十二條規定者，由各該目的事業主管機關處新臺幣六萬元以上三十萬元以下罰鍰，並得沒入第十二條之物品或採行其他必要之處置。其經通知限期改正，屆期不改正者，得按次連續處罰。

第 25 條 　（罰則）

Ⅰ.意圖性騷擾，乘人不及抗拒而為親吻、擁抱或觸摸其臀部、胸部或其他身體隱私處之行為者，處二年以下有期徒刑、拘役或科或併科新臺幣十萬元以下罰金。

Ⅱ.前項之罪，須告訴乃論。

第六章　附　　則

第 26 條 　（性侵害犯罪之準用）

Ⅰ.第七條至第十一條、第二十二條及第二十三條之規定，於性侵害犯罪準用之。

Ⅱ.前項行政罰鍰之科處，由性侵害犯罪防治主管機關為之。

第 27 條 　（施行細則之訂定）

本法施行細則，由中央主管機關定之。

第 28 條 　（施行日期）

本法自公布後一年施行。

家庭暴力防治法

一百一十年一月二十七日總統令修正公布

①民國八十七年六月二十四日總統令公布
②九十六年三月二十八日總統令修正公布
③九十七年一月九日總統令修正公布
④九十八年四月二十二日總統令修正公布
⑤九十八年四月二十九日總統令修正公布
⑥一百零四年二月四日總統令修正公布
⑦一百一十年一月二十七日總統令修正公布第五八條條文

第一章　通　則

第1條　（立法目的）

為防治家庭暴力行為及保護被害人權益，特制定本法。

第2條　（用詞定義）

本法用詞定義如下：
一　家庭暴力：指家庭成員間實施身體、精神或經濟上之騷擾、控制、脅迫或其他不法侵害之行為。
二　家庭暴力罪：指家庭成員間故意實施家庭暴力行為而成立其他法律所規定之犯罪。
三　目睹家庭暴力：指看見或直接聽聞家庭暴力。
四　騷擾：指任何打擾、警告、嘲弄或辱罵他人之言語、動作或製造使人心生畏怖情境之行為。
五　跟蹤：指任何以人員、車輛、工具、設備、電子通訊或其他方法持續性監視、跟追或掌控他人行蹤及活動之行為。
六　加害人處遇計畫：指對於加害人實施之認知教育輔導、親職教育輔導、心理輔導、精神治療、戒癮治療或其他輔導、治療。

第3條　（家庭成員之範圍）

本法所定家庭成員，包括下列各員及其未成年子女：

一　配偶或前配偶。
二　現有或曾有同居關係、家長家屬或家屬間關係者。
三　現為或曾為直系血親或直系姻親。
四　現為或曾為四親等以內之旁系血親或旁系姻親。

第4條　（主管機關）

I.本法所稱主管機關：在中央為衛生福利部；在直轄市為直轄市政府；在縣（市）為縣（市）政府。

II.本法所定事項，主管機關及目的事業主管機關應就其權責範圍，針對家庭暴力防治之需要，尊重多元文化差異，主動規劃所需保護、預防及宣導措施，對涉及相關機關之防治業務，並應全力配合之，其權責事項如下：

一　主管機關：家庭暴力防治政策之規劃、推動、監督、訂定跨機關（構）合作規範及定期公布家庭暴力相關統計等事宜。
二　衛生主管機關：家庭暴力被害人驗傷、採證、身心治療、諮商及加害人處遇等相關事宜。
三　教育主管機關：各級學校家庭暴力防治教育、目睹家庭暴力兒童及少年之輔導措施、家庭暴力被害人及其子女就學權益之維護等相關事宜。
四　勞工主管機關：家庭暴力被害人職業訓練及就業服務等相關事宜。
五　警政主管機關：家庭暴力被害人及其未成年子女人身安全之維護及緊急處理、家庭暴力犯罪偵查與刑事案件資料統計等相關事宜。
六　法務主管機關：家庭暴力犯罪之偵查、矯正及再犯預防等刑事司法相關事宜。
七　移民主管機關：設籍前之外籍、大

陸或港澳配偶因家庭暴力造成逾期停留、居留及協助其在臺居留或定居權益維護等相關事宜。

八　文化主管機關：出版品違反本法規定之處理等相關事宜。

九　通訊傳播主管機關：廣播、電視及其他通訊傳播媒體違反本法規定之處理等相關事宜。

十　戶政主管機關：家庭暴力被害人與其未成年子女身分資料及戶籍等相關事宜。

十一　其他家庭暴力防治措施，由相關目的事業主管機關依職權辦理。

第 5 條　（中央主管機關應辦理事項）

I.中央主管機關應辦理下列事項：

一　研擬家庭暴力防治法規及政策。

二　協調、督導有關機關家庭暴力防治事項之執行。

三　提高家庭暴力防治有關機構之服務效能。

四　督導及推展家庭暴力防治教育。

五　協調被害人保護計畫及加害人處遇計畫。

六　協助公立、私立機構建立家庭暴力處理程序。

七　統籌建立、管理家庭暴力電子資料庫，供法官、檢察官、警察、醫師、護理人員、心理師、社會工作人員及其他政府機關使用，並對被害人之身分予以保密。

八　協助地方政府推動家庭暴力防治業務，並提供輔導及補助。

九　每四年對家庭暴力問題、防治現況成效與需求進行調查分析，並定期公布家庭暴力致死人數、各項補助及醫療救護支出等相關之統計分析資料。各相關單位應配合調查，提供統計及分析資料。

十　其他家庭暴力防治有關事項。

II.中央主管機關辦理前項事項，應遴聘（派）學者專家、民間團體及相關機關代表提供諮詢，其中學者專家、民間團體代表之人數，不得少於總數二分之一；且任一性別人數不得少於總數三分之一。

III.第一項第七款規定電子資料庫之建立、管理及使用辦法，由中央主管機關定之。

第 6 條　（基金之設置）

I.中央主管機關為加強推動家庭暴力及性侵害相關工作，應設置基金；其收支保管及運用辦法，由行政院定之。

II.前項基金來源如下：

一　政府預算撥充。

二　緩起訴處分金。

三　認罪協商金。

四　本基金之孳息收入。

五　受贈收入。

六　依本法所處之罰鍰。

七　其他相關收入。

第 7 條　（家庭暴力防治委員會之設置）

直轄市、縣（市）主管機關為協調、研究、審議、諮詢、督導、考核及推動家庭暴力防治工作，應設家庭暴力防治委員會；其組織及會議事項，由直轄市、縣（市）主管機關定之。

第 8 條　（家庭暴力防治中心之設置及應辦理事項）

I.直轄市、縣（市）主管機關應整合所屬警政、教育、衛生、社政、民政、戶政、勞工、新聞等機關、單位業務及人力，設立家庭暴力防治中心，並協調司法、移民相關機關，辦理下列事項：

一　提供二十四小時電話專線服務。

二　提供被害人二十四小時緊急救援、協助診療、驗傷、採證及緊急安置。

三　提供或轉介被害人經濟扶助、法律服務、就學服務、住宅輔導，並以階段性、支持性及多元性提供職業訓練與就業服務。

四　提供被害人及其未成年子女短、中、長期庇護安置。

五　提供或轉介被害人、經評估有需要之目睹家庭暴力兒童及少年或家庭成員身心治療、諮商、社會與心

家庭暴力防治法

（第九～一四條）

理評估及處置。

六　轉介加害人處遇及追蹤輔導。

七　追蹤及管理轉介服務案件。

八　推廣家庭暴力防治教育、訓練及宣導。

九　辦理危險評估，並召開跨機構網絡會議。

十　其他家庭暴力防治有關之事項。

II.前項中心得與性侵害防治中心合併設立，並應配置社會工作、警察、衛生及其他相關專業人員；其組織，由直轄市、縣（市）主管機關定之。

第二章　民事保護令

第一節　聲請及審理

第 9 條　（保護令之種類）

民事保護令（以下簡稱保護令）分為通常保護令、暫時保護令及緊急保護令。

第 10 條　（保護令之聲請人）

I.被害人得向法院聲請通常保護令、暫時保護令；被害人為未成年人、身心障礙者或因故難以委任代理人者，其法定代理人、三親等以內之血親或姻親，得為其向法院聲請之。

II.檢察官、警察機關或直轄市、縣（市）主管機關得向法院聲請保護令。

III.保護令之聲請、撤銷、變更、延長及抗告，均免徵裁判費，並準用民事訴訟法第七十七條之二十三第四項規定。

第 11 條　（保護令聲請之管轄）

I.保護令之聲請，由被害人之住居所地、相對人之住居所地或家庭暴力發生地之地方法院管轄。

II.前項地方法院，於設有少年及家事法院地區，指少年及家事法院。

第 12 條　（保護令聲請之方式）

I.保護令之聲請，應以書面為之。但被害人有受家庭暴力之急迫危險者，檢察官、警察機關或直轄市、縣（市）主管機關，得以言詞、電信傳真或其他科技設備傳送之方式聲請緊急保護令，並得於夜間或休息日為之。

II.前項聲請得不記載聲請人或被害人之住居所，僅記載其送達處所。

III.法院為定管轄權，得調查被害人之住居所。經聲請人或被害人要求保密被害人之住居所，法院應以秘密方式訊問，將該筆錄及相關資料密封，並禁止閱覽。

第 13 條　（保護令事件之審理原則）

I.聲請保護令之程式或要件有欠缺者，法院應以裁定駁回之。但其情形可以補正者，應定期間先命補正。

II.法院得依職權調查證據，必要時得隔別訊問。

III.前項隔別訊問，必要時得依聲請或依職權在法庭外為之，或採有聲音及影像相互傳送之科技設備或其他適當隔離措施。

IV.被害人得於審理時，聲請其親屬或個案輔導之社工人員、心理師陪同被害人在場，並得陳述意見。

V.保護令事件之審理不公開。

VI.法院於審理終結前，得聽取直轄市、縣（市）主管機關或社會福利機構之意見。

VII.保護令事件不得進行調解或和解。

VIII.法院受理保護令之聲請後，應即行審理程序，不得以當事人間有其他案件偵查或訴訟繫屬為由，延緩核發保護令。

第 14 條　（通常保護令之內容）

I.法院於審理終結後，認有家庭暴力之事實且有必要者，應依聲請或依職權核發包括下列一款或數款之通常保護令：

一　禁止相對人對於被害人、目睹家庭暴力兒童及少年或其特定家庭成員實施家庭暴力。

二　禁止相對人對於被害人、目睹家庭暴力兒童及少年或其特定家庭成員為騷擾、接觸、跟蹤、通話、通信或其他非必要之聯絡行為。

三　命相對人遷出被害人、目睹家庭暴力兒童及少年或其特定家庭成員之住居所；必要時，並得禁止相對人就該不動產為使用、收益或處分行為。

四　命相對人遠離下列場所特定距離：被害人、目睹家庭暴力兒童及少年或其特定家庭成員之住居所、學校、工作場所或其他經常出入之特定場所。

五　定汽車、機車及其他個人生活上、職業上或教育上必需品之使用權；必要時，並得命交付之。

六　定暫時對未成年子女權利義務之行使或負擔，由當事人之一方或雙方共同任之、行使或負擔之內容及方法；必要時，並得命交付子女。

七　定相對人對未成年子女會面交往之時間、地點及方式；必要時，並得禁止會面交往。

八　命相對人給付被害人住居所之租金或被害人及其未成年子女之扶養費。

九　命相對人交付被害人或特定家庭成員之醫療、輔導、庇護所或財物損害等費用。

十　命相對人完成加害人處遇計畫。

十一　命相對人負擔相當之律師費用。

十二　禁止相對人查閱被害人及受其暫時監護之未成年子女戶籍、學籍、所得來源相關資訊。

十三　命其他保護被害人、目睹家庭暴力兒童及少年或其特定家庭成員之必要命令。

II.法院為前項第六款、第七款裁定前，應考量未成年子女之最佳利益，必要時並得徵詢未成年子女或社會工作人員之意見。

III.第一項第十款之加害人處遇計畫，法院得逕命相對人接受認知教育輔導、親職教育輔導及其他輔導，並得命相對人接受有無必要施以其他處遇計畫之鑑定；直轄市、縣（市）主管機關得於法院裁定前，對處遇計畫之實施方式提出建議。

IV.第一項第十款之裁定應載明處遇計畫完成期限。

第 15 條　（通常保護令之有效期間）

I.通常保護令之有效期間為二年以下，自核發時起生效。

II.通常保護令失效前，法院得依當事人或被害人之聲請撤銷、變更或延長之。延長保護令之聲請，每次延長期間為二年以下。

III.檢察官、警察機關或直轄市、縣（市）主管機關得為前項延長保護令之聲請。

IV.通常保護令所定之命令，於期間屆滿前經法院另為裁判確定者，該命令失其效力。

第 16 條　（暫時保護令或緊急保護令）

I.法院核發暫時保護令或緊急保護令，得不經審理程序。

II.法院為保護被害人，得於通常保護令審理終結前，依聲請或依職權核發暫時保護令。

III.法院核發暫時保護令或緊急保護令時，得依聲請或依職權核發第十四條第一項第一款至第六款、第十二款及第十三款之命令。

IV.法院於受理緊急保護令之聲請後，依聲請人到庭或電話陳述家庭暴力之事實，足認被害人有受家庭暴力之急迫危險者，應於四小時內以書面核發緊急保護令，並得以電信傳真或其他科技設備傳送緊急保護令予警察機關。

V.聲請人於聲請通常保護令前聲請暫時保護令或緊急保護令，其經法院准許核發者，視為已有通常保護令之聲請。

VI.暫時保護令、緊急保護令自核發時起生效，於聲請人撤回通常保護令之聲請、法院審理終結核發通常保護令或駁回聲請時失其效力。

VII.暫時保護令、緊急保護令失效前，法院得依當事人或被害人之聲請或依職權撤銷或變更之。

第 17 條　（保護令之強制效力）

法院對相對人核發第十四條第一項第三款及第四款之保護令，不因被害人、目睹家庭暴力兒童及少年或其特定家庭成員同意相對人不遷出或不遠離而失其效力。

第 18 條　（保護令之限時發送）

I.保護令除緊急保護令外，應於核發後二十四小時內發送當事人、被害人、警察機關及直轄市、縣（市）主管機關。

II.直轄市、縣（市）主管機關應登錄法院所

核發之保護令，並供司法及其他執行保護令之機關查閱。

第 19 條　（安全出庭之環境與措施之提供）

I 法院應提供被害人或證人安全出庭之環境與措施。

II 直轄市、縣（市）主管機關應於所在地地方法院自行或委託民間團體設置家庭暴力事件服務處所，法院應提供場所、必要之軟硬體設備及其他相關協助。但離島法院有礙難情形者，不在此限。

III 前項地方法院，於設有少年及家事法院地區，指少年及家事法院。

第 20 條　（保護令程序準用家事事件法有關規定）

I 保護令之程序，除本章別有規定外，適用家事事件法有關規定。

II 關於保護令之裁定，除有特別規定者外，得為抗告；抗告中不停止執行。

第二節　執　行

第 21 條　（保護令之執行）

I 保護令核發後，當事人及相關機關應確實遵守，並依下列規定辦理：

　一　不動產之禁止使用、收益或處分行為及金錢給付之保護令，得為強制執行名義，由被害人依強制執行法聲請法院強制執行，並暫免徵收執行費。

　二　於直轄市、縣（市）主管機關所設處所為未成年子女會面交往，及由直轄市、縣（市）主管機關或其所屬人員監督未成年子女會面交往之保護令，由相對人向直轄市、縣（市）主管機關申請執行。

　三　完成加害人處遇計畫之保護令，由直轄市、縣（市）主管機關執行之。

　四　禁止查閱相關資訊之保護令，由被害人向相關機關申請執行。

　五　其他保護令之執行，由警察機關為之。

II 前項第二款及第三款之執行，必要時得請求警察機關協助之。

第 22 條　（必需品之占有）

I 警察機關應依保護令，保護被害人至被害人或相對人之住居所，確保其安全占有住居所、汽車、機車或其他個人生活上、職業上或教育上必需品。

II 前項汽車、機車或其他個人生活上、職業上或教育上必需品，相對人應依保護令交付而未交付者，警察機關得依被害人之請求，進入住宅、建築物或其他標的物所在處所解除相對人之占有或扣留取交被害人。

第 23 條　（必需品等相關憑證之取交）

I 前條所定必需品，相對人應一併交付有關證照、書據、印章或其他憑證而未交付者，警察機關得將之取交被害人。

II 前項憑證取交無著時，其屬被害人所有者，被害人得向相關主管機關申請變更、註銷或補行發給；其屬相對人所有而為行政機關製發者，被害人得請求原核發機關發給保護令有效期間之代用憑證。

第 24 條　（未成年子女之交付）

義務人不依保護令交付未成年子女時，權利人得聲請警察機關限期命義務人交付，屆期未交付者，命交付未成年子女之保護令得為強制執行名義，由權利人聲請法院強制執行，並暫免徵收執行費。

第 25 條　（辦理未成年子女之會面）

義務人不依保護令之內容辦理未成年子女之會面交往時，執行機關或權利人得依前條規定辦理，並得向法院聲請變更保護令。

第 26 條　（未成年子女戶籍遷徙登記）

當事人之一方依第十四條第一項第六款規定取得暫時對未成年子女權利義務之行使或負擔者，得持保護令逕向戶政機關申請未成年子女戶籍遷徙登記。

第 27 條 （聲明異議）

I.當事人或利害關係人對於執行保護令之方法、應遵行之程序或其他侵害利益之情事，得於執行程序終結前，向執行機關聲明異議。

II.前項聲明異議，執行機關認其有理由者，應即停止執行並撤銷或更正已為之執行行為；認其無理由者，應於十日內加具意見，送原核發保護令之法院裁定之。

III.對於前項法院之裁定，不得抗告。

第 28 條 （外國保護令之執行）

I.外國法院關於家庭暴力之保護令，經聲請中華民國法院裁定承認後，得執行之。

II.當事人聲請法院承認之外國法院關於家庭暴力之保護令，有民事訴訟法第四百零二條第一項第一款至第三款所列情形之一者，法院應駁回其聲請。

III.外國法院關於家庭暴力之保護令，其核發地國對於中華民國法院之保護令不予承認者，法院得駁回其聲請。

第三章　刑事程序

第 29 條 （家庭暴力等罪之逕行逮捕或拘提）

I.警察人員發現家庭暴力罪之現行犯時，應逕行逮捕之，並依刑事訴訟法第九十二條規定處理。

II.檢察官、司法警察官或司法警察偵查犯罪認被告或犯罪嫌疑人犯家庭暴力罪或違反保護令罪嫌疑重大，且有繼續侵害家庭成員生命、身體或自由之危險，而情況急迫者，得逕行拘提之。

III.前項拘提，由檢察官親自執行時，得不用拘票；由司法警察官或司法警察執行時，以其急迫情形不及報請檢察官者為限，於執行後，應即報請檢察官簽發拘票。如檢察官不簽發拘票時，應即將被拘提人釋放。

第 30 條 （急迫危險之認定）

檢察官、司法警察官或司法警察依前條第二項、第三項規定逕行拘提或簽發拘票

時，應審酌一切情狀，尤應注意下列事項：

一　被告或犯罪嫌疑人之暴力行為已造成被害人身體或精神上傷害或騷擾，不立即隔離者，被害人或其家庭成員生命、身體或自由有遭受侵害之危險。

二　被告或犯罪嫌疑人有長期連續實施家庭暴力或有違反保護令之行為、酗酒、施用毒品或濫用藥物之習慣。

三　被告或犯罪嫌疑人有利用兇器或其他危險物品恐嚇或施暴行於被害人之紀錄，被害人有再度遭受侵害之虞者。

四　被害人為兒童、少年、老人、身心障礙或具有其他無法保護自身安全之情形。

第 30 條之 1 （犯違反保護令者有反覆實行犯罪之虞，必要時得羈押之）

被告經法官訊問後，認為犯違反保護令者、家庭成員間故意實施家庭暴力行為而成立之罪，其嫌疑重大，有事實足認為有反覆實行前開犯罪之虞，而有羈押之必要者，得羈押之。

第 31 條 （具保、責付等所附條件）

I.家庭暴力罪或違反保護令罪之被告經檢察官或法院訊問後，認無羈押之必要，而命具保、責付、限制住居或釋放者，對被害人、目睹家庭暴力兒童及少年或其特定家庭成員得附下列一款或數款條件命被告遵守：

一　禁止實施家庭暴力。

二　禁止為騷擾、接觸、跟蹤、通話、通信或其他非必要之聯絡行為。

三　遷出住居所。

四　命相對人遠離其住居所、學校、工作場所或其他經常出入之特定場所特定距離。

五　其他保護安全之事項。

II.前項所附條件有效期間自具保、責付、限制住居或釋放時起生效，至刑事訴訟終結時為止，最長不得逾一年。

家庭暴力防治法 （第三二~三八條）

III檢察官或法院得依當事人之聲請或依職權撤銷或變更依第一項規定所附之條件。

第 32 條 （違反條件者之處分）

I.被告違反檢察官或法院依前條第一項規定所附之條件者，檢察官或法院得撤銷原處分，另為適當之處分；如有繳納保證金者，並得沒入其保證金。

II.被告違反檢察官或法院依前條第一項第一款所定應遵守之條件，犯罪嫌疑重大，且有事實足認被告有反覆實施家庭暴力行為之虞，而有羈押之必要者，偵查中檢察官得聲請法院羈押之；審判中法院得命羈押之。

第 33 條 （裁定停止羈押之準用）

I.第三十一條及前條第一項規定，於羈押中之被告，經法院裁定停止羈押者，準用之。

II.停止羈押之被告違反法院依前項規定所附之條件者，法院於認有羈押必要時，得命再執行羈押。

第 34 條 （附條件處分、裁定書之送達）

檢察官或法院為第三十一條第一項及前條第一項之附條件處分或裁定時，應以書面為之，並送達於被告、被害人及被害人住居所所在地之警察機關。

第 34 條之 1 （法院或檢察官應即時通報警察機關及家庭暴力防治中心之情形）

I.法院或檢察署有下列情形之一，應即時通知被害人所在地之警察機關及家庭暴力防治中心：

一 家庭暴力罪或違反保護令罪之被告解送法院或檢察署經檢察官或法官訊問後，認無羈押之必要，而命具保、責付、限制住居或釋放者。

二 羈押中之被告，經法院撤銷或停止羈押者。

II.警察機關及家庭暴力防治中心於接獲通知後，應立即通知被害人或其家庭成員。

III.前二項通知應於被告釋放前通知，且得以言詞、電信傳真或其他科技設備傳送之方式通知。但被害人或其家庭成員所在不明或通知顯有困難者，不在此限。

第 35 條 （違反條件者之報告）

警察人員發現被告違反檢察官或法院依第三十一條第一項、第三十三條第一項規定所附之條件者，應即報告檢察官或法院。第二十九條規定，於本條情形，準用之。

第 36 條 （對被害人之訊問或詰問）

I.對被害人之訊問或詰問，得依聲請或依職權在法庭外為之，或採取適當隔離措施。

II.警察機關於詢問被害人時，得採取適當之保護及隔離措施。

第 36 條之 1 （被害人於偵訊時得自行指定陪同人員）

I.被害人於偵查中受訊問時，得自行指定其親屬、醫師、心理師、輔導人員或社工人員陪同在場，該陪同人並得陳述意見。

II.被害人前項之請求，檢察官除認其在場有妨礙偵查之虞者，不得拒絕之。

III.陪同人之席位應設於被害人旁。

第 36 條之 2 （被害人受訊問前，檢察官應告知得自行選任陪同人員）

被害人受訊問前，檢察官應告知被害人得自行選任符合第三十六條之一資格之人陪同在場。

第 37 條 （起訴書、判決書等書類之送達）

對於家庭暴力罪或違反保護令罪案件所為之起訴書、聲請簡易判決處刑書、不起訴處分書、緩起訴處分書、撤銷緩起訴處分書、裁定書或判決書，應送達於被害人。

第 38 條 （受緩刑宣告付保護管束者應遵守事項）

I.犯家庭暴力罪或違反保護令罪而受緩刑之宣告者，在緩刑期內應付保護管束。

II.法院為前項緩刑宣告時，除顯無必要者外，應命被告於付緩刑保護管束期間內，遵守下列一款或數款事項：

一　禁止實施家庭暴力。

二　禁止對被害人、目睹家庭暴力兒童及少年或其特定家庭成員為騷擾、接觸、跟蹤、通話、通信或其他非必要之聯絡行為。

三　遷出被害人、目睹家庭暴力兒童及少年或其特定家庭成員之住居所。

四　命相對人遠離下列場所特定距離：被害人、目睹家庭暴力兒童及少年或其特定家庭成員之住居所、學校、工作場所或其他經常出入之特定場所。

五　完成加害人處遇計畫。

六　其他保護被害人、目睹家庭暴力兒童及少年或其特定家庭成員安全之事項。

III.法院依前項第五款規定，命被告完成加害人處遇計畫前，得準用第十四條第三項規定。

IV.法院為第一項之緩刑宣告時，應即通知被害人及其住居所所在地之警察機關。

V.受保護管束人違反第二項保護管束事項情節重大者，撤銷其緩刑之宣告。

第 39 條　（假釋出獄付保護管束者之準用）

前條規定，於受刑人經假釋出獄付保護管束者，準用之。

第 40 條　（附條件之執行單位）

檢察官或法院依第三十一條第一項、第三十三條第一項、第三十八條第二項或前條規定所附之條件，得通知直轄市、縣（市）主管機關或警察機關執行之。

第 41 條　（受刑人處遇計畫之訂定與執行）

I.法務部應訂定並執行家庭暴力罪或違反保護令罪受刑人之處遇計畫。

II.前項計畫之訂定及執行之相關人員，應接受家庭暴力防治教育及訓練。

第 42 條　（出獄日或脫逃事實應通知被害人）

I.矯正機關應將家庭暴力罪或違反保護令罪受刑人預定出獄之日期通知被害人、其住居所所在地之警察機關及家庭暴力防治中心。但被害人之所在不明者，不在此限。

II.受刑人如有脫逃之事實，矯正機關應立即為前項之通知。

第四章　父母子女

第 43 條　（不利之推定）

法院依法為未成年子女酌定或改定權利義務之行使或負擔之人時，對已發生家庭暴力者，推定由加害人行使或負擔權利義務不利於該子女。

第 44 條　（為子女之最佳利益改定裁判）

法院依法為未成年子女酌定或改定權利義務之行使或負擔之人或會面交往之裁判後，發生家庭暴力者，法院得依被害人、未成年子女、直轄市、縣（市）主管機關、社會福利機構或其他利害關係人之請求，為子女之最佳利益改定之。

第 45 條　（加害人會面其子女時得為之命令）

I.法院依法准許家庭暴力加害人會面交往其未成年子女時，應審酌子女及被害人之安全，並得為下列一款或數款命令：

一　於特定安全場所交付子女。

二　由第三人或機關、團體監督會面交往，並得定會面交往時應遵守之事項。

三　完成加害人處遇計畫或其他特定輔導為會面交往條件。

四　負擔監督會面交往費用。

五　禁止過夜會面交往。

六　準時、安全交還子女，並繳納保證金。

七　其他保護子女、被害人或其他家庭成員安全之條件。

II.法院如認有違背前項命令之情形，或准許

會面交往無法確保被害人或其子女之安全者，得依聲請或依職權禁止之。如違背前項第六款命令，並得沒入保證金。
III法院於必要時，得命有關機關或有關人員保密被害人或子女住居所。

第 46 條　（會面交往處所之設置或委託辦理）

I.直轄市、縣（市）主管機關應設未成年子女會面交往處所或委託其他機關（構）、團體辦理。
II.前項處所，應有受過家庭暴力安全及防制訓練之人員；其設置、監督會面交往與交付子女之執行及收費規定，由直轄市、縣（市）主管機關定之。

第 47 條　（得進行和解或調解之情形）

法院於訴訟或調解程序中如認為有家庭暴力之情事時，不得進行和解或調解。但有下列情形之一者，不在此限：
一　行和解或調解之人曾受家庭暴力防治之訓練並以確保被害人安全之方式進行和解或調解。
二　准許被害人選定輔助人參與和解或調解。
三　其他行和解或調解之人認為能使被害人免受加害人脅迫之程序。

第五章　預防及處遇

第 48 條　（警員處理家暴案件必要措施之採取）

I.警察人員處理家庭暴力案件，必要時應採取下列方法保護被害人及防止家庭暴力之發生：
一　於法院核發緊急保護令前，在被害人住居所守護或採取其他保護被害人或其家庭成員之必要安全措施。
二　保護被害人及其子女至庇護所或醫療機構。
三　告知被害人其得行使之權利、救濟途徑及服務措施。
四　查訪並告誡相對人。

五　訪查被害人及其家庭成員，並提供必要之安全措施。
II.警察人員處理家庭暴力案件，應製作書面紀錄；其格式，由中央警政主管機關定之。

第 49 條　（請求警察機關提供必要協助）

醫事人員、社會工作人員、教育人員及保育人員為防治家庭暴力行為或保護家庭暴力被害人之權益，有受到身體或精神上不法侵害之虞者，得請求警察機關提供必要之協助。

第 50 條　（執行人員之通報）

I.醫事人員、社會工作人員、教育人員、保育人員、警察人員、移民業務人員及其他執行家庭暴力防治人員，在執行職務時知有疑似家庭暴力，應立即通報當地主管機關，至遲不得逾二十四小時。
II.前項通報之方式及內容，由中央主管機關定之；通報人之身分資料，應予保密。
III.主管機關接獲通報後，應即行處理，並評估有無兒童及少年目睹家庭暴力之情事；必要時得自行或委請其他機關（構）、團體進行訪視、調查。
IV.主管機關或受其委請之機關（構）或團體進行訪視、調查時，得請求警察機關、醫療（事）機構、學校、公寓大廈管理委員會或其他相關機關（構）協助，被請求者應予配合。

第 50 條之 1　（被害人及其未成年子女身分資訊之保護）

宣傳品、出版品、廣播、電視、網際網路或其他媒體，不得報導或記載被害人及其未成年子女之姓名，或其他足以識別被害人及其未成年子女身分之資訊。但經有行為能力之被害人同意、犯罪偵查機關或司法機關依法認為有必要者，不在此限。

第 51 條　（得追查其電話及地址之情形）

直轄市、縣（市）主管機關對於撥打依第八條第一項第一款設置之二十四小時電話專線者，於有下列情形之一時，得追查

其電話號碼及地址：

一　為免除當事人之生命、身體、自由或財產上之急迫危險。

二　為防止他人權益遭受重大危害而有必要。

三　無正當理由撥打專線電話，致妨害公務執行。

四　其他為增進公共利益或防止危害發生。

第52條　（不得無故拒絕診療及開立驗傷診斷書）

醫療機構對於家庭暴力之被害人，不得無故拒絕診療及開立驗傷診斷書。

第53條　（衛生教育宣導計畫之擬訂及推廣）

衛生主管機關應擬訂及推廣有關家庭暴力防治之衛生教育宣導計畫。

第54條　（加害人處遇計畫之規範內容）

I.中央衛生主管機關應訂定家庭暴力加害人處遇計畫規範；其內容包括下列各款：

一　處遇計畫之評估標準。

二　司法機關、家庭暴力被害人保護計畫之執行機關（構）、加害人處遇計畫之執行機關（構）間之連繫及評估制度。

三　執行機關（構）之資格。

II.中央衛生主管機關應會同相關機關負責家庭暴力加害人處遇計畫之推動、發展、協調、督導及其他相關事宜。

第55條　（加害人處遇計畫之執行機關得為事項）

I.加害人處遇計畫之執行機關（構）得為下列事項：

一　將加害人接受處遇情事告知司法機關、被害人及其辯護人。

二　調閱加害人在其他機構之處遇資料。

三　將加害人之資料告知司法機關、監獄監務委員會、家庭暴力防治中心及其他有關機構。

II.加害人有不接受處遇計畫、接受時數不足或不遵守處遇計畫內容及恐嚇、施暴等行為時，加害人處遇計畫之執行機關（構）應告知直轄市、縣（市）主管機關；必要時並得通知直轄市、縣（市）主管機關協調處理。

第56條　（製作救濟服務之書面資料）

I.直轄市、縣（市）主管機關應製作家庭暴力被害人權益、救濟及服務之書面資料，供被害人取閱，並提供醫療機構及警察機關使用。

II.醫事人員執行業務時，知悉其病人為家庭暴力被害人時，應將前項資料交付病人。

III.第一項資料，不得記明庇護所之地址。

第57條　（家庭暴力防治資料之提供）

I.直轄市、縣（市）主管機關應提供醫療機構、公、私立國民小學及戶政機關家庭暴力防治之相關資料，俾醫療機構、公、私立國民小學及戶政機關將該相關資料提供新生兒之父母、辦理小學新生註冊之父母、辦理結婚登記之新婚夫妻及辦理出生登記之人。

II.前項資料內容應包括家庭暴力對於子女及家庭之影響及家庭暴力之防治服務。

第58條　（家庭暴力被害人之補助）

I.直轄市、縣（市）主管機關得核發家庭暴力被害人下列補助：

一　緊急生活扶助費用。

二　非屬全民健康保險給付範圍之醫療費用及身心治療、諮商與輔導費用。

三　訴訟費用及律師費用。

四　安置費用、房屋租金費用。

五　子女教育、生活費用及兒童托育費用。

六　其他必要費用。

II.第一項第一款、第二款規定，於目睹家庭暴力兒童及少年，準用之。

III.第一項補助對象、條件及金額等事項規定，由直轄市、縣（市）主管機關定之。

IV.家庭暴力被害人為成年人者，得申請創業

貸款；其申請資格、程序、利息補助金額、名額、期限及其他相關事項之辦法，由中央目的事業主管機關定之。

V.為辦理第一項及第四項補助業務所需之必要資料，主管機關得洽請相關機關（構）、團體、法人或個人提供之，受請求者不得拒絕。

VI.主管機關依前項規定所取得之資料，應盡善良管理人之注意義務，確實辦理資訊安全稽核作業；其保有、處理及利用，並應遵循個人資料保護法之規定。

第 58 條之 1　（勞工主管機關應提供被害人預備性就業或支持性就業服務）

I.對於具就業意願而就業能力不足之家庭暴力被害人，勞工主管機關應提供預備性就業或支持性就業服務。

II.前項預備性就業或支持性就業服務相關辦法，由勞工主管機關定之。

第 59 條　（防治家庭暴力在職教育之辦理）

I.社會行政主管機關應辦理社會工作人員、居家式托育服務提供者、托育人員、保育人員及其他相關社會行政人員防治家庭暴力在職教育。

II.警政主管機關應辦理警察人員防治家庭暴力在職教育。

III.司法院及法務部應辦理相關司法人員防治家庭暴力在職教育。

IV.衛生主管機關應辦理或督促相關醫療團體辦理醫護人員防治家庭暴力在職教育。

V.教育主管機關應辦理學校、幼兒園之輔導人員、行政人員、教師、教保服務人員及學生防治家庭暴力在職教育及學校教育。

VI.移民主管機關應辦理移民業務人員防治家庭暴力在職教育。

第 60 條　（家庭暴力防治課程）

高級中等以下學校每學年應有四小時以上之家庭暴力防治課程。但得於總時數不變下，彈性安排於各學年實施。

第六章　罰　　則

第 61 條　（違反保護令罪之處罰）

違反法院依第十四條第一項、第十六條第三項所為之下列裁定者，為本法所稱違反保護令罪，處三年以下有期徒刑、拘役或科或併科新臺幣十萬元以下罰金：
一　禁止實施家庭暴力。
二　禁止騷擾、接觸、跟蹤、通話、通信或其他非必要之聯絡行為。
三　遷出住居所。
四　遠離住居所、工作場所、學校或其他特定場所。
五　完成加害人處遇計畫。

第 61 條之 1　（違反被害人及其未成年子女身分資訊保護之處罰）

I.廣播、電視事業違反第五十條之一規定者，由目的事業主管機關處新臺幣三萬元以上十五萬元以下罰鍰，並命其限期改正；屆期未改正者，得按次處罰。

II.前項以外之宣傳品、出版品、網際網路或其他媒體之負責人違反第五十條之一規定者，由目的事業主管機關處新臺幣三萬元以上十五萬元以下罰鍰，並得沒入第五十條之一規定之物品、命其限期移除內容、下架或其他必要之處置；屆期不履行者，得按次處罰至履行為止。但被害人死亡，經目的事業主管機關權衡社會公益，認有報導之必要者，不罰。

III.宣傳品、出版品、網際網路或其他媒體無負責人或負責人對行為人之行為不具監督關係者，第二項所定之罰鍰，處罰行為人。

第 62 條　（罰則㈠）

I.違反第五十條第一項規定者，由直轄市、縣（市）主管機關處新臺幣六千元以上三萬元以下罰鍰。但醫事人員為避免被害人身體緊急危難而違反者，不罰。

II.違反第五十二條規定者，由直轄市、縣（市）主管機關處新臺幣六千元以上三萬元以下罰鍰。

第 63 條 （罰則㈡）

違反第五十一條第三款規定，經勸阻不聽者，直轄市、縣（市）主管機關得處新臺幣三千元以上一萬五千元以下罰鍰。

第 63 條之 1 （被害人年滿十六歲，遭現有或曾有親密關係之未同居伴侶施以不法侵害之處罰）

I.被害人年滿十六歲，遭受現有或曾有親密關係之未同居伴侶施以身體或精神上不法侵害之情事者，準用第九條至第十三條、第十四條第一項第一款、第二款、第四款、第九款至第十三款、第三項、第四項、第十五條至第二十條、第二十一條第一項第一款、第三款至第五款、第二項、第二十七條、第二十八條、第四十八條、第五十條之一、第五十二條、第五十四條、第五十五條及第六十一條之規定。

II.前項所稱親密關係伴侶，指雙方以情感或性行為為基礎，發展親密之社會互動關係。

III.本條自公布後一年施行。

第七章　附　則

第 64 條 （執行辦法之訂定）

行政機關執行保護令及處理家庭暴力案件辦法，由中央主管機關定之。

第 65 條 （施行細則之訂定）

本法施行細則，由中央主管機關定之。

第 66 條 （施行日期）

本法自公布日施行。

MEMO

刑訴法及相關法規

刑事訴訟法

一百一十年六月十六日總統令修正公布

①民國十七年七月二十八日國民政府公布
②二十四年一月一日國民政府修正公布
③三十四年十二月二十六日國民政府修正公布
④五十六年一月二十八日總統令修正公布
⑤五十七年十二月五日總統令修正公布
⑥七十一年八月四日總統令修正公布
⑦七十九年八月三日總統令修正公布
⑧八十二年七月三十日總統令修正公布
⑨八十四年十月二十日總統令修正公布
⑩八十六年十二月十九日總統令修正公布
⑪八十七年一月二十一日總統令修正公布
⑫八十八年二月三日總統令修正公布
⑬八十八年四月二十一日總統令修正公布
⑭八十九年二月九日總統令修正公布
⑮八十九年七月十九日總統令修正公布
⑯九十年一月十二日總統令修正公布
⑰九十一年二月八日總統令修正公布
⑱九十一年六月五日總統令修正公布
⑲九十二年二月六日總統令修正公布
⑳九十三年四月七日總統令修正公布
㉑九十三年六月二十三日總統令修正公布
㉒九十五年五月二十四日總統令修正公布
㉓九十五年六月十四日總統令修正公布
㉔九十六年三月二十一日總統令修正公布
㉕九十六年七月四日總統令修正公布
㉖九十六年十二月十二日總統令修正公布
㉗九十八年七月八日總統令修正公布
㉘九十九年六月二十三日總統令修正公布
㉙一百零一年六月十三日總統令修正公布
㉚一百零二年一月二十三日總統令修正公布
㉛一百零三年一月二十九日總統令修正公布
㉜一百零三年六月四日總統令修正公布
㉝一百零三年六月十八日總統令修正公布
㉞一百零三年十二月二十四日總統令修正公布
㉟一百零四年一月十四日總統令修正公布
㊱一百零四年二月四日總統令修正公布
㊲一百零五年六月二十二日總統令修正公布
㊳一百零六年四月二十六日總統令修正公布
㊴一百零六年十一月十六日總統令修正公布
㊵一百零七年十一月二十一日總統令修正公布
㊶一百零七年十一月二十八日總統令修正公布
㊷一百零八年六月十九日總統令修正公布
㊸一百零八年七月十七日總統令修正公布
㊹一百零九年一月八日總統令修正公布
㊺一百零九年一月十五日總統令修正公布
㊻一百一十年六月十六日總統令修正公布第二三四、二三九、三四八條條文

第一編　總　則

第一章　法　例

第 1 條　（犯罪追訴、處罰之限制及適用範圍）

Ⅰ犯罪，非依本法或其他法律所定之訴訟程序，不得追訴、處罰。

Ⅱ現役軍人之犯罪，除犯軍法應受軍事裁判者外，仍應依本法規定追訴、處罰。

Ⅲ因受時間或地域之限制，依特別法所為之訴訟程序，於其原因消滅後，尚未判決確定者，應依本法追訴、處罰。

◇**其他法律**：指除了刑事訴訟法以外，國家為了追訴犯罪，實現刑罰權的特別法。例如少年事件處理法、刑事妥速審判法、軍事審判法等。

◇**軍事裁判**：指現役軍人在「戰時」觸犯陸海空軍刑法或其特別法之罪，依照《軍事審判法》所進行之裁判。

▲【院1618】一人犯數罪，而所屬之審判機關不同者，應由先受理之機關，就其有權審判之犯罪先為審判後，再將其他部分，轉送該管審判機關審判。

第 2 條　（有利、不利一律注意）

Ⅰ實施刑事訴訟程序之公務員，就該管案件，應於被告有利及不利之情形，一律注意。

Ⅱ被告得請求前項公務員，為有利於己之必要處分。

◇**實施刑事訴訟程序之公務員**：指實施偵查、起

訴、裁判，到裁判確定後執行的公務員，包括：司法警察、司法警察官、檢察官、法官等。

◇**有利不利應一併注意**：本條為「客觀性義務」之明文規定，亦即對被告有利、不利之情形，本條之公務員均須一律注意。

第3條　（刑事訴訟之當事人）

本法稱當事人者，謂檢察官、自訴人及被告。

▲【院533】刑事訴訟法第3條所稱自訴人以自然人或法人為限，未經依法註冊之外國公司，既未取得法人資格，其以公司名義委任代理人提起自訴者，應不受理。

▲【院1394】法人為被害人時，得由其代表人提起自訴（參照院字第533號解釋）。

第3條之1　（刑事訴訟之沒收）

本法所稱沒收，包括其替代手段。

⑩一、本條新增。

二、本法關於沒收之規定為國家剝奪人民財產之正當程序，沒收及其替代手段追徵等同應遵循，爰增訂本條以明確其適用範圍。

第二章　法院之管轄

第4條　（事物管轄）

地方法院於刑事案件，有第一審管轄權。但左列案件，第一審管轄權屬於高等法院：

一　內亂罪。

二　外患罪。

三　妨害國交罪。

◇**審判權與管轄權**：審判權指的是對於刑事案件的審理裁判權限，較為抽象、概括；管轄權指的是將歸由司法審判的刑事案件，按性質、審級、地緣等因素分配予各法院，由各該法院取得裁判權限，較為具體、個別。有審判權未必具有管轄權，而有管轄權則必然具有審判權。

◇**事物管轄**：以案件性質來決定第一審管轄法院屬於地方法院或高等法院。

◇**判斷事物管轄之基準時點**：學說上有認為事物管轄，應自起訴時至最終裁判時，法院均有管轄權，始能裁判。

第5條　（土地管轄）

I.案件由犯罪地或被告之住所、居所或所在地之法院管轄。

管轄權

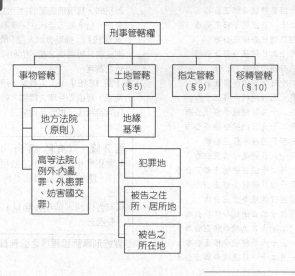

II.在中華民國領域外之中華民國船艦或航空機內犯罪者，船艦本籍地、航空機出發地或犯罪後停泊地之法院，亦有管轄權。

◇**土地管轄**：以犯罪地、被告住居所，或被告人身所在地的法院為管轄法院。犯罪地可對照中華民國刑法第4條，即**犯罪事實發生地，包含行為地與結果地**。

◇**判斷土地管轄之基準時點**：土地管轄權之有無，是受訴法院應依職權調查之事項，以案件繫屬於法院之「起訴時」為準。此又稱**土地管轄恆定**，是為了避免被告住居所不斷變換，造成土地管轄權隨之更動的不安定性。

◇**所在地**：被告現時人身所在之地。

▲【48臺上837】案件由犯罪地或被告之住所、居所或所在地之法院管轄，刑事訴訟法第5條第1項有明文規定。**被告之所在地，係以起訴時為標準，管轄之有無，應依職權調查之**，自訴當時被告之所在地是否在臺北，此與臺灣臺北地方法院有無管轄權極關重要，原審未予調查，遽行判決，殊嫌速斷。

▲【72臺上5894】案件由犯罪地或被告之住所、居所或所在地之法院管轄，刑事訴訟法第5條第1項定有明文，而所謂**犯罪地**，參照刑法第4條之規定，**解釋上自應包括行為地與結果地兩者而言**。

▲【79臺非277】依國際法上領域管轄原則，國家對在其領域內之人、物或發生之事件，除國際法或條約另有規定外，原則上享有排他的管轄權；即就航空器所關之犯罪言，依我國已簽署及批准之1963年9月14日東京公約（航空器上所犯罪行及若干其他行為公約）第3條第1項規定，航空器登記國固有管轄該航空器上所犯罪行及行為之權；然依同條第3項規定，此一公約並不排除依本國法而行使之刑事管轄權。另其第4條甲、乙款，對犯罪行為係實行於該締約國領域以內、或係針於該締約國之國民所為者，非航空器登記國之締約國，仍得干涉在飛航中之航空器，以行使其對該航空器上所犯罪行之刑事管轄權。因此，**外國民用航空器降落於我國機場後，我國法院對其上發生之犯罪行為，享有刑事管轄權**，殆屬無可置疑。

第6條　（牽連管轄）

I.數同級法院管轄之案件相牽連者，得合併由其中一法院管轄。

II.前項情形，如各案件已繫屬於數法院者，經各該法院之同意，得以裁定將其案件移送於一法院合併審判之。有不同意者，由共同之直接上級法院裁定之。

III.不同級法院管轄之案件相牽連者，得合併由其上級法院管轄。已繫屬於下級法院者，其上級法院得以裁定命其移送上級法院合併審判。但第七條第三款之情形，不在此限。

◇**牽連管轄**：為了訴訟經濟考量，避免證人奔波、證據調查不統一之弊病，而規定得將相牽連的刑事案件合併至同一法院管轄審理。

▲【28上3635】刑事案件除有特別規定外，固由犯罪地或被告之住所、居所或所在地之法院管轄。但數同級法院管轄之案件相牽連而未繫屬於數法院者，自得依刑事訴訟法（舊）第6條，由其中一法院合併管轄。本件自訴人向某地方法院自訴甲、乙、丙、丁共同背信，雖甲、乙、丙三人散居別縣，其犯罪地亦屬他縣轄境，而丁則內居住該地方法院所轄境內，該地方法院依法既得合併管轄，即不能謂無管轄權，乃竟對於甲、乙、丙部分諭知管轄錯誤之判決，殊屬違誤。

▲【102臺上3464】按**法院之管轄，乃裁判權之分配，即法院對具體之一定案件所得行使裁判權之界限。而法院管轄權之發生係以先有審判權為前提，必也普通法院先有審判權，始得審究應由何一法院管轄**。又刑事案件依刑事訴訟法第5條第1項規定，固由犯罪地或被告之住所、居所或所在地之法院管轄，但數同級法院管轄之案件相牽連而未繫屬於數法院者，自得依刑事訴訟法第6條第1項之規定，由其中一法院合併管轄，此為法定管轄之擴張。而關此**管轄之有無，固以起訴時為準，但起訴時雖欠缺管轄權，倘在法院未為管轄錯誤之判決前，復適法取得管轄權，則原管轄權之瑕疵即因此治癒，不得認法院無管轄權**。以檢察官就相牽連案件中無管轄權部分之案件起訴為例，倘於起訴後法院判決前，隨即將相牽連而有管轄權部分之案件追加起訴，則此時應認其已補正先前案件管轄權之欠缺，而得對相牽連之兩案合併審判；且相牽連之兩案既經為合併管轄，並予受理在案，則經審理結果，縱認原有管轄權部分之案件應為無罪、免訴或不受理之判決，法院仍應就合併管轄之他案續行審理，不得認原適

法取得管轄之他案因此喪失其管轄權。否則，相牽連案件合併管轄之有無，竟繫於各案件事後審理之結果，豈不謬誤！

第7條　（相牽連案件）

有左列情形之一者，為相牽連之案件：
一　一人犯數罪者。
二　數人共犯一罪或數罪者。
三　數人同時在同一處所各別犯罪者。
四　犯與本罪有關係之藏匿人犯、湮滅證據、偽證、贓物各罪者。

◇相牽連之案件：本條將分散在各法院均有管轄權之不同案件，因被告一人犯數罪、數人共同犯罪、數人同時同地分別犯罪，以及犯與本罪有關之「妨害國家司法權順暢行使之罪」者，得合併至其中一法院管轄。

▲【83臺抗270】刑事訴訟法第265條第1項**所謂「相牽連之犯罪」，係指同法第7條所列之相牽連之案件，且必為可以獨立之新訴，並非指有方法與結果之牽連關係者**而言。

第8條　（管轄競合）

同一案件繫屬於有管轄權之數法院者，由繫屬在先之法院審判之。但經共同之直接上級法院裁定，亦得由繫屬在後之法院審判。

◇競合管轄：一個案件有數個法院均取得管轄權，但因重複起訴禁止，且數法院分別裁判，恐生矛盾之結果，本條規定由繫屬在先的法院審判之，此即優先原則。例外可經共同上級法院裁定，由繫屬在後之法院裁判。

◇同一案件：被告同一且犯罪事實同一，即為同一案件。犯罪事實是否同一，又區分事實上同一與法律上同一。事實上同一的判斷標準有傳統的「基本社會事實同一」與晚近「訴之目的及侵害行為內容同一」二說。法律上同一指裁判上一罪，亦即雖然基本事實並不相同，但因在實體法上為一罪，刑罰權僅有一個，具有不可分性。故數個訴訟因為案件先後繫屬，如判斷是同一案件，則有重複起訴禁止，曾經判決確定者免訴等的適用。

第9條　（指定管轄）

I.有左列情形之一者，由直接上級法院以裁定指定該案件之管轄法院：
一　數法院於管轄權有爭議者。
二　有管轄權之法院經確定裁判為無管轄權，而無他法院管轄該案件者。
三　因管轄區域境界不明，致不能辨別有管轄權之法院者。
II.案件不能依前項及第五條之規定，定其管轄法院者，由最高法院以裁定指定管轄法院。

▲【31聲29】刑事訴訟法（舊）第9條第2項所謂案件不能依前項及第5條之規定定其管轄法院者，由最高級法院以裁定指定管轄法院，係指**關**

牽連管轄

相牽連之情形
　一人犯數罪
　數人共犯一罪或數罪
　數人同時在同一處所個別犯罪
　犯與本罪有關係之藏匿人犯、湮滅證據、偽證、贓物各罪

同級法院
　合併管轄（§6 I）
　合併審判（§6 II）

不同級法院
　合併管轄（§6 III前）
　合併審判（§6 III後）

繫屬前
繫屬後

係之數法院各有其直接上級法院，不相統屬，不能由其中之一個直接上級法院予以指定及不能依第 5 條之規定定其管轄法院者而言。至最高級法院指定管轄，除該案件合於不能依第 5 條之規定定其管轄法院外，仍須以具有第 9 條第 1 項所列各款情形之一，為其要件，此係當然之解釋。

第 10 條　（移轉管轄）

I.有左列情形之一者，由直接上級法院，以裁定將案件移轉於其管轄區域內與原法院同級之他法院：

　　一　有管轄權之法院因法律或事實不能行使審判權者。

　　二　因特別情形由有管轄權之法院審判，恐影響公安或難期公平者。

II.直接上級法院不能行使審判權時，前項裁定由再上級法院為之。

▲【30 聲 30】所謂因特別情形由有管轄權之法院審判恐影響公安，係**指該法院依其環境上之特殊關係，如進行審判，有足以危及公安之虞者**而言，聲請人所稱個人安全問題，固應受法律之保護，但既無足以影響於公安之情形，即與上開說明不合。

▲【49 臺聲 3】有管轄權之法院，審判如有不公平之虞，依刑事訴訟法（舊）第 10 條第 2 款，固得聲請移轉管轄，惟所謂審判有不公平之虞，係**指有具體事實，足認該法院之審判不得保持公平**者而言，如僅空言指摘，即難據以推定。

第 11 條　（指定或移轉管轄之聲請）

指定或移轉管轄由當事人聲請者，應以書狀敘述理由向該管法院為之。

▲【34 聲 11】聲請移轉管轄，應向該管法院為之，**所謂該管法院，係指直接上級法院**，如向最高級法院聲請移轉管轄，須以移轉之法院，與有管轄權法院，不隸屬於同一高等法院或分院者，始得為之。

第 12 條　（無管轄權法院所為訴訟程序之效力）

訴訟程序不因法院無管轄權而失效力。

第 13 條　（轄區外行使職務）

法院因發見真實之必要或遇有急迫情形時，得於管轄區域外行其職務。

第 14 條　（無管轄權法院之必要處分）

法院雖無管轄權，如有急迫情形，應於其管轄區域內為必要之處分。

第 15 條　（牽連管轄之偵查與起訴）

第六條所規定之案件，得由一檢察官合併偵查或合併起訴；如該管他檢察官有不同意者，由共同之直接上級檢察署檢察長或檢察總長命令之。

⑩法院組織法已將「首席檢察官」、「檢察長」之用語，修正為「檢察長」、「檢察總長」，且為配合同法第 114 條之 2 各級檢察署更名之規定，爰酌予修正本條之文字，以符法制。

第 16 條　（檢察官必要處分之準用規定）

第十三條及第十四條之規定，於檢察官行偵查時準用之。

第三章　法院職員之迴避

第 17 條　（法官自行迴避之事由）

法官於該管案件有下列情形之一者，應自行迴避，不得執行職務：

　　一　法官為被害人者。

　　二　法官現為或曾為被告或被害人之配偶、八親等內之血親、五親等內之姻親或家長、家屬者。

　　三　法官與被告或被害人訂有婚約者。

　　四　法官現為或曾為被告或被害人之法定代理人者。

　　五　法官曾為被告之代理人、辯護人、輔佐人或曾為自訴人、附帶民事訴訟當事人之代理人、輔佐人者。

　　六　法官曾為告訴人、告發人、證人或鑑定人者。

　　七　法官曾執行檢察官或司法警察官之職務者。

　　八　法官曾參與前審之裁判者。

⑩一、序文「左列」一語修正為「下列」，以符現行法規用語。

二、法院組織法已將「推事」之用語，修正為「法官」，爰配合為文字修正，以符法制。

◇迴避制度的法理基礎：基於公平審判原則，法官應維持客觀第三者之角色來審判。若有具體事

刑事訴訟法

第一編　總　則　（第一八～一九條）

由足認法官欠缺中立性，即應排除該名法官參與審判。

◇關於「前審」之解釋：本條第 8 款所謂的前審，學說上有認為係參與過同一案件「前一次」審判的法官，應在當事人救濟之審判中迴避，以防先前心證已成，對被告不利，此即**拘束說**。大法官釋字第 178 號解釋則採取「**審級說**」，定義前審為：同一法官，針對同一案件曾參與下級審之裁判而言。兩說差異主要顯現於「更審」與「再審」，均為同級法院審判，依審級說沒有法官迴避之問題；但若依照部分學者採取的拘束說，只要參與過本案先前的審判，即應迴避。

▲【28 聲 10】推事於該案件曾參與前審之裁判者，依刑事訴訟法（舊）第 17 條第 8 款規定，固應自行迴避，但**再審案件其參與原確定判決之推事，並不在該款應行迴避之列。**

▲【29 上 3276】刑事訴訟法第 17 條第 8 款所謂推事曾參與前審之裁判應自行迴避者，係指其對於當事人所聲明不服之裁判，曾經參與，按其性質，不得再就此項不服案件執行裁判職務而言，至**推事曾參與第二審之裁判，經上級審發回更審後，再行參與，其前後所參與者，均為第二審之裁判，與曾參與當事人所不服之第一審裁判，而再參與其不服之第二審裁判者不同，自不在應自行迴避之列。**

▲【90 臺上 7832】推事（即法官）曾參與前審裁判之應自行迴避原因，係指同一法官，就同一案件，曾參與下級審之裁定或判決者而言，**如僅曾參與審判期日前之調查程序，並未參與該案之裁判，依法即毋庸自行迴避。**

▲【102 臺抗 143 裁】**對於確定判決提起再審之訴者，其參與該確定判決之法官，於再審程序，應自行迴避。**業經司法院大法官會議分別以釋字第 178、256 號解釋在案。該 256 號雖係就民事訴訟法第 32 條第 7 款之規定而為解釋，但其解釋文及解釋理由書已指明：訴訟法關於法官應自行迴避之規定，乃在使法官不得於其曾參與之裁判之救濟程序執行職務，以保持法官客觀超然之立場，而維審級之利益及裁判之公平。**依同一理由，於刑事訴訟程序，自亦有其適用。**

第 18 條　　（聲請迴避(一)──事由）

當事人遇有下列情形之一者，得聲請法官迴避：

　　一　法官有前條情形而不自行迴避者。

　　二　法官有前條以外情形，足認其執行職務有偏頗之虞者。

⑩一、序文「左列」一語修正為「下列」，以符現行法規用語。

二、法院組織法已將「推事」之用語，修正為「法官」，爰配合為文字修正，以符法制。

▲【79 臺抗 318】刑事訴訟法第 18 條第 2 款規定，得聲請法官迴避原因之所謂「足認其執行職務有偏頗之虞者」，係指**以一般通常之人所具有之合理觀點，對於該承辦法官能否為公平之裁判，均足產生懷疑；且此種懷疑之發生，存有其完全客觀之原因，而非僅出諸當事人自己主觀之判斷者，始足當之。**至於訴訟上之指揮乃專屬於法院之職權，當事人之主張、聲請，在無礙於事實之確認以及法的解釋適用之範圍下，法院固得斟酌其請求以為訴訟之進行，但仍不得以此對當事人之有利與否，作為其將有不公平裁判之依據，更不得以此訴訟之進行與否而謂有偏頗之虞聲請法官迴避。

▲【102 臺抗 1077 裁】按刑事訴訟法第 18 條第 2 款對於不公正法官拒絕事由之規定，係從當事人之觀點質疑法官有不能期待公平為客觀性之審判，冀使其不得參與特定之審判程序，或者應從所參與之審判程序退出，**乃規範法官之個案退場機制，為法定法官原則之例外容許**。法官執行職務是否有偏頗之虞，足以構成迴避之原因，應本諸客觀之情事，就各種情形，作**個別具體之觀察，亦即應以個案之訴訟上全部行為有無足生不公平之裁判為判斷標準**。案件於審判終將結言詞辯論前，亦即案件尚未解明以前，合議庭法官若一致性地或多數意見潛露出被告為有罪之見解，則此一行為因已經以違反無罪推定方式形成被告有罪心證之預斷，顯然不當侵害被告受憲法保障公平審判之權利，固應認為足資懷疑其公平審判之理由，構成迴避之原因。惟設若**在言詞辯論之前，僅受命法官一人於準備程序就有關調查證據或訴訟指揮為不法或不當之處分，或即令受命法官在與辯護人就有關調查證據程序之詢答中，有予人預想為不利判決之感覺者，被告亦不得以之有「不為公平審判」之虞，而聲請該受命法官迴避。**

第 19 條　　（聲請迴避(二)──時期）

I．前條第一款情形，不問訴訟程度如何，當事人得隨時聲請法官迴避。

II.前條第二款情形，如當事人已就該案件有所聲明或陳述後，不得聲請法官迴避。但聲請迴避之原因發生在後或知悉在後者，不在此限。

⑩法院組織法已將「推事」之用語，修正為「法官」，爰配合為文字修正，以符法制。

第 20 條　（聲請迴避㈢──程序）

I.聲請法官迴避，應以書狀舉其原因向法官所屬法院為之。但於審判期日或受訊問時，得以言詞為之。

II.聲請迴避之原因及前條第二項但書之事實，應釋明之。

III.被聲請迴避之法官，得提出意見書。

⑩一、法院組織法已將「推事」之用語，修正為「法官」，第 1 項及第 3 項爰配合為文字修正，以符法制。

二、第 2 項未修正。

◇釋明：與「證明」不同，釋明指使法官相信事實大約如此的心證程度即足夠，不用達到堅強的心證。

▲【85 臺抗 278 裁】刑事訴訟法係採職權主義，當事人主張之事實是否可信，應由法院依職權調查……故刑事訴訟法第 20 條第 2 項之釋明，**僅需敘明其證明方法為已足，毋庸提出即時調查，可使法院信其主張為真實之證據**。

第 21 條　（聲請迴避㈣──裁定）

I.法官迴避之聲請，由該法官所屬之法院以合議裁定之，其因不足法定人數不能合議者，由院長裁定之；如並不能由院長裁定者，由直接上級法院裁定之。

II.前項裁定，被聲請迴避之法官不得參與。

III.被聲請迴避之法官，以該聲請為有理由者，毋庸裁定，即應迴避。

⑩法院組織法已將「推事」之用語，修正為「法官」，爰配合為文字修正，以符法制。

第 22 條　（聲請迴避㈤──效力）

法官被聲請迴避者，除因急速處分或以第十八條第二款為理由者外，應即停止訴訟程序。

⑩法院組織法已將「推事」之用語，修正為「法官」，爰配合為文字修正，以符法制。

▲【28 抗 11】抗告意旨謂，抗告人前已聲請原縣審判官迴避，依刑事訴訟法（舊）第 22 條應停止訴訟程序，故抗告人聲請審判官迴避後，該審判官對於抗告人之羈押期間，固不得聲請延長，即法院亦不應率行准許云云，查**該案所謂訴訟程序，係指應速急處分以外之程序**而言，本案第一審縣司法處審判官，雖經抗告人聲請迴避，但於抗告人羈押期間行將屆滿，認為有繼續羈押之必要，向原法院聲請延長，係一種急速處分，原法院據以裁定准予延長二月，於法並無不合。

第 23 條　（聲請迴避㈥──裁定駁回之救濟）

聲請法官迴避經裁定駁回者，得提起抗告。

⑩法院組織法已將「推事」之用語，修正為「法官」，爰配合為文字修正，以符法制。

第 24 條　（職權裁定迴避）

I.該管聲請迴避之法院或院長，如認法官有應自行迴避之原因者，應依職權為迴避之裁定。

II.前項裁定，毋庸送達。

⑩一、法院組織法已將「推事」之用語，修正為「法官」，第 1 項爰配合為文字修正，以符法制。

二、第 2 項未修正。

第 25 條　（書記官、通譯迴避之準用）

I.本章關於法官迴避之規定，於法院書記官及通譯準用之。但不得以曾於下級法院執行書記官或通譯之職務，為迴避之原因。

II.法院書記官及通譯之迴避，由所屬法院長裁定之。

⑩一、法院組織法已將「推事」之用語，修正為「法官」，第 1 項爰配合為文字修正，以符法制。

二、第 2 項未修正。

第 26 條　（檢察官、檢察事務官及辦理檢察事務書記官迴避之準用）

I.第十七條至第二十條及第二十四條關於法官迴避之規定，於檢察官、檢察事務官及辦理檢察事務之書記官準用之。但不得以曾於下級檢察署執行檢察官、檢察事務官、書記官或通譯之職務，為迴避之原因。

Ⅱ.檢察官、檢察事務官及前項書記官之迴
避，應聲請所屬檢察長或檢察總長核定
之。

Ⅲ.檢察長之迴避，應聲請直接上級檢察署檢
察長或檢察總長核定之；其檢察官僅有一
人者，亦同。

⑩一、檢察事務官與檢察官、書記官同屬檢察機關
之職員，並依法院組織法第 66 條之 3 規定，受檢
察官之指揮，處理實施搜索、扣押、勘驗或執行
拘提；詢問告訴人、告發人、被告、證人或鑑定
人；襄助檢察官執行同法第 60 條所定其他職權等
事務，為免涉及私情，或存有成見，致影響被告
或告訴人權益，迴避之相關規定同有適用於檢察
事務官之必要，爰於第 1 項增訂檢察事務官亦準
用第 17 條至第 20 條及第 24 條關於法官迴避之
規定，且於第 2 項增訂檢察事務官之迴避，應聲
請所屬檢察長或檢察總長核定之。
二、法院組織法已將「推事」、「首席檢察官」、
「檢察長」之用語，修正為「法官」、「檢察長」、
「檢察總長」，且為配合同法第 114 條之 2 各級檢
察署更名之規定，爰酌予修正本條各項之文字，
以符法制。

第四章　辯護人、輔佐人及代理人

第 27 條　（辯護人㈠──選任時期及選任人）

Ⅰ.被告得隨時選任辯護人。犯罪嫌疑人受司
法警察官或司法警察調查者，亦同。

Ⅱ.被告或犯罪嫌疑人之法定代理人、配偶、
直系或三親等內旁系血親或家長、家屬，
得獨立為被告或犯罪嫌疑人選任辯護人。

Ⅲ.被告或犯罪嫌疑人因精神障礙或其他心
智缺陷無法為完全之陳述者，應通知前項
之人得為被告或犯罪嫌疑人選任辯護人。
但不能通知者，不在此限。

⑭原條文第 3 項通知選任辯護人規定，僅限智能障
礙者，為避免其他心智障礙，如自閉症、精神障
礙、失智症等族群有此需求但被排除，特參考民
法第 14 條、刑法第 19 條修正為精神障礙或其他
心智缺者，擴大於所有心智障礙類族群。
◇**選任辯護人之時機**：本法規定被告得隨時選任

辯護人，也包含訴訟程序之初的偵查階段。
◇**無法為完全之陳述**：指不能理解自己在刑事訴
訟程序中的地位、權利與義務等，無法正確精準
地為訴訟行為。
◇**親屬獨立選任辯護人**：第 2 項所稱「獨立」係
指其選任不受被告意思所左右，得自行為被告選
任辯護人。

第 28 條　（辯護人㈡──人數限制）
每一被告選任辯護人，不得逾三人。

第 29 條　（辯護人㈢──資格）
辯護人應選任律師充之。但審判中經審判
長許可者，亦得選任非律師為辯護人。

第 30 條　（辯護人㈣──選任程序）
Ⅰ.選任辯護人，應提出委任書狀。
Ⅱ.前項委任書狀，於起訴前應提出於檢察官
或司法警察官；起訴後應於每審級提出於
法院。

第 31 條　（強制辯護案件與辯護人之指定）
Ⅰ.有下列情形之一，於審判中未經選任辯護
人者，審判長應指定公設辯護人或律師為
被告辯護：
一　最輕本刑為三年以上有期徒刑案
件。
二　高等法院管轄第一審案件。
三　被告因精神障礙或其他心智缺陷
無法為完全之陳述者。
四　被告具原住民身分，經依通常程序
起訴或審判者。
五　被告為低收入戶或中低收入戶而
聲請指定者。
六　其他審判案件，審判長認有必要
者。
Ⅱ.前項案件選任辯護人於審判期日無正當
理由而不到庭者，審判長得指定公設辯護
人或律師。
Ⅲ.被告有數人者，得指定一人辯護。但各被
告之利害相反者，不在此限。
Ⅳ.指定辯護人後，經選任律師為辯護人者，
得將指定之辯護人撤銷。
Ⅴ.被告或犯罪嫌疑人因精神障礙或其他心

智缺陷無法為完全之陳述或具原住民身分者，於偵查中未經選任辯護人，檢察官、司法警察官或司法警察應通知依法設立之法律扶助機構指派律師到場為其辯護。但經被告或犯罪嫌疑人主動請求立即訊問或詢問，或等候律師逾四小時未到場者，得逕行訊問或詢問。

⑩原條文第 1 項第 3 款中的強制辯護案件其指定公設辯護人或律師為被告辯護規定，及第 5 項關於偵查中需指派律師為其辯護的案件，均僅限智能障礙者。為避免其他心智障礙，如自閉症、精神障礙、失智症等族群有此需求但被排除，特參考民法第 14 條、刑法第 19 條修正為精神障礙或其他心智缺者，擴大於所有心智障礙類族群。

◇**強制辯護案件之判斷基準時點**：起訴時符合本條第 1 項各款強制辯護之情形，即應強制辯護，否則法院所作之判決違背法令（第 379 條第 7 款）。若起訴時被告或犯罪嫌疑人並無本條第 1 項各款之情形，直到審理中始生強制辯護之情形，此時審判長即應指定辯護，審理程序始得續行。

◇**強制辯護之適用時期**：現行法區分為偵查中及審判中強制辯護。前者限定在被告或犯罪嫌疑人精神障礙或其他心智缺陷無法為完全之陳述或具有原住民身分，由檢察官、司法警察（官）通知法律扶助機構指派律師到場為其辯護。後者則是本條第 1 項各款，包含重罪、高等法院為第一審之罪、原住民身分、中低收入戶身分、精神障礙或心智缺陷等情形。

◇**實質有效辯護**：**指給予辯護人充分的時間與便利，與當事人討論並準備辯護**。實務上認為縱使形式上辯護人到庭辯護，卻未在卷宗內看見辯護人提出辯護書狀或上訴理由書狀，與未經辯護無異，即認定未經實質有效之辯護（68 臺上 1046）。

◇**強制辯護案件諭知無罪判決**：強制辯護或已指定辯護人之案件，若辯護人未到庭即審理，所作之判決當然違背法令（第 379 條第 7 款）。早期實務有認為倘法院諭知被告無罪之判決，縱使辯護人未到庭辯護，仍難指為違法（79 臺上 338）。晚近則有實務承認強制辯護案件之辯護人未到庭即審判，「固屬違法」，惟諭知被告無罪，辯護人未到庭之違法於訴訟程序無影響，不得作為上訴第三審之理由。學說因此批評「有無違法」與「能否上訴第三審」是兩個層次的問題。最高法院認定違法卻不得上訴第三審，恐有架空第 379 條當

然違背法令之上訴第三審事由。

◇**共同辯護**：數名被告在同一刑事程序中，原則上得指定一名辯護人為其辯護，即共同辯護。**被告之間利害相反**時，例外禁止之。學說上頗有檢討之聲，除了認為選任辯護也應該類推適用共同辯護，亦即數名被告可選任一人辯護之外，由於共同辯護會因為訴訟策略差異而產生潛在利害衝突，從而立法論上建議禁止共同辯護；另有學說主張選任辯護之共同辯護，應尊重當事人之自主。

▲【68 臺上 1046】 戡亂時期貪污治罪條例第 4 條第 1 款侵占公用財物罪，最輕本刑為十年以上有期徒刑，依刑事訴訟法第 31 條規定，屬於強制辯護之案件，**原審審判筆錄，雖有律師陳述辯護意旨如辯護書所載字樣，但核閱卷宗，該律師未曾提出任何辯護書狀或上訴理由狀，與未經辯護無異，所踐行之訴訟程序，自屬不合。**

第 31 條之 1　　（偵查中之羈押審查程序辯護人之指定）

I.偵查中之羈押審查程序未經選任辯護人者，審判長應指定公設辯護人或律師為被告辯護。但等候指定辯護人逾四小時未到場，經被告主動請求訊問者，不在此限。

II.前項選任辯護人無正當理由而不到庭者，審判長得指定公設辯護人或律師。

III.前條第三項、第四項之規定，於第一項情形準用之。

⑩一、本條新增。

二、偵查中檢察官向法院聲請羈押被告，係起訴前拘束人身自由最嚴重之強制處分，是自應予以最高程度之程序保障。爰參酌司法院釋字第 737 號解釋意旨，增訂第 1 項規定，將強制辯護制度擴及於偵查中檢察官聲請羈押、延長羈押、再執行羈押被告之法院審查及其救濟程序，原則上採強制辯護制度。但考量偵查中之羈押審查程序有其急迫性，與本案之審理程序得另定相當之期日者有別，法院如現實上無公設辯護人之設置，指定辯護人事實上又有無法及時到庭之困難時，若被告無意願久候指定辯護人到庭協助辯護，自應予以尊重，爰配合增訂第 1 項但書，俾資彈性運用。至於抗告審如未開庭，而採書面審理，自無但書等候指定辯護人規定之適用；又本於司法資源之合理有效利用，且如被告業經羈押，其後續所面臨之程序，已與檢察官聲請羈押當時所面臨

之急迫性有所不同，自應有不同之考量。是以，第1項所謂偵查中之羈押審查程序，自不包括法院已裁准羈押後之聲請撤銷羈押、停止羈押、具保、責付或限制住居等程序，附此敘明。

三、偵查中之羈押審查程序，選任辯護人無正當理由不到庭者，為免延宕羈押審查程序之進行，審判長自得另行指定公設辯護人或律師為被告辯護，爰參考第31條第2項之規定，增訂第2項。

四、第31條第3項、第4項之規定，於第1項之指定辯護及選任辯護亦同斯旨，爰增訂第3項，明定亦準用之。

第32條 （數辯護人送達文書之方法）

被告有數辯護人者，送達文書應分別為之。

第33條 （辯護人之閱卷、抄錄、重製或攝影）

I 辯護人於審判中得檢閱卷宗及證物並得抄錄、重製或攝影。

II 被告於審判中得預納費用請求付與卷宗及證物之影本。但卷宗及證物之內容與被告被訴事實無關或足以妨害另案之偵查，或涉及當事人或第三人之隱私或業務秘密者，法院得限制之。

III 被告於審判中經法院許可者，得在確保卷宗及證物安全之前提下檢閱之。但有前項但書情形，或非屬其有效行使防禦權之必要者，法院得限制之。

IV 對於前二項之但書所為限制，得提起抗告。

V 持有第一項及第二項卷宗及證物內容之人，不得就該內容為非正當目的之使用。

⑩一、依現行實務，辯護人閱卷得以影印、電子掃描等重製方式為之，惟原規定「抄錄或攝影」，得否含括上開方式，非無爭議，爰修正第1項，以臻明確。又法庭錄音或錄影內容，非屬卷宗及證物之範圍，自不得依本條規定聲請抄錄、重製、攝影或請求付與，惟當事人及依法得聲請閱覽卷宗之人仍得循法院組織法相關規定，聲請法院許可交付，附此敘明。

二、被告於審判中之卷證獲知權，屬其受憲法訴訟權保障所應享有之防禦權，自得親自直接行使而毋庸經由辯護人輾轉獲知，且不應因被告有無

辯護人而有差別待遇。又刑事案件之卷宗及證物，係據以進行審判程序之重要憑藉，基於憲法正當法律程序原則，除卷宗及證物之內容與被告被訴事實無關或足以妨害另案之偵查，或涉及當事人或第三人之隱私或業務秘密者，法院得予以限制外，自應使被告得以獲知其被訴案件卷宗及證物之全部內容，俾能有效行使防禦權。再者，在現代科學技術日趨便利之情況下，透過電子卷證或影印、重製卷宗及證物之方式，可已更有效率提供被告卷證資料，以及減少提解在押被告至法院檢閱卷證之勞費，爰修正第2項。又依司法院釋字第762號解釋意旨，本項前段所稱之影本，在解釋上應及於複本（如翻拍證物之照片、複製電磁紀錄及電子卷證等）。至審判中法院認尚有卷證未依第264條第3項之規定一併送交法院者，得依第273條第6項之規定定相當期間，以裁定命檢察官補正，附此敘明。

三、為確保被告於審判中之訴訟主體地位，如法院認為適當者，在確保卷證安全之前提下，自得許其親自檢閱卷證；惟倘有第2項但書之情形，或檢閱卷證並非被告有效行使防禦權之必要方式者，法院自得予以限制，爰參考前揭解釋意旨，增訂第3項。又依第222條第2項之規定，法院作成許可與否之裁定前，本得衡情徵詢檢察官、辯護人等訴訟關係人，或權益可能受影響之第三人意見，或為其他必要之調查。另於判斷檢閱卷證是否屬被告有效行使防禦權所必要時，法院宜審酌其充分防禦之需要、案件涉及之內容、有無替代程序、司法資源之有效運用等因素，綜合認定之，例如被告無正當理由未先依第2項請求付與卷宗及證物之影本，即逕請求檢閱卷證，或依被告所取得之影本已得完整獲知卷證資訊，而無直接檢閱卷證之實益等情形，均難認屬其有效行使防禦權所必要，皆附此敘明。

四、被告對於法院依第2項但書或第3項但書限制卷證獲知權如有不服者，自應賦予其得提起抗告之權利，俾周妥保障其防禦權，爰增訂第4項。

五、考量被告或第三人不受律師執行業務之倫理、忠誠、信譽義務及監督懲戒機制之規範，且依電子卷證等科技方式取得之卷證內容，具有便利複製、流通快速之特性，持有第1項與第2項卷宗及證物內容之人，包括辯護人、被告及輾轉取得卷證內容之第三人，如就該內容為非正當目的之使用，恐有損及他人權益及司法公正之虞，而違反保障卷證獲知權之目的，爰增訂第5項。至就

上開卷證內容為非正當目的使用而違反相關法令或損害他人權益者，自應負相關法律責任，乃屬當然。

◇**閱卷權之法理基礎**：閱卷權之法理基礎是建立在聽審原則下的**資訊請求權**。簡言之，被告至少在審判階段有權請求知道其被控訴的罪名所依憑之證據資料，以利其準備為自己辯護。

◇**閱卷權之主體**：按閱卷權之法理基礎推導，閱卷權之主體是**被告本人**。但我國刑事訴訟法長年原則以**辯護人**作為閱卷權主體，例外於無辯護人之被告始得於審判中預納費用閱卷，近年始將審判中無辯護人之被告納為閱卷權之主體。

◇**閱卷權之適用時期**：本法限定閱卷權之行使時期，原則上在審判中。最近因應大法官釋字第737號解釋，修法將「偵查中之羈押審查程序」納入閱卷權行使範圍。簡言之，為了使辯護人或被告在法院審查羈押與否的羈押庭上，能夠有充分的資訊為自己抗辯，允許辯護人檢閱羈押審查之相關卷證資料；無辯護人之被告亦應由法院以適當方法告知卷證內容。

第33條之1　（偵查中之羈押審查程序辯護人得閱卷）

I．辯護人於偵查中之羈押審查程序，除法律另有規定外，得檢閱卷宗及證物並得抄錄或攝影。

II．辯護人持有或獲知之前項證據資料，不得公開、揭露或為非正當目的之使用。

III．無辯護人之被告於偵查中之羈押審查程序，法院應以適當之方式使其獲知卷證之內容。

⑩一、本條新增。
二、偵查中之羈押審查程序，係由檢察官提出載明羈押理由之聲請書及有關證據，向法院聲請裁准及其救濟之程序。此種聲請之理由及有關證據，係法官是否核准羈押，以剝奪被告人身自由之依據，基於憲法正當法律程序原則，除第93條第2項但書規定，得予限制或禁止部分之卷證，以及其他法律另有特別規定之外，自應許被告之辯護人得檢閱檢察官聲請羈押時送交法院之卷宗及證物並得抄錄或攝影，俾能有效行使防禦權，爰參酌司法院釋字第737號解釋意旨，增訂第1項。
三、為擔保國家刑罰權正確及有效之行使，並兼顧被告及辯護人防禦權之維護，辯護人雖得檢閱、

抄錄或攝影卷證資料，但因案件仍在偵查程序中，其檢閱、抄錄或攝影所持有或獲知之資料，自不得對外為公開、揭露並僅能為被告辯護目的之訴訟上正當使用，爰增訂第2項，明定其應遵守之義務，以明權責。至於如有刑法第132條第3項之情形者，即應依法追訴其刑責，自不待言。
四、被告有辯護人者，得經由辯護人檢閱卷宗及證物並得抄錄或攝影，以利防禦權之行使。惟如指定辯護人逾時未到，而經被告主動請求訊問者，此時被告無辯護人，既同有行使防禦權之必要，自亦應適當賦予無辯護人之被告有獲知檢察官據以聲請羈押所憑證據內容之權利。但因被告本身與羈押審查結果有切身之利害關係，如遽將全部卷證交由被告任意翻閱，將有必須特別加強卷證保護作為之勞費，為兼顧被告防禦權與司法程序之有效進行，爰增訂第3項，明定無辯護人之被告在偵查中之羈押審查程序，法院應以適當之方式使其獲知卷證內容，以利其行使防禦權。至於卷證內容究以採法官提示、告知或交付閱覽之方式，則由法官按個案情節依職權審酌之，附此敘明。

第34條　（辯護人之接見、通信權）

I．辯護人得接見羈押之被告，並互通書信。非有事證足認其有湮滅、偽造、變造證據或勾串共犯或證人者，不得限制之。

II．辯護人與偵查中受拘提或逮捕之被告或犯罪嫌疑人接見或互通書信，不得限制之。但接見時間不得逾一小時，且以一次為限。接見經過之時間，同為第九十三條之一第一項所定不予計入二十四小時計算之事由。

III．前項接見，檢察官遇有急迫情形且具正當理由時，得暫緩之，並指定即時得為接見之時間及場所。該指定不得妨害被告或犯罪嫌疑人之正當防禦及辯護人依第二百四十五條第二項前段規定之權利。

⑨一、原條文關於羈押之被告之規定，列為第1項。
二、增訂第2、3項，明確並具體訂定接見之時間、次數及接見經過時間之計算。另說明被告或犯罪嫌疑人正當防禦及辯護人之權利，係依第245條第2項前段之規定。修正之文字如下：「辯護人與偵查中受拘提或逮捕之被告或犯罪嫌疑人接見或互通書信，不得限制之。但接見時間不得

刑事訴訟法 第一編 總則 (第三四之一條)

逾一小時，且以一次為限。接見經過之時間，同為第九十三條之一第一項所定不予計入二十四小時計算之事由。前項接見，檢察官遇有急迫情形且具正當理由時，得暫緩之，並指定即時得為接見之時間及場所。該指定不得妨害被告或犯罪嫌疑人之正當防禦及辯護人依第二百四十五條第二項前段規定之權利。」

三、辯護人與羈押之被告，能在不受干預下充分自由溝通，為辯護人協助被告行使防禦權之重要內涵，應受憲法之保障。參照司法院釋字第654號解釋意旨，此自由溝通權利雖非不得以法律加以限制，惟應合乎憲法第23條比例原則規定，並應具體明確，方符憲法保障防禦權之本旨。爰就第1項為文字修正，揭明辯護人與羈押之被告得為接見及互通書信，暨得予限制之條件。至犯罪嫌疑人部分，於增訂之第2項、第3項中規範。

四、偵查中之被告或犯罪嫌疑人經拘提或逮捕到場者，為保障其訴訟上之防禦權，對其與辯護人之接見及互通書信，不得限制之。惟偵查具有時效性，未免接見時間過長，或多次接見，致妨礙偵查之進行，接見時間及次數宜有限制。又辯護人接見受拘提、逮捕到場之被告或犯罪嫌疑人之時間，並非檢察官或司法警察官使用之偵查期間，與第93條之1第1項各款情形相當，自不應列入第91條及93條第2項所定之二十四小時，爰增訂第2項，以資兼顧。

五、辯護人與偵查中受拘提或逮捕之被告或犯罪嫌疑人接見或互通書信，依第2項規定，固不得限制。惟有急迫情形，且有正當理由，例如，辯護人之接見將導致偵查行為中斷之顯然妨害偵查進行之情形時，宜例外允許檢察官為必要之處置。爰於第3項前段明定檢察官遇有急迫情形且具正當理由時，得暫緩辯護人之接見，並指定即時得為接見之時間及場所，以兼顧偵查之必要及被告之辯護依賴權。又檢察官所為之指定，應合理、妥適，不得妨害被告或犯罪嫌疑人正當防禦之權利，及辯護人依第245條第2項前段規定之在場權，爰第3項後段明定之。至司法警察（官），因調查犯罪及蒐集證據，如認有上開暫緩及指定之必要時，應報請檢察官為之。

六、如辯護人、被告或犯罪嫌疑人不服檢察官依第3項所為指定之處分，依第416條第1項第4款規定提起救濟，經法院以其指定不符合「有急迫情形且具正當理由」之要件，或妨害被告或犯罪嫌疑人正當防禦或辯護人依第245條第2項前

段規定之權利，予以撤銷或變更者，既屬指定不當，即應遵背法定程序之一種，期間所取得之證據，其證據能力之有無，應依第158條之4規定，審酌人權保障及公共利益之均衡維護定之，附此敘明。

七、本條僅以辯護人對人身自由受拘束之被告或犯罪嫌疑人之接見或互通書信為規範內涵，至於人身自由未受拘束之被告或犯罪嫌疑人，辯護人本得與之自由接見或互通書信，而無本條之適用，自屬當然。

◇**接見權**：辯護人接見偵查中的犯罪嫌疑人或羈押中的被告，並互通書信，學說上稱為「**交通權**」（翻譯自德文 Kontaktrecht，意思約為接觸之權利）。賦予辯護人接見被告，與被告「**交換意見，互通書信**」，目的在促成辯護人進行實質有效的辯護，藉此保障被告訴訟上之防禦權。

◇**接見權之程序擔保**：學說上提出**三不準則**與一項程序性擔保來同時滿足辯護人之交通權，又可防免藉機串證並維持看守所之秩序。**第一，監看而不與聞**。原則上禁止監所人員在場聽聞辯護人與被告之交談內容或錄音存證；只允許監看辯護人是否夾帶違禁品予被告等不法行為發生。簡言之，有影無聲。**第二，開拆而不閱覽**。同樣地，監所人員為了避免透過書信往來夾帶違禁物等，可以「當著被告之面」開拆檢查內容物，但禁止檢閱其信件內容。**第三，知悉而不使用**。若因特殊原因知悉了接見談話或書信內容，不得作為證明被告犯罪之證據。最後，**學說所謂「程序性擔保」，是指限制辯護人交通權必須「事前法官保留」；事後有爭議時賦予向法院提起救濟之機會，且應避免事前事後法官為同一人。**

第 34 條之 1 （辯護人之接見、通信權之限制）

I.限制辯護人與羈押之被告接見或互通書信，應用限制書。

II.限制書，應記載下列事項：

　一　被告之姓名、性別、年齡、住所或居所，及辯護人之姓名。

　二　案由。

　三　限制之具體理由及其所依據之事實。

　四　具體之限制方法。

　五　如不服限制處分之救濟方法。

III.第七十一條第三項規定，於限制書準用

之。

IV.限制書，由法官簽名後，分別送交檢察官、看守所、辯護人及被告。

V.偵查中檢察官認羈押中被告有限制之必要者，應以書面記載第二項第一款至第四款之事項，並檢附相關文件，聲請該管法院限制。但遇有急迫情形時，得先為必要之處分，並應於二十四小時內聲請該管法院補發限制書；法院應於受理後四十八小時內核復。檢察官未於二十四小時內聲請，或其聲請經駁回者，應即停止限制。

VI.前項聲請，經法院駁回者，不得聲明不服。

⑨一、本條新增。

二、限制辯護人與羈押之被告接見或互通書信，應經法院許可，為求適用上之明確，爰增訂本條第1項至第4項。至辯護人與偵查中受拘提或逮捕之被告或犯罪嫌疑人接見或互通書信，依第34條第2項規定，不得限制，自無本條之適用。

三、第2項第1款之辯護人之姓名，係指接見或互通書信權利受限制之辯護人，不及於未受限制之辯護人。

四、第2項第4款之限制方法，即係司法院釋字第654號解釋理由書所謂之限制方式及期間。至應採何種限制方法，本法未予明定，偵查中案件，應由檢察官於聲請時，敘明具體之限制方法及理由，由法院就個案予以審酌，並為具體明確之決定。另為維持押所秩序之必要，於受羈押被告與其辯護人接見時，如僅予以監看而不與聞，參酌同號解釋意旨，尚未侵害憲法保障之訴訟權，非屬本款之限制方法，毋庸經法院許可限制。

五、案件於偵查中，檢察官如認有限制辯護人與羈押之被告接見或互通書信之必要者，應以書面記載第2項第1款至第4款之事項，並檢附相關文件，聲請管轄法院許可之，爰增訂第五項前段。

六、偵查中遇有急迫情形時，為免緩不濟急，應容許檢察官先為必要之處分。惟為落實法院之審核機制，檢察官應以書面記載第2項第1款至第4款之事項，並檢附相關文件，於二十四小時內聲請該管法院補發限制書。並參考通訊保障及監察法第6條第2項，明定法院應於受理後四十八小時內核復，以維人權。如檢察官未於二十四小時內聲請補發限制書，或法院審核後，認不符要件，而予以駁回者，自應即時停止限制，以維程

序正義，爰增訂第5項但書。

七、法院於審理中依職權核發限制書，或受理檢察官之聲請，於必要時，得先聽取當事人或辯護人之意見。

八、為確保羈押之被告之防禦權，限制辯護人與之接見或互通書信，應屬例外，故不論檢察官係依第5項前段聲請限制，或依同項但書聲請補發限制書，一經法院駁回，均以不得聲明不服為宜。若檢察官認有應予限制之新事證，自得據以重新聲請，不生一事不再理之問題，乃屬當然。爰增訂第6項。

九、法院核發或補發限制書之程序，除偵查中特重急迫性及隱密性，應立即處理且審查內容不得公開外，其目的僅在判斷有無限制辯護人與羈押之被告接見或互通書信之必要，尚非認定被告有無犯罪之實體審判程序，參照第159條第2項規定，無須嚴格證明，僅以自由證明為已足。

◇限制書：辯護人接見羈押中被告，原則允許，例外得由法院依本條核發「限制書」，限制辯護人接見被告或互通書信。

第35條　（輔佐人之資格與權限）

I.被告或自訴人之配偶、直系或三親等內旁系血親或家長、家屬或被告之法定代理人於起訴後，得向法院以書狀或於審判期日以言詞陳明為被告或自訴人之輔佐人。

II.輔佐人得為本法所定之訴訟行為，並得在法院陳述意見。但不得與被告或自訴人明示之意思相反。

III.被告或犯罪嫌疑人因精神障礙或其他心智缺陷無法為完全之陳述者，應有第一項得為輔佐人之人或其委任之人或主管機關、相關社福機構指派之社工人員或其他專業人員為輔佐人陪同在場。但經合法通知無正當理由不到場者，不在此限。

⑩一、原條文第3項前段規定，僅限智能障礙者，為避免其他心智障礙，如自閉症、精神障礙、失智症等族群有此需求但被排除，特參考民法第14條、刑法第19條修正為精神障礙或其他心智缺陷者，擴大於所有心智障礙類族群。

二、關於主管機關指派之社工人員為輔佐人一事，現階段各縣市社政主管機關皆未有指派所屬社工人員為輔佐人之規定。直接服務心智障礙者之單位基於為所屬個案協助立場與知悉案件程度，似較主管機關更適合扮演輔佐人角色。

三、擔任智能障礙者之輔佐人應注重該輔佐人是否了解其溝通特質，如與該心智障礙被告或自訴人熟識，更能以其原有之信任基礎協助案件之審理。了解心智障礙特質者除了社工人員外，尚有保育員、治療師（語言、心理、物理、職能等）、特教老師等專業，因此輔佐人不應限縮於社工人員。

◇**輔佐人**：依本法，配偶、直系或三親等內旁系血親或家長、家屬或被告之法定代理人「得」為被告、自訴人的輔佐人。向法院聲請為輔佐人之形式並不限定，可以書狀為之，亦可於審判期日以言詞聲請。

▲【70 臺非 85】被告之直系血親於起訴後，得向法院以書狀陳明為被告之輔佐人，在法院陳述意見，又審判期日應通知輔佐人，此觀刑事訴訟法第 35 條及第 271 條之規定甚明。本件被告被訴侵占案件，在上訴於原法院後，其子何某曾提出聲明狀一件，陳明為被告之輔佐人，**乃原法院於審判期日，未通知該輔佐人到庭，即行辯論終結，定期宣判，揆諸前揭說明，自有判決不適用法則之違誤**。

第 36 條　（被告得委任代理人者）
最重本刑為拘役或專科罰金之案件，被告於審判中或偵查中得委任代理人到場。但法院或檢察官認為必要時，仍得命本人到場。

◇**代理人**：接受被告、自訴人、告訴人、沒收參與人等本人之委任，代替本人進行訴訟行為之人。其所為訴訟行為之效力，與本人親自為之相同。

第 37 條　（自訴人應委任代理人者）
I.自訴人應委任代理人到場。但法院認為必要時，得命本人到場。
II.前項代理人應選任律師充之。

92修正條文第 319 條第 2 項增訂後，自訴之提起應委任律師行之，而檢察官於審判期日所得為之訴訟行為，於自訴程序，係由自訴代理人為之，本條前段「自訴人『得』委任代理人到場。」爰予修正為「自訴人『應』委任代理人到場。」並增列第 2 項之規定，以資配合。

第 38 條　（被告或自訴人之代理人準用之規定）
第二十八條、第三十條、第三十二條及第三十三條第一項之規定，於被告或自訴人之代理人準用之；第二十九條之規定，於被告之代理人並準用之。

109第 33 條已於 96 年 7 月 4 日增訂第 2 項，爰配合修正之。

第 38 條之 1　（閱卷規則之訂定）
依本法於審判中得檢閱卷宗及證物或抄錄、重製或攝影之閱卷規則，由司法院會同行政院定之。

109一、本條新增。
二、辯護人及被告、自訴人之代理人或由律師擔任之告訴代理人，依本法規定於審判中得檢閱卷宗及證物或抄錄、重製或攝影，其閱卷事宜，應有一定之規範，爰增訂本條，明定相關閱卷規則授權司法院會同行政院定之。

第五章　文　書

第 39 條　（公文書製作之程序）
文書，由公務員製作者，應記載製作之年、月、日及其所屬機關，由製作人簽名。

▲【28 上 2233】文書由公務員製作者，依刑事訴訟法第 39 條之規定，除應記載製作之年月日及其所屬公署外，並應由製作人簽名，**是檢察官以當事人資格提起上訴時，自應由該檢察官在其提出之上訴書狀簽名，始為合法，否則即係違背法律上之程式**。

第 40 條　（公文書之增、刪或附記）
公務員製作之文書，不得竄改或挖補；如有增加、刪除或附記者，應蓋章其上，並記明字數，其刪除處應留存字跡，俾得辨認。

▲【80 臺上 2007】訴訟程序中，於其應為訴訟行為而使訴訟狀態為一定之推移後，固發生一定之確定狀態；然此一確定狀態是否應賦予絕對性之效力，其有錯誤是否亦不得更正，則須就法的安定性與具體的妥當性兩者予以適當之衡量而定之，非可一概而論。蓋**刑事訴訟重在國家刑罰權之實現，訴訟程序係對於判決目的之手段，於某一程度上，其手段自應隸屬於目的**。以裁判之更正而言，**倘將更正之訴訟行為視為有效**，反較視之

為無效，**更能符合訴訟整體之利益，且對被告亦不致發生不當之損害者**，為求訴訟之合目的性，**自不能僅因訴訟狀態之確定，即不許其為更正。**司法院大法官會議釋字第43號解釋所謂不影響於全案情節與判決之本旨云者，亦即此意。

第41條　（訊問筆錄之制作）

I. 訊問被告、自訴人、證人、鑑定人及通譯，應當場制作筆錄，記載下列事項：
　一　對於受訊問人之訊問及其陳述。
　二　證人、鑑定人或通譯如未具結者，其事由。
　三　訊問之年、月、日及處所。
II. 前項筆錄應向受訊問人朗讀或令其閱覽，詢以記載有無錯誤。受訊問人為被告者，在場之辯護人得協助其閱覽，並得對筆錄記載有無錯誤表示意見。
III. 受訊問人及在場之辯護人請求將記載增、刪、變更者，應將其陳述附記於筆錄。但附記辯護人之陳述，應使被告明瞭後為之。
IV. 筆錄應命受訊問人緊接其記載之末行簽名、蓋章或按指印。但受訊問人拒絕時，應附記其事由。

⑩一、序文「左列」一語修正為「下列」，以符現行法規用語。

二、辯護人基於保護被告之立場，為補強被告之防禦力，自得協助被告閱覽訊問筆錄，並對筆錄記載有無錯誤表示意見，惟原法未予明文規定辯護人得協助被告為上述行為，致生爭議，爰於第2項增訂後段之規定，以杜爭議，並增進辯護權之有效行使。

三、訊問時在場之辯護人得協助被告閱覽訊問筆錄，倘認筆錄記載有誤，應許其請求將記載增刪、變更。惟辯護人此項請求既係協助被告，自應使被告明瞭增刪、變更內容後，始將辯護人之陳述附記於筆錄，本條第2項爰予修正，併增列但書之規定，以求周延。

四、訊問筆錄應命訊問人緊接其記載之末行簽名、蓋章或按指印，以免任意填寫不實之記載，但受訊問人因種種因素而拒絕簽名，不得強迫其簽名，此時可於筆錄中記明其拒絕情形。爰於本條第4項增訂但書之規定，以維人權，並兼顧實務之運作。

◇筆錄：用來記錄訊問被告、自訴人、證人、鑑定人、通譯等的年月日時地、問答內容，並應予受訊問人閱覽或向其朗讀，經其簽名、蓋章、按捺指印表示確認無誤。倘受訊問人要求變更、增刪，應將其陳述記載於筆錄。

	訊問筆錄	審判筆錄
法規依據	§41～43	§44～48
使用時期	用於非審判期日	專用於審判期日
製作者	不限書記官	限由書記官製作
效力	法未明文	有證明力(§47)

▲【31上617】訊問被告及自訴人等所製作之筆錄，祇須向受訊問人朗讀或令其閱覽，詢以記載有無錯誤為已足，至是否於每次詢問後即時向受訊問人朗讀或令其閱覽，抑係於連續數次詢問後一併向受詢問人朗讀或令其閱覽，並無何等限制，徵諸刑事訴訟法（舊）第41條第2項之規定，可以瞭然。

▲【101臺上4435】又受訊問人之訊問筆錄若未簽名，固屬違背法定之程式，但其**效力如何，應視情形而定。**倘受訊問人係**因訊問筆錄之記載不實或出於非任意性，而拒絕簽名，已經書記官記明其事由，並經查明屬實；或受訊問人並未簽名，書記官亦未記明其事由，復無其他事證足資證明曾製作該內容之筆錄時，該筆錄是否真實可信，即屬有疑**，固均不得採為裁判之基礎；惟受訊問人若係**無故拒絕簽名，或未經許可，逕自離庭，致未及命其簽名者**，倘書記官已記明其事由，受訊問人於審理時復不否認曾製作該內容之訊問筆錄，而以證人身分受訊問者，並有受訊問人之具結書在卷可考，**則該筆錄雖未經受訊問人簽名，但既無不可信之情況，仍難謂該筆錄無證據能力。**

第42條　（搜索、扣押、勘驗筆錄之製作）

I. 搜索、扣押及勘驗，應製作筆錄，記載實施之年、月、日及時間、處所並其他必要之事項。
II. 扣押應於筆錄內詳記扣押物之名目，或製作目錄附後。
III. 勘驗得製作圖畫或照片附於筆錄。
IV. 筆錄應令依本法命其在場之人簽名、蓋章或按指印。

刑事訴訟法　第一編　總　則　（第四三～四四條）

第 43 條　（筆錄之製作人）

前二條筆錄應由在場之書記官製作之。其行訊問或搜索、扣押、勘驗之公務員應在筆錄內簽名；如無書記官在場，得由行訊問或搜索、扣押、勘驗之公務員親自或指定其他在場執行公務之人員製作筆錄。

⑫一、本條所定「書記官『制』作之」修正為「書記官『製』作之」。另「執行公務之人員『制』作筆錄」亦修正為「執行公務之人員『製』作筆錄」，以符現行法規用語。

二、第41條、第42條所定之訊問、搜索、扣押或勘驗筆錄應由在場之書記官製作之，其行訊問或搜索、扣押、勘驗之公務員並應在筆錄內簽名。若無書記官在場，得由行訊問或搜索、扣押、勘驗之公務員親自或指定其他在場執行公務之人員，如檢察事務官，司法警察（官）製作筆錄，本條爰予修正，以應實務之需要。

第 43 條之 1　（檢察事務官、司法警察官、司法警察訊問、搜索、扣押及勘驗筆錄製作之準用）

I.第四十一條、第四十二條之規定，於檢察事務官、司法警察官、司法警察行詢問、搜索、扣押時，準用之。

II.前項犯罪嫌疑人詢問筆錄之製作，應由行詢問以外之人為之。但因情況急迫或事實上之原因不能為之，而有全程錄音或錄影者，不在此限。

⑫一、本條係新增。

二、檢察事務官，司法警察（官）行詢問、搜索、扣押時，亦有製作筆錄之必要，而其筆錄製作之程式及應記載事項則應準用第41條及第42條之規定，爰於本條第1項予以規定。

三、檢察事務官、司法警察（官）行詢問時，有關犯罪嫌疑人詢問筆錄之製作，應由行詢問以外之人為之。但因情況急迫或事實上之原因不能為之，而有全程錄音或錄影者，始不受此限。爰於本條第2項規定之，以維人權，並兼顧實務之運作。

◇事實上原因不能為之：現實上無法由詢問人以外之人製作筆錄之情形。例如搜索、扣押僅有一名人員為之；或被搜之處所空間狹小，當下由搜索之人入內詢問犯罪嫌疑人，無法令他人製作筆錄；可例外透過全程錄音錄影來擔保其真實性與任意性。

第 44 條　（審判筆錄之製作）

I.審判期日應由書記官製作審判筆錄，記載下列事項及其他一切訴訟程序：

一　審判之法院及年、月、日。

二　法官、檢察官、書記官之官職、姓名及自訴人、被告或其代理人並辯護人、輔佐人、通譯之姓名。

三　被告不出庭者，其事由。

四　禁止公開者，其理由。

五　檢察官或自訴人關於起訴要旨之陳述。

六　辯論之要旨。

七　第四十一條第一項第一款及第二款所定之事項。但經審判長徵詢訴訟關係人之意見後，認為適當者，得僅記載其要旨。

八　當庭曾向被告宣讀或告以要旨之文書。

九　當庭曾示被告之證物。

十　當庭實施之扣押及勘驗。

十一　審判長命令記載及依訴訟關係人聲請許可記載之事項。

十二　最後曾與被告陳述之機會。

十三　裁判之宣示。

II.受訊問人就前項筆錄中關於其陳述之部分，得請求朗讀或交其閱覽，如請求將記載增、刪、變更者，應附記其陳述。

⑫一、本條第1項關於書記官「制」作審判筆錄及「左」列事項之文字分別修正為「製」作審判筆錄及「下」列事項，以符現行法規用語。

二、配合法院組織法之規定，本條第1項第2款「推事」之用語修正為「法官」。

三、修正條文第44條之1第1項已規定審判日應全程錄音；必要時，並得全程錄影。故而，就審判期日之訴訟程序進行，均有錄音或錄影資料為憑，為促進法庭紀錄之效率，對於第41條第1項第1款所定受訊問人之訊問及陳述暨第2款所定證人、鑑定人或通譯未具結之事由等事項，審判長得徵詢各該訴訟關係人之意見，於認為適當時，僅於審判筆錄內記載其要旨，如法院或雙方當事人認為該記載事項有所疑義時，再就錄音或錄影之內容予以核對即可，爰於本條第1項第7款增訂但書之規定，以應實務運作之需要。

四、又所稱對於受訊問人之「訊問」事項，係採

廣義之解釋，即除法官之訊問外，當事人、代理人、辯護人或輔佐人所為之詢問或詰問事項亦包含在內，特此敘明。

第 44 條之 1 　（審判期日之錄音、錄影及轉譯文書）

Ⅰ審判期日應全程錄音；必要時，並得全程錄影。

Ⅱ當事人、代理人、辯護人或輔佐人如認為審判筆錄之記載有錯誤或遺漏者，得於次一期日前，其案件已辯論終結者，得於辯論終結後七日內，聲請法院定期播放審判期日錄音或錄影內容核對更正之。其經法院許可者，亦得於法院指定之期間內，依據審判期日之錄音或錄影內容，自行就有關被告、自訴人、證人、鑑定人或通譯之訊問及其陳述之事項轉譯為文書提出於法院。

Ⅲ前項後段規定之文書，經書記官核對後，認為其記載適當者，得作為審判筆錄之附錄，並準用第四十八條之規定。

⑨②一、本條係新增。

二、為使審判期日之訴訟程序能合法、妥適地進行，並使審判筆錄之記載有所憑據，杜絕爭議，審判期日應全程錄音，於必要時，並得全程錄影，爰增訂第 1 項。

三、在本法改行「改良式當事人進行主義」以落實及強化交互詰問之要求後，有關供述證據調查之訴訟程序進行極為緊湊，為有效提升筆錄記載之正確性與完整性，當事人、代理人、辯護人或輔佐人如認為審判筆錄之記載錯誤或遺漏者，得於次一期日前，其案件已辯論終結者，得於辯論終結後七日內，聲請法院定期播放審判期日之錄音或錄影內容予以核對更正。若其徵得法院許可者，亦得在法院指定之期間內，依據審判期日之錄音或錄影，自行就有關被告、自訴人、證人、鑑定人或通譯之訊問及其陳述之事項予以整理轉譯為文書提出於法院。而該文書經書記官核對後，認為記載適當者，許作為審判筆錄之附錄，並準用第 48 條之規定。爰增訂第 2 項及第 3 項之規定，以資適用。

四、至於所稱「就有關被告、自訴人、證人、鑑定人或通譯之『訊問』」，係採廣義之解釋，即法官所為訊問外，當事人、代理人、辯護人或輔佐人所為詢問或詰問事項亦包含在內，併此敘明。

第 45 條 　（審判筆錄之整理）

審判筆錄，應於每次開庭後三日內整理之。

第 46 條 　（審判筆錄之簽名）

審判筆錄應由審判長簽名；審判長有事故時，由資深陪席法官簽名；獨任法官有事故時，僅由書記官簽名；書記官有事故時，僅由審判長或法官簽名；並分別附記其事由。

⑩法院組織法已將「推事」之用語，修正為「法官」，爰配合為文字修正，以符法制。

▲【43 臺非 69】審判筆錄應由審判長簽名，審判長有事故時，由資深陪席推事簽名，獨任推事有事故時，僅由書記官簽名，書記官有事故時，僅由審判長或推事簽名，並分別附記其事由，審判期日之訴訟程序，專以審判筆錄為證，刑事訴訟法（舊）第 46 條、第 47 條規定甚明，核閱原卷，被告甲因過失致人於死案件，原審審判期日為 43 年 6 月 16 日，宣示判決日期為同月 19 日，該兩次筆錄均載明由獨任推事某乙出庭，既因未經該推事簽名，而由書記官某丙簽名，乃未分別附記推事不能簽名之事由，其訴訟程序，顯難謂無違誤。

第 47 條 　（審判筆錄之效力）

審判期日之訴訟程序，專以審判筆錄為證。

◇審判筆錄之證明力：學說有認為本條意在排除其他證據方法。換言之，審判期日的訴訟程序，審判筆錄中有記載者即有，未記載者則無；縱使是漏未記載，也不容以其他證據方法來證明，同時亦無自由心證的空間。上級審法院也是以審判筆錄之記載來認定下級審法院之審判程序是否違法。值得注意的是，既然目前審判程序全程連續錄音，若錄音可證明事實上有踐行某訴訟程序，乃筆錄記載缺漏，其效力如何，實務見解尚待發展。

▲【68 臺上 2330】　審判期日之訴訟程序專以審判筆錄為證。又第二審審判長依刑事訴訟法第 94 條訊問被告後，應命上訴人陳述上訴之要旨，同法第 47 條、第 365 條分別著有明文，本件原審法院於公開審判時，**據審判筆錄之記載，僅命為被告之上訴人陳述上訴理由，並無命另一上訴人即**

檢察官陳述上訴要旨之記載，檢察官亦未自行陳述，致無從明其上訴之範圍，揆諸首開說明，其所踐行之程序顯不合法，其基此所為之判決，**自屬違背法令。**

第 48 條　（審判筆錄內引用文件之效力）

審判筆錄內引用附卷之文書或表示將該文書作為附錄者，其文書所記載之事項，與記載筆錄者，有同一之效力。

第 49 條　（辯護人攜同速記之許可）

辯護人經審判長許可，得於審判期日攜同速記到庭記錄。

第 50 條　（裁判書之制作）

裁判應由法官制作裁判書。但不得抗告之裁定當庭宣示者，得僅命記載於筆錄。

⑩法院組織法已將「推事」之用語，修正為「法官」，爰配合為文字修正，以符法制。

第 51 條　（裁判書之應載事項及簽名）

I.裁判書除依特別規定外，應記載受裁判人之姓名、性別、出生年月日、身分證明文件編號、住、居所；如係判決書，並應記載檢察官或自訴人並代理人、辯護人之姓名。

II.裁判書之原本，應由為裁判之法官簽名；審判長有事故不能簽名者，由資深法官附記其事由；法官有事故者，由審判長附記其事由。

⑩一、原條文第 1 項規定受裁判人之年齡，在實務上每因採用曆年計算法及週年計算法之不同而有差異，難以求其一致，又因歷訴訟時日之經過而須變更年齡之記載，且現時有關被告前科資料之輸入電腦管理均以出生年月日為準，爰將「年齡」修正為「出生年月日」。另參酌戶籍法修正已取消籍貫及職業之規定，爰刪除職業之記載；又國民身分證統一編號、護照號碼、居留證號碼等身分證明文件編號，均屬足資識別該個人之資料，爰增訂之，以符實需。

二、法院組織法已將「推事」之用語，修正為「法官」，第 2 項爰配合為文字修正，以符法制。

第 52 條　（裁判書、起訴書、不起訴處分書正本之製作）

I.裁判書或記載裁判之筆錄之正本，應由書記官依原本製作之，蓋用法院之印，並附記證明與原本無異字樣。

II.前項規定，於檢察官起訴書及不起訴處分書之正本準用之。

◇正本與原本

正本	書記官依照法官親製且簽名之裁判原本，製作成裁判正本。我國文獻有認為判決均必須作成判決書（第 50 條），故我國目前尚無本條所稱「記載裁判之筆錄」
原本	按第 51 條第 2 項，裁判書之原本係法官親自製作，由作成裁判之法官簽名。若因故不能簽名，由資深法官或審判長附記其事由

▲【72 臺抗 518】刑事判決正本送達後，發現原本錯誤，不得以裁定更正，如係正本記載之主文（包括主刑及從刑）與原本記載之主文不符，而影響全案情節及判決之本旨者，亦不得以裁定更正，應重行繕印送達，上訴期間另行起算。至若正本與原本不符之情形如僅「顯係文字誤寫，而不影響於全案情節與判決本旨」者，始得以裁定更正之。

第 53 條　（非公務員製作文書之程式）

文書由非公務員製作者，應記載年、月、日並簽名。其非自作者，應由本人簽名，不能簽名者，應使他人代書姓名，由本人蓋章或按指印。但代書之人，應附記其事由並簽名。

第 54 條　（卷宗之編訂與滅失之處理）

I.關於訴訟之文書，法院應保存者，由書記官編為卷宗。

II.卷宗滅失案件之處理，另以法律定之。

第六章　送　　達

第 55 條　（送達處所之陳明）

I.被告、自訴人、告訴人、附帶民事訴訟當事人、代理人、辯護人、輔佐人或被害人為接受文書之送達，應將其住所、居所或事務所向法院或檢察官陳明。被害人死亡者，由其配偶、子女或父母陳明之。如在法院所在地無住所、居所或事務所者，應

陳明以在該地有住所、居所或事務所之人為送達代收人。

II.前項之陳明，其效力及於同地之各級法院。

III.送達向送達代收人為之者，視為送達於本人。

⑧為強化被害人刑事訴訟之主體地位，應將犯罪被害人納入應受送達人之範圍內。

◇送達：指將刑事程序之文書，送交當事人或訴訟關係人（應受送達之人）的訴訟行為。目的在確保當事人或訴訟關係人明瞭文書之內容，保障其訴訟主體之地位。

送達方式	收件者	送達效力發生時點
本人送達	向應受送達人致送由其本人或代收人收件	送達於本人或代收人時生效
補充送達	應受送達人之同居人或受僱人	送達於該人時生效
寄存送達	送達地之自治機關或警察機關	完成寄存並黏貼通知之日起經過十日生效
留置送達	遭無故拒收而將文書放置於送達處所	放置時生效
囑託送達	受囑託者（依法律所定之人或機關）	經轉交應受送達人時生效
公示送達	擬制送到	自最後登報或通知公告之日起經三十日生效

◇陳明：指向法院（檢察官）陳述、說明，無論以書狀或言詞為之，均無不可。

▲【28上3121】某甲係被告因另案向原審陳明之送達代收人，原審乃將本案傳票送交代收，自不能發生視為送達於本人之效力，則其不待被告到庭逕行判決，自非適法。

▲【31上738】判決書送達於本人以外之人，如其人未經本人陳明為送達代收人，又非其他法定應受送達之人時，不能視為送達於本人，從而本人之上訴期間,應以其本人收受判決之翌日起算。

▲【40臺上22】刑事訴訟法第363條（現行法第371條）之逕行判決，須以被告經合法傳喚為必要條件，被告雖具保在外候訊，該具保人原無收受文件送達之權限，被告亦未經陳明其為送達代

收人，原審將指定審判期日之傳票送達具保人代收，並無合法傳喚之效力。

▲【51臺上2323】刑事訴訟法（舊）第55條第3項所稱送達向送達代收人為之者，視為送達於本人，以經本人依法陳明者為限。

第56條　（囑託送達）

I.前條之規定，於在監獄或看守所之人，不適用之。

II.送達於在監獄或看守所之人，應囑託該監所長官為之。

◇囑託：指受拘禁之人不適用本法第55條陳明送達處所或指定送達代收人之規定，而由本法直接囑託監所長官為送達。另有學說認為本條的囑託送達，不僅限監獄或看守所，而及於少年輔育院、少年觀護所及各種保安處分之處所。

▲【44臺抗3】法院對於囑託監所之人送達文件，不過應囑託監所長官代為送達，而該項文件仍應由監所長官交與應受送達人收受，始生送達之效力。

第57條　（文書送達）

應受送達人雖未為第五十五條之陳明，而其住、居所或事務所為書記官所知者，亦得向該處送達之。

⑩配合第61條新增第3項，刪除文書掛號郵寄規定，俾免重複。

第58條　（對檢察官之送達）

對於檢察官之送達，應向承辦檢察官為之；承辦檢察官不在辦公處所時，向檢察長或檢察總長為之。

⑩法院組織法已將「首席檢察官」、「檢察長」之用語，修正為「檢察長」、「檢察總長」，爰配合為文字修正，以符法制。

▲【73臺上4164】刑事訴訟法第58條所稱之承辦檢察官，基於檢察一體之原則，應不限於原起訴之檢察官。本件第一審法院之判決，因原起訴之陳檢察官職務調動，將之送達於蔡檢察官收受，而蔡檢察官曾於第一審審判期日到庭執行職務實行公訴,自屬刑事訴訟法第58條規定之承辦檢察官，收受送達當為合法。

▲【76臺上4079】檢察官得於所配置之管轄區域以外執行職務，但配置各級法院之檢察官其執

行職務或行使職權，仍屬獨立並應依法院之管轄定其分際。故**下級法院檢察官對於上級法院之判決，或上級法院檢察官對於下級法院之判決，均不得提起上訴**。同級法院之檢察官，對於非其所配置之法院之判決亦無聲明不服提起上訴之權。甲法院檢察官移轉乙法院檢察官偵查後逕向甲法院起訴之案件，甲院審理時，例由配置同院之檢察官到庭執行職務，則第一審判決後，自應向同院到庭檢察官送達，如有不服，亦應由同院檢察官提起上訴。

▲【103 臺上 650】對檢察官送達判決書，應於辦公處所向承辦檢察官為之，如承辦檢察官因公執行職務不在辦公處所，或差假不在辦公處所，或有其他不能收受送達文書之障礙事由存在時，則應即向檢察長為之；倘非前揭原因，且得在辦公處所會晤承辦檢察官者，因檢察官客觀上已可收受該應受送達之文書，猶不加收受，即應認其送達已經合法。

第 59 條　（公示送達㈠——事由）

被告、自訴人、告訴人或附帶民事訴訟當事人，有左列情形之一者，得為公示送達：
一　住所、居所、事務所及所在地不明者。
二　掛號郵寄而不能達到者。
三　因住居於法權所不及之地，不能以其他方法送達者。

◇**公示送達**：以本條所列之四種受送達人為限，因所在地址不明、掛號郵寄不達、或我國法權領域外而無其他可送達之方式，得為公示送達。公示送達之方式，先經法院或檢察長、首席檢察官、檢察官之許可，將應送達之文書或其節本，張貼於法院外牌示處（通常是一整面透明玻璃之布告欄），並將其繕本登載報紙，或以其他適當方法通知或公告之（目前可上各法院網站、或司法最新動態查詢公示送達之狀態）。有國內學者質疑公示送達對訴訟參與者「保護不足」，畢竟鮮少人會前往法院牌示處，或上網搜尋自己是否受公示送達，針對作為國家刑罰權對象的被告影響尤其重大。因此立法論上有討論之空間。

▲【41 臺非 6】㈠**公示送達**依刑事訴訟法（舊）第 59 條第 1 項第 1 款規定，**以應受送達人須有住居所、事務所及所在地不明者情形為限**，被告充任某監獄看守，業經離職，並向原審陳明住居所，原審傳票不向該住居所送達，仍以該監獄宿舍為送達處所，並以傳喚無著，予以公示送達，於法自屬有違。

第 60 條　（公示送達㈡——程式及生效期日）

I 公示送達應由書記官分別經法院或檢察總長、檢察長或檢察官之許可，除將應送達之文書或其節本張貼於法院或檢察署牌示處外，並應以其繕本登載報紙，或以其他適當方法通知或公告之。
II 前項送達，自最後登載報紙或通知公告之日起，經三十日發生效力。

⑩一、法院組織法已將「首席檢察官」、「檢察長」之用語，修正為「檢察長」、「檢察總長」。另審檢分隸後，法院與檢察署分別隸屬司法院、法務部，為各自獨立之機關，第 1 項爰配合為文字修正，以符法制。
二、第 2 項未修正。

▲【41 臺非 6】㈡公示送達，依刑事訴訟法（舊）第 60 條第 2 項規定，自最後登載報紙或通知布告之日起，經 30 日發生效力，原審最後傳喚被告之傳票，係民國 40 年 12 月 15 日公示送達，指定同年月 29 日為審判期日，是**此項傳票之送達，在審判期日尚未發生效力，乃於是日開庭審判，被告既非經有合法之傳喚，乃竟不待其到庭逕行判決，其訴訟程序，自屬違誤**。

第 61 條　（文書送達方式）

I 送達文書由司法警察或郵務機構行之。
II 前項文書為判決、裁定、不起訴或緩起訴處分書者，送達人應作收受證書、記載送達證書所列事項，並簽名交受領人。
III 拘提前之傳喚，如由郵務機構行送達者，以郵務人員為送達人，且應以掛號郵寄；其實施辦法由司法院會同行政院定之。

⑩一、現行司法實務上，各地方法院檢察署對於重大案件、不起訴處分等「重要文書」方以雙掛號方式郵寄，但諸如開庭通知、行政簽結等司法文書，除經檢察官特別簽註外，一般皆以平信寄出，但是僅以傳票為例，若以平信郵寄，很容易收到的一般民眾認為是詐騙集團的新手法，而不予理會；遇到年節、假期或是郵務繁忙，平信也是有

寄丟的可能也非常大。平信並沒有憑證機制，確認應收到信件的被告或是證人收到，以致於開庭時被告或者證人應到而未到，其責任歸屬問題，也常引起很多爭議。

二、現行「刑事訴訟法」明定，送達訴訟相關文書，除該法內有特別規外，則準用以「民事訴訟法施行法」第3條為法源依據，所訂定出「郵務機構送達訴訟文書實施辦法」，而該辦法中則特別規範郵務機構收到訴訟文書後，應按照寄掛號郵件規定，編列號數，換言之，依法民事與刑事訴訟相關文書皆應以掛號郵寄，然各地檢署卻因資源分配與預算經費等問題，未能確實執行，以致於民眾訴訟權益因郵寄問題受到損害。

三、參酌民事訴訟法第124條與行政訴訟法第62條增訂第3項，明定由郵務機構送達者，應以掛號郵寄，相關實施辦法由司法院會同行政院定之。

▲【75臺上5951】送達證書與收受證書，俱為送達之司法警察所製作，一在向命送達之機關陳明其送達之事實及時間，一在向收領人證明其為送達之事實與時間，**以杜送達不正確之流弊，原應兩相符合。如有不符，或無送達證書可稽，而依收受證書之記載，已足以證明收領人收受文書之時間及事實，自應據以認定其送達之效力。**

第62條　（民事訴訟法送達規定之準用）
送達文書，除本章有特別規定外，準用民事訴訟法之規定。

▲【49臺抗33】刑事送達文書，依刑事訴訟法（舊）第62條，除本章有特別規定外，固可準用民事訴訟法之規定，惟民事訴訟法第137條第1項**所謂同居人，係指與應受送達人居在一處共同為生活者**而言，代收某判決書之乙，係其房東之妻，並非同居人，倘未經陳明為送達代收人，其送達即非合法。

▲【82臺上2723】送達於住居所、事務所或營業所不獲會晤應受送達人者，得將文書付與有辨別事理能力之同居人或受僱人，為民事訴訟法第137條前段所明文規定；此項規定依刑事訴訟法第62條於刑事訴訟程序，亦在準用之列。至**所稱之「同居人」云者，雖不必有親屬關係，亦毋庸嚴格解釋為須以永久共同生活為目的而同居一家；然必係與應受送達人居住在一處，且繼續的為共同生活者，方為相當。**

第七章　期日及期間

第63條　（期日之傳喚或通知義務）
審判長、受命法官、受託法官或檢察官指定期日行訴訟程序者，應傳喚或通知訴訟關係人使其到場。但訴訟關係人在場或本法有特別規定者，不在此限。

⑩法院組織法已將「推事」之用語，修正為「法官」，爰配合為文字修正，以符法制。

◇訴訟關係人：指訴訟當事人或其他參與訴訟，與訴訟有關之人。

第64條　（期日之變更或延展）
I 期日，除有特別規定外，非有重大理由，不得變更或延展之。
II.期日，經變更或延展者，應通知訴訟關係人。

第65條　（期間之計算）
期間之計算，依民法之規定。

◇期日與期間

期日	法院、檢察官、訴訟參與者約好特定日期時間在某處集合並為訴訟行為，該特定時日稱為期日。例如審判期日，或法條上未明文的訊問期日、勘驗期日等
期間	指法律規定，或經過指定，訴訟參與者於一定期限內應為或不得為特定訴訟行為之該段特定期限。例如：上訴期間（第349條為二十日）、抗告期間（第406條為五日）等。實務上，檢察官若因文書不符程式而須補正，得逕行指定補正期間。另外，學說亦有將期間分為**不變期間**與**訓示期間**。前者又稱失權期間，指若於該期間內不為特定訴訟行為，期間經過後，即失去該權利，例如遲誤上訴期間，不得再上訴；後者則僅止於訓示規定，逾期並不喪失權利，例如提出答辯書期間（第383條第1項）

▲【59臺上469】期間之計算，依民法之規定，刑事訴訟法第65條定有明文，而依民法第122條規定，於一定期間內，應為意思表示者，其期間之末日為星期日、紀念日或其他休息日時，以其休息日之次日代之，至每逢星期六下午，自經政府規定為休息時間，停止辦公後，倘適為上訴期

間之末日，應以星期一上午代之，復經司法行政部會同本院於民國 55 年 11 月 8 日補充規定，通告在案，**故上訴期間之末日如為星期六，而其上訴書狀遲至星期一上午始行到達法院者，尚難認其上訴逾期。**

第 66 條　（在途期間之扣除）

I.應於法定期間內為訴訟行為之人，其住所、居所或事務所不在法院所在地者，計算該期間時，應扣除其在途之期間。

II.前項應扣除之在途期間，由司法行政最高機關定之。

◇**在途期間之扣除**：指依照距離法院較遠或交通險阻，期間之計算必須適度延長（亦即將在途期間扣除），避免訴訟參與者運誤期間。在途期間扣除之多寡，可參考司法院所訂之《法院訴訟當事人在途期間標準》等。

▲【29 抗 75】法院送達文書向本人之送達代收人為之者，依法固視為送達於本人，但法院向送達代收人送達文書，與本人之向法院為訴訟行為，係屬兩事，前項文書由送達代收人收受後，而**應於法定期間內為訴訟行為之本人，其住所或事務所不在法院所在地者，計算該期間時，自應仍扣除在途之期間。**

第 67 條　（回復原狀㈠──條件）

I.非因過失，遲誤上訴、抗告或聲請再審之期間，或聲請撤銷或變更審判長、受命法官、受託法官裁定或檢察官命令之期間者，於其原因消滅後五日內，得聲請回復原狀。

II.許用代理人之案件，代理人之過失，視為本人之過失。

⑩一、法院組織法已將「推事」之用語，修正為「法官」，第 1 項爰配合為文字修正，以符法制。
二、第 2 項未修正。

◇**回復原狀**：法定之不變期間若有遲誤，即生失權之效果，目的在維護法安定性。但如非因當事人或代理人之過失而遲誤上訴、裁定、聲請再審等期間，應除去失權效果，回復其訴訟法上之權利。

▲【院 1372】刑事訴訟第三審上訴人補提上訴理由書，係完成上訴之訴訟行為，遲誤此項期間，與遲誤上訴期間同，如具有非因過失之條件，自得聲請回復原狀。

▲【28 抗 63】抗告意旨謂，民聲請再審，於接受裁定之次日，即染病十餘日不省人事，致遲誤抗告期間，當時延醫診治有藥方可憑，應請回復原狀云云，**如果所稱病重不省人事，不能以本人之意思踐行訴訟上必要之行為，致遲誤法定抗告期間，尚難謂其遲誤由於自己之過失，**原審於抗告人所稱情形果否屬實，未加調查，僅以此項抗告並非不可遣人代行，即認其聲請為無理由，裁定駁回，自屬不合。

▲【29 上 3809】㈠送達文件向送達代收人為之者，視為送達於本人，刑事訴訟法（舊）第 55 條第 3 項既定有明文，則**送達代收人之過失，自應視為本人之過失，**本件為上訴人代收送達之某甲，收到判決書後不為注意轉交，致上訴人未能如期上訴，雖屬於某甲之過失，要亦應視為上訴人因過失而遲誤上訴期間，自不得執為聲請回復原狀之理由。

▲【31 抗 21】聲請回復原狀，原為救濟遲誤法定期間之一種程序，故當事人提起上訴後，縱經上訴法院認為逾越上訴期間而駁回，仍得以非因過失遲誤上訴期間為理由，而聲請回復原狀。

▲【41 臺抗 20】聲請回復原狀，應以當事人非因過失不能遵守期間者為限，在押於看守所之被告，應經看守所長提出上訴書狀，如不能自作書狀，亦可由看守所之公務員代作，**其不依此項程序致誤上訴期限者，不能以因求人解釋判決內容以致逾期，謂非過失。**

▲【43 臺上 57】上訴人遲誤上訴期間，縱如所稱第三子染有重病須時刻在旁照料，夫又在外經營小販，其餘家人數口均老少無能，致不能如期來臺北呈遞上訴書狀等情屬實，然既非不能以本人之意思或其他方法依期上訴，則其遲誤期間，仍不得謂無過失，即與刑事訴訟法（舊）第 67 條第 1 項之規定未合。

▲【103 臺抗 529 裁】惟按回復原狀，以當事人本有不能遵守期限之情形為前提，如因法院未履行送達判決程序，以致上訴期限無從進行者，自不發生回復原狀問題（本院 22 年上字第 1371 號判例參照）。是以，刑事訴訟法第 67 條第 1 項所定「非因過失，遲誤上訴……期間者，於其原因消滅後五日內，得聲請回復原狀」之規定，係指已經合法送達之案件，非因過失，遲誤上訴期間者而言，倘**未經合法送達之案件，即不發生回復原狀問題**。再抗告人聲請意旨既謂其未收到判決書及送達通知書，主張法院之寄存送達為不合法，

據以聲請回復原狀，即與上開規定之「回復原狀」要件不合。

第 68 條　（回復原狀㈡──聲請之程序）

Ⅰ.因遲誤上訴或抗告或聲請再審期間而聲請回復原狀者，應以書狀向原審法院為之。其遲誤聲請撤銷或變更審判長、受命法官、受託法官裁定或檢察官命令之期間者，向管轄該聲請之法院為之。
Ⅱ.非因過失遲誤期間之原因及其消滅時期，應於書狀內釋明之。
Ⅲ.聲請回復原狀，應同時補行期間內應為之訴訟行為。

⑩一、法院組織法已將「推事」之用語，修正為「法官」，第 1 項爰配合為文字修正，以符法制。
二、第 2 項及第 3 項未修正。

▲【30 聲 12】 因遲誤上訴期間而聲請回復原狀者，應向原審法院為之，刑事訴訟法（舊）第 68 條第 1 項定有明文，**此所謂原審法院，係指原判決之法院**而言，換言之，即遲誤第二審上訴期間者，第一審法院為原審法院，遲誤第三審上訴期間者，第二審法院為原審法院，不因管轄上訴之法院對其上訴曾否加以裁判而有異，縱使管轄上訴之法院曾因其上訴逾期將其上訴駁回，而該上訴人以其逾期非因本人或代理人之過失所致，聲請回復原狀，其原審法院仍係原為第一審或第二審判決之法院，而非因其上訴逾期予以駁回之上訴法院。

第 69 條　（回復原狀㈢──聲請之裁判）

Ⅰ.回復原狀之聲請，由受聲請之法院與補行之訴訟行為合併裁判之；如原審法院認其聲請應行許可者，應繕具意見書，將該上訴或抗告案件送由上級法院合併裁判。
Ⅱ.受聲請之法院於裁判回復原狀之聲請前，得停止原裁判之執行。

▲【28 上 4166】 聲請回復原狀，縱使原審法院認為應行許可，上級法院合併裁判時，如認為不應許可者，仍可予以駁回。

▲【29 上 3809】㈡因遲誤上訴期間聲請回復原狀，應以原審法院為受聲請之法院，上訴人因遲誤第三審上訴期間，以同一書狀向原審聲請回復原狀，並補行上訴程序，按諸刑事訴訟法（舊）第 69 條第 1 項，自應由原審予以合併裁判，原審

核其聲請未能准許，即未便認為上訴合法，遂將其上訴併予駁回，自無違法之可言。

第 70 條　（回復原狀㈣──聲請再議期間之回復）

遲誤聲請再議之期間者，得準用前三條之規定，由原檢察官准予回復原狀。

第八章　被告之傳喚及拘提

第 71 條　（書面傳喚）

Ⅰ.傳喚被告，應用傳票。
Ⅱ.傳票，應記載下列事項：
一　被告之姓名、性別、出生年月日、身分證明文件編號及住、居所。
二　案由。
三　應到之日、時、處所。
四　無正當理由不到場者，得命拘提。
Ⅲ.被告之姓名不明或因其他情形有必要時，應記載其足資辨別之特徵。被告之出生年月日、身分證明文件編號、住、居所不明者，得免記載。
Ⅳ.傳票，於偵查中由檢察官簽名，審判中由審判長或受命法官簽名。

⑩一、第 1 項未修正。
二、第 2 項序文「左列」一語修正為「下列」，以符現行法規用語。
三、配合原條文第 51 條第 1 項關於「年齡」之記載修正為「出生年月日」及增訂「身分證明文件編號」，爰修正第 2 項第 1 款及第 3 項，以求體例一致。另參酌戶籍法修正已取消籍貫之規定，爰刪除原條文第 2 項第 1 款關於「籍貫」之記載。
四、法院組織法已將「推事」之用語，修正為「法官」，第 4 項爰配合為文字修正，以符法制。

◇**強制處分之種類**

強制處分	對人處分	傳喚、拘提、逮捕、通緝、羈押、身心鑑定、人身搜索等
	對物處分	搜索、扣押、鑑定、勘驗

◇**傳喚**：通知被告、證人、鑑定人、自訴人等到法庭應訊之行為。學說上對於傳喚是否屬於強制處分有爭議，一般認為傳喚並未施以強制力，仍與拘提、逮捕、羈押等以強制力為後盾的直接強制處分有別，而歸類為**間接強制處分**。

▲【28 上 1747】 共同被告若不止一人，仍應作

成傳票分別予以傳喚，**始為合法**，如果僅向共同被告中之一人送達傳票，縱令該傳票內載有其他被告之姓名，而其對於未受送達之被告，並不發生合法傳喚之效力。

第 71 條之 1　（到場詢問通知書）

I.司法警察官或司法警察，因調查犯罪嫌疑人犯罪情形及蒐集證據之必要，得使用通知書，通知犯罪嫌疑人到場詢問。經合法通知，無正當理由不到場者，得報請檢察官核發拘票。

II.前項通知書，由司法警察機關主管長官簽名，其應記載事項，準用前條第二項第一款至第三款之規定。

◇**通知書**：由司法警察（官）使用，目的在通知犯罪嫌疑人到場接受調查、蒐證等。學說認為通知的本質就是傳喚，但為了避免給人司法警察（官）擴權之印象而區分用語。學說指出，在本條第 2 項準用前條第 2 項第 1 款至第 3 款，並未準用第 4 款，因此犯罪嫌疑人收到通知書不到場，效果是「得報請檢察官核發拘票」；與「被告無正當理由不到場，得拘提之」相同。然而，本法不強制要求將得拘提的要件記載於通知書上，不當突襲犯罪嫌疑人，飽受批評。

第 72 條　（口頭傳喚）

對於到場之被告，經面告以下次應到之日、時、處所及如不到場得命拘提，並記明筆錄者，與已送達傳票有同一之效力。被告經以書狀陳明屆期到場者亦同。

▲【63 臺上 2071】**自訴人之傳喚**，依刑事訴訟法第 327 條第 3 項準用同法第 72 條之規定，對於到場之自訴人必經面告以下次應到之日、時、處所，**及如不到場得命拘提，並記明筆錄者，始與已送達傳票有同一之效力**，核閱原審筆錄僅有「上訴人（按即自訴人）不另傳」字樣，**並無如不到場得命拘提之記載，不能謂上訴人已受合法之傳喚**。

第 73 條　（對在監所被告之傳喚）

傳喚在監獄或看守所之被告，應通知該監所長官。

第 74 條　（傳喚之效力㈠——按時訊問）

被告因傳喚到場者，除確有不得已之事故外，應按時訊問之。

第 75 條　（傳喚之效力㈡——拘提）

被告經合法傳喚，無正當理由不到場者，得拘提之。

◇**拘提**：拘提可分為二種：**一般拘提**與**逕行拘提**（第 76 條）。拘提之目的在於強制受拘提人在一定的時間內到特定處所接受訊問，以保全人（犯罪嫌疑人或被告）或保全物（證據資料）。若有犯罪嫌疑重大之前提，並有第 76 條所列之事由，得跳過傳喚之程序，逕行拘提之。

第 76 條　（不經傳喚逕行拘提事由）

被告犯罪嫌疑重大，而有下列情形之一者，必要時，得不經傳喚逕行拘提：

一　無一定之住、居所者。

二　逃亡或有事實足認為有逃亡之虞者。

三　有事實足認為有湮滅、偽造、變造證據或勾串共犯或證人之虞者。

四　所犯為死刑、無期徒刑或最輕本刑為五年以上有期徒刑之罪者。

⑩逕行拘提係為達確保被告到場，並兼具保全證據之功能，乃以強制力於一定期間內拘束被告人身之自由，其干預人民基本權之手段與其所要達成之目的間，必須符合比例原則，本條序文「左列」一語修正為「下列」，以符現行法規用語，並增列「必要時」等文字，以期妥當之運用。

第 77 條　（拘提㈠——拘票）

I.拘提被告，應用拘票。

II.拘票，應記載左列事項：

一　被告之姓名、性別、年齡、籍貫及住、居所。但年齡、籍貫、住、居所不明者，得免記載。

二　案由。

三　拘提之理由。

四　應解送之處所。

III.第七十一條第三項及第四項之規定，於拘票準用之。

第 78 條　（拘提㈡——執行機關）

I.拘提，由司法警察或司法警察官執行，並得限制其執行之期間。

II.拘票得作數通，分交數人各別執行。

第 79 條　（拘提㈢——執行程序）
拘票應備二聯，執行拘提時，應以一聯交被告或其家屬。

第 80 條　（拘提㈣——執行後之處置）
執行拘提後，應於拘票記載執行之處所及年、月、日、時；如不能執行者，記載其事由，由執行人簽名，提出於命拘提之公務員。

第 81 條　（警察轄區外之拘提）
司法警察或司法警察官於必要時，得於管轄區域外執行拘提，或請求該地之司法警察官執行。

第 82 條　（囑託拘提）
審判長或檢察官得開具拘票應記載之事項，囑託被告所在地之檢察官拘提被告；如被告不在該地者，受託檢察官得轉囑託其所在地之檢察官。

第 83 條　（對現役軍人之拘提）
被告為現役軍人者，其拘提應以拘票知照該管長官協助執行。

第 84 條　（通緝㈠——法定原因）
被告逃亡或藏匿者，得通緝之。

◇通緝：被告逃亡或藏匿者，偵查中由檢察或首席檢察官，審判中由審判長簽發通緝書，通知附近或各處檢察官、司法警察機關；若有必要，得登報或以其他方式公告周知。

第 85 條　（通緝㈡——通緝書）
I.通緝被告，應用通緝書。
II.通緝書，應記載下列事項：
一　被告之姓名、性別、出生年月日、身分證明文件編號、住、居所，及其他足資辨別之特徵。但出生年月日、住、居所不明者，得免記載。
二　被訴之事實。
三　通緝之理由。
四　犯罪之日、時、處所。但日、時、處所不明者，得免記載。
五　應解送之處所。

III.通緝書，於偵查中由檢察總長或檢察長簽名，審判中由法院院長簽名。

⑩一、第1項未修正。
二、第2項序文「左列」一語修正為「下列」，以符現行法規用語。
三、配合原條文第51條第1項關於「年齡」之記載修正為「出生年月日」及增訂「身分證明文件編號」及原條文第71條第2項修正刪除「籍貫」之記載，爰修正第2項第1款，以求體例一致。
四、法院組織法已將「首席檢察官」、「檢察長」之用語，修正為「檢察長」、「檢察總長」，第3項爰配合為文字修正，以符法制。

第 86 條　（通緝㈢——方法）
通緝，應以通緝書通知附近或各處檢察官、司法警察機關；遇有必要時，並得登載報紙或以其他方法公告之。

第 87 條　（通緝㈣——效力及撤銷）
I.通緝經通知或公告後，檢察官、司法警察官得拘提被告或逕行逮捕之。
II.利害關係人，得逕行逮捕通緝之被告，送交檢察官、司法警察官，或請求檢察官、司法警察官逮捕之。
III.通緝於其原因消滅或已顯無必要時，應即撤銷。
IV.撤銷通緝之通知或公告，準用前條之規定。

第 88 條　（現行犯與準現行犯）
I.現行犯，不問何人得逕行逮捕之。
II.犯罪在實施中或實施後即時發覺者，為現行犯。
III.有左列情形之一者，以現行犯論：
一　被追呼為犯罪人者。
二　因持有兇器、贓物或其他物件或於身體、衣服等處露有犯罪痕跡，顯可疑為犯罪人者。

◇現行犯：犯罪在實施中或實施後即時發覺，為現行犯，不論何人均可逮捕之。附帶一提，本條亦得作為刑法第21條依法令之行為，可阻卻強制罪或私行拘禁等妨害自由罪之違法性。
◇準現行犯：若欠缺當場、即時發覺等要件，僅能以現行犯論，為本條第3項「準現行犯」。第1款

之情形，應**以當下客觀情形判斷**該人是否為犯罪嫌疑人；第 2 款之情形，有學說認為應受「**時間限制**」，限定在犯罪發生數小時內，始得認定為準現行犯。否則持有贓物，可能經年累月，早已不具備「現行」之要素，賦予任何人均可逮捕之權限，將不當侵害被逮捕人之人權，甚至侵蝕國家作為追訴犯罪主體之地位。

▲【院解 3395】㈣刑事訴訟法第 88 條第 2 項所稱之「**即時**」，係指犯罪實施中或犯罪實施後之當時而言，來文所舉情形與該條例所稱「即時」不同。

▲【102 臺上 447】被追呼為犯罪人者，或因持有兇器、贓物或其他物件，或於身體、衣服等處露有犯罪痕跡，顯可疑為犯罪人者，為準現行犯。準現行犯以現行犯論，不問何人得逕行逮捕之，無須令狀，不受司法審查，故準現行犯之逮捕，在時間上須與犯罪行為終了有相當之密接性，始足以擔保犯罪與犯人之明確性，而與現行犯同視，以契合憲法所保障之正當法律程序。

第 88 條之 1 （偵查犯罪逕行拘提事由）

I 檢察官、司法警察官或司法警察偵查犯罪，有下列情形之一而情況急迫者，得逕行拘提之：
　一　因現行犯之供述，且有事實足認為共犯嫌疑重大者。
　二　在執行或在押中之脫逃者。
　三　有事實足認為犯罪嫌疑重大，經被盤查而逃逸者。但所犯顯係最重本刑為一年以下有期徒刑、拘役或專科罰金之罪者，不在此限。
　四　所犯為死刑、無期徒刑或最輕本刑為五年以上有期徒刑之罪，嫌疑重大，有事實足認為有逃亡之虞者。
II 前項拘提，由檢察官親自執行時，得不用拘票；由司法警察官或司法警察執行時，以其急迫情況不及報告檢察官者為限，於執行後，應即報請檢察官簽發拘票。如檢察官不簽發拘票時，應即將被拘提人釋放。
III 檢察官、司法警察官或司法警察，依第一項規定程序拘提犯罪嫌疑人，應即告知本人及其家屬，得選任辯護人到場。

⑩一、第 1 項序文「左列」一語修正為「下列」，以

符現行法規用語。

二、本法第 130 條及第 131 條第 1 項於 90 年 1 月 12 日修正後，該二條文中所定「拘提」一詞，已包含原條文之「逕行拘提」在內，故檢察官、司法警察官或司法警察依原條文規定逕行拘提時，應逕適用本法第 130 條及第 131 條第 1 項之規定，而無準用上開規定之必要，是為求條文簡潔起見，爰刪除第 3 項之規定。

三、98 年 4 月 22 日總統以華總一義字第09800096331 號公布之公民與政治權利國際公約及經濟社會文化權利國際公約施行法第 2 條規定，兩公約所揭示保障人權之規定，具有國內法律之效力。公民與政治權利國際公約第 9 條第 2 項規定：「執行逮捕時，應當場向被捕人宣告逮捕原因，並應隨即告知被控案由。」本諸公約精神，檢察官、司法警察官或司法警察，依第 1 項規定程序逕行拘提犯罪嫌疑人者，亦應即告知本人及其家屬得選任辯護人到場，惟原條文第 4 項易生由受拘提之犯罪嫌疑人告知本人及其家屬得選任辯護人到場之誤解，爰修正第 4 項，以資明確，並遞移為第 3 項。

四、第 2 項未修正。

第 89 條 （拘捕之告知及注意事項）

I 執行拘提或逮捕，應當場告知被告或犯罪嫌疑人拘提或逮捕之原因及第九十五條第一項所列事項，並注意其身體及名譽。
II 前項情形，應以書面將拘提或逮捕之原因通知被告或犯罪嫌疑人及其指定之親友。

⑩一、原條文移列為第 1 項。

二、公民與政治權利國際公約及經濟社會文化權利國際公約施行法第 2 條規定，兩公約所揭示保障人權之規定，具有國內法律之效力。公民與政治權利國際公約第 9 條第 2 項規定：「執行逮捕時，應當場向被捕人宣告逮捕原因，並應隨即告知被控案由。」爰修正本條第 1 項文字，以與上開公約內容相契合。

三、憲法第 8 條第 2 項規定：「人民因犯罪嫌疑被逮捕拘禁時，其逮捕拘禁機關應將逮捕拘禁原因，以書面告知本人及其本人指定之親友。」爰增訂第 2 項，以符憲法規定。

第 89 條之 1 （戒具之使用）

I 執行拘提、逮捕或解送，得使用戒具。但不得逾必要之程度。

II.前項情形，應注意被告或犯罪嫌疑人之身體及名譽，避免公然暴露其戒具；認已無繼續使用之必要時，應即解除。

III.前二項使用戒具之範圍、方式、程序及其他應遵行事項之實施辦法，由行政院會同司法院定之。

⑩一、本條新增。

二、執行拘提、逮捕或解送之人員，為維護拘提、逮捕或解送過程之秩序及安全，固得使用戒具，惟對被告或犯罪嫌疑人使用戒具，係限制其身體自由，而影響其權益，故使用戒具時，必須符合比例原則之要求，不得浮濫使用戒具，以維人權，爰增訂第 1 項規定，俾資規範。

三、使用戒具之目的，在確保國家刑罰權之順利行使，惟對被告或犯罪嫌疑人使用戒具，不僅限制其身體自由，並易造成名譽上損害，故執行人員依第 1 項規定對被告或犯罪嫌疑人施用戒具時，對於其身體及名譽，應為特別之維護與注意。執行人員於認為已無對被告或犯罪嫌疑人繼續使用戒具之必要，應立即解除其身體受戒具施用之狀態，爰增訂本條第 2 項規定。

四、為配合第 1 項及第 2 項之規定，爰增訂第 3 項，就第 1 項及第 2 項使用戒具之範圍、方式、程序及其他應遵行事項之實施辦法，授權行政院會同司法院定之，俾利實務運作。

第 90 條　（強制拘捕）

被告抗拒拘提、逮捕或脫逃者，得用強制力拘提或逮捕之。但不得逾必要之程度。

第 91 條　（拘捕被告之解送）

拘提或因通緝逮捕之被告，應即解送指定之處所；如二十四小時內不能達到指定之處所者，應分別其拘提或通緝者為法院或檢察官，先行解送較近之法院或檢察機關，訊問其人有無錯誤。

⑧一、本條原所規定之「三日」，修正為「二十四小時」，以符合憲法保障人權之意旨。

二、拘提或因通緝逮捕之被告，如二十四小時內不能解送到達指定之處所者，明定分別視其係拘提或通緝者為法院或檢察官，以決定先行解送之處所，俾求明確。

第 92 條　（逮捕現行犯後之處理）

I.無偵查犯罪權限之人逮捕現行犯者，應即送交檢察官、司法警察官或司法警察。

II.司法警察官、司法警察逮捕或接受現行犯者，應即解送檢察官。但所犯最重本刑為一年以下有期徒刑、拘役或專科罰金之罪、告訴或請求乃論之罪，其告訴或請求已經撤回或已逾告訴期間者，得經檢察官之許可，不予解送。

III.對於第一項逮捕現行犯之人，應詢其姓名、住所或居所及逮捕之事由。

⑧基於告訴乃論案件具備合法之告訴係訴訟條件，在司法警察機關之階段既然告訴已經撤回或已逾告訴期間者，自無再將人犯解送檢察官之必要，亦可使人犯之人身自由不受到不當之拘束，同時減輕檢察官訊問之負擔。因此，修正本條第 2 項，增列所犯係告訴或請求乃論之罪其告訴或請求已經撤回或已逾告訴期間者，得不解送。

◇**告訴期間**：本條課予司法警察（官）原則上應解送現行犯予檢察官之義務。依本法第 237 條，告訴乃論之罪的告訴期間，自有告訴權人知悉犯人之時起算，六個月內提出告訴。

第 93 條　（即時訊問、聲請羈押）

I.被告或犯罪嫌疑人因拘提或逮捕到場者，應即時訊問。

II.偵查中經檢察官訊問後，認有羈押之必要者，應自拘提或逮捕之時起二十四小時內，以聲請書敘明犯罪事實並所犯法條及證據與羈押之理由，備具繕本並檢附卷宗及證物，聲請該管法院羈押之。但有事實足認有湮滅、偽造、變造證據或勾串共犯或證人等危害偵查目的或危害他人生命、身體之虞之卷證，應另行分卷敘明理由，請求法院以適當之方式限制或禁止被告及其辯護人獲知。

III.前項情形，未經聲請者，檢察官應即將被告釋放。但如認有第一百零一條第一項或第一百零一條之一第一項各款所定情形之一而無聲請羈押之必要者，得逕命具保、責付或限制住居；如不能具保、責付或限制住居，而有必要情形者，仍得聲請法院羈押之。

IV.前三項之規定，於檢察官接受法院依少年

事件處理法或軍事審判機關依軍事審判法移送之被告時，準用之。

V.法院於受理前三項羈押之聲請，付予被告及其辯護人聲請書之繕本後，應即時訊問。但至深夜仍未訊問完畢，被告、辯護人及得為被告輔佐人之人得請求法院於翌日日間訊問，法院非有正當理由，不得拒絕。深夜始受理聲請者，應於翌日日間訊問。

VI.前項但書所稱深夜，指午後十一時至翌日午前八時。

⑩一、第1項未修正。

二、偵查階段之羈押審查程序，係由檢察官提出載明被告所涉犯罪事實並所犯法條與羈押理由之聲請書及提出有關證據，向法院聲請裁准及其救濟之程序。此種聲請羈押之理由及有關證據，係法官是否裁准羈押以剝奪被告人身自由之依據，檢察官向法院聲請羈押時，自應以聲請書載明被告所涉之犯罪事實、法條、證據清單及應予羈押之理由，並備具聲請書繕本及提出有關證據於法院，如未載明於證據清單之證據資料，既不在檢察官主張之範圍內，法院自毋庸審酌。此外，配合第33條之1規定，已賦予辯護人閱卷權。惟卷證資料如有事實足認有湮滅、偽造、變造證據或勾串共犯或證人等危害偵查目的或危害他人生命、身體之虞，而欲限制或禁止被告及其辯護人獲知者，檢察官為偵查程序之主導者，熟知案情與偵查動態，檢察官自應將該部分卷證另行分卷後敘明理由，並將限制或禁止部分遮掩、封緘後，由法官提供被告及辯護人檢閱、提示或其他適當方式為之，以兼顧偵查目的之維護以及被告及其辯護人防禦權之行使，爰參酌司法院釋字第737號解釋意旨，修正第2項及增訂但書規定。至於法院究採何種方式，使被告及其辯護人獲知檢察官據以聲請羈押之證據及理由為適當，自應審酌具體個案之情節後決定，附此敘明。

三、第3項、第4項未修正。

四、為即時使被告及辯護人獲知檢察官據以聲請羈押之理由，法院於受理羈押之聲請後，自應先付予其聲請書之繕本，俾被告及辯護人有所依憑。又為配合法院組織法第14條之1關於強制處分庭之設置，且本法亦已增訂偵查中之羈押審查程序，辯護人就檢察官送交法院之卷宗及證物，原則上享有完整的閱卷權，則被告之辯護人於偵查

中之羈押審查程序亦應有合理之閱卷及與被告會面時間，以利被告及辯護人有效行使其防禦權。再者，實務上被告經常於警察機關、檢察官接續詢（訊）問後，經檢察官聲請羈押，又須再度面臨法官深夜訊問，恐已有疲勞訊問之虞。為尊重人權，確保被告在充分休息且於意識清楚之情況下，始接受訊問，爰修正第5項規定，明定法院受理偵查中檢察官聲請羈押案件之深夜訊問要件，以保障人權。

五、第6項未修正。

▲【98臺上4209】……故司法警察（官）**明知被告或犯罪嫌疑人已表明需選任辯護人，自應待其辯護人到場後，即刻訊問，不得無故拖延。**如司法警察（官）待犯罪嫌疑人所選任之**辯護人到場後，卻刻意拖延，不遵守應即時詢問之規定，而於其辯護人離去後，始加詢問，使犯罪嫌疑人未獲辯護人之諮商及協助，自有礙於其防禦權之充分行使。**此種情形，較之於詢問之初未告知得選任辯護人，尤為嚴重；且**既屬明知而有意為之，自屬惡意。**因此，依舉輕以明重之法理，司法警察（官）**以此方法違背刑事訴訟法第93條第1項即時詢問之規定時；其所取得被告或犯罪嫌疑人之不利供述證據，難認有證據能力。**

▲【101臺上2165】　由於偵查機關無羈押之權限，其依法拘提、逮捕被告或犯罪嫌疑人，即應踐行同法第93條之規定，**以實質正當之法定程序為之。**該條第1項對被告或犯罪嫌疑人受拘提、逮捕後之訊問，……明定為「應即時訊問」，係**基於人權保障程序應實質正當之要求。**則在偵查機關依法拘提、逮捕被告或犯罪嫌疑人後之暫時留置期間，**應以防止其逃亡、湮滅罪證、勾串共犯或證人及確認其犯罪嫌疑是否重大等保全事項而為處置，非以實施積極偵查為其主要目的。**故檢察官對於依法拘提、逮捕到場之被告或犯罪嫌疑人，應依該條之規定，以第94條至第100條之1所定之方法為即時訊問。**此時訊問之內容，以釐清第93條第2項、第3項聲請法院羈押或認無羈押之必要，逕命具保、責付或限制住居等相關事項為限。**因此，第93條第2項所規定之二十四小時限制，偵查機關雖依上揭方法為訊問，縱仍在法定期限或法定障礙期限內，仍不得有不必要之遲延，以防止偵查機關利用該期限，在非公開之偵訊處所，為違背實質正當法律程序，侵害憲法所保障基本人權之行為。倘檢察官或司法警察（官）專為取得自白，對於拘提、逮捕到場之被

告或犯罪嫌疑人為遲延訊（詢）問，**利用其突遭拘捕，心存畏懼、恐慌之際，為使被告或犯罪嫌疑人自白或取得正犯與共犯之犯罪資料，而不斷以交談、探詢、引導或由多人輪番之方法為說服之行為，待取得被告或犯罪嫌疑人已屈服之說詞或是掌握案情後，始依正常程序製作筆錄並錄音。** 在此情形下，被告或犯罪嫌疑人精神及身體可認處於恐懼、壓迫之環境，意思之自由自受壓制，其因此所作之陳述，難謂出於任意性，此種偵查手段非但與憲法保障人身自由所必須踐行之實質正當法律程序相悖，且與第156條第1項「其他不正之方法」之要件相符，其證據能力自應予以排除。而將被告或犯罪嫌疑人轉換為證人加以訊問，有上揭情形者亦同。但檢察官之遲延訊問確有正當理由者，不在此限，自不待言。

第 93 條之 1 （法定障礙事由不予計入）

I.第九十一條及前條第二項所定之二十四小時，有下列情形之一者，其經過之時間不予計入。但不得有不必要之遲延：

一　因交通障礙或其他不可抗力事由所生不得已之遲滯。

二　在途解送時間。

三　依第一百條之三第一項規定不得為詢問者。

四　因被告或犯罪嫌疑人身體健康突發之事由，事實上不能訊問者。

五　被告或犯罪嫌疑人因表示選任辯護人之意思，而等候辯護人到場致未予訊問者。但等候時間不得逾四小時。其等候第三十一條第五項律師到場致未予訊問或因精神障礙或其他心智缺陷無法為完全之陳述，因等候第三十五條第三項經通知陪同在場之人到場致未予訊問者，亦同。

六　被告或犯罪嫌疑人須由通譯傳譯，因等候其通譯到場致未予訊問者。但等候時間不得逾六小時。

七　經檢察官命具保或責付之被告，在候保或候責付中者。但候保或候責付時間不得逾四小時。

八　犯罪嫌疑人經法院提審之期間。

II.前項各款情形之經過時間內不得訊問。

III.因第一項之法定障礙事由致二十四小時內無法移送該管法院者，檢察官聲請羈押時，並應釋明其事由。

⑩⑭一、將原條文第1項序文文字「左列」修正為「下列」以符現行法規用語。

二、原條文第1項第5款修正為「被告或犯罪嫌疑人因表示選任辯護人之意思，而等候辯護人到場致未予訊問者。但等候時間不得逾四小時。其等候第三十一條第五項律師到場致未予訊問或因精神障礙或其他心智缺陷無法為完全之陳述，因等候第三十五條第三項經通知陪同在場之人到場致未予訊問者，亦同。」。

三、公民與政治權利國際公約及經濟社會文化權利國際公約施行法第2條規定，兩公約所揭示保障人權之規定，具有國內法律之效力。公民與政治權利國際公約第14條第3款第2目之規定：「審判被控刑事罪時，被告一律有權平等享受下列最低之保障：給予充分之時間及便利，準備答辯並與其選任之辯護人聯絡。」本諸公約精神，偵查中，被告或犯罪嫌疑人猝然遭拘提或逮捕，恐不及選任辯護人，為保障被告或犯罪嫌疑人實質之辯護依賴權，無辯護人之被告或犯罪嫌疑人因選任辯護人，其等候辯護人到場之時間，自應列為法定障礙事由。又配合民國102年1月23日修正公布第31條第5項規定，被告或犯罪嫌疑人因精神障礙或其他心智缺陷無法為完全之陳述或具原住民身分者，於警詢或偵查中等候檢察官、司法警察官或司法警察通知法律扶助機構指派律師到場為其辯護之時間，亦應同列為法定障礙事由。爰修正第1項第5款文字，以資明確。又所謂「等候辯護人到場」時間，包含「選任」辯護人之時間，且此期間依第2項規定不得訊問，故於訊問時，無辯護人之被告或犯罪嫌疑人因表示選任辯護人之意思時，應即停止訊問，自屬當然。至於第31條第5項之情形，於警詢或偵查中等候法律扶助律師之經過時間，但不得逾四小時，分別不予計入二十四小時。

第八章之一　限制出境、出海

第 93 條之 2 （被告犯罪嫌疑重大，檢察官或法官得逕行限制出境、出海之情形）

I.被告犯罪嫌疑重大，而有下列各款情形之

一者，必要時檢察官或法官得逕行限制出境、出海。但所犯係最重本刑為拘役或專科罰金之案件，不得逕行限制之：

一　無一定之住、居所者。

二　有相當理由足認有逃亡之虞者。

三　有相當理由足認有湮滅、偽造、變造證據或勾串共犯或證人之虞者。

II.限制出境、出海，應以書面記載下列事項：

一　被告之姓名、性別、出生年月日、住所或居所、身分證明文件編號或其他足資辨別之特徵。

二　案由及觸犯之法條。

三　限制出境、出海之理由及期間。

四　執行機關。

五　不服限制出境、出海處分之救濟方法。

III.除被告住、居所不明而不能通知者外，前項書面至遲應於為限制出境、出海後六個月內通知。但於通知前已訊問被告者，應當庭告知，並付與前項之書面。

IV.前項前段情形，被告於收受書面通知前獲知經限制出境、出海者，亦得請求交付第二項之書面。

⑩一、本條新增。

二、限制出境、出海係為保全被告到案，避免逃匿國外，致妨礙國家刑罰權行使之不得已措施，然本法原尚乏明文規定，爰增訂本條第1項，明定被告必須有第1款至第3款所定之事由，且有必要時，始得逕行限制出境、出海。但所犯如係最重本刑為拘役或專科罰金之案件，依本法第36條之規定，既係許用代理人之案件，自無逕行限制出境、出海之必要，以兼顧憲法第10條、第23條限制人民居住及遷徙自由權應符合比例原則之意旨。

三、限制出境、出海，涉及憲法第10條居住及遷徙自由權之限制，自應盡早使被告獲知，以及早為工作、就學或其他生活上之安排，並得及時循法定程序救濟。但考量限制出境、出海後如果立即通知被告，反而可能因而洩漏偵查先機，或導致被告立即逃匿，致國家刑罰權無法實現。為保障被告得適時提起救濟之權利，並兼顧檢察官偵查犯罪之實際需要，爰增訂本條第2項、第3項，明定除被告住、居所不明而不能通知者外，逕行

限制出境、出海時，至遲應於法定期間內，以書面通知被告及其書面之應記載事項。惟被告如經檢察官或法官為訊問者，既已無過早通知恐致偵查先機洩漏或被告逃匿之疑慮，且基於有權利即有救濟之原則，人民權利遭受侵害時，應使其獲得及時有效救濟之機會，此時檢察官或法官即應當庭告知被告業經限制出境、出海之旨，並付與第2項之書面，以利救濟，爰增訂第3項但書規定，以周全被告訴訟權之保障。

四、被告於收受第2項之書面通知前，如藉由境管機關通知等方式，獲知受限制出境、出海者，亦得請求交付第2項之書面，俾保障其得及時依法救濟之權利，爰增訂第4項。

第93條之3　（偵查或審判中限制出境、出海之期限）

I.偵查中檢察官限制被告出境、出海，不得逾八月。但有繼續限制之必要者，應附具體理由，至遲於期間屆滿之二十日前，以書面記載前條第二項第一款至第四款所定之事項，聲請該管法院裁定之，並同時以聲請書繕本通知被告及其辯護人。

II.偵查中檢察官聲請延長限制出境、出海，第一次不得逾四月，第二次不得逾二月，以延長二次為限。審判中限制出境、出海每次不得逾八月，犯最重本刑為有期徒刑十年以下之罪者，累計不得逾五年；其餘之罪，累計不得逾十年。

III.偵查或審判中限制出境、出海之期間，因被告逃匿而通緝之期間，不予計入。

IV.法院延長限制出境、出海裁定前，應給予被告及其辯護人陳述意見之機會。

V.起訴或判決後案件繫屬法院或上訴審時，原限制出境、出海所餘期間未滿一月者，延長為一月。

VI.前項起訴後繫屬法院之法定延長期間與偵查中所餘限制出境、出海之期間，算入審判中之期間。

⑩一、本條新增。

二、偵查中之案件考量拘提、逮捕、羈押之程序，涉及憲法第8條對被告人身自由之剝奪，較諸直接限制出境、出海僅係對於憲法第10條居住及遷徙自由權之限制為嚴重。是若可藉由直接限制出境、出海以達保全被告之目的者，自應先許在一

定期間內之限制，得由檢察官逕為處分，而無庸一律必須進行羈押審查程序後，再由法官作成限制出境、出海之替代處分。再者，偵查中檢察官依第93條第3項但書之規定，認被告無聲請羈押之必要者，亦得逕為替代處分，若此時有限制被告出境、出海之必要，授權由檢察官逕行為之，即可立即將被告釋放；若一律採法官保留原則，勢必仍須將被告解送法院，由法官審查是否對被告限制出境、出海，反而係對被告人身自由所為不必要之限制，爰兼顧偵查實務之需要，增訂本條第1項及其但書規定，並俾避免偵查中之案件，過度長期限制被告之居住及遷徙自由權。此外，明定檢察官於聲請法院延長限制出境、出海時，應逕以聲請書繕本通知被告及其辯護人，以保障渠等之意見陳述權。又法院受理檢察官延長限制出境、出海之聲請案件時，因案件仍在偵查中，自應遵守偵查不公開原則，附此敘明。

三、較長期限制人民之居住及遷徙自由權，如有一定程度之法官保留介入與定期之審查制度，較能兼顧國家刑罰權之行使與被告居住及遷徙自由權之保障。再者，限制人民出境、出海之期間，亦應考量偵查或審判之性質，及所涉犯罪情節與所犯罪名之輕重，而定其最長期間，以符合憲法第23條之比例原則，爰考量現行偵查及審判實務之需要，以及被告是否具有逃避偵查程序之可歸責事由等情形，增訂本條第2項、第3項。

四、延長限制出境、出海可事前審查，且不具有急迫性，則是否有延長之必要，法官除應視偵查及審判程序之實際需要，依職權審查外，適度賦予被告及其辯護人意見陳述權，亦可避免偏斷，並符干涉人民基本權利時，原則上應給予相對人陳述意見機會之正當法律程序原則，爰增訂本條第4項。

五、考量案件經提起公訴或法院裁判後，受理起訴或上訴之法院未及審查前，如原限制出境、出海之期間即將屆滿或已屆滿，可能致被告有逃匿國外之空窗期。為兼顧國家刑罰權之行使，與現行訴訟制度及實務運作之需要，爰增訂本條第5項，明定於起訴後案件繫屬法院時，或案件經起上訴而卷宗及證物送交上訴審法院時，如原限制出境、出海所餘期間未滿一個月者，一律延長為一個月，並由訴訟繫屬之法院或上訴審法院逕行通知入出境、出海之主管機關。

六、案件經提起公訴而繫屬法院後所延長之限制出境、出海期間，以及偵查中所餘限制出境、出

海之期間，參考現行偵查中具保效力延長至審判中之實務運作方式，明定其限制出境、出海之效力，均計入審判中之期間，視為審判中之逕行限制出境、出海。至於期間屆滿後，是否有延長限制出境、出海之必要，則由法院視訴訟進行之程度及限制之必要性，依職權審酌之，爰增訂本條第6項，以杜爭議。

第93條之4　（視為撤銷限制出境、出海之情形）

被告受不起訴處分、緩起訴處分，或經諭知無罪、免訴、免刑、緩刑、罰金或易以訓誡或第三百零三條第三款、第四款不受理之判決者，視為撤銷限制出境、出海。但上訴期間內或上訴中，如有必要，得繼續限制出境、出海。

⑩⑧一、本條新增。

二、被告受不起訴處分、緩起訴處分，或經諭知無罪、免訴、免刑、緩刑、罰金或易以訓誡或第303條第3款、第4款不受理之判決者，既已無限制出境、出海之必要性，自應視為撤銷，分別由檢察官或法院通知入出境、出海之主管機關解除限制。但案件在上訴期間內或上訴中，基於現行訴訟制度第二審仍採覆審制，上訴後仍可能改判有罪，如僅因第一審曾判決無罪即應撤銷限制出境、出海，而不能再繼續限制，自非妥適。爰參考本法第259條第1項、第316條之規定，增訂本條及其但書規定。至於繼續限制之期間，仍應受審判中最長限制期間之限制，自屬當然。

第93條之5　（被告及其辯護人得聲請撤銷或變更限制出境、出海）

I. 被告及其辯護人得向檢察官或法院聲請撤銷或變更限制出境、出海。檢察官於偵查中亦得為撤銷之聲請，並得於聲請時先行通知入出境、出海之主管機關，解除限制出境、出海。

II. 偵查中之撤銷限制出境、出海，除依檢察官聲請者外，應徵詢檢察官之意見。

III. 偵查中檢察官所為限制出境、出海，得由檢察官依職權撤銷或變更之。但起訴後案件繫屬法院時，偵查中所餘限制出境、出海之期間，得由法院依職權或聲請為之。

IV. 偵查及審判中法院所為之限制出境、出海，得由法院依職權撤銷或變更之。

⑩一、本條新增。

二、限制出境、出海之處分或裁定確定後，如已無繼續限制之必要時，自應許得隨時聲請撤銷或變更。檢察官於偵查中對於被告有利之情形，亦有一併注意之義務，故偵查中經法院裁定之限制出境、出海，自應許檢察官得為被告之利益聲請撤銷，並得由檢察官於聲請之同時逕行通知入出境、出海之主管機關，俾及早解除限制被告之權利，爰參考本法第 107 條第 2 項、第 4 項之規定，增訂本條第 1 項。至偵查中應向檢察官或法院聲請撤銷或變更，則視該限制處分或裁定之主體而定，附此敘明。

三、偵查中之撤銷限制出境、出海，法院除應審酌限制出境、出海之原因是否經消滅及其必要性外，由於偵查不公開，事實是否已經查明或尚待釐清，檢察官知之甚詳。是除依檢察官聲請者外，法院自應於裁定前徵詢檢察官之意見，再為妥適決定，爰參考本法第 107 條第 5 項之規定，增訂本條第 2 項。

四、偵查或審判中由檢察官或法院所為之限制出境、出海，如已無繼續限制之必要或須變更其限制者，自亦得分別由檢察官或法院依職權撤銷或變更之，爰增訂本條第 3 項前段及第 4 項。惟起訴後案件繫屬法院時，偵查中限制出境、出海期間如有剩餘，經法院審酌個案情節後，認無繼續維持偵查中限制出境、出海處分之必要時，自得由法院依職權或聲請予以撤銷或變更之，俾人權保障更臻周妥，爰增訂第 3 項但書。

第 93 條之 6　（得命具保、責付或限制住居者亦得命限制出境、出海之準用規定）

依本章以外規定得命具保、責付或限制住居者，亦得命限制出境、出海，並準用第九十三條之二第二項及第九十三條之三至第九十三條之五之規定。

⑩一、本條新增。

二、限制出境、出海，為獨立之羈押替代處分方法，然原法僅列舉具保、責付或限制住居，規範尚有未足。爰增訂本條明定，依本章以外之規定，得命具保、責付或限制住居者，亦得命限制出境、出海及其相關準用規定，以符合法律授權明確性原則。

三、依本條規定，羈押替代處分類型之限制出境、出海，係當然諭知，自應當庭給予書面通知，自

屬當然。此外，偵查中檢察官聲請羈押，法院裁定限制出境、出海後，仍屬偵查中之限制出境、出海，期間仍不得逾八月，期間屆滿前如有延長需要，仍應由檢察官聲請延長，而非法院依職權延長，附此敘明。

第九章　被告之訊問

第 94 條　（人別訊問）

訊問被告，應先詢其姓名、年齡、籍貫、職業、住所或居所，以查驗其人有無錯誤，如係錯誤應即釋放。

◇**被告地位形成**：分為客觀說、主觀說、以及現行多數見解所採的混合說。

主觀說	主張行為人犯實體法上之罪開始，被告地位即形成
客觀說	以國家發動追訴犯罪之行為當作被告地位形成之始點
混合說	認為客觀說之被告地位形成過早，可能偵查者完全沒意識到該名犯罪人是被告，即無法踐行法定告知義務；主觀說又容易流於追訴者恣意的判斷，分明已經詢問（訊問）到一定程度，卻可能堅持認為受訊問人並非被告，因此毋庸告知。這兩種說法都有侵蝕被告主體地位之疑慮，故通說採混合說，同時參考偵查機關客觀上所進行的程序種類與程度，例如遭逮捕之現行犯，被告地位即已形成

◇**人別訊問**：確認受訊問之人身分的正確性，多半會要求受訊問人說出姓名、出生年月日、身分證字號、住址等年籍資料。我國通說認為，人別訊問是在查驗身分，被告有陳述之義務，與本案之事物訊問不同。

第 95 條　（訊問方法㈠——應先告知事項）

I 訊問被告應先告知下列事項：

一　犯罪嫌疑及所犯所有罪名。罪名經告知後，認為應變更者，應再告知。

二　得保持緘默，無須違背自己之意思而為陳述。

三　得選任辯護人。如為低收入戶、中低收入戶、原住民或其他依法令得

請求法律扶助者，得請求之。

四　得請求調查有利之證據。

II.無辯護人之被告表示已選任辯護人時，應即停止訊問。但被告同意續行訊問者，不在此限。

⑩ 一、有鑑於低收入戶、中低收入戶、勞工、原住民均屬法律上弱勢，應積極予以法律扶助，爰修正第1項第1款，訊問被告或犯罪嫌疑人，如被告或犯罪嫌疑人係低收入戶、中低收入戶、勞工、原住民或其他依法令得請求法律扶助者，應告知得請求法律扶助。

二、第1項本文之「左列」修正為「下列」。

三、第1項第3款修正為「得選任辯護人。如為低收入戶、中低收入戶、原住民或其他依法令得請求法律扶助者，得請求之。」，以使用語更為周全。

四、增列第2項「無辯護人之被告表示已選任辯護人時，應即停止訊問。但被告同意續行訊問者，不在此限。」以保護被告之權益，同時但書設有被告同意續行訊問之機制，以示尊重被告。

◇訊問：訊問之目的在於給予被告辯明、攻擊防禦之機會，同時讓國家調查犯罪事實。前者係被告訴訟主體權的落實，後者是展現被告作為廣義刑事訴訟證據方法之一環。

◇不自證己罪原則與緘默權：不自證己罪的核心內涵是：任何人都沒有義務積極協助國家追訴自己的犯罪行為。故被告可以拒絕陳述，保持緘默（緘默權因此被認為是不自證己罪的內涵之一）。被告從頭到尾保持沉默，依本法第156條第4項，不得作出對被告不利之認定；惟被告時而陳述，時而緘默（選擇性陳述）則可就其陳述之部分，由法官依自由心證認定其證明力。

◇告知義務與辯護倚賴權：透過國家追訴機關向被告解說得保持緘默、得選任辯護人等法定告知義務，來確保被告在刑事訴訟程序中的主體地位不受侵犯。換言之，被告縱使不懂法律，亦可在接受告知後，明白自己此刻受追訴之罪名以及可行使何種權利。辯護倚賴權是被告積極性的受辯護人協助之權利（106年第12次刑庭決議），因此若被告無資力或有本條第1項第3款之情形，由國家公權力介入，積極提供法律扶助，發揮對弱勢者保障之精神。惟本條第1項第3款所列之原住民，亦有學者質疑，這是將原住民劃歸為法定的經濟弱勢，預設原住民與中低收入戶並列同樣無資力，甚是可疑。

▲【92 臺上 4003】倘檢察官於偵查中，蓄意規避踐行刑事訴訟法第95條所定之告知義務，對於犯罪嫌疑人以證人之身分予以傳喚，命具結陳述後，採其證言為不利之證據，列為被告，提起公訴，無異剝奪被告緘默權及防禦權之行使，尤難謂非以詐欺之方法而取得自白。此項違法取得之供述資料，自不具證據能力，應予以排除。如非蓄意規避開告知義務，或訊問時始發現證人涉有犯罪嫌疑，卻未適時為刑事訴訟法第95條之告知，即逕列為被告，提起公訴，其因此所取得之自白，有證據能力，仍應權衡個案違背法定程序之情節、侵害被告權益之種類及輕重、對於被告訴訟上防禦不利益之程度、犯罪所生之危害或實害等情形，兼顧人權保障及公共利益之均衡維護，審酌判斷之。

▲【98 臺上 5952】具有共犯關係之共同被告在同一訴訟程序中，兼具被告及互為證人之身分。倘檢察官係分別以被告、證人身分而為訊問，並各別踐行刑事訴訟法第95條、第186條第2項之告知義務，使該共同被告瞭解其係基於何種身分應訊，得以適當行使各該當權利，不致因身分混淆而剝奪其權利之行使，則檢察官此種任意偵查作為之訊問方式，尚難謂為於法有違。至若同時以被告兼證人之身分兩者不分而為訊問，則不無將導致共同被告角色混淆，無所適從或難以抉擇之困境。其因此所取得之供述證據，是否具有證據能力，應分別情形以觀：(1)被告消極不陳述之緘默權與證人負有應據實陳述之義務，本互不相容。共同被告在同一訴訟程序中同時併存以證人身分之陳述，囿於法律知識之不足，實難期待能明白分辨究竟何時為被告身分、何時係居於證人地位，而得以適時行使其各當該之權利；並因檢察官係同時告以應據實陳述之義務及偽證罪之處罰等規定，亦不無致共同被告因誤認其已具結，而違背自己之意思為不利於己之陳述，因此妨害被告訴訟上陳述自由權之保障。準此，共同被告就自己部分所為不利於己之陳述，得否作為證據，端視其陳述自由權有無因此項程序上之瑕疵受到妨害為斷。如已受妨害，應認與自白之不具任意性同其評價。(2)被告之緘默權與免於自陷入罪之拒絕證言權，同屬不自證己罪之範疇，兩者得以兼容併存，並無齟齬。行使與否，一概賦予被告、證人之選擇，並非他人所得主張。就共同被告所為不利於其他共同被告之陳述而言，固亦有類如前述之角色混淆情形，然因該共同被告就此係居

於證人之地位而陳述其所親自聞見其他共同被告犯罪經過之第三人，無關乎自己犯罪之陳述，如檢察官已踐行刑事訴訟法第 186 條第 2 項規定，告知證人有拒絕證言之權利，則該共同被告基於證人身分所為不利於其他共同被告之陳述，係其行使選擇權之結果，雖檢察官同時又贅餘告知被告之緘默權，然此兩種權利本具有同質性，互不排斥，是以**此項程序上之瑕疵，並不會因此造成對該共同被告陳述自由選擇權之行使有所妨害，其此部分之陳述，自得作為其他共同被告犯罪之證據**。

▲【103 臺上 3414】刑事訴訟法第 95 條第 1 款規定「訊問被告應先告知犯罪嫌疑及所犯所有罪名。罪名經告知後，認為應變更者，應再告知。」乃被告在刑事訴訟程序上應受告知之權利，為憲法第 8 條第 1 項正當法律程序保障內容之一，旨在使被告能充分行使防禦權，其辯護人亦得適時為被告辯護，以維審判程序之公平。為達上開目的，所謂「告知或再告知」「犯罪嫌疑及其所犯所有罪名」，自應具體、明確其範圍，尤其對檢察官起訴被告涉嫌數罪之情形，更應明白區辨，逐一告知或再告知何者屬何罪名，**經告知後，認為有應變更者應再告知，始能落實本條保障被告權益、維持程序公平之立法意旨，俾使被告及其辯護人得為完足之答辯及辯護，檢察官亦得為積極舉證，避免有突襲性裁判發生**。倘法院僅以概括方式告知，致被告及其辯護人無從區別、知悉法院可能變更罪名之相關事實，亦未能為充分之防禦、辯護，即與未告知無異，自與刑事訴訟法第 95 條第 1 款規定之立法目的有違，難謂適法。

▲【104 臺上 2494】在偵查階段初始，被告之身分或未臻明朗，是否為「**被告之訊問**」並不以形式上之稱謂是否係「**犯罪嫌疑人**」或「**被告**」為斷，而應為實質上之功能性觀察，倘依偵查機關客觀所為之特定活動或措施，可判斷其主觀上業已認定特定之人有犯罪之嫌疑時，**被告之地位已經形成**，此時訊問者為獲致相關案情加以訊問，即有踐行告知之義務，以嚴守犯罪調查之正當程序，落實上開訴訟基本權之履踐。

第 96 條　（訊問方法㈡——罪嫌之辯明）

訊問被告，應與以辯明犯罪嫌疑之機會；如有辯明，應命就其始末連續陳述；其陳述有利之事實者，應命其指出證明之方法。

第 97 條　（訊問方法㈢——隔別訊問與對質）

I. 被告有數人時，應分別訊問之；其未經訊問者，不得在場。但因發見真實之必要，得命其對質。被告亦得請求對質。

II. 對於被告之請求對質，除顯無必要者外，不得拒絕。

◇**對質**：指由數名共同被告對同一件事或相關事項的陳述有出入時，令其同時在場，分別輪流對疑點加以訊問或互相質問、解答、釋疑之程序（釋 582 理由書）。

第 98 條　（訊問方法㈣——不正方法之禁止）

訊問被告應出以懇切之態度，不得用強暴、脅迫、利誘、詐欺、疲勞訊問或其他不正之方法。

㊿文字修正，刪除「犯罪嫌疑人或」等字。

▲【97 臺上 706】如犯罪嫌疑人之自白係出於不正之方法，並非自由陳述，即其取得自白之程序已非適法，則不問該自白之內容是否與事實相符，因其不具證據能力，應予排除而禁止該項證據之使用。從而，司法警察官或司法警察因調查犯罪，於詢問犯罪嫌疑人時使用所謂之「訊問技巧」以取得犯罪嫌疑人之自白，必須建構在法定取證規範上可容許之範圍內，始足當之。倘若逸出上開可容許之範圍而取得自白，即難謂係合法之「訊問技巧」而肯認其自白證據能力。例如於**詢問前曉諭自白減免其刑之規定**（如貪污治罪條例第 8 條、刑法第 166 條等），乃**法定寬典之告知，並非利用對於「自白」之誤認**，誘使犯罪嫌疑人自白犯罪；又如司法警察對犯罪嫌疑人表示，經檢察官許可後不予解送（刑事訴訟法第 92 條第 2 項）而取得自白，**應屬合法之「訊問技巧」範疇。但如司法警察對犯罪嫌疑人表示「會助其一臂之力」，或告以如自白就一定不會被羈押、可獲緩刑之宣告，以及故意誤導受詢問者其行為係法律所不處罰，或明知刑法連續犯已廢止，仍告知受詢問者連續犯全部招供於法律上僅論以一罪等，均係對被詢問者承諾法律所未規定之利益，使信以為真，或故意扭曲事實，影響被詢問者之意思決定自由，則屬取證規範上所禁止之不正方法，不可混淆。**

第 99 條 （訊問方法㈤——通譯之使用）

I.被告為聽覺或語言障礙或語言不通者，應由通譯傳譯之；必要時，並得以文字訊問或命以文字陳述。

II.前項規定，於其他受訊問或詢問人準用之。但法律另有規定者，從其規定。

⑩一、原條文所規定「聾或啞」，恐有歧視身心障礙者之疑慮，不符合身心障礙者權益保障法第 1 條所揭櫫平等保障之精神，且該法第 5 條、特殊教育法第 3 條業已明文身心障礙之定義與類型，爰將原規定「聾或啞」，配合修正為「聽覺或語言障礙」。又公民與政治權利國際公約第 14 條第 3 項第 6 款規定：「審判被控刑事罪時，被告一律有權平等享受下列最低限度之保障：…如不通曉或不能使用法院所用之語言，應免費為備通譯協助之」，且身心障礙者權益保障法第 84 條第 1 項亦規定：「法院或檢察機關於訴訟程序實施過程，身心障礙者涉訟或須作證時，應就其障礙類別之特別需要，提供必要之協助」，是通譯協助係屬於刑事被告之權利，而非檢察官或法院於訴訟上可以裁量運用之輔助工具，為保障聽覺或語言障礙或語言不通者之訴訟權，自應由通譯傳譯，並於指定通譯時，尊重聽覺或語言障礙或語言不通者之選擇權，於必要時，得以文字訊問被告或命被告以文字陳述，俾使訴訟程序更為順暢。爰酌為修正，並移列為第 1 項。

二、為徹底落實上開公約及法律之意旨，擴大對身心障礙者之程序保障，爰增訂第 2 項前段，明定第 1 項規定，於其他受訊問或詢問人準用之。惟關於司法警察官或司法警察詢問犯罪嫌疑人，及證人、鑑定人、鑑定證人之訊問，依本法第 100 條之 2、第 192 條、第 197 條、第 210 條，均已明文準用原條文之規定，本無待於第 2 項前段之增訂而後可，爰增訂第 2 項但書，如法律另有規定者，從其規定。

第 100 條 （被告陳述之記載）

被告對於犯罪之自白及其他不利之陳述，並其所陳述有利之事實與指出證明之方法，應於筆錄內記載明確。

第 100 條之 1 （訊問被告之錄音、錄影）

I.訊問被告，應全程連續錄音；必要時，並應全程連續錄影。但有急迫情況且經記明筆錄者，不在此限。

II.筆錄內所載之被告陳述與錄音或錄影之內容不符者，除有前項但書情形外，其不符之部分，不得作為證據。

III.第一項錄音、錄影資料之保管方法，分別由司法院、行政院定之。

㊲一、司法警察官或司法警察之詢問筆錄，在訴訟程序中，時有被告或辯解非其真意，或辯解遭受刑求，屢遭質疑，為建立詢問筆錄之公信力，以擔保程序之合法，所以詢問過程應全程連續錄音並錄影，並應於一定期間內妥為保存，偵審機關如認為有必要時即可調取勘驗，以期發現真實，並確保自白之任意性。

二、錄音及錄影之資料由所屬機關另行保管，避免由原承辦人員保管而易發生遺失或竄改之流弊。

◇**違反全程連續錄音之法律效果**：先說明本條第 2 項所謂筆錄與錄音內容不符，可包含「未全程連續錄音、根本未錄音、事後修改之錄音、錄音品質不佳無法辨認內容，或有錄音但因某種原因錄音帶遺失等」。學者對於未全程且連續錄音，所生之法律效果，有不同看法。有認為本條項是「**證據使用禁止**」之規定；亦有主張「**先推定被告自白欠缺任意性**」，其次檢驗有無「**反證推翻**」，若不能反證推翻，則推定欠缺任意性將成為法院自由心證的限制，必須按第 156 條第 1 項，將該自白排除於審判基礎之外。實務上也有二說，一是全程連續錄音僅在擔保自白任意性，因此若能證明個案中被告陳述具有任意性，自白即有證能力；另說則採第 158 條之 4 權衡法則，在個案中縱使自白具有任意性，仍應權衡其證據能力之有無。

▲【93 臺上 4907】刑事訴訟法第 100 條之 2 準用同法第 100 條之 1 第 1 項規定，司法警察（官）詢問犯罪嫌疑人，除有急迫情況且經記明筆錄者外，應全程連續錄音；必要時，並應全程連續錄影。**其立法目的，在於建立警詢筆錄之公信力，並擔保詢問程序之合法正當；亦即在於擔保犯罪嫌疑人對於詢問之陳述，係出於自由意志及筆錄所載內容與其陳述相符**。故司法警察（官）詢問犯罪嫌疑人如違背上開規定，其所取得之供述筆錄，究竟有無證據能力，應**審酌司法警察（官）違背該法定程序之主觀意圖、客觀情節、侵害犯**

罪嫌疑人權益之輕重、對犯罪嫌疑人在訴訟上防禦不利益之程度等具體情節認定之。此與被告（犯罪嫌疑人）之警詢自白是否出於自由意志係屬二事，蓋警詢自白縱出於自由意志，該筆錄之記載與陳述亦未必然一致。是犯罪嫌疑人之警詢自白除須出於自由意志外，尚須筆錄之記載與陳述內容相符，否則即應權衡人權保障與公共利益之均衡維護，據以判定其證據能力。

▲【96 臺上 4922】本法對於證人於審判中為陳述，既增訂應予錄音或錄影，然於檢察官訊問證人，及於司法警察官、司法警察詢問證人時，則**無必須錄音或錄影之明文**,此應屬立法上之疏漏。是以，檢察官於訊問證人，或司法警察官、司法警察於詢問證人時，如仍予以錄音或錄影，自非法所懸禁。**倘遇有筆錄與錄音、錄影之內容不相符者，宜解為類推適用刑事訴訟法第 100 條之 1 第 2 項之規定**,對該不符部分之筆錄，排除其證據能力，但究難僅因檢察官於訊問證人，或司法警察官、司法警察於詢問證人時，未全程連續錄音或錄影，即謂其所取得之供述筆錄為違背法定程序，或得逕認其為無證據能力。

▲【97 臺上 3991】刑事訴訟法第 100 條之 1 第 1、2 項分別規定：「訊問被告，應全程連續錄音；必要時，並應全程連續錄影。但有急迫情況且經記明筆錄者，不在此限。」「筆錄內所載之被告陳述與錄音或錄影之內容不符者，除有前項但書情形外，其不符之部分，不得作為證據。」又同法第 100 條之 2 規定：「本章之規定，於司法警察官或司法警察詢問犯罪嫌疑人時，準用之。」另「司法警察官或司法警察因調查犯罪嫌疑人犯罪情形及蒐集證據之必要，得使用通知書通知證人到場詢問。」同法第 196 條之 1 第 1 項定有明文，上引規定則明顯不在同條第 2 項準用條文之列。足證司法警察（官）因調查犯罪嫌疑人犯罪情形及蒐集證據之必要，而詢問證人時，並無「應全程連續錄音」或「全程連續錄影」及上述其餘所謂筆錄之記載與錄音或錄影之內容不符，不得作為證據等規定之適用。此究為立法之疏漏抑或有意保留，固值推敲，但對司法警察（官）之詢問證人、製作證人筆錄，倘認有違法取供或非依法定程序取得證據等之疑慮，縱並未錄音或錄影，或錄音、錄影已滅失，而無從據以勘驗比對，仍非不可調查其他證據以資證明，自**不能單以並無警詢時之錄音或錄影可為勘驗比對，即認證人於警詢之供述必係出於非法取供，為無證據能力**。

第 100 條之 2 　（司法警察（官）詢問犯罪嫌疑人之準用）

本章之規定，於司法警察官或司法警察詢問犯罪嫌疑人時，準用之。

⑰本條為原第 100 條之 1 條次變更。

第 100 條之 3 　（夜間詢問犯罪嫌疑人之禁止與例外）

Ⅰ.司法警察官或司法警察詢問犯罪嫌疑人，不得於夜間行之。但有左列情形之一者，不在此限：

一　經受詢問人明示同意者。

二　於夜間經拘提或逮捕到場而查驗其人有無錯誤者。

三　經檢察官或法官許可者。

四　有急迫之情形者。

Ⅱ.犯罪嫌疑人請求立即詢問者，應即時為之。

Ⅲ.稱夜間者，為日出前，日沒後。

⑰一、本條新增。

二、本條為原第 100 條之 2 條次變更。

第十章　被告之羈押

第 101 條　（羈押㈠）

Ⅰ.被告經法官訊問後，認為犯罪嫌疑重大，而有下列情形之一，非予羈押，顯難進行追訴、審判或執行者，得羈押之：

一　逃亡或有事實足認為有逃亡之虞者。

二　有事實足認為有湮滅、偽造、變造證據或勾串共犯或證人之虞者。

三　所犯為死刑、無期徒刑或最輕本刑為五年以上有期徒刑之罪，有相當理由認為有逃亡、湮滅、偽造、變造證據或勾串共犯或證人之虞者。

Ⅱ.法官為前項之訊問時，檢察官得到場陳述聲請羈押之理由及提出必要之證據。但第九十三條第二項但書之情形，檢察官應到場敘明理由，並指明限制或禁止之範圍。

Ⅲ.第一項各款所依據之事實、各項理由之具體內容及有關證據，應告知被告及其辯護人，並記載於筆錄。但依第九十三條第二項但書規定，經法院禁止被告及其辯護人

獲知之卷證，不得作為羈押審查之依據。
IV.被告、辯護人得於第一項訊問前，請求法官給予適當時間為答辯之準備。

⑩一、第 1 項序文「左列」一語修正為「下列」，以符現行法規用語。

二、被告所犯為死刑、無期徒刑或最輕本刑為五年以上有期徒刑之罪者，其可預期判決之刑度既重，為規避刑罰之執行而妨礙追訴、審判程序進行之可能性增加，國家刑罰權有難以實現之危險，故如有相當理由認為其有逃亡、湮滅、偽造、變造證據或勾串共犯或證人等之虞，法院斟酌命該

被告具保、責付或限制住居等侵害較小之手段，均不足以確保追訴、審判或執行程序之順利進行，非予羈押，顯難進行追訴、審判或執行，非不得羈押之，業經司法院釋字第 665 號解釋闡釋在案，爰配合修正第 1 項第 3 款之規定。

三、配合第 93 條第 2 項但書規定，增訂第 2 項但書。

四、原條文第 3 項規定，致偵查中羈押審查程序之被告及其辯護人僅受告知羈押事由所依據之事實，並未包括檢察官聲請羈押之各項理由之具體內容及有關證據，與憲法所定剝奪人身自由應遵

羈 押

意義	刑事被告經檢察官或法官合法傳喚、拘提到案、逮捕後，法院認為被告犯罪嫌疑重大，而有事實足認其有湮滅證據、串供、逃亡等之虞時，為保全證據、防止逃亡、確保刑事訴訟及刑罰之執行，法院得裁定將被告收容至特定處所，限制其人身自由。
要件	逃亡或有事實足認為有逃亡之虞者
	有事實足認為有湮滅、偽造、變造證據或勾串共犯或證人之虞者
	所犯為死刑、無期徒刑或最輕本刑為五年以上有期徒刑之罪，有相當理由認為有逃亡、湮滅、偽造、變造證據或勾串共犯或證人之虞者
	犯罪嫌疑重大
執行	應用押票，並應分別送交檢察官、看守所、辯護人、被告及其指定之親友
	偵查中依檢察官之指揮；審判中依審判長或受命法官之指揮，由司法警察將被告解送指定之看守所，該所長官查驗人別無誤後，應於押票附記解到之年、月、日、時並簽名
期間	檢察官訊問後，認有羈押之必要，應自拘提或逮捕時起 24 小時內，敘明羈押之理由，聲請法院羈押。如未聲請，應即釋放（§93 II、III）
	羈押期間自簽發押票日起算。但羈押前之逮捕、拘提期間，以 1 日折算裁判確定前之羈押日數 1 日（§108 IV）
	偵查中不得逾 2 月；審判中不得逾 3 月（自卷宗及證物送交法院之日起算）。起訴或裁判後送交前之羈押期間算入偵查中或原審法院之羈押期間（§108 I、III）
	有繼續羈押之必要者，於期間未滿前，經法院依第 101 條或第 101-1 條之規定訊問被告後，得以裁定延長之（§108 I）
	延長期間，偵查中不得逾 2 月，以延長 1 次為限；審判中每次不得逾 2 月，如所犯最重本刑為 10 年以下有期徒刑以下之刑者，第一、二審以 3 次為限，第三審以 1 次為限（§108 V）
	案件經發回者，延長羈押期間之次數，更新計算（§108 VI）
撤銷	羈押之原因消滅（§107 I）
	羈押期間已滿，未經起訴或裁判者（§108 VII）
	羈押期間已逾原審判決之刑期者（§109）
	被告受不起訴或緩起訴處分；或經諭知無罪、免訴、免刑、緩刑、罰金或易以訓誡之判決；或因未經合法告訴，或對同一案件再行起訴，經諭知不受理之判決者（§259、316）

循正當法律程序原則之意旨不符（司法院釋字第737號解釋意旨參照）。爰配合修正第3項，對於檢察官聲請羈押之各項理由之具體內容及有關證據，經法院採認者，均應將其要旨告知被告及其辯護人，俾利其有效行使防禦權，並記載於筆錄，使當事人提起抗告時有所依憑。至於卷證資料有第93條第2項但書所定應限制之部分，若能經以適當之方式，使被告及其辯護人獲知證據資訊之梗概者，則被告及其辯護人防禦權之行使，並未受到完全之剝奪，法院以之作為判斷羈押之依據，自與憲法第23條之比例原則無違；惟被告及其辯護人未能獲知之禁止部分，其防禦權之行使既受到完全之剝奪，則該部分自不得作為羈押審查之依據，附此敘明。

五、為使被告及其辯護人有效行使防禦權，法院於第1項之訊問前，自應給予被告及其辯護人相當之時間為答辯之準備，爰增訂第4項。

◇**羈押**：在一段時間內，將被告的身體限制於特定處所（例如看守所），高度干預被告人身自由，屬於手段最強烈之強制處分。

◇**羈押之要件**：區分為形式要件與實質要件。形式要件為法官訊問被告，以及核發押票（第101條第1項本文、第102條）。實質要件為羈押原因與羈押必要性。羈押原因依第101條第1項，必須被告犯罪嫌疑重大，有逃亡、串供滅證之虞，或五年有期徒刑以上之重罪再加上有相當理由足認被告會逃亡、串供滅證之虞等「使案情晦暗不明」的原因，方得認定有羈押原因存在。舊法本條第1項第3款經大法官釋字第665號解釋宣告「單以重罪羈押」背離羈押作為保全程序之性質，新法修正即加上「有相當理由」之要件。**羈押必要性**是指若具保、責付、限制住居，同樣也能達成保全刑事追訴、審判、執行之目的，即毋庸羈押。換言之，有羈押原因但無羈押必要，就不能羈押。

◇**本條第3項**：隨著大法官釋字第737號解釋作成，新法修正後，賦予辯護人及被告在羈押審查程序中獲知「作為羈押審查基礎之卷證資料」。另參考本法第93條第2項但書，分為禁止與限制。第93條第2項明文規定法院禁止被告及辯護人獲知之卷證，不得作為羈押審查之依據。但本條第3項所稱限制，法院若以適當方式讓被告及辯護人知悉證據之梗概，即未完全剝奪被告及辯護人防禦權之行使，仍得作為羈押之判斷依據。

▲**【釋665理由書】**……**單以犯罪重罪作為羈押之要件，可能背離羈押作為保全程序的性質，其對**刑事被告武器平等與充分防禦權行使上之限制，即可能違背比例原則。再者，無罪推定原則不僅禁止對未經判決有罪確定之被告執行刑罰，**亦禁止僅憑犯罪嫌疑就施予被告類似刑罰之措施**，倘以重大犯罪之嫌疑作為羈押之唯一要件，作為刑罰之預先執行，亦可能違背無罪推定原則。是刑事訴訟法第101條第1項第3款如僅以「所犯為死刑、無期徒刑或最輕本刑為五年以上有期徒刑之罪」，作為許可羈押之唯一要件，而**不論是否犯罪嫌疑重大，亦不考量有無逃亡或滅證之虞而有羈押之必要，或有無不得羈押之情形，則該款規定即有牴觸無罪推定原則、武器平等原則或過度限制刑事被告之充分防禦權而違反比例原則之虞。**

第101條之1　（羈押㈡）

I被告經法官訊問後，認為犯下列各款之罪，其嫌疑重大，有事實足認為有反覆實行同一犯罪之虞，而有羈押之必要者，得羈押之：

　一　刑法第一百七十三條第一項、第三項、第一百七十四條第一項、第二項、第四項、第一百七十五條第一項、第二項之放火罪、第一百七十六條之準放火罪、第一百八十五條之一之劫持交通工具罪。

　二　刑法第二百二十一條之強制性交罪、第二百二十二條之加重強制性交罪、第二百二十四條之強制猥褻罪、第二百二十四條之一之加重強制猥褻罪、第二百二十五條之乘機性交猥褻罪、第二百二十六條之一之強制性交猥褻之結合罪、第二百二十七條之與幼年男女性交或猥褻罪、第二百七十一條第一項、第二項之殺人罪、第二百七十二條之殺直系血親尊親屬罪、第二百七十七條第一項之傷害罪、第二百七十八條第一項之重傷罪、性騷擾防治法第二十五條第一項之罪。但其須告訴乃論，而未經告訴或其告訴已經撤回或已逾告訴期間者，不在限。

　三　刑法第二百九十六條之一之買賣人口罪、第二百九十九條之移送被

　　　略誘人出國罪、第三百零二條之妨
　　　害自由罪。
　四　刑法第三百零四條之強制罪、第三
　　　百零五條之恐嚇危害安全罪。
　五　刑法第三百二十條、第三百二十一
　　　條之竊盜罪。
　六　刑法第三百二十五條、第三百二十
　　　六條之搶奪罪、第三百二十八條第
　　　一項、第二項、第四項之強盜罪、
　　　第三百三十條之加重強盜罪、第三
　　　百三十二條之強盜結合罪、第三百
　　　三十三條之海盜罪、第三百三十四
　　　條之海盜結合罪。
　七　刑法第三百三十九條、第三百三十
　　　九條之三之詐欺罪、第三百三十九
　　　條之四之加重詐欺罪。
　八　刑法第三百四十六條之恐嚇取財
　　　罪、第三百四十七條第一項、第三
　　　項之擄人勒贖罪、第三百四十八條
　　　之擄人勒贖結合罪、第三百四十八
　　　條之一之準擄人勒贖罪。
　九　槍砲彈藥刀械管制條例第七條、第
　　　八條之罪。
　十　毒品危害防制條例第四條第一項
　　　至第四項之罪。
　十一　人口販運防制法第三十四條之罪。
II.前條第二項至第四項之規定，於前項情形
　準用之。

⑩一、配合刑法第 28 條至第 31 條之修正，爰將第
　1 項序文之「實施」修正為「實行」。
　二、公民與政治權利國際公約及經濟社會文化權
　利國際公約施行法第 2 條規定，兩公約所揭示保
　障人權之規定，具有國內法律之效力。又公民與
　政治權利國際公約第 9 條第 1 項後段規定：「非依
　法定理由及程序，不得剝奪任何人之自由」。
　三、被告所犯為死刑、無期徒刑或最輕本刑為五
　年以上有期徒刑之罪者，依本法第 101 條第 1 項
　第 3 款，得為羈押原因，故將之排除於預防性羈
　押之列。惟該款已配合司法院釋字第 665 號解釋
　修正，重罪不得作為羈押之唯一原因，原條文自
　應配合修正，以避免產生被告所犯雖非重罪，但
　有事實足認有反覆實行同一犯罪之虞者，而得依
　原條文第 1 項各款規定，為預防性羈押，惟被告
　所犯為重罪，如無相當理由認其有逃亡、湮滅、

偽造、變造證據或勾串共犯或證人之虞，縱有再
犯之虞，亦不得羈押之不合理現象。故將屬重罪
且實務上再犯率較高之罪名，列為預防性羈押之
對象，爰修正第 1 項第 1 款至第 3 款、第 6 款、
第 8 款，並增訂第 9 款至第 11 款。
四、性騷擾防治法第 25 條第 1 項之罪，與刑法第
224 條之強制猥褻罪、第 225 條之乘機猥褻罪、
第 304 條之強制罪，均屬對於身體自主權或性自
主決定權侵害之犯罪，該等犯罪有相似之處，且
依實務經驗，再犯率甚高，自有增列為預防性羈
押之必要，爰於第 1 項第 2 款增列性騷擾防治法
第 25 條第 1 項之罪，以符實需。
五、配合刑法第 339 條之 4 加重詐欺罪之增訂，
考量加重詐欺之慣犯具高再犯率之犯罪特性，有
以預防性羈押防止其反覆實行同一犯罪之必要，
爰於第 1 項第 7 款增列刑法第 339 條之 4 之加重
詐欺罪。
六、配合本法第 101 條第 2 項、第 3 項之修正及
第 4 項之增訂，爰就本條第 2 項酌作文字修正。

第 101 條之 2　　（羈押㈢）

被告經法官訊問後，雖有第一百零一條第
一項或第一百零一條之一第一項各款所
定情形之一而無羈押之必要者，得逕命具
保、責付或限制住居；其有第一百十四條
各款所定情形之一者，非有不能具保、責
付或限制住居之情形，不得羈押。

⑧一、本條新增。
　二、被告無羈押之必要，逕命具保、責付或限制
　住居者，其時間順序係在訊問之後，為使法條連
　貫，爰將第 120 條刪除後，增訂為本條。

▲【103 臺抗 543 裁】刑事訴訟法第 101 條之 2
前段定有明文。刑事訴訟法上為確保對被告之追
訴、審判或執行，以及對有反覆實施同一犯罪之
虞者，依其情節輕重分別有羈押、具保、責付、
限制住居等方式，**限制出境、出海亦屬限制住居
之處分，係執行限制住居方法之一種。**刑事被告
有無限制住居或限制出境、出海之必要，係**由法
院衡酌具體個案之證據保全、訴訟程序之進行程
度及其他一切情形，綜合判斷並認定之，屬事實
審法院職權裁量之事項。**苟無濫用權限之情形，
即不得任意指為違法。

第 102 條　　（押票及其應記載事項）

I.羈押被告，應用押票。

II押票，應按被告指印，並記載左列事項：

　一　被告之姓名、性別、年齡、出生地及住所或居所。

　二　案由及觸犯之法條。

　三　羈押之理由及其所依據之事實。

　四　應羈押之處所。

　五　羈押期間及其起算日。

　六　如不服羈押處分之救濟方法。

III第七十一條第三項之規定，於押票準用之。

IV押票，由法官簽名。

⑧⑥一、第 1 項不修正。

二、第 2 項增列第 5、6 款；第 4 款不予修正；餘均做文字修正。

三、配合司法院釋字第 392 號解釋意旨，檢察官已不能再簽發押票，爰增列第 4 項「押票，由法官簽名」。

四、由於增列第 4 項，第 71 條第 4 項有關檢察官開具傳票之準用規定已不復援用，爰刪除第 3 項中之原列「及第四項」四字。

◇**法官保留原則**：由於羈押是時間長、強度高的強制處分，因此早期檢察官可直接羈押被告之規定，遭大法官釋字第 392 號解釋宣告違憲，羈押審查決定權回歸客觀中立的法院。

第 103 條　（羈押之執行）

I執行羈押，偵查中依檢察官之指揮；審判中依審判長或受命法官之指揮，由司法警察將被告解送指定之看守所，該所長官查驗人別無誤後，應於押票附記解到之年、月、日、時並簽名。

II執行羈押時，押票應分別送交檢察官、看守所、辯護人、被告及其指定之親友。

III第八十一條、第八十九條及第九十條之規定，於執行羈押準用之。

⑧⑥一、明確規定羈押之執行主體，以利實際上指揮司法警察及看守所執行被告之收押、借提等相關作業之依據，增修規定「執行羈押，偵查中依檢察官之指揮；審判中依審判長或受命法官之指揮。」

二、增訂第 2 項。憲法第 8 條第 2 項及提審法第 2 條規定，人民因犯罪嫌疑被逮捕拘禁時，其逮捕拘禁機關應將逮捕拘禁原因，以書面告知本人及本人指定之親友，故押票自應送交被告及其指

定之家屬。

三、由於增列第 2 項，第 79 條有關拘票之準用規定已不復援用，爰將原第 2 項修正改列為第 3 項，並將「第七十九條」刪除，用資配合。

第 103 條之 1　（羈押處所之變更）

I偵查中檢察官、被告或其辯護人認有維護看守所及在押被告安全或其他正當事由者，得聲請法院變更在押被告之羈押處所。

II法院依前項聲請變更被告之羈押處所時，應即通知檢察官、看守所、辯護人、被告及其指定之親友。

⑧⑥一、本條新增。

二、關於羈押之處所，涉及被告之防禦，看守所之管理等問題，故增訂本條文，規定法院得依檢察官、被告或其辯護人之聲請，將在押之被告移送其他看守所執行羈押。

第 104 條　（刪除）

⑧⑥一、本條刪除。

二、第 103 條第 2 項已明定：「執行羈押時，押票應分別送交……被告及其指定之親友」，本條已無規定之必要，爰予刪除。

第 105 條　（羈押被告之管束）

I管束羈押之被告，應以維持羈押之目的及押所之秩序所必要者為限。

II被告得自備飲食及日用必需物品，並與外人接見、通信、受授書籍及其他物件。但押所得監視或檢閱之。

III法院認被告為前項之接見、通信及受授物件有足致其脫逃或湮滅、偽造、變造證據或勾串共犯或證人之虞者，得依檢察官之聲請或依職權命禁止或扣押之。但檢察官或押所遇有急迫情形時，得先為必要之處分，並應即時陳報法院核准。

IV依前項所為之禁止或扣押，其對象、範圍及期間等，偵查中由檢察官；審判中由審判長或受命法官指定並指揮看守所為之。但不得限制被告正當防禦之權利。

V被告非有事實足認為有暴行或逃亡、自殺之虞者，不得束縛其身體。束縛身體之處分，以有急迫情形者為限，由押所長官行之，並應即時陳報法院核准。

⑧一、第 1 項不修正。

二、原第 2 項本文及但書前段文字不修正，列為第 2 項。

三、原第 2 項但書後段部分，參考日本及德國刑事訴訟法規定，羈押中被告之接見、通信、受授書籍及其他物件，押所雖得監視、檢閱，然有禁止或扣押之必要者，須由法院行之。但有急迫情形者，檢察官或押所得先為必要之處分，以因應實際需要，惟應即時陳報法院核准，以資兼顧。爰將該項但書後段修正改列為第 3 項。

四、增訂本條第 4 項。明確規定其執行之主體偵查中檢察官對案情知之甚詳，具偵查之利益。故依本條所為之禁止或扣押之對象、範圍及期間，宜由檢察官在法院許可的範圍內，具體指定並指揮看守所為之；在審判中則逕由審判長或受命法官指定並指揮之。但均不得限制被告正當防禦之權利。

五、為落實保護被告之人權，原第 3 項修正並改列為第 5 項，規定被告非有事實「足」認有暴行或逃亡、自殺之虞者，不得束縛其身體，並增列束縛身體之處分「以有急迫情形者為限」。另刪除「或檢察官」四字，以符合司法院釋字第 392 號解釋意旨。

第 106 條　（押所之視察）

羈押被告之處所，檢察官應勤加視察，按旬將視察情形陳報主管長官，並通知法院。

⑧依「公文程式條例」第 2 條第 1 項第 2 款規定，僅對總統呈請或報告時用「呈」，爰將「呈報」修正為「陳報」。

第 107 條　（羈押之撤銷㈠──原因消滅）

I 羈押於其原因消滅時，應即撤銷羈押，將被告釋放。

II 被告、辯護人及得為被告輔佐人之人得聲請法院撤銷羈押。檢察官於偵查中亦得為撤銷羈押之聲請。

III 法院對於前項之聲請得聽取被告、辯護人或得為被告輔佐人之人陳述意見。

IV 偵查中經檢察官聲請撤銷羈押者，法院應撤銷羈押，檢察官得於聲請時先行釋放被告。

V 偵查中之撤銷羈押，除依檢察官聲請者外，應徵詢檢察官之意見。

⑧一、第 1 項不修正。

二、偵查中之被告，卷證均在檢察署，其羈押原因是否消滅，檢察官最為清楚，爰增列第 2 項。

三、縱使在審判中，檢察官仍具有維持公訴以及上訴之利益存在，故法院於決定撤銷及停止羈押時，不僅在偵查中，在審判中也應該要徵詢檢察官的意見。

◇**撤銷羈押**：學說認為羈押原因消滅，是指羈押原因「**全部**」不存在。且被告、辯護人、偵查中之檢察官「**隨時**」均得聲請撤銷羈押。實務依本條第 2 項，反面推出審判中檢察官不具有撤銷羈押聲請權，飽受學說批評。除了論理無據，法院同時決定羈押與撤銷羈押，有球員兼裁判之疑慮；檢察官作為審判中的控方，且有客觀性義務，若羈押原因消滅，並無不得聲請之理。

第 108 條　（羈押之期間）

I 羈押被告，偵查中不得逾二月，審判中不得逾三月。但有繼續羈押之必要者，得於期間未滿前，經法院依第一百零一條或第一百零一條之一規定訊問被告後，以裁定延長之。在偵查中延長羈押期間，應由檢察官附具體理由，至遲於期間屆滿之五日前聲請法院裁定。

II 前項裁定，除當庭宣示者外，於期間未滿前以正本送達被告者，發生延長羈押之效力。羈押期滿，延長羈押之裁定未經合法送達者，視為撤銷羈押。

III 審判中之羈押期間，自卷宗及證物送交法院之日起算。起訴或裁判後送交前之羈押期間算入偵查中或原審法院之羈押期間。

IV 羈押期間自簽發押票之日起算。但羈押前之逮捕、拘提期間，以一日折算裁判確定前之羈押日數一日。

V 延長羈押期間，偵查中不得逾二月，以延長一次為限。審判中每次不得逾二月，如所犯最重本刑為十年以下有期徒刑以下之刑者，第一審、第二審以三次為限，第三審以一次為限。

VI 案件經發回者，其延長羈押期間之次數，應更新計算。

VII 羈押期間已滿未經起訴或裁判者，視為撤銷羈押，檢察官或法院應將被告釋放；由檢察官釋放被告者，並應即時通知法院。

VIII 依第二項及前項視為撤銷羈押者，於釋放前，偵查中，檢察官得聲請法院命被告具

保、責付或限制住居。如認為不能具保、責付或限制住居，而有必要者，並得附具體理由一併聲請法院依第一百零一條或第一百零一條之一之規定訊問被告後繼續羈押之。審判中，法院得命具保、責付或限制住居；如不能具保、責付或限制住居，而有必要者，並得依第一百零一條或第一百零一條之一之規定訊問被告後繼續羈押之。但所犯為死刑、無期徒刑或最輕本刑為七年以上有期徒刑之罪者，法院就偵查中案件，得依檢察官之聲請；就審判中案件，得依職權，逕依第一百零一條之規定訊問被告後繼續羈押之。

IX前項繼續羈押之期間自視為撤銷羈押之日起算，以二月為限，不得延長。繼續羈押期間屆滿者，應即釋放被告。

X第一百十一條、第一百十三條、第一百十五條、第一百十六條、第一百十六條之二、第一百十七條、第一百十八條第一項、第一百十九條之規定，於第八項之具保、責付或限制住居準用之。

◇**視為撤銷羈押**：本法「視為撤銷羈押」的情形，除本條羈押期限屆滿之外，另有羈押之被告如受不起訴處分、緩起訴處分，視為撤銷羈押，檢察官即應釋放被告並通知法院（第259條第1項）；羈押之被告，經諭知無罪、免訴、免刑、緩刑、罰金或易以訓誡或第303條第3款、第4款不受理之判決者，視為撤銷羈押（第316條）；以及第109條雖未明文，但實際上若被告羈押期間超過原審判決之刑期，依刑法第46條既無可折抵，即應撤銷羈押。

▲**【院1506】** 刑事訴訟法第108條**所謂審判中，其始期之計算，應以案件繫屬於法院開始審判之日為準。**

第109條 （羈押之撤銷(二)──逾刑期）
案件經上訴者，被告羈押期間如已逾原審判決之刑期者，應即撤銷羈押，將被告釋放。但檢察官為被告之不利益而上訴者，得命具保、責付或限制住居。

◇**刑期**：指法院所定之執行刑。

第110條 （停止羈押(一)──保釋）
I 被告及得為其輔佐人之人或辯護人，得隨

時具保，向法院聲請停止羈押。

II 檢察官於偵查中得聲請法院命被告具保停止羈押。

III前二項具保停止羈押之審查，準用第一百零七條第三項之規定。

IV偵查中法院為具保停止羈押之決定時，除有第一百十四條及本條第二項之情形者外，應徵詢檢察官之意見。

⑧一、羈押權係由法院行使，僅法院有許可停止羈押之權，爰明定具保聲請停止羈押，應向法院為之。

二、偵查中羈押之被告，應賦予檢察官得聲請法院命具保停止羈押之權，爰於第2項訂定明文，俾檢察官之聲請，有法律上之依據。

三、增訂第3項，明定偵查中之具保停止羈押，應徵詢檢察官之意見。但具保停止羈押，係由檢察官聲請者，自無須再向之徵詢意見，故設除外規定予以排除。

◇**具保聲請停止羈押**：狹義的停止羈押，指被告（或得為其輔佐人之人）、辯護人認為羈押原因仍在，但已無羈押必要性，得隨時具保聲請停止羈押。實務上認為廣義的停止羈押，包含免予羈押（96臺抗544裁），亦即法院在羈押決定作成之前、或當下，認為無羈押必要，由檢察官或法官逕命具保、責付、限制住居等。

▲**【27抗127】** 抗告意旨援引刑事訴訟法（舊）第110條，謂被告得隨時具保聲請停止羈押云云，殊不知該條係規定得以聲請之人，並非規定一經聲請必須停止羈押，以此攻擊原裁定為不當，非有理由。

▲**【46臺抗21】** 聲請停止羈押，除有刑事訴訟法（舊）第114條各款所列情形之一不得駁回者外，准許與否，該管法院有自由裁量之權，衡非被告所得強求。

第111條 （保釋(一)──程序）
I 許可停止羈押之聲請者，應命提出保證書，並指定相當之保證金額。

II 保證書以該管區域內殷實之人所具者為限，並應記載保證金額及依法繳納之事由。

III指定之保證金額，如聲請人願繳納或許由第三人繳納者，免提出保證書。

IV繳納保證金，得許以有價證券代之。

Ｖ.許可停止羈押之聲請者，得限制被告之住
居。

⑧⑥一、法律上之人包括自然人與法人，商舖既非法
律上之人格主體，並無予以標列之必要，故將第
2 項「或商舖」刪除。
二、第 1、3、4、5 項均不修正。

▲【85 臺抗 409 裁】限制被告出境，僅在限制被
告應居住於我國領土範圍內，不得擅自出國，俾
便於訴訟程序之進行，較之限制居住於某市某縣
某鄉某村，其居住之範圍更為廣闊，是「限制出
境」與「限制住居」名稱雖有不同，然「限制出
境」仍屬「限制住居」之處分。而許可停止羈押
之聲請者，應於接受保證書或保證金後，停止羈
押，將被告釋放，但得限制被告之住居，刑事訴
訟法第 111 條第 5 項及第 113 條定有明文。依此
規定，法院於命具保停止羈押之同時，命限制住
居，不生違法之問題。

第 112 條　（保釋㈡——保證金之限制）
被告係犯專科罰金之罪者，指定之保證金
額，不得逾罰金之最多額。

第 113 條　（保釋㈢——生效期）
許可停止羈押之聲請者，應於接受保證書
或保證金後，停止羈押，將被告釋放。

第 114 條　（駁回聲請停止羈押之限制）
羈押之被告，有下列情形之一者，如經具
保聲請停止羈押，不得駁回：
一　所犯最重本刑為三年以下有期徒
刑、拘役或專科罰金之罪者。但累
犯、有犯罪之習慣、假釋中更犯罪
或依第一百零一條之一第一項羈
押者，不在此限。
二　懷胎五月以上或生產後二月未滿
者。
三　現罹疾病，非保外治療顯難痊癒
者。

⑩⑨查刑法於 94 年 1 月 7 日業已刪除常業犯之規定，
現實務上已無羈押常業犯之可能，爰予刪除。

▲【29 抗 6】羈押之被告如有現罹疾病，恐因羈
押而不能治療之情形，如經具保聲請停止羈押，
不得率予駁回，為刑事訴訟法（舊）第 114 條第
3 款所明定，抗告人以患有痢疾等情，向原法院

聲請停止羈押，究竟所稱患病是否屬實，以及所
患疾病有無因羈押而不能治療之虞，自應由原法
院切予查明，以定其應否許可停止羈押，乃原法
院迄未一查，竟謂抗告人所患痢疾非因羈押而不
能治療，與上開條款不符，遽將其聲請駁回，自
有未合。

▲【61 臺抗 32】刑事訴訟法第 114 條第 3 款規定
羈押之被告，現罹疾病，非保外治療，顯難痊癒
者，如經具保聲請停止羈押，不得駁回，係為重
視人權而設，與被告犯罪之輕重無關。

第 115 條　（停止羈押㈡——責付）
Ｉ.羈押之被告，得不命具保而責付於得為其
輔佐人之人或該管區域內其他適當之人，
停止羈押。
Ⅱ.受責付者，應出具證書，載明如經傳喚應
令被告隨時到場。

第 116 條　（停止羈押㈢——限制住居）
羈押之被告，得不命具保而限制其住居，
停止羈押。

第 116 條之 1　（準用）
第一百十條第二項至第四項之規定，於前
二條之責付、限制住居準用之。

⑧⑥一、本條新增。
二、具保、責付或限制住居，均為停止羈押執行
之方法，第 110 條第 2 項至第 4 項之規定，於法
院依第 115 條、第 116 條命責付或限制住居而停
止羈押時，宜予準用，爰增訂本條明定之。

第 116 條之 2　（許可停止羈押時應遵守事項）
Ｉ.法院許可停止羈押時，經審酌人權保障及
公共利益之均衡維護，認有必要者，得定
相當期間，命被告應遵守下列事項：
一　定期向法院、檢察官或指定之機關
報到。
二　不得對被害人、證人、鑑定人、辦
理本案偵查、審判之公務員或其配
偶、直系血親、三親等內之旁系血
親、二親等內之姻親、家長、家屬
之身體或財產實施危害、恐嚇、騷
擾、接觸、跟蹤之行為。
三　因第一百十四條第三款之情形停

止羈押者，除維持日常生活及職業所必需者外，未經法院或檢察官許可，不得從事與治療目的顯然無關之活動。

四　接受適當之科技設備監控。

五　未經法院或檢察官許可，不得離開住、居所或一定區域。

六　交付護照、旅行文件；法院亦得通知主管機關不予核發護照、旅行文件。

七　未經法院或檢察官許可，不得就特定財產為一定之處分。

八　其他經法院認為適當之事項。

II.前項各款規定，得依聲請或依職權變更、延長或撤銷之。

III.法院於審判中許可停止羈押者，得命被告於宣判期日到庭。

IV.違背法院依第一項或第三項所定應遵守之事項者，得逕行拘提。

V.第一項第四款科技設備監控之實施機關（構）、人員、方式及程序等事項之執行辦法，由司法院會同行政院定之。

(108) 一、法院許可停止羈押時，依本條所為命被告於相當期間應遵守一定事項之羈押替代處分，係干預人民基本權利之措施，自應審酌人權保障及公共利益之均衡維護，於認有必要時，妥適決定被告應遵守之事項及其效力期間，爰修正第1項序文。至檢察官依第93條第3項但書或第228條第4項逕命具保、責付、限制住居，或法院依第101條之2逕命具保、責付、限制住居等情形，依第117條之1第1項之規定，均得準用本條之羈押替代處分，亦應併定相當期間，且同受比例原則所拘束，乃屬當然。又本項命被告應遵守之事項，性質上既屬強化具保、責付、限制住居拘束力之羈押替代處分，自屬第404條第1項第2款、第416條第1項第1款「關於羈押、具保、責付、限制住居」之處分，而得依各該規定提起救濟，附此敘明。

二、第1項第1款增列「指定之機關」，俾利彈性運用。

三、第1項第2款除原禁止實施危害或恐嚇之行為外，參酌家庭暴力防治法第14條第1項第2款，增訂不得對該等人員為騷擾、接觸、跟蹤等行為，俾求完備。

四、第1項第3款未修正；第1項第4款，配合款次之增訂，移列為第8款。

五、為防止未經羈押或停止羈押之被告，在偵查或審判中逃匿藉以規避刑責，且科設備技術日新月異，為因應未來科學技術之進步，自有命對被告施以適當科技設備監控之必要，爰增訂第1項第4款，以利彈性運用。

六、命被告不得離開住、居所或一定之區域，而實施限制活動範圍，得搭配第1項其他各款事項實施監控，既能有效監控被告行蹤，且節省監控人力之耗費，爰增訂第1項第5款。

七、命被告交付已持有之本國或外國護照、旅行文件，或如依護照條例第23條第1項第2款之規定，通知主管機關對被告不予核發護照或旅行文件，可有效防杜本國人或外國人在涉案時出境，爰增訂第1項第6款。

八、為防杜被告取得逃匿所需之經濟來源，及切斷其經濟聯繫關係，自有禁止被告處分特定財產之必要。例如通知主管機關禁止辦理不動產移轉、變更登記，通知金融機構禁止提款、轉帳、付款、交付、轉讓或其他必要處分，爰增訂第1項第7款。又本款既係命被告遵守之羈押替代處分事項，自不妨礙民事或行政執行機關就該特定財產所為拍賣等變價程序，及買受人憑權利移轉證書辦理所有權移轉登記，或繼承、徵收、法院之確定判決等其他非因法律行為所生之權利移轉或變更，乃屬當然。

九、第1項第6款至第8款事項乃羈押之替代處分，與保全沒收、追徵之性質不同，自無第133條之1第1項規定之適用，附此敘明。

十、第1項第1款至第8款之羈押替代處分，難免有因情事變更，而有改命遵守事項、延長期間或撤銷之必要，爰增訂第2項，明定得依聲請或依職權變更、延長或撤銷之，以利彈性運用。至偵查中之羈押審查程序或審判中所為羈押替代處分之變更、延長或撤銷，應由法院為之；偵查中則由檢察官為之，乃屬當然。

十一、法院於審判中許可停止羈押者，得命被告於宣判期日到庭，藉由未履行到庭義務者得逕行拘提或命再執行羈押之法律效果，確保後續程序順利進行，並達防杜被告逃匿之目的，爰增訂第3項。法院依本項命被告到庭時，應併告以前揭不到庭之法律效果，俾使知悉。至審判期日，法院本應依第271條第1項規定傳喚被告，且被告經合法傳喚無正當理由不到場者，得依第75條、

第117條第1項第1款之規定為拘提或命再執行羈押，乃屬當然，自毋庸贅予明文。又法院於審判中依第101條之2逕命具保、責付、限制住居之情形，依第117條之1第1項之規定，亦準用本條第3項及第4項；而偵查中既無宣判程序，自無準用之餘地，併此敘明。

十二、本條第1項各款規定既屬羈押替代處分，而第3項規定被告停止羈押或未受羈押時之到庭義務，如有違背法院依各該規定所定應遵守之事項者，當認已存有羈押之必要性，自宜得對違反者為遷行拘提，以利法院、檢察官依本法第117條、第117條之1之規定，進行後續聲請羈押、羈押或再執行羈押之程序，爰增訂第4項。

十三、為配合第1項第4款增設被告應遵守科技設備監控之羈押替代處分，爰參考性侵害犯罪防治法第20條第8項之規定，增訂第5項，就相關執行辦法授權由司法院會同行政院定之，俾利實務運作。

第117條　（再執行羈押之事由）

I.停止羈押後有下列情形之一者，得命再執行羈押：

一　經合法傳喚無正當之理由不到場者。
二　受住居之限制而違背者。
三　本案新發生第一百零一條第一項、第一百零一條之一第一項各款所定情形之一者。
四　違背法院依前條所定應遵守之事項者。
五　依第一百零一條第一項第三款羈押之被告，因第一百十四條第三款之情形停止羈押後，其停止羈押之原因已消滅，而仍有羈押之必要者。

II.偵查中有前項情形之一者，由檢察官聲請法院行之。

III.再執行羈押之期間，應與停止羈押前已經過之期間合併計算。

IV.法院依第一項之規定命再執行羈押時，準用第一百零三條第一項之規定。

⑩⑧一、配合司法院釋字第665號解釋及第101條第1項第3款之規定，併為修正第1項第5款得再執行羈押之事由。

二、第2項至第4項未修正。

第117條之1　（逕命具保、責付、限制住居）

I.前二條之規定，於檢察官依第九十三條第三項但書或第二百二十八條第四項逕命具保、責付、限制住居，或法院依第一百零一條之二逕命具保、責付、限制住居之情形，準用之。

II.法院依前項規定羈押被告時，適用第一百零一條、第一百零一條之一之規定。檢察官聲請法院羈押被告時，適用第九十三條第二項之規定。

III.因第一項之規定執行羈押者，免除具保之責任。

⑨②配合本法於民國90年1月12日修正第228條而修正本條相關項次。

第118條　（保證金之沒入）

I.具保之被告逃匿者，應命具保人繳納指定之保證金額，並沒入之。不繳納者，強制執行。保證金已繳納者，沒入之。

II.前項規定，於檢察官依第九十三條第三項但書及第二百二十八條第四項命具保者，準用之。

⑨②配合本法於民國90年1月12日修正第228條而修正本條相關項次。

▲【院2556】刑事訴訟法第118條關於沒入保證金之規定既經明定，以具保停止羈押之被告逃匿者為限，被告在判決確定後執行中因病保外醫治，與具保停止羈押之情形不同，自不得因其逃亡，依該條規定沒入所繳之保證金。

▲【27抗150】刑事訴訟法（舊）第118條規定沒入指定之保證金額，原以被告於具保停止羈押後故意逃匿者為限，如因不可抗力發生阻礙，未能如期到案，即非故意逃匿，自不得依據前項規定，沒入其保證金。

第119條　（具保責任之免除）

I.撤銷羈押、再執行羈押、受不起訴處分、有罪判決確定而入監執行或因裁判而致羈押之效力消滅者，免除具保之責任。

II.被告及具保證書或繳納保證金之第三人，得聲請退保，法院或檢察官得准其退保。但另有規定者，依其規定。

Ⅲ.免除具保之責任或經退保者，應將保證書
　註銷或將未沒入之保證金發還。
Ⅳ.前三項規定，於受責付者準用之。

⑩㊂一、因裁判而致羈押之效力消滅者，包括經論知
　無罪、免訴、免刑、緩刑、罰金、易以訓誡或不
　受理之判決，即第 316 條所列之擬制撤銷羈押之
　原因，凡發生此等免除具保責任之事由者，具
　保人即不再負保證之責。有罪判決確定而入監執
　行者，並非第 316 條所列舉之情形，基於具保目
　的在保全審判之進行及刑罰之執行，被告於本案
　有罪判決確定而依法入監執行時，因已無保全刑
　罰執行之問題，具保原因已消滅，自應免除具保
　責任，另他案有無具保之必要，檢察官或法院應
　另行審酌，爰修正原條文第 1 項，以求周全。
　二、基於具保為羈押之替代處分，以財產權之具
　保處分替代人身自由之羈押處分應屬被告之權
　利，於受准許具保停止羈押之裁定後，被告本得
　自由選擇是否接受，於具保停止羈押後，倘因個
　人因素或其他考量（例如家庭因素、財務因素
　等），被告無力負擔具保金或面臨具保金之返還義
　務，被告亦應得選擇退保而接受羈押之處分，爰
　修正原條文第 2 項。
　三、原條文第 3 項及第 4 項未修正。

▲【27 抗 105】向法院出具保證書之第三人，對
　於其所保之被告逃匿者，**能否免除繳納指定保證**
　金額之責任，須視其曾否將被告預備逃匿情形，
　於得以防止之際，報告法院聲請退保，已得准許
　為斷，抗告人所保之被告，於停止羈押後，應訊
　一次，即行逃匿，在未逃匿前，抗告人既未向法
　院退保，無論被告之逃匿原因如何，及其現在有
　無一定住址，均不能為抗告人免除責任之理由。

▲【31 抗 53】因具保停止羈押之被告已經不起訴
　處分確定者，其原保證人以前所具保證書，事實
　上縱未註銷而具保責任在法律上應予以免除，
　此觀於刑事訴訟法（舊）第 119 條第 1 項、第 3
　項及第 238 條第 1 項（現行法第 259 條）之規定，
　其義自明。

第 119 條之 1　（保證金應給付利息）

Ⅰ.以現金繳納保證金具保者，保證金應給付利
　息，並於依前條第三項規定發還時，實
　收利息併發還之。其應受發還人所在不
　明，或因其他事故不能發還者，法院或檢
　察官應公告之；自公告之日起滿十年，無

人聲請發還者，歸屬國庫。
Ⅱ.依第一百十八條規定沒入保證金時，實收
　利息併沒入之。
Ⅲ.刑事保證金存管、計息及發還作業辦法，
　由司法院會同行政院定之。

⑩㊂一、本條新增。
　二、刑事保證金，係具保人為被告免予或停止羈
　押之目的而繳納，具保人繳納後，在未經依法沒
　入前，國家委由代理國庫之銀行加以保管，保證
　金仍屬具保人所有，於代理國庫之銀行保管期間，
　自得生有利息，且屬具保人所有，參照提存法第
　12 條之立法例，該保證金自應給付利息。於發還
　保證金時，應連同實收利息一併發還。惟應受發
　還人所在不明或因其他事故不能發還時，其通知
　之程序及歸屬，應明文規定，以杜爭議，爰增訂
　第 1 項。
　三、具保乃為確保被告不致逃匿，若具保之被告
　逃匿而予以沒保，自不宜因代理國庫支付之利息
　而獲有利得，明定實收利息併沒入之，方符事理
　之平，爰增訂列為第 2 項。
　四、偵查中經檢察官命具保而繳納之刑事保證金，
　係由各檢察機關依「檢察機關財務收支處理要點」
　之規定暫收並存放於國庫保管，有關開立機關專
　戶計息之細節，則涉及財政部主管之公庫法、國
　庫法、「財政部委託中央銀行代理國庫契約」及
　「中央銀行委託金融機構辦理國庫事務要點」等
　相關法令之規定，宜由司法院會同本部、財政部、
　中央銀行及行政院主計總處等行政院所屬機關就
　刑事保證金之存管、計息及發還等等細節性事項
　共同研商訂定法規命令供各法院及檢察機關共同
　遵循，爰增訂第 3 項「刑事保證金存管、計息及
　發還作業辦法，由司法院會同行政院定之。」

第 120 條　（刪除）

⑧㊅本條刪除，另行增訂為第 101 條之 1。

第 121 條　（有關羈押各項處分之裁定或命令機關）

Ⅰ.第一百零七條第一項之撤銷羈押、第一百
　零九條之命具保、責付或限制住居、第一
　百十條第一項、第一百十五條及第一百十
　六條之停止羈押、第一百十六條之二第二
　項之變更、延長或撤銷、第一百十八條第
　一項之沒入保證金、第一百十九條第二項

之退保，以法院之裁定行之。

II.案件在第三審上訴中，而卷宗及證物已送交該法院者，前項處分、羈押、其他關於羈押事項第九十三條之二至第九十三條之五關於限制出境、出海之處分，由第二審法院裁定之。

III.第二審法院於為前項裁定前，得向第三審法院調取卷宗及證物。

IV.檢察官依第一百十七條之一第一項之變更、延長或撤銷被告應遵守事項、第一百十八條第二項之沒入保證金、第一百十九條第二項之退保及第九十三條第三項但書、第二百二十八條第四項命具保、責付或限制住居，於偵查中以檢察官之命令行之。

⑩一、原條文第 2 項所稱「其他關於羈押事項之處分」，固包括第 93 條之 6 羈押替代處分類型之限制出境、出海，惟適用上可否及於第 93 條之 2 至第 93 條之 5 關於逕行限制出境、出海之處分，不無疑義，爰修正本項而予以明文規範，俾期周妥。
二、第 1 項、第 3 項及第 4 項未修正。

第十一章　搜索及扣押

第 122 條　（搜索的客體）

I.對於被告或犯罪嫌疑人之身體、物件、電磁紀錄及住宅或其他處所，必要時，得搜索之。

II.對於第三人之身體、物件、電磁紀錄及住宅或其他處所，以有相當理由可信為被告或犯罪嫌疑人或應扣押之物或電磁紀錄存在時為限，得搜索之。

⑩一、本條對搜索之對象增列「犯罪嫌疑人」及「電磁紀錄」。
二、重新界定「被告」之概念，將偵查中之「被告」正名為「犯罪嫌疑人」，與經檢察官偵查終結予以追訴之審判中之「被告」以資區別。

◇搜索：搜查被告、犯罪嫌疑人或第三人之身體物件、住宅等，尋找證據的強制處分。目的是發現被告（或犯罪嫌疑人），或蒐集犯罪證據。

第 123 條　（搜索之限制㈠──搜索婦女）

搜索婦女之身體，應命婦女行之。但不能由婦女行之者，不在此限。

第 124 條　（搜索之應注意事項）

搜索應保守秘密，並應注意受搜索人之名譽。

第 125 條　（證明書之付與）

經搜索而未發見應扣押之物者，應付與證明書於受搜索人。

第 126 條　（扣押之限制㈠──一般公物、公文書）

政府機關或公務員所持有或保管之文書及其他物件應扣押者，應請求交付。但於必要時得搜索之。

第 127 條　（搜索之限制㈡──軍事上秘密處所）

I.軍事上應秘密之處所，非得該管長官之允許，不得搜索。

II.前項情形，除有妨害國家重大利益者外，不得拒絕。

⑩本條增列第 2 項，除有關妨害國家重大利益者外，不得拒絕搜索。

第 128 條　（搜索票）

I.搜索，應用搜索票。

II.搜索票，應記載下列事項：

一　案由。

二　應搜索之被告、犯罪嫌疑人或應扣押之物。但被告或犯罪嫌疑人不明時，得不予記載。

三　應加搜索之處所、身體、物件或電磁紀錄。

四　有效期間，逾期不得執行搜索及搜索後應將搜索票交還之意旨。

III.搜索票，由法官簽名。法官並得於搜索票上對執行人員為適當之指示。

IV.核發搜索票之程序，不公開之。

⑩一、配合法院組織法之用語，將「推事」修正為「法官」。
二、搜索時究係因何案由而搜索，應於搜索票中予以記載，始足以保障人權，爰予增訂，列為第 2 項第 1 款。
三、搜索票簽發之後，究竟應於何時執行搜索，始具法律上之效力，事關人權之保障，爰於本條

刑事訴訟法

第一編 總則（第一二八之一～一二九條）

第 2 項第 4 款增列之。

四、第 3 項刪除檢察官簽發搜索，增定法官於核發搜索票時，得於其上對執行人員為必要的指示。

五、原第 4 項刪除檢察官得親自搜索之規定並移列第 128 條之 2 第 1 項。

◇**應扣押之物**：聲請搜索票時，執行搜索之人員所欲扣押之標的物。

◇**相對法官保留原則**：舊法時代如同羈押，檢察官可自行簽發搜索票。惟目前的有令狀搜索（俗稱有票搜索），採「絕對法官保留原則」，一律由法院決定是否核發搜索票。無令狀搜索中的逕行搜索或緊急搜索，採「相對法官保留原則」，在情況急迫之情況，例外允許檢察官（或第 131 條第 1 項之司法警察、司法警察官）得發動搜索。

▲【93 臺上 664】刑事訴訟，係以確定國家具體之刑罰權為目的，為保全證據並確保刑罰之執行，於訴訟程序之進行，固有許實施強制處分之必要，惟強制處分之搜索、扣押，足以侵害個人之隱私權及財產權，若為達訴追之目的而漫無限制，許其不擇手段為之，於人權之保障，自有未周。故基於維持正當法律程序、司法純潔性及抑止違法偵查之原則，實施刑事訴訟程序之公務員不得任意違背法定程序實施搜索、扣押；至於違法搜索、扣押所取得之證據，若不分情節，一概以程序違法為由，否定其證據能力，從究明事實真相之角度而言，難謂適當，且若僅因程序上之瑕疵，致使許多與事實相符之證據，無例外地被排除而不用，例如案情重大，然違背法定程序之情節輕微，若遽捨棄該證據不用，被告可能逍遙法外，此與國民感情相悖，難為社會所接受，自有害於審判之公平正義。因此，對於違法搜索、扣押所取得之證據，除法律另有規定外，為兼顧程序正義及發現實體真實，應由法院於個案審理中，就個人基本人權之保障及公共利益之均衡維護，依比例原則及法益權衡原則，予以客觀之判斷，亦即宜就㈠**違背法定程序之程度**。㈡**違背法定程序時之主觀意圖**（即實施搜索、扣押之公務員是否明知違法並故意為之）。㈢**違背法定程序時之狀況**（即程序之違反是否有緊急或不得已之情形）。㈣**侵害犯罪嫌疑人或被告權益之種類及輕重**。㈤**犯罪所生之危險或實害**。㈥**禁止使用證據對於預防將來違法取得證據之效果**。㈦**偵審人員如依法定程序，有無發現該證據之必然性**。㈧**證據取得之違法對被告訴訟上防禦不利益之程度**等情狀予以審酌，以決定應否賦予證據能力。

第 128 條之 1 （搜索票之聲請）

I.偵查中檢察官認有搜索之必要者，除第一百三十一條第二項所定情形外，應以書面記載前條第二項各款之事項，並敘述理由，聲請該管法院核發搜索票。

II.司法警察官因調查犯罪嫌疑人犯罪情形及蒐集證據，認有搜索之必要時，得依前項規定報請檢察官許可後，向該管法院聲請核發搜索票。

III.前二項之聲請經法院駁回者，不得聲明不服。

⑨一、本條新增。

二、案件於偵查中，檢察官如認有搜索之必要時，應以書面記載前條第 2 項各款之事項，並敘述搜索之理由，聲請管轄法院審核決定之，爰參照刑事訴訟法第 93 條第 2 項關於檢察官聲請羈押之規定，增定第 1 項。

三、司法警察官，亦有偵查犯罪之權責，如認有搜索之必要時，為爭取時效亦許其直接聲請法院核發搜索票，爰增定第 2 項。

四、為保障人權起見，明定對於法院駁回羈押之聲請者，不得聲明不服。若檢察官仍認有羈押之必要者，本得檢附新事證，重新聲請羈押。爰增定第 3 項。

第 128 條之 2 （檢察事務官、司法警察官、司法警察之執行搜索）

I.搜索，除由法官或檢察官親自實施外，由檢察事務官、司法警察官或司法警察執行。

II.檢察事務官為執行搜索，必要時，得請求司法警察官或司法警察輔助。

⑨一、本條新增。

二、關於搜索執行之規定，原規定於第 128 條第 4 項，但以其性質異於該條其他部分，為求簡明、區辨，乃將原第 128 條第 4 項修正移出，列為本條第 1 項，並配合法院組織法之用語，將「推事」修正為「法官」。

三、檢察事務官為執行搜索，有請求司法警察官或司法警察輔助之可能與需要，爰增定第 2 項，以求周延。

第 129 條 （刪除）

⑨一、本條刪除。

二、配合第 128 條第 4 項之修正，刪除檢察官親自搜索得不用搜索票規定。又配合令狀原則建立書面紀錄以供事後審查之依據，併刪除法官職權搜索不用搜索票之規定。

第 130 條　（不要式搜索㈠——附帶搜索）

檢察官、檢察事務官、司法警察官或司法警察逮捕被告、犯罪嫌疑人或執行拘提、羈押時，雖無搜索票，得逕行搜索其身體、隨身攜帶之物件、所使用之交通工具及其立即可觸及之處所。

⑨一、依第 87 條、第 88 條規定，檢察官有逮捕被告之權，檢察事務官有執行拘提之職權，故於本條增列檢察官、檢察事務官之逕行搜索權。另司法警察調查中逮捕、拘提對象稱犯罪嫌疑人，故增列之。

二、合法逮捕後之附帶搜索，除被告身體外，對於放在身旁之手提包，所坐之沙發，所開之車輛等，應納入盤點搜索之範圍。

◇附帶搜索：本條為無令狀搜索之類型之一。合法的拘提逮捕是本條的前提。附帶搜索之目的有二，一保障搜索人員之安全，二保全證據不被湮滅。在此目的下，**執法人員僅能附帶搜索被告伸手可觸及之處所**。實務上常見員警押解犯罪嫌疑人打開機車後座、汽車後車廂，是否屬於附帶搜索，即有疑問。學說上亦有提出，若員警具有人數上的優勢，已能控制場面（例如犯罪嫌疑人全數上銬趴在地上），此時即不存在附帶搜索的空間。

▲【102 臺上 59】（編按：附帶搜索）之目的在於「**發現應扣押物**」（找物），因此對於受搜索人所得「**立即控制**」之範圍及場所，包括所使用具機動性汽、機車等交通工具**均得實施搜索**，並於搜索過程中就所發現之物為扣押處分……除於搜索進行過程中意外發現應扣押之物得予扣押外，不得從事逸出拘捕目的之搜索、扣押行為，並應於拘捕目的之達成後立即終止。但**為防止執法人員遭受被拘捕人攻擊，防止其湮滅隨身證據，此際**，自可對該被拘捕人身體、隨身攜帶物件、所使用交通工具及其立即可及處所實施附帶搜索。就此拘捕之是否合法、搜索與扣押程序有無合理之依據，則**由法院為事後審查以判斷所扣押之物得否為證據**。

第 131 條　（不要式搜索㈡——逕行搜索）

Ⅰ.有左列情形之一者，檢察官、檢察事務官、司法警察官或司法警察，雖無搜索票，得逕行搜索住宅或其他處所：

一　因逮捕被告、犯罪嫌疑人或執行拘提、羈押，有事實足認被告或犯罪嫌疑人確實在內者。

二　因追躡現行犯或逮捕脫逃人，有事實足認現行犯或脫逃人確實在內者。

三　有明顯事實足信為有人在內犯罪而情形急迫者。

Ⅱ.檢察官於偵查中確有相當理由認為情況急迫，非迅速搜索，二十四小時內證據有偽造、變造、湮滅或隱匿之虞者，得逕行搜索，或指揮檢察事務官、司法警察官或司法警察執行搜索，並層報檢察長。

Ⅲ.前二項搜索，由檢察官為之者，應於實施後三日內陳報該管法院；由檢察事務官、司法警察官或司法警察為之者，應於執行後三日內報告該管檢察署檢察官及法院。法院認為不應准許者，應於五日內撤銷之。

Ⅳ.第一項、第二項之搜索執行後未陳報該管法院或經法院撤銷者，審判時法院得宣告所扣得之物，不得作為證據。

⑨一、對於緊急搜索權，應於確有必要之急迫情形下，且有事實足認犯罪嫌疑人或被告確實在其內，始得為之，以避免濫用緊急搜索權進行不必要的廣泛式、地毯式及與所欲保全法益顯不相當之搜索。爰修正第 1 項各款。

二、偵查中對於證據確有滅失之急迫危險者，檢察官固有緊急搜索權，惟為避免濫用，應限於確有具體事證顯示其情況急迫，在二十四小時內有滅失之立即且明顯危險者，始得緊急搜索。又，為防檢察官濫用職權，關於緊急搜索，應層報檢察長。

三、對於不應准許之緊急搜索，法院應予撤銷，以維程序正義，爰修正第 3 項。

四、為維程序正義，避免緊急搜索權之濫用，對於執行緊急搜索後拒不陳報該管法院或緊急搜索本即不應准許者，應將所得之證據排除，增列第 4 項。

◇逕行搜索：本條為**無令狀搜索**。第 1 項是在特定空間場域中找人之搜索（不含搜索人的身體或物件）；第 2 項是緊急搜索，在情況急迫下為了保全證據，尋找物件之搜索。應注意第 2 項的發動主體僅限檢察官。換言之，司法警察（官）必須在檢察官的指揮下，始得執行緊急搜索。

▲【94 臺上 3062】搜索之目的在於發現被告、犯罪嫌疑人或應被拘提之人，故不能為發現應扣押物而為搜索，僅得於搜索被告、犯罪嫌疑人或應被拘提之人之過程中，發現應扣押之物時，予以扣押，且於發現應被逮捕或拘提之人後，即應停止搜索，否則，其搜索即屬違法；另有明顯事實足信為有人在內犯罪而情形急迫之情形，而得逕行搜索住宅或其他處所者（編按：第 131 條第 1 項第 3 款），其**搜索之主要目的，在於阻止犯罪**，故侵入發現無犯罪或犯罪之痕跡，應立即退出，而**不得為搜索**，如發現犯罪或有犯罪痕跡，雖得逮捕犯人，並搜索其身體及其雙手所及之範圍，扣押因此所得暨眼睛所能見到之應扣押物，但不得逾越逮捕犯人所必要之搜索，否則，其搜索亦屬違法。

▲【99 臺上 1398】拘提乃「對人的強制處分」，與搜索、扣押之「對物的強制處分」，迥不相同。檢察官偵查中，如須實施搜索、扣押，依法必先取得法官核發之搜索票，否則，須有刑事訴訟法第 131 條緊急或急迫情況，其搜索、扣押始告適法。故**如容許司法警察（官）執檢察官簽發之拘票（對人的強制處分）以實施搜索、扣押（對物的強制處分），無異鼓勵「假拘提之名而行搜索、扣押之實」，以規避法院就搜索、扣押之合法性審查**。

第 131 條之 1　（不要式搜索㈢——受搜索人自願性同意搜索）

　　搜索，經受搜索人出於自願性同意者，得不使用搜索票。但執行人員應出示證件，並將其同意之意旨記載於筆錄。

⑨一、本條新增。
　　二、「同意搜索」為各國刑事訴訟法所允許，我國實務亦行之多年，本條明文規定之。

◇同意搜索：本條亦為無令狀搜索，但學說實務爭議不小。關鍵問題在本條之「自願性同意」如何解釋。實務上多半以是否「事前」簽具同意受搜索書為斷，輔以其他如徵求同意之地點、方式是

否自然非強暴、脅迫、或隱匿身分，受搜索人的個人特質例如主觀意識強弱、年齡、性別、教育程度、智商等「**綜合判斷**」。但學說認為正本清源之道在於「**課予國家告知義務**」，告知受搜索人沒有配合搜索之義務，得不同意搜索。亦有學者主張可仿照本法第 133 條之 1 第 2 項之規定，告知無須違背自己之意思而為同意，並記明筆錄。

▲【93 臺上 664】參見本法第 128 條。

▲【100 臺上 4580】刑事訴訟法第 131 條之 1 規定之受搜索人自願性同意搜索，係以執行人員於執行搜索前應出示證件，**查明受搜索人有無同意之權限**，並應**將其同意之意旨記載於筆錄**，由受搜索人簽名或出具書面表明同意之旨為程序規範，並以一般意識健全具有是非辨別能力之人，因搜索人員之出示證件表明身分與來意，均得以理解或意識到搜索之意思及效果，而有參與該訴訟程序及表達意見之機會，可以自我決定選擇同意或拒絕，非出於強暴、脅迫、利誘、詐欺或其他公權力之不當施壓所為之同意為其實質要件。自願性同意之搜索，不以有「相當理由」為必要；被搜索人之同意是否出於自願，應依案件之具體情況包括徵求同意之地點、徵求同意之方式、同意者主觀意識之強弱、教育程度、智商等內、外在一切情況為**綜合判斷，不能單憑多數警察在場或被告受拘禁或執行人員出示用以搜索其他處所之搜索票，即否定其自願性**。

▲【100 臺上 7112】現行偵查實務通常將「自願同意搜索筆錄（或稱為自願受搜索同意書）」與「搜索、扣押筆錄」二者，分別規定，供執行搜索人員使用。前者係自願性同意搜索之生效要件，故**執行人員應於執行搜索處所，當場出示證件，先查明受搜索人有無同意權限，同時將其同意之意旨記載於筆錄（書面）後，始得據以執行搜索，此之筆錄（書面）衹能在搜索之前或當時完成，不能於事後補正**。……受搜索人對其簽署自願受搜索之同意書面有所爭執，攸關是否出於自願性同意之判斷及搜索所取得之證據有無證據能力之認定，**法院自應深入調查，非可僅憑負責偵訊或搜索人員已證述非事後補簽同意書面，即駁回此項調查證據之聲請**。該項證據如係檢察官提出者，依刑事訴訟法第 156 條第 3 項之相同法理，法院應命檢察官就該自願性同意搜索之生效要件，指出證明之方法。

▲【104 臺上 503】刑事訴訟法第 131 條之 1 之自願性同意搜索，明定行使同意權人為受搜索人，

參諸同法第 128 條第 2 項規定搜索係對被告或犯罪嫌疑人為之，另同法第 122 條第 2 項明文可對第三人為搜索，故就同法第 131 條之 1 規定之文義及精神觀之，所謂**同意權人應係指偵查或調查人員所欲搜索之對象，而及於被告或犯罪嫌疑人以外之人**。而該條所稱**自願性同意者，祇要受搜索人係在意思自主之情況下，表示同意為已足，不因其有無他人陪同在場，而異其法律效果**。又在數人對同一處所均擁有管領權限之情形，如果同意人對於被搜索之處所有得以獨立同意之權限，則被告或犯罪嫌疑人在主客觀上，應已承擔該共同權限人可能會同意搜索之風險，此即學理上所稱之「**風險承擔理論**」。執法人員基於其有共同權限之第三人同意所為之無令狀搜索，自屬有效搜索，所扣押之被告或犯罪嫌疑人之物，應有證據能力。

第 132 條　（強制搜索）

抗拒搜索者，得用強制力搜索之。但不得逾必要之程度。

第 132 條之 1　（搜索執行結果之陳報）

檢察官或司法警察官於聲請核發之搜索票執行後，應將執行結果陳報核發搜索票之法院，如未能執行者，應敘明其事由。

⑨一、本條係新增。

二、執行搜索完畢後，聲請核發搜索票之人員，應以書面報告法院執行情形，以利查考。

第 133 條　（扣押之客體）

I.可為證據或得沒收之物，得扣押之。

II.為保全追徵，必要時得之量扣押犯罪嫌疑人、被告或第三人之財產。

III.對於應扣押物之所有人、持有人或保管人，得命其提出或交付。

IV.扣押不動產、船舶、航空器，得以通知主管機關為扣押登記之方法為之。

V.扣押債權得以發扣押命令禁止向債務人收取或為其他處分，並禁止向被告或第三人清償之方法為之。

VI.依本法所為之扣押，具有禁止處分之效力，不妨礙民事假扣押、假處分及終局執行之查封、扣押。

⑩五一、原條文第 1 項未修正。

二、104 年 12 月 30 日修正公布，定於 105 年 7 月 1 日施行之刑法（下稱新刑法）第 38 條第 4 項及第 38 條之 1 第 3 項新增沒收不能或不宜執行時，應追徵其價額之規定，為預防犯罪嫌疑人、被告或第三人脫產規避追徵之執行，必要時應扣押其財產。但原條文第 1 項之扣押，其標的除得為證據之物外，僅限於得沒收之特定物，顯與為達保全追徵目的，而對沒收物所有人一般財產為扣押不同。基於強制處分應符合法律保留原則之考量，自有新增以保全追徵為目的之扣押規定之必要。爰配合增訂本條第 2 項。

三、原條文第 2 項未修正，移列第 3 項。

四、關於不動產、船舶、航空器之保全方法，不限於命其提出或交付，民事強制執行法所規定通知主管機關為查封登記之查封保全方法，亦得酌採之，原條文第 2 項規定有欠完備。爰參考強制執行法第 75 條第 1 項、第 114 條第 1 項、第 114 條之 4 第 1 項之規定，增訂本條第 4 項。

五、得沒收之物，其範圍係依實體法之規定，權利自亦包括在內。惟本法關於扣押債權之方法，尚乏明文，亦有欠備，爰參考強制執行法第 115 條第 1 項之規定，及德國刑事訴訟法第 111 C 條第 3 項之立法例，增訂本條第 5 項。

六、扣押應具有禁止處分之效力，否則無從達到澈底剝奪犯罪所得，及兼顧善意第三人權益之保障，爰參考德國刑事訴訟法第 111 C 條第 5 項、日本組織犯罪處罰及犯罪收益規範法第 25 條前段之立法例，增訂本條第 6 項。

◇**得沒收之物**：學說有將扣押分為二類型。一是**以保全證據為目的**之扣押，稱為證據扣押，即本條「可為證據」之情形。二是**以保全將來沒收為目的**之扣押，稱為保全執行扣押，即本條「得沒收之物」之情形。

第 133 條之 1　（扣押之裁定及應記載事項）

I.非附隨於搜索之扣押，除以得為證據之物而扣押或經受扣押標的權利人同意者外，應經法官裁定。

II.前項之同意，執行人員應出示證件，並先告知受扣押標的權利人得拒絕扣押，無須違背自己之意思而為同意，並將其同意之意旨記載於筆錄。

III.第一項裁定，應記載下列事項：
一　案由。

二　應受扣押裁定之人及扣押標的。但應受扣押裁定之人不明時，得不予記載。

三　得執行之有效期間及逾期不得執行之意旨；法官並得於裁定中，對執行人員為適當之指示。

IV.核發第一項裁定之程序，不公開之。

⑩一、本條係新增。

二、現行法關於搜索，原則上，應依法官之搜索票為之，即採法官保留原則，附隨搜索之扣押亦同受其規範。非附隨於搜索之扣押與附隨搜索之扣押本質相同，除僅得為證據之物及受扣押標的權利人同意者外，自應一體適用法官保留原則。爰參考本法第128條規定，德國刑事訴訟法第98條第1項、第111e條第1項，及日本組織犯罪處罰及犯罪收益規範法第22條第1項、第42條第1項之立法例，增訂本條第1項。至於同時得為證據及得沒收之物，仍應經法官裁定，以免架空就沒收之物採法官保留為原則之立法意旨，併此敘明。

三、為確保當事人同意之真意，爰增訂第2項，課予執行人員有出示證件、表明身分、告知當事人享有得拒絕權利之義務，並應將其同意之意旨記載於筆錄。

四、非附隨於搜索之扣押，原則上既採法官保留原則，扣押所依據之案由、扣押標的為何人所有之何種財產及其範圍，自均應記載於扣押裁定，始符合令狀主義及保障人權之要求，爰增訂本條第3項第1款及第2款。

五、扣押裁定應有一定執行期間之限制；且扣押係經由法官裁定，法官於裁定時，自得對執行人員為適當之指示，爰增訂本條第3項第3款。

六、為避免證物滅失或應被沒收財產之人趁陳脫產，核發扣押裁定之程序，不應公開之，爰增訂本條第4項。

第133條之2　（扣押裁定之程序）

I.偵查中檢察官認有聲請前條扣押裁定之必要時，應以書面記載前條第三項第一款、第二款之事項，並敘述理由，聲請該管法院裁定。

II.司法警察官認有為扣押之必要時，得依前項規定報請檢察官許可後，向該管法院聲請核發扣押裁定。

III.檢察官、檢察事務官、司法警察官或司法警察於偵查中有相當理由認為情況急迫，有立即扣押之必要時，得逕行扣押；檢察官亦得指揮檢察事務官、司法警察官或司法警察執行。

IV.前項之扣押，由檢察官為之者，應於實施後三日內陳報該管法院；由檢察事務官、司法警察官或司法警察為之者，應於執行後三日內報告該管檢察署檢察官及法院。法院認為不應准許者，應於五日內撤銷之。

V.第一項及第二項之聲請經駁回者，不得聲明不服。

⑩一、本條係新增。

二、本法關於非附隨於搜索之扣押，原則上採法官保留原則，故偵查中，檢察官認有聲請前條扣押裁定之必要者，應先聲請法院裁定後始得為之；惟於情況急迫時，應得逕行扣押以資因應。又為慎重其程序，且使法院知悉扣押之內容，聲請扣押裁定，應以書狀為之，並記載應扣押之財產及其所有人。爰參考本法第128條之1第1項規定，德國刑事訴訟法第98條第1項，第111e條第1項、第2項，及日本組織犯罪處罰及犯罪收益規範法第22條第1項、第42條第1項之立法例，增訂本條第1、第2及第3項。

三、為避免檢察官濫用逕行扣押，對人民權利造成不必要之侵害，自應課以陳報法院進行事後審查之義務，以維程序正義。爰參考本法第131條第3項之規定，增訂本條第4項。至於非法逕行扣押及扣押後未依法陳報者，如扣押物係可為證據之物，則有本法第158條之4規定之適用，附予敘明。

四、第1項扣押之聲請經駁回者，如有必要，自得再為聲請，並無抗告之實益，爰增訂本條第5項。

第134條　（扣押之限制㈡——應守密之公物、公文書）

I.政府機關、公務員或曾為公務員之人所有或保管之文書及其他物件，如為其職務上應守秘密者，非經該管監督機關或公務員允許，不得扣押。

II.前項允許，除有妨害國家之利益者外，不得拒絕。

◇**拒絕證言權範圍內之扣押禁止**：對照本法第179條，立法結構上針對「**公務員職務上應守秘密之事項**」，其訊問應得該管監督機關或公務員之允許；扣押文書或其他物件，非經該管監督機關或公務員允許，不得扣押。

第 135 條　（扣押之限制㈢——郵電）

I.郵政或電信機關，或執行郵電事務之人員所持有或保管之郵件、電報，有左列情形之一者，得扣押之：
一　有相當理由可信其與本案有關係者。
二　為被告所發或寄交被告者，但與辯護人往來之郵件、電報，以可認為犯罪證據或有湮滅、偽造、變造證據或勾串共犯或證人之虞或被告已逃亡者為限。
II.為前項扣押者，應即通知郵件、電報之發送人或收受人。但於訴訟程序有妨害者，不在此限。

第 136 條　（扣押之執行機關）

I.扣押，除由法官或檢察官親自實施外，得命檢察事務官、司法警察官或司法警察執行。
II.命檢察事務官、司法警察官或司法警察執行扣押者，應於交與之搜索票或扣押裁定內，記載其事由。

⑩一、原條文第1項未修正。
二、本法第133條之1已新增非附隨於搜索之扣押裁定，原條文第2項爰配合增訂「或扣押裁定」，以資適用。

▲【69臺上2412】刑事訴訟程序中之扣押，乃對之強制處分，應由檢察官或推事親自實施，或由檢察官或推事簽發搜索票記載其事由，命由司法警察或司法警察官執行之，刑事訴訟法第136條定有明文，此乃法定程序，如有欠缺，其所實施之扣押，即非適法，**司法警察或司法警察官並無逕以命令扣押之處分權限**。

第 137 條　（附帶扣押）

I.檢察官、檢察事務官、司法警察官或司法警察執行搜索或扣押時，發現本案應扣押之物為搜索票或扣押裁定所未記載者，亦得扣押之。

II.第一百三十一條第三項之規定，於前項情形準用之。

⑩一、本法第133條之1已新增非附隨於搜索之扣押裁定，原條文第1項爰配合增訂「或扣押裁定」，以資適用。
二、原條文第2項未修正。

◇**本案應扣押之物**：指執法人員在進行合法搜索、扣押之時，發現與本案相關，但未記載於搜索票或扣押裁定上，仍可扣押。

◇**一目瞭然法則 (plain view doctrine)**：我國學說實務上多半運用在本法第137條**附帶扣押**、第152條**另案扣押**，其內涵略為：警察在合法搜索時，違禁物或證據落入警察的目視範圍內，警察得無令狀扣押該物。

第 138 條　（強制扣押）

應扣押物之所有人、持有人或保管人無正當理由拒絕提出或交付或抗拒扣押者，得用強制力扣押之。

第 139 條　（扣押後之處置㈠——收據、封緘）

I.扣押，應製作收據，詳記扣押物之名目，付與所有人、持有人或保管人。
II.扣押物，應加封緘或其他標識，由扣押之機關或公務員蓋印。

第 140 條　（扣押後之處置㈡——看守、保管、毀棄）

I.扣押物，因防其喪失或毀損，應為適當之處置。
II.不便搬運或保管之扣押物，得命人看守，或命所有人或其他適當之人保管。
III.易生危險之扣押物，得毀棄之。

第 141 條　（扣押物之變價）

I.得沒收或追徵之扣押物，有喪失毀損、減低價值之虞或不便保管、保管需費過鉅者，得變價之，保管其價金。
II.前項變價，偵查中由檢察官為之，審理中法院得囑託地方法院民事執行處代為執行。

⑩一、本法第133條第2項新增保全追徵之規定，原條文第1項爰配合增訂「追徵」，以資適用。又

扣押財產有減低價值，或保管需費過鉅顯不符合比例原則之情形，自得斟酌之具體個案之需求，及時予以變價而保管其價金。又變價方法，亦不限於拍賣，例如金、銀物品或其他有市價之物品，即不以拍賣為必要。爰參考強制執行法第 60 條第 1 項之規定，及德國刑事訴訟法第 111 Ⅰ 條第 1 項之立法例，修正原條文第 1 項。

二、變價之執行，地方法院民事執行處具有相當經驗，實務上亦有囑託執行之例，為有效利用既有設備與人力資源，爰參考行政訴訟法第 306 條第 1 項之規定，增訂本條第 2 項。

第 142 條　（扣押物之發還或付與影本）

Ⅰ.扣押物若無留存之必要者，不待案件終結，應以法院之裁定或檢察官命令發還之；其係贓物而無第三人主張權利者，應發還被害人。

Ⅱ.扣押物因所有人、持有人或保管人之請求，得命其負保管之責，暫行發還。

Ⅲ.扣押物之所有人、持有人或保管人，有正當理由者，於審判中得預納費用請求付與扣押物之影本。

⑩一、扣押物之所有人、持有人或保管人，因生活上或工作上等正當需求，而有使用扣押物之必要時，倘全不許其有使用影本之機會，未免失之嚴苛，爰增訂本條第 3 項，明定扣押物之所有人、持有人或保管人，有正當理由者，於審判中得預納費用請求付與扣押物之影本。

二、本條第 1 項、第 2 項未修正。

第 142 條之 1　（扣押物之聲請撤銷扣押）

Ⅰ.得沒收或追徵之扣押物，法院或檢察官依所有人或權利人之聲請，認為適當者，得以裁定或命令定相當之擔保金，於繳納後，撤銷扣押。

Ⅱ.第一百十九條之一之規定，於擔保金之存管、計息、發還準用之。

⑩五一、本條係新增。

二、得沒收或追徵之扣押物，如有作為其他利用之必要，如權衡命所有人或權利人繳納相當之擔保金，亦可達扣押之目的時，自應許所有人或權利人聲請以相當之擔保金，取代原物扣押。爰參考德國刑事訴訟法第 111 C 條第 6 項，及日本組

織犯罪處罰及犯罪收益規範法第 26 條第 1 項之立法例，增訂本條第 1 項。

三、本條規定之擔保金與本法所規定替代羈押之保證金性質相當，自有準用本法第 119 條之 1 關於保證金存管、計息、發還規定之必要，爰增訂本條第 2 項。

第 143 條　（留存物之準用規定）

被告、犯罪嫌疑人或第三人遺留在犯罪現場之物，或所有人、持有人或保管人任意提出或交付之物，經留存者，準用前五條之規定。

⑩五配合本法第 142 條之 1 之增訂，修正本條準用之規定。

第 144 條　（搜索、扣押之必要處分）

Ⅰ.因搜索及扣押得開啟鎖扃、封緘或為其他必要之處分。

Ⅱ.執行扣押或搜索時，得封鎖現場，禁止在場人員離去，或禁止前條所定之被告、犯罪嫌疑人或第三人以外之人進入該處所。

Ⅲ.對於違反前項禁止命令者，得命其離開或交由適當之人看守至執行終了。

⑨為確保執行扣押或搜索之順利執行，本條增列第 3 項，凡對於違反本條第 2 項規定者，得命其離開或交由適當之人看守至執行終了。

第 145 條　（搜索票或扣押裁定之提示）

法官、檢察官、檢察事務官、司法警察官或司法警察執行搜索及扣押，除依法得不用搜索票或扣押裁定之情形外，應以搜索票或扣押裁定示第一百四十八條在場之人。

⑩五本法第 133 條之 1 已新增非附隨於搜索之扣押裁定，爰配合增訂「或扣押裁定」，以資適用。

第 146 條　（搜索、扣押之共同限制㈠——夜間執行）

Ⅰ.有人住居或看守之住宅或其他處所，不得於夜間入內搜索或扣押。但經住居人、看守人或可為其代表之人承諾或有急迫之情形者，不在此限。

Ⅱ.於夜間搜索或扣押者，應記明其事由於筆錄。

Ⅲ.日間已開始搜索或扣押者，得繼續至夜

間。

IV.第一百條之三第三項之規定，於夜間搜索或扣押準用之。

⑧⑧ 86 年 12 月 19 日立法院三讀通過條文，已將第 100 條之 2 移列修正為第 100 條之 3，爰配合修正。

第 147 條　（搜索、扣押之共同限制㈡——例外）

左列處所，夜間亦得入內搜索或扣押：
一　假釋人住居或使用者。
二　旅店、飲食店或其他於夜間公眾可以出入之處所，仍在公開時間內者。
三　常用為賭博、妨害性自主或妨害風化之行為者。

⑧⑧ 配合刑法第十六章章名之修正作修改。將「賭博或妨害風化」修改為「賭博，妨害性自主或妨害風化」。

第 148 條　（搜索、扣押時之在場人㈠）

在有人住居或看守之住宅或其他處所內行搜索或扣押者，應命住居人、看守人或可為其代表之人在場；如無此等人在場時，得命鄰居之人或就近自治團體之職員在場。

第 149 條　（搜索、扣押時之在場人㈡）

在政府機關、軍營、軍艦或軍事上秘密處所內行搜索或扣押者，應通知該管長官或可為其代表之人在場。

第 150 條　（搜索、扣押時之在場人㈢）

I.當事人及審判中之辯護人得於搜索或扣押時在場。但被告受拘禁，或認其在場於搜索或扣押有妨害者，不在此限。
II.搜索或扣押時，如認有必要，得命被告在場。
III.行搜索或扣押之日、時及處所，應通知前二項得在場之人。但有急迫情形時，不在此限。

▲【94 臺上 4929】當事人及審判中之辯護人得於搜索或扣押時在場。但被告受拘禁，或認其在場於搜索或扣押有妨害者，不在此限。刑事訴訟

法第 150 條第 1 項定有明文。此規定依同法第 219 條，於審判中實施勘驗時準用之。此即學理上所稱之「在場權」，屬被告在訴訟法上之基本權利之一，兼及其對辯護人之倚賴權同受保護。故事實審法院行勘驗時，倘無法定例外情形，而未依法通知當事人及辯護人，使其有到場之機會，所踐行之訴訟程序自有瑕疵，此項勘驗筆錄，應認屬因違背法定程序取得之證據。

第 151 條　（暫停搜索、扣押應為之處分）

搜索或扣押暫時中止者，於必要時應將該處所閉鎖，並命人看守。

第 152 條　（另案扣押）

實施搜索或扣押時，發現另案應扣押之物，亦得扣押之，分別送交該管法院或檢察官。

◇另案扣押之物：指執法人員在進行合法的搜索、扣押時，偶然發現與本案無關的其他案件應扣押之物，亦得扣押之。例如：員警進入住宅內逮捕毒品犯，在客廳茶几上發現槍枝，即屬本條的另案，得扣押之。

◇一目瞭然法則：參見本法第 136 條。

◇本條事後救濟程序之缺陷：學說有認為本條與第 137 條既然均屬無令狀扣押，第 137 條第 2 項有準用第 131 條第 3 項事後陳報法院制度及撤銷規定，本條在修法前應類推適用第 131 條第 3 項之規定。

▲【103 臺上 448】刑事訴訟法第 152 條規定之「另案扣押」，係源自於「一目瞭然」法則，亦即執法人員在合法執行本案搜索、扣押時，若在目視範圍以內發現另案應扣押之物，得無令狀予以扣押之。所謂另案，不以已經發覺之案件為限，以便機動性地保全該證據，俾利於真實之發現及公共利益之維護；但為避免執法人員假藉一紙搜索票進行所謂釣魚式的搜括，此之扣押所容准者，應僅限於執法人員以目視方式發現之其他證據，而非授權執法人員為另一個搜索行為。本條就另案扣押所取得之物，雖僅規定「分別送交該管法院或檢察官」，而無類如同法第 137 條「附帶扣押」第 2 項準用第 131 條第 3 項之規定，應報由法院事後審查該扣押之合法性，惟鑒於其仍屬事先未經令狀審查之扣押，對扣押物而言，性質上

與無票搜索無殊，故案件遇**有司法警察機關實施「另案扣押」時**，法院自仍應依職權審查其前階段之本案搜索是否合法，苟前階段之搜索違法，則後階段之「另案扣押」應屬第二次違法，所取得之證據應予排除；至若前階段之搜索合法，則應就個案之具體情節，審視其有無相當理由信其係得為證據或得沒收之物？是否為司法警察意外的、偶然的發現？以及依扣押物之性質與有無扣押之必要性，據以判斷「另案扣押」是否符合法律之正當性，並有刑事訴訟法第 158 條之 4 規定之適用。

第 153 條　（囑託搜索或扣押）

I 搜索或扣押，得由審判長或檢察官囑託應行搜索、扣押地之法官或檢察官行之。

II 受託法官或檢察官發現應在他地行搜索、扣押者，該法官或檢察官得轉囑託該地之法官或檢察官。

⑩配合法院組織法之用語，將「推事」修正為「法官」。

第十二章　證　據

第一節　通　則

第 154 條　（證據裁判主義）

I 被告未經審判證明有罪確定前，推定其為無罪。

II 犯罪事實應依證據認定之，無證據不得認定犯罪事實。

⑫一、按世界人權宣言第 11 條第 1 項規定：「凡受刑事控告者，在未經獲得辯護上所需的一切保證的公開審判而依法證實有罪以前，有權被視為無罪。」此乃揭示國際公認之刑事訴訟無罪推定基本原則。大陸法系國家或有將之明文規定於憲法者，例如意大利憲法第 27 條第 2 項、土耳其憲法第 38 條第 4 項、葡萄牙憲法第 32 條第 2 款等，我國憲法雖無明文，但本條規定原即蘊涵無罪推定之意旨，爰將世界人權宣言上揭規定，酌予文字修正，增訂為第 1 項，以導正社會上仍存有之預斷有罪舊念，並就刑事訴訟法保障被告人權提供其基礎，引為本法加重當事人進行主義色彩之張本，從而檢察官須善盡舉證責任，證明被告有罪，俾推翻無罪之推定。

二、原條文第 1 項改列第 2 項，並作文字修正，

俾與第 1 項相呼應及與第 2 項前段文字相配合。

▲【29 上 1090】 **刑事法院審理犯罪事實並不受民事判決之拘束**，如當事人聲明之證據方法與犯罪事實有重要關係，仍應予以調查，就其所得心證而為判斷，不得以民事確定判決所為之證據判斷，逕援為刑事判決之基礎。

▲【29 上 3105】 刑事訴訟法上所謂認定犯罪事實之證據，係指足以認定被告確有犯罪行為之**積極證據**而言，該項證據自須適合於被告犯罪事實之認定，始得採為斷罪資料。

▲【30 上 1831】 認定犯罪事實應依證據，為刑事訴訟法所明定，故被告否認犯罪事實所持之辯解，縱屬不能成立，仍非有積極證據足以證明其犯罪行為，不能遽為有罪之認定。

▲【40 臺上 86】 事實之認定，應憑證據，如未能發現相當證據，或證據不足以證明，自不能以推測或擬制之方法，以為裁判基礎。

▲【69 臺上 4913】 科刑判決所認定之事實，與所採之證據，不相適合，**即認證據上理由矛盾**，其判決當然為違背法令。刑事訴訟法上所謂認定犯罪事實之證據，係指足以證明被告確有犯罪行為之積極證據而言，該項證據必須適合於被告犯罪事實之認定，始得採為斷罪之資料。

第 155 條　（自由心證主義）

I 證據之證明力，由法院本於確信自由判斷。但不得違背經驗法則及論理法則。

II 無證據能力、未經合法調查之證據，不得作為判斷之依據。

⑫一、本法就證據之證明力，採自由心證主義，將證據之證明力，委由法官評價，即凡經合法調查之證據，由法官依經驗法則及論理法則以形成確信之心證。惟一般社會大眾對於所謂「自由」二字每多曲解，誤以為法官判斷證據之證明力，無須憑據，僅存乎一己，不受任何限制，故經常質疑判決結果，有損司法威信。爰參考德國刑事訴訟法第 261 條之規定，及最高法院 53 年臺上字第 2067 號及 44 年臺上字第 702 號判例之見解，修正本條第 1 項，以明法官判斷證據證明力係在不違背經驗法則、論理法則之前提下，本於確信而自由判斷。

二、本條第 2 項規定無證據能力之證據，與未經合法調查之證據，不得作為判斷之依據，正足以表示「嚴格證明」之要求，至於「顯與事理有違」之證據，於本條第 1 項修正增加法院之自由心證，

不得違背經驗法則及論理法則後，即屬重複，應予刪除，另「與認定事實不符」之證據，究竟是證據能力抑或證明力之問題，涵義不明，為杜疑義，並免與前條第 2 項發生邏輯矛盾，亦予刪除。

◇證明度之強弱

等級	強弱度	基準	適用事項	本法參照規定
1	極強	十分接近事實真相	有罪之認定（76 臺上 4986 判例）	§§299 I、449 I、455-4 II
2	甚強	已無合理懷疑存在（無庸置疑）		
3	較強	證據明確且有充分之說服力	起訴或聲請	§§251、451、455-2、92 臺上 128 號判例
4	強	具有證據優勢	拘提、羈押	§§76、88-1、101、101-1（犯罪嫌疑重大）
5	弱	具相當理由（蓋然）	搜索、扣押	§§122、131、135
6	微弱	有嫌疑而已	開始或移送偵查	§§218 III、228 I、240、241、250

◇證據能力與證明力

證據能力	指得提出於法庭調查之證據，以供認定犯罪事實，其所應具備之資格。在審判程序中，有證據能力後，進一步判斷證明力之強弱
證明力	指證據能證明待證事實至何種程度，由法院經審認後依自由心證判斷其強弱

◇論理法則與經驗法則

論理法則	指合乎邏輯論述、推理之法則
經驗法則	指合乎一般人日常生活經驗之法則。學說有認為特別是科學上已經證實的經驗法則，是法官自由心證的界限，有拘束法官之效力

◇嚴格證明法則：指使用法定證據方法並經過法定的調查程序來證明犯罪事實。

◇自由心證主義：法官自由地評價證據的證明力。但仍受到論理法則與經驗法則之限制。此外，無證據能力，未經嚴格證明之證據均不得作為法官審判評價之基礎。

▲【54 臺上 1944】證據之證明力，雖由法院自由判斷之，要必先有相當之調查，始有自由判斷之可言。故審理事實之法院，對於案內一切證據，如未踐行調查程序，即不得遽為被告有利或不利之認定。

▲【62 臺上 4700】有罪判決書所憑之證據，以足以證明其所認定之犯罪事實為必要，**若所憑之證據與待證事實不相符合，即屬證據上理由矛盾之違法**。

▲【71 臺上 4022】**證據之證明力雖由法院自由判斷，然證據之本身如對於待證事實不足為供證明之資料，而事實審仍採為判決基礎，則其自由判斷之職權行使，自與採證法則有違**。

▲【74 臺上 1599】**告訴人、證人之陳述有部分前後不符，或相互間有所歧異時，究竟何者為可採，法院仍得本其自由心證予以斟酌，非謂一有不符或矛盾，即應認其全部均為不可採信；尤其關於行為動機、手段及結果等之細節方面，告訴人之指陳，難免故予誇大，證人之證言，有時亦有予渲染之可能；然其基本事實之陳述，若果與真實性無礙時，則仍非不得予以採信**。

▲【75 臺上 1822】**間接事實**之本身，雖非證據，然因其具有判斷直接事實存在之作用，故**亦有證據之機能，但其如何由間接事實推論直接事實之存在，則仍應為必要之說明**，始足以斷定其所為推論是否合理，而可認為適法。

▲【76 臺上 4986】認定犯罪事實所憑之證據，雖不以直接證據為限，間接證據亦包括在內；然而無論直接或間接證據，其為訴訟上之證明，須於通常一般之人均不致有所懷疑，而得確信其為真實之程度者，始得據為有罪之認定，倘其證明尚未達到此一程度，而有合理之懷疑存在時，事實審法院復已就其心證上理由予以闡述，敘明其如何無從為有罪之確信，因而為無罪之判決，尚不得任意指為違法。

▲【86 臺上 6213】刑事訴訟法第 157 條所稱無庸舉證之「公眾週知之事實」，係指具有通常知識經驗之一般人所通曉且無可置疑而顯著之事實而言，如該事實非一般人所知悉或並非顯著或尚有

爭執，即與公眾週知事實之性質，尚不相當，自仍應舉證證明，始可認定，否則即有違認定事實應憑證據之法則。

▲【91 臺上 2908】被告供認犯罪之自白，如係出於強暴、脅迫、利誘、詐欺或其他不正方法，取得該項自白之偵訊人員，往往應擔負行政甚或刑事責任，**若被告已提出證據主張其自白非出於任意性，法院自應深入調查，非可僅憑負責偵訊被告之人員已證述未以不正方法取供，即駁回此項調查證據之聲請。**

▲【93 臺上 664】參見本法第 128 條。

第 156 條 （自白之證據能力、證明力與緘默權）

Ⅰ.被告之自白，非出於強暴、脅迫、利誘、詐欺、疲勞訊問、違法羈押或其他不正之方法，且與事實相符者，得為證據。
Ⅱ.被告或共犯之自白，不得作為有罪判決之唯一證據，仍應調查其他必要之證據，以察其是否與事實相符。
Ⅲ.被告陳述其自白係出於不正之方法者，應先於其他事證而為調查。該自白如係經檢察官提出者，法院應命檢察官就自白之出於自由意志，指出證明之方法。
Ⅳ.被告未經自白，又無證據，不得僅因其拒絕陳述或保持緘默，而推斷其罪行。

92一、於原條文第 1 項增訂「疲勞訊問」等文字，以與第 98 條之規定相呼應。

二、除被告之自白外，共犯之自白，亦不得作為有罪判決之唯一證據，仍應調查其他必要之證據，以察其是否與事實相符。爰於原條文第 2 項增訂「或共犯」等文字，以資規範。

三、按英美法例一般認為自白是否出於任意性，為先決之事實問題，法官應先予調查並決定之。大陸法系國家則認為自白之證據能力，本屬程序之事實，對此程序之事實，法院得依職權自由裁量而為審理調查之，我國實務見解亦認為被告主張自白非出於任意時，法院應依職權先於其他事證而為調查(參照最高法院 23 年上字第 868 號判例)，而自白是否出於任意，係自白是否具有證據能力之要件，如有疑義，自宜先予查明，以免造成法官因具瑕疵之自白而產生不利於被告心證之結果。從而，於修正條文第 3 項前段增訂「被告陳述其自白係出於不正之方法者，應先於其他事證而為調查」之規定，把實務向來之見解，予以

明文化，以保障被告人權。

四、有關非任意性自白爭執之舉證責任歸屬問題，除傳統之大陸法例，因其刑事訴訟制度以澈底之職權進行主義為原則，認為自白之證據能力，為法院依職權自由裁量而為審查之程序事項，不生舉證責任之問題外，於英美法例與日本法例則認檢察官應就自白之證據能力，負舉證責任，只於舉證之時點究為起訴時或被告爭執自白任意性時，存有不同意見而已。我國刑事訴訟法本以職權主義為原則，有關被告自白之證據能力，檢察官不負舉證之責，惟如被告主張其自白並非出於任意，始由法院依職權加以調查。然實務運作之結果，反使被告必須證明其自白非出於任意，否則被告之自白即不容被推翻。事實上，被告欲證明其自白非出於任意，十分困難。因此，有關自白非任意性之爭執，每每成為民怨之所在，本法於 56 年修正時，已酌採當事人進行主義之精神，此次修正則以當事人進行主義為原則，以往因採職權主義而否定檢察官舉證責任之理由，已隨之發生動搖，是站在人權保障及以當事人進行主義為原則之立場，爰於修正條文第 3 項後段增訂「該自白如係經檢察官提出者，法院應命檢察官就自白之出於自由意志，指出證明之方法。」以明檢察官應就自白任意性之爭執負舉證責任，俾配合時代趨勢及國情需要。至於所稱指出證明方法，例如檢察官得提出訊問被告之錄音帶或錄影帶或其他人證，以證明被告之自白係出於自由意志，附此敘明。

五、原條文第 3 項不修正，惟配合修正條文第 3 項之增訂，移列為第 4 項。

◇自白：指犯罪嫌疑人或被告，承認全部或主要犯罪事實所為之陳述。

◇不正訊問方法：是我國刑事訴訟法中「證據使用禁止」最重要的條文。禁止不正訊問之目的在於保護被告自由地陳述，與被告的人性尊嚴、程序主體權密切相關。其中強暴、脅迫最典型者就是刑求。利誘詐欺則經常見於執法人員告知錯誤的資訊，例如坦承犯罪可獲得緩刑或不用羈押等（另外注意實務上區分法定寬典之告知，亦即若自白可依法減免其刑、或經檢察官許可後不予解送，均非不正之利誘）。

◇其他不正方法：指以強暴、脅迫、利誘、詐欺、疲勞訊問、違法羈押以外，其他一切侵害陳述人意思自由之不正方法。

◇測謊：測謊指受測人就相關事項之詢答，對應其

血壓、脈搏、呼吸、汗分泌、神經等反應是否異常，據以研判受測人所述有無虛假情事。目前我國實務採取五要件說，包括施測人員之專業程度，施測環境壓力，施測儀器運作狀況，是否告知受測人得拒絕，受測人身心狀態等，即賦予證據能力（92 臺上 2282）；但受到部分學者批評，理由有違反不自證己罪原則、測謊欠缺科學再現性等。

◇**非任意性自白之繼續效力**：國家機關使用不正訊問方法取得被告第一次自白，其後並未再使用不正訊問方法，取得第二次、第三次……被告自白；第一次被告自白因不正訊問方法而不得作為證據使用，並無疑義。爭議在於之後各次合法訊問所取得之被告自白，是否能作為證據？學說上有主張偵訊者應踐行「**加重告知義務**」，積極切斷不正訊問繼續地影響被告，使被告明瞭情勢後，再決定是否陳述。目的是避免被告不知先前不正訊問之自白有何效果（或受到先前訊問者的威逼恐嚇），而重複作出內容相同之自白。

◇**非任意性自白之放射效力**：在不正訊問取得自白後，接著國家機關合法取得「非自白」之證據（例如：贓物、賄選名冊等），此等衍生證據能否使用之問題。肯定**見解認為**，若不承認放射效力，僅排除不正訊問取得之自白，國家機關將大肆不正訊問，反正只需排除第一次違法取得之自白，之後取得之衍生證據均不禁止使用。**反對見解主張**，若承認放射效力，恐癱瘓刑事程序。取得自白一旦有瑕疵，後續物證全數排除，則幾乎無法追緝犯罪。**折衷看法**則採「**區分理論**」，認為應考量：國家機關追訴行為的主觀違法情形，例如：是否善意（**善意例外**）、假設偵查機關未遂法取證，衍生證據是否仍會落入國家手中（**必然發現**）、違法取證與取得衍生證據間是否有其他因素介入，是否稀釋了違法性（**稀釋例外**）等因素，判斷是否承認放射效力。

◇**毒樹果實理論**：指非法取得之證據如同毒樹，由其所衍生之證據，亦即透過「合法程序」所取得之衍生證據，仍應係具毒性的毒果，進而認為該毒果無證據能力。

◇**自白補強法則**：**被告之自白不得作為判決有罪之唯一證據**，而須有其他補強證據。依實務見解，所謂補強證據，不必證明犯罪構成要件之全部，只要得佐證自白屬實，能保障自白之真實性，即已充分。有學說認為，釋字第 582 號解釋否定了實務上共同被告之自白得互相補強之作法。

▲【30 上 1552】被告犯罪後對人透露犯罪行為之語，不失為**審判外之自白，苟與事實相符，非不得採為證據**。

▲【46 臺上 170】被告之自白與事實是否相符，**須依具體情事，如現場跡象、被害人指供或調查其他之必要證據**，以認定之，不能憑空臆測，認為與事實相符，而採為判決基礎。

▲【46 臺上 809】被告之自白為證據之一種，須非出於強暴、脅迫、利誘、詐欺或其他不正之方法，且與事實相符者，方得採為證據，故被告雖經自白，仍應調查其他必要之證據，以察其與事實是否相符，苟無法證明其與事實相符，根本即失其證據之證明力，不得採為判斷事實之根據。

▲【53 臺上 771】**審判外之自白，固非不可採為證據，惟其自白，必須調查與事實是否相符**，倘不經調查而逕予採用，即有刑事訴訟法第 270 條第 2 項（現行法第 156 條）之違法。

▲【70 臺上 537】被告之自白，須非出於強暴、脅迫、利誘、詐欺或其他不正之方法，且與事實相符者，方得採為科刑之證據，刑事訴訟法第 156 條第 1 項規定甚明。原判決理由已敘明上訴人係被警員李某逮捕送至派出所後，先予毆打，然後再由該李某對之訊問並製作訊問筆錄，**如筆錄所載上訴人之自白果係由於強暴脅迫之結果，則不問其自白之內容是否確與事實相符，因其非係適法之證據，要不得採為判決之基礎**。乃原審對此未予調查明確，即謂上訴人被毆打後在派出所應訊自白之筆錄「並無不實」云云，遽採該項可疑之自白，作為科刑之證據，顯與首開法條之規定有違。

▲【73 臺上 5638】被告之自白固不得作為認定犯罪之唯一證據，而須以補強證據證明其確與事實相符，然茲所謂之**補強證據，並非以證明犯罪構成要件之全部事實為必要，倘其得以佐證自白之犯罪非屬虛構，能予保障所自白事實之真實性，即已充分**。又得據以佐證者，雖非直接可以推斷該被告之實施犯罪，但以此項證據與被告之自白為綜合判斷，若足以認定犯罪事實者，仍不得謂其非屬補強證據。

▲【73 臺上 5874】共同被告不利於己之陳述，亦為證據之一種，若其所涉及之訴訟客體有數個以上時，其裁判之對象（刑罰權之對象）既非同一，則其所述是否與事實相符，得予採為其他共同被告犯罪之證據，仍應分別予以判斷，非可籠統為同一之觀察。因是，**倘其中之一部分為真實時，應得採為裁判之基礎，非謂其中有一部分與**

事實不符，即認全部均屬無可採取。

▲【74臺覆10】　刑事訴訟法第156條第2項規定，被告雖經自白，仍應調查其他必要之證據，以察其是否與事實相符。立法目的乃欲以補強證據擔保自白之真實性；亦即以補強證據之存在，藉之限制自白在證據上之價值。**而所謂補強證據，則指除該自白本身外，其他足資以證明自白之犯罪事實確具有相當程度真實性之證據**而言。雖其所補強者，非以事實之全部為必要，但亦須因補強證據與自白之相互利用，而足使犯罪事實獲得確信者，始足當之。

▲【91臺上2908】參見本法第155條。

▲【102臺上4744】**兩名以上共犯之自白**，除非係對向犯之雙方所為之自白，因已合致犯罪構成要件之事實而各自成立犯罪外，倘為**任意共犯、聚合犯，或對向犯之一方共同正犯之自白**，縱所自白內容一致，仍屬自白之範疇，究非自白以外之其他必要證據。故此所謂其他必要證據，係指該等共犯之自白以外，**實際存在之有關被告與犯罪者間相關聯之一切證據；必其中一共犯之自白先有補強證據**，而後始得以該自白為其他共犯自白之補強證據，**殊不能逕以共犯兩者之自白相互間作為證明其中一共犯所自白犯罪事實之補強證據**。

▲【106臺上2165（節錄）】倘檢察官或司法警察（官）專為取得自白，對於拘提、逮捕到場之被告或犯罪嫌疑人為遲延訊（詢）問，利用其突遭拘捕，心存畏懼、恐慌之際，為使被告或犯罪嫌疑人自白或取得正犯與共犯之犯罪資料，而不斷以交談、探詢、引導或由多人輪番之方法為說服之行為，待取得被告或犯罪嫌疑人已屈服之說詞或是掌握案情後，始依正常程序製作筆錄並錄音。在此情形下，**被告或犯罪嫌疑人精神及身體可認處於恐懼、壓迫之環境，意思之自由自受壓制**，其因此所作之陳述，難謂出於任意性，此種偵查手段非但與憲法保障人身自由所必須踐行之**實質正當法律程序相悖，且與第156條第1項「其他不正之方法」之要件相符，其證據能力自應予以排除**。而將被告或犯罪嫌疑人轉換為證人加以訊問，有上揭情形者亦同。但檢察官之遲延訊問確有正當理由者，不在此限，自不待言。

第157條　（舉證責任之例外㈠——公知事實）

公眾周知之事實，無庸舉證。

▲【86臺上6213】　刑事訴訟法第157條所稱無庸舉證之**「公眾週知之事實」**，係指具有通常知識經驗之一般人所通曉且無可置疑而顯著之事實而言，如該事實非一般人所知悉或並非顯著或尚有爭執，即與公眾週知事實之性質，尚不相當，自仍應舉證證明，始可認定，否則即有違認定事實應憑證據之法則。

第158條　（舉證責任之例外㈡——職務已知事實）

事實於法院已顯著，或為其職務上所已知者，無庸舉證。

第158條之1　（無庸舉證事實之陳述意見機會）

前二條無庸舉證之事實，法院應予當事人就其事實有陳述意見之機會。

⑨一、本條係新增。

　　二、關於何種事實為無庸舉證之事實，如未予當事人陳述意見之機會，任由法院逕行認定，判決結果極易引起當事人爭議，爰增訂本條，以昭公信。

第158條之2　（無證據能力者㈠）

I 違背第九十三條之一第二項、第一百條之三第一項之規定，所取得被告或犯罪嫌疑人之自白及其他不利之陳述，不得作為證據。但經證明其違背非出於惡意，且該自白或陳述係出於自由意志者，不在此限。

II 檢察事務官、司法警察官或司法警察詢問受拘提、逮捕之被告或犯罪嫌疑人時，違反第九十五條第一項第二款、第三款或第二項之規定者，準用前項規定。

⑩一、本條第2項配合第95條增訂第2項，略做文字修正，以資適用。

　　二、第1項未修正。

第158條之3　（無證據能力者㈡）

證人、鑑定人依法應具結而未具結者，其證言或鑑定意見，不得作為證據。

⑨一、本條係新增。

　　二、證人、鑑定人依法使其具結，以擔保證言係據實陳述或鑑定意見為公正誠實。若違背該等具結之規定，未令證人、鑑定人於供前或供後具結，該等證言、鑑定意見因欠缺程序方面之法定

條件，即難認為係合法之證據資料，爰參考最高法院 34 年上字第 824 號、30 年上字第 506 號、46 年臺上字第 1126 號、69 年臺上字第 2710 號判例意旨，增訂本條。

◇**第 158 條之 3 於偵查中有無適用**：學說對此有爭議。一說認為本條證人、鑑定人在偵查中、審判中均須具結，文義上並無分別。另說認為本條僅限於審判程序；其理由是檢察官亦屬刑事訴訟法的當事人，基於武器平等原則，立於與證人平等之地位，不應賦予檢察官單方課予證人具結之權力。退一步言，縱使認定檢察官有命證人具結之權力，違反之效果也不應強烈至該證言無證據能力，因具結之目的在保障對質詰問權，確保證人如實回答，故無必要讓偵查中違反具結義務之證據，排除其證據能力。再者，一般認為，檢察官偵訊中之信用性擔保較高，若使證人偵訊之證詞全無證據能力，對照警詢筆錄符合本法第 159 條之 2、第 159 條之 3 有證據能力，價值判斷恐輕重失衡。

▲**【93 臺上 6578】**被害人乃被告以外之人，本質上屬於證人，其陳述被害經過，亦應依人證之法定偵查、審判程序具結，方得作為證據。

第 158 條之 4 　（違背法定程序取得證據之證據能力認定）

除法律另有規定外，實施刑事訴訟程序之公務員因違背法定程序取得之證據，其有無證據能力之認定，應審酌人權保障及公共利益之均衡維護。

⑨一、本條係新增。

二、按刑事訴訟重在發見實體真實，使刑法得以正確適用，形成公正之裁判，是以認定事實、蒐集證據即成為刑事裁判最基本課題之一。然而，違背法定程序蒐集、調查而得之證據，是否亦認其有證據能力，素有爭議。英美法系國家由於判例長期累積而形成證據排除法則 (Exclusionary Rule of Evidence)，將違法取得之證據事先加以排除，使其不得作為認定事實之依據。當前證據法則之發展，係朝基本人權保障與社會安全保障兩個理念相調和之方向進行，期能保障個人基本人權，又能兼顧真實之發見，而達社會安全之維護。因此，探討違背法定程序取得之證據，是否具有證據能力，自亦不能悖離此一方向。另供述證據與非供述證據之性質不同，一般認為供述證據之

採取過程如果違法，即係侵害了個人自由意思，故而應嚴格禁止，而蒐集非供述證據之過程如果違背法定程序，則因證物之型態並未改變，尚不生不可信之問題。本次刑事訴訟法之修正，已就違背法定障礙事由及禁止夜間訊問與告知義務等規定暨違法未經具結所取得供述證據之證據能力，增訂第 158 條之 2、第 158 條之 3，以資規範。而現行本法第 100 條之 1 第 2 項、組織犯罪防制條例第 12 條等，亦有關於證據強制排除之規定，為求周延，並兼顧人權保障及公共利益之維護，爰增訂本條，使其他違背法定程序所取得之證據，其有無證據能力之認定，有一衡平之規定，避免因為排除法則之普遍適用，致使許多與事實相符之證據，無可例外地被排除。

三、至於人權保障及公共利益之均衡維護，如何求其平衡，因各國國情不同，學說亦是理論紛歧，依實務所見，一般而言，違背法定程序取得證據之情形，常因個案之型態、情節、方法而有差異，法官於個案權衡時，允宜斟酌㈠違背法定程序之情節。㈡違背法定程序時之主觀意圖。㈢侵害犯罪嫌疑人或被告權益之種類及輕重。㈣犯罪所生之危險或實害。㈤禁止使用證據對於預防將來違法取得證據之效果。㈥偵審人員如依法定程序有無發現該證據之必然性及㈦證據取得之違法對被告訴訟上防禦不利益之程度等各種情形，以為認定證據能力有無之標準，俾能兼顧理論與實際，而應需要。

◇**證據排除法則**：有學者稱本條為權衡法則，定性為「平臺說」，並透過三階段審查基準將權衡法則納入。簡言之，針對公務員之違法取證行為，並不當然導出禁止該證據使用，而須透過本條權衡以決定有無證據能力。

◇**權衡法則**：實務上判例提出多項權衡基準，例如：公務員違背法定程序時之主觀意圖（是否明知違法並故意為之）；違背法定程序時之狀況（程序之違反是否有緊急或不得已之情形）；侵害犯罪嫌疑人或被告權益之種類及輕重；禁止使用證據對於預防將來違法取得證據之效果；偵審人員如依法定程序，有無發現該證據之必然性；證據取得之違法對被告訴訟上防禦不利益之程度等情狀予以審酌，以決定應否賦予證據能力。

◇**私人違法取證**：私人違法取得之證據是否有證據能力，學說實務上意見分歧。學說有認為基於法秩序一元論，既然評價為違法取證，應排除證據能力不得作為證據；有從國家禁止收受贓物、

刑事訴訟法　第一編　總則　（第一五八之四條）

法秩序一體性而認為無證據能力；有認為應類推第 156 條；也有認為應類推第 158 條之 4 權衡其證據能力；尚有原則賦予證據能力，例外在重大侵害人性尊嚴時否定其證據能力。晚近有力見解則認為應視調查方法是否合乎比例原則判斷之。實務見解則有一律排除說；私人不適用證據使用禁止說；強暴刑求證人例外排除說；援用依附性使用禁止法理說；是否合乎法律保留、比例原則說等。

◇**犯罪挑唆之認定**：禁止犯罪挑唆之理由在於，國家一方面蓄意挑唆、製造犯罪；另方面追訴自己製造出來的犯罪，自相矛盾。

實務	犯意誘發型（主觀說）	國家誘發原本無犯意之人犯罪，乃陷害教唆
	機會提供型（客觀說）	屬合法偵查手段，對原有犯意之人提供機會、強化犯意
學說		1.批評實務的區分標準，認為主觀說無異於國家可用任何手段挑唆有犯罪傾向之人，若私人教唆、幫助受處罰，何以國家得脫免責任？ 2.提出「**合法性界限**」為標準，首先判斷該人是否存有犯罪嫌疑；其次檢驗其犯罪傾向（可考慮該人是否有系爭犯罪之前科或表達欲犯罪之意念？或是誰先提議犯罪，國家或個人？被告是否拒絕該提議等）；再檢驗最終犯罪範圍與挑唆行為之範圍是否一致？最後，國家也不得施加過當壓力、誘因，甚或強烈到被告居於類似工具之地位（檢驗誘餌的重複性、時間久暫、犯罪與否的利益差距等，例如被告經濟狀況拮据窘迫，或以超過市價數倍之鉅額利潤誘使其犯罪等）

◇**犯罪挑唆之法律效果**：分為實體法上與訴訟法上二種。**實體法**上有：犯罪未遂說、減刑說、刑罰失權效說、個人阻卻責任說。訴訟法上則有：訴訟障礙事由說、證據使用禁止說。目前我國實務採**證據使用禁止說**，但遭學說質疑：「因國家挑唆而得」之證據範圍無法確定，又本說不禁止起訴，國家犯錯卻可以起訴被告，繼續折磨被告；且個案中被告仍可能被判有罪而受刑罰。故學說有主張預防觀點下的**個人阻卻責任說**，排除將被告定罪才能真正嚇阻違法與國家挑唆犯罪。

▲【93 臺上 664】參見本法第 128 條。

第 159 條　（無證據能力者㈢）

I 被告以外之人於審判外之言詞或書面陳述，除法律有規定者外，不得作為證據。

II 前項規定，於第一百六十一條第二項之情形及法院以簡式審判程序或簡易判決處刑者，不適用之。其關於羈押、搜索、鑑定留置、許可、證據保全及其他依法所為強制處分之審查，亦同。

⑨②一、按傳聞法則係由英、美發展而來，隨陪審制度之發達而成長，但非僅存在於陪審裁判，已進化為近代之直接審理主義及言詞審理主義，並認訴訟當事人有反對詰問權，因此傳聞法則與當事人進行主義有密切關聯，其主要之作用即在確保當事人之反對詰問權。由於傳聞證據，有悖直接審理主義及言詞審理主義諸原則，影響程序正義之實現，應予排斥，已為英美法系及大陸法系國家所共認，惟因二者所採訴訟構造不同，採英美法系當事人進行主義者，重視當事人與證據之關係，排斥傳聞證據，以保障被告之反對詰問權；採大陸法系職權進行主義者，則重視法院與證據之關係，其排斥傳聞證據，乃因該證據非在法院直接調查之故。我國現行刑事訴訟法於 56 年 1 月 28 日修正公布，增訂第 159 條之規定，其立法理由略謂：為發揮職權進行主義之效能，對於證據能力殊少限制，而訴訟程序採直接審理主義及言詞審理主義，在使法官憑其直接審理及言詞審理中有關人員之陳述，所獲得之態度證據，形成正確心證，是以證人以書面代替到庭之陳述要與直接審理主義、言詞審理主義有違，不得採為證據等語。可知當時之訴訟結構，基本上仍係以大陸法系之職權進行主義為基礎。然而國內學者歷來就本條之規定，究竟係有關直接審理之規定或有關傳聞法則之規定，迭有爭議，亦各有其理論之基礎。

二、86 年 12 月 19 日公布修正之刑事訴訟法，對於被告之防禦權已增加保護之規定，此次刑事訴訟法修正復亦加強檢察官之舉證責任，且證據調查之取捨，尊重當事人之意見，並以之作為重心，降低法院依職權調查證據之比重。在此種前提下，酌予採納英美之傳聞法則，用以保障被告之反對詰問權，即有必要。況本法第 166 條已有交互詰問之制度，此次修法復將其功能予以強化，是以為求實體真實之發見並保障人權，惟善用傳聞法則，始能克盡其功。

三、本條原條文僅規定證人於審判（按指廣義之審判，即包含準備程序與言詞辯論程序）外之陳

述（含言詞陳述與書面陳述），除法律有規定者外，不得作為證據。但實務上共同被告（指於一個訴訟關係中，同為被告之人）、共犯、被害人等，非必即屬訴訟法上之「證人」，其等審判外之陳述，性質上亦屬傳聞證據，得否作為證據，不免引起爭議；另對於被告審判外之陳述，應無保護其反對詰問權之問題，爰參考日本刑事訴訟法第 320 條第 1 項之規定，修正本條第 1 項，即除法律有規定者外，「被告以外之人」審判外之「言詞或書面」陳述，原則上均不得作為證據，而將共同被告、共犯、被害人等審判外之陳述，同列入傳聞法則之規範，不以證人審判外之陳述為限。又本條所謂「法律有規定者」，係指本法第 159 條之 1 至第 159 條之 5 及第 206 條等規定，此外，尚包括性侵害犯罪防制法第 15 條第 2 項、兒童及少年性交易防制條例第 10 條第 2 項、家庭暴力防治法第 28 條第 2 項、組織犯罪防制條例第 12 條及檢肅流氓條例中有關秘密證人筆錄等多種刑事訴訟特別規定之情形。

四、簡易程序乃對於情節輕微，證據明確，已足認定其犯罪者，規定迅速審判之訴訟程序，其不以行言詞審理為必要，如本法第 449 條第 1 項前段即規定：第一審法院依被告在偵查中之自白或其他現存之證據，已足認定其犯罪者，得因檢察官之聲請，不經通常審判程序，逕以簡易判決處刑，是以適用簡易程序之案件，當無須適用本條第 1 項所定之傳聞法則。另依修正條文第 273 條之 1、第 273 條之 2 等規定，行簡式審判程序時，對於證據之調查，不受修正條文第 159 條第 1 項、第 161 條之 2、第 161 條之 3、第 163 條之 1、第 164 條至第 170 條規定之限制，故本條第 1 項所定傳聞法則於簡式審判程序，亦不適用之。

五、此外，本法第 161 條第 2 項有關起訴審查之規定，係法院於第一次審判期日前，斟酌檢察官起訴或移送併辦意旨及全案卷證資料，依客觀之經驗法則與論理法則，從客觀上判斷被告是否顯無成立犯罪之可能；另關於搜索、鑑定留置、許可、證據保全及其他依法所為強制處分之審查，除偵查中特重急迫性及隱密性，應立即處理且審查內容不得公開外，其目的僅在判斷有無實施證據保全或強制處分之必要，因上開審查程序均非認定被告有無犯罪之實體審判程序，其證據法則毋須嚴格證明，僅以自由證明為已足，爰一併於第 2 項明定其不適用本條第 1 項傳聞法則之規定，以避免實務運作發生爭執。

◇傳聞證據：我國法的定義下，被告以外之人審判外陳述，除非有例外規定（第 159 條之 1～第 159 條之 5），否則原則上屬於傳聞證據，不得作為證據。

◇傳聞法則之理論基礎：可信度是傳聞證據原則上被排除的原因之一。另外是保障被告的對質詰問權，欠缺此一程序性擔保，無法確切得知該傳聞證據的可信度與正確性。最後是比較法上設有陪審團制度下，原則上禁止使用陪審團無法親自接觸的傳聞證據，防止受到兩造的錯誤引導。

▲【93 臺上 3360】按傳聞證據係指並非供述者本身親眼目睹之證據，在公判程序無法經由具結、反對詰問與供述態度之觀察等程序加以確認、驗證，且大部分經由口頭之方式由證人重覆聽聞而來，在性質上易於造成不正確傳達之危險，原則上應予以排除適用。又**傳聞法則須符合：一、審判外陳述，二、被告以外之人陳述，三、舉之一方引述該陳述之目的係用以證明該陳述所直接主張內容之真實性等三要件。**

第 159 條之 1 　（有證據能力者㈠）

Ⅰ被告以外之人於審判外向法官所為之陳述，得為證據。
Ⅱ被告以外之人於偵查中向檢察官所為之陳述，除顯有不可信之情況者外，得為證據。

⑼一、本條係新增。

二、被告以外之人（含共同被告、共犯、被害人、證人等）於法官面前所為之陳述（含書面及言詞），因其陳述係在法官面前為之，故不問係其他刑事案件之準備程序、審判期日或民事事件或其他訴訟程序之陳述，均係在任意陳述之信用性已受確定保障之情況下所為，因此該等陳述應得作為證據。

三、檢察官職司追訴犯罪，必須對於被告之犯罪事實負舉證之責。就審判程序之訴訟構造言，檢察官係屬與被告相對立之當事人一方（參照本法第 3 條），是故偵查中對被告以外之人所為之偵查筆錄，或被告以外之人向檢察官所提之書面陳述，性質上均屬傳聞證據，且常為認定被告有罪之證據，自理論上言，如未予被告反對詰問、適當辯解之機會，一律准其為證據，似與當事人進行主義之精神不無扞格之處，對被告之防禦權亦有所妨礙；然而現階段刑事訴訟法規定檢察官代表國

家偵查犯罪、實施公訴，依法其有訊問被告、證人及鑑定人之權，證人、鑑定人且須具結，而實務運作時，偵查中檢察官向被告以外之人所取得之陳述，原則上均能遵守法律規定，不致違法取供，其可信性極高，為兼顧理論與實務，爰於第2項明定被告以外之人於偵查中向檢察官所為陳述，除顯有不可信之情況者外，得為證據。

◇**法官前之陳述**：參考本條立法理由，「審判外」不問是其他刑事案件之準備程序、審判期日、或民事事件或其他訴訟程序之陳述，均在陳述之「信用性」已受確保之情況下所為。但學說批評，傳聞法則之例外並不在於「陳述之任意性」，而是直接審理原則。況且在法官面前之陳述，並不必然等於「信用性較高」或被告對質詰問權獲得保障，我國之立法有待商榷。

◇**檢察官前之陳述**：原則允許偵查中在檢察官面前所為之陳述作為證據，例外在顯不可信的情況，始排除之。同樣遭到學說批評。

◇**未經具結之檢訊筆錄**：參考第158條之3的說明。

◇**審判中補行詰問**：本條第2項原則上肯定被告以外之人在偵查中於檢察官前之陳述得為證據。但實務為保障被告之對質詰問權，且與傳聞法則建構之證據容許範圍求其平衡，發展出「補行詰問」之見解（99臺上124），認為被告於審判中已經對證人當庭及先前（指偵查中）之陳述進行詰問，該證人於偵查中陳述即屬完足調查之證據，得作為判斷之依據。

第159條之2 （有證據能力者㈡）

被告以外之人於檢察事務官、司法警察官或司法警察調查中所為之陳述，與審判中不符時，其先前之陳述具有較可信之特別情況，且為證明犯罪事實存否所必要者，得為證據。

⑨一、本條係新增。

二、被告以外之人於審判中所為陳述與其在檢察事務官、司法警察（官）調查中所為陳述有所不符時，如其在檢察事務官、司法警察（官）調查中所為陳述較審判中之陳述更有可信之特別情況，且為證明犯罪事實之存否所必要者，可否採為證據，現行法並無明文，為發見真實起見，爰參考日本刑事訴訟法第321條第1項第2、3款之立法例，規定前述可信性及必要性兩種要件兼備

之被告以外之人於檢察事務官、司法警察（官）調查中所為陳述，得採為證據。

◇**不一致陳述**：指被告以外之人，在法庭上之陳述與（廣義）警詢時所作之陳述不同。實務上認為此處的「與審判中不符」包含先前所作之陳述較之後的陳述詳盡；改成忘記、不知道或有正當理由（例如經許可之拒絕證言權）等實質內容不符（96臺上4365）。

第159條之3 （有證據能力者㈢）

被告以外之人於審判中有下列情形之一，其於檢察事務官、司法警察官或司法警察調查中所為之陳述，經證明具有可信之特別情況，且為證明犯罪事實之存否所必要者，得為證據：

一　死亡者。
二　身心障礙致記憶喪失或無法陳述者。
三　滯留國外或所在不明而無法傳喚或傳喚不到者。
四　到庭後無正當理由拒絕陳述者。

⑨一、本條係新增。

二、被告以外之人於檢察事務官、司法警察（官）調查中之陳述（含言詞陳述及書面陳述），性質上屬傳聞證據，且一般而言，其等多未作具結，所為之供述，得否引為證據，素有爭議。惟依本法第228條第2項，法院組織法第66條之3第1項第2款之規定，檢察事務官有調查犯罪及蒐集證據與詢問告訴人、告發人、被告、證人或鑑定人之權限；第229條至第231條之1亦規定司法警察官、司法警察具有調查犯罪嫌疑人犯罪情形及蒐集證據等職權，若其等所作之筆錄毫無例外地全無證據能力，當非所宜。再者，如被告以外之人於檢察事務官、司法警察（官）調查中之陳述，係在可信之特別情況下所為，且為證明犯罪事實之存否所必要，而於審判程序中，發生事實上無從為直接審理之原因時，仍不承認該陳述之證據適格，即有違背實體真實發見之訴訟目的。為補救採納傳聞法則，實務上所可能發生蒐證困難之問題，爰參考日本刑事訴訟法第321條第1項第3款之立法例，增訂本條，於本條所列各款情形下，承認該審判外之陳述，得採為證據。

◇**傳喚不到**：指法院依第175條傳喚證人（第197條於鑑定人準用之）而其不到庭之情形。惟部分

學說與近期實務主張，法院傳喚證人不到庭，不得逕行使用該證人在警詢之筆錄；法院有傳喚、拘提證人到庭的傳拘義務（學說稱：義務法則），依第 176 條之 2 督促證人到庭接受被告對質詰問，以保障被告之訴訟防禦權。但必須注意，參照第 199 條，不可拘提鑑定人到庭。

◇**到庭後無正理由拒絕陳述**：依照第 176 條之 1，證人有作證之義務，若主張拒絕證言遭駁回，證人即應陳述，違法行使拒絕證言權，實務上認為亦屬本條所稱之無正當理由。

▲【102 臺上 236】刑事訴訟法第 159 條之 3，係**為補救採納傳聞法則，實務上所可能發生蒐證困難之問題**，於本條所列各款原始陳述人於審判中無法到庭或雖到庭而無法陳述或無正當理由拒絕陳述之情形下，承認該等審判外之陳述，於具備「絕對的特別可信情況」與「使用證據之必要性」要件時，得為證據之規定。**此等法律規定之例外，既係出於犧牲被告之反對詰問權，且與直接審理、言詞審理諸原則有悖之不得已措施**，則原始陳述人之於審判中不能到庭，自**應以非可歸責於國家機關之事由所造成者，始有其適用**。倘因檢察官或法院違背義務法則，於審判中未盡其舉證聲請或傳拘證人（原始陳述人）之努力，導致有證據滅失或原始陳述人無從為傳喚調查之情形，即無予容許其例外而令被告負擔不利益結果之餘地。

▲【103 臺上 2558】倘其（編按：證人）**拒絕證言經駁回，即有陳述之義務，如仍不為陳述，即屬刑事訴訟法第 159 條之 3 第 4 款所定「到庭後無正當理由拒絕陳述」**。後開情形，若審判長不察，許可證人概括行使免於自陷入罪之拒絕證言權，乃有關調查證據之處分違法，且屬有害於訴訟之公正，不因未異議而得視為治癒，該證人於審判外調查中所為之陳述，除符合同法第 159 條之 5，並無上開傳聞法則例外規定之適用。

▲【104 臺上 2479】刑事訴訟法第 159 條之 3 規定，係就被告以外之人於我國檢察事務官、司法警察官或司法警察調查中所為之陳述，例外得為證據之要件，**應不包括被告以外之人在「外國司法警察人員」調查中所為之陳述在內**。

第 159 條之 4　（有證據能力者㈣）

除前三條之情形外，下列文書亦得為證據：

一　除顯有不可信之情況外，公務員職務上製作之紀錄文書、證明文書。

二　除顯有不可信之情況外，從事業務之人於業務上或通常業務過程所須製作之紀錄文書、證明文書。

三　除前二款之情形外，其他於可信之特別情況下所製作之文書。

㉒一、本條係新增。

二、公務員職務上製作之紀錄文書、證明文書如被提出於法院，用以證明文書所載事項真實者，性質上亦不失為傳聞證據之一種，但因該等文書係公務員依其職權所為，與其責任、信譽攸關，若有錯誤、虛偽，公務員可能因此負擔刑事及行政責任，從而其正確性高，且該等文書經常處於可受公開檢查 (Public Inspection) 之狀態，設有錯誤，甚易發現而予及時糾正，是以，除顯有不可信之情況外，其真實之保障極高。爰參考日本刑事訴訟法第 323 條第 1 款、美國聯邦證據規則第 803 條第 8 款、第 10 款及美國統一公文書證據法第 2 條，增訂本條第 1 款之規定。

三、從事業務之人在業務上或通常業務過程所製作之紀錄文書、證明文書，因係於通常業務過程不間斷、有規律而準確之記載，通常有會計人員或記帳人員等校對其正確性，大部分紀錄係完成於業務終了前後，無預見日後可能會被提供作為證據之偽造動機，其虛偽之可能性小，何況如讓製作者以口頭方式於法庭上再重現過去之事實或數據亦有困難，因此其亦具有一定程度之不可代替性，除非該等紀錄文書或證明文書有顯然不可信之情況，否則有承認其為證據之必要。爰參考日本刑事訴訟法第 323 條第 2 款、美國聯邦證據規則第 803 條第 6 款，增訂本條第 2 款。

四、另除前二款之情形外，與公務員職務上製作之文書及業務文件具有同等程度可信性之文書，例如官方公報、統計表、體育紀錄、學術論文、家譜等，基於前開相同之理由，亦應准其有證據能力，爰參考日本刑事訴訟法第 323 條第 3 款之規定，增訂本條第 3 款。

◇**特別可信性文書：包含公務文書、業務上文書及他種文書**。實務上認為本條各款的文書必須具備「**例行性**」要件，亦即並非因為個案而製作。不過學說批評實務對於諸如個案製作的醫師診斷證明書，紀錄內帳的現金簿，甚至個人記事本，均認定為業務文書，有再斟酌之空間。他種文書例如被害人日記、中國公安製作之證人筆錄等均有實務認為具備特別可信之情況而得為證據，遭

學說批評流於法官恣意。因此，有學說認為應採「**對質詰問觀點的傳聞法則**」，亦即要求文書製作人出庭接受被告對質詰問，該文書始具證據能力。近ීෂ亦有實務採之。

▲【98 臺上 5877】司法警察（官）因即時勘察犯罪現場所製作之「勘察現場報告」，為司法警察（官）單方面就現場所見所聞記載之書面報告，屬於被告以外之人在審判外之書面陳述，為傳聞證據，該項報告屬於個案性質，不具備例行性之要件，自不適用同法第 159 條之 4 第 1 款傳聞例外之規定。

▲【100 臺上 457】醫師執行醫療業務時應製作病歷，該項病歷資料係屬醫師於醫療業務過程中依法所必須製作之紀錄文書，每一醫療行為雖屬可分，但因其接續看診行為而構成整體之醫療業務行為，其中縱有因訴訟目的（例如被毆傷）而尋求醫師之治療，惟對醫師而言，仍屬其醫療業務行為之一部分，仍應依法製作病歷。從而**依據該病歷資料而製成之診斷證明書與通常醫療行為所製作之病歷無殊，均屬刑事訴訟法第 159 條之 4 第 2 款所稱之紀錄文書，依上述規定自應具有證據能力。**

▲【100 臺上 5502】刑事訴訟法第 159 條之 4 第 3 款所稱**其他於可信之特別情況下所製作之文書**，係指在**類型上，與同條第 1 款公務文書、第 2 款業務文書等具有同樣高度可信性之其他例行性文書**而言，例如被**廣泛使用之官方公報、統計表、體育紀錄、學術論文、家譜等**是。而基於「**備忘**」之目的所製作之日記帳，除已該當於商業帳簿之性質，可認係第 2 款特信性文書外，是否屬於第 3 款其他特信性文書，必須就其製作過程具體地進行特別可信性之情況保障性判斷，方足以確定，無從單憑文書本身為確認，亦與第 1、2 款之文書一般均無庸傳訊其製作人到庭重述已往事實或數據之必要者有別。參照英美法之「備忘理論」，此類型文書可信性情況之保障，應就其內容是否為供述人自己經歷之事實（不論出於供述人本人或他人之記載）、是否係在印象清晰時所為之記載，及其記述有無具備準確性等外部條件為立證。從而製作人（或供述人）在審判中之供述，如與備忘文書之內容相同者，逕以其供述為據即足，該文書是否符合傳聞之例外，即不具重要性（是否作為非供述證據之證據物使用，係另一問題），必也在提示備忘文書後，仍然不能使製作人（或供述人）喚起記憶之情形，該文書乃屬過

去記憶之紀錄，即有作為證據之必要性，如其又已具備符合與第 1、2 款文書同樣高度可信性之情況保障，始屬第 3 款其他可信性文書。

> **第 159 條之 5**　（有證據能力者㈤）
> I.被告以外之人於審判外之陳述，雖不符前四條之規定，而經當事人於審判程序同意作為證據，法院審酌該言詞陳述或書面陳述作成時之情況，認為適當者，亦得為證據。
> II.當事人、代理人或辯護人於法院調查證據時，知有第一百五十九條第一項不得為證據之情形，而未於言詞辯論終結前聲明異議者，視為有前項之同意。

㊆一、本條係新增。

二、按傳聞法則的重要理論依據，在於傳聞證據未經當事人之反對詰問予以核實，乃予排斥。惟若當事人已放棄對原供述人之反對詰問權，於審判程序表明同意該等傳聞證據可作為證據，基於證據資料愈豐富，愈有助於真實發見之理念，此時，法院自可承認該傳聞證據之證據能力。

三、由於此種同意制度係根據當事人的意思而使本來不得作為證據之傳聞證據成為證據之制度，乃確認當事人對傳聞證據有處分權之制度。為貫徹本次修法加重當事人進行主義色彩之精神，固宜採納此一同意制度，作為配套措施。然而吾國尚非採澈底之當事人進行主義，故而法院如認該傳聞證據欠缺適當性時（例如證明力明顯過低或該證據係違法取得），仍可予以斟酌而不採為證據，爰參考日本刑事訴訟法第 326 條第 1 項之規定，增設本條第 1 項。

四、至於當事人、代理人或辯護人於調查證據時，知有本法第 159 條第 1 項不得為證據之情形，卻表示「對於證據調查無異議」、「沒有意見」等意思，而未於言詞辯論終結前聲明異議者(Without Objection)，為求與前開同意制度理論一貫，且強化言詞辯論主義，確保訴訟當事人到庭實行攻擊防禦，使訴訟程序進行順暢，應視為已有將該等傳聞證據採為證據之同意，爰參考日本實務之見解，增訂本條第 2 項。

◇**同意可否撤回**：實務上區別明示同意與默示同意。前者若已由法院審酌其適當性，並且經過合法調查程序，為了維護法安定性，不許當事人撤回；即使上訴二審或經上級法院撤銷發回，亦不

失去其同意之效力。後者則是當事人消極不表態，由法律擬制其同意，原則上當事人可於言詞辯論終結前（或二審、更審程序中）爭執該證據之證據能力。

第 160 條　（無證據能力者四）

證人之個人意見或推測之詞，除以實際經驗為基礎者外，不得作為證據。

㉒美國聯邦證據規則第七章對於意見及專家證言著有規定，其中第 701 條係針對普通證人之意見證言 (Opinion Testimony By Lay Witnesses) 為規定，認證人非以專家身分作證時，其意見或推論形式之證言，以該項意見或推論係合理的基於證人之認知，並有助於其證言之清楚了解或爭執事實之決定者為限，得為證據。日本刑事訴訟法第 156 條第 1 項亦許可證人供述根據實際經驗過之事實所推測出來之事項，無妨其作為證據之能力。為解決證人作證時，事實與意見不易區分所可能造成必要證言採證之困擾，爰參考前開立法例，將證人之個人意見或推測之詞，係以實際經驗為基礎者，修正為可採為證據，以擴大證據容許性之範圍，至於其餘證人之個人意見或推測之詞，則仍不得作為證據，以求允當。

第 161 條　（檢察官之舉證責任）

I 檢察官就被告犯罪事實，應負舉證責任，並指出證明之方法。

II 法院於第一次審判期日前，認為檢察官指出之證明方法顯不足認定被告有成立犯罪之可能時，應以裁定定期通知檢察官補正；逾期未補正者，得以裁定駁回起訴。

III 駁回起訴之裁定已確定者，非有第二百六十條各款情形之一，不得對於同一案件再行起訴。

IV 違反前項規定，再行起訴者，應諭知不受理之判決。

㉑一、鑑於我國刑事訴訟法制之設計係根據無罪推定原則，以檢察官立於當事人之地位，對於被告進行追訴，則檢察官對於被告之犯罪事實，自應負提出證據及說服之實質舉證責任，修正第 1 項。
二、為確實促使檢察官負舉證責任及防止其濫行起訴，基於保障人權之立場，允宜慎重起訴，以免被告遭受不必要之訟累，並節約司法資源，爰設計一中間審查制度之機制，增訂第 2 項。

三、法院於裁定駁回起訴前，既曾賦予檢察官補正證明方法之機會，檢察官若不服該裁定者，亦得提起抗告請求上級法院糾正之，是以檢察官之公訴權能已獲充分保障，此時為維護被告基本人權，避免被告有受二次追訴之危險，增訂第 3、4 項。

◇**舉證責任**：指由誰負擔「證明事實存在」的責任。舉證責任是，在審理後仍然不明瞭待證事實是否為真或存在時，分配給當事人的責任。換言之，就是待證事實不明的時候，由誰來承擔不明的法律效果。學說上有將舉證責任區分為客觀舉證責任與主觀舉證責任。前者乃舉證責任之重心所在，依舉證責任之分配規則，若待證事實最終仍不明，則必須由負擔客觀舉證責任之一方承受敗訴的結果，因此又稱為結果責任。後者則是當事人為了不要承擔敗訴的結果，積極地提出有利於己方之證據，因此稱為行為責任。

◇**起訴審查制**：為了避免檢察官起訴之證明方法恐不足以證明被告有罪，本條第 2 項要求法官應裁定命其補正。所謂「顯不足認定」之意涵是，起訴未達法定門檻，且依照起訴書所載，一望即知不可能成立犯罪。學說有認為本條之功能在於賦予被告對抗檢察官濫行起訴之機會，並且能加強起訴法定原則（參照本法第 251 條）。

▲【92 臺上 128】刑事訴訟法第 161 條已於民國 91 年 2 月 8 日修正公布，其第 1 項規定：檢察官就被告犯罪事實，應負舉證責任，並指出證明之方法。因此，**檢察官對於起訴之犯罪事實，應負提出證據及說服之實質舉證責任。倘其所提出之證據，不足為被告有罪之積極證明，或其指出證明之方法，無從說服法院以形成被告有罪之心證，基於無罪推定之原則，自應為被告無罪判決之諭知**。本件原審審判時，修正之刑事訴訟法關於舉證責任之規定，已經公布施行，檢察官仍未提出適合於證明犯罪事實之積極證據，並說明其證據方法與待證事實之關係；原審對於卷內訴訟資料，復已逐一剖析，參互審酌，仍無從獲得有罪之心證，因而維持第一審諭知無罪之判決，於法洵無違誤。

第 161 條之 1　（被告之舉證責任）

被告得就被訴事實指出有利之證明方法。

㉒一、本條係新增。
二、刑事被告固無為不利於己陳述之義務，亦不

負舉證責任，但有提出證據及指出有利之證明方法以實施防禦之權利，現行法於證據通則內，並未規定被告就被訴事實主動指出有利之證明方法，雖於第96條規定訊問被告時，就其陳述有利之事實者，應命其指出證明之方法，但此規定對被告而言，僅處於被動地位，尚嫌保護欠周，為配合第161條之修正，及貫徹當事人對等原則，宜於證據通則內增訂本條，賦予被告就其被訴事實，主動向法院指出有利證明方法之權利，以維護被告之訴訟權益。

第 161 條之 2　（證據調查之提出意見）

I.當事人、代理人、辯護人或輔佐人就調查證據之範圍、次序及方法提出意見。

II.法院應依前項所提意見而為裁定；必要時，得因當事人、代理人、辯護人或輔佐人之聲請變更之。

㊾一、本條係新增。

二、當事人進行主義之訴訟程序，其進行係以當事人之主張、舉證為中心，法院基於當事人之主張及舉證進行調查、裁判。我國刑事訴訟制度修正後加重當事人進行主義色彩，對於當事人聲請調查證據之權利，自應予以更多保障，且為切實把握當事人進行主義之精神，關於證據調查之取捨，不能完全取決於法院，當事人之意見應予尊重。從而，當事人、代理人、辯護人或輔佐人自應提出該項聲明，由法院裁定其調查證據之範圍、次序及方法，並得於訴訟程序進行中依案情之發展，於必要時，隨時因當事人、代理人、辯護人或輔佐人之聲請，變更前所決定調查證據之範圍、次序及方法。爰參考日本刑事訴訟法第297條之立法例，增訂本條之規定。

第 161 條之 3　（證據調查之限制）

法院對於得為證據之被告自白，除有特別規定外，非於有關犯罪事實之其他證據調查完畢後，不得調查。

㊾一、本條係新增。

二、被告對於犯罪事實之自白，僅屬刑事審判所憑證據之一種，為防止法官過分依賴該項自白而形成預斷，因此，對於得為證據之自白，其調查之次序應予限制，爰參考日本刑事訴訟法第301條之立法例，增訂本條。

三、本條所稱「除有特別規定外」，例如本法第

449條、第451條之1所定之簡易判決處刑程序或修正條文第273條之1、第273條之2所定之簡式審判程序，即容許法院先就得為證據之被告自白為調查，其為本條之特別規定，應優先適用之。

第 162 條　（刪除）

㊾一、本條刪除。

二、移列為第288條之2。

第 163 條　（聲請或職權調查證據）

I.當事人、代理人、辯護人或輔佐人得聲請調查證據，並得於調查證據時，詢問證人、鑑定人或被告。審判長除認為有不當者外，不得禁止之。

II.法院為發見真實，得依職權調查證據。但於公平正義之維護或對被告之利益有重大關係事項，法院應依職權調查之。

III.法院為前項調查證據前，應予當事人、代理人、辯護人或輔佐人陳述意見之機會。

IV.告訴人得就證據調查事項向檢察官陳述意見，並請求檢察官向法院聲請調查證據。

⑲一、我國以國家追訴主義為原則，依第3條之規定，犯罪之被害人（告訴人）並非刑事訴訟程序中之「當事人」，惟告訴人係向偵查機關申告犯罪事實，請求追訴犯人之人，原則上亦係最接近犯罪事實之人，予以必要之參與程序，亦有助於刑事訴訟目的之達成，故應賦予告訴人得以輔助檢察官使之適正達成追訴目的之機會，爰增列本條第4項，規定告訴人得就證據調查事項向檢察官陳述意見，並請求檢察官向法院聲請調查證據。檢察官受告訴人之請求後，非當然受其拘束，仍應本於職權，斟酌具體個案之相關情事，始得向法院提出聲請，以免延宕訴訟或耗費司法資源，附此敘明。

二、本條第1項至第3項未修正。

▲【74臺上6444】刑事訴訟法所謂應調查之證據，並不限於具有認定犯罪事實能力之證據，其用以證明證據憑信性之證據，亦包括在內。

第 163 條之 1　（調查證據聲請書狀）

I.當事人、代理人、辯護人或輔佐人聲請調查證據，應以書狀分別具體記載下列事項：

一　聲請調查之證據及其與待證事實
　　之關係。

二　聲請傳喚之證人、鑑定人、通譯之
　　姓名、性別、住居所及預期詰問所
　　需之時間。

三　聲請調查之證據文書或其他文書
　　之目錄。若僅聲請調查證據文書或
　　其他文書之一部分者，應將該部分
　　明確標示。

II.調查證據聲請書狀，應按他造人數提出繕
　本。法院於接受繕本後，應速送達。

III.不能提出第一項之書狀而有正當理由或
　其情況急迫者，得以言詞為之。

IV.前項情形，聲請人應就第一項各款所列事
　項分別陳明，由書記官製作筆錄；如他造
　不在場者，應將筆錄送達。

㊲一、本條係新增。

二、在加重當事人進行主義色彩，淡化職權進行
主義之刑事訴訟制度下，證據調查為整個審判程
序之核心，其中當事人間互為攻擊、防禦更為法
庭活動中調查證據程序之重點所在。為使證據之
調查集中而有效率、訴訟程序之進行順利而迅速，
聲請調查證據之方式，應予明定，始克有成。是
以，當事人、代理人、辯護人或輔佐人向法院聲
請調查證據時，不論於審判期日或準備程序，均
應以書狀分別具體記載：請求之各項證據及其與
待證事實之關係、證人等年籍資料及預定詰問時
間、文書證據之目錄及標明欲請求調查的特定部
分，使爭點集中，當事人得以預測攻擊、防禦之
方法，法院亦得適當行使對調查證據之訴訟指揮
權，爰參考民事訴訟法第266條、日本刑事訴訟
規則第188條之2、第188條之3及第189條之
規定，增訂本條第1項。

三、在以當事人互相攻擊、防禦為法庭活動主軸
之調查證據程序中，任何調查證據之聲請及主張，
應讓他造當事人充分明瞭，使其得於期日前，預
為充分準備，並調整攻擊、防禦之態勢，使審判
程序公開化。爰增訂第2項應提出、送達調查證
據聲請狀繕本予他造當事人之規定，俾便審理集
中而有效率，避免不必要的程序拖延，達到審理
集中化、透明化的目標。

四、調查證據之聲請以書狀為之，固較為明瞭，
然若聲請人有正當理由或情況急迫無法提出書
狀，例如於審判期日或訊問時，依案件進行之情

形，若未當場調查某項證據，該證據容有逸失或
無法再調查之可能，或被告未聘律師，亦不識字，
無人得以代撰聲請狀等情形，此時若仍堅持調查
證據之聲請，一律須以書狀為之，恐緩不濟急，
反而有可能造成程序之拖延，對於被告防禦權之
保障亦不周延。爰增訂本條第3、4項，規定得以
言詞代書狀聲請之情形，及筆錄送達之規定，以
彈性處理審判程序中之各種聲請調查證據情狀。

第 163 條之 2　　（不必要之證據）

I.當事人、代理人、辯護人或輔佐人聲請調
　查之證據，法院認為不必要者，得以裁定
　駁回之。

II.下列情形，應認為不必要：

一　不能調查者。

二　與待證事實無重要關係者。

三　待證事實已臻明瞭無再調查之必
　　要者。

四　同一證據再行聲請者。

㊲一、條次變更，由第172條移列為本條第1項。

二、依本法第163條之規定，當事人、代理人、
辯護人或輔佐人得聲請法院調查證據，惟若其等
聲請調查之證據，法院認為不必要時，應如何處
理？原條文僅規定當事人、辯護人之聲請，法院
認為不必要者，得以裁定駁回之，而未言及代理
人及輔佐人部分，尚嫌未周，爰予修正增列。

三、當事人、代理人、辯護人或輔佐人聲請調查
之證據，有無調查之必要，雖屬法院自由裁量權
行使之範疇，惟何種情形始認為不必要，法無明
文，為免爭議，爰參考德國刑事訴訟法第244條
第3項、第245條第2項之立法例及吾國過去實
務之見解，如最高法院29年上字第2703號、26
年滬上字第1號、28年上字第3070號判例，增
訂第2項，以資適用。

▲【94臺上1998】合議庭審判長之職權係存在
於訴訟程序之進行或法庭活動之指揮事項，且以
法律明文規定者為限，此外則屬法院之職權，依
法院組織法第101條規定，必須經由合議庭內部
評議，始得形成法院之外部意思決定，並以判決
或裁定行之，不得僅由審判長單獨決定。從而刑
事訴訟法第163條之2第1項規定：「當事人、代
理人、辯護人或輔佐人聲請調查之證據，法院認
為不必要者，得以裁定駁回之。」即**以證據是否
應予調查，關乎待證事實是否於案情具有重要性，**

甚或影響相關證據之價值判斷，已非純屬審判長調查證據之執行方法或細節及法庭活動之指揮事項，故應由法院以裁定行之，並非審判長所得單獨決定處分。至同法第288條之3第1項規定：「當事人、代理人、辯護人或輔佐人對於審判長或受命法官有關證據調查或訴訟指揮之處分不服者，除有特別規定外，得向法院聲明異議。」其中所稱之**「調查證據處分」，係專指調查證據之執行方法或細節(包括積極不當行為及消極不作為)**而言，二者顯然有別，不容混淆。

第 164 條　(普通物證之調查)

I.審判長應將證物提示當事人、代理人、辯護人或輔佐人，使其辨認。

II.前項證物如係文書而被告不解其意義者，應告以要旨。

㉒一、參考日本刑事訴訟法第306條之立法例，將原本條前段文字「證物應示被告令其辨認」，修正為「審判長應將證物提示當事人、代理人、辯護人或輔佐人，使其辨認」，並作為第1項。

二、證物如係文書，而被告不解其意義者，審判長仍應告以要旨，爰於第2項規定之。

◇**實物提示**：本條規定證物應由審判長提示予當事人、代理人、辯護人或輔佐人辨認。實務上有時會以證物清單提示，但遭學說批評違反直接審理原則，除非合於例外規定，應以原物提示為原則。但也有學說與晚近實務見解認為，原則不提示實物，僅在對於物證同一性有爭執時，例外提示。且「當事人就物之存在與其存在之內容、狀態等並無爭議者，事實審未踐行此項實物提示程序，縱於法不合，但因不影響判決結果，故不得執為上訴第三審之理由。」至於因為事實上原因，例如證物體積過大的船艦等，有學者主張應在庭外進行勘驗程序。

▲【43 臺上 835】刑事訴訟以直接審理為原則，必須經過調查程序，以顯出於審判庭之證據資料，始得採為判決基礎，本件事實，縱經臺灣省縣市選舉監察委員會主任委員派員調查後，向第一審法院民事庭提起當選無效之訴，而其調查內容如何，事實審法院自應依職權加以調查，方足採用，原審並未直接審理，遽採為論斷之資料，其訴訟程序即有違誤。

▲【80 臺上 4672】金融機構為防制犯罪，裝置錄影機以監視自動付款機使用情形，其錄影帶所錄取之畫面，全憑機械力拍攝，未經人為操作，未伴有人之主觀意見在內，自有證據能力。法院如以之為物證，亦即以該錄影帶之存在或形態為證據資料，其調查證據之方法，固係依刑事訴訟法第164條之規定，提示該錄影帶，命被告辨認；如係以該錄影帶錄取之畫面為證據資料，而該等畫面業經檢察官或法院實施勘驗，製成勘驗筆錄，則該筆錄已屬書證，法院調查此項證據，如已依同法第165條第1項之規定，就該筆錄內容向被告宣讀或告以要旨，即無不合。縱未將該錄影帶提示於被告，亦不能謂有同法第379條第10款所稱應於審判期日調查之證據未予調查之違法。

第 165 條　(書證之調查)

I.卷宗內之筆錄及其他文書可為證據者，審判長應向當事人、代理人、辯護人或輔佐人宣讀或告以要旨。

II.前項文書，有關風化、公安或有毀損他人名譽之虞者，應交當事人、代理人、辯護人或輔佐人閱覽，不得宣讀；如被告不解其意義者，應告以要旨。

㉒一、第1項後段文字修正為「審判長」應向「當事人、代理人、辯護人或輔佐人」宣讀或告以要旨，以明「審判長」為書證調查之主體，並使當事人、代理人、辯護人或輔佐人均能於調查證據程序進行時知悉書證之內容。

二、前項修正後，如該文書有關風化、公安或有毀損他人名譽之虞者，應交當事人、代理人、辯護人或輔佐人閱覽，不得宣讀，如被告不解其意義者，仍應告以要旨，以維護被告權益，本條第2項爰予修正。

◇**文書**：學說有認為訴訟法上的「文書」是**指具備可讀性之書面文件**。因此與刑法偽造文書之文書範圍寬窄有別。就可讀性而言，刑法上偽造之圖片、相片，可認為是準文書，但不屬於刑事訴訟法上之文書。就製作人而言，縱使在刑法上無從辨識文書由何人製作（欠缺名義性、擔保功能）卻仍能作為刑事訴訟法上之文書。

▲【47 臺上 109】卷宗內之筆錄及其他文書可為證據者，應向被告宣讀或告以要旨，為刑事訴訟法第272條第1項（現行法第165條）所明定，此項規定，依同法第356條（現行法第364條）為第二審審判所準用，該項宣讀或告以要旨，應向被告為之，使其有明白辯論之機會，自非向被

告以外之人宣讀，即足認已履行公開審理日期所應調查之程序。

▲【50 臺上 88】採為判決基礎之證據資料，必須經過調查程序，以顯出於審判庭者，始與直接審理主義相符，否則其所踐行之訴訟程序，即有違背法令。

▲【80 臺上 4672】參見本法第 164 條。

第 165 條之 1　（文書外證物書證調查之準用）

I.前條之規定，於文書外之證物有與文書相同之效用者，準用之。

II.錄音、錄影、電磁紀錄或其他相類之證物可為證據者，審判長應以適當之設備，顯示聲音、影像、符號或資料，使當事人、代理人、辯護人或輔佐人辨認或告以要旨。

⑨二、本條係新增。

二、隨著現代科學技術之進步與發展，不同於一般物證和書證之新型態證據，例如科技視聽及電腦資料已應運而生，我國刑事訴訟法原規定之證據種類中，並未包含此類科技視聽及電腦資料在內，爰參考我國刑法第 220 條及民事訴訟法第 363 條第 1 項之規定，暨日本刑事訴訟法第 306 條第 2 項之立法例，增訂準文書得為證據方法及其開示、調查之方法，以概括地規範將來可能新生的各種新型態證據。

第 166 條　（對證人、鑑定人之詰問）

I.當事人、代理人、辯護人及輔佐人聲請傳喚之證人、鑑定人，於審判長為人別訊問後，由當事人、代理人或辯護人直接詰問之。被告如無辯護人，而不欲行詰問時，審判長仍應予詢問證人、鑑定人之適當機會。

II.前項證人或鑑定人之詰問，依下列次序：

一　先由聲請傳喚之當事人、代理人或辯護人為主詰問。

二　次由他造之當事人、代理人或辯護人為反詰問。

三　再由聲請傳喚之當事人、代理人或辯護人為覆主詰問。

四　再次由他造當事人、代理人或辯護人為覆反詰問。

III.前項詰問完畢後，當事人、代理人或辯護人，經審判長之許可，得更行詰問。

IV.證人、鑑定人經當事人、代理人或辯護人詰問完畢後，審判長得為訊問。

V.同一被告、自訴人有二以上代理人、辯護人時，該被告、自訴人之代理人、辯護人對同一證人、鑑定人之詰問，應推由其中一人代表為之。但經審判長許可者，不在此限。

VI.兩造同時聲請傳喚之證人、鑑定人，其主詰問次序由兩造合意決定，如不能決定時，由審判長定之。

⑨二、一、為落實當事人進行主義之精神，審判程序之進行應由當事人扮演積極主動之角色，而以當事人間之攻擊、防禦為主軸，因此有關證人、鑑定人詰問之次序、方法、限制、內容，即為審判程序進行之最核心部分。然而依刑事訴訟法第 166 條之規定，有關證人、鑑定人之調查，未區分其係由當事人聲請或由法院依職權調查，一律均由審判長直接並主導訊問，實務上能確實運用當事人交互詰問之情形並不多見。因此，本條第 1 項之規定允宜修正，使由當事人、代理人、辯護人或輔佐人等聲請傳喚之證人、鑑定人，在審判長依本法第 185 條、第 197 條為人別訊問後，即由當事人、代理人或辯護人直接運行交互詰問之訴訟程序。又於被告無辯護人之情形下，如其不知行使詰問權或行使詰問權有障礙時，審判長仍應予被告詢問證人、鑑定人之適當機會。至於由法院依職權傳喚證人、鑑定人之情形，則另行規定於第 166 條之 6。

二、交互詰問制度設計之主要目的，在辯明供述證據之真偽，以發見實體之真實，而由當事人一造聲請傳喚之證人、鑑定人，此造對於該證據最為關心及瞭解，自應先由該當事人、代理人或辯護人為主詰問，次由他造之當事人、代理人或辯護人反詰問，再由先前之一造當事人、代理人或辯護人為覆主詰問，再次由他造當事人等為覆反詰問，交叉為之以示公平，並有助訴訟程序之順利進行，爰修正本條第 2、3 項，明定詰問證人、鑑定人之次序及經審判長許可，得更行詰問之規定。

三、再者，本條第 2 項所規定之詰問次序，與第 1 項同屬有關詰問權之規定，而非義務性之規定，審判長不得任意予以剝奪，本條第 3 項之詰問，則係針對原證人、鑑定人而言，故乃稱為「更行詰問」。

四、在加強當事人進行主義色彩之刑事訴訟架構

刑事訴訟法　第一編　總則　（第一六六之一～一六六之二條）

下，法院依職權調查證據係居於補充性、輔佐性之地位及因發見真實之必須而為之，既如前述。於此，證人、鑑定人在經當事人、代理人或辯護人詰問後，審判長即可為補充性地訊問證人、鑑定人，爰增訂本條第4項，以確實落實當事人進行主義之精神，並與本法第163條之修正相呼應，彰顯法院依職權調查證據之輔助性質。

五、同一被告、自訴人有二位以上代理人、辯護人時（含同一被告兼有代理人及辯護人），為節省法庭時間，避免不必要之重複詰問，該被告之代理人、辯護人或自訴人之代理人對同一證人、鑑定人之詰問，應推由其中一人代表為之，經審判長許可者，始不受此限。爰參考日本刑事訴訟法第33條、第34條及日本刑事訴訟規則第25條與美國華盛頓西區聯邦區法院刑事訴訟規則第26條(b)等規定之立法精神，於第5項規定之。

六、基於尊重當事人進行之精神，兩造若同時聲請傳喚某證人或鑑定人，關於主詰問之次序，宜由兩造合意決定，如不能合意決定時，則由審判長定之，爰增訂本條第6項，以作規範。

◇詰問：指刑事訴訟之參與者發問與回答之過程。有學者認為本法使用「詢問」、「訊問」、「詰問」，本質上並無不同，都是「直接發問」之意思。詰問在我國法之進行順序為：主詰問→反詰問→覆主詰問→覆反詰問。

◇主詰問：由聲請傳喚證人、鑑定人等之一方率先發問（此即傳者先問原則），稱為主詰問。實務操作上，是由主詰問人透過開放性問題，透過被詰問人之口建構出一個故事版本。若雙方均聲請傳喚同一證人，誰先問即由兩造合意決定，若不能決定，則由審判長定之。

第166條之1　（主詰問）

I.主詰問應就待證事項及其相關事項行之。

II.為辯明證人、鑑定人陳述之證明力，得就必要之事項為主詰問。

III.行主詰問時，不得為誘導詰問。但下列情形，不在此限：

　一　未為實體事項之詰問前，有關證人、鑑定人之身分、學歷、經歷、與其交游所關之必要之準備事項。

　二　當事人顯無爭執之事項。

　三　關於證人、鑑定人記憶不清之事項，為喚起其記憶所必要者。

　四　證人、鑑定人對詰問者顯示敵意或反感者。

　五　證人、鑑定人故為規避之事項。

　六　證人、鑑定人為與先前不符之陳述時，其先前之陳述。

　七　其他認有誘導詰問必要之特別情事者。

⑫一、本條係新增。

二、本條係參考我國刑事訴訟法第191條之規定及日本刑事訴訟規則第199條之3第1項、第2項之立法例，於第1項明定主詰問之範圍，此所稱「待證事項」不以重要關係之事項為限，而係以英美法所稱「關聯性法則」定之。至於第2項則明定在主詰問階段，為辯明證人、鑑定人記憶及陳述之正確性，或證人、鑑定人之憑信性等，得就必要事項為詰問。

三、誘導詰問乃指詰問者對供述者暗示其所希望之供述內容，而為「問話中含有答話」之詰問方式。就實務經驗而言，由當事人、代理人、辯護人或輔佐人聲請傳喚之證人、鑑定人，一般是有利於該造當事人之友性證人。因此，若行主詰問者為誘導詰問，證人頗有可能迎合主詰問者之意思，而做非真實之供述。故而，原則上在行主詰問時不得為誘導詰問，惟於發見真實之必要或無導出虛偽供述之危險時，則例外允許於行主詰問時，為誘導詰問。爰依據刑事訴訟法第167條第1項規定，並參考日本刑事訴訟規則第199條之3第3項，於本條第3項明定行主詰問時，不得為誘導詰問，並以但書列舉其例外情形，同時規定概括條款，以資適用。

◇誘導訊問：本條是詰問之禁止規則。於主詰問時，原則上禁止誘導。所謂誘導，就是問題中帶有詰問者預設的答案，例如：你有在8月12日中午遇見被告嗎？回答者的答案只能是「有」或「沒有」，屬於誘導訊問。而若改為：你8月12日中午在做什麼事？即非誘導訊問。

第166條之2　（反詰問㈠）

I.反詰問應就主詰問所顯現之事項及其相關事項或為辯明證人、鑑定人之陳述證明力所必要之事項行之。

II.行反詰問於必要時，得為誘導詰問。

⑫一、本條係新增。

二、反詰問之作用乃在彈劾證人、鑑定人供述之憑信性，及引出在主詰問時未揭露或被隱瞞之另

一部分事實，而達發見真實之目的，爰依據我國刑事訴訟法第167條第1項，並參考日本刑事訴訟規則第199條之4第1項之規定，於本條第1項規範反詰問之詰問範圍，以資明確。

三、行反詰問時，因證人、鑑定人通常非屬行反詰問一造之友性證人，較不易發生證人、鑑定人附和詰問者而為非真實供述之情形，故允許為誘導詰問。再者，從另一角度觀察，經由反對詰問程序而發現證人、鑑定人於主詰問時之供述是否真實，透過誘導詰問，更能發揮推敲真實之效果。然而，行反詰問時，證人、鑑定人亦有迎合或屈服於詰問者意思之可能或遭羞辱之危險。因此，對於反詰問之誘導詰問亦應有適當之規範，即於必要時，始得為之。爰參考日本刑事訴訟規則第199條之4第2項之立法例，增訂本條第2項，以資適用。至於何種情形為「必要時」，則由審判長裁量。

◇反詰問：對造當事人、代理人、辯護人接續在主詰問後詰問證人、鑑定人，稱為反詰問。反詰問原則上可以誘導，實務操作上更是必須誘導，目的在攻破被詰問人方才於主詰問所建構的故事版本。簡言之，主詰問在建立，反詰問在拆臺。

第166條之3　（反詰問(二)）

I.行反詰問時，就支持自己主張之新事項，經審判長許可，得為詰問。

II.依前項所為之詰問，就該新事項視為主詰問。

⑨②一、本條係新增。

二、按反詰問之範圍，以修正後本法第166條之2之規定為原則，然同一證人、鑑定人亦可能知悉、支持行反詰問者主張之事項，為發見真實，經審判長許可，宜使行反詰問者，就支持自己主張之新事項為詰問，此時就該新事項言，則產生程序之更新，該種詰問，性質上為主詰問，而非反詰問。而對造之當事人、代理人及辯護人對該新事項則自然取得反詰問權，爰參考日本刑事訴訟規則第199條之5、美國聯邦證據規則第611條b項之立法例，增訂本條。

第166條之4　（覆主詰問）

I.覆主詰問應就反詰問所顯現之事項及其相關事項行之。

II.行覆主詰問，依主詰問之方式為之。

III.前條之規定，於本條準用之。

⑨②一、本條係新增。

二、原條文第166條第2項但書，原即規定覆問之範圍為「因他造詰問所發見之事項」，亦即限於因反詰問所發見之事項，惟因反詰問所發見之事項，包含反詰問時所發見之事項及主詰問時已發見，並在反詰問時有所詰問之事項，爰將覆主詰問之範圍規定為反詰問所顯現之事項與其相關事項，以資明確。另外，行覆主詰問，應依主詰問之方式為之，例如：原則上不得誘導詰問，於法定例外之情況下始得為誘導詰問。另為發見真實，經審判長許可，亦宜使行覆主詰問者，就支持自己主張之新事項為詰問，爰參考日本刑事訴訟規則第199條之7之規定，增訂本條。

第166條之5　（覆反詰問）

I.覆反詰問，應就辯明覆主詰問所顯現證據證明力必要之事項行之。

II.行覆反詰問，依反詰問之方式行之。

⑨②一、本條係新增。

二、為避免詰問事項不當擴張，浪費法庭時間，爰參考美國聯邦證據規則第611條a項之立法精神，於本條第1項規定覆反詰問應就覆主詰問所顯現證據證明力必要之事項行之。

三、行覆反詰問，仍應依循反詰問之方式，爰於本條第2項予以規定。

第166條之6　（證人、鑑定人詰問之次序）

I.法院依職權傳喚之證人或鑑定人，經審判長訊問後，當事人、代理人或辯護人得詰問之，其詰問之次序由審判長定之。

II.證人、鑑定人經當事人、代理人或辯護人詰問後，審判長得續行訊問。

⑨②一、本條係新增。

二、依第163條第2項前段之規定，法院為發見真實，得依職權調查證據。因此，於法院依職權傳喚證人、鑑定人時，該證人、鑑定人具有何種經驗、知識，所欲證明者為何待證事實，自以審判長最為明瞭，應由審判長先為訊問，此時之訊問相當於主詰問之性質，而當事人、代理人及辯護人於審判長訊問後，接續詰問之，其性質則相當於反詰問。至於當事人、代理人及辯護人間之詰問次序，則由審判長本其訴訟指揮，依職權定之。為發見真實，證人、鑑定人經當事人、代理人或辯護人詰問後，審判長仍得續行訊問，爰

刑事訴訟法　第一編　總則　（第一六六之三～一六六之六條）

增訂本條，以與第 166 條規定作一區別。

第 166 條之 7 　（詰問之限制）

I. 詰問證人、鑑定人及證人、鑑定人之回答，均應就個別問題具體為之。

II. 下列之詰問不得為之。但第五款至第八款之情形，於有正當理由時，不在此限：

一　與本案及因詰問所顯現之事項無關者。

二　以恫嚇、侮辱、利誘、詐欺或其他不正之方法者。

三　抽象不明確之詰問。

四　為不合法之誘導者。

五　對假設性事項或無證據支持之事實為之者。

六　重覆之詰問。

七　要求證人陳述個人意見或推測、評論者。

八　恐證言於證人或與其有第一百八十條第一項關係之人之名譽、信用或財產有重大損害者。

九　對證人未親身經歷事項或鑑定人未行鑑定事項為之者。

十　其他為法令禁止者。

⑨ 一、本條係新增。

二、對於證人、鑑定人之詰問及證人、鑑定人之回答，應以何種方式為之，在英美法庭多見一問一答方式；而我國現行條文第 190 條則規定「訊問」證人，應命證人就訊問事項之始末而連續陳述。衡諸實際，以一問一答之方式為之，較為明確，但易受暗示之影響，且耗時較久；而以連續陳述之方式，亦有可能因證人之疏忽或不小心而遺漏重要事實，有時二者甚或不易區別。爰參考日本刑事訴訟規則第 199 條之 13 第 1 項之規定，增訂詰問及證人、鑑定人回答之方式均就個別問題具體為之。當然所謂「就個別問題具體為之」，亦非純粹屬一問一答，或答「是」或「不是」的簡潔問題。例如：當事人可能詰問證人：「關於本案件，請將你在某年、某月、某日所見之事實陳述一遍」等。從而，以此修正之方式規定，或較能綜合問答方式及連續陳述方式等各種情況，而賦予詰問較彈性之空間，至於何種方式較為具體妥適，則委諸實務運作。

三、為免秩序、不當的詰問，浪費時間，延滯訴訟程序，甚或導致虛偽陳述，影響真實之發見，

爰參考日本刑事訴訟規則第 199 條之 13 第 2 項各款及美國聯邦證據規則第 611 條之精神，將現行條文第 191 條之規定移列於本條第 2 項，並加以補充，以禁止不當之詰問。

四、詰問之目的在於發見真實，在某些有正當理由之情況下，例如證人基於實驗過之事實而做之推測或個人意見，自然比未經實驗過之推測或個人意見可靠，此時要求證人陳述個人意見或推測，宜認其有正當理由，而寬認該詰問方式之正當性。爰於本條第 2 項明定第 5 款至第 8 款之情形，於有正當理由時，仍得為詰問。

第 167 條 　（詰問之限制或禁止）

當事人、代理人或辯護人詰問證人、鑑定人時，審判長除認其有不當者外，不得限制或禁止之。

⑨ 一、詰問為當事人、代理人及辯護人之權利，原則上不得予以禁止，故將本條修正為反面規定，以闡明審判長訴訟指揮權之行使，原則上需尊重當事人之詰問權，然而審判程序之進行以兩造之攻擊、防禦為主軸後，為防止詰問權之濫用，導致不必要及不當之詰問，使審判程序遲滯，審判長為維持法庭秩序、有效發見真實，仍得適當限制、禁止詰問之方式、時間。

二、有關審判長於證人、鑑定人詰問後續行訊問之規定，條文第 166 條第 4 項、第 166 條之 6 第 2 項已有相同規定，本條第 2 項爰予刪除。

第 167 條之 1 　（聲明異議）

當事人、代理人或辯護人就證人、鑑定人之詰問及回答，得以違背法令或不當為由，聲明異議。

⑨ 一、本條係新增。

二、詰問制度之設計，在於使當事人、代理人或辯護人在審判程序中積極參與，為使訴訟程序合法、妥適，當事人、代理人或辯護人，對於他造向證人、鑑定人所為之詰問及證人、鑑定人對於他造當事人等詰問之回答，均得聲明異議，以防不當或違法之詰問及證人、鑑定人恣意之回答，影響審判之公平、公正，或誤導事實，爰參考日本刑事訴訟法第 309 條第 1 項、日本刑事訴訟規則第 205 條之規定，增訂本條。

三、另當事人及辯護人對於審判長或受命法官有關調查證據及訴訟指揮之處分，亦得聲明異議，此部分係規定於原條文第 174 條，本次修正後，

則移列於第 288 條之 3。

第 167 條之 2 （異議之效力）

I.前條之異議，應就各個行為，立即以簡要
理由為之。

II.審判長對於前項異議，應立即處分。

III.他造當事人、代理人或辯護人，得於審判
長處分前，就該異議陳述意見。

IV.證人、鑑定人於當事人、代理人或辯護人
聲明異議後，審判長處分前，應停止陳
述。

⑨一、本條係新增。

二、聲明異議必須附理由，實務上常先以「審判
長，有異議」(Objection, Your Honor)，喚起法院
之注意，然後再說明簡要理由，例如：「辯護人之
詰問顯然為誘導詰問，請命令停止」，而此處所謂
之聲明異議係針對證人、鑑定人詰問、回答之行
為、內容或方式為之，爰參考日本刑事訴訟規則
第 205 條之 2 之規定，增訂本條第 1 項。

三、當事人、代理人或辯護人聲明異議時，審判
長應即時作出處分，惟在作成處分前，宜賦予相
對人得陳述對於該異議之意見之機會，而證人、
鑑定人於審判長處分前，亦應先暫時停止陳述，
俾訴訟進行有秩序，並避免損及異議人之權益，
以示公平、公正，爰參考日本刑事訴訟規則第
205 條之 3，增訂本條第 2 項、第 3 項及第 4 項，
以資適用。

第 167 條之 3 （異議不合法之駁回）

審判長認異議有遲誤時機、意圖延滯訴訟
或其他不合法之情形者，應以處分駁回
之。但遲誤時機所提出之異議事項與案情
有重要關係者，不在此限。

⑨一、本條係新增。

二、採交互詰問之調查證據方式，通常過程緊湊，
不宜中斷或遲延，因此，若當事人、代理人或辯
護人一發現對於證人、鑑定人之詰問或證人、鑑
定人之回答有所偏差時，應立刻聲明異議，對於
已經遲誤時機、意圖延滯訴訟或其他不合法之聲
明異議，原則上不應准許，而應予處分駁回。但
若遲誤時機之聲明異議事項，與案情有重要關係，
顯足以影響判決之內容或審判之公平時，則應不
受提出時機之限制，至於何種事項與案情有重要
關係，宜依個案具體情形決定之，而由實務累積

經驗，爰參考日本刑事訴訟規則第 205 條之 4 之
規定，增訂本條。

第 167 條之 4 （異議無理由之駁回）

審判長認異議無理由者，應以處分駁回
之。

⑨一、本條係新增。

二、參考日本刑事訴訟規則第 205 條之 5 之規定，
增訂本條。而有關審判長處分之事項，應由書記
官載明於筆錄，以便查考，並供日後審查。

第 167 條之 5 （異議有理由之處分）

審判長認異議有理由者，應視其情形，立
即分別為中止、撤回、撤銷、變更或其他
必要之處分。

⑨一、本條係新增。

二、參考日本刑事訴訟規則第 205 條之 6 之規定，
增訂本條。至於如何情況而應為中止、撤回、撤
銷、變更或其他必要之處分，因情況各異，難以
盡書，有賴實務運作以累積判例，以資遵循。

第 167 條之 6 （不得聲明不服）

對於前三條之處分，不得聲明不服。

⑨一、本條係新增。

二、為避免當事人反覆爭執，延宕訴訟程序，對
於審判長依前三條規定所為之處分，不許再聲明
不服，爰參考日本刑事訴訟規則第 206 條規定之
精神，增訂本條。

第 167 條之 7 （詢問證人、鑑定人或被告之準用）

第一百六十六條之七第二項、第一百六十
七條至第一百六十七條之六之規定，於行
第一百六十三條第一項之詢問準用之。

⑨為使詢問程序之進行順暢、有序，爰增訂本條，
明定其所應準用之規定，以資規範。

第 168 條 （證人、鑑定人之在庭義務）

證人、鑑定人雖經陳述完畢，非得審判長
之許可，不得退庭。

第 168 條之 1 （當事人、代理人、辯護人或輔佐人之在庭權）

I.當事人、代理人、辯護人或輔佐人得於訊
問證人、鑑定人或通譯時在場。

II.前項訊問之日、時及處所，法院應預行通知之。但事先陳明不願到場者，不在此限。

92　一、本條係由原條文第 276 條第 3 項移列修正。

二、為保障當事人之反對詰問權，使交互詰問制度得以充分落實，以期發見真實，當事人、代理人、辯護人及輔佐人於訊問證人、鑑定人或通譯時允宜賦予在場之機會，斯即學理上所稱之在場權。原條文第 276 條第 3 項對於前開當事人之在場權，雖已有規定，但該條第 1、2 項係規定審判期日前之訊問證人或鑑定人，此種編排方式極易使人誤會原條文第 276 條第 3 項之當事人在場權，僅限於審判期日之前，而不及於審判期日。爰將本法有關當事人在場之規定，移列於證據章通則部分，以彰顯落實保障訴訟當事人權益之修法精神，並免誤會。

三、為保障當事人之在場權，訊問之日、時及處所，法院固應預行通知之，以方便當事人、代理人、辯護人及輔佐人出席。惟當事人、代理人、辯護人或輔佐人基於己身原因考量，自願放棄其在場權，而預先表明不願到場者，法院得不再預行通知，以免浪費有限之司法資源，爰參考日本刑事訴訟法第 157 條第 2 項但書之規定，增訂本條但書，以資適用。

第 169 條　（被告在庭權之限制）

審判長預料證人、鑑定人或共同被告於被告前不能自由陳述者，經聽取檢察官及辯護人之意見後，得於其陳述時，命被告退庭。但陳述完畢後，應再命被告入庭，告以陳述之要旨，並予詰問或對質之機會。

92　原條文內容職權主義之色彩較濃，在刑事訴訟法朝加強當事人進行主義色彩之方向修正後，是否進行隔別訊問，自宜聽取檢察官及辯護人之意見，不宜任由審判長自己逕行決定。再者，被告之反對詰問權為被告之防禦權，應予保障，因此，於隔別訊問後，再命被告入庭，除告以陳述之要旨外，仍應賦予被告詰問之機會，訴訟程序之設計始為周延，爰參酌日本刑事訴訟法第 281 條之 2 之規定，修訂本條。

第 170 條　（陪席法官之訊問）

參與合議審判之陪席法官，得於告知審判長後，訊問被告或準用第一百六十六條第四項及第一百六十六條之六第二項之規定，訊問證人、鑑定人。

92　一、修正條文第 166 條第 4 項增訂證人、鑑定人在經當事人、代理人或辯護人詰問完畢後，審判長得為訊問，另修正條文第 166 條之 6 第 2 項亦規定證人、鑑定人經當事人、代理人或辯護人詰問後，審判長得續行訊問。因此，本條關於陪席法官於告知審判長後，欲訊問證人、鑑定人之規定，亦應秉此原則，爰為文字修正，以資呼應。

二、配合法院組織法之用語，將「推事」修正為「法官」。

第 171 條　（審判期日前訊問之準用規定）

法院或受命法官於審判期日前為第二百七十三條第一項或第二百七十六條之訊問者，準用第一百六十四條至第一百七十條之規定。

92　一、本法修正採行集中審理制後，法院或受命法官於準備程序中，原則上即不再從實質之證據調查，但如預料證人不能於審判期日到場，或須於審判期日前命鑑定人先為鑑定者，為便利審判程序之順利進行，仍應許於審判期日前訊問之。是本條所謂於審判期日前訊問被告或證人、鑑定人者，即指處理第 273 條第 1 項各款所規定事項或第 276 條對證人、鑑定人所為之訊問，乃修正明定之。

二、有關詰問證人、鑑定人之次序及聲明異議之規定，已有所增修，是本條準用之規定，亦應配合修正。

三、配合法院組織法之用語，將「推事」修正為「法官」。

第 172 條　（刪除）

92　一、本條刪除。

二、移列為修正條文第 163 條之 2 第 1 項。

第 173 條　（刪除）

92　一、本條刪除。

二、移列為修正條文第 288 條之 1。

第 174 條　（刪除）

92　一、本條刪除。

二、移列為修正條文第 288 條之 3，並作文字修正。

第二節　人　證

第 175 條　（傳喚證人之傳票）

Ⅰ.傳喚證人，應用傳票。

Ⅱ.傳票，應記載下列事項：

一　證人之姓名、性別及住所、居所。

二　待證之事由。

三　應到之日、時、處所。

四　無正當理由不到場者，得處罰鍰及命拘提。

五　證人得請求日費及旅費。

Ⅲ.傳票，於偵查中由檢察官簽名，審判中由審判長或受命法官簽名。

Ⅳ.傳票至遲應於到場期日二十四小時前送達。但有急迫情形者，不在此限。

⑨2一、第 2 項關於記載「左」列事項之文字修正為「下」列事項。另第 1 項第 1 款為配合第 5 條第 1 項、第 55 條第 1 項、第 71 條第 2 項第 1 款之用語，將「住、居所」修正為「住所、居所」。

二、配合法院組織法之用語，將「推事」修正為「法官」。

◇證人：指依法院之命，在訴訟上陳述其見聞事實之第三人；以自然人為限，醫院、學校或機關，除得受囑託實施鑑定外，不具證人適格性。證人為當事人以外之第三人，因此被害人、告訴人、告發人得為證人（93 臺上 6578），又自訴雖改採強制律師代理，但自訴人在審判中屬於當事人，不得為證人。

◇證人之義務：證人有到場義務、陳述證言義務以及具結義務。

到場義務	證人經合法傳喚，無正當理由不到得處罰鍰並拘提
陳述證言義務	證人應就其曾經見聞事實經過，到場親自陳述證言，例外得拒絕證言（參第 179 條到第 182 條）
具結義務	具結指擔保其所言真實可信

第 176 條　（監所證人之傳喚與口頭傳喚）

第七十二條及第七十三條之規定，於證人之傳喚準用之。

第 176 條之 1　（為證人之義務）

除法律另有規定者外，不問何人，於他人之案件，有為證人之義務。

⑨2一、本條係新增。

二、刑事訴訟係採實質的真實發見主義，欲認定事實，自須賴證據以證明。而證人係指在他人之訴訟案件中，陳述自己所見所聞具體事實之第三人，為證據之一種，故凡居住於我國領域內，應服從我國法權之人，無分國籍身分，均有在他人為被告之案件中作證之義務，俾能發見事實真相。此外，本法第 178 條明文規定證人經合法傳喚，無正當理由不到場者，得科以罰鍰；證人不到場者，亦得予以拘提，益見除法律另有規定者外，不問何人，於他人之案件均有為證人之義務，爰參考民事訴訟法第 302 條之立法例，予以增訂，以期明確。

第 176 條之 2　（促使證人到場之義務）

法院因當事人、代理人、辯護人或輔佐人聲請調查證據，而有傳喚證人之必要者，為聲請之人應促使證人到場。

⑨2一、本條係新增。

二、審判程序之核心在於調查證據，而有關證人的訊問與詰問更是調查證據之重點，因此，證人是否到場，影響審判程序之進行至鉅，爰參考日本刑事訴訟規則第 178 條之 8 規定，明定當事人、代理人、辯護人或輔佐人聲請調查證據，而有傳喚證人之必要時，該聲請之人應促使其證人到場，以利案件之進行，並斟酌於第 176 條之 1 關於作證義務規定之後，增訂本條之規定。

人　證

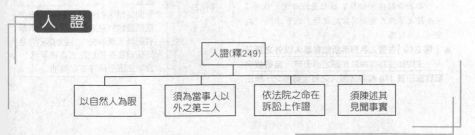

刑事訴訟法

第一編　總則（第一七七～一七九條）

第 177 條　（就訊證人）

I.證人不能到場或有其他必要情形，得於聽取當事人及辯護人之意見後，就其所在或於其所在地法院訊問之。

II.前項情形，證人所在與法院間有聲音及影像相互傳送之科技設備而得直接訊問，經法院認為適當者，得以該設備訊問之。

III.當事人、辯護人及代理人得於前二項訊問證人時在場並得詰問之；其訊問之日時及處所，應預行通知之。

IV.第二項之情形，於偵查中準用之。

⑨一、隨著現代科技之進步與發展，資訊之傳遞更為快速而準確，訊問證人之方式，除傳統之當庭訊問或就地訊問外，若有科技設備而得直接訊問者與證人親自到庭以言詞陳述，無甚差別，且避在押人犯之提解戒護之安全問題，增訂第 2 項。

二、為確實保障當事人之反對詰問權及律師依賴權，當事人、代理人及辯護人自得於依前開方式訊問證人時在場，並行使反對詰問權，而且其訊問之日、時及處所，應預行通知之，俾其知而有行使權利之機會並預為準備。爰增訂本條第 3 項。

三、使用科技設備訊問證人，在偵查中亦有必要，爰增訂第 4 項。

第 178 條　（證人之到場義務及制裁）

I.證人經合法傳喚，無正當理由而不到場者，得科以新臺幣三萬元以下之罰鍰，並得拘提之；再傳不到者，亦同。

II.前項科罰鍰之處分，由法院裁定之。檢察官為傳喚者，應聲請該管法院裁定之。

III.對於前項裁定，得提起抗告。

IV.拘提證人，準用第七十七條至第八十三條及第八十九條至第九十一條之規定。

⑨一、原條文對證人無故不到場之處罰過輕，不足以約束證人到庭。爰參酌民事訴訟法第 303 條，修正提高有關證人不到場之罰鍰數額，並改以新臺幣作為罰鍰單位。

二、審檢分隸後，檢察官不配置於法院，故第 2 項後段文字修正為檢察官應聲請「該管法院」裁定，以符實際。

▲【釋 249】告發人為刑事訴訟當事人以外之第三人，法院如認為有命其作證之必要時，自得依刑事訴訟法第 178 條關於證人之規定傳喚之，無正

當理由而不到場者，並得加以拘提，強制其到場作證，以達發見真實之目的。基此，本院院字第 47 號解釋，認對告發人得適用當時之刑事訴訟法第 95 條即現行刑事訴訟法第 178 條之規定辦理，與憲法並無牴觸。

第 179 條　（拒絕證言㈠──公務員）

I.以公務員或曾為公務員之人為證人，而就其職務上應守秘密之事項訊問者，應得該管監督機關或公務員之允許。

II.前項允許，除有妨害國家之利益者外，不得拒絕。

◇拒絕證言：原則上證人必須出庭作證（刑事訴訟法第 176 條之 1、第 193 條），除非有其他特殊原因，由法律規定得拒絕證言。拒絕證言之法理基礎在於，發見真實固屬刑事訴訟重要目的之一，但並非絕對，若與其他因素權衡考慮後，必須保護其他特定價值，刑事訴訟法亦有規定免除證人作證義務。

◇拒絕證言權：證人雖有陳述證言之義務，但基於證人職業等因素，而有拒絕證言之權利。

公務秘密之拒絕證言（§179）	以公務員或曾為公務員之人為證人，而就其職務上應守秘密之事項訊問者，應得該管監督機關或公務員之允許
身分關係之拒絕證言（§180）	現為或曾為被告或自訴人之配偶、一定關係血親、姻親，又或訂有婚約、曾為法定代理人等情形，得拒絕證言
自陷於罪之拒絕證言（§181）	證人恐因陳述致自己或與其有前條（即第 180 條）第 1 項關係之人受刑事追訴或處罰者，得拒絕證言
業務秘密之拒絕證言（§182）	1.證人為醫師、藥師、助產士、宗教師、律師、辯護人、公證人、會計師或其業務上佐理人或曾任此等職務之人，就其因業務所知悉有關他人秘密之事項受訊問者，除經本人允許者外，得拒絕證言 2.新聞從業人員得否基於新聞自由拒絕證述消息來源有爭議。有學者認為法無明文，且受訪者非基於信賴關係委託記者處理事務，自無主張拒絕證言之餘地

第 180 條　(拒絕證言㈡──身分關係)

I.證人有下列情形之一者，得拒絕證言：

一　現為或曾為被告或自訴人之配偶、直系血親、三親等內之旁系血親、二親等內之姻親或家長、家屬者。

二　與被告或自訴人訂有婚約者。

三　現為或曾為被告或自訴人之法定代理人或現由或曾由被告或自訴人為其法定代理人者。

II.對於共同被告或自訴人中一人或數人有前項關係，而就僅關於他共同被告或他共同自訴人之事項為證人者，不得拒絕證言。

㉒為儘量縮小具有拒絕證言權人之範圍，以免妨害司法權之健全運作，而有助於真實之發見，爰檢討現時之人際社會關係，並配合本法第 233 條第 1 項、第 234 條第 4 項、第 427 條第 4 款之規定，修正本條第 1 項第 1 款，以求統一。

▲【32 上 130】刑事訴訟法關於**證人得拒絕證言**之規定，**係指證人於有法定情形時，有拒絕陳述之權利，並非法院得拒絕其陳述之意**，此項證人，如放棄權利不拒絕證言時，法院採其供述為判決基礎，自非違法。

第 181 條　(拒絕證言㈢──身分與利害關係)

證人恐因陳述致自己或與其有前條第一項關係之人受刑事追訴或處罰者，得拒絕證言。

◇**基於不自證己罪之拒絕證言權**：證人若因自己陳述而會自陷於罪，國家此時不應以證人有陳述義務逼迫證人講出對自己不利之事；本條的基本精神與不自證己罪原則息息相關。學說實務上更以避免證人陷入「**三難困境**」來說明拒絕證言權之重要性。證人有作證義務，若無正當理由拒絕證言，可罰新臺幣三萬元(第 193 條)；若證人說實話，則可能會被刑事追訴；若證人說謊話，因具結而會受偽證罪處罰。

第 181 條之 1　(拒絕證言之限制)

被告以外之人於反詰問時，就主詰問所陳述有關被告本人之事項，不得拒絕證言。

㉒一、本條係新增。

二、按為發見真實，並保障被告之反對詰問權，被告以外之人於反詰問(包含覆反詰問)時，就主詰問(包含覆主詰問)所陳述有關被告本人之事項，不得拒絕證言。

第 182 條　(拒絕證言㈣──業務關係)

證人為醫師、藥師、助產士、宗教師、律師、辯護人、公證人、會計師或其業務上佐理人或曾任此等職務之人，就其因業務所知悉有關他人秘密之事項受訊問者，除經本人允許者外，得拒絕證言。

㉒一、現行之藥師法，已將「藥劑師」一語修正為「藥師」，原本條前段「藥劑師」一語爰予配合修正。

二、刪除原條文所定「藥商」二字，限縮有拒絕證言權人之範圍，以利真實之發見。

▲【108 臺上 4094(節錄)】刑事訴訟法第 182 條有關醫師秘匿特權，係就其業務上所知悉或持有他人病情或健康資訊等應秘密之事項，免除其為證人之作證義務，藉以保護病患秘密，避免因洩露而影響醫病信賴關係，或病患就醫權利。上揭所謂「**應秘密之事項**」，參照個人資料保護法施行細則第 4 條第 1、2 項規定，固係指醫療法第 67 條第 2 項所列之各款病歷資料及其他由醫師或其他之醫事人員，以治療、矯正、預防人體疾病、傷害、殘缺為目的，或其他醫學上之正當理由，所為之診察及治療；或基於以上之診察結果，所為處方、用藥、施術或處置所產生之個人資料(下稱醫療個資)，且病患具有不願該醫療個資被公開的期待與利益，始得謂合。欠缺醫療必要性之**整型美容行為**，縱非以醫療為其目的，然既係醫師秉其醫學專業知識與技術，所為具有侵入性之處置行為，為提高醫療品質，保障病人權益，增進國民健康，**仍應視為醫療法上之醫療行為**。醫師因執行整型美容醫療業務，在業務上所知悉或持有他人關於整型美容目的所為之醫療個資，倘病患對之具有不願被公開的期待與利益者，解釋上仍屬本條應秘密之事項，除病患本人允許者外，得拒絕證言。

第 183 條　(拒絕證言原因之釋明)

I.證人拒絕證言者，應將拒絕之原因釋明之。但於第一百八十一條情形，得命具結以代釋明。

II.拒絕證言之許可或駁回，偵查中由檢察官

命令之，審判中由審判長或受命法官裁定之。

㉒配合法院組織法之用語，將「推事」修正為「法官」。

◇**具結**：指證人以文書擔保其所言為真實。有學者主張具結之目的是保障被告的對質詰問權。亦即在預設證人所陳述為真的前提下，讓被告針對該證人之證詞發問並要求回答，以確保證人陳述的真實性。

第 184 條　（證人之分別訊問與對質）

Ⅰ.證人有數人者，應分別訊問之；其未經訊問者，非經許可，不得在場。

Ⅱ.因發見真實之必要，得命證人與他證人或被告對質，亦得依被告之聲請，命與證人對質。

㉒證人有數人者，分別證明不同之事實，尚未訊問之證人在場，於發見真實是否會受影響，宜由審判長裁量，視在場情形決定未經訊問之證人可否在場，以求適用上之彈性，並免訴訟程序發生違法情事，爰於第1項未經訊問者之下增列「非經許可」四字，以切實際，並凸顯出未經訊問之證人不得在場，係為原則。

第 185 條　（證人之人別訊問）

Ⅰ.訊問證人，應先調查其人有無錯誤及與被告或自訴人有無第一百八十條第一項之關係。

Ⅱ.證人與被告或自訴人有第一百八十條第一項之關係者，應告以得拒絕證言。

第 186 條　（具結義務與不得令具結事由）

Ⅰ.證人應命具結。但有下列情形之一者，不得令其具結：

一　未滿十六歲者。

二　因精神障礙，不解具結意義及效果者。

Ⅱ.證人有第一百八十一條之情形者，應告以得拒絕證言。

㉒一、具結之作用，係使證人能在認識偽證處罰的負擔下據實陳述，以發見真實，故原則上證人應負具結之義務，而得免除此項義務者，應以無法理解具結之意義及效果者為限。爰刪除第3款、第4款之規定。

二、又證人為被告或自訴人之受僱人或同居人者，如對個別具體之訊問，有第179條至第182條規定之適用者，自得依法拒絕證言，亦無須自始即免命其具結實陳述義務，爰刪除第5款之規定，以利真實之發見。

三、增訂第2項，若證人有第181條之情形者，應告以得拒絕證言，以兼顧證人之權利。

▲【29上1781】刑事訴訟法第173條第1項第1款（現行法第186條）所謂未滿十六歲之證人不得令其具結，係專就證人之具結能力而言，自應以該**證人於訊問時之年齡**為其應否具結之標準。

▲【30非24】㈠所謂具結，係指依法有具結義務之人，履行其具結之義務而言，**若在法律上不得令其具結之人，而誤命其具結者，即不發生具結之效力。**

▲【63臺上3501】證人年尚未滿八歲，其所為證言乃**無具結能力之人之證言，雖非絕對無證據能力**，然其證言是否可信，審理事實之法院，仍應為其他證據之調查，以為取捨之依據。

第 187 條　（具結程序）

Ⅰ.證人具結前，應告以具結之義務及偽證之處罰。

Ⅱ.對於不令具結之證人，應告以當據實陳述，不得匿、飾、增、減。

第 188 條　（具結時期）

具結，應於訊問前為之。但應否具結有疑義者，得命於訊問後為之。

第 189 條　（結文之作成）

Ⅰ.具結應於結文內記載當據實陳述，決無匿、飾、增、減等語；其於訊問後具結者，結文內應記載係據實陳述，並無匿、飾、增、減等語。

Ⅱ.結文應命證人朗讀；證人不能朗讀者，應命書記官朗讀，於必要時並說明其意義。

Ⅲ.結文應命證人簽名、蓋章或按指印。

Ⅳ.證人係依第一百七十七條第二項以科技設備訊問者，經具結之結文得以電信傳真或其他科技設備傳送予法院或檢察署，再行補送原本。

Ⅴ.第一百七十七條第二項證人訊問及前項結文傳送之辦法，由司法院會同行政院定之。

⑨二一、原條文不修正，列為第1項至第3項。

二、為確保證人之陳述真實無偽，除法律另有規定外，原則上應命證人具結，惟因證人所在與法院存有空間上之距離，傳統具結之方式實不敷運用，為配合現代科技之發展，爰增訂本條第4項，規定經具結之結文得以電信傳真或其他科技設備傳送至法院或檢察署，再行補送原本，以資完備。

三、有關第177條第2項證人訊問及前項結文之傳送涉及偵查及審判業務之進行，爰增訂第5項，規定其辦法應由司法院會同行政院定之。

第 190 條　（訊問證人之方法）

訊問證人，得命其就訊問事項之始末連續陳述。

⑨二一、為調和我國審判中向來命證人連續陳述之訊問習慣與外國詰問實務以提問具體個別問題為主之作法，爰保留由證人為連續陳述之訊問方式。

二、原條文第2項之規定，係為使證人之陳述明確或為判斷真偽，而再為補充訊問。然而，證人之陳述若有不明確或真偽不明之情形，透過交互詰問之過程，已可達辯明之目的，本條第2項已無繼續適用之必要，爰予刪除。

第 191 條　（刪除）

⑨二一、本條刪除。

二、有關本條訊問證人之限制規定，已移列於修正條文第166條之7第2項第1款及第8款，故本條予以刪除。

第 192 條　（訊問證人之準用規定）

第七十四條、第九十八條、第九十九條、第一百條之一第一項、第二項之規定，於證人之訊問準用之。

⑩一、公民與政治權利國際公約及經濟社會文化權利國際公約施行法第2條規定，兩公約所揭示保障人權之規定，具有國內法律之效力。公民與政治權利國際公約第14條第3項第7款規定：「審判被控刑事罪時，被告一律有權平等享受下列最低之保障：七、不得強迫被告自供或認罪。」證人所為陳述，與被告之供述同屬於供述證據，本諸禁止強制取得供述之原則，對證人之訊問，自不得出於強暴、脅迫、利誘、詐欺、疲勞訊問或其他不正方法，爰參考公約精神，修正本條，明定準用第98條之規定。

二、為建立訊問筆錄之公信力，並擔保訊問程序之合法正當，一併修正原條文，明定第100條之1第1項、第2項之規定，於證人訊問時亦準用之。

三、依第196條之1第2項準用原條文之規定，司法警察官或司法警察詢問證人時，除有急迫情形外，亦應全程錄音，必要時並應全程錄影，筆錄所載證人陳述與錄音不符部分，不得作為證據，附此敘明。

第 193 條　（拒絕具結或證言及不實具結之制裁）

I.證人無正當理由拒絕具結或證言者，得處以新臺幣三萬元以下之罰鍰，於第一百八十三條第一項但書情形為不實之具結者，亦同。

II.第一百七十八條第二項及第三項之規定，於前項處分準用之。

⑨二第1項配合第178條之修正，將罰鍰「五十元」修正提高並變更幣別為「新臺幣三萬元」。

第 194 條　（證人請求日費及旅費之權利）

I.證人得請求法定之日費及旅費。但被拘提或無正當理由，拒絕具結或證言者，不在此限。

II.前項請求，應於訊問完畢後十日內，向法院為之。但旅費得請求預行酌給。

第 195 條　（囑託訊問證人）

I.審判長或檢察官得囑託證人所在地之法官或檢察官訊問證人；如證人不在該地者，該法官、檢察官得轉囑託其所在地之法官、檢察官。

II.第一百七十七條第三項之規定，於受託訊問證人時準用之。

III.受託法官或檢察官訊問證人者，與本案繫屬之法院審判長或檢察官有同一之權限。

⑨二一、配合法院組織法之用語，將「推事」修正為「法官」。

二、受託訊問證人之法官或檢察官於證人不能到場或其他必要之情形，非至證人所在地無從訊問時，或使用科技設備訊問時，仍有預先通知當事人、代理人及辯護人到場之日、時、處所之必要，

以確保其在場權，乃增訂第2項準用第177條第3項之規定，使受託訊問程序周延，符合法制之要求。

三、原條文第2項改列第3項。

第196條　（再行傳喚之限制）

證人已由法官合法訊問，且於訊問時予當事人詰問之機會，其陳述明確別無訊問之必要者，不得再行傳喚。

(92)一、配合本次刑事訴訟法增訂第159條之1第2項及第159條之2，爰將原條文中「證人在偵查中或審判中，已經合法訊問」等文字修正為「證人已由法官合法訊問」，以明白揭示證人惟有在法官已經合法訊問之前提下，始得不再行傳喚，以與傳聞法則之理論相符。

二、證人雖已由法官合法訊問，惟為求實體真實之發見、貫徹本法第166條詰問規定之意旨，及保障當事人之反對詰問權，自應賦予當事人詰問之機會，故於上開前提要件中予以增列，以求周延。

第196條之1　（證人之通知及詢問）

I.司法警察官或司法警察因調查犯罪嫌疑人犯罪情形及蒐集證據之必要，得使用通知書通知證人到場詢問。

II.第七十一條之一第二項、第七十三條、第七十四條、第一百七十五條第二項第一款至第三款、第四項、第一百七十七條第一項、第三項、第一百七十九條至第一百八十二條、第一百八十四條、第一百八十五條及第一百九十二條之規定，於前項證人之通知及詢問準用之。

(92)一、本條係新增。

二、修正條文第159條之3既規定被告以外之人於司法警察官或司法警察調查中所為陳述符合一定要件時，得為證據，即已明示司法警察官、司法警察於調查犯罪情形時，得詢問證人。爰將偵查及審判中訊問證人之有關規定，於司法警察官、司法警察可以準用者，一一列明，以為準據。

◇**立法評析**：本條第2項漏未準用第186條第2項之規定，使得司法警察（官）在通知、詢問證人時，沒有法定告知得拒絕證言之義務。實務見解對此看法不一，有認為既然法條未規定，即否定告知義務存在與證據使用禁止；也有判決認為，證人不知有拒絕證言權，在司法警察（官）詢問時作出不利於己的陳述，其後該證人成為被告，基於不自證己罪特權，仍不得作為證據。

第三節　鑑定及通譯

第197條　（鑑定事項之準用規定）

鑑定，除本節有特別規定外，準用前節關於人證之規定。

◇**鑑定**：依實務、學說見解，鑑定是由經選任的鑑定人或囑託鑑定機構，憑藉其特別知識經驗，就特定物（書）證加以鑑（檢）驗；並得就無關親身經歷之待鑑事項，僅依憑其特別知識經驗（包括技術、訓練、教育、能力等專業資格）而陳述或報告其專業意見（107臺上1603）。簡言之，鑑定就是由鑑定人透過專業之方法，針對特定事證作出分析。

▲【40臺上71】鑑定人之鑑定，雖足為證據資料之一種，但鑑定報告顯有疑義時，審理事實之法院，仍應調查其他必要之證據，以資認定，**不得事憑不實不盡之鑑定報告，作為判決之唯一證據**。

第198條　（鑑定人之選任）

鑑定人由審判長、受命法官或檢察官就下列之人選任一人或數人充之：

一　就鑑定事項有特別知識經驗者。

二　經政府機關委任有鑑定職務者。

(92)配合法院組織法之用語，將「推事」修正為「法官」。另「左」列之人選修正為「下」列之人選。

◇**鑑定人**：指以其專業知識輔助法院判斷某特定事證之真偽或其內容的人。

▲【31上2200】核對筆跡，除顯著跡象，凡具字學常識之人，**足以肉眼辨別其真偽異同者外，必須就其內容，依法付與鑑定，始足以資判斷**。

▲【32上2136】指紋之同異，非經指紋學專家精密鑑定，不足以資識別，原審命上訴人當庭所捺之左大指指紋，與被告提出之賣契及收清字據所蓋用之左大指指紋，予以比對，大致固屬相同，但既未選任指紋學專家依法鑑定，則該兩項指紋是否絲毫無異，仍屬無由識別，即難專憑職司審判者之自由比對，可資認定。

第199條　（拘提之禁止）

鑑定人，不得拘提。

第 200 條　（聲請拒卻鑑定人之原因及時期）

I.當事人得依聲請法官迴避之原因，拒卻鑑定人。但不得以鑑定人於該案件曾為證人或鑑定人為拒卻之原因。

II.鑑定人已就鑑定事項為陳述或報告後，不得拒卻。但拒卻之原因發生在後或知悉在後者，不在此限。

⑨²配合法院組織法之用語，將「推事」修正為「法官」。

第 201 條　（拒卻鑑定人之程序）

I.拒卻鑑定人，應將拒卻之原因及前條第二項但書之事實釋明之。

II.拒卻鑑定人之許可或駁回，偵查中由檢察官命令之，審判中由審判長或受命法官裁定之。

⑨²配合法院組織法之用語，將「推事」修正為「法官」。

第 202 條　（鑑定人之具結義務）

鑑定人應於鑑定前具結，其結文內應記載必為公正誠實之鑑定等語。

▲【30 上 506】鑑定人在第一審實施鑑定時，並未依照刑事訴訟法第 189 條（現行法第 202 條）履行具結程序，則無論該鑑定書之內容有無瑕疵，而在程序上欠缺法定條件，即難認為合法之證據資料。

▲【69 臺上 2710】鑑定人應於鑑定前具結，其結文內應記載必為公正誠實之鑑定等語，為刑事訴訟法第 202 條所明定，卷查會計師俞某原審係以證人之身分傳喚其到庭陳述其查帳情形，而所具之結文，亦為證人結文，該會計師提出查帳報告，原審未命履行鑑定人具結程序，其在程序上既欠缺法定條件，即難認為合法之證據資料，原判決竟以該會計師之查帳報告據為被告無罪之判決基礎，自屬於法有違。

第 203 條　（於法院外為鑑定）

I.審判長、受命法官或檢察官於必要時，得使鑑定人於法院外為鑑定。

II.前項情形，得將關於鑑定之物，交付鑑定人。

III.因鑑定被告心神或身體之必要，得預定七日以下之期間，將被告送入醫院或其他適當之處所。

⑨²一、第 1 項配合法院組織法之用語，將「推事」修正為「法官」。

二、避免鑑定留置期間漫無限制，爰參考精神衛生法第 21 條第 3 項之規定，修正本條第 3 項，規定鑑定留置期間以七日為限，以保人權。

第 203 條之 1　（鑑定留置票）

I.前條第三項情形，應用鑑定留置票。但經拘提、逮捕到場，其期間未逾二十四小時者，不在此限。

II.鑑定留置票，應記載下列事項：

一　被告之姓名、性別、年齡、出生地及住所或居所。

二　案由。

三　應鑑定事項。

四　應留置之處所及預定之期間。

五　如不服鑑定留置之救濟方法。

III.第七十一條第三項之規定，於鑑定留置票準用之。

IV.鑑定留置票，由法官簽名。檢察官認有鑑定留置必要時，向法院聲請簽發之。

⑨²一、本條係新增。

二、將被告送入醫院或其他適當之處所鑑定，影響人身自由，應依令狀執行，以保護人權，防止濫用，爰參考本法第 102 條及日本刑事訴訟法第 167 條、日本刑事訴訟規則第 130 條之 2 之立法例，於本條第 1 項前段規定「前條第三項情形，應用鑑定留置票」。另於第 2 項規定留置票所應記載之事項。

三、又案件於偵查中，被告如因拘提或逮捕到場，其期間自拘提及逮捕時起算未逾二十四小時者，依本法第 91 條至第 93 條之規定，檢察官仍有留置被告予以偵訊之權利，故在上開期間內，檢察官認有鑑定被告心神或身體之必要時，應無庸聲請簽發鑑定留置票，爰於本條第 1 項設但書之規定。

四、本法於 86 年 12 月 19 日修正後，檢察官已無羈押之強制處分權，鑑定留置既與羈押處分同對於人身自由加以限制，除第 1 項但書所列情形外，於偵查期間之鑑定留置票，同理亦應由檢察官向法院聲請，而由法官簽名於鑑定留置票上，不再準用第 71 條第 4 項有關檢察官簽發鑑定留置票

之規定，爰參考日本刑事訴訟法第 224 條之規定，增訂本條第 3、4 項。

◇**絕對法官保留原則**：依第 203 條第 3 項有必要鑑定被告之心神或身體，將被告送入醫院或其他適當處所，最多不超過七日。此一干預被告人身自由之強制處分依本條之規定必須由法官簽發鑑定留置票，檢察官僅為聲請者，並無核發之權限。

第 203 條之 2 　（鑑定留置之執行）

I.執行鑑定留置，由司法警察將被告送入留置處所，該處所管理人員查驗人別無誤後，應於鑑定留置票附記送入之年、月、日、時並簽名。

II.第八十九條、第九十條之規定，於執行鑑定留置準用之。

III.執行鑑定留置時，鑑定留置票應分別送交檢察官、鑑定人、辯護人、被告及其指定之親友。

IV.因執行鑑定留置有必要時，法院或檢察官得依職權或依留置處所管理人員之聲請，命司法警察看守被告。

⑨²一、本條係新增。

二、鑑定留置既須簽發鑑定留置票，則應由何人執行，自應予以明定，又鑑定留置之日數，依修正條文第 203 條之 4 規定，既視為羈押之日數，則為求明確，以利折抵日數之計算，爰參考本法第 103 條第 1 項之立法例，增訂本條第 1 項，以資適用。

三、司法警察執行鑑定留置時，應注意被告之身體及名譽，免受不必要之損害，斯為當然之理；再者被告若拒抗司法警察鑑定留置之執行，為落實鑑定之目的，司法警察自得使用強制力為之，但應以必要之程度為限。爰增訂本法第 89 條、第 90 條之規定，於執行鑑定留置準用之規定。

四、由於鑑定留置影響人身自由，因此，於將被告送鑑定時，自應將鑑定留置票送交檢察官、鑑定人、辯護人、被告及其指定之親友，使其等明瞭被告之下落及受如何之處置，爰參考本法第 103 條第 2 項之規定，增訂本條第 3 項。

五、為防止被告於鑑定留置時逃逸或有其他安全上之顧慮，爰參考日本刑事訴訟法第 167 條第 3 項之立法例，規定於必要時，法院或檢察官得依職權或依聲請，命令司法警察看守鑑定留置中之被告，以符實際需要。

第 203 條之 3 　（鑑定留置之預定期間及處所）

I.鑑定留置之預定期間，法院得於審判中依職權或偵查中依檢察官之聲請裁定縮短或延長之。但延長之期間不得逾二月。

II.鑑定留置之處所，因安全或其他正當事由之必要，法院得於審判中依職權或偵查中依檢察官之聲請裁定變更之。

III.法院為前二項裁定，應通知檢察官、鑑定人、辯護人、被告及其指定之親友。

⑨²一、本條係新增。

二、鑑定留置期間，乃為達鑑定目的而必要之時間，因鑑定事項之內容、檢查之方法、種類及難易程度等而有所不同，審判長、受命法官及檢察官初始所預定之時間，與實際所需之時間未必全然一致，為求彈性處理，因此，審判中由法院依職權；偵查中由檢察官向法院聲請而裁定縮短或延長之，自有必要，爰參考日本刑事訴訟法第 167 條第 4 項之立法例，增訂本條第 1 項，以資適用。惟為保障人權，避免延長期間過長，乃設但書，規定延長期間不得逾二月。

三、鑑定留置之執行，非全然或全程派有司法警察看守，若發生安全上之顧慮，或有其他正當事由之必要，自應許由法院斟酌之情形，裁定變更鑑定留置處所，較為妥適，爰參考本法第 103 條之 1 第 1 項有關羈押處所變更之規定，增訂本條第 2 項。

四、鑑定留置之預定時間及處所均為鑑定留置票之應記載事項，若經法院裁定變更，自應再行通知檢察官、鑑定人、辯護人、被告及其指定之親友，以保障鑑定留置人之權利，爰參考本法第 103 條之 1 第 2 項規定，增訂本條第 3 項。

第 203 條之 4 　（鑑定留置日數視為羈押日數）

對被告執行第二百零三條第三項之鑑定者，其鑑定留置期間之日數，視為羈押之日數。

⑨²一、本條係新增。

二、鑑定留置影響人身自由，與羈押同為對被告之一種強制處分，因而對被告執行鑑定留置者，其留置期間之日數自應視為羈押之日數，俾被告於執行時得折抵刑期。爰參考日本刑事訴訟法第

167 條第 6 項之立法例增訂本條，以資適用。

第 204 條　（鑑定之必要處分㈠）

I.鑑定人因鑑定之必要，得經審判長、受命法官或檢察官之許可，檢查身體、解剖屍體、毀壞物體或進入有人住居或看守之住宅或其他處所。

II.第一百二十七條、第一百四十六條至第一百四十九條、第二百十五條、第二百十六條第一項及第二百十七條之規定，於前項情形準用之。

㉒一、配合法院組織法之用語，將「推事」修正為「法官」。

二、鑑定人因鑑定之必要，有時須進入有人住居或看守之住宅或其他處所為鑑定，為使鑑定人為前開行為時，有法律上之依據，爰增訂經審判長、受命法官或檢察官之許可後得進入該等處所為鑑定之規定。

三、鑑定人既得進入有人住居或看守之住宅或其他處所，爰增訂準用第 127 條、第 146 條至第 149 條之規定，以保障軍事處所之秘密及人民之居住安寧。

四、又被告以外之人並非案件當事人，欲對其為檢查身體之鑑定，自應以有相當理由可認為於調查犯罪情形時有必要者為限，俾避免侵害人權。此外，若係檢查婦女身體，亦應命醫師或婦女行之，以保障人權。爰增訂準用第 215 條之規定。

◇檢查身體：指檢查人身體的物理性質、狀態等，例如：灌腸、催吐以取出吞入胃內之毒品；抽血檢測血酒精濃度；觀察被告身體表面之傷口等。學說上有主張應該區別「身體檢查」處分與「搜索身體」處分。後者是以受搜索人的身體表面（或自然開口，如：口腔、耳道等）以及隨身攜帶（如：衣服內袋等）為範圍，尋找證據、物件之強制處分。

第 204 條之 1　（許可書）

I.前條第一項之許可，應用許可書。但於審判長、受命法官或檢察官前為之者，不在此限。

II.許可書，應記載下列事項：
一　案由。
二　應檢查之身體、解剖之屍體、毀壞之物體或進入有人住居或看守之住宅或其他處所。

三　應鑑定事項。
四　鑑定人之姓名。
五　執行之期間。

III.許可書，於偵查中由檢察官簽名，審判中由審判長或受命法官簽名。

IV.檢查身體，得於第一項許可書內附加認為適當之條件。

㉒一、本條係新增。

二、鑑定人因鑑定之必要，依前條規定，得經審判長、受命法官或檢察官之許可，檢查身體、解剖屍體、毀壞物體或進入有人住居或看守之住宅或其他處所，因此，為求適用上之明確，實有設計許可書制度之必要，本刑事訴訟法第 168 條第 1 項、第 2 項之立法例，增訂本條第 1 項至第 3 項。

三、檢查身體之方式，宜視情形於許可書內附加認為適當之條件，俾防止鑑定人有過度之處置，爰參考日本刑事訴訟法第 168 條第 3 項、日本刑事訴訟規則第 133 條第 2 項之規定，增訂本條第 4 項。

第 204 條之 2　（許可書及身分證件之出示）

I.鑑定人為第二百零四條第一項之處分時，應出示前條第一項之許可書及可證明其身分之文件。

II.許可書於執行期間屆滿後不得執行，應即將許可書交還。

㉒一、本條係新增。

二、鑑定人員不同於法官、檢察官或司法警察人員，故鑑定人為第 204 條第 1 項之處分時，依前條修正條文第 1 項之規定既須用許可書，自應出示許可書及證明其身分之文件，以免誤會。爰參考日本刑事訴訟法第 168 條第 4 項之規定，增訂本條第 1 項。

三、許可書依前條第 2 項規定，既記載執行期間，則鑑定應在有效期間內開始執行，一旦執行期間屆滿，無論是否已完成鑑定，均不得繼續執行，以免發生弊端，爰參考日本刑事訴訟規則第 133 條第 1 項之規定，增訂本條第 2 項。

第 204 條之 3　（無正當理由拒絕鑑定必要處分之處罰）

I.被告以外之人無正當理由拒絕第二百零

刑事訴訟法　第一編　總　則　（第二〇五～二〇六之一條）

四條第一項之檢查身體處分者，得處以新臺幣三萬元以下之罰鍰，並準用第一百七十八條第二項及第三項之規定。

II無正當理由拒絕第二百零四條第一項之處分者，審判長、受命法官或檢察官得率同鑑定人實施之，並準用關於勘驗之規定。

92一、本條係新增。

二、按司法權之健全運作，須賴人民之配合，爰參考日本刑事訴訟法第137條之規定，對被告以外之人，增訂本條第1項無正當理由拒絕檢查身體者，得科以罰鍰，並準用178條第2項及第3項之規定，使其得對裁定提起抗告，俾有救濟之機會。

三、對於鑑定人之鑑定處分無正當理由拒絕者，允宜賦予一定之強制力，俾使國家之司法權得以適當行使，而實現正義，爰予明定審判長、受命法官或檢察官得率同鑑定人實施之，並準用關於勘驗之規定，以達成執行鑑定之目的，並利認定事實資料之取得。

第205條 　（鑑定之必要處分(二)）

I鑑定人因鑑定之必要，得經審判長、受命法官或檢察官之許可，檢閱卷宗及證物，並得請求蒐集或調取之。

II鑑定人得請求訊問被告、自訴人或證人，並許其在場及直接發問。

92配合法院組織法之用語，將「推事」修正為「法官」。

第205條之1 　（鑑定之必要處分(三)）

I鑑定人因鑑定之必要，得經審判長、受命法官或檢察官之許可，採取分泌物、排泄物、血液、毛髮或其他出自或附著身體之物，並得採取指紋、腳印、聲調、筆跡、照相或其他相類之行為。

II前項處分，應於第二百零四條之一第二項許可書中載明。

92一、本條係新增。

二、依目前各種科學鑑定之實際需要，鑑定人實施鑑定時，往往有必要採取被鑑定人之分泌物、排泄物、血液、毛髮或其他出自或附著身體之物，或採取指紋、腳印、聲調、筆跡、照相或為其他相類之行為，為應實務之需要，兼顧人權之保障，

爰參考德國刑事訴訟法第81條a第1項之立法例，於本條第1項明定鑑定人得經審判長、受命法官或檢察官之許可而為之，以資適用。

三、鑑定人實施鑑定時，所為本條第1項之行為，屬審判長、受命法官或檢察官之處分，故明定應於修正條文第204條之1第2項許可書中載明，以求明確，並免爭議。

第205條之2 　（調查犯罪及蒐集證據之必要處分）

檢察事務官、司法警察官或司法警察因調查犯罪情形及蒐集證據之必要，對於經拘提或逮捕到案之犯罪嫌疑人或被告，得違反犯罪嫌疑人或被告之意思，採取其指紋、掌紋、腳印，予以照相、測量身高或類似之行為；有相當理由認為採取毛髮、唾液、尿液、聲調或吐氣得作為犯罪之證據時，並得採取之。

92一、本條係新增。

二、檢察事務官、司法警察(官)、依法有調查犯罪嫌疑人犯罪情形及蒐集證據之權限，則其等於有必要或有相當理由時，對於經拘提或逮捕到案之犯罪嫌疑人或被告，得否違反犯罪嫌疑人或被告之意思，予以照相、測量身高或類似之行為，並採取其指紋、掌紋、腳印、毛髮、唾液、尿液、聲調或吐氣？事關偵查程序之順利進行與否，及能否有效取得認定事實之證據，爰增訂本條，以為執法之規範。

第206條 　（鑑定報告）

I鑑定之經過及其結果，應命鑑定人以言詞或書面報告。

II鑑定人有數人時，得使其共同報告之。但意見不同者，應使其各別報告。

III以書面報告者，於必要時得使其以言詞說明。

第206條之1 　（鑑定之必要處分(四)）

I.行鑑定時，如有必要，法院或檢察官得通知當事人、代理人或辯護人到場。

II第一百六十八條之一第二項之規定，於前項情形準用之。

92一、本條係新增。

二、為期發見真實，當事人在場之機會允宜適度

設計予以保障，且衡諸實際，於法院或檢察官命行鑑定時，鑑定結果可能於事實之認定生重大影響，斯時，如能賦予當事人、代理人或辯護人到場之機會，當能藉著鑑定程序之透明化及意見之適時、適切表達，減少不必要之疑慮或澄清相關爭點。惟進行鑑定時，因經常需要較長之時間，並涉及特殊之鑑定技術及方法，宜由法官、檢察官斟酌個案之具體情狀，於必要時，通知當事人、代理人或辯護人到場，爰參考日本刑事訴訟法第170條前段之立法例，增訂本條第1項。

三、為保障當事人在場之機會權，鑑定之日、時及處所，應預行通知之，以方便當事人、代理人或辯護人到場。惟當事人、代理人或辯護人基於己身原因考量，自願放棄其在場之機會，而預先表明不願到場者，法院得不再預行通知，以免浪費有限之司法資源。爰參考日本刑事訴訟法第170條後段之立法例，增訂本條第2項。

第207條　（鑑定人之增加或變更）

鑑定有不完備者，得命增加人數或命他人繼續或另行鑑定。

第208條　（機關鑑定）

I.法院或檢察官得囑託醫院、學校或其他相當之機關、團體為鑑定，或審查他人之鑑定，並準用第二百零三條至第二百零六條之一之規定；其須以言詞報告或說明時，得命實施鑑定或審查之人為之。

II.第一百六十三條第一項、第一百六十六條至第一百六十七條之七、第二百零二條之規定，於前項由實施鑑定或審查之人為言詞報告或說明之情形準用之。

(92)一、本法除選任自然人充當鑑定人外，另設有機關鑑定制度，即法院或檢察官得囑託醫院、學校或其他相當之機關為鑑定，或審查他人之鑑定，其鑑定程序並準用第203條至第206條之規定。另於實務之運作，亦有囑託法人或非法人之團體為鑑定之情形，例如囑託職業公會為鑑定。有鑑於目前受囑託從事鑑定之機關或團體，常有採行合議制之情形，為探求真實及究明鑑定經過，法院或檢察官應得命實際實施鑑定或審查之人到場報告或說明。再者，修正條文第206條之1之規定於囑託機關或團體為鑑定或審查他人鑑定時，亦有準用之必要，爰將原本條第1項及第2項規定之文字予以修正，並增列所應準用之規定後，同列為第1項，以資規範。

二、前項實際實施鑑定或審查之人以言詞報告或說明其鑑定經過或結果時，其身分與鑑定人相當，應有具結之義務，且當事人、代理人、辯護人或輔佐人亦得詢問或詰問之，以助於真實之發見，爰就所應準用之規定於第2項予以列明。

◇**機關鑑定之具結例外**：本條第1項並未準用至第202條鑑定人應具結之規定，故於機關鑑定時，毋庸具結。除非有同條第2項由實施鑑定或審查之人言詞報告或說明的情形，始有準用第202條具結之規定。

▲【75臺上5555】**囑託機關鑑定，並無必須命實際為鑑定之人為具結之明文，此觀同法第208條第2項，已將該法第202條之規定排除，未在準用之列，不難明瞭**。原審綜合卷內相關證據為判斷，縱未命該醫院實際為鑑定之人簽名蓋章及具結，仍不得任意指為採證違背法則。（註：應注意刑事訴訟法第208條已修正。）

第209條　（鑑定人之費用請求權）

鑑定人於法定之日費、旅費外，得向法院請求相當之報酬及預行酌給或償還因鑑定所支出之費用。

(92)鑑定人為鑑定時，往往必須墊付因鑑定所支出之費用，若遇費用過大時，有時不願墊付而藉詞無法鑑定，造成刑事案件處理上之困擾，爰增訂得預行酌給，俾鑑定人得向法院請求，以應實務需要。

第210條　（鑑定證人）

訊問依特別知識得知已往事實之人者，適用關於人證之規定。

◇**鑑定證人**：鑑定證人同時具備鑑定人與證人的身分。前者必須具備特別專門知識，後者必須親身經歷過去之事實。鑑定證人是以特別專門知識分析「自己」透過感官知覺經歷的過去事實。最高法院認為鑑定證人因為「見聞經過之事實，且具有不可替代性，自不失為證人，應適用關於人證之規定。」（107臺上1603）

▲【102臺上4893】所謂**鑑定證人**則係指**依特別專門知識而得知已往事實之人**，亦即**陳述唯有具備專門知識始能察覺或得知之過往事實之人**，例如曾為病患診治之醫生，就其診治過程依其專業

知識得知之過去事實為陳述者即屬之，其陳述因同時涉及其對特定過去事實之見聞，故無可替代性，依刑事訴訟法第 210 條即應適用證人之程序。

▲【105 臺上 1948】證人係依法院或有權機關之命，對於自己憑據感官知覺之親身體驗，客觀陳述所見聞過往事實之第三人，因所觀察之事實皆為過往，並無可代替性，與鑑定人係由法院或檢察官之選任，憑藉其特別知識經驗，就現在事實陳述其判斷之意見，具有代替性者有別。而刑事訴訟法第 210 條規定之鑑定證人，乃法院或檢察官所指定，就特別知識，得知已往事實，陳述其所知之第三人。鑑定證人，雖具證人與鑑定人二種身分，然所陳述者，既係以往見聞經過之事實，且具有不可替代性，自不失為證人，適用關於人證之規定；惟如所陳述者或併在使依特別知識，就所觀察之現在事實報告其判斷之意見，仍為鑑定人。於此，應分別情形命其證人結，或加具鑑定人結。其人究屬證人或鑑定人，自應分辨明白，依法命具結，若有違反或不符法定程式，其證言或鑑定意見即屬欠缺法定程式，而難認係合法之證據資料。

第 211 條　（通譯準用本節規定）

本節之規定，於通譯準用之。

第四節　勘　驗

第 212 條　（勘驗之機關及原因）

法院或檢察官因調查證據及犯罪情形，得實施勘驗。

◇勘驗：指法院或檢察官為了調查證據，以身體五官感知，檢查人事物之狀態、內容。

▲【30 上 830】檢驗屍體，原屬於調查證據方法之一種，該項屍體應否實施檢驗，審理事實之法院原有審酌案內一切情形自由裁量之權，如果被害事實未臻明確，或因當事人之爭執情形認為死亡原因不無疑問，則為求裁判上之心證資料，檢驗屍體固為調查證據之必要處分，假使被害事實已有相當證據足資認定，或就各方供證考察被害人之死亡原因並無何種疑竇，經審理事實之法院認為別無調查之必要，不予檢驗，即本其他證據調查之結果以為判決基礎，自不得指為違法。

▲【38 臺上 48】調查證據、應否實施勘驗、勘驗應否解剖屍體，法院本有審酌情形自由決定之權，

其以當事人之聲請為不必要者，亦得以裁定駁回之，此觀於刑事訴訟法第 154 條、第 155 條第 4 款、第 279 條（現行法第 212 條、第 213 條、第 172 條）等規定甚明，原審以無再行解剖屍體之必要，不予實施，自非不合，對於上訴人之聲請，雖未以裁定駁回，但判決書內已說明無庸依其聲請解剖覆驗之理由，縱無以裁定駁回之形式，亦要與上開第 279 條之意義無違。

▲【97 臺上 5061】勘驗，係指實施勘驗人透過一般人之威官知覺，以視覺、聽覺、嗅覺、味覺或觸覺親自體驗勘驗標的，就其體察結果所得之認知，成為證據資料，藉以作為待證事實判斷基礎之證據方法。關於此種證據方法，刑事訴訟法僅於第 212 條規定，賦予法官或檢察官有此實施勘驗權限、及第 42 條規定，勘驗應製作筆錄，記載實施之年、月、日及時間、處所並其他必要之事項，並得製作圖畫或照片附於筆錄，但筆錄應令依刑事訴訟法命其在場之人簽名、蓋章或按指印。倘係法官或檢察官實施之勘驗，且依法製成勘驗筆錄者，該勘驗筆錄本身即取得證據能力，不因勘驗筆錄非本次審判庭所製作而有異致。除非勘驗標的不能以一般人感官知覺體驗其情者，須委由具有專業領域上專業智識、經驗或技術之人或機關鑑定外，事實審法院直接援用下級審、其他法院或檢察官實施勘驗所製作之筆錄作為判斷依據，均不得指其證據能力有瑕疵。

第 213 條　（勘驗之處分）

勘驗，得為左列處分：

一 履勘犯罪場所或其他與案情有關係之處所。

二 檢查身體。

三 檢驗屍體。

四 解剖屍體。

五 檢查與案情有關係之物件。

六 其他必要之處分。

第 214 條　（勘驗時之到場人）

I.行勘驗時，得命證人、鑑定人到場。

II.檢察官實施勘驗，如有必要，得通知當事人、代理人或辯護人到場。

III.前項勘驗之日、時及處所，應預行通知之。但事先陳明不願到場或有急迫情形者，不在此限。

⑨二、一、原條文移列為第 1 項。

二、行勘驗時有關當事人、代理人、辯護人在場機會之保護，審判中依第 219 條準用搜索之規定，當事人、辯護人得以在場；惟偵查中檢察官實施勘驗，當事人、代理人或辯護人之在場機會應如何保障？則法無明文，允宜增訂，俾利適用。但斟酌檢察官調查犯罪事實之實際需要，若無論任何情形均准當事人、代理人或辯護人在場，也許有妨害真實發見之可能，因此如何而為適當，自宜賦予檢察官裁量之權，爰參考日本刑事訴訟法第 142 條、第 113 條之立法例，增訂本條第 2 項。

三、為保障當事人之在場機會，檢察官實施勘驗之日、時及處所，應預行通知之，以方便當事人、代理人或辯護人到場。惟當事人、代理人或辯護人基於己身原因考量，自願放棄其在場權，而預先表明不願到場者，或檢察官因案情調查之程度認有勘驗之必要而情況急迫者，得不預行通知，以免浪費有限之司法資源或妨害偵查。爰參考本法第 150 條之體例，增訂本條第 3 項。

第 215 條　（檢查身體處分之限制）

I.檢查身體，如係對於被告以外之人，以有相當理由可認為於調查犯罪情形有必要者為限，始得為之。

II.行前項檢查，得傳喚其人到場或指定之其他處所，並準用第七十二條、第七十三條、第一百七十五條及第一百七十八條之規定。

III.檢查婦女身體，應命醫師或婦女行之。

⑨二、一、勘驗乃為調查證據及犯罪情形所實施之處分，係調查證據程序之一種，與證人或鑑定人之證據方法有別。法院或檢察官檢查被告之身體，固得傳喚被告；如被告無正當理由不到場者，得拘提之（參照本法第 71 條、第 75 條），惟法院或檢察官欲檢查被告以外之人之身體時，可否傳喚或拘提，並無明文規定，實務上，由於傳喚證人之原因並無限制，故經常以傳喚證人之變通方式傳喚被告以外之人到場予以檢查其身體，惟就理論上言，有關檢查身體之處分與調查人證之性質究不相同，自以另作規定較妥。又被告以外之人應受身體檢查，經合法傳喚，無正當理由，而未到庭者，是否得科處罰鍰或拘提？法亦無明文，適用上容有疑義，為發見真實，使司法權順利運作，爰參考日本刑事訴訟法第 132 條、第 133 條、

第 135 條、第 136 條之立法例，增訂第 2 項，規定準用本法第 72 條、第 73 條、第 175 條及第 178 條，以資明確。

二、原條文第 2 項移列為第 3 項。

第 216 條　（檢驗或解剖屍體處分㈠）

I.檢驗或解剖屍體，應先查明屍體有無錯誤。

II.檢驗屍體，應命醫師或檢驗員行之。

III.解剖屍體，應命醫師行之。

第 217 條　（檢驗或解剖屍體處分㈡）

I.因檢驗或解剖屍體，得將該屍體或其一部暫行留存，並得開棺及發掘墳墓。

II.檢驗或解剖屍體及開棺發掘墳墓，應通知死者之配偶或其他同居或較近之親屬，許其在場。

第 218 條　（相驗）

I.遇有非病死或可疑為非病死者，該管檢察官應速相驗。

II.前項相驗，檢察官得命檢察事務官會同法醫師、醫師或檢驗員行之。但檢察官認顯無犯罪嫌疑者，得調度司法警察官會同法醫師、醫師或檢驗員行之。

III.依前項規定相驗完畢後，應即將相關之卷證陳報檢察官。檢察官如發現有犯罪嫌疑時，應繼續為必要之勘驗及調查。

⑨一、一、因法院組織法已增設檢察事務官，用以協助檢察官偵查犯罪，而相驗既為偵查之開端，檢察官亦得指揮檢察事務官行之，爰增訂第 2 項前段；又檢察官對於死因明確，顯無犯罪嫌疑之案件或重大災難事故所引起之死亡案件，均如一要逐案事必躬親，將使檢察官人力無法為適當之分配及運用，增訂第 2 項後段。

二、檢察事務官或司法警察官依檢察官之命令或調度實施相驗，相驗完畢後，應即將相關之卷證陳報檢察官審核，以收監督效能，檢察官如發現有犯罪嫌疑時，應繼續為必要之勘驗及調查，爰增訂第 3 項。

◇相驗：指對於非病死或可疑為非病死者之屍體，為研判其是否因犯罪行為肇致死亡，而由檢察官或其所指派之檢察事務官、司法警察官所實施之查驗處分。相驗以檢視為主，進行初步查驗，

如需解剖，則屬勘驗的範圍。

第 219 條　（準用搜索之程序）

第一百二十七條、第一百三十二條、第一百四十六條至第一百五十一條及第一百五十三條之規定，於勘驗準用之。

⑫檢查身體，得否用強制力？本法總則編第十二章第四節「勘驗」，並無特別規定，又係準用第 132 條之規定，適用時不無疑義，允宜斟酌實務上之需要，參考日本刑事訴訟法第 139 條之立法例，修正增加有關強制勘驗準用之規定。

▲【94 臺上 4929】參見本法第 150 條。

第五節　證據保全

⑫一、本節係新增。

二、所謂「證據保全」，係指預定提出供調查之證據有湮滅、偽造、變造、藏匿或礙難使用之虞時，基於發見真實與保障被告防禦及答辯權之目的，按訴訟程序進行之階段，由告訴人、犯罪嫌疑人、被告或辯護人向檢察官，或由當事人、辯護人向法院提出聲請，使檢察官或法院為一定之保全處分。此為防止證據滅失或發生礙難使用情形之預防措施，與調查證據之概念有別。日本刑事訴訟法第一編第十四章設有保全證據之專章。德國刑事訴訟法第 165 條、第 166 條第 1 項、第 167 條亦有關於證據保全之規定。爰參考我國民事訴訟法第二編第一章第三節第六目及日本刑事訴訟法之立法體例，於本法證據章內增定第五節「證據保全」，以資適用。

第 219 條之 1　（聲請保全證據）

I. 告訴人、犯罪嫌疑人、被告或辯護人於證據有湮滅、偽造、變造、隱匿或礙難使用之虞時，偵查中得聲請檢察官為搜索、扣押、鑑定、勘驗、訊問證人或其他必要之保全處分。

II. 檢察官受理前項聲請，除認其為不合法或無理由予以駁回者外，應於五日內為保全處分。

III. 檢察官駁回前項聲請或未於前項期間內為保全處分者，聲請人得逕向該管法院聲請保全證據。

⑫一、本條係新增。

二、依現行刑事訴訟法之規定，檢察官為偵查之

主體，並負有偵查及追訴犯罪之義務，為發見真實及保障告訴人、犯罪嫌疑人或被告之權益，於證據有湮滅、偽造、變造、隱匿或礙難使用之虞時，告訴人、犯罪嫌疑人、被告或辯護人於偵查中應得直接請求檢察官實施搜索、扣押、勘驗、鑑定、訊問證人或其他必要之保全處分，爰於本條第 1 項規定之。

三、因證據保全均有一定時效或急迫性，檢察官受理聲請後，除認聲請為不合法或無理由予以駁回者外，應於五日內為保全之處分，爰於本條第 2 項予以規定。

四、為確保告訴人、犯罪嫌疑人及被告之訴訟權益，檢察官受理證據保全之聲請後逾法定期間未為保全處分或駁回聲請時，聲請人得直接向該管法院聲請保全證據，以尋求救濟，爰於本條第 3 項規定之。

◇**證據保全**：本節之目的在確保證據不會遭湮滅、偽變造、隱匿或礙難使用等，有害訴訟程序中之證明。起訴前，由告訴人、被告（含犯罪嫌疑人）、辯護人依法定程式提出聲請狀，由檢察官決定是否保全之。起訴後，由被告或辯護人聲請法院保全證據。

第 219 條之 2　（聲請保全證據之裁定）

I. 法院對於前條第三項之聲請，於裁定前應徵詢檢察官之意見，認為不合法律上之程式或法律上不應准許或無理由者，應以裁定駁回之。但其不合法律上之程式可以補正者，應定期間先命補正。

II. 法院認為聲請有理由者，應為准許保全證據之裁定。

III. 前二項裁定，不得抗告。

⑫一、本條係新增。

二、法院受理前條第 3 項之聲請，應審核其是否符合法定程式及要件。又因檢察官對於犯罪證據之蒐集及偵查之進展均知之甚詳，且負有對被告有利證據應一併注意之客觀義務，法院判斷告訴人、被告、犯罪嫌疑人或辯護人聲請保全證據是否合法及有無理由之前，自應斟酌檢察官之意見，如不合法律上之程式而可以補正者，則應定期先命補正，爰於本條第 1 項規定之。

三、對於前項聲請，法院如認為不合法或無理由時，固應以裁定駁回之，而法院認為聲請有理由者，為使聲請人及檢察官知悉准許之意旨，亦應

為准許保全證據之裁定，爰於第 2 項規定之。而為掌握時效，並使證據保全之法律效果儘速確定，就法院對於證據保全聲請所為之裁定，無論准駁，均不許提出抗告，爰於第 3 項予以規定。

第 219 條之 3 　（偵查中之聲請保全證據）

第二百十九條之一之保全證據聲請，應向偵查中之該管檢察官為之。但案件尚未移送或報告檢察官者，應向調查之司法警察官或司法警察所屬機關所在地之地方法院檢察署檢察官聲請。

⑨一、本條係新增。

二、偵查程序之證據保全，往往具有緊急性，為求權責統一，並避免延誤，案件業經移送或報告檢察官偵辦者，告訴人、被告或辯護人向該管檢察官提出證據保全之聲請，應較為妥適。但案件仍在司法警察官或司法警察調查中，未移送或報告檢察官偵辦者，則應向該司法警察官或司法警察所屬警察機關所在地之地方法院檢察署檢察官聲請之，爰增訂本條，以為管轄之準據。

第 219 條之 4 　（審判期日前之聲請保全證據及裁定）

I 案件於第一審法院審判中，被告或辯護人認為證據有保全之必要者，得在第一次審判期日前，聲請法院或受命法官為保全證據處分。遇有急迫情形時，亦得向受訊問人住居地或證物所在地之地方法院聲請之。

II 檢察官或自訴人於起訴後，第一次審判期日前，認有保全證據之必要者，亦同。

III 第二百七十九條第二項之規定，於受命法官為保全證據處分之情形準用之。

IV 法院認為保全證據之聲請不合法律上之程式或法律上不應准許或無理由者，應即以裁定駁回之。但其不合法律上之程式可以補正者，應定期間先命補正。

V 法院或受命法官認為聲請有理由者，應為准許保全證據之裁定。

VI 前二項裁定，不得抗告。

⑨一、本條係新增。

二、案件於第一審之第一次審判期日前，基於發見真實與保障被告防禦及答辯權，亦應賦予被告或辯護人向該管法院聲請保全證據之權利，至於第一次審判期日後，仍有保全證據之必要者，則於審判期日聲請法院調查證據已足。若遇有急迫情形時，則許被告或辯護人得逕向受訊問人住居地或證物所在地之地方法院聲請之，爰參考我國民事訴訟法第 369 條第 2 項及日本刑事訴訟法第 179 條第 1 項之規定，增訂本條第 1 項，以資適用。

三、檢察官、自訴人於審判程序同為當事人，檢察官於起訴後，就本案無逕行決定實施強制處分之權力，自訴人亦同，於有保全證據之必要時，於第一次審判期日前，自應容許其等向法院聲請之，爰於第 2 項予以規定。

四、審判期日前之證據保全固為防止證據滅失或發生難以使用情形之緊急措施，惟其仍具有於準備程序蒐集證據之性質。為助於審判之進行，且因應實際需要，爰參考日本刑事訴訟法第 179 條第 2 項規定，於本條第 3 項明定第 279 條第 2 項之規定，於受命法官為保全證據處分之情形準用之。

五、法院受理保全證據之聲請，認為聲請不合法律上程式或法律上不應准許或無理由者，應即裁定駁回之。但其不合法律上之程式可以補正者，應定期間先命補正，爰於第 4 項規定之。

六、法院或受命法官認為保全證據之聲請有理由時，應以裁定准許之，爰於第 5 項予以規定。

七、法院對於證據保全聲請所為之裁定，其性質上屬訴訟程序之裁定，為求相關法律效果儘速確定，故不許提出抗告，爰於本條第 6 項定之。

第 219 條之 5 　（聲請保全證據書狀）

I 聲請保全證據，應以書狀為之。

II 聲請保全證據書狀，應記載下列事項：

一　案情概要。

二　應保全之證據及保全方法。

三　依該證據應證之事實。

四　應保全證據之理由。

III 前項第四款之理由，應釋明之。

⑨一、本條係新增。

二、因證據有滅失或礙難使用之虞時，始有聲請檢察官或法院實施保全之必要。為慎重其程序，且使檢察官或法院明悉案情及應保全證據之內容與方式，聲請保全證據應以書狀為之，書狀除應記載：案情概要、應保全證據及其保全之方法、

依該證據應證之事實、應保全之理由等事項外，就聲請保全證據之理由亦應提出釋明。爰參考我國民事訴訟法第370條及日本刑事訴訟規則第138條之規定，於本條明定聲請保全證據之程式。

第219條之6 （實施保全證據時之在場人）

I.告訴人、犯罪嫌疑人、被告、辯護人或代理人於偵查中，除有妨害證據保全之虞者外，對於其聲請保全之證據，得於實施保全證據時在場。

II.保全證據之日、時及處所，應通知前項得在場之人。但有急迫情形致不能及時通知，或犯罪嫌疑人、被告受拘禁中者，不在此限。

(92)一、本條係新增。

二、告訴人、犯罪嫌疑人、被告或辯護人於偵查中，得聲請檢察官或法院保全證據，屬新創之規定，故犯罪嫌疑人等得否在場，宜有明確規範。為因應實際之需要，便於進行保全證據，爰參考本法第150條、第219條、第248條等規定，於本條第1項明定告訴人、犯罪嫌疑人、被告、辯護人或代理人於偵查中，除有妨害證據保全之虞者外，對於其聲請保全之證據，得於實施保全證據時在場。

三、實施保全證據之日、時及處所，應預先通知前項得在場之人，以確保其等在場之權利，此為基本原則，爰於第2項前段規定之。惟有時保全證據有其急迫性，亦應考慮未及通知亦須立即實施之情形，爰於第2項設但書之規定，以資兼顧。

第219條之7 （保全證據之保管機關）

I.保全之證據於偵查中，由該管檢察官保管。但案件在司法警察官或司法警察調查中，經法院為准許保全證據之裁定者，由該司法警察官或司法警察所屬機關所在地之地方法院檢察署檢察官保管之。

II.審判中保全之證據，由命保全之法院保管。但案件繫屬他法院者，應送交該法院。

(92)一、本條係新增。

二、偵查中之案件因尚未繫屬於法院，且檢察官有蒐集及調查相關證據之權責，故不論在司法警察（官）先行調查階段或已由檢察官指揮偵查者，檢察官因實施保全處分所得之證據資料，均應由該檢察官保管之。而案件經司法警察機關移送、報告，或移轉管轄予他檢察官偵辦後，前開證據資料即應移交予承辦檢察官，此亦為當然之理，無待明文規定。至於案件於檢察官偵查中，由法院裁定命為保全者，亦應由法院送交該管檢察官保管。但案件若於司法警察官或司法警察調查中，經法院裁定准許保全證據者，因尚無本案之承辦檢察官，法院實施保全所得之證據資料，應送交該司法警察官或司法警察所屬機關所在地之地方法院檢察署檢察官保管，爰於第1項規定之，以為處理之準據。

三、至於審判中，法院實施保全所得之證據，則直接由命保全之法院保管。惟訴訟繫屬於他法院者，為保全之法院應不待受訴法院之調取，應即送交該法院，爰參考民事訴訟法第375條之規定，於本條第2項予以規定。

第219條之8 （準用證據、搜索、扣押章及訊問人證之規定）

證據保全，除有特別規定外，準用本章、前章及第二百四十八條之規定。

(92)一、本條係新增。

二、案件於偵查中或第一審之第一次審判期日前，由檢察官、法院或受命法官為搜索、扣押、鑑定、勘驗、訊問證人或其他必要之保全證據處分，仍具有蒐集證據之性質，故有關證據保全之程序，除有特別規定外，仍須依其實施之方法準用第一編第十一章「搜索及扣押」、第十二章「證據」，與第248條關於訊問證人、鑑定人等證據調查方法之規定，爰於本條明定之。

第十三章 裁 判

第220條 （法院意思表示之方式）

裁判，除依本法應以判決行之者外，以裁定行之。

◇**裁判**：泛稱判決與裁定，乃訴訟上處分之一種，表達法院或法官對於事實、法律認定之意思表示。附帶一提，能作出訴訟上處分的主體尚包括司法警察（官）與檢察官，其處分包括但不限於：附帶扣押、另案扣押、不起訴處分、緩起訴處分等。但均非本條所稱之裁判。

判決	作成判決之主體為法院（包含獨任制的獨任法官與合議制的全體法官）
裁定	作成裁定之主體包含但不限於法院，另有審判長、受命法官、受託法官。現行制度下，具有終局確定效力之法院意思表示，均應由「法院」以裁定行之。若是關於訴訟程序之進行或指揮訴訟之處分，得由法院、審判長、受命法官或受託法官以裁定行之

◇實體裁判與程序裁判

實體裁判	確定國家具體刑罰權之有無及其範圍，作實質上之論斷，又稱本案裁判	
	實體判決	如有罪判決、無罪判決、上訴審就上訴有無理由所為判決等
	實體裁定	如減刑、撤銷緩刑、更定累犯之刑、定執行刑、單獨宣告沒收之裁定等
程序裁判	判斷訴訟條件是否具備、訴訟關係是否存在，未作實質上論斷，又稱形式裁判	
	程序判決	如不受理判決、管轄錯誤判決、因上訴不合法所為駁回之判決等
	程序裁定	如迴避之准駁、管轄之指定或移轉、羈押之撤銷、訴訟行為程式欠缺之限期補正等裁定

▲【院 2639】㈢應以裁定為裁判之案件，誤以判決行之者，經上訴後，上級法院應作抗告案件受理裁判。

▲【94 台非 142】裁判如經宣示者，於宣示時對外發生效力；如未經宣示、公告時，則於該裁判送達於當事人、代理人、辯護人或其他受裁判之人時，始對外發生裁判之效力。

第 221 條　（言詞辯論主義）

判決，除有特別規定外，應經當事人之言詞辯論為之。

◇言詞辯論：簡言之，進行證據評價。控方與辯方針對有證據能力之證據，提出主張與意見，評價該證據之證明力。

▲【29 上 2264】判決，除有特別規定外，應經當事人之言詞辯論為之，此項言詞辯論，自為事實審法院所應踐行之程序，而違背上開程序所為之判決，仍屬違法判決，並非當然無效。

第 222 條　（裁定之審理）

I.裁定因當事人之聲明而為之者，應經訴訟關係人之言詞陳述。

II.為裁定前有必要時，得調查事實。

第 223 條　（裁判之理由敘述）

判決應敘述理由，得為抗告或駁回聲明之裁定亦同。

第 224 條　（應宣示之裁判）

I.判決應宣示之。但不經言詞辯論之判決，不在此限。

II.裁定以當庭所為者為限，應宣示之。

◇宣示：指朗讀已作成之裁判主文與要旨。但宣示行為本身，與裁判對外發生效力與否無關。宣示判決原則上被告不到庭亦得宣示（第 312 條），在我國有爭議之事件是鄭捷案第一審判決時，法官認為到庭聆聽宣示是被告之義務，強制提解被告到庭。

▲【44 臺上 1424】判決，除不經言詞辯論為之者外，應宣示之，刑事訴訟法第 203 條第 1 項（現行法第 224 條）定有明文，而此種應於審判期日所為之訴訟程序，是否依法踐行，專以審判筆錄為證，又為同法（舊）第 47 條所明定，本件原審於經言詞辯論後所為之判決，並無依法宣示之筆錄附卷，雖其曾經送達，不能認為無效，但既未合法宣示，要難謂其訴訟程序為非違背法令。

第 225 條　（裁判之宣示方法）

I.宣示判決，應朗讀主文，說明其意義，並告以理由之要旨。

II.宣示裁定，應告以裁定之意旨；其敘述理由者，並告以理由。

III.前二項應宣示之判決或裁定，於宣示之翌日公告之，並通知當事人。

第 226 條　（裁判原本之交付）

I.裁判應製作裁判書者，應於裁判宣示後，當日將原本交付書記官。但於辯論終結之期日宣示判決者，應於五日內交付之。

II.書記官應於裁判原本記明接受之年、月、日並簽名。

⑧⑥一、配合第 311 條之宣示判決期限已修正酌予延

長，為兼顧當事人之權益，俾能早日將裁判正本送達當事人，爰修正第 1 項，規定應於裁判宣示後，當日即須將裁判書原本交付書記官。然於辯論終結之期日宣示判決者，判決原本往往不及於當日作成，特增列但書規定。又裁判書應由法官製作，第 50 條已有明定，原本作成後，自當交付書記官，爰就第 1 項併為文字上之修正。

二、第 2 項不修正。

第 227 條　（裁判正本之送達）

I.裁判製作裁判書者，除有特別規定外，應以正本送達於當事人、代理人、辯護人及其他受裁判之人。

II.前項送達，自接受裁判原本之日起，至遲不得逾七日。

第二編　第一審
第一章　公　訴
第一節　偵　查

第 228 條　（偵查之開始）

I.檢察官因告訴、告發、自首或其他情事知有犯罪嫌疑者，應即開始偵查。

II.前項偵查，檢察官得限期命檢察事務官、第二百三十條之司法警察官或第二百三

十一條之司法警察調查犯罪情形及蒐集證據，並提出報告。必要時，得將相關卷證一併發交。

III.實施偵查非有必要，不得先行傳訊被告。

IV.被告經傳喚、自首或自行到場者，檢察官於訊問後，認有第一百零一條第一項各款或第一百零一條之一第一項各款所定情形之一而無聲請羈押之必要者，得命具保、責付或限制住居。但認有羈押之必要者，得予逮捕，並將逮捕所依據之事實告知被告後，聲請法院羈押之。第九十三條第二項、第三項、第五項之規定於本項之情形準用之。

⑨使羈押之被告能得到兩次之法院「司法審查」之機會，以貫徹「拘提逮捕前置主義」。

◇偵查法定原則：指檢察官有本條告訴、告發、自首或其他情事，依法「必須發動偵查」，毫無例外情形。學說也指出本條是檢察一體的界線，換言之，上級檢察官（檢察長）並無命令下級檢察官不偵查之指揮命令權。若檢察官違反偵查法定原則不發動偵查，也有涉及濫權不追訴之可能（刑法第 125 條）。

◇拘捕前置原則：指聲請羈押之前，必須經過合法的拘提逮捕。依本條第 4 項，被告經傳喚、自首或自行到場來到檢察官面前，經檢察官訊問後如認有羈押之必要，得逮捕之，受到學說的批評。

偵查程序

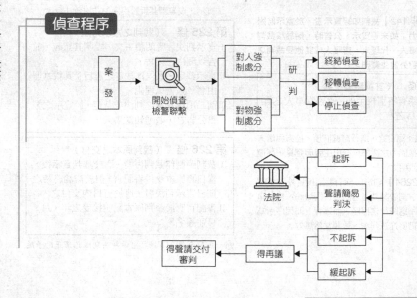

學者有認為既然非經拘捕不得羈押，但為了聲請羈押又創設拘捕之原因，循環論證不僅造成困擾且令人懷疑拘捕前置原則的正當性。此外，若被告經通知自行來到司法警察（官）面前，經查發現有羈押原因存在，司法警察（官）因為沒有這種法定拘捕權限，實務上警察多半以「勸說」、「說服」被告同意的方式與其「同行」至檢察署。此時，因被告並非「傳喚、自首或自行到場」，又發生檢察官無法依本條項拘捕之窘境，檢察官僅剩下釋放被告一途（當然實務上不會如此，而是形式上仍然「依法」逮捕），拘捕前置原則至此破綻百出。故，學者提出德國立法例供參考。唯有當檢察官認定被告具羈押要件，且釋放有逃亡或串供滅證之虞，才能逮捕之。亦稱「遲延即生危險」之急迫情況。

◇**告訴、告發、自首或其他情事**

告訴	有告訴權之人，向偵查機關申告犯罪事實，表達希望追訴的意思
告發	告訴權人以外之第三人知有犯罪嫌疑，或公務員因執行職務知有犯罪嫌疑，而向偵查機關申告犯罪事實促使開始偵查
自首	指犯人在犯罪未發覺前，向具有偵查犯罪職權之公務員自行申告犯罪事實而受裁判。「自白」則為犯罪嫌疑人或被告，承認全部或主要犯罪事實所為之陳述
其他情事	如檢察官因相驗發現有犯罪嫌疑而開始偵查（第 218 條）、檢察官自動檢舉開始偵查等

▲【28 上 2510】**檢察官偵查犯罪，並非必須訊問被告，即或予以訊問，而其訊問內容之詳略，檢察官亦得自由斟酌行之**，如檢察官就其他方法偵查所得之證據，已足認被告有犯罪嫌疑，即不訊問被告而提起公訴，要非法所不許。

▲【74 臺上 1281】**告訴乃論之罪，告訴人祇須表示訴究之意思為已足，不以明示其所告訴者為何項罪名為必要**。告訴人在偵查中已一再表示要告訴，雖未明示其所告訴之罪名，但依其所陳述之事實，仍無礙於告訴之效力。

第 229 條　（協助檢察官偵查之司法警察官）

I.下列各員，於其管轄區域內為司法警察官，有協助檢察官偵查犯罪之職權：

一　警政署署長、警察局局長或警察總隊總隊長。

二　憲兵隊長官。

三　依法令關於特定事項，得行相當於前二款司法警察官之職權者。

II.前項司法警察官，應將調查之結果，移送該管檢察官；如接受被拘提或逮捕之犯罪嫌疑人，除有特別規定外，應解送該管檢察官。但檢察官命其解送者，應即解送。

III.被告或犯罪嫌疑人未經拘提或逮捕者，不得解送。

⑨二、一、因省政府之組織虛級化，已不設警政廳，爰將第 1 項第 1 款之「警政廳廳長」刪除。

二、為免遺漏，乃參照第 230 條第 1 項第 3 款之規定，於本條第 1 項增列第 3 款，明定依法令關於特定事項，得行相當於前二款司法警察官之職權者，亦屬本條之司法警察官，以資概括。

三、配合修正條文第 228 條之 1 關於司法警察官「調查」犯罪之用語，將本條司法警察官之「偵查」修正為「調查」。

◇**司法警察官與司法警察**

司法警察官	第 229 條指協助檢察官偵查之輔助機關，包括警政署署長、警察局局長或警察總隊隊長及憲兵隊長官等。第 230 條指接受檢察官指揮監督偵查犯罪、蒐集犯罪證據之司法警察官則包含警察官長、憲兵隊長、士官等
司法警察	指接受檢察官與司法警察官指揮、監督偵查犯罪之人，包含警察、憲兵等

第 230 條　（受檢察官指揮偵查之司法警察官）

I.下列各員為司法警察官，應受檢察官之指揮，偵查犯罪：

一　警察官長。

二　憲兵隊官長、士官。

三　依法令關於特定事項，得行司法警察官之職權者。

II.前項司法警察官知有犯罪嫌疑者，應即開始調查，並將調查之情形報告該管檢察官及前條之司法警察官。

III.實施前項調查有必要時，得封鎖犯罪現場，並為即時之勘察。

⑨○一、第 2 項酌作修正。

二、增訂第3項。實施調查有必要時，得封鎖犯罪現場，並為即時之勘察。

▲【45臺上1209】刑事訴訟法第209條（現行法第230條）之司法警察官，並無羈押刑事被告之權。

第231條　（司法警察）

I.下列各員為司法警察，應受檢察官及司法警察官之命令，偵查犯罪：
　　一　警察。
　　二　憲兵。
　　三　依法令關於特定事項，得行司法警察之職權者。
II.司法警察知有犯罪嫌疑者，應即開始調查，並將調查之情形報告該管檢察官及司法警察官。
III.實施前項調查有必要時，得封鎖犯罪現場，並為即時之勘察。

⑨⓪一、第2項酌作修正。
　二、增訂第3項。實施調查有必要時，得封鎖犯罪現場，並為即時之勘察。

第231條之1　（案件調查未完備之處置）

I檢察官對於司法警察官或司法警察移送或報告之案件，認為調查未完備者，得將卷證發回，命其補足，或發交其他司法警察官或司法警察調查。司法警察官或司法警察應於補足或調查後，再行移送或報告。
II.對於前項之補足或調查，檢察官得限定時間。

⑧⑥一、本條新增。
　二、賦予檢察官得限期命警察再行調查或移回自行偵察之立案審查權。

第232條　（被害人之告訴權）

犯罪之被害人，得為告訴。

◇被害人：最典型的具有告訴權之人，又分為犯罪直接被害人與間接被害人。一般認為個人法益受侵害之人，是直接被害人，較無爭議。而社會法益，若兼具個人法益特質者，亦可認為有直接被害人存在（例如：公共危險罪受損害之個人、偽造文書罪受損害之他人等等）。國家法益中，實務肯認誣告罪或準誣告罪受誣告之個人是犯罪的直接被害人；圖利罪、偽證罪、湮滅證據罪等，實務則否定有個人直接受害。

◇告訴乃論之罪：與非告訴乃論之罪區別。須注意，非告訴乃論之罪也可以告訴。但告訴只是非告訴乃論之罪的開始偵查要件，欠缺告訴並不妨礙檢察官得合法提起公訴。然而告訴乃論之罪的

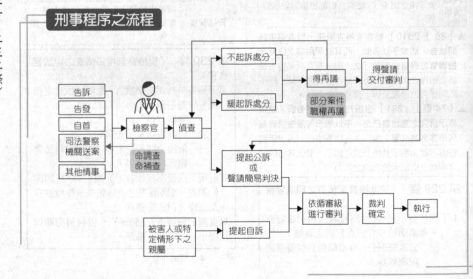

刑事程序之流程

告訴，屬於訴訟要件，欠缺告訴即無法追訴該犯罪。告訴乃論之罪又可分為**絕對告訴乃論之罪**、**相對告訴乃論之罪**。前者是無論犯罪人為誰，均必須告訴乃論，例如妨害名譽、侵入住居、傷害罪等。後者則是原本非告訴乃論之罪，因為犯罪人與被害人之間具有「**特定親屬關係**」而變成告訴乃論之罪，例如親屬間竊盜等。

◇**案件是否為告訴乃論之罪**：學說主張，案件是否為告訴乃論之罪，以法院審理之結果為準。若起訴時為非告訴乃論之罪，變更為告訴乃論之罪，仍須有告訴人合法告訴以充實訴訟要件，否則法院即應下不受理判決。

▲【26 渝上 69】告訴乃論之罪，**刑事訴訟法並無被害人非有行為能力不得告訴之規定**，原審以告訴人所犯為告訴乃論之罪，被害人年僅十六歲，尚未成年，亦未結婚，**無訴訟行為能力，認其告訴為無效，殊屬誤會**。

▲【26 上 1906】告訴乃論之罪，除法律上有特別規定外，告訴人曾否拋棄告訴權，與其告訴之合法與否，不生影響。

▲【28 上 3321】偽證罪係侵害國家法益之罪，**因偽證而間接受害之人請求究辦，僅可認為告發而非告訴**。

▲【58 臺上 2576】刑事訴訟法第232條**關於被害人告訴之規定，不包含國家在內**，鹽務機關緝獲私鹽犯，函送偵查，仍係告發，而非告訴，對於不起訴處分不得聲請再議，不得聲請再議之人，所為再議之聲請為不合法，原不起訴處分，並不因而阻止其確定。

▲【67 臺上 4257】侵害國家法益者，該機關有監督權之長官，得代表告訴，本件上訴人所犯刑法第354條之毀損罪，業經有監督權之楠濃林區管理處崗山工作站主任向檢察官提出告訴，原判決以其僅係告發，顯有違誤。

▲【70 臺上 6859】**被害人之告訴權與被害人法定代理人之告訴權，各自獨立而存在**。被害人提出告訴後，其法定代理人仍得獨立告訴，是以告訴乃論之罪，**法定代理人撤回其獨立之告訴，於被害人已先提出之告訴，毫無影響**，法院不得因被害人之法定代理人撤回其獨立告訴，而就被害人之告訴，併為不受理之判決。

▲【72 臺上 629】犯罪之被害人得為告訴，刑事訴訟法第232條定有明文，依此規定，**被害人雖係未成年人，祇須有意思能力，即得告訴**；而與同法第233條所規定之法定代理人之獨立告訴

權，暨**民法第76條、第78條所規定私法行為之法定代理，互不相涉**。原判決認被害人之法定代理人撤回告訴，與被害人之告訴，乃屬二事，並不影響被害人之告訴。核無判決適用法則不當之情形。

▲【74 臺上 1281】參見本法第228條。

第 233 條　（獨立及代理告訴人）

I.被害人之法定代理人或配偶，得獨立告訴。

II.被害人已死亡者，得由其配偶、直系血親、三親等內之旁系血親、二親等內之姻親或家長、家屬告訴。但告訴乃論之罪，不得與被害人明示之意思相反。

◇**獨立告訴**：指被害人之配偶，得以自己之名義獨立提出告訴，不受被害人的意思所影響。被害人撤回自己之告訴，亦不妨礙獨立告訴權人所提之告訴。

◇**有無被害人配偶之身分判斷**：「提出告訴之時」有配偶身分，即有告訴權，與犯罪時點無關。

◇**本條第2項之代理告訴權**：被害人死亡後，由其配偶或特定關係之親屬代為提起告訴。惟學說上質疑，被害人生存時，獨立告訴權人得違反被害人意思提起告訴；被害人死亡後反而代理告訴權受到限制，不得與被告明示的意思相反，頗有值得商榷之處。

▲【70 臺上 6859】參見本法第232條。

▲【72 臺上 629】參見本法第232條。

▲【73 臺上 5222】告訴乃論之罪，告訴人之告訴，祇須指明所告訴之犯罪事實及表示希望訴追之意思，即為已足。其所訴之罪名是否正確或無遺漏，在所不問。

▲【94 臺非 42】告訴乃論之罪，其告訴應自得為告訴之人知悉犯人之時起，於六個月內為之；又被害人之法定代理人或配偶，得獨立告訴，刑事訴訟法第237條第1項、第233條第1項分別定有明文。**被害人之告訴權與被害人配偶之告訴權，係各自獨立而存在，被害人雖未於告訴期間內提出告訴，其配偶仍得於告訴期間內合法提起告訴**。

第 234 條　（專屬告訴人）

I.刑法第二百三十條之妨害風化罪，非下列之人不得告訴：

一　本人之直系血親尊親屬。

二　配偶或其直系血親尊親屬。

刑事訴訟法　第二編　第一審　（第二三五～二三七條）

II.刑法第二百四十條第二項之妨害婚姻及家庭罪，非配偶不得告訴。

III.刑法第二百九十八條之妨害自由罪，被略誘人之直系血親、三親等內之旁系血親、二親等內之姻親或家長、家屬亦得告訴。

IV.刑法第三百十二條之妨害名譽及信用罪，已死者之配偶、直系血親、三親等內之旁系血親、二親等內之姻親或家長、家屬得為告訴。

第 235 條　（特定犯罪人之獨立告訴人）

被害人之法定代理人為被告或該法定代理人之配偶或四親等內之血親、三親等內之姻親或家長、家屬為被告者，被害人之直系血親、三親等內之旁系血親、二親等內之姻親或家長、家屬得獨立告訴。

第 236 條　（代行告訴人）

I.告訴乃論之罪，無得為告訴之人或得為告訴之人不能行使告訴權者，該管檢察官得依利害關係人之聲請或依職權指定代行告訴人。

II.第二百三十三條第二項但書之規定，本條準用之。

◇代行告訴人制度：本條之目的在充實告訴權。若無得為告訴之人，例如：有告訴權人死亡、失蹤等；或得為告訴之人不能行使告訴權，例如：因重病住院、昏迷等，得依利害關係人聲請，或由檢察官職權指定代行告訴人。至於指定代行告訴人之方式，實務認為並無限制，固然得以書面為之，亦得以言詞記明於筆錄。

◇指定代行告訴人，是否受第 237 條告訴期間之限制：本法並未明定此種情形。若代行告訴人提起告訴的期間全無限制，則延宕過久，將傷害法安定性；但若過於嚴格限制，則有悖於立法充實告訴權之意旨。因此有學者主張，於檢察官指定代行告訴人後，該代行告訴人即受到告訴期間之限制，應在六個月內提起告訴。

第 236 條之 1　（偵查中之告訴代理人）

I.告訴，得委任代理人行之。但檢察官或司法警察官認為必要時，得命本人到場。

II.前項委任應提出委任書狀於檢察官或司法警察官，並準用第二十八條及第三十二條之規定。

⑨二、本條係新增。

二、關於告訴之代理，於現行刑事訴訟法並無明文之規定。為因應實際需要，並協助偵查之實施，爰參考院字第 89 號、第 122 號解釋、性侵害犯罪防治法第 12 條第 1 項之規定及日本刑事訴訟法第 240 條「告訴得由代理人進行」之立法例，增訂本條第 1 項前段，以資適用。至於檢察官或司法警察官為偵查犯罪所必要，認應命告訴人本人親自到場時，仍得命其到場，爰於第 1 項但書予以規定。

三、偵查中委任告訴代理人係訴訟行為之一種，為求意思表示明確，並有所憑據，自應提出委任書狀於檢察官或司法警察官。另告訴代理人之人數應有所限制，參照本法第 28 條、第 30 條有關被告選任辯護人、委任代理人或自訴人委任代理人之規定，告訴之代理人亦限制不得逾三人，而代理人有數人時，其文書應分別送達，爰於本條第 2 項規定委任告訴代理人之程式及所應準用之規定。

四、犯罪於偵查階段，係由檢察官擔當偵查之主體，依院字第 89 號、第 122 號解釋意旨，告訴之代理人僅為告訴及偵查之輔助，本不以具備律師資格者為限。又本條係關於偵查中代理告訴之規定，亦無於審判中檢閱、抄錄或攝影卷宗、證物之問題。故而，本法第 29 條、第 33 條規定均無準用之必要，併此敘明。

第 236 條之 2　（指定代行告訴人之排除適用）

前條及第二百七十一條之一之規定，於指定代行告訴人不適用之。

⑨二、本條係新增。

二、代行告訴人之指定具有公益之性質，且檢察官於指定代行告訴人時亦可考量受指定人之資格及能力，自不許受指定代行告訴之人再委任代理人，前條及第 271 條之 1 有關告訴代理之規定於指定代行告訴人無適用之餘地，爰於本條予以規定。

第 237 條　（告訴乃論之告訴期間）

I.告訴乃論之罪，其告訴應自得為告訴之人知悉犯人之時起，於六個月內為之。

II.得為告訴之人有數人，其一人遲誤期間者，其效力不及於他人。

◇知悉：指告訴人「主觀上確實知道」犯罪者為何

人。釋字第 108 號解釋則指出：「告訴乃論之罪，其犯罪行為有連續或繼續之狀態者，其六個月之告訴期間，應自得為告訴之人，知悉犯人最後一次行為或行為終了之時起算。」

▲【26 上 919】刑事訴訟法第 216 條第 1 項（現行法第 237 條）規定，告訴乃論之罪，應自知悉犯人之時起，於六個月內為之，所稱知悉，**係指確知犯人之犯罪行為**而言，如初意疑其有此犯行，而**未得確實證據，及發見確實證據，始行告訴，則不得以告訴人前此之遲疑，未經申告，遂謂告訴為逾越法定期間。**

第 238 條 （告訴乃論之撤回告訴）

I.告訴乃論之罪，告訴人於第一審辯論終結前，得撤回其告訴。
II.撤回告訴之人，不得再行告訴。

◇撤回告訴：告訴人針對告訴乃論之罪，於第一審言詞辯論終結前，表示不欲告訴之意思，即撤回告訴。但早期實務見解指出，代行告訴人不得撤回告訴。

▲【26 渝上 1427】告訴人合法撤回其告訴後，固不得再行告訴，但**有告訴權人為數人時，本得分別行使，其告訴權除撤回告訴人應受刑事訴訟法第 217 條第 2 項**（現行法第 238 條）**之限制外，於其他有告訴權人之告訴，不生何種影響。**

▲【31 上 735】刑事訴訟法（舊）第 217 條第 1 項**所謂撤回告訴，係指合法之撤回而言，若無權撤回或其撤回非出於自由之意者，均不能發生撤回之效力。**

▲【54 臺上 1629】被告被訴妨害自由，原由被害人甲、乙夫婦二人共同出名具狀告訴，其後甲雖具狀撤回告訴，然乙並未出名，則乙之告訴並不因甲之撤回而生影響，原審自應仍為實體上之審判，乃竟以其告訴已撤回為理由，諭知不受理，顯難謂無違誤。

第 239 條 （告訴不可分原則）

告訴乃論之罪，對於共犯之一人告訴或撤回告訴者，其效力及於其他共犯。

◇主觀不可分、客觀不可分

主觀不可分	對人之不可分。指告訴人對共同犯罪之其中一人提起告訴或撤回告訴，效力及於其他共犯。例外是刑法第 239 條的通姦罪，對配偶撤回告訴時，撤回的效力不及於相姦之人。惟此一例外因釋字第 791 號解釋而不復存在
客觀不可分	對事之不可分。指告訴乃論之罪，僅對犯罪事實之一部告訴或撤回者，其效力是否及於其他犯罪事實之全部，因其效力之判斷，法律無明文規定，自應衡酌訴訟客體原係以犯罪事實之個數為計算標準之基本精神，以及告訴乃論之罪本容許被害人決定訴追與否之立法目的以為判斷之基準。犯罪事實全部為告訴乃論之罪且被害人相同時，若其行為為一個且為一罪時（如接續犯、繼續犯），其告訴或撤回之效力固及於全部。但如係裁判上一罪，由於其在實體法上係數罪，而屬數個訴訟客體，僅因訴訟經濟而予以擬制為一罪，因此被害人本可選擇就該犯罪事實之全部或部分予以訴追，被害人僅就其中一部分為告訴或撤回，其效力應不及於全部（94 臺上 1727）

▲【院 2261】 刑法第 245 條第 2 項之縱容與宥恕，其不得告訴之範圍相同，如有告訴權人對於共犯中一人有宥恕，按照告訴不可分之原則，對於其他共犯，自亦不得告訴。

▲【釋 791】刑法第 239 條規定：「有配偶而與人通姦者，處 1 年以下有期徒刑。其相姦者亦同。」對憲法第 22 條所保障性自主權之限制，與憲法第 23 條比例原則不符，應自本解釋公布之日失其效力；於此範圍內，本院釋字第 554 號解釋應予變更。

刑事訴訟法第 239 條但書規定：「但刑法第 239 條之罪，對於配偶撤回告訴者，其效力不及於相姦人。」與**憲法第 7 條保障平等權之意旨有違，**且因刑法第 239 條規定業經本解釋宣告違憲失效而失所依附，故亦應自本解釋公布之日起失其效力。

第 240 條 （權利告發）

不問何人知有犯罪嫌疑者，得為告發。

◇告發：指非告訴權人，得向有權追訴之機關「告」知其「發」現犯罪事實，並有請求國家追訴犯罪之意思。

刑事訴訟法　第二編　第一審　（第二四一～二四七條）

第 241 條　（義務告發）

公務員因執行職務知有犯罪嫌疑者，應為告發。

第 242 條　（告訴之程式）

I.告訴、告發，應以書狀或言詞向檢察官或司法警察官為之；其以言詞為之者，應製作筆錄。為便利言詞告訴、告發，得設置申告鈴。

II.檢察官或司法警察官實施偵查，發見犯罪事實之全部或一部係告訴乃論之罪而未經告訴者，於被害人或其他得為告訴之人到案陳述時，應訊問其是否告訴，記明筆錄。

III.第四十一條第二項至第四項及第四十三條之規定，於前二項筆錄準用之。

▲【院 1865】被妨害名譽之甲，不自出名以書狀或言詞告訴，而僅以機關名義函請檢察官偵查，按之刑事訴訟法（舊）第 211 條、第 221 條第 1 項規定，不能認為合法之告訴。

▲【73 臺上 4314】告訴乃論之罪，被害人未向檢察官或司法警察官告訴，在法院審理中，縱可補為告訴，仍應向檢察官或司法警察官為之，然後再由檢察官或司法警察官將該告訴狀或言詞告訴之筆錄補送法院，始得謂為合法告訴。**如果被害人不向檢察官或司法警察官提出告訴，而逕向法院表示告訴，即非合法告訴。**本件被害人於偵查中就上訴人過失傷害部分，迄未向檢察官或司法警察官提出告訴，迨第一審法院審理中，始當庭以言詞向該法院表示告訴，依前開說明，本件告訴自非合法。上訴人所犯過失傷害部分，尚欠缺訴追要件，即非法院所得受理審判。

第 243 條　（請求之程序）

I.刑法第一百十六條及第一百十八條請求乃論之罪，外國政府之請求，得經外交部長函請司法行政最高長官令知該管檢察官。

II.第二百三十八條及第二百三十九條之規定，於外國政府之請求準用之。

第 244 條　（自首準用告訴之程式）

自首向檢察官或司法警察官為之者，準用第二百四十二條之規定。

第 245 條　（偵查不公開原則）

I.偵查，不公開之。

II.被告或犯罪嫌疑人之辯護人，得於檢察官、檢察事務官、司法警察官或司法警察訊問該被告或犯罪嫌疑人時在場，並得陳述意見。但有事實足認其在場有妨害國家機密或有湮滅、偽造、變造證據或勾串共犯或證人或妨害他人名譽之虞，或其行為不當足以影響偵查秩序者，得限制或禁止之。

III.檢察官、檢察事務官、司法警察官、司法警察、辯護人、告訴代理人或其他於偵查程序依法執行職務之人員，除依法令或為維護公共利益或保護合法權益有必要者外，偵查中因執行職務知悉之事項，不得公開或揭露予執行法定職務必要範圍以外之人員。

IV.偵查中訊問被告或犯罪嫌疑人時，應將訊問之日、時及處所通知辯護人。但情形急迫者，不在此限。

V.第一項偵查不公開作業辦法，由司法院會同行政院定之。

⑩一、第 1 項及第 2 項未修訂。

二、基於「不得公開揭露」定義不明，各檢調人員或告訴代理人等解讀各異，造成當事人被圍堵、公開批判、錯誤訊息影響相關人權益，甚至危及性命，建議修正第 3 項，明定不得公開或揭露予執行法定職務必要範圍以外之人員。

三、另增訂第 5 項，授權訂定偵查不公開作業辦法，以資明確，且符合法律保留原則。

◇偵查不公開原則之目的：學說主張偵查不公開之目的有三，一是避免媒體、人民在審判前就先預斷被告有罪，侵害無罪推定原則。二是保護本案關係人之隱私與安全。最後是維持國家擁有的資訊優勢，防止消息走漏，有害偵查順利進行。

第 246 條　（就地訊問被告）

遇被告不能到場，或有其他必要情形，得就其所在訊問之。

第 247 條　（偵查之輔助㈠──該管機關）

關於偵查事項，檢察官得請該管機關為必要之報告。

第 248 條　（人證之訊問及詰問）

I.訊問證人、鑑定人時，如被告在場者，被告得親自詰問；詰問有不當者，檢察官得禁止之。

II.預料證人、鑑定人於審判時不能訊問者，應命被告在場。但恐證人、鑑定人於被告前不能自由陳述者，不在此限。

▲【100 臺上 6649】刑事被告之詰問權，係指訴訟上被告有在審判庭盤詰證人之權利；偵查中檢察官訊問證人，旨在蒐集被告犯罪證據，以確認被告嫌疑之有無及內容，**與審判中透過當事人之攻防，經由詰問程序調查證人以認定事實之性質及目的有別，並無必須傳喚被告使其得以在場之規定**，刑事訴訟法第 248 條第 1 項前段雖規定「如被告在場者，被告得親自詰問」，亦**僅賦予該在場被告於檢察官訊問證人時得親自詰問證人之機會而已**，被告如不在場，殊難期有親自詰問之可能。

第 248 條之 1　（偵查中被害人受訊問或詢問之陪同人在場及陳述意見）

I.被害人於偵查中受訊問或詢問時，其法定代理人、配偶、直系或三親等內旁系血親、家長、家屬、醫師、心理師、輔導人員、社工人員或其信賴之人，經被害人同意後，得陪同在場，並得陳述意見。

II.前項規定，於得陪同在場之人為被告，或檢察官、檢察事務官、司法警察官或司法警察認其在場，有礙偵查程序之進行時，不適用之。

⑩一、原條文關於偵查中之陪同制度，係考量被害人受害後心理、生理、工作等急待重建之特殊性，在未獲重建前需獨自面對被告，恐有二度傷害之虞，爰明定具一定資格或關係之人得陪同在場及陳述意見。惟在個案中透過陪同在場協助，得促使被害人維持情緒穩定者，未必以原條文所定資格或關係之人為限。爰參考性侵害犯罪防治法第 15 條第 1 項規定，增列心理師、輔導人員等資格，並參考德國刑事訴訟法第 406F 條第 2 項規定，增列受被害人信賴之人亦得為陪同人，以敷實務運作所需。而所謂「其信賴之人」係指關係緊密之重要他人，例如褓母、同性伴侶、好友等均屬之。又為尊重被害人意願，具本條所定資格或關係而得陪同之人，於偵查中陪同在場時，自

以經被害人同意為前提。另刪除「於司法警察官或司法警察調查時，亦同。」，增列「或詢問」，列為第 1 項。

二、參考性侵害犯罪防治法第 15 條第 2 項規定，增訂第 2 項明定具有第 1 項身分之人為被告時，不得陪同在場。另參考德國刑事訴訟法第 406F 條第 2 項、第 406G 條第 4 項規定，如陪同人在場經認有礙偵查程序之進行時，得拒絕其在場。

第 248 條之 2　（偵查中之移付調解及轉介修復式司法程序）

I.檢察官於偵查中得將案件移付調解；或依被告及被害人之聲請，轉介適當機關、機構或團體進行修復。

II.前項修復之聲請，被害人無行為能力、限制行為能力或死亡者，得由其法定代理人、直系血親或配偶為之。

⑩一、本條新增。

二、「修復式正義」或稱「修復式司法」(Restorative Justice)，旨在藉由有建設性之參與及對話，在尊重、理解及溝通之氣圍下，尋求彌補被害人之損害、痛苦及不安，以真正滿足被害人之需要，並修復因衝突而破裂之社會關係。我國既有之調解制度固在一定程度上發揮解決糾紛及修復關係之功能，惟調解所能投入之時間及資源較為有限，故為貫徹修復式司法之精神並提升其成效，亦有必要將部分案件轉介適當機關、機構或團體，而由專業之修復促進者以更充分之時間及更完整之資源來進行修復式司法程序。又法務部自 99 年 9 月 1 日起擇定部分地方法院檢察署試辦修復式司法方案，嗣自 101 年 9 月 1 日起擴大於全國各地方法院檢察署試辦，並自 99 年 9 月起辦理修復促進者培訓工作，在本土實踐上業已累積相當之經驗，為明確宣示修復式司法於我國刑事程序之重要價值，實應予以正式法制化，而以法律明定關於移付調解及轉介修復式司法程序之授權規範，爰參考德國刑事訴訟法第 155A 條之規範內容，明定檢察官於偵查中，斟酌被告、被害人或其家屬進行調解之意願與達成調解之可能性、適當性，認為適當者，得使用既有之調解制度而將案件移付調解，或於被告及被害人均聲請參與修復式司法程序時，檢察官將案件轉介適當機關、機構或團體進行修復，由該機關、機構或團體就被告、被害人是否適合進入修復式司

法程序予以綜合評估，如認該案不適宜進入修復，則將該案移由檢察官繼續偵查；反之，則由該機關、機構或團體指派之人擔任修復促進者進行修復式司法程序，並於個案完成修復時，將個案結案報告送回檢察官，以供檢察官偵查之參考，爰新增第1項之規定。

三、又於被害人無行為能力、限制行為能力或死亡之情形，為使被害人之家屬仍得藉由修復式司法療癒創傷、復原破裂的關係，爰參酌第319條第1項之規定，於第2項明定之。

第 248 條之 3 　（偵查中之隱私保護及隔離措施）

I 檢察官於偵查中應注意被害人及其家屬隱私之保護。

II 被害人於偵查中受訊問時，檢察官依被害人之聲請或依職權，審酌案件情節及被害人之身心狀況後，得利用遮蔽設備，將被害人與被告、第三人適當隔離。

III 前二項規定，於檢察事務官、司法警察官或司法警察調查時，準用之。

⑩一、本條新增。

二、為避免被害人及其家屬之隱私於偵查中遭受侵害，並參酌司法改革國是會議關於「保障隱私、維護尊嚴」之決議內容，爰於第1項明定檢察官於偵查程序中保障被害人及其家屬隱私之義務。

三、考量被害人於偵查中面對被告時，常因懼怕或憤怒而難以維持情緒平穩，及為維護被害人之名譽及隱私，避免第三人識別其樣貌，而增加被害人之心理負擔，甚而造成被害人之2度傷害。爰參考性侵害犯罪防治法第16條第1項規定，明定檢察官依被害人聲請或依職權，得綜合考量案件情節、被害人身心狀況，如犯罪性質、被害人之年齡、心理精神狀況及其他情事等，採取適當之隔離措施，使被告及第三人無法識別其樣貌。檢察官於個案中可視案件情節及檢察署設備等具體情況，採用遮蔽屏風、聲音及影像相互傳送之科技設備或其他措施，將被害人與被告、第三人適當隔離，爰增訂本條第2項。

四、第3項明定偵查輔助機關調查時，準用前二項規定。

第 249 條 　（偵查之輔助㈡──軍民）

實施偵查遇有急迫情形，得命在場或附近之人為相當之輔助，檢察官於必要時，並得請附近軍事官長派遣軍隊輔助。

第 250 條 　（無管轄權時之通知與移送）

檢察官知有犯罪嫌疑而不屬其管轄或於開始偵查後，認為案件不屬其管轄者，應即分別通知或移送該管檢察官。但有急迫情形時，應為必要之處分。

第 251 條 　（公訴之提起）

I 檢察官依偵查所得之證據，足認被告有犯罪嫌疑者，應提起公訴。

II 被告之所在不明者，亦應提起公訴。

◇公訴：由檢察官作為起訴主體，於偵查終結後認為被告有高度被判決有罪之可能，其起訴即稱為公訴。

第 252 條 　（絕對不起訴處分）

案件有左列情形之一者，應為不起訴之處分：

一　曾經判決確定者。
二　時效已完成者。
三　曾經大赦者。
四　犯罪後之法律已廢止其刑罰者。
五　告訴或請求乃論之罪，其告訴或請求已經撤回或已逾告訴期間者。
六　被告死亡者。
七　法院對於被告無審判權者。
八　行為不罰者。
九　法律應免除其刑者。
十　犯罪嫌疑不足者。

◇不起訴處分：檢察官偵查終結後，認為無法證明被告有罪，或認為無起訴的必要，檢察官應依法或得依職權作出不起訴處分。

第 253 條 　（相對不起訴處分㈠──微罪）

第三百七十六條第一項各款所規定之案件，檢察官參酌刑法第五十七條所列事項，認為以不起訴為適當者，得為不起訴之處分。

⑩配合第376條第2項之增訂，修正本條規定。

◇起訴裁量權：本條限於刑事訴訟法第376條之案件（基本上是刑度較輕或財產犯罪等），檢察官基於刑事政策的考量，或被告有刑法第57條各款事

由，得作出不起訴處分。

◇**微罪不舉**：指不能上訴第三審之犯罪，可參考第376條各款之罪。

◇**便宜原則**：與本法第251條法定起訴原則相對，指檢察官得衡量訴訟經濟、刑法預防目的等，決定起訴與否。

第253條之1 （緩起訴處分㈠）

I.被告所犯為死刑、無期徒刑或最輕本刑三年以上有期徒刑以外之罪，檢察官參酌刑法第五十七條所列事項及公共利益之維護，認以緩起訴為適當者，得定一年以上三年以下之緩起訴期間為緩起訴處分，其期間自緩起訴處分確定之日起算。

II.追訴權之時效，於緩起訴之期間內，停止進行。

III.刑法第八十三條第三項之規定，於前項之停止原因，不適用之。

IV.第三百二十三條第一項但書之規定，於緩起訴期間，不適用之。

(91)一、本條新增。

二、為使司法資源有效運用，填補被害人之損害、有利被告或犯罪嫌疑人之再社會化及犯罪之特別預防等目的，爰參考日本起訴猶豫制度及德國附條件及履行期間之暫不提起公訴制度，於本條增訂緩起訴處分制度，其適用之範圍以被告所犯為死刑、無期徒刑或最輕本刑為三年以上有期徒刑以外之罪者，始有適用，其猶豫期間為一年以上三年以下。

◇**緩起訴**：學說認為是一種附條件的不起訴處分（即「暫緩」起訴）。

▲【94臺非215】刑事訴訟法為配合由職權主義調整為改良式當事人進行主義，乃採行**起訴猶豫制度**，於同法增訂第253條之1，許由檢察官對於被告所犯為死刑、無期徒刑或最輕本刑三年以上有期徒刑以外之罪之案件，得參酌刑法第57條所列事項及公共利益之維護，認為適當者，予以緩起訴處分，期間為一年以上三年以下，**以觀察犯罪行為人有無施以刑法所定刑事處罰之必要，為介於起訴及微罪職權不起訴間之緩衝制度設計。其具體效力依同法第260條規定**，於緩起訴處分期滿未經撤銷者，非有同條第1款或第2款情形之一，不得對於同一案件再行起訴，即學理上所稱之**實質確定力。足見在緩起訴期間內，尚無實質確定力可言**。且依第260條第1款規定，於不起訴處分確定或緩起訴處分期滿未經撤銷者，仍得以發現新事實或新證據為由，對於同一案件再行起訴。本於同一法理，在緩起訴期間內，倘發現新事實或新證據，而認已不宜緩起訴，又無同法第253條之3第1項所列得撤銷緩起訴處分之事由者，自得就同一案件逕行起訴，原緩起訴處分並因此失其效力。復因與同法第260條所定應受實質確定力拘束情形不同，當無所謂起訴程序違背規定之可言。

第253條之2 （緩起訴處分㈡）

I.檢察官為緩起訴處分者，得命被告於一定期間內遵守或履行下列各款事項：

一 向被害人道歉。

二 立悔過書。

三 向被害人支付相當數額之財產或非財產上之損害賠償。

四 向公庫支付一定金額，並得由該管檢察署依規定提撥一定比率補助相關公益團體或地方自治團體。

五 向該管檢察署指定之政府機關、政府機構、行政法人、社區或其他符合公益目的之機構或團體提供四十小時以上二百四十小時以下之義務勞務。

六 完成戒癮治療、精神治療、心理輔導或其他適當之處遇措施。

七 保護被害人安全之必要命令。

八 預防再犯所為之必要命令。

II.檢察官命被告遵守或履行前項第三款至第六款之事項，應得被告之同意；第三款、第四款並得為民事強制執行名義。

III.第一項情形，應附記於緩起訴處分書內。

IV.第一項之期間，不得逾緩起訴期間。

V.第一項第四款提撥比率、收支運用及監督管理辦法，由行政院會同司法院另定之。

(103)一、配合預算法，建議收支納入國庫，爰修正原條文第1項第4款，明訂向公庫支付一定金額，並得由該管檢察署視需要提撥一定比率補助相關公益團體或地方自治團體。

二、原條文第2項至第4項未修正。

三、增訂第5項授權行政院會同司法院另訂收支運用及監督管理辦法。

刑事訴訟法　第二編　第一審　（第二五三之三～二五六條）

◇指示及負擔：指檢察官命被告在一定期間內（履行期間）完成法律規定之任務，常見的是要求被告向被害人道歉、向公庫或特定機關團體支付一定金額或服勞務。需特別注意：履行期間（或稱負擔期間）與緩起訴期間不同。前者是檢察官給被告履行負擔之期間，通常不會大於緩起訴期間；後者是第253條之1所稱一到三年的猶豫期間，係指給檢察官猶豫是否起訴之期間。

第253條之3　（緩起訴處分之撤銷）

I 被告於緩起訴期間內，有左列情形之一者，檢察官得依職權或依告訴人之聲請撤銷原處分，繼續偵查或起訴：

一　於期間內故意更犯有期徒刑以上刑之罪，經檢察官提起公訴者。

二　緩起訴前，因故意犯他罪，而在緩起訴期間內受有期徒刑以上刑之宣告者。

三　違背第二百五十三條之二第一項各款之應遵守或履行事項者。

II 檢察官撤銷緩起訴之處分時，被告已履行之部分，不得請求返還或賠償。

⑨一、本條新增。

二、第1項明定檢察官得依職權或依告訴人之聲請，將被告「緩起訴」處分撤銷之情形。

三、若被告對檢察官所命應遵守之事項已履行全部或部分後，嗣「緩起訴」之處分經依法撤銷，已履行部分，如何處理易滋疑義，增訂第2項。

▲【94臺非215】參見本法第253條之1。

第254條　（相對不起訴處分㈡——於執行刑無實益）

被告犯數罪時，其一罪已受重刑之確定判決，檢察官認為他罪雖行起訴，於應執行之刑無重大關係者，得為不起訴之處分。

◇應執行之刑無重大關係：指縱使檢察官起訴本罪，也無法影響被告原已受確定重刑之執行刑，檢察官得為不起訴之處分。

第255條　（不起訴、緩起訴或撤銷緩起訴處分之程序）

I 檢察官依第二百五十二條、第二百五十三條、第二百五十三條之一、第二百五十三條之三、第二百五十四條規定為不起訴、緩起訴或撤銷緩起訴或因其他法定理由為不起訴處分者，應製作處分書敘述其處分之理由。但處分前經告訴人或告發人同意者，處分書得僅記載處分之要旨。

II 前項處分書，應以正本送達於告訴人、告發人、被告及辯護人。緩起訴處分書，並應送達與遵守或履行行為有關之被害人、機關、團體或社區。

III 前項送達，自書記官接受處分書原本之日起，不得逾五日。

⑨一、配合第253條之1至之3之增訂，修正第1項前段。另為合理簡化檢察官製作之處分書類，增列但書規定。

二、檢察官所為之處分書應同時送達與遵守或履行行為有關之被害人、機關、團體或社區，以利被告遵守及各該機關、團體或社區之執行，爰於第2項後段增訂。

◇因其他法定理由為不起訴處分者：指刑法第245條第2項、刑事訴訟法第270條、第324條、第325條第4項、第326條第4項之情形，不得告訴卻行告訴，檢察官依法所為的不起訴處分。

第256條　（再議之聲請及期間㈠）

I 告訴人接受不起訴或緩起訴處分書後，得於十日內以書狀敘述不服之理由，經原檢察官向直接上級檢察署檢察長或檢察總長聲請再議。但第二百五十三條、第二百五十三條之一之處分曾經告訴人同意者，不得聲請再議。

II 不起訴或緩起訴處分得聲請再議者，其再議期間及聲請再議之直接上級檢察署檢察長或檢察總長，應記載於送達告訴人處分書正本。

III 死刑、無期徒刑或最輕本刑三年以上有期徒刑之案件，因犯罪嫌疑不足，經檢察官為不起訴之處分，或第二百五十三條之一之案件經檢察官為緩起訴之處分者，如無得聲請再議之人時，原檢察官應依職權逕送直接上級檢察署檢察長或檢察總長再議，並通知告發人。

⑩一、原條文第1項規定再議期間為七日，惟為使告訴人有較充分之時間準備相關理由書狀，爰修正第1項，規定再議期間為十日，以保障告訴人之權益。

二、為配合法院組織法第114條之2各級檢察署

更名之規定，爰酌予修正本條各項之文字，以符法制。

◇**再議不可分**：再議是否與告訴相同，具有對共犯一人告訴不可分、撤回不可分之性質？肯定的見解認為再議是告訴的延長，得適用本法第 239 條。實務函釋則有採否定見解，認為再議無不可分性質。

▲【院 1686】告訴人聲請再議，既未依刑事訴訟法第 235 條，於接受不起訴處分書七日內敘述不服理由，經檢察官駁回後，縱再補提理由，亦不發生聲請再議之效力。

第 256 條之 1　（再議之聲請及期間㈡）

I 被告接受撤銷緩起訴處分書後，得於十日內以書狀敘述不服之理由，經原檢察官向直接上級檢察署檢察長或檢察總長聲請再議。

II 前條第二項之規定，於送達被告之撤銷緩起訴處分書準用之。

⑩一、原條文第 1 項規定再議期間為七日，惟為使被告有較充分之時間準備相關理由書狀，且為配合法院組織法第 114 條之 2 各級檢察署更名之規定，爰修正第 1 項，規定再議期間為十日，以保障被告之權益，並酌予修正本項之文字，以符法制。

二、第 2 項未修正。

第 257 條　（聲請再議之處理㈠——原檢察官或檢察署檢察長）

I 再議之聲請，原檢察官認為有理由者，應撤銷其處分，除前條情形外，應繼續偵查或起訴。

II 原檢察官認聲請為無理由者，應即將該案卷宗及證物送交上級法院檢察署檢察長或檢察總長。

III 聲請已逾前二條之期間者，應駁回之。

IV 原法院檢察署檢察長認為必要時，於依第二項之規定送交前，得親自或命令他檢察官再行偵查或審核，分別撤銷或維持原處分；其維持原處分者，應即送交。

⑨一、法院組織法，已將「首席檢察官」之用語，改為「檢察署檢察長」或「檢察總長」，爰配合為文字修正，以符法制。

二、被告不服撤銷「緩起訴」之處分，而聲請再議時，如原檢察官撤銷其處分，使回復至原來「緩起訴」之狀態，因無繼續偵查或起訴之問題，故於第 1 項設除外之規定。

三、配合增訂第 256 條之 1，第 3 項「前條」修正為「前二條」。

四、第 4 項增訂「或審核」之文字，以資適用。

第 258 條　（聲請再議之處理㈡——上級檢察署檢察長或檢察總長）

上級法院檢察署檢察長或檢察總長認再議為無理由者，應駁回之；認為有理由者，第二百五十六條之一之情形應撤銷原處分，第二百五十六條之情形應分別為左列處分：

一　偵查未完備者，得親自或命令他檢察官再行偵查，或命令原法院檢察署檢察官續行偵查。

二　偵查已完備者，命令原法院檢察署檢察官起訴。

⑨一、法院組織法已將「首席檢察官」之用語，改為「檢察署檢察長」或「檢察總長」，爰配合為文字修正，以符法制。

二、上級檢察官處理再議之程序，同時適用於聲請再議及依職權再議之情形，首段再議「之聲請」文字應予修正。

三、上級法院檢察署檢察長或檢察總長如認被告之再議為有理由時，應撤銷原處分，使其回復至原來「緩起訴」之狀態，因無續行偵查或起訴之問題，故與第 256 條之情形分別規定。

四、為加強二審檢察官之監督及偵查功能，修正第 1 款，以減少案件多次發回續行偵查之累，避免案件久懸未決。

第 258 條之 1　（交付審判之聲請）

I 告訴人不服前條之駁回處分者，得於接受處分書後十日內委任律師提出理由狀，向該管第一審法院聲請交付審判。

II 律師受前項之委任，得檢閱偵查卷宗及證物並得抄錄或攝影。但涉及另案偵查不公開或其他依法應予保密之事項，得限制或禁止之。

III 第三十條第一項之規定，於前二項之情形準用之。

⑨二、有關交付審判之聲請，告訴人須委任律師向

法院提出理由書狀，而為使律師了解案情，應准許其檢閱偵查卷宗及證物。但如涉及另案偵查不公開或其他依法應予保密之事項時，檢察官仍得予以限制或禁止，爰增訂本條第2項，以應實務之需要。

二、委任律師聲請法院將案件交付審判，應向法院提出委任書狀，受委任之律師聲請檢閱偵查卷宗及證物，亦應向該管檢察署檢察官提出委任書狀，以便查考，爰增訂第3項，明定第30條第1項之規定，於本條前二項所定之情形準用之。

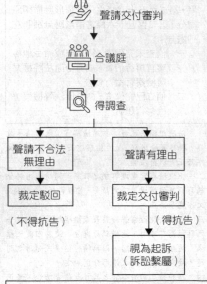

聲請交付審判

合議庭

得調查

聲請不合法無理由 → 裁定駁回（不得抗告）

聲請有理由 → 裁定交付審判（得抗告） → 視為起訴（訴訟繫屬）

第 258 條之 2 　（聲請交付審判之撤回）

Ⅰ 交付審判之聲請，於法院裁定前，得撤回之，於裁定交付審判後第一審辯論終結前，亦同。

Ⅱ 撤回交付審判之聲請，書記官應速通知被告。

Ⅲ 撤回交付審判聲請之人，不得再行聲請交付審判。

⑼⑴一、本條新增。

二、告訴人聲請交付審判，法院裁定前，或於法院裁定交付審判後第一審辯論終結前，若聲請人已無不服，自得准其撤回，增訂第1項。撤回交付審判之聲請，關係被告之權益甚鉅，故於第2項規定書記官應速通知被告。但為免案件久懸未

決，復於第3項規定撤回之人，不得再為交付審判之聲請，以資慎重。

第 258 條之 3 　（聲請交付審判之裁定與駁回）

Ⅰ 聲請交付審判之裁定，法院應以合議行之。

Ⅱ 法院認交付審判之聲請不合法或無理由者，應駁回之；認為有理由者，應為交付審判之裁定，並將正本送達於聲請人、檢察官及被告。

Ⅲ 法院為前項裁定前，得為必要之調查。

Ⅳ 法院為交付審判之裁定時，視為案件已提起公訴。

Ⅴ 被告對於第二項交付審判之裁定，得提起抗告；駁回之裁定，不得抗告。

⑼⑴一、本條新增。

二、聲請交付審判之裁定，為求慎重，法院應以合議方式為之，增訂第1項。告訴人向法院聲請交付審判，法院若認聲請係無理由或有理由者之處置，於第2項明定。

三、法院為明再議駁回之案件，是否確有裁定交付審判之必要，允宜賦予得調查證據之職權，增訂第3項。

四、基於「無訴即無裁判」之刑事訴訟法基本原理，應認交付審判之裁定，視為該案件已提起公訴，爰於第4項明定之。

五、法院駁回聲請交付審判之裁定或裁定准予交付審判，性質上均屬程序事項之裁定，為免訴訟關係久懸未決，爰於本條第5項明定。

第 258 條之 4 　（交付審判之程序）

交付審判之程序，除法律別有規定外，適用第二編第一章第三節之規定。

⑼⑴一、本條新增。

二、依第258條之規定，法院為交付審判之裁定時，視為案件已提起公訴。因此，有關交付審判後之訴訟程序，宜與檢察官起訴之程序同，爰明定適用第二編第一章第三節之規定。

第 259 條 　（不起訴或緩起訴處分之效力㈠——羈押、扣押物）

Ⅰ 羈押之被告受不起訴或緩起訴之處分者，視為撤銷羈押，檢察官應將被告釋放，並應即時通知法院。

Ⅱ為不起訴或緩起訴之處分者，扣押物應即發還。但法律另有規定、再議期間內、聲請再議中或聲請法院交付審判中遇有必要情形，或應沒收或為偵查他罪或他被告之用應留存者，不在此限。

⑼一、偵查中羈押之被告，受緩起訴之處分者，應與被告受不起訴處分者同，其羈押原因已消滅，而視為撤銷羈押，第1項修正增列。

二、第259條之1增訂不起訴或緩起訴處分，扣押物沒收之相關規定，爰配合於本條第2項增列「法律另有規定」等文字，並將聲請法院交付審判中，遇有必要應留存扣押物之情形，增列於但書。

◇視為撤銷羈押：參見本法第108條。

第259條之1　（宣告沒收之聲請）

檢察官依第二百五十三條或第二百五十三條之一為不起訴或緩起訴之處分者，對刑法第三十八條第二項、第三項之物及第三十八條之一第一項、第二項之犯罪所得，得單獨聲請法院宣告沒收。

⑽配合刑法關於沒收制度之重大變革，沒收與犯罪有密切關係之財產，已不以被告所有者為限，且沒收標的除供犯罪所用或犯罪預備之物及犯罪所得外，尚包括犯罪所生之物，爰配合修正本條。

第260條　（不起訴或緩起訴處分之效力㈡——再行起訴）

不起訴處分已確定或緩起訴處分期滿未經撤銷者，非有左列情形之一，不得對於同一案件再行起訴：

一　發現新事實或新證據者。

二　有第四百二十條第一項第一款、第二款、第四款或第五款所定得為再審原因之情形者。

⑼對於檢察官之起訴裁量權已有適當之內部及外部監督，對於不起訴處分已確定或緩起訴期滿未經撤銷者，主管機關自宜賦予實質之確定力，爰修訂「緩起訴處分期滿未經撤銷者」之規定。

◇不起訴處分確定：不起訴處分經再議、交付審判等程序均遭駁回；或緩起訴期間經過且未經撤銷而確定，其所生的法律效果是再訴禁止，禁止對同一事件再行起訴。

▲【院2152】非告訴乃論之罪，檢察官誤認為親告罪，據告訴人之撤回告訴，依刑事訴訟法第231條第5款為不起訴之處分確定後，續據另有告訴權之人告訴，經偵查結果，認為應予起訴時，自得再行起訴，不受同法第239條之限制。

▲【52臺上1048】刑事訴訟法（舊）第239條所謂同一案件，指同一訴訟物體，即被告及犯罪事實均相同者而言，不以起訴或告訴時所引用之法條或罪名為區分標準。

▲【57臺上1256】刑事訴訟法第260條第1款所謂發見新事實或新證據者，係指於不起訴分前未經發現至其後始行發現者而言，若不起訴處分前，已經提出之證據，經檢察官調查斟酌者，即非該條款所謂發見之新證據，不得據以再行起訴。

▲【69臺上1139】按依刑事訴訟法第260條第1款之規定，不起訴處分已確定者，非發現新事實或新證據，不得對於同一案件，再行起訴，所謂發見新事實或新證據，係指於不起訴處分前，未經發見，至其後始行發見者而言，若不起訴處分前，已經提出之證據，經檢察官調查斟酌者，即非前述條款所謂發見之新證據，不得據以再行起訴，本件上訴人因過失致人於死案件，先經臺中區汽車肇事鑑定委員會鑑定結果，認上訴人不負過失責任，經檢察官予以不起訴處分確定，嗣經臺灣省交通處汽車肇事鑑定案件覆議小組覆議結果，認上訴人應負過失責任，兩者所憑事證，完全相同，要不因前後確定意見之不同，即可視後之鑑定意見為新事實或新證據之發見，而再行起訴。

▲【72臺上3311】告訴人前控告上訴人詐欺、偽證一案中，經檢察官偵查結果，將詐欺部分提起公訴，對牽連犯偽證部分僅在該起訴書內敘明認為其無具結能力，不構成偽證罪之理由，並未經予以不起訴處分，自不生不起訴處分確定之效力，於詐欺部分宣告無罪確定後，告訴人又對偽證罪為告訴，經檢察官偵查中發見上訴人仍有具結之義務，再行起訴，自不受刑事訴訟法第260條之限制。

▲【94臺非215】參見本法第253條之1。

第261條　（停止偵查——民事訴訟終結前）

犯罪是否成立或刑罰應否免除，以民事法律關係為斷者，檢察官應於民事訴訟終結前，停止偵查。

刑事訴訟法　第二編　第一審　（第二六二～二六四條）

◇**停止偵查**：指犯罪案件若以民事法律關係為前提，民事訴訟終結前，檢察官應停止偵查。本條乃第 228 條偵查法定原則之法定例外。

第 262 條　（終結偵查之限制）

犯人不明者，於認有第二百五十二條所定之情形以前，不得終結偵查。

◇**犯人不明**：指不清楚犯罪之行為人是何人。

◇**行政簽結**：檢察官受理案件會區分為偵字案與他字案。偵字案表示檢察官進行偵查；他字案是因為犯罪嫌疑人或犯罪事實不甚明確，最終若無法發現犯嫌或犯行，則以行政簽結的方式終結本案，並不具有不起訴處分之效力，故不適用再議、交付審判。但他字案若案情明朗，則可轉為偵字案，繼續偵查。

第 263 條　（起訴書之送達）

第二百五十五條第二項及第三項之規定，於檢察官之起訴書準用之。

▲【28 上 3423】檢察官之起訴書，依刑事訴訟法第 242 條（現行法第 263 條）規定，準用同法第 234 條第 2 項（現行法第 255 條）之結果，固應送達於被告，但不為送達時，亦僅訴訟程序違背規定，要難以此認為無合法起訴之存在。

第二節　起　訴

第 264 條　（起訴之程式與起訴書應記載事項）

Ⅰ 提起公訴，應由檢察官向管轄法院提出起訴書為之。

Ⅱ 起訴書，應記載左列事項：
　　一　被告之姓名、性別、年齡、籍貫、職業、住所或居所或其他足資辨別之特徵。
　　二　犯罪事實及證據並所犯法條。

Ⅲ 起訴時，應將卷宗及證物一併送交法院。

◇**起訴狀一本原則**：為目前美國、日本所採行之制度。我國司法改革聲浪中，也有不少倡議者主張臺灣應採此制度。附帶一提，一本的「本」係日文單位詞之翻譯，並非卷證僅限一本或只有一本。採行此制度通常會配合陪審團制度，由檢辯雙方自行蒐集，法官處於中立第三者聽審的位置，不主動調查證據、不事先閱卷，待庭期時由檢方將其起訴之證據資料開展，辯方與審判者此時才第一次接觸到起訴之卷證。**優點**是法官與陪審團均如同白紙一般，毫無偏見地判斷犯罪事實。**缺點**在審判者不熟悉犯罪事實，無法主導訴訟程序進行而變得冗長，有時甚至淪為檢辯雙方的表演場。

◇**卷證併送制度**：檢察官於起訴時，應將犯罪事實詳列於起訴書中、且將卷宗證據資料一併送交法院，德國採行此制度，目前我國刑事訴訟法亦同。

◇**卷證併送制度遭人批評之處在**：法官事前閱覽卷宗資料等，恐汙染其心證，產生被告有罪之預斷，於審判中無法貫徹無罪推定原則。但另一方面，法官可事前閱覽卷宗資料，促進訴訟之進行速度；辯護人可聲請檢閱檢察官送交之卷證，熟悉控方所掌握之資料，較有利辯護之準備。卷證併送是否全然不利於被告，亦值得思索。

◇**犯罪事實**：指檢察官偵查後，認定被告所為符合構成要件之過去事實。

▲【院 1453】商號無刑事訴訟當事人能力及刑事訴訟行為能力，第一審誤以商號為刑事被告，判處罪刑，其判決為無效，**無刑事訴訟行為能力之商號，對於無效判決而上訴，其程序顯不合法**，自應駁回。再此類駁回上訴之案件，既涉及原判無效之問題，務須於判決書內敘述明白，以免誤會。

▲【64 臺非 142】被告所犯之法條，起訴書中雖應記載，但**法條之記載，究非起訴之絕對必要條件**，若被告有兩罪，起訴書中已載明其犯罪事實而僅記載一個罪名之法條，其他一罪雖未記載法條，亦應認為業經起訴。

▲【100 臺上 616】法院審判之對象，為起訴之犯罪事實，並不受起訴法條之拘束，即起訴範圍，應以起訴書犯罪事實欄所指控之犯罪事實為準，檢察官如於起訴書所犯法條欄有所主張並記載，固可供法院之參考，如無主張並明確記載，即應由法院就起訴書犯罪事實欄之記載內容予以判斷，法院並不受檢察官所引起訴法條之拘束。故如起訴書業已載明其犯罪事實，或由其記載之犯罪事實，已可探知其指控被告犯罪之真意，雖誤引或漏引起訴法條，仍應認為業已起訴。

▲【103 臺上 4474】案件有無起訴，端視其是否在檢察官起訴書所載犯罪事實範圍之內而定；且**認定事實、適用法律為法院之職權，法院在不妨害起訴同一事實之範圍內，得自由認定事實、適**

用法律，並不受檢察官起訴書所載法條或法律見解之拘束。又按刑事訴訟法第 264 條第 2 項關於起訴書程式之規定，旨在界定起訴之對象，亦即審判之客體，並兼顧被告行使防禦權之範圍，其中屬於絕對必要記載事項之犯罪事實，係指犯罪構成要件之具體事實。苟起訴書所記載之犯罪事實與其他犯罪不致相混，足以表明其起訴之範圍者，即使記載未詳或稍有誤差，事實審法院亦應依職權加以認定，不得以其內容簡略或記載不詳，而任置檢察官起訴之犯罪事實於不顧。

第 265 條　（追加起訴之期間、限制及方式）

I.於第一審辯論終結前，得就與本案相牽連之犯罪或本罪之誣告罪，追加起訴。

II.追加起訴，得於審判期日以言詞為之。

◇**本罪之誣告罪**：指被告所犯之罪是受人誣告。

◇**追加起訴**：檢察官得於第一審言詞辯論終結前，以書狀追加起訴，或於審判期日以言詞追加之。

▲【26 渝上 1057】刑事訴訟法第 244 條（現行法第 265 條）之追加起訴，限於在第一審辯論終結以前始得為之，上訴人等不服簡易庭第一審判決提起上訴後，第二審法院檢察官於第二審審判時，就搶奪部分，追加起訴，顯屬不合。

▲【83 臺抗 270】參見本法第 7 條。

▲【87 臺上 540】追加自訴係就與已經自訴之案件無單一性不可分關係之相牽連犯罪（指刑事訴訟法第 7 條所列案件），在原自訴案件第一審辯論終結前，加提獨立之新訴，俾與原自訴案件合併審判，以收訴訟經濟之效，此觀刑事訴訟法第 343 條準用第 265 條自明；如追加自訴之犯罪，經法院審理結果，認定與原自訴案件之犯罪有實質上或裁判上一罪之單一性不可分關係，依同法第 343 條準用第 267 條，既為原自訴效力所及，對該追加之訴，自應認係就已經提起自訴之案件，在同一法院重行起訴，依同法第 343 條準用第 303 條第 2 款，應於判決主文另為不受理之諭知，始足使該追加之新訴所發生之訴訟關係歸於消滅，而符訴訟主義之法理。

▲【96 臺上 7698】檢察官追加起訴，係就與已經起訴之案件，無單一性不可分關係之相牽連犯罪（指刑事訴訟法第 7 條所列案件）或本罪之誣告罪，在原起訴案件第一審辯論終結前，追加獨立新訴，俾便及時與原起訴案件合併審判，以收

訴訟經濟之效，此觀刑事訴訟法第 265 條第 1 項之規定甚明；如檢察官追加起訴之犯罪，經法院審理結果，認與原起訴案件之犯罪事實，有實質上或裁判上一罪之單一性不可分關係時，依同法第 267 條規定，該部分原即為檢察官起訴效力所及，對該追加之訴，自應認係就已經提起公訴之案件，在同一法院重行起訴，而依同法第 303 條第 2 款規定，於判決主文內另為不受理之諭知，始足使該追加新訴所發生之訴訟關係歸於消滅，而符訴訟主義之法理。則檢察官追加起訴之新訴，係另一案件，僅為訴之合併，與原訴案件屬各別之二案件，應分別審判；此與起訴效力所及之犯罪事實擴張，仍屬單一案件，法院依審判不可分原則，應全部併予審判之情形，顯然有別，不容混淆。

第 266 條　（起訴對人的效力）

起訴之效力，不及於檢察官所指被告以外之人。

◇**檢察官所指被告之判斷**：指何人為被告。學說實務見解分歧，有意思說、表示說、行動說等。「**意思說**」是指被告為何人，以檢察官追訴之意思為斷。「**表示說**」是指以檢察官記載於起訴書上之人為被告。「**行動說**」則是以檢察官實際追訴行動的對象為被告。此三說的區別實益，在於冒名、頂替、冒名頂替的案件。

冒名	某甲犯罪，某甲到案時自稱是某乙（假冒他人名字），實務上對此採**行動說**，檢察官起訴對象是某甲，最高法院的解決方案多為裁定更正姓名
頂替	某甲犯罪，某乙到案自稱是某乙自己犯罪，實務上對此採**行動說**，檢察官起訴對象乃某乙，若審判中發現，法院應對乙為無罪判決，另行起訴某乙之頂替罪與某甲之罪
冒名頂替	某甲犯罪，某乙到案自稱「我是某甲，我犯罪。」此時實務採**表示說**，以某甲為被告

▲【70 臺上 101】起訴書所記載之被告姓名，一般固與審判中審理對象之被告姓名一致，惟如以偽名起訴，既係**檢察官所指為被告之人**，縱在審判中始發現其真名，法院亦得對之加以審判，並非未經起訴。

刑事訴訟法 第二編 第一審 （第二六七～二六八條）

第267條 （起訴對事的效力——公訴不可分）

　　檢察官就犯罪事實一部起訴者，其效力及於全部。

◇**單一案件**：指起訴的犯罪事實是否具備的單一性。單一性依實務見解必須符合：檢察官所起訴的事實（**顯在性事實**）與未經起訴的事實（**潛在性事實**），兩部分均有罪，且為訴訟法上的一罪關係。

◇**訴訟法上的一罪關係**：與刑法學說上的罪數論並不完全相等。訴訟法上的一罪關係可分為：實質上一罪與裁判上一罪。**前者**包括單純一罪，以及接續犯、繼續犯、集合犯、結合犯、吸收犯、加重結果犯；**後者**包括想像競合犯與已經廢除的牽連犯、連續犯。簡言之，刑法競合論所要處理的是評價犯罪，禁止過分評價也避免評價不足，多數學說從「**行為數**」出發，先確定行為數，再論罪數。刑事訴訟法為了訴訟經濟、避免裁判矛盾等因素，重新建構了「**訴訟法上的一罪關係**」；故想像競合縱使是一行為觸犯數罪名，因為此時國家對被告僅有一個刑罰權，便擬制為裁判上一罪。

◇**一部起訴**：檢察官出於各種原因（例如調查未完足、或本於法律確信認定無罪），只起訴了部分的犯罪事實；為避免日後耗費司法資源於追訴同一個犯罪事實，也避免裁判矛盾、被告遭重複起訴等缺點，因此若起訴未起訴之部分與已起訴之部分係一個犯罪事實，具有單一性，則一部起訴效力及於全部之犯罪事實。

◇**公訴不可分**：指起訴不可分之效力，若起訴部分與不起訴部分為單一案件且均為有罪，始具不可分關係，為公訴效力所及，亦為法院審判之範圍。

▲【37特覆3722】刑事訴訟法第246條（現行法第267條）規定，**檢察官就犯罪事實一部起訴者，其效力及於全部，係指已起訴之部分及未起訴之部分，均應構成犯罪，並且有牽連關係者而言**，若起訴之事實不構成犯罪，縱未起訴之部分應構成犯罪，根本上既不生牽連關係，即無一部效力及於全部之餘地。

▲【41臺上113】傷害致死罪，係屬結果加重罪之一種，檢察官既就其傷害罪起訴，依刑事訴訟法（舊）第246條規定，其效力及於全部，法院自得加以審判。

▲【43臺上690】檢察官既已就上訴人偽造文書部分之事實提起公訴，則其與此事實有牽連關係之瀆職（即圖利）行為，依公訴不可分之原則，受理法院自屬有權審判，該檢察官就此具有不可分性之整個犯罪事實強裂為二，於就偽造文書部分起訴後，而將瀆職部分予以不起訴處分，其處分即應認為無效。

▲【70臺上781】意圖他人受刑事處分而使用偽造證據，其使用偽造證據雖或更觸犯行使偽造私文書罪名，係一行為而犯數罪，但必須上訴人所自訴準誣告罪成立，法院始能以一部起訴其效力及於全部之例，併予論究，若非所訴者並不構成犯罪，即無想像競合犯之可言。

▲【87臺上540】參見本法第265條。

▲【88臺上4382】檢察官就被告之全部犯罪事實以實質上或裁判上一罪起訴者，因其刑罰權單一，在審判上為一不可分割之單一訴訟客體，法院自應就全部犯罪事實予以合一審判，以一判決終結之，如僅就其中一部分加以審認，而置其他部分於不論，即屬刑事訴訟法第379條第12款所稱「已受請求之事項未予判決」之違法；此與可分之數罪果如有漏判，仍可補判之情形，迥然有別。

第268條 （不告不理原則）

　　法院不得就未經起訴之犯罪審判。

▲【院2393】檢察官就實質上或審判上一罪之犯罪事實起訴一部者，依刑事訴訟法（舊）第246條之規定，其效力固應及於全部，惟其已起訴之事實如不構成犯罪，即與未經起訴之其他事實不發生該條所稱犯罪事實一部與全部之關係，依同法（舊）第247條規定，法院不得就未經起訴之其他事實併予審判。

▲【29上43】法院之審判，固應以起訴之犯罪事實為範圍，但法院於不妨害事實同一之範圍內，仍得自由認定事實，適用刑罰，自訴人在第一狀訴上訴人等串同搶取其所存佃戶家之穀，雖未指明結夥三人以上，然上訴人甲教唆結夥三人以上搶奪，及上訴人乙實施結夥三人以上搶奪之事實，既屬同一犯罪之行為，不過行為人之多寡不同，**在刑法上規定之刑罰有異，仍不失為事實同一**，原審論上訴人甲教唆三人以上結夥搶奪罪，上訴人乙三人以上結夥搶奪罪，揆之上開說明，並無違誤。

▲【32上2105】**數罪併罰之案件，因其數罪間**

均各有獨立之犯罪事實，既無審判上不可分之關係，則檢察官或自訴人如僅就一個犯罪事實起訴，縱使審理中發見被告尚犯有他罪，依不告不理之原則，自不得就他罪予以審判。

▲【45 臺上 287】刑事訴訟法第 247 條（現行法第 268 條）**所謂法院不得就未經起訴之犯罪審判，係指犯罪完全未經起訴者而言，如果起訴事實中敘述被告犯罪之時間、地點略有錯誤，法院於判決時予以校正，或起訴之事實並無瑕疵，而法院判決認定犯罪之時地稍有出入，均係判決實體上是否妥適之問題，要無就未經起訴之犯罪審判之程序違法可言。**

▲【45 臺上 472】未經起訴之犯罪，除與起訴之犯罪有審判不可分之關係外，法院不得加以審判，觀諸刑事訴訟法第 247 條（現行法第 268 條）之規定甚明，第一審檢察官對被告意圖姦淫和誘有配偶之人脫離家庭部分，並未提起公訴，第一審認該部分與已起訴之犯罪無審判上不可分之關係，而予以單獨論處罪刑，原審以被告該部分犯罪不能證明，將第一審判決撤銷，另為諭知無罪之判決，於法均有未合。

▲【47 臺非 44】被告被訴妨害風化部分，業經檢察官以告訴人並非良家婦女，與刑法第 231 條之構成要件不符，處分不起訴，僅就傷害及妨害自由部分起訴，而原判決既認被告未妨害自由，自與未經起訴之妨害風化部分，不生牽連關係。竟就被告妨害風化部分判處罪刑，顯係就未經起訴之犯罪審判，即屬有違法令。

▲【48 臺上 228】法院不得就未經起訴之犯罪事實審判，而諭知科刑之判決得變更檢察官所引應適用之法條者，亦應以起訴之事實為限，為刑事訴訟法（舊）第 247 條、第 292 條之所明定。本件檢察官僅就被告共同走私之犯罪事實提起公訴，原審竟**就其未起訴之竊盜事實，自行認定而加以審判，並變更起訴法條，論處被告以竊盜罪刑，於法顯有未合。**

▲【70 臺上 2348】法院不得就未經起訴之犯罪事實審判，而諭知科刑之判決，得變更檢察官所引應適用之法條者，亦應以起訴之事實為限。本件檢察官係**以上訴人違反票據法**之犯罪事實提起公訴，第一審亦以違反票據法罪判處罰金，原審竟就其未起訴之偽造有價證券事實，自行認定，而加以審判，並變更起訴法條，論處上訴人以偽造有價證券罪刑，於法顯有未合。

第 269 條　（撤回起訴之時期、原因及程式）

Ⅰ檢察官於第一審辯論終結前，發見有應不起訴或以不起訴為適當之情形者，得撤回起訴。

Ⅱ撤回起訴，應提出撤回書敘述理由。

▲【院 523】起訴經撤回後，毋庸再為不起訴之處分，上級首席檢察官因聲請再議命令起訴，自屬違背刑訴法第 264 條第 2 項規定，下級檢察官依此命令起訴，法院應為不受理之判決。

第 270 條　（撤回起訴之效力）

撤回起訴與不起訴處分有同一之效力，以其撤回書視為不起訴處分書，準用第二百五十五條至第二百六十條之規定。

第三節　審　判

第 271 條　（審判期日之傳喚及通知）

Ⅰ審判期日，應傳喚被告或其代理人，並通知檢察官、辯護人、輔佐人。

Ⅱ審判期日，應傳喚被害人或其家屬並予陳述意見之機會。但經合法傳喚無正當理由不到場，或陳明不願到場，或法院認為不必要或不適宜者，不在此限。

⑱一、第 1 項不予修正。

二、增訂第 2 項。

▲【49 臺上 1356】審判期日應傳喚被告或其代理人，並通知檢察官、辯護人、輔佐人為刑事訴訟法第 250 條（現行法第 271 條）之所明定，上訴人等在原審既曾委任律師為共同辯護人，乃**原審並未於審判期日通知該辯護人到庭辯護，而逕行判決，其所踐行之訴訟程序，自屬於法有違。**

▲【70 臺非 85】參見本法第 35 條。

第 271 條之 1　（委任告訴代理人之程序及準用規定）

Ⅰ告訴人得於審判中委任代理人到場陳述意見。但法院認為必要時，得命本人到場。

Ⅱ前項委任應提出委任書狀於法院，並準用第二十八條、第三十二條及第三十三條第一項之規定，但代理人為非律師者於審判中，對於卷宗及證物不得檢閱、抄錄或攝影。

⑩一、第1項未修正。

二、本法第 33 條已於 96 年 7 月 4 日增訂第 2 項，爰配合修正第 2 項。

第 271 條之 2 （審判中之隱私保護及隔離遮蔽）

I.法院於審判中應注意被害人及其家屬隱私之保護。

II.被害人依第二百七十一條第二項之規定到場者，法院依被害人之聲請或依職權，審酌案件情節及被害人之身心狀況，並聽取當事人及辯護人之意見後，得利用遮蔽設備，將被害人與被告、旁聽人適當隔離。

⑩一、本條新增。

二、刑事審判程序原則上係於公開法庭行之，為避免在場之人，於法院進行人別訊問、當事人、代理人或辯護人於詰問證人、鑑定人，或進行其他證據調查時，獲知被害人或其家屬之隱私，例如出生年月日、住居所、身分證字號等得以直接或間接方式識別該個人之資料，而造成其等之困擾，並參酌司法改革國是會議關於「法院於行公開審理程序時，應保障被害人或其家屬之隱私，如非必要，不揭露被害人之相關個資」之決議內容，故規定法院於訴訟程序進行中，應注意被害人及其家屬隱私之保護，爰於本條第 1 項明定之。

三、考量被害人於審判中面對被告時，常因懼怕或憤怒而難以維持情緒平穩，及為維護被害人之名譽及隱私，避免旁聽之人識別其樣貌，而增加被害人之心理負擔，甚而造成被害人之 2 度傷害。爰參酌性侵害犯罪防治法第 16 條、日本刑事訴訟法第 316 條之 39 第 4 項、第 5 項之規定，明定法院依被害人之聲請或依職權，於綜合考量案件情節及被害人之身心狀況，如犯罪性質、被害人之年齡、心理精神狀況及其他情事，並聽取當事人及辯護人之意見後，得使用適當之遮蔽措施，使被告、在場旁聽之人無法識別被害人之樣貌。法院於個案中可視案件情節及法庭設備等具體情況，採用遮蔽屏風、聲音及影像相互傳送之科技設備或其他措施，將被害人與被告、旁聽人適當隔離，爰增訂本條第 2 項。

第 271 條之 3 （審判中之被害人陪同措施）

I.被害人之法定代理人、配偶、直系或三親

等內旁系血親、家長、家屬、醫師、心理師、輔導人員、社工人員或其信賴之人，經被害人同意後，得於審判中陪同被害人在場。

II.前項規定，於得陪同在場之人為被告時，不適用之。

⑩一、本條新增。

二、被害人於犯罪發生後，如使其獨自面對被告，恐有受到二度傷害之虞。是為協助被害人於審判中到場時維持情緒穩定，爰參酌性侵害犯罪防治法第 15 條、日本刑事訴訟法第 316 條之 39 第 1 項、德國刑事訴訟法第 406F 條第 2 項、第 406G 條之規定，明定被害人之一定親屬、醫師、心理師、輔導人員、社工人員或其信賴之人得陪同在場。而所稱「其信賴之人」，係指與被害人關係緊密之重要他人，例如褓母、同性伴侶、好友均屬之。又為尊重被害人意願，具本條所定資格或關係而得陪同之人，於審判中陪同在場時，自以經被害人同意為前提，爰增訂本條第 1 項。另陪同制度之目的在於藉由陪同人之在場協助，使被害人維持情緒穩定，陪同人自不得有妨害法官訊問或當事人、代理人或辯護人詰問之行為。如陪同人有影響訴訟進行之不當言行，或影響被害人、證人、鑑定人或其他訴訟關係人陳述時，自應由審判長視具體情況適時勸告或制止，俾維持法庭秩序，附此敘明。

三、被告既經檢察官認有犯罪嫌疑而起訴，自不宜使其陪同被害人在場，故參考性侵害犯罪防治法第 15 條第 2 項之規定，明定具有第 1 項身分之人為被告時，不得陪同在場，爰增訂本條第 2 項。

第 271 條之 4 （審判中之移付調解及轉介修復式司法程序）

I.法院於言詞辯論終結前，得將案件移付調解；或依被告及被害人之聲請，於聽取檢察官、代理人、辯護人及輔佐人之意見後，轉介適當機關、機構或團體進行修復。

II.前項修復之聲請，被害人無行為能力、限制行為能力或死亡者，得由其法定代理人、直系血親或配偶為之。

⑩一、本條新增。

二、「修復式正義」或稱「修復式司法」(Restorative Justice)，旨在藉由有建設性之參與及

對話，在尊重、理解及溝通之氣圍下，尋求彌補被害人之損害、痛苦及不安，以真正滿足被害人之需要，並修復因衝突而破裂之社會關係。我國既有之調解制度固在一定程度上發揮解決糾紛及修復關係之功能，惟調解所能投入之時間及資源較為有限，故為貫徹修復式司法之精神並提升其成效，亦有必要將部分案件轉介適當機關、機構或團體，而由專業之修復促進者以更充分之時間及更完整之資源來進行修復式司法程序。又法務部自99年9月1日起擇定部分地方法院檢察署試辦修復式司法方案，嗣自101年9月1日起擴大全國各地方法院檢察署試辦，並自99年9月起辦理修復促進者培訓工作，在本土實踐上業已累積相當之經驗，為明確宣示修復式司法於我國刑事程序之重要價值，實應予以正式法制化，而以法律明定關於移付調解及轉介修復式司法程序之授權規範，爰參考德國刑事訴訟法第155A條之規範內容，明定法院於訴訟繫屬後、言詞辯論終結前，斟酌被告、被害人或其家屬進行調解之意願與達成調解之可能性、適當性，認為適當者，得使用既有之調解制度而將案件移付調解，或於被告及被害人均聲請參與修復式司法程序時，法院於聽取檢察官、代理人、辯護人及輔佐人之意見後，得將案件轉介適當機關、機構或團體進行修復，由該機關、機構或團體就被告、被害人是否適合進入修復式司法程序予以綜合評估，如認該案不適宜進入修復，則將該案移由法院繼續審理；反之，則由該機關、機構或團體指派之人擔任修復促進者進行修復式司法程序，並於個案完成修復時，將個案結案報告送回法院，以供法院審理時參考，爰新增第1項之規定。

三、又於被害人無行為能力、限制行為能力或死亡之情形，為使被害人之家屬仍得藉由修復式司法療癒創傷、復原破裂的關係，爰參酌第319條第1項之規定，於第2項明定之。

第 272 條　（第一次審判期日傳票送達期間）

第一次審判期日之傳票，至遲應於七日前送達；刑法第六十一條所列各罪之案件至遲應於五日前送達。

▲【55 臺上 1915】原審55年6月30日審判期日之傳票，遲至審理前二日方送達上訴人收受，其訴訟程序雖不無違誤，第上訴人既已到庭陳述，**參與辯論，顯然於判決無影響。**

▲【69 臺上 2623】就審期間，以第一次審判期日之傳喚為限，刑事訴訟法第272條規定甚明。原審第一次68年11月20日審判期日之傳票，早於同月9日送達上訴人收受，屆期上訴人未到庭，再傳同年12月4日審判，已無就審期間之可言。

▲【78 臺非 181】原審於受理後，經指定78年8月16日為審判期日，並填發傳票，傳喚被告到案。屆期被告未到，原審即於是日辯論終結，並於判決理由內敘明被告經合法傳喚無正當理由不到庭，爰不待其陳述，逕行判決云云，但查第一次審判期日之傳票，刑法第61條所列各罪之案件，至遲應於五日前送達，此於刑事訴訟法第272條後段設定有明文，此項規定，依同法第364條，又為第二審所準用。**既云至遲應於五日前送達，依文義解釋，自不包括五日之本數在內，**本件被告所犯賭博罪，係屬刑法第61條所列之罪之案件，傳票至遲應於五日前送達。查核卷附之送達證書，被告之傳票，係於78年8月11日方經郵局郵務員送達被告收受，有送達證書附於原審卷第十一頁可稽。被告收受第一次審判期日之傳票恰僅五日，並非在至遲應於五日前送達，即與法定審判期日之猶豫期間不合，不能認為已經合法傳喚，其竟率行缺席判決，依前開說明，其所踐行之訴訟程序顯有違誤。

▲【99 臺上 2949】第1次審判期日之傳票，至遲應於7日前送達，刑事訴訟法第272條前設定有明文，此項**猶豫期間之規定，在使被告行使防禦權，得有充分之準備而設，並使辯護人得有接見被告或閱覽卷宗之機會，得以蒐集並整理有利於被告之訴訟資料，以便行使其辯護權。**

第 273 條　（審判期日前對被告或其代理人之傳喚及訴訟行為欠缺程式之定期補正）

I 法院得於第一次審判期日前，傳喚被告或其代理人，並通知檢察官、辯護人、輔佐人到庭，行準備程序，為下列各款事項之處理：

一　起訴效力所及之範圍與有無應變更檢察官所引應適用法條之情形。

二　訊問被告、代理人及辯護人對檢察官起訴事實是否為認罪之答辯，及決定可否適用簡式審判程序或簡易程序。

三　案件及證據之重要爭點。

四　有關證據能力之意見。
五　曉諭為證據調查之聲請。
六　證據調查之範圍、次序及方法。
七　命提出證物或可為證據之文書。
八　其他與審判有關之事項。

II.於前項第四款之情形，法院依本法之規定認定無證據能力者，該證據不得於審判期日主張之。

III.前條之規定，於準備程序準用之。

IV.第一項程序處理之事項，應由書記官製作筆錄，並由到庭之人緊接其記載之末行簽名、蓋章或按指印。

V.第一項之人經合法傳喚或通知，無正當由不到庭者，法院得對到庭之人行準備程序。

VI.起訴或其他訴訟行為，於法律上必備之程式有欠缺而其情形可補正者，法院應定期間，以裁定命其補正。

刑事訴訟法 第二編 第一審（第二七三條）

⑨² 一、刑事審判之集中審理制，既要讓訴訟程序密集而不間斷地進行，則於開始審判之前，即應為相當之準備，始能使審判程序密集、順暢。爰參考日本刑事訴訟規則第 194 條之 3 規定，除修正、組合本條第 1 項、第 2 項之文字內容外，並將準備程序中應處理之事項，增列其中，以資適用。二、依本法第 264 條第 1 項第 2 款規定，檢察官之起訴書固應記載被告之犯罪事實及所犯法條，惟如記載不明確或有疑義，事關法院審判之範圍及被告防禦權之行使，自應於準備程序中，經由訊問或闡明之方式，先使之明確，故首先於第 1 款定之。惟此一規定，其目的僅在釐清法院審判之範圍，並便於被告防禦權之行使，應無礙於法院依本法第 267 條規定對於案件起訴效力所為之判斷。其次，案件如符合第 273 條之 1 或第 449 條第 2 項之規定時，即可嘗試瞭解有無適用簡式審判程序或簡易程序之可能，以便儘早開啟適用之契機，避免耗費不必要之審判程序，故有第 2 款之規定。另當事人於準備程序中，經由起訴及答辯意旨之提出，必能使案件及證據重要爭點浮現，此時再加以整理，當有助於案情之釐清，故為第 3 款之規定。又當事人對於卷內已經存在之證據或證物，其證據能力如有爭執，即可先予調查，倘法院依本法之規定，認定該證據無證據能力者，即不得於審判期日主張之，是有第 4 款及第 2 項之規定，以節省勞費。第 1 項第 5 款、第 6 款則係於曉諭當事人或辯護人為調查證據之聲

請時，於整理證據後，就證據之調查範圍、次序及方法所為之規定。又如當事人有提出證物或可為證據之文書必要時，即應命其提出，俾供調查、審判之用，以免臨時無法提出，影響審判之進行，故為第 7 款之規定。法院於準備程序中應為之事項，常隨案件而異，其他例如有無第 302 條至第 304 條所定應為免訴、不受理或管轄錯誤判決之情形，均可一併注意之，故除前述 7 款之外，另於第 8 款就其他與審判有關之事項為概括之規定，以求周延。三、準備程序既為案件重要事項之處理，亦應予當事人或辯護人適當之準備期間，故其傳喚或通知應於期日前相當時間送達，以利程序之進行，爰增訂第 3 項準用第 272 條之規定。四、準備程序之處理，攸關案件程序之進行，為杜爭議，爰參考日本刑事訴訟規則第 194 條之 5 第 2 項及本法第 42 條第 4 項之規定，增訂第 4 項應製作筆錄之規定。五、第 1 項之人經合法傳喚或通知，如無正當理由不到庭，應許法院視情況，得對到庭之人行準備程序，以免延宕，爰增訂第 5 項之規定。六、本條原第 3 項有關訴訟行為欠缺程式之補正，其內容不修正，僅項次依序移列為第 6 項。

◇補正：指訴訟程序上有瑕疵，但並非重大至無法補足其程序，法院可訂出一定的期間，命訴訟關係之人補正。

▲【70 臺上 3317】 上訴人之自訴狀未依刑事訴訟法第 320 條第 1 項第 1 款規定記載被告之年齡、住居所或其他足資辨別之特徵，且經第一審裁定限期補正，而上訴人又未依限補正，是其起訴之程序顯屬違背規定，上訴人雖於第二審上訴後，又提出被告等之戶籍謄本，以補正被告之年籍住所，但究不能追溯其在第一審判決前之起訴程序未曾違背。原審維持第一審諭知不受理判決，自無不合。

▲【90 臺上 4521】 起訴或其他訴訟行為，於法律上必備之程式有欠缺而其情形可補正者，法院應定期間，以裁定命其補正，刑事訴訟法第 273 條第 3 項定有明文。此項關於第一審審判之規定，依同法第 364 條，亦為第二審所準用。**上訴人於第一審提起自訴時，雖漏未在自訴狀上簽名或蓋章，惟此項程序上之欠缺並非不可補正，揆諸首揭說明，法院自應先以裁定命為補正，方屬合法**。又本院 70 年臺上字第 3317 號判例意旨，係針對第一審法院已就起訴程序之欠缺而可補正之事

項，經裁定限期補正，但未據自訴人遵限補正，從而第一審以其起訴之程序違背規定而為不受理之判決，並無不合，嗣該自訴人於提起第二審上訴後始為補正，難認其得追溯在第一審判決前之起訴程序未曾違背而言，核與本件未經第一審法院裁定限期命上訴人補正之情形有間。本件既未經法院依法先命補正，原審遽認其起訴之程序違背規定，而逕撤銷第一審之實體判決，改判諭知自訴不受理，自有判決適用法則不當之違法。

▲【93臺上2033】依刑事訴訟法第279條第1項規定，準備程序處理之事項，原則上僅限於訴訟資料之聚集及彙整，旨在使審判程序能密集而順暢之進行預作準備，不得因此而取代審判期日應踐行之直接調查證據程序。**調查證據乃刑事審判程序之核心，改良式當事人進行主義之精神所在**；關於證人、鑑定人之調查、詰問，尤為當事人間攻擊、防禦最重要之法庭活動，亦為法院形成心證之所繫，除依同法第276條第1項規定，**法院預料證人不能於審判期日到場之情形者外，不得於準備程序訊問證人**，致使審判程序空洞化，破壞直接審理原則與言詞審理原則。

▲【97臺上1150】準備程序處理之事項，原則上僅限於訴訟資料之聚集及彙整，旨在使審判程序之密集、順暢進行預作準備，非唯與審判期日應踐行之直接調查證據或辯論等程序迥然有異，刑事訴訟法亦無強制辯護案件無辯護人到庭者，不得行準備程序之規定（刑事訴訟法第273條第5項規定參照）。

第273條之1　（簡式審判程序）

Ⅰ除被告所犯為死刑、無期徒刑、最輕本刑為三年以上有期徒刑之罪或高等法院管轄第一審案件者外，於前條第一項程序進行中，被告就被訴事實為有罪之陳述時，審判長得告知被告簡式審判程序之旨，並聽取當事人、代理人、辯護人及輔佐人之意見後，裁定進行簡式審判程序。

Ⅱ法院為前項裁定後，認有不得或不宜者，應撤銷原裁定，依通常程序審判之。

Ⅲ前項情形，應更新審判程序。但當事人無異議者，不在此限。

⑨二一、本條係新增。

二、刑事案件之處理，視案件之輕微或重大，或視被告對於起訴事實有無爭執，而異其審理之訴訟程序或簡化證據之調查，一方面可合理分配司法資源的利用，且可減輕法院審理案件之負擔，以達訴訟經濟之要求；另一方面亦可使訴訟儘速終結，讓被告免於訟累，是以明案應予速判，爰參考日本刑事訴訟法第291條之2，日本刑事訴訟規則第197條之2規定之簡易公判程序立法例，增訂本條第1項。

三、基於刑事訴訟重在實現正義及發見真實之必要，自以仍依通常程序慎重處理為當；又如一案中數共同被告，僅其中一部分被告自白犯罪，或被告對於裁判上一罪之案件僅就部分自白犯罪時，因這等情形有證據共通的關係，若割裂適用而異其審理程序，對於訴訟經濟之實現，要無助益，此時，自亦以適用通常程序為宜，是以參考日本刑事訴訟法第291條之3及日本刑事訴訟規則第197條之2之立法例，增訂本條第2項。

四、行簡式審判程序之裁定若經撤銷改依通常程序進行審判時，審判長應更新審理程序，但檢察官、被告若對於其之進行無意見，則設例外之規定，爰參考日本刑事訴訟法第315條之2之立法例，增訂本條第3項。

第273條之2　（簡式審判程序之證據調查）

簡式審判程序之證據調查，不受第一百五十九條第一項、第一百六十一條之二、第一百六十一條之三、第一百六十三條之一及第一百六十四條至第一百七十條規定之限制。

⑨二一、本條係新增。

二、簡式審判程序，貴在審判程序之簡省便捷，故調查證據之程序宜由審判長便宜行事，以適當之方法行之即可，又因被告對於犯罪事實並不爭執，可認定被告亦無行使反對詰問權之意，因此有關傳聞證據之證據能力限制規定無庸予以適用。再者，簡式審判程序中證據調查之程序亦予簡化，關於證據調查之次序、方法之預定、證據調查請求之限制、證據調查之方法，證人、鑑定人詰問之方式等，均不須強制適用，爰參考日本刑事訴訟法第307條之2、日本刑事訴訟規則第203條之3之規定，增訂本條。

第274條　（期日前證物之調取或命提出）

法院於審判期日前，得調取或命提出證物。

⑨一、法院於準備程序中，應不得傳喚證人、鑑定人或通譯到庭，而僅就其調查之範圍、次序及方法決定之，即為已足，爰刪除原條文此部分之規定。至當事人、辯護人聲請傳喚證人、鑑定人或通譯之權利，依第163條第1項之規定，則仍不受影響。

二、案件有關之證物，如由當事人占有中，固可依第273條第1項第7款規定命其提出，但該等證物亦可能由訴訟關係人或第三人占有，其所在不一而足，而調取或提出常需若干時間，為使審判順利進行，應許法院於審判期日前，即得調取或命提出該證物，以供於審判程序中調查之用，是仍保留該部分之規定。

第 275 條 （期日前之舉證權利）
當事人或辯護人，得於審判期日前，提出證據及聲請法院為前條之處分。

第 276 條 （期日前人證之訊問）
I.法院預料證人不能於審判期日到場者，得於審判期日前訊問之。

II.法院得於審判期日前，命為鑑定及通譯。

⑨第3項移列為修正條文第168條之1。

▲【93臺上2033】參見本法第273條。

▲【93臺上5185】刑事訴訟法第279條第1項、第276條第1項規定預料證人不能於審判期日到場，而受命法官得於審判期日前行準備程序時訊問證人之例外情形，**其所稱「預料證人不能於審判期日到場」之原因，須有一定之客觀事實，可認其於審判期日不能到場並不違背證人義務，例如因疾病即將住院手術治療，或行將出國，短期內無法返國，或路途遙遠，因故交通恐將阻絕，或其他特殊事故，於審判期日到場確有困難者，方足當之。必以此從嚴之限制，始符合集中審理制度之立法本旨，不得僅以證人空泛陳稱：「審判期日不能到場」，甚或由受命法官逕行泛詞諭知「預料該證人不能於審判期日到庭」，即行訊問或詰問證人程序，為實質之證據調查。**

第 277 條 （期日前對物之強制處分）
法院得於審判期日前，為搜索、扣押及勘驗。

第 278 條 （期日前機關之報告）
法院得於審判期日前，就必要之事項，請求該管機關報告。

第 279 條 （受命法官之指定及其權限）
I.行合議審判之案件，為準備審判起見，得以庭員一人為受命法官，於審判期日前，使行準備程序，以處理第二百七十三條第一項、第二百七十四條、第二百七十六條至第二百七十八條規定之事項。

II.受命法官行準備程序，與法院或審判長有同一之權限。但第一百二十一條之裁定，不在此限。

⑨一、配合法院組織法之用語，將「推事」修正為「法官」。

二、為配合本法修正採行改良式當事人進行主義，法官僅以中立、公正之立場，從事調查證據職責為已足，不應再負主動蒐集證據之義務，爰將有關蒐集證據之規定予以刪除。

三、受命法官於準備程序中，既不再從事實質之證據調查，爰將有關「訊問被告及調查證據」之文字修正為「使行準備程序」，以處理修正條文第273條第1項所規定之各款事項。另第274條、第276條、第277條、第278條關於調查證據之規定，常有助於審判之進行，且有其必要，乃併規定亦為受命法官得處理之事項。

四、受命法官於準備程序中，既不再主動蒐集證據及進行證據之實質調查，而依修正條文第273條第1項規定行準備程序時，已可訊問被告，爰將第2項「關於訊問被告，及蒐集或調查證據」等字，修正為「行準備程序」。

◇受命法官：指審判長指定合議庭中之一位法官進行準備程序。受命法官在刑事訴訟法中的職權有：指揮執行羈押（第103條）、簽發傳票（第175條）、選任鑑定人（第198條）、保全證據（第219條之4）、訴訟指揮權（第288條之3）、審判期日前訊問自訴人（第326條）等。受命法官之職權另可參考法院組織法第94條。

▲【93臺上2033】參見本法第273條。

▲【93臺上5185】參見本法第276條。

第 280 條 （審判庭之組織）
審判期日，應由法官、檢察官及書記官出庭。

⑨法院組織法已將「推事」之用語，修正為「法官」，爰配合為文字修正，以符法制。

第 281 條　（被告到庭之義務）

Ⅰ.審判期日，除有特別規定外，被告不到庭者，不得審判。
Ⅱ.許被告用代理人之案件，得由代理人到庭。

第 282 條　（在庭之身體自由）

被告在庭時，不得拘束其身體。但得命人看守。

第 283 條　（被告之在庭義務）

Ⅰ.被告到庭後，非經審判長許可，不得退庭。
Ⅱ.審判長因命被告在庭，得為相當處分。

第 284 條　（強制辯護案件辯護人之到庭）

第三十一條第一項所定之案件無辯護人到庭者，不得審判。但宣示判決，不在此限。

▲【91 臺非 152】刑事訴訟法第 441 條之審判違背法令，包括判決違背法令及訴訟程序違背法令，後者係指判決本身以外之訴訟程序違背程序法之規定，與前者在理論上雖可分立，實際上時相牽連。第二審所踐行之訴訟程序違背同法第 379 條第 7 款、第 284 條之規定，固屬判決前之訴訟程序違背法令。但非常上訴審就個案之具體情形審查，如認判決前之訴訟程序違背被告防禦權之保障規定，致有依法不應為判決而為判決之違誤，顯然於判決有影響者，該確定判決，即屬判決違背法令。案經上訴第三審，非常上訴審就上開情形審查，如認其違法情形，第三審法院本應為撤銷原判決之判決，猶予維持，致有違誤，顯然影響於判決者，應認第三審判決為判決違背法令。

第 284 條之 1　（合議審判）

除簡式審判程序、簡易程序及第三百七十六條第一項第一款、第二款所列之罪之案件外，第一審應行合議審判。

(106)配合第 376 條第 2 項之增訂，修正本條規定。

第 285 條　（審判開始——朗讀案由）

審判期日，以朗讀案由為始。

◇**朗讀案由**：指由法官朗誦本案被告之姓名與受追訴之罪名。

第 286 條　（人別訊問與起訴要旨之陳述）

審判長依第九十四條訊問被告後，檢察官應陳述起訴之要旨。

第 287 條　（起訴要旨陳述後之應告知事項）

檢察官陳述起訴要旨後，審判長應告知被告第九十五條規定之事項。

(92)一、為加強當事人進行主義之色彩，審判程序之進行應由當事人扮演積極主動之角色，而以當事人間之攻擊、防禦為主軸，現行條文規定檢察官陳述起訴要旨後，審判長即應就被訴事實訊問被告，與前開修法精神不合，且與交互詰問之訴訟程序進行亦有扞格之處，是檢察官陳述起訴要旨後，審判長就被訴事實訊問被告之次序應予調整，爰將本條後段部分先予刪除，為文字修正後，挪移於第 288 條第 2 項後段。

二、為保障被告之防禦權，本法於 86 年 12 月 19 日已公布增訂第 95 條告知罪名之相關規定，爰參考日本刑事訴訟法第 291 條第 2 項之規定，於本條後段，增訂審判長應告知第 95 條事項之規定，俾相呼應。

第 287 條之 1　（共同被告調查證據或辯論程序之分離或合併）

Ⅰ.法院認為適當時，得依職權或當事人或辯護人之聲請，以裁定將共同被告之調查證據或辯論程序分離或合併。
Ⅱ.前項情形，因共同被告之利害相反，而有保護被告權利之必要者，應分離調查證據或辯論。

(92)一、本條新增。

二、法院認為適當時，得依職權或當事人或辯護人之聲請，以裁定將共同被告之調查證據或辯論程序分離或合併。若各共同被告之利害相反，而有保護被告權利之必要者，則應分離調查證據或辯論，爰參考日本刑事訴訟法第 313 條及刑事訴訟規則第 210 條之規定，增訂本條，以資適用。

第 287 條之 2　（人證規定之準用）

法院就被告本人之案件調查共同被告時，該共同被告準用有關人證之規定。

刑事訴訟法 第二編 第一審 （第二八八～二八八之三條）

⑨二一、本條新增。

二、法院就被告本人之案件調查共同被告時，該共同被告對於被告本人之案件具證人之適格，自應準用有關人證之規定，爰增訂本條，以資適用。

第288條 （調查證據）

I 調查證據應於第二百八十七條程序完畢後行之。

II 審判長對於準備程序中當事人不爭執之被告以外之人之陳述，得僅以宣讀或告以要旨代之。但法院認有必要者，不在此限。

III 除簡式審判程序案件外，審判長就被告被訴事實為訊問者，應於調查證據程序之最後行之。

IV 審判長就被告科刑資料之調查，應於前項事實訊問後行之。

⑨二一、本法修正後，有關訴訟程序之進行，以採當事人間互為攻擊、防禦之型態為基本原則，法院不立於絕對主導之地位，亦即法院依職權調查證據，退居於補充、輔助之性質。因此，在通常情形下，法院應係在當事人聲請調查之證據全部或主要部分均已調查完畢後，始補充進行，是以原條文有關訊問被告後，審判長應調查證據之規定，應予修正，爰參考日本刑事訴訟法第292條之規定，修正本條第1項。

二、審判長對於當事人準備程序中不爭執之被告以外之人之陳述，為節省勞費，得僅以宣讀或告以要旨之方式代替證據之調查，但法院如認為有必要，則例外仍應調查之，為免爭議，爰予明定，增訂第2項，以資適用。

三、為避免法官於調查證據之始，即對被告形成先入為主之偏見，且助於導正偵查實務過度偏重被告自白之傾向，並於理念上符合無罪推定原則，爰於本條增訂第3項，要求審判長就被告被訴事實為訊問者，原則上應於調查證據程序之最後行之。至於適用簡式審判程序之案件，因審判長須先訊問被告以確認其對於被訴事實是否為有罪之陳述，乃能決定調查證據之方式，故於第3項併設除外之規定，以避免適用時發生扞格。

四、由於我國刑事訴訟不採陪審制，認定犯罪事實與科刑均由同一法官為之，為恐與犯罪事實無關之科刑資料會影響法官認定事實的心證，則該等科刑資料應不得先於犯罪事實之證據而調查，乃明定審判長就被告科刑資料之調查，應於其被訴事實訊問後行之，爰增訂第4項。

▲【30上3686】 刑事訴訟係採實質的真實發現主義，審理事實之法院，應直接調查證據，以為判決之基礎，故關於同一事實，**雖經民事法院判決，而刑事判決本不受其拘束，仍應依法調查**，以資審判，自不得僅以民事判決確定，即據為刑事判決之唯一根據。

▲【102臺上3234】 毒品危害防制條例第17條第1項對於供出毒品來源，因而查獲其他正犯或共犯者，減輕或免除其刑之規定，涉及刑罰權範圍擴張、減縮事由，應視同**構成刑罰權成立之基礎事實，屬於嚴格證明事項，所採之證據應具備證據能力，並應於審判期日依法定程序進行調查，始能作為刑罰量處之依據**，其調查程序屬於證據調查範圍。而**刑事訴訟法第288條第4項所稱科刑資料係指刑法第57條或第58條所規定之內容，為單純科刑情狀之事實，屬自由證明事項**，其調查次序列於審判長調查證據及就被訴事實訊問被告後行之，兩者所適用之程序並不相同。本件甲○傑是否供出來源並因而查獲其他正犯或共犯，因依毒品危害防制條例第17條第1項減輕或免除其刑之適用，屬應經嚴格證明事項，原審依嚴格證明程序調查此部分證據以認定事實，核無違誤。

第288條之1 （審判長之詢問、告知義務）

I 審判長每調查一證據畢，應詢問當事人有無意見。

II 審判長應告知被告得提出有利之證據。

⑨二一、本條新增。

二、條次變更，由原條文第173條移列，並將第1項應詢問「被告」有無意見，修正為應詢問「當事人」有無意見，以資周延。

第288條之2 （證據證明力之辯論機會）

法院應予當事人、代理人、辯護人或輔佐人，以辯論證據證明力之適當機會。

⑨二一、本條新增。

二、條次變更，由原條文第162條移列。

第288條之3 （聲明異議）

I 當事人、代理人、辯護人或輔佐人對於審

判長或受命法官有關證據調查或訴訟指揮之處分不服者，除有特別規定外，得向法院聲明異議。

II.法院應就前項異議裁定之。

㉒一、本條係由原條文第 174 條移列。

二、配合法院組織法之用語，將「推事」修正為「法官」。

三、現行條文僅限於「行合議審判之案件」，當事人或辯護人始有聲明異議之權，對於獨任審判案件之當事人或辯護人聲明異議權之保障，尚有不周，爰將該現行條文第 1 項前段之「合議審判」條件限制予以刪除，並一併賦予代理人、輔佐人聲明異議之權利，以澈底維護當事人訴訟權益。

四、本次刑事訴訟法之修正，將原條文第 174 條移回第二編第一章「審判」一節，除增列代理人、輔佐人得向法院聲明異議外，並於第 1 項條文中明白載明，當事人、代理人、辯護人或輔佐人得向法院聲明異議之對象有二，一為「有關證據調查之處分」，一為「訴訟指揮事項」，以杜爭議。另修正條文第 167 條之 6 為本條之特別規定，爰一併於本條第 1 項增訂「除有特別規定外」等文字，以避免適用時發生扞格。

五、當事人或辯護人異議權之對象，應僅限於「不法」之處分，而不包括「不當」之處分，現行條文第 2 項規定法院應就異議之「當否」裁定之，容易誤導認為得聲明異議之對象包括「不當之處分」，爰刪除「當否」二字，以資明確。

▲【94 臺上 1998】參見本法第 163 條之 2。

第 289 條　（言詞辯論）

I.調查證據完畢後，應命依下列次序就事實及法律分別辯論之：

　一　檢察官。

　二　被告。

　三　辯護人。

II.前項辯論後，應命依同一次序，就科刑範圍辯論之。於科刑辯論前，並應予到場之告訴人、被害人或其家屬或其他依法得陳述意見之人就科刑範圍表示意見之機會。

III.已依前二項辯論者，得再為辯論，審判長亦得命再行辯論。

⑩一、按犯罪事實有無之認定，與應如何科刑，均同等重要，其影響被告之權益甚鉅，原條文第 3 項僅給予當事人就科刑範圍表示意見之機會，而

未經辯論，尚有未足，爰依司法院釋字第 775 號解釋意旨，將原條文第 3 項移列第 2 項，明定當事人、辯護人就事實及法律辯論後，應依第 1 項所定次序，就科刑範圍辯論之，俾使量刑更加精緻、妥適；又刑事訴訟程序，亦不可忽視告訴人、被害人或其家屬或其他依法得陳述意見之人之權益，爰於第 2 項賦予到場之告訴人、被害人或其家屬或其他依法得陳述意見之人，於科刑辯論前就科刑範圍表示意見之機會。

二、當事人、辯護人業就事實、法律及科刑範圍辯論後，如有需要，自得再為辯論，審判長亦得命再行辯論，以期就案件爭點充分辯論而無遺漏，爰將原條文第 2 項移列修正為第 3 項。

三、第 1 項未修正。

▲【44 臺非 58】第二審之審判，除有特別規定外，準用第一審審判之規定，故審判長調查證據完畢，應由檢察官、被告及辯護人依次辯論，而此種關於審判期日之訴訟程序，是否依法踐行，並應以審判筆錄為證，刑事訴訟法第 356 條、第 282 條、第 47 條定有明文（現行法第 364 條、第 289 條、第 47 條），原審本年 1 月 19 日審判筆錄，並未載審判長調查證據完畢後，命蒞庭之檢察官及被告依次辯論，即行宣示辯論終結，其所踐行之訴訟程序，顯有違誤。

▲【48 臺上 1134】審判期日之訴訟程序，專以審判筆錄為證，原審判期日之審判筆錄，並未載有檢察官到庭辯論之要旨，及命被告為最後之陳述，其所踐行之訴訟程序，顯與刑事訴訟法第 282 條、第 283 條（現行法第 289 條、第 290 條）之規定相違背。

第 290 條　（被告之最後陳述）

審判長於宣示辯論終結前，最後應詢問被告有無陳述。

◇最後陳述：指言詞辯論最終階段，被告對本案認定之事實或適用之法律表示意見。若未給被告最後陳述之機會，乃當然違背法令（第 379 條第 11 款）之絕對上訴第三審事由。

第 291 條　（再開辯論）

辯論終結後，遇有必要情形，法院得命再開辯論。

第 292 條　（更新審判事由㈠）

I.審判期日，應由參與之法官始終出庭；如

　　有更易者，應更新審判程序。

II.參與審判期日前準備程序之法官有更易者，毋庸更新其程序。

⑩法院組織法，已將「推事」之用語，修正為「法官」，爰配合為文字修正，以符法制。

◇更新審判程序：基於法官應全程親自參與審判程序，若有法官中途加入或離開（例如：調職、死亡等），應將審判程序中的訴訟行為重新為之。

▲【29上1601】原審於再開辯論後之審判，其參與之推事雖已有更易，而審判筆錄內又無諭知更新審理之記載，但查其所踐行之程序，既重新開始進行，**即實際上已經更新審理，自不能因其未諭知更新審理之故，指為違法**。

第 293 條　（連續開庭與更新審判事由（二））

審判非一次期日所能終結者，除有特別情形外，應於次日連續開庭；如下次開庭因事故間隔至十五日以上者，應更新審判程序。

第 294 條　（停止審判（一）——心神喪失與一造缺席判決）

I.被告心神喪失者，應於其回復以前停止審判。

II.被告因疾病不能到庭者，應於其能到庭以前停止審判。

III.前二項被告顯有應諭知無罪或免刑判決之情形者，得不待其到庭，逕行判決。

IV.許用代理人案件委任有代理人者，不適用前三項之規定。

◇停止審判：指被告無法為有效的訴訟行為，例如被告心神喪失、疾病等原因，法院應停止審判。

◇逕行判決：惟若被告顯應無罪或免刑之判決，為了避免訴訟程序遭受被告身心狀況不能到庭而延宕，法院得毋待被告到庭，逕行判決。

第 295 條　（停止審判（二）——相關之他罪判決）

犯罪是否成立以他罪為斷，而他罪已經起訴者，得於其判決確定前，停止本罪之審判。

第 296 條　（停止審判（三）——無關之他罪判決）

被告犯有他罪已經起訴應受重刑之判決，法院認為本罪科刑於應執行之刑無重大關係者，得於他罪判決確定前停止本罪之審判。

▲【46臺上772】刑事訴訟法第289條（現行法第296條）所謂法院得於他罪判決確定前停止本罪之審判者，係指已經起訴之他罪與本罪各自獨立，他罪應受重刑之判決，本罪科刑於應執行之刑無重大關係者而言，若被告係以概括之意思，犯同一罪質之罪名，縱令涉及數個法條，而其較輕之罪名在法律上已包含於重罪之內，既應就較重者以連續犯論，即無適用上開法條將輕罪停止審判之餘地。

第 297 條　（停止審判（四）——民事判決）

犯罪是否成立或刑罰應否免除，以民事法律關係為斷，而民事已經起訴者，得於其程序終結前停止審判。

▲【院2782】刑事訴訟法第290條（現行法第297條）關於停止審判程序之規定，原就犯罪是否成立或刑罰應否免除，以民事法律關係為斷，及民事已經起訴之案件而設，其尚未起訴而有前述情形之案件，關於民事之法律關係，應由刑事法院自行審認，不得停止審判。

第 298 條　（停止審判之回復）

第二百九十四條第一項、第二項及第二百九十五條至第二百九十七條停止審判之原因消滅時，法院應繼續審判，當事人亦得聲請法院繼續審判。

第 299 條　（科刑或免刑判決）

I.被告犯罪已經證明者，應諭知科刑之判決。但免除其刑者，應諭知免刑之判決。

II.依刑法第六十一條規定，為前項免刑判決前，並得斟酌情形經告訴人或自訴人同意，命被告為左列各款事項：

　　一　向被害人道歉。

　　二　立悔過書。

　　三　向被害人支付相當數額之慰撫金。

III.前項情形，應附記於判決書內。

IV.第二項第三款並得為民事強制執行名義。

▲【29 上 1045】免刑判決仍屬有罪判決，原判決認被告因正當防衛之行為過當，共同殺死被害人，應免除其刑，未適用刑法第 28 條、第 271 條第 1 項之規定，自屬疏誤。

第 300 條 （變更法條）

前條之判決，得就起訴之犯罪事實，變更檢察官所引應適用之法條。

▲【30 上 1574】刑事訴訟法第 292 條（現行法第 300 條）所謂得就起訴之犯罪事實變更檢察官所引應適用之法條，係指法院於不妨害事實同一之範圍內，得自由認定事實，適用法律而言，故同一殺人事實，檢察官以教唆犯起訴，而法院認為正犯或從犯者，仍不妨害事實之同一，即得變更檢察官所引應適用之法條。

▲【32 上 2192】刑事判決得就起訴之犯罪事實變更檢察官所引應適用之法條者，以科刑或免刑之判決為限，**諭知被告無罪之判決，自無變更法條之可言**。

▲【40 臺特非 4】**檢察官以被告係犯特種刑事法令上之罪嫌而起訴之案件，經法院審理結果，認係觸犯普通刑法上之罪名者，即應變更起訴法條**，依普通刑法論科，要難以起訴程序違背法令，諭知不受理之判決。

▲【48 臺上 228】參見本法第 268 條。

▲【69 臺上 1802】科刑或免刑之判決，得就起訴之犯罪事實，變更檢察官所引應適用之法條者，係指**法院得在事實同一之範圍內，亦即必不變更起訴之犯罪事實，始得自由認定事實，適用法律**。本案起訴書，係指上訴人有詐欺事實，並無一語涉及行求賄賂，且詐欺與行賄，乃截然不同之兩事，要無事實同一之可言，乃原審遽行變更檢察官對上訴人詐欺犯罪之起訴法條，論處上訴人行賄罪刑，殊屬違誤。

▲【70 臺上 2348】參見本法第 268 條。

第 301 條 （無罪判決）

I.不能證明被告犯罪或其行為不罰者應諭知無罪之判決。

II.依刑法第十八條第一項或第十九條第一項其行為不罰，認為有諭知保安處分之必要者，並應諭知其處分及期間。

(95)一、第 1 項未修正。

二、第 2 項之「心神喪失」，係有關刑事責任能力規定，爰配合刑法第 19 條為刑事責任能力定義之修正，將有關「心神喪失」連同「未滿十四歲」規定，均改以逕引刑法條項為依據。

三、至第 294 條第 1 項規定之「心神喪失」，係指被告於審判時之精神狀態；第 465 條第 1 項、第 467 條第 1 款規定之「心神喪失」，則為受刑人於執行時之精神狀態，概念與第 301 條第 2 項及第 481 條第 2 項所稱之「心神喪失」係指刑事責任而言之情形不同，毋庸一併修正。

▲【29 上 2784】刑事訴訟法第 300 條第 2 項（現行法第 308 條）係規定有罪之判決書，應將事實與理由分別記載，此項事實，自係指被告之犯罪事實而言。諭知無罪之判決書，並無犯罪事實可供記載，當然毋庸記載其他之何種事實。

▲【73 臺上 3892】偵查程序以發現真實之犯罪人為目的，如某甲不屬於犯罪之人時，應繼續發現何人（乙或丙甚或丁）為犯罪之人；但審判程序，**法院祇須判斷已被起訴之被告是否為真實之犯罪行為人，若經為必要之調查，其所獲得之證據資料，仍不足為該被告有罪之論證時，即應為無罪之諭知**。至該項犯罪事實，究係被告以外何人所為，則無查明之義務。

第 302 條 （免訴判決）

案件有左列情形之一者，應諭知免訴之判決：

一 曾經判決確定者。

有罪判決

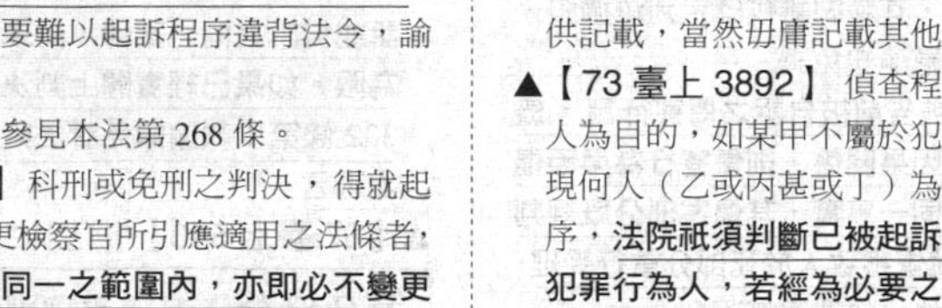
有罪判決(§299 I)
免除其刑
(§288 III)
得免除其刑
(§61)
減輕或免除
其刑(§27)
得減輕或免除
其刑(§23但)

二　時效已完成者。
三　曾經大赦者。
四　犯罪後之法律已廢止其刑罰者。

◇**判決確定**：指同一案件有罪或無罪判決，具有實體確定力（既判力）而言。

◇**時效**：指刑法第 80 條之追訴權時效而言。

◇**大赦**：指赦免法第 2 條，已受罪刑宣告，該宣告無效；未受罪刑宣告，追訴權消滅。

◇**廢止其刑罰**：指刑法第 2 條第 1 項但書，行為後法律變更為更有利之情形（廢止刑罰），適用該變更後之法律，則法院對之無刑罰權，應予免訴判決。

◇**因條文所列四款理由**：本條 4 款所列之理由，國家對被告已無刑罰權，無訴訟之必要，而為免訴之判決。

▲【30 上 2244】同一案件曾經判決確定者，應諭知免訴之判決，刑事訴訟法第 294 條第 1 款（現行法第 302 條）規定甚明，縱令後之起訴事實較之確定判決之事實有減縮或擴張之情形，仍不失為同一案件。偽造文書為行使偽造文書之階段行為，偽造文書之事實既經判決確定，對於行使偽造文書再行起訴者，其範圍雖較確定判決擴張，仍屬同一案件，即應諭知免訴。

▲【30 上 2747】被告前被自訴之傷害行為，既與被害人之死亡有因果關係，則傷害行為與因傷致死之結果，明係同一事實，其傷害部分既經判決確定，自不能再就傷害致人於死部分重行受理，原審諭知免訴之判決，於法委無不合。

▲【36 上 4483】罪犯之赦免，係一種特典，如被訴罪合於赦免之規定者，即應適用刑事訴訟法第 294 條第 3 款（現行法第 302 條）予以免訴，其實體如何，自非所問。

▲【44 臺非 5】犯罪在中華民國 35 年 12 月 31 日以前，其最重本刑為有期徒刑以下之刑者，均赦免之，為民國 36 年 1 月 1 日罪犯赦免減刑令甲項所規定。案件曾經大赦者，應為免訴之諭知，刑事訴訟法第 294 條第 3 款（現行法第 302 條）亦定有明文，被告之犯罪既在民國 35 年間，而其所犯為刑法第 320 條第 2 項之竊佔罪，其最重本刑為有期徒刑以下之刑，揆諸首開法令規定，應在赦免之列，原法院不為免訴之諭知，乃竟從實體上為審判，自非適法。

▲【46 臺上 935】被告等購買糖精等私貨進口行為，既在私運白銀出口在香港出售之犯罪行為完成以後，其犯意各別，無牽連關係，該項走私行為，修正之懲治走私條例既無處罰規定，是其犯罪後之法律已廢止其刑罰，依刑事訴訟法（舊）第 294 條第 4 款之規定，自應另為免訴之諭知。

▲【46 臺上 1506】對於曾經判決確定之案件，重行提起自訴，雖所訴之罪名不同，而事實之內容則完全一致，仍不失其案件之同一性，依刑事訴訟法第 294 條第 1 款（現行法第 302 條）之規定，自應諭知免訴之判決。

▲【50 臺非 50】對於檢察官起訴之案件，於判決確定後，再行判決者（即雙重判決），其判決當然無效。

▲【52 臺非 40】刑事訴訟法第 294 條第 1 款（現行法第 302 條）所謂判決確定，係指當事人對該判決在法律上已無聲明不服之方法時之情形而言。同法第 458 條（現行法刪除）所定與確定判決有同一效力之處刑命令，亦須經過聲請正式審判期間而未據聲請正式審判始告確定，並非謂一經判決或處刑命令之宣示，即可稱之為判決確定。

▲【60 臺非 173】刑事訴訟法第 303 條第 2 款規定已經提起公訴或自訴之案件，在同一法院重行起訴者，應諭知不受理之判決，係以已經提起公訴或自訴之同一案件，尚未經實體上判決確定者為限。如果已經實體上判決確定，即應依同法第 302 條第 1 款諭知免訴之判決，而無諭知不受理之可言。

▲【87 臺上 540】參見本法第 265 條。

第 303 條　（不受理判決㈠）

案件有下列情形之一者，應諭知不受理之判決：

一　起訴之程序違背規定者。
二　已經提起公訴或自訴之案件，在同一法院重行起訴者。
三　告訴或請求乃論之罪，未經告訴、請求或其告訴、請求經撤回或已逾告訴期間者。
四　曾為不起訴處分、撤回起訴或緩起訴期滿未經撤銷，而違背第二百六十條之規定再行起訴者。
五　被告死亡或為被告之法人已不存續者。
六　對於被告無審判權者。
七　依第八條之規定不得為審判者。

㉒一、原條文關於「左」列情形之文字修正為「下」
列情形，以符合現行法規用語。

二、依第 260 條之規定，緩起訴期滿未經撤銷者，
具有實質確定力，若無同條各款規定情形之一者，
不得對於同一案件再行起訴。若檢察官違反該條
規定再行起訴時，法院自應諭知不受理之判決，
爰於本條第 4 款增列「緩起訴期滿未經撤銷」之
事由，以資適用。

三、為被告之法人人格消滅時，審判之對象即不
存在，其情形與自然人之被告死亡者相同，爰參
考日本刑事訴訟法第 339 條第 1 項第 4 款之立法
例，修訂本條第 5 款之規定，當作為被告之法人
已不存續時，法院亦應諭知不受理之判決。

◇起訴之程式違背規定：指未依法定程式起訴，
法院僅能為形式上之不受理判決。

▲【45 臺非 43】同一案件曾為不起訴處分，而違
背刑事訴訟法第 239 條（現行法第 260 條）之規
定再行起訴者，固應諭知不受理之判決，惟所謂
曾為不起訴處分，係指檢察官就該案偵查結果，
認為應不起訴，制作處分書經送達確定者而言，
若雖經不起訴處分，而有聲請再議權之人已聲請
再議，則該不起訴處分，即屬未經確定，迨後續
行偵查起訴，究與刑事訴訟法第 295 條第 4 款（現
行法第 303 條）所謂曾為不起訴處分而違背同法
第 239 條之規定再行起訴之情形不合。

▲【54 臺上 1629】參見本法第 238 條。

▲【54 臺上 1894】法人為刑事被告，除有明文
規定外，在實體法上不認其有犯罪能力，在程序
法上不認其有當事人能力，故以法人為被告而起
訴，其程序即屬違背規定，應依刑事訴訟法第
295 條第 1 款（現行法第 303 條）為不受理之判
決，與案件不得提起自訴而提起之情形迥異，不
容相混。

▲【55 臺上 934】刑事訴訟上之被告以行為人為
限，上訴人所提起之自訴，係以某縣某地政事務
所為被告，該地政事務所為某縣政府所屬機構，
既非行為人，即不得為犯罪之被告，因而上訴人
對之提起自訴，其自訴程序顯屬違背規定。原審
維持第一審依刑事訴訟法第 335 條、第 295 條第
一款（現行法第 343 條、第 303 條）所為諭知不
受理之判決，於法委無不合。

▲【55 臺非 176】一事不再理為刑事訴訟法上一
大原則，蓋對同一被告之一個犯罪事實，祇有一
個刑罰權，不容重複裁判，故檢察官就同一事實
無論其為先後兩次起訴或在一個起訴書內重複追

訴，法院均應依刑事訴訟法第 295 條第 2 款（現
行法第 303 條）就重行起訴部分諭知不受理之判
決。

▲【60 臺非 173】參見本法第 302 條。

▲【61 臺上 387】刑事訴訟法第 303 條第 2 款所
謂已經提起公訴或自訴之案件在同一法院重行起
訴者，必須先起訴之案件係合法者始足當之，若
先起訴之案件係不合法，則後起訴之案件，自無
適用本條款規定之餘地。

▲【70 臺上 3317】參見本法第 273 條。

▲【70 臺上 6859】參見本法第 232 條。

▲【71 臺上 1162】被害人自始未有告訴之表示，
雖屬實情，然未經告訴與告訴後之撤回，同為積
極之訴訟條件欠缺，依法均應為不受理之判決，
原審誤未告訴為告訴之撤回，固有可議，惟尚不
影響於判決之結果，自仍不得執為上訴之理由。

▲【72 臺上 4481】法院對於提起自訴或公訴之
案件，應先為形式上之審理，如經形式上審理後，
認為欠缺訴訟之要件，即應為形式之判決，毋庸
再為實體上之審理。本件原判決維持第一審諭知
自訴不受理之判決，係以第一審認上訴人之
被告保一總隊係屬警政機關，既非法人，亦非自
然人，在實體法上不認其有犯罪能力，在程序法
上自亦無當事人能力，上訴人竟對之提起自訴，
乃引用刑事訴訟法第 343 條、第 303 條第 1 款、
第 307 條不經言詞辯論而為不受理之判決，為無
違誤，而駁回上訴人在第二審之上訴，其係依合
法確定之訴訟事實而適用法律，不能指為違法。
而原審既為形式之判決，即無從再為實體上之審
理，並進而為實體判決，上訴理由，任意指摘原
審未為實體判決為違法。顯屬對刑事訴訟法之規
定有所誤解。

▲【74 臺非 224】刑事訴訟法第 303 條第 5 款所
謂之被告死亡，專指事實上死亡而言，並不包括
宣告死亡之情形在內。

▲【80 臺非 536】開始再審之裁定確定後，法院
應依其審級之通常程序更為審判，受判決人已死
亡者，為其利益聲請再審之案件，應不行言詞辯
論，由檢察官或自訴人以書狀陳述意見後，即行
判決，為受判決人之利益聲請再審之案件，受判
決人於再審判決前死亡者，準用前項之規定，刑
事訴訟法第 436 條、第 437 條第 1 項前段、第 2
項定有明文。準此以觀，受判決人已死亡，既仍
得為其利益聲請再審，則開始再審裁定後，受判
決人死亡，仍應依其審級之通常程序為實體上之

審判，否則如依刑事訴訟法第 303 條第 5 款規定，遽為不受理之判決，則同法第 437 條第 2 項規定準用第 1 項，由檢察官或自訴人以書狀陳述意見後即行判決，必將形同具文，顯見刑事訴訟法第 437 條為再審程序之特別規定，應排除第 303 條第 5 款之適用。

▲【87 臺上 540】參見本法第 265 條。

第 304 條　（管轄錯誤判決㈠）

無管轄權之案件，應諭知管轄錯誤之判決，並同時諭知移送於管轄法院。

▲【28 上 3635】參見本法第 6 條。

第 305 條　（一造缺席判決㈠）

被告拒絕陳述者，得不待其陳述逕行判決；其未受許可而退庭者亦同。

◇不待其陳述逕行判決：指法院給予被告陳述之機會，被告拒絕陳述，法律規定法院得不待被告陳述逕行判決。

第 306 條　（一造缺席判決㈡）

法院認為應科拘役、罰金或應諭知免刑或無罪之案件，被告經合法傳喚無正當理由不到庭者，得不待其陳述逕行判決。

▲【71 臺非 116】刑事訴訟法第 306 條規定，法院認為應科拘役罰金或應諭知免刑或無罪之案件，被告經合法傳喚無正當理由不到庭者，得不待其陳述，逕行判決，係**以被告經合法傳喚無正當理由不到庭者為限**。本件被告王某違反票據法甲、乙、丙三案件，原審以其遷址不明，經就其甲案審判期日之傳票為公示送達。但其乙、丙兩案並未定審判期日傳喚，竟逕行併案審理。關於乙、丙兩案件部分，既未經合法傳喚，被告自無從到庭應訊，原審率依具開規定，不待被告陳述，對於該兩案併予逕行判決，其訴訟程序自難謂無刑事訴訟法第 379 條第 6 款之違法。

第 307 條　（言詞審理之例外㈠）

第一百六十一條第四項、第三百零二條至第三百零四條之判決，得不經言詞辯論為之。

⑨第 161 條第 4 項之不受理判決，亦屬形式判決，應許法院不經言詞辯論為之，爰修正本條之規定，以資適用。

◇不經言詞辯論：指法院得以書面審查，毋庸聽取兩造之意見。

▲【59 臺上 2142】刑事訴訟法第 307 條所定**得不經言詞辯論而為之判決，既不以被告到庭陳述為必要，原不發生傳喚合法與否問題，上訴人指被告未經合法傳喚，原審不待其到庭陳述逕行判決為不當，殊難認為有理由。**

第 308 條　（判決書應記載事項）

判決書應分別記載其裁判之主文與理由；有罪之判決書並應記載犯罪事實，且得與理由合併記載。

▲【44 臺上 497】有罪判決書事實之記載不僅應記載犯罪之行為，舉凡犯罪之時、日及地點與適用法律有關者，應依法認定予以明確之記載，方足為適用法律之根據。

▲【46 臺上 1296】有罪之判決書應記載事實，刑事訴訟法第 300 條第 2 項（現行法第 308 條）定有明文，**所謂事實不僅指犯罪之行為而言，即犯罪之時、日、處所、動機、目的、手段、結果等與論罪科刑有關之事項，亦應依法認定予以明確之記載。**

▲【52 臺上 2601】公務上侵占罪之成立，以對於公務上所持有之物變更其持有意思，圖為自己或第三人之不法所有為構成要件，此項構成犯罪之意思要件，必須於判決內明確認定，詳細記載，始足為論處罪刑之根據。

▲【63 臺上 2153】有罪之判決書，應記載犯罪之事實，諸凡有關犯罪之時間、地點、方法、態樣，以及其他與適用法律有關之事項，均應為詳實之記載，始足為適用法律之依據。

▲【79 臺上 3543】有罪之判決書所應記載之事實，並非構成要件之本身，而係符合構成要件之具體的社會事實，亦即經賦予法律之評價而為取捨選擇使之符合構成要件之社會事實，**構成要件乃超越時空之法律上概念，其內容應依刑罰法規之解釋而定；而符合構成要件之具體的社會事實，則指在一定之時、地所發生，可滿足法律上構成要件之具體的歷史性事實而言。**以竊盜罪為例，如僅記載被告意圖為自己不法之所有而竊取他人之動產云云，殊不能認其事實之記載已至完備，蓋所謂「竊取」「他人」「動產」係竊盜罪構成要件內容之本身，故其有罪判決書之事實所應記載者，乃應明示符合「竊取」「他人」「動產」等構成要件之具體的歷史性社會事實。

▲【80 臺上 2007】參見本法第 40 條。

第309條 （有罪判決書之主文應記載事項）

有罪之判決書，應於主文內載明所犯之罪，並分別情形，記載下列事項：

一　諭知之主刑、從刑、刑之免除或沒收。
二　諭知有期徒刑或拘役者，如易科罰金，其折算之標準。
三　諭知罰金者，如易服勞役，其折算之標準。
四　諭知易以訓誡者，其諭知。
五　諭知緩刑者，其緩刑之期間。
六　諭知保安處分者，其處分及期間。

⑩配合刑法關於沒收制度之重大變革，沒收已非從刑，故增訂主文記載事項包括沒收，以應實需。

▲【27上2016】刑法第131條第2項既規定所得之利益沒收之，如全部或一部不能沒收時，追徵其價額，則被告所得之利益，究應直接沒收，抑應追徵價額及其數量或價額若干，自應於判決主文內明白宣示，原判決僅宣示所得之利益沒收，殊嫌含混。

▲【43臺上791】諭知罰金者，應於有罪判決書主文內記載如易服勞役其折算之標準，刑事訴訟法第301條第3款（現行法第309條）規定甚明。原判決諭知上訴人處罰金一千元，既未於主文內諭知易服勞役及其折算標準，又未於理由內引用其應適用之法律，均有未合。

第310條 （有罪判決書之理由記載事項）

有罪之判決書，應於理由內分別情形記載下列事項：

一　認定犯罪事實所憑之證據及其認定之理由。
二　對於被告有利之證據不採納者，其理由。
三　科刑時就刑法第五十七條或第五十八條規定事項所審酌之情形。
四　刑罰有加重、減輕或免除者，其理由。
五　易以訓誡或緩刑者，其理由。
六　諭知沒收、保安處分者，其理由。
七　適用之法律。

⑩配合刑法關於沒收制度之重大變革，沒收已非從刑，故增訂有罪判決書理由之記載事項包括沒收，以應實需。

▲【46臺上966】刑事有罪判決理由內所應記載認定犯罪事實所憑之證據，不僅指實施犯罪行為之證據而言，即構成犯罪原因事實之證據，亦應詳為記載，否則仍有理由不備之違法。

▲【48臺上1348】刑法第26條前段僅為未遂犯之處罰得按既遂犯之刑減輕之原則規定，至於應否減輕，尚有待於審判上之衡情斟酌，並非必須減輕，縱予減輕，仍應依刑法第57條審酌一切情狀以為科刑輕重之標準，並應依刑事訴訟法第302條第2款（現行法第310條）之規定，於判決理由內記明其審酌之情形，並非一經減輕即須處以最低度之刑。

▲【50臺上3】有罪之判決書，應於理由內記載認定犯罪事實所憑之證據，所謂證據，舉凡犯罪行為之實施及態樣，與適用法律有關之一切證據，均應詳為記載，否則即有理由不備之違法。

▲【56臺上2828】刑法第227條第1項之罪，關於被害人之年齡，乃為構成犯罪事實之重要部分，如有認定，必須於判決理由內說明其所憑之證據及認定之理由，方為適法。

▲【63臺上3220】判決不載理由者當然為違背法令，**所謂判決不載理由，係指依法應記載於判決理由內之事項不予記載，或記載不完備者而言**，此為刑事訴訟法第379條第14款上段之當然解釋，而有罪之判決書，對於被告有利之證據不採納者，應說明其理由，復為刑事訴訟法第310條第2款所明定，故有罪判決書對於被告有利之證據，如不加以採納，必須說明其不予採納之理由，否則即難謂非判決不備理由之違法。

▲【71臺上5658】犯人與被害人平日之關係，雖為單純科刑應行審酌之情狀（刑法第57條第8款），**非屬犯罪構成要件之事實，以經自由證明為已足，然所謂自由證明，係指使用之證據，其證據能力或證據調查程序不受嚴格限制而已，其關於此項科刑審酌之裁量事項之認定，仍應與卷存證據相符，始屬適法。**

第310條之1 （簡易判決書之記載）

I.有罪判決，諭知六月以下有期徒刑或拘役得易科罰金、罰金或免刑者，其判決書得僅記載判決主文、犯罪事實、證據名稱、對於被告有利證據不採納之理由及應適

刑事訴訟法　第二編　第一審　（第三一〇之二～三一七條）

用之法條。

II.前項判決，法院認定之犯罪事實與起訴書之記載相同者，得引用之。

第 310 條之 2 　（適用簡式審判程序之有罪判決應記載事項）

適用簡式審判程序之有罪判決書之製作，準用第四百五十四條之規定。

第 310 條之 3 　（諭知沒收之判決）

除於有罪判決諭知沒收之情形外，諭知沒收之判決，應記載其裁判之主文、構成沒收之事實與理由。理由內應分別情形記載認定事實所憑之證據及其認定之理由、對於被告有利證據不採納之理由及應適用之法律。

⑩一、本條係新增。

二、諭知沒收之判決，除附隨於有罪判決者，應依本法第 309 條、第 310 條規定記載外，其他情形，沒收之諭知亦應於判決主文中記載，並應適當說明形成心證之理由，俾利上級法院審查，爰增訂本條規定。

第 311 條 　（宣示判決㈠──期間）

行獨任審判之案件宣示判決，應自辯論終結之日起二星期內為之；行合議審判者，應於三星期內為之。但案情繁雜或有特殊情形者，不在此限。

⑩一、為使法院就行合議審判之案件能有充分時間詳為評議及製作判決書，俾提昇裁判品質，爰修正本條，將行合議審判之案件宣示判決期限自辯論終結之日起十四日即二星期內為之，延長為於三星期內為之；至行獨任審判之案件，則仍維持原本二星期之宣示判決期限。

二、有鑑於部分案件之案情較為繁雜或有特殊情形，而尚難於辯論終結之日起二星期或三星期之期限內宣示判決，爰因應實務需要，增訂但書。

第 312 條 　（宣示判決㈡──被告不在庭）

宣示判決，被告雖不在庭亦應為之。

第 313 條 　（宣示判決㈢──主體）

宣示判決，不以參與審判之法官為限。

⑩法院組織法，已將「推事」之用語，修正為「法官」，爰配合為文字修正，以符法制。

第 314 條 　（得上訴判決之宣示及送達）

判決得為上訴者，其上訴期間及提出上訴狀之法院，應於宣示時一併告知，並應記載於送達被告之判決正本。

前項判決正本，並應送達於告訴人及告發人，告訴人於上訴期間內，得向檢察官陳述意見。

第 314 條之 1 　（論罪法條全文之附記）

有罪判決之正本，應附記論罪之法條全文。

第 315 條 　（判決書之登報）

犯刑法偽證及誣告罪章或妨害名譽及信用罪章之罪者，因被害人或其他有告訴權人之聲請，得將判決書全部或一部登報，其費用由被告負擔。

第 316 條 　（判決對羈押之效力）

羈押之被告，經諭知無罪、免訴、免刑、緩刑、罰金或易以訓誡或第三百零三條第三款、第四款不受理之判決者，視為撤銷羈押。但上訴期間內或上訴中，得命具保、責付或限制住居，如不能具保、責付或限制住居，而有必要情形者，並得繼續羈押之。

▲【27 渝抗 145】羈押之被告經諭知無罪後視為撤銷羈押，但在上訴中得命具保或責付，如不能具保或責付而有必要情形者，並得命繼續羈押之，刑事訴訟法第 308 條（現行法第 316 條）規定甚明。抗告人因殺人案經原審諭知無罪後，狀請具保，雖檢察官對於該案業已提起上訴，但依上開法條，仍應由原審就其能否具保及有無羈押之必要情形詳予審酌，方為合法，原審僅以案情重大，業經檢察官上訴為理由，將其聲請駁回，自屬不當。

第 317 條 　（判決後扣押物之處分）

扣押物未經諭知沒收者，應即發還。但上訴期間內或上訴中遇有必要情形，得繼續扣押之。

第 318 條　（贓物之處理）

I 扣押之贓物，依第一百四十二條第一項應發還被害人者，應不待其請求即行發還。

II 依第一百四十二條第二項暫行發還之物無他項諭知者，視為已有發還之裁定。

第二章　自　訴

第 319 條　（適格之自訴人及審判不可分原則）

I 犯罪之被害人得提起自訴。但無行為能力或限制行為能力或死亡者，得由其法定代理人、直系血親或配偶為之。

II 前項自訴之提起，應委任律師行之。

III 犯罪事實之一部提起自訴者，他部雖不得自訴亦以得提起自訴論。但不得提起自訴部分係較重之罪，或其第一審屬於高等法院管轄，或第三百二十一條之情形者，不在此限。

⑨² 一、採強制委任律師為代理人之自訴制度，主要目的亦係在保護被害人權益，因本法第 161 條、第 163 條等條文修正施行後，刑事訴訟改以「改良式當事人進行主義」為原則，在強調自訴人舉證責任之同時，若任由無相當法律知識之被害人自行提起自訴，無法為適當之陳述，極易敗訴，是立於平等及保障人權之出發點，自訴採強制律師代理制度，自有其意義。

二、增訂本條第 2 項，規定自訴之提起，應委任律師行之。

三、本條第 1 項未修正；原第 2 項規定遞移為第 3 項。

◇自訴：與檢察官代表國家提起的公訴相區別，其最大之目的在於防止檢察官不作為、濫行不起訴的弊病。但應注意的是，學說實務上仍多半主張公訴優先原則，由檢察官提起公訴為主要追訴犯罪的型態；自訴僅是補充公訴之不足。

▲【26 鄂上 255】刑事訴訟法第 311 條（現行法第 319 條）**所謂犯罪之被害人，就財產法益言，並不限於所有權人，即占有人之占有被侵害時，該占有人亦為本條之被害人。**

▲【26 渝上 893】刑事訴訟法第 311 條（現行法第 319 條）所定得提起自訴之人，係限於因犯罪而直接被害之人，必其人之法益由於犯罪行為直接所加害，若須待乎他人之另一行為而其人始受損害者，即非因犯罪直接所受之損害，不得提起自訴。至個人與國家或社會，因犯罪而同時被害者，該被害之個人，固亦得提起自訴，但所謂同時被害，自須個人之被害與國家或社會之被害由於同一之犯罪行為所致，若犯罪行為雖足加國家或社會以損害，而個人之受害與否，尚須視他人之行為而定者，即不能謂係同時被害，仍難認其有提起自訴之權。**刑法上之誣告罪，得由被誣告人提起自訴，係以誣告行為一經實施，既足使國家司法上之審判權或偵查權妄為開始，而同時又至少必使被誣告者受有名譽上之損害，**縱使審判或偵查結果不能達到誣告者欲使其受懲戒處分或刑事處分之目的，而被誣告人在名義上已一度成為行政上或刑事上之被告，其所受名譽之損害，自係被**誣告行為直接且同時所加害。**至於他人刑事被訴案內為證人、鑑定人、通譯之人，在審判或偵查時，依法具結而為虛偽之陳述，固足使採證錯誤，判斷失準，致司法喪失威信，然此種虛偽之陳述，在他人是否因此被害，尚繫於執行審判或偵查職務之公務員採信其陳述與否而定，並非因偽證行為直接或同時受有損害，即與刑事訴訟法第 311 條所稱之被害人並不相當，其無提起自訴之權，自不待言。

▲【26 上 1270】合夥人對於合夥財產均有直接利害關係，如其合夥財產受有侵害，均為被害人，固可以全體名義對於犯罪者提起自訴，即以各合夥人單獨名義提起自訴亦無不可，縱令其他各合夥人均不願究，僅由其中之一合夥人違反全體之意思而提起自訴，亦非法之所禁。

▲【27 上 946】股份有限公司為被害人時，僅得由其代表人提起自訴，公司之股東董事等，如未取得代表資格，自無以公司名義提起自訴之權。

▲【27 上 1191】刑事訴訟法第 311 條（現行法第 319 條）規定自訴須犯罪之被害人而有行為能力者，始得提起。**非法人之團體無所謂行為能力，則該團體縱設有董事等代表或管理之人，亦不得由其提起自訴。**

▲【30 上 8】因犯罪對於共有權利有侵害時，無論該權利為公同共有或分別共有，其共有人中之一人，均不得謂非犯罪之被害人，自得提起自訴。

▲【30 上 3416】**被害之是否直接，須以犯罪行為與受侵害之法益有無直接關係為斷，**如就同一客體有二以上之法益同時並存時，苟其法益直接為犯罪行為所侵害，則兩法益所屬之權利主體，

均為直接被害人，並不因另有其他之直接被害人而發生影響。

▲【50 臺非 45】**與國家或社會同時被害之個人，仍不失為直接被害之人。**支票本屬有價證券之一種，執票人既持有支票，即得行使其票面記載之權利，苟不能兌現，固為破壞社會交易之信用，有害社會法益，但同時破壞執票人之權利，不能謂於個人法益未受侵害，**自得提起自訴。**

▲【54 臺上 246】刑法第 124 條之**枉法裁判罪**，係侵害國家法益之罪，縱裁判結果於個人權益不無影響，但該罪既為維護司法權之正當行使而設，是**其直接受害者究為國家並非個人，個人即非因犯罪而同時被害者，自不得提起自訴。**

▲【54 臺上 1139】刑法第 169 條第 2 項所謂意圖他人受刑事或懲戒處分，而偽造、變造證據或使用偽造、變造證據，祇須有偽造、變造證據或使用偽造、變造證據，而有使他人受刑事或懲戒處分之意圖為已足，不必有實行誣告之行為。**故為準誣告罪，於侵害國家法益之中，同時並具有侵害個人法益之故意**，與本院 26 年渝上字第 893 號判例，對於偽造罪解釋能否自訴之情形有別，**被害人對於準誣告罪不能謂非直接被害人，自得提起自訴。**

▲【54 臺上 1785】刑法第 124 條、第 125 條第 1 項第 3 款係**侵害國家審判權之犯罪，不得提起自訴**，雖其中又犯有偽造文書之罪，其法定刑與上述二條款相同，但以情節比較，則以上述二條款之罪為重，依刑事訴訟法第 311 條第 2 項但書（現行法第 319 條）規定，亦不得提起自訴。原審維持第一審所為諭知自訴不受理之判決，於法尚非有違。

▲【54 臺上 1884】刑法第 129 條第 1 項所定公務員對於租稅或其他入款，明知不應徵收而徵收罪，**雖屬侵害國家法益之罪**，但被違法徵收稅款之個人，**顯亦同時直接被害，則該被害之個人，自得提起自訴。**

▲【56 臺上 2361】犯罪之被害人，固得依刑事訴訟法第 319 條提起自訴，惟此之所謂被害人，係指**犯罪當時之直接被害人**而言，其非犯罪當時之直接被害人，依法既不得提起自訴，縱使嗣後因其他原因，致犯罪時所侵害之法益歸屬於其所有，要亦不能追溯其當時之自訴為合法。

▲【68 臺上 214】**刑事訴訟法上所稱之犯罪被害人，係指因犯罪而直接受害之人而言。**上訴人所訴之事縱然屬實，其直接被害人係屬士心企業有限公司，而非該公司負責人之上訴人，上訴人依法不得提起自訴，原審因認第一審就上訴人提起之自訴諭知不受理之判決為無不合，而駁回上訴人之上訴，尚無違誤。

▲【70 臺上 1091】偽造文書之直接被害人，固僅限於文書名義人，但行使此項文書向人詐財，其被詐財者，應同屬直接被害人。自非不得提起自訴。

▲【70 臺上 1799】上訴人自訴被害涉嫌刑法上公務員圖利罪，其所保護之法益，為公務員對國家服務之忠信規律及國家之利益，縱其犯罪結果，於私人權益不無影響，**但其直接被害者仍為國家法益，而非私人權益。雖因被告之行為致上訴人受有損害，亦屬間接之被害，而非直接被害**，依照上開說明，即不得提起自訴。

▲【87 臺上 540】參見本法第 265 條。

第 320 條　（自訴狀）

I.自訴，應向管轄法院提出自訴狀為之。

II.自訴狀應記載下列事項：

　一　被告之姓名、性別、年齡、住所或居所，或其他足資辨別之特徵。

　二　犯罪事實及證據並所犯法條。

III.前項犯罪事實，應記載構成犯罪之具體事實及其犯罪之日、時、處所、方法。

IV.自訴狀應按被告之人數，提出繕本。

---

⑨②一、第 2 項所定記載「左」列事項之文字修正為「下」列事項，以符現行法規之用語。另配合戶籍法，修正同項第 1 款，刪除對於籍貫、職業記載之規定。

二、自訴既採強制律師代理，為便於法院審理及被告行使防禦權，爰比照第 264 條第 1 項第 2 款及第 3 項之規定，修訂本條第 2 項第 2 款；原條文第 4 項、第 5 項之規定，予以刪除。另增訂第 3 項規定為「前項犯罪事實，應記載構成犯罪之具體事實及其犯罪之日、時、處所、方法。」原條文第 3 項規定則移作第 4 項。

▲【46 臺上 406】自訴狀未記載被告所犯法條者，法院於不妨害事實同一之範圍內，得自由認定事實，適用法律，不能僅就自訴狀記載罪名審理。

▲【70 臺上 3317】參見本法第 273 條。

第 321 條　（自訴之限制㈠──親屬）

　對於直系尊親屬或配偶，不得提起自訴。

▲【院 1685】 刑事訴訟法第 313 條（現行法第 321 條）所稱**直系尊親屬，係包括直系血親尊親屬及直系姻親尊親屬**而言。

▲【27 上 2165】 對於配偶不得提起自訴，固經刑事訴訟法第 313 條（現行法第 321 條）定有明文，但**所謂配偶係指其婚姻關係在法律上並非無效者而言**。本件上訴人與被告是否法律上有效之配偶尚不明瞭，原審即認上訴人對被告不得提起自訴，自非適法。

第 322 條　（自訴之限制㈡──不得告訴或請求者）

告訴或請求乃論之罪，已不得為告訴或請求者，不得再行自訴。

◇**公訴優先原則**：基於由國家追訴並處罰犯罪之思維，本法規定若檢察官已開始偵查，即不得自訴。例外情形是告訴乃論之罪的犯罪被害人，不在此限。

▲【40 臺上 176】 刑事訴訟法第 314 條（現行法第 322 條）**所謂告訴乃論之罪，已不得為告訴者，不得再行自訴，係指自訴人於得為告訴期間內，未經合法告訴，或其告訴經撤回者而言，若已於法定期間內告訴，在偵查終結前，自得隨時提起自訴**。

第 323 條　（自訴之限制㈢──偵查終結）

I.同一案件經檢察官依第二百二十八條規定開始偵查者，不得再行自訴。但告訴乃論之罪，經犯罪之直接被害人提起自訴者，不在此限。

II.於開始偵查後，檢察官知有自訴在先或第一項但書之情形者，應即停止偵查，將案件移送法院。但遇有急迫情形，檢察官仍應為必要之處分。

㉘一、為避免利用自訴程序干擾檢察官之偵查犯罪，或利用告訴，再改提自訴，以恫嚇被告，同一案件既經檢察官依法開始偵查，告訴人或被害人之權益當可獲保障，爰修正第 1 項檢察官「依第二百二十八條規定開始偵查」，並增列但書，明定告訴乃論之罪之除外規定。
二、配合第 1 項但書，修正第 2 項。

▲【院 2634】自訴人在檢察官偵查未終結前均得提起自訴，檢察官於提起自訴以後仍繼續偵查，並為處分，無論檢察官是否知有自訴之存在，而其自訴之效力均不受其影響，該處分如係不起訴，應認為無效，如係起訴，則法院應依刑事訴訟法第 295 條第 2 款諭知不受理，並就該自訴案件受理裁判。

▲【26 渝上 1863】 本案上訴人提起自訴後越二日，該管檢察官始就同一案件對被告為不起訴處分，是上訴人提起自訴，明在檢察官偵查終結以前，按諸刑事訴訟法第 315 條第 1 項（現行法第 323 條），其自訴之起訴程序非不適法。至同條第 2 項僅規定檢察官在偵查終結前，知有自訴者，應即停止偵查，將案件移送法院，如檢察官不知已有自訴，仍行繼續偵查而為不起訴之處分，其效力是否足以影響於合法之自訴，本法雖未設有明文，但查第 295 條第 2 款（現行法第 303 條）對於已經提起自訴之案件，在同一法院重行起訴者，定為應諭知不受理判決之一種情形，是自訴後之檢察官提起公訴，尚不能動搖先時提起自訴之效力，則檢察官於已有自訴後之不起訴處分，亦當然不能影響於合法之自訴。原判決謂上訴人提起自訴，雖在偵查終結之前，然不請求檢察官停止偵查，致檢察官未知已有自訴，因而將本案為不起訴處分，既難謂非合法，第一審將本件自訴諭知不受理，即無不當云云，顯係誤會。

▲【28 上 1474】 刑事訴訟法（舊）第 315 條所謂同一案件，係指同一被告被訴之犯罪事實係屬同一者而言，如其被訴之犯罪事實同一，不因自訴人與檢察官所主張之罪名不同，遂謂非同一案件。

第 324 條　（自訴之效力──不得再行告訴、請求）

同一案件經提起自訴者，不得再行告訴或為第二百四十三條之請求。

▲【27 渝上 792】 刑事訴訟法（舊）第 316 條雖規定同一案件經提起自訴者，不得再行告訴。但該項自訴如因不合程序，經諭知不受理之判決而確定者，即已回復未自訴前之狀態，仍得由被害人依法告訴。

第 325 條　（自訴人之撤回自訴）

I.告訴或請求乃論之罪，自訴人於第一審辯論終結前，得撤回其自訴。

II.撤回自訴，應以書狀為之。但於審判期日或受訊問時，得以言詞為之。

III.書記官應速將撤回自訴之事由，通知被告。

IV.撤回自訴之人，不得再行自訴或告訴或請求。

◇撤回自訴：自訴人在第一審言詞辯論終結前，以書狀或言詞撤回自訴。撤回自訴之人在撤回自訴之後，即不得再對同一案件再提起自訴或告訴或請求。

▲【56 臺上 78】刑事訴訟法第 317 條第 4 項（現行法第 325 條）**所謂撤回自訴之人，不得再行自訴，係指自訴人於撤回自訴後，就同一事實另行提起自訴而言**，如果自訴人對於依法不得撤回之案件狀請撤回，嗣又請求究辦，僅屬自訴人於同一訴訟行為中，不同意思表示，不能認其後狀之表示為另行提起自訴，自無上開規定之適用。

第 326 條 （曉諭撤回自訴與裁定駁回自訴）

I.法院或受命法官，得於第一次審判期日前，訊問自訴人、被告及調查證據，於發見案件係民事或利用自訴程序恫嚇被告者，得曉諭自訴人撤回自訴。

II.前項訊問不公開之；非有必要，不得先行傳訊被告。

III.第一項訊問及調查結果，如認為案件有第二百五十二條、第二百五十三條、第二百五十四條之情形者，得以裁定駁回自訴，並準用第二百五十三條之二第一項第一款至第四款、第二項及第三項之規定。

IV.駁回自訴之裁定已確定者，非有第二百六十條各款情形之一，不得於同一案件再行自訴。

㉑原第 253 條第 2 項至第 4 項之規定均予以刪除，另增列第 253 條之 1、第 253 條之 2，為兼顧被告及自訴人之權益，仍得以裁定駁回自訴，並準用第 253 條之 2 第 1 項第 1 款至第 4 款、第 2 項及第 3 項之規定，修正第 3 項，以資適用。

▲【院 3255】刑事訴訟法第 318 條第 1 項（現行法第 326 條）係屬特別規定，凡自訴案件不問是否屬於告訴或請求乃論之罪，經訊問自訴人被告及蒐集或調查證據後，發見案係民事者，法院均得曉諭自訴人撤回自訴。

第 327 條 （自訴人之傳喚）

I.命自訴代理人到場，應通知之；如有必要命自訴人本人到場者，應傳喚之。

II.第七十一條、第七十二條及第七十三條之規定，於自訴人之傳喚準用之。

㉒一、由於自訴改採強制委任律師代理制度，期日自應通知自訴代理人到場，惟如有命自訴人本人到場之必要者，則應傳喚之，爰將第 1 項予以修正。

二、期日既以通知代理人到場為原則，已無拘提自訴人之必要，爰刪除第 2 項之規定。

三、刪除原第 3 項有關拘提準用之規定，改列為第 2 項。

▲【63 臺上 2071】參見本法第 72 條。

第 328 條 （自訴狀繕本之送達）

法院於接受自訴狀後，應速將其繕本送達於被告。

㉑為使被告於期日前先行作防禦之準備，法院於接受自訴狀後，自應速將繕本送達於被告，俾其得悉被訴內容，爰將但書刪除。

◇繕本：指原書狀之複製本，過去為繕寫抄錄之複本，現多為影印本。

第 329 條 （自訴代理人得為之訴訟行為）

I.檢察官於審判期日所得為之訴訟行為，於自訴程序，由自訴代理人為之。

II.自訴人未委任代理人，法院應定期間以裁定命其委任代理人；逾期仍不委任者，應諭知不受理之判決。

㉒一、檢察官於審判期日所得為之訴訟行為，例如論告、辯論等，均應由自訴代理人為之。

二、本法既改採自訴強制律師代理制度，如自訴人未委任代理人，其程式即有未合，法院應先定期命其補正。如逾期仍不委任代理人，足見自訴人濫行自訴或不重視其訴訟，法院自應諭知不受理之判決。

三、因所諭知之不受理判決並非實體判決，自訴人仍可依法為告訴或自訴，不生失權之效果，對其訴訟權尚無影響。縱然所訴之罪屬告訴乃論，依司法院院字第 1844 號解釋意旨，檢察官在接受自訴不受理之判決後，認為應提起公訴者，仍得

開始偵查，尚毋須另行告訴，不致產生告訴逾期
之疑慮，附此敘明。

第 330 條　（檢察官之協助）

I 法院應將自訴案件之審判期日通知檢察官。

II 檢察官對於自訴案件，得於審判期日出庭陳述意見。

第 331 條　（不受理判決㈡）

自訴代理人經合法通知無正當理由不到庭，應再行通知，並告知自訴人。自訴代理人無正當理由仍不到庭者，應諭知不受理之判決。

⑨⒉一、本法改採自訴強制律師代理制度，如非必要，不須傳喚自訴人到庭，自訴人縱不到庭或到庭不為陳述，於訴訟已無大影響，不宜有失權效果之規定。

二、為落實自訴強制律師代理制度，於自訴代理人經合法通知，無正當理由不到庭時，法院應改期審理，再行通知自訴代理人，並同時告知自訴人，以便自訴人決定是否另行委任代理人。如自訴代理人無正當理由，仍不到庭者，可見其不重視自訴或係濫行訴訟，法院自應諭知不受理之判決，以終結自訴程序，惟此屬形式判決，仍不影響自訴人實質之訴訟權。

◇擬制撤回自訴：指自訴代理人經通知無正當理由不到庭，再行通知仍不到庭，法院應諭知不受理判決，終結自訴程序。

▲【院 2673】未委任代理人之自訴人於提起自訴後，因兵役被徵入營無法傳喚到庭，如該自訴人不能繼續其應為之訴訟行為時，得通知檢察官擔當訴訟。

▲【28 上 2378】自訴人得委任代理人到場，為刑事訴訟法（舊）第 37 條所明定，原審指定審判期日票傳自訴人雖未到庭，但該自訴人已委任甲代理，並於是日赴原審報到，有附卷之報到名單可稽，乃原審不經該代理人到庭陳述遽行判決，於法顯屬有違。（註：應注意刑事訴訟法第 37 條已修正。）

第 332 條　（承受或擔當訴訟與一造缺席判決㈢）

自訴人於辯論終結前，喪失行為能力或死亡者，得由第三百十九條第一項所列得為

提起自訴之人，於一個月內聲請法院承受訴訟；如無承受訴訟之人或逾期不為承受者，法院應分別情形，逕行判決或通知檢察官擔當訴訟。

◇承受訴訟：指自訴人於言詞辯論終結前，無法再為訴訟行為（喪失行為能力或死亡），由第 319 條第 1 項之其他有自訴權人，向法院聲請承受訴訟。

◇擔當訴訟：指若無其他自訴權人或雖然有自訴權人但逾一個月期間不聲請承受，法院應逕行判決或通知檢察官擔當訴訟。

第 333 條　（停止審判㈤——民事判決）

犯罪是否成立或刑罰應否免除，以民事法律關係為斷，而民事未起訴者，停止審判，並限期命自訴人提起民事訴訟，逾期不提起者，應以裁定駁回其自訴。

第 334 條　（不受理判決㈢）

不得提起自訴而提起者，應諭知不受理之判決。

▲【29 上 89】法人除有處罰之特別規定外，尚難認為有犯罪能力，即不得為刑事被告。上訴人對某銀行提起自訴，該銀行既屬法人，而所訴之犯罪行為，法律上又無對於法人處罰之特別規定，第一審不就程序上諭知不受理，竟進而為實體上審判，並將到案之銀行經理諭知無罪，顯屬違法。

▲【29 上 2939】自訴程序以無特別規定為限，始得準用關於公訴之規定，刑事訴訟法第 335 條（現行法第 343 條）規定甚明，同一案件經檢察官終結偵查者，不得再行自訴，其不得提起自訴而提起者，應諭知不受理之判決，在同法第 315 條第 1 項、第 326 條（現行法第 323 條、第 334 條）既有特別規定，自無準用第 295 條第 4 款（現行法第 303 條）之餘地。本件自訴人自訴被告等妨害自由等情，前經地方法院檢察官偵查終結，予以不起訴處分確定在案，核與第 315 條所定不得再行自訴之情形相符，即應依第 326 條諭知不受理方為合法，原審乃準用第 295 條第 4 款為不受理之判決，殊有違誤。（註：應注意刑事訴訟法第 323 條已修正。）

▲【31 上 2097】不得提起自訴而提起者，應諭知不受理之判決，固為刑事訴訟法第 326 條（現行法第 334 條）所明定，唯被害人死亡後，其有告訴權之親屬具狀申告，並未請求依照自訴程序

辦理，且於訴狀內自己姓名之上註明其為告訴人，自非法院所得任意將告訴改為自訴而諭知不受理。

▲【46 臺上 547】提起反訴以自訴程序中有行為能力之被告為被害人時為限。**提起反訴人如無行為能力，應予諭知不受理之判決**，觀諸刑事訴訟法第 331 條（現行法第 339 條）所定反訴準用同法第 311 條第 1 項、第 326 條（現行法第 319 條、第 334 條）關於自訴之規定甚明。上訴人提起反訴時年僅十九歲，尚未達於成年，亦未結婚，自不能認為有行為能力，其所提起之反訴即非適法，自應為不受理之判決。

▲【54 臺上 1785】參見本法第 319 條。

▲【68 臺上 214】參見本法第 319 條。

第 335 條　（管轄錯誤判決㈡）

諭知管轄錯誤之判決者，非經自訴人聲明，毋庸移送案件於管轄法院。

第 336 條　（自訴判決書之送達與檢察官之處分）

I.自訴案件之判決書，並應送達於該管檢察官。

II.檢察官接受不受理或管轄錯誤之判決書後，認為應提起公訴者，應即開始或續行偵查。

▲【院 1844】㈣檢察官接受自訴案件不受理或管轄錯誤之判決後，認為應提起公訴者，得開始偵察，即使該案件為告訴乃論之罪，亦毋須另行告訴。

第 337 條　（得上訴判決宣示方法之準用）

第三百十四條第一項之規定，於自訴人準用之。

第 338 條　（提起反訴之要件）

提起自訴之被害人犯罪，與自訴事實直接相關，而被告為其被害人者，被告得於第一審辯論終結前，提起反訴。

⑧明定提起反訴應以「與自訴事實直接相關」為限，以防濫訴。

◇反訴：指同一案件之被告，針對本案同一事實，以自訴人為被告提起之訴訟。

▲【26 渝上 1536】自訴之被告雖得於第一審辯論終結前，就其被害事件提起反訴，然其**反訴被告必以提起自訴之人為限**，此在刑事訴訟法第 330 條（現行法第 338 條）規定甚明。本案之自訴人係廈門市中醫公會，其到案之某甲等僅為公會代表，即非提起自訴之人，如被告以某甲等有誣告及妨害信譽情事，只得另案訴請究辦，乃竟對其提起反訴，自屬不合。

▲【28 非 46】**反訴不過利用自訴程序而提起，至其訴權具有獨立性質，無論自訴合法與否，於反訴不生影響**。被告自訴某甲之恐嚇罪，雖合於懲治盜匪暫行辦法（失效）第 5 條第 2 款規定，普通法院無權受理，而某甲反訴之誣告罪，仍應依法審判，原審竟將誣告與恐嚇各部分併予諭知不受理，於法自有違背。

▲【32 上 650】提起自訴之被害人犯罪而被告為其被害人者，被告得於第一審辯論終結前，提起反訴，此為刑事訴訟法第 330 條（現行法第 338 條）所明定，於**反訴與自訴之當事人，必須互為被害人，互為被告，始得在第一審利用此項程序而提起，被告之親屬，殊無向自訴人提起反訴之權**。

▲【73 臺上 1107】提起自訴之被害人犯罪，而被告為其被害人者，被告固得於第一審辯論終結前，提起反訴，但提起反訴，應以自訴之被告為限，自訴人除得提起自訴外，**不得對於反訴復行提起反訴**。

第 339 條　（反訴準用自訴程序）

反訴，準用自訴之規定。

第 340 條　（刪除）

⑨②一、本條刪除。

二、自訴制度已改採強制律師代理，而依本法前條規定，反訴係準用自訴之規定，自應由律師代理，並提出詳載內容之自訴狀為之。現行本條規定違反自訴強制律師代理制，爰予刪除。

第 341 條　（反訴與自訴之判決時期）

反訴應與自訴同時判決。但有必要時，得於自訴判決後判決之。

第 342 條　（反訴之獨立性）

自訴之撤回，不影響於反訴。

第 343 條　（自訴準用公訴程序）

自訴程序，除本章有特別規定外，準用第二百四十六條、第二百四十九條及前章第二節、第三節關於公訴之規定。

◇**自訴準用公訴程序之效力**：指自訴程序準用本法第 246 條、第 249 條，第 264 條至第 318 條關於公訴之程序。

▲【29 上 2950】於第一審辯論終結前，得就與本案相牽連之犯罪追加起訴，並得於審判期日以言詞為之，刑事訴訟法第 244 條（現行法第 265 條）定有明文，此項規定依同法第 335 條（現行法第 343 條）為自訴程序所得準用。上訴人即自訴人在第一審之自訴狀，雖僅判某甲為被告，但於最後審判期日，以某乙為案內共犯，當庭請求懲辦，即係於審判期日以言詞追加起訴，於法自無不合。

▲【53 臺上 450】刑事案件不起訴處分已經確定，如有刑事訴訟法第 239 條（現行法第 260 條）各款情事之一，得對同一案件再行起訴者，乃公訴制度特設之規定，非自訴所得準用。

▲【70 臺上 781】參見本法第 267 條。

▲【70 臺上 3317】參見本法第 273 條。

▲【87 臺上 540】參見本法第 265 條。

第三編　上　訴
第一章　通　則

第 344 條　（上訴權人㈠——當事人）

I.當事人對於下級法院之判決有不服者，得上訴於上級法院。

II.自訴人於辯論終結後喪失行為能力或死亡者，得由第三百十九條第一項所列得為提起自訴之人上訴。

III.告訴人或被害人對於下級法院之判決有不服者，亦得具備理由，請求檢察官上訴。

IV.檢察官為被告之利益，亦得上訴。

V.宣告死刑之案件，原審法院應不待上訴依職權逕送該管上級法院審判，並通知當事人。

VI.前項情形，視為被告已提起上訴。

⑩一、第 1 項至第 4 項及第 6 項未修正。

二、死刑係生命刑，於執行後如發現為冤獄，將無法補救。為保障人權，宣告死刑之案件，原審法院應不待上訴依職權逕送該管上級法院審判。至於無期徒刑固屬自由刑，當事人本得自行決定是否提起上訴，此與宣告死刑之情形有別。被告受無期徒刑之判決後折服，願及早入監執行者，自應尊重其意願，原條文第 5 項原定：宣告無期徒刑之案件應不待上訴依職權逕送該管上級法院之規定，無異剝奪被告服能及早確定而不上訴之權益，爰將「或無期徒刑」等文字予以刪除。

◇**合法上訴之效力**：合法的上訴是指上訴權人對尚未確定之判決，在法定期間內，依上訴之程式，向上級法院表達不服之意思。合法上訴將發生阻斷原判決確定之效力、停止判決執行之效力與移審之效力。

第一級		第二級		第三級
🏛	上訴	🏛	上訴	🏛
地方法院		高等法院		最高法院
事實審		事實審		法律審

▲【29 上 1197】案件經判決後得聲請再審者，以判決確定為前提。本件原審判決後，上訴人雖以發現確實新證據，具狀聲請再審，然查核提出書狀日期，尚在上訴期間內，原審判決並未確定，該項書狀既對原判決表示不服，自應作為通常上訴案件辦理。

▲【71 臺上 1423】刑法第 61 條第 2 款之案件，既經第二審判決，自不得上訴於第三審法院。上訴意旨，雖謂伊等在第二審業已爭執係屬搶奪罪名，即得提起第三審上訴云云，惟查刑事被告之上訴，以受有不利益之判決，為求自己利益起見請求救濟者，始得為之，原審認屬罪名較輕之竊盜，上訴人主張為較重之搶奪，顯然為自己利益請求救濟之旨相違，其上訴自非合法，應予駁回。

▲【71 臺上 3409】刑事訴訟法第 344 條第 4 項固規定宣告死刑或無期徒刑之案件，原審法院應不待上訴，依職權逕送該管上級法院審判並通知當事人，但同條第 5 項既規定前項情形，視為被告已提起上訴，則上訴之訴訟程序，仍應依法踐行。又第二審之審判長於訊問被告後應命上訴人陳述上訴之要旨，同法第 365 條亦著有明文。本件上訴人楊某殺人毀屍案件，經第一審判處死刑後，依職權送由原審審判，依照前開說明，原審自應悉依上訴程序辦理。核閱原審筆錄，審判長於訊問上訴人後即行調查據，並未命其陳述上

訴要旨，所踐行之訴訟程序自屬違法。

▲【71 臺上 5938】刑事訴訟之上訴制度，其允許受不利益判決之被告得為上訴，乃在許其為自己之利益，請求上級法院救濟而設，**故被告不得為自己之不利益而提起上訴**。查原判決認上訴人之第一、二次竊盜行為與其後之八次竊盜行為(共竊盜十次)為連續犯，依法僅以一罪論處，對上訴人自屬有利；故若認其第一、二次之竊盜行為係各別起意，則為兩罪，應分別科處其刑後，再合併計其應執行之刑，對上訴人自屬不利。茲上訴人主張其所犯此二次竊盜行為係分別起意，應併合處罰云云，自係為其自己之不利益而提起上訴，顯與被告為自己利益請求救濟之上訴制度本旨相違，其上訴自非合法。(註：應注意刑法已修正，刪除連續犯之規定。)

▲【72 臺聲 53】檢察官、自訴人及被告雖同為刑事訴訟法上所稱之當事人，但其立場各異，檢察官為代表國家行使職權，有要求正當適用法律之責任，故不僅得為被告之不利益而提起上訴，且得為被告之利益提起上訴。**自訴人之目的在使被告受處罰，其上訴應以被告之不利益為限。至於被告之上訴，應以自己之利益為限，無許其為自己不利益上訴之理。**

▲【75 臺上 2148】自訴人所指上訴人等偽造私文書(刑法第 210 條)部分，雖非屬刑法第 61 條所列之罪，然此部分原判決係認其犯罪不能證明，並因其與使公務員登載不實(刑法第 214 條)部分，有裁判上一罪之關係，不另為無罪之諭知，自係有利於上訴人等(即於上訴人非屬不利益)，上訴人等原不得對之聲明不服，當無依審判不可分之原則，而使前開屬於刑法第 61 條所列同法第 214 條之罪因得提起第三審之上訴。

第 345 條　(上訴權人㈡——獨立上訴)
被告之法定代理人或配偶，得為被告之利益獨立上訴。

◇獨立上訴：指被告之法定代理人或配偶，是否上訴，不受被告之意思影響；縱被告捨棄上訴權或撤回上訴，亦同。另外，本條獨立上訴之上訴權判斷時點如本法第 233 條獨立告訴權，以提出「上訴時」為準。

▲【33 上 476】被告之**配偶依法固得為被告之利益獨立上訴**，但此項獨立上訴權之行使，**必以被告之生存為其前提，若被告業已死亡，則訴訟主**

體已不存在，被告之配偶即無獨立上訴之餘地。

▲【40 臺上 281】被告之父母以法定代理人之資格為被告利益獨立上訴，必以被告係無行為能力人或限制行為能力人為前提要件。上訴人業經成年，且非禁治產人，其父既無法定代理人之資格，自無獨立上訴之餘地。

▲【62 臺上 1286】不服下級法院判決得向上級法院提起上訴者，原以當事人或被告之法定代理人或配偶，或被告在原審依法委任之代理人或辯護人為限，若自訴人之配偶自自訴人提起上訴，則非以自訴人於辯論終結後喪失行為能力或死亡者不得為之，刑事訴訟法第 344 條至第 346 條分別定有明文。本件上訴人僅為自訴人之配偶，雖經自訴人在原審委任其為代理人，但既非首開本條所列得以獨立或代為提起上訴之人，又無得為自訴人提起上訴之情形，即不得提起上訴，茲竟以其自己名義提起上訴，自屬不應准許。

第 346 條　(上訴權人㈢——代理上訴)
原審之代理人或辯護人，得為被告之利益而上訴。但不得與被告明示之意思相反。

▲【55 臺上 363】辯護人為被告之利益，固得代行上訴，但以原審之辯護人為限，如在原審並未充任被告之辯護人，則雖在上訴審被選為辯護人，仍難認其有代被告上訴之權。

▲【62 臺上 1286】參見本法第 345 條。

▲【71 臺上 7884】刑事訴訟法第 346 條規定原審之代理人或辯護人，得為被告之利益而上訴，此項規定，**非可類推解釋，而認自訴人之代理人亦得為自訴人之利益而代自訴人提起上訴。**

第 347 條　(上訴權人㈣——自訴案件檢察官)
檢察官對於自訴案件之判決，得獨立上訴。

第 348 條　(上訴範圍)
Ⅰ.上訴得對於判決之一部為之。
Ⅱ.對於判決之一部上訴者，其有關係之部分，視為亦已上訴。但有關係之部分為無罪、免訴或不受理者，不在此限。
Ⅲ.上訴得明示僅就判決之刑、沒收或保安處分一部為之。

◇一部上訴與全部上訴：指上訴權人就原審判決

之一部分不服或全部不服而提起之上訴。

◇**一部上訴之法律效果**：本條第 1 項是指案件可分之情形，始有一部上訴之可能。若是不可分之案件，上訴權人縱使僅對判決之一部分上訴，法院仍應當作全部上訴來審判。

◇**有關係之部分**：實務見解認為「有關係之部分」是指：**判決之各部分在審判上無從分剖，因一部上訴而其全部必受影響者而言**（22 上 1058）。應注意罪與刑是否可分，而允許一部上訴，傳統實務、學說均認為罪刑不可分而否定一部上訴。惟有學者主張，若針對罪名上訴，可能撤銷改判無罪，因此會發生原判決執行刑仍在的裁判矛盾，故罪上訴，刑亦上訴。反之，倘針對刑度上訴，對罪名無爭執，上級審僅調整刑罰輕重，不會發生裁判矛盾現象，可單獨上訴。實務近來亦有指出，易刑處分之裁量有其獨立性，復兼具執行事項之本質，本與罪刑無關……若上訴人僅對原判決易刑折算事項提起上訴，上訴審僅就罰金易服勞役折算標準是否適法部分審判……不致產生……與原審認定之罪名不相符合之情形，自不生罪刑不可分或上訴不可分關係（106 臺上 648）。

▲**【68 臺上 1325】** 刑事訴訟法第 348 條第 1 項規定，上訴得對於判決之一部為之，未聲明為一部者，視為全部上訴，**乃於當事人之真意不明確時，依此規定，以確定其上訴之範圍，若當事人之真意甚為明確，即無適用此項規定之餘地**。本件上訴人因販賣禁藥、竊盜及恐嚇案件，不服第一審判決，提起第二審上訴，其上訴狀雖未聲明為一部上訴或全部上訴，惟其在原審審判期日陳述上訴之要旨時，業已表明「祇對販賣禁藥部分上訴，竊盜、恐嚇部分沒有上訴」云云，原審猶認恐嚇部分係在上訴之範圍，一併予以審判，自係對於未受請求之事項予以判決，其判決當然為違背法令。

▲**【69 臺上 2037】** 刑法第 61 條所列各罪之案件，經第二審判決者，固不得上訴於第三審法院，惟與併合數罪之一部為非刑法第 61 條各款所列之案件一併提起上訴時，經第三審法院認為係實質上或裁判上一罪，則應認為皆得上訴於第三審法院，而第三審法院如認其確定事實與適用法令之當否不明時，自應一併發回。本案原審法院前審判處被告公務員連續明知為不實之事項而登載於職務上所掌之公文書據及公務員假借職務上之機會變造國民身分證罪，上訴本院後已經本院認為兩罪有方法結果之牽連關係，屬於裁判上一罪，

故予全部撤銷發回更審，乃原判決竟認為上述變造國民身分證部分已經判決確定，不在審理範圍，不但與審判不可分之原則有違，且有已受請求事項未予判決之違法。

▲**【69 臺上 4584】** 被告被訴連續侵占會款及支票之事實，雖難成立刑法第 335 條第 1 項之普通侵占罪，屬於刑法第 61 條第 3 款所列之案件，原不得上訴於第三審法院，惟本院認該侵占罪與所犯偽造有價證券罪具有方法結果之牽連關係，應從一重之偽造有價證券處斷，則檢察官既對該重罪即偽造有價證券罪提起上訴，基於上訴不可分之原則，該輕罪即侵占罪亦應視為上訴，而不受上開規定之限制，從而本院對於該侵占罪部分，自應併予審判。（按原判決係分別論科）

▲**【70 臺上 4673】** 第一審法院認被告竊取病歷表目的，在以之作為檢舉韓某無照行醫之證據方法，主觀上無不法所有之意圖，其行為應屬不罰，因公訴人既認為裁判上一罪，故不另為無罪之諭知，被告雖僅對被判刑之恐嚇取財未遂部分提起第二審上訴，但第一審法院就該被訴竊盜罪部分之判決是否適當，原審仍應依職權併予審判，乃原判決就被告被訴竊盜部分未予論述，顯然已受請求之事項未予判決之違誤。

▲**【76 臺上 2202】** 裁判上一罪案件之重罪部分得提起第三審上訴，其輕罪部分雖不得上訴，依審判不可分原則，第三審法院亦應併予審判，但以重罪部分之上訴合法為前提，如該上訴為不合法，第三審法院既應從程序上予以駁回，而無從為實體上判決，對於輕罪部分自無從適用審判不可分原則，併為實體上審判。

▲**【106 臺抗 105 裁】** 所謂不可分關係，顯指與判決之「**客觀範圍**」有關者而言，若係「**主觀範圍**」，亦即數共同被告間，則非此所指之有關係部分，共同被告應各自決定是否提起上訴，尚不因其他共同被告提起上訴，即認亦為上訴效力所及。

第 349 條 　（上訴期間）

上訴期間為二十日，自送達判決後起算。
但判決宣示後送達前之上訴，亦有效力。

⑩原條文規定之上訴期間為十日，相對於民事訴訟法第 440 條規定之上訴期間為二十日，實嫌過短，爰比照民事訴訟法之規定，修正為二十日，以保障當事人之權益。

◇**上訴期間之起算**：判例認為，上訴期間自判決

正本合法送達後翌日起算。若未合法送達，則以
受送達人實際收到判決之日為準。至於是否逾期
上訴，以上訴狀到達法院之日為斷。

▲【29上2162】 第一審未將上訴期間及提出上
訴狀之法院記載於送達被告之判決正本，按之刑
事訴訟法(舊)第306條之規定其程式固有欠缺，
但此項判決正本之程式欠缺，並不影響於上訴期
間之進行。

▲【30上2702】 刑事判決應受送達之人除有特
別規定外，僅以當事人及其他受裁判之人為限，
為刑事訴訟法第206條第1項(現行法第227條)
所規定，而**辯護人在刑事訴訟法上並無對之應行
送達判決之明文，因之法院對於辯護人為判決送
達時，僅為一種便利行為，不生法律上起算上訴
期間之效力**，辯護人如依刑事訴訟法第338條(現
行法第346條)規定提起上訴，其**上訴期間之計
算，仍應自被告收受判決之日為標準**。

▲【31上738】參見本法第55條。

▲【49臺上960】上訴期間為十日，自送達判決
後起算，被告於期間屆滿後始行提出上訴書狀，
是否合法，其住居所是否在法院所在地，應否扣
除在途期間，原審未予調查，遽為實體上之審判，
殊嫌率斷。

▲【68臺上2670】本件經第一審判決後，檢察
官及被告等均不服，各自提起第二審上訴，原判
決既認檢察官之上訴逾期，為不合法，乃不依刑
事訴訟法第367條前段之規定駁回，而謂檢察官
之上訴固不合法，惟第一審判決既有可議，仍應
撤銷改判云云。顯有併基於檢察官不合法之上訴，
撤銷第一審判決改判之情形，自非適法。

▲【69臺抗236】關於不變期間之計算，當事人
郵遞上訴或抗告等書狀者，**應以書狀到達法院之
日，為提出於法院之日**。

第 350 條 （提起上訴之程式）

提起上訴，應以上訴書狀提出於原審法院
為之。

上訴書狀，應按他造當事人之人數，提出
繕本。

第 351 條 （在監所被告之上訴）

I.在監獄或看守所之被告，於上訴期間內向
監所長官提出上訴書狀者，視為上訴期間
內之上訴。

II.被告不能自作上訴書狀者，監所公務員應

為之代作。

III.監所長官接受上訴書狀後，應附記接受之
年、月、日、時，送交原審法院。

IV.被告之上訴書狀，未經監所長官提出者，
原審法院之書記官於接到上訴書狀後，應
即通知監所長官。

第 352 條 （上訴書狀繕本之送達）

原審法院書記官，應速將上訴書狀之繕
本，送達於他造當事人。

▲【72臺上4542】上訴人於原審審理時既經出
庭應訊，而由受命推事曉諭檢察官之上訴意旨，
於公判庭並曾由檢察官踐行論告之程序，是上訴
人並非不能為充分之防禦，縱令**原審未將檢察官
之上訴書繕本送達上訴人，其訴訟程序雖有違法，
但於判決主旨顯然不生影響，依刑事訴訟法第
380條規定，即不得為合法之上訴第三審理由**。

第 353 條 （上訴權之捨棄）

當事人得捨棄其上訴權。

▲【31抗58】㈠刑事訴訟法第345條(現行法第
353條)**所謂捨棄上訴權，指當事人於原審判決
宣示或送達後，在得行使上訴權之法定期間內，
明示不為上訴之謂**。至提起上訴後，僅得撤回上
訴，無所謂捨棄上訴權。

第 354 條 （上訴之撤回）

上訴於判決前，得撤回之。案件經第三審
法院發回原審法院，或發交與原審法院同
級之他法院者，亦同。

▲【31抗58】㈡提起上訴後，雖得於判決前撤回
其上訴，但在上訴審判決後，即無撤回上訴之餘
地。

第 355 條 （撤回上訴之限制㈠──被告
同意）

為被告之利益而上訴者，非得被告之同
意，不得撤回。

▲【47臺上457】 檢察官為被告利益提起上訴
後，蒞庭檢察官雖曾為撤回上訴之陳述，但當時
被告在場既未予同意，即不發生撤回之效力，因
而此項撤回上訴之表示，亦已同時消失，自難謂
為案件已因撤回上訴而終結，原審竟不依法繼續
進行審判，乃於時閱九月之後，未經檢察官蒞庭

另為撤回上訴之表示，而對被告復就其前已不同意而失效之檢察官撤回上訴，詢取同意，遂認案件業因檢察官之撤回上訴而終結，並強以檢察官因其訴訟程序未經合法終結，而送還依法審判，為再上訴，為駁回上訴之張本，於法殊有未合。

第 356 條　（撤回上訴之限制㈡——檢察官同意）

自訴人上訴者，非得檢察官之同意，不得撤回。

▲【29 上 234】刑事訴訟法第 348 條及第 322 條第 2 項（現行法第 356 條、第 330 條）僅規定自訴人上訴，非得檢察官之同意不得撤回，暨檢察官對於自訴案件，得於審判期日出庭陳述意見，並未限制檢察官於自訴案件必須蒞庭陳述意見，及不得於審判期日外，因法院諮詢而同意自訴人之撤回上訴。原判決以上訴人在第二審之審判期日，曾以言詞撤回上訴記明筆錄，並於審判期日外，諮詢檢察官得其同意，已發生撤回上訴之效力。乃上訴人撤回上訴後，又狀請仍准上訴，認為不合法，予以駁回，於法並無違背。

▲【32 上 430】**檢察官於自訴案件之審判期日，既非必須出庭**，而自訴人之上訴，又非得檢察官之同意，不得撤回，則自訴人在審判期日，撤回上訴，而檢察官適未出庭時，自**可由法院於審判期日外，諮詢檢察官之意見**。本件原審以自訴人當庭撤回上訴時，檢察官並未出庭，無從得其同意，逕行判決，殊於訴訟程序有違。

第 357 條　（捨棄或撤回上訴之管轄）

I. 捨棄上訴權，應向原審法院為之。
II. 撤回上訴，應向上訴審法院為之。但於該案卷宗送交上訴審法院以前，得向原審法院為之。

第 358 條　（捨棄或撤回上訴之程式）

I. 捨棄上訴權及撤回上訴，應以書狀為之。但於審判期日，得以言詞為之。
II. 第三百五十一條之規定，於被告捨棄上訴權或撤回上訴準用之。

▲【28 抗 155】**得以言詞撤回上訴者，僅限於審判期日，否則即應以書狀為之**，抗告人於第二審法院受命推事調查時，述稱附帶民訴部分民不上訴，既非在審判期日所為之陳述，依法不發生撤回上訴之效力。

第 359 條　（捨棄或撤回上訴之效力）

捨棄上訴權或撤回上訴者，喪失其上訴權。

▲【68 臺上 2551】上訴人於原審法院宣示判決後，具狀聲明捨棄上訴權，於判決送達後又具狀聲明上訴，顯屬合法，原審法院不依刑事訴訟法第 384 條上段以裁定駁回之，竟送本院誤為發回更審之判決，本院所為發回更審判決以及原審法院所為更審之判決（即原判決），均屬違法，難謂有效，應由本院將原判決予以撤銷。

▲【68 臺非 196】被告判處罪刑後，具狀聲請捨棄上訴權，依刑事訴訟法第 359 條規定，其上訴權業已喪失。如於判決正本送達後之十日上訴期間內，又具狀聲明上訴，自應依同法第 395 條前段規定判決將其上訴駁回。

第 360 條　（捨棄或撤回上訴之通知）

捨棄上訴權或撤回上訴，書記官應速通知他造當事人。

第二章　第　二　審

第 361 條　（第二審上訴之管轄）

I. 不服地方法院之第一審判決而上訴者，應向管轄第二審之高等法院為之。
II. 上訴書狀應敘述具體理由。
III. 上訴書狀未敘述上訴理由者，應於上訴期間屆滿後二十日內補提理由書於原審法院。逾期未補提者，原審法院應定期間先命補正。

▲【73 臺上 4124】數罪併罰案件其中一罪有無判決，應以主文之記載為準。若係無罪判決，即以其理由有無論及為準。本件第一審判決就上訴人自訴被告金某等詐欺等罪案件，諭知被告等無罪，但關於被告金某被訴背信部分，**理由內未曾論及**，該背信部分，**既未經第一審法院判決，依刑事訴訟法第 361 條規定之反面解釋，自無上訴於第二審法院之餘地**。原審不將此部分上訴駁回，由第一審法院另行補判。乃竟將不存在之第一審關於金某背信部分判決撤銷，且為諭知被告無罪之判決，於法顯然有違。

刑事訴訟法

第三編 上 訴 (第三六二～三六四條)

第 362 條 （原審對不合法上訴之處置──裁定駁回與補正）

原審法院認為上訴不合法律上之程式或法律上不應准許或其上訴權已經喪失者，應以裁定駁回之。但其不合法律上之程式可補正者，應定期間先命補正。

◇**不合法律上程式**：實務見解認為上訴不合法律上程式之情形有：上訴狀製作格式不合本法之規定（第 39 條、第 53 條）；上訴人未提出上訴狀繕本或其繕本數量不足（第 350 條第 2 項）；上訴人以言詞提出上訴卻未在上訴期間內補提上訴狀；上訴狀內未敘述上訴理由（以及其理由是否具體，第 361 條）；自訴人未委任律師代理即提起上訴等。不合法律上之程式，若屬於可補正者，法院應定一定期間，命上訴人補正，不得逕行駁回。

第 363 條 （卷宗、證物之送交與監所被告之解送）

I. 除前條情形外，原審法院應速將該案卷宗及證物送交第二審法院。

II. 被告在看守所或監獄而不在第二審法院所在地者，原審法院應命將被告解送第二審法院所在地之看守所或監獄，並通知第二審法院。

第 364 條 （第一審程序之準用）

第二審之審判，除本章有特別規定外，準用第一審審判之規定。

▲【27 上 2099】第二審法院之審判，除有特別規定外，依刑事訴訟法第 356 條（現行法第 364 條）既準用第一審審判之規定，則其調查證據自應踐行同法第 271 條至第 280 條（現行法第 164 條至第 173 條）所定之程序，不能僅以訊問被告為已足。

▲【28 上 3278】第三審發回第二審之案件，既已回復第二審程序，當事人在更審中，自得提出證據，請求調查，至該項證據當事人在前一、二兩審縱未提出，而其證據之證明力如何，按照刑事訴訟法第 269 條（現行法第 155 條）仍由審理事實之法院自由判斷，如法院審理結果，本於所得之心證予以採用，並無違法之可言。

▲【29 上 337】第二審法院原有審理事實之職權，

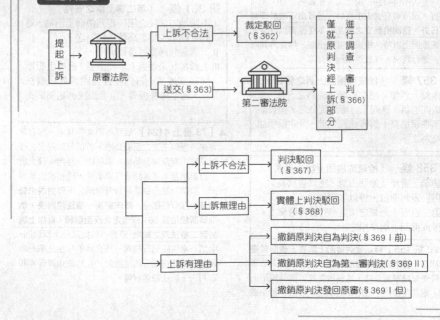

上訴程序

如就其審理之結果，本於自由心證，認定之事實與第一審判決有異，予以變更，除不得違反刑事訴訟法第 247 條之規定外，自非法所不許。

▲【29 上 394】第三審發回更審之案件，雖就上訴意旨所指摘之範圍內，認為某種證據應行調查未經原審履行調查之程序為發回之原因，但案經發回，即已回復原審之通常程序，關於當事人聲請調查以及法院依職權所應調查之一切證據，均應仍予調查，不得僅以第三審發回之點為限。

▲【73 臺非 116】第二審訴為事實審兼法律審，從而第一審訴訟程序縱有瑕疵，亦因上訴第二審重新審理而已補正，即難再指為違法。

第 365 條　（上訴人陳述上訴要旨）

審判長依第九十四條訊問被告後，應命上訴人陳述上訴之要旨。

◇上訴要旨：指上訴人簡要地概述其上訴之內容，可能包含其認定事實、選擇證據、適用法律與原判決不同之處。

▲【43 臺非 47】第二審審判期日，依刑事訴訟法第 357 條（現行法第 365 條）之規定，除案件由檢察官上訴，應命檢察官陳述上訴要旨外，其由被告上訴者，殊無準用同法第 265 條（現行法第 286 條）由檢察官陳述起訴要旨之餘地，且在審判程序上，尤無此必要。本件第二審審判期日，因係被告上訴，由審判長訊問被告姓名等項後，命上訴人即被告陳述上訴之要旨完畢，始行調查證據，是於第二審審判期日所應踐行之程序，並無錯誤，自不能以其未命檢察官陳述起訴要旨為違法。

▲【68 臺上 2330】參見本法第 47 條。

▲【71 臺上 3409】參見本法第 344 條。

第 366 條　（第二審調查範圍）

第二審法院，應就原審判決經上訴之部分調查之。

◇經上訴之部分：指經合法上訴之部分，始成為上級審法院之審判範圍，此係不告不理原則之展現。由於本法允許可分之案件一部上訴，因此上訴之範圍未必與起訴之範圍相同。

▲【71 臺上 3033】刑事訴訟法第 366 條明定第二審法院應就原審判決經上訴之部分調查之，是第二審對於未經上訴之部分自不得審判。本件第一審判決認為被告蕭某所為係犯共同連續行使明

知為不實之事項，而使公務員登載於職務上所掌之公文書罪及連續行使偽造私文書罪，分別判處有期徒刑三月及八月，而被告係僅就行使偽造私文書部分提起上訴，至其行使公務員職務上所掌公文書登載不實部分並不屬於被告之上訴範圍，故除該部分與行使偽造私文書部分，具有審判不可分之關係應並予審判外，自非第二審法院所得審理裁判。乃原判決既未敘明第一審判決所判二罪之間具有審判不可分之關係，而就被告未提起上訴之行使公務員職務上所掌公文書登載不實部分一併審判，即係對未受請求之事項予以判決，自屬違背法令。

第 367 條　（第二審對不合法上訴之處置——判決駁回補正）

第二審法院認為上訴書狀未敘述理由或上訴有第三百六十二條前段之情形者，應以判決駁回之。但其情形可以補正而未經原審法院命其補正者，審判長應定期間先命補正。

▲【28 上 2655】同一案件檢察官據訴人呈訴不服，對於被告提起上訴，如屬合法，第二審法院固就檢察官之上訴為實體上審判，但該被告之上訴為違背法律上程式者，關於該被告之上訴部分，仍應予以駁回。

▲【69 臺抗 101】抗告人因竊盜案件，經第一審判決後，於民國 68 年 1 月 4 日提出之上訴狀中，已列名為上訴人，自係不服原第一審判決，雖未頁具狀人欄蓋未依刑事訴訟法第 53 條之規定簽名蓋章，但修正刑事訴訟法第 367 條對該等不合法定程式之上訴，已特別增設第二審法院審判長應定期間先命補正之但書規定，此種情形，自非不可命補正。

第 368 條　（上訴無理由之判決）

第二審法院認為上訴無理由者，應以判決駁回之。

▲【39 臺上 183】刑事訴訟法第 360 條（現行法第 368 條）規定，第二審法院認為上訴無理由者，應以判決駁回之，原第二審法院認定上訴無理由，雖於判決主文內宣告上訴駁回，但於判決理由內未適用上述法條，其判決主文所謂上訴駁回，殊嫌無據，依同法第 370 條前段（現行法第 378 條）之規定，自屬違背法令。

刑事訴訟法　第三編　上　訴　（第三六五～三六八條）

▲【47 臺上 484】刑事訴訟法（舊）第 360 條所謂第二審法院認為上訴無理由者，應以判決駁回之，係指第一審判決與第二審審理結果所應為之判決相同者而言。第一審認上訴人所犯為一行為而觸犯數罪名，且係連續犯，而原審判決則僅認為連續犯，其所認犯罪事實，既與第一審不同，引用法條自亦不能一致，乃不將第一審判決撤銷改判，顯與首開法條不合。

第 369 條　（撤銷原判決——自為判決或發回）

I.第二審法院認為上訴有理由，或上訴雖無理由，而原判不當或違法者，應將原審判決經上訴之部分撤銷，就該案件自為判決。但因原審判決諭知管轄錯誤、免訴、不受理係不當而撤銷之者，得以判決將該案件發回原審法院。

II.第二審法院因原審判決未諭知管轄錯誤係不當而撤銷之者，如第二審法院有第一審管轄權，應為第一審之判決。

◇上訴有理由：指合法上訴後，上級審法院判斷該上訴之內容所指摘者，有無理由。若上訴不合法，即無庸判斷上訴有無理由。

▲【47 臺上 891】原審對於第一審判決認定之連續行為，既謂其中有一部分不能成立犯罪，則所認事實已與第一審判決有異，依刑事訴訟法第 361 條第 1 項前段（現行法第 369 條）之規定，自應將第一審認事錯誤之判決撤銷改判，乃不出此而以連續犯之部分行為不另諭知無罪之故，仍予維持，於法顯有未合。

▲【49 臺非 3】第二審法院認為上訴有理由者，僅應將原審判決經上訴之部分撤銷，而不能撤銷其未經上訴之部分。

▲【50 臺上 787】第二審法院對上訴案有無免訴事由，應依職權調查之，如認被訴犯罪與他部分屬於裁判上之一罪，而他部分已經有罪判決確定，無論被訴犯罪是否不能證明，均應撤銷第一審判決，諭知免訴之判決。

▲【69 臺上 2608】第二審法院撤銷第一審科刑判決改判，應將第一審判決全部撤銷，若僅將第一審判決關於罪刑部分撤銷，另行改判被告無罪，則第一審判決所認定之犯罪事實與第二審法院所為無罪判決並存，於法即有違誤。本件被告因偽造文書案件，經第一審法院判處罪刑，提起上訴後，原審法院僅將第一審判決關於罪刑部分撤銷，而保留其所認定之犯罪事實，並改判被告無罪，

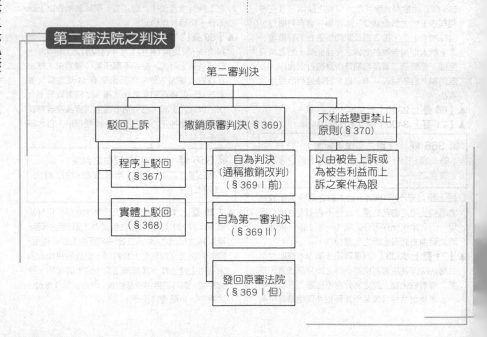

第二審法院之判決

第二審判決

- 駁回上訴
  - 程序上駁回（§367）
  - 實體上駁回（§368）
- 撤銷原審判決（§369）
  - 自為判決（通稱撤銷改判）（§369 I 前）
  - 自為第一審判決（§369 II）
  - 發回原審法院（§369 I 但）
- 不利益變更禁止原則（§370）
  - 以由被告上訴或為被告利益而上訴之案件為限

自嫌違誤。

▲【71 臺上 981】第一審判決認定上訴人有六次之詐欺犯罪行為，而原判決則認定上訴人有七次之詐欺犯罪行為，其認定上訴人犯罪事實之範圍既已擴張，自應將第一審判決撤銷改判，方為適法，乃竟將第一審未予審判即詐欺某甲財物部分予以添入，復又為駁回上訴之諭知，核與刑事訴訟法第 369 條第 1 項前段規定有違。

▲【71 臺上 2364】本院 49 年臺上字第 250 號判例**所謂第二審認定犯罪之事實，與第一審所認定不同，應將第一審判決撤銷改判，係指與適用法律有關之犯罪構成要件之基本犯罪事實有所變更、擴大或減縮者**而言。至若與基本犯罪事實無關之事項，縱有不同之記述，即不發生事實認定不同之問題。本件上訴人之長刀被擊落後，究係由何人取得，與上訴人殺人之構成要件之犯罪事實無涉，亦與其因殺人所應適用之法律無關，原審判決縱與第一審判決有不同之記載，而仍予維持第一審之判決，要無違法之可言。

▲【74 臺上 3667】第二審法院因第一審判決諭知不受理係不當而撤銷之者，固得以判決將該案件發回第一審法院；惟此所謂諭知不受理係不當，乃指本應受理而竟諭知不受理而言，若其應否受理尚屬不明，而有待於調查始能判斷者，第二審法院既亦為事實審，自仍應為必要之調查，殊不得遽予發回第一審法院。

第 370 條 　（禁止不利益變更原則㈠）

I. 由被告上訴或為被告之利益而上訴者，第二審法院不得諭知較重於原審判決之刑。但因原審判決適用法條不當而撤銷之者，不在此限。

II. 前項所稱刑，指宣告刑及數罪併罰所定應執行之刑。

III. 第一項規定，於第一審或第二審數罪併罰之判決，一部上訴經撤銷後，另以裁定定其應執行之刑時，準用之。

⑩³一、原條文第 1 項未修正。

二、增訂第 2 項、第 3 項。

三、宣告刑及數罪併罰所定應執行之刑均係於法院作成有罪判決時需依刑事訴訟法第 309 條所諭知之刑，就文義解釋，本應將原條文規定之「刑」明定為宣告刑及數罪併罰所定應執行之刑。為貫徹刑事訴訟法第 370 條所揭櫫之不利益變更禁止原則其規範目的，保護被告之上訴權，宣告刑之

加重固然對於被告造成不利益之結果，數罪併罰所定應執行之刑之加重對於被告之不利益之結果更是直接而明顯，爰增訂第 2 項。

四、為保障被告上訴權，於第一審或第二審數罪併罰之判決於另以裁定定其應執行刑時，亦有本條不利益變更禁止之適用，爰增訂第 3 項。

◇**不利益變更禁止原則**：本原則之目的在於讓被告安心上訴，以免被告擔心上訴判愈重，因此畏懼上訴，形同間接限制了被告之救濟權利。惟本原則也有幾個例外，包括上級審法院撤銷原判決適用之法條，或是檢察官為被告不利益上訴，此時均無不利益變更禁止原則之適用。

◇**適用法條不當**：指原審適用刑法之條文不適當。學說實務認為包含所有中華民國刑法之條文，並不限於刑法分則（第 100 條以下）之法條。早期實務更認為「**量刑不當**」亦屬適用法條不當，但近年則有實務主張第二審不應單純以量刑不當排除不利益變更禁止原則之適用（93 臺上 2578）。

▲【26 渝上 48】原審雖因上訴人提起第二審上訴，撤銷第一審判決，而諭知較重於第一審判決之刑，但原審係因第一審判決未依共同正犯論擬，誤以教唆犯處斷，顯係適用法條不當，將其撤銷改判，自不受刑事訴訟法第 362 條前段（現行法第 370 條）之限制。

▲【28 上 1122】原審判決對於被告所以諭知較重於第一審判決之刑，係因被告提起第二審上訴後，檢察官亦為該被告之不利益而提起上訴，並非因第一審適用法律之不當，唯查得因當事人之上訴而改判，必須以其上訴合法為前提，否則假使原判決量刑確係不當，斷無改判之餘地。本件原檢察官在第二審之上訴業已逾期，原審不將其上訴駁回，反因其上訴對於被告諭知較重於第一審判決之刑，顯係違誤。

第 371 條 　（一造缺席判決㈣）

被告經合法傳喚，無正當之理由不到庭者，得不待其陳述，逕行判決。

▲【30 上 2020】刑事訴訟法第 363 條（現行法第 371 條）**所謂無正當之理由不到庭，係指在社會通常觀念上，認為非正當之原因而不到庭者而言**。上訴人於審判期日不到庭，縱使係由於傳聞原審於是日停止審理之故，但在社會通常觀念上，要難認為具有正當之理由，原審不待其陳述逕行判決，尚非違法。

▲【33 上 601】刑事訴訟法第 363 條（現行法第

371 條）之逕行判決，原屬任意規定，受合法傳喚之被告，無正當理由而未於審判期日遵傳到庭者，其**應否不待其陳述逕行判決，法院有自由斟酌之權**，並非必須適用該條逕予判決。

▲【33 上 1502】刑事訴訟法第 363 條（現行法第 371 條）之**逕行判決，限於被告經合法傳喚，無正理由不到庭者，始得為之**，至其他人證經傳喚未到庭陳述者，自不能適用該條逕行判決。

▲【40 臺上 22】參見本法第 55 條。

第 372 條　（言詞審理之例外㈡）
第三百六十七條之判決及對於原審諭知管轄錯誤、免訴或不受理之判決上訴時，第二審法院認其為無理由而駁回上訴，或認為有理由而發回該案件之判決，得不經言詞辯論為之。

第 373 條　（一審判決書事實、證據之引用及理由之補載）
第二審判決書，得引用第一審判決書所記載之事實、證據及理由，對案情重要事項第一審未予論述，或於第二審提出有利於被告之證據或辯解不予採納者，應補充記載其理由。

▲【28 上 2388】第二審判決書，得引用第一審判決書所載之事實，以第二審認定之事實與第一審判決書所認定者完全一致，毋庸更為事實之記載者為限，如第二審認結果，與第一審判決書所載之事實顯然有異，即應本事實審職權重行認定，於判決書內加以記載，始得據以改判，否則第二審判決書所載理由，與其引用第一審判決書所載事實互相矛盾，其判決即屬違法。

▲【31 上 1020】第二審法院判決書，固得引用第一審判決書所載之事實，但第一審判決書對於犯罪事實如毫無記載，或記載不明時，第二審判決書即應依職權調查證據之結果所認定之事實，詳為記載，無再引用第一審判決書之餘地。

▲【46 臺上 576】有罪之判決書，其所認定之犯罪事實，必須記載明白，而後本於所憑之證據，說明論科之理由，故第二審調查結果，發見第一審判決所記之事實有未完備，即應本諸事實審之職權，重加認定，自不能將第一審不完備或記載錯誤之事實予以引用。

第 374 條　（得上訴判決正本之記載方法）
第二審判決，被告或自訴人得為上訴者，應併將提出上訴理由書之期間，記載於送達之判決正本。

第三章　第　三　審

第 375 條　（第三審上訴之管轄）
I.不服高等法院之第二審或第一審判決而上訴者，應向最高法院為之。
II.最高法院審判不服高等法院第一審判決之上訴，亦適用第三審程序。

第 376 條　（上訴第三審之限制㈠——上訴案件）
I.下列各罪之案件，經第二審判決者，不得上訴於第三審法院。但第一審法院所為無罪、免訴、不受理或管轄錯誤之判決，經第二審法院撤銷並諭知有罪之判決者，被告或得為被告利益上訴之人得提起上訴：
一　最重本刑為三年以下有期徒刑、拘役或專科罰金之罪。
二　刑法第三百二十條、第三百二十一條之竊盜罪。
三　刑法第三百三十五條、第三百三十六條第二項之侵占罪。
四　刑法第三百三十九條、第三百四十一條之詐欺罪。
五　刑法第三百四十二條之背信罪。
六　刑法第三百四十六條之恐嚇罪。
七　刑法第三百四十九條第一項之贓物罪。
II.依前項但書規定上訴，經第三審法院撤銷並發回原審法院判決者，不得上訴於第三審法院。

⑯一、原條文限制特定範圍法定本刑或犯罪類型之案件，經第二審法院判決者，不得上訴第三審。惟上開案件經第二審法院撤銷第一審法院所為無罪、免訴、不受理或管轄錯誤判決，並論知有罪判決（含科刑判決及免刑判決）者，因不得上訴第三審法院之結果，使被告於初次受有罪判決後即告確定，而無法依通常程序請求上訴審法院審

查，以尋求救濟之機會，與憲法第 16 條保障人民訴訟權之意旨有違（司法院釋字第 752 號解釋意旨參照）。為有效保障人民訴訟權，避免錯誤或冤抑，應予被告或得為被告利益上訴之人至少一次上訴救濟之機會，爰於本條序文增訂但書之規定。又第二審法院所為有罪判決，該案仍屬第二審判決，第三審法院審判就上訴案件之審理，自仍應適用第三審程序，乃屬當然。

二、第 1 項但書規定已賦予被告或得為被告利益上訴之人就初次有罪判決上訴救濟之機會，已足以有效保障人民訴訟權，為兼顧第三審法院合理之案件負荷，以發揮原有法律審之功能，依第 1 項但書規定上訴，經第三審法院撤銷並發回原審法院判決者，不得就第二審法院所為更審判決，上訴於第三審法院，爰增訂第 2 項規定。

▲【30 上 2227】是否係刑事訴訟法第 368 條（現行法第 376 條）所謂刑法第 61 條所列各罪之案件，**並不以第二審判決時所適用之法條為唯一標準**，如起訴時非刑法第 61 條所列之罪，當事人對於第二審認為係該罪之判決復有爭執者，即非所謂刑法第 61 條所列各罪之案件，不受不得上訴於第三審法院之限制。

▲【42 臺上 616】刑法第 61 條第 2 款至第 5 款所定係以罪為標準，注重在罪，與第 1 款前段所定以刑為標準，注重在刑者不同，因之原屬第 1 款前段所定本刑為三年以下有期徒刑之案件，因刑法分則條文加重之結果，其最重本刑超過三年有期徒刑時，即非該款前段所列之案件，自不受刑事訴訟法第 368 條（現行法第 376 條）之限制，其因總則條文加重則否，至第 2 款至第 5 款之罪，則縱因分則條文加重至五年以上時，亦仍無上訴於第三審法院之餘地。

▲【43 臺上 163】刑法第 277 條第 1 項之犯罪，如依刑法分則加重結果，其最重本刑超過三年以上有期徒刑時，即非同法第 61 條第 1 款前段之案件，不受刑事訴訟法第 368 條（現行法第 376 條）不得上訴第三審之限制。原審認為上訴人具備累犯條件，應依刑法總則第 47 條加重其刑二分之一，既非依刑法分則加重，縱使加重結果最重本刑超過三年以上有期徒刑，仍不失為同法第 61 條第 1 款前段之案件，經第二審判決後不得上訴第三審法院。

▲【55 臺非 205】刑法第 61 條所列各罪之案件，依刑事訴訟法第 368 條（現行法第 376 條）規定，不得上訴於第三審法院。故一經第二審判決即告

確定。如當事人對此已告確定之案件，猶提起第三審上訴，第三審法院即應依刑事訴訟法第 387 條上段（現行法第 395 條），以判決駁回之，倘竟誤為撤銷發回更審，原第二審法院亦復遵照更為判決，均屬違法，難謂有效，並無影響於更審前之第二審判決確定之效力。

▲【69 臺上 3254】**刑法分則加重，係就犯罪類型變更之個別犯罪行為，予以加重處罰，而成立另一獨立之罪。**少年事件處理法第 85 條所定加重處罰，並非對於個別特定之行為而為加重處罰，矧該條所定成年人係年齡狀態，而非身分條件，亦與刑法第 134 條有別。故少年事件處理法第 85 條之加重，應認為相當於刑法總則之加重。本件上訴人廖某被訴預備殺人，以脅迫使人行無義務之事，及以加害身體之事恐嚇他人致生危害於安全等罪，各該條均係刑法第 61 條第 1 款之罪，第一審及原審判決，雖經依少年事件處理法第 85 條規定加重其刑，**然該條之加重既相當於刑法總則之加重，仍屬刑法第 61 條第 1 款前段之罪，既經第二審判決，自不得上訴於第三審法院。**

▲【69 臺上 4584】參見本法第 348 條。

▲【71 臺上 1423】參見本法第 344 條。

▲【72 臺上 5811】第一審檢察官雖係以加重竊盜之罪名起訴，但第二審檢察官提起第三審上訴，仍應以其上訴所爭執之罪名，為非刑法第 61 條所列各罪之罪名，始得為之。本件依檢察官上訴書之所載，對於原審論處被告普通竊盜之罪名，毫未爭執，僅就依法不得上訴第三審而與竊盜罪具有牽連關係之無故侵入住宅部分，指摘原審就該部分未予判決（實則欠缺追訴要件），難謂已符合第三審上訴之法定要件。又告訴乃論之罪，係以有告訴權人提出合法告訴為追訴之條件，本件被告無故侵入住宅部分，既未經被害人合法提出告訴，自屬欠缺追訴之要件，則檢察官就竊盜之犯罪事實起訴，其效力應不及於無故侵入住宅部分，自無審判不可分原則之適用。原審就欠缺追訴要件之無故侵入住宅部分，未併為審判，自無上訴意旨所指已受請求之事項未予判決違法之可言，該部分因非起訴效力之所及，原判決理由對此原毋庸加以說明，亦與所指理由不備之違法不相當。

▲【74 臺上 3352】檢察官以被告犯裁判上一罪分別援用屬於刑法第 61 條之罪及不屬於刑法第 61 條之罪之條文提起公訴，第二審法院若僅對其中屬於刑法第 61 條之部分予以判罪，至其非屬刑法第 61 條之罪之部分，因認不構成犯罪而不

另為無罪之諭知時，該有罪部分，既為刑法第 61 條之罪，被告就此自仍不得上訴於第三審法院。

▲【75 臺上 2148】參見本法第 344 條。

第 377 條 　（上訴三審之理由㈠——違背法令）

上訴於第三審法院，非以判決違背法令為理由，不得為之。

◇違背法令：因我國第三審為法律審，上訴三審必須原判決違背法令。違背法令又可區分為第 378 條的「相對違背法令」與第 379 條的「絕對違背法令」。

▲【70 臺上 969】刑事訴訟法第 377 條規定，上訴於第三審法院，非以判決違背法令為理由不得為之，是當事人提起第三審上訴，應以原判決違背法令為理由，係屬法定要件，如果上訴理由並未指摘原判決有何違法，自應認其上訴為違背法律上之程式，予以駁回。本件自訴人上訴意旨，僅以被告等互相捏護圖利他人無故不使他人受追訴處罰為惟一理由，而於原判決以上訴人非犯罪被害人，維持第一審諭知其自訴不受理之判決，如何違背法令，並無一語涉及，自屬違背法律上之程式，應予駁回。

▲【71 臺上 8061】原審固經調查證據並為言詞辯論，然非因此即不得為程序上之判決，上訴理由指原審已調查證據且經開庭審理，竟仍予程序判決為違法，顯有誤會，既屬程序判決，上訴理由又為實體上之爭執，仍非適法之上訴理由。

▲【72 臺上 643】原審採信高某之指述與郭某之證言，究有如何違反經驗法則、論理法則之情形，上訴人既未具體指明，徒以自己之說詞，謂原審採證違法，要非適法之上訴理由。至所謂旅社負責人及服務生在第一審均證實上訴人未於案發之時日前往該旅社一節，經核閱全卷，該旅社負責人蔡某、服務生鄭某並無如是之證述，是上訴人此部分之主張，顯與卷存訴訟資料不符，執此指摘原審未予審酌而有理由不備之違法，即與刑事訴訟法第 379 條第 14 款上段規定不相適合。其上訴自屬違背法律上之程式，應予駁回。

▲【72 臺上 4481】參見本法第 303 條。

▲【72 臺上 5047】第二審法院仍為事實覆審，得自行調查證據認定事實，而當事人僅得以第二審之判決違背法令為理由，提起第三審上訴，此觀刑事訴訟法第 366 條及第 377 條之規定而自

明。上訴論旨以第一審言詞辯論期日有關書證未予提示，然原審已踐行此項調查程序，使上訴人有申辯之機會，即於證據法則無違，第一審此項程序之瑕疵，應視為已經治癒，核與原審應於審判期日調查之證據而未為調查之違法情形，並不相當，要難執為上訴第三審之適法理由。

▲【72 臺上 6696】**量刑輕重，係屬事實審法院得依職權自由裁量之事項，苟已斟酌刑法第 57 條各款所列情狀而未逾越法定刑度，不得遽指為違法**。至緩刑之宣告，除應具備同法第 74 條所定條件外，並須有可認為以暫不執行刑罰為適當之情形，始得為之，亦屬法院裁判時得依職權自由裁量之事項，當事人不得以原審未諭知緩刑指為違背法令。

▲【74 臺上 1556】原判決係認第一審判決依刑法第 56 條、第 233 條論處上訴人以連續引誘未滿十六歲之女子與他人姦淫之罪刑，為無不當，予以維持，而駁回上訴人在第二審之上訴，其事實及理由亦以上訴人係犯引誘未滿十六歲之女子與他人姦淫罪之認定及論斷，則其記載之刑法第 232 條，顯係刑法第 233 條之**誤繕，顯然於判決無影響，且與理由矛盾之情形不相適合，自不得據為第三審上訴之適法理由**。

▲【74 臺上 1559】上訴意旨，並未依據卷內訴訟資料，具體指摘原判決不適用何種法則或如何適用不當，**單純為事實上之爭執，顯非適法之第三審上訴理由**。

▲【75 臺上 7033】關於刑之量定及緩刑之宣告，係實體法上賦予法院得為自由裁量之事項，尚其未有逾越法律所規定之範圍，或濫用其權限，即不得任意指摘為違法，以為第三審上訴之理由。

▲【76 臺上 5771】提起第三審上訴，應以原判決違背法令為理由，係屬法定要件。**如果上訴理由狀並未依據卷內訴訟資料，具體指摘原判決不適用何種法則或如何適用不當，自應認其上訴為違背法律上之程式，予以駁回**。或上訴理由狀，雖指摘原判決有違背法令，但未指明原判決有如何違法事由之具體情事，僅泛言有何條款之違法而無具體情事者，其上訴仍不能認為合法。本件上訴意旨，僅以上訴人詳閱原審判決後，認有違背刑事訴訟法第 172 條、第 310 條第 1 款、第 2 款、第 378 條、第 379 條第 10 款、第 14 款等情形，難令人甘服為惟一理由，而於原判決論處上訴人以共同連續行使偽造私文書，足以生損害於他人罪刑，究竟有如何違背上開法律之具體情事，

並無一語涉及，自非適法之第三審上訴理由。

第 378 條　（違背法令之定義）

判決不適用法則或適用不當者，為違背法令。

◇**不適用法則**：指原判決應運用法則卻未運用。學說多認為法則之涵義極廣，包括實體法與程序法上之原理、原則。甚至有學者提出外國法、國際條約或協定等，是否能當作法則之疑問，值得注意。

◇**適用法則不當**：指原判決確實有適用上述法則，惟其適用並不恰當，例如誤解法則之內涵，或案件不應適用該法則卻仍引用之。

▲**【73 臺上 4994】** 原判決既認為被告使用槍枝擊斃死者之行為，係符合警械使用條例第 4 條第 1 項第 5 款、第 8 條之規定，即依同條例第 11 條規定為依法令之行為，是被告之行為係依刑法第 21 條第 1 項之規定為不罰，核與第一審判決認為被告開槍擊斃死者係正當防衛且未過當，依刑法第 23 條之規定其行為不罰，適用法則顯屬不同，乃原判決未依法撤銷改判，竟予維持，自難謂無不適用法則之違誤。

第 379 條　（當然違背法令之判決）

有左列情形之一者，其判決當然違背法令：

一　法院之組織不合法者。
二　依法律或裁判應迴避之法官參與審判者。
三　禁止審判公開非依法律之規定者。
四　法院所認管轄之有無係不當者。
五　法院受理訴訟或不受理訴訟係不當者。
六　除有特別規定外，被告未於審判日到庭而逕行審判者。
七　依本法應用辯護人之案件或已經指定辯護人之案件，辯護人未經到庭辯護而逕行審判者。
八　除有特別規定外，未經檢察官或自訴人到庭陳述而為審判者。
九　依本法應停止或更新審判而未經停止或更新者。
十　依本法應於審判期日調查之證據而未予調查者。
十一　未與被告以最後陳述之機會者。
十二　除本法有特別規定外，已受請求之事項未予判決，或未受請求之事項予以判決者。
十三　未經參與審理之法官參與判決者。
十四　判決不載理由或所載理由矛盾者。

⑧⑥一、配合法院組織法之用語，將「推事」修正為「法官」。
　　二、其餘不修正。

◇**當然違背法令**：指刑事訴訟法列舉絕對違背法令之事由，有此情形，當然得上訴第三審。

◇**已經指定辯護人案件**：實務將刑事訴訟法第 31 條之情形稱為「應用辯護人之案件」，第 2 項選任辯護人無正當理由缺席審判期日，則是「已經指定辯護人之案件」（107 臺上 3469）。

◇**自訴人未到庭**：2003 年修法將自訴採律師強制代理，學說認為原則上自訴人已無到庭義務，但本條項未修，解釋上應改為「未經自訴代理人到庭陳述而為審判者」，除非有第 331 條第 2 項諭知不受理判決外，亦得作為上訴第三審之事由（學說稱：訴訟程序違背法令之有害瑕疵）。

◇**更新審判程序**：指本法第 293 條之情形，若下次開庭間隔 15 日以上，應更新審判程序。實務上以「審判長諭知更新審判程序，並重新告知第 95 條之事項，命檢察官陳述起訴要旨，告知上訴人其犯罪嫌疑與所犯罪名，且調查證據及言詞辯論。」並載明於該次審判筆錄，即已更新審判程序（106 臺上 3111）。

◇**應於審判期日調查之證據**：最高法院認為：事實審法院對於被告有利、不利之證據應一律注意。若有重要證據未予調查，致事實未臻明瞭者，即與未經調查無異，此時逕行判決，有本款之適用。學說則有認為基於證據之「必要性、關聯性、可能性」等調查三原則作為判斷是否未經調查之基準。

◇**已受請求之事項**：指經起訴或上訴之犯罪事實。

◇**未受請求之事項**：指未經起訴或上訴之犯罪事實。

▲**【64 臺上 893】** 科刑之判決書其宣示之主文，與所載之事實及理由必須互相適合，否則即屬理由矛盾，其判決當然為違背法令。

▲**【65 臺上 1556】** 原審囑託臺灣屏東地方法院訊問證人某甲筆錄，既在原審辯論終結以後始行收到，嗣後未經再開辯論，即行判決，是此項筆錄，顯未經原審於審判期日踐行調查之程序，遽

採為認定事實之證據，自屬違法。

▲【69 臺上 1442】已受請求之事項未予判決者，其判決當然違背法令，刑事訴訟法第 379 條第 12 款定有明文。本件係檢察官及被告均不服第一審對於被告殺害王某未遂之單一犯罪事實所為同一判決，向原審提起上訴，審判之範圍應與訴之範圍，互相一致。乃原審未待檢察官陳述上訴要旨，即行辯論終結宣判，而原判決亦未列檢察官為上訴人，對其上訴予以裁判，自有對於已受請求之事項未予判決之違法。

▲【69 臺上 2037】參見本法第 348 條。

▲【69 臺上 4913】參見本法第 154 條。

▲【70 臺上 4673】參見本法第 348 條。

▲【71 臺上 3033】參見本法第 366 條。

▲【71 臺上 3606】　當事人聲請調查之證據如事實審未予調查，又未認其無調查之必要，以裁定駁回之，或於判決理由予以說明者，其踐行之訴訟程序，雖屬違法，但此項訴訟程序之違法，必須所聲請調查之證據確與待證事實有重要之關係，就其案情確有調查之必要者，方與刑事訴訟法第 379 條第 10 款之「應於審判期日調查之證據」相當，而為當然違背法令，始得為上訴第三審之理由。因之，此項「調查之必要性」，上訴理由必須加以具體敘明，若其於上訴理由狀就此並未敘明，而依原判決所為之證據上論斷，復足認其證據調查之聲請，事實審法院縱曾予調查，亦無從動搖原判決就犯罪事實之認定者，即於判決顯無影響，依刑事訴訟法第 380 條之規定，自仍應認其上訴為非合法。

▲【72 臺上 4477】原判決在事實欄記載「猛刺宋某」，在理由內則記載為「猛砍」或「砍」，惟其係依被害人之指陳，上訴人之供述及診斷書之診斷而為論斷，上訴人係以水果刀殺被害人，而被害人所受之傷，係上訴人用以行兇之水果刀所形成，應無疑問。是其記載之用語，雖不盡相同，仍無解於上訴人犯罪之成立，上訴理由執此指摘原判決所載理由矛盾，顯與法律規定此項違法之事由不相適合。不得據為上訴第三審之理由。

▲【72 臺上 5047】參見本法第 377 條。

▲【72 臺上 5529】判斷有價證券之真偽，原非以囑託鑑定為絕對必要之方法。原審依據有關證人之證言及其他證據，已足證明本件本票非出於偽造，因而未付鑑定，與證據法則並無違背，自不能指為違法，核與上訴意旨所稱應於審判期日調查之證據而未予調查之情形，不相適合。

▲【72 臺上 5811】參見本法第 376 條。

▲【72 臺上 7035】刑事訴訟法第 379 條第 10 款所稱應調查之證據，係指與待證事實有重要關係，在客觀上認為應行調查者而言。本件上訴人與吳某將偽造背書之支票交付周某，而詐購茶葉得手時，犯罪已成立，如何將詐得之茶葉轉售，售與何人，得款若干，如何朋分價金？均屬犯罪後處分贓物之行為，於犯罪之成立並無影響，原審認為上訴人犯罪已臻明確，無須調查處分贓物之情形而未予調查，自不能指為應調查之證據未予調查。

▲【72 臺非 229】原審判決所採用之某種證據，曾否經提示辯論，雖專以原審審判筆錄為證，但此項提示辯論，僅與事實之判斷資料有關，如當事人認為此並非所應爭執之關鍵，而未於第三審上訴理由內加以指摘者，第三審法院依刑事訴訟法第 393 條規定，不宜以原審審判筆錄並無關於該證據曾經提示辯論，向被告宣讀或告以要旨之記載，而認原審判決有同法第 379 條第 10 款之違法，如原審判決別無撤銷原因，則本院所為上訴駁回之判決既不違背刑事訴訟法第 393 條前段之規定，自不發生審判違背法令之問題。

▲【74 臺上 6444】參見本法第 163 條。

▲【78 臺非 90】刑事訴訟法第 379 條第 10 款所稱「依本法應於審判期日調查之證據」，乃指該證據在客觀上為法院認定事實及適用法律之基礎者而言，若非上述情形之證據，其未予調查者，本不屬於上開第 10 款之範圍，縱其訴訟程序違背法令，如應受同法第 380 條之限制者，仍不得據為非常上訴之理由。有罪之判決所認定之事實而應記載於判決書者，乃指與論罪科刑暨適用法令有關之事實而言——如犯罪構成要件之事實、刑之加重減輕之事由、故意、過失等等。故事實欄所記載之部分，倘無關於論罪科刑或法律之適用者，既不屬於必要記載之事項，自亦非理由所應敘述之範圍，則該判決援用以認定此部分非必要記載之事實之證據，即令內容上與此部分之事實不相適合，亦因其不予記載原不生理由不備之違法，倘其予以記載，縱與客觀事實不符，本亦無礙於其應為之論罪科刑與法條之適用，從而亦不構成理由矛盾之違法。

▲【80 臺上 4672】參見本法第 164 條。

▲【84 臺非 190】有罪之判決書，其認定事實、所敘理由及援用科刑法條均無錯誤，僅主文論罪之用語欠周全，於全案情節與判決本旨並無影響，

難謂有判決理由矛盾之違法。

▲【88 臺上 4382】參見本法第 267 條。

▲【91 臺非 152】參見本法第 284 條。

第 380 條　（上訴第三審之限制㈡——上訴理由）

除前條情形外，訴訟程序雖係違背法令而顯然於判決無影響者，不得為上訴之理由。

◇**顯然於判決無影響者**：指訴訟程序雖違背法令，但於判決的結果無因果關係者，學說有稱為無害瑕疵。但本條之判斷基準十分模糊，因此有學者引用外國法上的「可能性」作為標準，只要不能排除訴訟程序違背法令影響判決之可能性，即應認定判決違背法令，得上訴第三審。

▲【48 臺上 1461】原審對於上訴人請求調查之事項，既未認為無調查之必要，以裁定予以駁回，又未於判決內說明其不必調查之理由，自於訴訟上所應踐行之程序有違，如該上訴人請求調查之事項為可信，則原審乎此而採為判決基礎之證據，即不免因而動搖，是其訴訟程序之違背法令，不能謂為顯然於判決無影響。

▲【70 臺上 3933】原判決論處被告罪刑而漏引刑事訴訟法第 299 條第 1 項上段所定被告犯罪已經證明者，應諭知科刑判決之條文，其訴訟程序，雖係違背法令，而顯然與判決無影響，依刑事訴訟法第 380 條規定，不得為上訴之理由。

▲【71 臺上 1401】證人謝某所供述內容，核與上訴人等剝奪被害人施某及涂某行動自由部分無關，原審縱未於判決中說明其不採之理由，此項訴訟程序之違背，於判決結果並無影響，不得據為上訴第三審之理由。

▲【71 臺上 3606】參見本法第 379 條。

▲【71 臺上 4936】原判決業於民國 71 年 5 月 6 日宣示，此有卷附宣判筆錄為證，當時上訴人在押，原審未通知看守所並簽發提票將上訴人提起聆判，其訴訟程序固屬違背法令，但宣示判決係將法院已成立之判決對外發表，故當事人縱未在庭，一經宣示，即生判決之效力，從而原判決宣示時上訴人雖未在庭，顯然於判決無影響，依刑事訴訟法第 380 條規定，不得為上訴之理由。

▲【72 臺上 2960】上訴人第一次恐嚇既遂，係單獨為之，第二、三兩次恐嚇未遂，係與他人共犯，原判決既按連續犯論以既遂一罪，其主文自

無庸論知「共同」兩字，雖未於判決內說明有關恐嚇未遂係與他人共犯，應構成共同正犯之理由，然此項漏未記載，非判決主文所由生之事項，亦與適用法律無關，即與所謂理由不備之情形不相當，祇屬訴訟程序之違背，於判決結果並無影響，不得據為上訴第三審之理由。

▲【72 臺上 4542】參見本法第 352 條。

▲【74 臺上 1740】原判決以上訴人偽造之「朱梅芳」印章一顆及在房屋租賃契約書上偽造之「朱梅芳」印文及署押，不問屬於犯人與否，均應依法宣告沒收，經於判決理由內詳予說明，而於主文為沒收之諭知，即已說明其依刑法第 219 條為沒收依據之情形。其論結欄雖未記載刑法第 219 條字樣，祇係**單純的文字漏寫，尚與所指判決不適用法則之違法情形不相適合，且此文字漏寫，顯然於判決不生影響，自非適法之第三審上訴理由**。

▲【78 臺上 3949】精神耗弱人之行為，依刑法第 19 條第 2 項之規定，僅係得減輕其刑，並非必減，即係法院依職權自由裁量之事項，原判決既未減輕其刑，事實欄與理由欄關於上訴人是否精神耗弱人之記載與敘述，依刑事訴訟法第 380 條之規定，自屬於判決無影響。

▲【78 臺非 90】參見本法第 379 條。

▲【84 臺非 190】參見本法第 379 條。

第 381 條　（上訴三審之理由㈡——刑罰廢止、變更、免除）

原審判決後，刑罰有廢止、變更或免除者，得為上訴之理由。

第 382 條　（上訴理由及理由書補提）

Ⅰ 上訴書狀應敘述上訴之理由；其未敘述者，得於提起上訴後二十日內補提理由書於原審法院；未補提者，毋庸命其補提。

Ⅱ 第三百五十條第二項、第三百五十一條及第三百五十二條之規定，於前項理由書準用之。

---

⑩ 一、鑑於原有關第二審上訴及第三審上訴補提理由書之期間分別為二十日及十日，尚非一致，為便於當事人知悉通曉，上述期間，允宜統一，爰參酌第 361 條第 3 項規定，將第 1 項補提理由書之期間修正為二十日，以利當事人遵循。

二、本條第 2 項未修正。

刑事訴訟法 第三編 上 訴 （第三八三～三九一條）

▲【65 臺上 2836】上訴於第三審法院，其上訴書狀應敘述上訴之理由，為刑事訴訟法第 382 條第 1 項所明定。本件原審檢察官提出之上訴書，僅云「茲據告訴人某甲具狀請求提起上訴前來，經核內容，尚非顯無理由，檢附原書狀，提起第三審上訴，請予法辦」，**並無一語指摘原判決如何違背法令，及該書狀內容如何尚非顯無理由。**刑事訴訟法既無上訴理由得引用或檢附其他文件代替之規定，揆之首開說明，其上訴程式自屬不合。

▲【69 臺上 2724】刑事訴訟法第 382 條第 1 項**所謂上訴書狀應敘述上訴之理由，係指上訴書狀本身應敘述上訴理由而言，非可引用或檢附其他文書代替，以為上訴之理由。**蓋刑事訴訟法規定各種文書之制作，應具備一定之程式，其得引用其他文書者，必有特別之規定始可，（例如刑事訴訟法第 48 條、第 373 條。）否則，即難認其上訴已合法律上之程式。

第 383 條 （答辯書之提出）
I.他造當事人接受上訴書狀或補提理由書之送達後，得於十日內提出答辯書於原審法院。
II.如係檢察官為他造當事人者，應就上訴之理由提出答辯書。
III.答辯書應提出繕本，由原審法院書記官送達於上訴人。

第 384 條 （原審法院對不合法上訴之處置——裁定駁回與補正）
原審法院認為上訴不合法律上之程式或法律上不應准許或其上訴權已經喪失者，應以裁定駁回之。但其不合法律上之程式可補正者，應定期間先命補正。

▲【27 渝抗 1】原審法院以抗告人為本案之告訴人，對於法院判決無上訴權，將其第二審之上訴判決駁回，抗告人既對於此項判決提起第三審上訴，則抗告人是否為本案之告訴人，對於第一審判決有無上訴權，即為原判決是否正當之先決事項，自係屬於第三審上訴有無理由之問題，依法應由第三審法院判斷，原審以裁定駁回其第三審上訴，自屬違法。

▲【68 臺上 2551】參見本法第 359 條。

第 385 條 （卷宗及證物之送交三審）
I.除前條情形外，原審法院於接受答辯書或

提出答辯書之期間已滿後，應速將該案卷宗及證物，送交第三審法院之檢察官。
II.第三審法院之檢察官接受卷宗及證物後，應於七日內添具意見書送交第三審法院。但於原審法院檢察官提出之上訴書或答辯書外無他意見者，毋庸添具其意見書。
III.無檢察官為當事人之上訴案件，原審法院應將卷宗及證物逕送交第三審法院。

第 386 條 （書狀之補提）
I.上訴人及他造當事人，在第三審法院未判決前，得提出上訴理由書、答辯書、意見書或追加理由書於第三審法院。
II.前項書狀，應提出繕本，由第三審法院書記官送達於他造當事人。

第 387 條 （第一審審判程序之準用）
第三審之審判，除本章有特別規定外，準用第一審審判之規定。

第 388 條 （強制辯護規定之排除）
第三十一條之規定於第三審之審判不適用之。

第 389 條 （言詞審理之例外㈢）
I.第三審法院之判決，不經言詞辯論為之。但法院認為有必要者，得命言詞辯論。
II.前項辯論，非以律師充任之代理人或辯護人，不得行之。

第 390 條 （指定受命法官及制作報告書）
第三審法院於命辯論之案件，得以庭員一人為受命法官，調查上訴及答辯之要旨，制作報告書。

⑩法院組織法已將「推事」之用語，修正為「法官」，爰配合為文字修正，以符法制。

第 391 條 （朗讀報告書與陳述上訴意旨）
I.審判期日，受命法官應於辯論前，朗讀報告書。
II.檢察官或代理人、辯護人應先陳述上訴之意旨，再行辯論。

⑩一、法院組織法已將「推事」之用語，修正為「法官」，第 1 項爰配合為文字修正，以符法制。

二、第 2 項未修正。

第 392 條　（一造辯論與不行辯論）

審判期日，被告或自訴人無代理人、辯護人到庭者，應由檢察官或他造當事人之代理人、辯護人陳述後，即行判決。被告及自訴人均無代理人、辯護人到庭者，得不行辯論。

第 393 條　（三審調查範圍㈠──上訴理由事項）

第三審法院之調查，以上訴理由所指摘之事項為限。但左列事項，得依職權調查之：

一　第三百七十九條各款所列之情形。

二　免訴事由之有無。

三　對於確定事實援用法令之當否。

四　原審判決後刑罰之廢止、變更或免除。

五　原審判決後之赦免或被告死亡。

▲【27 上 1534】上訴人之過失傷害人，係告訴乃論之罪，被害人並未依法告訴，雖與其殺人未遂有牽連犯關係，而該罪既欠缺訴追條件，仍不應予以受理。原審乃以之與殺人罪依刑法第 55 條處斷，自係違誤，上訴意旨對此並未指摘，應由本院依刑事訴訟法第 385 條第 3 款（現行法第 393 條）以職權調查，予以糾正。

▲【28 上 2002】第三審法院就原審對於確定事實援用法令之當否，得依職權調查，刑事訴訟法（舊）第 385 條第 4 款著有明文，第二審判決之適用法則，既應以該判決所確定之事實為基礎，如原審並未將被告之犯罪事實明確認定，遽為有罪之裁判，則其援用之法令，與所認定之事實，顯不相符，原判決即屬用法不當，上訴意旨雖未指摘之，第三審法院仍應以職權將其撤銷。

▲【72 臺非 229】參見本法第 379 條。

▲【73 臺非 134】被告因搶劫案件，經臺灣高等法院判處有期徒刑十五年，被告不服提起上訴，本院以其違背刑事訴訟法第 377 條之規定，不得提起第三審上訴，乃依同法第 395 條前段規定認其上訴為不合法，予以駁回，此項程序上之判決，與實體上具有既判力之確定判決有別。是被告縱

有現役軍人身分，普通法院對之無審判權，但其受理訴訟違者應為第二審之確定判決，而非本院上開之程序判決，非常上訴意旨既未就本院駁回上訴之程序判決指摘有何違法，而受理訴訟當否等屬於第三審得依職權調查之事項，又以先有合法之上訴為前提，本院上開程序判決自無從逕行進入職權調查，上訴人對之提起非常上訴，即難認為有理由。

第 394 條　（三審調查範圍㈡──事實調查）

Ⅰ 第三審法院應以第二審判決所確認之事實為判決基礎。但關於訴訟程序及得依職權調查之事項，得調查事實。

Ⅱ 前項調查，得以受命法官行之，並得囑託他法院之法官調查。

Ⅲ 前二項調查之結果，認為起訴程序違背規定者，第三審法院得命其補正；其法院無審判權而依原審判決後之法令有審判權者，不以無審判權論。

⑩一、第 1 項及第 3 項未修正。

二、法院組織法已將「推事」之用語，修正為「法官」，第 2 項爰配合為文字修正，以符法制。

▲【73 臺上 5230】第三審為法律審，應以第二審判決所確認之事實為判決基礎，故於第二審判決後不得主張新事實或提出新證據而資為第三審上訴之理由。

▲【73 臺非 134】參見本法第 393 條。

第 395 條　（上訴不合法之判決──判決駁回）

第三審法院認為上訴有第三百八十四條之情形者，應以判決駁回之；其以逾第三百八十二條第一項所定期間，而於第三審法院未判決前，仍未提出上訴理由書狀者亦同。

▲【55 臺非 205】參見本法第 376 條。

▲【68 臺非 196】參見本法第 359 條。

▲【71 臺上 5938】參見本法第 344 條。

▲【71 臺上 7728】上訴第三審法院之案件，是否以判決違背法令為上訴理由，應就上訴人之上訴理由書狀加以審查。至原判決究有無違法，與上訴是否以違法為理由為兩事。如上訴理由書狀非以判決違法為上訴理由，其上訴第三審之程式

即有欠缺，應認上訴為不合法，依刑事訴訟法第395條前段予以駁回。

▲【72 臺上 643】參見本法第 377 條。

第 396 條　（上訴無理由之判決——判決駁回）

I.第三審法院認為上訴無理由者，應以判決駁回之。

II.前項情形，得同時諭知緩刑。

▲【67 臺上 1845】原審以本案並非以上訴人公司名義提起第二審上訴，僅由其代表人具名上訴，而上訴人公司於 66 年 12 月 31 日具狀補正聲明上訴，又已逾越法定十日之上訴期間，顯於法律上之程式未合，因認僅由代表人具名之上訴為法律上所不應准許，而予以駁回之判決，核無不當，上訴即非有理由。

第 397 條　（上訴有理由之判決——撤銷原判）

第三審法院認為上訴有理由者，應將原審判決中經上訴之部分撤銷。

▲【30 上 2838】無效判決固無拘束任何人之效力，但該項判決既有重大之違背法令，自亦屬於違法判決之一種，如有合法之上訴，仍應予以撤銷。

第 398 條　（撤銷原判㈠——自為判決）

第三審法院因原審判決有左列情形之一而撤銷之者，應就該案件自為判決。但應為後二條之判決者，不在此限：

一　雖係違背法令，而不影響於事實之確定，可據以為裁判者。

二　應諭知免訴或不受理者。

三　有第三百九十三條第四款或第五款之情形者。

第 399 條　（撤銷原判㈡——發回更審）

第三審法院因原審判決諭知管轄錯誤、免訴或不受理係不當而撤銷之者，應以判決將該案件發回原審法院。但有必要時，得逕行發回第一審法院。

◇逕行發回：指本條但書為了維護當事人之審級利益，逕行發回第一審法院（102 臺上 2720）。

第 400 條　（撤銷原判㈢——發交審判）

第三審法院因原審法院未諭知管轄錯誤係不當而撤銷之者，應以判決將該案件發交該管第二審或第一審法院。但第四條所列之案件，經有管轄權之原審法院為第二審判決者，不以管轄錯誤論。

第 401 條　（撤銷原判㈣——發回更審或發交審判）

第三審法院因前三條以外之情形而撤銷原審判決者，應以判決將該案件發回原審法院，或發交與原審法院同級之他法院。

▲【29 上 1105】第三審法院調查下級審裁判有無違背法令，必以該案件之訴訟卷宗及所附證據為根據，故原審裁判後，其卷證如有滅失或被水浸濕莫辨字跡，當事人尚就原審認定事實是否合法有所爭執，則第三審法院無從憑以調查，為法律上之判斷，自應認其上訴有理由，將原判決撤銷予以發回。

第 402 條　（為被告利益而撤銷原判決之效力）

為被告之利益而撤銷原審判決時，如於共同被告有共同之撤銷理由者，其利益並及於共同被告。

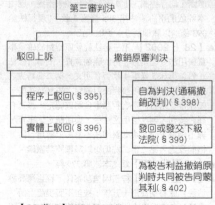

▲【33 非 5】刑事訴訟法第 394 條（現行法第 402 條）所謂利益及於共同被告，係指合法上訴之共同被告就該利益部分據為上訴理由，因上訴中之另一被告指摘該事項，認有共同之撤銷理由，

對於該共同被告為利益之裁判者而言，如共同被告未經上訴或上訴不合法，則該共同被告部分之判決已經確定，即無適用該條之餘地，雖舊刑事訴訟法第 410 條第 2 項明定，撤銷原審判決之利益可及於未經上訴之共同被告，但此項規定，已為現行刑事訴訟法所不採，自難據以擴充解釋。

第四編　抗　告

第 403 條　（抗告權人及管轄法院）

Ⅰ.當事人對於法院之裁定有不服者，除有特別規定外，得抗告於直接上級法院。

Ⅱ.證人、鑑定人、通譯及其他非當事人受裁定者，亦得抗告。

◇抗告：指抗告權人對於尚未確定之裁定，向上級法院請求撤銷或變更該裁定之內容，作為救濟手段之程序。

第 404 條　（抗告之限制㈠及例外）

Ⅰ.對於判決前關於管轄或訴訟程序之裁定，不得抗告。但下列裁定，不在此限：

一　有得抗告之明文規定者。

二　關於羈押、具保、責付、限制住居、限制出境、限制出海、搜索、扣押或扣押物發還、變價、擔保金、身體檢查、通訊監察、因鑑定將被告送入醫院或其他處所之裁定及依第一百零五條第三項、第四項所為之禁止或扣押之裁定。

三　對於限制辯護人與被告接見或互通書信之裁定。

Ⅱ.前項第二款、第三款之裁定已執行終結，受裁定人亦得提起抗告，法院不得以已執行終結而無實益為由駁回。

⑩一、配合增訂第八章之一限制出境、出海之相關規定，修正本條第 1 項第 2 款。

二、第 2 項未修正。

◇**關於管轄或訴訟程序之裁定**：管轄之裁定是指本法第 6 條第 2、3 項，第 9 條，第 10 條。訴訟程序之裁定則較多樣，有第 21 條聲請法官迴避，第 60 條公示送達，第 163 條之 2 駁回調查證據之聲請，第 288 條之 3 聲明異議之裁定，第 273 條第 6 項補正程式之裁定，第 291 條再開辯論之裁定等等。

抗告之意義

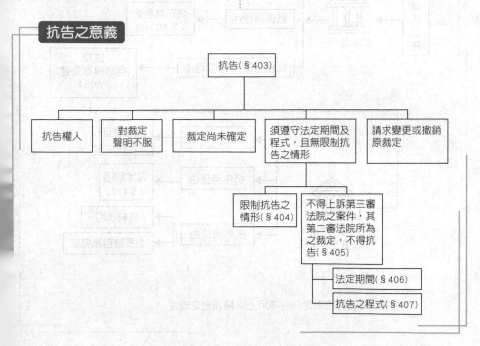

刑事訴訟法

第四編 抗 告 (第四〇五～四〇九條)

第 405 條 （抗告之限制㈡）
不得上訴於第三審法院之案件，其第二審法院所為裁定，不得抗告。

第 406 條 （抗告期間）
抗告期間，除有特別規定外，為五日，自送達裁定後起算。但裁定經宣示者，宣示後送達前之抗告，亦有效力。

▲【42 臺特抗 9】原法院所為准許被告具保停止羈押之裁定，並未經製作裁判書送達，其抗告期間無從起算，自不生逾期之問題。

第 407 條 （抗告之程式）
提起抗告，應以抗告書狀，敘述抗告之理由，提出於原審法院為之。

第 408 條 （原審法院對抗告之處置）
I.原審法院認為抗告不合法律上之程式或法律上不應准許 ， 或其抗告權已經喪失者，應以裁定駁回之。但其不合法律上之程式可補正者，應定期間先命補正。
II.原審法院認為抗告有理由者，應更正其裁定；認為全部或一部無理由者，應於接受抗告書狀後三日內，送交抗告法院，並得添具意見書。

第 409 條 （抗告之效力）
I.抗告無停止執行裁判之效力。但原審法院於抗告法院之裁定前 ， 得以裁定停止執行。
II.抗告法院得以裁定停止裁判之執行。

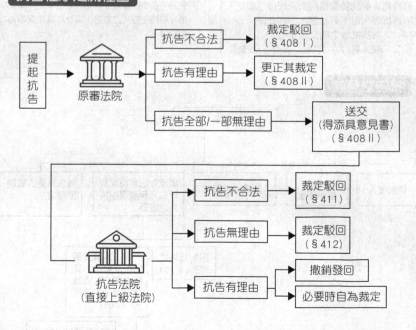

抗告程序之流程圖

提起抗告 → 原審法院
- 抗告不合法 → 裁定駁回（§408Ⅰ）
- 抗告有理由 → 更正其裁定（§408Ⅱ）
- 抗告全部/一部無理由 → 送交（得添具意見書）（§408Ⅱ）

抗告法院（直接上級法院）
- 抗告不合法 → 裁定駁回（§411）
- 抗告無理由 → 裁定駁回（§412）
- 抗告有理由 → 撤銷發回 / 必要時自為裁定

※抗告，除有特別規定外，準用上訴編通則之規定

◇**停止執行**：抗告與上訴不同，學說認為上訴無論合法與否，均產生停止確定之效力，而尚未確定之判決自不能執行。但本條明白規定對裁定提出之抗告，不停止執行。

第 410 條　（卷宗及證物之送交及裁定期間）

I.原審法院認為有必要者，應將該案卷宗及證物送交抗告法院。

II.抗告法院認為有必要者，得請原審法院送交該案卷宗及證物。

III.抗告法院收到該案卷宗及證物後，應於十日內裁定。

第 411 條　（抗告法院對不合法抗告之處置）

抗告法院認為抗告有第四百零八條第一項前段之情形者，應以裁定駁回之。但其情形可以補正而未經原審法院命其補正者，審判長應定期間先命補正。

▲【院 2911】法院依財務法規科處罰鍰之裁定確定後，未執行前被罰人死亡者，除法令有特別規定外，自不能向其繼承人執行，**又被罰人於提起抗告後，未經抗告法院裁定前既已死亡，即無庸再就該抗告為任何裁定。**

▲【78 臺抗 133】不服檢察官沒入保證金之處分而聲請所屬法院撤銷，法院就該聲請所為之裁定，依照刑事訴訟法第 418 條第 1 項前段之規定，不得抗告，原法院未以其抗告為不合法予以駁回，而以其抗告為無理由予以駁回，固有欠妥，但既不得抗告，自亦不得再行抗告，其提起再抗告，顯非法之所許，應依同法第 411 條前段駁回其再抗告。

第 412 條　（對無理由之抗告之裁定）

抗告法院認為抗告無理由者，應以裁定駁回之。

第 413 條　（對有理由之抗告之裁定）

抗告法院認為抗告有理由者，應以裁定將原裁定撤銷；於有必要時，並自為裁定。

第 414 條　（裁定之通知）

抗告法院之裁定，應速通知原審法院。

第 415 條　（得再抗告之裁定）

I.對於抗告法院之裁定，不得再行抗告。但對於其就左列抗告所為之裁定，得提起再抗告：

一　對於駁回上訴之裁定抗告者。

二　對於因上訴逾期聲請回復原狀之裁定抗告者。

三　對於聲請再審之裁定抗告者。

四　對於第四百七十七條定刑之裁定抗告者。

五　對於第四百八十六條聲明疑義或異議之裁定抗告者。

六　證人、鑑定人、通譯及其他非當事人對於所受之裁定抗告者。

II.前項但書之規定，於依第四百零五條不得抗告之裁定，不適用之。

◇**再抗告**：學說認為再抗告是與抗告（或稱普通抗告）相區別，係指不服高等法院對普通抗告所下的裁定，再向最高法院提起之抗告。

▲【47 臺上 108】依刑法第 86 條第 1 項令入感化教育處所施以感化教育之裁定，不在刑事訴訟法第 407 條第 1 項但書各款（現行法第 415 條）情形之列，依同法條第 1 項前段規定，不得對之再行抗告。

▲【48 臺上 92】刑事訴訟法第 407 條第 1 項但書第 6 款（現行法第 415 條），就證人、鑑定人、通譯及其他非當事人，對於所受之裁定抗告所為之裁定，得提起再抗告之規定，於同法第 397 條（現行法第 405 條）不得抗告之裁定，不適用之。

▲【49 臺抗 9】不服駁回自訴提起抗告，既經裁定撤銷發回更審，不在刑事訴訟法第 407 條第 1 項但書各款（現行法第 415 條）規定之列，自不得再行抗告。

▲【69 臺抗 137】刑事訴訟法第 415 條第 1 項規定，對於抗告法院之裁定，除該項但書所列情形外，不得再行抗告。縱令原審書記官在裁定正本上記載得為抗告字樣，亦不發生法律上之效力。

第 416 條　（準抗告之範圍、聲請期間及其裁判）

I.對於審判長、受命法官、受託法官或檢察官所為下列處分有不服者，受處分人得聲請所屬法院撤銷或變更之。處分已執行終結，受處分人亦得聲請，法院不得以已執

刑事訴訟法

第五編　再　審　（第四一七～四二〇條）

行終結而無實益為由駁回：

一　關於羈押、具保、責付、限制住居、限制出境、限制出海、搜索、扣押或扣押物發還、變價、擔保金、因鑑定將被告送入醫院或其他處所之處分、身體檢查、通訊監察及第一百零五條第三項、第四項所為之禁止或扣押之處分。

二　對於證人、鑑定人或通譯科罰鍰之處分。

三　對於限制辯護人與被告接見或互通書信之處分。

四　對於第三十四條第三項指定之處分。

Ⅱ.前項之搜索、扣押經撤銷者，審判時法院得宣告所扣得之物，不得作為證據。

Ⅲ.第一項聲請期間為五日，自為處分之日起算，其為送達者，自送達後起算。

Ⅳ.第四百零九條至第四百十四條規定，於本條準用之。

Ⅴ.第二十一條第一項規定，於聲請撤銷或變更受託法官之裁定者準用之。

⑩⑧一、配合增訂第八章之一限制出境、出海之相關規定，修正本條第1項第1款。

二、第2項至第5項未修正。

◇**聲請撤銷或變更**：指法官（含審判長、受命法官、受託法官）或檢察官對於訴訟程序之進行或指揮所作成之裁定不服，以聲請或撤銷變更來救濟。

◇**學說有提出區別標準可供參考**：裁定屬於一種訴訟上處分，因此區別裁定與處分的方法是裁定乃法院所發，處分乃個別法官、檢察官所發。抗告對象有不同，裁定之抗告向上級法院，處分之準抗告向同級法院。

▲【44 臺抗 80】刑事訴訟法第 258 條（現行法第 279 條）明定，行合議審判之案件，其受命推事僅為訊問被告及蒐集或調查證據，與法院或審判長有同一之權限，無為同法（舊）第 121 條裁定之權，該條裁定包括第 110 條之停止羈押在內，受命推事遽為此種裁定，仍屬第 408 條第 1 項第 1 款（現行法第 416 條）之處分性質，當事人對之有所不服，依該條規定，僅得聲請其所屬法院撤銷或變更之，殊無向上級法院抗告之餘地。

▲【71 臺抗 404】刑事訴訟法第 484 條之聲明異

議，以受刑人或其法定代理人或配偶，對於檢察官執行之指揮認為不當者，方得為之，此與具保人對於審判長、受命推事、受託推事或檢察官關於沒入保證金處分，得依同法第 416 條第 1 項第 1 款聲請其所屬法院撤銷或變更之程序，完全不同。同法第 418 條第 1 項前段復明定對於法院此項裁定，不得抗告。本件再抗告人等既係刑事被告審判中之具保人，而非受刑人或其法定代理人或配偶，所為不服檢察官沒入保證金之處分，既不在聲明執行異議之列，自應依刑事訴訟法第 416 條及第 418 條之規定辦理。

▲【78 臺抗 133】參見本法第 411 條。

第 417 條　（準抗告之聲請程式）

前條聲請應以書狀敘述不服之理由，提出於該管法院為之。

第 418 條　（準抗告之救濟及錯誤提起抗告或聲請準抗告）

Ⅰ.法院就第四百十六條之聲請所為裁定，不得抗告。但對於其就撤銷罰鍰之聲請而為者，得提起抗告。

Ⅱ.依本編規定得提起抗告，而誤為撤銷或變更之聲請者，視為已提抗告；其得為撤銷或變更之聲請而誤為抗告者，視為已有聲請。

▲【78 臺抗 133】參見本法第 411 條。

第 419 條　（抗告準用上訴之規定）

抗告，除本章有特別規定外，準用第三編第一章關於上訴之規定。

第五編　再　審

第 420 條　（為受判決人利益聲請再審之理由㈠）

Ⅰ.有罪之判決確定後，有下列情形之一者，為受判決人之利益，得聲請再審：

一　原判決所憑之證物已證明其為偽造或變造者。

二　原判決所憑之證言、鑑定或通譯已證明其為虛偽者。

三　受有罪判決之人，已證明其係被誣告者。

四　原判決所憑之通常法院或特別法

　　　院之裁判已經確定裁判變更者。
五　參與原判決或前審判決或判決前
　　所行調查之法官，或參與偵查或起
　　訴之檢察官，或參與調查犯罪之檢
　　察事務官、司法警察官或司法警
　　察，因該案件犯職務上之罪已經證
　　明者，或因該案件違法失職已受懲
　　戒處分，足以影響原判決者。
六　因發現新事實或新證據，單獨或與
　　先前之證據綜合判斷，足認受有罪
　　判決之人應受無罪、免訴、免刑或
　　輕於原判決所認罪名之判決者。
II.前項第一款至第三款及第五款情形之證
　明，以經判決確定，或其刑事訴訟不能開
　始或續行非因證據不足者為限，得聲請再
　審。
III.第一項第六款之新事實或新證據，指判決
　確定前已存在或成立而未及調查斟酌，及
　判決確定後始存在或成立之事實、證據。

⑭一、原條文第 1 項序文文字「左列」修正為「下
　列」，以符合現行法規用語。
　二、刑事案件常係由檢察事務官、司法警察（官）
　從事第一線之搜索、扣押、逮捕、詢問、蒐集證
　據等調查工作，所取得之證據資料亦常作為判決
　之基礎，故如該參與調查之檢察事務官、司法警
　察（官）因該案件犯職務上之罪或違法失職而受
　懲戒處分，足以影響原判決者，應得為受判決人
　之利益聲請再審，爰修正原條文第 1 項第 5 款之

規定，增訂「參與調查犯罪之檢察事務官、司法
警察官或司法警察」，以資適用。
三、再審制度之目的在發現真實並追求具體公平
正義之實現，為求真實之發見，避免冤獄，對於
確定判決以有再審事由而重新開始審理，攸關被
告權益影響甚鉅，故除現行規定所列舉之新證據
外，若有確實之新事實存在，不論單獨或與先前
之證據綜合判斷，合理相信足以動搖原確定判決，
使受有罪判決之人應受無罪、免訴、免刑或輕於
原判決所認罪名之判決，應即得開啟再審程序。
爰參酌德國刑事訴訟法第 359 條第 5 款之立法
例，修正原條文第 1 項第 6 款之規定。
四、鑑於現行實務受最高法院 35 年特抗字第 21
號判例、28 年抗字第 8 號判例；及 50 年臺抗字
第 104 號判例、49 年臺抗字第 72 號判例、41 年
臺抗字第 1 號判例、40 年臺抗字第 2 號判例及 32
年抗字第 113 號判例拘束，創設出「新規性」及
「確實性」之要件，將本款規定解釋為「原事實
審法院判決當時已經存在，然法院於判決前未經
發現而不及調查斟酌，至其後始發現者」且必須
使再審法院得到足以動搖原確定判決而為有利受
判決人之判決無合理可疑的確切心證，始足當之。
此所增加限制不僅毫無合理性，亦無必要，更對
人民受憲法保障依循再審途徑推翻錯誤定罪判決
之基本權利，增加法律所無之限制，而違法律保
留原則。
五、再審制度之目的既在發現真實並追求具體之
公平正義，以調和法律之安定與真相之發見，自

再審程序之流程圖

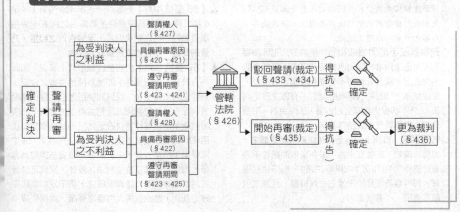

不得獨厚法安定性而忘卻正義之追求。上開判例創設之新規性、確實性要件，使錯誤定罪判決之受害者無從據事實審法院判決當時尚不存在或尚未發現之新證據聲請再審，顯不對受錯誤定罪之人循再審程序獲得救濟之權利，增加法律所無之限制。

六、爰修正原條文第1項第6款，並新增第3項關於新事實及新證據之定義，指判決確定前已存在或成立而未及調查斟酌，及判決確定後始存在或成立之事實、證據，單獨或與先前之證據綜合判斷，足認受有罪判決之人應受無罪、免訴、免刑或輕於原判決所認罪名之判決者。據此，本款所稱之新事實或新證據，包括原判決所憑之鑑定，其鑑定方法、鑑定儀器、所依據之特別知識或科學理論有錯誤或不可信之情形者，或以判決確定前未存在之鑑定方法或技術，就原有之證據為鑑定結果，合理相信使受有罪判決之人應受無罪、免訴、免刑或輕於原判決所認罪名之判決者亦包括在內。因為(一)有時鑑定雖然有誤，但鑑定人並無偽證之故意，如鑑定方法、鑑定儀器、鑑定所依據之特別知識或科學理論為錯誤或不可信等。若有此等情形發生，也會影響真實之認定，與鑑定人偽證殊無二致，亦應成為再審之理由。(二)又在刑事訴訟中，鑑定固然可協助法院發現事實，但科技的進步推翻或動搖先前鑑定技術者，亦時有所聞。美國卡多索法律學院所推動之「無辜計畫 (The Innocence Project)」，至2010年7月為止，已藉由DNA證據為三百位以上之被告推翻原有罪確定判決。爰參考美國相關法制，針對鑑定方法或技術，明定只要是以原判決確定前未存在之鑑定方法或技術，就原有之證據進行鑑定結果，得合理相信使受有罪判決之人應受無罪、免訴、免刑或輕於原判決所認罪名之判決，即應使其有再審之機會，以避免冤獄。

◇**刑事訴訟不能開始或續行**：指被告或犯罪嫌疑人因潛逃未歸案，因追訴權時效經過而獲得免訴判決確定，或因死亡而不受理判決確定等情形，學說認為，聲請人雖無法提出「有罪之確定判決」，仍不妨提出檢察官起訴書，法院免訴、不受理判決書等替代，聲請再審。

◇**較輕罪名**：實務上認為是指**法定刑較輕之罪名**，與僥否減輕，既遂變未遂，爭執量刑問題均不該當此要件（70年第7次刑庭決議）。惟學說有批評，將再審範圍排除未遂犯並無根據，且過度限縮其適用，不甚妥當。

◇**新事實、新證據**：學說認為統稱**新事證**，指原判決未經斟酌之事實或證據（含證據方法）。至於「新」的解釋，傳統實務見解則限定在原判決時已存在，法院未及調查者。而學說稱之**嶄新性**（或新穎性、新規性），無論是原判決時即已存在，或事後發現，只要原判決未審酌者，均具備嶄新性，亦為本法新修正後第420條第3項之條文。

◇**新的鑑定人或新的鑑定方法是否屬於新證據？**首先必須區分新鑑定標的是否針對**同一連結事實**，例如針對同一刀傷、同一血液、精液等；如果針對不同連結事實，則均具備嶄新性。若針對同一連結事實，學說認為鑑定人具有可替代性，倘允許聲請人以新鑑定人聲請再審，恐有源源不絕之新鑑定人被提出；但如果後鑑定人可指出前鑑定人之錯誤或使用嶄新的科學技術，例如早期所無的DNA鑑定重新比對基因序列，仍可認為是新證據。

▲【33抗70】刑事訴訟法第413條第1項第6款（現行法第420條）**所謂確實之新證據，固非以絕對不須經過調查程序為條件，然必須可認為確實足以動搖原確定判決，而為受判決人有利之判決者為限**，若僅係他人於事後追述當時所見情形之空洞言詞，而顯然不足以推翻原確定判決所憑之證據者，即非該款所謂確實之新證據。

▲【46臺抗8】刑事訴訟法第413條第1項第2款（現行法第420條）**所謂原判決所憑之證言已證明其為虛偽者，除已經確定判決證明為虛偽者外，必須有相當證據足以證明其為虛偽，始屬相符**，若僅以共同被告告知無罪，而顯然不足以推翻原確定判決所憑之證據者，即非該款所規定之情形。

▲【56臺抗102】刑事訴訟法第420條第1項第6款所謂應受輕於原判決所認罪名之判決，係指應受較輕罪名之判決而言，**至宣告刑之輕重，乃量刑問題，不在本款所謂罪名之內**。

▲【69臺抗352】再審法院就形式上審查，如認為合於法定再審要件，即應為開始再審之裁定。有罪之判決確定後，以原判決所憑之證言已證明其為虛偽，為受判決人之利益聲請再審者，此項證明祇須提出業經判決確定為已足，刑事訴訟法第420條第1項第2款及第2項定有明文，非如同條第1項第6款規定之因發見確實新證據為再審，須以足動搖原確定判決為要件，原裁定以證人許某雖經判處偽證罪刑確定，仍不足以動搖原確定判決，駁回抗告人再審之聲請，尚嫌失據。

▲【72 臺抗 270】依刑事訴訟法第 420 條第 1 項第 6 款規定，**因發見確實之新證據而為受判決人之利益，聲請再審者，以該判決係實體上為有罪且已確定者為限。**本件抗告人因偽造文書案件，不服原法院所為有罪之判決，提起上訴，經本院以其上訴顯不合法，從程序上判決駁回其上訴，是上述原法院之實體上判決，始為抗告人之有罪確定判決，乃抗告人在原法院竟對本院之上述程序判決聲請再審，自難認為合法。

第 421 條　（為受判決人利益聲請再審之理由㈡）

不得上訴於第三審法院之案件，除前條規定外，其經第二審確定之有罪判決，如就足生影響於判決之重要證據漏未審酌者，亦得為受判決人之利益，聲請再審。

◇**重要證據漏未審酌**：本條專為不得上訴第三審之案件設計（第 376 條），因第二審即終局確定，若有瑕疵，亦無從透過第三審救濟之，故除了有本法第 420 條第 1 項第 1 款至第 6 款之原因外，亦得援用本條提起再審。所謂重要證據，應採取前條第 1 項第 6 款之綜合評價說，無論係單獨，或綜合現存之證據，足以動搖原確定判決者，均屬之。

第 422 條　（為受判決人之不利益聲請再審之理由）

有罪、無罪、免訴或不受理之判決確定後，有左列情形之一者，為受判決人之不利益，得聲請再審：

一　有第四百二十條第一款、第二款、第四款或第五款之情形者。

二　受無罪或輕於相當之刑之判決，而於訴訟上或訴訟外自白，或發見確實之新證據，足認其有應受有罪或重刑判決之犯罪事實者。

三　受免訴或不受理之判決，而於訴訟上或訴訟外自述，或發見確實之新證據，足認其並無免訴或不受理之原因者。

▲【30 上 189】受無罪之判決，而於訴訟上或訴訟外自白其應受有罪判決之犯罪事實者，依照刑事訴訟法第 415 條第 2 款（現行法第 422 條）之規定，固得為受判決人之不利益聲請再審，但該條款**所稱訴訟上之自白，係指在其他案件訴訟上**之自白而言，若於前案訴訟上早經自白，而為原確定之無罪判決所不採者，自不得據為聲請再審之理由。

▲【69 臺抗 176】無罪之判決確定後，如原判決所憑之證物，已證明其為偽造或變造者，為受判決人之不利益，固得聲請再審，但刑事訴訟法第 420 條第 2 項所謂已證明其為偽造或變造，以經判決確定或其刑事訴訟不能開始或續行，非因證據不足者為限之規定，應同樣有其適用。

第 423 條　（聲請再審之期間㈠）

聲請再審於刑罰執行完畢後，或已不受執行時，亦得為之。

第 424 條　（聲請再審之期間㈡）

依第四百二十一條規定，因重要證據漏未審酌而聲請再審者，應於送達判決後二十日內為之。

第 425 條　（聲請再審之期間㈢）

為受判決人之不利益聲請再審，於判決確定後，經過刑法第八十條第一項期間二分之一者，不得為之。

第 426 條　（再審之管轄法院）

I 聲請再審，由判決之原審法院管轄。

II 判決之一部曾經上訴，一部未經上訴，對於各該部分均聲請再審，而經第二審法院就其在上訴審確定之部分為開始再審之裁定者，其對於在第一審確定之部分聲請再審，亦應由第二審法院管轄之。

III 判決在第三審確定者，對於該判決聲請再審，除以第三審法院之法官有第四百二十條第一項第五款情形為原因外，應由第二審法院管轄之。

⑩一、第 1 項及第 2 項未修正。

二、法院組織法已將「推事」之用語，修正為「法官」，第 3 項爰配合為文字修正，併增補「第四百二十條」後漏載之「第一項」，以符法制。

▲【52 臺抗 152】刑事訴訟法第 419 條（現行法第 426 條）**所謂原審法院，係指原審級之法院而言，並非指為判決之原法院**，故第二審法院之管轄區域有變更時，對於第二審法院之確定判決聲請再審，自應由繼受該審級之法院管轄之。

刑事訴訟法

第五編　再　審　（第四二七～四二九之二條）

第 427 條　（聲請再審權人（一）──為受判決人利益）

為受判決人之利益聲請再審，得由左列各人為之：
一　管轄法院之檢察官。
二　受判決人。
三　受判決人之法定代理人或配偶。
四　受判決人已死亡者，其配偶、直系血親、三親等內之旁系血親、二親等內之姻親或家長、家屬。

第 428 條　（聲請再審權人（二）──為受判決人不利益）

I 為受判決人之不利益聲請再審，得由管轄法院之檢察官及自訴人為之；但自訴人聲請再審者，以有第四百二十二條第一款規定之情形為限。
II 自訴人已喪失行為能力或死亡者，得由第三百十九條第一項所列得為提起自訴之人，為前項之聲請。

第 429 條　（聲請再審之程序）

聲請再審，應以再審書狀敘述理由，附具原判決之繕本及證據，提出於管轄法院為之。但經釋明無法提出原判決之繕本，而有正當理由者，亦得同時請求法院調取之。

⑩聲請再審固應提出原判決之繕本，以確定聲請再審之案件及其範圍；惟原判決之繕本如聲請人已無留存，而聲請原審法院補發有事實上之困難，且有正當理由者，自應賦予聲請人得釋明其理由，同時請求法院為補充調取之權利，以協助聲請人合法提出再審之聲請，爰增訂本條但書。又如聲請人於聲請時未釋明無法提出原判決繕本之正當理由，法院應依第 433 條但書之規定，定期間先命補正原判決繕本；經命補正而不補正，且仍未釋明無法提出之正當理由者，法院應以聲請再審之程序違背規定而裁定駁回，附此敘明。

▲【71 臺抗 337】聲請再審應以書狀敘述理由，附具原判決之繕本及證據，提出於管轄法院為之，為刑事訴訟法第 429 條所明定。**此項聲請再審程式之欠缺，非抗告程序中所得補正**，如確具有聲請再審之理由，祇能另行依法聲請。

第 429 條之 1　（聲請再審得委任律師為代理人及準用之規定）

I 聲請再審，得委任律師為代理人。
II 前項委任，應提出委任狀於法院，並準用第二十八條及第三十二條之規定。
III 第三十三條之規定，於聲請再審之情形，準用之。

⑩一、本條新增。
二、關於聲請再審之案件，聲請人得委任律師為代理人，以及聲請人委任之律師在聲請再審程序中之稱謂，本法並未明文規定，致實務上當事人欄之記載不一。為應實務上之需要，並期以律師之專業學識協助聲請人聲請再審，爰增訂本條第 1 項，以求明確。
三、委任係訴訟行為之一種，為求意思表示明確，俾有所依憑，自應提出委任狀於法院；另代理人之人數及文書之送達亦應有所規範，參照第 28 條、第 32 條有關被告選任辯護人之規定，聲請人委任之代理人限制不得逾三人，而代理人有數人時，其文書應分別送達，爰增訂本條第 2 項，明定委任代理人應提出委任狀及準用之規定。
四、聲請再審無論基於何種事由，接觸並瞭解相關卷證資料，與聲請再審是否有理由，以及能否開啟再審程序，均至關重要。原法並未明文規定聲請權人之卷證資訊獲知權，致生適用上之爭議，規範尚有未足，爰增訂本條第 3 項，俾聲請權人或代理人得以聲請再審為理由以及在聲請再審程序中，準用第 33 條之規定，向法院聲請獲知卷證資訊。

第 429 條之 2　（聲請再審之通知到場義務）

聲請再審之案件，除顯無必要者外，應通知聲請人及其代理人到場，並聽取檢察官及受判決人之意見。但無正當理由不到場，或陳明不願到場者，不在此限。

⑩一、本條新增。
二、再審制度之目的係發現真實，避免冤抑，對於確定判決以有再審事由而重新開始審理，攸關當事人及被害人權益甚鉅。為釐清聲請是否合法及有無理由，除聲請顯屬程序上不合法或顯無理由而應逕予駁回，例如非聲請權人聲請再審，或聲請顯有理由，而應逕予裁定開啟再審者外，原則上應賦予聲請人及其代理人到庭陳述意見之機

會，並聽取檢察官及受判決人之意見，俾供法院裁斷之參考；惟經通知後無正當理由不到場，或已陳明不願到場者，法院自得不予通知到場，爰增訂本條。

第429條之3 　（再審聲請人得聲請調查證據）

I.聲請再審得同時釋明其事由聲請調查證據，法院認有必要者，應為調查。

II.法院為查明再審之聲請有無理由，得依職權調查證據。

⑩一、本條新增。

二、原法並無再審聲請人得聲請調查證據之規定；惟對於事實錯誤之救濟，無論以何種事由聲請再審，皆需要證據證明確有聲請人主張之再審事由，諸如該證據為國家機關所持有、通信紀錄為電信業者所保管、監視錄影紀錄為私人或鄰里辦公室所持有等情形，若無法院協助，一般私人甚難取得相關證據以聲請再審，爰增訂本條第1項規定，賦予聲請人得釋明再審事由所憑之證據及其所在，同時請求法院調查之權利，法院認有必要者，應為調查，以填補聲請人於證據取得能力上之不足，例如以判決確定前未存在之鑑定方法或技術，就原有之證據為鑑定，發現其鑑定結果有足以影響原判決之情事，倘該鑑定結果為法院以外其他機關所保管，聲請人未能取得者，自得聲請法院調取該鑑定結果。

三、按刑事訴訟乃為確定國家具體刑罰權之程序，以發現真實，使刑罰權得以正確行使為宗旨。是關於受判決人利益有重大關係之事項，法院為查明再審之聲請有無理由，俾平反冤抑，自得依職權調查證據，以發揮定讞後刑事判決之實質救濟功能，爰增訂本條第2項。又第429條之2通知到場及聽取意見之規定，於法院依聲請或職權調查證據之情形亦有適用，附此敘明。

第430條 　（聲請再審之效力）

聲請再審，無停止刑罰執行之效力。但管轄法院之檢察官於再審之裁定前，得命停止。

第431條 　（再審聲請之撤回及其效力）

I.再審之聲請，於再審判決前，得撤回之。

II.撤回再審聲請之人，不得更以同一原因聲請再審。

第432條 　（撤回上訴規定之準用）

第三百五十八條及第三百六十條之規定，於聲請再審及其撤回準用之。

第433條 　（聲請不合法之裁定——裁定駁回）

法院認為聲請再審之程序違背規定者，應以裁定駁回之。但其不合法律上之程式可以補正者，應定期間先命補正。

⑩聲請再審之程式是否合法，攸關聲請人及受判決人之時效利益等權益，諸如聲請再審書狀漏未附具原判決之繕本及證據等情形，既非不可補正，法院自應定期間先命補正，逾期不補正者，始以聲請再審之程序違背規定，而以裁定駁回之，爰增訂本條但書，以保障聲請人及受判決人之權益。

▲【43臺抗26】　**非常上訴旨在糾正法律上之錯誤，並不涉及事實問題**，其經非常上訴認為有理由，依法應撤銷原確定判決另行改判時，僅係代替原審，依據原所認定之事實，就其裁判時應適用之法律而為裁判，使違法者成為合法，核與再審係對確定判決之事實錯誤而為之救濟方法，迥不相侔，因之對於非常上訴判決殊無聲請再審之餘地，再抗告人竟對於非常上訴判決聲請再審，自屬於法不合。

第434條 　（聲請無理由之裁定——裁定駁回）

I.法院認為無再審理由者，應以裁定駁回之。

II.聲請人或受裁定人不服駁回聲請之裁定者，得於裁定送達後十日內抗告。

III.經前項裁定後，不得更以同一原因聲請再審。

⑩一、考量再審聲請駁回影響聲請人或受裁定人權益甚鉅，為能有更加充分時間準備抗告，爰參考刑事案件確定後去氧核醣核酸鑑定條例第7條第3項之規定，增訂第2項十日之特別抗告期間。又該十日期間固為第406條前段關於抗告期間之特別規定，惟其抗告及對於抗告法院所為裁定之再抗告，仍有第405條、第415條等其他特別規定之適用，附此敘明。

二、駁回再審聲請之抗告期間，於本條修正施行時，依修正前之規定尚未屆滿者，為保障聲請人或受裁定人之訴訟權，參考司法院釋字第752號

解釋意旨，應採有利於聲請人或受裁定人之原則，而適用修正後之規定，准其於裁定送達後十日內抗告。至駁回再審聲請之抗告期間於新法施行前已屆滿者，其抗告權既因逾期而喪失，自無適用修正後新法之餘地，併此敘明。

三、第1項未修正，且為因應第2項之增訂，將原條文第2項移列為第3項。

第 435 條　（聲請有理由之裁定——開始再審之裁定）

I．法院認為有再審理由者，應為開始再審之裁定。

II．為前項裁定後，得以裁定停止刑罰之執行。

III．對於第一項之裁定，得於三日內抗告。

◇**開始再審之裁定**：指經過「再審合法性」之審查，包括再審法院管轄、聲請權人、再審對象、再審期間與書狀程式等；並且法院認為再審有理由，即裁定開啟再審。若無理由，則以第 433 條駁回之。有學者認為，在聲請再審是否有理由不甚明確時，應以「原判決認定之事實基礎正確性有重大疑慮」可能性無法被排除，肯定具備再審原因而准予開始再審。

第 436 條　（再審之審判）

開始再審之裁定確定後，法院應依其審級之通常程序，更為審判。

◇**更為審判**：指再審開啟後，回復到通常審判程序，從頭準備程序、被告訊問、證據調查，到最後言詞辯論等等，全部再來一次。

▲【33 上 1742】開始再審之裁定確定後，法院應依其審級之通常程序更為審判，刑事訴訟法第429 條（現行法第 436 條）定有明文。上訴人等被訴搶奪案，原審於裁定開始再審後，既已依第二審之通常程序進行審判，則再審前之二、三兩審判決，已於開始再審之裁定確定後，失其效力，自應就上訴人等不服第一審判決所為之上訴有無理由，加以裁判，乃原判決竟諭知再審之訴駁回，自有未當。

▲【80 臺非 536】參見本法第 303 條。

第 437 條　（言詞審理之例外四）

I．受判決人已死亡者，為其利益聲請再審之案件，應不行言詞辯論，由檢察官或自訴人以書狀陳述意見後，即行判決。但自訴

人已喪失行為能力或死亡者，得由第三百三十二條規定得為承受訴訟之人於一個月內聲請法院承受訴訟；如無承受訴訟之人或逾期不為承受者，法院得逕行判決，或通知檢察官陳述意見。

II．為受判決人之利益聲請再審之案件，受判決人於再審判決前死亡者，準用前項規定。

III．依前二項規定所為之判決，不得上訴。

▲【80 臺非 536】參見本法第 303 條。

第 438 條　（終結再審程序）

為受判決人之不利益聲請再審之案件，受判決人於再審判決前死亡者，其再審之聲請及關於再審之裁定，失其效力。

第 439 條　（禁止不利益變更原則二）

為受判決人之利益聲請再審之案件，諭知有罪之判決者，不得重於原判決所諭知之刑。

第 440 條　（再審諭知無罪判決之公示）

為受判決人之利益聲請再審之案件，諭知無罪之判決者，應將該判決書刊登公報或其他報紙。

第六編　非常上訴

第 441 條　（非常上訴之原因及提起權人）

判決確定後，發見該案件之審判係違背法令者，最高法院檢察署檢察總長得向最高法院提起非常上訴。

⑧⑨配合法院組織法用語，將「最高法院之檢察長」修正為「最高法院檢察署檢察總長」。

◇**非常上訴**：與再審並列為我國兩種非常救濟制度。非常上訴的本意是：為法律上利益而上訴，糾正法律上錯誤，統一法律解釋，即論理效力。附帶的、例外的才有個案救濟被告之功能。

◇**違背法令**：本條所稱的「審判違背法令」，宜一併參考第 447 條第 1 項第 1 款與第 2 款，包含原判決違背法令、訴訟程序違背法令二種。學說有主張本條之審判違背法令屬於廣義的判決違背法令，而只要符合第 379 條列舉 14 款所擬制的判決

當然違背法令，其嚴重程度自然也是第 447 條的原判決違背法令，而合乎特別救濟被告之精神，應可開啟非常上訴程序。惟實務上將第 379 條的 14 款分類，多款歸入訴訟程序違背法令（如第 1、2、3、8、9、11、13 款），僅有論理效力，依第 447 條第 1 項第 2 款撤銷其程序對被告無任何救濟功能，遭學說批評適用矛盾、治絲益棼。最具爭議的第 379 條第 10 款，目前仍定位不明。

◇**法律見解變更**：實務見解認為「**審判違背法令**」**限於審判當時適用法條錯誤，不含**「**法令之解釋**」；早期的學說亦有贊成此見解者，主張不得以後判決之見解，對前判決提起非常上訴。惟晚近學說質疑，法條之適用與法令之解釋是否有區別的可能？若最高法院前後見解不一，非常上訴不正是最恰當的救濟手段？

▲【42 臺非 11】刑事訴訟法（舊）第 60 條之公示送達屬於審判者，應經法院之許可，始得為之，其中在第二審所稱之法院，乃專指由推事三員組織之合議庭（狹義法院）而言，此種法院對於公示送達之許可，自應以推事三員簽名之裁定行之，殊非該法院之行政首長所能代為，原法院未經正式裁定為公示送達之許可，僅以公告式之行政文稿出之，自非適法，因之公示送達本身尚未發生效力，其判決即無從確定，更無對之提起非常上訴之可能。

▲【44 臺非 41】撤銷緩刑宣告之裁定，與科刑判決有同等效力，於裁定確定後，認為違法，得提起非常上訴。

▲【61 臺非 207】少年管訓事件與一般刑事案件性質不同，依少年事件處理法之規定，少年管訓事件之調查、審理、裁定、抗告、執行等全部處理程序，統由少年法庭或其所屬法院之上級法院

為之，並無檢察官參與，檢察官對於少年管訓事件之裁定，亦不得提起抗告，又少年事件處理法對於少年管訓事件，凡準用刑事訴訟法之規定者均定有明文，如同法第 16 條、第 24 條、第 64 條是，並無規定準用刑事訴訟法非常上訴之規定，檢察長自不得對少年管訓事件之確定裁定，提起非常上訴。

▲【66 臺非 167】非常上訴以對於確定判決，始得提起，此觀刑事訴訟法第 441 條規定自明，如判決尚未確定，則雖發見該案件之審判程序有所違背，儘可依通常上訴程序救濟，要不得提起非常上訴。公示送達，以被告之住居所、事務所及所在地不明者，始得為之，**如被告所在地甚明，不向其所在地送達，而逕以公示送達方式，以為送達，即不發生送達之效力**，對於在軍隊服役之軍人為送達者，應向該管長官為之，此為民事訴訟法第 129 條所明定，依照刑事訴訟法第 62 條規定，並亦為刑事訴訟程序所應準用，既有此特別規定，自亦不能視為所在不明，倘逕以公示送達方式為送達，即不能發生送達之效力，從而此項方式所送達之判決，無由確定，自不得對之提起非常上訴。

▲【68 臺非 50】對於已判決確定之各罪，已經裁定其應執行之刑者,如又重複裁定其應執行之刑，自係違反一事不再理之原則，即屬違背法令，對於後裁定，得提起非常上訴。

▲【84 臺非 190】參見本法第 379 條。

第 442 條　（**聲請提起非常上訴之程式**）
檢察官發見有前條情形者，應具意見書將該案卷宗及證物送交最高法院檢察署檢察總長，提起非常上訴。

非常上訴

非常上訴（§441）

| 最高檢察署檢察總長提起 | 須對於確定判決，及具有與科刑判決相同效力之確定裁定為之 | 須以違背法令為上訴理由 | 專屬最高法院管轄 | 判決，除依§447 I①但及 II 外，其效力不及於被告 |

�89配合法院組織法用語,「最高法院之檢察長」修正為「最高法院檢察署檢察總長」。

第 443 條 （提起非常上訴之程式）
提起非常上訴，應以非常上訴書敘述理由，提出於最高法院為之。

▲【84 臺非 190】參見本法第 379 條。

第 444 條 （言詞審理之例外㈤）
非常上訴之判決，不經言詞辯論為之。

第 445 條 （調查之範圍）
I 最高法院之調查，以非常上訴理由所指摘之事項為限。
II 第三百九十四條之規定，於非常上訴準用之。

▲【68 臺非 181】**非常上訴審，應以原判決確認之事實為基礎，以判斷其適用法律有無錯誤，至非常上訴審所得調查之事實，僅以關於訴訟程序，法院管轄，免訴事由及自訴之受理者為限**，本件被告違反票據法部分，應否減輕或免除其刑，原以支票金額已否清償為條件，此項前提事實並非非常上訴審所得調查，被告在原判決宣示前，未主張已清償支票金額，亦未提出何項資料，原判決未適用舊票據法有關規定予以減輕或免除其刑，其適用法律即難謂有所違背，除合於再審條件者應依再審程序救濟外，以調查此項事實為前提之非常上訴，難認為有理由。

▲【73 臺非 134】參見本法第 393 條。

第 446 條 （非常上訴無理由之處置──駁回判決）
認為非常上訴無理由者，應以判決駁回之。

▲【73 臺非 134】參見本法第 393 條。
▲【78 臺非 90】參見本法第 379 條。
▲【84 臺非 190】參見本法第 379 條。

第 447 條 （非常上訴有理由之處置）
I 認為非常上訴有理由者，應分別為左列之判決：
一 原判決違背法令者，將其違背之部分撤銷。但原判決不利於被告者，應就該案件另行判決。
二 訴訟程序違背法令者，撤銷其程

序。
II 前項第一款情形，如係誤認為無審判權而不受理，或其他有維持被告審級利益之必要者，得將原判決撤銷，由原審法院依判決前之程序更為審判。但不得論知較重於原確定判決之刑。

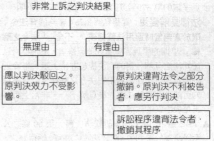

非常上訴之判決結果

無理由 → 應以判決駁回之。原判決效力不受影響。

有理由 → 原判決違背法令之部分撤銷。原判決不利被告者，應另行判決
訴訟程序違背法令者，撤銷其程序

◇**訴訟程序違背法令**：實務上認為訴訟程序違背法令且足以影響判決，得提起非常上訴。若違背法令但不影響於判決，不得提起。但遭學者批評，此係上訴第三審之特別限制（第 380 條），非常上訴法律既未明文限制，限制又與非常上訴救濟法律瑕疵之目的不合，應去除此限制。目前學說整理實務上認為有第 379 條第 1、2、3、8、9、11、13 款之情形，係訴訟程序違背法令，只有論理效力。

◇**非常上訴之效力**：分為論理效力與個案救濟效力。前者乃本條第 1 項第 1 款本文與第 2 款，僅有糾正法律上錯誤、統一法律解釋之功能。後者則是本條第 1 項第 1 款但書,應就個案另為判決，附帶有救濟被告之功能。

▲【29 非 65】據原確定判決所認定之事實，被告係觸犯刑法第 122 條之賄賂罪，其所侵害者為國家法益，交付賄賂之某甲並非犯罪之被害人，於法不得提起自訴，原確定判決不依刑事訴訟法第 326 條論知不受理，乃據某甲之自訴，處被告以詐欺罪刑，顯不合法，惟查賄賂罪雖較詐欺罪為重，但原審對於應論知不受理之案件，竟為科刑判決，即於被告顯有不利，自應將原判決關於被告罪刑部分撤銷，另行判決。

▲【68 臺非 148】提起非常上訴之**判決所載理由矛盾致適用法律違誤者，為判決違法，如不利被告，即應將其撤銷，另行判決**。

▲【91 臺非 152】參見本法第 284 條。

第 448 條　（非常上訴判決之效力）

非常上訴之判決，除依前條第一項第一款但書及第二項規定者外，其效力不及於被告。

第七編　簡易程序

第 449 條　（聲請簡易判決之要件）

I.第一審法院依被告在偵查中之自白或其他現存之證據，已足認定其犯罪者，得因檢察官之聲請，不經通常審判程序，逕以簡易判決處刑。但有必要時，應於處刑前訊問被告。

II.前項案件檢察官依通常程序起訴，經被告自白犯罪，法院認為宜以簡易判決處刑者，得不經通常審判程序，逕以簡易判決處刑。

III.依前二項規定所科之刑以宣告緩刑、得易科罰金或得易服社會勞動之有期徒刑及拘役或罰金為限。

⑱一、第 1 項、第 2 項未修正。

二、依刑法第 41 條第 3 項規定，受六月以下有期徒刑或拘役之宣告而不得易科罰金者，亦得易服社會勞動，自應與現行得易科罰金之案件同視，而得為聲請簡易判決處刑之案件類型，爰修正第

3 項。

三、依刑法第 41 條、第 42 條之 1 規定，易服社會勞動，係由檢察官斟酌個案情形，指揮執行，故毋庸聲請法院裁定，法官亦無須於判決主文中諭知易服社會勞動之折算標準。

◇簡易型程序：指為了兼顧訴訟經濟，追求效率，適度紓減案件量而設計的快速審判制度，主要適用於較輕微的犯罪。

第 449 條之 1　（簡易案件之辦理）

簡易程序案件，得由簡易庭辦理之。

第 450 條　（法院之簡易判決（一）——處刑、免刑判決）

I.以簡易判決處刑時，得併科沒收或為其他必要之處分。

II.第二百九十九條第一項但書之規定，於前項判決準用之。

第 451 條　（聲請以簡易判決處刑）

I.檢察官審酌案件情節，認為宜以簡易判決處刑者，應即以書面為聲請。

II.第二百六十四條之規定，於前項聲請準用之。

III.第一項聲請，與起訴有同一之效力。

IV.被告於偵查中自白者，得請求檢察官為第

簡易程序與通常程序之對照圖

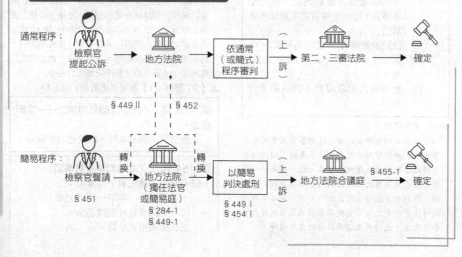

通常程序：檢察官提起公訴 → 地方法院 → 依通常（或簡式）程序審判 →（上訴）第二、三審法院 → 確定

§449 II　§452

簡易程序：檢察官聲請 →（轉換）地方法院（獨任法官或簡易庭）→（轉換）以簡易判決處刑 →（上訴）地方法院合議庭 → 確定

§451　　§284-1　§449-1　§449 I　§454 I　§455-1

一項之聲請。

⑧配合第 449 條之修正，檢察官聲請以簡易判決處刑自無須限於現行法所規定之第 376 條之案件，但自應審酌第 449 條所規定之要件。

第 451 條之 1 （簡易判決案件，被告願受科刑或緩刑之表示及檢察官具體求刑）

I 前條第一項之案件，被告於偵查中自白者，得向檢察官表示願受科刑之範圍或願意接受緩刑之宣告，檢察官同意者，應記明筆錄，並即以被告之表示為基礎，向法院求刑或為緩刑宣告之請求。

II 檢察官為前項之求刑或請求前，得徵詢被害人之意見，並斟酌情形，經被害人同意，命被告為左列各款事項：

　　一　向被害人道歉。

　　二　向被害人支付相當數額之賠償金。

III 被告自白犯罪未為第一項之表示者，在審判中得向法院為之，檢察官亦得依被告之表示向法院求刑或請求為緩刑之宣告。

IV 第一項及前項情形，法院應於檢察官求刑或緩刑宣告請求之範圍內為判決。但有左列情形之一者，不在此限：

　　一　被告所犯之罪不合第四百四十九條所定得以簡易判決處刑之案件者。

　　二　法院認定之犯罪事實顯然與檢察官據以求處罪刑之事實不符，或於審判中發現其他裁判上一罪之犯罪事實，足認檢察官之求刑顯不適當者。

　　三　法院於審理後，認應為無罪、免訴、不受理或管轄錯誤判決之諭知者。

　　四　檢察官之請求顯有不當或顯失公平者。

⑧一、本條新增。

二、被告於偵查中自白者，經檢察官同意並記明筆錄後，檢察官應以被告表示為基礎，向法院為具體之求刑或求為緩刑之宣告，此一制度，使檢察官求處被告緩刑或得科罰金之罪並記明筆錄時，得藉此交換被告同意自白，且於第 4 項增設此時法官原則上必須受檢察官求刑及求為緩刑宣告之拘束，此係引進認罪協商制度之精神。

▲【91 臺非 21】地方法院簡易庭對被告為簡易判決處刑後，經提起上訴，而地方法院合議庭認應為無罪判決之諭知者，依同法第 455 條之 1 第 3 項準用第 369 條第 2 項之規定意旨，應由該地方法院合議庭撤銷簡易庭之判決，逕依通常程序審判。其所為判決，應屬於「第一審判決」，檢察官仍得依通常上訴程序上訴於管轄第二審之高等法院。

第 452 條 （不得適用簡易判決處刑之情形）

檢察官聲請以簡易判決處刑之案件，經法院認為有第四百五十一條之一第四項但書之情形者，應適用通常程序審判之。

⑧檢察官聲請以簡易判決處刑之案件，應僅限於法院認為有第 451 條之 1 第 4 項但書之情事，始得改以通常程序為判決，始能符合認罪協商制度之精神。

▲【43 臺非 231】刑法第 61 條所列各罪之案件，第一審法院依被告在偵查中之自白，或其他現存之證據，已足認定其犯罪者，固得經檢察官之聲請，不經通常審判程序，逕以命令處刑，但聲請以命令處刑之案件，經法院認為全部或一部不得或不宜以命令處刑者，仍應適用通常程序審判，依刑事訴訟法第 445 條（現行法第 452 條）之規定，為當然解釋。本件被告妨害自由等罪案件，檢察官係依刑法第 302 條第 1 項、第 277 條第 1 項、第 310 條第 1 項聲請命令處刑，查同法第 277 條第 1 項及第 310 條第 1 項，固屬刑法第 61 條之案件，得以命令處刑，但同法第 302 條之最高本刑為五年以下有期徒刑，不屬同法第 61 條所列各罪之案件，不得以命令處刑，依首開說明，自應適用通常程序辦理，方為適法，原法院竟以處刑命令處罰，訴訟程序自屬違背法令。

▲【91 臺非 21】參見本法第 451 條之 1。

第 453 條 （法院之簡易判決㈡——立即處分）

以簡易判決處刑案件，法院應立即處分。

第 454 條 （簡易判決應載事項）

I 簡易判決，應記載下列事項：

　　一　第五十一條第一項之記載。

　　二　犯罪事實及證據名稱。

　　三　應適用之法條。

　四　第三百零九條各款所列事項。

　五　自簡易判決送達之日起二十日內，得提起上訴之曉示。 但不得上訴者，不在此限。

II.前項判決書，得以簡略方式為之，如認定之犯罪事實、證據及應適用之法條，與檢察官聲請簡易判決處刑書或起訴書之記載相同者，得引用之。

⑩一、配合修正條文第 349 條規定，第 1 項第 5 款酌為文字修正，以求體例一致。
二、第 2 項未修正。

第 455 條　（簡易判決正本之送達）

書記官接受簡易判決原本後，應立即製作正本為送達，並準用第三百十四條第二項之規定。

⑫一、本法第一編「總則」第十三章「裁判」第 227 條規定：「裁判製作裁判書者，除有特別規定外，應以正本送達於『當事人』、代理人、辯護人及其他受裁判之人。」「前項送達，自接受裁判原本之日起，至遲不得逾七日。」此外，另於第二編「第一審」第一章第三節「審判」第 314 條規定：「判決得為上訴者，其上訴期間及提出上訴狀之法院，應於宣示時一併告知，並應記載於送達被告之判決正本。」「前項判決正本，並應送達於告訴人及告發人，告訴人於上訴期間內，得向檢察官陳述意見。」由此可知，第一審判決正本應送達於「當事人」、「告訴人」、「告發人」等人。
二、惟簡易程序判決書之送達，依原條文僅為「送達於當事人」，要與前揭規定不同，學者因此有主張簡易判決之正本毋庸送達於告訴人、告發人者。
三、然對於簡易判決之上訴，依本法第 455 條之 1 第 3 項規定：「準用刑事訴訟法第三編第一章上訴通則」，而該第一章第 344 條第 2 項係規定：「告訴人或被害人對於下級法院之判決有不服者，亦得具備理由，請求檢察官上訴。」告訴人既得依法請求檢察官上訴，倘若簡易判決正本不送達於告訴人，告訴人又如何得知判決之內容而請求檢察官上訴？邏輯上不無矛盾。為保障告訴人、告發人之權益，爰為文字修正，並明定準用第 314 條第 2 項之規定，以杜爭議。

第 455 條之 1　（對簡易判決不服之上訴）

I.對於簡易判決有不服者，得上訴於管轄之第二審地方法院合議庭。

II.依第四百五十一條之一之請求所為之科刑判決，不得上訴。

III.第一項之上訴，準用第三編第一章及第二章除第三百六十一條外之規定。

IV.對於適用簡易程序案件所為裁定有不服者，得抗告於管轄之第二審地方法院合議庭。

V.前項之抗告，準用第四編之規定。

▲【91 臺非 21】參見本法第 451 條之 1。

第七編之一　協商程序

第 455 條之 2　（協商程序之聲請）

I.除所犯為死刑、無期徒刑、最輕本刑三年以上有期徒刑之罪或高等法院管轄第一審案件者外，案件經檢察官提起公訴或聲請簡易判決處刑，於第一審言詞辯論終結前或簡易判決處刑前，檢察官得於徵詢被害人之意見後，逕行或依被告或其代理人、辯護人之請求，經法院同意，就下列事項於審判外進行協商，經當事人雙方合意且被告認罪者，由檢察官聲請法院改依協商程序而為判決：

　一　被告願受科刑及沒收之範圍或願意接受緩刑之宣告。

　二　被告向被害人道歉。

　三　被告支付相當數額之賠償金。

　四　被告向公庫支付一定金額，並得由該管檢察署依規定提撥一定比率補助相關公益團體或地方自治團體。

II.檢察官就前項第二款、第三款事項與被告協商，應得被害人之同意。

III.第一項之協商期間不得逾三十日。

IV.第一項第四款提撥比率、收支運用及監督管理辦法，由行政院會同司法院另定之。

⑯沒收與刑罰、保安處分併列為獨立之法律效果，故原條文第 1 項第 1 款協商之事項，應不限於被告願受科刑之範圍或願意接受緩刑之宣告，應包括沒收之協商，爰增訂之。

第 455 條之 3 （法院之訊問與協商之撤銷或撤回）

I.法院應於接受前條之聲請後十日內，訊問被告並告以所認罪名、法定刑及所喪失之權利。

II.被告得於前項程序終結前，隨時撤銷協商之合意。被告違反與檢察官協議之內容時，檢察官亦得於前項程序終結前，撤回協商程序之聲請。

第 455 條之 4 （不得為協商判決之情形與協商程序之判決）

I.有下列情形之一者，法院不得為協商判決：

一　有前條第二項之撤銷合意或撤回協商聲請者。

二　被告協商之意思非出於自由意志者。

三　協商之合意顯有不當或顯失公平者。

四　被告所犯之罪非第四百五十五條之二第一項所定得以聲請協商判決者。

五　法院認定之事實顯與協商合意之事實不符者。

六　被告有其他較重之裁判上一罪之犯罪事實者。

七　法院認應諭知免刑或免訴、不受理者。

II.除有前項所定情形之一者外，法院應不經言詞辯論，於協商合意範圍內為判決。法院為協商判決所科之刑，以宣告緩刑、二年以下有期徒刑、拘役或罰金為限。

III.當事人如有第四百五十五條之二第一項第二款至第四款之合意，法院應記載於筆錄或判決書內。

IV.法院依協商範圍為判決時，第四百五十五條之二第一項第三款、第四款並得為民事強制執行名義。

第 455 條之 5 （辯護人之選任及其權限）

I.協商之案件，被告表示所願受科之刑逾期徒刑六月，且未受緩刑宣告，其未選任辯護人者，法院應指定公設辯護人或律師為辯護人，協助進行協商。

II.辯護人於協商程序，得就協商事項陳述事實上及法律上之意見。但不得與被告明示之協商意見相反。

第 455 條之 6 （協商聲請之裁定駁回）

I.法院對於第四百五十五條之二第一項協商之聲請，認有第四百五十五條之四第一項各款所定情形之一者，應以裁定駁回之，適用通常、簡式審判或簡易程序審判。

II.前項裁定，不得抗告。

第 455 條之 7 （協商過程中陳述採為證據之禁止規定）

法院未為協商判決者，被告或其代理人、辯護人在協商過程中之陳述，不得於本案或其他案件採為對被告或其他共犯不利之證據。

第 455 條之 8 （判決書製作及送達之準用規定）

協商判決書之製作及送達，準用第四百十四條、第四百五十五條之規定。

第 455 條之 9 （宣示判決筆錄）

I.協商判決，得僅由書記官將主文、犯罪事實要旨及處罰條文記載於宣示判決筆錄，以代判決書。但於宣示判決之日起十日內，當事人聲請法院交付判決書者，法院仍應為判決書之製作。

II.前項筆錄正本或節本之送達，準用第四百五十五條之規定，並與判決書之送達有同一之效力。

第 455 條之 10 （協商判決上訴之限制規定）

I.依本編所為之科刑判決，不得上訴。但有第四百五十五條之四第一項第一款、第二款、第四款、第六款、第七款所定情形之一，或協商判決違反同條第二項之規定者，不在此限。

II.對於前項但書之上訴，第二審法院之調查

Ⅲ第二審法院認為上訴有理由者，應將原審
判決撤銷，將案件發回第一審法院依判決
前之程序更為審判。

第 455 條之 11　（上訴之準用規定）

Ⅰ協商判決之上訴，除本編有特別規定外，
準用第三編第一章及第二章之規定。

Ⅱ第一百五十九條第一項、第二百八十四條
之一之規定，於協商程序不適用之。

第七編之二　沒收特別程序

第 455 條之 12　（財產可能被沒收之第三人得聲請參與沒收程序）

Ⅰ財產可能被沒收之第三人得於本案最後
事實審言詞辯論終結前，向該管法院聲請
參與沒收程序。

Ⅱ前項聲請，應以書狀記載下列事項為之：

一　本案案由及被告之姓名、性別、出
生年月日、身分證明文件編號或其
他足資辨別之特徵。

二　參與沒收程序之理由。

三　表明參與沒收程序之意旨。

Ⅲ第三人未為第一項聲請，法院認有必要
時，應依職權裁定命該第三人參與沒收程
序。但該第三人向法院或檢察官陳明對沒
收其財產不提出異議者，不在此限。

Ⅳ前三項規定，於自訴程序、簡易程序及協
商程序之案件準用之。

⑩一、本條新增。

二、為賦予因刑事訴訟程序進行結果，財產可能
被沒收之第三人程序主體之地位，俾其有參與程
序之權利與尋求救濟之機會，以保障其權益。爰
參考德國刑事訴訟法第 432 條第 2 項、日本應急
對策法第 3 條第 1 項之立法例，於本條第 1、2 項
明定該第三人得聲請參與本案沒收程序及其聲請
之程式。又為兼顧該第三人參與訴訟之程序保障
與被告本案訴訟之進行順暢，參考德國刑事訴訟
法第 431 條第 4 項立法例，課予第三人參與程序
一定之期限，明定須於最後事實審言詞辯論終結
前為之。

三、依卷證顯示本案沒收可能涉及第三人財產，
而該第三人未聲請參與沒收程序時，基於刑事沒
收屬法院應依職權調查事項之考量，法院自應依
職權裁定命該第三人參與。但第三人已陳明對沒
收不異議者，法院自無命該第三人參與沒收程序
之必要。爰參考德國刑事訴訟法第 431 條第 6 項
之立法例，增訂本條第 3 項。

四、自訴、簡易及協商程序案件之沒收，若涉及
第三人財產，亦有準用第三人參與沒收程序相關
規範之必要，爰增訂本條第 4 項。

第 455 條之 13　（沒收第三人財產之通知義務）

Ⅰ檢察官有相當理由認應沒收第三人財產
者，於提起公訴前應通知該第三人，予其
陳述意見之機會。

Ⅱ檢察官提起公訴時認應沒收第三人財產
者，應於起訴書記載該意旨，並即通知該
第三人下列事項：

一　本案案由及其管轄法院。

二　被告之姓名、性別、出生年月日、
身分證明文件編號或其他足資辨
別之特徵。

三　應沒收財產之名稱、種類、數量及
其他足以特定之事項。

四　構成沒收理由之事實要旨及其證
據。

五　得向管轄法院聲請參與沒收程序
之意旨。

Ⅲ檢察官於審理中認應沒收第三人財產者，
得以言詞或書面向法院聲請。

⑩一、本條新增。

二、因國家行為衍生之程序，應使該行為之相對
人知悉行為內容，俾充分陳述意見，盡其攻防之
能事。尤以國家為追訴主體之刑事訴訟程序，人
民處於相對弱勢，保障其受通知權，為正當法律
程序之體現。爰參考德國刑事訴訟法第 432 條第
1 項、日本應急對策法第 2 條第 1 項之立法例，
增訂本條第 1、2 項，明定偵查中或起訴時，對於
案內可能被沒收財產之第三人，檢察官有通知之
義務，給予陳述意見之機會，或便利其向法院適
時聲請參與沒收程序及為訴訟準備。至於第三人
陳述意見之方式，得以言詞或書狀之方式為之，
則不待言。

三、檢察官於審理中認應沒收第三人財產者，雖沒收之調查與認定，屬法院應依職權進行之事項，但檢察官仍負協力義務，其自得以言詞或書面向法院聲請，請求法院裁定命該第三人參與。法院應注意就關於沒收第三人財產之事項，除依法應裁定命第三人參與沒收程序之情形外，其餘則於所附隨之刑事本案終局判決為必要之裁判、說明，爰增訂本條第3項。

第 455 條之 14 （參與沒收程序聲請裁定前之通知義務）

法院對於參與沒收程序之聲請，於裁定前應通知聲請人、本案當事人、代理人、辯護人或輔佐人，予其陳述意見之機會。

⑯一、本條新增。

二、為保障參與沒收程序聲請人之意見陳述權，並釐清其聲請是否合法、檢察官是否提出無沒收必要之意見及第三人就沒收其財產是否不異議等情，法院就參與沒收程序之聲請，於裁定前應通知聲請人及其代理人、本案當事人、自訴代理人、被告及其辯護人、代理人或輔佐人，予其陳述意見之機會，且得為必要之調查。爰參考日本應急對策法第3條第6項規定之立法例，增訂本條。

第 455 條之 15 （沒收之聲請顯不相當者法院得免予沒收）

I 案件調查證據所需時間、費用與沒收之聲請顯不相當者，經檢察官或自訴代理人同意後，法院得免予沒收。

II 檢察官或自訴代理人得於本案最後事實審言詞辯論終結前，撤回前項之同意。

⑯一、本條新增。

二、沒收第三人財產，若因程序需費過鉅，致與欲達成之目的顯不相當時，法院自得基於訴訟經濟，裁量不為沒收之宣告。爰參考德國刑事訴訟法第430條第1項，於上開情形，得經檢察官或自訴代理人同意，免予沒收之規定，增訂本條第1項。

三、上開對於免予沒收第三人財產之同意，若因情事變更，認有不宜或不適當之情形，應容許於本案最後事實審言詞辯論終結前撤回，法院仍應就沒收財產事項，踐行相關訴訟程序。爰參考德國刑事訴訟法第430條第3項後段之立法例，增訂本條第2項。

第 455 條之 16 （聲請參與沒收程序之駁回）

I 法院認為聲請參與沒收程序不合法律上之程式或法律上不應准許或無理由者，應以裁定駁回之。但其不合法律上之程式可補正者，應定期間先命補正。

II 法院認為聲請參與沒收程序有理由者，應為准許之裁定。

III 前項裁定，不得抗告。

⑯一、本條新增。

二、法院受理參與沒收程序之聲請，認為聲請有不合法律上程式或法律上不應准許等不合法情形，或無理由者，應即以裁定駁回之。但其不合法律上之程式可補正者，應定期間先命補正，爰於本條第1項規定之。

三、法院認為聲請有理由者，為使聲請人及檢察官知悉准許之意旨，應以裁定准許之，爰於本條第2項予以規定。

四、聲請人參與沒收程序之聲請既經法院裁定准許，即欠缺提起抗告之程序上利益；又本案當事人若認有不應准許之理由，因得於本案程序中加以釐清，亦無提起抗告救濟之必要。爰參考德國刑事訴訟法第431條第5項之規定，增訂本條第3項。

五、法院駁回參與沒收程序之裁定，對聲請之第三人而言，係駁回其聲請之終局裁定，攸關其權益甚鉅，依法本得提起抗告，自不待言。

第 455 條之 17 （法院所為第三人參與沒收程序之裁定應記載事項）

法院所為第三人參與沒收程序之裁定，應記載訴訟進行程度、參與之理由及得不待其到庭陳述逕行諭知沒收之旨。

⑯一、本條新增。

二、為使參與沒收程序之第三人，知悉對其伸張權利或防禦具有重要性之事項，裨益其進行訴訟上攻防，以落實對該第三人之程序保障，法院依聲請或依職權所為，准許或命第三人參與沒收程序之裁定，自應記載准許或命參與之理由、訴訟進度及該第三人不到庭陳述時法院得逕行宣告沒收之法律效果。爰參考德國刑事訴訟法第435條第3項之立法例，增訂本條。

第 455 條之 18 　（經法院裁定參與沒收程序者，適用通常程序審判）

行簡易程序、協商程序之案件，經法院裁定第三人參與沒收程序者，適用通常程序審判。

⑩一、本條新增。

二、行簡易、協商程序案件，因被告或自白，或認罪，就起訴之犯罪事實並無爭執，案情已臻明確，故其審理之訴訟程序或證據調查，均較通常程序簡化，若經裁定第三人參與沒收程序，自應改依通常程序審判，以保障參與人，關於沒收其財產事項，所享有之聲請調查證據、詢問證人與鑑定人等與被告相同之訴訟上權利，爰增訂本條規定。

三、行通常程序之案件，經第三人參與沒收程序者，揆諸前項說明，縱法院逕行簡易或協商程序，依本條規定，仍須回復適用通常程序審判。

第 455 條之 19 　（參與人就沒收其財產事項之準用規定）

參與人就沒收其財產之事項，除本編有特別規定外，準用被告訴訟上權利之規定。

⑩一、本條新增。

二、沒收人民財產使之歸屬國庫，對人民基本權干預程度，不亞於刑罰，故對因財產可能被沒收而參與訴訟程序之第三人，自應賦予其與被告同一之程序上保障。爰參考日本應急對策法第 4 條第 1 項、德國刑事訴訟法第 433 條第 1 項之立法例，增訂本條，明定參與人就沒收其財產之事項，除本編有特別規定外，準用被告訴訟上權利之規定。

三、至於法院就被告本人之事項為調查時，參與人對於被告本人之事項具證人適格，故本法於第 455 條之 28 明定參與人應準用第 287 條之 2 有關人證之規定，附此敘明。

第 455 條之 20 　（審判期日及沒收財產事項文書之通知及送達）

法院應將審判期日通知參與人並送達關於沒收其財產事項之文書。

⑩一、本條新增。

二、審判期日及與沒收事項相關之訴訟資料，均攸關程序參與人訴訟上權益，屬於其資料請求權

範圍，自應對其通知及送達，爰於本條規定之。

第 455 條之 21 　（參與人及委任代理人到場之準用規定）

I 參與人得委任代理人到場。但法院認為必要時，得命本人到場。

II 第二十八條至第三十條、第三十二條、第三十三條第一項及第三十五條第二項之規定，於參與人之代理人準用之。

III 第一項情形，如有必要命參與人本人到場者，應傳喚之；其經合法傳喚，無正當理由不到場者，得拘提之。

IV 第七十一條、第七十二條至第七十四條、第七十七條至第八十三條及第八十九條至第九十一條之規定，於前項參與人之傳喚及拘提準用之。

⑩一、本條新增。

二、參與沒收程序係第三人之權利非義務，且相關訴訟行為，性質上並非須由參與人親自為之，是其程序之進行，原則上自得委由代理人代為之。爰參考日本應急對策法第 10 條第 1 項、德國刑事訴訟法第 434 條第 1 項前段之規定，增訂本條第 1 項前段；並於本條第 2 項明定參與人代理人之人數與資格限制、權限及其應向法院提出授權證明文件等準用被告代理人規定。

三、沒收屬法院依職權調查之範圍，法院就有關沒收事項之調查，若有必要命參與人到庭時，自得依法傳喚、拘提，強制其到場。爰參考德國刑事訴訟法第 433 條第 2 項前段之規定，於本條第 3 項、第 4 項規定之。

第 455 條之 22 　（審判長應於審判期日向到場之參與人告知事項）

審判長應於審判期日向到場之參與人告知下列事項：

一　構成沒收理由之事實要旨。

二　訴訟進行程度。

三　得委任代理人到場。

四　得請求調查有利之證據。

五　除本編另有規定外，就沒收其財產之事項，準用被告訴訟上權利之規定。

⑩一、本條新增。

二、法院於審判期日，對到場之參與人所告知事

刑事訴訟法

第七編之二　沒收特別程序　（第四五五之二三～四五五之二六條）

項，應足使其知悉對其沒收之事實理由、訴訟進度、得委任代理人、聲請調查證據及所得享有之程序上權利等，以保護其權益。爰參考日本應急對策法第5條第3項之立法例，於本條規定之。

第455條之23　（參與沒收程序不適用交互詰問規則）

參與沒收程序之證據調查，不適用第一百六十六條第二項至第六項、第一百六十六條之一至第一百六十六條之六之規定。

⑩五、一、本條新增。

二、刑事被告詰問證人之權利，屬憲法第8條第一項所指之正當法律程序，為憲法第16條所保障之人民訴訟權之一環（司法院釋字第582號解釋意旨參照）。刑事沒收程序參與人就沒收其財產之事項，與被告享有相同之訴訟上權利，自亦應有詰問證人之權利。惟參與沒收僅係附麗被告本案訴訟之程序，為避免其程序過於複雜，致影響被告本案訴訟程序之順暢進行，參與人依本法第166條第1項規定，詰問證人、鑑定人或被告，已足以保障參與人訴訟上權益，爰於本條明定參與人詰問權之行使，不適用交互詰問規則。

第455條之24　（言詞辯論之順序及程序）

I 參與人就沒收其財產事項之辯論，應於第二百八十九條程序完畢後，依同一次序行之。

II 參與人經合法傳喚或通知而不到庭者，得不待其陳述逕行判決；其未受許可而退庭或拒絕陳述者，亦同。

⑩五、一、本條新增。

二、參與人依本法第289條之規定，就沒收其財產之事項，固得為辯論，然參與程序僅為被告本案訴訟之附隨程序，其辯論自應於被告本案辯論之後依該條第1項之順序，由檢察官、被告、辯護人、參與人循序進行，爰於本條規定之。

三、因財產可能被沒收而參與沒收程序者，得於刑事本案訴訟中到場為陳述意見等必要之訴訟行為，係提供其程序保障之權利規定，除法院認有必要而命其到場之情形外，原則上參與人並無到場之義務。是參與人、其委任之代理人，無正當理由而未到庭或到庭但拒絕陳述時，法院得逕行裁判。爰參考日本應急對策法第5條第1項、德國刑事訴訟法第436條第1項之立法例，增訂本

條第2項規定。

第455條之25　（撤銷參與沒收程序之裁定）

法院裁定第三人參與沒收程序後，認有不應參與之情形者，應撤銷原裁定。

⑩五、一、本條新增。

二、法院依聲請或依職權裁定准許或命第三人參與沒收程序後，發現有不應參與之情形，例如應沒收之財產明顯非屬參與人所有、參與人已陳明對於沒收不提出異議或檢察官表明無沒收參與人財產必要而法院認為適當者，原所為參與沒收程序之裁定自應撤銷，以免徒增本案訴訟不必要之程序負擔。爰參考日本應急對策法第3條第5項之立法例，增訂本條規定。

第455條之26　（判決及其應載事項）

I 參與人財產經認定應沒收者，應對參與人諭知沒收該財產之判決；認不應沒收者，應諭知不予沒收之判決。

II 前項判決，應記載其裁判之主文、構成沒收之事實與理由。理由內應分別情形記載認定事實所憑之證據及其認定應否沒收之理由、對於參與人有利證據不採納之理由及應適用之法律。

III 第一項沒收應與本案同時判決。但有必要時，得分別為之。

⑩五、一、本條新增。

二、法院就沒收該財產與否之決定，應於所附隨之刑事本案判決主文對參與人諭知，爰於本條第一項規定，以為裁判之依據。又法院就參與人財產應否沒收之決定除於裁判主文諭知外，並應於判決中適當說明形成心證之理由，俾利上級法院審查，故於第2項規定該判決書應記載之事項，用資遵循。

三、沒收第三人財產與認定被告罪責之刑事程序，同以刑事違法行為存在為前提，除因法律上或事實上原因，致無法對被告為刑事追訴或有罪判決外，原則上二者應同時進行、同時裁判，以免裁判結果互相扞格，並符訴訟經濟。至法院裁定參與沒收程序後，本案訴訟有法律上或事實上原因致無法賡續進行、裁判，或其他必要情形，法院自得就參與沒收部分，先予判決，爰增訂本條第3項規定。

第 455 條之 27　（對判決提起上訴其效力應及於相關之沒收判決）

I. 對於本案之判決提起上訴者，其效力及於相關之沒收判決；對於沒收之判決提起上訴者，其效力不及於本案判決。

II. 參與人提起第二審上訴時，不得就原審認定犯罪事實與沒收其財產相關部分再行爭執。但有下列情形之一者，不在此限：

　一　非因過失，未於原審就犯罪事實與沒收其財產相關部分陳述意見或聲請調查證據。

　二　參與人以外得爭執犯罪事實之其他上訴權人，提起第二審上訴爭執犯罪事實與沒收參與人財產相關部分。

　三　原審有第四百二十條第一項第一款、第二款、第四款或第五款之情形。

⑩一、本條新增。

二、被告違法行為存在，為沒收參與人財產前提要件之一。為避免沒收裁判確定後，其所依附之前提即關於被告違法行為之判決，於上訴後，經上訴審法院變更而動搖該沒收裁判之基礎，造成裁判上之矛盾，非但有損裁判公信力，且滋生沒收裁判之執行上困擾，故對本案關於違法行為或沒收之裁判上訴者，其效力應及於相關之沒收部分。反之，沒收係附隨於被告違法行為存在之法律效果，而非認定違法行為之前提，若當事人就本案認定結果已無不服，為避免因沒收參與程序部分之程序延滯所生不利益，僅就參與人財產沒收事項之判決提起上訴者，其效力自不及於本案之判決部分。爰參考日本應急對策法第 8 條第 1 項之立法例，增訂本條第 1 項前段規定；並增訂本條第 1 項後段規定，以杜爭議。

三、沒收程序之參與人，為該程序之主體，沒收其財產之判決，亦以其為諭知對象，故參與人本人即為受判決人，依本法自有單獨提起上訴之權利。至其上訴之效力，是否及於本案中關於違法行為部分之判決，則應適用本法上訴編章之規定，非本條規範之範圍。

四、刑事本案當事人未提起上訴，即對原判決認定之犯罪事實已不爭執時，為避免法院僅因附隨本案之參與沒收程序參與人提起上訴即重新審查

犯罪事實，所造成裁判矛盾或訴訟延滯之結果。爰參考德國刑事訴訟法第 437 條第 1 項前段之立法例，增訂本條第 2 項前段規定。

五、惟因非可歸責於參與人之事由，致其未能於原審就犯罪事實中與沒收其財產相關部分陳述意見、聲請調查證據，自不宜遽而剝奪其於上訴審程序爭執該事實之權利；又參與人以外之其他上訴權人若亦提起上訴，且依法得爭執並已爭執沒收前提之犯罪事實中與沒收其財產相關部分者，即無限制參與人爭執該事實之必要；另原審若有本法第 420 條第 1 項第 1 款、第 2 款、第 4 款或第 5 款各款情形，已明顯影響原審判決關於犯罪事實之認定時，基於公平正義之維護，亦不宜限制參與人爭執該事實之權利。爰參考德國刑事訴訟法第 437 條第 1 項前段、第 2 項之立法例，增訂本條第 2 項但書規定。

第 455 條之 28　（參與沒收程序審判、上訴及抗告之準用規定）

　參與沒收程序之審判、上訴及抗告，除本編有特別規定外，準用第二編第一章第三節、第三編及第四編之規定。

⑩一、本條新增。

二、本法第二編第一章第三節審判、第三編上訴及第四編抗告之規定，除本編有特別規定外，關於審判期日之進行方式、宣示判決之規定、上訴程序及抗告等均應予準用，爰增訂本條規定。

第 455 條之 29　（第三人得聲請撤銷沒收之確定判決）

I. 經法院判決沒收財產確定之第三人，非因過失，未參與沒收程序者，得於知悉沒收確定判決之日起三十日內，向諭知該判決之法院聲請撤銷。但自判決確定後已逾五年者，不得為之。

II. 前項聲請，應以書面記載下列事項：

　一　本案案由。

　二　聲請撤銷宣告沒收判決之理由及其證據。

　三　遵守不變期間之證據。

⑩一、本條新增。

二、沒收第三人財產，應遵循正當程序，對該第三人踐行合法通知，使其有參與沒收程序，陳述意見、行使防禦權之機會後，始得為之。倘未經

第三人參與程序，即裁判沒收其財產確定，而該第三人未參與程序係因不可歸責之事由者，因裁判前未提供該第三人合法之程序保障，不符合憲法關於正當程序之要求，自應有容許其回復權利之適當機制。爰參考德國刑事訴訟法第439條第1項及第2項、日本應急對策法第13條第1項之立法例，增訂本條第1項規定，以保障被沒收財產之第三人權益，並限制其權利行使之期間，以兼顧法秩序之安定。

三、為確實審核撤銷沒收第三人財產確定判決之聲請，要件是否具備，其聲請之程式，自宜有所規範。爰參考日本應急對策法第13條第2項之規定，增訂本條第2項。

第 455 條之 30 　（聲請撤銷沒收確定判決無停止執行之效力）

聲請撤銷沒收確定判決，無停止執行之效力。但管轄法院之檢察官於撤銷沒收確定判決之裁定前，得命停止。

⑩一、本條新增。

二、撤銷沒收確定判決之事後程序，旨在使未經合法程序即遭沒收財產之所有人，得重新經由正當程序主張權利；至將來重新審判結果，未必與原沒收之確定判決結果不同。是撤銷沒收確定判決，原則上對原確定判決不生影響，自無停止檢察官執行判決之效力。惟為避免執行程序於撤銷沒收確定判決之裁定確定前即已終結，致財產所有人權益受損，明定管轄法院之檢察官於必要時得命停止執行。爰參考德國刑事訴訟法第439條第1項後段，增訂本條規定。

第 455 條之 31 　（聲請撤銷沒收確定判決之陳述意見）

法院對於撤銷沒收確定判決之聲請，應通知聲請人、檢察官及自訴代理人，予其陳述意見之機會。

⑩一、本條新增。

二、法院為判斷原沒收確定判決前之審理程序是否符合正當法律程序之要求，於裁定前，自應通知聲請人、檢察官或自訴代理人，由聲請人提出足以認定原沒收裁判未經正當程序之證據，予檢察官或自訴代理人陳述意見。爰參考日本應急對策法第13條第5項之立法例，增訂本條規定。

第 455 條之 32 　（聲請撤銷沒收確定判決之駁回）

Ⅰ 法院認為撤銷沒收確定判決之聲請不合法律上之程式或法律上不應准許或無理由者，應以裁定駁回之。但其不合法律上之程式可以補正者，應定期間先命補正。

Ⅱ法院認為聲請撤銷沒收確定判決有理由者，應以裁定將沒收確定判決中經聲請之部分撤銷。

Ⅲ對於前二項抗告法院之裁定，得提起再抗告。

Ⅳ聲請撤銷沒收確定判決之抗告及再抗告，除本編有特別規定外，準用第四編之規定。

⑩一、本條新增。

二、法院受理撤銷沒收確定判決之聲請，認為聲請有不合法律上之程式或法律上不應准許等不合法情形，或無理由者，應即以裁定駁回之。但其不合法律上之程式可以補正者，應定期間先命補正，爰於本條第1項規定之。

三、法院認為聲請有理由者，為使聲請人及檢察官知悉准許之意旨，亦應以裁定准許之，爰於本條第2項予以規定。

四、本條第1、2項關於原沒收確定判決應否撤銷之裁定，經抗告後，依本法第415條規定，原不得再抗告，然其涉及被沒收之第三人財產權，對該第三人利害關係重大，抗告法院裁定後，應賦予再救濟之機會，爰增訂本條第3項。

五、對於聲請撤銷沒收確定判決之裁定不服者，其程序允宜增設準用之規定，以資明確，爰增訂本條第4項。

第 455 條之 33 　（撤銷沒收確定判決之裁定確定後，更為審判）

撤銷沒收確定判決之裁定確定後，法院應依判決前之程序，更為審判。

⑩一、本條新增。

二、原沒收確定判決經撤銷後，該部分自應由原審法院回復判決前之狀態，重新踐行合法程序，依法審判，以符合正當程序之要求，爰增訂本條。又聲請人於回復原訴訟程序後，當然參與沒收程序，附此敘明。

第 455 條之 34　（單獨宣告沒收之裁定）

單獨宣告沒收由檢察官聲請違法行為地、沒收財產所在地或其財產所有人之住所、居所或所在地之法院裁定之。

⑩一、本條新增。

二、單獨宣告沒收，為國家以裁判剝奪人民財產之強制處分，係針對財產之制裁手段，自應由代表國家之檢察官聲請法院為之。又基於沒收須以刑事違法行為存在為前提，及為保全沒收標的之考量，其管轄法院亦應有所規範。爰參考本法關於追訴犯罪土地管轄之規定及德國刑事訴訟法第441 條第 1 項之立法例，增訂本條。

第 455 條之 35　（聲請單獨宣告沒收之書狀應載事項）

前條聲請，檢察官應以書狀記載下列事項，提出於管轄法院為之：

一　應沒收財產之財產所有人姓名、性別、出生年月日、住居所、身分證明文件編號或其他足資辨別之特徵。但財產所有人不明時，得不予記載。

二　應沒收財產之名稱、種類、數量及其他足以特定沒收物或財產上利益之事項。

三　應沒收財產所由來之違法事實及證據並所涉法條。

四　構成單獨宣告沒收理由之事實及證據。

⑩一、本條新增。

二、聲請單獨宣告沒收，為慎重其程序，且使法院明瞭須以單獨宣告之方式沒收財產之原因，檢察官聲請時，自應以書狀記載沒收之對象、標的，及其所由來之刑事違法事實、構成單獨宣告之依據等事項與相關證據，提出於管轄法院。爰參考德國刑事訴訟法第 440 條第 2 項後段、第 200 條之立法例，於本條第 1 項增訂聲請單獨宣告沒收之程式規定。

三、聲請法院沒收人民財產，係對憲法所保障人民財產基本權之侵害，性質上為國家對人民之刑事處分，因而本條第 2 款至第 4 款所定沒收之前提要件，應由檢察官舉證。例如：有關刑事違法

事實存在，依本法第 161 條第 1 項規定，檢察官所提出之證據並應達於使法院產生確信之程度，始足保障人民財產權免受國家違法、不當之侵害。

第 455 條之 36　（聲請單獨宣告沒收之駁回）

I 法院認為單獨宣告沒收之聲請不合法律上之程式或法律上不應准許或無理由者，應以裁定駁回之。但其不合法律上之程式可以補正者，應定期間先命補正。

II 法院認為聲請單獨宣告沒收有理由者，應為准許之裁定。

III 對於前二項抗告法院之裁定，得提起再抗告。

⑩一、本條新增。

二、法院受理單獨宣告沒收之聲請，認為聲請有不合法律上之程式或法律上不應准許等不合法情形，或無理由者，應即以裁定駁回之。但其不合法律上之程式可以補正者，應定期間先命補正，爰於本條第 1 項規定之。

三、法院認為聲請有理由者，為使檢察官及應沒收財產之所有人知悉准許之意旨，亦應以裁定准許之，爰於本條第 2 項予以規定。

四、本條第 1、2 項關於准否單獨宣告沒收之裁定，經抗告後，依本法第 415 條規定，原不得再抗告，然其涉及被沒收財產所有人之權益，對其利害關係重大，抗告法院裁定後，應賦予再救濟之機會，爰增訂本條第 3 項。

第 455 條之 37　（準用第三人參與沒收程序之規定）

本編關於第三人參與沒收程序之規定，於單獨宣告沒收程序準用之。

⑩一、本條新增。

二、單獨宣告沒收程序，雖未如參與沒收程序附隨於刑事本案訴訟，對沒收人民財產之事項進行審理，然於其係法院以裁判沒收人民財產之程序規定，旨在提供人民程序保障，以符合憲法正當程序要求，就此本質以觀，與參與沒收程序規定並無二致。是以，有關參與沒收程序中參與人享有之訴訟上權利及撤銷沒收確定判決等規定，於單獨宣告沒收程序應予準用，爰增訂本條。

第七編之三　被害人訴訟參與

刑事訴訟法

第七編之三　被害人訴訟參與　（第四五五之三八條）

第455條之38　（犯罪被害人得聲請參與訴訟之資格及案件類型）

I.下列犯罪之被害人得於檢察官提起公訴後第二審言詞辯論終結前，向該管法院聲請參與本案訴訟：

一　因故意、過失犯罪行為而致人於死或致重傷之罪。

二　刑法第二百三十一條、第二百三十一條之一、第二百三十二條、第二百三十三條、第二百四十條、第二百四十一條、第二百四十二條、第二百四十三條、第二百七十一條第一項、第二項、第二百七十二條、第二百七十三條、第二百七十五條第一項至第三項、第二百七十八條第一項、第三項、第二百八十條、第二百八十六條第一項、第二項、第二百九十一條、第二百九十六條、第二百九十六條之一、第二百九十七條、第二百九十八條、第二百九十九條、第三百條、第三百二十八條第一項、第二項、第四項、第三百二十九條、第三百三十條、第三百三十二條第一項、第二項第一款、第三款、第四款、第三百三十三條第一項、第二項、第三百三十四條第一項、第二項第一款、第三款、第四款、第三百四十七條第一項、第三項、第三百四十八條第一項、第二項第二款之罪。

三　性侵害犯罪防治法第二條第一項所定之罪。

四　人口販運防制法第三十一條至第三十四條、第三十六條之罪。

五　兒童及少年性剝削防制條例第三十二條至第三十五條、第三十六條第一項至第五項、第三十七條第一項之罪。

II.前項各款犯罪之被害人無行為能力、限制行為能力、死亡或因其他不得已之事由而不能聲請者，得由其法定代理人、配偶、直系血親、三親等內之旁系血親、二親等內之姻親或家長、家屬為之。但被告具前述身分之一，而無其他前述身分之人聲請者，得由被害人戶籍所在地之直轄市、縣（市）政府或財團法人犯罪被害人保護協會為之。被害人戶籍所在地不明者，得由其住（居）所或所在地之直轄市、縣（市）政府或財團法人犯罪被害人保護協會為之。

⑩一、本條新增。

二、審判中訴訟之3面關係為法院、檢察官與被告。被害人訴訟參與制度係在此三面關係下，為被害人設計一程序參與人之主體地位，使其藉由參與程序，瞭解訴訟之經過情形及維護其人性尊嚴。關於得聲請訴訟參與之案件類型，考量上開被害人訴訟參與制度之目的及司法資源之合理有效利用，自以侵害被害人生命、身體、自由及性自主等影響人性尊嚴至鉅之案件為宜，爰增訂第1項之規定。

三、關於得聲請訴訟參與之主體範圍，於被害人死亡之情形，參酌第233條第2項之規定，使與被害人具有一定親屬關係或雖非親屬而以永久共同生活為目的之同居一家之人均得聲請訴訟參與。又為保障兒童及少年被害人等無行為能力人、限制行為能力人之訴訟權益，故明定被害人無行為能力、限制行為能力時，得由與其具有一定親屬關係之人或其家長、家屬聲請訴訟參與。另考量實務上迭有被害人住院治療，或已不能為意思表示，但尚未經法院為監護宣告之情形，其雖非無行為能力人，然實際上已無法於準備程序、審判期日到庭，為保障此等被害人及其家屬之訴訟權益，故明定因其他不得已之事由而不能聲請訴訟參與者，亦得由與其具有一定親屬關係之人或其家長、家屬聲請訴訟參與。再者，被告倘為被害人之法定代理人、配偶、直系血親、三親等內之旁系血親、二親等內之姻親或家長、家屬，除被害人因無行為能力、限制行為能力、死亡或其他不得已之事由而不能聲請訴訟參與外，其他具有前述親屬關係之人，如又礙於人情倫理上之考量，而未聲請訴訟參與，對於被害人訴訟權益之保障即有未足，故明定相關政府機關、財團法人犯罪被害人保護協會得於前述情形聲請訴訟參與，以資周全被害人訴訟參與制度，爰於第2項明定得

聲請訴訟參與之主體範圍。至實務運作上，法院如何使相關機關、團體知悉，俾得聲請訴訟參與，則委諸審判長斟酌個案情形，依職權行使其訴訟指揮權，附此敘明。

第 455 條之 39 （聲請訴訟參與之法定程式及訴訟參與聲請書狀之應載事項）

I 聲請訴訟參與，應於每審級向法院提出聲請書狀。

II 訴訟參與聲請書狀，應記載下列事項：

　一　本案案由。

　二　被告之姓名、性別、出生年月日、身分證明文件編號或其他足資辨別之特徵。

　三　非被害人者，其與被害人之身分關係。

　四　表明參與本案訴訟程序之意旨及理由。

⑩一、本條新增。

二、為使法院儘早知悉訴訟參與之聲請，避免程序延滯，聲請人應逕向法院提出聲請書狀。又案件於每一審級終結時，原有訴訟參與之效力即不復存在，故訴訟參與人如欲聲請訴訟參與，自應於每一審級提出聲請書狀，爰於第 1 項明定之。

三、為使法院得以明辨被害人、與其具有一定親屬關係之人或其家長、家屬所提之書狀，係為聲請訴訟參與抑或僅為陳述意見，並使法院對於訴訟參與之聲請得以即斷即決，俾使訴訟程序明確，爰於第 2 項明定訴訟參與聲請書狀應記載之事項。

第 455 條之 40 （聲請訴訟參與之裁定）

I 法院對於前條之聲請，認為不合法律上之程式或法律上不應准許者，應以裁定駁回之。但其不合法律上之程式可補正者，應定期間先命補正。

II 法院於徵詢檢察官、被告、辯護人及輔佐人之意見，並斟酌案件情節、聲請人與被告之關係、訴訟進行之程度及聲請人之利益，認為適當者，應為准許訴訟參與之裁定；認為不適當者，應以裁定駁回之。

III 法院裁定准許訴訟參與後，認有不應准許之情形者，應撤銷原裁定。

IV 前三項裁定，不得抗告。

⑩一、本條新增。

二、法院受理訴訟參與之聲請，認為聲請有不合法律上之程式或法律上不應准許等不合法情形者，應即以裁定駁回之；但其不合法律上之程式可補正者，應定期間先命補正，爰於第 1 項規定之。

三、法院裁定准許訴訟參與後，訴訟參與人即得依法行使本編所定訴訟參與人之權益，其中對準備程序處理事項、證據及科刑範圍陳述意見、詢問被告等事宜，均影響本案訴訟程序之進行至鉅，故應賦予檢察官、被告、辯護人及輔佐人陳述意見之機會。又被害人訴訟參與制度旨在維護被害人及其家屬之人性尊嚴及其程序主體性，故法院於裁定前，自應綜合考量案件情節、聲請人與被告之關係、訴訟進行之程度及聲請人之利益等情事，認為准許訴訟參與有助於達成被害人訴訟參與制度之目的且無不適當之情形者，即應為准許之裁定。其中就「案件情節」而言，應審酌相關犯罪之動機、態樣、手段、被害結果等因素，例如敵對性極高之組織或團體間因宿怨仇恨所生之犯罪案件，應考量若准許被害人訴訟參與，是否有擾亂法庭秩序之虞；就「聲請人與被告之關係」而言，例如被害人與被告具有組織內上下從屬之關係，應考量若准許被害人訴訟參與，是否有實質上不利於被告防禦之虞；就「訴訟進行之程度」而言，例如被害人於第一審之審理期間並未聲請訴訟參與，迄至第二審接近審結之時始聲請訴訟參與，即應考量是否對於被告防禦權產生無法預期之不利益之虞；若就案件情節、聲請人與被告之關係或訴訟進行之程度而言，有諸如前述之情形，則聲請人就訴訟參與即須具有較大之利益，始能衡平其訴訟參與對於法庭秩序或被告防禦權所生之不利益。爰參酌日本刑事訴訟法第 316 條之 33 第 1 項之規定，於第 2 項明定法院應綜合考量之事項。

四、法院依聲請裁定准許訴訟參與後，發現有不應准許之情形，例如法院變更檢察官起訴法條而使該案件罪名變更為第 455 條之 38 第 1 項各款所列罪名以外之罪名，或聲請人與被害人間之身分關係嗣後變更者，原所為准許訴訟參與之裁定自應撤銷，以免徒增本案訴訟不必要之程序負擔，爰於第 3 項予以規定。

五、為使訴訟參與之程序儘速確定，避免不必要之訴訟遲滯，且本案當事人若認有不應准許訴訟參與之理由，因得於後續訴訟程序中加以釐清，法院於裁定准許訴訟參與後，如嗣後認有不應准

刑事訴訟法　第七編之三　被害人訴訟參與　（第四五五之四一～四五五之四三條）

許之情形者，應撤銷原裁定，是亦無賦予本案當事人提起抗告救濟之必要，故就法院對於訴訟參與聲請所為之裁定，無論准駁，均不許提起抗告，爰於第4項予以規定。

第 455 條之 41　（訴訟參與人之選任代理人及指定代理人）

I 訴訟參與人得隨時選任代理人。

II 第二十八條至第三十條、第三十二條之規定，於訴訟參與人之代理人準用之；第三十一條第一項第三款至第六款、第二項至第四項之規定，於訴訟參與人未經選任代理人者並準用之。

⑩一、本條新增。

二、為落實被害人訴訟參與制度，確保訴訟參與人可以掌握訴訟進度與狀況，適時瞭解訴訟資訊，並有效行使本編所定之權利，爰參酌德國刑事訴訟法第397條第2項、日本刑事訴訟法第二編第三章第三節之規定，於第1項明定訴訟參與人得隨時選任代理人。

三、訴訟參與人委任代理人者，代理人人數、資格之限制、選任程序及文書之送達應準用第28條至第30條及第32條之規定。又考量因精神障礙或其他心智缺陷無法為完全之陳述者亟需代理人，且為保障其原住民身分之訴訟參與人，及避免符合社會救助法上低收入戶、中低收入戶資格之訴訟參與人，因無資力而無法自行選任代理人，爰於第2項準用第31條第1項第3款至第6款、第2項至第4項之規定，明定訴訟參與人為精神障礙或其他心智缺陷無法為完全之陳述、具原住民身分、為低收入戶或中低收入戶而聲請指定代理人或審判長認為有必要之情形，而未經選任代理人者，審判長應為其指定律師為代理人。

第 455 條之 42　（訴訟參與人之資訊取得權）

I 代理人於審判中得檢閱卷宗及證物並得抄錄、重製或攝影。但代理人為非律師者，於審判中對於卷宗及證物不得檢閱、抄錄、重製或攝影。

II 無代理人或代理人為非律師之訴訟參與人於審判中得預納費用請求付與卷宗及證物之影本。但卷宗及證物之內容與被告被訴事實無關或足以妨害另案之偵查，或涉及當事人或第三人之隱私或業務秘密

者，法院得限制之。

III 前項但書之限制，得提起抗告。

⑩一、本條新增。

二、訴訟參與人雖非本案當事人，然其與審判結果仍有切身利害關係，為尊重其程序主體地位，並使其得以於訴訟進行中有效行使其權益，實有必要使其獲知卷證資訊之內容。又訴訟參與人選任代理人原則上應以律師充之，但審判中經審判長許可者，亦得選任非律師為代理人。律師具備法律專業知識，且就業務之執行須受律師法有關律師倫理、忠誠及信譽義務之規範，賦予其就卷宗及證物檢閱、抄錄、重製或攝影之權利，除使代理人瞭解案件進行程度、卷證資訊內容，以維護訴訟參與人權益外，更可藉由獲知卷證資訊而充分與檢察官溝通，瞭解檢察官之訴訟策略。又第33條係為實現被告防禦權之重要內涵，屬憲法第16條訴訟權保障之範疇，本條則係為提升訴訟參與人及其代理人於現行刑事訴訟制度下之資訊取得權，使其得以獲知訴訟進行程度及卷證資訊內容之政策性立法。兩者之概念有別，故不以準用第33條之方式規定訴訟參與人及其代理人為律師之卷證資訊獲知權，而於本條獨立定之。至於訴訟參與人選任非律師為代理人者，因尚乏類似律師法之執業規範及監督懲戒機制，參考第271條之1第2項之規定，仍不宜賦予其代理人卷證資訊獲知權，爰於第1項但書規定之。

三、現代科學技術日趨發達，透過電子卷證或提供影印、重製卷證之電磁紀錄等方式，已可有效避免將卷證資料原本直接交付訴訟參與人接觸、保管之風險，且無代理人或代理人為非律師之訴訟參與人亦有瞭解卷證資訊之需要，以利其行使訴訟上之權益，爰增訂第2項。又本項前段所稱之影本，在解釋上應及於複本（如翻拍證物之照片、複製電磁紀錄及電子卷證等），附此敘明。

四、訴訟參與人對於法院依第2項但書規定所為之限制卷證資訊獲知權如有不服者，自應賦予其得提起抗告之權利，始符合有權利即有救濟之法理，爰增訂第3項。

第 455 條之 43　（訴訟參與人於準備程序期日受通知、在場權及對準備程序事項陳述意見之權利）

I 準備程序期日，應通知訴訟參與人及其代理人到場。但經合法通知無正當理由不到

場或陳明不願到場者，不在此限。

II.第二百七十三條第一項各款事項，法院應聽取訴訟參與人及其代理人之意見。

⑩一、本條新增。

二、準備程序期日攸關法院審判範圍、爭點整理、證據取捨與調查範圍、次序及方法等重要事項之處理，為增加訴訟參與人對於訴訟程序及法庭活動之瞭解，提高其參與度，故課以法院於準備程序期日通知訴訟參與人及其代理人之義務，爰於第1項定之。

三、檢察官雖為公益代表人，負責實行公訴及說服法院，俾使被告受罪刑宣告，然其亦為實施刑事訴訟程序之公務員，依刑事訴訟法第2條第1項規定，負有對於被告有利及不利之處均應一律注意之法定義務，是檢察官與被害人或其家屬之立場仍有不同。況對於訴訟進行之程序及結果最為關心者，厥為被害人或其家屬，尤其關於被告所為辯解是否符合實情，被害人常有一定程度之瞭解或不同之觀點，故為尊重訴訟參與人之程序主體性，宜賦予訴訟參與人及其代理人就第273條第1項各款事項得陳述意見之機會，爰於第2項定之。

第 455 條之 44 （訴訟參與人於審判期日受通知及在場權之權利）

審判期日，應通知訴訟參與人及其代理人。但經合法通知無正當理由不到場或陳明不願到場者，不在此限。

⑩一、本條新增。

二、為尊重訴訟參與人之程序主體性及俾利其行使訴訟上之權益，爰參考日本刑事訴訟法第316條之34之規定，明定訴訟參與人及其代理人得於審判期日在場。又被害人訴訟參與制度係訴訟參與人之訴訟權益，而非應負擔之義務，是自不宜以傳喚之方式命其到庭。故縱使訴訟參與人及其代理人無正當理由不到場，亦不得拘提之。

第 455 條之 45 （有多數訴訟參與人之選定或指定代表人）

I.多數訴訟參與人得由其中選定一人或數人，代表全體或一部訴訟參與人參與訴訟。

II.未依前項規定選定代表人者，法院認為必要時，得限期命為選定，逾期未選定者，

法院得依職權指定之。

III.前二項經選定或指定之代表人得更換、增減之。

IV.本編所定訴訟參與之權利，由經選定或指定之代表人行使之。

⑩一、本條新增。

二、於有多數訴訟參與人之情形，如重大公共安全、交通事故等案件，如使其等同時出庭及行使本編所定之權利，可能造成審判窒礙難行，甚而導致訴訟程序久延致侵害被告受妥速審判之權利，故為因應有多數訴訟參與人之情形，爰制定選定代表人制度。又多數訴訟參與人是否選定代表人及其選，未必全體訴訟參與人意見一致，且相較於法院，訴訟參與人之間應更清楚彼等之利害關係、對於本案證據資料、事實及法律之主張、科刑之意見是否相同，故應許訴訟參與人自主決定是否選定代表人，並許其分組選定不同之人，或僅由一部訴訟參與人選定一人或數人，與未選定代表人之訴訟參與人一同參與訴訟。爰參考民事訴訟法第41條第1項、行政訴訟法第29條第1項、日本刑事訴訟法第316條之34第3項之規定，新增本條第1項之規定。

三、於訴訟參與人為多數且未依第1項規定選定代表人以參與訴訟時，法院考量訴訟參與人之人數、案件情節之繁雜程度及訴訟程序之進行狀況後，如認有為訴訟參與人指定代表人之必要，以避免訴訟程序久延致侵害被告受妥速審判之權利，則為尊重訴訟參與人之主體性，法院得先定期命訴訟參與人自行選定代表人，如逾期未選定代表人者，方由法院依職權指定之。爰參酌行政訴訟法第29條第2項之規定，新增本條第2項。

四、訴訟程序之進行往往需歷經相當之時日，且於檢察官、被告與辯護人之攻擊防禦過程中，各訴訟參與人之利害關係、對於本案證據資料、事實及法律之主張、科刑之意見亦有可能改變。故為使各訴訟參與人得以選定適當之代表人代表其參與訴訟，並使各訴訟參與人之意見均能傳達於法院，自宜許其於訴訟過程中更換、增減代表人。同理，法院依第2項規定指定代表人後，如有必要，亦得依職權更換或增減之。又如經法院職權指定代表人後，多數訴訟參與人於訴訟過程中逐漸形成共識而選任更為適當之代表人時，亦當准許其等更換或增減代表人。爰參酌民事訴訟法第41條第3項、行政訴訟法第30條第1項、第2

刑事訴訟法 第八編 執 行 （第四五五之四六〜四五七條）

項之規定，增訂第 3 項。

五、訴訟參與人經選定或指定代表人後，既得透過其代表人行使本編規定之權利，則為避免因多數訴訟參與人所致審判遲滯之情形發生，明定訴訟參與人經選定或指定代表人後，由被選定或指定之代表人行使本編所定之訴訟參與權利。又訴訟參與人經選定或指定代表人後，其原有之訴訟參與權並非當然喪失，僅係處於停止之狀態而不得再依本編之規定行使權利。如其嗣後被增列為代表人，即得回復訴訟參與之狀態而續行參與訴訟。爰參酌民事訴訟法第 41 條第 2 項、行政訴訟法第 29 條第 3 項之規定，增訂第 4 項。

第 455 條之 46 （訴訟參與人對證據表示意見及辯論證據證明力之權利）

I.每調查一證據畢，審判長應詢問訴訟參與人及其代理人有無意見。

II.法院應予訴訟參與人及其代理人，以辯論證據證明力之適當機會。

⑩一、本條新增。

二、對於證據之解讀，訴訟參與人常有一定程度之瞭解或不同於檢察官之觀點，故為確保訴訟參與人及其代理人於調查證據程序中有陳述意見之機會，以貫徹被害人訴訟參與之目的，自應予訴訟參與人及其代理人於調查證據程序中，有就每一證據表示意見之機會，爰於本條第 1 項明定之。

三、賦予訴訟參與人及其代理人辯論證據證明力之適當機會，旨在使其得就各項證據資料之憑信性表示意見，以維護訴訟參與人於案件中之主體性。是法院自應依訴訟程序進行之情形及程度，給予訴訟參與人及其代理人辯論證據證明力之適當機會，爰於第 2 項明定之。

第 455 條之 47 （訴訟參與人就科刑範圍表示意見之權利）

審判長於行第二百八十九條關於科刑之程序前，應予訴訟參與人及其代理人、陪同人就科刑範圍表示意見之機會。

⑩一、本條新增。

二、刑事審判之量刑，在於實現刑罰權之分配正義，法院對有罪之被告科刑時，除應符合罪刑相當原則外，尤應注意刑法第 57 條所列各款事項，以為科刑輕重之標準。又刑罰之量定與罪責之認定均屬重要，是於檢察官、被告及辯護人就事實

與法律進行辯論後，審判長應行第 289 條關於科刑之程序。訴訟參與人因被告之犯罪行為而蒙受損害，其往往對於被告與被害人之關係、犯罪所生損害及被告犯罪後之態度等量刑事項知之甚詳；且隨同人既具備第 271 條之 3 第 1 項所定身分或關係，其對於被害人因被告之犯罪行為所受之創傷、心路歷程等攸關前開量刑事項之情形，亦有所悉，是應賦予訴訟參與人及其代理人、陪同人就科刑範圍表示意見之機會，使量刑更加精緻、妥適，以符刑罰個別化原則。又為使檢察官能事先知悉訴訟參與人及其代理人、陪同人對於科刑範圍之意見，以作為求刑之參考，並考量科刑之結果影響被告之權益甚鉅，為確保被告及其辯護人對於訴訟參與人及其代理人、陪同人所述，亦有表示意見之機會，故規定審判長於行第 289 條關於科刑之程序前，即應予訴訟參與人及其代理人、陪同人表示意見之機會，爰於本條明定之。

第八編　執　行

第 456 條 （執行裁判之時期）

I.裁判除關於保安處分者外，於確定後執行之。但有特別規定者，不在此限。

II.前項情形，檢察官於必要時，得於裁判法院送交卷宗前執行之。

⑩一、第 1 項未修正。

二、為避免法院判決有罪確定後，卷宗送交檢察官前，檢察官得否依法執行之爭議，致使受刑人趁此期間逃匿，爰增訂第 2 項明定檢察官於必要時，得於裁判法院送交卷宗前執行之。

▲【24 抗 362】在刑法施行以前，依舊刑法判決之案件，其羈押日數如已諭知折抵之標準，當事人未經提起上訴者，縱令判決確定係在刑法施行之後，應仍依原判決主文所明示之文字執行。抗告人因侵占罪，經第一審判處罪刑，並諭知羈押日數折徒刑之標準，原法院於民國 24 年 6 月 20 日以判決駁回上訴，抗告人未再提起上訴，則兩審所為之判決，並不因刑法之施行而受影響，其應照第一審判決執行，實無疑義。

第 457 條 （指揮執行之機關）

I.執行裁判由為裁判法院對應之檢察署檢察官指揮之。但其性質應由法院或審判長、受命法官、受託法官指揮，或有特別規定者，不在此限。

II.因駁回上訴抗告之裁判，或因撤回上訴、抗告而應執行下級法院之裁判者，由上級法院對應之檢察署檢察官指揮之。

III.前二項情形，其卷宗在下級法院者，由下級法院對應之檢察署檢察官指揮執行。

⑩法院組織法已將「推事」之用語，修正為「法官」，且依該法第 61 條、第 62 條前段規定，檢察官係於其所屬檢察署管轄區域內執行職務，並對法院獨立行使職權，故檢察官非為法院之成員，爰併將「法院之檢察官」，修正為「法院對應之檢察署檢察官」，以符法制。

第 458 條 　（指揮執行之方式）

指揮執行，應以指揮書附具裁判書或筆錄之繕本或節本為之。但執行刑罰或保安處分以外之指揮，毋庸製作指揮書者，不在此限。

◇指揮書：指揮執行是由檢察官依照法院組織法負責的任務之一。檢察官指揮應以指揮書為之，其上載明應執行之刑並附具裁判書等。

◇司法行政最高機關：依釋字第 530 號解釋，司法院為我國最高司法行政機關，其職權有司法監督權與規則制定權，目的均在維護審判獨立。

第 459 條 　（主刑之執行順序）

二以上主刑之執行，除罰金外，應先執行其重者。但有必要時，檢察官得命先執行他刑。

第 460 條 　（死刑之執行㈠──審核）

諭知死刑之判決確定後，檢察官應速將該案卷宗送交司法行政最高機關。

第 461 條 　（死刑之執行㈡──執行時期與再審核）

死刑，應經司法行政最高機關令准，於令到三日內執行之。但執行檢察官發見案情確有合於再審或非常上訴之理由者，得於三日內電請司法行政最高機關，再加審核。

第 462 條 　（死刑之執行㈢──場所）

死刑，於監獄內執行之。

第 463 條 　（死刑之執行㈣──在場人）

I.執行死刑，應由檢察官蒞視，並命書記官在場。

II.執行死刑，除經檢察官或監獄長官之許可者外，不得入行刑場內。

第 464 條 　（死刑之執行㈤──筆錄）

I.執行死刑，應由在場之書記官製作筆錄。

II.筆錄應由檢察官及監獄長官簽名。

第 465 條 　（停止執行死刑事由及恢復執行）

I.受死刑之諭知者，如在心神喪失中，由司法行政最高機關命令停止執行。

II.受死刑諭知之婦女懷胎者，於其生產前，由司法行政最高機關命令停止執行。

III.依前二項規定停止執行者，於其痊癒或生產後，非有司法行政最高機關命令，不得執行。

第 466 條 　（自由刑之執行）

處徒刑及拘役之人犯，除法律別有規定外，於監獄內分別拘禁之，令服勞役。但得因其情節，免服勞役。

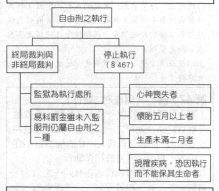

第 467 條 　（停止執行自由刑之事由）

受徒刑或拘役之諭知而有左列情形之一者，依檢察官之指揮，於其痊癒或該事故消滅前，停止執行：

一　心神喪失者。

二　懷胎五月以上者。

刑事訴訟法 第八編 執 行 （第四六八～四七三條）

　三　生產未滿二月者。
　四　現罹疾病，恐因執行而不能保其生命者。

第 468 條 　（停止執行受刑人之醫療）
依前條第一款及第四款情形停止執行者，檢察官得將受刑人送入醫院或其他適當之處所。

第 469 條 　（刑罰執行前之強制處分）
I.受罰金以外主刑之諭知，而未經羈押者，檢察官於執行時，應傳喚之；傳喚不到者，應行拘提。但經諭知死刑、無期徒刑或逾二年有期徒刑，而有相當理由認為有逃亡之虞者，得逕行拘提。
II.前項前段受刑人，檢察官得依第七十六條第一款及第二款之規定，逕行拘提，及依第八十四條之規定通緝之。

⑩一、為使刑事判決得以有效執行，避免受刑人經判決有罪確定後，為規避執行而逃匿，爰將第1項文字酌作修正，並同時增訂第1項但書，如有相當理由足認受刑人有逃亡之虞者，檢察官得逕行拘提並限制住居，以利執行。至逕行拘提未到案，而認受刑人有逃亡或藏匿之事實者，自得依法通緝之，乃屬當然。又受刑人有入出國及移民法第六條第1項第1款之情形者，司法機關應依同條第4項前段之規定，通知境管機關禁止其出國，附此敘明。
二、配合第1項增設但書規定，爰就第2項酌為文字修正。

第 470 條 　（財產刑之執行）
I.罰金、罰鍰、沒收及沒入之裁判，應依檢察官之命令執行之。但罰金、罰鍰於裁判宣示後，如經受裁判人同意而檢察官不在場者，得由法官當庭指揮執行。
II.前項命令與民事執行名義有同一之效力。
III.罰金及沒收，得就受刑人之遺產執行。

⑩一、配合本法增訂第3條之1，明定本法所稱沒收，包括其替代手段之規定，爰修正原條文第1項、第3項。
二、原條文第1項前段修正為「罰金、罰鍰、沒收及沒入之裁判，」。
三、原條文第3項修正為「罰金及沒收，得就受

刑人之遺產執行。」
四、第2項未修正。

第 471 條 　（民事裁判執行之準用及囑託執行）
I.前條裁判之執行，準用執行民事裁判之規定。
II.前項執行，檢察官於必要時，得囑託地方法院民事執行處為之。
III.檢察官之囑託執行，免徵執行費。

第 472 條 　（沒收物之處分機關）
沒收物，由檢察官處分之。

◇沒收物：指依刑法第38條（含違禁物、犯罪所用所生之物），依照同法第38條之3第1項與第3項，於沒收判決確定時所有權移轉為國家所有。

第 473 條 　（沒收物、追徵財產之聲請發還或給付）
I.沒收物、追徵財產，於裁判確定後一年內，由權利人聲請發還者，或因犯罪而得行使債權請求權之人已取得執行名義者聲請給付，除應破毀或廢棄者外，檢察官應發還或給付之；其已變價者，應給與變價所得之價金。
II.聲請人對前項關於發還、給付之執行不服者，準用第四百八十四條之規定。
III.第一項之變價、分配及給付，檢察官於必要時，得囑託法務部行政執行署所屬各分署為之。
IV.第一項之請求權人、聲請發還或給付之範圍、方式、程序與檢察官得發還或給付之範圍及其他應遵行事項之執行辦法，由行政院定之。

⑩一、依新刑法第38條之3第1、2項規定，經判決諭知沒收之財產，雖於裁判確定時移轉為國家所有，但第三人對沒收標的之權利不受影響。故沒收物經執行沒收後，犯罪被害人仍得本其所有權，依本條規定，聲請執行檢察官發還；又因犯罪而得行使請求權之人，如已取得執行名義，亦應許其向執行檢察官聲請就沒收物、追徵財產受償，以免犯罪行為人經國家執行沒收後，已無清償能力，犯罪被害人因求償無門，致產生國家與民爭利之負面印象。

二、原條文關於聲請發還沒收物之期限，為執行沒收後三個月內，失之過短，不足以保障犯罪被害人權利之行使。況因犯罪而得行使請求權之被害人，尤須有取得執行名義之餘裕。爰修正為於裁判確定後一年內。

三、配合本法第133條第2項增訂保全追徵，及第141條將「拍賣」修正為「變價」，本條亦因應修正。

第 474 條　（發還偽造變造物時之處置）

偽造或變造之物，檢察官於發還時，應將其偽造、變造之部分除去或加以標記。

第 475 條　（扣押物不能發還之公告）

I.扣押物之應受發還人所在不明，或因其他事故不能發還者，檢察官應公告之；自公告之日起滿二年，無人聲請發還者，以其物歸屬國庫。

II.雖在前項期間內，其無價值之物得廢棄之；不便保管者，得命變價保管其價金。

⑩一、扣押物應受發還人所在不明或因其他事故不能發還者，常係因被害人不知其財物業經扣押，從而其聲請發還之權利自有予以落實、保障之必要。爰參考民法第949條第1項盜贓或遺失物回復請求權為二年之規定，修正原條文第1項「六月」為「二年」。

二、配合本法第141條將「拍賣」修正為「變價」，本條亦因應修正。

第 476 條　（撤銷緩刑宣告之聲請）

緩刑之宣告應撤銷者，由受刑人所在地或其最後住所地之地方法院檢察官聲請該法院裁定之。

第 477 條　（更定其刑之聲請）

I.依刑法第四十八條應更定其刑者，或依刑法第五十三條及第五十四條應依刑法第五十一條第五款至第七款之規定，定其應執行之刑者，由該案犯罪事實最後判決之法院之檢察官，聲請該法院裁定之。

II.前項定其應執行之刑者，受刑人或其法定代理人、配偶，亦得請求前項檢察官聲請之。

◇更定其刑：指依刑法第48條，於判決確定後，

發覺為累犯，依刑法第47條加重至二分之一。

▲【41臺抗10】裁判確定前犯數罪，而有二裁判以上時，應由犯罪事實最後判決之機關，以裁定其應執行之刑，不因其前判決係由軍法機關抑係普通法院審判而有差異。

▲【47臺抗2】裁判確定前犯數罪而併合處罰之案件，有二以上之裁判，應依刑法第51條第5款至第7款應定執行之刑時，**最後事實審法院即應據該院檢察官之聲請，以裁定定其應執行之刑**，殊不能因數罪中之一部分犯罪之刑業經執行完畢，而認檢察官之聲請為不合法，予以駁回。

▲【50臺非111】定執行刑之裁定本身違法者，固得於裁定確定後，依非常上訴程序加以糾正，若其本身並不違法，而僅係基於定執行刑之判決有違法情形，經非常上訴審將該違法判處之罪刑撤銷，改判無罪、免訴或不受理者，則該裁定將經撤銷之刑與其他刑罰合併所定之執行刑當然隨之變更而不存在，應由原審檢察官就撤銷後之餘罪，另行聲請定其應執行之刑。

第 478 條　（免服勞役之執行）

依本法第四百六十六條但書應免服勞役者，由指揮執行之檢察官命令之。

第 479 條　（易服社會勞動或易服勞役之執行）

I.依刑法第四十一條、第四十二條及第四十二條之一易服社會勞動或易服勞役者，由指揮執行之檢察官命令之。

II.易服社會勞動，由指揮執行之檢察官命令向該管檢察署指定之政府機關、政府機構、行政法人、社區或其他符合公益目的之機構或團體提供勞動，並定履行期間。

⑱一、配合刑法第41條、第42條之1增訂易服社會勞動制度，爰於第1項增訂易服社會勞動由指揮執行之檢察官命令之。

二、易服社會勞動將釋放大量人力，其服務對象之範圍不宜過於狹隘。爰明定易服社會勞動之服務對象包括政府機關、政府機構、行政法人、社區或其他符合公益目的之機構或團體。政府機關包含中央及地方政府機關，中央政府機關包含總統府、五院及所屬各部會，地方政府機關包括直轄市政府、縣（市）政府、鄉（鎮、市）公所、直轄市議會、縣（市）議會、鄉（鎮、市）民代

表會。政府機構係指依中央行政機關組織基準法第 16 條規定，機關於其組織法規定之權限、執掌範圍內，得設實（試）驗、檢驗、研究、文教、醫療、矯正、收容、訓練等附屬機構。故政府機構，於組織上並非機關或其內部單位。而行政法人係依據中央行政機關組織基準法第 37 條規定，為執行特定公共事務，於國家及地方自治團體以外，所設立具公法性質之法人，例如國立中正文化中心（國立中正文化中心設置條例第 2 條參照）。由於政府機構及行政法人負有特定行政目的，故將政府機構、行政法人納入。爰增訂第 2 項，規定易服社會勞動之服務對象包括政府機關、政府機構、行政法人、社區或其他符合公益目的之機構或團體。

三、第 2 項所稱指定之政府機關、政府機構、行政法人、社區或其他符合公益目的之機構或團體，仍須其有接受服務之意願及需求，並無強制接受問題。

四、社會勞動之履行期間，由執行檢察官斟酌個案勞動時數之多寡及勞動者身心健康、家庭、工作狀況等各項因素後，決定履行期間之長短及履行期間之起迄時點，爰於第 2 項明定。依刑法第 41 條第 5 項規定，徒刑、拘役易服社會勞動之履行期間最長不得逾一年。依刑法第 42 條之 1 第 2 項規定，罰金易服勞役後之易服社會勞動履行期間最長不得逾二年。刑法第 41 條第 6 項及第 42 條之 1 第 3 項所稱「履行期間屆滿仍未履行完畢者」，係指個案執行檢察官所定之履行期間，而非法定最長的履行期間。

第 480 條　（易服勞役之分別執行與準用）

I 罰金易服勞役者，應與處徒刑或拘役之人犯，分別執行。

II 第四百六十七條及第四百六十九條之規定，於易服勞役準用之。

III 第四百六十七條規定，於易服社會勞動準用之。

⑱一、第 1 項、第 2 項未修正。

二、配合刑法第 41 條、第 42 條之 1 增訂易服社會勞動制度，爰增訂第 3 項，明定易服社會勞動者亦有第 467 條之適用。

三、社會勞動屬於徒刑、拘役或罰金易服勞役之一種易刑處分，於經檢察官准許易服社會勞動前，

係依原宣告之徒刑、拘役或罰金易服之勞役而為傳喚、拘提及通緝。徒刑、拘役原有第 469 條之適用，罰金易服之勞役亦有同條之準用。故毋庸另訂易服社會勞動準用第 469 條之規定。

◇易服勞役：指刑法第 42 條第 1 項無力完納罰金之人，易服勞役，並以一天 1000 元、2000 元、3000 元折算，勞役期限不得逾一年。

第 481 條　（保安處分之執行）

I 依刑法第八十六條第三項、第八十七條第三項、第八十八條第二項、第八十九條第二項、第九十條第二項或第九十八條第一項前段免其處分之執行，第九十條第三項許可延長處分，第九十三條第二項之付保護管束，或第九十八條第一項後段、第二項免其刑之執行，及第九十九條許可處分之執行，由檢察官聲請該案犯罪事實最後裁判之法院裁定之。第九十一條之一第一項之施以強制治療及同條第二項之停止強制治療，亦同。

II 檢察官依刑法第十八條第一項或第十九條第一項而為不起訴之處分者，如認有宣告保安處分之必要，得聲請法院裁定之。

III 法院裁判時未併宣告保安處分，而檢察官認為有宣告之必要者，得於裁判後三個月內，聲請法院裁定之。

⑨一、配合刑法第 86 條至第 90 條、第 93 條、第 98 條及第 99 條等有關刑或保安處分之執行等規定，有增刪或調整條次、內容之修正，爰配合修正第 1 項前段。

二、強制治療屬拘束人身自由之保安處分，性質上應由法院裁定為之，且依 94 年 2 月 2 日修正公布刑法第 91 條之 1 有關性罪犯之矯治規定，已將刑前強制治療修正為徒刑執行期滿前，及依性侵害犯罪防治法等法律規定接受輔導或治療後，經鑑定、評估有再犯之危險者。依上開規定，性罪犯有無接受強制治療之必要，係根據輔導或治療結果而定，而強制治療時間之長短，則於強制治療執行期間，經由每年鑑定、評估，視其再犯危險是否顯著降低為斷，為求允當，亦須由檢察官向法院聲請停止治療，爰於第 1 項後段一併明定之。

三、對於第 1 項所列舉之免除、延長或許可之執行、強制治療或停止治療等，應由該案犯罪事實

最後裁判之法院為之，方足以審查裁判當時所斟酌之事由是否仍然存在，此於其他法院尚難代為判斷，自應將第1項所定「法院」一併修正為「該案犯罪事實最後裁判之法院」。

四、第2項修正理由同第301條修正說明二。

五、第3項未修正。

第 482 條　（易以訓誡之執行）

依刑法第四十三條易以訓誡者，由檢察官執行之。

◇**易以訓誡**：指未達徒刑之犯罪，得基於執行成本之考量，由檢察官訓誡被告。惟目前實務上少有此情形。

第 483 條　（聲明疑義——有罪裁判之文義）

當事人對於有罪裁判之文義有疑義者，得向諭知該裁判之法院聲明疑義。

◇**聲明疑義**：指對於判決有疑問。實務認為僅判決主文得聲明疑義，因影響判決之執行；判決理由或非文義上之疑問，不得聲明疑義（102 臺抗791）。

▲【27 聲 19】刑事訴訟法第487條規定，當事人對於有罪裁判之解釋有疑義者，得向諭知該裁判之法院聲明疑義，所謂**諭知該裁判之法院，係指諭知科刑判決，即具體的宣示主刑、從刑之法院而言。所謂對於有罪判決之解釋有疑義，係指對於科刑判決主文有疑義**而言，至對於判決之理由，則不許聲明疑義，蓋科刑判決確定後，檢察官應依判決主文而為執行，倘主文之意義明瞭，僅該主文與理由之關係間發生疑義，並不影響於刑之執行，自無請求法院予以解釋之必要。

▲【31 聲 21】當事人得向諭知該裁判之法院聲明疑義，以對於有罪裁判之解釋有疑義者為限，觀於刑事訴訟法第487條（現行法第483條）規定，至為明瞭。本件聲明人因自訴被告等毀損案，經本院認聲明人對於直系尊親屬或配偶不得提起自訴，分別諭知不受理及駁回上訴之判決，此項判決既非有罪之裁判，自不得聲明疑義，聲明人乃以本院判決解釋不明，其狀聲明疑義，請求予以改判，顯與前述規定不合。

第 484 條　（聲明異議——檢察官之執行指揮）

受刑人或其法定代理人或配偶以檢察官執行之指揮為不當者，得向諭知該裁判之法院聲明異議。

◇**聲明異議**：指針對檢察官指揮執行有所不當而向法院聲明異議，學說有認為包括刑期計算錯誤。實務則指出必須在刑罰或保安處分執行中為前提，否則無救濟實益。

▲【71 臺抗 404】參見本法第416條。

▲【79 臺聲 19】受刑人或其法定代理人或配偶以檢察官執行之指揮為不當者，得向諭知該裁判之法院聲明異議，固為刑事訴訟法第484條所明定。但該條所稱「諭知該裁判之法院」，乃指對被告之有罪判決，於主文內實際宣示其主刑、從刑之裁判而言，若判決主文並未諭知主刑、從刑，係因被告不服該裁判，向上級法院提起上訴，而上級法院以原審判決並無違誤，上訴無理由，因而維持原判決諭知「上訴駁回」者，縱屬確定之有罪判決，但因對原判決之主刑、從刑未予更易，其本身復未宣示如何之主刑、從刑，自非該條所指「諭知該裁判之法院」。

第 485 條　（疑義或異議之聲明及撤回）

Ⅰ聲明疑義或異議，應以書狀為之。

Ⅱ聲明疑義或異議，於裁判前得以書狀撤回之。

Ⅲ第三百五十一條之規定，於疑義或異議之聲明及撤回準用之。

第 486 條　（疑義或異議聲明之裁定）

法院應就疑義或異議之聲明裁定之。

第九編　附帶民事訴訟

第 487 條　（附帶民事訴訟之當事人及請求範圍）

Ⅰ因犯罪而受損害之人，於刑事訴訟程序得附帶提起民事訴訟，對於被告及依民法負賠償責任之人，請求回復其損害。

Ⅱ前項請求之範圍，依民法之規定。

◇**附帶民事訴訟**：指起訴後，因犯罪而受損害之人得向刑事法院提出附帶民事損害賠償訴訟。

▲【27 附 289】法院對於已受請求之事項未予判決者，雖係違背法令，但附帶民事訴訟之當事人於審判期日既已到庭，則該事項已否受有請求，自應以其言詞辯論時所聲明應受裁判事項之範圍

為準。

▲【28 附 63】被告為本案共同加害之人，縱令其在第二審未經上訴，並非第二審刑事案件之當事人，然不得謂非依民法負擔賠償責任之人，上訴人等在第二審對其一併提起附帶民事訴訟，自非法所不許。

▲【71 臺附 5】附帶民事訴訟之對象，依刑事訴訟法第 487 條第 1 項之規定，**不以刑事案被告為限，即依民法負賠償責任之人，亦包括在內**，被上訴人林某雖經移送軍法機關審理，但其為共同侵權行為人，應負連帶賠償責任，上訴人自得對之一併提起附帶民事訴訟，原審以其犯罪未經司法機關審理，不得對之提起附帶民事訴訟為駁回之理由，自有未合。

▲【73 臺附 66】因犯罪而受損害之人於刑事訴訟程序得附帶提起民事訴訟，對被告及依法負賠償責任之人請求回復其損害，刑事訴訟法第 487 條第 1 項定有明文。本件上訴人因被上訴人林某及其妻林婦共同詐欺，請求賠償新臺幣八十五萬元，林婦刑事責任，已為原審刑事判決所認定，林某既為共同加害人，縱非該案被告，依民法第 185 條規定，不得謂非應負賠償責任之人，乃原審僅對林婦部分裁定移送民事庭，而以未曾受理林某刑事訴訟，認上訴人之起訴不合程序予以駁回，自非適法。

第 488 條　（提起之期間）
提起附帶民事訴訟，應於刑事訴訟起訴後第二審辯論終結前為之。但在第一審辯論終結後提起上訴前，不得提起。

▲【29 附 72】提起附帶民事訴訟，應於刑事訴訟起訴後，第二審辯論終結前為之，刑事訴訟法第 492 條（現行法第 488 條）已有規定，**是第三審上訴程序中，不得提起附帶民事訴訟**，極為明瞭。本件原告因自訴被告等搶奪一案，於上訴第三審之刑事訴訟程序中，請求判令被告等返還所搶奪棺木及分鬮契約等件，提起附帶民事訴訟，此項原告之訴，顯非合法。

▲【70 臺附 18】提起附帶民事訴訟，應於刑事訴訟起訴後，第二審辯論終結前為之，本件上訴人自訴被上訴人瀆職案件，業經原審法院為第二審判決駁回上訴在案，上訴人遲至原審法院刑事判決後始行提起本件附帶民事訴訟，於法顯屬不合。

第 489 條　（管轄法院）
I.法院就刑事訴訟為第六條第二項、第八條至第十條之裁定者，視為就附帶民事訴訟有同一之裁定。
II.就刑事訴訟諭知管轄錯誤及移送該案件者，應併就附帶民事訴訟為同一之諭知。

附帶民事訴訟之審理

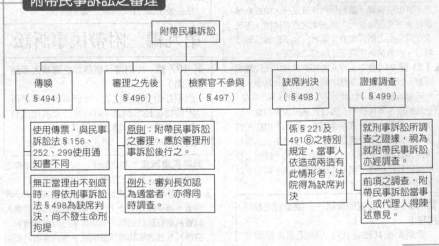

附帶民事訴訟				
傳喚（§494）	審理之先後（§496）	檢察官不參與（§497）	缺席判決（§498）	證據調查（§499）
使用傳票，與民事訴訟法§156、252、299使用通知書不同	原則：附帶民事訴訟之審理，應於審理刑事訴訟後行之。		係§221及491⑥之特別規定，當事人依造或兩造有此情形者，法院得為缺席判決	就刑事訴訟所調查之證據，視為就附帶民事訴訟亦經調查。
無正當理由不到庭時，得依刑事訴訟法§498為缺席判決，尚不發生命刑拘提	例外：審判長如認為適當者，亦得同時調查。			前項之調查，附帶民事訴訟當事人或代理人得陳述意見。

第 490 條　（適用法律之準據㈠──刑訴法）

附帶民事訴訟除本編有特別規定外，準用關於刑事訴訟之規定。但經移送或發回、發交於民事庭後，應適用民事訴訟法。

▲【44 臺抗 4】刑事庭移送民事庭之附帶民事訴訟，**僅移送前之訴訟行為準用關於刑事訴訟之規定，若移送後之訴訟程序，則應適用民事訴訟法，**此觀刑事訴訟法第 494 條（現行法第 490 條）及其但書之規定自明。故移送民事庭之附帶民事訴訟，縱其移送前提起此項訴訟，不合刑事訴訟法第 491 條（現行法第 487 條）所定之要件，而有同法第 506 條第 1 項（現行法第 502 條）關於訴之不合法之規定情形時，但其移送後之訴訟程序，既應適用民事訴訟法，即屬同法第 249 條第 1 項第 6 款所謂起訴不備其他要件，仍應依該條項款之規定，以裁定駁回之，自無準用刑事訴訟法第 506 條第 1 項，以判決程序裁判之餘地。

▲【49 臺抗 34】附帶民事訴訟由刑事庭移送民事庭以後，依刑事訴訟法第 494 條但書（現行法第 490 條），既應適用民事訴訟法之規定辦理，則移送民事庭之附帶民事訴訟，依法應繳納訴訟費用而未繳納者，依民事訴訟法第 249 條第 1 項但書，即應定期先命補正，其未遵命補正者，始得依同條項第 6 款以起訴不合程式而駁回之。

第 491 條　（適用法律之準據㈡──民訴法）

民事訴訟法關於左列事項之規定，於附帶民事訴訟準用之：
一　當事人能力及訴訟能力。
二　共同訴訟。
三　訴訟參加。
四　訴訟代理人及輔佐人。
五　訴訟程序之停止。
六　當事人本人之到場。
七　和解。
八　本於捨棄之判決。
九　訴及上訴或抗告之撤回。
十　假扣押、假處分及假執行。

▲【32 附 371】依刑事訴訟法第 495 條第 8 款（現行法第 491 條）關於民事訴訟法第 384 條本於當事人捨棄而為該當事人敗訴判決之規定，固得準用於附帶民事訴訟，至**本於認諾之判決，則刑事**

訴訟法內並未定有準用明文，自屬不得一併準用。

第 492 條　（提起之程式㈠──訴狀）

Ⅰ.提起附帶民事訴訟，應提出訴狀於法院為之。
Ⅱ.前項訴狀，準用民事訴訟法之規定。

第 493 條　（訴狀及準備書狀之送達）

訴狀及各當事人準備訴訟之書狀，應按他造人數提出繕本，由法院送達於他造。

第 494 條　（當事人及關係人之傳喚）

刑事訴訟之審判期日，得傳喚附帶民事訴訟當事人及關係人。

第 495 條　（提起之程式㈡──言詞）

Ⅰ.原告於審判期日到庭時，得以言詞提起附帶民事訴訟。
Ⅱ.其以言詞起訴者，應陳述訴狀所應表明之事項，記載於筆錄。
Ⅲ.第四十一條第二項至第四項之規定，於前項筆錄準用之。
Ⅳ.原告以言詞起訴而他造不在場，或雖在場而請求送達筆錄者，應將筆錄送達於他造。

第 496 條　（審理之時期）

附帶民事訴訟之審理，應於審理刑事訴訟後行之。但審判長如認為適當者，亦得同時調查。

第 497 條　（檢察官之毋庸參與）

檢察官於附帶民事訴訟之審判，毋庸參與。

第 498 條　（得不待陳述而為判決）

當事人經合法傳喚，無正當之理由不到庭或到庭不為辯論者，得不待其陳述而為判決；其未受許可而退庭者亦同。

第 499 條　（調查證據之方法）

Ⅰ.就刑事訴訟所調查之證據，視為就附帶民事訴訟亦經調查。
Ⅱ.前項之調查，附帶民事訴訟當事人或代理人得陳述意見。

刑事訴訟法

第九編　附帶民事訴訟（第四九〇～四九九條）

刑事訴訟法 第九編 附帶民事訴訟 （第五○○～五○五條）

第 500 條 （事實之認定）
附帶民事訴訟之判決，應以刑事訴訟判決所認定之事實為據。但本於捨棄而為判決者，不在此限。

第 501 條 （判決期間）
附帶民事訴訟，應與刑事訴訟同時判決。

▲【26 鄂附 2】原第二審對於附帶民事訴訟既漏未判決，上訴人自可向其請求依法裁判，雖刑事訴訟法第 505 條（現行法第 501 條）規定，**附帶民事訴訟應與刑事訴訟同時判決，或於刑事訴訟判決後五日內判決之，然此不過一種訓示規定，非謂附帶民事訴訟於刑事訴訟判決逾五日後，其訴訟繫屬即歸消滅，換言之，即不能謂原審對於附帶民事訴訟已不得再行裁判。**

第 502 條 （裁判㈠──駁回或敗訴判決）
I.法院認為原告之訴不合法或無理由者，應以判決駁回之。
II.認為原告之訴有理由者，應依其關於請求之聲明，為被告敗訴之判決。

第 503 條 （裁判㈡──駁回或移送民庭）
I.刑事訴訟諭知無罪、免訴或不受理之判決者，應以判決駁回原告之訴。但經原告聲請時，應將附帶民事訴訟移送管轄法院之民事庭。
II.前項判決，非對於刑事訴訟之判決有上訴時，不得上訴。
III.第一項但書移送案件，應繳納訴訟費用。
IV.自訴案件經裁定駁回自訴者，應以裁定駁回原告之訴，並準用前三項之規定。

▲【院 1601】㈢附帶民事訴訟，因刑事判決諭知無罪、免訴或不受理，駁回原告之訴，原告對於此項未經實體上審理之案件，得另行提起民事訴訟。

▲【院 1664】刑事訴訟法第 507 條第 2 項（現行法第 503 條）所謂非對於刑事訴訟之判決有上訴云云，係專指有合法之上訴而言，原審法院認該條項之刑事上訴不合法，以裁定駁回時，自應就附帶民事訴訟一併駁回。

▲【48 臺附 14】刑事判決諭知被告無罪後，未經

有上訴權之檢察官提起上訴者，即不得就附帶民事訴訟之判決而為上訴，上訴人竟復單獨對之提起上訴，顯非合法。

▲【69 臺上 1232】刑事訴訟諭知無罪、免訴或不受理之第二審判決，如係不得上訴於第三審之案件，依刑事訴訟法第 503 條第 2 項規定，對於本件**附帶民事訴訟之第二審判決，自亦不得上訴於本院。**無適用同法第 506 條規定，而僅對附帶民事訴訟之第二審判決提起第三審上訴之餘地。

第 504 條 （裁判㈢──移送民庭）
I.法院認附帶民事訴訟確係繁雜，非經長久時日不能終結其審判者，得以合議裁定移送該法院之民事庭；其因不足法定人數不能合議者，由院長裁定之。
II.前項移送案件，免納裁判費。
III.對於第一項裁定，不得抗告。

▲【院 1509】移送之附帶民訴案件，免納審判費用，應以一審為限，其上訴仍應繳納訟費（參照院字第 1373 號解釋）。

▲【29 附 128】法院認附帶民事訴訟為繁雜，得以裁定移送民事庭，該項裁定，不得抗告，為刑事訴訟法第 508 條（現行法第 504 條）所明定。上訴人因殺人案，經被上訴人等在原審提起附帶民事訴訟，請求判令賠償墊付之喪葬各費，原審認為繁雜，諭知移送民事庭，雖係與刑事同時判決，但此種移送裁定，既不得抗告，則其誤用判決之形式，亦仍無上訴餘地。

▲【76 臺上 781】刑事法院依刑事訴訟法第 504 條第 1 項以裁定將附帶民事訴訟移送同院民事庭，依同條第 2 項規定，固應免納裁判費。然所**應免納裁判費之範圍，以移送前之附帶民事訴訟為限，一經移送同院民事庭，即應適用民事訴訟法之規定。**如原告於移送民事庭後，為訴之變更、追加或擴張應受判決事項之聲明，超過移送前所請求之範圍者，就超過移送前所請求之範圍部分，仍有繳納裁判費之義務。

第 505 條 （裁判㈣──移送民庭）
I.適用簡易訴訟程序案件之附帶民事訴訟，準用第五百零一條或第五百零四條之規定。
II.前項移送案件，免納裁判費用。
III.對於第一項裁定，不得抗告。

第 506 條 　(上訴第三審之限制)

I.刑事訴訟之第二審判決不得上訴於第三審法院者,對於其附帶民事訴訟之第二審判決,得上訴於第三審法院。但應受民事訴訟法第四百六十六條之限制。

II.前項上訴,由民事庭審判之。

▲【81 臺附 55】刑事訴訟法第 506 條第 1 項所指**得上訴第三審法院之附帶民事訴訟第二審判決,**除應受民事訴訟法第 466 條之限制外,並**以第二審係實體上之判決者為限,程序判決不在上開得上訴之範圍。**此由同條第 2 項規定「**前項上訴,由民事庭審判之**」,可以推知。因此項程序判決如許上訴,本院亦無從實體上之審判,祇能審查此項程序判決之當否,駁回上訴或發回更審。即不能認為確係繁雜,須經長久時日始能終結其審判。而依上開規定,係逕由民事庭審理,又必須繳交第三審裁判費,徒增當事人困惑,且顯然毫無實益,自屬超出立法本旨之外。又按刑事訴訟法第 511 條第 1 項所謂審判,專指實體上之審判而言,依該條項規定,須為實體上判決之合法上訴,尚須經由裁定移送程序,始由民事庭審理之。兩相對照,刑事訴訟法第 506 條第 1 項所指第二審判決不包括程序判決在內,益可瞭然。

第 507 條 　(附帶民訴上訴三審理由之省略)

刑事訴訟之第二審判決,經上訴於第三審法院,對於其附帶民事訴訟之判決所提起之上訴,已有刑事上訴書狀之理由可資引用者,得不敘述上訴之理由。

第 508 條 　(第三審上訴之判決㈠——無理由駁回)

第三審法院認為刑事訴訟之上訴無理由而駁回之者,應分別情形,就附帶民事訴訟之上訴,為左列之判決:

一 附帶民事訴訟之原審判決無可為上訴理由之違背法令者,應駁回其上訴。

二 附帶民事訴訟之原審判決有可為上訴理由之違背法令者,應將其判決撤銷,就該案件自為判決。但有審理事實之必要時,應將該案件發回原審法院之民事庭,或發交與原審法院同級之他法院民事庭。

▲【32 附 464】民法第 192 條第 2 項所定,加害人對於被害人生前負法定扶養義務之第三人所應賠償之損害,依同法第 216 條之規定,自應按被害人之扶養能力,乃與應受扶養之第三人之關係,於可以推知該被害人之生存期內,所應給付之扶養額,為計算賠償額之標準,原審判決並未依法算定賠償額,對於被告不應賠償之主張,亦毫未有所論斷,憑空定酌賠償額為八千元,顯有可為上訴理由之違背法令。

第 509 條 　(第三審上訴之判決㈡——自為判決)

第三審法院認為刑事訴訟之上訴有理由,將原審判決撤銷而就該案件自為判決者,應分別情形,就附帶民事訴訟之上訴為左列之判決:

一 刑事訴訟判決之變更,其影響及於附帶民事訴訟,或附帶民事訴訟之原審判決有可為上訴理由之違背法令者,應將原審判決撤銷,就該案件自為判決。但有審理事實之必要時,應將該案件發回原審法院之民事庭,或發交與原審法院同級之他法院民事庭。

二 刑事訴訟判決之變更,於附帶民事訴訟無影響,且附帶民事訴訟之原審判決無可為上訴理由之違背法令者,應將上訴駁回。

第 510 條 　(第三審上訴之判決㈢——發回更審、發交審判)

第三審法院認為刑事訴訟之上訴有理由,撤銷原審判決,而將該案件發回或發交原審法院或他法院者,應併就附帶民事訴訟之上訴,為同一之判決。

第 511 條 　(裁判㈤——移送民庭)

I.法院如僅應就附帶民事訴訟為審判者,應以裁定將該案件移送該法院之民事庭。但附帶民事訴訟之上訴不合法者, 不在此限。

II.對於前項裁定,不得抗告。

▲【26 鄂附 84】上訴人等因殺人案對於原審判決

聲明不服，關於刑事部分，既經本院認其上訴為違背法律上之程式，以判決駁回，則其關於附帶民事訴訟部分之上訴，雖屬合法，仍應移送本院民事庭審判。

▲【28 移 2】 上訴人等因被上訴人等發掘墳墓案件，不服原審刑事訴訟判決及附帶民事訴訟判決，一併提起上訴，關於刑事判決之上訴，業經原審認為不合法，予以駁回在案，**其附帶民事訴訟之上訴，雖非不合法，但第三審僅應就附帶民事訴訟之上訴而為審判，自應移送本院民事庭**。

▲【28 移 3】 上訴人等因被上訴人等行竊案，提起附帶民事訴訟，其刑事部分經原審法院判決後，未據上訴，**茲上訴人雖對於原審附帶民事訴訟判決合法上訴，但第三審法院既應僅就附帶民事訴訟為審判，自應移送本院民事庭**。

> ### 第 512 條 （附帶民訴之再審）
> 　　對於附帶民事訴訟之判決聲請再審者，應依民事訴訟法向原判決法院之民事庭提起再審之訴。

▲【72 臺上 533】 當事人對民事確定判決，提起再審之訴，應於三十日之不變期間內為之。又該期間自判決確定時起算，為民事訴訟法第 500 條第 1 項、第 2 項所明定。**其對於附帶民事訴訟確定判決，依刑事訴訟法第 512 條規定向民事法院提起再審之訴者，自亦相同**。

刑事訴訟法施行法
一百一十年六月十六日總統令增訂公布

①民國二十四年四月一日國民政府公布
②五十六年一月二十八日總統令修正公布
③七十九年八月三日總統令修正公布
④八十四年十月二十日總統令修正公布
⑤八十六年十二月十九日總統令修正公布
⑥九十年一月十二日總統令修正公布
⑦九十二年二月六日總統令修正公布
⑧九十五年六月十四日總統令修正公布
⑨九十六年七月四日總統令修正公布
⑩九十八年七月八日總統令修正公布
⑪一百零三年六月十八日總統令修正公布
⑫一百零四年二月四日總統令修正公布
⑬一百零五年六月二十二日總統令修正公布
⑭一百零六年四月二十六日總統令修正公布
⑮一百零八年六月十九日總統令修正公布
⑯一百零九年一月十五日總統令增訂公布
⑰一百一十年六月十六日總統令增訂公布第七之一
　三條條文

第 1 條　（修正刑訴法之定義）
本法稱修正刑事訴訟法者，謂中華民國八十四年十月五日修正後公布施行之刑事訴訟法。

第 2 條　（程序從新原則）
修正刑事訴訟法施行前，已經開始偵查或審判之案件，除有特別規定外，其以後之訴訟程序，應依修正刑事訴訟法終結之。

第 3 條　（公設辯護人及指定辯護人）
在未設置公設辯護人之法院，修正刑事訴訟法第三十一條之辯護人，由審判長指定律師或推事充之。

第 4 條　（羈押之延長及撤銷）
I.刑事訴訟法關於羈押之規定於中華民國八十六年修正施行前羈押之被告，其延長及撤銷羈押，依修正後第一百零八條之規定，其延長羈押次數及羈押期間，連同施行前合併計算。

II.前項羈押之被告，於偵查中經檢察官簽發押票，或禁止接見、通信、受授書籍及其他物件，或命扣押書信物件，或核准押所長官為束縛被告身體之處分者，其效力不受影響。

第 5 條　（程序從舊（一））
I.修正刑事訴訟法施行前，原得上訴於第三審之案件，已繫屬於各級法院者，仍依施行前之法定程序終結之。

II.修正刑事訴訟法施行前，已繫屬於各級法院之簡易程序案件，仍應依施行前之法定程序終結之。

第 6 條　（程序從舊（二））
修正刑事訴訟法施行前，已繫屬於各級法院之附帶民事訴訟，仍應依施行前之法定程序終結之。

第 7 條　（施行日期（一））
本法自修正刑事訴訟法施行之日施行。

第 7 條之 1　（施行日期（二））
中華民國九十年一月三日修正之刑事訴訟法，自九十年七月一日施行。

第 7 條之 2　（施行日期（三））
中華民國九十二年一月十四日修正通過之刑事訴訟法第一百十七條之一、第一百十八條、第一百二十一條、第一百七十五條、第一百八十二條、第一百八十三條、第一百八十九條、第一百九十三條、第一百九十五條、第一百九十八條、第二百條、第二百零一條、第二百零五條、第二百二十九條、第二百三十六條之一、第二百三十六條之二、第二百五十八條之一、第二百七十一條之一、第三百零三條及第三百零七條自公布日施行；其他條文自中華民國九十二年九月一日施行。

第7條之3　（程序從舊㈢）

中華民國九十二年一月十四日修正通過之刑事訴訟法施行前，已繫屬於各級法院之案件，其以後之訴訟程序，應依修正刑事訴訟法終結之。但修正刑事訴訟法施行前已依法定程序進行之訴訟程序，其效力不受影響。

第7條之4　（施行日期㈣）

中華民國九十五年五月二十三日修正通過之刑事訴訟法，自九十五年七月一日施行。

第7條之5　（修正前不服地方法院第一審判決而上訴者之適用規定）

中華民國九十六年六月十五日修正通過之刑事訴訟法施行前，不服地方法院第一審判決而上訴者，仍適用修正前第三百六十一條、第三百六十七條規定。

第7條之6　（施行日期㈤）

中華民國九十八年六月十二日修正通過之刑事訴訟法第二百五十三條之二、第四百四十九條、第四百七十九條、第四百八十條，自九十八年九月一日施行；第九十三條自九十九年一月一日施行。

第7條之7　（施行日期㈥）

I.中華民國一百零三年五月三十日修正通過之刑事訴訟法第一百十九條之一，自修正公布後六個月施行。

II.自繳納之翌日起至前項所定施行之日止已逾十年之刑事保證金，於本法施行後經公告領取者，自公告之日起已滿二年，無人聲請發還者，歸屬國庫。

III.自繳納之翌日起至第一項所定施行之日止未逾十年之刑事保證金，於本法施行後經公告領取者，適用刑事訴訟法第一百十九條之一第一項後段之規定。

第7條之8　（修正前聲請再審不適用刑事訴訟法部分規定之情形）

I.中華民國一百零四年一月二十三日修正通過之刑事訴訟法施行前，以不屬於修正

前刑事訴訟法第四百二十條第一項第六款之新事實、新證據，依該規定聲請再審，經聲請人依刑事訴訟法第四百三十一條第一項撤回，或經法院專以非屬事實審法院於判決前因未發現而不及調查斟酌之新證據為由，依刑事訴訟法第四百三十四條第一項裁定駁回，於施行後復以同一事實、證據聲請再審，而該事實、證據符合修正後規定者，不適用刑事訴訟法第四百三十一條第二項、第四百三十四條第二項規定。

II.前項情形，經聲請人依刑事訴訟法第四百三十一條第一項撤回，或經法院依刑事訴訟法第四百三十四條第一項裁定駁回後，仍適用刑事訴訟法第四百三十一條第二項、第四百三十四條第二項規定。

第7條之9　（施行日期㈦）

I.中華民國一百零五年五月二十七日修正通過之刑事訴訟法，自一百零五年七月一日施行。

II.中華民國一百零五年五月二十七日修正通過之刑事訴訟法施行前，已繫屬於各級法院之案件，其以後之訴訟程序，應依修正刑事訴訟法終結之。但修正刑事訴訟法施行前已依法定程序進行之訴訟程序，其效力不受影響。

⑩⑤ 一、本條新增。

二、刑法及其施行法業於 104 年 12 月 30 日修正公布，刑法修正條文定自 105 年 7 月 1 日施行，為期實體法與程序法施行日期相同，避免法律空窗期，爰修正第 1 項施行日期為 105 年 7 月 1 日，以配合刑法之施行。

第7條之10　（施行日期㈧）

I.中華民國一百零六年四月二十一日修正通過之刑事訴訟法第三十三條之一、第九十三條、第一百零一條，自公布日施行；第三十一條之一自一百零七年一月一日施行。

II.中華民國一百零六年四月二十一日修正通過之刑事訴訟法施行前，法院已受理之偵查中聲請羈押案件，其以後之訴訟程序，應依修正刑事訴訟法終結之。但修正

刑事訴訟法施行前已依法定程序進行之訴訟程序，其效力不受影響。

⑩一、本條新增。

二、刑事訴訟法第 31 條之 1 偵查中之羈押審查程序已採折衷式之強制辯護制度，惟現行法院之公設辯護人力編制，不足以因應新法施行後所增加之強制辯護案件，指定義務辯護人之比例勢必將大幅增加，此已衝擊到現有義務辯護律師之來源以及所需預算之編列，為期訴訟制度改革後能順利施行，亟需相當之準備；其餘條文並無上述問題，自應依中央法規標準法第 13 條規定，自公布日施行，爰配合增訂本條。

三、修正刑事訴訟法施行前，法院已受理之偵查中聲請羈押案件，其以後之訴訟程序，應依修正後之刑事訴訟法終結之。但本諸舊程序用舊法，新程序始適用新法之一般法律原則，法院於修正之刑事訴訟法施行前，已依法踐行之訴訟程序，其效力自應不受影響，爰增訂本條第 2 項，以資適用。

第 7 條之 11　（施行日期㈨）

I.中華民國一百零八年五月二十四日修正通過之刑事訴訟法，自修正公布後六個月施行。

II.中華民國一百零八年五月二十四日修正通過之刑事訴訟法施行前，偵查或審判中經限制出境、出海者，應於生效施行之日起二個月內，依刑事訴訟法第八章之一規定重為處分，逾期未重為處分者，原處分失其效力。

III.依前項規定重為處分者，期間依刑事訴訟法第九十三條之三之規定重新起算。但犯最重本刑為有期徒刑十年以下之罪者，審判中之限制出境、出海期間，連同原處分期間併計不得逾五年。

⑩八一、本條新增。

二、刑事訴訟法增訂第八章之一限制出境、出海之新制度後，勢必對現行司法實務關於限制出境、出海之運作方式，產生巨大之衝擊，為利審、檢、辯各方均能妥適準備因應，爰增訂本條第 1 項。

三、為解決新法施行後，在施行前限制出境、出海之效力，以及新法施行後，新、舊法關於限制出境、出海之期間計算問題，爰增訂本條第 2 項、第 3 項。至犯最重本刑為有期徒刑十年以下之罪，

如新法生效施行時，其審判中之限制出境、出海期間已達五年以上者，應逕為解除限制出境、出海之處分，自不待言。

第 7 條之 12　（施行日期㈩）

I.中華民國一百零八年十二月十七日修正通過之刑事訴訟法部分條文，除第三十八條之一、第五十一條第一項、第七十一條第二項、第八十五條第二項、第八十九條、第九十九條、第一百四十二條第三項、第一百九十二條、第二百八十九條自公布後六個月施行外，自公布日施行。

II.中華民國一百零八年十二月十七日修正通過之刑事訴訟法施行前，經宣告無期徒刑之案件，尚未依職權送交上級法院審判者，於施行後仍適用修正前第三百四十四條第五項規定。

III.再議期間及上訴期間，於中華民國一百零八年十二月十七日修正通過之刑事訴訟法施行時，依修正前之規定尚未屆滿者，適用修正後第二百五十六條、第二百五十六條之一及第三百四十九條之規定。

IV.案件在第三審上訴中，於中華民國一百零八年十二月十七日修正通過之刑事訴訟法施行時，尚未判決者，其補提理由書期間，適用修正後第三百八十二條之規定。

⑩九一、本條新增。

二、本次刑事訴訟法修正，涉及閱卷、文書記載事項、拘捕程序、通譯、請求付與扣押物影本、證人訊問程序、量刑辯論程序等制度變革，相關規則及例稿之訂定、修正，暨人員配置、訓練與其他配套措施，均需時間妥為規劃，例如依刑事訴訟法第 196 條之 1 第 2 項，同法第 192 條關於全程連續錄音、錄影之修正規定，於司法警察官或司法警察詢問證人時準用之，自宜予司法警察機關準備之時間，俾添購足夠之錄音機、光碟片等相關設備、器材或耗品，爰增訂本條第 1 項，除明定部分公布後可立即施行之條文自公布日施行外，亦就關於上述變革之修正規定給予施行緩衝期間，期使新制運作順暢。

三、本次修正之規定施行前，經法院宣告無期徒刑之案件，原應依職權送交而尚未送交上級法院審判者，為避免於新法施行後產生應否依職權送交上級法院審判之爭議，爰增訂本條第 2 項，明

刑事訴訟法施行法

（第七之一一～七之一二條）

定仍適用修正前刑事訴訟法第 344 條第 5 項之規定。

四、修正後刑事訴訟法第 256 條、第 256 條之 1 及第 349 條等規定，分別延長再議期間及上訴期間。各該期間於新法施行時，依修正前規定尚未屆滿者，應採有利於再議聲請人及上訴人之原則，使其得適用較有利之修正後規定計算，爰增訂本條第 3 項。至聲請再議及上訴等不變期間，仍自處分書、判決書送達後起算，自不待言。另聲請再議及上訴期間於新法施行前已屆滿者，其再議權、上訴權既已因逾期而喪失，基於確保程序之安定以維護法秩序之考量，即無適用修正後新法之餘地，附此敘明。

五、修正後刑事訴訟法第 382 條之規定，就上訴於第三審法院，而未敘述上訴理由之案件，延長補提理由書期間，是於新法施行時，第三審法院尚未依刑事訴訟法第 395 條之規定判決駁回該案件者，其補提理由書期間，亦應採有利於上訴人之原則，使其得適用較有利之修正後規定計算，爰增訂本條第 4 項，並自提起上訴後起算。另於新法施行前，經第三審法院以逾補提理由書期間判決駁回者，基於確保程序之安定以維護法秩序之考量，即無適用修正後新法之餘地，併此敘明。

第 7 條之 13 　（程序從舊(三)）

中華民國一百十年五月三十一日修正通過之刑事訴訟法施行前，已繫屬於各級法院之案件，於施行後仍適用修正前刑事訴訟法第三百四十八條規定；已終結或已繫屬於各級法院而未終結之案件，於施行後提起再審或非常上訴者，亦同。

刑事妥速審判法

一百零八年六月十九日總統令修正公布

①民國九十九年五月十九日總統令公布
②一百零三年六月四日總統令修正公布
③一百零八年六月十九日總統令修正公布第五、一四條條文

第1條　（立法目的）

I.為維護刑事審判之公正、合法、迅速，保障人權及公共利益，特制定本法。

II.本法未規定者，適用其他法律之規定。

第2條　（法院裁判品質）

法院應依法迅速周詳調查證據，確保程序之公正適切，妥慎認定事實，以為裁判之依據，並維護當事人及被害人之正當權益。

第3條　（依誠信原則行使訴訟程序權利）

當事人、代理人、辯護人及其他參與訴訟程序而為訴訟行為者，應依誠信原則，行使訴訟程序上之權利，不得濫用，亦不得無故拖延。

第4條　（落實準備程序行集中審理）

法院行準備程序時，應落實刑事訴訟法相關規定，於準備程序終結後，儘速行集中審理，以利案件妥速審理。

第5條　（被告在押案件優先且密集集中審理、羈押期之年限）

I.法院就被告在押之案件，應優先且密集集中審理。

II.審判中之延長羈押，如所犯最重本刑為死刑、無期徒刑或逾有期徒刑十年者，第一審、第二審以六次為限，第三審以一次為限。

III.審判中之羈押期間，累計不得逾五年。

IV.前項羈押期間已滿，仍未判決確定者，視為撤銷羈押，法院應將被告釋放。

◇**新羈押制度計算方式**：審判中羈押次數，依刑事訴訟法第108條第5項，最重本刑10年以上有期徒刑之延長羈押次數不限。但本條做出特別之限制。

第6條　（貫徹無罪推定原則）

檢察官對於起訴之犯罪事實，應負提出證據及說服之實質舉證責任。倘其所提出之證據，不足為被告有罪之積極證明，或其指出證明之方法，無法說服法院以形成被告有罪之心證者，應貫徹無罪推定原則。

◇**無罪推定**：指任何人在被證明有罪之前，均應推定其無罪，此係貫穿刑事訴訟程序的大原則。若陷入事實真偽不明、無法證明時，應判決被告無罪，也是本原則的展現。

第7條　（侵害速審權之法律效果）

自第一審繫屬日起已逾八年未能判決確定之案件，除依法應諭知無罪判決者外，法院依職權或被告之聲請，審酌下列事項，認侵害被告受迅速審判之權利，且情節重大，有予適當救濟之必要者，應減輕其刑：

一　訴訟程序之延滯，是否係因被告之事由。

二　案件在法律及事實上之複雜程度與訴訟程序延滯之衡平關係。

三　其他與迅速審判有關之事項。

◇**速審權**：指刑事被告除了獲得正確的裁判外，也享有受迅速審判之利益。依照具有我國內國法效力的《公民與政治權利國際公約》第14條第3項第3款，被告有「立即受審，不得無故羈延」之權利。換言之，國家機關有義務建構有效而能迅速審判且不忽略被告權利的司法機構及制度（參考司法院刑事妥速審判法專區之介紹）。

◇**可歸責於被告**：指本條第1款所稱之訴訟程序延滯，是否因被告之事由造成，實務上認為如因被告逃亡而遭通緝、因病而停止審判、另案長期在國外羈押或服刑、意圖阻撓訴訟程序之順利進

刑事妥速審判法

（第八～一四條）

行，一再無理由之聲請迴避等，屬被告個人事由所造成案件之延滯。

第 8 條　（無罪判決不得上訴最高法院）

案件自第一審繫屬日起已逾六年且經最高法院第三次以上發回後，第二審法院更審維持第一審所為無罪判決，或其所為無罪之更審判決，如於更審前曾經同審級法院為二次以上無罪判決者，不得上訴於最高法院。

◇**不得上訴最高法院之要件**：指繫屬超過六年且更審三次以上後，更審之二審法院維持一審的無罪判決；或更審為無罪判決且先前的更審曾為二次以上的無罪判決，均不得上訴最高法院。

◇**不對稱上訴**：指被告對有罪判決可上訴，檢察官對無罪判決不得上訴，是刑事訴訟制度設計保障被告的措施之一。

第 9 條　（上訴之限制）

I.除前條情形外，第二審法院維持第一審所為無罪判決，提起上訴之理由，以下列事項為限：
　一　判決所適用之法令牴觸憲法。
　二　判決違背司法院解釋。
　三　判決違背判例。
II.刑事訴訟法第三百七十七條至第三百七十九條、第三百九十三條第一款規定，於前項案件之審理，不適用之。

第 10 條　（本法施行前之法律適用）

前二條案件於本法施行前已經第二審法院判決而在得上訴於最高法院之期間內、已在上訴期間內提起上訴或已繫屬於最高法院者，適用刑事訴訟法第三編第三章規定。

第 11 條　（相關機關之配合義務）

法院為迅速審理需相關機關配合者，相關機關應優先儘速配合。

第 12 條　（國家之義務）

為達妥速審判及保障人權之目的，國家應建構有效率之訴訟制度，增加適當之司法人力，建立便於國民利用律師之體制及環境。

第 13 條　（程序從新原則）

I.本法施行前已繫屬於法院之案件，亦適用本法。
II.第五條第二項至第四項施行前，被告經法院延長羈押者，其效力不受影響。

第 14 條　（施行日期）

I.第五條第二項至第四項，自公布後二年施行；第九條自公布後一年施行；其他條文施行日期由司法院定之。
II.中華民國一百零八年五月二十四日修正通過之第五條第三項，自修正公布後一年施行；第五條第五項之刪除，自修正公布後六個月施行，並適用中華民國一百零八年五月二十四日修正通過之刑事訴訟法施行法第七條之十一第二項、第三項規定。

國民法官法
一百零九年八月十二日總統令公布

①民國一百零九年八月十二日總統令公布全文

第一章　總　　則

第1條　（立法目的）
為使國民與法官共同參與刑事審判，提升司法透明度，反映國民正當法律感情，增進國民對於司法之瞭解及信賴，彰顯國民主權理念，特制定本法。

第2條　（用詞定義）
本法用詞，定義如下：
一　國民法官：指依本法選任，參與審判及終局評議之人。
二　備位國民法官：指法院視審理需要，依本法選任，於國民法官不能執行其職務時，依序遞補為國民法官之人。
三　終局評議：指國民法官法庭於辯論終結後，由法官與國民法官就事實之認定、法律之適用及科刑共同討論、表決之程序。
四　國民法官法庭：指由法官三人及國民法官六人共同組成，就本法所定行國民參與審判之案件，共同進行審判之合議庭。

第3條　（國民法官法庭之組成）
Ⅰ.行國民參與審判之案件，由法官三人及國民法官六人共同組成國民法官法庭，共同進行審判，並以庭長充審判長；無庭長或庭長有事故時，以法官中資深者充之，資同以年長者充之。
Ⅱ.中華民國國民，有依本法規定擔任國民法官或備位國民法官，參與刑事審判之權利及義務。
Ⅲ.國民法官之選任，應避免選任帶有偏見、歧視、差別待遇或有其他不當行為之人擔任。

第4條　（法律適用）
行國民參與審判之案件，除本法有特別規定外，適用法院組織法、刑事訴訟法及其他法律之規定。

第二章　適用案件及管轄

第5條　（適用案件類型）
Ⅰ.除少年刑事案件及犯毒品危害防制條例之罪之案件外，下列經檢察官提起公訴且由地方法院管轄之第一審案件應行國民參與審判：
一　所犯最輕本刑為十年以上有期徒刑之罪。
二　故意犯罪因而發生死亡結果者。
Ⅱ.前項罪名，以起訴書記載之犯罪事實及所犯法條為準。
Ⅲ.檢察官非以第一項所定案件起訴，法院於第一次審判期日前，認為應變更所犯法條為第一項之罪名者，應裁定行國民參與審判。
Ⅳ.刑事訴訟法第二百六十五條之規定，於行國民參與審判之案件，不適用之。
Ⅴ.行國民參與審判之案件，被告未經選任辯護人者，審判長應指定公設辯護人或律師。
Ⅵ.第一項案件，法院得設立專業法庭辦理。

第6條　（得排除適用國民參與審判之情形）
Ⅰ.應行國民參與審判之案件，有下列情形之一者，法院得依職權或當事人、辯護人、輔佐人之聲請，於聽取當事人、辯護人、輔佐人之意見後，裁定不行國民參與審判：
一　有事實足認行國民參與審判有難期公正之虞。
二　對於國民法官、備位國民法官本人或其配偶、八親等內血親、五親等

內姻親或家長、家屬之生命、身體、自由、名譽、財產有致生危害之虞。

三　案件情節繁雜或需高度專業知識，非經長久時日顯難完成審判。

四　被告就被訴事實為有罪之陳述，經審判長告知被告通常審判程序之旨，且依案件情節，認不行國民參與審判為適當。

五　其他有事實足認行國民參與審判顯不適當。

II.於國民法官法庭組成後，法院於前項裁定前並應聽取國民法官、備位國民法官之意見。

III.法院為第一項裁定，應審酌公共利益、國民法官與備位國民法官之負擔，及當事人訴訟權益之均衡維護。

IV.第一項裁定，當事人得抗告。抗告中，停止審判。抗告法院應即時裁定，認為抗告有理由者，應自為裁定。

V.依第一項規定裁定不行國民參與審判之案件，裁定前已依法定程序所進行之訴訟程序，其效力不受影響。

第 7 條　（合併起訴案件之處理）

I.檢察官以被告犯應行國民參與審判之罪與非應行國民參與審判之罪，合併起訴者，應合併行國民參與審判。但關於非應行國民參與審判之罪，法院得於第一次審判期日前，聽取當事人、辯護人及輔佐人之意見後，裁定不行國民參與審判。

II.前項裁定，當事人得抗告。抗告中，停止審判。

第三章　國民法官及備位國民法官

第一節　通　則

第 8 條　（國民法官之職權）

國民法官之職權，除本法另有規定外，與法官同。

第 9 條　（國民法官執行職務之原則）

I.國民法官依據法律獨立行使職權，不受任何干涉。

II.國民法官應依法公平誠實執行職務，不得為有害司法公正信譽之行為。

III.國民法官不得洩漏評議秘密及其他職務上知悉之秘密。

第 10 條　（備位國民法官之選任）

I.法院認有必要時，得選任一人至四人為備位國民法官，於國民法官不能執行其職務時，依序遞補為國民法官。

II.前二條規定，於備位國民法官準用之。

第 11 條　（費用支給）

I.國民法官、備位國民法官及受通知到庭之候選國民法官，應按到庭日數支給日費、旅費及相關必要費用。

II.前項費用之支給辦法，由司法院定之。

第二節　國民法官及備位國民法官之資格

第 12 條　（國民法官之積極資格）

I.年滿二十三歲，且在地方法院管轄區域內繼續居住四個月以上之中華民國國民，有被選任為國民法官、備位國民法官之資格。

II.前項年齡及居住期間之計算，均以算至備選國民法官複選名冊供使用年度之一月一日為準，並以戶籍登記資料為依據。

III.第一項居住期間之計算，自戶籍遷入登記之日起算。

第 13 條　（國民法官之消極資格㈠）

有下列情形之一者，不得被選任為國民法官、備位國民法官：

一　褫奪公權，尚未復權。

二　曾任公務人員而受免除職務處分，或受撤職處分，其停止任用期間尚未屆滿。

三　現任公務人員而受休職、停職處分，其休職、停職期間尚未屆滿。

四　人身自由依法受拘束中。

五　因案經檢察官提起公訴或聲請以簡易判決處刑，或經自訴人提起自訴，尚未判決確定。

六　曾受有期徒刑以上刑之宣告確定。

七　受有期徒刑以上刑之宣告確定，現於緩刑期內或期滿後未逾二年。

八　於緩起訴期間內，或期滿後未逾二年。

九　受觀察勒戒或戒治處分，尚未執行，或執行完畢未滿二年。

十　受監護或輔助宣告，尚未撤銷。

十一　受破產宣告或經裁定開始清算程序，尚未復權。

第 14 條　（國民法官之消極資格㈡）

下列人員，不得被選任為國民法官、備位國民法官：

一　總統、副總統。

二　各級政府機關首長、政務人員及民意代表。

三　政黨黨務工作人員。

四　現役軍人、警察。

五　法官或曾任法官。

六　檢察官或曾任檢察官。

七　律師、公設辯護人或曾任律師、公設辯護人。

八　現任或曾任教育部審定合格之大學或獨立學院專任教授、副教授或助理教授，講授主要法律科目者。

九　司法院、法務部及所屬各機關之公務人員。

十　司法官考試、律師考試及格之人員。

十一　司法警察官、司法警察。

十二　未完成國民教育之人員。

第 15 條　（國民法官之消極資格㈢）

下列人員，不得就行國民參與審判之案件被選任為國民法官、備位國民法官：

一　被害人。

二　現為或曾為被告或被害人之配偶、八親等內之血親、五親等內之姻親或家長、家屬。

三　與被告或被害人訂有婚約。

四　現為或曾為被告或被害人之法定代理人、輔助人。

五　現為或曾為被告或被害人之同居人或受僱人。

六　現為或曾為被告之代理人、辯護人或輔佐人或曾為附帶民事訴訟當事人之代理人、輔佐人。

七　現為或曾為告訴人、告訴代理人、告發人、證人或鑑定人。

八　曾參與偵查或審理者。

九　有具體事證足認其執行職務有難期公正之虞。

第 16 條　（得拒絕被選任之事由）

I.有下列情形之一者，得拒絕被選任為國民法官、備位國民法官：

一　年滿七十歲以上者。

二　公立或已立案私立學校之教師。

三　公立或已立案私立學校之在校學生。

四　有重大疾病、傷害、生理或心理因素致執行國民法官、備位國民法官職務顯有困難。

五　執行國民法官、備位國民法官職務有嚴重影響其身心健康之虞。

六　因看護、養育親屬致執行國民法官、備位國民法官職務顯有困難。

七　因重大災害生活所仰賴之基礎受顯著破壞，有處理為生活重建事務之必要時。

八　因生活上、工作上、家庭上之重大需要致執行國民法官、備位國民法官職務顯有困難。

九　曾任國民法官或備位國民法官未滿五年。

十　除前款情形外，曾為候選國民法官經通知到庭未滿一年。

II.前項年齡及期間之計算，均以候選國民法官通知書送達之日為準。

第三節　國民法官及備位國民法官之選任

第 17 條　（國民法官名冊之造具）

I.地方法院應於每年九月一日前，將所估算之次年度所需備選國民法官人數，通知管轄區域內之直轄市、縣（市）政府。

II.前項之直轄市、縣（市）政府應於每年十月一日前，自地方法院管轄區域內具有第十二條第一項之資格者，以隨機抽選方式選出地方法院所需人數之備選國民法官，造具備選國民法官初選名冊，送交地方法院。

III.前項備選國民法官初選名冊之製作及管理辦法，由司法院會同行政院定之。

第 18 條　（備選國民法官審核小組）

各地方法院應設置備選國民法官審核小組，院長或其指定之人為當然委員兼召集人，其餘委員五人由院長聘任下列人員組成之：

一　該地方法院法官一人。
二　該地方法院對應之檢察署檢察官一人。
三　該地方法院管轄區域內之直轄市、縣（市）政府民政局（處）長或其指派之代表一人。
四　該地方法院管轄區域內律師公會推薦之律師代表一人；管轄區域內無律師公會者，得由全國律師聯合會推薦之。
五　前款以外之該地方法院管轄區域內之學者專家或社會公正人士一人。

第 19 條　（備選國民法官審核小組之職權）

I.備選國民法官審核小組之職權如下：

一　審查直轄市、縣（市）政府製作之備選國民法官初選名冊是否正確。
二　審查備選國民法官有無第十三條或第十四條所定情形。
三　造具備選國民法官複選名冊。

II.備選國民法官審核小組為前項審查之必要，得蒐集資料及調查，相關資料保管機關應予配合。

III.前二項備選國民法官審核小組審查程序、蒐集資料與調查方法及其他職權行使事項之辦法，由司法院定之。

IV.備選國民法官審核小組委員及其他參與人員因執行職務所知悉之個人資料，應予保密。

第 20 條　（備選國民法官之通知）

地方法院於備選國民法官複選名冊造具完成後，應以書面通知名冊內之各備選國民法官。

第 21 條　（候選國民法官之資格調查）

I.行國民參與審判之案件，於審判期日之訴訟程序前，法院應自備選國民法官複選名冊中，以隨機抽選方式選出該案所需人數之候選國民法官，並為必要之調查，以審核其有無不具第十二條第一項所定資格，或有第十三條至第十五條所定情形而應予除名。

II.前項情形，如候選國民法官不足該案所需人數，法院應依前項規定抽選審核補足之。

第 22 條　（通知到庭接受選任及資格調查）

I.法院應於國民法官選任期日三十日前，以書面通知候選國民法官於選任期日到庭。

II.前項通知，應併檢附國民參與審判制度概要說明書、候選國民法官調查表；候選國民法官應就調查表據實填載之，並於選任期日十日前送交法院。

III.前項說明書及調查表應記載之事項，由司法院定之。

IV.法院於收受第二項之調查表後，應為必要之調查，如有不具第十二條第一項所定資格，或有第十三條至第十五條所定情形，或有第十六條所定情形且經其陳明拒絕被選任者，應予除名，並通知之。

第 23 條　（候選國民法官名冊提供檢閱）

I.法院應於國民法官選任期日二日前，將應到庭之候選國民法官名冊，送交檢察官及辯護人。

II.法院為進行國民法官選任程序，應將應到庭之候選國民法官之調查表，提供檢察官及辯護人檢閱。但不得抄錄或攝影。

第 24 條　（選任期日之通知）

I.國民法官選任期日，法院應通知當事人及辯護人。

II.被告於選任期日得不到場。法院認為不適當者，亦得禁止或限制被告在場。

第 25 條　（選任程序之進行）

I.國民法官選任程序，不公開之；非經檢察官、辯護人到庭，不得進行。

II.法院為續行國民法官選任程序，經面告以下次應到之日、時、處所，及不到場之處罰，並記明筆錄者，與已送達通知有同一之效力。

第 26 條　（候選國民法官之詢問）

I.法院為踐行第二十七條之程序，得隨時依職權或檢察官、辯護人之聲請，對到庭之候選國民法官進行詢問。

II.前項詢問，經法院認為適當者，得由檢察官或辯護人直接行之。

III.前二項之詢問，法院得視情形對候選國民法官之全體、部分或個別為之，且不以一次為限。

IV.候選國民法官對於第一項、第二項之詢問，不得為虛偽之陳述；非有正當理由，不得拒絕陳述。

V.候選國民法官不得洩漏因參與選任期日而知悉之秘密。

VI.法院應於第一次詢問前，告知候選國民法官前二項義務及違反之法律效果。

第 27 條　（不選任之裁定㈠）

I.候選國民法官不具第十二條第一項所定資格，或有第十三條至第十五條所定情形，或違反第二十六條第四項規定者，法院應依職權或當事人、辯護人之聲請，裁定不選任之。但辯護人依第十五條第九款所為之聲請，不得與被告明示之意思相反。

II.法院認候選國民法官有第十六條第一項所定情形，且經其陳明拒絕被選任者，應為不選任之裁定。

第 28 條　（不選任之裁定㈡）

I.檢察官、被告與辯護人，於前條所定程序後，另得不附理由聲請法院不選任特定之候選國民法官。但檢察官、被告與辯護人雙方各不得逾四人。

II.辯護人之聲請，不得與被告明示之意思相反。

III.雙方均提出第一項聲請者，應交互為之，並由檢察官先行聲請。

IV.法院對於第一項之聲請，應為不選任之裁定。

第 29 條　（候選、備位國民法官之抽選㈠）

I.法院應於踐行前二條之程序後，自到庭且未受不選任裁定之候選國民法官中，以抽籤方式抽選六名國民法官及所需人數之備位國民法官。

II.備位國民法官經選出後，應編定其遞補順序號。

第 30 條　（候選、備位國民法官之抽選㈡）

I.除依前條之抽選方式外，法院認有必要且經檢察官、辯護人同意者，得先以抽籤方式自到庭之候選國民法官中抽出一定人數，對其編定序號並為第二十七條、第二十八條之不選任裁定。經抽出且未受裁定不選任者，依序號順次定為國民法官、備位國民法官至足額為止。

II.法院為選出足額之國民法官及備位國民法官，得重複為前項之程序。

III.前條第二項規定，於前二項之情形準用之。

第 31 條　（無足夠抽選名額之處理）

無足夠候選國民法官可受抽選為國民法官或備位國民法官時，法院不得逕行抽選部分國民法官或備位國民法官，應重新踐行選任程序。

第 32 條　（不得抗告之裁定）

關於選任程序之裁定，不得抗告。

第 33 條　（個人資料之調查）

地方法院為調查第十二條第一項、第十三條至第十五條事項，得利用相關之個人資料資料庫進行自動化檢核，管理及維護之機關不得拒絕，並應提供批次化查詢介面及使用權限。

第 34 條　（踐行選任程序之必要事項）

關於踐行選任程序必要事項之辦法，由司法院定之。

第四節　國民法官及備位國民法官之解任

第 35 條　（裁定解任事由）

I.國民法官、備位國民法官有下列情形之一者，法院應依職權或當事人、辯護人、輔佐人之書面聲請，以裁定解任之：

一　不具第十二條第一項所定資格，或有第十三條至第十五條所定情形。

二　未依本法規定宣誓。

三　於選任程序受詢問時為虛偽之陳述，足認其繼續執行職務已不適當。

四　未依本法規定全程參與審判期日之訴訟程序、參與終局評議，足認其繼續執行職務已不適當。

五　不聽從審判長之指揮，致妨害審判期日之訴訟程序或終局評議之順暢進行，足認其繼續執行職務已不適當。

六　為有害司法公正信譽之行為或洩漏應予保密之事項，足認其繼續執行職務已不適當。

七　其他可歸責於國民法官、備位國民法官之事由，足認其繼續執行職務不適當。

八　因不可抗力事由致不能或不宜執行職務。

II.法院為前項裁定前，應聽取當事人、辯護人及輔佐人之意見，並予該國民法官或備位國民法官陳述意見之機會；其程序，不公開之。

III.第一項之裁定，當事人、辯護人或輔佐人得聲請撤銷並更為裁定。

IV.前項之聲請，由同法院之其他合議庭裁定，於程序終結前，應停止訴訟程序。

V.前項裁定，應即時為之；認為聲請有理由者，應撤銷原裁定並自為裁定。

VI.第四項裁定，不得抗告。

第 36 條　（職務辭去）

I.國民法官、備位國民法官於受選任後有第十六條第一項第四款至第八款情形之一，致繼續執行職務顯有困難者，得以書面向法院聲請辭去其職務。

II.法院認前項聲請為無理由者，應裁定駁回之；認為有理由者，應裁定解任之。

III.前項裁定，不得抗告。

第 37 條　（缺額遞補）

I.國民法官、備位國民法官因前二條之規定解任者，國民法官所生缺額，由備位國民法官依序遞補之；備位國民法官所生缺額，由序號在後之備位國民法官遞補之。

II.無備位國民法官可遞補國民法官缺額時，法院應重新踐行選任程序補足之。

第 38 條　（職務終了）

有下列情形之一者，國民法官、備位國民法官之職務即告終了：

一　宣示判決。

二　經依第六條第一項之規定裁定不行國民參與審判確定。

第五節　國民法官、備位國民法官及候選國民法官之保護

第 39 條　（職務上不利處分之禁止）

國民法官、備位國民法官於執行職務期間，或候選國民法官受通知到庭期間，其所屬機關（構）、學校、團體、公司、廠場應給予公假；並不得以其現任或曾任國民法官、備位國民法官或候選國民法官為由，予以任何職務上不利之處分。

第 40 條　（個人資料揭露之禁止）

I.除有特別規定者外，任何人不得揭露個人資料保護法第二條第一款所定屬於國民法官、備位國民法官或候選國民法官之個人資料。

II.國民法官、備位國民法官或候選國民法官個人資料保護之方式、期間、範圍、處理及利用等事項之辦法，由司法院會同行政院定之。

第 41 條　（接觸、聯絡、刺探行為之禁止）

I.任何人不得意圖影響審判，而以任何方式與國民法官、備位國民法官或候選國民法官接觸、聯絡。

II.任何人不得向現任或曾任國民法官、備位國民法官或候選國民法官之人，刺探依法應予保密之事項。

第 42 條　（必要保護措施）

法院得依職權或當事人、辯護人、輔佐人、國民法官或備位國民法官之聲請，對國民法官、備位國民法官，予以必要之保護措施。

第四章　審理程序

第一節　起　　訴

第 43 條　（卷證不併送）

I.行國民參與審判之案件，檢察官起訴時，應向管轄法院提出起訴書，並不得將卷宗及證物一併送交法院。

II.起訴書應記載下列事項：

一　被告之姓名、性別、出生年月日、身分證明文件編號、住所或居所或其他足資辨別之特徵。

二　犯罪事實。

三　所犯法條。

III.前項第二款之犯罪事實，以載明日、時、處所及方法特定之。

IV.起訴書不得記載使法院就案件產生預斷之虞之內容。

V.刑事訴訟法第一百六十一條第二項至第四項之規定，於行國民參與審判之案件，不適用之。

第二節　基本原則

第 44 條　（強制處分及證據保全事項之處理）

I.於起訴後至第一次審判期日前，有關強制處分及證據保全之事項，由未參與本案審理之管轄法院法官處理之。但因管轄法院法官員額不足，致不能由未參與本案審理之法官處理時，不在此限。

II.前項但書情形，法官不得接受或命提出與該強制處分審查無關之陳述或證據。

第 45 條　（照料國民法官負擔之措施）

為使國民法官、備位國民法官易於理解、得以實質參與，並避免造成其時間與精神上之過重負擔，法官、檢察官或辯護人應為下列各款事項之處理：

一　於準備程序，進行詳盡之爭點整理。

二　於審判期日之訴訟程序，進行集中、迅速之調查證據及辯論。

三　於國民法官、備位國民法官請求時，進行足為釐清其疑惑之說明；於終局評議時，使其完整陳述意見。

第 46 條　（審判長指揮訴訟之原則）

審判長指揮訴訟，應注意法庭上之言詞或書面陳述無使國民法官、備位國民法官產

生預斷之虞或偏見之事項，並隨時為必要之闡明或釐清。

第三節　準備程序

第 47 條　（準備程序處理事項）

I.法院應於第一次審判期日前，行準備程序。

II.準備程序，得為下列各款事項之處理：

一　起訴效力所及之範圍與有無應變更檢察官所引據適用法條之情形。

二　訊問被告及辯護人對檢察官起訴事實是否為認罪之答辯。

三　案件爭點之整理。

四　曉諭為證據調查之聲請。

五　有關證據開示之事項。

六　有關證據能力及證據有無調查必要之事項。

七　依職權調查之證據，予當事人、辯護人或輔佐人陳述意見之機會。

八　命為鑑定或為勘驗。

九　確認證據調查之範圍、次序及方法。

十　與選任程序有關之事項。

十一　其他與審判有關之事項。

III.法院應依前項整理結果，作成審理計畫。審理計畫之格式及應記載之事項，由司法院定之。

IV.準備程序，得以庭員一人為受命法官行之。受命法官行準備程序，與法院或審判長有同一之權限。但第五十條第一項、第六十條第一項、第六十二條第一項、第二項、刑事訴訟法第一百二十一條之裁定，不適用之。

第 48 條　（準備程序期日之通知）

I.法院應指定準備程序期日，傳喚被告，並通知檢察官、辯護人及輔佐人到庭。

II.法院認有必要者，得傳喚或通知訴訟關係人於準備程序期日到庭。

III.檢察官、辯護人不到庭者，不得行準備程序。

IV.第一次準備程序期日之傳票或通知，至遲應於十四日前送達。

第 49 條　（有關準備程序處理事項之訊問）

法院為處理第四十七條第二項之各款事項，得對當事人、辯護人、輔佐人及訴訟關係人為必要之訊問。

第 50 條　（準備程序之進行）

I.準備程序之進行，除有下列情形之一者外，應於公開法庭行之：

一　法律另有規定者。

二　有妨害國家安全、公共秩序或善良風俗之虞，經裁定不予公開。

三　為期程序順利進行，經聽取當事人、辯護人及輔佐人之意見後，裁定不予公開。

II.前項裁定，不得抗告。

III.國民法官及備位國民法官，於準備程序期日無須到庭。

第 51 條　（準備程序相關事項之確認）

I.檢察官、辯護人因準備程序之必要，宜相互聯絡以確認下列事項：

一　檢察官起訴書記載之犯罪事實、所犯法條及被告之陳述或答辯。

二　本案之爭點。

三　雙方預定聲請調查證據項目、待證事實，及其範圍、次序及方法。

四　雙方對聲請調查證據之意見。

II.辯護人應於第一次準備程序期日前，與被告事先確定事實關係，整理爭點。

III.法院認為適當者，得於準備程序期日前，聯繫檢察官、辯護人並協商訴訟進行之必要事項。

第 52 條　（書狀先行）

I.檢察官因準備程序之必要，應以準備程序書狀分別具體記載下列各款之事項，提出於法院，並將繕本送達於被告或辯護人：

一　聲請調查之證據及其與待證事實之關係。

二　聲請傳喚之證人、鑑定人、通譯之姓名、性別、住居所及預期詰問所需之時間。

II.前項事項有補充或更正者，應另以準備程

序書狀或當庭以言詞提出於法院。

III前二項書狀及陳述不得包含與起訴犯罪事實無關之事實、證據，及使法院就案件產生預斷之虞之內容。

IV檢察官依第一項、第二項規定聲請調查證據，應慎選證據為之。

V法院得於聽取檢察官、辯護人之意見後，定第一項、第二項書狀或陳述之提出期限。

第 53 條　（證據開示——檢察官）

I檢察官於起訴後，應即向辯護人或被告開示本案之卷宗及證物。但有下列情形之一者，檢察官得拒絕開示或限制開示，並應同時以書面告知理由：

一　卷宗及證物之內容與被訴事實無關。

二　妨害另案之偵查。

三　涉及當事人或第三人之隱私或業務秘密。

四　危害他人生命、身體之虞。

II前項之開示，係指賦予辯護人得檢閱、抄錄、重製或攝影卷宗及證物；或被告得預納費用向檢察官請求付與卷宗及證物之影本；或經檢察官許可，得在確保卷宗及證物安全之前提下檢閱原本之機會。其收費標準及方法，由行政院定之。

III檢察官應於受理辯護人或被告之聲請後五日內開示之。如無法於五日內開示完畢者，得與辯護人或被告合意為適當之延展。

第 54 條　（準備程序書狀應載事項）

I辯護人於檢察官依前條之規定開示證據後，應以準備程序書狀分別具體記載下列各款之事項，提出於法院，並將繕本送達於檢察官：

一　被告對檢察官起訴事實認罪與否之陳述；如否認犯罪，其答辯，及對起訴事實爭執或不爭執之陳述。

二　對檢察官聲請調查證據之證據能力及有無調查必要之意見。

三　聲請調查之證據及其與待證事實之關係。

四　聲請傳喚之證人、鑑定人、通譯之姓名、性別、住居所及預期詰問所需之時間。

五　對檢察官所引應適用法條之意見。

II前項各款事項有補充或更正者，應另以準備程序書狀或當庭以言詞提出於法院。

III第五十二條第三項至第五項規定，於前二項之情形準用之。

IV被告亦得提出關於第一項各款事項之書狀或陳述。於此情形，準用第五十二條第三項、第四項之規定。

第 55 條　（證據開示——辯護人、被告）

I辯護人或被告依前條第一項、第二項、第四項規定向法院聲請調查證據之情形，應即向檢察官開示下列項目：

一　聲請調查之證據。

二　聲請傳喚之證人、鑑定人或通譯於審判期日前陳述之紀錄，無該紀錄者，記載預料其等於審判期日陳述要旨之書面。

II第五十三條第三項之規定，於前項情形準用之。

第 56 條　（檢察官表明意見）

I檢察官於辯護人依前條之規定開示證據後，應表明對辯護人或被告聲請調查證據之證據能力及有無調查必要之意見。

II前項事項有補充或更正者，應另提出於法院。

III第五十二條第五項之規定，於前二項之情形準用之。

第 57 條　（命開示證據之裁定）

I檢察官、辯護人認他造違反第五十三條、第五十五條規定未開示應開示之證據者，得聲請法院裁定命開示證據。

II前項裁定，法院得指定開示之日期、方法或附加條件。

III法院為第一項裁定前，應先聽取他造意見；於認有必要時，得命檢察官向法院提出證據清冊，或命當事人、辯護人向法院提出該證據，並不得使任何人檢閱、抄錄、重製或攝影之。

IV.關於第一項裁定，得抗告。法院裁定命開示證據者，抗告中，停止執行。

V.抗告法院應即時裁定， 認為抗告有理由者，應自為裁定。

第 58 條 　（未履行開示命令之處置）

檢察官或辯護人未履行前條第一項之開示命令者，法院得以裁定駁回其調查證據之聲請，或命檢察官、辯護人立即開示全部持有或保管之證據。

第 59 條 　（裁定駁回調查證據聲請應審酌事項）

法院為前條之裁定前，應審酌其違反義務之態樣、原因及所造成之不利益等情事，審慎為之。

第 60 條 　（卷證內容之使用限制）

I.持有第五十三條之卷宗及證物內容者，不得就該內容為非正當目的之使用。

II.違反前項規定者，處一年以下有期徒刑、拘役或科新臺幣十五萬元以下罰金。

第 61 條 　（卷證閱錄）

I.告訴代理人或訴訟參與人之代理人為律師者，於起訴後得向檢察官請求檢閱卷宗及證物並得抄錄、重製或攝影。

II.無代理人或代理人為非律師之訴訟參與人於起訴後，得預納費用向檢察官請求付與卷宗及證物之影本。

III.第一項及第二項卷宗及證物之內容與被告被訴事實無關或足以妨害另案之偵查，或涉及當事人或第三人之隱私或業務秘密，或有危害他人生命、身體之虞者，檢察官得限制之， 並應同時以書面告知理由。

IV.對於檢察官依前項所為之限制不服者，告訴代理人、訴訟參與人或其代理人得聲請法院撤銷或變更之。 但代理人所為之聲請，不得與告訴人或訴訟參與人明示之意思相反。

V.法院就前項之聲請所為裁定，不得抗告。

第 62 條 　（證據裁定）

I.法院應於準備程序終結前，就聲請或職權調查證據之證據能力有無為裁定。但就證據能力之有無，有於審判期日調查之必要者，不在此限。

II.當事人或辯護人聲請調查之證據，法院認為不必要者，應於準備程序終結前以裁定駁回之。

III.下列情形，應認為不必要：

一　不能調查。

二　與待證事實無重要關係。

三　待證事實已臻明瞭無再調查之必要。

四　同一證據再行聲請。

IV.法院於第一項、第二項裁定前，得為必要之調查。但非有必要者，不得命提出所聲請調查之證據。

V.法院依第一項、第二項規定為裁定後，因所憑之基礎事實改變，致應為不同之裁定者，應即重新裁定；就聲請調查之證據，嗣認為不必要者，亦同。

VI.審判期日始聲請或職權調查之證據，法院應於調查該項證據前，就其證據能力有無為裁定 ； 就聲請調查之證據認為不必要者，亦同。

VII.證據經法院裁定無證據能力或不必要者，不得於審判期日主張或調查之。

VIII.第一項、 第二項、 第五項及第六項之裁定，不得抗告。

第 63 條 　（準備程序之終結）

I.法院於第四十七條第二項各款事項處理完畢後，應與當事人及辯護人確認整理結果及審理計畫內容， 並宣示準備程序終結。

II.法院認有必要者，得裁定命再開已終結之準備程序。

第 64 條 　（準備程序終結後之調查證據聲請）

I.當事人、辯護人於準備程序終結後不得聲請調查新證據。但有下列情形之一者，不在此限：

一　當事人、辯護人均同意，且法院認為適當者。

二　於準備程序終結後始取得證據或知悉其存在者。

三　不甚妨害訴訟程序之進行者。

四　為爭執審判中證人證述內容而有必要者。

五　非因過失，未能於準備程序終結前聲請者。

六　如不許其提出顯失公平者。

II.前項但書各款事由，應由聲請調查證據之人釋明之。

III.違反第一項之規定者，法院應駁回之。

第四節　審判期日

第 65 條　（宣誓義務）

I.國民法官、備位國民法官於第一次審判期日前，應行宣誓。

II.備位國民法官經遞補為國民法官者，應另行宣誓。

III.前二項宣誓之程序、誓詞內容及筆錄製作等事項之辦法，由司法院定之。

第 66 條　（審判長審前說明義務）

I.審判長於前條第一項之程序後，應向國民法官、備位國民法官說明下列事項：

一　國民參與審判之程序。

二　國民法官、備位國民法官之權限、義務、違背義務之處罰。

三　刑事審判之基本原則。

四　被告被訴罪名之構成要件及法令解釋。

五　審判期日預估所需之時間。

六　其他應注意之事項。

II.審判期日之訴訟程序進行中，國民法官、備位國民法官就前項所定事項有疑惑者，得請求審判長釋疑。

第 67 條　（國民法官出缺不得審判）

審判期日，國民法官有缺額者，不得審判。

第 68 條　（連續開庭）

審判期日，除有特別情形外，應連日接續開庭。

第 69 條　（專屬法官合議事項）

I.關於證據能力、證據調查必要性與訴訟程序之裁定及法令之解釋，專由法官合議決定之。於決定前認有必要者，得聽取檢察官、辯護人、國民法官及備位國民法官之意見。

II.國民法官、備位國民法官對於前項之決定有疑惑者，得請求審判長釋疑。

第 70 條　（開審陳述義務）

I.檢察官於刑事訴訟法第二百八十八條第一項之調查證據程序前，應向國民法官法庭說明經依第四十七條第二項整理之下列事項：

一　待證事實。

二　聲請調查證據之範圍、次序及方法。

三　聲請調查之證據與待證事實之關係。

II.被告、辯護人主張待證事實或聲請調查證據者，應於檢察官為前項之說明後，向國民法官法庭說明之，並準用前項規定。

第 71 條　（準備程序整理結果說明及審理計畫擬定）

審判長於前條程序完畢後，應說明準備程序整理爭點之結果及調查證據之範圍、次序及方法。

第 72 條　（審理計畫變更）

審判長於聽取當事人、辯護人之意見後，得變更準備程序所擬定調查證據之範圍、次序及方法。

第 73 條　（證據調查——人證）

I.當事人、辯護人聲請傳喚之證人、鑑定人、通譯，於審判長為人別訊問後，由當事人、辯護人直接詰問之。國民法官、備位國民法官於證人、鑑定人、通譯經詰問完畢，得於告知審判長後，於待證事項範圍內，自行或請求審判長補充訊問之。

II.國民法官、備位國民法官於審判長就被訴事實訊問被告完畢，得於告知審判長後，就判斷罪責及科刑之必要事項，自行或請求審判長補充訊問之。

III.國民法官、備位國民法官於被害人或其家屬陳述意見完畢，得於告知審判長後，於

國民法官法

（第七四～八一條）

釐清其陳述意旨之範圍內，自行或請求審判長補充詢問之。

IV.審判長認國民法官、備位國民法官依前三項所為之訊問或詢問為不適當者，得限制或禁止之。

第 74 條 （證據調查——書證㈠）

I.當事人、辯護人聲請調查之筆錄及其他可為證據之文書，由聲請人向國民法官法庭、他造當事人、辯護人或輔佐人宣讀。

II.前項文書由法院依職權調查者，審判長應向國民法官法庭、當事人、辯護人或輔佐人宣讀。

III.前二項情形，經當事人及辯護人同意，且法院認為適當者，得以告以要旨代之。

IV.第一項及第二項之文書，有關風化、公安或有毀損他人名譽之虞者，應交國民法官法庭、當事人、辯護人或輔佐人閱覽，不得宣讀；如當事人或辯護人不解其意義者，並應由聲請人或審判長告以要旨。

第 75 條 （證據調查——書證㈡）

I.前條之規定，於文書外之證物有與文書相同之效用者，準用之。

II.錄音、錄影、電磁紀錄或其他相類之證物可為證據者，聲請人應以適當之設備，顯示聲音、影像、符號或資料，使國民法官法庭、他造當事人、辯護人或輔佐人辨認或告以要旨。

III.前項證據由法院依職權調查者，審判長應以前項方式使國民法官法庭、當事人、辯護人或輔佐人辨認或告以要旨。

第 76 條 （證據調查——物證）

I.當事人、辯護人聲請調查之證物，由聲請人提示予國民法官法庭、他造當事人、辯護人或輔佐人辨認。

II.法院依職權調查之證物，審判長應提示予國民法官法庭、當事人、辯護人或輔佐人辨認。

III.前二項證物如係文書而當事人或辯護人不解其意義者，並應由聲請人或審判長告以要旨。

第 77 條 （證據調查意見）

I.當事人、辯護人或輔佐人得於個別證據調查完畢後請求表示意見。審判長認為適當者，亦得請當事人、辯護人或輔佐人表示意見。

II.審判長應於證據調查完畢後，告知當事人、辯護人或輔佐人得對證據證明力表示意見。

第 78 條 （調查完畢證據之提出）

依第七十四條至第七十六條所定程序調查之證據調查完畢後，應立即提出於法院。但經法院許可者，得僅提出複本。

第 79 條 （言詞辯論）

I.調查證據完畢後，應命依下列次序就事實及法律分別辯論之：
一 檢察官。
二 被告。
三 辯護人。

II.前項辯論後，應命依同一次序，就科刑範圍辯論之。於科刑辯論前，並應予到場之告訴人、被害人或其家屬或其他依法得陳述意見之人，就科刑範圍表示意見之機會。

III.已依前二項辯論者，得再為辯論，審判長亦得命再行辯論。

第 80 條 （國民法官更易之處理）

I.參與審判之國民法官有更易者，除第三十七條第一項之情形外，應更新審判程序，新任國民法官有疑惑者，得請求審判長釋疑。

II.前項審判程序之更新，審判長應斟酌新任國民法官對於爭點、已經調查完畢證據之理解程度，及全體國民法官與備位國民法官負擔程度之均衡維護。

第五節　終局評議及判決

第 81 條 （終局評議之進行㈠）

終局評議，除有特別情形外，應於辯論終結後，即時行之。

第 82 條 （終局評議之進行㈡）

I.終局評議，由國民法官法庭法官與國民法官共同行之，依序討論事實之認定、法律之適用與科刑。

II.前項之評議，應由法官及國民法官全程參與，並以審判長為主席。

III.評議時，審判長應懇切說明刑事審判基本原則、本案事實與法律之爭點及整理各項證據之調查結果，並予國民法官、法官自主陳述意見及充分討論之機會，且致力確保國民法官善盡其獨立判斷之職責。

IV.審判長認有必要時，應向國民法官說明經法官合議決定之證據能力、證據調查必要性之判斷、訴訟程序之裁定及法令之解釋。

V.國民法官應依前項之說明，行使第一項所定之職權。

VI.評議時，應依序由國民法官及法官就事實之認定、法律之適用及科刑個別陳述意見。

VII.國民法官不得因其就評議事項係屬少數意見，而拒絕對次一應行評議之事項陳述意見。

VIII.旁聽之備位國民法官不得參與討論及陳述意見。

第 83 條 （終局評議之作成）

I.有罪之認定，以包含國民法官及法官雙方意見在內達三分之二以上之同意決定之。未獲該比例人數同意時，應諭知無罪之判決或為有利於被告之認定。

II.免訴、不受理或管轄錯誤之認定，以包含國民法官及法官雙方意見在內過半數之同意決定之。

III.有關科刑事項之評議，以包含國民法官及法官雙方意見在內過半數之意見決定之。但死刑之科處，非以包含國民法官及法官雙方意見在內達三分之二以上之同意，不得為之。

IV.前項本文之評議，因國民法官及法官之意見歧異，而未達包含國民法官及法官雙方意見在內之過半數意見者，以最不利於被告之意見，順次算入次不利於被告之意見，至達包含國民法官及法官雙方意見在內之過半數意見為止，為評決結果。

第 84 條 （終局評議之進行㈢）

終局評議於當日不能終結者，除有特別情形外，應於翌日接續為之。

第 85 條 （評議秘密嚴守）

I.國民法官及法官就終局評議時所為之個別意見陳述、意見分布情形、評議之經過，應嚴守秘密。

II.案件之當事人、辯護人或輔佐人，得於裁判確定後聲請閱覽評議意見。但不得抄錄、攝影或影印。

III.前項之情形，個人資料保護法第二條第一款所定屬於國民法官之個人資料應予保密，不得供閱覽。

第 86 條 （宣示判決）

I.終局評議終結者，除有特別情形外，應即宣示判決。

II.宣示判決，應朗讀主文，說明其意義。但科刑判決，得僅宣示所犯之罪及主刑。

III.宣示判決，應通知國民法官到庭。但國民法官未到庭，亦得為之。

IV.判決經宣示後，至遲應於判決宣示之日起三十日內，將判決書原本交付書記官。

第 87 條 （判決書製作及應載事項）

國民法官法庭宣示之判決，由法官製作判決書並簽名之，且應記載本件經國民法官全體參與審判之旨。

第 88 條 （有罪判決之記載）

有罪之判決書，有關認定犯罪事實之理由，得僅記載證據名稱及對重要爭點判斷之理由。

第六節　上　訴

第 89 條 （不得為上訴理由之情形）

國民法官不具第十二條第一項所定之資格，或有第十三條、第十四條所定情形者，不得為上訴之理由。

第 90 條 （第二審之調查證據聲請）

I.當事人、辯護人於第二審法院，不得聲請調查新證據。但有下列情形之一，而有調

國民法官法

（第八二～九〇條）

查之必要者，不在此限：
一　有第六十四條第一項第一款、第四款或第六款之情形。
二　非因過失，未能於第一審聲請。
三　於第一審辯論終結後始存在或成立之事實、證據。
II.有證據能力，並經原審合法調查之證據，第二審法院得逕作為判斷之依據。

第 91 條　（第二審法院之審查權限㈠）

行國民參與審判之案件經上訴者，上訴審法院應本於國民參與審判制度之宗旨，妥適行使其審查權限。

第 92 條　（第二審法院之審查權限㈡）

I.第二審法院認為上訴有理由，或上訴雖無理由，而原審判決不當或違法者，應將原審判決經上訴之部分撤銷。但關於事實之認定，原審判決非違背經驗法則或論理法則，顯然影響於判決者，第二審法院不得予以撤銷。
II.第二審法院撤銷原審判決者，應就該案件自為判決。但因原審判決有下列情形之一而撤銷者，應以判決將該案件發回原審法院：
一　諭知管轄錯誤、免訴、不受理係不當者。
二　有刑事訴訟法第三百七十九條第一款、第二款、第六款、第七款或第十三款之情形。
三　已受請求之事項未予判決。
四　諭知無罪，係違背法令而影響於事實之認定，或認定事實錯誤致影響於判決。
五　法院審酌國民參與審判制度之宗旨及被告防禦權之保障，認為適當時。

第七節　再　審

第 93 條　（聲請再審）

判決確定後，參與判決之國民法官因該案件犯職務上之罪已經證明，且足以影響原判決者，亦得聲請再審。

第五章　罰　則

第 94 條　（罰則㈠）

I.國民法官、備位國民法官要求、期約或收受賄賂或其他不正利益，而許以不行使其職務或為一定之行使者，處三年以上十年以下有期徒刑，得併科新臺幣二百萬元以下罰金。
II.候選國民法官於未為國民法官或備位國民法官時，預以不行使國民法官或備位國民法官之職務或為一定之行使，要求、期約或收受賄賂或其他不正利益，而於為國民法官或備位國民法官後履行者，亦同。
III.犯前二項之罪，於犯罪後自首，如有所得並自動繳交全部所得財物者，減輕或免除其刑；因而查獲其他正犯或共犯者，免除其刑。
IV.犯第一項、第二項之罪，在偵查中自白，如有所得並自動繳交全部所得財物者，減輕其刑；因而查獲其他正犯或共犯者，減輕或免除其刑。
V.犯第一項、第二項之罪，情節輕微，而其所得或所圖得財物或不正利益在新臺幣五萬元以下者，減輕其刑。

第 95 條　（罰則㈡）

I.對於國民法官、備位國民法官，行求、期約或交付賄賂或其他不正利益，而約其不行使其職務或為一定之行使者，處一年以上七年以下有期徒刑，得併科新臺幣一百萬元以下罰金。
II.犯前項之罪而自首者，免除其刑；在偵查或審判中自白者，減輕或免除其刑。
III.犯第一項之罪，情節輕微，而其行求、期約或交付之財物或不正利益在新臺幣五萬元以下者，減輕其刑。

第 96 條　（罰則㈢）

意圖使國民法官、備位國民法官不行使其職務或為一定之行使，或意圖報復國民法官、備位國民法官之職務行使，對其本人或其配偶、八親等內血親、五親等內姻親或家長、家屬，實行犯罪者，依其所犯之罪，加重其刑至二分之一。

第97條　（罰則㈣）
I.現任或曾任國民法官、備位國民法官之人，無正當理由而洩漏評議秘密者，處一年以下有期徒刑、拘役或科新臺幣十萬元以下罰金。
II.除有特別規定者外，現任或曾任國民法官、備位國民法官之人，無正當理由而洩漏其他職務上知悉之秘密者，處六月以下有期徒刑、拘役或科新臺幣八萬元以下罰金。

第98條　（罰則㈤）
除有特別規定者外，有下列情形之一者，處六月以下有期徒刑、拘役或科新臺幣八萬元以下罰金：
　　一　無正當理由而違反第十九條第四項、第二十六條第五項或第四十條第一項不得洩漏所知悉秘密之規定。
　　二　意圖影響審判而違反第四十一條第二項不得刺探依法應予保密事項之規定。

第99條　（罰則㈥）
候選國民法官有下列情形之一者，得處新臺幣三萬元以下罰鍰：
　　一　明知為不實之事項，而填載於候選國民法官調查表，提出於法院。
　　二　經合法通知，無正當理由而不於國民法官選任期日到場。
　　三　於國民法官選任期日為虛偽之陳述或無正當理由拒絕陳述。

第100條　（罰則㈦）
國民法官、備位國民法官拒絕宣誓者，得處新臺幣三萬元以下罰鍰。備位國民法官經遞補為國民法官，拒絕另行宣誓者，亦同。

第101條　（罰則㈧）
無正當理由而有下列情形之一者，得處新臺幣三萬元以下罰鍰：
　　一　國民法官不於審判期日或終局評議時到場。

　　二　國民法官於終局評議時，以拒絕陳述或其他方式拒絕履行其職務。
　　三　備位國民法官不於審判期日到場。

第102條　（罰則㈨）
國民法官、備位國民法官違反審判長所發維持秩序之命令，致妨害審判期日訴訟程序之進行，經制止不聽者，得處新臺幣三萬元以下罰鍰。

第103條　（罰鍰處分之裁定）
I.前四條罰鍰之處分，由國民法官法庭之法官三人合議裁定之。
II.前項裁定，得抗告。

第六章　國民參與審判制度成效評估

第104條　（成效評估期間）
國民參與審判制度成效評估期間為自中華民國一百十二年一月一日起六年；必要時，得由司法院延長或縮短之。

第105條　（成效評估報告）
I.本法施行後，司法院應即成立國民參與審判制度成效評估委員會（以下簡稱成效評估委員會），進行必要之調查研究，並於每年就前一年度制度施行之成效，提出成效評估報告。
II.成效評估委員會應於成效評估期間屆滿後一年內提出總結報告，其內容包括國民參與審判制度施行狀況之整體性評估，以及未來法律修正、有關配套措施之建議。

第106條　（成效評估委員會之組成）
I.成效評估委員會置委員十五人，以司法院院長為當然委員並任主席，與司法院代表二人、法務部代表一人，及法官、檢察官、律師之代表各二人，學者專家及社會公正人士共五人組成。委員任一性別比例，不得少於三分之一。
II.前項學者專家及社會公正人士，應包含具法律及法律以外專業背景學者專家共三

人，及其他背景之社會公正人士二人。

III.成效評估委員會委員均為無給職，除司法院院長外，應自本法施行日前，以下列方式產生：

　一　司法院代表由司法院院長就所屬人員中指派兼任之，並依職務進退。

　二　法務部代表由法務部部長就所屬人員中指派兼任之，並依職務進退。

　三　法官、檢察官、律師代表由司法院、法務部、全國律師聯合會分別各自推舉。

　四　學者專家及社會公正人士代表，由司法院院長、司法院及法務部代表，與前款法官、檢察官、律師代表共同推選之。

IV.委員出缺時，司法院院長、司法院代表、法務部代表及法官、檢察官、律師代表依原產生方式遞補缺額，學者專家及社會公正人士代表由現任委員共同推選遞補其缺額。

第 107 條　（執行秘書之設置）

I.成效評估委員會置執行秘書一人、助理二人至五人；執行秘書由司法院指定或聘用之，助理由司法院聘用之。

II.執行秘書承主席之命蒐集資料、籌備會議及辦理其他經常性事務。

III.執行秘書及助理之聘用、業務、管理及考核辦法，由司法院定之。

第 108 條　（研究員之設置）

I.為評估制度必要，司法院得聘用適當人員為研究員。但不得逾六人。

II.研究員承成效評估委員會之命，執行有關國民參與審判制度成效評估之研究。

III.研究員之聘用、業務及考核辦法，由司法院定之。

第 109 條　（預算之編列）

司法院應編列預算，支應成效評估委員會運作所必要之費用。

第 110 條　（成效評估委員會組織規程）

成效評估委員會之組織規程，由司法院定之。

第七章　附　則

第 111 條　（施行細則）

本法施行細則，由司法院會同行政院定之。

第 112 條　（程序從舊）

施行前已繫屬於各級法院而屬本法適用範圍之案件，仍應依施行前之法定程序終結之。

第 113 條　（施行日期）

本法除第十七條至第二十條及第三十三條自公布日施行，第五條第一項第一款自中華民國一百十五年一月一日施行外，其餘條文自中華民國一百十二年一月一日施行。

國際刑事司法互助法

一百零七年五月二日總統令公布

①民國一百零七年五月二日總統令公布全文

第一章　總　則

第1條　（立法目的）

在相互尊重與平等之基礎上，為促進國際間之刑事司法互助，共同抑制及預防犯罪，並兼顧人民權益之保障，特制定本法。

第2條　（法源）

有關國際間之刑事司法互助事項，依條約；無條約或條約未規定者，依本法；本法未規定者，適用刑事訴訟法及其他相關法律之規定。

第3條　（主管機關）

本法之主管機關為法務部。

第4條　（用詞定義）

本法用詞定義如下：

一　刑事司法互助：指我國與外國政府、機構或國際組織間提供或接受因偵查、審判、執行等相關刑事司法程序及少年保護事件所需之協助。但不包括引渡及跨國移交受刑人事項。

二　請求方：指向我國請求提供刑事司法互助事項之外國政府、機構或國際組織。

三　受請求方：指受我國請求提供刑事司法互助事項之外國政府、機構或國際組織。

四　協助機關：指法務部接受請求後轉交之檢察署，或委由司法院轉請提供協助之各級法院。

第5條　（互惠原則）

依本法提供之刑事司法互助，本於互惠原則為之。

第6條　（得請求或提供之協助事項）

得依本法請求或提供之協助事項如下：

一　取得證據。

二　送達文書。

三　搜索。

四　扣押。

五　禁止處分財產。

六　執行與犯罪有關之沒收或追徵之確定裁判或命令。

七　犯罪所得之返還。

八　其他不違反我國法律之刑事司法協助。

第二章　外國政府、機構或國際組織向我國請求協助

第7條　（提出請求之方式㈠）

向我國提出刑事司法互助請求，應經由外交部向法務部為之。但有急迫情形時，得逕向法務部為之。

第8條　（提出請求之方式㈡）

Ⅰ依前條規定經由外交部向法務部提出請求時，應送交請求書。

Ⅱ有前項但書情形者，得以其他方式附加必要資料提出。法務部審查後，得轉交或委由協助機關就請求協助事項為必要之保全行為。請求方應於提出請求後三十日內向外交部補提請求書；逾期未提出者，法務部得拒絕協助，並通知協助機關撤銷已為之保全行為。

Ⅲ前二項之請求書應記載下列事項，並附加與執行請求相關之文件或資料：

一　提出請求及進行偵查、審判或執行之機關名稱。

二　請求之目的。

三　請求所涉之犯罪事實、罪名及所依

據之證據。但請求送達文書者，不在此限。
四　請求協助之事項及其理由。
五　特定之執行方式、期限及其理由。
六　其他依本法規定應說明或記載之事項。

IV.請求書之內容不完備致無法執行時，外交部或法務部得要求請求方提出補充說明或資料。

V.請求書及其附件資料應用中文，如非用中文者，應檢附中文譯本，並註明譯本與原本內容相符。但附件資料經法務部同意者，得不提供中文譯本，或以其他語文譯本代之。

第 9 條　（提出請求之方式㈢）

I.外交部於收受請求書後，應儘速送交法務部。如認有第十條第一項或第二項各款情形之一者，得添註意見。

II.法務部接受請求書，經審查同意予以協助後，應視其性質，轉交或委由協助機關處理。

第 10 條　（拒絕提供協助之情形）

I.有下列情形之一者，法務部應拒絕提供協助：
　一　提供協助對我國主權、國家安全、公共秩序、國際聲譽或其他重大公共利益有危害之虞。
　二　提供協助有使人因種族、國籍、性別、宗教、階級或政治理念而受刑罰或其他不利益處分之虞。

II.有下列情形之一者，法務部得拒絕提供協助：
　一　未依本法規定提出請求。
　二　提供協助違反第五條所定之互惠原則。
　三　請求方未提出第十六條、第十九條第四項、第二十條或互惠之保證。
　四　請求所涉之犯罪事實依我國法律不構成犯罪。
　五　請求所涉行為係觸犯軍法而非普通刑法。
　六　提供協助，對我國進行中之刑事調查、追訴、審判、執行或其他刑事

司法程序有妨礙之虞。
　七　請求所依據之同一行為業經我國為不起訴處分、緩起訴處分、撤回起訴、判決、依少年事件處理法裁定不付審理、不付保護處分或保護處分確定。

III.前二項情形，法務部得於請求方補充必要資料或修正請求內容後，同意提供協助。

第 11 條　（優先執行順序）

I.數請求方對同一事項為請求，執行其一將影響其他請求之執行者，應綜合考量下列情形，以決定優先執行之順序：
　一　是否與我國訂有刑事司法互助條約。
　二　收受請求之先後。
　三　請求之性質。
　四　執行請求所需之時間。

II.前項情形及決定，應通知所有請求方。

第 12 條　（執行請求）

執行請求時應依我國相關法律規定為之；於不違反我國法律規定時，得依請求方要求之方式執行。

第 13 條　（協助機關得審酌）

協助機關得審酌本法及相關法律所規定與請求事項有關之要件，必要時，得經由法務部向請求方要求補正或為拒絕協助之表示。

第 14 條　（保密義務）

對請求協助及執行請求之相關資料應予保密。但為執行請求所必要、雙方另有約定或法律另有規定者，不在此限。

第 15 條　（費用分擔）

法務部得向請求方要求分擔執行請求所需費用。

第 16 條　（證據資料使用限制）

法務部得要求請求方保證，非經我國同意，不得將我國提供之證據或資料，使用於請求書所載以外之目的。

第 17 條　（請求書應載明事項）

I 請求方請求我國詢問或訊問請求案件之被告、證人、鑑定人或其他相關人員時，應於請求書載明待證事項、參考問題及相關說明。

II 協助機關得以聲音及影像相互傳送之科技設備，將詢問或訊問之狀況即時傳送至請求方。

III 前項情形，請求方人員發現有請求書未記載之相關必要事項，得立即表明補充請求之旨，經協助機關同意後，由協助機關補充詢問或訊問之。

第 18 條　（在場）

I 請求方人員經協助機關同意後，得於執行請求時在場。

II 前項情形，請求方人員於協助機關詢問或訊問時，發現有請求書未記載之相關必要事項時，適用前條第三項之規定。

第 19 條　（提供協助）

I 我國得依請求方之請求，協助安排人員至我國領域外之指定地點提供證言、陳述、鑑定意見或其他協助。請求方並應於請求書中說明其應支付之費用及協助之期限。

II 前項受安排人員，不包括該請求案件之被告、犯罪嫌疑人，及在我國人身自由受限制或經限制出境之人。

III 執行第一項請求應經該人員之同意，並不得使用強制力。

IV 請求方就我國安排之協助人員應保證下列事項：

一　除經法務部及該人員事前同意外，不得因該人員於進入請求方指定地點前之任何犯行而予以起訴、羈押、處罰、傳喚、限制出境，或以其他形式限制其行動自由，亦不得要求其對於請求以外之事項，提供證言、陳述、鑑定意見或其他協助。

二　不得因該人員於進入請求方指定地點後拒絕到場、未到場或到場後拒絕陳述，而予以起訴、羈押、處罰、限制出境或為其他不利於該人員之處置。

第 20 條　（物證書證之提供與返還）

我國得依請求方之請求，提供物證或書證。法務部得要求請求方保證使用完畢立即或於指定期限內返還。

第 21 條　（請求送達文書應記載事項）

I 請求送達文書者，應於請求書記載下列事項：

一　應受送達人及其法定代理人、代表人、管理人之姓名、名稱、國籍或其他足資識別身分之資料。

二　應受送達人之住所、居所、事務所、營業所或其他得以收受送達之處所。

II 請求方無法特定收受送達之處所時，得同時表明請求查明送達處所之旨。

第 22 條　（請求協助提供之限制）

請求方請求協助提供第六條第三款至第七款，或其他刑事強制處分事項，以其所涉行為在我國亦構成犯罪者為限。

第 23 條　（得請求協助執行之情形）

I 請求方法院所為與犯罪有關之沒收或追徵之確定裁判或命令，符合下列各款規定者，請求方得請求協助執行：

一　該確定裁判或命令所認定之事實，依請求方及我國法律均構成犯罪。

二　請求方之法院有管轄權。

三　依請求方及我國之法律，其犯罪之追訴權時效及沒收或追徵之執行期間均未完成。

四　請求方之法院係獨立審判，而該確定裁判或命令係依請求方之法定程序作成，且無顯失公平之情形。

五　該確定裁判或命令之內容或訴訟程序，不違背我國之公共秩序或善良風俗。

六　該確定裁判或命令涉及第三人之權利者，該第三人已獲得充分機會主張其權利。

II 請求方提出前項請求時，應檢附確定裁判書或命令正本與相關資料，並載明下列事項：

一　該裁判或命令業已確定。

二　依請求方之法律構成犯罪，且其犯罪之追訴權時效及沒收或追徵之執行期間均未完成。

三　符合前項第二款、第四款、第六款之規定。

四　受執行財產之範圍及所在地。

五　對於受執行財產主張權利之人及其姓名、出生年月日、住所或居所。

III前項第一款至第三款之記載，得以聲明書代之。

第 24 條　（聲請法院裁定許可執行）

I.法務部認為請求方前條之請求適當且不違反本法或其他法律規定者，應通知該管檢察署，由檢察官檢附符合前條第一項規定之資料，以書面向法院聲請裁定許可執行。

II.第三人對於受執行財產主張權利時，檢察官應通知法院。

第 25 條　（協助執行之管轄法院）

I.前條第一項之聲請，由受請求執行人之住所、居所、所在地，或其財產所在地之地方法院管轄。

II.同一請求數法院均有管轄權時，得向其中一法院聲請。其向數法院聲請時，由繫屬在先之法院管轄。

III.數法院於管轄權有爭議時，由共同之直接上級法院以裁定指定該案件之管轄法院。

IV.不能依前三項規定定管轄法院者，由中央政府所在地之地方法院管轄。

第 26 條　（受請求執行人陳述意見）

I.法院為第二十四條第一項之裁定前，應定七日以上之期間，檢附聲請書，通知受請求執行人及第二十四條第二項所定主張權利之人到庭陳述意見。

II.前項之通知人得委任代理人到場。但法院認為必要時，得命本人到場。

III.法院應通知檢察官得於第一項所定期日到場陳述聲請之理由。

IV.第一項所定之人或其代理人經合法通知無正當理由不到庭者，法院得不待其陳述逕行裁定。

第 27 條　（駁回與補正）

I.法院認為第二十四條第一項之聲請不合法律上之程式或法律上不應准許或無理由者，應以裁定駁回之。但其不合法律上之程式可補正者，應定期間先命補正。

II.法院認為前項之聲請符合第二十三條規定者，應裁定許可執行，其範圍應依我國法律規定。

III.檢察官、受請求執行人、對於受執行財產主張權利之第三人，就法院所為之前二項裁定，得提起抗告。

IV.前項抗告準用刑事訴訟法第四編抗告之規定。

V.對於受執行財產主張權利，已提起民事訴訟，而第二項裁定許可執行財產之範圍，須以該民事法律關係為斷者，法院得依職權或聲請，於該民事訴訟終結前，裁定停止許可執行沒收或追徵裁判或命令之程序。但下列之人所提起之民事訴訟，不在此限：

一　受請求執行人。

二　第二十三條第一項第六款所定已獲得充分機會主張權利之人。

第 28 條　（準用規定）

前條第二項裁定之執行，準用刑事訴訟法第八編執行之規定。

第 29 條　（徵詢相關機關意見）

I.第十六條及第二十條所定情形涉及相關機關之職掌者，法務部應先徵詢該機關意見。

II.第三章我國向外國政府、機構或國際組織請求協助

第 30 條　（應檢附受請求方要求之文件）

向受請求方提出刑事司法互助請求，應檢附符合受請求方所要求之請求書及相關文件，經法務部轉請外交部向受請求方提出。但有急迫或特殊情形時，法務部得逕向受請求方提出請求，或由法院副知法務部，檢察署經法務部同意後，向外國法院、檢察機關或執法機關直接提出請求。

第 31 條　（詢問或訊問狀況之即時傳送）

I.向受請求方提出詢問或訊問我國請求案件之被告、證人、鑑定人或其他相關人員之請求時，得依受請求方之法律規定請求以聲音及影像相互傳送之科技設備，將詢問或訊問之狀況即時傳送至我國。

II.前項情形，發現有請求書未記載之相關必要事項，得立即表明補充請求之旨，經受請求方同意後補充詢問或訊問之。

第 32 條　（保證）

I.法務部提出刑事司法互助請求時，得為下列事項之保證：
- 一　互惠原則。
- 二　未經受請求方之同意，不將取得之證據或資料，使用於請求書所載用途以外之任何調查或其他訴訟程序。
- 三　其他不違反我國法律規定之事項。

II.我國相關機關應受前項保證效力之拘束，不得違反保證之內容。

III.法務部得應受請求方之請求，對於前來我國提供證言、陳述、鑑定意見或其他協助之人員，豁免下列義務或責任：
- 一　因拒絕到場、未到場或到場後拒絕陳述，而予以起訴、羈押、處罰、限制出境或為其他不利於該人員之處置。
- 二　對於請求以外之事項提供證言、陳述、鑑定意見或其他協助。
- 三　因該人員於進入我國前之任何犯行而受起訴、羈押、處罰、傳喚、限制出境，或以其他形式限制其行動自由。

IV.前項豁免之效力於我國通知受請求方及該人員已毋需應訊十五日後，或於該人員離開我國後終止。

第四章　附　　則

第 33 條　（犯罪相關財產之分享）

I.外國政府、機構或國際組織提供協助，有助於我國沒收或追徵與犯罪有關之財產，或我國協助外國政府、機構或國際組織沒收或追徵與犯罪有關之財產者，法務部得與其協商分享該財產之全部或一部。

II.返還財產予外國政府、機構或國際組織前，應扣除我國因提供外國政府、機構或國際組織協助而支出之費用，並尊重原合法權利人及犯罪被害人之權益。

第 34 條　（扣押物、沒收物及追徵財產之發還或給付）

I.扣押物、沒收物及追徵財產，有事實足認得請求發還或給付者為外國人，經依刑事訴訟法所定程序，仍不能或難以發還或給付時，法務部得基於互惠原則，依所簽訂之條約、協定或協議，經該外國人所屬政府之請求，個案協商將該扣押物、沒收物及追徵財產之全部或一部交付該外國人所屬之政府發還或給付之。

II.前項請求，應於不起訴處分、緩起訴處分或裁判確定後三年內為之。被告有數人，或與扣押物、沒收物及追徵財產相關案件有數案，其不起訴處分、緩起訴處分或裁判確定日期不同者，以最後確定者為準。

III.第一項扣押物、沒收物及追徵財產之交付，由該管檢察官執行之。

IV.扣押物、沒收物及追徵財產依前三項規定，已交付外國政府後，該外國人不得再向我國政府請求發還或給付。

V.本法施行前已不起訴處分、緩起訴處分或裁判確定，尚未彙解國庫存款戶或歸入國庫之扣押物、沒收物及追徵財產，關於第二項規定外國政府得請求交付之期間，自本法施行之日起算。

第 35 條　（兩岸刑事司法互助之準用）

臺灣地區與大陸地區間之刑事司法互助請求，準用本法規定，並由法務部與大陸地區權責機關相互為之。

第 36 條　（港澳刑事司法互助之準用）

臺灣地區與香港及澳門間之刑事司法互助請求，準用本法規定，並由法務部經行政院大陸委員會與香港、澳門之權責機關相互為之。

第 37 條　（本法施行前案件之適用）

本法施行前已開始進行協助之案件，於本法施行後，適用本法規定。

第 38 條　（施行日期）

本法自公布日施行。

國際刑事司法互助法

（第三七～三八條）

軍事審判法

一百零八年四月三日總統令修正公布

① 民國四十五年七月七日總統令公布
② 四十五年十二月二十四日總統令修正公布
③ 五十六年十二月十四日總統令修正公布
④ 八十八年十月二日總統令修正公布
⑤ 九十一年一月三十日總統令修正公布
⑥ 九十二年六月十一日總統令修正公布
⑦ 九十五年六月十四日總統令修正公布
⑧ 一百零二年八月十三日總統令修正公布
⑨ 一百零三年六月四日總統令修正公布
⑩ 一百零八年四月三日總統令修正公布第一一、四五條條文

第一編　總　則

第一章　法　例

第 1 條　（法律之適用）

I.現役軍人戰時犯陸海空軍刑法或其特別法之罪，依本法追訴、處罰。

II.現役軍人非戰時犯下列之罪者，依刑事訴訟法追訴、處罰：

一　陸海空軍刑法第四十四條至第四十六條及第七十六條第一項。

二　前款以外陸海空軍刑法或其特別法之罪。

III.非現役軍人不受軍事審判。

第 2 條　（現役軍人之定義）

本法稱現役軍人者，謂依兵役法或其他法律服現役之軍官、士官、士兵。

第 3 條　（視同現役軍人）

依法成立之武裝團隊，戰時納入戰鬥序列者，視同現役軍人。

第 4 條　（對俘虜或投降人之審判權）

俘虜或投降人犯罪，得依本法追訴審判之。

第 5 條　（軍法審判標準及他管之移送）

I.犯罪在任職服役前，發覺在任職服役中者，依本法追訴審判。但案件在追訴審判中而離職離役者，初審案件應移送該管第一審之法院，上訴案件應移送該管第二審之法院審判。

II.犯罪在任職服役中，發覺在離職離役後者，由法院審判。

III.前二項規定，按行為時之身分適用法律。

第 6 條　（當事人之定義）

本法稱當事人者，謂軍事檢察官及被告。

第 7 條　（戰時之定義）

I.本法稱戰時者，謂抵禦侵略而由總統依憲法宣告作戰之期間。

II.戰爭或叛亂發生而宣告戒嚴之期間，視同戰時。

第 8 條　（軍事法院之定義及區分）

本法所稱軍事法院分為下列三級：

一　地方軍事法院。

二　高等軍事法院。

三　最高軍事法院。

第 9 條　（有利、不利情形一律注意）

I.依本法實施訴訟程序之公務員，就該管案件應於被告有利及不利之情形，一律注意。

II.被告得請求前項公務員，為有利於己之必要處分。

第二章　軍法人員

第 10 條　（軍法人員、軍法官之定義）

I.本法稱軍法人員者，謂軍法機關之軍法官、主任公設辯護人、公設辯護人、觀護人、書記官、法醫官、檢驗員、通譯及執法官兵。

II.本法稱軍法官者，謂軍事法院院長、庭長、軍事審判官、軍事法院檢察署檢察長、主任軍事檢察官、軍事檢察官。

第 11 條　（軍法官之任用資格）

I.軍法官由國防部就具有下列資格之一者，依法任用之：
一　經軍法官或司法官考試及格者。
二　經律師考試、司法事務官考試、檢察事務官考試或公務人員高等考試法制類科及格，並經國防專業訓練合格者。
三　曾在公立或經立案之私立大學、獨立學院法律學系或法律研究所畢業，而在公立或經立案之私立大學、獨立學院任教授、副教授三年、助理教授四年或講師五年，講授國防部所定主要法律科目二年以上，有法律專門著作，經審查合格，具有薦任職任用資格，並經國防專業訓練合格者。
II.前項第一款軍法官考試，由考試院舉辦。
III.第一項第二款、第三款人員甄選條件、程序、年齡限制與受國防專業訓練之方式、課程、時數、程序、成績計算及其他應遵行事項之辦法，由國防部定之。
IV.公設辯護人、觀護人、書記官、法醫官、檢驗員及通譯之任用，除另有規定外，準用司法人員及其他法令之規定。

第 12 條　（軍法官之保障）

I.軍法官非依法律不得減俸、停職或免職，非得本人同意，不得調任軍法官以外職務。
II.軍法官調任軍法官以外職務者，其年資及待遇，仍依軍法官之規定列計。

第 13 條　（參加政黨活動之禁止）

軍法官任職期間不得參加政黨活動。

第 14 條　（編餘後之待遇）

I.軍法官因組織或編制變更而被編餘，未派新職者，仍按原階支全數薪給，並儘速指派新職。
II.前項編餘期間不得逾一年。

第三章　軍事法院

第一節　軍事法院之組織

第 15 條　（第一級軍事法庭之設置）

國防部視部隊任務之需要，於適當地區設地方軍事法院或其分院。戰時得授權地方軍事法院，於特定部隊設臨時法庭。

第 16 條　（第二級軍事法庭之設置）

國防部視部隊任務之需要，於適當地區設高等軍事法院或其分院。戰時得授權高等軍事法院，於作戰區設臨時法庭。

第 17 條　（第三級軍事法庭之設置）

國防部於中央政府所在地，設最高軍事法院。戰時得授權最高軍事法院，於戰區設臨時法庭。

第 18 條　（各級軍事法院軍法行政之監督及限制）

I.各級軍事法院及分院置院長一人、軍事審判官若干人，院長由軍事審判官兼任，綜理各該法院行政事務。
II.各級軍事法院軍法行政之監督，依下列規定。但不得影響審判權之行使：
一　國防部部長監督各級軍事法院及分院。
二　最高軍事法院院長監督該院與所屬下級軍事法院及其分院。
三　高等軍事法院院長監督該院及其分院與所屬下級軍事法院及其分院。
四　高等軍事法院分院院長監督該院與所屬下級軍事法院及其分院。
五　地方軍事法院院長監督該院及其分院。
六　地方軍事法院分院院長監督該分院。

第 19 條　（審判庭之設置）

I.各級軍事法院及分院依本法所定之管轄設審判庭，其庭數視事務繁簡定之。
II.前項各庭置庭長一人，由軍事審判官兼任，監督各該庭事務。

第 20 條　（公設辯護人之設置及職掌）

I.各級軍事法院及分院置公設辯護人若干人，掌理指定辯護案件之辯護。

II.有二以上公設辯護人時，以一人為主任公設辯護人，監督及分配公設辯護事務。

第 21 條　（書記官之設置及職掌）

I.各級軍事法院及分院辦理審判事務，置書記官若干人，受軍事審判官之指揮監督，綜理記錄、編案、統計、文書等事務。

II.有二以上書記官時，以一人為主任書記官。

第 22 條　（通譯及執法官兵之設置）

各級軍事法院及分院得置通譯及執法官兵，其執行職務，受軍事審判官之指揮監督。

第 23 條　（各級軍事法院之編裝、員額）

各級軍事法院及分院之編裝、員額，由國防部定之。

第 24 條　（各級法院之法庭組織方式）

I.地方軍事法院及其分院審判案件，以審判官一人獨任或三人合議行之。

II.高等軍事法院及其分院審判案件，以審判官三人合議行之，其上校以上或簡任審判官不得少於二人。

III.最高軍事法院審判案件，以上校以上或簡任審判官五人合議行之。

第 25 條　（合議、獨任審判庭之組織）

I.合議審判以庭長充任審判長，無庭長或庭長有事故時，以庭員中階高資深者充任之。

II.獨任審判，以該軍事審判官行審判長之職權。

第 26 條　（合議庭員額之補充）

合議庭之組織，因軍事審判官迴避或其他原因致員額不足時，得呈由上級軍事法院就同級軍事法院臨時調充之。

第二節　軍事法院之管轄

第 27 條　（地方軍事法院管轄案件之範圍）

地方軍事法院管轄尉官、士官、士兵及其同等軍人犯罪之初審案件。

第 28 條　（高等軍事法院管轄案件之範圍）

高等軍事法院管轄案件如下：

一　將官、校官及其同等軍人犯罪之初審案件。

二　不服地方軍事法院及其分院初審判決而上訴之案件。

三　不服地方軍事法院及其分院裁定而抗告之案件。

第 29 條　（最高軍事法院管轄案件之範圍）

最高軍事法院管轄案件如下：

一　不服高等軍事法院及其分院初審判決而上訴之案件。

二　不服高等軍事法院及其分院初審裁定而抗告之案件。

三　本法第二百零四條之案件。

第 30 條　（特殊案件之管轄權）

I.第一條第二項但書規定，非現役軍人犯罪案件之管轄，依士兵之規定。但文職公務員應比照軍官、士官官階，非現役之軍官、士官，依其原有官階定其管轄。

II.俘虜、投降人犯罪案件之管轄，依士兵之規定。

第 31 條　（管轄權之歸屬）

I.現役軍人之犯罪案件，由犯罪地或被告之駐地或所在地之軍事法院管轄。

II.非現役軍人犯罪，依法受軍事審判之案件，由犯罪地或被告之住所、居所或所在地之軍事法院管轄。

III.在中華民國領域外之中華民國航空機或船艦內犯罪者，由該航空機、船艦之駐地、出發地、犯罪後降落地或停泊地之軍事法院管轄。

軍事審判法　第一編　總則　（第二〇～三一條）

IV.不能依前三項規定定其管轄之軍事法院者，由中央政府所在地之軍事法院管轄。

第 32 條　（軍人與非軍人案件之管轄權）
非現役軍人與現役軍人共同犯罪之案件，依前條第二項規定；其管轄之軍事法院不同時，由管轄現役軍人之軍事法院管轄。但非現役軍人犯罪案件，應由高等軍事法院管轄者，全部由高等軍事法院管轄。

第 33 條　（移轉管轄）
I.上級軍事法院遇有第二十六條情形或為期審理之公平或因事實上之需要，得以裁定將被告移送於其他同級軍事法院管轄；軍事法院管轄有變更時，得將受理之案件，移送就近同級之軍事法院管轄。
II.前項受移送之軍事法院不得拒絕。

第 34 條　（審判不可分之原則）
犯罪事實之一部應依刑事訴訟法追訴、審判時，全部依刑事訴訟法追訴、審判之。

第 35 條　（刑訴法等管轄之準用）
刑事訴訟法或其他法律關於法院管轄之規定，與本節不相牴觸者，準用之。

第三節　軍事法庭之開閉及用語

第 36 條　（軍事法庭之開庭）
I.軍事法庭開庭，於軍事法院內為之。但必要時，得在管轄區域內指定適當地方臨時開庭。
II.前項但書情形，於戰時上訴以提審或蒞審行言詞審理時準用之。

第 37 條　（法庭公開原則）
I.軍事法庭訴訟之辯論及裁判之宣示，應公開行之。但有妨害國家安全、公共秩序、善良風俗或危害證人生命、身體安全之虞時，得不予公開。
II.軍事法庭不公開時，審判長應將不公開之理由宣示。
III.前項情形，審判長仍得允許無妨礙之人旁聽。

第 38 條　（審判長之權限）
I.審判長於軍事法庭之開閉及審理訴訟有指揮之權。
II.軍事法庭開庭時，審判長有維持秩序之權。

第 39 條　（妨害法庭之處分）
I.有妨害法庭秩序或其他不當行為者，審判長得禁止其進入法庭或命其退出法庭，必要時得命看管至閉庭時。
II.前項處分，不得聲明不服。
III.前二項之規定，於審判長在法庭外執行職務時準用之。

第 40 條　（律師及辯護人妨害法庭之處分）
律師在法庭辯護案件，其言語行動如有不當，審判長得加以警告或禁止其開庭當日之辯護。非律師而為辯護人者，亦同。

第 41 條　（妨害法庭處分之筆錄）
審判長為前二條之處分時，應記明其事由於筆錄。

第 42 條　（受命及受託軍事審判官之準用）
第三十六條至第四十一條有關審判長執行職務之規定，於受命軍事審判官、受託軍事審判官執行職務時準用之。

第 43 條　（服著）
軍事審判官及書記官在法庭執行職務時，應服制服，軍事檢察官、公設辯護人及律師在法庭執行職務時，亦同。

第 44 條　（審判應用之語言）
軍事法庭為審判時，應用中華民國語言。

第 45 條　（傳譯）
被告、證人、鑑定人及其他有關係之人，如有不通中華民國語言者，由通譯傳譯之，其為聽覺或語言障礙者，亦同。

第 46 條 （訴訟文書之文字）
訴訟文書應用中華民國文字。但有供參考之必要時，得附記所用方言或外國語言。

第 47 條 （檢察事務之準用）
前三條之規定，於軍事檢察官辦理檢察事務時，準用之。

第 48 條 （法院組織法之準用）
法院組織法之規定與本節不相牴觸者，準用之。

第四章　軍事檢察署

第 49 條 （軍事檢察署之配置）
國防部於各級軍事法院及分院各配置檢察署。

第 50 條 （軍事法院檢察署軍法行政之監督）
I.各級軍事法院及分院檢察署置檢察長一人、軍事檢察官若干人，檢察長綜理各該檢察署行政事務。
II.各級軍事法院及分院檢察署軍事檢察官員額在六人以上者，得分組辦事，每組以一人為主任軍事檢察官，監督各該組事務。
III.各級軍事法院及分院檢察署軍法行政之監督，依下列規定：
　一　國防部部長監督各級軍事法院及分院檢察署。
　二　最高軍事法院檢察署檢察長監督該署與所屬下級軍事法院及其分院檢察署。
　三　高等軍事法院檢察署檢察長監督該署及其分院檢察署與所屬下級軍事法院及其分院檢察署。
　四　高等軍事法院分院檢察署檢察長監督該署與所屬下級軍事法院及其分院檢察署。
　五　地方軍事法院檢察署檢察長監督該署及其分院檢察署。
　六　地方軍事法院分院檢察署檢察長監督該署。

第 51 條 （法醫官、檢驗員及觀護人之員額及職掌）
I.高等以下軍事法院及分院檢察署置法醫官或檢驗員若干人，受軍事檢察之指揮執行職務。
II.地方軍事法院及分院檢察署置觀護人若干人，執行保護管束事務。
III.前二項人員，其員額在二人以上者，得以一人為主任。

第 52 條 （書記官、通譯及執法官兵之準用）
第二十一條至第二十三條之規定，於各級軍事法院及分院檢察署準用之。

第 53 條 （軍事檢察官之職權）
軍事檢察官之職權如下：
　一　實施偵查、提起公訴、實行公訴及指揮裁判之執行。
　二　其他法令所定職務之執行。

第 54 條 （軍事檢察官與法院之關係）
軍事檢察官對於軍事法院獨立行使職權。

第 55 條 （檢察長之指揮監督權）
I.軍事法院檢察署檢察長依本法及其他法律之規定，指揮監督該署軍事檢察官及其所屬檢察署軍事檢察官。
II.軍事檢察官應服從前項指揮監督長官之命令。

第 56 條 （檢察事務之移轉）
軍事法院檢察署檢察長得親自處理其所指揮監督之軍事檢察官之事務，並得將該事務移轉於其所指揮監督之其他軍事檢察官處理之。

第 57 條 （指撥武裝部隊之請求）
軍事檢察官執行職務時，得請軍事官長指撥相當武裝部隊擔任警備及一般軍法警察事宜。

第 58 條 （軍法警察官之職權）
I.下列人員為軍法警察官，於其管轄或防區

內，有協助軍事檢察官偵查犯罪之職權：
一 憲兵長官。
二 警察長官。
三 特設軍事機關之稽查長官。
四 軍事機關、部隊、學校、獨立或分駐之長官或艦船長。
五 依法成立之武裝團隊，戰時參加作戰之長官或艦船長。

II.前項軍法警察官，應將偵查之結果，移送該管軍事檢察官，如接受被拘提或逮捕之犯罪嫌疑人，除有特別規定外，應解送該管軍事檢察官。但軍事檢察官命其解送者應即解送。

III.被告或犯罪嫌疑人未經拘提或逮捕者，不得解送。

第 59 條 （軍法警察官之職掌）

I.下列人員為軍法警察官，應受軍事檢察官之指揮，偵查犯罪。
一 憲兵官長、士官。
二 警察官長。
三 特設軍事機關之稽查官長。
四 依法令關於特定事項，得行使司法警察官之職權者。

II.前項軍法警察官知有犯罪嫌疑者，應即開始調查，並將調查之情形報告該管軍事檢察官及前條之軍法警察官或其直屬長官。

III.實施前項調查有必要時，得封鎖犯罪現場，並為即時之勘察。

第 60 條 （軍法警察之職掌）

I.下列人員為軍法警察，應受軍事檢察官及軍法警察官之命令，偵查犯罪。
一 憲兵。
二 警察。
三 特設軍事機關之巡查及稽查隊員。
四 依法令關於特定事項，得行使司法警察之職權者。

II.前項軍法警察知有犯罪嫌疑者，應即開始調查，並將調查之情形報告該管軍事檢察官、軍法警察官或其直屬長官。

III.實施前項調查有必要時，得封鎖犯罪現場，並為即時之勘察。

第 61 條 （指揮證之出示）

I.軍事檢察官依前三條之規定，執行職務時，應出示指揮證。

II.前項規定，於軍事審判官依法執行職務時，準用之。

第 62 條 （蒞庭及提出意見書）

I.軍事檢察官於審判庭審判期日，應蒞庭執行職務。

II.軍事檢察官於戰時上訴案件，得提出意見書。

第五章 軍法人員之迴避

第 63 條 （自行迴避之情形）

I.軍事審判官於該案件有下列情形之一者，應自行迴避：
一 軍事審判官為被害人者。
二 軍事審判官現為或曾為被告或被害人之配偶、八親等內之血親、五親等內之姻親或家長、家屬者。
三 軍事審判官與被告或被害人訂有婚約者。
四 軍事審判官現為或曾為被告或被害人之法定代理人者。
五 軍事審判官曾為被告之代理人、辯護人或輔佐人者。
六 軍事審判官曾為告訴人、告發人、證人或鑑定人者。
七 軍事審判官曾執行軍事檢察官或軍法警察官之職務者。
八 軍事審判官曾參與前審之裁判或更審前之原裁判者。

第 64 條 （聲請迴避之情形）

I.當事人遇有下列情形之一者，得隨時以書狀向軍事審判官所屬軍事法院聲請軍事審判官迴避；於審判期日或受訊問時，得以言詞為之：
一 軍事審判官有前條情形而不自行迴避者。
二 軍事審判官有前條以外情形，足認其執行職務有偏頗之虞者。

II.前項第二款情形，如當事人已就該案件有

所聲明或陳述後，不得聲請審判官迴避。但聲請迴避之原因發生在後或知悉在後者，不在此限。

III.聲請迴避之原因及前項但書之事實，應釋明之。

IV.被聲請迴避之審判官，得提出意見書。

第65條　（聲請迴避之裁定）

I.軍事審判官迴避之聲請，由該軍事審判官所屬之軍事法院以合議裁定之，其因不足法定人數不能合議者，由院長裁定之；若不能由院長裁定者，由直接上級軍事法院裁定之。

II.前項裁定，被聲請迴避之軍事審判官，不得參與。

III.被聲請迴避之軍事審判官，以該聲請為有理由者，毋庸裁定，即應迴避。

IV.聲請軍事審判官迴避，經裁定駁回者，得提起抗告。

第66條　（聲請迴避之效果）

軍事審判官被聲請迴避者，除因急速處分或以第六十四條第一項第二款為理由者外，應即停止訴訟程序。

第67條　（職權迴避之裁定）

I.該管聲請迴避之軍事法院或院長，如認軍事審判官有應自行迴避之原因者，應依職權為迴避之裁定。

II.前項裁定，毋庸送達。

第68條　（軍事檢察官、書記官及通譯迴避之準用）

I.本章關於軍事審判官迴避之規定，於軍事檢察官、書記官及通譯準用之。但不得以曾於下級軍事法院執行軍事檢察官、書記官或通譯之職務，為迴避之原因。

II.軍事法院書記官及通譯之迴避，由所屬軍事法院院長裁定之。

III.軍事檢察官、辦理檢察事務書記官及通譯之迴避，應聲請所屬軍事法院檢察署檢察長核定之。

IV.軍事法院檢察署檢察長之迴避，應聲請直接上級軍事法院檢察署檢察長核定之。

第六章　辯護人及輔佐人

第69條　（辯護人之選任）

I.被告得隨時選任辯護人。犯罪嫌疑人受軍法警察官或軍法警察調查者，亦同。

II.被告或犯罪嫌疑人之直屬長官、法定代理人、配偶、直系或三親等內旁系血親或家長、家屬，得獨立為被告或犯罪嫌疑人選任辯護人。

III.被告或犯罪嫌疑人因神經系統構造及精神、心智功能有損傷或不全，無法為完全之陳述者，應通知前項之人得為被告或犯罪嫌疑人選任辯護人。但不能通知者，不在此限。

第70條　（輔佐人之資格及限制）

I.被告之直屬長官、配偶、直系或三親等內旁系血親或家長、家屬或法定代理人，於起訴後得聲請為輔佐人，於審判期日到庭陳述意見。

II.被告或犯罪嫌疑人因神經系統構造及精神、心智功能有損傷或不全，無法為完全之陳述者，應有第一項得為輔佐人之人或其委任之人或主管機關指派之社工人員為輔佐人陪同在場。但經合法通知無正當理由不到場者，不在此限。

III.前二項規定，於有關國防機密之案件，得限制之。

第71條　（辯護人之資格）

辯護人應選任向最高軍事法院登錄之律師充之。但審判中經審判長許可者，亦得選任非律師為辯護人。

第72條　（數辯護人之文書送達）

辯護人有數人者，送達文書，應分別為之。

第73條　（辯護人人數限制及選任程序）

I.每一被告選任辯護人不得逾三人。

II.選任辯護人，應提出委任書狀。

III.前項委任書狀，於起訴前應提出於軍事檢察官、軍法警察官或軍法警察；起訴後應於每審級提出於軍事法院。

第 74 條 （強制辯護案件及指定辯護人）
Ⅰ.被告所犯最輕本刑為三年以上有期徒刑，或被告因神經系統構造及精神、心智功能有損傷或不全，無法為完全之陳述，於審判中未經選任辯護人者，審判長應指定公設辯護人為其辯護，其他案件認為有必要者，亦同。
Ⅱ.前項案件，選任辯護人於審判期日無正當理由而不到庭者，得指定公設辯護人。
Ⅲ.被告有數人者，得指定一人辯護。但各被告之利害相反者，不在此限。
Ⅳ.指定公設辯護人後，經選任律師為辯護人者，得將指定之辯護人撤銷。

第 75 條 （公設辯護人之職務）
公設辯護人得依被告之請求，代撰申辯及其他合法請求之文書。

第 76 條 （禁收報酬）
公設辯護人不得收受被告及關係人之報酬或其他利益。

第 77 條 （獨立行使職務）
公設辯護人對於軍事法院及軍事檢察官，獨立行使職務。

第 78 條 （辯護之責）
公設辯護人對於軍事法院指定案件，負辯護之責，並應盡量蒐集有利被告之辯護資料。

第 79 條 （閱卷權及其限制）
辯護人於審判中得檢閱卷宗及證物，並得抄錄或攝影。但於國防機密有關之案件，得限制攝影。

第 80 條 （接見通信權及其限制）
辯護人得接見犯罪嫌疑人及羈押之被告，並互通書信。但有事實足認其有湮滅、偽造、變造證據或勾串其他正犯、共犯或證人之虞者，得限制之。

第 81 條 （辯護書之提出）
辯護人對於承辦案件，應提出辯護書。

第 82 條 （公設辯護人條例之準用）
公設辯護人條例之規定與本章不相牴觸者，準用之。

第 82 條之 1 （持有特定障別身心障礙手冊者之適用）
持有依身心障礙者權益保障法一百零一年七月十一日前規定核發之身心障礙手冊，障別為智能障礙、慢性精神病、自閉症、失智症者，適用第六十九條第三項、第七十條第二項以及第七十四條第一項之規定。

第七章 文書、送達、期日及期間

第 83 條 （裁判書應記載之事項）
Ⅰ.裁判書除依特別規定外，現役軍人應記載其姓名、性別、年齡、出生地、軍事機關、部隊或學校之名稱或番號、職階、及其住居所或其他足資辨別之特徵；非現役軍人記載其姓名、性別、年齡、出生地、住居所；如係判決書，並應記載軍事檢察官及辯護人之姓名。
Ⅱ.裁判書之原本，應由為裁判之審判長、軍事審判官簽名，審判長有事故不能簽名時，由資深之軍事審判官附記其事由，軍事審判官有事故時，由審判長附記其事由。

第 84 條 （文書之送達）
Ⅰ.送達文書由軍事法院或軍事法院檢察署書記官交執法官兵、軍法警察或郵政機關行之。
Ⅱ.送達文書於應受送達人，應向該管軍事機關、部隊、學校或其陳明之住居所、事務所或送達代收人為之。
Ⅲ.應受送達人在監獄或看守所者，應囑託該監所長官為之。
Ⅳ.應受送達人住居於軍事法院所在地以外者，現役軍人得囑託其所在地之軍法警察官、軍事法院或軍事法院檢察署代為送達，非現役軍人得囑託其所在地之法院或檢察署代為送達。

第 85 條　（公示送達之方法及生效）
公示送達對法權所不及之地，必要時得以公開播送方式行之，其方法及效力發生期間，由國防部定之。

第 86 條　（刑訴法文書及送達之準用）
刑事訴訟法關於文書及送達之規定，與本章不相牴觸者，準用之。

第 87 條　（刑訴法期日及期間之準用）
期日及期間準用刑事訴訟法之規定。

第八章　被告之傳喚及拘提

第 88 條　（傳喚被告之程式）
I.傳喚被告應用傳票。但必要時，得以其他方法行之。
II.傳票應記載下列事項：
　　一　被告之姓名、性別、軍事機關、部隊或學校之名稱或番號及其駐在地或其住居所。
　　二　案由。
　　三　應到之日、時、處所。
　　四　無正當理由不到場者，得命拘提。
III.被告之姓名不明，或因其他情形有必要時，應記載其足資辨別之特徵，被告所屬之軍事機關、部隊或學校之名稱或番號、駐在地或住居所不明者，毋庸記載。
IV.傳票於偵查中由軍事檢察官簽名，審判中由審判長或受命軍事審判官簽名。

第 89 條　（逕行拘提之情形）
被告犯罪嫌疑重大，而有下列情形之一者，得不經傳喚逕行拘提：
　　一　無一定之住所或居所者。
　　二　逃亡或有事實足認為有逃亡之虞者。
　　三　有事實足認為有湮滅、偽造、變造證據或勾串其他正犯、共犯或證人之虞者。
　　四　所犯為死刑、無期徒刑或最輕本刑為五年以上有期徒刑之罪者。

第 90 條　（拘提被告之程式及機關）
I.拘提被告，應用拘票，並記載下列事項：
　　一　被告之姓名、性別、軍事機關、部隊或學校之名稱或番號及其駐在地或住居所。
　　二　案由。
　　三　拘提之理由。
　　四　應解送之處所。
II.第八十八條第三項、第四項之規定，於拘票準用之。
III.拘提由執法官兵、軍法警察或軍法警察官執行。

第 91 條　（拘提方法）
I.拘提被告，應責成或會同該管長官行之。但被告離去駐地者，不在此限。
II.被告為將級人員或少校以上部隊長官時，其拘票於偵查中由軍事法院檢察署檢察長簽名，審判中由軍事法院院長簽名。
III.被告為非現役軍人時，其拘提應會同該管警察機關或自治單位主管人員為之。

第 92 條　（通緝）
被告逃亡或藏匿者，得通緝之。

第 93 條　（通緝書應記載事項）
I.通緝被告，應用通緝書。
II.通緝書，應記載下列事項：
　　一　被告之姓名、性別、年齡、出生地、職階、軍事機關、部隊或學校之名稱或番號、住所或居所及其他足資辨別之特徵。但不明者，得免記載。
　　二　被訴之事實。
　　三　通緝之理由。
　　四　犯罪之日、時、處所。但日、時、處所不明者，得免記載。
　　五　應解送之處所。
III.通緝書，於偵查中由軍事法院檢察署檢察長簽名，審判中由軍事法院院長簽名。

第 94 條　（通緝之效力）
I.通緝經發布後，軍事檢察官或軍法警察官、軍法警察得拘提被告或逕行逮捕之。
II.利害關係人，得逕行逮捕通緝之被告，送交軍事檢察官、軍法警察官、軍法警察或請求軍事檢察官、軍法警察官、軍法警察

逮捕之。

III.通緝於其原因消滅或已顯無必要時，應即撤銷。

第 95 條　（逕行拘提之情形）

I.軍事檢察官或軍法警察官、軍法警察遇有下列情形之一而情況急迫者，得逕行拘提之：

一　因現行犯之供述，且有事實足認為共犯嫌疑重大而有逃亡之虞者。

二　在執行或在押中脫逃者。

三　有事實足認為犯罪嫌疑重大，經被盤查而逃逸者。但所犯顯係最重本刑為一年以下有期徒刑、拘役或專科罰金之罪者，不在此限。

四　所犯為死刑、無期徒刑或最輕本刑為五年以上有期徒刑之罪，嫌疑重大，有事實足認為有逃亡之虞者。

II.前項拘提，由軍事檢察官親自執行時，得不用拘票；由軍法警察官或軍法警察執行時，以其急迫情況不及報告軍事檢察官者為限，於執行後，應即報軍事檢察官簽發拘票。如軍事檢察官不簽發拘票時，應即將被拘提人釋放。

III.第一百十二條之規定，於第一項情形準用之。但應即報軍事檢察官。

IV.軍事檢察官、軍法警察官或軍法警察依第一項規定程序拘提犯罪嫌疑人，應即告知其本人及其家屬，得選任辯護人到場。

第 96 條　（現行犯之逮捕及解送）

I.無偵查犯罪權限之人，逮捕現行犯時，應即送交就近之軍事檢察官、軍法警察官或軍法警察。

II.軍法警察官或軍法警察於接受或逮捕現行犯後，應即解送軍事檢察官。但所犯最重本刑為一年以下有期徒刑、拘役或專科罰金之罪、告訴或請求乃論之罪，其告訴或請求已經撤回或已逾告訴期間者，得經軍事檢察官之許可，不予解送。

III.對於第一項逮捕現行犯之人，應詢其姓名、住居所及逮捕之事由。

第 97 條　（拘提程序及拘提、逮捕原因之告知）

I.拘提被告除有特別規定外，應示以拘票。

II.拘提或逮捕後，應將拘提或逮捕之原因，以書面告知其本人指定之親友。

III.拘提或因通緝逮捕之被告，應即解送指定之處所；如二十四小時內不能達到指定之處所者，應分別其命拘提或通緝者為軍事法院或軍事檢察官，先行解送較近之軍事法院或軍事法院檢察署，訊問其人有無錯誤。

第 98 條　（即時訊問及羈押程序）

I.被告或犯罪嫌疑人因拘提或逮捕到場者，應即時訊問。

II.偵查中經軍事檢察官訊問後，認有羈押之必要者，應自拘提或逮捕之時起二十四小時內敘明羈押之理由，聲請該管軍事法院羈押之。

III.前項情形，未經聲請者，軍事檢察官應即將被告釋放。但如認有第一百零二條第一項或第一百零三條第一項各款所定情形之一而無聲請羈押之必要者，得逕命具保、責付或限制住居，如不能具保、責付或限制住居，而有必要情形者，仍得聲請軍事法院羈押之。

IV.第一項至第三項之規定，於軍事檢察官受理軍、司法機關移送之被告時，準用之。

V.軍事法院於受理前三項羈押之聲請後，應即時訊問。

第 99 條　（法定障礙事由）

I.第九十七條第三項及前條第二項所定之二十四小時，有下列情形之一者，其經過之時間不予計入。但不得有不必要之遲延：

一　因交通障礙或其他不可抗力事由所生不得已之遲滯。

二　在途解送時間。

三　夜間不得為詢問者。

四　因被告或犯罪嫌疑人身體健康之事由，事實上無法訊問者。

五　被告或犯罪嫌疑人表示已選任辯護人或應有輔佐人陪同在場，因等

候其辯護人或輔佐人到場致未予
訊問者。但等候時間不得逾四小
時。
六　被告或犯罪嫌疑人須由通譯傳譯，
因等候其通譯到場致未予訊問者。
但等候時間不得逾六小時。
七　經軍事檢察官命具保或責付之被
告，在等候交保或責付者。但等候
時間不得逾四小時。
八　犯罪嫌疑人經軍事法院提審之期
間。
II.前項各款情形之經過時間內不得訊問。
III.因第一項之法定障礙事由致二十四小時
內無法移送該管軍事法院者，軍事檢察
官聲請羈押時，並應釋明其事由。

第 100 條　（刑訴法被告之傳喚及拘提之準用）
刑事訴訟法關於被告之傳喚及拘提之規
定，與本章不相牴觸者，準用之。

第九章　被告之訊問及羈押

第 101 條　（人別訊問及其他應訊事項）
I.訊問被告，應先詢其姓名、年齡、出生
地、職階、任職或服役之期間、軍事機
關、部隊或學校之名稱或番號及其駐在地
或住居所，以辨識其有無錯誤，如係錯
誤，應即釋放，如係管轄錯誤，應即移
送。
II.訊問被告應一併詢其有無戰功戰績，及其
直屬長官之姓名、職務及其軍事機關、部
隊或學校之名稱或番號及駐在地，如其長
官為共同被告，並遞問其再上級之長官。

第 102 條　（羈押要件一）
I.被告經軍事審判官訊問後，認為犯罪嫌疑
重大，而有下列情形之一，非予羈押，顯
難進行追訴、審判或執行者，得羈押之：
一　逃亡或有事實足認有逃亡之虞者。
二　有事實足認為有湮滅、偽造、變造
證據或勾串共犯或證人
之虞者。
三　所犯為死刑、無期徒刑或最輕本刑

為五年以上有期徒刑之罪者。
四　有事實足認非予羈押即有妨害軍
事安全之虞者。
II.軍事審判官為前項之訊問時，軍事檢察官
得到場陳述聲請羈押之理由及提出必要
之證據。
III.第一項各款所依據之事實，應告知被告及
其辯護人，並記載於筆錄。

第 103 條　（羈押要件二）
I.被告經軍事審判官訊問後，認為犯下列各
款之罪，其嫌疑重大，有事實足認為有反
覆實施同一犯罪之虞，而有羈押之必要
者，得羈押之：
一　刑法第一百七十四條第一項、第二
項、第四項、第一百七十五條第一
項之放火罪、第一百七十六條之準
放火罪。
二　刑法第二百二十四條之強制猥褻
罪、第二百二十七條與幼年男女性
交或猥褻罪。但未經告訴或其告訴
已經撤回或已逾告訴期間者，不在
此限。
三　刑法第三百零二條之妨害自由罪。
四　刑法第三百二十條、第三百二十一
條之竊盜罪。
五　刑法第三百二十五條、第三百二十
六條之搶奪罪。
六　刑法第三百二十九條之準強盜罪。
七　刑法第三百四十六條之恐嚇取財
罪。
II.前條第二項、第三項之規定，於前項情形
準用之。

第 104 條　（羈押期間及延長）
I.羈押被告，偵查中不得逾二月，審判中不
得逾三月。但有繼續羈押之必要者，得於
期間未滿前，經軍事法院依第一百零二條
或第一百零三條之規定訊問被告後，以裁
定延長之。在偵查中延長羈押期間，應由
軍事檢察官附具體理由，至遲於期間屆滿
之五日前聲請軍事法院裁定。
II.前項裁定，除當庭宣示者外，於期間未滿
前以正本送達於被告者，發生延長羈押之

效力。羈押期滿，延長羈押之裁定未經合法送達者，視為撤銷羈押。

III審判中之羈押期間，自卷宗及證物送交軍事法院或最高法院、高等法院之日起算。起訴或裁判後送交前之羈押期間算入偵查中或原審軍事法院之羈押期間。

IV羈押期間自簽發押票之日起算。但羈押前之逮捕、拘提期間，以一日折算裁判確定前之羈押日數一日。

V延長羈押期間，偵查中不得逾二月，以延長一次為限。審判中每次不得逾二月，如所犯最重本刑為十年以下有期徒刑以下之刑者，初審及第二審以三次為限，第三審以一次為限。

VI案件經發回者，其延長羈押期間之次數，應更新計算。

VII羈押期間已滿未經起訴或裁判者，視為撤銷羈押，軍事檢察官或軍事法院應將被告釋放；由軍事檢察官釋放被告者，並應即時通知軍事法院。

第 105 條 （押票應記載事項）

I羈押被告，應用押票。

II押票，應按被告捺指印，並記載下列事項：
一　被告之姓名、性別、年齡、軍事機關、部隊或學校之名稱或番號，及其駐在地或住居所。
二　案由及觸犯之法條。
三　羈押之理由及其所依據之事實。
四　應羈押之處所。
五　羈押期間及其起算日。
六　如不服羈押處分之救濟方法。

III第八十八條第三項之規定，於押票準用之。

IV押票，由軍事審判官簽名。

V執行羈押，應將被告解送於指定之軍事看守所，無軍事看守所者，寄押於司法看守所或醫房內。

第 106 條 （具保）

I被告及得為其輔佐人之人或辯護人，得隨時具保，向軍事法院聲請停止羈押。

II軍事檢察官於偵查中得聲請軍事法院命被告具保停止羈押。

III軍事法院對於前二項之聲請，得聽取被告、辯護人或得為被告輔佐人之人陳述意見。

IV偵查中軍事法院為具保停止羈押之決定時，除有第一百零七條及本條第二項之情形外，應徵詢軍事檢察官之意見。

第 107 條 （駁回聲請停止羈押之限制）

羈押之被告，有下列情形之一者，如經具保聲請停止羈押，不得駁回：
一　所犯最重本刑為一年以下有期徒刑、拘役或專科罰金之罪者。
二　懷胎五月以上或生產後二月未滿者。
三　現罹疾病，非保外治療顯難痊癒者。

第 108 條 （責付）

羈押之被告，得不命具保，責付於其該管長官或其他適當之人，停止羈押。

第 109 條 （撤銷或停止羈押等之機關及程序）

I關於撤銷或停止羈押及其命具保、責付、限制住居、沒入保證金或退保，以軍事法院之裁定行之。

II案件在第三審上訴中，而卷宗及證物已送交該管法院者，前項處分及其他各項羈押被告之處分，仍由第二審之軍事法院裁定之。

III軍事檢察官於偵查中命具保、責付或限制住居及為沒入保證金、退保之處分者，以命令行之。

第 110 條 （刑訴法被告訊問及羈押之準用）

刑事訴訟法關於被告訊問及羈押之規定，與本章不相牴觸者，準用之。

第十章　搜索及扣押

第 111 條 （搜索程式及執行人員）

I搜索，應用搜索票。

II搜索票，應記載下列事項：
一　案由。

二　應搜索之被告、犯罪嫌疑人或應扣押之物。但被告或犯罪嫌疑人不明時，得不予記載。

三　應加搜索之處所、身體、物件或電磁紀錄。

四　有效期間，逾期不得執行搜索及搜索後應將搜索票交還之意旨。

III搜索票，由軍事審判官簽名。軍事審判官並得於搜索票上對執行人員為適當之指示。

IV核發搜索票之程序，不公開之。

V搜索，除由軍事檢察官或軍事審判官親自實施外，由軍法警察官或軍法警察執行。

第 111 條之 1　（搜索票之聲請核發）

I.偵查中軍事檢察官認有搜索之必要者，除依法律得不用搜索票之情形外，應以書面記載前條第二項各款之事項，並敘述理由，聲請該管軍事法院核發搜索票。

II.軍法警察官因調查犯罪嫌疑人犯罪情形及蒐集證據，認有搜索之必要時，得依前項規定報請軍事檢察官許可後，向該管軍事法院聲請核發搜索票。

III前二項之聲請經軍事法院駁回者，不得聲明不服。

第 112 條　（人身搜索及住宅搜索）

I.軍事檢察官、軍法警察官、軍法警察或執法官兵逮捕被告、犯罪嫌疑人或執行拘提、羈押時，雖無搜索票，得逕行搜索其身體、隨身攜帶之物件、所使用之交通工具及其立即可觸及之處所。

II.有下列情形之一者，軍事檢察官、軍法警察官、軍法警察雖無搜索票，得逕行搜索住宅或其他處所：

一　因逮捕被告、犯罪嫌疑人或執行拘提、羈押者。

二　因追躡現行犯或逮捕脫逃人者。

三　有事實足信為有人在內犯罪而情形急迫者。

III軍事檢察官於偵查中有相當理由認為情況急迫，非迅速搜索，證據有偽造、變造、湮滅或隱匿之虞者，得逕行搜索，或指揮軍法警察官、軍法警察或執法官兵執行搜索。

IV.前二項搜索，由軍事檢察官為之者，應於實施後三日內陳報該管軍事法院；由軍法警察官、軍法警察或執法官兵為之者，應於執行後三日內報告該管軍事法院檢察署軍事檢察官及軍事法院。軍事法院認為不應准許者，得於三日內撤銷之。

第 112 條之 1　（出於自願性同意之搜索）

搜索，經受搜索人出於自願性同意者，得不使用搜索票。但執行人員應出示證件，並將其同意之意旨記載於筆錄。

第 112 條之 2　（執行結果之陳報）

軍事檢察官或軍法警察官於聲請核發之搜索票執行後，應將執行結果陳報核發搜索票之軍事法院，如未能執行者，應敘明其事由。

第 113 條　（政府機關、公務員等所持有、保管物件之搜索扣押）

I.政府機關、公務員或曾為公務員之人所持有或保管之文書及其他物件應扣押者，應請求交付。但於必要時得搜索之。

II.前項情形，如為其職務上應守秘密者，非經該管監督機關或公務員允許，不得扣押。

III前項允許，除有妨害國家之利益者外，不得拒絕。

第 114 條　（搜索機關、部隊、學校等之方法）

I.於機關、部隊、學校或軍事上應秘密之處所內行搜索時，應會同其長官或其所派之代表行之。

II.搜索住宅應會同該管憲警人員並得命鄰居之人或就近自治團體之職員在場。

III同一案件，由同一地區二以上機關行搜索者，應會同行之。

第 115 條　（刑訴法搜索及扣押之準用）

刑事訴訟法關於搜索及扣押之規定，與本章不相牴觸者，準用之。

第十一章 證 據

第 116 條 （證據裁判主義）

犯罪事實應依證據認定之，無證據不得推定其犯罪事實，並不得以無反證即認定其犯罪。

第 117 條 （自由心證主義）

I 證據之證明力，由軍事法院自由判斷之。

II 無證據能力，未經合法調查，顯與事理有違，或與認定事實不符之證據，不得作為判斷之依據。

第 118 條 （筆錄及其他文書之宣讀）

I 卷宗內之筆錄及其他文書可為證據者，應向被告宣讀或告以要旨，被告請求閱覽者，不得拒絕。

II 前項文書有關國防機密、風化、公安或有毀損他人名譽之虞者，應交被告閱覽，不得宣讀，如被告不解其意義者，應告以要旨。

第 119 條 （傳喚證人之程式）

I 傳喚證人應用傳票。

II 傳票，應記載下列事項：
一　證人之姓名、性別及住、居所。
二　待證之事由。
三　應到之日、時、處所。
四　無正當理由不到場者，得科罰鍰及命拘提。
五　證人得請求日費及旅費。

III 第八十八條第四項之規定，於證人傳票準用之。

IV 傳票至遲應於到場期日三日前送達。但有急迫情形者，不在此限。

V 軍法警察官或軍法警察於調查證據期間，必要時亦得以書面或口頭通知證人到場。

第 120 條 （違背到場、具結義務之處分）

I 證人經合法傳喚，無正當理由不到庭或到庭後無正當理由拒絕具結或證言者，得科以新臺幣一萬五千元以下之罰鍰，並得拘提之，再傳不到者，亦同。

II 前項科罰鍰之處分，現役軍人由軍事法院裁定之，軍事檢察官為傳喚者，應請該管軍事法院裁定之，非現役軍人送法院裁定之。

III 對於前項裁定，得提起抗告。

IV 拘提證人，準用拘提被告之規定。

第 121 條 （訊問證人之囑託）

I 審判長或軍事檢察官，得囑託證人所在地之軍事審判官、軍事檢察官、法院法官或檢察官訊問證人，如證人不在該地者，得轉為囑託代訊。

II 受託訊問證人者，與本案繫屬之軍事法院審判長或軍事檢察官有同一之權限。

第 122 條 （勘驗之機關及原因）

軍事法院或軍事檢察官，因調查證據及犯罪情形，得實施勘驗。

第 123 條 （勘驗之必要處分）

I 勘驗，得為下列處分：
一　履勘犯罪場所或其他與案情有關係之處所。
二　檢查身體。
三　檢驗屍體。
四　解剖屍體。
五　檢查與案情有關係之物件。
六　其他必要之處分。

II 前項第三款之規定，得囑託法院或檢察官為之。

第 124 條 （軍法警察官之勘驗）

前條第一項第一款、第二款、第五款、第六款之規定，軍法警察官於必要時，亦得為之。

第 125 條 （刑訴法證據之準用）

刑事訴訟法關於證據之規定，與本章不相牴觸者，準用之。

第十二章 裁 判

第 126 條 （裁判之評議）

I 合議裁判應經評議決定之，並將參與評議者發表之意見，記載於評議簿。

II.前項評議簿之公開，準用法院組織法之規定。

第 127 條 　（評議程序）

I.裁判評議以審判長為主席，由階低者首先發言，階同以資淺者先發言，階資均同者以年少者為先，遞推至審判長為止，以過半數之意見決定之，必要時，並得投票決定，由階資低者檢票。

II.關於金額如意見分三說以上，各不達過半數時，以最多額之意見順次算入次多額之意見，至達過半數為止。

III.關於刑事如意見分三說以上，各不達過半數時，以最不利於被告之意見順次算入次不利於被告之意見，至達過半數為準。

第 128 條 　（判決之宣示）

I.判決，應宣示之。但不經言詞辯論之判決，不在此限。

II.裁定，以當庭所為者為限，應宣示之。

III.第一項應宣示之判決，於宣示後，應即通知被告上級軍事機關長官。

第 129 條 　（刑訴法裁判之準用）

刑事訴訟法關於裁判之規定，與本章不相牴觸者，準用之。

第二編　初　　審
第一章　偵　　查

第 130 條 　（告發、告訴之原則、程式及受理機關）

I.不問何人知現役軍人有犯罪嫌疑者，得為告發。

II.現役軍人犯罪之被害人，得為告訴。

III.告發、告訴應以文書或言詞，向該管軍事檢察官、軍法警察官、軍法警察或各級軍事機關或部隊長官為之，其以言詞為之者，應製作筆錄。

第 131 條 　（文書告發之調查及告發人保密之要求）

I.以文書為告發者，得先調查告發人。

II.告發人得要求代守秘密。

第 132 條 　（自首機關）

自首向軍事檢察官、軍法警察官、軍法警察或其長官為之者，準用第一百三十條第三項之規定。

第 133 條 　（偵查之發動及對象）

I.軍事檢察官因告發、告訴、自首或其他情事，知有犯罪嫌疑者，應即開始偵查。

II.前項偵查，軍事檢察官得限期命第五十九條之軍法警察官或第六十條之軍法警察調查犯罪情形及蒐集證據，並提出報告。必要時，得將相關卷證一併發交。

第 134 條 　（外國政府請求之程序）

刑法第一百十六條、第一百十八條請求乃論之罪，外國政府之請求，應由外交部轉請國防部令知該管軍事檢察官偵查。

第 135 條 　（傳訊被告之要件）

實施偵查，非有必要不得先行傳訊被告。

第 136 條 　（協助偵查之程序）

被告經傳喚、自首或自行到場者，軍事檢察官於訊問後認有第一百零二條第一項各款或第一百零三條第一項各款所定情形之一而無聲請羈押之必要者，得命具保、責付或限制住居。但認有羈押之必要者，得予逮捕，並將逮捕所依據之事實告知被告後，聲請軍事法院羈押之。第九十八條第二項、第三項、第五項之規定於本條之情形準用之。

第 137 條 　（犯罪嫌疑人之移送）

軍法警察官知有犯罪嫌疑，而不屬其管轄，或於開始偵查後，認為該案件不屬其管轄者，除有急迫情形應為必要之處分外，應檢同卷證，移送該管軍事檢察官，如有依法逮捕或拘提之犯罪嫌疑人或被告，一併解送。

軍事審判法　第二編　初　審　（第一三八～一四六條）

第 138 條 　（公訴之提起）

I.軍事檢察官依偵查所得之證據，足認被告有犯罪嫌疑者，應提起公訴。

II.被告之所在不明或為法權所不及者，亦應提起公訴。

第 139 條 　（絕對不起訴案件）

I.案件有下列情形之一者，應為不起訴之處分：
一　曾經判決確定者。
二　時效已完成者。
三　曾經大赦者。
四　犯罪後之法律已廢止其刑罰者。
五　告訴或請求乃論之罪，其告訴或請求已經撤回或已逾告訴期間者。
六　被告已死亡者。
七　軍事法院對於被告無審判權者。
八　行為不罰者。
九　法律應免除其刑者。
十　犯罪嫌疑不足者。

II.依前項第七款之規定，為不起訴之處分者，應將案件移送於該管法院檢察署。

第 140 條 　（微罪不起訴案件）

I.下列各罪，軍事檢察官參酌刑法第五十七條所列事項，認以不起訴為適當者，得為不起訴處分：
一　最重本刑為三年以下有期徒刑、拘役或罰金之罪。
二　刑法第三百二十條、第三百二十一條之竊盜罪。
三　刑法第三百三十六條第二項之侵占罪。
四　刑法第三百四十一條之詐欺罪。
五　刑法第三百四十二條之背信罪。
六　刑法第三百四十六條之恐嚇罪。

II.軍事檢察官為前項不起訴處分前，並得斟酌情形，經告訴人及被告直屬長官之同意，命被告為下列各款事項：
一　向被害人道歉。
二　立悔過書。
三　向被害人支付相當數額之慰撫金。

III.前項情形，應附記於不起訴處分書內。

IV.第二項第三款並得為民事強制執行名義。

第 141 條 　（不起訴處分書之製作及送達）

軍事檢察官為不起訴之處分者，應製作處分書，敘述不起訴之理由，以正本送達於被害人、告訴人、被告、辯護人及被告直屬長官並上級軍事法院檢察署。

第 142 條 　（再議之聲請及期間）

被害人、告訴人及被告直屬長官，接受不起訴處分書後，得於七日內以書面敘述不服之理由，經原軍事檢察官向直接上級軍事法院檢察署檢察長聲請再議。但有第一百四十條第二項之情形者，不得聲請再議。

第 143 條 　（上級軍事法院檢察署檢察長對聲請再議之處理）

上級軍事法院檢察署檢察長認再議之聲請為無理由者，應駁回之，認為有理由者，應分別為下列處分：
一　偵查未完備者，命令原軍事法院檢察署軍事檢察官續行偵查。
二　偵查已完備者，命令原軍事法院檢察署軍事檢察官起訴。

第 144 條 　（再行起訴之限制）

不起訴處分已確定者，非有下列情形之一，不得對於同一案件再行起訴：
一　發見新事實或新證據者。
二　有第二百十八條第一項第一款、第二款、第四款或第五款所定，得為再審原因之情形者。

第 145 條 　（終結偵查之限制）

犯人不明或為法權所不及者，於認有第一百三十九條所定之情形以前，不得終結偵查。

第 146 條 　（刑訴法偵查之準用）

刑事訴訟法關於偵查之規定，與本章不相牴觸者，準用之。

第二章　起　訴

第 147 條　（起訴之程式）

I.提起公訴，應由軍事檢察官向管轄軍事法院提出起訴書為之。

II.起訴書應記載下列事項：

一　被告之姓名、性別、年齡、出生地、軍事機關、部隊或學校之名稱或番號、職階及其住居所或其他足資辨別之特徵。

二　犯罪事實及證據並所犯法條。

III.起訴時應將卷宗及證物一併移送。

第 148 條　（起訴書之送達）

起訴書之送達，準用第一百四十一條之規定。

第 149 條　（撤回起訴之原因及時期）

軍事檢察官於初審辯論終結前，發見有應不起訴或得不起訴之情形者，得撤回起訴。

第 150 條　（刑訴法起訴之準用）

刑事訴訟法關於起訴之規定，與本章不相牴觸者，準用之。

第三章　審　判

第 151 條　（受命審判官之指定及其職權）

I.行合議審判之案件，為準備審判起見，得就庭員中指定軍事審判官一員為受命審判官，於審判期日前訊問被告及蒐集或調查證據。

II.受命軍事審判官關於訊問被告及蒐集或調查證據，與軍事法院或審判長有同一之權限。但第一百零九條之裁定，不在此限。

第 152 條　（獨立審判）

軍事法院獨立行使審判權，不受任何干涉。

第 153 條　（期日之傳喚及通知）

I.審判期日應傳喚被告，並通知軍事檢察官、辯護人、輔佐人。

II.審判期日，應傳喚被害人或其家屬並予陳述意見之機會。但經合法傳喚無正當理由不到場，或陳明不願到場，或軍事法院認為不必要或不適宜者，不在此限。

第 154 條　（訴訟行為程式之補正）

起訴或其他訴訟行為，於法律上必備之程式有欠缺而其情形可以補正者，軍事法院應定期間命其補正。

第 155 條　（公判庭之組織）

審判期日，應由軍事審判官、軍事檢察官及書記官出庭。

第 156 條　（被告及辯護人到庭之必要）

I.審判期日，除有特別規定外，被告不到庭者，不得審判。

II.第七十四條第一項所定之案件，無辯護人到庭者，不得審判。但宣示判決不在此限。

第 157 條　（陳述起訴要旨）

審判長依第一百零一條訊問被告後，軍事檢察官應陳述起訴之要旨。

第 158 條　（訊問被告）

軍事檢察官陳述起訴要旨後，審判長應就被訴事實訊問被告。

第 159 條　（調查證據）

訊問被告後，審判長應調查證據。

第 160 條　（調查證據完畢辯論之順序）

I.調查證據完畢後，應命依下列次序就事實及法律辯論之：

一　軍事檢察官。

二　被告。

三　辯護人。

II.已辯論者，得再為辯論，審判長亦得命再行辯論。

第 161 條　（被告最後陳述）

審判長於宣示辯論終結前，最後應詢問被告有無陳述。

第 162 條　（再開辯論）

辯論終結後，遇有必要情形，軍事法院得命再開辯論。

第 163 條　（更新審判程序）

I 審判期日，應由參與之軍事審判官始終出庭，如有更易者，應更新審判程序。
II 參與審判期日前準備程序之軍事審判官有更易者，毋庸更新其程序。

第 164 條　（連續開庭）

審判非一次期日所能終結者，除有特別情形外，應於次日連續開庭；如下次開庭因事故間隔至十五日以上者，應更新審判程序。

第 165 條　（科刑、免刑判決）

I 被告犯罪已經證明者，應諭知科刑之判決。但免除其刑者，應諭知免刑之判決。
II 依刑法第六十一條規定，為前項免刑判決前，並得斟酌情形，經告訴人及被告直屬長官之同意，命被告為下列各款事項：
　一　向被害人道歉。
　二　立悔過書。
　三　向被害人支付相當數額之慰撫金。
III 前項情形，應附記於判決書內。
IV 第二項第三款並得為民事強制執行名義。

第 166 條　（變更法條）

I 前條之判決，得就起訴之犯罪事實，變更軍事檢察官所引應適用之法條。
II 前項變更，未告知當事人並予適當之辯論機會者，不得為之。

第 167 條　（無罪判決）

不能證明被告犯罪或其行為不罰者，應諭知無罪之判決。

第 168 條　（免訴之判決）

案件有下列情形之一者，應諭知免訴之判決：
　一　曾經判決確定者。
　二　時效已完成者。
　三　曾經大赦者。
　四　犯罪後之法律已廢止其刑罰者。
　五　被告就他罪受重刑之判決，已經確定，因其於執行之刑無重大關係，認為本罪毋庸科刑者。

第 169 條　（不受理判決之情形）

案件有下列情形之一者，應諭知不受理之判決：
　一　起訴之程序違背規定者。
　二　已經提起公訴之案件，在同一軍事法院重行起訴者。
　三　告訴或請求乃論之罪，未經告訴、請求，或其告訴、請求經撤回或已逾告訴期間者。
　四　曾為不起訴處分或撤回起訴，而違背第一百四十四條之規定再行起訴者。
　五　被告死亡者。
　六　對於被告無審判權者。
　七　對於管轄權競合之同一案件，不得為審判者。

第 170 條　（不受理判決之移送）

前條第六款因無審判權而諭知不受理之判決，應同時諭知移送於管轄法院檢察署。

第 171 條　（管轄錯誤判決之移送）

無管轄權之案件，應諭知管轄錯誤之判決，並同時諭知移送於管轄軍事法院。

第 172 條　（戰時逕行判決）

戰時犯叛亂罪，其以軍隊、艦船、飛機交付敵人，經依第一百三十八條第二項之規定起訴者，為公示送達後，於審判期日得不待其陳述逕行判決。

第 173 條　（不經言詞辯論之判決）

第一百六十八條至第一百七十一條之判決，得不經言詞辯論為之。

第 174 條　（判決書之內容）

裁判書應分別記載裁判之主文及理由；有罪之判決書並應記載事實。

第 175 條　（有罪判決書主文之記載事項）

有罪之判決書，應於主文內分別情形，記載下列事項：

- 一　所諭知之主刑、從刑或刑之免除。
- 二　諭知六月以下有期徒刑或拘役者，如易科罰金，其折算之標準。
- 三　諭知罰金者，如易服勞役，其折算之標準。
- 四　諭知易以訓誡者，其諭知。
- 五　諭知緩刑者，其緩刑之期間。
- 六　諭知保安處分者，其處分及期間。

第 176 條　（有罪判決書應記載事項）

有罪之判決書，應於理由內分別情形，記載下列事項：

- 一　認定犯罪事實所憑之證據及其認定之理由。
- 二　對被告有利之陳述，及辯護意旨不採納之理由。
- 三　科刑時就刑法第五十七條或第五十八條規定事項，所審酌之情形。
- 四　刑罰有加重、減輕或免除者，其理由。
- 五　易以訓誡或緩刑者，其理由。
- 六　諭知保安處分者，其理由。
- 七　適用之法律。

第 177 條　（上訴及職權上訴判決之宣示送達）

Ⅰ判決得為上訴者，其上訴期間，提出上訴之軍事法院及第一百八十二條、第一百八十三條第一項之規定，應於宣示時一併告知，並應記載於送達被告之判決正本。

Ⅱ合於職權上訴者，宣示時應告知提出答辯書之期間及上訴之軍事法院。

Ⅲ第一項判決正本，並應送達於被告人、告訴人、被告之直屬長官及其上級軍事機關長官，受送達人於上訴期間內，得向軍事檢察官陳述意見。

第 178 條　（判決對羈押之效力）

羈押之被告，經諭知無罪、免訴、免刑、緩刑、罰金或易以訓誡或第一百六十九條第三款、第四款不受理之判決者，視為撤銷羈押。但上訴期間內或上訴中，得命具保、責付或限制住居，如不能具保、責付或限制住居，而有必要情形者，並得繼續羈押之。

第 179 條　（刑訴法審判之準用）

刑事訴訟法關於審判之規定，與本章不相牴觸者，準用之。

第三編　上　訴

第 180 條　（上訴主體）

Ⅰ當事人不服初審之判決者，得上訴於上級軍事法院。

Ⅱ告訴人、被害人或被告上級軍事機關長官不服初審之判決者，得具備理由，請求軍事檢察官上訴於上級軍事法院。

Ⅲ軍事檢察官為被告之利益，亦得上訴於上級軍事法院。

Ⅳ被告之直屬長官、法定代理人或配偶，得為被告之利益，獨立上訴於上級軍事法院。

Ⅴ原審之辯護人，得為被告之利益，以被告名義上訴於上級軍事法院。但不得與被告明示之意思相反。

Ⅵ對於上級軍事法院之判決，除依本法上訴最高法院或高等法院者外，不得再上訴。

第 181 條　（上訴程序及職權上訴之範圍、程序）

Ⅰ判決經依前條上訴後，由原審軍事法院轉送管轄之上級軍事法院審判。但將官案件之判決及宣告死刑或無期徒刑之判決，應不待上訴依職權送請管轄之上級軍事法院審判，並通知當事人。

Ⅱ宣告死刑、無期徒刑之上訴判決，原上訴軍事法院應依職權逕送最高法院審判，並通知當事人。

Ⅲ第一項但書及前項情形，視為被告已提起上訴。

軍事審判法　第三編　上　訴　（第一八二～一九四條）

IV.當事人不服最高軍事法院宣告有期徒刑以上，或高等軍事法院宣告死刑、無期徒刑之上訴判決者，得以判決違背法令為理由，向最高法院提起上訴。

V.當事人不服高等軍事法院宣告有期徒刑之上訴判決者，得以判決違背法令為理由，向高等法院提起上訴。

VI.對於前項高等法院之判決，不得再上訴。

VII.第二項、第四項及第五項之規定，於戰時及第二百零四條不適用之。

第 182 條　（上訴期間）

上訴期間為十日，自送達判決後起算。但判決宣示後送達前之上訴，亦有效力。

第 183 條　（上訴之程式）

I.上訴應以書狀提出於原審軍事法院為之。但被告於宣示判決時，當庭以言詞為之者，由書記官製作筆錄。

II.前項上訴，非由被告為之者，應由軍事法院以繕本送達於被告，其為被告不利益上訴者，並應通知其答辯。

第 184 條　（在監所被告之上訴）

I.在監所之被告，於上訴期間內向監所長官提出上訴書狀者，視為上訴期間內之上訴。

II.被告不能自作上訴書狀者，應由監所公務員代作。

III.監所長官接受第一項上訴書狀後，應附記接受之年、月、日、時，送交原審軍事法院。

第 185 條　（捨棄上訴及上訴之撤回）

I.有上訴權之人，得捨棄其上訴權。

II.上訴於判決前，得撤回之。但為被告之利益而上訴者，非得被告之同意，不得為之。

III.前二項之上訴，非由被告為之者，應即通知被告。

第 186 條　（捨棄或撤回上訴之管轄）

I.捨棄上訴權，應向原審軍事法院為之。

II.撤回上訴，應向上訴審法院為之。但於該

案卷宗仍在原審軍事法院者，得向原審軍事法院為之。

第 187 條　（捨棄或撤回上訴之程式及效果）

I.捨棄上訴權及撤回上訴，應以書狀為之。但於審判期日，得以言詞為之。

II.第一百八十四條之規定，於捨棄上訴權或撤回上訴準用之。

III.捨棄上訴權或撤回上訴者，喪失其上訴權。

第 188 條　（捨棄或撤回上訴之通知）

捨棄上訴權或撤回上訴，書記官應速通知他造當事人。

第 189 條　（原審對不合法上訴之處置）

原審軍事法院認為上訴不合法律上之程式或法律上不應准許或其上訴權已喪失者，應以裁定駁回之。但其不合法律上之程式可補正者，應定期間，命其補正。

第 190 條　（卷宗、證物之送交）

上訴之案件，原審軍事法院應速將該案卷宗及證物送交上訴審軍事法院。

第 191 條　（上訴範圍）

I.上訴得對於判決之一部為之，未聲明為一部者，視為全部上訴。

II.對於判決之一部上訴者，其有關係之部分，視為亦已上訴。

第 192 條　（上訴要旨之陳述）

上訴軍事法院之案件，審判長於依第一百零一條訊問被告後，應命上訴人陳述上訴要旨。

第 193 條　（審理範圍）

上訴軍事法院，應就原判決經上訴之部分調查之。

第 194 條　（上訴審之一造缺席判決）

被告經上訴軍事法院依法傳喚，無正當理由不到庭者，得不待其陳述逕行判決。

第 195 條　（上訴軍事法院對不合上訴之處置）

上訴軍事法院認為上訴不合法律上之程式或法律上不應准許或其上訴權已經喪失者，應以判決駁回之。但其不合法律上之程式可以補正而未經原審軍事法院命其補正者，應定期間命其補正。

第 196 條　（判決違背法令之情形）

判決不適用法則或適用不當者，為違背法令。

第 197 條　（判決當然違背法令之情形）

有下列情形之一者，其判決當然為違背法令：

一　軍事法院之組織不合法者。

二　依法律或裁判應迴避之軍事審判官參與審判者。

三　禁止審判公開非依法律之規定者。

四　軍事法院所認管轄之有無係不當者。

五　軍事法院受理案件或不受理案件係不當者。

六　除有特別規定外，被告未於審判期日到庭而逕行審判者。

七　依本法應用辯護人之案件或已經指定辯護人之案件，辯護人未經到庭辯護而逕行審判者。

八　除有特別規定外，未經軍事檢察官到庭陳述而為審判者。

九　依本法應停止或更新審判而未經停止或更新者。

十　依本法應於審判期日調查之證據，未予調查者。

十一　未與被告以最後陳述之機會者。

十二　除本法有特別規定外，已受請求之事項未予判決，或未受請求之事項予以判決者。

十三　未經參與審理之軍事審判官參與判決者。

十四　判決不載理由或所載理由矛盾者。

十五　判決理由對於被告有利之陳述或辯護意旨不予採納，而未經記載者。

第 198 條　（上訴之駁回）

I 上訴軍事法院認為上訴無理由者，應以判決駁回之。認為上訴有理由，或上訴雖無理由，而原判不當或違法者，應將原審判決經上訴之部分撤銷，就該案件自為判決。但因原審諭知管轄錯誤、免訴或不受理係不當而撤銷之者，得以判決將該案件發回原審軍事法院。

II 上訴軍事法院因原審判決未諭知管轄錯誤係不當而撤銷之者，如上訴軍事法院有初審管轄權，應為初審之判決。

III 第一項但書之規定，不適用於提審或蒞審。

第 199 條　（上訴案件之發回或發交事由）

最高法院或高等法院對於上訴之案件，因原判決違背法令致影響事實之認定，或未諭知管轄錯誤係不當而撤銷者，應發回或發交原上訴或初審軍事法院。

第 200 條　（不利益變更禁止原則及例外）

I 由被告上訴或為被告利益而上訴者，不得諭知較重於原審判決之刑。但因原審判決適用法條不當而撤銷之者，不在此限。

II 前項規定於強制工作準用之。

第 201 條　（原審判決書之引用及補充）

上訴軍事法院之判決書得引用原審判決書記載之事實、證據及理由。對於案情重要事項原審未予論述，或於上訴審提出有利於被告之證據或辯解不予採納者，應補充記載其理由。

第 202 條　（戰時上訴案件之審理）

I 戰時上訴案件以書面審理，於必要時，得提審或蒞審以行言詞審理。

II 提審或蒞審，應通知原審軍事法院，如被告在押，並應由其轉知在押被告之監所長官。

第 203 條　（指定辯護人之例外）

第七十四條之規定，於戰時上訴之案件，

不適用之。但提審或菹審之案件，不在此限。

第 204 條　（重大案件之審理及事後歸責）

I.敵前犯專科死刑之案件，宣告死刑者，於作戰區域內，對作戰確有重大關係時，原審軍事法院得先摘敘被告姓名、年齡、犯罪事實、證據、所犯法條及必須緊急處置之理由，電請最高軍事法院先予審理，隨後補送卷宗及證物。但最高軍事法院認為有疑義時，應電令速即補送卷宗及證物。

II.前項規定，如事後發覺所處罪刑與事實證據不符或有重大錯誤者，原審軍事法院之審判人員應依法治罪。

第 205 條　（駁回之程序）

I.最高軍事法院於前條第一項為駁回時，得以電文為之。

II.最高軍事法院檢察署應自收受駁回電文之日起五日內，送請國防部令准執行。

第 206 條　（上訴之準用）

I.上訴除本編另有規定外，準用第二編第三章審判之規定及刑事訴訟法關於上訴第二審之規定。但上訴最高法院或高等法院之案件，準用刑事訴訟法關於上訴第三審之規定。

II.戰時上訴案件除本編有特別規定外，準用刑事訴訟法關於上訴第三審之規定。

第四編　抗　告

第 207 條　（得為抗告之裁定）

I.當事人及被告直屬長官，對軍事法院之裁定，除有特別規定外，得提起抗告。

II.證人、鑑定人、通譯及其他非當事人受裁定者，亦得抗告。

第 208 條　（抗告期間）

抗告期間為五日，自送達裁定後起算。但裁定經宣示者，宣示後送達前之抗告，亦有效力。

第 209 條　（抗告之程式）

提起抗告，應以書狀敘述抗告之理由，提出於原審軍事法院為之。

第 210 條　（原審對抗告之處置）

I.原審軍事法院認為抗告不合法律上之程式或法律上不應准許或其抗告權已經喪失者，應以裁定駁回之。但其不合法律上之程式可補正者，應定期間先命補正。

II.原審軍事法院認為抗告有理由者，應更正其裁定；認為全部或一部無理由者，應於接受抗告書狀後三日內，送交抗告軍事法院，並得添具意見。

第 211 條　（無理由、不合法抗告之處置）

抗告軍事法院認為抗告無理由，或有前條第一項前段之情形者，應以裁定駁回之。但其不合法律上之程式可以補正而未經原審軍事法院命其補正者，應定期間先命補正。

第 212 條　（有理由抗告之處置）

抗告軍事法院認為抗告有理由者，應以裁定將原裁定撤銷，於有必要時，並自為裁定。

第 213 條　（裁定之通知）

抗告軍事法院之裁定，應速通知原審軍事法院。

第 214 條　（再抗告之禁止）

對於抗告軍事法院之裁定，不得再行抗告。

第 215 條　（準抗告之範圍）

I.對於審判長、受命軍事審判官、受託軍事審判官或軍事檢察官所為下列之處分有不服者，受處分人得聲請其所屬或該管軍事法院撤銷或變更之：

一　關於羈押、具保、責付、限制住居、搜索、扣押或扣押物發還、因鑑定將被告送入醫院或其他處所、及對被告所為禁止接見，通信、受

授物件或扣押之處分。

二　對於證人、鑑定人或通譯科罰鍰之處分。

II.前項之搜索、扣押經撤銷者，審判時該管軍事法院或法院得宣告所扣得之物，不得作為證據。

III.第一項聲請期間為五日，自為處分之日起算，其為送達者，自送達後起算。

IV.第二百十一條至第二百十三條之規定，於本條準用之。

V.第六十五條第一項之規定，於聲請撤銷或變更受託軍事審判官之裁定者，準用之。

第 216 條　（不許抗告之裁定）

I.軍事法院就前條第一項聲請撤銷或變更之裁定，不得抗告。但對於其就撤銷罰鍰之聲請而為者，得提起抗告。

II.依本編規定得提起抗告，而誤為撤銷或變更之聲請者，視為已提抗告；其得撤銷或變更之聲請而誤為抗告者，視為已有聲請。

第 217 條　（刑訴法抗告程序之準用）

刑事訴訟法關於抗告之規定，與本編不相牴觸者，準用之。

第五編　再　審

第 218 條　（為受判決人之利益聲請再審之事由）

I.有罪之判決確定後，有下列情形之一者，為受判決人之利益，得聲請再審：

一　原判決所憑之證物，已證明其為偽造或變造者。

二　原判決所憑之證言、鑑定或通譯，已證明其為虛偽者。

三　受有罪判決之人，已證明其係被誣告者。

四　原判決所憑之法院或軍事法院之裁判，已經確定裁判變更者。

五　參與原判決或前審判決或判決前所行調查之軍事審判官，或參與偵查或起訴之軍事檢察官，因該案件犯職務上之罪，已經證明者，或因該案件違法失職已受懲戒或懲罰

處分，足以影響原判決者。

六　因發見確實之新證據，足認受有罪判決之人，應受無罪、免訴、免刑或輕於原判決所認罪名之判決者。

七　原判決對足生影響判決之重要證據，漏未調查或審酌者。

II.前項第一款至第三款及第五款情形之證明，以經判決確定，或其軍事審判不能開始或續行，非因證據不足者為限，得聲請再審。

第 219 條　（為受判決人之不利益聲請再審之事由）

有罪、無罪、免訴或不受理之判決確定後，有下列情形之一者，為受判決人之不利益，得聲請再審：

一　有前條第一款、第二款、第四款或第五款之情形者。

二　受無罪或輕於相當之刑之判決，而於訴訟上或訴訟外自白，或發見確實之新證據，足認其有應受有罪或重刑判決之犯罪事實者。

三　受免訴或不受理之判決，而於訴訟上或訴訟外自述，或發見確實之新證據，足認其並無免訴或不受理之原因者。

第 220 條　（聲請再審之期間）

依第二百十八條第一項第七款規定，因重要證據漏未調查或審酌而聲請再審者，應於確定判決送達後二十日內為之。

第 221 條　（再審聲請人(一)）

為受判決人之利益聲請再審，得由下列各人為之：

一　原審軍事法院檢察署之軍事檢察官。

二　受判決人。

三　受判決人之法定代理人或配偶。

四　受判決人已死亡，或在心神喪失中者，其配偶、直系血親、三親等內之旁系血親、二親等內之姻親或家長、家屬。

五　受判決人之直屬長官。

第 222 條 　（再審聲請人(二)）
為受判決人之不利益聲請再審，得由原審軍事法院檢察署之軍事檢察官為之。

第 223 條 　（違反再審程序之駁回）
原審軍事法院認為聲請再審之程序違背規定者，應以裁定駁回之。

第 224 條 　（聲請再審之效力）
聲請再審，無停止刑罰執行之效力。但該管軍事法院檢察署之軍事檢察官於再審之裁定前，得命停止執行。

第 225 條 　（刑訴法再審程序之準用）
刑事訴訟法關於再審之規定，與本編不相牴觸者準用之。

第六編　非常上訴

第 226 條 　（檢察長及檢察總長提起非常上訴之程序）
判決確定後，發見該案件之審判係違背法令者，最高軍事法院檢察署檢察長得向最高法院提起非常上訴。但案件係由最高法院或高等法院判決確定者，仍由最高法院檢察署檢察總長提起之。

第 227 條 　（軍事檢察官提起非常上訴之程序）
軍事檢察官發見有前條情形者，應具意見書將該案卷宗及證物送請最高軍事法院檢察署檢察長或最高法院檢察署檢察總長，聲請提起非常上訴。

第 228 條 　（刑訴法非常上訴之準用）
刑事訴訟法關於非常上訴之規定，與本編不相牴觸者，準用之。

第七編　執行

第 229 條 　（裁判執行之指揮）
I.執行裁判，由為裁判之軍事法院檢察署之軍事檢察官指揮之。但其性質應由軍事法院或審判長、受命軍事審判官、受託軍事審判官指揮或有特別規定者，不在此限。
II.因駁回上訴、抗告之裁判，或因撤回上訴、抗告而應執行下級軍事法院之裁判者，由上級軍事法院檢察署之軍事檢察官指揮之。
III.前二項情形，其卷宗在下級軍事法院者，由該軍事法院檢察署之軍事檢察官指揮執行。
IV.案件經最高法院或高等法院判決確定者，由上訴軍事法院檢察署之軍事檢察官指揮執行。

第 230 條 　（死刑判決之移送）
諭知死刑之判決確定後，最高法院應速將該案卷宗送交最高軍事法院檢察署轉送國防部。

第 231 條 　（執行命令之發布及最後審核）
死刑之執行，由國防部長發布執行命令，於令到三日內執行之。但執行軍事檢察官發見案情確有合於再審或非常上訴之理由者，得於三日內電請國防部再加審核。

第 232 條 　（死刑之執行）
死刑於軍事監獄內執行。但必要時，得另定刑場執行。

第 233 條 　（受死刑諭知後停止執行之情事）
I.受死刑之諭知者，如在心神喪失中，由國防部命令停止執行。
II.受死刑諭知之婦女懷胎者，於其生產前，由國防部命令停止執行。
III.依前二項規定停止執行者，於其痊癒或生產後，非有國防部命令，不得執行。

第 234 條 　（自由刑之執行）
I.處徒刑及拘役之人犯，除別有規定外，於軍事監獄內執行之；無軍事監獄之處所，得由軍事看守所代監執行或囑託司法監獄或看守所執行。
II.受保安處分之人，於國防部指定之相當處所或囑託司法保安處分處所執行。

第 234 條之 1 　（軍事監獄編裝、員額之訂定）

軍事監獄之編裝、員額，由國防部定之。

第 235 條 　（扣押物發還不能之拍賣）

扣押物之應受發還人所在不明，或因其他事故不能發還者，戰時認為必要，得不經公告，逕行拍賣，保管其價金。

第 236 條 　（刑訴法執行之準用）

刑事訴訟法關於執行之規定，與本編不相牴觸者，準用之。

第八編　附　　則

第 237 條 　（施行前已依本法開始偵審案件之處理）

I.本法中華民國一百零二年八月六日修正之條文施行前，已依本法開始偵查、審判或執行之第一條第二項案件，依下列規定處理之：

一　偵查、審判程序尚未終結者，偵查中案件移送該管檢察官偵查，審判中案件移送該管法院審判。但本法修正施行前已依法定程序進行之訴訟程序，其效力不受影響。

二　裁判確定之案件，不得向該管法院上訴或抗告。但有再審或非常上訴之事由者，得依刑事訴訟法聲請再審或非常上訴。

三　刑事裁判尚未執行或在執行中者，移送該管檢察官指揮執行。

II.本法中華民國一百零二年八月六日修正之條文，除第一條第二項第二款自公布後五個月施行外，自公布日施行。

第 238 條 　（施行日期）

I.本法自中華民國八十八年十月三日施行。

II.本法修正條文，除中華民國九十五年五月十九日修正之條文自中華民國九十五年七月一日施行者外，自公布日施行。

軍事審判法施行法

八十八年十月二日總統令修正公布

①民國四十五年七月十九日總統令公布
②八十八年十月二日總統令修正公布全文

第 1 條　（名詞定義）

Ⅰ.本法稱舊法者，謂中華民國四十五年十月一日軍事審判法施行前之陸海空軍審判法及其有關軍事審判程序之命令。

Ⅱ.本法稱軍事審判法者，謂中華民國四十五年十月一日施行之軍事審判法。

Ⅲ.本法稱修正軍事審判法者，謂中華民國八十八年十月三日修正施行之軍事審判法。

第 2 條　（程序從新原則）

修正軍事審判法施行前，已開始偵查或審判之案件，除有特別規定外，其以後之訴訟程序，適用修正軍事審判法。

第 3 條　（本法施行前舊法案件之適用）

Ⅰ.軍事審判法施行前，經依舊法確定之案件，不得聲請上訴。但合於軍事審判法之規定者，得聲請再審或提起非常上訴。

Ⅱ.軍事審判法施行前，非現役軍人依舊法判決案件，合於戒嚴法第十條之規定者，從其規定。但法律另有規定者，不在此限。

第 4 條　（再審案件之管轄）

前條第一項之再審案件，由該管事實審軍事法院管轄。

第 5 條　（刑事訴訟法施行法之準用）

刑事訴訟法施行法之規定，與本法不相牴觸者，準用之。

第 6 條　（施行日期）

本法自修正軍事審判法施行之日施行。

少年事件處理法

一百零八年六月十九日總統令修正公布

①民國五十一年一月三十一日總統令公布
②五十六年八月一日總統令修正公布
③六十年五月十四日總統令修正公布
④六十五年二月十二日總統令修正公布
⑤六十九年七月四日總統令修正公布
⑥八十六年十月二十九日總統令修正公布
⑦八十九年二月二日總統令修正公布
⑧九十一年六月五日總統令修正公布
⑨九十四年五月十八日總統令修正公布
⑩一百零八年六月十九日總統令修正公布第三、三之一、一七～一九、二六、二六之二、二九、三八、四二、四三、四九、五二、五四、五五之二、五五之三、五八、六一、六四之二、六七、七一、八二、八三之一、八三之三、八四、八六、八七條；刪除第七二、八五之一條；並增訂第三之二～三之四條條文

第一章　總　則

第 1 條　（立法目的）
為保障少年健全之自我成長，調整其成長環境，並矯治其性格，特制定本法。

第 1 條之 1　（法律之適用）
少年保護事件及少年刑事案件之處理，依本法之規定；本法未規定者，適用其他法律。

第 2 條　（少年之定義）
本法稱少年者，謂十二歲以上十八歲未滿之人。

▲【66 臺非 139】少年事件處理法第 2 條明定：「本法稱少年者，謂十二歲以上未滿十八歲之人」，乃規定**少年之範圍**，刑法第 18 條第 1 項，則係規定刑事責任之年齡，是**涉及刑事責任之年齡，仍應依刑法之規定，而不得適用少年事件處理法第 2 條之最低年齡**，此觀乎同法第 27 條第 3 項所載：「前二項情形，於少年犯罪時未滿十四歲者不適用之」之規定甚明。**原判決對於犯罪**時未滿十四歲之被告未依刑法第 18 條第 1 項之規定不予處罰，顯屬判決不適用法則。

第 3 條　（少年法院之管轄事件）
I.下列事件，由少年法院依本法處理之：
　一　少年有觸犯刑罰法律之行為者。
　二　少年有下列情形之一，而認有保障其健全自我成長之必要者：
　　㈠無正當理由經常攜帶危險器械。
　　㈡有施用毒品或迷幻物品之行為而尚未觸犯刑罰法律。
　　㈢有預備犯罪或犯罪未遂而為法所不罰之行為。
II.前項第二款所指之保障必要，應依少年之性格及成長環境、經常往來對象、參與團體、出入場所、生活作息、家庭功能、就學或就業等一切情狀而為判斷。

▲【71 臺上 5561】少年有觸犯刑罰法令之行為者，由地方法院少年法庭依少年事件處理法處理之，但少年法庭調查結果，認為少年犯最輕本刑為五年以上有期徒刑以上之刑之罪者，應以裁定移送於有管轄權之法院檢察官，同法第 3 條第 1 款、第 27 條第 1 項分別定有明文，是**少年犯罪原則上應由少年法庭處理（少年法庭先議權），必於少年法庭裁定移送後，受移送之法院檢察官始能偵辦**。本件上訴人於少年法庭裁定移送時，猶未滿十七歲，乃第一審檢察官竟於受移送前逕行提起公訴，其起訴程序顯然違反規定。

▲【釋 664】年事件處理法第 3 條第 2 款第 3 目規定，經常逃學或逃家之少年，依其性格及環境，而有觸犯刑罰法律之虞者，由少年法院依該法處理之，係為維護虞犯少年健全自我成長所設之保護制度，尚難逕認其為違憲；惟該規定仍有涵蓋過廣與不明確之嫌，應儘速檢討改進。又少年事件處理法第 26 條第 2 款及第 42 條第 1 項第 4 款規定，就限制經常逃學或逃家虞犯少年人身自由部分，不符憲法第 23 條之比例原則，亦與憲法第 22 條保障少年人格權之意旨有違，應自本解釋公布之日起，至遲於屆滿一個月時，失其效力。

少年事件處理法

（第三之一～五之三條）

第3條之1 （成人陪同在場等表意權保障規定）

Ⅰ詢問或訊問少年時，應通知其法定代理人、現在保護少年之人或其他適當之人陪同在場。但經合法通知，無正當理由不到場或有急迫情況者，不在此限。

Ⅱ依法應於二十四小時內護送少年至少年法院之事件，等候前項陪同之人到場之時間不予計入，並應釋明其事由。但等候時間合計不得逾四小時。

Ⅲ少年因精神或其他心智障礙無法為完全之陳述者，必要時，得請兒童及少年心理衛生或其他專業人士協助。

Ⅳ少年不通曉詢問或訊問之人所使用之語言者，應由通譯傳譯之。其為聽覺、語言或多重障礙者，除由通譯傳譯外，並得以文字、手語或其他適當方式詢問或訊問，亦得許其以上開方式表達。

第3條之2 （詢問或訊問時應告知事項）

Ⅰ詢問或訊問少年時，應先告知下列事項：

　一　所涉之觸犯刑罰法律事實及法條或有第三條第一項第二款各目事由；經告知後，認為應變更者，應再告知。

　二　得保持緘默，無須違背自己之意思而為陳述。

　三　得選任輔佐人；如依法令得請求法律扶助者，得請求之。

　四　得請求調查有利之證據。

Ⅱ少年表示已選任輔佐人時，於被選任之人到場前，應即停止詢問或訊問。但少年及其法定代理人或現在保護少年之人請求或同意續行詢問或訊問者，不在此限。

第3條之3 （少年詢問、訊問、護送及等候過程，應與一般刑事案件嫌疑人或被告隔離）

詢問、訊問、護送少年或使其等候時，應與一般刑事案件之嫌疑人或被告隔離。但偵查、審判中認有對質、詰問之必要者，不在此限。

第3條之4 （連續詢問或訊問少年之限制）

Ⅰ連續詢問或訊問少年時，得有和緩之休息時間。

Ⅱ詢問或訊問少年，不得於夜間行之。但有下列情形之一者，不在此限：

　一　有急迫之情形。

　二　查驗其人有無錯誤。

　三　少年、其法定代理人或現在保護少年之人請求立即詢問或訊問。

Ⅲ前項所稱夜間者，為日出前，日沒後。

第4條 （適用對象）

少年犯罪依法應受軍事審判者，得由少年法院依本法處理之。

第二章　少年法院之組織

第5條 （少年法院之設置）

Ⅰ直轄市設少年法院，其他縣（市）得視其地理環境及案件多寡分別設少年法院。

Ⅱ尚未設少年法院地區，於地方法院設少年法庭。但得視實際情形，其職務由地方法院原編制內人員兼任，依本法執行之。

Ⅲ高等法院及其分院設少年法庭。

第5條之1 （少年法院之組織）

少年法院分設刑事庭、保護庭、調查保護處、公設輔佐人室，並應配置心理測驗員、心理輔導員及佐理員。

第5條之2 （準用）

少年法院之組織，除本法有特別規定者外，準用法院組織法有關地方法院之規定。

第5條之3 （心理測驗員等之配置及其職等）

Ⅰ心理測驗員、心理輔導員及佐理員配置於調查保護處。

Ⅱ心理測驗員、心理輔導員，委任第五職等至薦任第八職等。佐理員委任第三職等至薦任第六職等。

第6條 （刪除）

第7條 （少年法院之成員）

I.少年法院院長、庭長及法官、高等法院及其分院少年法庭庭長及法官、公設輔佐人，除須具有一般之資格外，應遴選具有少年保護之學識、經驗及熱忱者充之。

II.前項院長、庭長及法官遴選辦法，由司法院定之。

第8條 （刪除）

第9條 （少年調查官等之職務及監督）

I.少年調查官職務如左：
一 調查、蒐集關於少年保護事件之資料。
二 對於少年觀護所少年之調查事項。
三 法律所定之其他事務。

II.少年保護官職務如左：
一 掌理由少年保護官執行之保護處分。
二 法律所定之其他事務。

III.少年調查官及少年保護官執行職務，應服從法官之監督。

第10條 （調查保護處之設置）

調查保護處處長一人，由少年調查官或少年保護官兼任，綜理及分配少年調查及保護事務；其人數合計在六人以上者，應分組辦事，各組並以一人兼任組長，襄助處長。

第11條 （監督服從義務）

心理測驗員、心理輔導員、書記官、佐理員及執達員隨同少年調查官或少年保護官執行職務者，應服從其監督。

第12條 （刪除）

第13條 （少年調查官、少年保護官之職等）

I.少年法院兼任處長或組長之少年調查官、少年保護官薦任第九職等或簡任第十職等，其餘少年調查官、少年保護官薦任第

七職等至第九職等。

II.高等法院少年法庭少年調查官薦任第八職等至第九職等或簡任第十職等。

第三章　少年保護事件

第一節　調查及審理

第14條 （土地管轄）

少年保護事件由行為地或少年之住所、居所或所在地之少年法院管轄。

第15條 （移送管轄）

少年法院就繫屬中之事件，經調查後認為以由其他有管轄權之少年法院處理，可使少年受更適當之保護者，得以裁定移送於該管少年法院；受移送之法院，不得再行移送。

第16條 （牽連及競合管轄）

刑事訴訟法第六條第一項、第二項，第七條及第八條前段之規定，於少年保護事件準用之。

▲【61臺非207】少年管訓事件與一般刑事案件性質不同，依少年事件處理法之規定，少年管訓事件之調查、審理、裁定、抗告、執行等全部處理程序，**統由少年法庭或其所屬法院之上級法院為之**，並無檢察官參與，檢察官對於少年管訓事件之裁定，亦不得提起抗告，又少年事件處理法對於少年管訓事件，凡準用刑事訴訟法之規定者均定有明文，如同法第16條、第24條、第64條是，並無規定準用刑事訴訟法非常上訴之規定，**檢察長自不得對少年管訓事件之確定裁定，提起非常上訴。**

第17條 （少年事件之報告）

不論何人知有第三條第一項第一款之事件者，得向該管少年法院報告。

第18條 （少年事件之移送與處理之請求）

I.司法警察官、檢察官或法院於執行職務時，知有第三條第一項第一款之事件者，應移送該管少年法院。

II.司法警察官、檢察官或法院於執行職務時，知有第三條第一項第二款之情形者，得通知少年住所、居所或所在地之少年輔導委員會處理之。

III.對於少年有監督權人、少年之肄業學校、從事少年保護事業之機關或機構，發現少年有第三條第一項第二款之情形者，得通知少年住所、居所或所在地之少年輔導委員會處理之。

IV.有第三條第一項第二款情形之少年，得請求住所、居所或所在地之少年輔導委員會協助之。

V.少年住所、居所或所在地之少年輔導委員會知悉少年有第三條第一項第二款情形之一者，應結合福利、教育、心理、醫療、衛生、戶政、警政、財政、金融管理、勞政、移民及其他相關資源，對少年施以適當期間之輔導。

VI.前項輔導期間，少年輔導委員會如經評估認由少年法院處理，始能保障少年健全之自我成長者，得敘明理由並檢具輔導相關紀錄及有關資料，請求少年法院處理之，並持續依前項規定辦理。

VII.直轄市、縣（市）政府少年輔導委員會應由具備社會工作、心理、教育、家庭教育或其他相關專業之人員，辦理第二項至第六項之事務；少年輔導委員會之設置、輔導方式、辦理事務、評估及請求少年法院處理等事項之辦法，由行政院會同司法院定之。

VIII.於中華民國一百十二年七月一日前，司法警察官、檢察官、法院、對於少年有監督權人、少年之肄業學校、從事少年保護事業之機關或機構，發現少年有第三條第一項第二款之情形者，得移送或請求少年法院處理之。

第 19 條　（事件之調查）

I.少年法院接受移送、報告或請求之事件後，應先由少年調查官調查該少年與事件有關之行為，其人之品格、經歷、身心狀況、家庭情形、社會環境、教育程度以及其他必要之事項，於指定之期限內提出報告，並附具建議。

II.少年調查官調查之結果，不得採為認定事實之唯一證據。

III.少年調查官到庭陳述調查及處理之意見時，除有正當理由外，應由進行第一項之調查者為之。

IV.少年法院訊問關係人時，書記官應製作筆錄。

第 20 條　（獨任審理）

少年法院審理少年保護事件，得以法官一人獨任行之。

第 21 條　（傳喚）

I.少年法院法官或少年調查官對於事件之調查，必要時得傳喚少年、少年之法定代理人或現在保護少年之人到場。

II.前項調查，應於相當期日前將調查之日、時及處所通知少年之輔佐人。

III.第一項之傳喚，應用通知書，記載左列事項，由法官簽名；其由少年調查官傳喚者，由少年調查官簽名：

一　被傳喚人之姓名、性別、年齡、出生地及住居所。

二　事由。

三　應到場之日、時及處所。

四　無正當理由不到場者，得強制其同行。

IV.傳喚通知書應送達於被傳喚人。

第 22 條　（強制到場）

I.少年、少年之法定代理人或現在保護少年之人，經合法傳喚，無正當理由不到場者，少年法院法官得依職權或依少年調查官之請求發同行書，強制其到場。但少年有刑事訴訟法第七十六條所列各款情形之一，少年法院法官並認為必要時，得不經傳喚，逕發同行書，強制其到場。

II.同行書應記載左列事項，由法官簽名：

一　應同行人之姓名、性別、年齡、出生地、國民身分證字號、住居所及其他足資辨別之特徵。但年齡、出生地、國民身分證字號或住居所不明者，得免記載。

二　事由。

三　應與執行人同行到達之處所。

四　執行同行之期限。

第 23 條　（強制到場之程序）

I.同行書由執達員、司法警察官或司法警察執行之。

II.同行書應備三聯，執行同行時，應各以一聯交遞同行人及其指定之親友，並應注意同行人之身體及名譽。

III.執行同行後，應於同行書內記載執行之處所及年、月、日；如不能執行者，記載其情形，由執行人簽名提出於少年法院。

第 23 條之 1　（協尋）

I.少年行蹤不明者，少年法院得通知各地區少年法院、檢察官、司法警察機關協尋之。但不得公告或登載報紙或以其他方法公開之。

II.協尋少年，應用協尋書，記載左列事項，由法官簽名：

一　少年之姓名、性別、年齡、出生地、國民身分證字號、住居所及其他足資辨別之特徵。但年齡、出生地、國民身分證字號或住居所不明者，得免記載。

二　事件之內容。

三　協尋之理由。

四　應護送之處所。

III.少年經協尋獲後，少年調查官、檢察官、司法警察官或司法警察，得逕行護送少年至應到之處所。

IV.協尋於其原因消滅或顯無必要時，應即撤銷。撤銷協尋之通知，準用第一項之規定。

第 24 條　（刑訴法證據規定之準用）

刑事訴訟法關於人證、鑑定、通譯、勘驗、證據保全、搜索及扣押之規定，於少年保護事件性質不相違反者準用之。

第 25 條　（協助義務）

少年法院因執行職務，得請警察機關、自治團體、學校、醫院或其他機關、團體為必要之協助。

第 26 條　（責付、觀護之處置）

少年法院於必要時，對於少年得以裁定為下列之處置：

一　責付於少年之法定代理人、家長、最近親屬、現在保護少年之人或其他適當之機關（構）、團體或個人，並得在事件終結前，交付少年調查官為適當之輔導。

二　命收容於少年觀護所進行身心評估及行為觀察，並提供鑑別報告。但以不能責付或以責付為顯不適當，而需收容者為限；少年、其法定代理人、現在保護少年之人或輔佐人，得隨時向少年法院聲請責付，以停止收容。

第 26 條之 1　（收容書應載事項）

I.收容少年應用收容書。

II.收容書應記載左列事項，由法官簽名：

一　少年之姓名、性別、年齡、出生地、國民身分證字號、住居所及其他足資辨別之特徵。但年齡、出生地、國民身分證字號或住居所不明者，得免記載。

二　事件之內容。

三　收容之理由。

四　應收容之處所。

III.第二十三條第二項之規定，於執行收容準用之。

第 26 條之 2　（收容之期間）

I.少年觀護所收容少年之期間，調查或審理中均不得逾二月。但有繼續收容之必要者，得於期間未滿前，由少年法院裁定延長之；延長收容期間不得逾一月，以一次為限。收容之原因消滅時，少年法院應依職權或依少年、其法定代理人、現在保護少年之人或輔佐人之聲請，將命收容之裁定撤銷之。

II.事件經抗告者，抗告法院之收容期間，自卷宗及證物送交之日起算。

III.事件經發回者，其收容及延長收容之期間，應更新計算。

IV.裁定後送交前之收容期間，算入原審法院

少年事件處理法

（第二七～三一之二條）

之收容期間。

V.少年觀護所之人員，應於職前及在職期間接受包括少年保護之相關專業訓練；所長、副所長、執行鑑別及教導業務之主管人員，應遴選具有少年保護之學識、經驗及熱忱者充任。

VI.少年觀護所之組織、人員之遴聘及教育訓練等事項，以法律定之。

第 27 條 （移送於檢察官之情形）

I.少年法院依調查之結果，認少年觸犯刑罰法律，且有左列情形之一者，應以裁定移送於有管轄權之法院檢察署檢察官。

一 犯最輕本刑為五年以上有期徒刑之罪者。

二 事件繫屬後已滿二十歲者。

II.除前項情形外，少年法院依調查之結果，認犯罪情節重大，參酌其品行、性格、經歷等情狀，以受刑事處分為適當者，得以裁定移送於有管轄權之法院檢察署檢察官。

III.前二項情形，於少年犯罪時未滿十四歲者，不適用之。

▲【63 臺上 1178】原判決既認被告所犯係刑法第 304 條第 2 項之罪，不屬於少年事件處理法第 27 條第 1 項第 1 款之案件，係同法第 65 條規定，自不得對之追訴及處罰，其未依刑事訴訟法第 303 條第 1 款規定，諭知不受理之判決，不無違誤。

第 28 條 （應不付審理之裁定）

I.少年法院依調查之結果，認為無付保護處分之原因或以其他事由不應付審理者，應為不付審理之裁定。

II.少年因心神喪失而為前項裁定者，得令入相當處所實施治療。

第 29 條 （得不付審理之裁定）

I.少年法院依少年調查官調查之結果，認為情節輕微，以不付審理為適當者，得為不付審理之裁定，並為下列處分：

一 告誡。

二 交付少年之法定代理人或現在保護少年之人嚴加管教。

三 轉介福利、教養機構、醫療機構、執行過渡性教育措施或其他適當措施之處所為適當之輔導。

II.前項處分，均交由少年調查官執行之。

III.少年法院為第一項裁定前，得斟酌情形，經少年、少年之法定代理人及被害人之同意，轉介適當機關、機構、團體或個人進行修復，或使少年為下列各款事項：

一 向被害人道歉。

二 立悔過書。

三 對被害人之損害負賠償責任。

IV.前項第三款之事項，少年之法定代理人應負連帶賠償之責任，並得為民事強制執行之名義。

第 30 條 （開始審理之裁定）

少年法院依調查之結果，認為應付審理者，應為開始審理之裁定。

第 31 條 （輔佐人）

I.少年或少年之法定代理人或現在保護少年之人，得隨時選任少年之輔佐人。

II.犯最輕本刑為三年以上有期徒刑之罪，未經選任輔佐人者，少年法院應指定適當之人輔佐少年。其他案件認有必要者亦同。

III.前項案件，選任輔佐人無正當理由不到庭者，少年法院亦得指定之。

IV.前兩項指定輔佐人之案件，而該地區未設置公設輔佐人時，得由少年法院指定適當之人輔佐少年。

V.公設輔佐人準用公設辯護人條例有關規定。

VI.少年保護事件中之輔佐人，於與少年保護事件性質不相違反者，準用刑事訴訟法辯護人之相關規定。

第 31 條之 1 （輔佐人非律師）

選任非律師為輔佐人者，應得少年法院之同意。

第 31 條之 2 （輔佐人之義務）

輔佐人除保障少年於程序上之權利外，應協助少年法院促成少年之健全成長。

第 32 條 　（審理期日）

I.少年法院審理事件應定審理期日。審理期日應傳喚少年、少年之法定代理人或現在保護少年之人，並通知少年之輔佐人。

II.少年法院指定審理期日時，應考慮少年、少年之法定代理人、現在保護少年之人或輔佐人準備審理所需之期間。但經少年及其法定代理人或現在保護少年之人之同意，得及時開始審理。

III.第二十一條第三項、第四項之規定，於第一項傳喚準用之。

第 33 條 　（審理筆錄）

審理期日，書記官應隨同法官出席，製作審理筆錄。

第 34 條 　（調查及審理不公開）

調查及審理不公開。但得許少年之親屬、學校教師、從事少年保護事業之人或其他認為相當之人在場旁聽。

第 35 條 　（審理態度）

審理應以和藹懇切之態度行之。法官參酌事件之性質與少年之身心、環境狀態，得不於法庭內進行審理。

第 36 條 　（陳述意見）

審理期日訊問少年時，應予少年之法定代理人或現在保護少年之人及輔佐人陳述意見之機會。

第 37 條 　（調查證據）

I.審理期日，應調查必要之證據。

II.少年應受保護處分之原因、事實，應依證據認定之。

第 38 條 　（陳述時之處置）

I.少年法院認為必要時，得為下列處置：
　一　少年為陳述時，不令少年以外之人在場。
　二　少年以外之人為陳述時，不令少年在場。

II.前項少年為陳述時，少年法院應依其年齡及成熟程度權衡其意見。

第 39 條 　（少年調查官之陳述）

I.少年調查官應於審理期日出庭陳述調查及處理之意見。

II.少年法院不採少年調查官陳述之意見者，應於裁定中記載不採之理由。

第 40 條 　（移送之裁定）

少年法院依審理之結果，認為事件有第二十七條第一項之情形者，應為移送之裁定；有同條第二項之情形者，得為移送之裁定。

第 41 條 　（不付保護處分）

I.少年法院依審理之結果，認為事件不應或不宜付保護處分者，應裁定諭知不付保護處分。

II.第二十八條第二項、第二十九條第三項、第四項之規定，於少年法院認為事件不宜付保護處分，而依前項規定為不付保護處分裁定之情形準用之。

第 42 條 　（保護處分及禁戒治療之裁定）

I.少年法院審理事件，除為前二條處置者外，應對少年以裁定諭知下列之保護處分：
　一　訓誡，並得予以假日生活輔導。
　二　交付保護管束並得命為勞動服務。
　三　交付安置於適當之福利、教養機構、醫療機構、執行過渡性教育措施或其他適當措施之處所輔導。
　四　令入感化教育處所施以感化教育。

II.少年有下列情形之一者，得於為前項保護處分之前或同時諭知下列處分：
　一　少年施用毒品或迷幻物品成癮，或有酗酒習慣者，令入相當處所實施禁戒。
　二　少年身體或精神狀態顯有缺陷者，令入相當處所實施治療。

III.第一項處分之期間，毋庸諭知。

IV.第二十九條第三項、第四項之規定，於少年法院依第一項為保護處分之裁定情形準用之。

V.少年法院為第一項裁定前，認有必要時，得徵詢適當之機關（構）、學校、團體或

個人之意見，亦得召開協調、諮詢或整合符合少年所需之福利服務、安置輔導、衛生醫療、就學、職業訓練、就業服務、家庭處遇計畫或其他資源與服務措施之相關會議。

VI.前項規定，於第二十六條、第二十八條、第二十九條第一項、第四十一條第一項、第四十四條第一項、第五十一條第三項、第五十五條第一項、第四項、第五十五條之二第二項至第五項、第五十五條之三、第五十六條第一項及第三項情形準用之。

▲【69 臺上 2884】上訴人前受之保護管束處分，係依少年事件處理法第 42 條之規定所為之處分，雖經於 67 年 6 月 26 日執行完畢，然此與依戡亂時期竊盜犯贓物犯保安處分條例第 9 條所定保護管束處分執行完畢之情形不同，自無累犯規定之適用。

第 43 條 （沒收規定之準用）

I.刑法及其他法律有關沒收之規定，於第二十八條、第二十九條、第四十一條及前條之裁定準用之。

II.少年法院認供第三條第一項第二款各目行為所用或所得之物不宜發還者，得沒收之。

第 44 條 （裁定交付觀察）

I.少年法院為決定宜否為保護處分或應為何種保護處分，認有必要時，得以裁定將少年交付少年調查官為六月以內期間之觀察。

II.前項觀察，少年法院得徵詢少年調查官之意見，將少年交付適當之機關、學校、團體或個人為之，並受少年調查官之指導。

III.少年調查官應將觀察結果，附具建議提出報告。

IV.少年法院得依職權或少年調查官之請求，變更觀察期間或停止觀察。

第 45 條 （保護處分之撤銷及定應執行之處分）

I.受保護處分之人，另受有期徒刑以上刑之宣告確定者，為保護處分之少年法院，得以裁定將該處分撤銷之。

II.受保護處分之人，另受保安處分之宣告確定者，為保護處分之少年法院，應以裁定其應執行之處分。

第 46 條 （定應執行之處分及處分之撤銷）

I.受保護處分之人，復受另件保護處分，分別確定者，後為處分之少年法院，得以裁定其應執行之處分。

II.依前項裁定為執行之處分者，其他處分無論已否開始執行，視為撤銷。

第 47 條 （處分之撤銷及移送）

I.少年法院為保護處分後，發見其無審判權者，應以裁定將該處分撤銷之，移送於有審判權之機關。

II.保護處分之執行機關，發見足認為有前項情形之資料者，應通知該少年法院。

第 48 條 （應受送達人）

少年法院所為裁定，應以正本送達於少年、少年之法定代理人或現在保護少年之人、輔佐人及被害人，並通知少年調查官。

第 49 條 （文書之送達）

I.文書之送達，除本法另有規定外，適用民事訴訟法關於送達之規定。

II.前項送達，對少年、少年之法定代理人、現在保護少年之人、輔佐人、及依法不得揭露足以識別其身分資訊之被害人或其法定代理人，不得為公示送達。

III.文書之送達，不得於信封、送達證書、送達通知書或其他對外揭示之文書上，揭露足以使第三人識別少年或其他依法應保密其身分者之資訊。

第二節　保護處分之執行

第 50 條 （訓誡及假日生活輔導之執行）

I.對於少年之訓誡，應由少年法院法官向少年指明其不良行為，曉諭以將來應遵守之事項，並得命立悔過書。

II.行訓誡時，應通知少年之法定代理人或現

在保護少年之人及輔佐人到場。

III.少年之假日生活輔導為三次至十次，由少年法院交付少年保護官於假日為之，對少年施以個別或群體之品德教育，輔導其學業或其他作業，並得命為勞動服務，使其養成勤勉習慣及守法精神；其次數由少年保護官視其輔導成效而定。

IV.前項假日生活輔導，少年法院得依少年保護官之意見，將少年交付適當之機關、團體或個人為之，受少年保護官之指導。

第 51 條　（保護管束之執行）

I.對於少年之保護管束，由少年保護官掌理之；少年保護官應告少年以應遵守之事項，與之常保接觸，注意其行動，隨時加以指示；並就少年之教養、醫治疾病、謀求職業及改善環境，予以相當輔導。

II.少年保護官因執行前項職務，應與少年之法定代理人或現在保護少年之人為必要之洽商。

III.少年法院得依少年保護官之意見，將少年交付適當之福利或教養機構、慈善團體、少年之最近親屬或其他適當之人保護管束，受少年保護官之指導。

第 52 條　（感化教育之執行）

I.對於少年之交付安置輔導及施以感化教育時，由少年法院依其行為性質、身心狀況、學業程度及其他必要事項，分類交付適當之福利、教養機構、醫療機構、執行過渡性教育措施、其他適當措施之處所或感化教育機構執行之，受少年法院之指導。

II.感化教育機構之組織及其教育之實施，以法律定之。

第 53 條　（保護管束與感化教育之執行期間）

保護管束與感化教育之執行，其期間均不得逾三年。

第 54 條　（轉介輔導及保護處分之限制）

I.少年轉介輔導處分及保護處分之執行，至多執行至滿二十一歲為止。

II.執行安置輔導之福利及教養機構之設置及管理辦法，由兒童及少年福利機構之中央主管機關定之。

第 55 條　（保護管束之考核）

I.保護管束之執行，已逾六月，著有成效，認無繼續之必要者，或因事實上原因，以不繼續執行為宜者，少年保護官得檢具事證，聲請少年法院免除其執行。

II.少年、少年之法定代理人、現在保護少年之人認保護管束之執行有前項情形時，得請求少年保護官為前項之聲請，除顯無理由外，少年保護官不得拒絕。

III.少年在保護管束執行期間，違反應遵守之事項，不服從勸導達二次以上，而有觀察之必要者，少年保護官得聲請少年法院裁定留置少年於少年觀護所中，予以五日以內之觀察。

IV.少年在保護管束期間違反應遵守之事項，情節重大，或曾受前項觀察處分後，再違反應遵守之事項，足認保護管束難收效果者，少年保護官得聲請少年法院裁定撤銷保護管束，將所餘之執行期間令入感化處所施以感化教育，其所餘之期間不滿六月者，應執行至六月。

第 55 條之 1　（勞動服務）

保護管束所命之勞動服務為三小時以上五十小時以下，由少年保護官執行，其期間視輔導之成效而定。

第 55 條之 2　（安置輔導）

I.第四十二條第一項第三款之安置輔導為二月以上二年以下。

II.前項執行已逾二月，著有成效，認無繼續執行之必要者，或有事實上原因以不繼續執行為宜者，少年保護官、負責安置輔導之福利、教養機構、醫療機構、執行過渡性教育措施或其他適當措施之處所、少年、少年之法定代理人或現在保護少年之人得檢具事證，聲請少年法院免除其執行。

III.安置輔導期滿，少年保護官、負責安置輔導之福利、教養機構、醫療機構、執行過

渡性教育措施或其他適當措施之處所、少年、少年之法定代理人或現在保護少年之人認有繼續安置輔導之必要者，得聲請少年法院裁定延長，延長執行之次數以一次為限，其期間不得逾二年。

IV.第一項執行已逾二月，認有變更安置輔導之福利、教養機構、醫療機構、執行過渡性教育措施或其他適當措施之處所之必要者，少年保護官、少年、少年之法定代理人或現在保護少年之人得檢具事證或敘明理由，聲請少年法院裁定變更。

V.少年在安置輔導期間違反應遵守之事項，情節重大，或曾受第五十五條之三留置觀察處分後，再違反應遵守之事項，足認安置輔導難收效果者，少年保護官、負責安置輔導之福利、教養機構、醫療機構、執行過渡性教育措施或其他適當措施之處所、少年之法定代理人或現在保護少年之人得檢具事證，聲請少年法院裁定撤銷安置輔導，將所餘之執行期間令入感化處所施以感化教育，其所餘之期間不滿六月者，應執行至六月。

第 55 條之 3 　（聲請核發勸導書）

少年無正當理由拒絕接受第二十九條第一項或第四十二條第一項第一款、第三款之處分，少年調查官、少年保護官、少年之法定代理人或現在保護少年之人、福利、教養機構、醫療機構、執行過渡性教育措施或其他適當措施之處所，得聲請少年法院核發勸導書，經勸導無效者，各該聲請人得聲請少年法院裁定留置少年於少年觀護所中，予以五日內之觀察。

第 56 條 　（感化教育之停免）

I.執行感化教育已逾六月，認無繼續執行之必要者，得由少年保護官或執行機關檢具事證，聲請少年法院裁定免除或停止其執行。

II.少年或少年之法定代理人認感化教育之執行有前項情形時，得請求少年保護官為前項之聲請，除顯無理由外，少年保護官不得拒絕。

III.第一項停止感化教育之執行者，所餘之執行時間，應由少年法院裁定交付保護管束。

IV.第五十五條之規定，於前項之保護管束準用之；依該條第四項應繼續執行感化教育時，其停止期間不算入執行期間。

第 57 條 　（保護管束等之執行）

I.第二十九條第一項之處分、第四十二條第一項第一款之處分及第五十五條第三項或第五十五條之三之留置觀察，應自處分裁定之日起，二年內執行之；逾期免予執行。

II.第四十二條第一項第二款、第三款、第四款及同條第二項之處分，自應執行之日起，經過三年未執行者，非經少年法院裁定應執行時，不得執行之。

第 58 條 　（禁戒治療之期間及執行）

I.第四十二條第二項第一款、第二款之處分期間，以戒絕治癒或至滿二十歲為止。但認無繼續執行之必要者，少年法院得免除之。

II.前項處分與保護管束一併諭知者，同時執行之；與安置輔導或感化教育一併諭知者，先執行之。但其執行無礙於安置輔導或感化教育之執行者，同時執行之。

III.依禁戒或治療處分之執行，少年法院認為無執行保護處分之必要者，得免其保護處分之執行。

第 59 條 　（執行處分之措施）

I.少年法院法官因執行轉介處分、保護處分或留置觀察，於必要時，得對少年發通知書、同行書或請有關機關協尋之。

II.少年保護官因執行保護處分，於必要時得對少年發通知書。

III.第二十一條第三項、第四項、第二十二條第二項、第二十三條及第二十三條之一規定，於前二項通知書、同行書及協尋書準用之。

第 60 條 　（教養費用之負擔及執行）

I.少年法院諭知保護處分之裁定確定後，其執行保護處分所需教養費用，得斟酌少年

本人或對少年負扶養義務人之資力，以裁定命其負擔全部或一部；其特殊清寒無力負擔者，豁免之。

II.前項裁定，得為民事強制執行名義，由少年法院囑託各該法院民事執行處強制執行，免徵執行費。

第三節　抗告及重新審理

第 61 條　（得抗告之主體及情形㈠）

少年、少年之法定代理人、現在保護少年之人或輔佐人，對於少年法院所為下列之裁定有不服者，得提起抗告。但輔佐人提起抗告，不得與選任人明示之意思相反：

一　第二十六條第一款交付少年調查官為適當輔導之裁定。

二　第二十六條第二款命收容或駁回聲請責付之裁定。

三　第二十六條之二第一項延長收容或駁回聲請撤銷收容之裁定。

四　第二十七條第一項、第二項之裁定。

五　第二十九條第一項之裁定。

六　第四十條之裁定。

七　第四十二條之處分。

八　第五十五條第三項、第五十五條之三留置觀察之裁定及第五十五條第四項之撤銷保護管束執行感化教育之處分。

九　第五十五條之二第三項延長安置輔導期間之裁定、第五項撤銷安置輔導執行感化教育之處分。

十　駁回第五十六條第一項聲請免除或停止感化教育執行之裁定。

十一　第五十六條第四項命繼續執行感化教育之處分。

十二　第六十條命負擔教養費用之裁定。

第 62 條　（得抗告之主體及情形㈡）

I 少年行為之被害人或其法定代理人，對於少年法院之左列裁定，得提起抗告：

一　依第二十八條第一項所為不付審理之裁定。

二　依第二十九條第一項所為不付審

理，並為轉介輔導、交付嚴加管教或告誡處分之裁定。

三　依第四十一條第一項諭知不付保護處分之裁定。

四　依第四十二條第一項諭知保護處分之裁定。

II.被害人已死亡或有其他事實上之原因不能提起抗告者，得由其配偶、直系血親、三親等內之旁系血親、二親等內之姻親或家長家屬提起抗告。

第 63 條　（抗告管轄法院）

I 抗告以少年法院之上級法院為管轄法院。

II.對於抗告法院之裁定，不得再行抗告。

第 64 條　（抗告期間及其他準用規定）

I 抗告期間為十日，自送達裁定後起算。但裁定宣示後送達前之抗告亦有效力。

II.刑事訴訟法第四百零七條至第四百十四條及本章第一節有關之規定，於本節抗告準用之。

▲【61 臺非 207】參見本法第 16 條。

第 64 條之 1　（重新審理㈠）

I 諭知保護處分之裁定確定後，有左列情形之一，認為應不付保護處分者，少年保護官、少年、少年之法定代理人、現在保護少年之人或輔佐人得聲請為保護處分之少年法院重新審理：

一　適用法規顯有錯誤，並足以影響裁定之結果者。

二　因發見確實之新證據，足認受保護處分之少年，應不付保護處分者。

三　有刑事訴訟法第四百二十條第一項第一款、第二款、第四款或第五款所定得為再審之情形者。

II.刑事訴訟法第四百二十三條、第四百二十九條、第四百三十條前段、第四百三十一條至第四百三十四條、第四百三十五條第一項、第二項、第四百三十六條之規定，於前項之重新審理程序準用之。

III.為保護處分之少年法院發見有第一項各款所列情形之一者，亦得依職權為應重新審理之裁定。

少年事件處理法

（第六四之二～七四條）

IV.少年受保護處分之執行完畢後，因重新審理之結果，須受刑事訴追者，其不利益不及於少年，毋庸裁定移送於有管轄權之法院檢察署檢察官。

第 64 條之 2 　（重新審理㈡）

I 諭知不付保護處分之裁定確定後有下列情形之一，認為應諭知保護處分者，少年行為之被害人或其法定代理人得聲請為不付保護處分之少年法院重新審理：

一　有刑事訴訟法第四百二十二條第一款得為再審之情形。

二　經少年自白或發見確實之新證據，足認其有第三條第一項行為應諭知保護處分。

II.刑事訴訟法第四百二十九條、第四百三十一條至第四百三十四條、第四百三十五條第一項、第二項及第四百三十六條之規定，於前項之重新審理程序準用之。

III.為不付保護處分之少年法院發見有第一項各款所列情形之一者，亦得依職權為應重新審理之裁定。

IV.第一項或前項之重新審理於諭知不付保護處分之裁定確定後，經過一年者不得為之。

第四章　少年刑事案件

第 65 條　（少年刑事案件之範圍及自訴之禁止）

I 對於少年犯罪之刑事追訴及處罰，以依第二十七條第一項、第二項移送之案件為限。

II.刑事訴訟法關於自訴之規定，於少年刑事案件不適用之。

III.本章之規定，於少年犯罪後已滿十八歲者適用之。

第 66 條　（偵查開始）

檢察官受理少年法院移送之少年刑事案件，應即開始偵查。

第 67 條　（起訴與不起訴處分）

I 檢察官依偵查之結果，對於少年犯最重本刑五年以下有期徒刑之罪，參酌刑法第五

十七條有關規定，認以不起訴處分而受保護處分為適當者，得為不起訴處分，移送少年法院依少年保護事件審理；認應起訴者，應向少年法院提起公訴。

II.前項經檢察官為不起訴處分而移送少年法院依少年保護事件審理之案件，如再經少年法院裁定移送，檢察官不得依前項規定，再為不起訴處分而移送少年法院依少年保護事件審理。

第 68 條　（刪除）

第 69 條　（一事不二罰）

對於少年犯罪已依第四十二條為保護處分者，不得就同一事件再為刑事追訴或處罰。但其保護處分經依第四十五條或第四十七條之規定撤銷者，不在此限。

第 70 條　（準用）

少年刑事案件之偵查及審判，準用第三章第一節及第三節有關之規定。

第 71 條　（羈押之限制）

I 少年被告非有不得已情形，不得羈押之。

II.少年被告應羈押於少年觀護所。於年滿二十歲時，應移押於看守所。

III.少年刑事案件，前於法院調查及審理中之收容，視為未判決前之羈押，準用刑法第三十七條之二折抵刑期之規定。

第 72 條　（刪除）

第 73 條　（審判不公開）

I 審判得不公開之。

II.第三十四條但書之規定，於審判不公開時準用之。

III.少年、少年之法定代理人或現在保護少年之人請求公開審判者，除有法定不得公開之原因外，法院不得拒絕。

第 74 條　（免刑及免刑後之處分）

I 法院審理第二十七條之少年刑事案件，對於少年犯最重本刑十年以下有期徒刑之罪，如顯可憫恕，認為依刑法第五十九條規定減輕其刑仍嫌過重，且以受保護處分

為適當者，得免除其刑，諭知第四十二條第一項第二款至第四款之保護處分，並得同時諭知同條第二項各款之處分。

II.前項處分之執行，適用第三章第二節有關之規定。

第 75 條　（刪除）

第 76 條　（刪除）

第 77 條　（刪除）

第 78 條　（宣告褫奪公權之禁止）

I.對於少年不得宣告褫奪公權及強制工作。

II.少年受刑之宣告，經執行完畢或赦免者，適用關於公權資格之法令時，視為未曾犯罪。

▲【89 臺上 5065】組織犯罪防制條例第 3 條第 3 項固規定「犯第一項之罪者，應於刑之執行完畢或赦免後，令入勞動場所，強制工作」；但就少年刑事案件，少年事件處理法第 78 條第 1 項規定「對於少年不得宣告褫奪公權及強制工作」，依狹義法優於廣義法之原則，少年犯上開條例第 3 條第 1 項之罪者，應無該條例第 3 條第 3 項之適用。

第 79 條　（緩刑宣告）

刑法第七十四條緩刑之規定，於少年犯罪受三年以下有期徒刑、拘役或罰金之宣告者適用之。

第 80 條　（徒刑執行注意事項）

少年受刑人徒刑之執行，應注意監獄行刑法第三條、第八條及第三十九條第二項之規定。

第 81 條　（假釋）

I.少年受徒刑之執行而有悛悔實據者，無期徒刑逾七年後，有期徒刑逾執行期三分之一後，得予假釋。

II.少年於本法施行前，已受徒刑之執行者，或在本法施行前受徒刑宣告確定之案件於本法施行後受執行者，準用前項之規定。

第 82 條　（緩刑假釋中保護管束之執行）

I.少年在緩刑或假釋期中應付保護管束。

II.前項保護管束，於受保護管束人滿二十三歲前，由檢察官囑託少年法院少年保護官執行之。

第五章　附　　則

第 83 條　（新聞不公開原則）

I.任何人不得於媒體、資訊或以其他公示方式揭示有關少年保護事件或少年刑事案件之記事或照片，使閱者由該項資料足以知悉其人為該保護事件受調查、審理之少年或該刑事案件之被告。

II.違反前項規定者，由主管機關依法予以處分。

第 83 條之 1　（紀錄之塗銷）

I.少年受第二十九條第一項之處分執行完畢二年後，或受保護處分或刑之執行完畢或赦免三年後，或受不付審理或不付保護處分之裁定確定後，視為未曾受各該宣告。

II.少年有前項或下列情形之一者，少年法院應通知保存少年前案紀錄及有關資料之機關、機構及團體，將少年之前案紀錄及有關資料予以塗銷：

　　一　受緩刑之宣告期滿未經撤銷，或受無罪、免訴、不受理判決確定。

　　二　經檢察機關將緩起訴處分期滿，未經撤銷之事由通知少年法院。

　　三　經檢察機關將不起訴處分確定，毋庸移送少年法院依少年保護事件審理之事由通知少年法院。

III.前項紀錄及資料，除下列情形或本法另有規定外，少年法院及其他任何機關、機構、團體或個人不得提供：

　　一　為少年本人之利益。

　　二　經少年本人同意，並應依其年齡及身心發展程度衡酌其意見；必要時得聽取其法定代理人或現在保護少年之人之意見。

IV.少年之前案紀錄及有關資料之塗銷、利用、保存、提供、統計及研究等相關事項之辦法，由司法院定之。

少年事件處理法 （第八三之二～八六條）

第83條之2 （資料公開之處罰）

違反前條規定未將少年之前科紀錄及有關資料塗銷或無故提供者，處六月以下有期徒刑、拘役或新臺幣三萬元以下罰金。

第83條之3 （驅逐出境）

I.外國少年受轉介處分、保護處分、緩刑或假釋期內交付保護管束者，少年法院得裁定以驅逐出境代之。

II.前項裁定，得由少年調查官或少年保護官聲請；裁定前，應予少年、其法定代理人或現在保護少年之人陳述意見之機會。但經合法通知，無正當理由不到場者，不在此限。

III.對於第一項裁定，得提起抗告，並準用第六十一條、第六十三條及第六十四條之規定。

IV.驅逐出境由司法警察機關執行之。

第84條 （少年法定代理人或監護人之處罰）

I.少年之法定代理人，因忽視教養，致少年有第三條第一項之情形，而受保護處分或刑之宣告，或致保護處分之執行難收效果者，少年法院得裁定命其接受八小時以上五十小時以下之親職教育輔導，以強化其親職功能。

II.少年法院為前項親職教育輔導裁定前，認為必要時，得先命少年調查官就忽視教養之事實，提出調查報告並附具建議。

III.親職教育輔導之執行，由少年法院交付少年保護官為之，並得依少年保護官之意見，交付適當之機關、團體或個人為之，受少年保護官之指導。

IV.親職教育輔導應於裁定之日起三年內執行之；逾期免予執行，或至多執行至少年滿二十歲為止。但因事實上原因以不繼續執行為宜者，少年保護官得檢具事證，聲請少年法院免除其執行。

V.拒不接受親職教育輔導或時數不足者，少年法院得裁定處新臺幣六千元以上三萬元以下罰鍰；經再通知仍不接受者，得按次連續處罰，至其接受為止。其經連續處罰三次以上者，並得裁定公告法定代理人之姓名。

VI.前項罰鍰之裁定，得為民事強制執行名義，由少年法院囑託各該地方法院民事執行處強制執行之，免徵執行費。

VII.少年之法定代理人或監護人有第一項情形，情況嚴重者，少年法院並得裁定公告其姓名。

VIII.第一項、第五項及前項之裁定，受處分人得提起抗告，並準用第六十三條、第六十四條之規定。

第85條 （成年犯之加重處罰）

I.成年人教唆、幫助或利用未滿十八歲之人犯罪或與之共同實施犯罪者，依其所犯之罪，加重其刑至二分之一。

II.少年法院得裁定命前項之成年人負擔第六十條第一項教養費用全部或一部，並得公告其姓名。

▲【68臺上2961】少年事件處理法第85條規定成年人幫助未滿十八歲之人犯罪，加重其刑，業已排除適用刑法第30條幫助犯得減輕其刑之規定。

▲【69臺上3254】刑法分則加重，係就犯罪類型變更之個別犯罪行為，予以加重處罰，而成立另一獨立之罪。少年事件處理法第85條所定加重處罰，並非對於個別特定之行為而為加重處罰，蓋該條所定成年人係年齡狀態，而非身分條件，亦與刑法第134條有別。故**少年事件處理法第85條之加重，應認為相當於刑法總則之加重**。本件上訴人廖某被訴預備殺人，以脅迫使人行無義務之事，及以加害身體之事恐嚇他人致生危害於安全等罪，各該條均係刑法第61條第1款之罪，第一審及原審判決，雖經依少年事件處理法第85條規定加重其刑，然該條之加重既相當於刑法總則之加重，仍屬刑法第61條第1款前段之罪，既經第二審判決，自不得上訴於第三審法院。

第85條之1 （刪除）

第86條 （施行細則之訂定）

I.本法施行細則，由司法院會同行政院定之。

II.少年保護事件審理細則，由司法院定之。

III.少年法院與相關行政機關處理少年事件

　聯繫辦法，由司法院會同行政院定之。
IV.少年偏差行為之輔導及預防辦法，由行政
　院會同司法院定之。

第 87 條　（施行日期）

I.本法自中華民國六十年七月一日施行。
II.本法修正條文，除中華民國一百零八年五
　月三十一日修正公布之第十八條第二項
　至第七項自一百十二年七月一日施行；第
　四十二條第一項第三款關於交付安置於
　適當之醫療機構、執行過渡性教育措施或
　其他適當措施之處所輔導部分及刪除第
　八十五條之一自公布一年後施行外，自公
　布日施行。

保安處分執行法

一百一十年六月十六日總統令修正公布

①民國五十二年七月三日總統令公布
②五十六年八月一日總統令修正公布
③六十四年一月二十八日總統令修正公布
④六十九年七月四日總統令修正公布
⑤八十四年一月十八日總統令修正公布
⑥九十一年六月五日總統令修正公布
⑦九十五年五月三十日總統令修正公布
⑧九十九年五月二十六日總統令修正公布
⑨一百年一月二十六日總統令修正公布
⑩一百一十年六月十六日總統令修正公布第二、一五、八九條條文

第一章 通 則

第 1 條 　（法律之適用）

執行保安處分，除法律別有規定外，依本法行之。

第 2 條 　（保安處分處所）

Ⅰ.保安處分執行處所如下：
　　一　感化教育及強制工作處所。
　　二　監護、禁戒及強制治療處所。
Ⅱ.前項保安處分執行處所，由法務部設置，必要時法務部得請行政院協調相關中央主管機關設置或委任、委託或委辦其他機關（構）設置或辦理。
Ⅲ.保安處分之實施，受法務部之指揮、監督。

第 3 條 　（視察）

Ⅰ.法務部應派員視察保安處分處所，每年至少一次，並得授權各高等法院檢察處隨時派員視察。
Ⅱ.檢察官對於保安處分之執行，應隨時視察，如有改善之處，得建議改善，並得專案呈報法務部。

第 4 條 　（執行保安處分之裁判）

Ⅰ.執行保安處分應依裁判行之。
Ⅱ.法院對於應付監護、禁戒、強制治療之人，認為有緊急必要時，得於判決前，先以裁定宣告保安處分。
Ⅲ.檢察官對於應付監護、禁戒、強制治療之人，於偵查中認為有先付保安處分之必要，亦得聲請法院裁定之。
Ⅳ.前二項裁定，得於收受送達後五日內提起抗告。
Ⅴ.抗告無停止執行之效力，但原審法院及抗告法院，均得以裁定停止執行。

第 4 條之 1 　（多數保安處分執行之方法）

Ⅰ.宣告多數保安處分者，依左列各款執行之：
　　一　宣告多數感化教育，期間相同者，執行其一；期間不同者，僅就其中最長期間者執行之；有不定期者，僅就不定期者執行之。
　　二　因同一原因宣告多數監護，期間相同者，執行其一；期間不同者，僅就其中最長期間者執行之；其因不同原因而宣告者，就其中最適合於受處分人者，擇一執行之。如依其性質非均執行，不能達其目的時，分別或同時執行之。
　　三　因同一原因，宣告多數禁戒，期間相同者，執行其一，期間不同者，僅就其中最長期間者執行之；其因不同原因宣告者，同時執行之；如不能同時執行時，分別執行之。
　　四　宣告多數強制工作者，比照第一款規定執行之。
　　五　宣告感化教育之外，另宣告強制工作者，僅就強制工作執行之。
　　六　宣告多數保護管束，期間相同者，執行其一；期間不同者，僅就其中最長期間者執行之。但另因緩刑期內或假釋中付保護管束者，同時執行之。

七 宣告保護管束之外，另宣告感化教育或強制工作者，僅就感化教育或強制工作執行之。

八 因同一原因宣告多數強制治療者，執行其一；其原因不同者，同時執行之；如不能同時執行時，分別執行之。

九 宣告監護之外，另宣告禁戒或強制治療者，同時執行之；如不能同時執行時，分別執行之。

十 宣告禁戒、監護或強制治療之外，另宣告感化教育或強制工作者，先執行監護、禁戒或強制治療。但無礙於感化教育或強制工作之執行者，同時執行之。

十一 宣告多數保安處分，其中有驅逐出境者，得僅就驅逐出境執行之。

II.保安處分開始執行後，未執行完畢前，又受同一保安處分之宣告者，仍僅就原執行之保安處分繼續執行之。但後宣告保安處分之法院檢察官認以執行後宣告之保安處分為適當者，得聲請該法院裁定，就後宣告之保安處分執行之。

III.依前二項規定執行之處分，應在刑之執行前者，於刑之執行前為之；在刑之執行完畢或赦免後者，於刑之執行完畢或赦免後為之。

第 5 條 （裁判書及應備文件之解送）

I.保安處分之執行，檢察官應將受處分人連同裁判書及應備文件，命司法警察或司法警察官解送至保安處分處所。

II.刑事訴訟法第四百六十九條之規定，於保安處分之執行，除感化教育外準用之。

第 6 條 （解送之例外及免除執行之原因）

I.受處分人經檢查後，罹有急性傳染病或重大疾病者，檢察官不得命令解送，並應斟酌情形，先送醫院治療或責付於相當之人。但發見受處分人身體有畸形、身心障礙或痼疾不適於強制工作者，檢察官得聲請法院裁定免其處分之執行。

II.懷胎五月以上或分娩未滿二月者，得準用前項前段之規定。

第 7 條 （拒絕執行）

保安處分處所，對於移送執行之受處分人，有前條情形者，得拒絕執行。但應先送醫院治療或責付相當之人，並通知檢察官。

第 8 條 （裁判書及應備文件之調查）

受處分人入保安處分處所時，應調查其裁判書及應備文件。如不具備時，得通知檢察官補送之。

第 9 條 （參考事項之調查）

I.受處分人入保安處分處所時，應調查其個人關係、犯罪原因、動機、性行、境遇、學歷、經歷、身心狀況及其他可供執行保安處分之參考事項，並命捺指紋或為照相等識別之必要事項。

II.前項調查，得請求機關、團體或私人提出報告。

第 10 條 （累進處遇）

對於受感化教育或強制工作之處分者，為促其改悔向上，應劃分等級，以累進方法處遇之。

第 11 條 （身體、財物之檢查）

I.受處分人入保安處分處所時，應即檢查其身體及攜帶之財物。

II.前項財物，應保管者為之登記保管，除有正當理由得許其使用全部或一部外，於執行完畢時交還，其不適於保管者，通知其家屬領回，如不領回者，得沒入或廢棄之。

III.由保安處分處所以外之人送入之財物，準用前二項之規定。

第 12 條 （受處分人死亡或脫逃其遺留財物之歸屬）

受處分人死亡時，遺留之財物，應通知其最近親屬或家屬或其他應得之人領取。自死亡之日起一年內無人領取時，歸入國庫，其脫逃經過一年尚未緝獲者亦同。

第 13 條　（應遵守事項之告知）

受處分人入保安處分處所時，應告知遵守之事項。

第 14 條　（申訴）

I.受處分人不服保安處分處所之處置時，得經由保安處分處所主管長官，申訴於監督機關。

II.保安處分處所主管長官，接受前項申訴時，應即轉報該管監督機關。

第 15 條　（戒護）

I.保安處分執行處所應分別情形，施以適當之戒護；戒護人員為制止或排除危害，得採取必要之措施。

II.前項保安處分執行處所施以戒護之條件、方式，戒護人員之資格、遴用、採取必要措施之種類與限制及其他相關事項之辦法，由法務部定之。

第 16 條　（保安處分處所業務之策進）

保安處分處所，應商請公私立機關、團體，或延聘犯罪學、心理學、社會學、教育學等專家，協助策進其業務。

第 17 條　（飲食等必要設備之供給與費用之收取、吸菸管理及戒菸獎勵辦法之訂定）

I.保安處分處所對於受處分人，應供給飲食衣被及其他維持身體健康之必要設備。但執行感化教育及禁戒或強制治療所需之費用，得斟酌情形，向受處分人或其扶養義務人收取，其無力負擔者，仍由保安處分處所，按一般標準供給之。

II.保安處分受處分人禁用菸酒。但非受感化教育之受處分人年滿十八歲者，得許於指定之時間、處所吸菸。

III.保安處分處所對於戒菸之受處分人應給予適當之獎勵。

IV.受處分人吸菸管理及戒菸獎勵辦法，由法務部定之。

第 18 條　（疾病診治）

I.保安處分處所，對於受處分人罹有疾病，應急予醫治，並為必要之保護，其經醫師診斷後認為有停止工作之必要者，應停止其工作。

II.保安處分處所，對於受處分人之疾病，認為不能施以適當之醫治或無相當之醫療設備者，得呈請監督機關之許可，將其移送病院或保外醫治，於治癒後，繼續執行。

III.保安處分處所，認為有緊急情形，不能施以相當之醫治，得先為前項之處分，再行呈報核准。

IV.保外醫治期間，不算入保安處分之執行期間。

V.懷胎五月以上或分娩未滿二月者，得準用第二項至第四項之規定。

第 19 條　（強制營養）

受處分人拒絕飲食，經勸告仍不飲食，而有生命之危險者，得由醫師施以強制營養。

第 20 條　（自費診治）

罹有疾病之受處分人請求自費延醫診治者，保安處分處所應予許可。

第 21 條　（管理方法）

保安處分處所對於受處分人，除防止其脫逃、自殺、暴行、或其他違反紀律之行為外，應於不妨礙個性發展之範圍內施以管理。

第 22 條　（接見）

I.保安處分處所應許受處分人與其家屬及親友接見。

II.請求接見受處分人者，應登記其姓名、年齡、住所、職業、及受處分人之姓名及其關係，與接見事由。

III.請求接見，如認為有妨害保安處分處所之紀律或受處分人之利益者，不予准許。

第 23 條　（監視及停止接見）

接見除另有規定外，應加監視，如在接見中發現有前條第三項之情形，應停止其接見。

第 24 條　（接見之次數）

接見每星期不得逾二次，每次以三十分鐘為限。但經保安處分處所長官特許者，得增加或延長之。

第 25 條　（發受書信）

受處分人發受書信，應加檢查。書信內容有妨害保安處分處所紀律者，得分別情形，不許發受，或令刪除後再行發受。

第 26 條　（釋放及保護事項之預行策劃）

I.保安處分處所，對於執行完畢之受處分人，除法律另有規定外，應於執行完畢之當日午前釋放。

II.釋放後之保護事項，應於初入處所時，即行調查，將釋放時，再予覆查，並經常與保護機關或團體，密切聯繫。對於釋放後，職業之介紹輔導，及衣食住行之維持等有關事項，預行策劃，予以適當解決。

III.前項保護事務，除經保安處分處所，指定團體或受處分人最近親屬承擔外，司法保護團體應負責處理之。

第 27 條　（衣類及費用之酌給）

保安處分處所，對於釋放之受處分人確無衣類旅費者，應酌給相當衣類及費用，其因重病請求容留繼續醫治者，應予准許，並應通知其最近親屬、家屬或其他適當之人。

第 28 條　（免除或延長執行之聲請）

I.保安處分定有期間者，在期間未終了前，認無繼續執行之必要時，除法律另有規定外，應報請指揮執行法院之檢察官聲請免其處分之執行，認有延長之必要時，得報請指揮執行法院之檢察官聲請延長其處分之執行。

II.保安處分處所為前項請求時，應依據受處分人每月成績分數之記載，列舉事實，並述明其理由。

III.對於法院依第一項聲請所為之裁定，得於五日內提起抗告，對於抗告法院之裁定，並得提起再抗告。

第 29 條　（報告檢察官之事由）

受處分人於執行中死亡或執行完畢時，應報告指揮執行法院之檢察官，其於執行中逃亡者，應立即報告檢察官拘提或通緝之。

第二章　感化教育

第 30 條　（感化教育之方式）

I.實施感化教育，採用學校方式，兼施軍事管理。未滿十四歲者，得併採家庭方式，為教育之實施。

II.感化教育處所，應分別設置教員、技師、醫生、生活輔導員等人員，辦理各項事宜。

第 31 條　（分班施教）

實施感化教育，應依受處分人之性別、年齡、性行、知識程度、身心狀況等，分班施教。

第 32 條　（感化教育應注重之內容）

感化教育，應注重國民道德之培養，及增進生活必需之知識與技能。

第 33 條　（宗教儀式之准許）

受處分人得依其所屬之宗教，舉行禮拜、祈禱、或其他適當之儀式，但以不妨害紀律者為限。

第 34 條　（授課時間）

感化教育之授課時間，應審酌受處分人之年齡，每日以四小時至六小時為限。

第 35 條　（康樂設備）

感化教育處所，應有康樂之設備。

第 36 條　（課程與作業）

I.感化教育之課程與作業，由法務部會同教育部、內政部定之。

II.感化教育期滿時，得由所在地教育行政機關檢定其學業程度，並發給證明書。

第 37 條 　（作業）
I.感化教育處所，應設置簡易工場，使受處分人從事適當之作業。
II.前項作業時間，每日為二小時至四小時。但未滿十四歲或有特殊情形不適於作業者，得免除其作業。

第 38 條 　（累進處遇等級之昇進）
I.累進處遇分一至四等，自第四等依次漸進。
II.受處分人，如品行善良具有適於共同生活之情形者，得逕編入第三等。

第 39 條 　（免予繼續執行）
受處分人執行一年以上而達第一等時，感化教育處所長官得檢具有關事證報請上級機關核准，通知檢察官轉請法院裁定，免予繼續執行。

第 40 條 　（停止執行及撤銷停止執行）
I.受處分人執行一年以上而達第二等以上時，得準用前條之規定，停止其感化教育處分之執行，但停止期間應併付保護管束。
II.前項停止執行期間，如違反保護管束規則情節重大者，法院得依檢察官之聲請為撤銷停止執行之裁定。
III.停止執行之裁定，經撤銷後，其停止之期間，不算入感化教育之執行期間。

第 41 條 　（延長感化教育期間）
受處分人於執行感化教育期間已達十分之九而仍不能進列第三等者，感化教育處所長官，應列舉事實，檢同有關證據，報請檢察官聲請法院裁定延長其感化教育期間。

第 42 條 　（勞作金之給與）
I.受處分人在感化教育期間作業者，應依其成績按月給與勞作金。
II.前項給與之勞作金，每月得於二分之一範圍內，自由使用。其餘由感化教育處所代為保管，於出保安處分處所時發還之。

第 43 條 　（強制到案）
在保之受處分人，檢察官通知其到案移送執行，而不到者，得強制其到案。執行感化教育之期間之始日，自受處分人到案之日起算。

第 44 條 　（同行書及其應記載事項）
I.強制受處分人到案，應用同行書。
II.同行書記載左列事項：
　　一　受處分人之姓名、性別、年齡、籍貫、住居所或其他足資辨別之特徵。
　　二　事由。
　　三　發同行書之理由。
III.同行書應由檢察官簽名，交由司法警察偕同受處分人到案。

第 44 條之 1 　（協尋書及其應記載事項）
I.受處分人行蹤不明者，得請有關機關協尋之。
II.協尋受處分人應用協尋書，通知各地法院、檢察官、司法警察機關。但不得公告或登載新聞紙，或以其他方式公開之。
III.協尋書應記載左列事項，由檢察官簽名：
　　一　受處分人之姓名、性別、年齡、籍貫、國民身分證字號、住居所及其他足資辨別之特徵。但籍貫、國民身分證字號、住居所不明者，得免記載。
　　二　事件之內容。
　　三　協尋之理由。
　　四　應護送之處所。
IV.受處分人經尋獲後，檢察官、司法警察官、司法警察得逕行護送受處分人至應赴之處所。
V.協尋於其原因消滅或已顯無必要時，應即撤銷。撤銷協尋之通知，準用第二項之規定。

第 45 條 　（累進處遇規程）
I.感化教育累進處遇規程，由法務部定之。
II.感化教育作業規則，由法務部會同教育部、內政部定之。

第三章　監　　護

第 46 條　（監護處分）

因有刑法第十九條第一項、第二項或第二十條之情形，而受監護處分者，檢察官應按其情形，指定精神病院、醫院、慈善團體及其最近親屬或其他適當處所。

第 47 條　（對受監護處分者之治療及監視其行動）

受執行監護之精神病院、醫院，對於因有刑法第十九條第一項或第二項之情形，而受監護處分者，應分別情形，注意治療及監視其行動。

第 48 條　（視察）

檢察官對於受監護處分之人，於指揮執行後，至少每月應視察一次，並製作紀錄。

第四章　禁　　戒

第 49 條　（禁戒處分處所應設醫師治療設備）

執行禁戒處分之處所，應設置醫師及適當之治療設備。

第 50 條　（治療及注意受禁戒處分者之身體健康）

執行禁戒處分之處所，應切實注意治療，並注意受禁戒處分人之身體健康。

第 51 條　（更犯吸毒之報告）

禁戒處分執行中，受禁戒處分人如有更犯吸用烟毒情形，執行禁戒處分處所應即報告指揮執行之檢察官。

第五章　強制工作

第 52 條　（強制工作處所）

I.實施強制工作處所，應斟酌當地社會環境，分設各種工場或農場。

II.強制工作處所，必要時，得呈准監督機關使受處分人在強制工作處所以外公設或私設之工場、農場、及其他作業場所作業。

第 53 條　（分類管理）

實施強制工作，應依受處分人之性別、年齡、身體健康、知識程度、家庭狀況、原有職業技能、保安處分期間等標準，分類管理，酌定課程，訓練其謀生技能及養成勞動習慣，使具有就業能力。

第 54 條　（強制工作時間）

強制工作時間，每日六小時至八小時，斟酌作業種類，設備狀況及其他情形定之。炊事、打掃、看管、及其在工作場所之事務，視同作業。

第 54 條之 1　（停止作業日）

I.停止作業日如左：

　一　國定例假日。

　二　直系親屬及配偶喪七日，三親等內旁系親屬喪三日。

　三　其他認為必要時。

II.就炊事、灑掃及其他特需急速之作業者，除前項第二款規定外，不停止作業。

III.入強制工作處所後三日及釋放前七日，得免作業。

第 55 條　（工作外其他觀念之灌輸）

對於受強制工作處分者，應施以教化，灌輸生活知識，啟發國民責任觀念。

第 56 條　（教化實施之方式）

前條教化之實施，得依類別或個別之方式行之，每日以二小時為限，並得利用電影，音樂等為輔導工具，及聘請有學識德望之人演講。

第 56 條之 1　（勞作金與獎勵金）

I.受處分人於強制工作期間作業者，給與勞作金；其金額應斟酌作業者之行狀及作業成績給付。

II.前項作業受處分人有具體應獎勵事實者，發給獎勵金。

第 57 條　（準用規定）

第三十八條、第四十條、第四十一條、第四十二條第二項及第四十五條之規定，於本章準用之。

第 57 條之 1　（作業賸餘之利用）

I.作業收入扣除作業支出後，提百分之五十充勞作金；勞作金總額，提百分之二十五充犯罪被害人補償費用。

II.前項作業賸餘提百分之三十補助受處分人飲食費用；百分之五充受處分人獎勵費用；百分之五充作業管理人員獎勵費用；年度賸餘應循預算程序以百分之三十充作改善受處分人生活設施之用，其餘百分之七十撥充作業基金。

III.第一項提充犯罪被害人補償之費用，應專戶存儲；前項為改善受處分人生活設施購置之財產設備，免提折舊。

第 58 條　（獎賞之原因）

受處分人有左列各款行為之一者，應予獎賞：

一　作業成績優良者。

二　行為善良足為受處分人之表率者。

三　舉發受處分人圖謀脫逃或暴行者。

四　其他足資鼓勵之事項。

第 59 條　（獎賞之方法）

獎賞之方法如左：

一　公開嘉獎。

二　給與獎狀或獎品。

三　其他適當之方法。

第 60 條　（懲罰之原因及方法）

I.受處分人行狀不良或違反紀律時，得由保安處分處所長官施以左列一款或數款之懲罰：

一　面責。

二　停止戶外活動一日至五日。

三　扣分。

四　停止接見一次至三次。

五　停止發受書信一次至三次。

六　每日增加工作二小時，以一日至五日為限。

II.前項第二款及第六款之處分，應於懲處前徵求醫務人員之意見。

第 61 條　（懲罰前之辯解）

為前條懲罰前，應與本人以辯解之機會，認為有理由者，予以免除。

第 62 條　（撫卹金之酌給）

受處分人因作業受傷罹病而致死亡者，應酌予撫卹金。

第 63 條　（勞作金及撫卹金之歸屬）

I.受處分人死亡時，其勞作金或撫卹金，交付本人之最近親屬、家屬或其他應得之人領取。

II.前項領取，應於強制工作處所長官通知後六個月內為之。

第六章　保護管束

第 64 條　（保護管束之執行）

I.保護管束，應按其情形交由受保護管束人所在地或所在地以外之警察機關、自治團體、慈善團體、本人最近親屬、家屬或其他適當之人執行之。

II.法務部得於地方法院檢察處置觀護人，專司由檢察官指揮執行之保護管束事務。

第 65 條　（對於執行保護管束者之調查、監督）

檢察官對於執行保護管束者，負隨時調查、監督之責；必要時，得予以警告，或另行指定執行保護管束者執行之。

第 65 條之 1　（應遵守事項之告知）

I.檢察官應告知受保護管束人所應遵守之事項，並指定日期，命往執行保護管束者之處所報到。

II.檢察官為前項指揮執行時，應將關於受保護管束人之裁判書、身世調查表暨其他有關書類，通知執行保護管束者。執行保護管束者於受保護管束人報到後，應立即報告檢察官；其未依指定日期報到者亦同。

第 66 條　（不遵守指定事項之懲處）

執行保護管束者，對於受保護管束人，得指定其遵守一定之事項；受保護管束人不遵守時，得予以告誡，或報請指揮執行之檢察官為適當之處理；必要時，得限制其自由。

第 67 條 （不能執行事由之報告）

執行保護管束者，如遷徙他處或有其他不能執行職務事由時，應事先報由檢察官另行指定。

第 68 條 （執行情形之報告）

I.執行保護管束者，應按月將受保護管束人之執行情形，報告檢察官。其有違反第七十四條之二各款情形之一時，應列舉事實，立即報告。

II.對於假釋中付保護管束者，檢察官認有違反第七十四條之二各款情形之一時，應即通知原執行監獄之典獄長。

第 69 條 （逃匿、死亡或復犯他罪之報告）

I.受保護管束人逃匿、死亡或復犯他罪時，執行保護管束者，應即報告檢察官；假釋中付保護管束者，並應由檢察官通知原執行監獄之典獄長。

II.受保護管束人應召服役，準用前項規定。

第 69 條之 1 （住居所遷移之報准）

受保護管束人住居所遷移時，應報經執行保護管束者轉請檢察官核准之。檢察官應將執行保護管束情形，連同執行書類，函請遷入地區之管轄法院檢察官，另行指定保護管束者，繼續執行未了期間之保護管束。

第 70 條 （對以保護管束代感化教育者應注意情況）

以保護管束代感化教育者，對於受保護管束人應注意其性行、生活習慣等情況。

第 71 條 （對以保護管束代監護者應注意情況）

以保護管束代監護者，對於受保護管束人應注意其心身狀態及其行動與療養。

第 72 條 （對以保護管束代禁戒處分者應注意事項）

以保護管束代禁戒處分者，對於受保護管束人應促其禁戒及治療，並隨時察看之，必要時，得報請警察機關協助。

第 73 條 （對以保護管束代強制工作者之工作輔導）

以保護管束代強制工作處分者，對於受保護管束人應輔導以適當之工作，並考察之。

第 74 條 （緩刑或假釋期內應注意事項）

緩刑或假釋期內執行保護管束者，對於受保護管束人應注意其生活行動及交往之人。

第 74 條之 1 （對外國人保護管束）

I.對於外國人保護管束者，得以驅逐出境代之。

II.前項驅逐出境，準用第八章之規定。

第 74 條之 2 （應遵守之事項）

受保護管束人在保護管束期間內，應遵守左列事項：

一　保持善良品行，不得與素行不良之人往還。

二　服從檢察官及執行保護管束者之命令。

三　不得對被害人、告訴人或告發人尋釁。

四　對於身體健康、生活情況及工作環境等，每月至少向執行保護管束者報告一次。

五　非經執行保護管束者許可，不得離開受保護管束地；離開在十日以上時，應經檢察官核准。

第 74 條之 3 （違反應遵守事項之懲處）

I.受保護管束人違反前條各款情形之一，情節重大者，檢察官得聲請撤銷保護管束或緩刑之宣告。

II.假釋中付保護管束者，如有前項情形時，典獄長得報請撤銷假釋。

第 75 條 （免除執行之要件）

執行保護管束之期間已達一年以上者，檢察官綜核各月報告表，並徵詢執行保護管束者之意見，認為無繼續執行之必要時，應聲請法院裁定免除其執行。

第 76 條　（延長執行期間）

保護管束期間執行已達十分之九，檢察官綜核各月報告表，並徵詢執行保護管束者之意見，認為有繼續執行之必要時，應聲請法院延長之。

第 77 條　（主動報請免除或延長執行期間）

執行保護管束者得報請檢察官為前二條之聲請。

第 77 條之 1　（期間屆滿之報告）

執行保護管束者，於受保護管束人保護管束期間屆滿時，應報告檢察官。假釋中付保護管束者，檢察官並應通知原執行監獄之典獄長。

第七章　強制治療

第 78 條　（強制治療處所）

強制治療處所為公私立醫療機構。

第 79 條　（執行處所應注意受處分人之身體健康）

執行強制治療處分之處所應切實治療，並注意受強制治療處分人之身體健康。

第 80 條　（應隔離及監視其行動者）

強制治療處所，對於患嚴重之花柳病者，應予隔離，並監視其行動。

第 81 條　（通知）

強制治療處所，於治癒時，應通知指揮執行之檢察官。

第八章　驅逐出境

第 82 條　（驅逐出境之執行）

受驅逐出境處分之外國人，由檢察官交由司法警察機關執行之。

第 83 條　（驅逐出境之先行通知）

受驅逐出境處分之外國人，檢察官應於刑之執行完畢一個月前或赦免後，先行通知司法警察機關。

第 84 條　（彙送詳情予外交部）

檢察官應將受驅逐出境處分外國人之經過詳情彙送外交部，必要時，由外交部通知受處分人所屬國之駐中華民國使領館。

第 85 條　（交通工具之利用）

I.受驅逐出境處分之外國人，持有其本國護照前往其所屬國，或持有其他地區之入境許可，公私舟、車、航空器在該地設有停站者，不得拒絕搭乘。

II.前項舟、車、航空站拒絕被驅逐之外國人搭乘，得由當地司法警察機關，依違警罰法第五十四條第十一款處罰之。

第 86 條　（居留期間之處置）

I.受驅逐出境處分之外國人於刑之執行完畢或赦免後，如因即時無相當舟、車、航空器可供搭乘而生活困難者，其居留期間，仍應供給飲食及住宿。

II.前項居留期間內，警察機關應負責監視其行動，非有重大事由，不得拘束其身體。

第 87 條　（旅費負擔）

受驅逐出境處分之外國人所需旅費，應由其本人負擔，如確屬赤貧無力負擔時，執行機關應另請專款辦理之。

第九章　附　　則

第 88 條　（保安處分處所組織）

I.保安處分處所之組織另以法律定之。

II.保安處分處所專門技術人員，聘任之。

第 89 條　（施行日期及施行區域）

I.本法施行之日期及區域，由行政院以命令定之。

II.本法中華民國一百十年五月三十一日修正之條文，自公布日施行。

提 審 法
一百零三年一月八日總統令修正公布

①民國二十四年六月二十一日國民政府公布
②三十七年四月二十六日國民政府修正公布
③八十八年十二月十五日總統令修正公布
④一百零三年一月八日總統令修正公布全文

第1條　（提審之聲請）
Ⅰ.人民被法院以外之任何機關逮捕、拘禁時，其本人或他人得向逮捕、拘禁地之地方法院聲請提審。但其他法律規定得聲請即時由法院審查者，依其規定。

Ⅱ.前項聲請及第十條之抗告，免徵費用。

第2條　（逮捕、拘禁原因之告知）
Ⅰ.人民被逮捕、拘禁時，逮捕、拘禁之機關應即將逮捕、拘禁之原因、時間、地點及得依本法聲請提審之意旨，以書面告知本人及其指定之親友，至遲不得逾二十四小時。

Ⅱ.本人或其親友亦得請求為前項之告知。

Ⅲ.本人或其親友不通曉國語者，第一項之書面應附記其所理解之語文；有不能附記之情形者，應另以其所理解之語文告知之。

第3條　（聲請書狀應記載事項）
Ⅰ.聲請提審應以書狀或言詞陳明下列事項：
一　聲請人之姓名、性別、出生年月日、身分證明文件編號及住所或居所；他人為聲請時，並應記載被逮捕、拘禁人之姓名、性別或其他足資辨別之特徵。
二　已知逮捕、拘禁之原因、時間及地點。
三　逮捕、拘禁之機關或其執行人員之姓名。
四　受聲請之法院。
五　聲請之年、月、日。

Ⅱ.前項情形，以言詞陳明者，應由書記官製作筆錄。

Ⅲ.第一項聲請程式有欠缺者，法院應依職權查明。

第4條　（提審聲請之分配）
地方法院受理提審之聲請後，依聲請提審意旨所述事實之性質，定其事務分配，其辦法由司法院定之。

第5條　（裁定駁回聲請之情形）
Ⅰ.受聲請法院，於繫屬後二十四小時內，應向逮捕、拘禁之機關發提審票，並即通知該機關之直接上級機關。但有下列情形之一者，得以裁定駁回之：
一　經法院逮捕、拘禁。
二　依其他法律規定得聲請即時由法院審查。
三　被逮捕、拘禁人已回復自由。
四　被逮捕、拘禁人已死亡。
五　經法院裁判而剝奪人身自由。
六　無逮捕、拘禁之事實。

Ⅱ.受聲請法院，不得以無管轄權而裁定駁回之。

第6條　（提審票應記載事項）
Ⅰ.提審票應記載下列事項：
一　逮捕、拘禁之機關及其所在地。
二　被逮捕、拘禁人之姓名、性別或其他足資辨別之特徵。
三　發提審票之法院。
四　應解交之法院。
五　發提審票之年、月、日。

Ⅱ.提審票應以正本送達逮捕、拘禁之機關，並副知聲請人及被逮捕、拘禁人；發提審票之法院與應解交之法院非同一者，提審票正本應連同提審卷宗併送應解交之法院。

Ⅲ.提審票、提審卷宗於必要時，得以電傳文件、傳真或其他電子文件代之。

第7條　（被逮捕、拘禁人之解交）
Ⅰ.逮捕、拘禁之機關，應於收受提審票後，二十四小時內將被逮捕、拘禁人解交；如在收受提審票前已將該人移送他機關者，

應即回復發提審票之法院，並即將該提審票轉送受移送之機關，由該機關於二十四小時內逕行解交；如法院自行迎提者，應立即交出。

II.前項情形，因特殊情況致解交或迎提困難，被逮捕、拘禁人所在與法院間有聲音及影像相互傳送之設備而得直接訊問，經法院認為適當者，得以該設備訊問，逮捕、拘禁之機關免予解交。

III.逮捕、拘禁之機關，在收受提審票前，被逮捕、拘禁人已回復自由或死亡者，應將其事由速即回復發提審票之法院。

IV.第二項之視訊過程，應全程錄音錄影。

第 8 條　（逮捕、拘禁合法性之審查）

I.法院審查逮捕、拘禁之合法性，應就逮捕、拘禁之法律依據、原因及程序為之。

II.前項審查，應予聲請人、被逮捕、拘禁人及逮捕、拘禁之機關到場陳述意見之機會。必要時，並得通知相關第三人到場陳述意見。

III.法院關於提審聲請之處理，除本法規定外，準用其他相關法律規定之程序。

第 9 條　（釋放或裁定駁回）

I.法院審查後，認為不應逮捕、拘禁者，應即裁定釋放；認為應予逮捕、拘禁者，以裁定駁回之，並將被逮捕、拘禁人解返原解交之機關。

II.前項釋放之裁定，不得聲明不服。

第 10 條　（不服駁回裁定之抗告）

I.聲請人或受裁定人不服駁回聲請之裁定者，得於裁定送達後十日內，以書狀敘明理由，抗告於直接上級法院。

II.抗告法院認為抗告不合法或無理由者，應以裁定駁回之；認為抗告有理由者，應以裁定將原裁定撤銷，並即釋放被逮捕、拘禁人。

III.前項裁定，不得再抗告。

第 11 條　（罰則）

I.逮捕、拘禁機關之人員，違反第二條第一項之規定者，科新臺幣十萬元以下罰金。

II.逮捕、拘禁機關之人員，違反第七條第一項之規定者，處三年以下有期徒刑、拘役或科或併科新臺幣十萬元以下罰金。

第 12 條　（施行日期）

本法自公布後六個月施行。

羈 押 法

一百零九年一月十五日總統令修正公布

①民國三十五年一月十九日國民政府公布
②四十三年十二月二十五日總統令修正公布
③四十六年一月七日總統令修正公布
④六十五年五月十五日總統令修正公布
⑤六十九年七月四日總統令修正公布
⑥八十六年五月二十一日總統令修正公布
⑦九十五年十二月二十七日總統令修正公布
⑧九十八年五月十三日總統令修正公布
⑨九十九年五月二十六日總統令修正公布
⑩一百零九年一月十五日總統令修正公布全文

第一章　總　則

第 1 條　（立法目的）
為確保受羈押被告之權利及訴訟程序順利進行，並達成羈押之目的，特制定本法。

第 2 條　（主管機關、監督機關及羈押少年被告之訪視）
Ⅰ本法之主管機關為法務部。
Ⅱ看守所之監督機關為法務部矯正署。
Ⅲ監督機關應派員視察看守所，每季至少一次。
Ⅳ少年法院法官得隨時訪視其命羈押之少年被告。

第 3 條　（羈押處所及分別羈押）
Ⅰ刑事被告應羈押者，於看守所羈押之。
Ⅱ少年被告，應羈押於少年觀護所。於年滿二十歲時，應移押於看守所。
Ⅲ看守所對羈押之被告，應按其性別嚴為分界。
Ⅳ少年被告羈押相關事項，其他法律另有規定者，從其規定。

第 4 條　（被告之人權保障）
Ⅰ看守所人員執行職務應尊重被告之尊嚴及維護其人權，不得逾越所欲達成羈押目的及維護羈押處所秩序之必要限度。

Ⅱ對羈押被告不得因人種、膚色、性別、語言、宗教、政治立場、國籍、種族、社會階級、財產、出生、身心障礙或其他身分而有歧視。
Ⅲ看守所應保障身心障礙被告在看守所內之無障礙權益，並採取適當措施為合理調整。
Ⅳ看守所不得對被告施以逾十五日之單獨監禁。看守所因對被告依法執行職務，而附隨有單獨監禁之狀態時，應定期報監督機關備查，並由醫事人員持續評估被告身心狀況。經醫事人員認為不適宜繼續單獨監禁者，應停止之。

第 5 條　（外部視察小組之設置及報告提出）
Ⅰ為落實透明化原則，保障被告權益，看守所應設獨立之外部視察小組，置委員三人至七人，任期二年，均為無給職，由監督機關陳報法務部核定後遴聘之。
Ⅱ前項委員應就法律、醫學、公共衛生、心理、犯罪防治或人權領域之專家學者遴選之。其中任一性別委員不得少於三分之一。
Ⅲ視察小組應就看守所運作及被告權益等相關事項，進行視察並每季提出報告，由看守所經監督機關陳報法務部備查，並以適當方式公開，由相關權責機關回應處理之。
Ⅳ前三項視察小組之委員資格、遴（解）聘、視察方式、權限、視察報告之製作、提出與公開期間等事項及其他相關事項之辦法，由法務部定之。

第 6 條　（看守所得同意媒體採訪或民眾參觀）
看守所得依媒體之請求，同意其進入適當處所採訪或參觀；並得依民眾之請求，同意其進入適當處所參觀。

第二章 入 所

第 7 條 （入所文件之查驗）
Ⅰ被告入所時，看守所應查驗法院簽署之押票；其附送身分證明者，應一併查驗。
Ⅱ無前項押票者，應拒絕入所。

第 8 條 （入所後號數之編列、身分簿及名籍資料之編製）
被告入所後，看守所應編列號數，並編製身分簿及名籍資料。

第 9 條 （被告有關資料之調查）
Ⅰ被告入所時，看守所應調查與被告有關之資料。
Ⅱ為實施前項調查，得於必要範圍內蒐集、處理或利用被告之個人資料，並得請求機關（構）、法人、團體或個人提供相關資料，機關（構）、法人、團體或個人無正當理由不得拒絕。
Ⅲ第一項與被告有關之資料調查之範圍、期間、程序、方法、審議及其他應遵行事項之辦法，由法務部定之。

第 10 條 （入所或在所婦女請求攜帶子女之准許及相關安置規定）
Ⅰ入所或在所婦女請求攜帶未滿三歲之子女，經看守所檢具相關資料通知子女戶籍所在地直轄市、縣（市）社會福利主管機關評估認符合子女最佳利益者，看守所得准許之。
Ⅱ前項直轄市、縣（市）社會福利主管機關評估期間以二個月為限，並應將評估報告送交看守所。
Ⅲ於前項評估期間，看守所得於所內暫時安置入所或在所婦女攜入之子女。
Ⅳ子女隨母入所最多至滿三歲為止。但經第一項社會福利主管機關評估，認在所符合子女最佳利益者，最多得延長在所安置期間至子女滿三歲六個月為止。
Ⅴ安置在所之子女有下列情形之一，看守所應通知子女戶籍所在地直轄市、縣（市）社會福利主管機關進行訪視評估，辦理轉介安置或為其他必要處置：

一 子女出現畏懼、退縮或其他顯不適於在所安置之狀況。
二 滿三歲或前項但書安置期間屆滿。
三 經第一項評估認在所安置不符合子女最佳利益。
四 因情事變更須離開看守所。
Ⅵ被告於所內生產之子女，適用前五項規定；其出生證明書不得記載與羈押有關之事項。
Ⅶ為照顧安置在所之子女，看守所應規劃活動空間及提供必要之設施或設備，並得洽請社會福利及相關機關（構）、法人、團體或個人協助被告育兒相關教育與指導。子女戶籍所在地直轄市、縣（市）社會福利主管機關對於在所子女照顧安置事項，應提供必要之協助。
Ⅷ子女戶籍所在地直轄市、縣（市）社會福利主管機關於必要時得委託其他直轄市、縣（市）社會福利主管機關辦理第一項、第二項、第四項、第五項及前項所定事項。

第 11 條 （入所之健康檢查及應護送醫院等處置之情形）
Ⅰ被告入所時，應行健康檢查，被告不得拒絕；有下列情形之一者，應收容於病舍、隔離、護送醫院或為其他適當之處置，並即通報為裁定羈押之法院或檢察官：
一 有客觀事實足認其身心狀況欠缺辨識能力，致不能處理自己事務。
二 現罹患疾病，因羈押而不能保其生命。
三 懷胎五月以上，或生產未滿二月。
四 罹患法定傳染病，因羈押有引起群聚感染之虞。
五 衰老、身心障礙，不能於看守所自理生活。
六 有明顯外傷且自述遭刑求。
Ⅱ看守所於被告有前項第一款、第二款、第六款之情形，且知其有辯護人者，應通知其辯護人。
Ⅲ施行第一項檢查時，應由醫師進行，並得為醫學上之必要處置。經檢查後認有必要時，看守所得委請其他專業人士協助之。

IV.第一項之檢查，在所內不能實施者，得戒送醫院為之。

V.經裁定羈押之法院禁止其接見通信者，有前項情形時，看守所應依職權或依被告申請檢具診斷及相關資料速送裁定羈押之法院為准駁之裁定，經裁定核准後由看守所護送至醫療機構檢查。但有急迫情形時，看守所得先將其護送至醫療機構檢查，並即時通知為裁定羈押之法院，法院認為不應准許者，應於五日內裁定撤銷之。

VI.經裁定羈押之法院禁止其接見通信者，有第一項後段護送醫院之必要時，看守所應依職權或依被告申請檢具診斷資料速送裁定羈押之法院為准駁之裁定，經裁定核准後由看守所護送至醫療機構醫治。但有急迫情形時，看守所得先將其護送至醫療機構治療，並即時通知為裁定羈押之法院，法院認為不應准許者，應於五日內裁定撤銷之。

第 12 條 （入所身體衣物之檢查及相關人權維護；被告身分辨識之機制）

I.為維護看守所秩序及安全，防止違禁物品流入，被告入所時，應檢查其身體、衣類及攜帶之物品，必要時，得採集其尿液檢驗，並得運用科技設備輔助之。

II.前項檢查身體，如須脫衣檢查時，應於有遮蔽之處所為之，並注意維護被告隱私及尊嚴。男性被告應由男性職員執行，女性被告應由女性職員執行。

III.非有事實足認被告有夾藏違禁物品或有其他危害看守所秩序及安全之虞，不得為侵入性檢查；如須為侵入性檢查，應經看守所長官核准，並由醫事人員為之。

IV.為辨識被告身分，應照相、採取指紋或記錄其他身體特徵，並得運用科技設備輔助之。

第 13 條 （被告入所後應准其通知或代為通知指定之親友及辯護人；代為通知之事項）

I.被告入所後，看守所應准其通知指定之親屬、友人及辯護人。但裁定羈押之法院或

檢察官禁止其通信者，由看守所代為通知。

II.前項代為通知，應包含下列事項：

一 被告羈押之處所。

二 被告羈押之原因。

三 刑事訴訟法第二十七條得選任辯護人之規定。

第 14 條 （入所講習應告知之事項及對身障等被告之適當協助；在所權利義務之適當公開）

I.被告入所講習時，應告知下列事項，並製作手冊交付其使用：

一 在所應遵守事項。

二 接見及通信事項。

三 獎懲事項。

四 陳情、申訴及訴訟救濟之規定。

五 衛生保健及醫療事項。

六 金錢及物品保管之規定。

七 法律扶助事項之宣導。

八 其他應注意事項。

II.被告為身心障礙者、不通中華民國語言或有其他理由，致其難以瞭解前項各款所涉內容之意涵者，看守所應提供適當之協助。

III.與被告在所權利義務相關之重要法規、行政規則及函釋等，宜以適當方式公開，使被告得以知悉。

第三章　監禁及戒護

第 15 條 （監禁舍房之種類及分配原則）

I.監禁之舍房分為單人舍房及多人舍房。

II.被告入所後，以分配於多人舍房為原則。看守所得依其管理需要配房。

III.共同被告或案件相關者，應分配於不同舍房。

IV.被告因衰老、疾病或身心障礙，不宜與其他被告群居者，得收容於病舍。

第 16 條 （看守所得運用科技設備輔助嚴密戒護）

I.看守所應嚴密戒護，並得運用科技設備輔助之。

羈押法

（第一七～一九條）

II.看守所認有必要時，得對被告居住之舍房及其他處所實施搜檢，並準用第十二條有關檢查身體及辨識身分之規定。

III.為戒護安全目的，看守所得於必要範圍內，運用第一項科技設備蒐集、處理、利用被告或進出人員之個人資料。

IV.看守所為維護安全，得檢查出入者之衣類及攜帶物品，並得運用科技設備輔助之。

V.第一項、第二項與前項之戒護、搜檢及檢查，不得逾必要之程度。

VI.第一項至第四項科技設備之種類、設置、管理、運用、資料保存及其他應遵行事項之辦法，由法務部定之。

第 17 條　（隔離保護之要件及相關程序）

I.有下列情形之一者，看守所得施以隔離保護：
　　一　被告有危害看守所安全之虞。
　　二　被告之安全有受到危害之虞。

II.前項隔離保護應經看守所長官核准。但情況緊急時，得先行為之，並立即報告看守所長官。

III.看守所應將第一項措置之決定定期報監督機關備查。看守所施以隔離保護後，除應以書面告知被告外，應通知其家屬或最近親屬，並安排醫事人員持續評估其身心狀況。醫事人員認為不適宜繼續隔離保護者，應停止之。其家屬或最近親屬有數人者，得僅通知其中一人。

IV.第一項隔離保護不得逾必要之程度，於原因消滅時應即解除之，最長不得逾十五日。

V.第一項施以隔離保護之生活作息、處遇、限制、禁止、第三項通知及其他應遵行事項之辦法，由法務部定之。

第 18 條　（刑事被告之行動限制；對被告施用戒具、施以固定保護或收容於保護室之要件、程序、期限及身心健康維護）

I.看守所對於刑事被告，為達羈押之目的及維持秩序之必要時，得限制其行動。

II.被告有下列情形之一，經為羈押之法院裁定核准，看守所得單獨或合併施用戒具、施以固定保護或收容於保護室，並應通知

被告之辯護人：
　　一　有脫逃、自殘、暴行、其他擾亂秩序行為之虞。
　　二　有救護必要，非管束不能預防危害。

III.前項施用戒具、施以固定保護或收容於保護室，看守所不得作為懲罰被告之方法。施以固定保護，每次最長不得逾四小時；收容於保護室，每次最長不得逾二十四小時。看守所除應以書面告知被告外，並應通知其家屬或最近親屬。家屬或最近親屬有數人者，得僅通知其中一人。

IV.第二項情形如屬急迫，得由看守所先行為之，並應即時陳報為羈押之法院裁定核准，法院不予核准時，應立即停止使用。

V.戒具以腳鐐、手銬、聯鎖、束繩及其他經法務部核定之戒具為限，施用戒具逾四小時者，看守所應製作記錄使被告簽名，並交付繕本；每次施用戒具最長不得逾四十八小時，並應記明起訖時間，但被告有暴行或其他擾亂秩序行為致發生騷動、暴動事故，看守所認為仍有繼續施用之必要者，不在此限。

VI.第四項措施應經看守所長官核准。但情況緊急時，得先行為之，並立即報告看守所長官核准之。看守所應定期將第二項、第四項措施實施情形，陳報監督機關備查。

VII.被告有第二項、第四項情形者，看守所應儘速安排醫事人員評估其身心狀況，並提供適當之協助。如認有必要終止或變更措施，應即報告看守所長官，看守所長官應為適當之處理。

VIII.第二項及第四項施用戒具、固定保護及收容於保護室之程序、方式、規格、第二項、第三項之通知及其他應遵行事項之辦法，由法務部定之。

第 19 條　（戒護被告外出得施用戒具或施以電子監控措施）

I.看守所戒護被告外出，認其有脫逃、自殘、暴行之虞時，得經看守所長官核准後施用戒具。但不得逾必要之程度。

II.被告外出時，看守所得運用科技設備，施以電子監控措施。

第 20 條 （得使用核定器械為必要處置之情形及限制）

I.有下列情形之一，看守所人員得使用法務部核定之棍、刀、槍及其他器械為必要處置：

一 被告對於他人之生命、身體、自由為強暴、脅迫或有事實足認為將施強暴、脅迫時。

二 被告持有足供施強暴、脅迫之物，經命其放棄而不遵從時。

三 被告聚眾騷動或為其他擾亂秩序之行為，經命其停止而不遵從時。

四 被告脫逃，或圖謀脫逃不服制止時。

五 看守所之裝備、設施遭受劫奪、破壞或有事實足認為有受危害之虞時。

II.看守所人員使用槍械，以自己或他人生命遭受緊急危害為限，並不得逾必要之程度。

III.前二項棍、刀、槍及器械之種類、使用時機、方法及其他應遵行事項之辦法，由法務部定之。

第 21 條 （遇重大特殊情形得請求警察或相關機關之協助；遇天災事變得由被告分任災害防救工作）

I.看守所遇有重大特殊情形，為加強安全戒備及被告之戒護，必要時得請求警察機關或其他相關機關協助。

II.遇有天災、事變，為防護看守所設施及被告安全時，得由被告分任災害防救工作。

第 22 條 （遇天災事變得將被告護送於相當處所或暫行釋放）

I.遇有天災、事變在看守所內無法防避時，得將被告護送於相當處所；不及護送時，得暫行釋放。

II.前項暫行釋放之被告，由離所時起限四十八小時內，至該所或警察機關報到。其按時報到者，在外期間予以計算羈押日數；屆期不報到者，以脫逃罪論處，並通報為羈押之法院及檢察官。

第 23 條 （被告返家探視之規定）

I.被告之祖父母、父母、配偶、子女、兄弟姐妹或配偶之父母喪亡時，得經看守所長官核准戒護返家探視，並於二十四小時內回所；其在外期間，予以計算羈押日數。

II.被告因重大或特殊事故，有返家探視之必要者，經報請監督機關核准後，準用前項之規定。

III.被告返家探視條件、對象、次數、期間、費用、實施方式、核准程序、審查基準、核准後之變更或取消及其他應遵行事項之辦法，由法務部定之。

第四章　志願作業

第 24 條 （看守所得准被告依其志願參加作業）

I.看守所得准被告依其志願參加作業。監督機關得商洽勞動部協助各看守所發展作業項目，提升作業效能。

II.作業應斟酌衛生、生活輔導、經濟效益與被告之健康、知識、技能及出所後之生計定之。

III.看守所應按作業性質分設各種工場或其他特定場所；其作業之種類、設備及材料，應注意被告之安全及衛生。

IV.第一項作業之項目，得依當地經濟環境、社區產業、物品供求狀況及未來發展趨向，妥為選定，以符合社會及市場需求。

V.被告從事炊事、打掃、營繕、看護及其他由看守所指定之事務，視同作業。

VI.監督機關得商洽勞動部協助各看守所發展職業訓練項目，提升訓練效能。

第 25 條 （作業時間上限及給與超時勞作金之規定）

I.作業時間應斟酌生活輔導、數量、作業之種類、設備之狀況及其他情形定之，每日不得逾八小時。但有特殊情形，得將作業時間延長之，延長之作業時間連同正常作業時間，一日不得超過十二小時。

II.前項延長被告作業時間，應經本人同意後實施，並應給與超時勞作金。

第 26 條　（作業課程之訂定及作業之協同指導）

I.被告之作業以勞動能率或作業時間作為課程；其勞動能率應依一般人平均工作產能酌定。

II.看守所得延聘具有專業之人員協同指導被告之作業。

第 27 條　（作業之方式及核准）

I.看守所作業方式，以自營、委託加工、承攬或其他作業為之。

II.前項作業之開辦計畫及相關契約，應報經監督機關核准。

第 28 條　（停止作業之情形）

I.有下列情形之一者，得停止被告之作業：
一　國定例假日。
二　被告之配偶、直系親屬或三親等內旁系親屬喪亡。但停止作業期間最長以七日為限。
三　因其他情事，看守所認為必要時。

II.就炊事、打掃及其他需急速之作業者，除前項第二款外，不停止作業。

III.第一項之情形，經被告請求繼續作業，且符合看守所管理需求者，從其意願。

第 29 條　（勞作金之給與及計算方式）

I.參加作業者應給與勞作金。

II.前項勞作金之計算及給與，應將勞作金總額依比率分別提撥，並依被告實際作業時間及勞動能率合併計算給與金額。其提撥比率設定及給與分配等相關事項之辦法，由法務部定之。

第 30 條　（作業賸餘之分配項目及比例）

作業收入扣除作業支出後稱作業賸餘，分配如下：
一　提百分之六十充前條勞作金。
二　提百分之十充被告飲食補助費用。
三　其餘充被告職業訓練、改善生活設施及照顧被告與其家屬之補助費用。
四　如有賸餘，撥充法務部矯正機關作業基金（以下簡稱作業基金）循環應用。

第 31 條　（補償金之發給）

I.被告因作業或職業訓練致受傷、罹病、重傷、失能或死亡者，應發給補償金。

II.前項補償金由作業基金項下支付；其受傷、罹病、重傷、失能認定基準、發給金額、申請程序、領受人資格及其他應遵行事項之辦法，由法務部定之。

第 32 條　（死亡時勞作金、補償金依法處理未領回或申請發還者歸入作業基金）

被告死亡時，其勞作金或補償金，經依第七十三條及第七十四條第一項第四款規定處理而未領回或申請發還者，歸入作業基金。

第五章　生活輔導及文康

第 33 條　（生活輔導及其紀錄之製作）

看守所對於被告應施以生活輔導，並製作生活輔導紀錄。

第 34 條　（閱讀權益之維護及資訊設備之提供使用）

I.看守所得設置圖書設施、提供圖書資訊服務或發行出版物，供被告閱讀。

II.除法律另有規定外，看守所得提供適當之資訊設備予被告使用。

第 35 條　（書報之自備或紙筆等用品之請求使用）

被告得自備書籍、報紙、點字讀物或請求使用紙筆及其他必要之用品。但有礙看守所作息、管理或安全之虞者，得限制或禁止之。

第 36 條　（各種文化及康樂活動之辦理）

為增進被告之身心健康，看守所應適時辦理各種文化及康樂活動。

第 37 條　（修復式司法相關宣導課程之辦理；被告與被害人間調解及修復事宜之配合進行）

看守所得辦理修復式司法相關宣導課程，並配合進行被告與被害人間之調解及修復事宜。

第 38 條 　（得提供廣電視聽器材或資訊設備為生活輔導及收聽、收看權益之保護）

I.除法律另有規定外，看守所得提供廣播、電視設施、視聽器材或資訊設備為生活輔導。

II.被告經看守所許可，得持有個人之收音機、電視機或視聽器材為收聽、收看。

III.看守所對身心障礙被告應考量收容特性、現有設施狀況及身心障礙者特殊需求，提供視、聽、語等無障礙輔助措施。

IV.前二項收聽、收看，於有礙看守所生活作息，或看守所管理或安全之虞時，得限制或禁止之。

第 39 條 　（宗教信仰自由及宗教活動之舉行）

I.被告有信仰宗教之自由，不得限制或禁止之。但宗教活動有妨害看守所秩序或安全者，不在此限。

II.看守所得依被告請求安排適當之宗教師，實施輔導。

III.看守所得邀請宗教人士舉行有助於被告生活輔導之宗教活動。

IV.被告得持有與其宗教信仰有關之物品或典籍。但有妨害看守所秩序、安全及管理之情形，得限制或禁止之。

第 40 條 　（運用社會人力資源協助生活輔導事項之推展）

I.看守所得聘請或邀請具生活輔導相關知識或熱誠之社會人士，協助輔導活動，並得延聘熱心公益社會人士為志工，協助生活輔導工作。

II.前項志工，由看守所報請監督機關核定後延聘之。

第六章　給　　養

第 41 條 　（飲食及必要衣物器具之提供）

I.為維護被告之身體健康，看守所應供給飲食，並提供必要之衣類、寢具、物品及其他器具。

II.被告得因宗教信仰或其他因素，請求看守所提供適當之飲食。

第 42 條 　（攜帶入所或在所生產子女必需用品之自備或提供）

攜帶入所或在所生產之被告子女，其食物、衣類及必需用品，均應由被告自備；無力自備者，得由看守所提供之。

第 43 條 　（酒類檳榔之禁用；吸菸管理、菸害防制教育宣導及戒菸獎勵）

I.被告禁用酒類、檳榔。

II.看守所得許被告於指定之時間、處所吸菸，並應對被告施以菸害防制教育及宣導，對戒菸之被告給予適當之獎勵。

III.前項被告吸菸之資格、時間、地點、設施、數量、菸害防制教育與宣導、戒菸計畫、獎勵及其他應遵行事項之辦法，由法務部定之。

第七章　衛生及醫療

第 44 條 　（疾病醫療、預防保健等事項之辦理及相關醫事人員之備置）

I.看守所應掌握被告身心狀況，辦理被告疾病醫療、預防保健、篩檢、傳染病防治及飲食衛生等事項。

II.看守所依其規模及收容對象、特性，得在資源可及範圍內備置相關醫事人員，於夜間及假日為戒護外醫之諮詢判斷。

III.前二項業務，看守所得委由醫療機構或其他專業機構辦理。

IV.衛生福利部、教育部、國防部、國軍退除役官兵輔導委員會、直轄市或縣（市）政府所屬之醫療機構，應協助看守所辦理第一項及第二項業務。

V.衛生主管機關應定期督導、協調、協助改善前四項業務，看守所並應協調所在地之衛生主管機關辦理之。

第 45 條 　（清潔維護及衛生檢查）

看守所內應保持清潔，定期舉行環境衛生檢查，並適時使被告從事打掃、洗濯及整理衣被、器具等必要事務。

第 46 條 （舍房、作業場所等空間、光線及通風之維持；衛浴設施之充足；物品衛生安全需求之符合）

Ⅰ被告舍房、作業場所及其他處所，應維持保健上必要之空間、光線及通風，且有足供被告生活所需之衛浴設施。

Ⅱ看守所提供予被告使用之物品，須符合衛生安全需求。

第 47 條 （用水供應、沐浴及理剃鬚髮之規定）

為維護被告之健康及衛生，應依季節供應冷熱水及清潔所需之用水，要求其沐浴，並得依其意願理剃髮鬚。

第 48 條 （運動場地、器材設備之提供及運動之時間）

Ⅰ看守所應提供被告適當之運動場地、器材及設備。

Ⅱ看守所除國定例假日、休息日或有特殊事由外，應給予被告每日運動一小時。

Ⅲ為維持被告健康，運動處所以安排於戶外為原則；必要時，得使其室內適當處所從事運動或其他舒展身心之活動。

第 49 條 （健康評估、健康檢查及自主健康管理措施）

Ⅰ看守所對於被告應定期為健康評估，並視實際需要施行健康檢查及推動自主健康管理措施。

Ⅱ施行前項健康檢查時，得為醫學上之必要處置。

Ⅲ被告或其最近親屬及家屬，在不妨礙看守所秩序及經醫師評估有必要之情形下，得請求看守所准許自費延請醫事人員於看守所內實施健康檢查。

Ⅳ第一項健康檢查結果，看守所得應被告之請求提供之。

Ⅴ被告因健康需求，在不妨害看守所安全及秩序之情形下，經醫師評估可行性後，得請求自費購入或送入低風險性醫療器材或衛生保健物品。

Ⅵ前項購入或送入物品之退回或領回，準用第七十條、第七十二條至第七十四條規定。

第 50 條 （病歷、醫療及個人資料之蒐集、處理或利用）

Ⅰ為維護被告健康或掌握其身心狀況，看守所得蒐集、處理或利用被告之病歷、醫療及前條第一項之個人資料，以作適當之處置。

Ⅱ前項情形，看守所得請求機關（構）、法人、團體或個人提供相關資料，機關（構）、法人、團體或個人無正當理由不得拒絕。

Ⅲ第一項與被告健康有關資料調查之範圍、期間、程序、方法、審議及其他應遵行事項之辦法，由法務部定之。

第 51 條 （傳染病之防治及處理方式）

Ⅰ經看守所通報有疑似傳染病病人時，地方衛生主管機關應協助看守所預防及處理。必要時，得請求中央衛生主管機關協助之。

Ⅱ收容來自傳染病流行地或經過其地之被告，得為一定期間之隔離；其攜帶物品，應為必要之處置。

Ⅲ看守所收容經醫師診斷疑似或確診罹患傳染病之被告，得由醫師評估為一定期間之隔離，並給予妥適治療，治療期間之長短或方式應遵循醫師之醫囑或衛生主管機關之處分或指導，且應對於其攜帶物品，施行必要之處置。

Ⅳ經衛生主管機關依傳染病防治法規定，通知罹患傳染病之被告於指定隔離治療機構施行治療者，看守所應即與治療機構協調戒送及戒護之作業，並陳報監督機關。接受隔離治療之被告視為在所羈押。

第 52 條 （得於病舍收容之情形）

罹患疾病經醫師評估認需密切觀察及處置之被告，得於看守所病舍收容之。

第 53 條 （依全民健康保險法規定應納保者應以全民健康保險保險對象身分就醫）

Ⅰ依全民健康保險法規定應納保之被告或其攜帶入所或在所生產之子女罹患疾病時，除已獲准自費醫療者外，應以全民健康保險保險對象身分就醫；其無全民健康保險憑證者，得由看守所逕行代為申請。

II.被告為全民健康保險保險對象,經暫行停止保險給付者,其罹患疾病時之醫療費用由被告自行負擔。

III.被告應繳納下列各項費用時,看守所得由被告保管金或勞作金中扣除:

一 接受第一項全民健康保險醫療衍生之費用。

二 換發、補發、代為申請全民健康保險憑證衍生之費用。

三 前項應自行負擔之醫療費用。

IV.被告或其攜帶入所或在所生產之子女如不具全民健康保險之保險資格,或被告因經濟困難無力繳納前項第一款之費用,其於收容或安置期間罹患疾病時,由看守所委請醫療機構或醫師診治。

V.前項經濟困難資格之認定、申請程序及其他應遵行事項之辦法,由法務部定之。

第 54 條 (受傷或患病拒不就醫致有生命危險之虞之處理)

I.被告因受傷或罹患疾病,拒不就醫,致有生命危險之虞,看守所應即請醫師逕行救治或將被告逕送醫療機構治療。

II.前項逕送醫療機構治療之醫療及交通費用,由被告自行負擔。

III.第一項逕送醫療機構治療期間,視為在所羈押。

第 55 條 (自費延醫之請求)

I.受傷或罹患疾病之被告接受全民健康保險提供之醫療服務或經看守所委請之醫師醫治後,有正當理由認需由其他醫師診治,而請求自費於看守所內延醫診治時,看守所得予准許。

II.前項自費延醫診治需護送醫療機構進行者,應於事後以書面陳報為裁定羈押之法院或檢察官。

III.經裁定羈押之法院禁止其接見通信者,有前項護送醫療機構進行自費延醫診治情形時,看守所應依職權或依被告申請檢具診斷資料速送裁定羈押之法院為准駁之裁定,經裁定核准後由看守所護送至醫療機構醫治。但有急迫情形時,看守所得先將其護送至醫療機構治療,並即時通知為

裁定羈押之法院,法院認為不應准許者,應於五日內裁定撤銷之。

IV.第一項自費延醫之申請程序、要件、實施方式、時間、地點、費用支付及其他應遵行事項之辦法,由法務部定之。

第 56 條 (戒護外醫之要件及程序)

I.被告受傷或罹患疾病,經醫師診治後認有必要時,看守所得護送醫療機構醫治,事後由看守所檢具診斷資料以書面陳報為裁定羈押之法院或檢察官。

II.經裁定羈押之法院禁止其接見通信者,有前項情形時,看守所應依職權或依被告申請檢具診斷資料速送裁定羈押之法院為准駁之裁定,經裁定核准後由看守所護送至醫療機構醫治。但有急迫情形時,看守所得先將其護送至醫療機構治療,並即時通知為裁定羈押之法院,法院認為不應准許者,應於五日內裁定撤銷之。

III.看守所於被告有前二項之情形,且知其有辯護人者,應通知其辯護人。

IV.護送至醫療機構治療之交通費用,應由被告自行負擔。但被告經濟困難無力負擔者,不在此限。

V.被告經護送至醫療機構治療者,視為在所羈押。

第 57 條 (強制營養或醫療上強制措施之實施)

被告因拒絕飲食或未依醫囑服藥而有危及生命之虞時,看守所應即請醫師進行診療,並得由醫師施以強制營養或採取醫療上必要之強制措施。

第 58 條 (有損健康之醫學或科學試驗之禁止;取得血液或其他檢體為目的外利用之禁止)

I.任何可能有損健康之醫學或科學試驗,除法律另有規定外,縱經被告同意,亦不得為之。

II.因診療或健康檢查而取得之被告血液或其他檢體,除法律另有規定外,不得為目的外之利用。

羈
押
法

（第五九～六五條）

第八章　接見及通信

第 59 條　（接見及通信權之保障）
I.被告之接見或通信對象，除法規另有規定或依被告意願拒絕外，看守所不得限制或禁止。
II.看守所依被告之請求，應協助其與所屬國或地區之外交、領事人員或可代表其國家或地區之人員接見及通信。

第 60 條　（接見時間、次數及時限）
I.看守所應於平日辦理接見；國定例假日或其他休息日之接見，得由看守所斟酌情形辦理之。
II.被告接見，每日一次；其接見時間，不得逾三十分鐘。但看守所長官認有必要時，得增加或延長之。

第 61 條　（接見之程序、限制、處所及人數）
I.請求接見者，應繳驗身分證明文件，登記其姓名、職業、年齡、住居所、被告姓名及與被告之關係。
II.看守所對於請求接見者認為有妨害看守所秩序或安全時，得拒絕之。
III.接見應於接見室為之。但因患病或於管理上之必要，得准於適當處所行之。
IV.接見，每次不得逾三人。但本法或其他法規另有規定，或經看守所長官許可者，不在此限。
V.被許可接見者，得攜帶未滿十二歲之兒童，不計入前項人數限制。

第 62 條　（接見之監看及影音記錄、中止事由；接見使用通訊影音器材之禁止）
I.看守所對被告之接見，除法律另有規定外，應監看並以錄影、錄音方式記錄之，其內容不得違法利用。
II.有事實足認有妨害看守所秩序或安全之虞者，看守所得於被告接見時聽聞或於接見後檢視錄影、錄音內容。
III.接見過程中發現有妨害看守所秩序或安全時，戒護人員得中止其接見，並以書面載明事由。

IV.與被告接見者不得使用通訊、錄影或錄音器材；違者，得依前項規定辦理。

第 63 條　（電話或其他通訊方式接見之使用）
I.看守所認被告或請求接見者有相當理由時，得准其使用電話或其他通訊方式接見。
II.前項通訊費用，由被告或請求接見者自付。但被告無力負擔且看守所認為適當時，得由看守所支付之。
III.前二項接見之條件、對象、次數之限制、通訊方式、通訊申請程序、時間、監看、聽聞、收費及其他應遵行事項之辦法，由法務部定之。

第 64 條　（接見例外之彈性處理）
看守所基於管理、生活輔導、被告個人重大事故或其他事由，認為必要時，得酌准被告於看守所內指定處所辦理接見，並彈性放寬第六十條及第六十一條第三項、第四項有關接見時間、次數、場所及人數之限制。

第 65 條　（與律師、辯護人接見之訴訟權保障及準用規定）
I.被告與其律師、辯護人接見時，除法律另有規定外，看守所人員僅得監看而不與聞，不予錄影、錄音；除有事實上困難外，不限制接見次數及時間。
II.為維護看守所秩序及安全，除法律另有規定外，看守所人員對被告與其律師、辯護人接見時往來之文書，僅得檢查有無夾藏違禁物品。
III.第一項之接見，於看守所指定之處所為之。
IV.第五十九條第一項、第六十條第一項、第六十一條第一項及第六十二條第三項、第四項規定，於律師、辯護人接見時準用之。
V.前四項規定於未受委任之律師請求接見被告洽談委任事宜時，準用之。

第 66 條　（檢查書信之方式；得閱讀或刪除書信之情形及處理方式；投稿權益之保障）

I.被告寄發及收受之書信，看守所人員得開拆或以其他適當方式檢查有無夾藏違禁物品。

II.前項情形，有下列各款情形之一者，除法律另有規定外，看守所人員得閱讀其書信內容。但屬被告與其律師、辯護人或公務機關互通之書信，不在此限：
一　被告有妨害看守所秩序或安全之行為，尚在調查中。
二　被告於受懲罰期間內。
三　有事實而合理懷疑被告有脫逃之虞。
四　矯正機關收容人間互通之書信。
五　有事實而合理懷疑有危害看守所安全或秩序之虞。

III.看守所閱讀被告書信後，有下列各款情形之一者，得敘明理由刪除之：
一　顯有危害看守所之安全或秩序。
二　教唆、煽惑他人犯罪或違背法規。
三　使用符號、暗語或其他方法，使檢查人員無法瞭解書信內容。
四　涉及脫逃情事。
五　敘述矯正機關之警備狀況、舍房、工場位置，足以影響戒護安全。

IV.前項書信之刪除，依下列方式處理：
一　被告係發信者，看守所應敘明理由，退還被告保管或要求其修改後再行寄發，如拒絕修改，看守所得逕予刪除後寄發。
二　被告係受信者，看守所應敘明理由，逕予刪除再行交付。

V.前項刪除之書信，應影印原文由看守所保管，並於被告出所時發還之。被告於出所前死亡者，依第七十三條及第七十四條第一項第四款規定處理。

VI.被告發送之文件，屬文稿性質者，得准其投寄報章雜誌或媒體，並準用前五項之規定。

VII.發信郵資，由被告自付。但被告無力負擔且看守所認為適當時，得由看守所支付之。

第 67 條　（公務請求或送達文書之速為轉送）

被告以書面向法院、檢察官或其他公務機關有所請求，或公務機關送達被告之文書，看守所應速為轉送。

第九章　保　　管

第 68 條　（攜帶或送入財物之檢查、保管、處理及孳息運用）

I.被告攜帶、在所取得或外界送入之金錢及物品，經檢查後，由看守所代為保管。但認有必要且無妨害看守所秩序或安全之虞者，得准許被告在所使用，或依被告之請求交由他人領回。

II.前項物品屬易腐敗、有危險性、有害或不適於保管者，看守所得通知被告後予以毀棄或為其他適當之處理。

III.看守所代為保管之金錢，除酌留一定金額作為週轉金外，應設專戶管理。

IV.前項專戶管理之金錢，其所孳生之利息統籌運用於增進被告生活福利事項。

V.前四項被告之金錢與物品送入、檢查、登記、保管、使用、毀棄、處理、領回、查核、孳息運用、週轉金保留額度及其他應遵行事項之辦法，由法務部定之。

第 69 條　（財物之送入、檢查、限制或禁止）

I.外界得對被告送入金錢、飲食、必需物品或其他經看守所長官許可之財物。

II.看守所對於前項外界送入之金錢、飲食、必需物品及其他財物，所實施之檢查不得逾必要之程度。

III.經前項檢查認有妨害看守所秩序或安全時，得限制或禁止送入。

IV.前三項金錢、飲食、必需物品及其他財物之送入方式、時間、次數、種類、數額、數量、限制或禁止方式及其他應遵行事項之辦法，由法務部定之。

第 70 條　（送入財物之退回、歸屬國庫或毀棄）

I.看守所對前條外界送入之金錢及物

品，因送入人或其居住處所不明，或為被告拒絕收受者，應退還之；無法退回者，經公告六個月後仍無人領取時，歸屬國庫或毀棄。

II.於前項待領回或公告期間，看守所得將易腐敗、有危險性、有害或不適於保管物品毀棄之。

第71條　（未經許可持有財物之歸屬國庫、毀棄或另為適當處理）

經檢查發現被告未經許可持有之金錢或物品，看守所得視情節予以歸屬國庫、毀棄或另為其他適當之處理；其金錢或物品持有人不明者，亦同。

第72條　（保管財物之交還或限期通知領回）

看守所代被告保管之金錢及物品，於其出所時交還之；其未領回者，應限期通知其領回。

第73條　（死亡後遺留財物之通知或公告限期領回）

I.被告死亡後遺留之金錢及物品，應限期通知其繼承人領回。

II.前項繼承人有數人者，看守所得僅通知其中一人或由其中一人領回。

III.前二項情形，因其繼承人有無或居住處所不明無法通知，應予公告並限期領回。

第74條　（所留財物歸屬國庫、毀棄或另為適當處理之情形）

I.被告有下列各情形之一，自各款規定之日起算，經六個月後，未申請發還者，其所留之金錢及物品，予以歸屬國庫、毀棄或另為其他適當處理：

一　出所者，依第七十二條限期通知期滿日起算。
二　脫逃者，自脫逃之日起算。
三　依第二十二條第一項規定釋放，未遵守同條第二項報到規定，自最後應報到之日起算。
四　被告死亡者，依前條第一項、第三項通知或公告限期領回期滿之日

起算。

II.於前項待領回、通知或公告期間，看守所得將易腐敗、有危險性、有害或不適於保管之物品予以毀棄或另為其他適當處理。

第十章　獎懲及賠償

第75條　（獎勵事由）

被告除依法規規定應予獎勵外，有下列各款行為之一者，得予以獎勵：

一　舉發其他被告圖謀脫逃、暴行或將為脫逃、暴行。
二　救護人命或捕獲脫逃。
三　於天災、事變或傳染病流行時，擔任應急事務有勞績。
四　作業成績優良。
五　有特殊貢獻，足以增進看守所榮譽。
六　對作業技術、產品、機器、設備、衛生、醫藥等有特殊設計，足資利用。
七　對看守所管理之改進，有卓越建議。
八　其他優良行為確有獎勵必要。

第76條　（獎勵方式）

I.前條情形，得給予下列一款或數款之獎勵：

一　公開表揚。
二　發給獎狀。
三　增加接見次數。
四　給與適當之獎金或獎品。
五　其他特別獎勵。

II.前項獎勵之基準、第五款特別獎勵之種類、對象、實施方式、程序及其他應遵行事項之辦法，由法務部定之。

第77條　（懲罰原則及限制）

看守所非依本法或其他法律規定，對於被告不得加以懲罰，同一事件不得重複懲罰。

第十一章　陳情、申訴及起訴

第 78 條 　（妨害秩序或安全行為施以懲罰之種類及期間）

I.被告有妨害看守所秩序或安全之行為時，得施以下列一款或數款之懲罰：

一　警告。

二　停止接受送入飲食一日至三日。

三　停止使用自費購買之非日常生活必需品三日至十日。

四　移入違規舍七日至二十日。

II.前項妨害秩序或安全之行為態樣與應施予懲罰之種類、期間、違規舍之生活管理、限制、禁止及其他應遵行事項之辦法，由法務部定之。

第 79 條 　（陳述意見、懲罰原因內容之告知；免、緩罰或停止執行之情形；違規之區隔調查）

I.看守所依本法或其他法律懲罰前，應給予被告陳述意見之機會，並告知其違規之原因事實及科處之懲罰。

II.被告違規情節輕微或顯堪憫恕者，得免其懲罰之執行或緩予執行。

III.被告罹患疾病或有其他特別事由者，得停止執行。

IV.看守所為調查被告違規事項，得對相關被告施以必要之區隔，期間不得逾二十日。

第 80 條 　（懲罰廢止、不再或終止執行之情形）

I.依前條第二項規定免予執行或緩予執行後，如受懲罰者已保持一月以上之改悔情狀，得廢止其懲罰。

II.依前條第三項規定停止執行者，於其停止原因消滅後繼續執行。但停止執行逾六個月不再執行。

III.受懲罰者，在執行中有改悔情狀時，得終止其執行。

第 81 條 　（損害器具物品之賠償事宜）

I.被告因故意或重大過失，致損害器具、成品、材料或其他物品時，應賠償之。

II.前項賠償之金額，被告未為給付者，得自其保管金或勞作金內扣還之。

第十一章　陳情、申訴及起訴

第 82 條 　（處分或管理措施執行不因提起陳情或申訴而停止）

看守所對被告處分或管理措施之執行，不因提起陳情或申訴而停止。但看守所於必要時，得停止其執行。

第 83 條 　（因陳情、申訴或訴訟救濟提出而施以歧視或藉故懲罰之禁止）

看守所對於被告，不得因陳情、申訴或訴訟救濟之提出，而施以歧視待遇或藉故懲罰。

第 84 條 　（陳情之方式、對象、意見箱設置及適當處理）

I.被告得以言詞或書面向看守所、視察小組或其他視察人員提出陳情。

II.看守所應於適當處所設置意見箱，供被告提出陳情或提供意見使用。

III.看守所對於被告之陳情或提供意見，應為適當之處理。

第 85 條 　（申訴之類型及不變期間；申訴有理由之處理方式）

I.被告因羈押有下列情形之一者，得以書面或言詞向看守所提起申訴：

一　不服看守所所為影響其個人權益之處分或管理措施。

二　因看守所對其依本法請求之事件，拒絕其請求或於二個月內不依其請求作成決定，認為其權利或法律上利益受損害。

三　因羈押之公法上原因發生之財產給付爭議。

II.前項第一款處分或管理措施、第二款、第三款拒絕請求之申訴，應自被告收受或知悉處分或管理措施之次日起，十日不變期間內為之。前項第二款、第三款不依請求作成決定之申訴，應自被告提出請求屆滿二個月之次日起，十日不變期間內為之。

III.看守所認為被告之申訴有理由者，應逕為

羈押法

（第八六～九二條）

立即停止、撤銷或變更原處分、管理措施之決定或執行，或依其請求或申訴作成決定。

IV.以書面以外方式所為之處分或管理措施，其相對人有正當理由請求作成書面時，看守所不得拒絕。

V.前項書面應附記理由，並表明救濟方法、期間及受理機關。

第 86 條 （申訴及訴訟救濟得委任律師為代理人；輔佐人之相關規定）

I.被告提起前條申訴及第一百零二條第二項之訴訟救濟，得委任律師為代理人行之，並應向看守所或法院提出委任狀。

II.被告或代理人經看守所或法院之許可，得偕同輔佐人到場。

III.看守所或法院認為必要時，得命被告或代理人偕同輔佐人到場。

IV.前二項之輔佐人，看守所或法院認為不適當時，得撤銷其許可或禁止其陳述。

V.輔佐人所為之陳述，被告或代理人未立即提出異議者，視為其所自為。

第 87 條 （申訴審議小組之設置）

看守所為處理申訴事件，應設申訴審議小組（以下簡稱審議小組），置委員九人，經監督機關核定後，由所長指派之代表三人及學者專家或社會公正人士六人組成之，並由所長指定之委員為主席。其中任一性別委員不得少於三分之一。

第 88 條 （申訴書之應載事項及以言詞申訴之辦理方式）

I.以書面提起申訴者，應填具申訴書，並載明下列事項，由申訴人簽名或捺印：

一　申訴人之姓名。有委任代理人或輔佐人者，其姓名、住居所。

二　申訴事實及發生時間。

三　申訴理由。

四　申訴年、月、日。

II.申訴人以言詞提起申訴者，由看守所人員代為填具申訴書，經向申訴人朗讀或使其閱覽，確認內容無誤後，交其簽名或捺印。

第 89 條 （申訴書補正之期限）

審議小組認為申訴書不合法定程式，而其情形可補正者，應通知申訴人於五日內補正。

第 90 條 （審議小組開會之出席人數、會議程序及表決方式）

I.審議小組須有全體委員過半數之出席，始得開會；其決議以出席人數過半數同意行之，可否同數時，取決於主席。

II.審議小組決議時，迴避之委員不計入出席委員人數。

第 91 條 （審議小組委員自行迴避、申請迴避與職權迴避之要件及程序事項）

I.審議小組委員於申訴事件有下列情形之一者，應自行迴避，不得參與決議：

一　審議小組委員現為或曾為申訴人之配偶、四親等內之血親、三親等內之姻親或家長、家屬。

二　審議小組委員現為或曾為申訴人之代理人、辯護人、輔佐人。

三　審議小組委員現為申訴人、其申訴對象、或申訴人曾提起申訴之對象。

II.有具體事實足認審議小組委員就申訴事件有偏頗之虞者，申訴人得舉其原因及事實，向審議小組申請迴避。

III.前項申請，由審議小組決議之。不服審議小組之駁回決定者，得於五日內提請監督機關覆決，監督機關除有正當理由外，應於十日內為適當之處置。

IV.申訴人不服監督機關所為覆決決定，僅得於對實體決定提起行政訴訟時一併聲明不服。

V.審議小組委員有第一項情形不自行迴避，而未經申訴人申請迴避者，應由看守所依職權命其迴避。

第 92 條 （申訴之撤回）

提起申訴後，於決定書送達申訴人前，申訴人得撤回之。申訴經撤回者，不得就同一原因事實重行提起申訴。

第 93 條 （審議小組作成決定之期限及屆期不為決定之效果）

I.審議小組應自受理申訴之次日起二十日內作成決定，必要時得延長十日，並通知申訴人。

II.前項期間，於依第八十九條通知補正情形，自補正之次日起算。

III.審議小組屆期不為決定者，視為撤銷原處分。

第 94 條 （審議之陳述意見）

I.審議小組進行審議時，應通知申訴人、委任代理人及輔佐人列席陳述意見。

II.申訴人因案收容於其他處所者，其陳述意見得以書面、影音、視訊、電話或其他方式為之。

III.前項以書面以外方式陳述意見者，看守所應作成紀錄，經向陳述人朗讀或使閱覽確認其內容無誤後，由陳述人簽名或捺印；其拒絕簽名或捺印者，應記明其事由。陳述人對紀錄有異議者，應更正之。

第 95 條 （審議資料含與申訴事項無關資料之禁止）

申訴審議資料，不得含與申訴事項無關之罪名、刑期、犯次或之前違規紀錄等資料。

第 96 條 （審議小組應依職權調查證據）

審議小組依職權調查證據，不受申訴人主張之拘束，對申訴人有利及不利事項一律注意。

第 97 條 （申訴程序中事實及證據調查之申請）

申訴人於申訴程序中，得申請審議小組調查事實及證據。審議小組認無調查必要者，應於申訴決定中敘明不為調查之理由。

第 98 條 （會議紀錄之製作及應載事項）

I.審議小組應製作會議紀錄。

II.前項會議紀錄應載明到場人所為陳述之要旨及其提出之文書、證據。委員於審議中所持與決議不同之意見，經其請求者，亦應列入紀錄。

第 99 條 （申訴應為不受理決定之情形）

審議小組認申訴有下列情形之一者，看守所應為不受理之決定：

一　申訴內容非屬第八十五條第一項之事項。

二　提起申訴已逾第八十五條第二項所定期間。

三　申訴書不合法定程式不能補正，或經依第八十九條規定通知補正，屆期不補正。

四　對於已決定或已撤回之申訴事件，就同一原因事實重行提起申訴。

五　申訴人非受第八十五條第一項第一款處分或管理措施之相對人，或非第八十五條第一項第二款、第三款之請求人。

六　看守所已依第八十五條第三項為停止、撤銷或變更原處分、管理措施之決定或執行，或已依其請求或申訴作成決定。

第 100 條 （申訴有無理由應為之決定及不利益變更禁止原則）

I.審議小組認申訴有理由者，看守所應為停止、撤銷或變更原處分、管理措施之決定或執行，或依被告之請求或申訴作成決定。但不得為更不利益之變更、處分或管理措施。

II.審議小組認申訴無理由者，看守所應為駁回之決定。

III.原處分或管理措施所憑理由雖屬不當，但依其他理由認為正當者，應以申訴為無理由。

第 101 條 （申訴決定書之製作義務、應載事項及送達等規定）

I.審議小組依前二條所為之決定，看守所應作成決定書。

II.申訴決定書，應載明下列事項：

一　申訴人姓名、出生年月日、住居所、身分證明文件字號。

二 有委任代理人或輔佐人者，其姓名、住居所。

三 主文、事實及理由。其係不受理決定者，得不記載事實。

四 附記如依本法規定得向法院起訴者，其救濟方法、期間及其受理機關。

五 決定機關及其首長。

六 年、月、日。

Ⅲ前項決定書應送達申訴人及委任代理人，並副知監督機關及為裁定羈押之法院或檢察官。

Ⅳ監督機關收受前項決定書後，應詳閱其內容，如認看守所之原處分或管理措施有缺失情事者，應督促其改善。

Ⅴ申訴決定書附記提起行政訴訟期間錯誤時，應由看守所以通知更正之，並自更正通知送達之日起，計算法定期間。

Ⅵ申訴決定書未依第二項第四款規定為附記，或附記錯誤而未依前項規定通知更正，致被告遲誤行政訴訟期間者，如自申訴決定書送達之日起三個月內提起行政訴訟，視為於法定期間內提起。

第 102 條 （抗告、聲明異議及行政訴訟等救濟程序）

Ⅰ.不服裁定羈押法院或檢察官依本法所為裁定或處分，除有特別規定外，得提起抗告或聲請撤銷或變更之，並準用刑事訴訟法第一編第十三章關於裁定及第四編抗告之規定。

Ⅱ.被告對看守所執行刑事訴訟法第一百零五條第三項、第四項所為禁止或扣押處置所生之爭議，得於原禁止或扣押之指揮解除前，以書面或言詞向看守所聲明異議，看守所應於三日內作成決定。看守所認聲明異議有理由者，應為停止、撤銷或變更原處置，或依被告之請求或聲明異議作成決定；認聲明異議無理由者，應為駁回之決定。

Ⅲ.被告不服前項看守所所為決定，應於五日內，偵查中向檢察官；審判中向裁定羈押之法院聲以處分或裁定撤銷或變更之。對於法院之裁定，不得聲明不服。

Ⅳ.除前三項之情形及法律另有規定外，被告

因羈押所生之公法上爭議，應依本法提起行政訴訟。

Ⅴ.被告依本法提起申訴而不服其決定者，應向看守所所在地之地方法院行政訴訟庭提起下列各款訴訟：

一 認為看守所處分逾越達成羈押目的所必要之範圍，而不法侵害其憲法所保障之基本權利且非顯屬輕微者，得提起撤銷訴訟。

二 認為前款處分違法，因已執行而無回復原狀可能或已消滅，有即受確認判決之法律上利益者，得提起確認處分違法之訴訟。其認為前款處分無效，有即受確認判決之法律上利益者，得提起確認處分無效之訴訟。

三 因看守所對其依本法請求之事件，拒絕其請求或未於二個月內依其請求作成決定，認為其權利或法律上利益受損害，或因羈押之公法上原因發生財產上給付之爭議，得提起給付訴訟。就看守所之管理措施認為逾越達成羈押目的所必要之範圍，而不法侵害其憲法所保障之基本權利且非顯屬輕微者，亦同。

Ⅵ前項各款訴訟之提起，應以書狀為之。

第 103 條 （與其他訴訟合併提起及請求損害賠償之禁止；起訴不變期間及申訴不為決定逕提訴訟）

Ⅰ前條訴訟，不得與其他訴訟合併提起，且不得合併請求損害賠償。

Ⅱ前條訴訟之提起，應於申訴決定書送達後三十日之不變期間內為之。

Ⅲ審議小組逾二十日不為決定或延長申訴決定期間逾十日不為決定者，被告自該應為決定期限屆滿後，得逕提起前條第五項第二款、第三款之訴訟。但自該應為決定期限屆滿後逾六個月者，不得提起。

第 104 條 （提出起訴狀或撤回書狀之規定）

Ⅰ被告於起訴期間內向看守所長官提出起訴狀，或於法院裁判確定前向看守所長官提出撤回書狀者，分別視為起訴期間內之

起訴或法院裁判確定前之撤回。

II.被告不能自作起訴狀者，看守所人員應為之代作。

III.看守所長官接受起訴狀或撤回書狀後，應附記接受之年、月、日、時，儘速送交法院。

IV.被告之起訴狀或撤回書狀，非經看守所長官提出者，法院之書記官於接受起訴狀或撤回書狀後，應即通知看守所長官。

V.看守所應依職權或依法院之通知，將與申訴案件有關之卷宗及證物送交法院。

第 105 條 （依法適用簡易訴訟程序事件、裁判費用減徵及得不經言詞辯論等規定）

I.依第一百零二條規定提起之訴訟，為簡易訴訟程序事件，除本法或其他法律另有規定外，適用行政訴訟法簡易訴訟程序之規定，其裁判費用減徵二分之一。

II.前項裁判得不經言詞辯論為之，並得引用申訴決定書所記載之事實、證據及理由，對案情重要事項申訴決定書未予論述，或不採被告之主張、有利於被告之證據，應補充記載其理由。

第十二章 釋放及保護

第 106 條 （釋放通知書）

I.看守所非有法院或檢察官之釋放通知書，不得將被告釋放。

II.前項通知書格式由法務部定之。

第 107 條 （釋放前之核對及當庭釋放之通知）

I.看守所收受前條通知書後，應立即釋放被告，釋放前應與入所時所建立之人別辨識資料核對明確。

II.法院或檢察官當庭釋放被告者，應即通知看守所。

第 108 條 （附送人相表等資料供送監執行之參考）

被告移送監獄執行時，應附送人相表、身分單、生活輔導紀錄及獎懲紀錄，以作為執行之參考。

第 109 條 （出所時衣類及旅費之準備、提供或給與）

I.被告出所時，應斟酌其身體狀況，並按時令使其準備相當之衣類及出所旅費。

II.前項衣類、旅費不敷時，得由看守所提供，或通知適當公益團體斟酌給與之。

第 110 條 （釋放衰老、重病、身障被告之通知義務及其他依法通知之辦理）

I.釋放衰老、重病、身心障礙不能自理生活之被告前，應通知家屬或被告認為適當之人來所接回。無法通知或經通知後拒絕接回者，看守所應檢具相關資料通知被告戶籍所在地直轄市、縣（市）社會福利主管機關辦理轉介安置或為其他必要之處置。

II.依其他法規規定於被告釋放前應通知相關個人、法人、團體或機關（構）者，看守所應依規定辦理。

第十三章 死 亡

第 111 條 （在所死亡之相驗及通知等事宜）

I.被告在所死亡，看守所應即通知其家屬或最近親屬、辯護人、承辦檢察官及法院，並逕報檢察署指派檢察官相驗。家屬或最近親屬有數人者，得僅通知其中一人。

II.看守所如知前項被告有委任律師，且其委任事務尚未處理完畢，亦應通知之。

III.第一項情形，看守所應檢附相關資料，陳報監督機關。

第 112 條 （屍體無人請領或無法通知之處理）

死亡者之屍體，經依前條相驗並通知後七日內無人請領或無法通知者，得火化之，並存放於骨灰存放設施。

第十四章 附 則

第 113 條 （先行支付之交通費用得由保管金或勞作金扣除款項、命限期償還及移送行政執行）

依第五十四條第二項及第五十六條第四項規定，應由被告自行負擔之交通費用，

由看守所先行支付者，看守所得由被告保
管金或勞作金扣除，無可供扣除之款項，
由看守所以書面行政處分命被告於三十
日內償還；屆期未償還者，得移送行政執
行。

第 114 條　（申訴及訴訟救濟之新舊法制銜接規定）

I.本法中華民國一百零八年十二月十日修
正之條文施行前已受理之申訴事件，尚未
作成決定者，適用修正施行後之規定。

II.本法中華民國一百零八年十二月十日修
正之條文施行前得提起申訴之事件，於修
正施行日尚未逾法定救濟期間者，得於修
正施行日之次日起算十日內，依本法規定
提起申訴。

III.本法中華民國一百零八年十二月十日修
正之條文施行前，有第八十五條第一項第
二款、第三款之情形，其按第八十五條第
二項計算之申訴期間於修正施行日尚未
屆滿者，其申訴自修正施行日之次日起算
十日不變期間。

IV.本法中華民國一百零八年十二月十日修
正之條文施行前，依司法院釋字第七二〇
號解釋已繫屬於法院之準抗告案件，尚未
終結者，於修正施行後，仍由原法院依司
法院釋字第七二〇號解釋意旨，依刑事訴
訟法之規定審理。

V.本法中華民國一百零八年十二月十日修
正之條文施行前，依司法院釋字第七二〇
號解釋得提起準抗告之案件，得於修正施
行日之次日起算三十日內，依本法規定向
管轄地方法院行政訴訟庭提起訴訟。

第 115 條　（依軍事審判法羈押之準用規定）

依軍事審判法羈押之被告，準用本法之規
定。

第 116 條　（施行細則）

本法施行細則，由行政院會同司法院定
之。

第 117 條　（施行日期）

本法自公布日後六個月施行。

羈押法施行細則
一百零九年十二月三十一日行政院司法院令修正發布

①民國六十五年十一月二十七日司法行政部令發布

②六十六年五月十三日司法行政部令修正發布

③八十四年十月十一日法務部令修正發布

④八十六年四月二日法務部令修正發布

⑤九十四年九月二十三日法務部令修正發布

⑥一百零九年十二月三十一日行政院司法院令修正發布全文

第一章　總　則

第1條　（訂定依據）
本細則依羈押法（以下簡稱本法）第一百十六條規定訂定之。

第2條　（執行職務應注意事項）
本法之主管機關、監督機關及看守所，就執行本法事項，應於被告有利及不利之情形，一律注意。

第3條　（用詞定義）
本法及本細則用詞，定義如下：
一　看守所：指法務部矯正署所屬看守所及看守所設置之分所、女所。
二　看守所長官：指前款看守所之首長及其授權之人。
三　看守所人員：指第一款看守所之相關承辦業務人員。
四　家屬：指依民法第一千一百二十二條及第一千一百二十三條規定，以與被告永久共同生活為目的而同居一家之人。
五　最近親屬：指被告之配偶、直系血親、三親等內之旁系血親、二親等內之姻親。

第4條　（嚴為分界）
本法第三條第三項規定所稱嚴為分界，指以所內建築物、同一建築物之不同樓層或圍牆隔離監禁之。

第5條　（監督機關因應看守所場域狀況等因素訂定合理調整之指引）
依本法第四條第三項規定，監督機關應就相關法令規定，並因應各看守所場域狀況等因素，逐步訂定合理調整之指引。

第6條　（參觀時應遵行事項）
Ⅰ民眾或媒體依本法第六條規定請求參觀時，應以書面為之。
Ⅱ前項書面格式，由監督機關定之。
Ⅲ看守所應事先審慎規劃參觀動線，不宜行經禁止接見通信被告者之收容處所，並避免侵害被告之隱私或其他權益。
Ⅳ看守所於民眾或媒體參觀前，應告知並請其遵守下列事項：
一　提出身分證明文件，並配合依本法第十六條規定所為之檢查。
二　穿著適當服裝及遵守秩序，不得鼓譟及喧嘩。
三　未經看守所許可，不得攜帶、使用通訊、錄影、攝影及錄音器材。
四　依引導路線參訪，不得擅自行動或滯留。
五　禁止擅自與被告交談或傳遞物品。
六　不得違反看守所所為之相關管制措施或處置。
七　不得有其他妨害看守所秩序、安全或被告權益之行為。
Ⅴ參觀者有違反前項規定之行為者，看守所得停止其參觀。
Ⅵ未滿十八歲之人參觀時，應由其法定代理人、監護人、師長或其他適當之成年人陪同。

第7條　（採訪時應遵行事項）
Ⅰ媒體依本法第六條規定請求採訪，應以書面申請，經看守所同意後為之。書面格式由監督機關定之。
Ⅱ境外媒體請求採訪或採訪內容於境外報

導時，應經看守所陳報監督機關核准後為之。

III.經法院裁定禁止接見之被告及少年被告，不得接受採訪。

IV.媒體採訪涉及看守所人員或個別被告者，應經看守所取得受訪者之同意始得為之。

V.媒體採訪時，看守所得採取適當措施，維護被告或相關人員之尊嚴及權益。

VI.媒體採訪對象或內容如涉及兒童或少年、性犯罪、家暴、疾病或其他法令有限制或禁止報導之規定者，應遵循其規定。

VII.媒體進行採訪時，如有影響看守所安全或秩序之情形，得停止其採訪。

VIII.媒體採訪後報導前應事先告知看守所或被告。報導如有不符合採訪內容及事實情形，看守所或被告得要求媒體更正或以適當方式澄清。

第二章　入　　所

第 8 條　（禁止接見、通信或授受物件應注意事項）

I.押票有記載禁止被告接見、通信或授受物件者，看守所應予注意並依其記載事項辦理；記載有不明確者，看守所應洽詢確認。

II.被告入所時，押票以外之其他應備文件有欠缺者，得通知補正。

第 9 條　（身分簿及名籍資料）

依本法第八條規定編製之身分簿及名籍資料，得以書面、電子或其他適當方式為之。

第 10 條　（舍房分配）

看守所人員執行職務知悉或經法院、檢察署通知入所之收容人係共同被告或案件相關者，應依本法第十五條第三項規定分配於不同舍房。

第三章　監禁及戒護

第 11 條　（監禁區域劃分）

I.看守所應將被告監禁區域依其活動性質，

劃分為教區、工場、舍房或其他特定之區域。

II.看守所應按所內設施情形，劃分區域，實施被告分區管理輔導工作；指派所內輔導、作業、戒護及相關人員組成分區教輔小組，執行有關被告管理、輔導及其他處遇之事項。

III.前項教輔小組，應每月至少開會一次，就所屬分區內之管理、輔導或其他重要事務等，研商合理性、公平性之處遇方式並執行之。

IV.看守所應每季邀集分區教輔小組成員，舉行全所聯合教輔小組會議，處理前項事務。

第 12 條　（穿著一定外衣以利辨識）

為維護看守所秩序及安全，看守所得要求被告穿著一定之外衣，以利人員辨識。

第 13 條　（出庭應訊得換穿自備之衣物）

法院或檢察署提解被告出庭應訊時，看守所得許被告換穿適當自備之衣服、鞋、襪。

第 14 條　（分配舍房應注意事項）

看守所依其管理需要，依本法第十五條第二項規定分配舍房時，應注意本法第四條第二項規定，並避免發生欺凌情事。

第 15 條　（看守所之部署及出入戒護區者應遵行事項）

I.看守所為達本法第十六條第一項規定嚴密戒護之目的，應依警備、守衛、巡邏、管理、檢查等工作之性質，妥善部署。

II.出入戒護區者應接受檢查。但有緊急狀況或特殊事由，經看守所長官之准許，得免予檢查。

III.看守所人員或經看守所准予進入戒護區之人員，除依法令或經許可攜入，或因其進入戒護區目的所需之物品外，應將其攜帶之其他物品，存置於看守所指定之處所。

IV.前項人員有下列各款情形之一者，看守所得禁止其進入戒護區或命其離開：

一　拒絕或逃避檢查。

二　未經許可攜帶或使用通訊、攝影、錄影或錄音器材。

三　酒醉、疑似酒醉或身心狀態有異常情形。

四　規避、妨害或拒絕看守所依傳染病防治法令所為之傳染病監控防疫措施。

五　有其他妨害看守所秩序或安全之行為。

第 16 條　（違禁物品）

I.本法第十二條第一項、第三項、第六十五條第二項及第六十六條第一項規定所稱違禁物品，指在看守所禁止或限制使用之物品。監督機關得考量秩序、安全及管理等因素，訂定違禁物品之種類及管制規範。

II.看守所應將前項違禁物品及其管制規範，以適當方式公開，使被告、看守所人員及其他准予進入戒護區之人員知悉。

第 17 條　（作息安排）

I.看守所應安排被告志願作業、輔導、文康、飲食、醫療、運動及其他生活起居作息。

II.前項作息時程，看守所應以適當方式公開，使被告得以知悉。

第 18 條　（施用戒具之程序規範）

I.看守所依本法第十九條第一項規定核准施用戒具者，應於外出施用戒具紀錄表記明被告施用戒具之日期、起訖時間、施用原因、戒具種類及數量，並陳送看守所長官核閱。

II.看守所人員應隨時觀察被告之行狀，無施用戒具必要者，應即解除。

第 19 條　（暴動）

I.本法第十八條第五項規定所稱暴動，指三人以上之被告集體以強暴、脅迫之方式，而有下列行為之一，造成看守所戒護管理失控或無法正常運作：

一　實施占據重要設施。

二　控制看守所管制鑰匙、通訊或其他重要安全設備。

三　奪取攻擊性器械或其他重要器材。

四　脅持被告、看守所人員或其他人員。

五　造成人員死亡或重大傷害。

六　其他嚴重妨害看守所秩序或安全之行為。

II.本法第十八條第五項及第二十條第一項第三款規定所稱騷動，指被告聚集三人以上，以作為或不作為方式，遂行妨害看守所秩序或安全之行為，其規模已超越一般暴行或擾亂秩序，經命其停止而不遵從，尚未達暴動之情狀者。

III.前二項情形是否達本法第十八條第五項規定繼續施用戒具之程度，看守所仍應斟酌各項狀況綜合判斷之，不得逾越必要之程度。

第 20 條　（與其他機關間之連繫）

看守所應依本法第二十一條第一項規定與警察機關或其他相關機關保持聯繫。必要時，並得洽訂聯繫、支援或協助之相關計畫或措施，以利實際運作。

第四章　志願作業

第 21 條　（辦理作業之方式）

看守所得依本法第二十七條及相關法令規定，承攬公、私立機關（構）、法人、團體或個人之勞務或成品產製。

第 22 條　（委託加工）

I.看守所辦理本法第二十七條規定之委託加工，應定期以公開方式徵求委託加工廠商，並注意廠商財務、履約能力及加工產品之市價情形，以取得委託加工之合理價格。

II.承攬委託加工前，得先行試作，以測試作業適性及勞動能率。

第 23 條　（評價會議）

I.看守所辦理自營、委託加工、承攬或其他作業，得組成自營作業成品及勞務承攬評

價會議，評估相關價格，報看守所長官核定後為之。

II.前項情形，看守所得先行派員進行訪價，以供前項評價會議評估價格之參考。

第五章　生活輔導及文康

第 24 條　（生活輔導及協助法律扶助諮詢）

I.看守所應指派專人，瞭解被告個別情況及需要，對於被告施以生活輔導。

II.被告有法律扶助或法律諮詢之需要時，看守所應予以協助安排或轉介。

第 25 條　（移押）

看守所對上訴第二審法院之在押被告，應於移押時，併將其生活輔導紀錄與獎懲紀錄及相關資料，移送第二審法院所在地之看守所參考。

第 26 條　（資訊設備）

看守所依本法第三十四條第二項規定，提供之適當資訊設備，包括相關複印設備，由被告申請自費使用。

第 27 條　（舉辦活動應注意維護被告及家屬隱私）

看守所自行或結合外界舉辦各種活動，應注意被告及家屬隱私之維護。

第 28 條　（修復式司法宣導計畫）

監督機關應訂定修復式司法相關宣導計畫，推動辦理調解及修復事宜，以利看守所執行之。

第 29 條　（被告宗教信仰自由）

I.看守所應尊重被告宗教信仰自由，不得強制被告參與宗教活動或為宗教相關行為。

II.看守所應允許被告以符合其宗教信仰及合理方式進行禮拜，維護被告宗教信仰所需。

第 30 條　（生活輔導教材及內容審查）

看守所依本法第三十八條第一項規定，於

提供廣播、電視設施、資訊設備或視聽器材實施生活輔導時，教材或內容應妥慎審查，並依智慧財產權相關法令辦理。

第 31 條　（身心障礙被告需求之措施及語言不通者之協助）

I.看守所應依本法第三十八條第三項規定，就有關身心障礙被告之視、聽、語等特殊需求，採取適當及必要措施。

II.看守所就不通中華民國語言或有其他理由，致其難以瞭解看守所所為相關事務內容之意涵者，得提供適當之協助。

第六章　給　養

第 32 條　（飲食）

I.被告飲食之營養，應足敷其保健需要，品質須合衛生標準，適時調製，按時供餐，並備充足之飲用水。

II.疾患、高齡被告之飲食，得依健康或醫療需求調整之。無力自備飲食之被告所攜帶入所或在所生產之子女之飲食，亦同。

III.看守所辦理前二項飲食得參考衛生福利部國民健康署發布之飲食指南建議；必要時，得諮詢營養師之意見。

第 33 條　（提供物品品質）

看守所依本法第四十一條第一項規定提供必要之衣類、寢具、物品及其他器具，不得違反相關衛生、環境保護或其他法令之規定。

第 34 條　（衣物）

I.依第十二條規定被告所須穿著之外衣，應基於衛生保健需求，採用涼爽透氣或符合保健所需之質料；其顏色、式樣，由監督機關定之。

II.因應氣溫或保健上有必要者，經看守所核准，被告得使用自備或送入之衣類、帽、襪、寢具及適當之保暖用品。

第 35 條　（日常生活必需品）

I.被告因經濟狀況欠佳，缺乏非屬本法第四十一條第一項規定之日常生活必需品者，

得請求看守所提供之；其經濟狀況欠佳之
認定基準及提供之品項、數量，由監督機
關定之。

II被告急需非屬本法第四十一條第一項規
定之日常生活必需品者，得請求看守所提
供之；看守所得於其原因消滅時，指定原
物、作價或其他方式返還之。

III前二項所提供之日常生活必需品，非屬一
次性使用者，如提供予不同被告使用，看
守所應注意維持其清潔衛生。

第 36 條　（少年被告之飲食及處遇）

少年被告之飲食及處遇，應注意其營養及
身心發育所需，並重視其疾病醫治及權益
保障。

第七章　衛生及醫療

第 37 條　（環境衛生）

I看守所應注意環境衛生。依本法第四十五
條規定定期舉行之環境衛生檢查，其期間
由各看守所依當地狀況定之，每年不得少
於二次。

II前項環境衛生檢查，看守所得請當地衛
生、環境保護機關（單位）或相關機關
（單位）協助辦理；並就衛生、環境保護
及其他有關設備（施）之需求，即時或逐
步採取必要、可行之改善措施。

III被告應配合看守所執行環境清潔工作，維
持公共及個人衛生。

第 38 條　（衛教及自我健康管理）

I看守所為依本法第四十九條第一項規定
推動被告自主健康管理，應實施衛生教
育，並得請當地衛生主管機關或醫療機構
協助辦理。

II除管制藥品、醫囑或經看守所人員觀察結
果，須注意特定被告保管藥物及服藥情形
者外，看守所得依本法第四十九條第一項
推行自主健康管理規定，使被告自行管理
及服用其藥物。

III被告依本法第四十九條第五項規定請求
自費購買或送入低風險性醫療器材或衛
生保健物品，不得提供他人使用。

第 39 條　（健康檢查）

被告或其最近親屬及家屬依本法第四十
九條第三項規定，請求於看守所內實施健
康檢查，依下列規定辦理：

一　應以書面敘明申請理由、欲自費延
　　請之醫事人員，並檢附經醫師評估
　　認有實施檢查必要之文件。

二　經看守所審查核准後，被告得自行
　　或由其最近親屬或家屬自費延請
　　醫事人員進入看守所進行健康檢
　　查。健康檢查對象為經裁定羈押之
　　法院禁止其接見通信之被告時，看
　　守所應檢具相關資料，通知為裁定
　　羈押之法院或檢察官。

三　自費延請之醫事人員進入看守所
　　提供醫療服務時，應向看守所出示
　　執業執照及核准至執業場所以外
　　處所執行業務之證明文件，必要
　　時，看守所得向其執業場所確認。

四　自費延請之醫事人員應依醫療法
　　及相關醫事人員法規規定製作及
　　保存紀錄，並將檢查紀錄交付看守
　　所留存。開立之檢查報告應秉持醫
　　療專業，依檢查結果記載。

五　自費實施健康檢查所需之費用，由
　　醫事人員所屬之機構開立收據，由
　　被告之最近親屬或家屬支付為原
　　則，必要時得由看守所自被告之保
　　管金或勞作金中扣繳轉付。

六　自費延請醫事人員於看守所內實
　　施健康檢查之實施時間、地點、方
　　式，由看守所依其特性與實際情形
　　決定之。

第 40 條　（就醫時應注意事項）

被告就醫時，應據實說明症狀，並配合醫
囑接受治療，不得要求醫師加註與病情無
關之文字。被告如提出非治療必須之處置
或要求特定處遇，醫師應予拒絕。

第八章　接見及通信

第 41 條　（接見及發信之輔助）

I視覺、聽覺或語言障礙被告接見及發信，

得使用手語、點字或其他適當輔助方式。
II.被告不識字或因故不能書寫信件者，得徵
得其他被告或適當之人同意後代為書寫，
經本人確認並簽名或按捺指印後依規定
發送之。

第 42 條　（接見律師）
除依刑事訴訟法所定之辯護人外，其他依
法指定、選任或受委任之律師，或依本法
第六十五條第五項規定未受委任之律師，
請求接見經法院裁定禁止接見之羈押被
告時，看守所應檢具相關資料依刑事訴訟
法第一百零五條第三項、第四項規定，偵
查中報請檢察官、審判中報請法院同意
後，始得辦理接見。

第 43 條　（禁止通信被告發送書信以外之文件）
經法院裁定禁止通信之羈押被告，依本法
第六十六條第六項規定發送書信以外之
文件時，看守所應檢具相關資料依刑事訴
訟法第一百零五條第三項、第四項規定，
偵查中報請檢察官、審判中報請法院同意
後，始得發送。

第九章　獎懲及賠償

第 44 條　（對被告施以區隔應遵行事項）
看守所依本法第七十九條第四項規定，為
調查被告違規事項，對相關被告施以必要
之區隔者，其區隔期間不得逾必要之程
度。區隔期間，相關被告之生活輔導、給
養、衛生醫療、接見通信及其他處遇，仍
應依本法相關規定辦理。

第十章　陳情及申訴

第 45 條　（作成決定或停止執行之通知）
看守所依本法第八十五條第三項作成決
定或停止執行者，應通知申訴審議小組。

第十一章　釋放及保護

第 46 條　（釋放被告之核對）
看守所釋放被告時，應確實核對簽發釋放

通知書之法官或檢察官簽名或印鑑，如有
辨識不清者，得送回補正。

第 47 條　（釋放被告請求更生保護之查核）
釋放之被告請求更生保護者，看守所應查
核其需要保護之事項，通知當地更生保護
機構處理。

第十二章　死　亡

第 48 條　（骨灰存放設施處所）
看守所應商請地方政府機關提供骨灰存
放設施處所，以供本法第一百十二條之死
亡被告火化後存放骨灰之用。

第十三章　附　則

第 49 條　（少年被告羈押）
少年被告羈押於少年觀護所或看守所時，
其與少年保護性質不相違反者，適用本法
及本細則之規定。

第 50 條　（施行日期）
本細則自中華民國一百零九年七月十五
日施行。

通訊保障及監察法
一百零七年五月二十三日總統令修正公布

①民國八十八年七月十四日總統令公布
②九十五年五月三十日總統令修正公布
③九十六年七月十一日總統令修正公布
④一百零三年一月二十九日總統令修正公布
⑤一百零五年四月十三日總統令修正公布
⑥一百零七年五月二十三日總統令公布刪除第二六
　條條文

第1條　（立法目的）
　　為保障人民秘密通訊自由及隱私權不受非法侵害，並確保國家安全，維護社會秩序，特制定本法。

第2條　（通訊監察之限度）
I.通訊監察，除為確保國家安全、維持社會秩序所必要者外，不得為之。
II.前項監察，不得逾越所欲達成目的之必要限度，且應以侵害最少之適當方法為之。

◇**通訊監察**：指監控（包含攔截、監聽、錄音錄影、閱覽等）有合理隱私期待之雙方所進行的溝通內容。

◇**最小侵害原則**：指比例原則中的第二子原則，即相同有效手段中，國家機關是否選擇侵害最小的手段為之。

第3條　（通訊之定義）
I.本法所稱通訊如下：
　一　利用電信設備發送、儲存、傳輸或接收符號、文字、影像、聲音或其他信息之有線及無線電信。
　二　郵件及書信。
　三　言論及談話。
II.前項所稱之通訊，以有事實足認受監察人對其通訊內容有隱私或秘密之合理期待者為限。

第3條之1　（通信紀錄、通訊使用者資料之定義）
I.本法所稱通信紀錄者，謂電信使用人使用電信服務後，電信系統所產生之發送方、接收方之電信號碼、通信時間、使用長度、位址、服務型態、信箱或位置資訊等紀錄。
II.本法所稱之通訊使用者資料，謂電信使用者姓名或名稱、身分證明文件字號、地址、電信號碼及申請各項電信服務所填列之資料。

第4條　（受監察人之定義）
　　本法所稱受監察人，除第五條及第七條所規定者外，並包括為其發送、傳達、收受通訊或提供通訊器材、處所之人。

第5條　（得發通訊監察書之情形）
I.有事實足認被告或犯罪嫌疑人有下列各款罪嫌之一，並危害國家安全、經濟秩序或社會秩序情節重大，而有相當理由可信其通訊內容與本案有關，且不能或難以其他方法蒐集或調查證據者，得發通訊監察書。
　一　最輕本刑為三年以上有期徒刑之罪。
　二　刑法第一百條第二項之預備內亂罪、第一百零一條第二項之預備暴動內亂罪或第一百零六條第三項、第一百零九條第一項、第三項、第四項、第一百二十一條第一項、第一百二十二條第三項、第一百三十一條第一項、第一百四十二條、第一百四十三條第一項、第一百四十四條、第一百四十五條、第二百零一條之一、第二百五十六條第一項、第三項、第二百五十七條第一項、第四項、第二百九十八條第二項、第三百條、第三百三十九條、第三百三十九條之三或第三百四十六條之罪。
　三　貪污治罪條例第十一條第一項、第四項關於違背職務行為之行賄罪。

通訊保障及監察法　（第六條）

四　懲治走私條例第二條第一項、第二項或第三條之罪。

五　藥事法第八十二條第一項、第四項或第八十三條第一項、第四項之罪。

六　證券交易法第一百七十三條第一項之罪。

七　期貨交易法第一百十二條或第一百十三條第一項、第二項之罪。

八　槍砲彈藥刀械管制條例第十二條第一項、第二項、第四項、第五項或第十三條第二項、第四項、第五項之罪。

九　公職人員選舉罷免法第一百零二條第一項第一款之罪。

十　農會法第四十七條之一或第四十七條之二之罪。

十一　漁會法第五十條之一或第五十條之二之罪。

十二　兒童及少年性剝削防制條例第三十二條第一項、第三項、第四項、第五項之罪。

十三　洗錢防制法第十一條第一項至第三項之罪。

十四　組織犯罪防制條例第三條第一項後段、第二項後段、第六條或第十一條第三項之罪。

十五　陸海空軍刑法第十四條第二項、第十七條第三項、第十八條第三項、第十九條第三項、第二十條第五項、第二十二條第四項、第二十三條第三項、第二十四條第二項、第四項、第五十八條第五項、第六十三條第一項之罪。

十六　營業秘密法第十三條之二第一項、第二項之罪。

十七　森林法第五十二條第一項、第二項之罪。

十八　廢棄物清理法第四十六條之罪。

II.前項通訊監察書，偵查中由檢察官依司法警察機關聲請或依職權以書面聲請該管法院核發。聲請書應記載偵、他字案號及第十一條之事項，其監察對象非電信服務用戶，應予載明；並檢附相關文件及監察對象住居所之調查資料，釋明有相當理由

可信其通訊內容與本案有關，且曾以其他方法調查仍無效果，或以其他方法調查，合理顯示為不能達成目的或有重大危險情形。檢察官受理聲請案件，應於四小時內核復；如案情複雜，得經檢察長同意延長四小時。法院於接獲檢察官核轉受理聲請案件，應於四十八小時內核復。審判中由法官依職權核發。法官並得於通訊監察書上對執行人員為適當之指示。

III.前項聲請不合法定程序、不備理由、未經釋明或釋明不足者，法院應予駁回。其聲請經法院駁回者，不得聲明不服。

IV.執行機關應於執行監聽期間內，每十五日至少作成一次以上之報告書，說明監聽行為之進行情形，以及有無繼續執行監聽之需要。檢察官或核發通訊監察書之法官並得隨時命執行機關提出報告。法官依據經驗法則、論理法則自由心證判斷後，發現有不應繼續執行監聽之情狀時，應撤銷原核發之通訊監察書。

V.通訊監察書之聲請，應以單一監察對象為限，同一偵、他字或相牽連案件，得同時聲請數張通訊監察書。

◇**另案監聽**：指依照本條合法聲請通訊監察書，監察中無意間聽到其他案件的內容，該監聽所得內容，不得作為證據，即學說上所稱證據使用禁止（本法第 18 條之 1 第 1 項參照）。惟若另案內容與本件有關連性、且合乎本法第 5 條第 1 項所定之重罪原則，可例外作為證據。不過，如果違反本法第 5、6、7 條所為之監聽，一律不可作為證據。然而學說有認為縱使該證據無證據能力，仍不應癱瘓刑事追訴，可作為發動偵查之根據。

第 6 條　（口頭通知執行通訊監察）

I.有事實足認被告或犯罪嫌疑人有犯刑法妨害投票罪章、公職人員選舉罷免法、總統副總統選舉罷免法、槍砲彈藥刀械管制條例第七條、第八條、毒品危害防制條例第四條、擄人勒贖罪或以投置炸彈、爆裂物或投放毒物方法犯恐嚇取財罪、組織犯罪條例第三條、洗錢防制法第十一條第一項、第二項、第三項、刑法第二百二十二條、第二百二十六條、第二百七十一條、第三百二十五條、第三百二十六條、第三

百二十八條、第三百三十條、第三百三十二條及第三百三十九條，為防止他人生命、身體、財產之急迫危險；或有事實足信有其他通訊作為前條第一項犯罪連絡而情形急迫者，司法警察機關得報請該管檢察官以口頭通知執行機關先予執行通訊監察。但檢察官應告知執行機關第十一條所定之事項，並於二十四小時內陳報該管法院補發通訊監察書；檢察機關為受理緊急監察案件，應指定專責主任檢察官或檢察官作為緊急聯繫窗口，以利掌握偵辦時效。

II.法院應設置專責窗口受理前項聲請，並應於四十八小時內補發通訊監察書；未於四十八小時內補發者，應即停止監察。

第 7 條　（為蒐集情報而監察通訊）

I.為避免國家安全遭受危害，而有監察下列通訊，以蒐集外國勢力或境外敵對勢力情報之必要者，綜理國家情報工作機關首長得核發通訊監察書。

一　外國勢力、境外敵對勢力或其工作人員在境內之通訊。

二　外國勢力、境外敵對勢力或其工作人員跨境之通訊。

三　外國勢力、境外敵對勢力或其工作人員在境外之通訊。

II.前項各款通訊之受監察人在境內設有戶籍者，其通訊監察書之核發，應先經綜理國家情報工作機關所在地之高等法院專責法官同意。但情況急迫者不在此限。

III.前項但書情形，綜理國家情報工作機關應即將通訊監察書核發情形，通知綜理國家情報工作機關所在地之高等法院之專責法官補行同意；其未在四十八小時內獲得同意者，應即停止監察。

第 8 條　（外國勢力及境外敵對勢力之定義）

前條第一項所稱外國勢力或境外敵對勢力如下：

一　外國政府、外國或境外政治實體或其所屬機關或代表機構。

二　由外國政府、外國或境外政治實體

指揮或控制之組織。

三　以從事國際或跨境恐怖活動為宗旨之組織。

第 9 條　（外國勢力或境外敵對勢力工作人員之定義）

第七條第一項所稱外國勢力或境外敵對勢力工作人員如下：

一　為外國勢力或境外敵對勢力從事秘密情報蒐集活動或其他秘密情報活動，而有危害國家安全之虞，或教唆或幫助他人為之者。

二　為外國勢力或境外敵對勢力從事破壞行為或國際或跨境恐怖活動，或教唆或幫助他人為之者。

三　擔任外國勢力或境外敵對勢力之官員或受僱人或國際恐怖組織之成員者。

第 10 條　（所得資料之運用及處置）

依第七條規定執行通訊監察所得資料，僅作為國家安全預警情報之用。但發現有第五條所定情事者，應將所得資料移送司法警察機關、司法機關或軍事審判機關依法處理。

第 11 條　（通訊監察書應載事項）

I.通訊監察書應記載下列事項：

一　案由及涉嫌觸犯之法條。

二　監察對象。

三　監察通訊種類及號碼等足資識別之特徵。

四　受監察處所。

五　監察理由。

六　監察期間及方法。

七　聲請機關。

八　執行機關。

九　建置機關。

II.前項第八款之執行機關，指蒐集通訊內容之機關。第九款之建置機關，指單純提供通訊監察軟硬體設備而未接觸通訊內容之機關。

III.核發通訊監察書之程序，不公開之。

通訊保障及監察法 （第一一之一～一四條）

第 11 條之 1 （聲請核發調取票及其應記載事項）

I.檢察官偵查最重本刑三年以上有期徒刑之罪，有事實足認通信紀錄及通信使用者資料於本案之偵查有必要性及關連性時，除有急迫情形不及事先聲請者外，應以書面聲請該管法院核發調取票。聲請書之應記載事項，準用前條第一項之規定。

II.司法警察官因調查犯罪嫌疑人犯罪情形及蒐集證據，認有調取通信紀錄之必要時，得依前項規定，報請檢察官許可後，向該管法院聲請核發調取票。

III.檢察官、司法警察官為偵辦最輕本刑十年以上有期徒刑之罪、強盜、搶奪、詐欺、恐嚇、擄人勒贖，及違反人口販運防制法、槍砲彈藥刀械管制條例、懲治走私條例、毒品危害防制條例、組織犯罪防制條例等罪，而有需要時，得由檢察官依職權或司法警察官向檢察官聲請同意後，調取通信紀錄，不受前二項之限制。

IV.第一項之急迫原因消滅後，應向法院補行聲請調取票。

V.調取票，應記載下列事項：
一　案由。
二　應調取之通信紀錄或使用者資料。
三　有效期間，逾期不得執行調取及調取後應將調取票交回之意旨。

VI.第一項、第二項及第四項之聲請經法院駁回者，不得聲明不服。

VII.核發調取票之程序，不公開之。

VIII.有調取第七條之監察對象通信紀錄及通訊使用者資料必要者，由綜理國家情報工作機關向電信或郵政事業調取，不受前七項之限制。

第 12 條 （通訊監察之期間及延長）

I.第五條、第六條之通訊監察期間，每次不得逾三十日，第七條之通訊監察期間，每次不得逾一年；其有繼續監察之必要者，應釋明具體理由，至遲於期間屆滿之二日前，提出聲請。但第五條、第六條繼續之監察期間，不得逾一年，執行機關如有繼續監察之必要者，應依第五條、第六條重行聲請。

II.第五條、第六條之通訊監察期間屆滿前，偵查中檢察官、審判中法官認已無監察之必要者，應即停止監察。

III.第七條之通訊監察期間屆滿前，綜理國家情報工作機關首長認已無監察之必要者，應即停止監察。

◇一定期間原則： 指依照釋字第 631 號解釋理由書所稱通訊監察書必須明確指示得為通訊監察之期間、對象、方式等事項，以防止無限期的通訊監察。

第 13 條 （監察通訊之方法）

I.通訊監察以截收、監聽、錄音、錄影、攝影、開拆、檢查、影印或其他類似之必要方法為之。但不得於私人住宅裝置竊聽器、錄影設備或其他監察器材。

II.執行通訊監察，除經依法處置者外，應維持通訊暢通。

III.執行機關除有正當理由者外，至少每三日派員取回監錄內容。

IV.前項監錄內容顯然與監察目的無關者，不得作成譯文。

第 14 條 （執行機關及電信、郵政事業之協助義務）

I.通訊監察之執行機關及處所，得依聲請機關之聲請定之。法官依職權核發通訊監察書時，由核發人指定之；依第七條規定核發時，亦同。

II.電信事業及郵政事業有協助執行通訊監察之義務；其協助內容為執行機關得使用該事業之通訊監察相關設施與其人員之協助。

III.前項因協助執行通訊監察所生之必要費用，於執行後，得請求執行機關支付；其項目及費額由交通部會商有關機關訂定公告之。

IV.電信事業之通訊系統應具有配合執行監察之功能，並負有協助建置機關建置、維持通訊監察系統之義務。但以符合建置時之科技及經濟上合理性為限，並不得逾越期待可能性。

V.前項協助建置通訊監察系統所生之必要費用，由建置機關負擔。另因協助維持通

訊監察功能正常作業所生之必要費用，由交通部會商有關機關訂定公告之。

第 15 條　（結束時之通知義務）

I.第五條、第六條及第七條第二項通訊監察案件之執行機關於監察通訊結束時，應即敘明受監察人之姓名、住所或居所、該監察案件之第十一條第一項各款及通訊監察書核發機關文號、實際監察期間、有無獲得監察目的之通訊資料及救濟程序報由檢察官、綜理國家情報工作機關陳報法院通知受監察人。如認通知有妨害監察目的之虞或不能通知者，應一併陳報。

II.通訊監察結束後，檢察官、綜理國家情報工作機關逾一個月仍未為前項之陳報者，法院應於十四日內主動通知受監察人。但不能通知者，不在此限。

III.法院對於第一項陳報，除有具體理由足認通知有妨害監察目的之虞或不能通知之情形外，應通知受監察人。

IV.前項不通知之原因消滅後，執行機關應報由檢察官、綜理國家情報工作機關陳報法院補行通知。原因未消滅者，應於前項陳報後每三個月向法院補行陳報未消滅之情形。逾期未陳報者，法院應於十四日內主動通知受監察人。

V.關於執行機關陳報事項經法院審查後，交由司法事務官通知受監察人與該受監察之電信服務用戶。但不能通知者，不在此限。

VI.前項受監察之電信服務用戶包括個人、機關（構）、或團體等。

第 16 條　（執行機關之報告義務）

I.執行機關於監察通訊後，應按月向檢察官、核發通訊監察書之法官或綜理國家情報工作機關首長報告執行情形。檢察官、核發通訊監察書之法官或綜理國家情報工作機關首長並得隨時命執行機關提出報告。

II.第五條、第六條通訊監察之監督，偵查中由檢察機關、審判中由法院，第七條通訊監察之監督，由綜理國家情報工作機關，派員至建置機關，或使用電子監督設備，監督通訊監察執行情形。偵查中案件，法院應定期派員監督執行機關執行情形。

第 16 條之 1　（通訊監察統計年報之製作、內容以及定期上網公告）

I.通訊監察執行機關、監督機關每年應製作該年度通訊監察之相關統計資料年報，定期上網公告並送至法院備查。

II.前項定期上網公告，於第七條規定之通訊監察，不適用之。

III.第一項統計資料年報應包含下列事項：

一　依第五條、第六條、第七條及第十二條第一項聲請及核准通訊監察之案由、監察對象數、案件數、線路數及線路種類。依第十一條之一之調取案件，亦同。

二　依第十二條第二項、第三項之停止監察案件，其停止情形。

三　依第十五條之通知或不通知、不通知之原因種類及原因消滅或不消滅之情形。

四　法院依前條規定監督執行機關執行之情形。

五　依第十七條資料銷燬之執行情形。

六　截聽紀錄之種類及數量。

第 17 條　（監察通訊所得資料之留存及銷燬）

I.監察通訊所得資料，應加封緘或其他標識，由執行機關蓋印，保存完整真實，不得增、刪、變更，除已供案件證據之用留存於該案卷或為監察目的有必要長期留存者外，由執行機關於監察通訊結束後，保存五年，逾期予以銷燬。

II.通訊監察所得資料全部與監察目的無關者，執行機關應即報請檢察官、依職權核發通訊監察書之法官或綜理國家情報工作機關首長許可後銷燬之。

III.前二項之資料銷燬時，執行機關應記錄該通訊監察事實，並報請檢察官、依職權核發通訊監察書之法官或綜理國家情報工作機關首長派員在場。

通訊保障及監察法

（第一八～二六條）

第 18 條 （監察所得資料之保密義務）

I. 依本法監察通訊所得資料，不得提供與其他機關（構）、團體或個人。但符合第五條或第七條規定之監察目的或其他法律另有規定者，不在此限。

II. 依第五條及第六條規定通訊監察書之聲請、核發、執行、通訊監察所得資料之保管、使用、銷燬，應就其經辦、調閱及接觸者，建立連續流程履歷紀錄，並應與臺灣高等法院通訊監察管理系統連線。

III. 前項其他執行通訊監察之機關每月應將所有截聽紀錄以專線或保密方式傳遞至臺灣高等法院通訊監察管理系統。

第 18 條之 1 （監察取得他案資料不得作為證據）

I. 依第五條、第六條或第七條規定執行通訊監察，取得其他案件之內容者，不得作為證據。但於發現後七日內補行陳報法院，並經法院審查認可該案件與實施通訊監察之案件具有關連性或為第五條第一項所列各款之罪者，不在此限。

II. 依第五條、第六條或第七條規定執行通訊監察所取得之內容或所衍生之證據與監察目的無關者，不得作為司法偵查、審判、其他程序之證據或其他用途，並依第十七條第二項規定予以銷燬。

III. 違反第五條、第六條或第七條規定進行監聽行為所取得之內容或所衍生之證據，於司法偵查、審判或其他程序中，均不得採為證據或其他用途，並依第十七條第二項規定予以銷燬。

第 19 條 （非法監察之賠償）

I. 違反本法或其他法律之規定監察他人通訊或洩漏、提供、使用監察通訊所得之資料者，負損害賠償責任。

II. 被害人雖非財產上之損害，亦得請求賠償相當之金額；其名譽被侵害者，並得請求為回復名譽之適當處分。

III. 前項請求權，不得讓與或繼承。但以金額賠償之請求權已依契約承諾或已起訴者，不在此限。

第 20 條 （賠償金額之計算）

I. 前條之損害賠償總額，按其監察通訊日數，以每一受監察人每日新臺幣一千元以上五千元以下計算。但能證明其所受之損害額高於該金額者，不在此限。

II. 前項監察通訊日數不明者，以三十日計算。

第 21 條 （損害賠償請求權之消滅時效）

損害賠償請求權，自請求權人知有損害及賠償義務人時起，因二年間不行使而消滅；自損害發生時起，逾五年者亦同。

第 22 條 （執行職務洩漏資料之賠償）

I. 公務員或受委託行使公權力之人，執行職務時違反本法或其他法律之規定監察他人通訊或洩漏、提供、使用監察通訊所得之資料者，國家應負損害賠償責任。

II. 依前項規定請求國家賠償者，適用第十九條第二項、第三項及第二十條之規定。

第 23 條 （補充法）

損害賠償除依本法規定外，適用民法及國家賠償法規定。

第 24 條 （罰則(一)）

I. 違法監察他人通訊者，處五年以下有期徒刑。

II. 執行或協助執行通訊監察之公務員或從業人員，假借職務或業務上之權力、機會或方法，犯前項之罪者，處六月以上五年以下有期徒刑。

III. 意圖營利而犯前二項之罪者，處一年以上七年以下有期徒刑。

第 25 條 （罰則(二)）

I. 明知為違法監察通訊所得之資料，而無故洩漏或交付之者，處三年以下有期徒刑。

II. 意圖營利而犯前項之罪者，處六月以上五年以下有期徒刑。

第 26 條 （刪除）

第 27 條 　（公務員洩漏資料之刑罰）

I.公務員或曾任公務員之人因職務知悉或持有依本法或其他法律之規定監察通訊所得應秘密之資料，而無故洩漏或交付之者，處三年以下有期徒刑。

II.法官或檢察官執行本法而有法官法第三十條第二項或第八十九條第四項各款情事者，應移送個案評鑑。

III.公務員或曾任公務員之人違反第十八條之一第二項、第三項規定，將本案通訊監察資料挪作他用者，處三年以下有期徒刑。

第 28 條 　（非公務員洩漏資料之處罰）

非公務員因職務或業務知悉或持有依本法或其他法律之規定監察通訊所得應秘密之資料，而無故洩漏或交付之者，處二年以下有期徒刑、拘役或新臺幣二萬元以下罰金。

第 29 條 　（不罰之情形）

監察他人之通訊，而有下列情形之一者，不罰：

　一　依法律規定而為者。

　二　電信事業或郵政機關（構）人員基於提供公共電信或郵政服務之目的，而依有關法令執行者。

　三　監察者為通訊之一方或已得通訊之一方事先同意，而非出於不法目的者。

第 30 條 　（告訴乃論）

第二十四條第一項、第二十五條第一項及第二十八條之罪，須告訴乃論。

第 31 條 　（罰則㈢）

有協助執行通訊監察義務之電信事業及郵政機關（構），違反第十四條第二項之規定者，由交通部處以新臺幣五十萬元以上二百五十萬元以下罰鍰；經通知限期遵行而仍不遵行者，按日連續處罰，並得撤銷其特許或許可。

第 32 條 　（軍事審判之準用）

軍事審判機關於偵查、審判現役軍人犯罪時，其通訊監察準用本法之規定。

第 32 條之 1 　（通訊監察執行情形之監督）

I.法務部每年應向立法院報告通訊監察執行情形。立法院於必要時，得請求法務部報告並調閱相關資料。

II.立法院得隨時派員至建置機關、電信事業、郵政事業或其他協助執行通訊監察之機關、事業及處所，或使用電子監督設備，監督通訊監察執行情形。

III.本法未規定者，依立法院職權行使法或其他法律之規定。

第 33 條 　（施行細則之訂定）

本法施行細則，由行政院會同司法院定之。

第 34 條 　（施行日期）

本法施行日期，除中華民國九十五年五月三十日修正公布之條文，自九十五年七月一日施行；九十六年七月十一日及一百零三年一月二十九日修正公布之條文，自公布後五個月施行；一百零五年三月二十五日修正之條文，由行政院定之外，自公布日施行。

通訊保障及監察法　（第二七～三四條）

通訊保障及監察法施行細則
一百零三年六月二十六日行政院司法院令修正發布

① 民國八十九年三月十五日行政院司法院令發布
② 九十一年六月二十七日行政院司法院令修正發布
③ 九十六年十二月十一日行政院司法院令修正發布
④ 一百零三年六月二十六日行政院司法院令修正發布第三～五、八、一六、二〇、二七～三〇、三五、三六條；並增訂第一三之一、一三之二、一六之一、一六之二、二三之一條條文

第1條 （訂定依據）
本細則依通訊保障及監察法（以下簡稱本法）第三十三條規定訂定之。

第2條 （用詞定義）
I.本法第三條第一項第一款所稱有線及無線電信，包括電信事業所設公共通訊系統及專用電信。
II.本法第三條第一項第二款所稱郵件及書信，指信函、明信片、特製郵簡、新聞紙、雜誌、印刷物、盲人文件、小包、包裹或以電子處理或其他具有通信性質之文件或物品。
III.本法第三條第一項第三款所稱言論及談話，指人民非利用通訊設備所發表之言論或面對面之對話；其以手語或其他方式表達意思者，亦包括在內。
IV.本法第三條第二項所稱有事實足認受監察人對其通訊內容有隱私或秘密之合理期待者，應就客觀事實加以認定。

第3條 （司法警察機關之定義）
本法所稱司法警察機關，指內政部警政署與各直轄市、縣（市）警察局所屬分局或刑事警察大隊以上單位、法務部調查局與所屬各外勤調查處（站）、工作組以上單位、國防部憲兵指揮部與所屬各地區憲兵隊以上單位、行政院海岸巡防署與所屬偵防查緝隊、各海巡隊、各機動查緝隊以上單位及其他同級以上之司法警察機關。

第4條 （聲請核發通訊監察書之程序）
I.檢察官依本法第五條或第六條規定聲請核發通訊監察書者，應備聲請書，載明偵、他字案號及本法第十一條第一項所列之事項，其監察對象非電信服務用戶，應予載明；並檢附相關文件及監察對象住居所之調查資料，釋明有相當理由可信其通訊內容與本案有關，且曾以其他方法調查仍無效果，或以其他方法調查，合理顯示為不能達成目的或有重大危險情形，向該管法院為之。
II.司法警察機關依本法第五條規定向檢察官提出聲請者，應備文載明本法第十一條第一項所列之事項，其監察對象非電信服務用戶，應予載明；並檢附前項後段所定相關文件與調查資料，及釋明有相當理由之情形，向有管轄權之檢察機關為之。
III.司法警察機關依本法第六條規定報請檢察官以口頭通知先予執行通訊監察者，於十六小時內備妥前項文件陳報該管檢察官。

第5條 （核發通訊監察書之通知）
法院就核發通訊監察書之聲請，其准予核發者，應即製作通訊監察書交付聲請人；不予核發者，應以書面復知聲請人。就本法第十一條之一調取票聲請之准駁，亦同。

第6條 （危害國家安全情事資料之移送）
執行機關執行通訊監察時，如發現有危害國家安全情事者，應將相關資料移送綜理國家情報工作機關。

第7條 （撤銷通訊監察書之通知）
I.法官依本法第五條第四項規定撤銷原核發之通訊監察書者，應以書面通知檢察官。

Ⅱ.前項情形，檢察官應立即通知執行機關，執行機關應立即停止監聽，填寫停止執行通知單送建置機關或協助執行之電信事業及其他協助執行機關，並陳報檢察官及法院。

第 8 條　（檢察官口頭通知執行通訊監察時執行機關之紀錄）

Ⅰ.檢察官依本法第六條第一項規定以口頭通知執行機關先予執行通訊監察者，執行機關應製作紀錄，載明通知之時間、方式、內容及檢察官之姓名，留存以備查考。

Ⅱ.前項情形，檢察官應於通知執行機關之時起二十四小時內，備聲請書，載明第四條第一項所列事項，敘明具體理由及通知先予執行之時間，聲請該管法院補發通訊監察書，並副知執行機關。

Ⅲ.執行機關依第一項規定先予執行通訊監察者，如經法院核復不予補發，或自檢察官向法院聲請之時起四十八小時未獲法院補發通訊監察書者，執行機關應立即停止監察，並陳報檢察官及法院。

Ⅳ.前項情形，執行機關應即通知建置機關或協助執行之電信事業或郵政事業及其他協助執行機關停止監察。

第 9 條　（綜理國家情報工作之機關）

本法第七條所稱綜理國家情報工作機關，指國家安全局。

第 10 條　（通訊監察所得資料之移送）

依本法第十條但書規定將通訊監察所得資料移送司法警察機關、司法機關或軍事審判機關者，應移送有管轄權之機關，管轄權不明者，移送其直接上級機關依法處理。

第 11 條　（監察理由之應載事項）

依本法第五條或第六條規定聲請通訊監察者，其聲請書所載明本法第十一條第一項第五款之監察理由，應包括下列事項：
一　受監察人涉嫌本法第五條第一項或第六條第一項犯罪之具體事實。

二　受監察之通訊與上述犯罪具有關連性之具體事證。
三　就上述犯罪曾經嘗試其他蒐證方法而無效果之具體事實，或不能或難以其他方法蒐集或調查證據之具體理由。

第 12 條　（聲請書應記載事項）

綜理國家情報工作機關依本法第七條第二項及第三項規定，通知高等法院專責法官同意通訊監察者，應備聲請書並記載下列事項：
一　案由。
二　監察對象及其境內戶籍資料。
三　監察通訊種類及號碼等足資識別之特徵。
四　受監察處所。
五　監察理由及其必要性。
六　監察期間。
七　監察方法。
八　執行機關。
九　建置機關。

第 13 條　（停止執行通知單之填寫及陳報㈠）

本法第七條第三項之停止監察，執行機關應立即填寫停止執行通知單送建置機關或協助執行之電信事業或郵政事業及其他協助執行機關，並陳報綜理國家情報工作機關首長及高等法院專責法官。

第 13 條之 1　（通信使用者資料之定義）

Ⅰ.本法第十一條之一第一項所稱通信使用者資料，指本法第三條之一第二項之通訊使用者資料。

Ⅱ.檢察官依本法第十一條之一第一項聲請核發調取票者，應備聲請書並記載下列事項，向該管法院為之。但因急迫情形不及事先聲請而先為調取者，於取得相關資料後，應盡速向該管法院補發調取票：
一　案由及涉嫌觸犯之法條。
二　調取種類。
三　聲請理由。
四　執行機關。

通訊保障及監察法施行細則

（第一三之二～一七條）

Ⅲ.司法警察官依本法第十一條之一第二項報請檢察官許可或依本法第十一條之一第三項聲請檢察官同意者，應備聲請書載明前項內容，向檢察機關為之。

Ⅳ.檢察官受理司法警察官報請許可或聲請同意之案件，應儘速為准駁之核復。法院接獲檢察官聲請或核轉許可司法警察官聲請之案件，亦同。

Ⅴ.法院核發調取票調取通信紀錄或通訊使用者資料者，執行機關應於調取完畢後，將調取票送繳法院。

第 13 條之 2　（報請調取通信紀錄及通訊使用者資料應載明事項）

Ⅰ.各情報機關依本法第十一條之一第八項報請綜理國家情報工作機關向電信或郵政事業調取通信紀錄及通訊使用者資料者，應備文載明下列事項為之：
一　案（事）由及涉嫌觸犯法條。但無觸犯法條者，得免記載。
二　調取種類。
三　申請理由。
四　執行機關。

Ⅱ.前項調取所需費用，由電信或郵政事業向申請機關請求支付。

第 14 條　（通訊監察期間之起算）

本法第十二條第一項通訊監察期間之起算，依通訊監察書之記載；未記載者，自通訊監察書核發日起算。但依本法第六條第一項先予執行通訊監察者，自通知先予執行之日起算；依本法第七條第二項但書先予核發通訊監察書者，自核發之日起算。

第 15 條　（停止執行通知單之填寫及陳報㈡）

本法第十二條第二項、第三項之停止監察，執行機關應立即填寫停止執行通知單送建置機關或協助執行之電信事業或郵政事業及其他協助執行機關，並陳報檢察官、依職權核發通訊監察書之法官或綜理國家情報工作機關首長。

第 16 條　（建置機關所屬人員之禁止）

Ⅰ.建置機關所屬人員不得接觸通訊內容，亦不得在現譯區域直接截收、聽取或以其他方法蒐集通訊內容。

Ⅱ.本法第十三條第四項所定監錄內容顯然與監察目的無關者，不得作成譯文，不包含依本法第十八條之一第一項但書陳報法院審查其他案件之內容。

第 16 條之 1　（其他案件之定義及發現後七日內之起算）

Ⅰ.本法第十八條之一第一項所稱其他案件，指與原核准進行通訊監察之監察對象或涉嫌觸犯法條不同者。

Ⅱ.本法第十八條之一第一項但書所定之發現後七日內，自執行機關將該內容作成譯文並綜合相關事證研判屬其他案件之內容，報告檢察官時起算。執行機關為報告時，應以書面載明下列事項，報由檢察官陳報法院審查：
一　本案通訊監察之監察對象及涉嫌觸犯法條。
二　該其他案件之內容。
三　該其他案件之內容與實施通訊監察之案件有關連性或為本法第五條第一項所列各款之罪之理由。

Ⅲ.本法第十八條之一第一項但書所定之法院，於本法第七條第二項之通訊監察，為綜理國家情報工作機關所在地之高等法院之專責法官。

第 16 條之 2　（挪作他用之定義）

本法第二十七條第三項所稱之挪作他用，指無故作不正當之使用。

第 17 條　（監察機房工作日誌之陳報核閱及監察機房進出人員管制規定之備查）

Ⅰ.執行電信監察之執行處所，應置監察機房工作日誌，由工作人員按日登載，並陳報機房所屬單位主管核閱。

Ⅱ.前項執行處所，應訂定有關監察機房進出人員之資格限制、進出之理由及時間等規定，送上級機關備查。

第 18 條 （通訊監察時應報告之情形）

執行機關於執行通訊監察時，發現有應予扣押之物，或有迅速處理之必要者，應即報告檢察官、依職權核發通訊監察書之法官或綜理國家情報工作機關首長。

第 19 條 （執行通訊監察之方法）

執行機關執行通訊監察，應依通訊監察書所載內容，以通訊監察書及協助執行通知單通知建置機關或協助執行之電信事業或郵政事業及其他協助執行機關協助執行。但依本法第六條第一項規定先予執行通訊監察者，得僅以協助執行通知單通知之。

第 20 條 （通訊監察管理系統）

I 臺灣高等法院得建置通訊監察管理系統，供監督通訊監察之用。

II 建置機關應設置能立即自動傳輸全部上線及下線資訊之設備，即時將全部上線及下線之資訊，以專線或其他保密方式，傳輸至臺灣高等法院通訊監察管理系統。但軍事審判官核發之通訊監察書及依本法第七條規定無須經法院同意之通訊監察案件，不在此限。

第 21 條 （電信事業之協助執行通訊監察）

I 電信事業為協助執行通訊監察，應將電信線路以專線接至建置機關監察機房。但專線不敷使用或無法在監察機房內實施時，執行機關得請求建置機關與電信事業協商後，派員進入電信機房附設之監錄場所執行。

II 執行機關依前項但書指派之人員，不得進入電信機房。

III 第一項發生專線不敷使用情形時，電信事業應依執行機關或建置機關之需求，儘速擴增軟、硬體設施。

第 22 條 （自動傳輸設備）

I 為監督執行機關執行情形，司法院於必要時，得提出需求，由電信事業設置能立即自動傳輸行動電信通訊監察上線及下線資訊之設備，即時將有關第二十條第二項前段全部行動通訊監察上線及下線資訊，以專線或其他保密方式，傳輸至臺灣高等法院通訊監察管理系統。

II 行動以外電信有關前項通訊監察上線及下線資訊，電信事業應即時以專線或其他保密方式，傳輸至臺灣高等法院通訊監察管理系統。

第 23 條 （執行人員姓名、職級之通知及遵守電信事業之相關規定）

I 執行機關依第二十一條第一項但書規定派員至電信機房附設之監錄場所執行通訊監察時，應備函將該執行人員之姓名及職級通知該電信事業。

II 前項執行人員應遵守電信事業之門禁管制及機房管理相關規定；如有違反，電信事業得拒絕其進入機房附設之監錄場所，並得通知其所屬機關。

III 因可歸責於第一項執行人員之事由致電信事業之機房設備損壞者，執行機關應負賠償責任。

第 23 條之 1 （偵查不公開）

I 本法第三十二條之一第一項所定之調閱相關資料、第二項所定之監督通訊監察執行情形，均不包括偵查中之案件，且不得違反偵查不公開之規定。

II 依本法第三十二條之一第二項規定使用電子監督設備時，不得聽取尚在偵查中案件之內容。派員前往監督時，則應備文將所派人員之姓名及職級通知各該機關、事業，所派人員進出各該機關、事業所應遵守門禁管制及機房管理相關規定，如有違反，該機關及事業得拒絕之。

第 24 條 （電信、郵政事業之協助原則及執行機關之協助請求權）

I 電信事業及郵政事業依本法第十四條第二項規定協助執行通訊監察時，以不影響其正常運作及通訊暢通為原則，且不得直接參與執行本法第十三條第一項所定之監察方法。

II 執行機關因特殊案件需要，得請求建置機

關要求電信事業指派技術人員協助執行，並提供通訊系統及通訊網路等相關資料。電信事業如有正當理由無法提供協助，應以書面告知執行機關。

III.電信事業之通訊系統應具有可立即以線路調撥執行通訊監察之功能；線路調撥後執行通訊監察所需之器材，由建置機關或執行機關自備。

第 25 條　（郵件通訊監察之執行方法）

I.執行機關透過郵政事業之協助執行通訊監察時，執行人員應持通訊監察書及協助執行通知單，會同該郵政事業指定之工作人員，檢出受監察人之郵件，並由郵政人員將該郵件之種類、號碼、寄件人及收件人之姓名、地址、原寄局名及交寄日期等資料，登入一式三份之清單，一份交執行人員簽收，二份由郵政事業留存。

II.受監察人之郵件應依通訊監察書所記載內容處理，其時間以當班或二小時內放行為原則。放行之郵件應恢復原狀並保持完整，由郵政人員在留存之二份清單上簽名，並註明回收字樣，其中一份清單交執行人員收執，一份併協助執行通知單及通訊監察書由郵政事業存檔。

第 26 條　（協助執行通訊監察之義務及通訊相關資料之建置）

I.本法第十四條第二項所稱協助執行通訊監察之義務，指電信事業及郵政事業應就其通訊系統之軟硬體設備具有配合執行通訊監察時所需之功能，並於執行機關執行通訊監察時予以協助，必要時並應提供場地、電力及相關介接設備及本施行細則所定之其他配合事項。

II.國家通訊傳播委員會應將本細則施行前經特許或許可設置完成之第一類電信事業之通訊系統及通訊網路等相關資料，提供予法務部調查局或內政部警政署評估其所需之通訊監察功能後，由法務部調查局或內政部警政署依第一類電信事業之業務及設備設置情形，向第一類電信事業提出需求；第一類電信事業應即依該需求，擬定所需軟硬體設備、建置時程及費

用之建置計畫，與法務部調查局或內政部警政署協商確定後辦理建置。必要時，由國家通訊傳播委員會協之。

III.第一類電信事業於本細則施行前已經同意籌設或許可之新設、新增或擴充通訊系統，於本細則施行時尚未完成籌設或建置者，於其通訊系統開始運作前，應依前項之規定擬定配合執行通訊監察所需軟硬體設備、建置時程及費用之建置計畫及辦理建置，並於其通訊系統開始運作時同時協助執行通訊監察。本細則施行前交通部已公告受理特許經營之第一類電信業務，其經核可籌設者，亦同。

IV.第一類電信事業新設、新增或擴充通訊系統者，為確認其通訊系統具有配合執行監察之功能，應由法務部調查局或內政部警政署提出監察需求，該電信事業儘速擬定應配合執行通訊監察所需軟硬體設備、建置時程及費用之建置計畫，經法務部調查局或內政部警政署與該電信事業協調確定後，由國家通訊傳播委員會核發建（架）設許可證（函）後辦理建置，並經國家通訊傳播委員會與法務部調查局或內政部警政署確認符合通訊監察功能後，於其通訊系統開始運作時同時協助執行通訊監察。

V.前三項建置計畫是否具有配合通訊監察所需之功能發生爭執時，由國家通訊傳播委員會認定並裁決之。第一類電信事業應即依裁決結果辦理。

VI.第二類電信事業須設置通訊監察設備之業務種類，由國家通訊傳播委員會邀集法務部調查局或內政部警政署協定之，並準用前四項規定辦理。

VII.本法第十四條第三項所稱必要費用，指電信事業及郵政事業因協助執行而實際使用之設施及人力成本。

第 27 條　（通訊監察結束之書面陳報）

I.執行機關應於通訊監察結束後十五日內，依本法第十五條第一項規定，以書面載明該條第一項內容，報由檢察官、綜理國家情報工作機關於收文後十日內陳報法院審查。

II.前項所稱通訊監察結束，指該監察對象之監察期間全部結束日，且包括本法第五條第四項之撤銷原核發之通訊監察書、本法第十二條第一項通訊監察期間屆滿、本法第六條第二項、第七條第三項、第十二條第二項及第十二條第三項其受監察人在境內設有戶籍之停止監察之情形。

III.法院依本法第十五條第一項至第四項規定通知受監察人時，應以書面載明下列事項：

一　通訊監察書核發機關及文號。
二　案由。
三　監察對象。
四　監察通訊種類及號碼等足資識別之特徵。
五　受監處所。
六　監察期間及方法。
七　聲請機關。
八　執行機關。
九　有無獲得監察目的之通訊資料。

第 28 條　（通訊監察結果之通知）

法院依本法第十五條第一項至第四項通知受監察人時，應副知執行機關、檢察官或綜理國家情報工作機關首長。

第 29 條　（通訊監察執行情形之報告）

I.執行機關依本法第十六條第一項規定按月向綜理國家情報工作機關首長報告通訊監察執行情形，應於次月七日前以書面載明本法第十五條第一項內容報告之；依本法第七條第二項但書先予核發通訊監察書者，自核發之日起算。

II.執行機關依本法第五條第四項每十五日為報告時，自通訊監察書核發之日起算。但依本法第六條第一項先予執行通訊監察者，自通知先予執行之日起算。

III.執行機關依前項規定向檢察官、核發通訊監察書之法官報告通訊監察執行情形時，應以書面敘明本法第十五條第一項內容。

第 30 條　（通訊監察結束或停止後之報告）

I.執行機關依本法第七條之通訊監察書為通訊監察者，應於通訊監察結束或停止後七日內，以書面向綜理國家情報工作機關首長提出報告。綜理國家情報工作機關首長命執行機關報告者，執行機關應即報告。

II.前項書面，應載明本法第十五條第一項內容。

第 31 條　（通訊監察之監督及線上查核系統之建置）

I.法院、檢察機關為使用電子監督設備執行監督，得建置相應之通訊監察線上查核系統。

II.依本法第七條所為之通訊監察，其監督除由綜理國家情報工作機關首長派員為之外，亦得由高等法院專責法官會同監督。

第 32 條　（通訊監察相關文件之保管及銷燬）

電信事業或郵政事業與其他協助執行機關通訊監察書及執行通知單等與通訊監察有關之文件，應妥善保管，並於通訊監察結束二年後依該事業或協助執行機關之規定辦理銷燬。

第 33 條　（監察通訊日數不明之定義）

本法第二十條第二項所稱監察通訊日數不明，包括下列情形：

一　違反本法或其他法律規定監察他人通訊，而其監察通訊日數不明或無從計算者。
二　違反本法或其他法律規定洩漏、提供或使用通訊監察所得之資料，而無從計算其監察日數者。

第 34 條　（現役軍人定義之準據法）

I.本法第三十二條所稱現役軍人，依軍事審判法之規定。

II.本細則關於司法警察機關之規定，於軍法警察機關準用之。

第 35 條　（適用行為時之法律）

I.檢察官、法官、綜理國家情報工作機關首長於本法中華民國九十六年七月十一日修正之條文施行前依法核發通訊監察書，仍應依修正條文施行前之法定程序執行

通訊監察、報告執行情形及通知受監察
人。

II法官、綜理國家情報工作機關首長於本法
中華民國一百零三年一月二十九日修正
之條文施行前依法核發通訊監察書，仍應
依修正條文施行前之法定程序執行通訊
監察及報告執行情形。但本法第五條、第
六條繼續之監察期間，於修正施行後已逾
一年，執行機關於通訊監察書之監察期間
屆滿後，得依本法重行聲請。

第 36 條 　（施行日期）

I本細則自中華民國九十六年十二月十一
日施行。

II本細則修正條文自中華民國一百零三年
六月二十九日施行。

警察職權行使法
一百年四月二十七日總統令修正公布

①民國九十二年六月二十五日總統令公布
②一百年四月二十七日總統令修正公布第一五條條
　文

第一章　總　則

第1條　（立法目的）
為規範警察依法行使職權，以保障人民權
益，維持公共秩序，保護社會安全，特制
定本法。

第2條　（名詞定義）
Ⅰ.本法所稱警察，係指警察機關與警察人員
　之總稱。
Ⅱ.本法所稱警察職權，係指警察為達成其法
　定任務，於執行職務時，依法採取查證身
　分、鑑識身分、蒐集資料、通知、管束、
　驅離、直接強制、物之扣留、保管、變
　賣、拍賣、銷毀、使用、處置、限制使
　用、進入住宅、建築物、公共場所、公眾
　得出入場所或其他必要之公權力之具體
　措施。
Ⅲ.本法所稱警察機關主管長官，係指地區警
　察分局長或其相當職務以上長官。

第3條　（行使職權之限制）
Ⅰ.警察行使職權，不得逾越所欲達成執行目
　的之必要限度，且應以對人民權益侵害最
　少之適當方法為之。
Ⅱ.警察行使職權已達成其目的，或依當時情
　形，認為目的無法達成時，應依職權或因
　義務人、利害關係人之申請終止執行。
Ⅲ.警察行使職權，不得以引誘、教唆人民犯
　罪或其他違法之手段為之。

第4條　（行使職權時應表明身分並告知
事由）
Ⅰ.警察行使職權時，應著制服或出示證件表
　明身分，並應告知事由。
Ⅱ.警察未依前項規定行使職權者，人民得拒
　絕之。

第5條　（致人受傷者之救助或送醫救
護）
警察行使職權致人受傷者，應予必要之救
助或送醫救護。

第二章　身分查證及資料蒐集

第6條　（公共或合法進入場所得查證其
身分之對象）
Ⅰ.警察於公共場所或合法進入之場所，得對
　於下列各款之人查證其身分：
　一　合理懷疑其有犯罪之嫌疑或有犯
　　　罪之虞者。
　二　有事實足認其對已發生之犯罪或
　　　即將發生之犯罪知情者。
　三　有事實足認為防止其本人或他人
　　　生命、身體之具體危害，有查證其
　　　身分之必要者。
　四　滯留於有事實足認有陰謀、預備、
　　　著手實施重大犯罪或有人犯藏匿
　　　之處所者。
　五　滯留於應有停（居）留許可之處
　　　所，而無停（居）留許可者。
　六　行經指定公共場所、路段及管制站
　　　者。
Ⅱ.前項第六款之指定，以防止犯罪，或處理
　重大公共安全或社會秩序事件而有必要
　者為限。其指定應由警察機關主管長官為
　之。
Ⅲ.警察進入公眾得出入之場所，應於營業時
　間為之，並不得任意妨礙其營業。

第7條　（為查證人民身分得採取之必要
措施）
Ⅰ.警察依前條規定，為查證人民身分，得採
　取下列之必要措施：
　一　攔停人、車、船及其他交通工具。
　二　詢問姓名、出生年月日、出生地、

國籍、住居所及身分證統一編號等。

三　令出示身分證明文件。

四　若有明顯事實足認其有攜帶足以自殺、自傷或傷害他人生命或身體之物者，得檢查其身體及所攜帶之物。

II.依前項第二款、第三款之方法顯然無法查證身分時，警察得將該人民帶往勤務處所查證；帶往時非遇抗拒不得使用強制力，且其時間自攔停起，不得逾三小時，並應即向該管警察勤務指揮中心報告及通知其指定之親友或律師。

第 8 條　（對於特定交通工具得攔停並採行之措施）

I.警察對於已發生危害或依客觀合理判斷易生危害之交通工具，得予以攔停並採行下列措施：

一　要求駕駛人或乘客出示相關證件或查證其身分。

二　檢查引擎、車身號碼或其他足資識別之特徵。

三　要求駕駛人接受酒精濃度測試之檢定。

II.警察因前項交通工具之駕駛人或乘客有異常舉動而合理懷疑其將有危害行為時，得強制其離車；有事實足認其有犯罪之虞者，並得檢查交通工具。

第 9 條　（公共活動資料之蒐集及銷毀）

I.警察依事實足認集會遊行或其他公共活動參與者之行為，對公共安全或秩序有危害之虞時，於該活動期間，得予攝影、錄音或以其他科技工具，蒐集參與者現場活動資料。資料蒐集無法避免涉及第三人者，得及於第三人。

II.依前項規定蒐集之資料，於集會遊行或其他公共活動結束後，應即銷毀之。但為調查犯罪或其他違法行為，而有保存之必要者，不在此限。

III.依第二項但書規定保存之資料，除經起訴且審判程序尚未終結或違反組織犯罪防制條例案件者外，至遲應於資料製作完成時起一年內銷毀之。

第 10 條　（公共場所資料之蒐集及銷毀）

I.警察對於經常發生或經合理判斷可能發生犯罪案件之公共場所或公眾得出入之場所，為維護治安之必要時，得協調相關機關（構）裝設監視器，或以現有之攝影或其他科技工具蒐集資料。

II.依前項規定蒐集之資料，除因調查犯罪嫌疑或其他違法行為，有保存之必要者外，至遲應於資料製作完成時起一年內銷毀之。

第 11 條　（得進行觀察及動態掌握等資料蒐集活動之情形）

I.警察對於下列情形之一者，為防止犯罪，認有必要，得經由警察局長書面同意後，於一定期間內，對其無隱私或秘密合理期待之行為或生活情形，以目視或科技工具，進行觀察及動態掌握等資料蒐集活動：

一　有事實足認其有觸犯最輕本刑五年以上有期徒刑之罪之虞者。

二　有事實足認其有參與職業性、習慣性、集團性或組織性犯罪之虞者。

II.前項之期間每次不得逾一年，如有必要得延長之，並以一次為限。已無蒐集必要者，應即停止之。

III.依第一項蒐集之資料，於達成目的後，除為調查犯罪行為，而有保存之必要者外，應即銷毀之。

第 12 條　（遴選第三人秘密蒐集資料）

I.警察為防止危害或犯罪，認對公共安全、公共秩序或個人生命、身體、自由、名譽或財產，將有危害行為，或有觸犯刑事法律之虞者，得遴選第三人秘密蒐集其相關資料。

II.前項資料之蒐集，必要時，得及於與蒐集對象接觸及隨行之人。

III.第一項所稱第三人，係指非警察人員而經警察遴選，志願與警察合作之人。經遴選為第三人者，除得支給實際需要工作費用外，不給予任何名義及證明文件，亦不具本法或其他法規賦予警察之職權。其從事秘密蒐集資料，不得有違反法規之行為。

IV.第三人之遴選、聯繫運用、訓練考核、資

料評鑑及其他應遵行事項之辦法，由內政部定之。

第 13 條　（與獲遴選第三人之合作關係）

I.警察依前條規定遴選第三人秘密蒐集特定人相關資料，應敘明原因事實，經該管警察局長或警察分局長核准後實施。

II.蒐集工作結束後，警察應與第三人終止合作關係。但新發生前條第一項原因事實，而有繼續進行蒐集必要且經核准者，得繼續合作關係。

III.依前條第一項所蒐集關於涉案對象及待查事實之資料，如於相關法律程序中作為證據使用時，應依相關訴訟法之規定。該第三人為證人者，適用關於證人保護法之規定。

第 14 條　（得敘明事由通知到場之對象）

I.警察對於下列各款之人，得以口頭或書面敘明事由，通知其到場：

　一　有事實足認其能提供警察完成防止具體危害任務之必要資料者。

　二　有事實足認為防止具體危害，而有對其執行非侵入性鑑識措施之必要者。

II.依前項通知到場者，應即時調查或執行鑑識措施。

第 15 條　（得定期實施查訪之對象）

I.警察為維護社會治安，並防制下列治安顧慮人口再犯，得定期實施查訪：

　一　曾犯殺人、強盜、搶奪、放火、妨害性自主、恐嚇取財、擄人勒贖、竊盜、詐欺、妨害自由、組織犯罪之罪，經執行完畢或假釋出獄者。

　二　受毒品戒治人或曾犯製造、運輸、販賣、持有毒品或槍砲彈藥之罪，經執行完畢或假釋出獄者。

II.前項查訪期間，以刑執行完畢或假釋出獄後三年內為限。但假釋經撤銷者，其假釋期間不列入計算。

III.治安顧慮人口查訪項目、方式及其他應遵行事項之辦法，由內政部定之。

第 16 條　（得依其他機關之請求傳遞個人資料）

I.警察於其行使職權之目的範圍內，必要時，得依其他機關之請求，傳遞與個人有關之資料。其他機關亦得依警察之請求，傳遞其保存與個人有關之資料。

II.前項機關對其傳遞個人資料之正確性，應負責任。

第 17 條　（蒐集資料之利用限制）

警察對於依本法規定所蒐集資料之利用，應於法令職掌之必要範圍內為之，並須與蒐集之特定目的相符。但法律有特別規定者，不在此限。

第 18 條　（依法取得資料之註銷或銷毀）

I.警察依法取得之資料對警察之完成任務不再有幫助者，應予以註銷或銷毀。但資料之註銷或銷毀將危及被蒐集對象值得保護之利益者，不在此限。

II.應註銷或銷毀之資料，不得傳遞，亦不得為不利於被蒐集對象之利用。

III.除法律另有特別規定者外，所蒐集之資料，至遲應於資料製作完成時起五年內註銷或銷毀之。

第三章　即時強制

第 19 條　（得為管束之情形）

I.警察對於有下列情形之一者，得為管束：

　一　瘋狂或酒醉，非管束不能救護其生命、身體之危險，或預防他人生命、身體之危險。

　二　意圖自殺，非管束不能救護其生命。

　三　暴行或鬥毆，非管束不能預防其傷害。

　四　其他認為必須救護或有危害公共安全之虞，非管束不能救護或不能預防危害。

II.警察為前項管束，應於危險或危害結束時終止管束，管束時間最長不得逾二十四小時；並應即時以適當方法通知或交由其家屬或其他關係人，或適當之機關（構）或

人員保護。

III.警察依第一項規定為管束時，得檢查受管束人之身體及所攜帶之物。

第 20 條 （得對依法留置、管束人民使用經核定戒具之情形）

I.警察依法留置、管束人民，有下列情形之一者，於必要時，得對其使用警銬或其他經核定之戒具：

一　抗拒留置、管束措施時。

二　攻擊警察或他人，毀損執行人員或他人物品，或有攻擊、毀損行為之虞時。

三　自殺、自傷或有自殺、自傷之虞時。

II.警察對人民實施查證身分或其他詢問，不得依管束之規定，令其供述。

第 21 條 （危險物品之扣留）

警察對軍器、凶器或其他危險物品，為預防危害之必要，得扣留之。

第 22 條 （扣留物清單之簽發）

I.警察對於依法扣留之物，應簽發扣留物清單，載明扣留之時間、處所、扣留物之名目及其他必要之事項，交付該物之所有人、持有人或保管人；依情況無法交付清單時，應製作紀錄，並敘明理由附卷。

II.依法扣留之物，應加封緘或其他標示妥善保管。因物之特性不適合由警察保管者，得委託其他機關或私人保管之，並通知所有人、持有人或保管人。必要時，得以處分之相對人為保管人。

III.前項扣留之物，除依法應沒收、沒入、毀棄或應變價發還者外，期間不得逾三十日；扣留原因未消失時，得延長之，其延長期間不得逾二個月。

第 23 條 （得變賣扣留物之情形）

I.有下列情形之一者，扣留之物得予變賣：

一　有腐壞或價值重大減損之虞。

二　保管、照料或持有所費過鉅或有其困難。

三　扣留期間逾六個月，無法返還所有

人、持有人或保管人，且不再合於扣留之要件。

四　經通知三個月內領取，且註明未於期限內領取，將予變賣，而所有人、持有人或保管人未於期限內領取。

II.前項之物變賣前，應將變賣之程序、時間及地點通知所有人、持有人或保管人。但情況急迫者，不在此限。

III.物之變賣，採公開方式行之。因物之性質認難以賣出，或估計變賣之費用超出變賣所得時，得不經公開方式逕行處置之。第一項第三款、第四款之物，於六個月內未賣出者，歸屬各該級政府所有，並得將該物提供公益目的使用；其屬第一項第四款之物者，應將處理情形通知所有人、持有人或保管人。

IV.扣留之物因腐壞、腐敗等理由而不能變賣者，得予銷毀之。

V.第二項通知之規定，於前項情形準用之。

第 24 條 （扣留物之返還）

I.扣留之物無繼續扣留之必要者，應將該物返還所有人、持有人或保管人；所有人、持有人或保管人不明時，得返還其他能證明對該物有權利之人。

II.扣留及保管費用，由物之所有人、持有人或保管人負擔。扣留之物返還時，得收取扣留及保管費用。

III.物經變賣後，於扣除扣留費、保管費、變賣費及其他必要費用後，應返還其價金與第一項之人。第一項之人不明時，經公告一年期滿無人申請發還者，繳交各該級政府之公庫。

第 25 條 （得使用、處置或限制人民使用土地等之情形）

警察遇有天災、事變或交通上或公共安全上有危害情形，非使用或處置人民之土地、住宅、建築物、物品或限制其使用，不能達防護之目的時，得使用、處置或限制其使用。

第 26 條　（得進入住宅等處所之情形）

警察因人民之生命、身體、財產有迫切之危害，非進入不能救護時，得進入住宅、建築物或其他處所。

第 27 條　（得將人、車暫時驅離或禁止進入之情形）

警察行使職權時，為排除危害，得將妨礙之人、車暫時驅離或禁止進入。

第 28 條　（得行使職權或採取必要措施之情形）

I.警察為制止或排除現行危害公共安全、公共秩序或個人生命、身體、自由、名譽或財產之行為或事實狀況，得行使本法規定之職權或採取其他必要之措施。

II.警察依前項規定，行使職權或採取措施，以其他機關就該危害無法或不能即時制止或排除者為限。

第四章　救　　濟

第 29 條　（異議之表示）

I.義務人或利害關係人對警察依本法行使職權之方法、應遵守之程序或其他侵害利益之情事，得於警察行使職權時，當場陳述理由，表示異議。

II.前項異議，警察認為有理由者，應立即停止或更正執行行為；認為無理由者，得繼續執行，經義務人或利害關係人請求時，應將異議之理由製作紀錄交付之。

III.義務人或利害關係人因警察行使職權有違法或不當情事，致損害其權益者，得依法提起訴願及行政訴訟。

第 30 條　（損害賠償之請求）

警察違法行使職權，有國家賠償法所定國家負賠償責任之情事者，人民得依法請求損害賠償。

第 31 條　（損失補償）

I.警察依法行使職權，因人民特別犧牲，致其生命、身體或財產遭受損失時，人民得請求補償。但人民有可歸責之事由時，法院得減免其金額。

II.前項損失補償，應以金錢為之，並以補償實際所受之特別損失為限。

III.對於警察機關所為損失補償之決定不服者，得依法提起訴願及行政訴訟。

IV.損失補償，應於知有損失後，二年內向警察機關請求之。但自損失發生後，經過五年者，不得為之。

第五章　附　　則

第 32 條　（施行日期）

本法自中華民國九十二年十二月一日施行。

去氧核醣核酸採樣條例
一百零一年一月四日總統令修正公布

①民國八十八年二月三日總統令公布
②一百零一年一月四日總統令修正公布第一、三、五～七、一二、一四條條文

第 1 條　（立法目的）
I.為維護人民安全、協助司法鑑定、協尋失蹤人口、確定親子血緣、提昇犯罪偵查效能、有效防制犯罪，特制定本條例。
II.本條例未規定者，適用其他有關法律之規定。

第 2 條　（主管機關）
本條例所稱之主管機關為內政部。

第 3 條　（用詞定義）
本條例用詞定義如下：
一　去氧核醣核酸：指人體中記載遺傳訊息之化學物質。
二　去氧核醣核酸樣本：指採自人體含有去氧核醣核酸之生物樣本。
三　去氧核醣核酸紀錄：指將去氧核醣核酸樣本，以科學方法分析，所取得足以識別基因特徵之資料。
四　去氧核醣核酸型別出現頻率：指主管機關所採用之鑑定系統，在特定人口中，去氧核醣核酸型別重複出現之頻率。
五　去氧核醣核酸資料庫：指主管機關所建立儲存去氧核醣核酸紀錄之資料系統。
六　去氧核醣核酸人口統計資料庫：指主管機關所建立關於去氧核醣核酸型別出現頻率之資料系統。

第 4 條　（應指定或設立專責單位辦理之事項）
主管機關應指定或設立專責單位，辦理下列事項：
一　鑑定、分析及儲存去氧核醣核酸樣本。
二　蒐集、建立及維護去氧核醣核酸紀錄、型別出現頻率、資料庫及人口統計資料庫。
三　應檢察官、法院、軍事檢察官、軍事法庭或司法警察機關之請求，提供去氧核醣核酸紀錄及相關資料，或進行鑑定。
四　研究發展鑑定去氧核醣核酸之技術、程序及標準。
五　其他與去氧核醣核酸有關之事項。

第 5 條　（應接受強制採樣之人）
I.犯下列各罪之被告或犯罪嫌疑人，應接受去氧核醣核酸之強制採樣：
一　刑法公共危險罪章第一百七十三條第一項與第三項、第一百七十四條第一項、第二項與第四項、第一百七十五條第一項。
二　刑法妨害性自主罪章第二百二十一條至第二百二十七條、第二百二十八條、第二百二十九條之罪。
三　刑法殺人罪章第二百七十一條之罪。
四　刑法傷害罪章第二百七十七條第二項、第二百七十八條之罪。
五　刑法搶奪強盜及海盜罪章第三百二十五條第二項、第三百二十六條至第三百三十四條之一之罪。
六　刑法恐嚇及擄人勒贖罪章之罪。
II.犯下列各罪經有罪判決確定，再犯本項各款之罪之被告或犯罪嫌疑人，應接受去氧核醣核酸之強制採樣：
一　刑法公共危險罪章第一百八十三條第一項與第四項、第一百八十四條第一項、第二項與第五項、第一百八十五條之一、第一百八十六條、第一百八十六條之一第一項、第二項與第四項、第一百八十七條、第一百八十七條之一、第一百

八十八條、第一百八十九條第一
項、第二項與第五項、第一百九十
條第一項、第二項與第四項、第一
百九十一條之一及故意犯第一百
七十六條之罪。

二　刑法妨害自由罪章第二百九十六
條、第二百九十六條之一及第三百
零二條之罪。

三　刑法竊盜罪章第三百二十一條之
罪。

四　刑法搶奪強盜及海盜罪章第三百
二十五條第一項之罪。

五　槍砲彈藥刀械管制條例第七條、第
八條、第十二條及第十三條之罪。

六　毒品危害防制條例第四條至第八
條、第十條及第十二條之罪。

第 6 條　（強制採樣之傳票）

Ⅰ.法院或檢察官認為有必要進行去氧核醣
核酸比對時，應以傳票通知前條所列之人
接受去氧核醣核酸採樣。

Ⅱ.前項傳票應記載接受去氧核醣核酸採樣
之事由。

Ⅲ.受第一項傳票通知之人無正當理由拒絕
去氧核醣核酸採樣者，法院或檢察官得拘
提之並強制採樣。

Ⅳ.前項拘提應用拘票，拘票應記載接受去氧
核醣核酸強制採樣之事由。

第 7 條　（強制採樣通知書之應記載事項）

Ⅰ.司法警察機關依第五條實施去氧核醣核
酸強制採樣前，應以通知書通知犯罪嫌疑
人或被告，經合法通知無正當理由不到場
者，得報請檢察官核發拘票。

Ⅱ.前項通知書應記載下列事項，並由司法警
察機關主管長官簽名：

一　被採樣人之姓名或足資識別之特
徵、性別、年齡及住所或居所。

二　案由及接受去氧核醣核酸採樣之
事由。

三　應到之日、時、處所。

四　無正當理由不到場者，得報請檢察
官核發拘票。

Ⅲ.前項之通知書，準用刑事訴訟法第七十九
條之規定。

第 8 條　（採樣證明書之發給）

Ⅰ.司法警察機關、檢察官或法院執行採樣完
畢後，應將去氧核醣核酸樣本送交主管機
關之專責單位，並應發予被採樣人已接受
採樣之證明書。

Ⅱ.依本條例應受採樣人得出具前項證明書
拒絕採樣。但下列情形不在此限：

一　原採樣本無法取得足以識別基因
特徵之資料。

二　有事實足認原採樣本可能非受採
樣人所有。

三　由原採樣本取得之去氧核醣核酸
紀錄滅失。

第 9 條　（請求志願自費採樣）

Ⅰ.為尋找或確定血緣關係之血親者，得請求
志願自費採樣。

Ⅱ.限制行為能力人或無行為能力人之請求，
應經法定代理人、監護人、社會行政機關
或警政機關協助。

第 10 條　（採樣之程序、方法）

去氧核醣核酸採樣，應依醫學上認可之程
序及方法行之，並應注意被採樣人之身體
及名譽。

第 11 條　（樣本之儲存、紀錄及資料庫之建立）

Ⅰ.主管機關對依本條例取得之被告及經司
法警察機關移送之犯罪嫌疑人之去氧核
醣核酸樣本，應妥為儲存並建立紀錄及資
料庫。

Ⅱ.前項樣本、紀錄及資料庫，主管機關非依
本條例或其他法律規定，不得洩漏或交付
他人；保管或持有機關亦同。

第 12 條　（樣本、紀錄保存之期限）

Ⅰ.依本條例採樣、儲存之去氧核醣核酸樣
本、紀錄，前者至少應保存十年，後者至
少應保存至被採樣人死亡後十年。

Ⅱ.依第五條接受採樣之人，受不起訴處分或

去氧核醣核酸採樣條例

（第六～一二條）

去氧核醣核酸採樣條例

（第一三～一四條）

經法院無罪判決確定者，主管機關應刪除其去氧核醣核酸樣本及紀錄；被採樣人亦得申請刪除。但涉及他案有應強制採樣情形者，得不予刪除。

III第八條第一項之證明書，應記載被採樣人前項之權利。

IV去氧核醣核酸樣本之採集準則，由主管機關定之。

V去氧核醣核酸樣本之鑑定、儲存、管理、銷毀與紀錄之建立、使用、提供、刪除及監督管理之辦法，由主管機關定之。

第 13 條 （施行細則之訂定）
本條例施行細則，由主管機關定之。

第 14 條 （施行日期）
I.本條例自公布後一年施行。

II.本條例修正條文自公布後六個月施行。

證人保護法
一百零七年六月十三日總統令修正公布

①民國八十九年二月九日總統令公布
②九十五年五月三十日總統令修正公布
③一百零三年六月十八日總統令修正公布
④一百零五年四月十三日總統令修正公布
⑤一百零七年一月十七日總統令修正公布
⑥一百零七年六月十三日總統令修正公布第二條條文

第1條　（立法目的）

I.為保護刑事案件及檢肅流氓案件之證人，使其勇於出面作證，以利犯罪之偵查、審判，或流氓之認定、審理，並維護被告或被移送人之權益，特制定本法。

II.本法未規定者，適用其他法律之規定。

第2條　（刑事案件之範圍）

本法所稱刑事案件，以下列各款所列之罪為限：

一　最輕本刑為三年以上有期徒刑之罪。

二　刑法第一百條第二項之預備內亂罪、第一百零一條第二項之預備暴動內亂罪或第一百零六條第三項、第一百零九條第一項、第三項、第四項、第一百二十一條第一項、第一百二十二條第三項、第一百三十一條第一項、第一百四十二條、第一百四十三條第一項、第一百四十四條、第一百四十五條、第二百五十六條第一項、第三項、第二百五十七條第一項、第四項、第二百九十六條之一第三項、第二百九十八條第二項、第三百條、第三百三十九條、第三百三十九條之三或第三百四十六條之罪。

三　貪污治罪條例第十一條第一項、第二項之罪。

四　懲治走私條例第二條第一項、第二項或第三條之罪。

五　藥事法第八十二條第一項、第二項或第八十三條第一項、第三項之罪。

六　銀行法第一百二十五條之罪。

七　證券交易法第一百七十一條或第一百七十三條第一項之罪。

八　期貨交易法第一百十二條或第一百十三條第一項、第二項之罪。

九　槍砲彈藥刀械管制條例第八條第四項、第十一條第四項、第十二條第一項、第二項、第四項、第五項或第十三條第二項、第四項、第五項之罪。

十　公職人員選舉罷免法第八十八條第一項、第八十九條第一項、第二項、第九十條之一第一項、第九十一條第一項第一款或第九十一條之一第一項之罪。

十一　農會法第四十七條之一或第四十七條之二之罪。

十二　漁會法第五十條之一或第五十條之二之罪。

十三　兒童及少年性剝削防制條例第三十二條第一項、第三項、第四項之罪。

十四　洗錢防制法第十四條第一項、第二項、第十五條或第十七條之罪。

十五　組織犯罪防制條例第三條第一項後段、第二項、第五項、第七項、第八項、第四條、第六條或第十一條第三項之罪。

十六　營業秘密法第十三條之二之罪。

十七　陸海空軍刑法第四十二條第一項、第四十三條第一項、第四十四條第二項前段、第五項、第四十五條、第四十六條之罪。

第3條　（證人之範圍）

依本法保護之證人，以願在檢察官偵查中或法院審理中到場作證，陳述自己見聞之

證人保護法

（第四～九條）

犯罪或流氓事證，並依法接受對質及詰問之人為限。

第 4 條　（證人保護書及保護措施㈠）

I 證人或與其有密切利害關係之人因證人到場作證，致生命、身體、自由或財產有遭受危害之虞，而有受保護之必要者，法院於審理中或檢察官於偵查中得依職權或依證人、被害人或其代理人、被告或其辯護人、被移送人或其選任律師、輔佐人、司法警察官、案件移送機關、自訴案件之自訴人之聲請，核發證人保護書。但時間急迫，不及核發證人保護書者，得先採取必要之保護措施。

II 司法警察機關於調查刑事或流氓案件時，如認證人有前項受保護必要之情形者，得先採取必要之保護措施，並於七日內將所採保護措施陳報檢察官或法院。檢察官或法院如認該保護措施不適當者，得命變更或停止之。

III 聲請保護之案件，以該管刑事或檢肅流氓案件之法院，為管轄法院。

第 5 條　（聲請證人保護書應記載事項）

聲請核發證人保護書時，應以書面記載下列事項：

一　聲請人及受保護人之姓名、性別、出生年月日、住所、身分證統一編號或護照號碼。
二　作證之案件。
三　作證事項。
四　請求保護之事由。
五　有保護必要之理由。
六　請求保護之方式。

第 6 條　（核發證人保護書應參酌事項）

檢察官或法院依職權或依聲請核發證人保護書，應參酌下列事項定之：

一　證人或與其有密切利害關係之人受危害之程度及迫切性。
二　犯罪或流氓行為之情節。
三　犯罪或流氓行為人之危險性。
四　證言之重要性。
五　證人或與其有密切利害關係之人

之個人狀態。
六　證人與犯罪或流氓活動之關連性。
七　案件進行之程度。
八　被告或被移送人權益受限制之程度。
九　公共利益之維護。

第 7 條　（核發證人保護書應記載事項）

I 檢察官或法院核發證人保護書，應記載下列事項：

一　聲請人及受保護人之姓名、性別、出生年月日、住所、身分證統一編號或護照號碼。
二　作證之案件。
三　保護之事由。
四　有保護必要之理由。
五　保護之措施。
六　保護之期間。
七　執行保護之機關。

II 前項第五款之保護措施，應就第十一條至第十三條所列方式酌定之。

第 8 條　（證人保護書之執行）

I 證人保護書，由檢察官或法院自行或發交司法警察機關或其他執行保護機關執行之。

II 前項執行機關，得依證人保護書之意旨，命受保護人遵守一定之事項，並得於管轄區域外，執行其職務。

III 所有參與核發及執行第一項保護措施之人，對保護相關事項，均負保密義務。

第 9 條　（證人保護措施之停止或變更㈠）

執行證人保護之案件有下列情形之一者，檢察官或法院得依職權或依第四條第一項之人或執行保護機關之聲請，停止或變更保護措施：

一　經受保護人同意者。
二　證人就本案有偽證或誣告情事，經有罪判決確定者。
三　受保護人違反前條第二項應遵守之事項者。
四　受保護人因案經羈押、鑑定留置、

　　　收容、觀察勒戒、強制戒治或移送
　　　監獄或保安處分處所執行者。
　五　應受保護之事由已經消滅或已無
　　　保護之必要者。

第 10 條　（證人保護措施之停止或變更㈡）

Ⅰ.保護措施之執行機關，應隨時檢討執行情
　形，如危害之虞已消失或無繼續保護之必
　要者，經法院、檢察官或司法警察官同意
　後，停止執行保護措施。但其因情事變更
　仍有繼續保護之必要者，得經法院、檢察
　官或司法警察官同意，變更原有之保護措
　施。
Ⅱ.停止執行保護之案件，有重新保護之必要
　者，檢察官或法院得依職權或依第四條第
　一項之人或執行保護機關之聲請，再許可
　執行保護證人之措施。

第 11 條　（有保密身分必要之證人其身分資料之保存）

Ⅰ.有保密身分必要之證人，除法律另有規定
　者外，其真實姓名及身分資料，公務員於
　製作筆錄或文書時，應以代號為之，不得
　記載證人之年籍、住居所、身分證統一編
　號或護照號碼及其他足資識別其身分之
　資料。該證人之簽名以按指印代之。
Ⅱ.載有保密證人真實身分資料之筆錄或文
　書原本，應另行製作卷面封存之。其他文
　書足以顯示應保密證人之身分者，亦同。
Ⅲ.前項封存之筆錄、文書，除法律另有規定
　者外，不得供閱覽或提供偵查、審判機關
　以外之其他機關、團體或個人。
Ⅳ.對依本法有保密身分必要之證人，於偵查
　或審理中為訊問時，應以蒙面、變聲、變
　像、視訊傳送或其他適當隔離方式為之。
　於其依法接受對質或詰問時，亦同。

第 12 條　（證人保護書及保護措施㈡）

Ⅰ.證人或與其有密切利害關係之人之生命、
　身體或自由有遭受立即危害之虞時，法院
　或檢察官得命司法警察機關派員於一定
　期間內隨身保護證人或與其有密切利害
　關係之人之人身安全。

Ⅱ.前項情形於必要時，並得禁止或限制特定
　之人接近證人或與其有密切利害關係之
　人之身體、住居所、工作之場所或為一定
　行為。
Ⅲ.法院或檢察官為前項之禁止或限制時，應
　核發證人保護書行之，並載明下列事項：
　一　受保護之人及保護地點。
　二　受禁止或限制之特定人。
　三　執行保護之司法警察機關。
　四　禁止或限制特定人對受保護人為
　　　特定行為之內容。
　五　執行保護之司法警察機關應對受
　　　保護人為特定行為之內容。
Ⅳ.前項證人保護書，應送達聲請人、應受禁
　止或限制之人及執行保護措施之司法警
　察或其他相關機關。
Ⅴ.受禁止或限制之人，得對檢察官或法院第
　二項之命令或裁定聲明不服，其程序準用
　刑事訴訟法之規定。

第 13 條　（證人保護書及保護措施㈢）

Ⅰ.證人或與其有密切利害關係之人之生命、
　身體、自由或財產有遭受危害之虞，且短
　期內有變更生活、工作地點及方式之確實
　必要者，法院或檢察官得命付短期生活安
　置，指定安置機關，在一定期間內將受保
　護人安置於適當環境或協助轉業，並給予
　生活照料。
Ⅱ.前項期間最長不得逾一年。但必要時，經
　檢察官或法院之同意，得延長一年。所需
　安置相關經費，由內政部編列預算支應。
Ⅲ.法院或檢察官為第一項短期生活安置之
　決定，應核發證人保護書行之，並應送達
　聲請人、安置機關及執行保護措施之相關
　機關。

第 14 條　（被告或犯罪嫌疑人於偵查中供述之處置）

Ⅰ.第二條所列刑事案件之被告或犯罪嫌疑
　人，於偵查中供述與該案案情有重要關係
　之待證事項或其他正犯或共犯之犯罪事
　證，因而使檢察官得以追訴該案之其他正
　犯或共犯者，　以經檢察官事先同意者為
　限，就其因供述所涉之犯罪，減輕或免除

其刑。

II被告或犯罪嫌疑人雖非前項案件之正犯或共犯，但於偵查中供述其犯罪之前手、後手或相關犯罪之網絡，因而使檢察官得以追訴與該犯罪相關之第二條所列刑事案件之被告者，參酌其犯罪情節之輕重、被害人所受之損害、防止重大犯罪危害社會治安之重要性及公共利益等事項，以其所供述他人之犯罪情節或法定刑較重於其本身所涉之罪且經檢察官事先同意者為限，就其因供述所涉之犯罪，得為不起訴處分。

III被告或犯罪嫌疑人非第一項案件之正犯或共犯，於偵查中供述其犯罪之前手、後手或相關犯罪之網絡，因而使檢察官得以追訴與該犯罪相關之第二條所列刑事案件之被告，如因其供述所涉之犯罪經檢察官起訴者，以其所供述他人之犯罪情節或法定刑較重於其本身所涉之罪且曾經檢察官於偵查中為第二項之同意者為限，得減輕或免除其刑。

IV刑事訴訟法第二百五十五條至第二百六十條之規定，於第二項情形準用之。

第 15 條　（檢舉人、告發人、告訴人或被害人之準用）

I檢舉人、告發人、告訴人或被害人有保護必要時，準用保護證人之規定。

II政府機關依法受理人民檢舉案件而認應保密檢舉人之姓名及身分資料者，於案件移送司法機關或司法警察機關時，得請求法院、檢察官或司法警察官依本法身分保密之規定施以保護措施。

第 16 條　（公務員洩密之處罰）

I公務員洩漏或交付關於依本法應受身分保密證人之文書、圖畫、消息、相貌、身分資料或其他足資辨別證人之物品者，處一年以上七年以下有期徒刑。

II前項之未遂犯，罰之。

III因過失犯前兩項之罪者，處二年以下有期徒刑、拘役或科新臺幣三十萬元以下罰金。

IV非公務員因職務或業務知悉或持有第一項之文書、圖畫、消息、相貌、身分資料或其他足資辨別證人之物品，而洩漏或交付之者，處三年以下有期徒刑、拘役或科新臺幣五十萬元以下罰金。

第 17 條　（違反證人保護之處罰）

受禁止或限制之人故意違反第十二條第二項之規定，經執行機關制止不聽者，處三年以下有期徒刑、拘役或科新臺幣五十萬元以下罰金。

第 18 條　（意圖妨害作證之處罰）

意圖妨害或報復依本法保護之證人到場作證，而對受保護人實施犯罪行為者，依其所犯之罪，加重其刑至二分之一。

第 19 條　（證人虛偽陳述之處罰）

依本法保護之證人，於案情有重要關係之事項，向該管公務員為虛偽陳述者，以偽證論，處一年以上七年以下有期徒刑。

第 20 條　（法院公開原則之例外）

訴訟之辯論，有危害證人生命、身體或自由之虞者，法院得決定不公開。

第 21 條　（軍事審判案件之準用）

本法之規定，於軍事法院及軍事法院檢察署檢察官受理之案件，準用之。

第 22 條　（施行細則之訂定）

本法之施行細則，由行政院會同司法院定之。

第 23 條　（施行日期）

本法施行日期，除中華民國九十五年五月三十日修正公布之條文，自九十五年七月一日施行，及一百零五年三月二十五日修正之條文，由行政院定之外，自公布日施行。

犯罪被害人保護法
一百零四年十二月三十日總統令修正公布

① 民國八十七年五月二十七日總統令公布
② 九十一年七月十日總統令修正公布
③ 九十八年五月二十七日總統令修正公布
④ 一百年十一月三十日總統令修正公布
⑤ 一百零二年五月二十二日總統令修正公布
⑥ 一百零四年十二月三十日總統令修正公布第三條
　條文

第1條　（立法目的）
　為保護因犯罪行為被害而死亡者之遺屬、受重傷者及性侵害犯罪行為被害人，以保障人民權益，促進社會安全，特制定本法。

第2條　（法律之適用）
　犯罪被害人之保護，依本法之規定。但其他法律另有規定者，從其規定。

第3條　（用詞定義）
　本法用詞，定義如下：
　一　犯罪行為：指在中華民國領域內，或在中華民國領域外之中華民國船艦或航空器內，故意或過失侵害他人生命、身體，依中華民國法律有刑罰規定之行為及刑法第十八條第一項、第十九條第一項及第二十四條第一項前段規定不罰之行為。
　二　性侵害犯罪行為被害人：指犯刑法第二百二十一條、第二百二十二條、第二百二十四條、第二百二十四條之一、第二百二十五條、第二百二十六條、第二百二十六條之一、第二百二十八條、第二百二十九條、第三百三十二條第二項第二款、第三百三十四條第二項第二款、第三百四十八條第二項第一款與兒童及少年性剝削防制條例第三十三條、第三十四條第一項至第五項、第三十五條第二項或其未遂犯、第三十六條第三項或其未遂

犯、第三十七條之罪之被害人。犯刑法第二百二十七條之罪而被害人有精神、身體障礙、心智缺陷或其他相類情形或因受利誘、詐術等不正當方法而被害，或加害人係利用權勢而犯之，或加害人與被害人為家庭暴力防治法第三條所定之家庭成員者，亦同。
　三　犯罪被害補償金：指國家依本法補償因犯罪行為被害而死亡者之遺屬、受重傷者及性侵害犯罪行為被害人所受財產及精神上損失之金錢。

第4條　（犯罪被害補償金及其經費來源）
Ⅰ.因犯罪行為被害而死亡者之遺屬、受重傷者及性侵害犯罪行為被害人，得申請犯罪被害補償金。
Ⅱ.前項犯罪被害補償金，由地方法院或其分院檢察署支付；所需經費來源如下：
　一　法務部編列預算。
　二　監所作業者之勞作金總額提撥部分金額。
　三　犯罪行為人因犯罪所得或其財產經依法沒收變賣者。
　四　犯罪行為人因宣告緩刑、緩起訴處分或協商判決而應支付一定之金額總額提撥部分金額。
　五　其他收入。

第4條之1　（犯罪被害人保護基金之設立）
　法務部為加強推動犯罪被害保護相關工作，得設犯罪被害人保護基金。

第5條　（犯罪被害補償金之種類及支付對象）
Ⅰ.犯罪被害補償金之種類及支付對象如下：
　一　遺屬補償金：支付因犯罪行為被害

而死亡者之遺屬。

二　重傷補償金：支付因犯罪行為被害
　　而受重傷者。

三　性侵害補償金：支付因性侵害犯罪
　　行為而被害者。

II.前項補償金應一次支付。但得因申請人之
　申請分期支付。

第6條　（遺屬申請補償金之順序）

I.得申請遺屬補償金之遺屬，依下列順序定
　之：

一　父母、配偶及子女。

二　祖父母。

三　孫子女。

四　兄弟姊妹。

II.前項第二、三、四款所列遺屬，申請第九
　條第一項第三款所定補償金者，以依賴被
　害人扶養維持生活者為限。

第7條　（代為申請重傷或性侵害補償金）

I.被害人因重傷或受性侵害，無法申請重傷
　或性侵害補償金時，得委任代理人代為申
　請。被害人無法委任代理人者，得由其最
　近親屬、戶籍所在地之各直轄市及縣
　（市）政府或財團法人犯罪被害人保護協
　會代為申請。

II.受重傷或性侵害犯罪行為之被害人如係
　未成年、受監護宣告或輔助宣告之人，而
　其法定代理人或輔助人為加害人時，被害
　人之最近親屬、戶籍所在地之各直轄市及
　縣（市）政府或財團法人犯罪被害人保護
　協會得代為申請。

第8條　（不得申請遺屬補償金之情形）

有下列各款情形之一者，不得申請遺屬補
償金：

一　故意或過失使被害人死亡者。

二　被害人死亡前，故意使因被害人死
　　亡而得申請遺屬補償金之先順序
　　或同順序之遺屬死亡者。

三　被害人死亡後，故意使得申請遺屬
　　補償金之先順序或同順序之遺屬
　　死亡者。

第9條　（補償之項目及其金額）

I.補償之項目及其金額如下：

一　因被害人受傷所支出之醫療費，最
　　高金額不得逾新臺幣四十萬元。

二　因被害人死亡所支出之殯葬費，最
　　高金額不得逾新臺幣三十萬元。但
　　申請殯葬費於二十萬元以內者，得
　　不檢具憑證，即逕行核准，並優先
　　於其他申請項目核發予遺屬。

三　因被害人死亡致無法履行之法定
　　扶養義務，最高金額不得逾新臺幣
　　一百萬元。

四　受重傷或性侵害犯罪行為之被害
　　人所喪失或減少之勞動能力或增
　　加之生活上需要，最高金額不得逾
　　新臺幣一百萬元。

五　精神撫慰金，最高金額不得逾新臺
　　幣四十萬元。

II.因犯罪行為被害而死亡之遺屬，得申請前
　項第一款至第三款及第五款所定補償金；
　因犯罪行為被害而受重傷者或性侵害犯
　罪行為而被害者，得申請前項第一款、第
　四款及第五款所定補償金。

III.得申請補償金之遺屬有數人時，除殯葬費
　外，每一遺屬均得分別申請，其補償數額
　於第一項各款所定金額內酌定之。

IV.申請第一項第三款、第五款補償金之遺屬
　如係未成年人，於其成年前、受監護宣告
　或輔助宣告之人於撤銷宣告前，其補償金
　額得委交犯罪被害人保護機構信託管理，
　分期或以其孳息按月支付之。申請第一項
　補償金之性侵害犯罪行為被害人如係未
　成年人、受監護宣告或輔助宣告之人，而
　其法定代理人或輔助人為加害人時，亦
　同。

第10條　（不補償損失之事由）

有下列各款情形之一者，得不補償其損失
之全部或一部：

一　被害人對其被害有可歸責之事由
　　者。

二　斟酌被害人或其遺屬與犯罪行為
　　人之關係及其他情事，依一般社會
　　觀念，認為支付補償金有失妥當
　　者。

第 11 條　（補償金之減除）

依本法請求補償之人，因犯罪行為被害已受有損害賠償給付、依強制汽車責任保險法或其他法律規定得受之金錢給付，應自犯罪被害補償金中減除之。

第 12 條　（求償權）

I.國家於支付犯罪被害補償金後，於補償金額範圍內，對犯罪行為人或依法應負賠償責任之人有求償權。

II.前項求償權，由支付補償金之地方法院或其分院檢察署行使。必要時，得報請上級法院檢察署指定其他地方法院或其分院檢察署為之。

III.第一項之求償權，因二年間不行使而消滅。於支付補償金時，犯罪行為人或應負賠償責任之人不明者，自得知犯罪行為人或應負賠償責任之人時起算。

第 12 條之 1　（財產狀況之調查權）

地方法院或其分院檢察署依前條規定行使求償權時，得向稅捐及其他有關機關、團體，調查犯罪行為人或依法應負賠償責任之人之財產狀況，受調查者不得拒絕。

第 13 條　（犯罪被害補償金之返還）

受領之犯罪被害補償金有下列情形之一者，應予返還：

一　有第十一條所定應減除之情形或復受損害賠償者，於其所受或得受之金額內返還之。

二　經查明其係不得申請犯罪被害補償金者，全部返還之。

三　以虛偽或其他不正當方法受領犯罪被害補償金者，全部返還之，並加計自受領之日起計算之利息。

第 14 條　（補償審議委員會）

I.地方法院及其分院檢察署設犯罪被害人補償審議委員會（以下簡稱審議委員會），掌理補償之決定及其他有關事務。

II.高等法院及其分院檢察署設犯罪被害人補償覆審委員會（以下簡稱覆審委員會），就有關犯罪被害人補償事務，指揮監督審議委員會，並受理不服審議委員會決定之覆議事件及逕為決定事件。

III.覆審委員會及審議委員會均置主任委員一人，分別由高等法院或其分院檢察署檢察長、地方法院或其分院檢察署檢察長兼任；委員六人至十人，由檢察長遴選檢察官及其他具有法律、醫學或相關專門學識之人士，報請法務部核定後聘兼之；職員由檢察署就其員額內調兼之。

第 15 條　（犯罪被害補償金之申請方式）

I.申請犯罪被害補償金者，應以書面向犯罪地之審議委員會為之。

II.有下列各款情形之一者，由中央政府所在地之覆審委員會指定應受理之審議委員會：

一　犯罪地不明者。

二　應受理之委員會有爭議者。

三　無應受理之委員會者。

第 16 條　（請求權之消滅時效）

前條申請，自知有犯罪被害時起已逾二年或自犯罪被害發生時起已逾五年者，不得為之。

第 17 條　（補償申請決定）

審議委員會對於補償申請之決定，應參酌司法機關調查所得資料，自收受申請書之日起三個月內，以書面為之。

第 18 條　（不服審議之覆議）

I.申請人不服審議委員會之決定者，得於收受決定書後三十日內，以書面敘明理由向覆審委員會申請覆議。

II.審議委員會未於前條所定期間內為決定者，申請人得於期間屆滿後三十日內，以書面向覆審委員會申請逕為決定。

III.前條規定，於覆審委員會為覆議決定及逕為決定時準用之。

第 19 條　（行政訴訟）

申請人不服覆審委員會之覆議決定或逕為決定，或覆審委員會未於第十七條所定期間內為決定者，得於收受決定書或期間屆滿後三十日內，逕行提起行政訴訟。

犯罪被害人保護法（第一一～一九條）

犯罪被害人保護法 (第二〇～二九之一條)

第 20 條　（關係人之陳述意見）

I.覆審委員會及審議委員會因調查之必要，得通知申請人及關係人到場陳述意見、提出文書或其他必要之資料或接受醫師診斷，並得請有關機關或團體為必要之協助。

II.申請人無正當理由，拒絕到場陳述意見、提出文書或其他必要之資料或接受醫師之診斷者，覆審委員會及審議委員會得逕行駁回其申請或逕為決定。

第 21 條　（暫時補償金之支付）

I.覆審委員會或審議委員會對於補償之申請為決定前，於申請人因犯罪行為被害致有急迫需要者，得先為支付暫時補償金之決定。

II.關於暫時補償金之決定，不得申請覆議或提起行政訴訟。

第 22 條　（暫時補償金之限額）

I.暫時補償金不得超過新臺幣四十萬元。

II.經決定支付犯罪被害補償金者，應扣除已領取之暫時補償金後支付之。暫時補償金多於補償總額或補償申請經駁回者，審議委員會應命其返還差額或全數返還。

第 23 條　（補償最高金額之調整）

第九條第一項各款所定最高金額及前條第一項所定數額，法務部得因情勢變更需要，報請行政院核定調整之。

第 24 條　（消滅時效）

犯罪被害補償金及暫時補償金之領取，自通知受領之日起逾二年，不得為之。

第 25 條　（執行名義）

I.審議委員會依第十三條或第二十二條第二項規定，以決定書決定應返還之補償金，該項決定經確定者，得為執行名義。審議委員會應於決定書或另以書面命義務人限期返還，屆期未返還者，依法移送強制執行。

II.前項應返還之補償金，優先於普通債權而受償。

III.不服第一項應返還之決定者，準用第十七條、第十八條第一項及第十九條之規定。

第 26 條　（扣押、讓與、擔保之禁止）

受領犯罪被害補償金及暫時補償金之權利，不得扣押、讓與或供擔保。

第 27 條　（聲請假扣押）

I.地方法院或其分院檢察署為保全第十二條求償權之行使，得對犯罪行為人或其他依法應負賠償責任之人之財產，向法院聲請假扣押。

II.民事訴訟法第七編保全程序之規定，於地方法院或其分院檢察署為前項行為時適用之。但民事訴訟法第五百二十三條、第五百二十六條第二項至第四項及第五百三十一條不在此限。

第 28 條　（免納訴訟費用）

I.被害人或本法第六條之人非依刑事附帶民事訴訟程序向加害人起訴請求本法第九條第一項各款之損害賠償時，暫免繳納訴訟費用。

II.前項當事人無資力支出假扣押擔保金者，得由犯罪被害人保護機構出具之保證書代之。但顯無勝訴之望者，不在此限。

第 29 條　（犯罪被害人保護機構之成立及其經費來源）

I.為協助重建被害人或其遺屬生活，法務部應會同內政部成立犯罪被害人保護機構。

II.犯罪被害人保護機構為財團法人，受法務部之指揮監督；登記前應經法務部許可；其組織及監督辦法，由法務部定之。

III.犯罪被害人保護機構經費之來源如下：
　一　法務部、內政部編列預算。
　二　私人或團體捐贈。
　三　犯罪行為人因宣告緩刑、緩起訴處分或協商判決者應支付一定之金額總額中提撥部分金額。

第 29 條之 1　（相關機關之協力義務及告知義務）

I.對於本法保護及扶助對象，相關機關與相

關駐外單位應提供必要之協助及主動告知其相關權益。

II.檢察機關因執行職務認有符合本法保護及扶助對象時,應告知其得依本法申請補償及保護措施之權益。

第 30 條　（犯罪被害人保護機構之業務項目）

I.犯罪被害人保護機構應辦理下列業務:

　一　緊急之生理、心理醫療及安置之協助。

　二　偵查、審判中及審判後之協助。

　三　申請補償、社會救助及民事求償等之協助。

　四　調查犯罪行為人或依法應負賠償責任人財產之協助。

　五　安全保護之協助。

　六　生理、心理治療、生活重建及職業訓練之協助。

　七　被害人保護之宣導。

　八　其他之協助。

II.前項規定之保護措施除第三款申請補償外,於下列之對象準用之:

　一　家庭暴力或人口販運犯罪行為未死亡或受重傷之被害人。

　二　兒童或少年為第一條以外之犯罪行為之被害人。

　三　依第三十四條之一得申請扶助金之遺屬。

　四　依第三十四條之三第二款不得申請扶助金之遺屬。

III.其他法律對前項保護對象,有相同或較優保護措施規定者,應優先適用。

IV.第一項保護措施之提供,以在臺灣地區為限。

V.第一項保護措施之提供,犯罪被害人保護機構及政府機關駐外單位應為緊急之必要協助。

第 30 條之 1　（媒體關於被害人或其遺屬名譽及隱私之注意義務與相關責任）

I.媒體於報導犯罪案件或製作相關節目時,應注意被害人或其遺屬之名譽及隱私。

II.被害人或其遺屬如認為媒體之報導有錯誤時,得於該報導播送或刊登之日起十五日內要求更正。媒體應於接到要求後十五日內,在該報導播送之原節目或同一時段之節目或刊登報導之同一刊物、同一版面加以更正。媒體如認為報導無誤時,應將理由以書面答覆被害人或其遺屬。

III.被害人或其遺屬因媒體報導受有損害,媒體與其負責人及有關人員應依相關法律規定負民事、刑事及行政責任。

第 31 條　（準用規定㈠）

送達文書,準用民事訴訟法之規定。

第 32 條　（大陸及港、澳地區人民在大陸及港、澳被害者不適用）

本法於大陸地區人民、香港或澳門居民於大陸地區、香港或澳門因犯罪行為被害時,不適用之。

第 33 條　（刪除）

第 34 條　（申請補償之時限）

依本法規定申請補償者,以犯罪行為或犯罪結果發生在本法施行後者為限。

第 34 條之 1　（扶助金之申請條件）

中華民國國民於中華民國領域外,因他人之故意行為被害,於中華民國一百年十二月九日以後死亡,且符合下列條件者,其遺屬得申請扶助金:

　一　被害人於臺灣地區設有戶籍,且未為遷出國外登記。

　二　被害人無非法出境或因案遭我國通緝情事。

　三　故意行為依行為時中華民國法律有刑罰規定。

第 34 條之 2　（得申請扶助金之遺屬順序）

I.得申請扶助金之遺屬,依下列順序定之:

　一　父母、配偶及子女。

　二　祖父母。

　三　孫子女。

　四　兄弟姊妹。

犯罪被害人保護法（第三〇～三四之二條）

II.前項同一順序之遺屬有數人時，其扶助金均分之。

第 34 條之 3 　（不得申請扶助金之情形）

有下列各款情形之一者，不得申請扶助金：

　一　有第八條各款所定故意行為之一。

　二　已受有損害賠償或外國犯罪被害補償之給付。

第 34 條之 4 　（扶助金額度、國家求償權之行使及受領扶助金後應返還之情形）

I.被害人之遺屬得申請扶助金之總額為新臺幣二十萬元。

II.國家於支付扶助金後，於扶助金額範圍內，對犯罪行為人或依法應負賠償責任之人有求償權。但求償權之行使耗費過鉅或礙難行使時，得不予求償。

III.受領之扶助金有下列情形之一者，返還之：

　一　經查明其係不得申請扶助金。

　二　以虛偽或其他不正當方法受領扶助金者，並加計自受領日起計算之法定利息。

　三　已受有損害賠償或外國犯罪被害補償之給付者，於其所受之金額內返還之。

第 34 條之 5 　（扶助金之申請方式）

申請扶助金者，應以書面向被害人在我國戶籍所在地之審議委員會為之。

第 34 條之 6 　（準用規定㈡）

第四條第二項、第十條、第十二條第二項、第三項、第十二條之一、第十四條、第十六條至第二十條、第二十四條至第二十八條之規定，於申請扶助金時，準用之。

第 35 條 　（施行細則之訂定）

本法施行細則，由法務部定之。

第 36 條 　（施行日期）

本法施行日期，由行政院定之。

犯罪被害人保護法

（第三四之三～三六條）

監獄行刑法

一百零九年一月十五日總統令修正公布

①民國三十五年一月十九日國民政府公布
②四十三年十二月二十五日總統令修正公布
③四十六年一月七日總統令修正公布
④六十三年十二月十二日總統令修正公布
⑤六十九年十二月一日總統令修正公布
⑥八十一年四月六日總統令修正公布
⑦八十二年七月二十八日總統令修正公布
⑧八十三年六月六日總統令修正公布
⑨八十六年五月十四日總統令修正公布
⑩九十一年六月十二日總統令修正公布
⑪九十二年一月二十二日總統令修正公布
⑫九十四年六月一日總統令修正公布
⑬九十九年五月二十六日總統令修正公布
⑭一百零九年一月十五日總統令修正公布全文

第一章　總　則

第 1 條　（立法目的）

為達監獄行刑矯治處遇之目的，促使受刑人改悔向上，培養其適應社會生活之能力，特制定本法。

第 2 條　（主管機關、監督機關及少年矯正學校或監獄之訪視）

I.本法之主管機關為法務部。

II.監獄之監督機關為法務部矯正署。

III.監督機關應派員視察監獄，每季至少一次。

IV.少年法院法官、檢察官執行刑罰有關事項，得隨時訪視少年矯正學校、監獄。

第 3 條　（徒刑、拘役與罰金易服勞役之執行處所及分別監禁）

I.處徒刑、拘役及罰金易服勞役之受刑人，除法律另有規定外，於監獄內執行之。

II.處拘役及罰金易服勞役者，應與處徒刑者分別監禁。

第 4 條　（少年受刑人矯正教育之實施）

I.未滿十八歲之少年受刑人，應收容於少年矯正學校，並按其性別分別收容。

II.收容中滿十八歲而殘餘刑期未滿三個月者，得繼續收容於少年矯正學校。

III.滿十八歲之少年受刑人，得依其教育需要，收容於少年矯正學校至滿二十三歲為止。

IV.前三項受刑人滿二十三歲而未完成該級教育階段者，得由少年矯正學校報請監督機關同意，收容至完成該級教育階段為止。

V.本法所稱少年受刑人，指犯罪行為時未滿十八歲之受刑人。

VI.第一項至第四項所定少年受刑人矯正教育之實施，其他法律另有規定者，從其規定。

第 5 條　（監獄收容應按性別分界）

監獄對收容之受刑人，應按其性別嚴為分界。

第 6 條　（受刑人之人權保障）

I.監獄人員執行職務應尊重受刑人之尊嚴及維護其人權，不得逾越所欲達成矯治處遇目的之必要限度。

II.監獄對受刑人不得因人種、膚色、性別、語言、宗教、政治立場、國籍、種族、社會階級、財產、出生、身心障礙或其他身分而有歧視。

III.監獄應保障身心障礙受刑人在監獄內之無障礙權益，並採取適當措施為合理調整。

IV.監獄應以積極適當之方式及措施，使受刑人瞭解其所受處遇及刑罰執行之目的。

V.監獄不得對受刑人施以逾十五日之單獨監禁。監獄因對受刑人依法執行職務，而附隨有單獨監禁之狀態時，應定期報監督機關備查，並由醫事人員持續評估受刑人身心狀況。經醫事人員認為不適宜繼續單獨監禁者，應停止之。

第 7 條 （外部視察小組之設置及報告提出）

I 為落實透明化原則，保障受刑人權益，監獄應設獨立之外部視察小組，置委員三人至七人，任期二年，均為無給職，由監督機關陳報法務部核定後遴聘之。

II 前項委員應就法律、醫學、公共衛生、心理、犯罪防治或人權領域之專家學者遴選之。其中任一性別委員不得少於三分之一。

III 視察小組應就監獄運作及受刑人權益等相關事項，進行視察並每季提出報告，由監獄經監督機關陳報法務部備查，並以適當方式公開，由相關權責機關回應處理之。

IV 前三項視察小組之委員資格、遴（解）聘、視察方式、權限、視察報告之製作、提出與公開期間等事項及其他相關事項之辦法，由法務部定之。

第 8 條 （監獄得同意媒體採訪或民眾參觀）

監獄得依媒體之請求，同意其進入適當處所採訪或參觀；並得依民眾之請求，同意其進入適當處所參觀。

第 9 條 （受刑人有關資料之調查）

I 為達到矯治處遇之目的，監獄應調查與受刑人有關之資料。

II 為實施前項調查，得於必要範圍內蒐集、處理或利用受刑人之個人資料，並得請求機關（構）、法人、團體或個人提供相關資料，機關（構）、法人、團體或個人無正當理由不得拒絕。

III 第一項與受刑人有關資料調查之範圍、期間、程序、方法、審議及其他應遵行事項之辦法，由法務部定之。

第二章　入　監

第 10 條 （入監應備文件之送交）

I 受刑人入監時，指揮執行之檢察署應將指揮書附具裁判書及其他應備文件，以書面、電子傳輸或其他適當方式送交監獄。

II 前項文件不具備時，得拒絕收監，或通知補送。

III 第一項之應備文件，於少年受刑人入少年矯正學校或監獄時，應包括其犯罪原因、動機、境遇、學歷、經歷、身心狀況及可供處遇之參考事項。

第 11 條 （新入監者相關事項之調查及個別處遇計畫之訂定）

I 對於新入監者，應就其個性、身心狀況、經歷、教育程度及其他相關事項，加以調查。

II 前項調查期間，不得逾二個月。

III 監獄應於受刑人入監後三個月內，依第一項之調查資料，訂定其個別處遇計畫，並適時修正。

第 12 條 （入監或在監婦女請求攜帶子女之准許及相關安置規定）

I 殘餘刑期在二個月以下之入監或在監婦女請求攜帶未滿三歲之子女，監獄得准許之。

II 殘餘刑期逾二個月之入監或在監婦女請求攜帶未滿三歲之子女，經監獄檢具相關資料通知子女戶籍所在地直轄市、縣（市）社會福利主管機關評估認符合子女最佳利益者，監獄得准許之。

III 前項直轄市、縣（市）社會福利主管機關評估期間以二個月為限，並應將評估報告送交監獄。

IV 在前項評估期間，監獄得於監內暫時安置入監或在監婦女攜入之子女。

V 子女隨母入監最多至滿三歲為止。但經第二項社會福利主管機關評估，認在監符合子女最佳利益者，最多得延長在監安置期間至子女滿三歲六個月為止。

VI 安置在監之子女有下列情形之一，監獄應通知子女戶籍所在地直轄市、縣（市）社會福利主管機關進行訪視評估，辦理轉介安置或為其他必要處置：

一　子女出現畏懼、退縮或其他顯不適於在監安置之狀況。

二　滿三歲或前項但書安置期間屆滿。

三　經第二項評估認在監安置不符合

子女最佳利益。

　　四　因情事變更須離開監獄。

Ⅶ受刑人於監獄內生產之子女，適用前六項規定；其出生證明書不得記載與監獄有關之事項。

Ⅷ為照顧安置在監子女，監獄應規劃活動空間及提供必要之設施或設備，並得洽請社會福利及相關機關（構）、法人、團體或個人協助受刑人育兒相關教育與指導。子女戶籍所在地直轄市、縣（市）社會福利主管機關對於在監子女照顧安置事項，應提供必要之協助。

Ⅸ子女戶籍所在地直轄市、縣（市）社會福利主管機關於必要時得委託其他直轄市、縣（市）社會福利主管機關辦理第二項、第三項、第五項、第六項及前項所定事項。

第 13 條　（入監之健康檢查與拒絕收監之情形、處置及救濟準用規定）

Ⅰ受刑人入監時，應行健康檢查，受刑人不得拒絕；有下列情形之一者，應拒絕收監：

　　一　有客觀事實足認其身心狀況欠缺辨識能力，致不能處理自己事務。

　　二　現罹患疾病，因執行而不能保其生命。

　　三　懷胎五月以上，或生產未滿二月。

　　四　罹患法定傳染病，因執行有引起群聚感染之虞。

　　五　衰老、身心障礙，不能於監獄自理生活。

Ⅱ施行前項檢查時，應由醫師進行，並得為醫學上必要處置。經檢查後認有必要時，監獄得委請其他專業人士協助之。

Ⅲ第一項之檢查，在監獄內不能實施者，得戒送醫院為之。

Ⅳ前三項之檢查未能於當日完成者，監獄得同意暫時收容。但收容檢查期間不得逾十日。

Ⅴ收容檢查結果符合第一項所列各款拒絕收監之情形者，其收容檢查之日數，以一日抵有期徒刑或拘役一日，或刑法第四十二條第六項裁判所定之罰金額數。

Ⅵ第一項被拒絕收監者，應送交檢察官斟酌情形為具保、責付、限制住居、限制出境、出海或為其他適當之處置，並準用刑事訴訟法第九十三條之二第二項至第四項、第九十三條之五第一項前段及第三項前段、第一百十一條之命提出保證書、指定保證金額、限制住居、第一百十五條、第一百十六條、第一百十八條第一項之沒入保證金、第一百十九條第二項、第三項之退保、第一百二十一條第四項准其退保及第四百十六條第一項第一款、第三項、第四項、第四百十七條、第四百十八條第一項本文聲請救濟之規定。

第 14 條　（入監身體衣物之檢查及相關人權維護；受刑人身分辨識之機制）

Ⅰ為維護監獄秩序及安全，防止違禁物品流入，受刑人入監時，應檢查其身體、衣類及攜帶之物品，必要時，得採集其尿液查驗，並得運用科技設備輔助之。

Ⅱ前項檢查身體，如須脫衣檢查時，應有遮蔽之處所為之，並注意維護受刑人隱私及尊嚴。男性受刑人應由男性職員執行，女性受刑人應由女性職員執行。

Ⅲ非有事實足認受刑人有夾藏違禁物品或有其他危害監獄秩序及安全之虞，不得為侵入性檢查；如須為侵入性檢查，應經監獄長官核准，並由醫事人員為之。

Ⅳ為辨識受刑人身分，應照相、採取指紋或記錄其他身體特徵，並得運用科技設備輔助之。

第 15 條　（入監講習應告知之事項及對身障等受刑人之適當協助；在監服刑權利義務之適當公開）

Ⅰ受刑人入監講習時，應告知下列事項，並製作手冊交付其使用：

　　一　在監應遵守事項。

　　二　接見及通信事項。

　　三　獎懲事項。

　　四　編級及累進處遇事項。

　　五　報請假釋應備條件及相關救濟事項。

　　六　陳情、申訴及訴訟救濟之規定。

七　衛生保健及醫療事項。
八　金錢及物品保管之規定。
九　法律扶助事項之宣導。
十　其他應注意事項。
II.受刑人為身心障礙者、不通中華民國語言或有其他理由，致其難以瞭解前項各款所涉內容之意涵者，監獄應提供適當之協助。
III.與受刑人在監服刑權利義務相關之重要法規、行政規則及函釋等，宜以適當方式公開，使受刑人得以知悉。

第三章　監　禁

第16條　（監禁舍房之種類及分配原則）
I.監禁之舍房分為單人舍房及多人舍房。
II.受刑人入監後，以分配於多人舍房為原則。監獄得依其管理需要配房。

第17條　（受刑人移監之要件及程序）
I.監獄受刑人人數嚴重超額時，監督機關視各監獄收容之實際狀況，必要時得機動調整移監。
II.有下列情形之一者，監獄得報請監督機關核准移送指定之監獄：
　一　受刑人有特殊且必要之處遇需求，而本監無法提供相應之資源。
　二　監獄依據受刑人調查分類之結果，認須加強教化。
　三　受刑人對於其他受刑人有顯著之不良影響，有離開本監之必要。
　四　因不可抗力，致本監須為重大之施工、修繕；或有急迫之安全或衛生危險。
　五　出於其他獄政管理上之正當且必要之理由。
　六　經受刑人主動提出申請，經監獄認為有正當且必要之理由。
III.前二項移監之程序與條件、受刑人審查條件、移送之審查程序、辦理方式、對受刑人本人、家屬或最近親屬之告知、前項第六款得提出申請之資格條件及其他相關事項之辦法，由法務部定之。

第18條　（累進處遇之適用）
I.對於刑期六月以上之受刑人，為促使其改悔向上，培養其適應社會生活之能力，其處遇應分為數個階段，以累進方法為之。但因身心狀況或其他事由認為不適宜者，得暫緩適用累進處遇。
II.累進處遇事項及方法，另以法律定之。

第19條　（給予和緩處遇之情形及程序）
I.前條適用累進處遇之受刑人有下列情形之一者，監獄得給予和緩處遇：
　一　患有疾病經醫師證明需長期療養。
　二　有客觀事實足認其身心狀況欠缺辨識能力，致不能處理自己事務，或其辨識能力顯著減低。
　三　衰老、身心障礙、行動不便或不能自理生活。
　四　懷胎期間或生產未滿二月。
　五　依其他事實認為有必要。
II.依前項給予和緩處遇之受刑人，應報請監督機關核定之。
III.和緩處遇原因消滅後，回復依累進處遇規定辦理。

第20條　（和緩處遇之方法及準用對象）
I.前條受刑人之和緩處遇，依下列方法為之：
　一　教化：以個別教誨及有益其身心之方法行之。
　二　作業：依其志趣，並斟酌其身心健康狀況參加輕便作業，每月所得之勞作金並得自由使用。
　三　監禁：視其個別情況定之。為維護其身心健康，並得與其他受刑人分別監禁。
　四　接見及通信：因患病或於管理教化上之必要，得許其與最近親屬、家屬或其他人接見及發受書信，並得於適當處所辦理接見。
　五　給養：罹患疾病者之飲食，得依醫師醫療行為需要換發適當之飲食。
　六　編級：適用累進處遇者，依行刑累進處遇條例之規定予以編級，編級後之責任分數，依同條例第十九條

之標準八成計算。

II.刑期未滿六個月之受刑人，有前條第一項各款情形之一者，得準用前項第一款至第五款之規定。

第四章　戒　　護

第 21 條　（監獄得運用科技設備輔助嚴密戒護）

I.監獄應嚴密戒護，並得運用科技設備輔助之。

II.監獄認有必要時，得對受刑人居住之舍房及其他處所實施搜檢，並準用第十四條有關檢查身體及辨識身分之規定。

III.為戒護安全目的，監獄得於必要範圍內，運用第一項科技設備蒐集、處理、利用受刑人或進出人員之個人資料。

IV.監獄為維護安全，得檢查出入者之衣類及攜帶物品，並得運用科技設備輔助之。

V.第一項、第二項與前項之戒護、搜檢及檢查，不得逾必要之程度。

VI.第一項至第四項科技設備之種類、設置、管理、運用、資料保存及其他應遵行事項之辦法，由法務部定之。

第 22 條　（隔離保護之要件及相關程序）

I.有下列情形之一者，監獄得施以隔離保護：

  一　受刑人有危害監獄安全之虞。

  二　受刑人之安全有受到危害之虞。

II.前項隔離保護應經監獄長官核准。但情況緊急時，得先行為之，並立即報告監獄長官。

III.監獄應將第一項措施之決定定期報監督機關備查。監獄施以隔離保護後，除應以書面告知受刑人外，應通知其家屬或最近親屬，並安排醫事人員持續評估其身心狀況。醫事人員認為不適宜繼續隔離保護者，應停止之。家屬或最近親屬有數人者，得僅通知其中一人。

IV.第一項隔離保護不得逾必要之程度，於原因消滅時應即解除之，最長不得逾十五日。

V.第一項施以隔離保護之生活作息、處遇、

限制、禁止、第三項之通知及其他應遵行事項之辦法，由法務部定之。

第 23 條　（對受刑人施用戒具、施以固定保護或收容於保護室之要件、程序、期限及身心健康維護）

I.受刑人有下列情形之一，監獄得單獨或合併施用戒具、施以固定保護或收容於保護室：

  一　有脫逃、自殘、暴行、其他擾亂秩序行為之虞。

  二　有救護必要，非管束不能預防危害。

II.前項施用戒具、施以固定保護或收容於保護室，監獄不得作為懲罰受刑人之方法。施以固定保護，每次最長不得逾四小時；收容於保護室，每次最長不得逾二十四小時。監獄除應以書面告知受刑人外，並應通知其家屬或最近親屬。家屬或最近親屬有數人者，得僅通知其中一人。

III.戒具以腳鐐、手銬、聯鎖、束繩及其他經法務部核定之戒具為限，施用戒具逾四小時者，監獄應製作紀錄使受刑人簽名，並交付繕本；每次施用戒具最長不得逾四十八小時，並應記明起訖時間，但受刑人有暴行或其他擾亂秩序行為致發生騷動、暴動事故，監獄認為仍有繼續施用之必要者，不在此限。

IV.第一項措施應經監獄長官核准。但情況緊急時，得先行為之，並立即報請監獄長官核准之。監獄應定期將第一項措施實施情形，陳報監督機關備查。

V.受刑人有第一項情形者，監獄應儘速安排醫事人員評估其身心狀況，並提供適當之協助。如認有必要終止或變更措施，應即報告監獄長官，監獄長官應為適當之處理。

VI.第一項施用戒具、固定保護及收容於保護室之程序、方式、規格、第二項之通知及其他應遵行事項之辦法，由法務部定之。

第 24 條　（戒護受刑人外出得施用戒具或施以電子監控措施）

I.監獄戒護受刑人外出，認其有脫逃、自

殘、暴行之虞時，得經監獄長官核准後施用戒具。但不得逾必要之程度。

II.受刑人外出或於監獄外從事活動時，監獄得運用科技設備，施以電子監控措施。

第 25 條　（得使用核定器械為必要處置之情形及限制）

I.有下列情形之一，監獄人員得使用法務部核定之棍、刀、槍及其他器械為必要處置：

一　受刑人對於他人之生命、身體、自由為強暴、脅迫或有事實足認為將施強暴、脅迫時。

二　受刑人持有足供施強暴、脅迫之物，經命其放棄而不遵從時。

三　受刑人聚眾騷動或為其他擾亂秩序之行為，經命其停止而不遵從時。

四　受刑人脫逃，或圖謀脫逃不服制止時。

五　監獄之裝備、設施遭受劫奪、破壞或有事實足認為有受危害之虞時。

II.監獄人員使用槍械，以自己或他人生命遭受緊急危害為限，並不得逾必要之程度。

III.前二項棍、刀、槍及器械之種類、使用時機、方法及其他應遵行事項之辦法，由法務部定之。

第 26 條　（遇重大特殊情形得請求警察或相關機關之協助；遇天災事變得由受刑人分任災害防救工作）

I.監獄遇有重大特殊情形，為加強安全戒備及受刑人之戒護，必要時得請求警察機關或其他相關機關協助。

II.遇有天災、事變，為防護監獄設施及受刑人安全時，得由受刑人分任災害防救工作。

第 27 條　（遇天災事變得將受刑人護送於相當處所或暫行釋放）

I.遇有天災、事變在監獄內無法防避時，得將受刑人護送於相當處所；不及護送時，得暫行釋放。

II.前項暫行釋放之受刑人，由離監時起限四十八小時內，至該監或警察機關報到。其

按時報到者，在外期間予以計算刑期；屆期不報到者，以脫逃罪論處。

第 28 條　（受刑人返家探視之規定）

I.受刑人之祖父母、父母、配偶之父母、配偶、子女或兄弟姊妹喪亡時，得經監獄長官核准戒護返家探視，並於二十四小時內回監；其在外期間，予以計算刑期。

II.受刑人因重大或特殊事故，有返家探視之必要者，經報請監督機關核准後，準用前項之規定。

III.受刑人返家探視條件、對象、次數、期間、費用、實施方式、核准程序、審查基準、核准後之變更或取消及其他應遵行事項之辦法，由法務部定之。

第 29 條　（受刑人外出制度）

I.受刑人在監執行逾三月，行狀善良，得報請監督機關核准其於一定期間內外出。但受刑人有不適宜外出之情事者，不在此限。

II.經核准外出之受刑人，應於指定時間內回監，必要時得向指定處所報到。

III.受刑人外出期間，違反外出應遵守規定或發現有不符合第五項所定辦法有關資格、條件之規定者，得變更或取消其外出之核准；外出核准經取消者，其在外期間不算入執行刑期。外出期間表現良好者，得予以獎勵。

IV.受刑人外出，無正當理由未於指定時間內回監或向指定處所報到者，其在外期間不算入執行刑期，並以脫逃罪論處。

V.受刑人外出之資格、條件、實施方式與期間、安全管理方式、應遵守規定、核准程序、變更、取消及其他相關事項之辦法，由法務部定之。

第 30 條　（受刑人戒護外出參加有助教化活動之規定）

監獄得遴選具有特殊才藝或技能之受刑人，於徵得其同意後，報請監督機關核准，戒護外出參加公益活動、藝文展演、技職檢定、才藝競賽或其他有助於教化之活動。

第五章　作　業

第 31 條　（受刑人參加作業之義務及作業項目之訂定）

I.受刑人除罹患疾病、入監調查期間、戒護安全或法規別有規定者外，應參加作業。為落實復歸社會目的，監督機關得商洽勞動部協助各監獄發展作業項目，提升作業效能。

II.監獄對作業應斟酌衛生、教化、經濟效益與受刑人之刑期、健康、知識、技能及出獄後之生計定之，並按作業性質，使受刑人在監內、外工場或其他特定場所為之。監獄應與受刑人晤談後，於個別處遇計畫中訂定適當作業項目，並得依職權適時調整之。

III.受刑人從事炊事、打掃、營繕、看護及其他由監獄指定之事務，視同作業。

IV.受刑人在監外作業，應於指定時間內回監，必要時得向指定處所報到。其無正當理由未於指定時間內回監或向指定處所報到者，在外期間不算入執行刑期，並以脫逃罪論處。

V.第二項在監內、外作業項目、遴選條件、編組作業、契約要項、安全管理方式及其他應遵行事項之辦法，由法務部定之。

VI.監督機關得商洽勞動部協助各監獄發展職業訓練項目，提升訓練效能。

第 32 條　（作業時間上限及給與超時勞作金之規定）

I.作業時間應斟酌教化、數量、作業之種類、設備之狀況及其他情形定之，每日不得逾八小時。但有特殊情形，得將作業時間延長之，延長之作業時間連同正常作業時間，一日不得超過十二小時。

II.前項延長受刑人作業時間，應經本人同意後實施，並應給與超時勞作金。

第 33 條　（作業課程之訂定及作業之協同指導）

I.受刑人之作業以勞動能率或作業時間作為課程；其勞動能率應依一般人平均工作產能酌定。

II.監獄得延聘具有專業之人員協同指導受刑人之作業。

第 34 條　（作業之方式及核准）

I.監獄作業方式，以自營、委託加工、承攬、指定監外作業或其他作業為之。

II.前項作業之開辦計畫及相關契約，應報經監督機關核准。

第 35 條　（停止作業之情形）

I.有下列情形之一者，得停止受刑人之作業：
　一　國定例假日。
　二　受刑人之配偶、直系親屬或三親等內旁系親屬喪亡。但停止作業期間最長以七日為限。
　三　因其他情事，監獄認為必要時。

II.就炊事、打掃及其他需急速之作業者，除前項第二款外，不停止作業。

III.第一項之情形，經受刑人請求繼續作業，且符合監獄管理需求者，從其意願。

第 36 條　（勞作金之給與及計算方式）

I.參加作業者應給與勞作金。

II.前項勞作金之計算及給與，應將勞作金總額依比率分別提撥，並依受刑人實際作業時間及勞動能率合併計算給與金額。其提撥比率設定及給與分配等相關事項之辦法，由法務部定之。

第 37 條　（作業賸餘之分配項目及比例）

I.作業收入扣除作業支出後稱作業賸餘，分配如下：
　一　提百分之六十充前條勞作金。
　二　提百分之十充犯罪被害人補償費用。
　三　提百分之十充受刑人飲食補助費用。
　四　其餘充受刑人職業訓練、改善生活設施及照顧受刑人與其家屬之補助費用。
　五　如有賸餘，撥充法務部矯正機關作業基金（以下簡稱作業基金）循環應用。

Ⅱ.前項第二款提撥犯罪被害人補償費用，應專戶存儲，並依犯罪被害人保護法規定支付。

第38條 （補償金之發給）

Ⅰ.受刑人因作業或職業訓練致受傷、罹病、重傷、失能或死亡者，應發給補償金。

Ⅱ.前項補償金由作業基金項下支付；其受傷、罹病、重傷、失能認定基準、發給金額、申請程序、領受人資格及其他應遵行事項之辦法，由法務部定之。

第39條 （死亡時勞作金、補償金依法處理未領回或申請發還者歸入作業基金）

受刑人死亡時，其勞作金或補償金，經依第八十一條及第八十二條第一項第四款規定處理而未領回或申請發還者，歸入作業基金。

第六章　教化及文康

第40條 （對受刑人之教化施以適當輔導及教育）

Ⅰ.對於受刑人，應施以教化。

Ⅱ.前項教化，應參酌受刑人之入監調查結果及個別處遇計畫，施以適當之輔導與教育。

Ⅲ.前項輔導內容，得委由心理學、社會工作、醫療、教育學、犯罪學或法律學等相關領域專家設計、規劃，並得以集體、類別及個別輔導等方式為之。

Ⅳ.第二項之教育，監獄得自行或與學校合作辦理補習教育、進修教育或推廣教育；其辦理方式、協調支援、師資、課程與教材、學習評量、修業期限、學籍管理、證書之頒發、撤銷、廢止及其他相關事項之辦法，由法務部會同教育部定之。

第41條 （宗教信仰自由及宗教活動之舉行）

Ⅰ.受刑人有信仰宗教之自由，不得限制或禁止之。但宗教活動有妨害監獄秩序或安全者，不在此限。

Ⅱ.監獄得依受刑人請求安排適當之宗教師，實施教誨。

Ⅲ.監獄得邀請宗教人士舉行有助於受刑人之宗教活動。

Ⅳ.受刑人得持有與其宗教信仰有關之物品或典籍。但有妨害監獄秩序、安全及管理之情形，得限制或禁止之。

第42條 （受刑人與被害人進行調解及修復事宜之安排協助）

監獄得安排專人或轉介機關（構）、法人、團體協助受刑人與被害人進行調解及修復事宜。

第43條 （運用社會人力資源協助教化活動之推展）

Ⅰ.監獄得聘請或邀請具矯治處遇相關知識或熱誠之社會人士，協助教化活動，並得延聘熱心公益社會人士為志工，協助教化工作。

Ⅱ.前項志工，由監獄報請監督機關核定後延聘之。

第44條 （知識自由及各種文化及康樂活動之辦理）

Ⅰ.監獄得設置圖書設施、提供圖書資訊服務或發行出版物，供受刑人閱讀。

Ⅱ.受刑人得自備書籍、報紙、點字讀物或請求使用紙筆及其他必要之用品。但有礙監獄作息、管理、教化或安全之虞者，得限制或禁止之。

Ⅲ.監獄得辦理圖書展示，供受刑人購買優良圖書，以達教化目的。

Ⅳ.監獄得提供適當之資訊設備予受刑人使用。

Ⅴ.為增進受刑人之身心健康，監獄應適時辦理各種文化及康樂活動。

第45條 （得提供廣電視聽器材或資訊設備實施教化及收聽、收看權益之保護）

Ⅰ.監獄得提供廣播、電視設施、資訊設備或視聽器材實施教化。

Ⅱ.受刑人經監獄許可，得持有個人之收音機、電視機或視聽器材為收聽、收看。

Ⅲ.監獄對身心障礙受刑人應考量收容特性、現有設施狀況及身心障礙者特殊需求，提供視、聽、語等無障礙輔助措施。

IV.前二項收聽、收看，於有礙受刑人生活作息，或監獄管理、教化、安全之虞時，得限制或禁止之。

第七章　給　養

第 46 條　（飲食及必要衣物器具之提供）
I.為維護受刑人之身體健康，監獄應供給飲食，並提供必要之衣類、寢具、物品及其他器具。
II.受刑人得因宗教信仰或其他因素，請求監獄提供適當之飲食。

第 47 條　（攜帶入監或在監生產子女必需用品之自備或提供）
攜帶入監或在監生產之受刑人子女，其食物、衣類及必需用品，均應由受刑人自備；無力自備者，得由監獄提供之。

第 48 條　（酒類檳榔之禁用；吸菸管理、菸害防制教育宣導及戒菸獎勵）
I.受刑人禁用酒類、檳榔。
II.監獄得許受刑人於指定之時間、處所吸菸，並應對受刑人施以菸害防制教育、宣導，對戒菸之受刑人給予適當之獎勵。
III.前項受刑人吸菸之資格、時間、地點、設施、數量、菸害防制教育與宣導、戒菸計畫、獎勵及其他應遵行事項之辦法，由法務部定之。

第八章　衛生及醫療

第 49 條　（疾病醫療、預防保健等事項之辦理及相關醫事人員之備置）
I.監獄應掌握受刑人身心狀況，辦理受刑人疾病醫療、預防保健、篩檢、傳染病防治及飲食衛生等事項。
II.監獄依其規模及收容對象、特性，得在資源可及範圍內備置相關醫事人員，於夜間及假日為戒護外醫之諮詢判斷。
III.前二項業務，監獄得委由醫療機構或其他專業機構辦理。
IV.衛生福利部、教育部、國防部、國軍退除役官兵輔導委員會、直轄市或縣（市）政府所屬之醫療機構，應協助監獄辦理第一項及第二項業務。
V.衛生主管機關應應定期督導、協調、協助改善前四項業務，監獄並應協調所在地之衛生主管機關辦理之。

第 50 條　（醫療監獄之設置及業務事項）
I.為維護受刑人在監獄內醫療品質，並提供住院或療養服務，監督機關得設置醫療監獄；必要時，得於監獄附設之。
II.醫療監獄辦理受刑人疾病醫療、預防保健、篩檢、傳染病防治及飲食衛生等業務，得委由醫療機構或其他專業機構辦理。

第 51 條　（清潔維護及衛生檢查）
監獄內應保持清潔，定期舉行環境衛生檢查，並適時使受刑人從事打掃、洗濯及整理衣被、器具等必要事務。

第 52 條　（舍房、作業場所等空間、光線及通風之維持；衛浴設施之充足；物品衛生安全需求之符合）
I.受刑人舍房、作業場所及其他處所，應維持保健上必要之空間、光線及通風，且有足供生活所需之衛浴設施。
II.監獄提供予受刑人使用之物品，須符合衛生安全需求。

第 53 條　（用水供應、沐浴及理剃鬚髮之規定）
為維護受刑人之健康及衛生，監獄依季節供應冷熱水及清潔所需之用水，並要求其沐浴及理剃鬚髮。

第 54 條　（運動場地、器材設備之提供及運動之時間）
I.監獄應提供受刑人適當之運動場地、器材及設備。
II.監獄除國定例假日、休息日或有特殊事由外，應給予受刑人每日運動一小時。
III.為維持受刑人健康，運動處所以安排於戶外為原則；必要時，得使其於室內適當處所從事運動或其他舒展身心之活動。

監獄行刑法

（第五五～六〇條）

第 55 條 （健康評估、健康檢查及自主健康管理措施）

I.監獄對於受刑人應定期為健康評估，並視實際需要施行健康檢查及推動自主健康管理措施。

II.施行前項健康檢查時，得為醫學上之必要處置。

III.受刑人或其最近親屬及家屬，在不妨礙監獄秩序及經醫師評估有必要之情形下，得請求監獄准許自費延請醫事人員於監獄內實施健康檢查。

IV.第一項健康檢查結果，監獄得應受刑人之請求提供之。

V.受刑人因健康需求，在不妨害監獄安全及秩序之情形下，經醫師評估可行性後，得請求自費購入或送入低風險性醫療器材或衛生保健物品。

VI.前項購入或送入物品之退回或領回，準用第七十八條、第八十條至第八十二條規定。

第 56 條 （病歷、醫療及個人資料之蒐集、處理或利用）

I.為維護受刑人健康或掌握其身心狀況，監獄得蒐集、處理或利用受刑人之病歷、醫療及前條第一項之個人資料，以作適當之處置。

II.前項情形，監獄得請求機關（構）、法人、團體或個人提供相關資料，機關（構）、法人、團體或個人無正當理由不得拒絕。

III.第一項與受刑人健康有關資料調查之範圍、期間、程序、方法、審議及其他應遵行事項之辦法，由法務部定之。

第 57 條 （傳染病之防治及處理方式）

I.經監獄通報有疑似傳染病病人時，地方衛生主管機關應協助監獄預防及處理。必要時，得請求中央衛生主管機關協助之。

II.監獄收容來自傳染病流行地或經過其地之受刑人，得為一定期間之隔離；其攜帶物品，應為必要之處置。

III.監獄收容經醫師診斷疑似或確診罹患傳染病之受刑人，得由醫師評估為一定期間之隔離，並給予妥適治療，治療期間之長

短或方式應遵循醫師之醫囑或衛生主管機關之處分或指導，且應對於其攜帶物品，施行必要之處置。

IV.經衛生機關依傳染病防治法規定，通知罹患傳染病之受刑人於指定隔離治療機構施行治療者，監獄應即與治療機構協調戒送及戒護之作業，並陳報監督機關。接受隔離治療之受刑人視為在監執行。

第 58 條 （得於監舍或病監收容之情形）

罹患疾病經醫師評估認需密切觀察及處置之受刑人，得於監獄病舍或附設之病監收容之。

第 59 條 （依全民健康保險法規定應納保者應以全民健康保險保險對象身分就醫）

I.依全民健康保險法規定應納保之受刑人或其攜帶入監或在監生產之子女罹患疾病時，除已獲准自費醫療者外，應以全民健康保險保險對象身分就醫；其無全民健康保險憑證者，得由監獄逕行代為申請。

II.受刑人為全民健康保險保險對象，經暫行停止保險給付者，其罹患疾病時之醫療費用由受刑人自行負擔。

III.受刑人應繳納下列各項費用時，監獄得由受刑人保管金或勞作金中扣除：

  一　接受第一項全民健康保險醫療衍生之費用。

  二　換發、補發、代為申請全民健康保險憑證衍生之費用。

  三　前項應自行負擔之醫療費用。

IV.受刑人或其攜帶入監或在監生產子女如不具全民健康保險之保險資格，或受刑人因經濟困難無力繳納前項第一款之費用，其於收容或安置期間罹患疾病時，由監獄委請醫療機構或醫師診治。

V.前項經濟困難資格之認定、申請程序及其他應遵行事項之辦法，由法務部定之。

第 60 條 （受傷或患病拒不就醫致有生命危險之虞之處理）

I.受刑人因受傷或罹患疾病，拒不就醫，致有生命危險之虞，監獄應即請醫師逕行救治或將受刑人逕送醫療機構治療。

II.前項逕送醫療機構治療之醫療及交通費

用，由受刑人自行負擔。

Ⅲ.第一項逕送醫療機構治療期間，視為在監執行。

第 61 條　（自費延醫之請求）

Ⅰ.受傷或罹患疾病之受刑人接受全民健康保險提供之醫療服務或經監獄委請之醫師醫治後，有正當理由認需由其他醫師診治，而請求自費於監獄內延醫診治時，監獄得予准許。

Ⅱ.前項自費延醫之申請程序、要件、實施方式、時間、地點、費用支付及其他應遵行事項之辦法，由法務部定之。

第 62 條　（戒送醫療機構或病監醫治之要件）

Ⅰ.受刑人受傷或罹患疾病，有醫療急迫情形，或經醫師診治後認有必要，監獄得戒送醫療機構或病監醫治。

Ⅱ.前項經醫師診治後認有必要戒送醫療機構醫治之交通費用，應由受刑人自行負擔。但受刑人經濟困難無力負擔者，不在此限。

Ⅲ.第一項戒送醫療機構醫治期間，視為在監執行。

第 63 條　（保外醫治之核准及準用規定）

Ⅰ.經採行前條第一項醫治方式後，仍不能或無法為適當之醫治者，監獄得報請監督機關參酌醫囑後核准保外醫治；其有緊急情形時，監獄得先行准予保外醫治，再報請監督機關備查。

Ⅱ.前項保外醫治期間，不算入刑期。

Ⅲ.依第一項核准保外醫治者，監獄應即報由檢察官命具保、責付、限制住居或限制出境、出海後釋放之。

Ⅳ.前項命具保、責付、限制住居或限制出境、出海者，準用刑事訴訟法第九十三條之二第二項至第四項、第九十三條之五第一項前段及第三項前段、第一百十一條之命提出保證書、指定保證金額、限制住居、第一百十五條、第一百十六條、第一百十八條第一項之沒入保證金、第一百十九條第二項、第三項之退保、第一百二十一條第四項准其退保及第四百十六條第一項第一款、第三項、第四項、第四百十七條、第四百十八條第一項本文聲請救濟之規定。

Ⅴ.保外醫治受刑人違反保外醫治應遵守事項者，監督機關或監獄得廢止保外醫治之核准。

Ⅵ.第一項核准保外醫治之基準，及前項保外醫治受刑人應遵守事項、廢止核准之要件、程序及其他應遵行事項之辦法，由法務部定之。

Ⅶ.懷胎五月以上或生產未滿二月者，得準用前條及第一項前段、第二項至前項之規定。

第 64 條　（保外醫治轉介安置之辦理）

依前條報請保外醫治受刑人，無法辦理具保、責付、限制住居時，監獄應檢具相關資料通知監獄所在地直轄市、縣（市）社會福利主管機關辦理轉介安置或為其他必要之處置。

第 65 條　（強制營養或醫療上強制措施之實施）

受刑人因拒絕飲食或未依醫囑服藥而有危及生命之虞時，監獄應即請醫師進行診療，並得由醫師施以強制營養或採取醫療上必要之強制措施。

第 66 條　（有損健康之醫學或科學試驗之禁止；取得血液或其他檢體為目的外利用之禁止）

Ⅰ.任何可能有損健康之醫學或科學試驗，除法律另有規定外，縱經受刑人同意，亦不得為之。

Ⅱ.因診療或健康檢查而取得之受刑人血液或其他檢體，除法律另有規定外，不得為目的外之利用。

第九章　接見及通信

第 67 條　（接見及通信權之保障）

Ⅰ.受刑人之接見或通信對象，除法規另有規定或依受刑人意願拒絕外，監獄不得限制或禁止。

Ⅱ.監獄依受刑人之請求，應協助其與所屬國

或地區之外交、領事人員或可代表其國家或地區之人員接見及通信。

第 68 條　（接見時間、次數及時限）

I.監獄應於平日辦理接見；國定例假日或其他休息日之接見，得由監獄斟酌情形辦理之。

II.受刑人之接見，除法規另有規定外，每星期一次，接見時間以三十分鐘為限。但監獄長官認有必要時，得增加或延長之。

第 69 條　（接見之程序、限制、處所及人數）

I.請求接見者，應繳驗身分證明文件，登記其姓名、職業、年齡、住居所、受刑人姓名及與受刑人之關係。

II.監獄對於請求接見者認為有妨害監獄秩序、安全或受刑人利益時，得拒絕之。

III.接見應於接見室為之。但因患病或於管理教化上之必要，得准於適當處所行之。

IV.接見，每次不得逾三人。但本法或其他法規另有規定，或經監獄長官許可者，不在此限。

V.被許可接見者，得攜帶未滿十二歲之兒童，不計入前項人數限制。

第 70 條　（接見例外之彈性處理）

監獄基於管理、教化輔導、受刑人個人重大事故或其他事由，認為必要時，監獄長官得准受刑人於監獄內指定處所辦理接見，並酌予調整第六十八條及前條第三項、第四項有關接見場所、時間、次數及人數之限制。

第 71 條　（接見之監看及影音記錄、中止事由；接見使用通訊影音器材之禁止）

I.監獄對受刑人之接見，除法律另有規定外，應監看並以錄影、錄音方式記錄之，其內容不得違法利用。

II.有事實足認有妨害監獄秩序或安全之虞者，監獄得於受刑人接見時聽聞或於接見後檢視錄影、錄音內容。

III.接見過程中發現有妨害監獄秩序或安全時，戒護人員得中止其接見，並以書面載明事由。

IV.與受刑人接見者不得使用通訊、錄影或錄音器材；違者，得依前項規定辦理。

第 72 條　（與律師、辯護人接見之法律協助權益保障及準用規定）

I.受刑人與其律師、辯護人接見時，除法律另有規定外，監獄人員僅得監看而不與聞，不予錄影、錄音；除有事實上困難外，不限制接見次數及時間。

II.為維護監獄秩序及安全，除法律另有規定外，監獄人員對受刑人與其律師、辯護人接見時往來之文書，僅得檢查有無夾藏違禁物品。

III.第一項之接見，於監獄指定之處所為之。

IV.第六十七條第一項、第六十八條第一項、第六十九條第一項及前條第三項、第四項規定，於律師、辯護人接見時準用之。

V.前四項規定於未受委任之律師請求接見受刑人洽談委任事宜時，準用之。

第 73 條　（電話或其他通訊方式接見之使用）

I.監獄認受刑人或請求接見者有相當理由時，得准其使用電話或其他通訊方式接見。

II.前項通訊費用，由受刑人或請求接見者自付。但受刑人無力負擔且監獄認為適當時，得由監獄支付之。

III.前二項接見之條件、對象、次數之限制、通訊方式、通訊申請程序、時間、監看、聽聞、收費及其他應遵行事項之辦法，由法務部定之。

第 74 條　（檢查書信之方式；得閱讀或刪除書信之情形及處理方式；投稿權益之保障）

I.受刑人寄發及收受之書信，監獄人員得開拆或以其他適當方式檢查有無夾藏違禁物品。

II.前項情形，除法律另有規定外，有下列各款情形之一者，監獄人員得閱讀其書信內容。但屬受刑人與其律師、辯護人或公務機關互通之書信，不在此限：

一　受刑人有妨害監獄秩序或安全之行為，尚在調查中。

二　受刑人於受懲罰期間內。

三　有事實而合理懷疑受刑人有脫逃

之虞。

四　有事實而合理懷疑有意圖加害或
　　騷擾他人之虞。

五　矯正機關收容人間互通之書信。

六　有事實而合理懷疑有危害監獄安
　　全或秩序之虞。

III監獄閱讀受刑人書信後，有下列各款情形
之一者，得敘明理由刪除之：

一　顯有危害監獄之安全或秩序。

二　教唆、煽惑他人犯罪或違背法規。

三　使用符號、暗語或其他方法，使檢
　　查人員無法瞭解書信內容。

四　涉及脫逃情事。

五　敘述矯正機關之警備狀況、舍房、
　　工場位置，足以影響戒護安全。

IV.前項書信之刪除，依下列方式處理：

一　受刑人係發信者，監獄應敘明理
　　由，退還受刑人保管或要求其修改
　　後再行寄發，如拒絕修改，監獄得
　　逕予刪除後寄發。

二　受刑人係受信者，監獄應敘明理
　　由，逕予刪除再行交付。

V.前項刪除之書信，應影印原文由監獄保
管，並於受刑人出監時發還之。受刑人於
出監前死亡者，依第八十一條及第八十二
條第一項第四款規定處理。

VI.受刑人發送之文件，屬文稿性質者，得准
其投寄報章雜誌或媒體，並準用前五項之
規定。

VII.發信郵資，由受刑人自付。但受刑人無力
負擔且監獄認為適當時，得由監獄支付
之。

第 75 條　（公務請求或送達文書之速為轉送）

受刑人以書面向法院、檢察官或其他公務
機關有所請求，或公務機關送達受刑人之
文書，監獄應速為轉送。

第十章　保　　管

第 76 條　（攜帶或送入財物之檢查、保管、處理及孳息運用）

I.受刑人攜帶、在監取得或外界送入之金錢
及物品，經檢查後，由監獄代為保管。但
認有必要且無妨害監獄秩序或安全之虞

者，得准許受刑人在監使用，或依受刑人
之請求交由他人領回。

II.前項物品屬易腐敗、有危險性、有害或不
適於保管者，監獄得通知受刑人後予以毀
棄或為其他適當之處理。

III.監獄代為保管之金錢，除酌留一定金額作
為週轉金外，應設專戶管理。

IV.前項專戶管理之金錢，其所孳生之利息統
籌運用於增進受刑人生活福利事項。

V.前四項受刑人之金錢與物品送入、檢查、
登記、保管、使用、毀棄、處理、領回、
查核、孳息運用、週轉金保留額度及其他
應遵行事項之辦法，由法務部定之。

第 77 條　（財物之送入、檢查、限制或禁止）

I.外界得對受刑人送入金錢、飲食、必需物
品或其他經監獄長官許可之財物。

II.監獄對於前項外界送入之金錢、飲食、必
需物品及其他財物，所實施之檢查不得逾
必要之程度。

III.經前項檢查認有妨害監獄秩序或安全時，
得限制或禁止送入。

IV.前三項金錢、飲食、必需物品及其他財物
之送入方式、時間、次數、種類、數額、
數量、限制或禁止方式及其他應遵行事項
之辦法，由法務部定之。

第 78 條　（送入財物之退回、歸屬國庫或毀棄）

I.監獄對前條外界送入之金錢、飲食及物
品，因送入人或其居住處所不明，或為受
刑人拒絕收受者，應退回之；無法退回
者，經公告六個月後仍無人領取時，歸屬
國庫或毀棄。

II.於前項待領回或公告期間，監獄得將易腐
敗、有危險性、有害或不適於保管之物品
毀棄之。

第 79 條　（未經許可持有財物之歸屬國庫、毀棄或另為適當處理）

經檢查發現受刑人未經許可持有之金錢
或物品，監獄得視情節予以歸屬國庫、毀
棄或另為其他適當之處理；其金錢或物品
持有人不明者，亦同。

第 80 條　（保管財物之交還或限期通知領回）

受刑人經釋放者，監獄應將代為保管之金錢及物品交還之；其未領回者，應限期通知其領回。

第 81 條　（死亡後遺留財物之通知或公告限期領回）

I 受刑人死亡後遺留之金錢及物品，應限期通知其繼承人領回。

II 前項繼承人有數人者，監獄得僅通知其中一人或由其中一人領回。

III 前二項情形，因其繼承人有無或居住處所不明無法通知，應予公告並限期領回。

第 82 條　（所留財物歸屬國庫、毀棄或另為適當處理之情形）

I 受刑人有下列各款情形之一，自各款規定之日起算，經六個月後，未申請發還者，其所留之金錢及物品，予以歸屬國庫、毀棄或另為其他適當處理：

一　釋放者，依第八十條限期通知期滿之日起算。

二　脫逃者，自脫逃之日起算。

三　依第二十七條第一項規定暫行釋放，未遵守同條第二項報到規定，自最後應報到之日起算。

四　受刑人死亡者，依前條第一項、第三項通知或公告限期領回期滿之日起算。

II 於前項待領回、通知或公告期間，監獄得將易腐敗、有危險性、有害或不適於保管之物品予以毀棄或另為其他適當處理。

第十一章　獎懲及賠償

第 83 條　（獎勵事由）

受刑人除依法規定應予獎勵外，有下列各款行為之一者，得予以獎勵：

一　舉發受刑人圖謀脫逃、暴行或將為脫逃、暴行。

二　救護人命或捕獲脫逃。

三　於天災、事變或傳染病流行時，充任應急事務有勞績。

四　作業成績優良。

五　有特殊貢獻，足以增進監獄榮譽。

六　對作業技術、產品、機器、設備、衛生、醫藥等有特殊設計，足資利用。

七　對監內外管理之改進，有卓越建議。

八　其他優良行為確有獎勵必要。

第 84 條　（獎勵方式）

I 前條情形，得給予下列一款或數款之獎勵：

一　公開表揚。

二　增給成績分數。

三　給與書籍或其他獎品。

四　增加接見或通信次數。

五　發給獎狀。

六　給與相當數額之獎金。

七　其他特別獎勵。

II 前項獎勵之基準、第七款特別獎勵之種類、對象、實施方式、程序及其他應遵行事項之辦法，由法務部定之。

第 85 條　（懲罰原則及限制）

監獄非依本法或其他法律規定，對於受刑人不得加以懲罰，同一事件不得重複懲罰。

第 86 條　（妨害秩序或安全行為施以懲罰之種類及期間）

I 受刑人有妨害監獄秩序或安全之行為時，得施以下列一款或數款之懲罰：

一　警告。

二　停止接受送入飲食三日至七日。

三　停止使用自費購買之非日常生活必需品七日至十四日。

四　移入違規舍十四日至六十日。

II 前項妨害監獄秩序或安全之行為態樣與應施予懲罰之種類、期間、違規舍之生活管理、限制、禁止及其他應遵行事項之辦法，由法務部定之。

第 87 條　（陳述意見、懲罰原因內容之告知；免、緩罰或停止執行之情形；違規之區隔調查）

I 監獄依本法或其他法律懲罰前，應給予受

刑人陳述意見之機會，並告知其違規之原因事實及科處之懲罰。

II.受刑人違規情節輕微或顯堪憫恕者，得免其懲罰之執行或緩予執行。

III.受刑人罹患疾病或有其他特別事由者，得停止執行。

IV.監獄為調查受刑人違規事項，得對相關受刑人施以必要之區隔，期間不得逾二十日。

第 88 條 　（懲罰廢止、不再或終止執行之情形）

I.依前條第二項規定免予執行或緩予執行後，如受懲罰者已保持一月以上之改悔情狀，得廢止其懲罰。

II.依前條第三項規定停止執行者，於其停止原因消滅後繼續執行。但停止執行逾六個月不再執行。

III.受懲罰者，在執行中有改悔情狀時，得終止其執行。

第 89 條 　（損害器具物品之賠償事宜）

I.受刑人因故意或重大過失，致損害器具、成品、材料或其他物品時，應賠償之。

II.前項賠償之金額，受刑人未為給付者，得自其保管金或勞作金內扣還之。

第十二章　陳情、申訴及起訴

第 90 條 　（處分或管理措施執行不因提起陳情或申訴而停止）

監獄對受刑人處分或管理措施之執行，不因提起陳情或申訴而停止。但監獄於必要時，得停止其執行。

第 91 條 　（因陳情、申訴或訴訟救濟提出而施以歧視或藉故懲罰之禁止）

監獄對於受刑人，不得因陳情、申訴或訴訟救濟之提出，而施以歧視待遇或藉故懲罰。

第 92 條 　（陳情之方式、對象、意見箱設置及適當處理）

I.受刑人得以書面或言詞向監獄、視察小組或其他視察人員提出陳情。

II.監獄應於適當處所設置意見箱，供受刑人提出陳情或提供意見使用。

III.監獄對於受刑人之陳情或提供意見，應為適當之處理。

第 93 條 　（申訴之類型及不變期間；申訴有理由之處理方式）

I.受刑人因監獄行刑有下列情形之一者，得以書面或言詞向監獄提起申訴：

一　不服監獄所為影響其個人權益之處分或管理措施。

二　因監獄對其依本法請求之事件，拒絕其請求或於二個月內不依其請求作成決定，認為其權利或法律上利益受損害。

三　因監獄行刑之公法上原因發生之財產給付爭議。

II.前項第一款處分或管理措施、第二款、第三款拒絕請求之申訴，應自受刑人收受或知悉處分或管理措施之次日起，十日不變期間內為之。前項第二款、第三款不依請求作成決定之申訴，應自受刑人提出請求屆滿二個月之次日起，十日不變期間內為之。

III.監獄認為受刑人之申訴有理由者，應逕為立即停止、撤銷或變更原處分、管理措施之決定或執行，或依其請求或申訴作成決定。

IV.以書面以外方式所為之處分或管理措施，其相對人有正當理由請求作成書面時，監獄不得拒絕。

V.前項書面應附記理由，並表明救濟方法、期間及受理機關。

第 94 條 　（申訴及訴訟救濟得委任律師為代理人；輔佐人之相關規定）

I.受刑人提起前條申訴及第一百十一條第二項之訴訟救濟，得委任律師為代理人行之，並應向監獄或法院提出委任狀。

II.受刑人或代理人經監獄或法院之許可，得

偕同輔佐人到場。

III.監獄或法院認為必要時，得命受刑人或代理人偕同輔佐人到場。

IV.前二項之輔佐人，監獄或法院認為不適當時，得撤銷其許可或禁止其陳述。

V.輔佐人所為之陳述，受刑人或代理人未立即提出異議者，視為其所自為。

第 95 條 　（申訴審議小組之設置）

監獄為處理申訴事件，應設申訴審議小組（以下簡稱審議小組），置委員九人，經監督機關核定後，由典獄長指派之代表三人及學者專家或社會公正人士六人組成之，並由典獄長指定之委員為主席。其中任一性別委員不得少於三分之一。

第 96 條 　（申訴書之應載事項及以言詞申訴之辦理方式）

I.以書面提起申訴者，應填具申訴書，載明下列事項，由申訴人簽名或捺印：

一　申訴人之姓名。有委任代理人或輔佐人者，其姓名、住居所。

二　申訴事實及發生時間。

三　申訴理由。

四　申訴年、月、日。

II.以言詞提起申訴者，由監獄人員代為填具申訴書，經向申訴人朗讀或使其閱覽，確認內容無誤後，交其簽名或捺印。

第 97 條 　（申訴書補正之期限）

審議小組認為申訴書不合法定程式，而其情形可補正者，應通知申訴人於五日內補正。

第 98 條 　（審議小組開會之出席人數、會議程序及表決方式）

I.審議小組須有全體委員過半數之出席，始得開會；其決議以出席人數過半數同意行之，可否同數時，取決於主席。

II.審議小組決議時，迴避之委員不計入出席委員人數。

第 99 條 　（審議小組委員自行迴避、申請迴避與職權迴避之要件及程序事項）

I.審議小組委員於申訴事件有下列情形之

一者，應自行迴避，不得參與決議：

一　審議小組委員現為或曾為申訴人之配偶、四親等內之血親、三親等內之姻親或家長、家屬。

二　審議小組委員現為或曾為申訴人之代理人、辯護人、輔佐人。

三　審議小組委員現為申訴人、其申訴對象、或申訴人曾提起申訴之對象。

II.有具體事實足認審議小組委員就申訴事件有偏頗之虞者，申訴人得舉其原因及事實，向審議小組申請迴避。

III.前項申請，由審議小組決議之。不服審議小組之駁回決定者，得於五日內提請監督機關覆決，監督機關除有正當理由外，應於十日內為適當之處置。

IV.申訴人不服監督機關所為覆決決定，僅得於對實體決定提起行政訴訟時一併聲明不服。

V.審議小組委員有第一項情形不自行迴避，而未經申訴人申請迴避者，應由監獄依職權命其迴避。

第 100 條 　（申訴之撤回）

提起申訴後，於決定書送達申訴人前，申訴人得撤回之。申訴經撤回者，不得就同一原因事實重行提起申訴。

第 101 條 　（審議小組作成決定之期限及屆期不為決定之效果）

I.審議小組應自受理申訴之次日起三十日內作成決定，必要時得延長十日，並通知申訴人。

II.前項期間，於依第九十七條通知補正情形，自補正之次日起算。

III.審議小組屆期不為決定者，視為撤銷原處分。

第 102 條 　（申訴審議之陳述意見）

I.審議小組進行審議時，應通知申訴人、委任代理人及輔佐人列席陳述意見。

II.申訴人因案收容於其他處所者，其陳述意見得以書面、影音、視訊、電話或其他方式為之。

III.前項以書面以外方式陳述意見者，監獄應

作成紀錄，經向陳述人朗讀或使閱覽確認其內容無誤後，由陳述人簽名或捺印；其拒絕簽名或捺印者，應記明其事由。陳述人對紀錄有異議者，應更正之。

第 103 條 （審議資料含與申訴事項無關資料之禁止）

申訴審議資料，不得含與申訴事項無關之罪名、刑期、犯次或之前違規紀錄等資料。

第 104 條 （審議小組應依職權調查證據）

審議小組應依職權調查證據，不受申訴人主張之拘束，對申訴人有利及不利事項一律注意。

第 105 條 （申訴程序中事實及證據調查之申請）

申訴人於申訴程序中，得申請審議小組調查事實及證據。審議小組認無調查必要者，應於申訴決定中敘明不為調查之理由。

第 106 條 （會議紀錄之製作及應載事項）

I.審議小組應製作會議紀錄。

II.前項會議紀錄應載明到場人所為陳述之要旨及其提出之文書、證據。委員於審議中所持與決議不同之意見，經其請求者，亦應列入紀錄。

第 107 條 （申訴應為不受理決定之情形）

審議小組認申訴有下列情形之一者，監獄應為不受理之決定：

一　申訴內容非屬第九十三條第一項之事項。

二　提起申訴已逾第九十三條第二項所定期間。

三　申訴書不合法定程式不能補正，或經依第九十七條規定通知補正，屆期不補正。

四　對於已決定或已撤回之申訴事件，

就同一原因事實重行提起申訴。

五　申訴人非受第九十三條第一項第一款處分或管理措施之相對人，或非第九十三條第一項第二款、第三款之請求人。

六　監獄已依第九十三條第三項為停止、撤銷或變更原處分、管理措施之決定或執行，或已依其請求或申訴作成決定。

第 108 條 （申訴有無理由應為之決定及不利益變更禁止原則）

I.審議小組認申訴有理由者，監獄應為停止、撤銷或變更原處分、管理措施之決定或執行，或依受刑人之請求或申訴作成決定。但不得為更不利益之變更、處分或管理措施。

II.審議小組認申訴無理由者，監獄應為駁回之決定。

III.原處分或管理措施所憑理由雖屬不當，但依其他理由認為正當者，應以申訴為無理由。

第 109 條 （申訴決定書之製作義務、應載事項及送達等規定）

I.審議小組依前二條所為之決定，監獄應作成決定書。

II.申訴決定書，應載明下列事項：

一　申訴人姓名、出生年月日、住居所、身分證明文件字號。

二　有委任代理人或輔佐人者，其姓名、住居所。

三　主文、事實及理由。其係不受理決定者，得不記載事實。

四　附記如依本法規定得向法院起訴者，其救濟方法、期間及其受理機關。

五　決定機關及其首長。

六　年、月、日。

III.前項決定書應送達申訴人及委任代理人，並副知監督機關。

IV.監督機關收受前項決定書後，應詳閱其內容，如認監獄之原處分或管理措施有缺失情事者，應督促其改善。

V.申訴決定書附記提起行政訴訟期間錯誤時，應由監獄以通知更正之，並自更正通知送達之日起，計算法定期間。

VI.申訴決定書未依第二項第四款規定為附記，或附記錯誤而未依前項規定通知更正，致受刑人遲誤行政訴訟期間者，如自申訴決定書送達之日起三個月內提起行政訴訟，視為於法定期間內提起。

第110條 （對監督機關提起申訴或訴訟救濟之規範及準用規定）

I.受刑人與監督機關間，因監獄行刑有第九十三條第一項各款情事，得以書面向監督機關提起申訴，並準用第九十條、第九十三條第二項至第五項、第九十四條第一項、第九十五條、第九十六條第一項、第九十七條至第一百零一條、第一百零二條第二項、第三項、第一百零五條至第一百零八條及前條第一項至第三項、第五項、第六項規定。

II.受刑人依前項規定提起申訴而不服其決定，或提起申訴逾三十日不為決定或延長申訴決定期間逾三十日不為決定者，準用第一百十一條至第一百十四條之規定。

第111條 （行政訴訟之救濟程序）

I.受刑人因監獄行刑所生之公法爭議，除法律另有規定外，應依本法提起行政訴訟。

II.受刑人依本法提起申訴而不服其決定者，應向監獄所在地之地方法院行政訴訟庭提起下列各款訴訟：

一 認為監獄處分逾越達成監獄行刑目的所必要之範圍，而不法侵害其憲法所保障之基本權利且非顯屬輕微者，得提起撤銷訴訟。

二 認為前款處分違法，因已執行而無回復原狀可能或已消滅，而有即受確認判決之法律上利益者，得提起確認處分違法之訴訟。其認為前款處分無效，有即受確認判決之法律上利益者，得提起確認處分無效之訴訟。

三 因監獄對其依本法請求之事件，拒絕其請求或未於二個月內依其請

求作成決定，認為其權利或法律上利益受損害，或因監獄行刑之公法上原因發生財產上給付之爭議，得提起給付訴訟。就監獄之管理措施認為逾越達成監獄行刑目的所必要之範圍，而不法侵害其憲法所保障之基本權利且非顯屬輕微者，亦同。

III.前項各款訴訟之提起，應以書狀為之。

第112條 （與其他訴訟合併提起及請求損害賠償之禁止；起訴不變期間及申訴不為決定逕提訴訟）

I.前條訴訟，不得與其他訴訟合併提起，且不得合併請求損害賠償。

II.前條訴訟之提起，應於申訴決定書送達後三十日之不變期間內為之。

III.審議小組逾三十日不為決定或延長申訴決定期間逾十日不為決定者，受刑人自該應為決定期限屆滿後，得逕提起前條第二項第二款、第三款之訴訟。但自該應為決定期限屆滿後逾六個月者，不得提起。

第113條 （提出起訴狀或撤回書狀之規定）

I.受刑人於起訴期間內向監獄長官提出起訴狀，或於法院裁判確定前向監獄長官提出撤回書狀者，分別視為起訴期間內之起訴或法院裁判確定前之撤回。

II.受刑人不能自作起訴狀者，監獄人員應為之代作。

III.監獄長官接受起訴狀或撤回書狀後，應附記接受之年、月、日、時，儘速送交法院。

IV.受刑人之起訴狀或撤回書狀，非經監獄長官提出者，法院之書記官於接受起訴狀或撤回書狀後，應即通知監獄長官。

V.監獄應依職權或依法院之通知，將與申訴案件有關之卷宗及證物送交法院。

第114條 （依法適用簡易訴訟程序事件、裁判費用減徵及得不經言詞辯論等規定）

I.依第一百十一條規定提起之訴訟，為簡易

訴訟程序事件，除本法或其他法律另有規定外，適用行政訴訟法簡易訴訟程序之規定，其裁判費用減徵二分之一。

II.前項裁判得不經言詞辯論為之，並得引用申訴決定書所記載之事實、證據及理由，對案情重要事項申訴決定書未予論述，或不採受刑人之主張、有利於受刑人之證據，應補充記載其理由。

第十三章　假　　釋

第 115 條　（陳報假釋之程序）

I.監獄對於受刑人符合假釋要件者，應提報其假釋審查會決議後，報請法務部審查。

II.依刑法第七十七條第二項第三款接受強制身心治療或輔導教育之受刑人，應附具曾受治療或輔導之紀錄及個案自我控制再犯預防成效評估報告，如顯有再犯之虞，不得報請假釋。

III.前項強制身心治療或輔導教育之處理程序、評估機制及其他相關事項之辦法，由法務部定之。

第 116 條　（假釋審查應參酌之事項及假釋審查參考基準之訂定公開）

I.假釋審查應參酌受刑人之犯行情節、在監行狀、犯罪紀錄、教化矯治處遇成效、更生計畫及其他有關事項，綜合判斷其悛悔情形。

II.法務部應依前項規定內容訂定假釋審查參考基準，並以適當方式公開之。

第 117 條　（陳述意見及請求假釋審查相關資料）

I.監獄召開假釋審查會前，應以適當之方式給予受刑人陳述意見之機會。

II.受刑人得向監獄請求閱覽、抄錄、複製假釋審查相關資料。但所涉資料屬政府資訊公開法第十八條第一項或檔案法第十八條所定情形者，不在此限。

第 118 條　（對陳報假釋決議之處分及再行陳報之提出時間）

I.法務部參酌監獄依第一百十五條第一項

陳報假釋之決議，應為許可假釋或不予許可假釋之處分；如認原決議所載理由或所憑資料未臻完備，得通知監獄再行補正，其不能補正者，得予退回。

II.經法務部不予許可假釋之處分案，除進級者外，監獄應逾四月始得再行陳報。但該受刑人嗣後獲第八十四條第一項第五款至第七款所列之獎勵者，監獄得提前一個月陳報。

第 119 條　（假釋審查會之設置）

I.監獄應設假釋審查會，置委員七人至十一人，除典獄長及其指派監獄代表二人為當然委員外，其餘委員由各監獄遴選具有心理、教育、法律、犯罪、監獄學、觀護、社會工作或相關專門學識之人士，報請監督機關核准後聘任之。其中任一性別委員不得少於三分之一。

II.監獄得將所設分監受刑人假釋案件審查之事項，委託該分監所在之矯正機關辦理。

III.第一百十五條陳報假釋之程序、文件資料，與第一項假釋審查會委員任期、召開方式、審議事項、委員迴避、釋放程序及其他相關事項之辦法，由法務部定之。

第 120 條　（維持或廢止假釋）

I.假釋出監受刑人刑期變更者，監獄於接獲相關執行指揮書後，應依刑法第七十七條規定重新核算，並提報其假釋審查會決議後，報請法務部辦理維持或廢止假釋。

II.前項經維持假釋者，監督機關應通知該假釋案犯罪事實最後裁判法院相對應檢察署向法院聲請裁定假釋中付保護束；經廢止假釋者，由監獄通知原指揮執行檢察署辦理後續執行事宜。

III.第一項情形，假釋期間已屆滿且假釋未經撤銷者，已執行保護管束日數全部計入刑期；假釋尚未期滿者，已執行保護管束日數，應於日後再假釋時，折抵假釋及保護管束期間。

IV.受刑人於假釋核准後，未出監前，發生重大違背紀律情事，監獄應立即報請法務部停止其假釋處分之執行，並即提報假釋審

監獄行刑法

（第一二一～一二七條）

查會決議後，再報請法務部廢止假釋，如法務部不同意廢止，停止假釋之處分即失其效力。

V.受刑人不服停止假釋處分時，僅得於對廢止假釋處分聲明不服時一併聲明之。

第 121 條 （不服處分之救濟及可提起復審之對象及期間）

I.受刑人對於前條廢止假釋及第一百十八條不予許可假釋之處分，如有不服，得於收受處分書之翌日起十日內向法務部提起復審。假釋出監之受刑人以其假釋之撤銷為不當者，亦同。

II.前項復審無停止執行之效力。

III.在監之復審人於第一項所定期間向監獄提起復審者，視為已在復審期間內提起復審。

第 122 條 （復審及訴訟救濟得委任律師為代理人；輔佐人之相關規定）

I.受刑人提起前條復審及第一百三十四條第一項之訴訟救濟，得委任律師為代理人行之，並應向法務部或法院提出委任狀。

II.受刑人或代理人經法務部或法院之許可，得偕同輔佐人到場。

III.法務部或法院認為必要時，得命受刑人或代理人偕同輔佐人到場。

IV.前二項之輔佐人，法務部或法院認為不適當時，得撤銷其許可或禁止其陳述。

V.輔佐人所為之陳述，受刑人或代理人未立即提出異議者，視為其所自為。

第 123 條 （復審審議小組之設置）

法務部為處理復審事件，應設復審審議小組，置委員九人，由法務部或所屬機關代表四人、學者專家或社會公正人士五人組成之，由部長指定之委員為主席。其中任一性別委員不得少於三分之一。

第 124 條 （復審書之應載事項）

復審應填具復審書，並載明下列事項，由復審人簽名或捺印：

一　復審人之姓名。有委任代理人或輔佐人者，其姓名、住居所。

二　復審事實。

三　復審理由。

四　復審年、月、日。

第 125 條 （復審書補正之期限）

復審審議小組認為復審書不合法定程式，而其情形可補正者，應通知復審人於五日內補正。

第 126 條 （復審審議小組開會之出席人數、會議程序及表決方式）

I.復審審議小組須有全體委員過半數之出席，始得開會；其決議以出席人數過半數同意行之，可否同數時，取決於主席。

II.復審審議小組會議決議時，迴避之委員不計入出席委員人數。

第 127 條 （復審審議小組委員自行迴避、申請迴避與依職權命其迴避之要件及程序事項）

I.復審審議小組委員於復審事件有下列情形之一者，應自行迴避，不得參與決議：

一　復審審議小組委員現為或曾為復審人之配偶、四親等內血親、三親等內姻親或家長、家屬。

二　復審審議小組委員現為或曾為復審人之代理人、辯護人、輔佐人。

三　復審審議小組委員現為復審人、其申訴對象、或復審人曾提起申訴之對象。

II.有具體事實足認復審審議小組委員就復審事件有偏頗之虞者，復審人應舉其原因及事實，向復審審議小組申請迴避。

III.前項申請，由復審審議小組決議之。

IV.不服復審審議小組之駁回決定者，得於五日內提請法務部覆決，法務部除有正當理由外，應於十日內為適當之處置。

V.復審人不服法務部所為覆決決定，僅得於對實體決定提起行政訴訟時，一併聲明不服。

VI.復審審議小組委員有第一項情形不自行迴避，而未經復審人申請迴避者，應由法務部依職權命其迴避。

第 128 條 （復審之撤回）

提起復審後，於決定書送達復審人前，復審人得撤回之。復審經撤回者，不得就同一原因事實重行提起復審。

第 129 條 （復審審議小組作成決定之期限及得提起行政訴訟救濟之規定）

I.復審審議小組之決定，應自受理復審之次日起二個月內為之。

II.前項期間，於依第一百二十五條通知補正情形，自補正之次日起算。未為補正者，自補正期間屆滿之次日起算。

III.復審事件不能於第一項期間內決定者，得予延長，並通知復審人。延長以一次為限，最長不得逾二個月。

IV.受刑人不服復審決定，或提起復審逾二個月不為決定，或延長復審決定期間逾二個月不為決定者，得依本法規定提起行政訴訟。

第 130 條 （復審審議之陳述意見）

I.復審審議小組審議時，應通知復審人、委任代理人及輔佐人陳述意見，其陳述意見得以書面、影音、視訊、電話或其他方式為之。

II.前項以書面以外方式陳述意見者，應作成紀錄，經向陳述人朗讀或使閱覽確認其內容無誤後，由陳述人簽名或捺印；其拒絕簽名或捺印者，應記明其事由。陳述人對紀錄有異議者，應更正之。

第 131 條 （復審應為不受理決定之情形）

復審有下列情形之一者，應為不受理之決定：

一　復審內容非屬第一百二十一條之事項。

二　提起復審已逾第一百二十一條所定期間。

三　復審書不合法定程式不能補正，或經依第一百二十五條規定通知補正，屆期不補正。

四　對於已決定或已撤回之復審事件，就同一原因事實重行提起復審。

五　復審人非受第一百二十一條處分之當事人。

六　原處分已撤銷或變更。

第 132 條 （復審有理由及無理由應為之決定）

I.復審有理由者，應為撤銷或變更原處分。

II.復審無理由者，應為駁回之決定。

III.原處分所憑理由雖屬不當，但依其他理由認為正當者，應以復審為無理由。

第 133 條 （復審決定書之應載事項及送達等規定）

I.復審決定書，應載明下列事項：

一　復審人姓名、出生年月日、住居所、身分證明文件字號。

二　有委任代理人或輔佐人者，其姓名、住居所。

三　主文、事實及理由。其係不受理決定者，得不記載事實。

四　附記如依本法規定得向法院起訴，其救濟方法、期間及其受理機關。

五　決定機關及其首長。

六　年、月、日。

II.前項決定書應送達復審人及委任代理人。

III.復審決定書附記提起行政訴訟期間錯誤時，應由法務部以通知更正之，並自更正通知送達之日起，計算法定期間。

IV.復審決定書未依第一項第四款規定為附記，或附記錯誤而未依前項規定通知更正，致受刑人遲誤行政訴訟期間者，如自復審決定書送達之日起三個月內提起行政訴訟，視為於法定期間內提起。

第 134 條 （行政訴訟之救濟程序）

I.受刑人對於廢止假釋、不予許可假釋或撤銷假釋之處分不服，經依本法提起復審而不服其決定，或提起復審逾二個月不為決定或延長復審決定期間逾二個月不為決定者，應向監獄所在地或執行保護管束地之地方法院行政訴訟庭提起撤銷訴訟。

II.前項處分因已執行而無回復原狀可能或已消滅，有即受確認判決之法律上利益者，得提起確認處分違法之訴訟。其認為

前項處分無效，有即受確認判決之法律上利益者，得提起確認處分無效之訴訟。

III前二項訴訟之提起，應以書狀為之。

第 135 條 　（與其他訴訟合併提起及請求損害賠償之禁止；起訴不變期間及申訴不為決定得提起訴訟）

I.前條訴訟，不得與其他訴訟合併提起，且不得合併請求損害賠償。

II.前條訴訟之提起，應於復審決定書送達後三十日之不變期間內為之。

III.復審逾二個月不為決定或延長復審決定期間逾二個月不為決定者，前條訴訟自該應為決定期間屆滿後始得提起。但自該應為決定期限屆滿後逾六個月者，不得提起。

第 136 條 　（對假釋處分所提訴訟之準用規定）

第一百十一條第一項、第一百十三條、第一百十四條之規定，於第一百三十四條之訴訟準用之。

第 137 條 　（假釋相關事項權限之委任辦理）

法務部得將假釋之審查、維持、停止、廢止、撤銷、本章有關復審審議及其相關事項之權限，委任所屬矯正署辦理。

第十四章　釋放及保護

第 138 條 　（釋放及其時間限制）

I.執行期滿者，應於其刑期終了之當日午前釋放之。

II.核准假釋者，應於保護管束命令送交監獄後二十四小時內釋放之。但有移交、接管、護送、安置、交通、銜接保護管束措施或其他安全顧慮特殊事由者，得於指定日期辦理釋放。

III.前項釋放時，由監獄給與假釋證書，並告知如不於特定時間內向執行保護管束檢察署檢察官報到，得撤銷假釋之規定，並將出監日期通知執行保護管束之機關。

IV.受赦免者，應於公文到達後至遲二十四小時內釋放之。

第 139 條 　（保護扶助事項之調查及覆查）

釋放後之保護扶助事項，除法規另有規定外，應於受刑人執行期滿出監前或提報假釋前先行調查，必要時，得於釋放前再予覆查。

第 140 條 　（出監後強制治療宣告之聲請）

I.受刑人依刑法第九十一條之一或性侵害犯罪防治法第二十二條之一規定，經鑑定、評估，認有再犯之危險，而有施以強制治療之必要者，監獄應於刑期屆滿前四月，將受刑人應接受強制治療之鑑定、評估報告等相關資料，送請該管檢察署檢察官，檢察官至遲應於受刑人刑期屆滿前二月，向法院聲請出監後強制治療之宣告。

II.前項強制治療宣告之執行，應於監獄以外之適當醫療機構為之。

III.第一項受刑人實際入監執行之刑期不足六月，無法進行評估者，監獄應檢具相關資料通知其戶籍所在地之直轄市、縣（市）主管機關，於受刑人出監後依性侵害犯罪防治法第二十條規定辦理。

第 141 條 　（釋放時衣類及旅費之準備或給與）

I.釋放時，應斟酌被釋放者之健康，並按時令使其準備相當之衣類及出獄旅費。

II.前項衣類、旅費不敷時，監獄應通知當地更生保護團體或相關團體斟酌給與之。

第 142 條 　（釋放衰老、重病、身障受刑人之通知義務及其他依法通知之辦理）

I.釋放衰老、重病、身心障礙不能自理生活之受刑人前，應通知家屬或受刑人認為適當之人來監接回。無法通知或經通知後拒絕接回者，監獄應檢具相關資料通知受刑人戶籍所在地直轄市、縣（市）社會福利主管機關辦理轉介安置或為其他必要之處置。

II.依其他法規規定於受刑人釋放前應通知相關個人、法人、團體或機關（構）者，監獄應依規定辦理。

第十五章　死　亡

第 143 條　（執行中死亡之相驗及通知等事宜）

I.受刑人於執行中死亡，監獄應即通知家屬或最近親屬，並逐報檢察署派指派檢察官相驗。家屬或最近親屬有數人者，得僅通知其中一人。

II.監獄如知前項受刑人有委任律師，且其委任事務尚未處理完畢，亦應通知之。

III.第一項情形，監獄應檢附相關資料，陳報監督機關。

第 144 條　（屍體無人請領或無法通知之處理）

死亡者之屍體，經依前條相驗並通知後七日內無人請領或無法通知者，得火化之，並存放於骨灰存放設施。

第十六章　死刑之執行

第 145 條　（執行死刑之場所）

I.死刑在監獄特定場所執行之。

II.執行死刑之方式、限制、程序及相關事項之規則，由法務部定之。

第 146 條　（執行死刑之告知）

執行死刑，應於當日告知本人。

第 147 條　（執行死刑屍體之準用規定）

第一百四十四條之規定，於執行死刑之屍體準用之。

第 148 條　（死刑定讞待執行者之收容程序及準用規定）

I.死刑定讞待執行者，應由檢察官簽發死刑確定待執行指揮書，交由監獄收容。

II.死刑定讞待執行者，得準用本法有關戒護、作業、教化與文康、給養、衛生及醫療、接見及通信、保管、陳情、申訴及訴訟救濟等規定。

III.監獄得適度放寬第一項之待執行者接見、通信，並依其意願提供作業及教化輔導之機會。

第十七章　附　則

第 149 條　（外役監之設置）

為使受刑人從事生產事業、服務業、公共建設或其他特定作業，並實施階段性處遇，使其逐步適應社會生活，得設外役監；其管理及處遇之實施另以法律定之。

第 150 條　（先行支付之交通費用得由保管金或勞作金扣除款項、命限期償還及移送行政執行）

依第六十條第二項及第六十二條第二項規定，應由受刑人自行負擔之交通費用，由監獄先行支付者，監獄得由受刑人保管金或勞作金中扣除，無可供扣除之款項，由監獄以書面行政處分命受刑人於三十日內償還；屆期未償還者，得移送行政執行。

第 151 條　（申訴及訴訟救濟之新舊法制銜接規定）

I.本法中華民國一百零八年十二月十七日修正之條文施行前已受理之申訴事件，尚未作成決定者，適用修正施行後之規定。

II.本法中華民國一百零八年十二月十七日修正之條文施行前提起申訴之事件，於修正施行日尚未逾法定救濟期間者，得於修正施行日之次日起算十日內，依本法規定提起申訴。

III.本法中華民國一百零八年十二月十七日修正之條文施行前，有第九十三條第一項第二款、第三款之情形，其按第九十三條第二項計算之申訴期間於修正施行日尚未屆滿者，其申訴自修正施行日之次日起算十日不變期間。

第 152 條　（尚未繫屬法院假釋相關救濟事件之銜接規定）

I.本法中華民國一百零八年十二月十七日修正之條文施行前，已受理之假釋訴願事件，尚未作成決定者，於修正施行後仍由原受理訴願機關依訴願法之規定決定之。訴願人不服其決定，或提起訴願逾三個月不為決定，或延長訴願決定期間逾二個月

不為決定者，得依本法規定向管轄地方法院行政訴訟庭提起訴訟。

II.本法中華民國一百零八年十二月十七日修正之條文施行前得提起假釋訴願之事件，於修正施行日尚未逾法定救濟期間者，得於修正施行日之次日起算十日內，依本法規定提起復審。

III.本法中華民國一百零八年十二月十七日修正之條文施行前得提起假釋行政訴訟之事件，於修正施行日尚未逾法定救濟期間者，得於修正施行日之次日起算十日內，依本法規定向管轄地方法院行政訴訟庭提起訴訟。

第 153 條　（已繫屬法院假釋相關救濟事件之銜接規定）

I.本法中華民國一百零八年十二月十七日修正之條文施行前，因撤銷假釋已繫屬於法院之聲明異議案件，尚未終結者，於修正施行後，仍由原法院依司法院釋字第六八一號解釋意旨，依刑事訴訟法之規定審理。

II.前項裁定之抗告、再抗告及本法中華民國一百零八年十二月十七日修正之條文施行前已由地方法院或高等法院終結之聲明異議案件之抗告、再抗告案件，尚未終結者，於修正施行後由高等法院或最高法院依司法院釋字第六八一號解釋意旨，依刑事訴訟法之規定審理。

III.本法中華民國一百零八年十二月十七日修正之條文施行前，因撤銷假釋得聲明異議之案件，得於修正施行日之次日起算三十日內，依本法規定向管轄地方法院行政訴訟庭提起訴訟。

IV.本法中華民國一百零八年十二月十七日修正之條文施行前，因不予許可假釋而依司法院釋字第六九一號解釋已繫屬於高等行政法院之行政訴訟事件，於修正施行後，依下列規定辦理：

　一　尚未終結者：由高等行政法院裁定移送管轄之地方法院行政訴訟庭，依本法規定審理；其上訴、抗告，亦同。

　二　已終結者：其上訴、抗告，仍依原訴訟程序規定辦理，不適用修正施行後之規定。

V.本法中華民國一百零八年十二月十七日修正之條文施行前，因不予許可假釋而依司法院釋字第六九一號解釋已繫屬於最高行政法院，而於修正施行時，尚未終結之前項事件，仍依原訴訟程序規定辦理，不適用修正施行後之規定。如認上訴或抗告不合法或無理由者，應予駁回；有理由者，應為上訴人或抗告人勝訴之裁判；必要時，發交管轄之地方法院行政訴訟庭依修正施行後之條文審判之。

VI.本法中華民國一百零八年十二月十七日修正之條文施行前確定之不予許可假釋行政訴訟事件裁判，其再審之提起或聲請，由高等行政法院、最高行政法院依原訴訟程序規定辦理，不適用修正施行後之規定。

第 154 條　（軍事受刑人之準用規定）
依軍事審判法執行之軍事受刑人準用本法之規定。

第 155 條　（施行細則）
本法施行細則，由法務部定之。

第 156 條　（施行日期）
本法自公布日後六個月施行。

刑事補償法
一百年七月六日總統令修正公布

①民國四十八年六月十一日總統令公布
②五十五年六月二日總統令修正公布
③五十六年八月一日總統令修正公布
④七十二年六月二十四日總統令修正公布
⑤八十年十一月二十二日總統令修正公布
⑥九十六年七月十一日總統令修正公布
⑦一百年七月六日總統令修正公布全文及法規名稱
（原名為「冤獄賠償法」）

第1條　（刑事補償之範圍㈠）

依刑事訴訟法、軍事審判法或少年事件處理法受理之案件，具有下列情形之一者，受害人得依本法請求國家補償：

一　因行為不罰或犯罪嫌疑不足而經不起訴處分或撤回起訴、受駁回起訴裁定或無罪之判決確定前，曾受羈押、鑑定留置或收容。
二　依再審、非常上訴或重新審理程序裁判無罪、撤銷保安處分或駁回保安處分聲請確定前，曾受羈押、鑑定留置、收容、刑罰或拘束人身自由保安處分之執行。
三　因無付保護處分之原因而經不付審理或不付保護處分之裁定確定前，曾受鑑定留置或收容。
四　因無付保護處分之原因而依重新審理程序裁定不付保護處分確定前，曾受鑑定留置、收容或感化教育之執行。
五　羈押、鑑定留置或收容期間，或刑罰之執行逾有罪確定裁判所定之刑。
六　羈押、鑑定留置或收容期間、刑罰或拘束人身自由保安處分之執行逾依再審或非常上訴程序確定判決所定之刑罰或保安處分期間。
七　非依法律受羈押、鑑定留置、收容、刑罰或拘束人身自由保安處分之執行。

第2條　（刑事補償之範圍㈡）

依前條法律受理之案件，有下列情形之一者，受害人亦得依本法請求國家補償：

一　因行為不罰或犯罪嫌疑不足以外之事由而經不起訴處分或撤回起訴前，曾受羈押、鑑定留置或收容，如有證據足認為無該事由即應認行為不罰或犯罪嫌疑不足。
二　免訴或不受理判決確定前曾受羈押、鑑定留置或收容，如有證據足認為如無該判決免訴或不受理之事由即應為無罪判決。
三　依再審或非常上訴程序判決免訴或不受理確定前曾受羈押、鑑定留置、收容、刑罰或拘束人身自由保安處分之執行，如有證據足認為無該判決免訴或不受理之事由即應為無罪判決。
四　因同一案件重行起訴或曾經判決確定而經不起訴處分、免訴或不受理判決確定前，曾受羈押、鑑定留置或收容，且該同一案件業經判決有罪確定。
五　因同一案件重行起訴或曾經判決確定，依再審或非常上訴程序判決免訴或不受理確定前，曾受羈押、鑑定留置、收容、刑罰或拘束人身自由保安處分之執行，且該同一案件業經判決有罪確定。
六　因死亡或刑法第十九條第一項規定之事由而經不付審理或不付保護處分之裁定確定前，曾受鑑定留置或收容，如有證據足認為無該事由即應認無付保護處分之原因。

第3條　（請求補償之限制）

前二條之人，有下列情形之一者，不得請求補償：

一　因刑法第十八條第一項或第十九

刑事補償法

（第四～九條）

條第一項規定之事由而受不起訴處分或無罪判決時，如有證據足認為無該事由即應起訴或為科刑、免刑判決。

二　因判決合併處罰之一部受無罪之宣告，而其他部分受有罪之宣告時，其羈押、鑑定留置或收容期間未逾有罪確定裁判所定之刑、拘束人身自由保安處分期間。

第 4 條　（受害人意圖招致犯罪嫌疑者不為補償）

I.補償請求之事由係因受害人意圖招致犯罪嫌疑，而為誤導偵查或審判之行為所致者，受理補償事件之機關得不為補償。

II.前項受害人之行為，應經有證據能力且合法調查之證據證明之。

第 5 條　（少年保護事件之補償請求）

少年保護事件之補償請求，係因受害人不能責付而經收容所致者，受理補償事件之機關得不為一部或全部之補償。

第 6 條　（補償金額之決定）

I.羈押、鑑定留置、收容及徒刑、拘役、感化教育或拘束人身自由保安處分執行之補償，依其羈押、鑑定留置、收容或執行之日數，以新臺幣三千元以上五千元以下折算一日支付之。

II.罰金及易科罰金執行之補償，應依已繳罰金加倍金額附加依法定利率計算之利息返還之。

III.易服勞役執行之補償，準用第一項規定支付之。

IV.易服社會勞動執行之補償，依其執行折算之日數，以新臺幣七百五十元以上一千五百元以下折算一日支付之。

V.沒收、追徵、追繳或抵償執行之補償，除應銷燬者外，應返還之；其已拍賣者，應支付與賣得價金加倍之金額，並附加依法定利率計算之利息。

VI.死刑執行之補償，除其羈押依第一項規定補償外，並應按受刑人執行死刑當年度國人平均餘命計算受刑人餘命，以新臺幣五千元折算一日支付撫慰金。但其總額不得低於新臺幣一千萬元。

VII.羈押、鑑定留置或收容之日數，應自拘提、同行或逮捕時起算。

第 7 條　（補償金額決定之標準）

I.補償請求之受害人具有可歸責事由者，就其個案情節，依社會一般通念，認為依第六條之標準支付補償金顯然過高時，得依下列標準決定補償金額：

一　羈押、鑑定留置、收容、徒刑、拘役、感化教育、拘束人身自由保安處分及易服勞役執行之補償，依其執行日數，以新臺幣一千元以上三千元未滿之金額折算一日支付之。

二　罰金及易科罰金之補償，依已繳納罰金附加依法定利率計算之利息返還之。

三　易服社會勞動執行之補償，依其執行折算之日數，以新臺幣二百元以上五百元未滿之金額折算一日支付之。

四　沒收、追徵、追繳或抵償執行之補償，其已拍賣者，依賣得價金附加依法定利率計算之利息支付之。

II.前項受害人可歸責之事由，應經有證據能力且經合法調查之證據證明之。

第 8 條　（受理補償金額注意事項）

受理補償事件之機關決定第六條第一項、第三項、第四項、第六項或前條第一款、第三款之補償金額時，應審酌一切情狀，尤應注意下列事項：

一　公務員行為違法或不當之情節。

二　受害人所受損失及可歸責事由之程度。

第 9 條　（管轄機關）

I.刑事補償，由原處分或撤回起訴機關，或為駁回起訴、無罪、免訴、不受理、不付審理、不付保護處分，撤銷保安處分或駁回保安處分之聲請，諭知第一條第五款、第六款裁判之機關管轄。但依第一條第七款規定請求補償者，由為羈押、鑑定留置、收容或執行之機關所在地或受害人之住所地、居所地或最後住所地之地方法院

管轄；軍法案件，由地方軍事法院管轄。

II.前項原處分或裁判之軍事審判機關，經裁撤或改組者，由承受其業務之軍事法院或檢察署為管轄機關。

第 10 條　（補償之請求）

補償之請求，應以書狀記載下列事項，向管轄機關提出之：

一　補償請求人姓名、性別、年齡、住所或居所。

二　有代理人者，其姓名、性別、年齡、住所或居所。

三　請求補償之標的。

四　事實及理由，並應檢具請求補償所憑之不起訴處分書、撤回起訴書，或裁判書之正本或其他相關之證明文件。

五　管轄機關。

六　年、月、日。

第 11 條　（法定繼承人之請求補償）

I.受害人死亡者，法定繼承人得請求補償。

II.前項之請求，除死亡者係受死刑之執行者外，不得違反死亡者本人或順序在前繼承人明示之意思。

第 12 條　（繼承人為請求時之釋明及數繼承人中單獨請求及撤回之效力）

I.繼承人為請求時，應釋明其與死亡者之關係，及有無同一順序繼承人。

II.繼承人有數人時，其中一人請求補償者，其效力及於全體。但撤回請求，應經全體同意。

第 13 條　（請求之期間及起算日）

補償之請求，應於不起訴處分、撤回起訴或駁回起訴、無罪、免訴、不受理、不付審理、不付保護處分、撤銷保安處分或駁回保安處分之聲請、第一條第五款或第六款之裁判確定日起二年內，向管轄機關為之。但依第一條第七款規定請求者，自停止羈押、鑑定留置、收容或執行之日起算。

第 14 條　（請求之委任）

I.補償之請求，得委任代理人為之。

II.委任代理人應提出委任書。

III.代理人撤回請求，非受特別委任不得為之。

第 15 條　（請求之撤回）

I.補償之請求，得於決定前撤回。

II.請求經撤回者，不得再請求。

第 16 條　（請求違背法律上程式之補正）

補償之請求，違背法律上之程式，經定期命其補正，而逾期不補正者，應以決定駁回之。

第 17 條　（請求之受理）

I.受理補償事件之機關認為無管轄權者，應諭知移送於管轄機關；認為已逾請求期間或請求無理由者，應以決定駁回之；認為請求有理由者，應為補償之決定。

II.前項機關，應於收到補償請求後三個月內，製作決定書，送達於最高法院檢察署及補償請求人。

III.前項之送達，準用刑事訴訟法之規定。

IV.補償之請求，經受理機關決定後，不得以同一事由，更行請求。

第 18 條　（覆審機關）

I.補償請求人不服前條第一項機關之決定者，得聲請司法院刑事補償法庭覆審。

II.補償決定違反第一條至第三條規定，或有其他依法不應補償而補償之情形者，最高法院檢察署亦得聲請覆審。

第 19 條　（刑事補償法庭之組織）

I.司法院刑事補償法庭法官，由司法院院長指派最高法院院長及法官若干人兼任之，並以最高法院院長為審判長。

II.司法院刑事補償法庭職員，由司法院調用之。

第 20 條　（聲請覆審之期間、程序及機關）

聲請覆審，應於決定書送達後二十日內，

以書狀敘述理由，經原決定機關，向司法院刑事補償法庭為之。

第 21 條　（聲請重審之情形）

不利於補償請求人之決定確定後，有下列情形之一，足以影響原決定之結果者，原補償請求人、或其法定代理人或法定繼承人得向為原確定決定機關聲請重審：

一　適用法規顯有錯誤。

二　原決定理由與主文顯有矛盾。

三　原決定所憑之證物已證明其為偽造或變造。

四　原決定所憑之證言、鑑定或通譯已證明其為虛偽。

五　參與原決定之檢察官、軍事檢察官或法官、軍事審判官因該補償決定事件犯職務上之罪已經證明者，或因該事件違法失職已受懲戒處分。

六　發現確實之新證據。

第 22 條　（聲請重審之期間及起算）

聲請重審，應於決定確定之日起三十日之不變期間內為之；其聲請之事由發生或知悉在確定之後者，上開不變期間自知悉時起算。但自決定確定後已逾五年者，不得聲請。

第 23 條　（聲請重審之程序）

聲請重審，應以書狀敘述理由，附具原確定決定之繕本及證據，向原確定決定機關為之。

第 24 條　（駁回決定）

I.受理重審機關認為無重審理由，或逾聲請期限，或聲請程式不合法者，應以決定駁回之；認為聲請有理由者，應撤銷原決定，並更為決定。

II.聲請重審，經受理機關認為無理由駁回後，不得以同一事由，更行聲請。

第 25 條　（撤回重審之聲請）

I.重審之聲請，得於受理機關決定前撤回之。重審之聲請經撤回者，不得更以同一事由，聲請重審。

II.撤回重審之聲請，應提出撤回書狀。

第 26 條　（聲請重審或撤回之準用規定）

聲請人依本法聲請重審或撤回時，準用第十二條第二項及第十四條規定。

第 27 條　（決定之公告與公示）

原決定機關應於決定確定後十日內，將主文及決定要旨公告，並登載公報及受害人所在地之報紙。

第 28 條　（補償支付請求之要件、期間及賠償額之扣除）

I.補償支付之請求，應於補償決定送達後五年內，以書狀並附戶籍謄本向原決定機關為之，逾期不為請求者，其支付請求權消滅。

II.繼承人為前項請求時，準用第十二條之規定。

III.受害人就同一原因，已依其他法律受有賠償或補償者，應於依本法支付補償額內扣除之。

第 29 條　（補償請求權及補償支付請求權之禁止扣押、讓與或供擔保）

補償請求權及補償支付請求權，均不得扣押、讓與或供擔保。

第 30 條　（支付補償金、返還罰金或沒收物之期限）

補償金之支付、罰金或沒收物之返還，應於收受請求支付或返還請求書狀後十五日內為之。

第 31 條　（補償審理程序之停止）

I.補償事件繫屬中有本案再行起訴、再審或重新審理之聲請時，於其裁判確定前，停止補償審理之程序。

II.前項停止之程序，於本案再行起訴、再審或重新審理之裁判確定時，續行之。

第 32 條　（補償支付之停止及補償決定之失效）

I.補償決定確定後，有本案再行起訴、再審或重新審理之聲請時，於其裁判確定前，停止補償之交付。

II.前項情形，本案重新審理經裁定保護處分

確定時，其決定失其效力；本案再行起訴或再審經判決有罪確定時，於判決諭知刑罰或保安處分期間之範圍內，其決定失其效力。

第 33 條　（補償返還命令）

I.前條第二項之情形，已為補償之支付者，原決定機關就補償決定失其效力部分，應以決定命其返還。

II.前項決定，具有執行名義。

第 34 條　（補償經費之負擔及求償權）

I.補償經費由國庫負擔。

II.依第一條所列法律執行職務之公務員，因故意或重大過失而違法，致生補償事件者，補償機關於補償後，應依國家賠償法規定，對該公務員求償。

III.前項求償權自支付補償金之日起，因二年間不行使而消滅。

IV.行使求償權，應審酌公務員應負責事由輕重之一切情狀，決定一部或全部求償。被求償者有數人時，應斟酌情形分別定其求償金額。

第 35 條　（審理規則及程序費）

I.刑事補償審理規則，由司法院會同行政院定之。

II.刑事補償事件之初審決定機關，應傳喚補償請求人、代理人，並予陳述意見之機會。但經合法傳喚無正當理由不到場者，不在此限。

III.刑事補償程序，不徵收費用。

第 36 條　（外國人準用規定）

本法於外國人準用之。但以依國際條約或該外國人之本國法律，中華民國人民得享同一權利者為限。

第 37 條　（請求國家賠償）

受害人有不能依本法受補償之損害者，得依國家賠償法之規定請求賠償。

第 38 條　（溯及適用及請求補償法定期間）

I.本法中華民國九十六年六月十四日修正之條文施行前，依軍事審判法受理之案件，亦適用之。

II.依前項規定請求補償者，應自本法中華民國九十六年六月十四日修正之條文施行之日起二年內為之。

第 39 條　（溯及適用及聲請重審法定期間）

I.本法中華民國九十六年六月十四日修正之條文施行前，有第二十一條得聲請重審事由者，應自本法中華民國九十六年六月十四日修正之條文施行之日起二年內為之。

II.本法中華民國一百年九月一日修正施行前五年，依本法中華民國一百年六月十三日修正前條文第二條第三款駁回請求賠償之案件，受害人得自中華民國一百年九月一日起二年內，以原確定決定所適用之法律牴觸憲法為由，向原確定決定機關聲請重審。

第 40 條　（補償支付請求權）

本法中華民國一百年九月一日修正施行前，補償支付請求權消滅時效業已完成，或其時效期間尚未完成者，得於本法修正施行之日起五年內行使請求權。但自其時效完成後，至本法修正施行時已逾五年者，不在此限。

第 41 條　（施行日期）

本法自中華民國一百年九月一日施行。

法院辦理刑事訴訟案件應行注意事項

一百零九年六月十五日司法院函修正發布

法院辦理刑事訴訟案件應行注意事項（第一～五條）

①民國六十九年十一月十八日司法院函發布
②八十四年七月三十一日司法院函修正發布
③八十六年十二月十九日司法院函修正發布
④九十年六月二十九日司法院函修正發布
⑤九十一年二月八日司法院函修正發布
⑥九十二年八月二十七日司法院函修正發布
⑦九十三年六月二十四日司法院函修正發布
⑧九十五年二月九日司法院函修正發布
⑨九十五年六月十三日司法院函修正發布
⑩九十六年七月六日司法院函修正發布
⑪九十八年五月十二日司法院函修正發布
⑫九十八年八月二十八日司法院函修正發布
⑬一百零二年一月二十九日司法院函修正發布
⑭一百零四年二月十日司法院函修正發布
⑮一百零五年六月三十日司法院函修正發布
⑯一百零五年十二月十九日司法院函修正發布
⑰一百零五年十二月三十日司法院函修正發布
⑱一百零六年四月二十八日司法院函修正發布
⑲一百零六年十二月二十八日司法院函修正發布
⑳一百零七年一月十八日司法院函修正發布
㉑一百零八年十二月十一日司法院函修正發布
㉒一百零九年一月八日司法院函修正發布
㉓一百零九年一月十五日司法院函修正發布
㉔一百零九年二月二十四日司法院函修正發布
㉕一百零九年三月十三日司法院函修正發布
㉖一百零九年六月十五日司法院函修正發布第一八六點；並增訂第一四二之一點

1　（刑訴審判法定程序之回復）

刑事訴訟案件之審判，本應依刑事訴訟法（以下簡稱刑訴法）所定之程序辦理，其因時間上或地域上之特殊情形而適用其他法律所定之程序辦理者，於該特殊情形消滅，尚未經判決確定者，即應適用刑訴法所定程序終結之。（刑訴法一）

2　（刑訴第二條用語之意義）

刑訴法第二條所謂實施刑事訴訟程序之公務員，係指司法警察、司法警察官、檢察官、檢察事務官、辦理刑事案件之法官而言。所謂被告，係指有犯罪嫌疑而被偵審者而言。所謂有利及不利之情形，則不以認定事實為限，凡有關訴訟資料及其他一切情形，均應為同等之注意。其不利於被告之情形有疑問者，倘不能為不利之證明時，即不得為不利之認定。（刑訴法二）

2之1　（沒收用語）

沒收之替代手段與沒收均為國家剝奪人民財產之強制處分，自同受刑訴法正當法律程序之規範。所稱沒收之替代手段，不限於刑法所規定之「追徵」，並及於其他法律所規定者。（刑訴法三之一、一四一、二五九、二五九之一、三一○、三一○之三、三一七、四五○、四五五之二、四七○）

2之2　（共犯用語）

刑訴法所稱「共犯」，原即包括正犯、教唆犯及幫助犯，不受刑法第四章規定「正犯與共犯」、「正犯或共犯」影響，務請注意適用。（刑訴法七、三四、七六、八八之一、一○一、一○五、一三五、一五六、二三九、二四五、四五五之七）

3　（管轄之指定及移轉）

管轄之指定及移轉，直接上級法院得以職權或據當事人之聲請為之，並不限於起訴以後，在起訴以前，亦得為之。其於起訴後移轉者，亦不問訴訟進行之程序及繫屬之審級如何。惟關於移轉裁定，直接上級法院不能行使審判權時應由再上級法院裁定之。至於聲請指定或移轉時，訴訟程序以不停止為原則。（刑訴法九、一○，參照司法院院字第五五號解釋）

4　（指定或移轉管轄之聲請人）

聲請指定或移轉管轄，須當事人始得為之，原告訴人、告發人雖無聲請權，可請求檢察官聲請。（刑訴法一一）

5　（指定或移轉管轄之裁定機關）

高等法院土地管轄範圍內地方法院之案件，如欲指定或移轉於分院土地管轄範圍內地方法院管轄，應由最高法院裁定，不得以行政上之隸屬關係，即由高等法院指定或移轉。（參照司法院院字第二○三號解釋）

6　（強制辯護及限制辯護人之接見）

有下列情形之一，於審判中未經選任辯護人者，審判長應指定公設辯護人或律師為被告辯護：㈠最輕本刑為三年以上有期徒刑案件。㈡高等法院管轄第一審案件。㈢被告因精神障礙或其他心智缺陷無法為完全之陳述者。㈣被告具原住民身分，經依通常程序起訴或審判者。㈤被告為低收入戶或中低收入戶而聲請指定者。㈥其他審判案件，審判長認有必要者。前述案件之選任辯護人於審判期日無正當理由而不到庭者，審判長亦均得指定公設辯護人或律師。在未設置公設辯護人之法院，可指定法官充之，不得以學習司法官、學習法官充任之。案件經指定辯護人後，被告又選任律師為辯護人者，得將指定之辯護人撤銷。至於辯護人接見羈押之被告，非有事證足認其有湮滅、偽造、變造證據或勾串共犯或證人者，不得限制之㈦。（刑訴法三一、三四；刑訴施行法三）

6之1　（被告於審判中之卷證資訊獲取權）

Ⅰ.被告於審判中得預納費用請求付與卷宗及證物之影本。但有刑訴法第三三條第二項但書情形，或屬已塗銷之少年前案紀錄及有關資料者，法院得予適當之限制。所稱之影本，在解釋上應及於複本（如翻拍證物之照片、複製電磁紀錄及電子卷證等）。

Ⅱ.被告於審判中聲請檢閱卷宗及證物者，如無刑訴法第三三條第二項但書情形，且非屬已塗銷之少年前案紀錄及有關資料，並屬其有效行使防禦權所必要，法院方得於確保卷宗及證物安全之前提下，予以許可。

Ⅲ.法院就被告前項聲請，得依刑訴法第二二二條第二項規定，衡酌個案情節，徵詢檢察官、辯護人等訴訟關係人，或權益可能受影響之第三人意見，或為其他必要之調查。法院於判斷檢閱卷證是否屬被告有效行使防禦權所必要時，宜審酌其充分防禦之需要、案件涉及之內容、有無替代程序、司法資源之有效運用等因素，綜合認定之，例如被告無正當理由未先請求付與卷宗及證物之影本，即逕請求檢閱卷證，或依被告所取得之影本已得完整獲知卷證資訊，而無直接檢閱卷證之實益等情形，均難認屬其有效行使防禦權所必要。（刑訴法三三、少年事件處理法八三之一）

7　（精神障礙或其他心智缺陷者之法定輔佐人）

被告為精神障礙或其他心智缺陷無法為完全之陳述者，應由刑訴法第三五條第三項所列之人為其輔佐人，陪同在場，但經合法通知無正當理由不到場者，不在此限。其輔佐人得陳述意見，並得為刑訴法所定之訴訟行為。被告因精神障礙或其他心智缺陷無法為完全之陳述者，並應通知其法定代理人、配偶、直系或三親等內旁系血親或家長、家屬得為被告選任辯護人。（刑訴法二七、三五）

8　（訊問、搜索、扣押、勘驗筆錄之製作方式）

刑訴法第四一條、第四二條所定之訊問、搜索、扣押或勘驗筆錄應由在場之書記官當場製作。受訊問人之簽名、蓋章或按指印，應緊接記載之末行，不得令其空白或以另紙為之；受訊問人拒絕簽名、蓋章或按指印者，應附記其事由。其行訊問或搜索、扣押、勘驗之公務員並應在筆錄內簽名。如無書記官在場，得由行訊問或搜索、扣押、勘驗之公務員親自或指定其他在場執行公務之人員，如司法警察（官）製作筆錄。（刑訴法四一、四二、四三）

9　（審判筆錄之製作方式）

審判期日應全程錄音；必要時，並得全程錄影。就刑訴法第四一條第一項第一款所定對於受訊問人之訊問及其陳述暨第二款所定證人、鑑定人或通譯未具結之事由等事項，審判長於徵詢受訊問人、當事人或代理人、辯護人及輔佐人等訴訟關係人之意見後，在認為適當之情況下（例如：為增進審判效率、節省法庭時間），毋庸經其同意，即得斟酌個案之具體狀況，決定應記載之要旨，由書記官載明於審判筆錄，但須注意不可有斷章取義、扭曲訊問及陳述本旨之情事。審判期日有關證人、鑑定人、被告受訊問或詰問及其陳述事項之記載，亦包含在內。而受訊（詢、詰）問人就審判筆錄中關於其陳述之部分，仍得請求朗讀或交其閱覽，如請求將記載增、刪、變更者，書記官則應附記其陳述，以便查考。（刑訴法四四、四四之一）

10　（審判筆錄之補正）

審判筆錄應於每次開庭後三日內整理。當事人、代理人、辯護人或輔佐人認為審判筆錄

法院辦理刑事訴訟案件應行注意事項（第一一～二〇條）

之記載有錯誤或遺漏，亦得於次一期日前；案件已辯論終結者，得於辯論終結後七日內，聲請法院定期播放審判期日錄音或錄影內容核對之。核對結果，如審判筆錄之記載確有錯誤或遺漏者，書記官應即更正或補充；如筆錄記載正確者，書記官應於筆錄內附記核對之情形。至於當事人、代理人、辯護人或輔佐人經法官許可後，依據法院所交付之審判期日錄音或錄影拷貝資料，自行就有關被告、自訴人、證人、鑑定人或通譯之訊（詢、詰）問及其陳述之事項轉譯為文書提出於法院時，書記官應予核對，如認為該文書記載適當者，則得作為審判筆錄之附錄，其文書內容並與審判筆錄同一效力。（刑訴法四四、四四之一、四五、四八）

11　（審判長、法官簽名之必要）
筆錄及裁判書，審判長、法官應注意簽名，不得疏漏。（刑訴法四六、五一）

12　（審判筆錄應記載事項㈠）
審判筆錄中，對於有辯護人之案件，應記載辯護人為被告辯護，並應詳細記載檢察官到庭執行職務，審判長命檢察官（或自訴人）、被告、辯護人依次就事實、法律、科刑範圍辯論及被告之最後陳述等事項，以免原判決被認為當然違背法令。（刑訴法四四、二八九、二九〇）

13　（審判筆錄應記載事項㈡）
審判長已將採為判決基礎之人證、物證、書證提示被告，命其辯論者，審判筆錄應注意予以記載，以免原判決被認為有應於審判期日調查之證據，而未予調查之違法。（刑訴法四四、一六四、一六五、三七九）

14　（審判筆錄應記載事項㈢）
實際上參與審理及判決（亦即在判決原本上簽名）之法官為甲、乙、丙三人者，在審判筆錄中，不得將參與審理之法官，誤記為甲、丙、丁三人，以免被認為未經參與審理之法官參與判決。（刑訴法四四、三七九）

15　（審判筆錄應記載事項㈣）
第二審審判筆錄應注意記載審判長命上訴人陳述上訴要旨，以免上訴範圍無從斷定。（刑訴法四七、三六五，參照最高法院六十八年臺上字第二三三〇號判例）

16　（辯護律師請求閱卷之准許）
刑事案件經各級法院裁判後，如已合法提起上訴或抗告，而卷證在原審法院者，其在原審委任之辯護律師因研究為被告之利益而上訴問題，向原審法院請求閱卷，或在上級審委任之辯護律師，在卷宗未送上級審法院前，向原審法院請求閱卷時，原審法院為便民起見，均應准許其閱卷。（刑訴法三三，參照最高法院六十三年八月十三日六十三年第三次刑庭庭推總會議決定）

17　（訴訟案件之編訂）
訴訟卷宗，應將關於訴訟之文書法院應保存者，依訴訟進行之次序，隨收隨訂，並應詳填目錄及刑事案件進行期限檢查表。至於各級法院法官製作之裁判書原本，應另行保存，僅以正本編訂卷內。（刑訴法五四）

18　（送達證書與收受證書）
送達證書，關係重大，務必切實記載明確。如應送達之文書為判決、裁定者，司法警察或郵務機構應作收受證書，記明送達證書所列事項，並簽名後交收領人。其向檢察官送達判決、裁定書者，亦應作收受證書，交與承辦檢察官，若承辦檢察官不在辦公處所時，則向檢察長為之。至於向在監獄、看守所、少年觀護所或保安處分場所之人為送達時，囑託典獄長、看守所長、少年觀護所主任或保安處分場所長官代為送達，須經送達其本人收受始生效力，不能僅送達於監所或保安處分場所而以其收文印章為憑。（刑訴法五六、五八、六一）

19　（文書之送達）
Ⅰ.文書之送達，由書記官交由司法警察或郵務機構執行，不得徵收任何費用。至關於送達證書之製作，及送達日時之限制與拒絕收受之文件，其如何處置，應注意準用民事訴訟法之規定。

Ⅱ.公示送達應由書記官經法院之許可，將應送達之文書或其節本張貼於法院牌示處，並應以其繕本登載報紙、公告於法院網站或以其他適當方法通知或公告之。自最後登載報紙或通知公告之日起，經三十日發生送達效力。（刑訴法六〇、六一、六二、民訴法一三九、一四〇、一四一）

20　（得聲請回復原狀之事由）
得聲請回復原狀者，以遲誤上訴、抗告、或聲請再審之期間、或聲請撤銷或變更審判長、受命法官、受託法官裁定或檢察官命令之期

間者為限。（刑訴法六七、六八）

21　（駁回上訴效力之阻卻）

上訴逾期，經上訴法院判決駁回後，如原審法院依聲請以裁定准予回復原狀，業經確定者，上訴法院仍應受理上訴。上訴並未逾期，由於原審法院漏未將上訴書狀送交上訴法院，以致上訴法院判決認為逾期予以駁回者，如經查明確有合法上訴書狀，即足防阻駁回判決效力之發生，重入於上訴審未判決前之狀態。雖應由上訴法院依照通常程序進行審判，惟如上訴法院係將不利益於被告之合法上訴誤認逾期而予判決駁回並告確定者，即應先依非常上訴程序將該確定判決撤銷後，始得回復原訴訟程序就合法上訴部分進行審判。（刑訴法六七、六八，參照最高法院八十年十一月五日八十年第五次刑事庭會議決議及司法院院字第八一六號、大法官釋字第二七一號解釋）

22　（對在監所被告之傳喚）

對於在監獄、看守所、少年觀護所或保安處分場所之被告傳喚時，應通知該監所或保安處分場所長官，並先填具傳票囑託送達，至訊問期日，再提案審訊。（刑訴法七三）

23　（執行拘提之程序）

法院依法拘提者，應用拘票。拘票應備二聯，執行拘提時，由司法警察或司法警察官以一聯交被拘人或其家屬。如拘提之人犯，不能於二十四小時內到達指定之處所者，應先行解送較近之法院，訊問其人有無錯誤。（刑訴法七七、七九、九一）

24　（通緝書之記載與撤銷通緝）

通緝書應依刑訴法第八五條之規定記載。如其通緝之原因消滅，或已顯無通緝之必要時，應即撤銷通緝，予以通知或公告之。（刑訴法八五、八七）

24 之 1　（限制出境或出海之要件）

Ⅰ.法院於審判中，認被告犯罪嫌疑重大，且有刑訴法第九三條之二第一項各款情形之一，於必要時得逕行限制被告出境、出海。但所犯係最重本刑為拘役或專科罰金之案件，既許被告委任代理人到場，自不得逕行限制。

Ⅱ.限制出境之範圍，包含所有得利用出海逃匿之方式，惟仍應審酌個案情節，於保全被告或證據之必要範圍內為之，故限制出海之裁定非不得附有「得搭乘國內核定航線（含外、

離島航線）之交通船」、「得許漁（船）員於領海範圍內出海作業」或「得在領海範圍內從事水上休憩活動」等條件，以兼顧被告權益或生活需求。（刑訴法九三之二）

24 之 2　（限制出境、出海之要式與通知）

Ⅰ.審判中限制出境、出海，應以書面記載刑訴法第九三條之二第二項所定各款事項，除被告住、居所不明而不能通知者外，應儘速以該書面通知被告，不得有不必要之遲延。如認通知有導致被告逃匿或湮滅、偽造或變造證據、勾串共犯或證人之虞，而未能立即通知者，至遲亦應於限制出境、出海後六個月內為之。但於通知前已訊問被告者，法院應當庭告知，並付與前揭書面。

Ⅱ.被告於收受書面通知前獲知經限制出境、出海者，亦得向法院請求交付前項書面，法院非有正當理由，不得拒絕。（刑訴法九三之二）

24 之 3　（限制出境、出海之期間）

Ⅰ.檢察官於偵查中為延長限制出境、出海之聲請，違反刑訴法第九三條之三第一項所定「至遲於期間屆滿之二十日前」之規定，致法院無從於期間屆滿前給予被告及其辯護人陳述意見之機會、調查延長限制出境、出海之原因等必要程序時，應以聲請不合法，予以駁回。

Ⅱ.刑訴法第九三條之三第一項所定「具體理由」，係指就延長限制出境、出海期間之必要性，予以具體敘明其理由，與同法第九三條之二第二項第三款所定「限制出境、出海之理由」，係指敘明具備同條第一項限制出境、出海之法定要件，並不相同。法院受理檢察官於偵查中延長限制出境、出海之聲請時，如檢察官並未敘明具體理由，或未依同法第九三條之三第一項以聲請書繕本通知被告及其辯護人者，自得據為是否及法院未及進行必要程序或調查事證而予以駁回聲請之審酌事由。檢察官未依法將聲請書繕本通知被告及其辯護人者，法院無庸代行通知。

Ⅲ.偵查中檢察官聲請法院延長限制出境、出海，第一次不得逾四個月，第二次不得逾二個月，至多以此兩次為限，不得再予延長。

Ⅳ.審判中延長限制出境、出海，每次限制期間最長以八個月為限，雖無延長次數之限制，惟仍應注意最重本刑為有期徒刑。

法院辦理刑事訴訟案件應行注意事項（第二一～二四之三條）

V.十年以下之罪者，累計不得逾五年；其餘之罪，累計不得逾十年。但被告逃匿而通緝之期間，不予計入。又不論就同一被告所為獨立型之逕行限制出境、出海處分，或行羈押審查程序後所為之替代型限制出境、出海處分，其審判中累計期間均予併計，而非分別計算。

VI.法院為是否延長限制出境、出海裁定前給予被告及其辯護人陳述意見之機會時，得審酌個案情節，決定是否開庭調查事證，或逕依書面意見予以裁定，且除因檢察官聲請不合法而得逕予駁回外，法院均應賦予被告及其辯護人陳述意見之機會，非得任意裁量不予其意見陳述權。

VII.案經起訴後繫屬法院時，或案件經提起上訴後卷證送交上訴審法院時，如原限制出境、出海所餘期間未滿一個月者，一律延長為一個月。故案件繫屬法院後，應儘速辦理分案並即通知入出境、出海之主管機關法定延長期限之屆滿日，法官於收案後，應即審查是否符合限制出境、出海之法定要件及其必要性，速為妥適之決定。如決定予以限制出境、出海者，其期間接續在原限制出境、出海所餘期間及法定延長期間屆滿後重新起算。但不得逾八個月。

VIII.偵查中所餘限制出境、出海之期間及法定延長期間，均不計入前項重新起算之期間。但算入審判中之限制出境、出海總期間。（刑訴法九三之三）

24 之 4　（視為撤銷限制出境、出海）

I.被告經諭知無罪、免訴、免刑、緩刑、罰金或易以訓誡或刑事訴訟法第三○三條第三款、第四款不受理之判決者，視為撤銷限制出境、出海，法院應即通知入出境、出海之主管機關解除限制。但上訴期間內或上訴中，如有必要，得繼續限制出境、出海。

II.前項但書情形，法院應於宣示該判決時裁定之，並應付與被告刑事訴訟法第九三條之二第二項所定之書面或為通知，俾其獲悉繼續限制之理由及為後續救濟程序。繼續限制之期間，仍應受審判中最長限制期間之拘束。（刑訴法九三之四）

24 之 5　（限制出境、出海之撤銷與變更）

I.偵查中法院撤銷限制出境、出海前，除依檢察官聲請者外，應徵詢檢察官之意見，並為必要之斟酌；變更限制出境、出海者，亦宜徵詢並斟酌檢察官之意見。

II.法院為前項徵詢時，得限定檢察官陳報其意見之期限。此項徵詢，得命書記官以電話、傳真或其他迅捷之方式行之，並作成紀錄。逾期未為陳報者，得逕行裁定。

III.偵查中檢察官所為之限制出境、出海，於案件起訴後繫屬法院時，其所餘限制出境、出海之期間，並非當然屆至，法官收案後，如認限制出境、出海之原因消滅或其必要性已失或減低者，得依職權或被告及其辯護人之聲請撤銷或變更之。

IV.除被告住、居所不明而不能通知者外，法院依職權或依聲請撤銷或變更限制出境、出海者，均應儘速通知被告。（刑訴法九三之五）

25　（即時審判與羈押）

I.偵查中之羈押審查程序係指檢察官聲請羈押、延長羈押、再執行羈押被告之法院審查及其救濟程序。但不包括法院已裁准羈押後之聲請撤銷羈押、停止羈押、具保、責付、限制住居、限制出境或出海等程序。

II.拘提或逮捕被告到場者，或法院於受理檢察官所為羈押之聲請，經人別訊問後，除有刑訴法第九三條第五項但書所定至深夜仍未訊問完畢，被告、辯護人及得為被告輔佐人之人請求法院於翌日日間訊問，及深夜始受理聲請者之情形外，應即時訊問。所謂「即時訊問」係指不得有不必要之遲延，例如辯護人閱卷、被告及其辯護人請求法官給予適當時間為答辯之準備、法官閱卷後始進行訊問、為避免疲勞訊問而令已長時間受訊問之被告先適當休息後再予訊問等情形，均非屬不必要之遲延。法官訊問被告後，認無羈押必要，應即釋放或命具保、責付、限制住居、限制出境或出海。（刑訴法三一之一、九三、九三之六、一○一至一○一之二）

26　（訊問被告之態度與方式）

訊問被告應先告知：犯罪嫌疑及所犯所有罪名，罪名經告知後，認為應變更者，應再告知；得保持緘默，無須違背自己之意思而為陳述；得選任辯護人；如為低收入戶、中低收入戶、原住民或其他依法令得請求法律扶助者，得請求之；得請求調查有利之證據。訊問時，應出以懇切和藹之態度，不得用強暴、脅迫、利誘、詐欺、疲勞訊問或其他不

正之方法。被告有數人時，應分別訊問。被告請求對質者，除顯無必要者外，不得拒絕。無辯護人之被告表示已選任辯護人時，除被告同意續行訊問外，應即停止訊問。(刑訴法九五、九七、九八)

27　(訊問被告)

訊問被告，固重在辨別犯罪事實之有無，但與犯罪構成要件、加重要件、量刑標準或減免原因有關之事實，均應於訊問時，深切注意，研訊明確，倘被告提出有利之事實，更應就其證明方法及調查途徑，逐層追求，不可漠然置之，遇有被告或共犯自白犯罪，仍應調查其他必要之證據，詳細推鞫是否與事實相符，不得以被告或共犯之自白作為有罪判決之唯一證據。對於得為證據之被告自白之調查，除有特別規定外，應於有關犯罪事實之其他證據調查完畢後為之。(刑訴法九六、一五六、一六一之一、一六一之三)

27之1　(對聽覺或語言障礙或語言不通者之訊問)

法院訊問聽覺或語言障礙或語言不通之被告或其他受訊問人，應由通譯傳譯之；必要時，並得以文字訊問或命以文字陳述。(刑訴法九九、一九二、一九七、二一○)

27之2　(全程連續錄音、錄影)

I 法院訊問被告、證人、鑑定人或鑑定證人，應全程連續錄音；必要時，並應全程連續錄影。但有急迫情況且經記明筆錄者，不在此限。

II 筆錄內所載之前項受訊問人陳述與錄音或錄影之內容不符者，除有前項但書情形外，其不符之部分，不得作為證據。(刑訴法一○○之一、一九二、一九七、二一○)

28　(濫行羈押之禁止)

對於被告實施羈押，務須慎重將事，非確有刑訴法第一○一條第一項或第一○一條之一第一項各款所定情形，而有羈押之必要者，不得羈押。尤對第一○一條之一第一項之預防性羈押，須至為審慎。至上揭規定所謂「犯罪嫌疑重大」者，係指其所犯之罪確有重大嫌疑而言，與案情重大不同。(刑訴法一○一、一○一之一)

29　(逕行拘提之事由)

刑訴法第七六條所列之情形，雖其標目為四款，惟在第二款中，包含有兩種情形，故其所列，實有五種：㈠無一定之住、居所者。㈡逃亡者。㈢有事實足認為有逃亡之虞者。㈣有事實足認為有湮滅、偽造、變造證據或勾串共犯或證人之虞者。(本款及前款所謂「有事實足認為」之標準，應依具體事實，客觀認定之，並應於卷內記明其認定之根據。)㈤所犯為死刑、無期徒刑或最輕本刑為五年以上有期徒刑之罪者。(刑訴法七六)

30　(押票之製作及使用)

羈押被告所用之押票，應載明法定必須記載之事項，命被告按捺印指，並應備數聯，分別送交看守所、辯護人、被告及其指定之親友。偵查中並應送交檢察官。偵查中之羈押，押票應記載之事項，與檢察官聲請書所載相同者，得以聲請書為附件予以引用。(刑訴法一○二、一○三)

31　(延長羈押之次數與裁定)

延長被告之羈押期間，偵查中以一次為限；審判中如所犯最重本刑為十年以下有期徒刑以下之刑之罪，應注意第一、二審均以三次為限，第三審以一次為限；如所犯最重本刑為死刑、無期徒刑或逾期徒刑十年者，第一、二審均以六次為限，第三審以一次為限，且審判中之羈押期間，累計不得逾五年。起訴後送交前之羈押期間算入偵查中之羈押期間。裁判後送交前之羈押期間，算入原審法院之羈押期間。案件經發回者，其延長羈押期間之次數，應更新計算。(刑訴法一○八、刑事妥速審判法五)

32　(偵查中羈押資料之管理)

法院對於偵查中聲請羈押之案件，應製作紀錄，記載檢察官聲請之案號、時間(含年、月、日、時、分)、被告之姓名及身分資料暨羈押或免予羈押之情形。每一案件建一卷宗，嗣後之延長羈押、撤銷羈押或停止羈押、再執行羈押等相關資料，應併入原卷宗。(刑訴法九三、一○七、一○八、一一○、一一五、一一六、一一七)

33　(隨時受理羈押之聲請並付與羈押聲請書繕本)

法院應隨時受理偵查中羈押被告之聲請，於收文同時立即建立檔案，完成分案，並送請法官依法辦理。法官受理後訊問被告前，應付與羈押聲請書之繕本。(刑訴法九三)

法院辦理刑事訴訟案件應行注意事項　(第二七～三三條)

34 （羈押訊問，應通知辯護人到場）

法官為羈押訊問時，如被告表示已選任辯護人者，法院應以電話、傳真或其他迅捷之方法通知該辯護人，由書記官作成通知紀錄。被告陳明已自行通知辯護人或辯護人已自行到場者，毋庸通知。（刑訴法三一之一、九五、一〇一、一〇一之一）

34之1 （偵查中之羈押審查程序）

I.偵查中之羈押審查程序被告未經選任辯護人者，審判長應即指定公設辯護人或律師為被告辯護。在未設置公設辯護人之法院或公設辯護人不足以因應時，即應指定律師為被告辯護。如等候指定辯護人逾四小時，而指定辯護人仍未能到場者，經被告主動請求訊問時，始得逕行訊問。所謂「等候指定辯護人逾四小時未到場」係指法院已經完成指定特定辯護人之程序，該經指定之辯護人已逾四小時仍未能到場者而言。被告選任之辯護人如無正當理由而不到庭者，審判長亦得指定公設辯護人或律師為被告辯護。

II.偵查中之羈押審查程序除第九十三條第二項但書之卷證外，辯護人得向法院請求檢閱卷宗及證物並抄錄或攝影。法官於訊問無辯護人之被告時，應審酌個案情節，主動以提示或交付閱覽等適當方式，使被告獲知檢察官據以聲請羈押所憑之證據。（刑訴法三三之一、一〇一、一〇一之一、三一之一、施行法七之十）

34之2 （檢察官聲請羈押主張限制或禁止部分卷證之處理）

偵查中之羈押審查程序經檢察官另行分卷請求應限制或禁止被告及其辯護人獲知之卷證，法院應妥為保密，不得於羈押審查程序前提供辯護人檢閱、抄錄或攝影。（刑訴法九三）

34之3 （限制或禁止部分證據之審查與禁止效果）

I.檢察官另行分卷請求法院限制辯護人獲知之卷證，法官應於羈押審查程序中以提供被告及其辯護人檢閱、提示或其他適當方式為之，以兼顧偵查目的之維護以及被告及其辯護人防禦權之行使。惟應注意，所謂其他適當之方式，不包括間接獲知資訊之告以要旨。

II.檢察官另行分卷遮掩、封緘後，請求法官禁止被告及其辯護人獲知之卷證，基於檢察官

為偵查程序之主導者，熟知案情與偵查動態，法院自應予適度之尊重，該經法官禁止被告及其辯護人獲知之卷證，亦不得採為羈押審查之依據。（刑訴法九三、一〇一、一〇一之一）

35 （通知檢察官到場與偵查不公開原則）

I.偵查中之羈押審查程序檢察官得到場之情形，法官於必要時得指定應到場之時間及處所，通知檢察官到場陳述聲請羈押之理由或提出證據。但檢察官應到場之情形，法官應指定到場之時間及處所，通知檢察官到場敘明理由，並指明限制或禁止獲知卷證資訊之範圍。此項通知，得命書記官以電話、傳真或其他迅捷方式行之，作成紀錄。檢察官未遵限到場者，得逕行裁定。

II.法院對於偵查中之羈押審查程序須注意偵查不公開原則，業經檢察官遮掩或封緘後請求法院應禁止被告及其辯護人獲知之卷證，不得任意揭露，而其審查目的亦僅在判斷檢察官提出之羈押或延長羈押聲請是否符合法定要件，並非認定被告是否成立犯罪，故其證據法則無須嚴格證明，僅以自由證明為已足。（刑訴法三一之一、九三、一〇一、一〇一之一、一〇八、二四五，參照最高法院七一年臺上字第五六五八號判例）

36 （偵查中聲請羈押之前提）

偵查中之羈押，除刑訴法第九三條第四項之情形外，以被告係經合法拘提或逮捕且於拘捕後二十四小時內經檢察官聲請為前提。檢察官聲請時所陳法定障礙事由經釋明者，其經過之時間，應不計入前開二十四小時內。（刑訴法九三、九三之一）

37 （檢察官為具保、責付、限制住居、限制出境或出海命令之失效）

檢察官依刑訴法第九三條第三項但書後段或第二二八條第四項但書聲請羈押者，其原來所為具保、責付、限制住居、限制出境或出海之命令即失其效力。（刑訴法九三、九三之六、二二八）

38 （檢察官聲請羈押，法院得逕為具保、責付、限制住居、限制出境或出海）

檢察官聲請羈押之案件，法官於訊問被告後，認為雖有刑訴法第一〇一條第一項或第一〇一條之一第一項各款所定情形之一，而無羈押必要者，得逕命具保、責付、限制住居、

限制出境或出海，不受原聲請意旨之拘束。其有第一一四條所定情形者，非有不能具保、責付、限制住居、限制出境或出海之情形者，不得逕予羈押。（刑訴法九三、九三之六、一〇一、一〇一之一、一〇一之二、一一四）

39 （偵查中羈押案件不公開）

法官於駁回檢察官之羈押聲請或改命具保、責付、限制住居、限制出境或出海時，應以書面附理由行之，俾便檢察官即時提起抗告。法官為上述裁定時，應注意偵查不公開之原則，業經檢察官遮掩、封緘後請求法院應禁止被告及其辯護人獲知之卷證，經法院禁止被告及其辯護人獲知者，不得公開揭露或載於裁定書內。（刑訴法九三、九三之六、一〇一、一〇一之一、二四五、四〇四、四一三）

39 之 1 （羈押裁定之記載）

偵查中之羈押審查程序經訊問被告後，法院裁定所依據之事實、各項理由之具體內容及有關證據，均應將其要旨告知被告及其辯護人，並記載於筆錄。但未載明於羈押聲請書證據清單之證據資料，既不在檢察官主張之範圍內，法院自毋庸審酌。（刑訴法九三、一〇一）

40 （抗告法院宜自為裁定）

檢察官對法官駁回羈押聲請或命具保、責付、限制住居、限制出境或出海之裁定提起抗告者，該管抗告法院須以速件之方式為審理，並儘量自為羈押與否之裁定（刑訴法九三之六、四〇四、四一三）

40 之 1 （抗告法院之審查）

偵查中之羈押審查程序卷證在原審經檢察官遮掩、封緘後請求法院禁止被告及其辯護人獲知之部分，經法院禁止者，發生證據禁止之效果，抗告法院亦不得採為判斷之依據。（刑訴法九三、一〇一）

41 （審慎禁止接見、通信或命扣押之原則）

禁止接見、通信或命扣押物件，係與羈押有關之處分，對羈押中之被告，有重大影響，法院應審慎依職權行之。偵查中檢察官為該處分之聲請時，法院應審酌有無具體事證，足認確有必要，如未附具體事證，或所附事證難認有其必要者，不宜漫然許可。（刑訴法一〇五）

41 之 1 （禁止接見、通信或受授物件應為妥適裁量）

法院認被告與外人接見、通信及受授物件有足致其脫逃或湮滅、偽造、變造證據或勾串共犯或證人之虞者，審判長或受命法官於依檢察官之聲請或依職權命禁止或扣押時，應審酌個案情節，在不得限制被告正當防禦權利之前提下，依比例原則裁量決定其禁止或扣押之對象、範圍及期間等事項，並宜於押票上記載明確，俾利看守所執行之。（刑訴法一〇五）

42 （同時聲請羈押及其他處分之處理）

檢察官聲請羈押時，一併聲請禁止接見、通信或命扣押物件，法院認前一聲請有理由，後一聲請無理由者，關於前者應簽發押票交付執行，關於後者，應予駁回。（刑訴法一〇二、一〇三、一〇五）

43 （聲請解除禁止接見、通信案件之處理）

聲請撤銷禁止接見、通信之處分者，法院應斟酌具體情形及相關證據，審慎判斷，如認聲請無理由，即予裁定駁回。（刑訴法一〇五）

44 （慎重審核緊急處分）

對於檢察官或押所所為禁止接見、通信或扣押物件之緊急處分，及押所長官為束縛身體之報告，均應慎重審核，注意有無違法或不當情事。（刑訴法一〇五）

45 （徵詢檢察官意見之方式）

法院為審酌偵查中應否撤銷羈押或停止羈押，依法應徵詢檢察官之意見時，得限定檢察官陳報其意見之期限。此項徵詢，得命書記官以電話、傳真或其他迅捷之方式行之，並作成紀錄。逾期未為陳報者，得逕行裁定。（刑訴法一〇七、一一〇、一一五、一一六、一一六之一）

46 （檢察官意見之審酌）

檢察官所提關於偵查中撤銷羈押或停止羈押之意見，固無拘束法院之效力，但法院仍宜為必要之斟酌，以期周延。（刑訴法一〇七、一一〇、一一五、一一六、一一六之一）

47 （許可延長羈押之理由）

檢察官於偵查中所為延長羈押期間之聲請，未附具體理由或所附理由不足以形成應延長羈押之心證者，法院得以裁定駁回之。（刑訴法一〇八）

48　（延長羈押期間前之訊問）

法院於裁定延長羈押期間前，須先依刑訴法第一〇一條第一項或第一〇一條之一第一項訊問被告，給予陳述之機會。被告有選任或指定辯護人者，法院應通知該辯護人到場。（刑訴法三一之一、一〇八）

48之1　（羈押期間之計算）

刑訴法第一〇八條第三項係規定羈押中之被告於偵查與審判、原審與上訴審法院審判中之羈押期間，分別以卷宗及證物送交管轄法院或上訴審法院之日起算；同條第四項則規定逮捕、拘提被告後，經過一定期間，例如同法第九三條第二項、第九三條之一第一項各款情形之經過期間，始羈押被告時，羈押期間以簽發押票之日起算。但自逮捕、拘提起，實際上已限制被告人身自由，為顧及被告權益，羈押前之逮捕、拘提期間，以一日折算裁判確定前之羈押日數一日，以保障人權，二者有明確區分，務須注意適用。（刑訴法九三、九三之一、一〇八）

49　（檢察官遲延聲請延長羈押之處理）

檢察官於偵查中為延長羈押期間之聲請，違反刑訴法第一〇八條第一項所定「至遲於期間屆滿之五日前」之規定，致法院無從於期間屆滿前辦理訊問被告、調查延長羈押期間之原因、依法宣示延長羈押期間之裁定，製作裁定並送達裁定正本者，應以聲請不合法，予以駁回。（刑訴法一〇八）

50　（延長羈押裁定正本之送達及保全措施）

延長羈押期間之裁定，除當庭宣示者外，須於期間未滿前，以正本送達於被告，始發生延長羈押之效力。此項正本之製作及送達，務須妥速為之。刑訴法第一〇八條第八項關於得繼續羈押之適用，須以已經羈押之期間未逾同條第五項規定之期間為基礎，故如所犯最重本刑為十年以下有期徒刑之刑，第一、二審法院已經為第三次延長羈押，期滿未經裁判並將卷宗送交上級法院者，法院當無再予繼續羈押之餘地。（刑訴法一〇八）

51　（應依職權注意撤銷或停止羈押）

法院應隨時依職權注意羈押原因是否仍然存在，及有無繼續羈押之必要，羈押原因消滅者，應即撤銷羈押，將被告釋放，已無羈押必要者，應命停止羈押。（刑訴法一〇七、一一〇、一一五、一一六、一一六之一）

52　（聲請撤銷羈押或停止羈押案件之審理）

被告、辯護人或得為被告輔佐人之人聲請撤銷或停止羈押者，法院認有必要時，得聽取其陳述。偵查中檢察官聲請停止羈押者，法院認為必要時，亦得聽取被告、辯護人或得為被告輔佐人之人之陳述。（刑訴法一〇七、一一〇、一一五、一一六、一一六之一）

53　（檢察官於偵查中聲請撤銷羈押之處理）

偵查中檢察官聲請撤銷羈押者，法院應予准許，不得駁回。（刑訴法一〇七）

54　（貫徹當事人平等原則）

檢察官僅於偵查中始得聲請羈押、延長羈押、撤銷羈押或停止羈押。在審判中，並無為上揭各項處分之聲請權，其提出聲請者，應以聲請為不合法，予以駁回。（刑訴法九三）

55　（審慎處理變更羈押處所之聲請）

偵查中檢察官、被告或其辯護人依刑訴法第一〇三條之一聲請變更羈押處所者，法院應斟酌其具體情形及相關證據，審慎判斷。（刑訴法一〇三之一）

56　（偵查中經檢察官命具保之被告逃匿者，其保證金之處理）

檢察官依刑訴法第九三條或第二二八條命具保之被告在審判中逃匿者，應由法院依刑訴法第一一八條第一項處理之。（刑訴法九三、一一八、二二八、一二一）

57　（羈押逾刑期之釋放）

案件經上訴者，被告羈押期間如已逾原審判決之刑期者，應即撤銷羈押，將被告釋放。但檢察官為被告之不利益而上訴者，得命具保、責付、限制住居、限制出境或出海。（刑訴法九三之六、一〇九）

58　（許可具保責付應注意事項）

許可具保而停止羈押，固應指定保證金額，惟保證金額須審酌案情及被告身分核定相當之數額，除聲請人或第三人願納保證金或有價證券者外，應依法命其提出保證書，不得強令提出保證金。於聲請人或第三人已依指定之保證金額提出現金或有價證券時，應予准許，不得強令提出保證書。遇有可用責付或限制住居之方法停止羈押者，亦應切實採行其方法。其具保或責付之人是否適當，應由各該命為具保責付或限制住居之法院親自核定。（刑訴法一一一、一一五、一一六）

59　（具保人之限制）

准許具保時，應注意刑訴法第一一一條第二項之規定，凡該管區域內殷實之人皆得出具保證書。惟公司董事長或經理不得以公司為刑事具保之保證人。（刑訴法一一一）

60　（職權停止羈押之事由）

羈押之被告，如其犯最重本刑為三年以下有期徒刑、拘役或專科罰金之罪且無刑訴法第一一四條第一款但書情形，或懷胎五月以上或生產未滿二月，或現罹疾病非保外治療顯難痊癒者，如經具保聲請停止羈押固應准許，其未聲請者，亦得命具保、責付、限制住居、限制出境或出海後停止羈押。（刑訴法九三之六、一一四、一一五、一一六）

61　（保證金之沒入）

因具保而停止羈押之被告，如非逃匿，不得僅以受有合法傳喚無故不如期到案之理由，沒入其保證金。（刑訴法一一八）

62　（受責付人之責任）

被告於責付後，潛逃無蹤，固得令受責付人追交被告。但除受責付人確有藏匿或使之隱避情事，應受刑事制裁外，不得將其拘押。（參照司法院院字第八一五號解釋）

62之1　（羈押替代處分類型之限制出境、出海）

I.依刑訴法第一編第八章之一以外規定得命具保、責付或限制住居者，亦得命限制出境、出海，性質上屬於羈押替代處分類型，除其限制出境、出海之法定原因，須附隨於羈押審查程序加以認定，而無從準用同法第九三條之二第一項規定外，得準用同法第九三條之二第二項及第九三條之三至第九三條之五之規定。

II.前項之限制出境、出海，既係當庭諭知，自應準用刑訴法第九三條之二第二項所定書面當庭付與被告。（刑訴法九三之六）

63　（搜索之要件與釋明）

對於被告、犯罪嫌疑人或第三人之搜索，以「必要時」或有「相當理由」為要件。所稱「必要時」，須有合理之根據認為被告、犯罪嫌疑人之身體、物件、居住處所或電磁紀錄可能藏（存）有得作為犯罪或與之相關之證據存在；而是否有「相當理由」，非以搜索者主觀標準判斷，尚須有客觀之事實為依據，其與「必要時」之於搜索權之發動，差別在

「相當理由」之標準要比「必要時」高。此二要件均應由搜索票之聲請人於聲請書上釋明之。（刑訴法一二二）

64　（搜索票之簽發與保密）

搜索票務須填載刑訴法第一二八條第二項各款法定必要記載之事項，不得遺漏，尤其第四款「有效期間」，應審酌聲請人之請求及實際需要，慎重決定。為確保人權不受公權力過度侵害，法官得視個案具體狀況，於搜索票上對執行人員為適當之指示，例如指示應會同相關人員或採隱密方式等。對於偵查中聲請核發搜索票之程序，包括受理、訊問、補正、審核、分案、執行後陳報、事後審查、撤銷、抗告、抗告法院裁定等程序，各相關人員於本案起訴前均應依法保守秘密，不得公開。（刑訴法一二八、二四五）

65　（搜索票聲請與審核）

檢察官、司法警察官聲請核發搜索票，應以書面記載刑訴法第一二八條第二項各款事項，其中第四款部分，係指預定實施搜索之時間。處理檢察官、司法警察官聲請核發搜索票之案件，由聲請人或其指定之人，持聲請書直接請求值日法官受理（不先分案，俟次一上班日再送分案室）。法官應妥速審核、即時裁定。對於重大刑事案件或社會矚目案件之聲請搜索票，必要時得組合議庭辦理。法官於裁定前，如認有必要時，得通知聲請人或其指定到場之人補正必要之理由或資料，或為必要之訊問或即時之調查後，逕行審核裁定之。法院審核搜索票之聲請，應就聲請書所敘述之理由及其釋明是否合於刑訴法第一二二條所規定之「必要時」或「有相當理由」之要件為之，其證據法則無庸嚴格證明，以行自由證明為已足，如經綜合判斷，具有一定可信度之傳聞、傳述，亦得據為聲請之理由。法院審核搜索票之聲請，不論准駁，得以簡便方式直接在聲請書上批示其要旨，如准予核發，書記官應於聲請書上將實際掣給搜索票之時間予以明確記載，並確實核對聲請人或其指定之人之職員證件後由其簽收搜索票。如為駁回之裁定，書記官應將聲請書原本存查，影本交付聲請人；聲請人於法院裁定前撤回聲請者，亦同。（刑訴法一二八之一、一五六、參照最高法院七十一年臺上字第五六五八號判例）

66　（法官親自搜索）

法官為勘驗或調查證據，固得親自實施搜索，但應以受聲請為原則，且不論在法庭內或法庭外為之，除法律另有規定外，均應簽發搜索票，記載刑訴法第一二八條第二項各事項，並應將之出示在場之人。（刑訴法一二八之二、一四五、二一二）

67　（附帶搜索）

依法逮捕、拘提、羈押被告或犯罪嫌疑人後，雖無搜索票，亦得逕行對其身體、隨身攜帶之物件、所使用之交通工具及其立即可觸及之處所，例如身旁之手提袋或其他物件，一併搜索。（刑訴法一三〇）

68　（逕行搜索之審查）

檢察官依刑訴法第一三一條第二項規定，得逕行搜索，乃係偵查中檢察官基於保全證據之必要，確有相當理由，認為在二十四小時內，證據有偽造、變造、湮滅或隱匿之虞，情況急迫，所為之強制處分。法院受理檢察官、司法警察官逕行搜索之陳報案件，於審查時，得為必要之訊問或調查，務須注意是否具有相當性、必要性及急迫性，並不得公開行之。審查結果，認為尚未見有違反法律規定者，可逕於陳報書上批示「備查」後逕予結案（歸檔）；如認為有不符合法律規定或係無特定標的物之搜索，應於受理後五日內以裁定撤銷之，此項裁定僅撤銷其搜索程序。又逕行搜索後未陳報或經法院撤銷者，其扣押之物是否得為證據，由將來為審判之法院審酌人權保障與公眾利益之均衡維護（例如：㈠違背法定程序之情節。㈡違背法定程序時之主觀意圖。㈢侵害犯罪嫌疑人或被告權益之種類及輕重。㈣犯罪所生危險或實害。㈤禁止使用證據對於預防將來違法取得證據之效果。㈥偵查人員如依法定程序有無發現該證據之必然性。㈦證據取得之違法對被告訴訟上防禦不利益之程度。）決定之。撤銷之裁定正本應送達檢察官、司法警察官、受搜索人或利害關係人。逕行搜索之陳報若逾法定之三日期限者，法院得函請該管長官予以瞭解並為適當之處理。（刑訴法一三一）

69　（同意搜索）

搜索係經受搜索人同意者，執行人員應先查明其是否確具同意之權限，並應將其同意之意旨記載於筆錄，由受搜索人簽名或出具書面表明同意之旨；所稱自願性同意，須綜合一切情狀而為判斷，例如搜索訊問的方式是否有威脅性、同意者意識強弱、教育程度、智商等，均應綜合考慮。（刑訴法四二、一三一之一、一四六）

70　（搜索票之交還）

搜索票執行後，聲請人所陳報之執行結果暨搜索、扣押筆錄，應連同繳回之搜索票，由各法院依其事務分配決定送原核發搜索票之法官或其他法官核閱後，併入原聲請案件。（刑訴法一三二之一）

70之1　（不動產、船舶、航空器之扣押方法）

法院扣押不動產、船舶、航空器，得以通知主管機關為查封登記之方式為之。例如：已登記之不動產，得囑託地政機關辦理查封登記；船舶得囑託航政機關為查封登記，囑託海關禁止辦理結關及囑託航政機關之港務局禁止船舶出海；航空器得囑託交通部民用航空局辦理查封登記，並禁止該航空器飛航。（刑訴法第一三三條第四項）

70之2　（禁止處分效力之擔保）

依刑訴法所為之扣押，具有禁止處分之效力。諭知沒收、追徵之裁判宣示時，得沒收、追徵之財產尚未扣押或扣押尚有不足時，為保全沒收、追徵，應迅依職權，依刑訴法第一三三條之規定，予以扣押。（刑訴法一三三）

70之3　（扣押裁定之核發與保密）

扣押裁定應記載刑訴法第一三三條之一第三項各款事項。其第三款之「有效期間」，應審酌聲請人之請求及實際需要，審慎決定；為確保扣押標的之所有人之權利不受公權力過度侵害，法官並得視個案具體狀況，於扣押裁定內對執行人員為適當之指示。又為落實扣押保全刑事證據、沒收及追徵之規範目的，關於核發扣押裁定之程序，各相關人員均應依法保守秘密，不得公開。（刑訴法一三三之一）

70之4　（扣押裁定聲請與審核）

聲請核發扣押裁定，應以書面記載刑訴法第一三三條之一第三項第一、二款事項，並敘明執行扣押之期間；法官應妥速審核、即時裁定，關涉重大或社會矚目案件者，必要時得合議行之，裁定前，並得命聲請人補正理由、資料，或為必要之訊問、調查。審核扣

押之聲請，應視聲請之目的係為保全沒收或追徵，就其所敘述之理由及所為之釋明，是否屬於刑訴法第一三三條第一項所列「得沒收之物」，或是否符合同條第二項所規定「必要」、「酌量」等要件，而為准否之裁定；其證據法則無庸嚴格證明，以自由證明為已足，如經綜合判斷，具有一定可信度之傳聞、傳述，亦得據為聲請之理由。法院審核結果，不論准駁，均應以裁定為之。准許之裁定，並應記載刑訴法第一三三條之一第三項各款事項；書記官並應確實核對聲請人或其指定之人身分證件後，由其簽收。駁回之裁定，書記官應將聲請書原本存查，影本交付聲請人或其指定之人；聲請人於法院裁定前撤回聲請者，亦同。（刑訴法一三三、一三三之一、一三三之二）

70之5　（對相對人送達扣押裁定之時期）

准許扣押之裁定，應於裁定得執行之有效期間屆滿後，送達裁定於應受扣押裁定之人；駁回之裁定，則無須送達。（刑訴法一三三之二）

70之6　（同意扣押）

非附隨於搜索之扣押，經受扣押標的權利人同意者，無須經法官裁定。故執行人員應查明同意人是否確具同意之權限；記載該同意意旨之筆錄，並應由表示同意之受扣押標的權利人簽名。命司法警察官或司法警察執行時，應確實指示務須依刑訴法第四三條之一第二項之規定製作筆錄。（刑訴法一三三之一、四三之一）

70之7　（逕行扣押之審查）

刑訴法第一三三條之二第三項規定之逕行扣押，係檢察官、檢察事務官、司法警察官或司法警察於偵查中，基於相當理由認情況急迫，有立即扣押之必要時，出於保全沒收、追徵之目的所實施之強制處分。故逕行扣押後之陳報案件，法院審查時，得為必要之訊問或調查，以明其是否具備相當性、必要性及急迫性，且應不公開行之。審查結果，認為未違反法律規定者，可逕於陳報書上批示「備查」後逕予報結（歸檔）；否則，應於受理後五日內以裁定撤銷其扣押程序。撤銷之裁定應以正本送達於實施扣押之檢察官、檢察事務官、司法警察官、司法警察或利害關係人。逕行扣押未陳報、逾期陳報或經法院

撤銷者，其扣押之物是否得沒收、追徵，應由將來刑事本案之審判法院，審酌人權保障與沒收、追徵目的之均衡維護決定之；法院並得函請該管長官瞭解並為適當之處理。（刑訴法一三三之二）

70之8　（法官親自扣押）

法官為保全證據、沒收、追徵，雖得親自實施扣押，但在現行加強當事人進行主義色彩之刑事訴訟架構下，法院依職權調查證據僅居於補充性、輔佐性之地位，法院實施扣押仍以受聲請為原則，且不論在法庭內、外為之，除僅為保全證據之扣押或經受扣押標的權利人同意者外，均應為扣押裁定，依法記載刑訴法第一三三條之一第三項各款事項，出示於在場之人，或函知辦理登記之機關。（刑訴法一三六）

71　（搜索之必要處分）

搜索之封鎖現場、禁止在場人員離去、禁止他人進入、命違反禁止命令者離開或交由適當之人看守等處分，係對受搜索、扣押之相關人員之強制處分，應記明於搜索、扣押筆錄內，必要時得調度司法警察協助，或命為攝影、錄影等存證。（刑訴法四二、一四四）

72　（夜間搜索）

依刑訴法第一四六條第一項規定，有人住居或看守之住宅或其他處所，原則上不得於夜間入內搜索或扣押。但經住居人、看守人或可為其代表之人承諾或有急迫之情形者，不在此限。此種例外情形，係屬執行範圍，法官於簽發搜索票時，無庸贅載「准予夜間搜索」之意旨。（刑訴法一四六）

73　（搜索之抗告）

受搜索人對於值日法官、獨任制之審判長、合議庭所為准許搜索之裁定有不服者，得依法於五日內提起抗告；檢察官、司法警察官對於法院依刑訴法第一三一條第三項撤銷逕行搜索之裁定有不服者，得於收受送達後五日內提起抗告。（刑訴法一二八、一三一、四〇四）

74　（搜索之準抗告）

受搜索人對於合議制之審判長或受命法官、受託法官所為搜索之處分或檢察官逕行搜索處分有不服者，得依法於五日內，聲請所屬法院撤銷之。（刑訴法一二八、一三一、四一六）

法院辦理刑事訴訟案件應行注意事項

（第七五～八〇條）

75 （偵查中搜索抗告程序不公開）

法院就前兩點之抗告或聲請為裁定時，應注意偵查不公開之原則，避免將具體偵查資料載於裁定書內，並不得將裁定內容及相關偵查卷證資料公開揭露。（刑訴法二四五）

76 （扣押物之保存）

扣押物為犯人所有者，若犯人業已逃匿，科刑前提既尚未確定，除違禁物外，法院祇能扣押保存，不得遽予處分；僅於得沒收或追徵之扣押物，有喪失毀損、減低價值之虞或不便保管、保管須費過鉅者，始得予以變價而保管其價金。（刑訴法一三三、一四一）

76 之 1 （扣押財物之替代處分）

得沒收或追徵之扣押物，依所有人或權利人之聲請，認為適當者，得定相當之擔保金，於所有人或權利人繳納後，撤銷扣押。其所謂「適當」，係指沒收擔保金亦可達沒收之目的者而言。許可供擔保者，應於收受擔保金後，始撤銷扣押。（刑訴法一四二之一）

76 之 2 （就扣押物留存、繼續扣押或發還宜審酌相關情狀及比例原則）

法院認定扣押物之扣押原因是否消滅或有無留存或繼續扣押之必要時，宜確實審酌案件情節及與扣押物之關聯性、訴訟進行之程度、扣押標的之價值、對受處分人之影響等一切情狀，依比例原則妥適定之；如扣押原因消滅或無留存或繼續扣押之必要者，不待案件終結或確定，應即發還。（刑訴法一三三、一四二、三一七）

77 （強制處分之慎重實施）

實施拘捕、羈押、搜索、扣押等強制處分時，不得超過必要之程度，關於被告之身體及名譽，固須顧及，即社會之公益亦應注意，其為社會注目或涉外之案件，尤宜慎重處理。（刑訴法八九、一二四）

78 （證據法定主義與自由心證主義）

法院認定犯罪事實，應憑證據。證據之證明力，固由法院自由判斷，但應注意所憑證據，必須經過法定調查之程序；所下判斷，必須斟酌各方面之情形，且不違背一般人之共同經驗，所得結論，不能有論理上之矛盾，仍應有證據之存在，斷不可憑空推測，僅以理想之詞，如「難保」、「自屬當然」等字樣為結論。凡為判決資料之證據，務須於審判時提示當事人，詢以有無意見，賦予當事人、代理人、辯護人或輔佐人辯論證據證明力之適當機會，並告知被告得提出有利之證據，必要時更得依職權調查有利於被告之證據。即第二審得有新證據時，亦應照此辦理，其不得上訴第三審之案件，所有重要證據，尤須逐一予以審酌。（刑訴法一五四、一五五、一六三、一六四、一六五、一六五之一、二八八之一、二八八之二，參照最高法院五十三年臺上字第二〇六七號判例）

79 （無證據能力之意義）

刑訴法第一五五條所謂無證據能力，係指不得作為證據者而言。茲舉述如次：㈠筆錄內所載之被告陳述與錄音或錄影之內容不符者，其不符之部分，原則上無證據能力。㈡被告因受強暴、脅迫、利誘、詐欺、疲勞訊問、違法羈押或其他不正方法所為之自白，其自白不具證據能力。㈢實施刑事訴訟程序之公務員違背刑訴法第九三條之一第二項、第一〇〇條之三第一項之規定，或檢察事務官、司法警察（官）詢問受拘提、逮捕之被告或犯罪嫌疑人，違背刑訴法第九五條第一項第二款、第三款之規定，所取得被告或犯罪嫌疑人之自白及其他不利之陳述，不具證據能力（但經證明其等違背上述規定，非出於惡意，且該自白或陳述係出於自由意志者，不在此限）。㈣證人、鑑定人依法應具結而未具結，其證言或鑑定意見，無證據能力。㈤被告以外之人於審判外之言詞或書面陳述，除法律有規定者外，不具證據能力。㈥證人之個人意見或推測之詞，非以實際經驗為基礎者，不具證據能力。㈦被告以外之人（包括共同被告、共犯及其他證人）因受恫嚇、侮辱、利誘、詐欺或其他不正方法所為不利於被告之陳述，不具證據能力。㈧關於組織犯罪防制條例之罪，訊問證人之筆錄非於檢察官、法官面前作成或未經踐行刑訴法所定訊問證人之程序者，無證據能力。（刑訴法一〇〇之一、一五五、一五六、一五八之二、一五八之三、一五九、一六〇、一六六之七、組織犯罪防制條例一二）

80 （採取自白之注意事項）

法院在採取被告或共犯之自白為證據時除應注意非出於強暴、脅迫、利誘、詐欺、疲勞訊問、違法羈押或其他不正方法外，並須於裁判書理由內，說明其自白如何與事實相符

之情形。關於證明被告或共犯自白與事實相符所憑之補強證據，係指除被告或共犯自白外，其他足資以證明被告或共犯自白之犯罪事實確具有相當程度真實性之證據而言，並非以證明犯罪構成要件之全部事實為必要。若被告陳述其自白係出於不正之方法者，法院應先於其他事證而為調查。該自白如係經檢察官提出者，法院應命檢察官就自白之任意性，指出證明之方法，例如：由檢察官提出訊（詢）問被告之錄音帶或錄影帶或舉出訊（詢）問被告及製作筆錄者以外之其他人證，作為證明。（刑訴法一五六、三一〇，參照最高法院七十三年臺上字第五六三八號及七十四年臺覆字第一〇號判例）

81　（被告緘默權之保障）

刑訴法第一五六條第四項明定不得僅因被告拒絕陳述或保持緘默而推斷其罪行，故法院訊問時，宜特加注意調查其他證據，不得僅以被告拒絕陳述或保持緘默即指為理屈詞窮而推斷其為有罪。（刑訴法一五六）

82　（舉證責任之例外㈠）

刑訴法第一五七條所謂公眾周知之事實，係指一般人所通曉，無誤認之可能者而言，亦即自然之物理，生活之常態，普通經驗知識，無可爭執之事項。（刑訴法一五七）

83　（舉證責任之例外㈡）

刑訴法第一五八條所謂事實於法院已顯著者，係指某事實在社會上為一般所已知而法官現時亦知之者而言。又所謂事實為法院職務上所已知者，指該事實即屬構成法院之法官於職務上所為之行為或係其職務上所觀察之事實，現尚在該法官記憶中，無待閱卷者而言。（刑訴法一五八，參照最高法院二十八年上字第二三七九號判例）

84　（違背法定程序取得被告或犯罪嫌疑人之自白或其他不利陳述之證據能力）

實施刑事訴訟程序之公務員違背刑訴法第九三條之一第二項、第一〇〇條之三第一項之規定，所取得被告或犯罪嫌疑人之自白及其他不利之陳述，不得作為證據。但實施刑事訴訟程序之公務員若能證明其違背非出於明知而故犯，且該自白或不利之陳述係出於被告或犯罪嫌疑人之自由意志者，則不在此限。至於檢察事務官、司法警察官或司法警察詢問受拘提、逮捕之被告或犯罪嫌疑人時，若

違反刑訴法第九五條第一項第二款、第三款之規定者，亦準用刑訴法第一五八條之二第一項之規定。而違背前述法定程序所取得之被告及犯罪嫌疑人之自白或其他不利之陳述如係由檢察官提出作為證據者，應由檢察官就執行人員非明知而故意違法，且所取得之自白或陳述係出於被告或犯罪嫌疑人之自由意志，負舉證之責任。（刑訴法一五八之二）

85　（證人傳票待證事由欄之記載）

證人傳票「待證之事由」一欄，僅表明與何人有關案件作證即可，不須明白告知到場作證之事實，以免發生串證而失發現真實之旨。（刑訴法一七五）

86　（具結）

證人、鑑定人依法應具結而未具結者，其證言或鑑定意見，不得作為證據。故法官訊問證人、鑑定人時，應注意具結之規定。如應具結者，應命證人或鑑定人自行朗讀結文，必須證人或鑑定人不能自行朗讀者，始命書記官朗讀，於必要時說明結文之意義並記明筆錄。（刑訴法一五八之三、一八四、一八六、一八九）

87　（違背法定程序所取得證據之證據能力）

除法律對於違法取得證據之證據能力已有明文規定外，實施刑事訴訟程序之公務員因違背法定程序取得之證據，其有無證據能力之認定，應審酌人權保障及公共利益之均衡維護。而法院於個案權衡時，允宜斟酌㈠違背法定程序之情節。㈡違背法定程序時之主觀意圖。㈢侵害犯罪嫌疑人或被告權益之種類及輕重。㈣犯罪所生之危險或實害。㈤禁止使用證據對於預防將來違法取得證據之效果。㈥偵查人員如依法定程序有無發現該證據之必然性及㈦證據取得之違法對被告訴訟上防禦不利益之程度等各種情形，以為認定證據能力有無之標準。（刑訴法一五八之四）

88　（傳聞證據之排除）

為保障被告之反對詰問權，並符合直接審理主義之要求，若提出被告以外之人（含共同被告、共犯、證人、鑑定人、被害人）於審判外之言詞或書面陳述，作為證據以證明其所敘述之事實為真實者，該被告以外之人於審判外之陳述應屬於傳聞證據，除法律另有規定外，無證據能力，不得作為證據使用。所稱法律另有規定，例如：刑訴法第一五九

法院辦理刑事訴訟案件應行注意事項　（第八九～九二條）

條之一至第一五九條之五、第二○六條、性侵害犯罪防治法第十七條、兒童及少年性剝削防制條例第十三條及組織犯罪防制條例第十二條中有關秘密證人筆錄等多種刑事訴訟特別規定之情形。惟簡式審判程序之證據調查，依刑訴法第二七三條之二之規定，不受同法第一五九條第一項之限制；又簡易程序乃對於情節輕微，證據明確，已足認定其犯罪者，規定迅速審判之訴訟程序，其不以行言詞審理為必要，是以行簡式審判及簡易程序之案件，無須適用刑訴法第一五九條第一項所定之傳聞法則。而刑訴法第一六一條第二項有關起訴審查之規定，則係法院於第一次審判期日前，斟酌檢察官起訴或移送併辦意旨及全案卷證資料，依客觀之經驗法則與論理法則，從客觀上判斷被告是否顯無成立犯罪之可能；另關於羈押、搜索、鑑定留置、許可、證據保全及其他依法所為強制處分之審查，除偵查中特重急迫性及隱密性，應立即處理且審查內容不得公開外，其目的僅在判斷有無實施證據保全或強制處分之必要，因上開審查程序均非認定被告有無犯罪之實體審判程序，其證據法則毋須嚴格證明，僅以自由證明為已足，故亦不適用刑訴法第一五九條第一項有關傳聞法則之規定。（刑訴法一五九）

89　（傳聞證據排除之例外㈠）

依刑訴法第一五九條之一之規定，被告以外之人於審判中向法官所為之陳述，得為證據。被告以外之人於偵查中向檢察官所為之陳述，除顯有不可信之情況者外，亦得為證據。故而，被告以外之人（含共同被告、共犯、證人、鑑定人、被害人）於法官面前依循法定程序所為之書面或言詞陳述，不論係於其他刑事案件之準備程序、審判期日或民事事件乃至其他訴訟程序之陳述，均得作為證據，法院就被告以外之人接受審訊時所製成之訊問、審判筆錄或陳述之錄音或錄影紀錄，在踐行刑訴法第一六五條或第一六五條之一所定調查程序後，得援為判決之基礎。另所謂不可信之情況，法院應審酌被告以外之人於陳述時之外在環境及情況，例如：陳述時之心理狀態、有無受到外力干擾等，以為判斷之依據，故係決定陳述有無證據能力，而非決定陳述內容之證明力。（刑訴法一五九之

一）

90　（傳聞證據排除之例外㈡）

依刑訴法第一五九條之二之規定，被告以外之人（含共同被告、共犯、證人、鑑定人、被害人等）於檢察事務官、司法警察官或司法警察調查中所為之陳述，與審判中不符時，其先前之陳述具有較可信之特別情況，且為證明犯罪事實存否所必要者，得為證據。故被告以外之人於審判中之陳述與其先前在檢察事務官、司法警察（官）調查中所為陳述不符時，其先前陳述必須具備特別可信性及必要性兩項要件，始得作為證據。而所稱「具有可信之特別情況」係屬於證據能力之要件，法院應比較其前後陳述時之外在環境及情況，以判斷何者較為可信，例如：陳述時有無其他訴訟關係人在場、陳述時之心理狀況、有無受到強暴、脅迫、詐欺、利誘等外力之干擾。又法院在調查被告以外之人先前不一致陳述是否具有特別可信情況時，亦應注意保障被告詰問之權利，並予被告陳述意見之機會，倘採用先前不一致陳述為判決基礎時，並須將其理由載明，以昭公信。（刑訴法一五九之二）

91　（傳聞證據排除之例外㈢）

為發見真實，並兼顧實務運作之需要，被告以外之人於審判中有下列情形之一：㈠死亡。㈡身心障礙致記憶喪失或無法陳述。㈢滯留國外或所在不明而無法傳喚或傳喚不到。㈣到庭後無正當理由拒絕陳述。其先前於檢察事務官、司法警察官或司法警察調查中所為陳述，若經證明具有可信之特別情況（指陳述時之外在環境及情況具有特別可信之情形），且為證明犯罪事實之存否所必要者，即具有證據之適格，法院對於此類被告以外之人之先前陳述筆錄或陳述之錄音或錄影紀錄，在踐行刑訴法第一六五條或第一六五條之一所定調查程序後，得援為判決之基礎。（刑訴法一五九之三）

92　（傳聞證據排除之例外㈣）

實施刑事訴訟程序之公務員記錄被告以外之人於審判外之言詞或書面陳述之筆錄，如審判筆錄、法官訊問筆錄、檢察官偵訊筆錄或檢察事務官、司法警察官詢問筆錄，必須符合刑訴法第一五九條之一至一五九條之三或其他法律所定傳聞例外要件，始得作為證據。

而除刑訴法第一五九條之一至一五九條之三或其他法律所定之情形外，公務員職務上製作之紀錄文書、證明文書，例如：戶籍謄本、公證書，或從事業務之人於業務上或通常業務過程所須製作之紀錄文書、證明文書，例如：醫師診斷病歷、商業帳簿、航海日誌等，若無顯然不可信之情況，亦得作為證據；其他除可信之特別情況下所製作之文書，例如：政府公報、家族譜、商業調查報告、統計表、商品行情表、曆書、學術論文等，亦同。（刑訴法一五九之四）

93　（傳聞證據排除之例外㈤）

被告以外之人於審判外之言詞或書面陳述，雖不符刑訴法第一五九條之一至一五九條之四之規定，惟當事人於準備程序或審判期日仍以言詞或書面明示同意以其陳述作為證據時，則法院可審酌該陳述作成時之情況，於認為適當之前提下，例如：證據之取得過程並無瑕疵，其與待證事實具有關連性、證明力非明顯過低等，賦予其證據能力。又基於訴訟程序安定性、確實性之要求，若當事人已於準備程序或審判期日明示同意以被告以外之人於審判外之陳述作為證據，而其意思表示又無瑕疵者，不宜准許當事人撤回同意。但其撤回符合下列情形時，則不在此限：㈠尚未進行該證據之調查。㈡他造當事人未提出異議。㈢法院認為適當。至於當事人、代理人或辯護人於法院調查證據時，知有刑訴法第一五九條第一項不得為證據之情形，卻未於言詞辯論終結前聲明異議者，亦視為有將被告以外之人於審判外之陳述作為證據之同意。為避免發生爭執，法院得在審判前之準備程序，將此擬制同意之法律效果告知當事人，促其注意。（刑訴法一五九之五）

94　（意見證言之證據能力）

證人之個人意見或推測之詞，除以實際經驗為基礎者外，不得作為證據，法官訊問證人時，應注意告知證人為明確之陳述，勿摻雜非以實際經驗為基礎之個人意見或推測之詞。（刑訴法一六○）

95　（舉證責任與起訴之審查）

Ⅰ檢察官對被告犯罪事實應負舉證責任，並指出證明之方法，係指檢察官除應就被告之犯罪事實負提出證據之責任外，並應負說服之責任，使法官確信被告犯罪構成事實之存在。

而法院於第一次審判期日前，審查檢察官起訴或移送併辦意旨及全案卷證資料，依客觀之論理與經驗法則，從形式上審查，即可判斷被告顯無成立犯罪之可能者，例如：㈠起訴書證據及所犯法條欄所記載之證據明顯與卷證資料不符，檢察官又未提出其他證據可資證明被告犯罪；㈡僅以被告或共犯之自白或告訴人之指訴，或被害人之陳述為唯一之證據即行起訴；㈢以證人與實際經驗無關之個人意見或臆測之詞等顯然無證據能力之資料（有無證據能力不明或尚有爭議，即非顯然）作為起訴證據，又別無其他證據足資證明被告成立犯罪；㈣檢察官所指出之證明方法過於空泛，如僅稱有證物若干箱或帳冊若干本為憑，至於該證物或帳冊之具體內容為何，均未經說明；㈤相關事證未經鑑定或勘驗，如扣案物是否為毒品、被告尿液有無毒物反應、竊佔土地坐落何處等，苟未經鑑定或勘驗，顯不足以認定被告有成立犯罪可能等情形，均應以裁定定出相當合理之期間通知檢察官補正證明方法。其期間，宜審酌個案情形及補正所需時間，妥適定之。

Ⅱ法院通知檢察官補正被告犯罪之證明方法，乃因法院認為檢察官指出之證明方法顯不足認定被告有成立犯罪之可能，故法院除於主文諭知：「應補正被告犯罪之證據及指出證明之方法」外，於理由欄內自應說明其認為檢察官指出之證明方法顯不足認定被告有成立犯罪可能之理由，俾使檢察官將來如不服駁回起訴之裁定時，得據以向上級審法院陳明其抗告之理由。又法院於通知檢察官補正證明方法之裁定書中，不宜具體記載法院認為所應補正之證據資料或證明方法，以避免產生引導檢察官追訴犯罪之現象，牴觸法院應客觀、公正審判之立場。檢察官提出之證據及指出證明方法，從形式上觀察，已有相當之證據，嗣後被告或其辯護人對證據之證明力有所爭執，而已經過相當時日之調查，縱調查之結果，認檢察官之舉證不足以證明被告犯罪時，即非所謂「顯」不足以認定被告有成立犯罪可能之情形，此際，法院應以實體判決終結訴訟，不宜以裁定駁回檢察官之起訴。

Ⅲ法院駁回檢察官起訴之裁定，依刑訴法第四○三條第一項規定，當事人若有不服者，得

抗告於直接上級法院，法院於該駁回起訴之
裁定中，應明確記載駁回起訴之理由。

IV.法院駁回起訴之裁定確定後，具有限制之確
定力，非有刑訴法第二六〇條各款情形之一，
檢察官不得對於同一案件再行起訴。法院對
於再行起訴之案件，應詳實審核是否具備法
定要件，如僅提出相同於原案之事證，或未
舉出新事實、新證據，或未提出該當於刑訴
法第四二〇條第一項第一款、第二款、第四
款或第五款所定得為再審原因之情形者，法
院應諭知不受理之判決。（刑訴法一六一）

96 （調查證據聲請權與法院調查義務）

當事人、代理人、辯護人或輔佐人有聲請調
查證據之權利；並得於調查證據時，詢問證
人、鑑定人或被告，審判長除認為該詢問係
不當者外，不得禁止之。故凡當事人等所聲
請調查之證據與待證事實具有關聯性，且有
調查之必要與可能，客觀上確為法院認定事
實及適用法律之基礎者，法院均有調查之職
責，不得駁回調查證據之聲請（刑訴法第一
六三條之二反面解釋參照）。而法院於當事人
所主導之證據調查完畢後，認為事實仍有待
澄清時，得斟酌具體個案情形，無待聲請，
主動依職權調查。又關於公平正義之維護及
被告利益保障之重大事項，法院則應依職權
調查，無裁量選擇之餘地。所稱「公平正義
之維護」之重大事項，例如案件攸關國家、
社會或個人重大法益之保護，或牽涉整體法
律目的之實現及國民法律感情之維繫者均屬
之。而法院就「公平正義」之規範性概念予
以價值補充時，必須參酌法律精神、立法目
的、依據社會之情形及實際需要，予以具體
化，以求實質之妥當，是以法院於訴訟程序
之進行，除須遵循正當程序原則外，於作成
判決時，亦須將相關理由記載明確，不宜過
於簡略含糊。至於對「被告利益」有重大關
係之事項，係指該等事實或訴訟資料之存在
對被告有直接且重大之利益，例如案件是否
具備阻卻違法、阻卻責任、得或應減輕或免
除刑罰等有利於被告之情形，法院均應特加
注意，依職權主動調查。法院根據刑訴法第
一六三條第二項之規定，發動職權進行證據
之調查，須維持客觀、公正之立場，於調查
證據前，應先予當事人、代理人、辯護人或
輔佐人有就證據調查範圍、順序及方法陳述

意見之機會，避免以突襲性之證據調查作為
判決基礎，影響當事人訴訟權益。（刑訴法一
六三之二）

97 （聲請調查證據之駁回）

當事人、代理人、辯護人或輔佐人聲請調查
之證據，法院認為不必要者，得以裁定駁回
之，或在判決內說明不予調查之理由。下列
情形，應認為不必要：㈠不能調查者。㈡與
待證事實無重要關係者。㈢待證事實已臻明
瞭無再調查之必要者。㈣同一證據再行聲請
者（但因待證事實不同，而有取得不同證據
資料之必要時，則不在此限）。（刑訴法一六
三之二）

98 （實質發見主義與證人作證義務）

刑事訴訟係採實質的真實發見主義，欲認定
事實，自須賴證據以證明。而證人係指在他
人之訴訟案件中，陳述自己所見所聞具體事
實之第三人，為證據之一種，故凡居住於我
國領域內，應服從我國法權之人，無分國籍
身分，原則上均有在他人為被告之案件中作
證之義務，俾能發見事實真相。惟證人中有
因公務關係應保守秘密而得拒絕證言者（刑
訴法一七九），有因與當事人之身分關係得拒
絕證言者（刑訴法一八〇），有因業務關係有
保密義務而得拒絕證言者（刑訴法一八二），
有因利害關係而得拒絕證言者（刑訴法一八
一），法院訊問此等證人之前，除刑訴法第一
八五條第二項明定「證人與被告或自訴人有
第一百八十條第一項之關係者，應告以得拒
絕證言」、第一八六條第二項明定「證人有第
一百八十一條之情形者，應告以得拒絕證言」
外，其他情形，亦宜告知證人除有刑訴法第
一七九條第二項、第一八二條所列不得拒絕
證言之法定原因外，得拒絕證言，以昭程序
之允當。（刑訴法一七六之一、一八五、一八
六）

99 （交互詰問）

當事人、代理人（指被告或自訴人之代理人，
不包含告訴人之代理人）、辯護人及輔佐人聲
請傳喚之證人、鑑定人，於審判長為人別訊
問後，由當事人、代理人或辯護人直接詰問
之。但被告如無辯護人，而不欲行詰問時，
審判長則應予詢問證人、鑑定人之適當機會，
以保障被告之發問權。至於兩造詰問證人或
鑑定人之次序係依刑訴法第一六六條第二項

定之，其輪序如下：㈠主詰問。㈡反詰問。㈢覆主詰問。㈣覆反詰問。審判長行使訴訟指揮權時應予注意。如同一被告、自訴人有二以上代理人、辯護人（含同一被告兼有代理人及辯護人之情形）時，該被告、自訴人之代理人、辯護人對同一證人、鑑定人之詰問，應推由其中一人代表為之，非經審判長許可，不得由數代理人或數辯護人為詰問。（刑訴法一六六）證據，其有無證據能力之認定，應審酌人權保障及公共利益之均衡維護。而法院於個案權衡時，允宜斟酌㈠違背法定程序之情節。㈡違背法定程序時之主觀意圖。㈢侵害犯罪嫌疑人或被告權益之種類及輕重。㈣犯罪所生之危險或實害。㈤禁止使用證據對於預防將來違法取得證據之效果。㈥偵查人員如依法定程序有無發現該證據之必然性及㈦證據取得之違法對被告訴訟上防禦不利益之程度等各種情形，以為認定證據能力有無之標準。（刑訴法一五八之四）

100　（主詰問）

主詰問應就待證事項及其相關事項行之，不得以欠缺關連性之事項為詰問。又為辯明證人、鑑定人記憶及陳述之正確性，或證人、鑑定人之憑信性，得就必要事項為詰問。又誘導詰問乃指詰問者對供述者暗示其所希望之供述內容，而於「問話中含有答話」之詰問方式，有鑑於當事人、代理人、辯護人或輔佐人主動聲請傳喚之證人、鑑定人，一般是有利於該當事人之友性證人。因此，若行主詰問者為誘導詰問，證人或鑑定人往往有可能迎合主詰問者之意思或受其暗示之影響，而做非真實之供述。為避免前述情形發生，行主詰問時，不得為誘導詰問。僅於符合刑訴法第一六六條之一第三項但書規定之情形時，始允許行誘導詰問。惟行誘導詰問時，仍應注意避免採用朗讀書面或使用其他對證人或鑑定人之陳述產生不當影響之方式。（刑訴法一六六之一）

101　（反詰問）

反詰問應就主詰問所顯現之事項及其相關事項或為辯明證人、鑑定人記憶及陳述之正確性，或證人、鑑定人之憑信性所必要之事項行之。行反詰問於必要時，雖得為誘導詰問。但審判長認為有影響真實發見之虞，或為避免證人、鑑定人遭致羞辱或難堪，例如：證人、鑑定人於反詰問之回答或陳述明顯與詰問者配合而有串證之虞，抑證人為兒童或性侵害之被害人者，恐兒童之理解問題能力不足或性侵害被害人有遭受羞辱之情形時，仍得予以限制或禁止。又行反詰問時，如審判長認為適當者，可准許當事人、代理人或辯護人就支持其主張之新事項進行詰問，該新事項視為主詰問。（刑訴法一六六之二、一六六之三、一六六之七、一六七）

102　（覆主詰問）

覆主詰問應就反詰問所顯現之事項及其相關事項行之，其方式依循主詰問，如審判長認為適當者，亦可准許當事人、代理人或辯護人就支持其主張之新事項進行詰問，該事項視為主詰問。（刑訴法一六六之四）

103　（覆反詰問）

為避免詰問事項不當擴張、延滯訴訟程序，覆反詰問應就辯明覆主詰問所顯現證據證明力必要之事項行之，至於其進行方式則依循反詰問。（刑訴法一六六之五）

104　（法院依職權傳訊證人、鑑定人之詰問次序）

法院依職權傳喚證人、鑑定人時，該證人、鑑定人具有何種經驗、知識，所欲證明者為何項待證事實，因以審判長最為明瞭，故應由審判長先為訊問，此時之訊問相當於主詰問之性質，而當事人、代理人及辯護人於審判長訊問後，接續詰問之，其性質則相當於反詰問。至於當事人、代理人及辯護人間之詰問次序，則由審判長本其訴訟指揮，依職權定之。而為發見真實，證人、鑑定人經當事人、代理人或辯護人詰問後，審判長仍得續行訊問。（刑訴法一六六之六）

105　（不當詰問之禁止）

詰問證人、鑑定人及證人、鑑定人之回答，均應就個別問題具體為之。審判長於詰問程序進行時，尤須妥適行使訴訟指揮權及法庭秩序維持權，以限制或禁止不當之詰問。下列之詰問，即屬不當之詰問。但第五款至第八款之情形，於有正當理由時，例如為發見真實所必要，則不在此限：㈠與本案或因詰問所顯現之事項無關者。㈡以恫嚇、侮辱、利誘、詐欺或其他不正之方法者。㈢抽象不明確之詰問。㈣為不合法之誘導者。㈤對假設性事項或無證據支持之事實為之者。㈥同

法院辦理刑事訴訟案件應行注意事項（第一〇六～一一四條）

一造對同一證人、鑑定人為重覆之詰問。(七)要求證人陳述非基於實際經驗之個人意見或推測、評論者。(八)恐證言於證人或與其有第一百八十條第一項關係之人之名譽、信用或財產有重大損害者。(九)對證人未親身經歷事項或鑑定人未行鑑定事項為之者。(十)其他法令禁止者（例如：性侵害犯罪防治法第十六條第四項規定：性侵害犯罪之被告或其辯護人不得詰問或提出有關被害人與被告以外之人之性經驗證據。但法官、軍事審判官如認有必要，例如為探究被害人身上精液、血液之來源時，即不在此限。又為保障證人之生命、身體、自由、財產之安全，證人保護法及組織犯罪防制條例就特定案件之證人身分、住居所資料有應予以保密之特別規定，依法亦不能以此作為詰問之事項。另法官就涉及國家機密之案件，依國家機密保護法（九十二年二月六日公布，施行日期由行政院定之）第二十五條規定，對有洩漏國家機密之虞者，亦得限制或拒絕對質或詰問）。（刑訴法一六六之七）

106（審判長依職權限制或禁止不當之詰問）

詰問為當事人、代理人及辯護人之權利，原則上不得予以限制或禁止。但為避免不必要及不當之詰問，致使訴訟程序遲滯、浪費法庭時間，甚而侵擾證人、鑑定人，審判長仍得依職權適當限制或禁止詰問之方式及時間。（刑訴法一六七）

107（詰問之聲明異議）

當事人、代理人或辯護人就證人、鑑定人之詰問及回答，得以違背法令或不當為由，依刑訴法第一六七條之一之規定聲明異議。惟其應即就各個行為，以簡要理由為之，例如：「審判長，對造之誘導詰問不合法，請制止。」審判長對於聲明異議，應立即處分，不得故意遲延，並應於處分前，先命行詰問之人或受詰問之證人、鑑定人停止詰問或陳述，再命被異議一方之當事人、代理人或辯護人就該異議陳述意見，以維法庭秩序。（刑訴法一六七之一、一六七之二）

108（聲明異議遲誤時機之效力）

審判長認聲明異議有遲誤時機、意圖延滯訴訟或其他不合法之情形，例如：未附理由之聲明異議，應以處分駁回之。但遲誤時機所提出之聲請事項若與案情有重要關係，為認定事實或適用法律之重要基礎者，則不在此限。（刑訴法一六七之三）

109（聲明異議無理由之處理）

審判長認聲明異議無理由者，應即處分駁回之。（刑訴法一六七之四）

110（聲明異議有理由之處理）

審判長認為聲明異議有理由者，應視其情形，立即為中止、撤回、撤銷、變更或其他必要之處分，例如：(一)禁止詰問人對同一事項繼續詰問。(二)命詰問人修正詰問之方式。(三)請證人、鑑定人停止陳述或修正回答之方式。(四)勸諭證人、鑑定人回答問題，必要時得重述詰問者所提問題，直接詰問證人或鑑定人。(五)依職權或聲請命書記官將不當詰問之情形及處理方式記載於筆錄。(六)其他為維持公平審判或法庭秩序所得為之處理。（刑訴法一六七之五）

111（審判長處分之效力）

當事人、代理人及辯護人對於審判長有關詰問聲明異議之處分，不得聲明不服，如其聲明不服，法院應即以裁定駁回之。（刑訴法一六七之六）

112（不當詢問之禁止及準用之規定）

當事人、辯護人或輔佐人得於調查證據時，詢問證人、鑑定人及被告。前述詢答如有不當之情形，審判長應依職權或依他造當事人、代理人或辯護人之聲明異議予以限制、禁止，或為其他必要之處分，其處理方式準用刑訴法第一六六條之七第二項、第一六七至第一六七條之六之規定。（刑訴法一六七之七）

113（告訴人為證人）

公訴案件之告訴人，雖非當事人，然法院為證明事實起見，認為有訊問之必要時，自得適用刑訴法關於證人之規定，予以傳喚，其無正當理由不到者，得適用同法第一七八條之規定辦理，惟此項證言可採與否，法院應據理慎重判斷。（刑訴法一七八、參照司法院院字第四七號、第一一五號、第二四五號及大法官釋字第二四九號解釋、最高法院五十二年臺上字第一三〇〇號判例）

114（主詰問已陳述有關被告本人之事項，反詰問時不得拒絕證言）

證人恐陳述致自己或與其有刑訴法第一八〇

條第一項關係之人受刑事追訴或處罰者，依刑訴法第一八一條之規定，固得拒絕證言，但被告以外之人（含共同被告、共犯、證人、鑑定人、被害人）於反詰問時，就主詰問所陳述有關被告本人之事項，不得行使拒絕證言權，務須注意。（刑訴法一八一、一八一之一）

115　（鑑定人之書面報告）

受審判長、受命法官或檢察官選任之鑑定人所為之書面鑑定報告，屬傳聞證據排除之例外，具有證據能力。（刑訴法一五九、二〇六）

116　（偽證人之適用）

證人、鑑定人、通譯，於法院審判時，或於檢察官偵查時，供前供後具結陳述不實者，應注意刑訴法第一六八條之規定，酌為處理。（刑訴法一八七、一八八）

117　（鑑定通譯準用人證之規定）

關於鑑定及通譯事項，應注意準用人證之各規定。（刑訴法一九七、二一一）

118　（鑑定留置之聲請與審核）

對被告之鑑定留置，以有鑑定其心神或身體之必要為要件。偵查中檢察官聲請鑑定留置，應以書面記載刑訴法第二〇三條之一第二項第一至四款之事項，並釋明有合理根據認為有鑑定被告心神或身體之必要。法官決定應否鑑定留置前，得為必要之訊問及調查，或通知檢察官補正必要之理由或資料。（刑訴法二〇三、二〇三之一）

119　（鑑定留置票之製作及使用）

鑑定留置票應以書面記載刑訴法第二〇三條之一第二項各款事項及簽發日期，偵查中之鑑定留置票應記載事項與檢察官聲請書所載相同者，得引用聲請書為附件；鑑定留置票應備數聯，分別送交鑑定人、辯護人、被告及其指定之親友，偵查中並應送交檢察官。鑑定留置票簽發後，其所記載之應留置處所或預定之留置期間經裁定變更或縮短、延長者，應再行通知上開應受送交留置票之人。（刑訴法二〇三之一、二〇三之二、二〇三之三）

120　（鑑定留置之期間）

鑑定留置，法院應審酌鑑定事項之具體內容、檢查之方法、種類及難易程度等情狀，預定七日以下之留置期間；並得於審判中依職權

偵查中依檢察官之聲請，視實際狀況所需，在期滿前以裁定縮短或延長之，惟延長之期間不得逾二月，以保障人權。延長留置之裁定，除當庭宣示者外，於期滿前以正本送達被告者，始生延長留置之效力。鑑定留置期間自簽發鑑定留置票之日起算，其日數於執行時，得折抵刑期。（刑訴法二〇三、二〇三之三、二〇三之四）

121　（鑑定留置被告之看守）

刑訴法第二〇三條之二第四項之命司法警察看守被告，屬鑑定留置之執行事項，於偵查中由檢察官，審判中由法院依職權或依留置處所管理人員之聲請命檢察署、法院之法警為之；若法警人力不足時，得洽請移送該案件或留置處所當地之司法警察機關為之。該聲請應以書狀敘述有必要看守之具體理由。（刑訴法二〇三之二）

122　（偵查中鑑定留置資料之管理）

法院對於偵查中聲請鑑定留置之案件，應製作紀錄，記載檢察官聲請之案號、被告之姓名及身分資料與准予鑑定留置或駁回聲請之情形；並應每一案建一卷宗，嗣後鑑定留置期間之延長、縮短、處所之變更及看守被告之聲請等相關資料，應併入原卷宗。（刑訴法二〇三、二〇三之三）

123　（鑑定許可之審查）

應經許可始得進行之鑑定行為，尤其刑訴法第二〇五條之一第一項之採取出自或附著身體之物，例如：分泌物、排泄物、血液、毛髮、膽汁、胃液、留存於陰道中之精液等檢查身體之鑑定行為，係對人民身體之侵害，法院核發鑑定許可書前，應本於發現真實之目的，詳實審酌該鑑定對於確定訴訟上重要事實是否必要，以符合鑑定應遵守之必要性與重要性原則，並慎重評估鑑定人是否適格。鑑定許可，審判長、受命法官得依職權或依聲請為之（檢察官亦有鑑定許可之權限）。聲請鑑定許可，應以鑑定人為聲請人。鑑定人聲請核發鑑定許可書，得以言詞或書面為之，其書面格式不拘，惟不論以言詞或書面聲請，均應敘明有必要為刑訴法第二〇四條第一項、第二〇五條之一第一項所列行為之具體理由。（刑訴法二〇四、二〇四之一、二〇五之一）

法院辦理刑事訴訟案件應行注意事項

（第一二四～一三〇條）

124 （鑑定許可書之製作及使用）

鑑定許可書除應載明刑訴法第二〇四條之一第二項所定應記載事項、對檢查身體附加條件者其條件、經許可得為之刑訴法第二〇五條之一第一項所列之處分行為、執行期間經過後不能執行時應交還許可書之旨及簽發日期外，並宜載明第二〇四條第二項得準用之搜索、扣押相關條文之內容暨鑑定人進入有人居住或看守之住宅、處所行鑑定時，不得為搜索行為等意旨，以促請鑑定人注意及兼顧人權之保障。鑑定許可書得於選任鑑定人或囑託鑑定機關鑑定時，隨函送達於鑑定人或鑑定機關。（刑訴法二〇四、二〇四之一、二〇四之二、二〇五之一）

125 （對拒絕鑑定之處理）

對無正當理由而拒絕檢查身體、解剖屍體及毀壞物體之鑑定處分者，審判長、受命法官或檢察官得率同鑑定人實施之，並對拒卻者施以必要之強制力；該無正當理由拒絕接受身體檢查者若係被告以外之人，且得課以新臺幣三萬元以下之罰鍰。該罰鍰之處分，由法院裁定，偵查中由檢察官聲請與其所屬檢察署相對應之法院法官裁定；受裁定之人不服者，得提起抗告。（刑訴法二〇四之三、二一九、一三二、一七八）

126 （囑託鑑定）

應行鑑定時，除以專家為鑑定人外，並得囑託國內、外醫院、學校或其他相當之機關、團體為鑑定或審查他人之鑑定，如須以言詞報告或說明時，得命實施鑑定或審查之人為之，其報告或說明時，有具結之義務，且當事人、代理人、辯護人均得詢問或詰問之，輔佐人亦得詢問之。（刑訴法二〇八）

127 （勘驗應注意事項）

法院調查證據及犯罪情形，能勘者總以勘驗為妥，以期發現真實，不得以法文規定係「得實施勘驗」，輒將該項程序任意省略。勘驗應製作筆錄，記載勘驗始末及其情況，並履行法定之方式，如有勘驗物之狀態，非文字所能形容者,宜製作圖畫或照片附於筆錄之後。履勘犯所，檢驗屍傷或屍骨，均應將當場勘驗情形詳細記載，不得有含糊模稜或遺漏之處，例如殺人案件自殺、他殺、過失致死，應當場留心辨別，倘係毒殺者，應須立予搜索有無殘餘之毒物。又如勘驗盜所，應察看

周圍之狀況，並注意事主有無裝假捏報情弊；他如放火案件，目的物被燒之結果，是否已喪失其效用（全部或一部）；傷害案件，被害人受傷之程度，是否已達重傷；至性侵害、墮胎、毀損等案件，關於生理上所呈之異狀，與物質上所受之損害（喪失效用，抑僅減少價值），均應親驗明白，不可專憑他人報告。（刑訴法四二、四三、二一二）

128 （對被告以外之人檢查身體之傳喚、拘提）

為檢查被告以外之人之身體時，得以傳票傳喚其到場，經合法傳喚，無正當理由而不到場者，除得處以罰鍰外，並得命拘提。前開傳票、拘票除分別記載刑訴法第一百七十五條第二項、第七十七條第二項所列各款事項外，應併載明因檢查身體而傳喚或拘提之旨。（刑訴法二一五）

129 （證據保全之要件）

證據保全，以證據有湮滅、偽造、變造、隱匿或礙難使用之虞為要件，例如：保存有一定期限之電訊通聯紀錄、證人身罹重病恐將死亡或即將遠行久居國外、證物不易保存有腐敗、滅失之可能、避免醫院之病歷遭篡改、確定人身受傷之程度、原因或違法濫墾山坡地、於水利地違法傾倒垃圾及不動產遭竊佔之範圍等。該要件即為應保全證據之理由，應由聲請證據保全之人於聲請書上記載並釋明。（刑訴法二一九之一、二一九之五）

130 （證據保全之聲請及審核）

I 聲請保全證據，偵查中由告訴人、犯罪嫌疑人、被告或辯護人，於案件移送或報告檢察官前，向調查該案之司法警察（官）所屬機關所在地之地方檢察署檢察官為之，案件移送或報告檢察官後，向該管檢察官為之，若檢察官駁回聲請或逾法定期間未為保全處分時，直接向與該檢察官所屬檢察署相對應之法院法官聲請；審判中由檢察官、自訴人、被告或辯護人，向案件繫屬之法院或受命法官為之，但有急迫情形時，亦得向受訊問人住居地或證物所在地（包括應搜索、扣押物之所在地、應搜索、勘驗之身體、處所或物件之所在地、應訊問證人之所在地、應鑑定對象之所在地）之地方法院聲請。

II 法院受理證據保全之聲請，除審核其是否符合法定程式及要件外，如認有必要，得通知

聲請人提出必要之資料，就偵查中之案件並應於斟酌檢察官之意見後裁定之，如認為不合法律上之程式（例如：書狀不合程式或聲請人不適格）、法律上不應准許（例如：聲請保全證據要求限制證人住居或出境，於法無據）或無理由（例如：不具保全證據之必要性或急迫性），應予駁回；認聲請有理由者，應裁定准許。但不合法律上之程式可以補正者，應定期先命補正。

Ⅲ法院不論准駁，均得以簡便之方式直接在聲請書上批示其要旨，如裁定准許，即應定期實施必要之保全處分；如裁定駁回，書記官亦應將原聲請書原本存查，影本交付聲請人，不得無故延宕，以免錯失保全證據之先機。（刑訴法第二一九之一、二一九之二、二一九之三、二一九之四、二一九之六、二一九之八）

131　（實施證據保全時應通知聲請人在場）

實施證據保全程序時，除有妨害證據保全之虞（例如：有串證、湮滅、偽造或變造證據、妨害鑑定、勘驗之虞）、急迫致不能及時通知或聲請人受拘禁中之情形外，應通知聲請人及其辯護人、代理人到場。（刑訴法二一九之六）

132　（實施證據保全之程序）

案件於偵查中或審判中，法院或受命法官為保全證據之處分後，為執行該處分所為搜索、扣押、鑑定、勘驗、訊問證人或其他必要之保全處分，其性質仍屬蒐集證據之行為，除有特別規定外，須依其實施之具體方法，分別準用刑訴法第一編第十一章「搜索及扣押」、第十二章「證據」之規定行之。而所謂「特別規定」，例如依刑訴法第一五〇條之規定，偵查中行搜索、扣押時，辯護人無在場權，惟偵查中，辯護人既得提出證據保全之聲請，就辯護人所聲請之保全證據行搜索扣押時，除有妨害證據之保全外，自應許其在場，是刑訴法第二一九條之六即為「特別規定」。（刑訴法二一九之八）

133　（告訴之代理）

Ⅰ告訴人於偵查及審判中，均得委任代理人，該代理人並不以具備律師資格者為限。告訴代理人不論為律師或非律師，於偵查中，基於偵查不公開原則，本無檢閱、抄錄、重製或攝影卷宗、證物之問題。但於審判中，代理人如為律師者，則許檢閱、抄錄、重製或攝影卷宗、證物；如為非律師者，則不許為之。

Ⅱ於指定代行告訴人之情形，因檢察官於指定時，已考量受指定人之資格及能力，故不許受指定代行告訴人之再委任代理人。

Ⅲ外國人如委任告訴代理人，其委任狀（或授權書）之審核，應與審理本國人案件持相同之態度，如依卷證資料已足認其委任（或授權）為真正，而他造亦不爭執，即無須要求其委任狀（或授權書）應經認證。（刑訴法二三六之一、二三六之二、二七一之一）

134　（法院對於聲請交付審判之審查）

法院受理聲請交付審判之案件，應詳加審核有無管轄權、聲請人是否為告訴人、已否逾十日之期間、有無委任律師提出理由狀等法定要件，及其聲請有無理由。法院於審查交付審判之聲請有無理由時，得為必要之調查，惟其調查範圍，應以偵查中曾發現之證據為限，不可就聲請人新提出之證據再為調查，亦不可蒐集偵查卷以外之證據。除認為不起訴處分書所載理由違背經驗法則、論理法則或其他證據法則，否則，不宜率予裁定交付審判。駁回交付審判聲請之裁定，不得抗告；被告對於法院為交付審判之裁定，則得提起抗告。而法院為交付審判之裁定，因該案件視為提起公訴，法院允宜於裁定理由中敘明被告所涉嫌之犯罪事實、證據及所犯法條，俾使被告行使防禦權，並利於審判程序之進行。（刑訴法二五八之一、二五八之三）

135　（聲請交付審判之閱卷）

律師受告訴人委任聲請交付審判，如欲檢閱、抄錄或攝影偵查卷宗及證物，不論是否已向法院提出理由狀，均應向該管檢察署檢察官聲請之，律師如誤向法院聲請，法院應移由該管檢察官處理。該卷宗或證物如由法院調借中，法院應速將卷證送還檢察官，以俾檢察官判斷是否有涉及另案偵查不公開或其他依法應予保密之情形。法院如知悉律師聲請閱卷，於交付審判裁定前，宜酌留其提出補充理由狀之時間。另法院如需向檢察官調借卷證時，並宜考量律師閱卷之需求，儘量於其閱畢後再行調借，以免卷證往返之勞費。（刑訴法二五八之一）

135 之 1 　（被害人及其家屬之隱私保護）

I 法院於審判中為保障被害人及其家屬之隱私，應就足以識別該個人之資料採取適當保護措施。

II 法院於確認被害人及其家屬之人別時，得由其等繕寫個人資料、提供證明文件或以其他適當之方式為之。

III 法院使用科技設備或電子卷證時，尤應注意被害人及其家屬個人資料之保護，避免其等之個人資料遭不當公開。（刑訴法第二七一條之二第一項）

135 之 2 　（被害人之隔離保護）

I 刑訴法第二七一條之二第二項所稱「遮蔽設備」，可採用簡易屏風、拉簾、單面鏡、聲音及影像相互傳送之科技設備或其他措施，由法院視案件情節及法庭設備等具體情況定之。

II 被害人依刑訴法第二七一條之二第二項規定聲請與被告、旁聽人適當隔離，法院裁定駁回者，屬判決前關於訴訟程序之裁定，不得抗告。（刑訴法第二七一條之二第二項）

135 之 3 　（陪同被害人在場）

I 刑訴法第二七一條之三第一項所稱「其信賴之人」，係指與被害人關係緊密之褓母、師長、好友、同性伴侶或其他重要他人。

II 陪同人陪同被害人出庭時，得與被害人並坐於被害人席。

III 陪同人不得妨害法官訊問或當事人、代理人或辯護人詰問。陪同人有影響訴訟進行之不當言行，或影響被害人、證人、鑑定人或其他訴訟關係人陳述者，審判長應視具體情況適時勸告或制止，以維法庭秩序。

IV 陪同人同時具有被害人家屬之身分者，因中華民國一百零八年十二月十日修正通過之刑訴法施行後，不影響刑訴法第二七一條第二項規定之適用，法院自得傳喚其到場，並適時予以陳述意見之機會。（刑訴法第二七一條第二項、第二七一條之三）

135 之 4 　（轉介修復式司法程序）

I 被告及被害人聲請進行修復式司法程序時，法院於聽取檢察官、代理人、辯護人及輔佐人之意見後，得將案件轉介適當機關、機構或團體進行修復，由該機關、機構或團體就被告、被害人是否適合進入修復式司法程序予以綜合評估。如其認案件不適宜進入修復式司法程序，應將該案移由法院繼續審理；反之，則由該機關、機構或團體指派之人擔任修復促進者進行修復式司法程序，並於個案完成修復時，將個案結案報告送回法院，以供法院審理時參考。

II 法院裁定駁回進行修復式司法程序之聲請者，屬判決前關於訴訟程序之裁定，不得抗告。（刑訴法二七一之四）

135 之 5 　（聲請訴訟參與之相關要件及證明事項）

I 刑訴法第四五五條之三八第一項各款所列罪名，以檢察官起訴法條為準。但法院審理結果與檢察官起訴法條相異，而諭

II 知變更起訴法條者，以法院審理結果認定之法條為準。

III 刑訴法第四五五條之三八第二項本文所稱「因其他不得已之事由而不能聲請」，係指被害人除無行為能力、限制行為能力或死亡外，因住院治療中，或已不能為意思表示，而尚未經法院為監護宣告等其他原因，事實上不能到庭行使訴訟參與權之情形。

IV 刑訴法第四五五條之三八第二項但書所定情形，法院宜請聲請訴訟參與之直轄市、縣（市）政府或財團法人犯罪被害人保護協會提出相關文件，用以證明下列事項：

(一)被害人無行為能力、限制行為能力、死亡或因其他不得已之事由而不能聲請訴訟參與。

(二)被告為被害人之法定代理人、配偶、直系血親、三親等內之旁系血親、二親等內之姻親或家長、家屬。（刑訴法四五五之三八）

135 之 6 　（聲請訴訟參與之補正及應斟酌之情事）

I 聲請人未依刑訴法第四五五條之三九提出聲請書狀而可補正者，法院應依刑訴法第四五五條之四十第一項但書規定，定期間命補正。

II 法院依刑訴法第四五五條之四十第二項為裁定前，應斟酌之案件情節、聲請人與被告之關係、訴訟進行之程度及聲請人之利益等情事，認為准許訴訟參與有助於達成被害人訴訟參與制度之目的，且無不適當之情形者，即應為准許之裁定。

III 法院斟酌前項各該情事時，應綜合考量之。其中就「案件情節」而言，應審酌相關犯罪

之動機、態樣、手段、被害結果等因素，例如敵對性極高之組織或團體間因夙怨仇恨所生之犯罪案件，應考量若准許被害人訴訟參與，是否有擾亂法庭秩序之虞；就「聲請人與被告之關係」而言，例如被害人與被告具有組織內上下從屬之關係，應考量若准許被害人訴訟參與，是否有實質上不利於被告防禦之虞；就「訴訟進行之程度」而言，例如被害人於第一審之審理期間並未聲請訴訟參與，迄至第二審接近審結之時始聲請訴訟參與，即應考量是否有對於被告防禦權產生無法預期之不利益之虞；若就案件情節、聲請人與被告之關係或訴訟進行之程度而言，有諸如前述之情形，則聲請人就訴訟參與即須具有較大之利益，始能衡平因其訴訟參與對於法庭秩序或被告防禦權所生之不利益。（刑訴法第四五五條之三九、第四五五條之四十第一項、第二項）

135 之 7　（撤銷准許訴訟參與裁定之情形）

法院依聲請裁定准許訴訟參與後，認不應准許者，例如法院變更檢察官起訴法條為刑訴法第四五五條之三八第一項各款所列罪名以外之罪名，或聲請人原與被害人具有刑訴法第四五五條之三八第二項本文所定身分關係，嗣後變更為不具此等關係等情形，應撤銷原裁定。（刑訴法第四五五條之四十第三項）

135 之 8　（審判長指定律師代理訴訟參與人）

I 訴訟參與人因精神障礙或其他心智缺陷無法為完全之陳述、具原住民身分、為低收入戶或中低收入戶而聲請指定代理人或審判長認有必要之情形，未經選任代理人者，審判長應指定律師為其代理人。

II 前項案件訴訟參與人選任之代理人於審判期日無正當理由不到庭者，審判長得視為其未經選任代理人，並指定律師為其代理人。

III 訴訟參與人有數人者，得指定一人為其代理人。但各訴訟參與人之利害相反者，不在此限。

IV 依前三項指定代理人後，經選任律師為代理人者，得將指定之代理人撤銷。（刑訴法三一、四五五之四一）

135 之 9　（訴訟參與人之卷證資訊獲知權）

I 無代理人或代理人為非律師之訴訟參與人於審判中得預納費用請求付與卷宗及證物之影本。但有刑訴法第四五五條之四二第二項但書情形者，法院得以裁定適當限制之，訴訟參與人如有不服，得提起抗告。

II 前項本文所稱之影本，在解釋上應及於複本，例如翻拍證物之照片、複製磁紀錄及電子卷證等。（刑訴法四五五之四二）

135 之 10　（選定或指定訴訟參與代表人）

I 訴訟參與人為多數且未自行選定代表人參與訴訟時，法院審酌訴訟參與人之人數、案件情節之繁雜程度及訴訟程序之進行狀況後，如認有指定代表人之必要，得先定期命訴訟參與人自行選定代表人，逾期未選定代表人者，始由法院依職權指定之。

II 法院依職權指定代表人後，得審酌訴訟進行之程度及訴訟參與人之意願，更換或增減代表人。

III 法院依前二項規定指定、更換或增減代表人者，屬判決前關於訴訟程序之裁定，不得抗告。（刑訴法四五五之四五）

136　（審判期日前之準備）

I 法院為使審判程序集中化，應於審判期日前，先為種種之準備，以求審判之順暢、迅速。例如：處理刑訴法第二七三條第一項所定各款之事項，其中第一款有關起訴效力所及之範圍，目的在於釐清法院審判之範圍，並便於被告防禦權之行使，仍無礙於法院依刑訴法第二六七條規定對於案件起訴效力所為之判斷；第二款決定可否適用簡式審判程序或簡易程序時，應注意是否符合同法第二七三條之一第一項及第四四九條第二項之要件；第四款有關證據能力之意見，由法院或受命法官處理之，如檢察官、被告（辯護人）兩造對某項證據無證據能力不予爭執，或經簡單釐清即可判斷無證據能力時，法院即得於準備程序認定該證據無證據能力，倘經法院（或受命法官）依本法之規定，認定無證據能力者，因該證據不得於審判期日主張之，故應於筆錄中明確記載，以杜爭議，惟如兩造對某項證據有無證據能力有所爭執，須進行實質上之調查始能認定有無證據能力者，因準備程序不進行實質性之調查，故應留待審判期日由法院調查認定之；第八款所謂其他與審判有關之事項，例如有無同法第三〇二條至第三〇四條所定應為免訴、不受理或

管轄錯誤判決之情形。

Ⅱ.法院應予訴訟參與人及其代理人，就刑訴法第二七三條第一項各款事項陳述意見之機會。

Ⅲ.除前二項規定外，如需調取證物、命為鑑定及通譯，或搜索、扣押及勘驗，或有必要之事項應請求該管機關報告，或應訊問之證人預料其不能於審判期日到場者，均不妨於審判期日前為之。此際，如需對被告或證人、鑑定人為訊問者，應注意依刑訴法第一七一條規定辦理。（刑訴法二七三、二七四、二七六、二七七、二七八、四五五之四三）

137　（準備程序及審判期日傳票之送達及通知到場）

Ⅰ.第一次審判期日之傳票，至遲應於開庭前七日送達被告。但刑法第六一條所列各罪案件之傳票，至遲應於開庭前五日送達。此一就審期間之規定，於法院行準備程序時，亦準用之。故在定期時，務應注意酌留相當時間，以便送達。

Ⅱ.準備程序及審判期日，均應注意通知訴訟參與人及其代理人到場。審判期日並應注意依刑訴法第二七一條第二項傳喚被害人或其家屬到場，適時予以陳述意見之機會。（刑訴法二七一、二七二、二七三、四五五之四三、四五五之四四）

138　（簡式審判程序之開啟）

通常程序之案件，不論由法院或受命法官行準備程序，如被告所犯為死刑、無期徒刑、最輕本刑為三年以上有期徒刑之罪或高等法院管轄第一審案件以外之案件，且被告就被訴事實為有罪之陳述，又無其他不宜適用簡式審判程序之情形時，得於告知簡式審判程序之旨後，由法院裁定改行獨任審判，進行簡式審判程序。通常程序案件於審判期日，如被告已就被訴事實為有罪之陳述，法院認符合前述得適用簡式審判程序之要件時，得由審判長告知被告簡式審判程序之旨，在聽取當事人、代理人、辯護人及輔佐人之意見後，裁定進行簡式審判程序，此項裁定無須拘於一定形式，為求簡便，可當庭諭知並記明筆錄即可。（刑訴法二七三、二七三之一）

139　（不得或不宜為簡式審判程序）

刑訴法第二七三條之一第二項所謂「不得」為簡式審判程序者，包括被告所犯為死刑、無期徒刑、最輕本刑為三年以上有期徒刑之罪或高等法院管轄第一審之案件，或被告未就被訴事實為有罪之陳述等情形。另所謂「不宜」為簡式審判程序者，例如：被告雖就被訴事實為有罪之陳述，但其自白是否真實，尚有可疑；或被告對於裁判上一罪或數罪併罰之案件，僅就部分案情自白犯罪等情形。案件行簡式審判程序後，若認為有前述「不得」或「不宜」之情形時，應由原合議庭撤銷原裁定並行通常審判程序。原裁定撤銷後，應更新審判程序，但檢察官、被告對於程序之進行無意見者，宜載明筆錄，此時依刑訴法第二七三條之一第三項但書規定，即無庸更新審判程序。惟如有同法第二九二條第一項之情形，仍應更新審判程序。（刑訴法二七三之一、二九二）

140　（簡式審判程序之證據調查）

簡式審判程序貴在審判程序之簡省便捷，故調查證據之程序宜由審判長便宜行事，以適當方法行之即可，不受嚴格證明法則之限制，除不適用有關傳聞法則之規定外，另為求調查證據程序之簡化，關於證據調查之次序、方法之預定、證據調查請求之限制、證據調查之方法，及證人、鑑定人詰問之方式等，均不須強制適用。（刑訴法一五九、二七三之二）

141　（審判程序之進行）

審判程序之進行，應依下列順序為之：

(一)檢察官陳述起訴要旨。

(二)審判長告知被告刑訴法第九五條規定之事項。

(三)調查證據：此部分依序為：1.被告爭執其自白之任意性者，以明其自白有無證據能力；2.當事人聲請調查之證據及法院依職權調查之證據；3.被告被訴之事實；4.被告自白之內容，以明其自白之證明力。

(四)調查科刑之資料。

(五)就事實及法律辯論：依檢察官、被告、辯護人之次序為之。

(六)就科刑範圍表示意見：由到場之告訴人、被害人或其家屬，或訴訟參與人及其代理人、陪同人等其他依法得陳述意見之人為之。

(七)就科刑範圍辯論：依檢察官、被告、辯護人之次序為之。

(八)被告之最後陳述。

（刑訴法一五六、一六一之三、二八七、二八八、二八九、二九○、四五五之四八）

142　（聲明異議之對象）

刑訴法第二八八條之三所定當事人、代理人、辯護人或輔佐人之聲明異議，其對象包括審判長或受命法官有關「證據調查」及「訴訟指揮」之處分，且此之「處分」，包含積極之行為及消極之不作為在內，但僅以該處分「不法」為限，不包括「不當」之處分。如審判長或受命法官怠於調查證據或維持訴訟秩序，而有違法情事時，當事人、代理人、辯護人或輔佐人即得向法院聲明異議。（刑訴法二八八之三）

142 之 1　（裁定宣告監護或禁戒處分）

I 法院於偵查中經檢察官聲請，或於判決前認有緊急必要時，得以裁定宣告監護或禁戒處分。

II 前項裁定，應速移送該管檢察官執行，且抗告無停止執行之效力。但原審法院及抗告法院，均得以裁定停止執行。（刑訴法四五六至四五八、保安處分執行法四）

143　（判決書之記載）

無罪、免訴、不受理、管轄錯誤之判決書，應分別記載主文及理由；有罪之判決書除分別記載主文及理由外，並應記載犯罪事實，且得與理由合併記載。（刑訴法三○八）

144　（有罪判決書犯罪事實之記載）

有罪判決書應記載之「犯罪事實」，係指符合犯罪構成要件之具體社會事實，如被告犯罪之時間、地點、手段以及其他該當於犯罪構成要件而足資認定既判力範圍之具體社會事實。至於構成要件以外之其他適用法律事實，例如刑法總則之加重或減輕事由，可無須在「犯罪事實」欄中記載。（刑訴法三○八）

145　（判決書生效之程序）

法院之判決，如僅製作判決書，未依法宣示或送達者，不生判決效力，此項程序，最為重要，宣示筆錄及送達證書，均應附卷，以為履行此項程序之證明，不可忽略。（刑訴法二二四、五四）

146　（裁判書之製作、簽名及送達）

I 裁判書，應於宣示前製作完成，並於宣示後，如期將原本交付書記官。書記官接受之年、月、日，務須依法記明，不得疏略，裁判書之原本，為裁判之法官應注意簽名，裁判之

送達，固屬書記官職權，是否逾七日之期限，該承辦法官仍應負監督之責。

II 有罪判決書之正本，應附記論罪法條全文；關於裁判上一罪之案件，應附記所有成立犯罪各罪之處罰條文。（刑訴法五一、二二七、三一四之一）

147　（有罪判決書理由之記載）

I 有罪之判決書，應詳述理由。惟簡式審判及諭知六月以下有期徒刑或拘役得易科罰金、罰金或免刑之判決書，其認定犯罪事實所憑之證據，得僅標明「證據名稱」，除認有特別說明之必要者外，無庸敘明證據之具體內容及認定之理由；後者並應敘明對於被告有利證據不予採納之理由。

II 數罪併罰之各罪均受六月以下有期徒刑得易科罰金之宣告，而定應執行刑逾六月者，亦屬前項所稱諭知六月以下有期徒刑得易科罰金之情形。（刑訴法三○九、三一○、三一○之一、三一○之二、四五四）

147 之 1　（緩刑宣告注意事項）

法院依刑法第七十四條第二項規定於緩刑宣告時，命被告為該條項各款事項，雖不以經被告或被害人同意為必要，但為保障當事人訴訟權益，並兼顧緩刑本旨，宜先徵詢當事人或被害人之意見，並將違反之法律效果告知被告。所命事項尤應注意明確可行、公平妥適。例如命向被害人道歉，其方式究為口頭、書面或登報；命支付之金額，是否相當；命被告為預防再犯之一定行為，是否過度影響被告日常就業（學）等。所命事項係緩刑宣告內容之一部，應記載於判決主文，其得為民事強制執行名義者，應特別注意力求內容明確，俾得為強制執行。（刑訴法三○九、三一○、三一○之一、三一○之二、四五四）

148　（諭知免刑之注意事項）

依刑法第六十一條之規定諭知免刑時，應注意有無徵詢告訴人或自訴人同意命被告向被害人道歉，立悔過書，或向被害人支付相當數額慰撫金之情事，如經告訴人或自訴人同意者，應記載筆錄，並於判決書內敘明之。（刑訴法二九九）

149　（免訴判決之理由）

免訴判決，不得以被告就他罪已受重刑判決確定而認本罪無庸科刑之情事為免訴之理由。（刑訴法三○二）

法院辦理刑事訴訟案件應行注意事項

（第一五〇～一六一條）

150 （裁定之注意事項）

法院或審判長、受命法官、受託法官之裁判，除依法應用判決行之者外，概以裁定行之，其得為抗告或駁回聲明之裁定，應注意敘述理由，如係當庭所為之裁定應併宣示之。（刑訴法二二〇、二二三、二二四）

151 （收受自訴案件後之審查）

法院受理自訴案件時，應詳加審核自訴之提起，有無委任律師行之、自訴人是否為犯罪之直接被害人、是否為被告之直系血親卑親屬或配偶，及自訴狀有無記載犯罪事實及證據並所犯法條、犯罪事實有無記載構成犯罪之具體事實及其犯罪之日、時、處所、方法；被害人無行為能力或限制行為能力，或死亡者，其法定代理人、直系血親或配偶，提起自訴時，法院應先查明該自訴人與被害人之身分關係。審核結果認有欠缺時，如能補正，應裁定命自訴人限期補正，逾期未補正，應諭知不受理判決；如不能補正，則逕諭知不受理判決；但對於與自訴人直系血親尊親屬或配偶共犯告訴乃論罪者，並非不得依法提起自訴，故不得以其違反刑訴法第三二一條規定為由，諭知不受理判決。（刑訴法三一九、三二〇、三二一、三二九、三三四、三四三、三〇三，參照司法院院字第一三〇六號、釋字第五六九號解釋）

152 （自訴之傳訊被告）

對於自訴案件，非有必要，不得先傳訊被告。（刑訴法三二六）

153 （自訴人及自訴代理人之傳喚）

自訴人經合法傳喚，無正當理由不到庭者，不得拘提。又自訴代理人經合法通知無正當理由不到庭時，應再行通知，並告知自訴人，以使自訴人有督促或另行委任代理人之機會；自訴代理人如仍不到庭者，應諭知不受理判決。（刑訴法三二七、三三一）

154 （自訴之停止審判）

自訴人提起自訴所指被告犯罪是否成立或刑罰應否免除，以民事法律關係為斷，而民事未起訴者，法院於停止審判之同時，應注意期限命自訴人提起民事訴訟，必俟其逾期不提起民事訴訟，始得以裁定駁回自訴。（刑訴法三三三）

155 （審查順序）

法院對於刑事訴訟案件，應依下列順序審查之：㈠審判權之有無。㈡管轄權之有無。㈢其他不受理原因之有無。㈣免訴原因之有無。

156 （緩起訴規定於自訴案件之準用）

法院依訊問或調查之結果，認為自訴案件有刑訴法第二五二條、第二五三條、第二五四條之情形者，得以裁定駁回自訴，並得斟酌情形，命被告遵守或履行下列事項：一、向被害人道歉；二、立悔過書；三、向被害人支付相當數額之財產或非財產之損害賠償；四、向公庫（包含國、市、縣庫）或指定之公益團體、地方自治團體支付一定之金額。惟須注意命被告履行前述第三款、第四款之事項時，須得被告之同意。法院命被告遵守或履行前述各款事項，應附記於裁定內。因上述第三、四款等情形，自訴人均得以法院之裁定為民事執行名義，因此，法院就各該應支付金額、支付方式及對象等，均應記載明確，以免執行時發生疑義。（刑訴法三二六）

157 （判決或裁定應宣示之公告及通知）

判決或裁定應宣示者，於宣示之翌日應行公告，並將判決主文或裁定要旨通知當事人。（刑訴法二二五）

158 （引用證據與卷載資料應相符）

判決書所引用之證據，應與卷載資料相符。例如被告對於犯罪構成要件之事實，並未自白，判決理由內即不得謂被告對於犯罪事實業經供認不諱。（參照最高法院二十九年上字第二七八二號判例）

159 （判決書末之法律引用）

判決書據上論結部分，得僅引用應適用之程序法。（刑訴法三一〇）

160 （判決書正確繕寫法院組織）

合議審判法官為甲、乙、丙三人，在判決正本上，不得繕寫為甲、乙、丙、丁四人或甲、丙、丁三人或將甲、乙、丙三人中一人姓名繕寫錯誤，以免被認為法院之組織不合法，或有未經參與審理之法官參與判決情形。（刑訴法五二，參照最高法院二十一年上字第一九八八號判例）

161 （職權上訴與當事人之通知）

宣告死刑之案件，應不待上訴依職權逕送上訴審法院，並通知當事人，視為被告提起上訴。（刑訴法三四四、三五〇）

162　（上訴書狀之效力）

提起上訴案件，應注意其曾否向原審法院提出上訴書狀，如僅以言詞聲明不服，雖記載筆錄，亦不生上訴效力。第二審上訴書狀，應敘述「具體理由」，所稱具體理由，係指須就不服之判決為具體之指摘而言，如僅泛稱原判決認事用法不當或採證違法、判決不公等，均非具體理由。至於理由之具體與否係屬第二審法院審查範圍，不在第一審法院命補正之列，是上訴書狀如已敘述理由，無論其具體與否，即無待其補提理由書或命補正之問題。又被告就有罪之判決，為求自己利益而有所陳述者，雖書狀未揭明提起上訴字樣，如其內容係對於原判決有不服之表示，即應認為係提起上訴。具有完全行為能力之被告，雖不得由父母、兄弟、子姪以自己名義獨立上訴，但其上訴，如於書狀內述明確出於被告本人之意思，委任親屬代為撰狀上訴，亦不能謂其上訴為不合法。原審辯護人為被告之利益提起上訴，而未於上訴狀內表明以被告名義上訴字樣者，法院應先定期間命為補正，亦不得逕認其上訴為不合法。（刑訴法三四五、三五〇、三六一、三六七，參照最高法院二十一年抗字第一一二號、二十五年上字第二一〇號判例、司法院釋字第三〇六號解釋）

163　（上訴或抗告程式之補正及原判決之撤銷或發回）

上訴或抗告，有不合法律上之程式而可補正者，應定期間先命補正，不得逕予駁回。其上訴雖無理由，但原判決不當或違法者，應予撤銷或發回。在被告上訴或為被告之利益而上訴之案件，除原判決適用法條不當而撤銷者外，不得僅因量刑失出而撤銷。（刑訴法三六二、三六九、三七〇）

164　（上訴期間之計算）

上訴期間之起算，以送達判決之日為準，期間之始日不得算入，期間之末日，如值例假日或其他休息日，亦不得算入。提起上訴之當事人，如不在原審法院所在居住，應將在途期間，扣除計算。原審送達判決程序如不合法，則上訴期間，無從進行，因之，當事人無論何時提起上訴，均不得謂為逾期。（刑訴法三四九、六五、六六、民法一二二，最高法院二十九年上字第二三四七號、五十九

年臺抗字第二三〇號判例）

165　（上訴期間之計算）

上訴無論為被告或自訴人或檢察官提起者，除上訴書狀經監所長官轉提者外，均應以書狀提出於法院之日為準，不得以作成日期為準。苟其提出書狀之日，業已逾期，則作成書狀之日，雖在法定期間以內，亦不能生上訴效力。對於抗告書狀之提起，亦應為同樣之注意。（刑訴法三五〇，參照最高法院二十三年上字第一九一九號判例）

166　（捨棄及撤回上訴之方式）

捨棄上訴權及撤回上訴，除於審判期日，得以言詞為之外，餘概應用書狀。其以言詞為之者，應聽其自由表示，不得有強制、暗示、引逗等情事，遇有於審判期日前訊問時，以言詞撤回上訴者，應即諭知補申書狀。又被告捨棄上訴權及撤回上訴之效力，不影響其法定代理人或配偶獨立之上訴權。（刑訴法三五八，參照最高法院二十八年抗字第一五五號判例）

167　（捨棄及撤回上訴之通知）

當事人提出上訴書狀之繕本，法院書記官應送達於他造當事人，俾知上訴之意旨；其捨棄上訴權或撤回上訴，祇應由書記官通知他造當事人，法院無須予以任何裁判。（刑訴法三五二、三六〇）

168　（審判不可分原則）

實質上或裁判上一罪，僅撤回其一部上訴者，因其有關係之部分視為亦已上訴，上訴審理院仍應就其全部加以審判。（刑訴法三四八，參照最高法院六十二年七月二十四日六十二年度第一次刑庭庭推總會決議）

169　（審理範圍——覆審制）

第二審審判範圍，雖係僅就經上訴之部分加以調查，但並非如第三審以上訴理由所指摘之事項為限。故凡第一審所得審理者，第二審均得審理之。例如上訴人對於事實點並未加以攻擊，而實際上第一審認定之事實不無可疑者，第二審自應本其職權，重加研鞫。其因上訴而審得結果，如應為與第一審相異之判決時，其上訴即為有理由，應為與第一審相同之判決時，即為無理由，不得單就當事人上訴理由所主張之事項，為審理之範圍。（刑訴法三六六、三六九）

法院辦理刑事訴訟案件應行注意事項

（第一六二～一六九條）

170　（準用第一審程序之原則及例外）

第二審之審判程序，以準用第一審判程序為原則，但須注意者，即在第一審程序，被告在審判期日不出庭者，除許用代理人案件外，原則上不許開庭審判，如在第二審程序，則被告經合法傳喚無正當理由不出庭者，仍得開庭審判，並得不待其陳述，逕行判決，惟仍聽取他造當事人之陳述，並調查必要之證據。蓋此項條文，專為防訴訟延滯之弊而設，乃兩造審理主義之例外，而非言詞審理主義之例外，不可誤解為不待被告陳述，即可逕用書面審理。（刑訴法三七一，參照最高法院二十二年上字第四五四號判例）

171　（第一審判決書引用之限制）

第二審判決書引用第一審判決書所記載之事實及證據，須以第一審合法認定或採取並無疑誤者為限，不得稍涉牽強。（刑訴法三七三）

172　（第三審上訴理由之審核㈠）

第三審上訴書狀已否具體指明原判決違法，應注意審查，若泛稱認事用法均有未當，或原判決難甘服等，應認為上訴不附理由，以上訴不合法駁回之。（刑訴法二七七、三八二）

173　（第三審上訴理由之審核㈡）

第三審為法律審，非以判決違背法令為理由不得上訴，對於上訴理由，應嚴加審核。如原審判決確有違背法令之處，而發回更審者，尤應詳閱全證，就應調查之事項詳予指示，避免為多次之發回。若認為有言詞辯論之必要，亦儘可能舉行言詞辯論，俾案件早歸確定。（刑訴法三八九）

174　（第三審之裁判基礎）

第三審法院，應以第二審判決確定之事實為判決基礎，不得另行認定事實。（刑訴法三九四）

175　（第三審之自為判決）

刑事案件第三審法院認為上訴有理由，且原審判決雖係違背法令，而不影響於事實之確定可據為裁判者，應將原審判決經上訴之部分撤銷，自為判決。（刑訴法三九八）

176　（抗告之審查）

法院受理抗告書狀或原法院意見書後，應先審查抗告是否為法律所許，抗告人是否有抗告權，抗告權已否喪失及抗告是否未逾期限。其抗告有無理由，並非取決於所指摘之事實，故因抗告而發現原裁定不當時，即為有理由，反是則為無理由，務須注意。（刑訴法四〇八）

176 之 1　（準抗告之審理）

法院受理刑訴法第四百十六條第一項之案件，應由為原處分之審判長、陪席法官、受命法官所屬合議庭以外之另一合議庭審理。

177　（聲請再審之期間）

聲請再審，於判決確定後，為受判決人之利益，隨時均得為之，並無期間之限制，即於刑罰執行完畢後或已不受執行時,亦得為之。但不得上訴第三審案件，因重要證據漏未審酌而聲請再審者，應於送達判決後二十日內為之。又為受判決人之不利益聲請再審，於判決確定後，經過刑法第八十條第一項期間二分之一者，不得為之。且此項期間之進行，並無關於追訴權時效停止規定之適用。（刑訴法四二三、四二四、四二五）

177 之 1　（聲請再審之程式）

聲請再審，應以再審書狀敘述理由，附具判決之繕本及證據，提出於管轄法院為之。所謂「原判決繕本」，乃指原確定判決之繕本而言，並非指該案歷審判決，聲請人向第二審法院聲請再審，附具第二審確定判決繕本即已足。縱該案提起第三審上訴，經第三審法院以上訴不合法而判決駁回確定，因該判決不具實體確定力，非該條所稱之原判決，自無庸附具該案之第一審及第三審判決繕本。（刑訴法四二九）

177 之 2　（聲請再審不合法律上程式之處理）

I 聲請再審,其不合法律上之程式可以補正者，法院應定期間先命補正；逾期不補正者，應以裁定駁回之。再審書狀未附具原判決之繕本，且聲請人未釋明無法提出該繕本之正當理由者，亦同。

II 聲請人經釋明無法提出原判決之繕本，而有正當理由者，得同時請求法院調取之。（刑訴法四二九、四三三）

177 之 3　（行使卷證資訊獲知權時之卷證調取）

聲請權人或其代理人於聲請再審前以聲請再審為理由，或於其聲請再審程序中，依刑訴法第四二九條之一第三項準用刑訴法第三三

條向法院聲請獲知卷證資訊，而相關卷證置於指揮執行機關或其他機關者，法院宜審酌個案情形儘速調取之。(刑訴法三三、四二九之一)

177之4　(通知到場及聽取意見)

I 聲請再審之案件，除顯無必要者外，應通知聲請人及其代理人到場，並聽取檢察官及受判決人之意見。但無正當理由不到場，或陳明不願到場者，不在此限。

II 前項本文所稱「顯無必要者」，係指聲請顯屬程序上不合法且無可補正或顯無理由而應逕予駁回，例如非聲請權人、逾法定期間、以撤回或駁回再審聲請之同一原因聲請再審等情形，或再審原因已明，顯有理由應逕為開始再審之裁定。(刑訴法四二九之二)

177之5　(裁定前之調查與自由證明)

聲請再審之案件，法院於裁定前調查事實或證據者，以自由證明為已足。(刑訴法二二二、四二九之三)

178　(再審無理由之裁定駁回)

法院認為無再審理由，應以裁定駁回之，駁回後，不得更以同一原因聲請再審。稱同一原因，係指聲請再審之原因事實，已為實體上之裁判者而言，若僅以其聲請程序不合法，予以駁回者，自不包括在內。(刑訴法四三四，參照最高法院二十五年抗字第二九二號判例)

178之1　(以無理由駁回再審聲請之抗告期間)

I 聲請人或受裁定人不服以無理由駁回再審聲請之裁定者，得於裁定送達後十日內抗告。但對於抗告法院所為裁定之再抗告期間，或對於刑訴法第四三三條裁定之抗告期間，均仍為五日。

II 前項規定，不影響刑訴法第四○五條、第四一五條或其他特別規定之適用。

III 以無理由駁回再審聲請之抗告期間，於中華民國一○八年十二月十日修正通過之刑訴法第四三四條施行時，依修正前之規定尚未屆滿者，適用修正後之規定，得於裁定送達後十日內抗告；已屆滿者，其抗告權因逾期而喪失，不適用修正後之規定。

IV 經以無理由駁回再審聲請之裁定後，不得更以同一原因聲請再審。

(刑訴法四○六、四三四)

179　(聲請參與沒收程序之審查)

刑訴法第四五五條之十二第一項所稱財產可能被沒收之第三人，係指被告以外之自然人、法人及非法人團體。未經起訴之共同正犯、教唆犯及幫助犯等，非刑事本案當事人，亦得以第三人地位聲請參與沒收程序。聲請參與沒收程序應以書狀記載其財產可能被判決沒收等參與沒收程序之理由與參與之意旨，向本案繫屬法院為之。(刑訴法四五五之十二)

180　(法院依職權命第三人參與沒收程序)

刑訴法第四五五條之十二第三項所稱「必要時」，須依現存卷證資料，綜合一切情狀而為判斷。例如：無沒收第三人財產之可能；沒收之第三人財產若為違禁物，其合法持有之可能性；第三人有無已陳明不提出異議而毋庸命參與程序之情形等，以為判斷有無必要之依據。(刑訴法四五五之十二)

181　(檢察官通知及審理中聲請沒收第三人財產之處理)

審理中檢察官聲請沒收第三人財產時，法院應注意有無依職權命該第三人參與沒收程序之必要，有必要者，應即命參與，無必要者，應於所附隨之刑事本案終局判決中為必要之裁判、說明。(刑訴法四五五之十三)

182　(免予沒收)

法院受理參與沒收程序之聲請，為避免造成被告本案程序延宕，應妥速審核，裁定前並應通知聲請人等，予其陳述意見之機會；通知書宜註記陳述意見得到庭或不到庭逕以書面為之。法院審核，如認不合法律上之程式(例如：書狀不合程式)而可補正者，應定期間先命補正；如已無從補正(例如：聲請人不適格)、或認法律上不應准許或無理由者，應予駁回。法院准許第三人參與程序之裁定，固不得抗告，但駁回聲請參與沒收程序之裁定，屬終局裁定，得依法抗告，自不待言。(刑訴法四五五之十四、四五五之十六)

183　(參與沒收程序裁定之通知與記載事項)

法院關於免予沒收第三人財產之裁量，應妥適衡酌程序耗費與免予沒收之結果，是否符合規範目的；所考量之訴訟經濟因素，例如：訊問證人、鑑定或勘驗所需時間及費用，訴

法院辦理刑事訴訟案件應行注意事項（第一八四～一九一條）

訟程序是否過於冗長、繁複，致與沒收第三人財產所欲達成之效果顯不相當等均屬之。檢察官或自訴代理人同意免予沒收之旨應記載於筆錄。另刑法第三八條之二第二項之減免沒收，雖不以經檢察官或自訴代理人同意為必要，惟法院仍宜於裁判中適當說明裁量之理由。（刑訴法四五五之十五）

184　（程序轉換規定）

法院依聲請或依職權所為准許或命第三人參與沒收程序之裁定，應記載第三人參與程序之理由、得為缺席判決之法律效果及對沒收該第三人財產事項具重要性之已進行及擬進行之訴訟程序；併同審判期日通知、相關之訴訟資料送達該參與人，以利其進行訴訟上之防禦。（刑訴法四五五之十七、四五五之二十）

185　（參與人之權利）

行簡易、協商程序案件，因第三人參與沒收程序而改行通常程序審判者，仍得裁定進行簡式審判程序。惟應注意保障參與人訴訟上權利之行使，不受本案因被告就被訴事實已為有罪之陳述，調查證據之方式較為簡化之影響。（四五五之十八）

186　（參與人到庭）

參與人於所參與之沒收程序，因準用被告訴訟上權利之規定，就沒收其財產事項，享有與被告相同之訴訟上權利，例如：刑訴法第十八條、第十九條聲請迴避、第三三條第二項請求交付卷宗及證物之影本、第三三條第三項經法院許可檢閱卷宗及證物、第四四條之一更正審判筆錄、第六八條聲請回復原狀、緘默權、調查證據聲請權、詰問權等；並有本法總則編證據章規定之適用。惟參與人於法院調查被告本人之事項時，有作證之義務，此情形下，依刑訴法第四五五條之二八、第二八七條之二，應準用證人之規定，參與人自不得主張緘默權，此於法律適用上，請一併注意及之。（刑訴法四五五之十九、四五五之二八）

187　（審判期日應向參與人告知事項）

沒收程序參與人得委任代理人到場，代理人應依本編規定代理參與人為訴訟行為。法院就沒收參與人財產事項，於參與人到庭陳述對其權利之維護係屬重要或為發現真實等必要情形，得傳喚參與人本人到庭，傳票上並

應載明經合法傳喚無正當理由不到場者得命拘提之法律效果。（刑訴法四五五之二一）

188　（參與人之詰問方式）

法院於審判期日對到場之參與人，應依刑訴法第四五五條之二二踐行告知義務；記載於參與沒收程序裁定之訴訟進行程度若有變動，尤應注意再行告知。上開告知義務之踐行，應記明筆錄。（刑訴法四五五之二二）

189　（參與人參與沒收程序之證據調查）

沒收程序參與人就與沒收其財產有關之事項，所享有之詰問權，為避免延滯被告本案訴訟程序，宜於當事人及其代理人、辯護人之詰問進行完畢後為之，且不適用交互詰問規則。至於為保障參與人反對詰問權之傳聞法則，則不在排除之列，故審判外之傳聞，縱對被告而言，已符合傳聞法則之例外規定而不受傳聞不得作為證據之限制，或依法本即毋庸再予調查傳喚（例如：被告之本案部分經法院裁定行簡式審判程序）等情形，法院仍應依法提供參與人詰問證人之機會，自不待言，此於法律之適用時，亦請一併注意及之。（刑訴法四五五之二三）

190　（參與人最終辯論權）

審判期日調查證據完畢後，參與人就沒收其財產之事項，應於檢察官、被告及辯護人就本案之事實、法律事項及科刑範圍辯論後，再由檢察官、被告、辯護人、參與人或其代理人依序進行辯論。已辯論者，得再為辯論，審判長亦得命再行辯論。（刑訴法四五五之二四）

191　（裁定准許參與後之撤銷）

關於沒收參與人財產之裁判，應以參與人為對象，於判決主文對第三人諭知，且參與沒收程序係以參與人為特定對象，針對特定財產為範圍，進行審理，故判決結果無論該等財產應否沒收，均須逐一於主文內諭知，並於判決中說明認定所憑之證據與形成心證之理由。此與沒收被告財產之裁判，僅應論知沒收之財產始需於判決主文中諭知，不予沒收部分僅於判決理由中說明即可之情形不同。法院就刑事本案與沒收之裁判，原則上固應同時為之，但於法院裁定參與沒收程序後，本案部分如有被告因病不能到庭而停止審判等情形，致無法賡續進行者，法院自得就參與沒收部分先為判決。（刑訴法四五五之

二六）

192　（沒收判決之諭知）

參與人為關於沒收其財產裁判之受判決人，就其所受之沒收裁判，本得自行決定是否依刑訴法一般上訴之規定提起上訴。惟本案判決經合法上訴者，相關之沒收判決縱未經參與人上訴，因為本案判決上訴效力所及，視為亦已上訴，故此部分沒收裁判之參與人亦取得於上訴審參與人之地位，法院仍應對其踐行相關之法定程序。至參與人僅就本案判決提起上訴者，其上訴因欠缺上訴利益而不合法，自無上訴效力及於相關沒收判決可言。若當事人就本案判決未上訴，僅參與人就其所受沒收判決提起上訴，因上訴效力不及於本案判決，本案判決即已確定，法院應妥速檢卷送檢察官執行。（刑訴法四五五之二七）

193　（上訴範圍及上訴爭點之限制）

刑訴法第一三三條及刑法第三八條之三，分別就保全扣押裁定及未確定之沒收裁判訂有禁止處分之效力規定，故法院於撤銷沒收確定裁判後，該沒收標的若經保全扣押或尚有其他未確定之沒收裁判存在，宜併採取適當之禁止措施；若未經保全扣押，宜採取適當之保全措施，以落實上開規定禁止處分之效力。（刑訴法四五五之二九）

194　（聲請撤銷沒收確定裁判）

撤銷沒收確定裁判程序，係對於沒收裁判前，因非可歸責於其本人之事由，未參與沒收程序之財產所有人，賦予其於判決確定後主張權利之機會，並非審查沒收裁判之妥當與否。撤銷沒收確定裁判後，應重新踐行合法之訴訟程序；聲請人於回復原訴訟程序後，當然參與沒收程序。（刑訴法四五五之三三）

195　（撤銷沒收確定裁判效力）

檢察官聲請單獨宣告沒收，應就刑訴法第四五五條之三五第二款至第四款所定沒收之前提要件提出證據；其中與沒收財產事項有關之刑事違法事實存在部分，並應負說服之責任。（刑訴法四五五之三五、四五五之三六）

196　（單獨宣告沒收檢察官聲請書應記載事項）

有關參與沒收程序中，參與人享有之訴訟上權利及聲請撤銷沒收確定判決請求救濟之權利等規定，於單獨宣告沒收程序應予準用。（刑訴法四五五之三七）

197　（提起附帶之民事訴訟之條件）

刑訴法第四八七條所謂因犯罪而受損害者，係指因刑事被告之犯罪行為而受有損害者而言。換言之，即受損害原因之事實，即係被告之犯罪事實。故附帶民事訴訟之是否成立，應注意其所受損害，是否因犯罪行為所生。至其損害之為直接間接，在所不問，不能因其非直接被害之人，即認其附帶民事訴訟為不合法，而不予受理。（刑訴法四八七）

198　（附帶民事訴訟應注意事項㈠）

附帶民事訴訟當事人或代理人，得於刑事訴訟調查證據時到場陳述意見，除確係繁雜者外，附帶民事訴訟應與刑事訴訟同時判決，以期便捷。故在刑事訴訟中，有附帶民事訴訟時，應注意通知附帶民事訴訟當事人或代理人到場。其因確係繁雜而應移送民事庭之附帶民事訴訟，須以合議裁之；如人數不足不能為合議者，則由院長裁定。（刑訴法四九九、五〇一、五〇四）

199　（附帶民事訴訟應注意事項㈡）

刑事訴訟之第二審判決，不得上訴於第三審法院者，對於其附帶民事訴訟之第二審判決，仍得向第三審法院民事庭上訴，但應受民事訴訟法第四百六十六條之限制。（刑訴法五〇六）

法院辦理刑事訴訟簡易程序案件應行注意事項

九十八年八月二十八日司法院函修正發布

①民國七十九年八月六日司法院函發布
②八十一年四月三十日司法院函修正發布
③八十四年七月三十一日司法院函修正發布
④八十四年十月二十三日司法院函修正發布
⑤八十七年四月二日司法院函修正發布
⑥九十二年八月二十七日司法院函修正發布
⑦九十三年六月二十四日司法院函修正發布
⑧九十八年八月二十八日司法院函修正下達第一點

1　（得適用簡易程序之案件）

得適用簡易程序之案件，以宣告緩刑、得易科罰金或得易服社會勞動之有期徒刑及拘役或罰金者為限。第一審法院依被告在偵查中之自白或其他現存之證據，已足認定其犯罪者，得因檢察官之聲請，不經通常審判程序，逕以簡易判決處刑。但有必要時，應於處刑前訊問被告。所稱「必要時」，指對於檢察官聲請以簡易判決處刑之犯罪事實，或其他與犯罪或科刑有關之事實有加調查之必要者而言。（刑訴法四四九Ⅰ、Ⅲ）

2　（刑訴第四四九條第一項案件之處刑）

刑訴法第四四九條第一項之案件，檢察官依通常程序起訴，經被告自白犯罪，不論該自白是否於法院訊問時所為，如法院認為宜以簡易判決處刑，即得不經通常審判程序，逕以簡易判決處刑。惟如被告於法院訊問時否認犯罪，並聲請調查證據者，自應詳予調查後，再判斷是否宜以簡易判決處刑。（刑訴法四四九Ⅱ）

3　（簡易庭或專股辦理簡易案件）

各地方法院或其分院，宜由簡易庭或設專股辦理簡易程序案件；其經上訴之案件，則由專股以外之刑事庭法官組成合議庭審理，並得視上訴案件數酌設專庭辦理。（刑訴法四四九之一）

4　（少年刑事案件之辦理）

少年刑事案件經檢察官聲請以簡易判決處刑者，應由少年法院（庭）適用簡易程序辦理。（參照少年事件處理法五、六七Ⅰ）

5　（應適用通常程序審判之情形㈠）

Ⅰ.簡易程序案件，被告自白犯罪者，得於偵查中或審判中表示願受科刑之範圍或願意接受緩刑之宣告；於偵查中，經檢察官同意記明筆錄，並以被告之表示為基礎，向法院求刑或為緩刑宣告之請求者，法院於裁判時，應先審查被告自白之文書資料或筆錄。

Ⅱ.檢察官聲請簡易判決處刑時之求刑或為緩刑宣告之請求，與被告之罪責不相當，或忽視、損害被害人權益等，即屬刑訴法第四五一條之一第四項但書第四款之情形，而有刑訴法第四五二條之適用。（刑訴法四五一之一Ⅰ、Ⅲ、四五二）

6　（應適用通常程序審判之情形㈡）

Ⅰ.檢察官聲請以簡易判決處刑之案件，經法院認為有刑訴法第四五一條之一第四項但書之情形者，應適用通常程序審判，並移由刑事庭審理。

Ⅱ.檢察官以通常程序起訴之案件，經法院認宜依刑訴法第四四九條第二項逕以簡易判決處刑者，由原承辦股繼續審理。

Ⅲ.前二種情形，應另分新案號，原案號報結，其由原承辦股繼續審理者，辦案期限應接續計算。（刑訴法四五二、四四九Ⅱ）

7　（免刑判決與處刑判決）

適用簡易程序之案件，如免除其刑者，應諭知免刑之判決。以簡易判決處刑時，得併科沒收為其他必要之處分。（刑訴法三〇九Ⅰ、四五〇、四五四Ⅰ4）

8　（應依通常程序審判之情形）

裁判上一罪之案件，其一部分犯罪不能適用簡易程序者，全案應依通常程序辦理之。（刑訴法四五二）

9　（附帶民事訴訟之處置）

適用簡易程序所提起之附帶民事訴訟，除確係繁雜者外，應與刑事訴訟同時判決。其為實體判決者，應經當事人之辯論為之。（刑訴法五〇五Ⅰ、五〇一、五〇四Ⅰ）

10　（簡易判決處刑案件之立即處分）

以簡易判決處刑案件，法院應立即處分。書記官接受簡易判決原本後，應立即製作正本送達於當事人、辯護人、代理人、告訴人、

告發人。各項相關之行政作業並應密切配合，以求案件迅速終結。（刑訴法三二七Ⅰ、三一四Ⅱ、四五三、四五五）

11　（簡略方式製作判決書）

法官於簡易判決書之製作，得以簡略方式為之，認定犯罪事實所憑之證據，得僅記載證據之名稱，無庸記載證據之具體內容；如認定之犯罪事實、證據及應適用法條與檢察官聲請簡易判決處刑書與起訴書之記載相同者，得引用之。（刑訴法四五四）

12　（依表示範圍或請求為判決者上訴之禁止）

當事人依刑訴法第四五一條之一第一項或第三項規定表示願受科刑範圍（指被告）或為求刑或為緩刑宣告之請求（指檢察官）者，法院如於被告所表示範圍內科刑，或依檢察官之請求（求刑或請求宣告緩刑）為判決者，各該當事人不得上訴，並應於判決書內載明之。（刑訴法四五五之一Ⅱ）

13　（第二審之管轄與迴避規定）

對於簡易程序案件之裁判上訴或抗告者，由地方法院合議庭管轄第二審。曾參與第一審裁判之法官，應依刑事訴訟法第十七條第八款規定迴避，不得於第二審合議庭執行職務。（刑訴法四五五之一Ⅰ、Ⅳ）

14　（上訴之準用規定及依通常程序審理等）

對於簡易判決之上訴，準用刑訴法第三編第一章及第二章之規定。管轄第二審之地方法院合議庭受理簡易判決上訴案件，應依通常程序審理。其認案件有刑訴法第四五二條之情形者，應撤銷原判決，逕依通常程序為第一審判決。（刑訴法四五五之一Ⅲ、四五二、三六九）

15　（程序從新）

九十二年一月十四日修正通過之刑事訴訟法施行前，已繫屬於各級法院之簡易程序案件，其以後之訴訟程序，應依修正後之刑事訴訟法終結之。但施行前已依法定程序進行之訴訟程序，其效力不受影響。（刑訴施行法七之三）

法院辦理刑事訴訟簡易程序案件應行注意事項（第一一～一五條）

法院辦理停止羈押及再執行羈押注意要點

一百零八年九月三日司法院函修正發布

①民國八十九年二月九日司法院函發布
②一百零八年九月三日司法院函修正名稱及第一、二、五～八、一一、一三、一五點條文

1

許可被告具保、責付或限制住居而停止羈押者，法院認為必要並適當時，得斟酌個案之具體情形，命被告應定期報到；不得對特定人實施危害、恐嚇、騷擾、接觸或跟蹤行為；保外治療者非經許可不得從事與治療目的顯然無關之活動；接受適當科技設備監控；不得離開住居所或一定區域；交付護照或旅行文件；不得就特定財產為一定處分或遵守其他適當之事項，並得通知主管機關不予核發護照、旅行文件或命被告於宣判期日到庭。

2

法院命被告應遵守一定之事項時，應審酌被告之身分、職業、家庭環境、涉嫌犯罪之性質、犯罪之情節、犯罪所生危害、犯罪後之態度、與被害人、證人、鑑定人之關係等一切因素，本於人權保障及公共利益之均衡維護，妥適決定之，於認有必要者，並得定相當期間。

3

被告如違背應遵守之事項，法院認為必要時，依法得再執行羈押，於被告之權益影響甚大，故命令遵守之事項，不論積極作為或消極不作為，均應具體、明確、可行，以免發生爭議。

4

法院命被告應遵守之事項，得視情況擇一或併列多種，記明筆錄或製作書面裁定依法送達被告及檢察官；書記官且應於卷面適當位置，以戳記等方式為標示，俾各審法官注意被告有無應遵守命令之情形。

5

I.命被告應定期向法院、檢察官或指定之機關報到者，應明白指示報到之時間或期間，並指明偵查中向檢察官或指定之機關報到，移審後向本案繫屬之法院或指定之機關報到。
II.法院決定前項報到處所時，宜併審酌被告實

際住居所與法院或檢察署之距離及交通因素、警察等其他機關業務負荷與執行效益等情狀定之；審判中如未影響被告便利性，於法院負擔許可範圍內，宜命被告向法院報到。

6

法院受理被告之報到時，得指定適當之人辦理，應注意人別辨識，並以適當方式記載報到之情形。

7

命被告不得對特定人實施危害、恐嚇、騷擾、接觸、跟蹤行為者，宜載明該特定人之姓名或身分，例如被害人○○○、證人○○○或被害人之三親等內血親、證人之家屬等。

8

命被告未經許可，不得從事與保外治療目的顯然無關之活動者，宜儘量具體載明之，並應契合限制之目的，不得無端為非必要之活動限制。

9

法院許可被告從事與治療目的顯然無關之活動者，宜記明筆錄或以書面為之。

10

命被告應遵守其他事項者，應具體載明應遵守之事項為何，此事項且應係客觀上一般人通常觀念認為可以遵守者，例如命被告不得為報復行為、不得與被害人或證人為非必要之聯絡、被告應接受適當之治療等。

11

法院得視案件進行情形或其他必要情事，依聲請或職權撤銷或變更所命被告應遵守之事項。

12

停止羈押後，有刑事訴訟法第一百十七條第一項所列情形之一者，得命再執行羈押，其一切程序及要件與羈押同。

13

依刑事訴訟法第一百零一條第一項第三款羈押之被告，因保外治療而經停止羈押者，如其停止羈押之原因已消滅，法院斟酌一切情狀，認仍有予以羈押之必要時，得命再執行

羈押。所謂「停止羈押之原因已消滅」，指據以聲請保外治療之疾病已經痊癒，或雖未痊癒，但病況改善，已無非保外治療顯難痊癒之情形而言。

14

再執行羈押之期間，應與停止羈押前已經過之期間合併計算，並非重新起算，故應注意刑事訴訟法第一百零八條規定之羈押期間，並務須於期間屆滿前依法宣示或送達延長羈押之裁定，以保被告權益。

15

法院逕命被告具保、責付或限制住居之情形，均準用刑事訴訟法第一百十六條之二第一項及第三項得命遵守一定事項及同法第一百十七條再執行羈押之規定。

16

法院依刑事訴訟法第一百零九條規定撤銷被告之羈押而命其具保、責付或限制住居者，尚無準用刑事訴訟法第一百十六條之二、第一百十七條規定之餘地。

法 官 法
一百一十年一月二十日總統令修正公布

①民國一百年七月六日總統令公布
②一百零八年七月十七日總統令修正公布
③一百零九年六月十日總統令修正公布
④一百一十年一月二十日總統令修正公布第八七、八八條條文

第一章　總　則

第1條　（立法目的）
I.為維護法官依法獨立審判，保障法官之身分，並建立法官評鑑機制，以確保人民接受公正審判之權利，特制定本法。
II.法官與國家之關係為法官特別任用關係。
III.本法未規定者，適用其他法律之規定。

第2條　（法官之定義）
I.本法所稱法官，指下列各款之人員：
　　一　司法院大法官。
　　二　懲戒法院法官。
　　三　各法院法官。
II.前項第三款所稱之法官，除有特別規定外，包括試署法官、候補法官。
III.本法所稱之法院及院長，除有特別規定外，包括懲戒法院及其院長。
IV.本法所稱司法行政人員，指於司法院及法官學院辦理行政事項之人員。

第3條　（司法院大法官適用本法之限制）
本法之規定，與司法院大法官依據憲法及法律所定不相容者，不適用於司法院大法官。

第4條　（司法院人事審議委員會）
I.司法院設人事審議委員會，依法審議法官之任免、轉任、解職、遷調、考核、獎懲、專業法官資格之認定或授與、第十一條所規定之延任事項及其他法律規定應由司法院人事審議委員會審議之事項。
II.前項委員會，以司法院院長為當然委員並任主席，除第一款委員外，其他委員任期一年，得連任一次，名額及產生之方式如下：
　　一　司法院院長指定十一人。
　　二　法官代表十二人：最高法院法官代表一人、最高行政法院法官及懲戒法院法官代表一人、高等法院法官代表二人、高等行政法院及智慧財產及商業法院法官代表一人、地方法院及少年及家事法院法官代表七人，由各級法院法官互選之。
　　三　學者專家三人：由法務部、全國律師聯合會各推舉檢察官、律師以外之人三人，送司法院院長遴聘。
III.學者專家對法官之初任、再任、轉任、解職、免職、獎懲、候補、試署法官予以試署、實授之審查及第十一條所規定之延任事項，有表決權；對其餘事項僅得列席表示意見，無表決權。
IV.曾受懲戒者，不得擔任第二項之法官代表。
V.司法院為向司法院人事審議委員會提出人事議案所設置之各種委員會，其委員會成員應有法官、學者專家、律師或檢察官代表之參與。
VI.司法院人事審議委員會委員之資格條件、產生方式等有關事項之辦法，及其審議規則，由司法院定之。但審議規則涉及法官任免、考績、級俸、遷調及褒獎之事項者，由司法院會同考試院定之。

第二章　法官之任用

第5條　（法官之積極資格）
I.高等法院以下各法院之法官，應就具有下列資格之一者任用之：
　　一　經法官、檢察官考試及格，或曾實際執行律師業務三年以上且具擬任職務任用資格。但以任用於地方法院法官為限。

二 曾任實任法官。

三 曾任實任檢察官。

四 曾任公設辯護人六年以上。

五 曾實際執行律師業務六年以上,具擬任職務任用資格。

六 公立或經立案之私立大學、獨立學院法律學系或其研究所畢業,曾任教育部審定合格之大學或獨立學院專任教授、副教授或助理教授合計六年以上,講授主要法律科目二年以上,有法律專門著作,具擬任職務任用資格。

七 公立或經立案之私立大學、獨立學院法律學系或其研究所畢業,曾任中央研究院研究員、副研究員或助研究員合計六年以上,有主要法律科目之專門著作,具擬任職務任用資格。

II.高等行政法院之法官,應就具有下列資格之一者任用之:

一 曾任實任法官。

二 曾任實任檢察官。

三 曾任法官、檢察官職務並任公務人員合計八年以上。

四 曾實際執行行政訴訟律師業務八年以上,具擬任職務任用資格。

五 公立或經立案之私立大學、獨立學院法律、政治、行政學系或其研究所畢業,曾任教育部審定合格之大學或獨立學院專任教授、副教授或助理教授合計八年以上,講授憲法、行政法、商標法、專利法、租稅法、土地法、公平交易法、政府採購法或其他行政法課程五年以上,有上述相關之專門著作,具擬任職務任用資格。

六 公立或經立案之私立大學、獨立學院法律、政治、行政學系或其研究所畢業,曾任中央研究院研究員、副研究員或助研究員合計八年以上,有憲法、行政法之專門著作,具擬任職務任用資格。

七 公立或經立案之私立大學、獨立學院法律、政治、行政學系或其研究所畢業,曾任簡任公務人員,辦理機關之訴願或法制業務十年以上,有憲法、行政法之專門著作。

III.最高法院、最高行政法院之法官及懲戒法院之法官,除法律另有規定外,應就具有下列資格之一者任用之:

一 曾任司法院大法官,具擬任職務任用資格。

二 曾任懲戒法院法官。

三 曾任實任法官十二年以上。

四 曾任實任檢察官十二年以上。

五 曾實際執行律師業務十八年以上,具擬任職務任用資格。

六 公立或經立案之私立大學、獨立學院法律學系或其研究所畢業,曾任教育部審定合格之大學或獨立學院專任教授十年以上,講授主要法律科目五年以上,有法律專門著作,具擬任職務任用資格。

七 公立或經立案之私立大學、獨立學院法律學系或其研究所畢業,曾任中央研究院研究員十年以上,有主要法律科目之專門著作,具擬任職務任用資格。

IV.第一項第六款、第七款及第三項第六款、第七款所稱主要法律科目,指憲法、民法、刑法、國際私法、商事法、行政法、民事訴訟法、刑事訴訟法、行政訴訟法、強制執行法、破產法及其他經考試院指定為主要法律科目者而言。

V.第一項第六款、第七款、第二項第五款、第六款及第三項第六款、第七款之任職年資,分別依各項之規定合併計算。

VI.其他專業法院之法官任用資格另以法律定之。

VII.未具擬任職務任用資格之大法官、律師、教授、副教授、助理教授及中央研究院研究員、副研究員、助研究員,其擬任職務任用資格取得之考試,得採筆試、口試及審查著作發明、審查知能有關學歷、經歷證明之考試方式行之,其考試辦法由考試院定之。

VIII.經依前項通過擬任職務任用資格考試及格者,僅取得參加由考試院委託司法院依第七條辦理之法官遴選之資格。

IX.司法院為辦理前項法官遴選,其遴選標

準、遴選程序、被遴選人員年齡限制及其他應遵行事項之辦法，由司法院會同考試院定之。

第 6 條　（法官之消極資格）

具有下列情事之一者，不得任法官：
一　依公務人員任用法之規定，不得任用為公務人員。
二　因故意犯罪，受有期徒刑以上刑之宣告確定，有損法官職位之尊嚴。
三　曾任公務員，依公務員懲戒法或相關法規之規定，受撤職以上處分確定。
四　曾任公務員，依公務人員考績法或相關法規之規定，受免職處分確定。但因監護宣告受免職處分，經撤銷監護宣告者，不在此限。
五　受破產宣告，尚未復權。
六　曾任民選公職人員離職後未滿三年。但法令另有規定者，不在此限。

第 7 條　（法官之遴選）

I.初任法官者除因法官、檢察官考試及格直接分發任用外，應經遴選合格。曾任法官因故離職後申請再任者，亦同。
II.司法院設法官遴選委員會，掌理前項法官之遴選及其他法律規定辦理之事務。
III.前項遴選委員會，以司法院院長為當然委員，其他委員任期二年，得連任一次，名額及產生之方式如下：
一　考試院代表一人：由考試院推派。
二　法官代表七人：由司法院院長提名應選名額三倍人選，送請司法院人事審議委員會從中審定應選名額二倍人選，交法官票選。
三　檢察官代表一人：由法務部推舉應選名額三倍人選，送請司法院院長從中提名應選名額二倍人選，辦理檢察官票選。
四　律師代表三人：由律師公會全國聯合會、各地律師公會各別推舉應選名額三倍人選，送請司法院院長從中提名應選名額二倍人選，辦理全國性律師票選。

五　學者及社會公正人士共六人：學者應包括法律、社會及心理學專長者，由司法院院長遴聘。
IV.第二項委員會由司法院院長召集並擔任主席；其因故不能召集或主持會議時，由其指定之委員代理之。委員會之決議，應以委員總人數三分之二以上出席，出席委員過半數之同意行之。
V.前項總人數，應扣除任期中解職、死亡致出缺之人數，但不得低於十二人。
VI.遴選委員會之審議規則，由司法院定之。
VII.法官遴選委員會委員任一性別不得少於三分之一。
VIII.遴選委員之資格條件、票選程序及委員出缺之遞補等相關事項之辦法，由司法院、行政院、律師公會全國聯合會分別定之，並各自辦理票選。

第 8 條　（法官遴選委員會）

I.司法院法官遴選委員會遴選法官，應審酌其操守、能力、身心狀態、敬業精神、專長及志願。
II.已具擬任職務任用資格之法官之遴選，其程序、法官年齡限制等有關事項之辦法，由司法院定之。
III.經遴選為法官者，應經研習；其研習期間、期間縮短或免除、實施方式、津貼、費用、請假、考核、獎懲、研習資格之保留或廢止等有關事項之辦法，由司法院定之。

第 9 條　（候補、試署法官之實授程序）

I.具第五條第一項第一款資格經遴選者，為候補法官，候補期間五年，候補期滿審查及格者，予以試署，試署期間一年。因法官、檢察官考試及格直接分發任用為法官者，亦同。
II.具第五條第一項第四款至第七款、第二項第三款至第七款資格經遴選者，為試署法官，試署期間二年；曾任法官、檢察官並任公務人員合計十年以上或執行律師業務十年以上者，試署期間一年。
III.第一項候補法官於候補期間，輪辦下列事務。但司法院得視實際情形予以調整之：
一　調至上級審法院辦理法院組織法

第三十四條第三項、行政法院組織
法第十條第五項之事項，期間為一
年。

二　充任地方法院合議案件之陪席法
官及受命法官，期間為二年。

三　獨任辦理地方法院少年案件以外
之民刑事有關裁定案件、民刑事簡
易程序案件、民事小額訴訟程序事
件或刑事簡式審判程序案件，期間
為二年。

Ⅳ.候補法官於候補第三年起，除得獨任辦理
前項第三款事務外，並得獨任辦理刑事訴
訟法第三百七十六條第一款、第二款所列
之罪之案件。

Ⅴ.候補法官應依第三項各款之次序輪辦事
務，但第一款與第二款之輪辦次序及其名
額分配，司法院為應業務需要，得調整
之；第二款、第三款之輪辦次序，各法院
為應業務需要得調整之。

Ⅵ.對於候補法官、試署法官，應考核其服務
成績；候補、試署期滿時，應陳報司法院
送請司法院人事審議委員會審查。審查及
格者，予以試署、實授；不及格者，應於
二年內再予考核，報請審查，仍不及格
時，停止其候補、試署並予以解職。

Ⅶ.前項服務成績項目包括學識能力、敬業精
神、裁判品質、品德操守及身心健康情
形。

Ⅷ.司法院人事審議委員會為服務成績之審
查時，應徵詢法官遴選委員會意見；為不
及格之決定前，應通知受審查之候補、試
署法官陳述意見。

Ⅸ.司法院為審查候補、試署法官裁判或相關
書類，應組成審查委員會，其任期、審查
標準等由司法院另定之。

Ⅹ.候補、試署法官，於候補、試署期間辦理
之事務、服務成績考核及再予考核等有關
事項之辦法，由司法院定之。

第 10 條　（法官之遷調改任及庭長之遴任）

Ⅰ.法官之遷調改任，應本於法官自治之精神
辦理；其資格、程序、在職研習及調派辦
事等有關事項之辦法，由司法院會同考試
院定之。

Ⅱ.各法院庭長之遴任，其資格、程序等有關
事項之辦法，由司法院定之。

第 11 條　（高等法院以下各級法院院長、庭長之任期）

Ⅰ.高等法院以下各法院及高等行政法院、其
他專業法院院長、庭長之任期為三年，得
連任一次。但司法院認為確有必要者，得
再延任之，其期間以三年為限。

Ⅱ.前項院長不同審級之任期，應合併計算。
司法院每年應對前項院長之品德、操守、
執行職務之能力及參與審判工作之努力
等事項，徵詢該法院法官意見，並得參酌徵
詢結果，對任期尚未屆滿者免兼院長職
務。

Ⅲ.第一項庭長同審級之任期，應合併計算。
其任期屆滿連任前，司法院應徵詢該庭長
曾任職院法官之意見。

Ⅳ.司法院於庭長任期中，如發現有具體事
證，足認其有不適任庭長之情事者，得對
其免兼庭長職務。

Ⅴ.院長及庭長之調任、連任、延任、免兼等
有關事項之辦法，由司法院定之。

第 12 條　（法官之任用）

Ⅰ.法官之任用，準用公務人員相關規定先派
代理，並應送請銓敘部銓敘審定，經銓敘
審定合格者，呈請總統任命。銓敘審定不
合格者，應即停止其代理。

Ⅱ.法官於任用前有第六條所列各款情事之
一，或不合各該審級法官任用資格者，撤
銷其任用或該審級法官之任用資格。

Ⅲ.第一項代理之停止及前項任用之撤銷，不
影響其在任時職務行為之效力；業已依規
定支付之給與，不予追還。

第三章　法官之司法倫理與監督

第 13 條　（法官職務執行之基本原則）

Ⅰ.法官應依據憲法及法律，本於良心，超
然、獨立、公正審判，不受任何干涉。

Ⅱ.法官應遵守法官倫理規範，其內容由司法
院徵詢全國法官代表意見定之。

法官法

（第一四～二二條）

第 14 條 　（法官之宣誓及誓詞）

法官於就職時應依法宣誓，其誓詞如下：
「余誓以至誠，接受國家任命，恪遵憲法及法律之規定，秉持超然獨立之精神，公正廉明，勤奮謹慎，執行法官職務，如違誓言，願受最嚴厲之制裁。謹誓。」

第 15 條 　（參政之禁止）

I.法官於任職期間不得參加政黨、政治團體及其活動，任職前已參加政黨、政治團體者，應退出之。

II.法官參與各項公職人員選舉，應於各該公職人員任期屆滿一年以前，或參與重行選舉、補選及總統解散立法院後辦理之立法委員選舉，應於辦理登記前，辭去其職務或依法退休、資遣。

III.法官違反前項規定者，不得登記為公職人員選舉之候選人。

第 16 條 　（兼職之禁止）

法官不得兼任下列職務或業務：

一　中央或地方各級民意代表。

二　公務員服務法規所規定公務員不得兼任之職務。

三　司法機關以外其他機關之法規、訴願審議委員會委員或公務人員保障暨培訓委員會委員。

四　各級私立學校董事、監察人或其他負責人。

五　其他足以影響法官獨立審判或與其職業倫理、職位尊嚴不相容之職務或業務。

第 17 條 　（兼職之限制）

法官兼任前條以外其他職務者，應經其任職機關同意；司法院大法官、各級法院院長及機關首長應經司法院同意。

第 18 條 　（維護法官尊嚴及嚴守職務秘密之義務）

I.法官不得為有損其職位尊嚴或職務信任之行為，並應嚴守職務上之秘密。

II.前項守密之義務，於離職後仍應遵守。

第 19 條 　（獨立審判權）

I.法官於其獨立審判不受影響之限度內，受職務監督。職務監督包括制止法官違法行使職權、糾正法官不當言行及督促法官依法迅速執行職務。

II.法官認職務監督危及其審判獨立時，得請求職務法庭撤銷之。

第 20 條 　（法官之職務監督）

法官之職務監督，依下列規定：

一　司法院院長監督各法院法官及懲戒法院法官。

二　最高法院院長監督該法院法官。

三　最高行政法院院長監督該法院法官。

四　懲戒法院院長監督該法院法官。

五　高等法院院長監督該法院及其分院與所屬地方法院及其分院法官。

六　高等法院分院院長監督該分院與轄區內地方法院及其分院法官。

七　高等行政法院院長監督該法院及其分院法官。

八　高等行政法院分院院長監督該分院法官。

九　專業法院院長監督該法院法官。

十　地方法院院長監督該法院及其分院法官。

十一　地方法院分院院長監督該分院法官。

第 21 條 　（職務監督權人之處分權限）

I.前條所定職務監督權人，對於被監督之法官得為下列處分：

一　關於職務上之事項，得發命令促其注意。

二　違反職務上之義務、怠於執行職務或言行不檢者，加以警告。

II.基於保障人民之訴訟權及服公職權益，各法院或分院院長，得對該法官遲延未結之案件，提經法官會議決議改分同院其他法官辦理，或為其他適當之處理。

第 22 條 　（職務監督之處分權）

I.被監督之法官有前條第一項第二款之情

事，情節重大者，第二十條所定職務監督權人得以所屬機關名義，請求法官評鑑委員會評鑑，或移由司法院依第五十一條第二項、第三項規定辦理。

II.被監督之法官有前條第一項第二款之情事，經警告後一年內再犯，或經警告累計達三次者，視同情節重大。

第23條 （司法院大法官自律實施辦法）

I.司法院大法官為強化自律功能，應就自律事項、審議程序、決議之作成及處分種類等有關事項，訂定司法院大法官自律實施辦法。

II.前項辦法經司法院大法官現有總額三分之二以上之出席及出席人數三分之二以上之決議訂定之；修正時亦同。

III.司法院應就懲戒法院法官及各法院法官之自律事項、審議程序、決議之作成及處分種類等有關事項，訂定各級法院法官自律實施辦法。

第四章　法官會議

第24條 （法官會議之議決事項）

I.各法院及其分院設法官會議，議決下列事項：

一　依法律及司法院所定事務分配辦法，預定次年度司法事務分配、代理次序及合議審判時法官之配置事項。

二　辦理法官考核之建議事項。

三　第二十一條所定對法官為監督處分之建議事項。

四　其他與法官權利義務有重大影響之建議事項。

II.前項第一款之議決對象，不包括調至他機關辦事之法官。

III.法官年度司法事務分配後，因案件增減或他項事由，有變更之必要時，得由院長徵詢有關庭長、法官之意見後定之。但遇有法官分發調動，而有大幅變更法官司法事務分配之必要時，應以法官會議議決。

IV.院長認為法官會議關於第一項第一款或第三項但書議決事項所為決議有違背法

令之情事，應於議決後五日內以書面附具理由，交法官會議復議。復議如經三分之二以上法官之出席及出席人數四分之三以上之同意維持原決議時，院長得於復議決議後五日內聲請職務法庭宣告其決議違背法令。

V.法官會議關於第一項第一款或第三項但書議決事項所為決議經職務法庭宣告為違背法令者，其決議無效。法官會議自發交復議日起十五日內未議決，或未作成前項維持原決議之議決者，其原決議失其效力。

VI.前項情形，院長得提出事務分配方案取代原決議。

VII.職務法庭審理第四項之聲請案件，得不經言詞辯論，並應於受理後三十日內為裁定。

VIII.院長認為法官會議就第一項第二款至第四款所列建議事項之決議違背法令或窒礙難行時，應拒絕之，並於一個月內，以書面或其他適當方式說明之。

第25條 （法官會議之召開）

I.法官會議由全體實際辦案之法官組成，以院長為主席，每半年召開一次，無議案時，得不召開。必要時，亦得由院長或五分之一以上之法官提議，加開臨時會。

II.法官會議之決議，除前條第四項之復議外，應以過半數法官之出席及出席人數過半數以上之同意行之，可否同數時，取決於主席；法官因故不能出席時，得出具委託書委託其他法官代理出席，但每一法官受託代理以一人為限。

III.委託代理出席人數，不得逾前項出席人數三分之一。

第26條 （法官司法事務分配小組）

I.法官會議得組成法官司法事務分配小組或其他小組，研擬第二十四條第一項各款所列事項之意見，並提出法官會議議決。

II.前項事務分配小組遇有第二十四條第三項但書情形時，亦得預擬事務分配方案，提出法官會議議決。

III.前二項事務分配方案，應顧及審判業務之

需要、承辦法官之專業、職務之穩定及負擔之公平。

IV.第一項小組由法官代表組成，任期一年；其人數及得否連任由法官會議議決。

V.前項法官代表，除院長為當然代表外，其餘三分之一由院長指定，另三分之二依法官會議議決之方式產生。

第 27 條 （法官之遞補方式）

前條法官代表，因調職或其他事由無法執行職務時，依其產生之方式，分別遞補，任期接續原代表任期計算。

第 28 條 （法官司法事務分配小組會議之主席及決議方式）

法官司法事務分配小組會議，由院長或其指定之人擔任主席，其決議以法官代表三分之二以上出席，出席人數二分之一以上同意行之。可否同數時，取決於主席。

第 29 條 （法官會議之議事規則）

法官會議之議事規則、決議及建議之執行、司法事務分配小組或其他小組之組成及運作等有關事項之辦法，由司法院定之。

第五章　法官評鑑

第 30 條 （法官個案評鑑之機制）

I.司法院設法官評鑑委員會，掌理法官之評鑑。

II.法官有下列各款情事之一者，應付個案評鑑：

一　裁判確定後或自第一審繫屬日起已逾六年未能裁判確定之案件，有事實足認因故意或重大過失，致審判案件有明顯違誤，而嚴重侵害人民權益。

二　有第二十一條第一項第二款情事，情節重大。

三　違反第十五條第二項、第三項規定。

四　違反第十五條第一項、第十六條或第十八條規定，情節重大。

五　違反辦案程序規定或職務規定，情節重大。

六　無正當理由遲延案件之進行，致影響當事人權益，情節重大。

七　違反法官倫理規範，情節重大。

III.適用法律之見解，不得據為法官個案評鑑之事由。

第 31 條 （刪除）

第 32 條 （各級法院團體績效之評比）

I.司法院應每三年一次進行各級法院之團體績效評比，其結果應公開，並作為各級法院首長職務評定之參考。

II.前項評比之標準、項目及方式，由司法院定之。

第 33 條 （法官評鑑委員會之組織、評鑑委員之任期及迴避）

I.法官評鑑委員會由法官三人、檢察官一人、律師三人、學者及社會公正人士六人組成；評鑑委員任期為二年，得連任一次。

II.評鑑委員有下列各款情形之一者，應自行迴避，不得執行職務：

一　評鑑委員或其配偶、前配偶或未婚配偶，為評鑑事件所涉個案之當事人。

二　評鑑委員為受評鑑法官、請求人八親等內之血親或五親等內之姻親，或曾有此親屬關係。

三　評鑑委員或其配偶、前配偶或未婚配偶，就評鑑事件所涉個案，與當事人有共同權利人、共同義務人或償還義務人之關係。

四　評鑑委員於評鑑事件所涉個案，現為或曾為當事人之代理人、辯護人、輔佐人或家長、家屬。

五　評鑑委員於評鑑事件所涉個案，曾為證人或鑑定人。

六　評鑑委員曾參與評鑑事件之法官自律程序。

七　評鑑委員現受任或三年內曾受任辦理受評鑑法官所承辦之各類案

件。

Ⅲ遇有下列各款情形，請求人或受評鑑法官得聲請評鑑委員迴避：

　一　評鑑委員有前項所定之情形而不自行迴避者。

　二　評鑑委員有前項所定以外之情形，足認其執行職務有偏頗之虞者。

Ⅳ法官評鑑委員會如認評鑑委員有應自行迴避之原因，或受前項之聲請，應為迴避與否之決議。但被聲請迴避之評鑑委員，不得參與該決議。

Ⅴ前項決議，不得聲明不服。

第 34 條　（法官評鑑委員之產生方式）

Ⅰ評鑑委員產生之方式如下：

　一　法官代表由全體法官票選之。

　二　檢察官代表由全體檢察官票選之。

　三　律師代表，由各地律師公會各別推舉一人至三人，由律師公會全國聯合會辦理全國性律師票選。

　四　學者及社會公正人士，由法務部、律師公會全國聯合會各推舉法官、檢察官、律師以外之人六人，送司法院院長遴聘。

Ⅱ有下列情形之一者，不得擔任前項委員：

　一　各級法院及其分院之現任院長。

　二　各級檢察署及其檢察分署之現任檢察長。

　三　全國性及各地方律師公會之現任理事長。

　四　前項第一款及第二款以外之公務人員。但公立各級學校及學術研究機構之教學、研究人員不在此限。

　五　政黨黨務工作人員。

Ⅲ司法院院長遴聘第一項第四款之委員時，任一性別不得少於三分之一。

Ⅳ評鑑委員之資格條件、票選程序及委員出缺之遞補等有關事項之辦法，由司法院、行政院、律師公會全國聯合會分別定之。

第 35 條　（評鑑事件之來源及審查）

Ⅰ法官有第三十條第二項各款情事之一者，下列人員或機關、團體認為有個案評鑑之必要時，得請求法官評鑑委員會進行個案評鑑：

　一　受評鑑法官所屬機關法官三人以上。

　二　受評鑑法官所屬機關、上級機關或所屬法院對應設置之檢察署。

　三　受評鑑法官所屬法院管轄區域之律師公會或全國性律師公會。

　四　受評鑑法官所承辦已終結案件檢察官以外之當事人或犯罪被害人。

Ⅱ就第三十條第二項各款情事，法官認有澄清之必要時，得陳請所屬機關請求法官評鑑委員會個案評鑑之。

Ⅲ前二項請求，應提出書狀及繕本，記載下列各款事項，並檢附相關資料：

　一　請求人之姓名及住所或居所、所屬機關名稱；請求人為機關、團體者，其名稱、代表人姓名及機關、團體所在地。

　二　受評鑑法官之姓名及所屬或評鑑事實發生機關名稱。

　三　與第三十條第二項各款所列情事有關之具體事實。

　四　請求評鑑之日期。

Ⅳ個案評鑑事件之請求有下列情形之一者，法官評鑑委員會應決定不予受理：

　一　無具體之內容或未具真實姓名或住址。

　二　同一事由，經法官評鑑委員會決議不付評鑑後仍一再請求。

Ⅴ個案評鑑事件之請求，應先依前項及第三十七條規定審查有無應不予受理或不付評鑑之情事，不得逕予調查或通知受評鑑法官陳述意見。

Ⅵ法官評鑑委員會審議個案評鑑事件，為確定違失行為模式之必要，或已知受評鑑法官有其他應受評鑑之情事時，得就未經請求之違失情事，併予調查及審議。

第 36 條　（評鑑事件之請求期限）

Ⅰ法官個案評鑑之請求，應於下列期間內為之：

　一　無涉受評鑑法官承辦個案者，自受評鑑事實終了之日起算三年。

　二　牽涉受評鑑法官承辦個案，非以裁判終結者，自該案件辦理終結之日起算三年。

三 牽涉受評鑑法官承辦個案，並以裁判終結者，自裁判確定之日起算三年。但自案件辦理終結日起算逾六年者，不得請求。

四 第三十條第二項第一款情形，自裁判確定或案件繫屬滿六年時起算三年。

II.受評鑑事實因逾前項請求期間而不付評鑑者，不影響職務監督權或移付懲戒程序之行使。

第 37 條 （不付評鑑決議之情形）

個案評鑑事件之請求，有下列情形之一者，法官評鑑委員會應為不付評鑑之決議：

一 個案評鑑事件之請求，不合第三十五條第一項至第三項之規定。

二 個案評鑑事件之請求，已逾前條第一項所定期間。

三 對不屬法官個案評鑑之事項，請求評鑑。

四 就法律見解請求評鑑。

五 已為職務法庭判決、監察院彈劾、或經法官評鑑委員會決議之事件，重行請求評鑑。

六 受評鑑法官死亡。

七 請求顯無理由。

第 38 條 （請求不成立決議之情形）

法官評鑑委員會認法官無第三十條第二項各款所列情事者，應為請求不成立之決議。必要時，並得移請職務監督權人依第二十一條規定為適當之處分。

第 39 條 （應付個案評鑑得為之決議）

I.法官評鑑委員會認法官有第三十條第二項各款所列情事之一，得為下列決議：

一 有懲戒之必要者，報由司法院移送職務法庭審理，並得建議懲戒之種類。

二 無懲戒之必要者，報由司法院交付司法院人事審議委員會審議，並得建議處分之種類。

II.前項第一款情形，司法院應將決議結果告知監察院。

III.第一項評鑑決議作成前，應予受評鑑法官陳述意見之機會。

第 40 條 （評鑑請求決議之移送及處置）

司法院應依法官評鑑委員會所為之前條決議，檢具受個案評鑑法官相關資料，分別移送職務法庭審理或交付司法院人事審議委員會審議。

第 41 條 （法官評鑑委員會會議之決議方式）

I.法官評鑑委員會會議之決議，除本法另有規定外，以委員總人數二分之一以上之出席，出席委員過半數之同意行之。

II.法官評鑑委員會為第三十五條第四項之決定及第三十七條之決議，得以三名委員之審查及該三名委員一致之同意行之。該三名委員之組成由委員會決定之。

III.法官評鑑委員會為第三十八條、第三十九條之決議，應以委員總人數三分之二以上之出席，出席委員過半數之同意行之。

IV.第一項、第三項委員總人數，應扣除未依規定推派、票選或任期中解職、死亡或迴避致出缺之人數，但不得低於八人。

第 41 條之 1 （評鑑事件之調查）

I.法官評鑑委員會得依受評鑑法官及請求人之聲請或依職權為必要之調查，並得通知關係人到會說明；調查所得資料，除法令另有規定外，不得提供其他機關、團體、個人，或供人閱覽、抄錄。

II.受評鑑法官及請求人聲請到會陳述意見，除顯無必要者外，不得拒絕；其到會陳述如有不當言行，並得制止之。

III.請求人得聲請交付受評鑑法官提出之意見書，如無正當理由，法官評鑑委員會不得限制或拒絕之；如同意交付，並應給予表示意見之合理期間。

IV.受評鑑法官及請求人得聲請閱覽、抄錄、複印或攝錄第一項調查所得資料。但有下列情形之一者，法官評鑑委員會得限制或拒絕之：

一 個案評鑑事件決議前擬辦之文稿。

二　個案評鑑事件決議之準備或審議文件。

三　為第三人之正當權益有保障之必要。

四　其他依法律或基於公益，有保密之必要。

V.前項經聲請而取得之資料，應予保密。

VI.評鑑程序關於調查事實及證據、期日與期間及送達，除本法另有規定外，準用行政程序法之規定。

第 41 條之 2　（評鑑程序停止及評鑑委員會職權行使）

I.個案評鑑事件牽涉法官承辦個案尚未終結者，於該法官辦理終結其案件前，停止進行評鑑程序。

II.司法院應依法聘用專責人員，協助辦理評鑑請求之審查、評鑑事件之調查，及其他與評鑑有關之事務。

III.法官評鑑委員會行使職權，應兼顧評鑑功能之發揮及受評鑑法官程序上應有之保障，且不得影響審判獨立。

IV.前項職權之行使，非經受評鑑法官之同意或法官評鑑委員會之決議，不得公開。

V.法官評鑑委員會之決議書，應於法官評鑑委員會網站公開。但其他法律另有規定者，依其規定。

VI.法官評鑑委員會組織規程、評鑑實施辦法及評鑑委員倫理規範，由司法院定之。

第六章　法官之保障

第 42 條　（法官免職之限制）

I.實任法官非有下列情事之一，不得免職：

一　因犯內亂、外患、故意瀆職罪，受判刑確定者。

二　故意犯前款以外之罪，受有期徒刑以上刑之宣告確定，有損法官尊嚴者。但宣告緩刑者，不在此限。

三　受監護之宣告者。

II.實任法官受監護或輔助之宣告者，自宣告之日起，得依相關規定辦理退休或資遣。

III.司法院大法官於任職中，有第一項各款情事之一時，經司法院大法官現有總額三分之二以上之出席，出席人數三分之二以上

之同意，由司法院呈請總統免職。

IV.候補、試署法官除本法另有規定外，準用第一項、第二項規定。

第 43 條　（法官停職之限制）

I.實任法官，除法律別有規定者外，非有下列各款情事之一，不得停止其職務：

一　依公務人員任用法之規定，不得任用為公務人員者。

二　有第六條第五款之情事者。

三　依刑事訴訟程序被通緝或羈押者。

四　依刑事確定判決，受徒刑或拘役之宣告，未依規定易科罰金，或受罰金之宣告，依規定易服勞役，在執行中者。

五　所涉刑事、懲戒情節重大者。

六　有客觀事實足認其不能執行職務，經司法院邀請相關專科醫師及學者專家組成小組認定者。

II.經依法停職之實任法官於停職事由消滅後三個月內，得申請復職，並依公務人員保障法及公務員懲戒法復職之規定辦理。

III.實任法官因第一項第一款至第五款事由停止其職務者，其停止職務期間及復職後之給俸，準用公務人員俸給法之規定；因第一項第六款事由停止其職務者，支給第七十一條第一項所定本俸及加給各三分之一。但期限最長不得逾三年。

IV.司法院大法官有第一項各款情事之一者，經司法院大法官現有總額三分之二以上之出席及出席人數過半數之同意，由司法院呈請總統停止其職務；因第一項第六款情事停止其職務者，於停止職務期間，支給第七十二條所定月俸及加給各三分之一。

V.實任法官或司法院大法官有貪污行為，經有罪判決確定或經職務法庭裁判確定而受第五十條第一項第一款至第三款之懲戒處分者，應繳回其停職期間所領之本俸。

第 44 條　（法官轉任之限制）

實任法官除法律規定或經本人同意外，不得將其轉任法官以外職務。

第 45 條　（法官地區調動之限制）

I.實任法官除經本人同意外，非有下列原因之一，不得為地區調動：

一　因法院設立、裁併或員額增減者。

二　因審判事務量之需要，急需人員補充者。

三　依法停止職務之原因消滅而復職者。

四　有相當原因足資釋明不適合繼續在原地區任職者。

五　因法院業務需要，無適當人員志願前往，調派同級法院法官至該法院任職或辦理審判事務者，其期間不得逾二年，期滿回任原法院。

II.前項第五款之法官調派辦法，由司法院定之；其調派期間之津貼補助辦法，由司法院會同行政院定之。

第 46 條　（法官審級調動之限制）

實任法官除經本人同意外，非有下列原因之一，不得為審級調動：

一　因法院設立、裁併或編制員額增減而調派至直接下級審法院。

二　於高等法院繼續服務二年以上，為堅實事實審功能，調派至直接下級審法院。

三　依法停止職務之原因消滅而復職，顯然不適合在原審級法院任職者。

四　有相當原因足資釋明不適合繼續在原審級法院任職者。

第七章　職務法庭

第 47 條　（職務法庭之設置）

I.懲戒法院設職務法庭，審理下列之事項：

一　法官懲戒之事項。

二　法官不服撤銷任用資格、免職、停止職務、解職、轉任法官以外職務或調動之事項。

三　職務監督影響法官審判獨立之事項。

四　其他依法律應由職務法庭管轄之事項。

II.對職務法庭之裁判，不得提起行政訴訟。

第 48 條　（職務法庭之組織）

I.職務法庭第一審案件之審理及裁判，以懲戒法院法官一人為審判長，與法官二人為陪席法官組成合議庭行之。但審理法官懲戒案件時，應增加參審員二人為合議庭成員。

II.前項合議庭之法官應至少一人與當事人法官為同審判系統；於審理司法院大法官懲戒案件時，陪席法官應全部以最高法院、最高行政法院法官充之。

III.第一項之陪席法官，須具備實任法官十年以上之資歷，由司法院法官遴選委員會遴定普通法院、行政法院法官各三人，提請司法院院長任命，任期三年，得連任。其人數並得視業務需要增加之。

IV.各法院院長不得為職務法庭之陪席法官。

V.第一項但書之參審員，由司法院法官遴選委員會遴定學者及社會公正人士六人，提請司法院院長任命，任期三年，不得連任。其人數並得視業務需要增加之。

VI.有下列情形之一者，不得擔任參審員：

一　全國性及各地方律師公會之現任理事長。

二　公務人員。但公立各級學校及學術研究機構之教學、研究人員不在此限。

三　政黨黨務工作人員。

第 48 條之 1　（參審員之執行職務）

I.前條第一項但書之參審員，職權與法官同，應依據法律獨立行使職權，不受任何干涉。

II.參審員應依法公平誠實執行職務，不得為有害司法公正信譽之行為，並不得洩漏評議秘密及其他職務上知悉之秘密。

III.參審員有第四十二條第一項、第四十三條第一項各款情形之一，或有具體事證足認其執行職務有難期公正之虞者，司法院院長得經法官遴選委員會同意後解任之。

IV.參審員應按到庭日數支給日費、旅費及相關必要費用。

V.前項費用之支給辦法及參審員之倫理規範，由司法院定之。

第 48 條之 2 　（職務法庭第二審案件之審理及裁判）

I.職務法庭第二審案件之審理及裁判，以懲戒法院院長為審判長，與最高法院法官二人、最高行政法院法官一人及懲戒法院法官一人為陪席法官組成合議庭行之。

II.前項最高法院、最高行政法院陪席法官由司法院法官遴選委員會遴定，提請司法院院長任命，任期為三年，得連任。其人數並得視業務需要增加之。

第 48 條之 3 　（職務法庭成員）

I.法官經任命為職務法庭成員者，有兼任義務。

II.法官遴選委員會依第四十八條第三項、第五項、第四十八條之二第二項規定遴定職務法庭成員時，應同時遴定遞補人選，於成員出缺時遞補之，任期至出缺者任滿時為止。

III.職務法庭之事務分配及代理次序，由全體職務法庭成員決定之。

IV.職務法庭成員之遴選及遞補規則由司法院定之。

第 49 條 　（法官之懲戒）

I.法官有第三十條第二項各款所列情事之一，有懲戒之必要者，應受懲戒。

II.第三十條第二項法官應付個案評鑑之規定及第五十條懲戒之規定，對轉任司法行政人員、退休或其他原因離職之法官，於轉任、退休或離職前之行為亦適用之。

III.適用法律之見解，不得據為法官懲戒之事由。

IV.法官應受懲戒之同一行為，不受二次懲戒。同一行為已經職務法庭為懲戒、不受懲戒或免議之判決確定者，其原懲處失其效力。

V.法官應受懲戒之同一行為已受刑罰或行政罰之處罰者，仍得予以懲戒。其同一行為不受刑罰或行政罰之處罰者，亦同。但情節輕微，如予懲戒顯失公平者，無須再予懲戒。

VI.懲戒案件有下列情形之一者，應為免議之判決：

一　同一行為，已受懲戒判決確定。

二　受褫奪公權之宣告確定，認已無受懲戒之必要。

三　已逾第五十二條規定之懲戒權行使期間。

四　有前項但書之情形。

第 50 條 　（法官懲戒之種類與淘汰）

I.法官之懲戒處分如下：

一　免除法官職務，並不得再任用為公務員。

二　撤職：除撤其現職外，並於一定期間停止任用，其期間為一年以上五年以下。

三　免除法官職務，轉任法官以外之其他職務。

四　剝奪退休金及退養金，或剝奪退養金。

五　減少退休金及退養金百分之十至百分之二十。

六　罰款：其數額為現職月俸給總額或任職時最後月俸給總額一個月以上一年以下。

七　申誡。

II.依應受懲戒之具體情事足認已不適任法官者，應為前項第一款至第三款之處分。

III.受第一項第一款、第二款之懲戒處分者，不得充任律師，其已充任律師者，停止其執行職務；其中受第一項第二款、第三款之懲戒處分者，並不得回任法官職務。

IV.受第一項第二款之懲戒處分者，於停止任用期間屆滿，再任公務員，自再任之日起，二年內不得晉敘、陞任或遷調主管職務。

V.職務法庭為第一項第三款之懲戒處分，關於轉任之職務應徵詢司法院之意見後定之。

VI.第一項第四款、第五款之懲戒處分，以退休或其他原因離職之法官為限。已給付之給與，均應予追回，並得以受懲戒法官尚未領取之退休金或退養金為抵銷、扣押或強制執行。

VII.第一項第四款、第五款之退休金，指受懲戒法官離職前所有任職年資所計算之退休或其他離職給與。但公教人員保險養老

給付、受懲戒法官自行繳付之退撫基金費用本息，不在此限。

Ⅷ第一項第六款得與第四款、第五款以外之其餘各款併為處分。

Ⅸ第一項第七款之懲戒處分，以書面為之。

第 50 條之 1 　（法官退休或離職後之懲戒）

Ⅰ法官退休或其他原因離職後始受前條第一項第一款至第三款之處分確定者，應依下列規定剝奪或減少其退休金、退養金；其已支領者，照應剝奪或減少之全部或一部追繳之：

　一　受前條第一項第一款處分者，應自始剝奪其退休金及退養金。

　二　受前條第一項第二款處分者，應自始減少其退休金及退養金百分之六十。

　三　受前條第一項第三款處分者，應自始剝奪其退養金。

Ⅱ前項所指之退休金，適用前條第七項之規定。

Ⅲ第一項人員因同一案件，於其他法律有較重之剝奪或減少退休金處分者，從重處罰。

第 51 條　（法官懲戒之程序）

Ⅰ法官之懲戒，除第四十條之情形外，應由監察院彈劾後移送職務法庭審理。

Ⅱ司法院認法官有應受懲戒之情事時，除依法官評鑑之規定辦理外，得逕行移送監察院審查。

Ⅲ司法院依前項規定逕行移送監察院審查前，應予被付懲戒法官陳述意見之機會，並經司法院人事審議委員會決議之。

第 52 條　（法官懲戒行使期限）

Ⅰ法官應受懲戒行為，自行為終了之日起，至案件繫屬職務法庭之日止，已逾五年者，不得為減少退休金及退養金、罰款或申誡之懲戒。但第三十條第二項第一款情形，自依本法得付個案評鑑之日起算。

Ⅱ前項行為終了之日，係指法官應受懲戒行為終結之日。但應受懲戒行為係不作為者，自法官所屬機關知悉之日起算。

第 53 條　（救濟程序）

Ⅰ法官不服司法院所為撤銷任用資格、免職、停止職務、解職、轉任法官以外職務或調動等職務處分，應於收受人事令翌日起三十日內，以書面附具理由向司法院提出異議。

Ⅱ法官認職務監督影響審判獨立時，應於監督行為完成翌日起三十日內，以書面附具理由向職務監督權人所屬之機關提出異議。

第 54 條　（機關受理異議之決定期限）

Ⅰ前條所列機關應於受理異議之日起三十日內，作成決定。

Ⅱ對於前條第一項之異議所作之決定，應依原決定程序為決議。

Ⅲ法官不服前條所列機關對異議所作之決定，應於決定書送達翌日起三十日內，向職務法庭起訴。

Ⅳ前條所列機關未於第一項期間內作成決定時，法官得逕向職務法庭起訴。

第 55 條　（申請退休或資遣之禁止）

Ⅰ法官經司法院或監察院移送懲戒，或經司法院送請監察院審查者，在判決確定生效或審查結束前，不得申請退休或資遣。但移送懲戒後經職務法庭同意者，不在此限。

Ⅱ經移送懲戒之法官於判決確定生效時已逾七十歲，且未受撤職以上之處分，並於判決確定生效後六個月內申請退休者，計算其任職年資至滿七十歲之前一日，準用第七十八條第一項第一款至第三款規定給與退養金。

Ⅲ職務法庭於受理第一項之移送後，應將移送書繕本送交被移送法官所屬法院及銓敘機關。

第 56 條　（得為職務法庭案件當事人之規定）

Ⅰ監察院、司法院、各法院或分院、法官，得為第四十七條各款案件之當事人。

Ⅱ職務法庭審理法官評鑑委員會報由司法院移送之案件，應通知法官評鑑委員會派員到庭陳述意見。

第 57 條 （秘密審理）

職務法庭審理案件均不公開。但職務法庭認有公開之必要，或經被移送或提起訴訟之法官請求公開時，不在此限。

第 58 條 （言詞辯論主義）

I．職務法庭第一審案件之審理，除法律另有規定者外，應行言詞辯論。

II．職務法庭第一審審判長於必要時，得命法官一人為受命法官，先行準備程序，闡明起訴之事由。

III．受命法官經審判長指定調查證據，以下列情形為限：

- 一　有在證據所在地調查之必要者。
- 二　依法應在法院以外之場所調查者。
- 三　於言詞辯論期日調查，有致證據毀損、滅失或礙難使用之虞，或顯有其他困難者。
- 四　調取或命提出證物。
- 五　就必要之事項，請求該管機關報告。

第 59 條 （停止被付懲戒法官之職務）

I．職務法庭審理法官懲戒案件，認為情節重大，有先行停止職務之必要者，得依職權或依聲請裁定先行停止被付懲戒法官之職務，並通知所屬法院院長。

II．職務法庭為前項裁定前，應予被付懲戒法官陳述意見之機會。

III．職務法庭第一審判決為第五十條第一項第一款至第三款之懲戒處分者，除受懲戒法官已遭停職者外，應依職權裁定停止受懲戒法官之職務，並通知所屬法院院長。

IV．前項裁定，不得抗告。

V．第一項及第三項裁定於送達受懲戒法官所屬法院院長之翌日起發生效力。

VI．第一項之訴如經駁回，或第三項之判決如經廢棄，被停職法官得向司法院請求復職，其停止職務期間及復職後之給俸，準用公務人員俸給法之規定。

第 59 條之 1 （上訴期間）

當事人對於職務法庭第一審之終局判決不服者，得自判決送達後二十日之不變期間內，上訴於職務法庭第二審。但判決宣示或公告後送達前之上訴，亦有效力。

第 59 條之 2 （上訴理由限制）

對於職務法庭第一審判決提起上訴，非以其違背法令為理由，不得為之。

第 59 條之 3 （違背法令之意義及當然違背法令之情形）

I．判決不適用法規或適用不當者，為違背法令。

II．有下列各款情形之一者，其判決當然違背法令：

- 一　判決職務法庭之組織不合法。
- 二　依法律或裁判應迴避之法官或參審員參與審判。
- 三　職務法庭對於權限之有無辨別不當。
- 四　當事人於訴訟未經合法代理、代表或辯護。
- 五　判決不備理由或理由矛盾，足以影響判決之結果。

第 59 條之 4 （上訴狀之提出）

I．提起上訴，應以上訴狀表明下列各款事項，提出於原職務法庭為之：

- 一　當事人。
- 二　第一審判決，及對於該判決上訴之陳述。
- 三　對於第一審判決不服之程度，及應如何廢棄或變更之聲明。
- 四　上訴理由。

II．前項上訴理由應表明下列各款事項：

- 一　原判決所違背之法令及其具體內容。
- 二　依訴訟資料合於該違背法令之具體事實。

III．第一項上訴狀內應添具關於上訴理由之必要證據。

第 59 條之 5 （審結期限、言詞辯論）

I．職務法庭第二審案件應於六個月內審結。

II．職務法庭第二審之判決，應經言詞辯論為之。但職務法庭認為不必要者，不在此限。

Ⅲ前項言詞辯論實施之辦法，由懲戒法院定之。

第 59 條之 6 　（得抗告之裁定）

對於職務法庭第一審案件之裁定，得提起抗告。但別有不許抗告之規定者，不在此限。

第 60 條 　（法官懲戒案件審理規則）

Ⅰ職務法庭審理第四十七條第一項第一款法官懲戒案件審理規則，由司法院定之。

Ⅱ職務法庭審理第四十七條第一項第二款、第三款及第四款法官職務案件之程序及裁判，除本法另有規定外，準用行政訴訟法之規定。

第 61 條 　（職務案件再審之訴）

Ⅰ有下列各款情形之一者，當事人得提起再審之訴，對於確定終局判決聲明不服。但當事人已依上訴主張其事由或知其事由而不為主張者，不在此限：

一　適用法規顯有錯誤。

二　判決職務法庭之組織不合法。

三　依法律或裁定應迴避之法官、參審員參與審判。

四　參與裁判之法官或參審員關於該訴訟違背職務，犯刑事上之罪已經證明，或關於該訴訟違背職務受懲戒處分，足以影響原判決。

五　原判決所憑之證言、鑑定、通譯或證物，已證明係虛偽或偽造、變造。

六　原判決就足以影響於判決之重要證物漏未斟酌。

七　發現確實之新證據，足認應變更原判決。

八　同一行為其後經不起訴處分確定，或為判決基礎之民事或刑事判決及其他裁判或行政處分，依其後之確定裁判或行政處分已變更。

九　確定終局判決所適用之法律或命令，經司法院大法官依當事人之聲請，解釋為牴觸憲法。

Ⅱ前項第四款及第五款情形之證明，以經判決確定，或其刑事訴訟不能開始或續行非因證據不足者為限，得提起再審之訴。

Ⅲ判決確定後受判決人已死亡者，其配偶、直系血親、三親等內之旁系血親、二親等內之姻親或家長、家屬，得為受判決人之利益，提起再審之訴。

Ⅳ再審之訴，於原判決執行完畢後，亦得提起之。

第 62 條 　（再審之訴為原法庭管轄）

Ⅰ再審之訴，專屬為判決之原職務法庭管轄之。

Ⅱ對於職務法庭就同一事件所為之第一審、第二審判決提起再審之訴者，由第二審合併管轄之。

Ⅲ對於職務法庭之第二審判決，本於前條第一項第五款至第八款事由聲明不服者，雖有前二項之情形，仍專屬職務法庭第一審管轄。

第 63 條 　（再審之訴期限）

Ⅰ提起再審之訴，應於下列期間為之：

一　以第六十一條第一項第一款至第三款、第六款為原因者，自原判決確定之翌日起三十日內。但判決於送達前確定者，自送達之翌日起算。

二　以第六十一條第一項第四款、第五款、第八款為原因者，自相關之裁判或處分確定之翌日起三十日內。但再審之理由知悉在後者，自知悉時起算。

三　以第六十一條第一項第七款為原因者，自發現新證據之翌日起三十日內。

四　以第六十一條第一項第九款為原因者，自解釋公布之翌日起三十日內。

Ⅱ為受懲戒法官之不利益提起再審之訴者，於判決後經過一年者不得為之。

第 63 條之 1 　（無庸迴避之情形）

職務法庭法官或懲戒法院法官曾參與職務法庭之第二審確定判決者，於就該確定判決提起之再審訴訟，無庸迴避。

第 64 條 （再審不停止裁判執行）
提起再審之訴，無停止裁判執行之效力。

第 65 條 （不合法再審之訴之駁回）
職務法庭認為再審之訴不合法者，應以裁定駁回之。

第 66 條 （無再審理由之駁回）
I.職務法庭認為再審之訴顯無再審理由者，得不經言詞辯論，以判決駁回之。
II.再審之訴雖有理由，職務法庭如認原判決為正當者，應以判決駁回之。

第 67 條 （再審之訴之辯論及裁判範圍）
再審之訴之辯論及裁判，以聲明不服之部分為限。

第 68 條 （不得提起再審之訴規定）
I.再審之訴，於職務法庭裁判前得撤回之。
II.再審之訴，經撤回或裁判者，不得更以同一原因提起再審之訴。

第 68 條之 1（準再審）
裁定已經確定，且有第六十一條第一項之情形者，得準用第六十一條至前條之規定，聲請再審。

第 69 條 （裁判書之送達與執行）
I.職務法庭懲戒處分之第二審判決，於送達受懲戒法官所屬法院院長之翌日起發生懲戒處分效力。
II.受懲戒法官因懲戒處分之判決而應為金錢之給付，經所屬法院定相當期間催告，逾期未履行者，該院得以判決書為執行名義，囑託民事執行處或法務部行政執行署所屬各分署代為執行。
III.前項執行程序，應視執行機關為民事執行處或法務部行政執行署所屬各分署而分別準用強制執行法或行政執行法之規定。
IV.受懲戒法官所屬法院院長收受剝奪或減少退休金及退養金處分之判決後，應即通知退休金及退養金之支給機關，由支給或發放機關依第二項規定催告履行及囑託執行。

V.第二項及第四項情形，於退休或其他原因離職法官，並得對其退休金、退養金或其他原因離職之給與執行。受懲戒法官死亡者，就其遺產強制執行。
VI.法官懲戒判決執行辦法，由司法院會同行政院、考試院定之。

第 70 條 （大法官之懲戒）
I.司法院大法官之懲戒，得經司法院大法官現有總額三分之二以上之出席及出席人數三分之二以上之決議，由司法院移送監察院審查。
II.監察院審查後認應彈劾者，移送職務法庭審理。

第八章　法官之給與

第 71 條 （法官之俸給）
I.法官不列官等、職等。其俸給，分本俸、專業加給、職務加給及地域加給，均以月計之。
II.前項本俸之級數及點數，依法官俸表（略）之規定。
III.本俸按法官俸表（略）俸點依公務人員俸表相同俸點折算俸額標準折算俸額。
IV.法官之俸級區分如下：
　　一　實任法官本俸分二十級，從第一級至第二十級，並自第二十級起敘。
　　二　試署法官本俸分九級，從第十四級至第二十二級，並自第二十二級起敘。依本法第五條第二項第七款轉任法官者，準用現職法官改任換敘辦法敘薪。
　　三　候補法官本俸分六級，從第十九級至第二十四級，並自第二十四級起敘。
V.律師、教授、副教授、助理教授及中央研究院研究員、副研究員、助研究員轉任法官者，依其執業、任教或服務年資六年、八年、十年、十四年及十八年以上者，分別自第二十二級、二十一級、二十級、十七級及第十五級起敘。
VI.法官各種加給之給與條件、適用對象及支給數額，依行政院所定各種加給表規定辦

理。但全國公務人員各種加給年度通案調整時，以具法官身分者為限，其各種加給應按各該加給通案調幅調整之。

Ⅶ.法官生活津貼及年終工作獎金等其他給與，準用公務人員相關法令規定。

Ⅷ.法官曾任公務年資，如與現任職務等級相當、性質相近且服務成績優良者，得按年核計加級至所任職務最高俸級為止。

Ⅸ.前項所稱等級相當、性質相近、服務成績優良年資提敘俸級之認定，其辦法由考試院會同司法院、行政院定之。

第 72 條 　（司法院院長、副院長、大法官等之俸給支給標準）

Ⅰ.司法院院長、副院長、大法官、最高法院院長、最高行政法院院長及懲戒法院院長之俸給，按下列標準支給之：

一　司法院院長準用政務人員院長級標準支給。

二　司法院副院長準用政務人員副院長級標準支給。

三　司法院大法官、最高法院院長、最高行政法院院長及懲戒法院院長準用政務人員部長級標準支給。

Ⅱ.前項人員並給與前條第一項規定之專業加給。

Ⅲ.司法院秘書長由法官、檢察官轉任者，其俸給依第一項第三款及第二項標準支給。

第 73 條 　（法官之職務評定）

Ⅰ.法官現辦事務所在之法院院長或機關首長應於每年年終，辦理法官之職務評定，報送司法院核定。法院院長評定時，應先徵詢該法院相關庭長、法官之意見。

Ⅱ.法官職務評定項目包括學識能力、品德操守、敬業精神及裁判品質；其評定及救濟程序等有關事項之辦法，由司法院定之。

第 74 條 　（法官考核之獎勵）

Ⅰ.法官任職至年終滿一年，經職務評定為良好，且未受有刑事處罰、懲戒處分者，晉一級，並給與一個月俸給總額之獎金；已達所敘職務最高俸級者，給與二個月俸給總額之獎金。但任職不滿一年已達六個月，未受有刑事處罰、懲戒處分者，獎金

折半發給。

Ⅱ.法官連續四年職務評定為良好，且未受有刑事處罰、懲戒處分者，除給與前項之獎金外，晉二級。

Ⅲ.法官及司法行政人員於年度中相互轉（回）任時，其轉（回）任當年之年資，得合併計算參加年終考績或職務評定。

Ⅳ.第一項及第二項有關晉級之規定於候補、試署服務成績審查不及格者不適用之。

第 75 條 　（法官改任及轉任之規定）

Ⅰ.現職法官之改任換敘及行政、教育、研究人員與法官之轉任提敘辦法，由考試院會同司法院、行政院定之。

Ⅱ.依法官俸表（略）所支俸給如較原支俸給為低者，補足其差額，並隨同待遇調整而併銷。

Ⅲ.前項所稱待遇調整，指全國軍公教員工待遇之調整、職務調動（升）、職務評定晉級所致之待遇調整。

第 76 條 　（實任法官轉任司法行政職務之保障與限制）

Ⅰ.實任法官轉任司法行政人員者，視同法官，其年資及待遇，依相當職務之法官規定列計，並得不受公務人員任用法，有關晉升簡任官等訓練合格之限制；轉任期間三年，得延長一次；其達司法行政人員屆齡退休年齡三個月前，應予回任法官。

Ⅱ.前項任期於該實任法官有兼任各法院院長情事者，二者任期合計以六年為限。但司法院認確有必要者，得延任之，延任期間不得逾三年。

Ⅲ.第十一條第一項及前二項所定任期，於免兼或回任法官本職逾二年時，重行起算。

Ⅳ.曾任實任法官之第七十二條人員回任法官者，不受公務人員任用法第二十七條之限制。

Ⅴ.第一項轉任、回任、換敘辦法，由考試院會同司法院、行政院定之。

第 77 條 　（法官之優遇）

Ⅰ.實任法官任職十五年以上年滿七十歲者，應停止辦理審判案件，得從事研究、調解或其他司法行政工作；滿六十五歲者，得

申請調任地方法院辦理簡易案件。

II.實任法官任職十五年以上年滿六十五歲，經中央衛生主管機關評鑑合格之醫院證明身體衰弱，難以勝任職務者，得申請停止辦理審判案件。

III.前二項停止辦理審判案件法官，仍為現職法官，但不計入該機關所定員額之內，支領俸給總額之三分之二，並得依公務人員退休法及公務人員撫卹法辦理自願退休及撫卹。

IV.第一項、第二項停止辦理審判案件之申請程序、從事研究之方法項目、業務種類等有關事項之辦法，由司法院定之。

第 78 條　（法官之自願退休）

I.法官自願退休時，除依公務人員退休法規定給與一次退休金總額或月退休金外，其為實任法官者，另按下列標準給與一次退養金或月退養金：

　一　任職法官年資十年以上十五年未滿者，給與百分之二十，十五年以上者，給與百分之三十。

　二　五十五歲以上未滿六十歲者，任職法官年資十五年以上二十年未滿者，給與百分之四十，二十年以上者，給與百分之五十。

　三　六十歲以上未滿七十歲，且任職法官年資滿二十年者，給與百分之六十，其每逾一年之年資，加發百分之八，最高給與百分之一百四十。滿二十年以上之年資，尾數不滿六個月者，給與百分之四，滿六個月以上者，以一年計。但本法施行前，年滿六十五歲者，於年滿七十歲前辦理自願退休時，給與百分之一百四十。

　四　七十歲以上者，給與百分之五。

II.依前項給與標準支領之月退養金與依法支領之月退休金、公保養老給付之每月優惠存款利息合計，超過同俸級現職法官每月俸給之百分之九十八者，減少其月退養金給與數額，使每月所得，不超過同俸級現職法官每月俸給之百分之九十八。

III.第二項退養金給與辦法由司法院會同考試院、行政院定之。

IV.司法院大法官、最高法院院長、最高行政法院院長及懲戒法院院長退職時，除準用政務人員退職撫卹條例規定給與離職儲金外，並依前三項規定給與退養金。但非由實任法官、檢察官轉任者，不適用退養金之規定。

V.司法院秘書長由法官、檢察官轉任者，準用前項規定。

第 79 條　（法官之資遣）

I.法官經中央衛生主管機關評鑑合格之醫院證明身體衰弱，不堪工作者，得準用公務人員有關資遣之規定申請資遣。

II.法官經中央衛生主管機關評鑑合格之醫院證明身心障礙難以回復或依第四十三條第一項第六款之規定停止職務超過三年者，得準用公務人員有關資遣之規定資遣之。

III.前二項資遣人員除依法給與資遣費外，並比照前條規定，發給一次退養金。

第 80 條　（法官之撫卹）

I.法官之撫卹，適用公務人員撫卹法之規定。

II.司法院大法官、最高法院院長、最高行政法院院長及懲戒法院院長，其在職死亡之撫卹，準用政務人員退職撫卹條例之規定。

III.司法院秘書長由法官、檢察官轉任者，準用前項規定。

第九章　法官之考察、進修及請假

第 81 條　（法官之在職進修）

I.法官每年度應從事在職進修。

II.司法院應逐年編列預算，遴選各級法院法官，分派國內外從事司法考察或進修。

第 82 條　（法官進修之申請規則）

I.實任法官每連續服務滿七年者，得提出具體研究計畫，向司法院申請自行進修一年，進修期間支領全額薪給，期滿六個月內應提出研究報告送請司法院審核。

II.前項自行進修之人數，以不超過當年度各
該機關法官人數百分之七為限。但人數不
足一人時，以一人計。

第 83 條　（法官留職停薪進修及年限）

I.實任法官於任職期間，得向司法院提出入
學許可證明文件，經同意後，聲請留職停
薪。

II.前項留職停薪之期間，除經司法院准許
外，以三年為限。

第 84 條　（法官考察及進修規則之訂定）

前三條之考察及進修，其期間、資格條
件、遴選程序、進修人員比例及研究報告
之著作財產權歸屬等有關事項之辦法，由
司法院定之。

第 85 條　（法官之請假及留職停薪規定）

I.法官之請假，適用公務人員有關請假之規
定。

II.除本法另有規定外，法官之留職停薪，準
用公務人員有關留職停薪之規定。

第十章　檢　察　官

第 86 條　（檢察官之定義）

I.檢察官代表國家依法追訴處罰犯罪，為維
護社會秩序之公益代表人。檢察官須超出
黨派以外，維護憲法及法律保護之公共利
益，公正超然、勤慎執行檢察職務。

II.本法所稱檢察官，指下列各款人員：

　一　最高法院檢察署檢察總長、主任檢
　　　察官、檢察官。

　二　高等法院以下各級法院及其分院
　　　檢察署檢察長、主任檢察官、檢察
　　　官。

III.前項第二款所稱之檢察官，除有特別規定
外，包括試署檢察官、候補檢察官。

IV.本法所稱實任檢察官，係指試署服務成績
審查及格，予以實授者。

第 87 條　（檢察官之任用資格）

I.地方檢察署或其檢察分署檢察官，應就具
有下列資格之一者任用之：

　一　經法官、檢察官考試及格。

　二　曾任法官。

　三　曾任檢察官。

　四　曾任公設辯護人六年以上。

　五　曾實際執行律師職務六年以上，成
　　　績優良，具擬任職務任用資格。

　六　公立或經立案之私立大學、獨立學
　　　院法律學系或其研究所畢業，曾任
　　　教育部審定合格之大學或獨立學
　　　院專任教授、副教授或助理教授合
　　　計六年以上，講授主要法律科目二
　　　年以上，有法律專門著作，具擬任
　　　職務任用資格。

　七　曾實際擔任檢察事務官職務六年
　　　以上，工作表現優良，並經專門職
　　　業及技術人員高等考試律師考試
　　　及格。

II.高等檢察署或其檢察分署檢察官，應就具
有下列資格之一者任用之：

　一　曾任地方法院或其分院實任法官、
　　　地方檢察署或其檢察分署實任檢
　　　察官二年以上，成績優良。

　二　曾實際執行律師職務十四年以上，
　　　成績優良，具擬任職務任用資格。

III.最高檢察署檢察官，應就具有下列資格之
一者任用之：

　一　曾任高等法院或其分院實任法官、
　　　高等檢察署或其檢察分署實任檢
　　　察官四年以上，成績優良。

　二　曾任高等法院或其分院實任法官、
　　　高等檢察署或其檢察分署實任檢
　　　察官，並任地方法院或其分院兼任
　　　院長之法官、地方檢察署或其檢察
　　　分署檢察長合計四年以上，成績優
　　　良。

　三　公立或經立案之私立大學、獨立學
　　　院法律學系或其研究所畢業，曾任
　　　教育部審定合格之大學或獨立學
　　　院專任教授，講授主要法律科目，
　　　有法律專門著作，並曾任高等法院
　　　或其分院法官、高等檢察署或其檢
　　　察分署檢察官。

IV.第一項第六款、前項第三款所稱主要法律
科目，指憲法、民法、刑法、國際私法、
商事法、行政法、民事訴訟法、刑事訴訟
法、行政訴訟法、強制執行法、破產法及

其他經考試院指定為主要法律科目者。

V.未具擬任職務任用資格之律師、教授、副教授及助理教授，其擬任職務任用資格取得之考試，得採筆試、口試及審查著作發明、審查知能有關學歷、經歷證明之考試方式行之，其考試辦法由考試院定之。

VI.依前項通過擬任職務任用資格考試及格者，僅取得參加由考試院委託法務部依第八十八條辦理之檢察官遴選之資格。

VII.法務部為辦理前項檢察官遴選，其遴選標準、遴選程序、被遴選人員年齡之限制及其他應遵行事項之辦法，由行政院會同考試院定之。

第 88 條 （候補、試署檢察官之候補、試署期間及考核）

I.依前條第一項第一款之規定，任用為檢察官者，為候補檢察官，候補期間五年，候補期滿審查及格者，予以試署，試署期間一年。

II.具前條第一項第四款至第七款資格經遴選者，為試署檢察官，試署期間二年。

III.具前條第二項第二款資格經遴選者，為試署檢察官，試署期間一年。

IV.曾任候補、試署、實任法官或檢察官經遴選者，為候補、試署、實任檢察官。

V.對於候補檢察官、試署檢察官，應考核其服務成績；候補、試署期滿時，應陳報法務部送請檢察官人事審議委員會審查。審查及格者，予以試署、實授；不及格者，應於二年內再予考核，報請審查，仍不及格時，停止其候補、試署並予以解職。

VI.前項服務成績項目包括學識能力、敬業精神、辦案品質、品德操守及身心健康情形。

VII.檢察官人事審議委員會為服務成績之審查時，除法官、檢察官考試及格任用者外，應徵詢檢察官遴選委員會意見；為不及格之決定前，應通知受審查之候補、試署檢察官陳述意見。

VIII.法務部設檢察官遴選委員會，掌理檢察官之遴選；已具擬任職務任用資格之檢察官之遴選，其程序、檢察官年齡限制、工作表現優良之認定及其他應遵行事項之辦法，由法務部定之。

IX.經遴選為檢察官者，應經研習；其研習期間、期間縮短或免除、實施方式、津貼、費用、請假、考核、獎懲、研習資格之保留或廢止及其他應遵行事項之辦法，由法務部定之。

X.候補、試署檢察官，於候補、試署期間辦理之事務、服務成績考核及再予考核及其他應遵行事項之辦法，由法務部定之。

第 89 條 （檢察官準用本法之部分規定）

I.本法第一條第二項、第三項、第六條、第十二條、第十三條第二項、第十五條、第十六條第一款、第二款、第四款、第五款、第十七條、第十八條、第四十二條第一項、第二項、第四項、第四十三條第一項至第三項、第五項、第四十四條至第四十六條、第四十九條、第五十條、第五十條之一、第七十一條、第七十三條至第七十五條、第七十六條第一項、第四項、第五項、第七十七條、第七十八條第一項至第三項、第七十九條、第八十條第一項、第一百零一條之二、第五章、第九章有關法官之規定，於檢察官準用之；其有關司法院、法官學院及審判機關之規定，於法務部、法務部司法官學院及檢察機關準用之。

II.高等檢察署以下各級檢察署及其檢察分署檢察長、主任檢察官之職期調任辦法，由法務部定之。

III.檢察官評鑑委員會由檢察官三人、法官一人、律師三人、學者及社會公正人士六人組成；評鑑委員任期為二年，得連任一次。

IV.檢察官有下列各款情事之一者，應付個案評鑑：

一　裁判確定後或自第一審繫屬日起已逾六年未能裁判確定之案件，不起訴處分或緩起訴處分確定之案件，有事實足認因故意或重大過失，致有明顯違誤，而嚴重侵害人民權益者。

二　有第九十五條第二款情事，情節重大。

三　違反第十五條第二項、第三項規定。

四　違反第十五條第一項、第十六條或第十八條規定，情節重大。

五　違反偵查不公開等辦案程序規定或職務規定，情節重大。

六　無正當理由遲延案件之進行，致影響當事人權益，情節重大。

七　違反檢察官倫理規範，情節重大。

V.適用法律之見解，不得據為檢察官個案評鑑之事由。

VI.第四項第七款檢察官倫理規範，由法務部定之。

VII.檢察官有第四項各款所列情事之一，有懲戒之必要者，應受懲戒。

VIII.檢察官之懲戒，由懲戒法院職務法庭審理之。其移送及審理程序準用法官之懲戒程序。

IX.法務部長由法官、檢察官轉任者及最高檢察署檢察總長，其俸給準用第七十二條第一項第三款及第二項標準支給。法務部政務次長由法官、檢察官轉任者，其俸給準用政務人員次長級標準支給，並給與第七十一條第一項規定之專業加給。

X.法務部長、政務次長由法官、檢察官轉任者退職時，準用第七十八條第四項規定辦理。最高檢察署檢察總長退職時，亦同。

XI.最高檢察署檢察總長在職死亡之撫卹，準用第八十條第二項之規定。

第 90 條　（檢察官人事審議委員會之設置及執掌）

I.法務部設檢察官人事審議委員會，審議高等法院以下各級法院及其分院檢察署主任檢察官、檢察官之任免，轉任、停止職務、解職、陞遷、考核及獎懲事項。

II.前項審議之決議，應報請法務部部長核定後公告之。

III.第一項委員會之設置及審議規則，由法務部定之。

IV.法務部部長遴任檢察長前，檢察官人事審議委員會應提出職缺二倍人選，由法務部部長圈選之。檢察長之遴調應送檢察官人事審議委員會徵詢意見。

V.檢察官人事審議委員會置委員十七人，由法務部部長指派代表四人、檢察總長及其指派之代表三人與全體檢察官所選出之代表九人組成之，由法務部部長指派具法官、檢察官身分之次長為主任委員。

VI.前項選任委員之任期，均為一年，連選得連任一次。

VII.全體檢察官代表，以全國為單一選區，以秘密、無記名及單記直接選舉產生，每一檢察署以一名代表為限。

VIII.檢察官人事審議委員會之組成方式、審議對象、程序、決議方式及相關事項之審議規則，由法務部徵詢檢察官人事審議委員會後定之。但審議規則涉及檢察官任免、考績、級俸、陞遷及褒獎之事項者，由行政院會同考試院定之。

第 91 條　（檢察官會議之設置及職權）

I.各級法院及其分院檢察署設檢察官會議，由該署全體實際辦案之檢察官組成。

II.檢察官會議之職權如下：

一　年度檢察事務分配、代理順序及分案辦法之建議事項。

二　檢察官考核、監督之建議事項。

三　第九十五條所定對檢察官為監督處分之建議事項。

四　統一法令適用及起訴標準之建議事項。

五　其他與檢察事務有關之事項之建議事項。

III.檢察總長、檢察長對於檢察官會議之決議有意見時，得交檢察官會議復議或以書面載明理由附於檢察官會議紀錄後，變更之。

IV.檢察官會議實施辦法，由法務部定之。

第 92 條　（書面指揮制度之建立）

I.檢察官對法院組織法第六十三條第一項、第二項指揮監督長官之命令，除有違法之情事外，應服從之。

II.前項指揮監督命令涉及強制處分權之行使、犯罪事實之認定或法律之適用者，其命令應以書面附理由為之。檢察官不同意該書面命令時，得以書面敘明理由，請求檢察總長或檢察長行使法院組織法第六十四條之權限，檢察總長或檢察長如未變更原命令者，應即依第九十三條規定處理。

第 93 條 （明定檢察首長行使職務承繼權及職務移轉權之規定）

I.檢察總長、檢察長於有下列各款情形之一者，得依法院組織法第六十四條親自處理其所指揮監督之檢察官之事務，並得將該事務移轉於其所指揮監督之其他檢察官處理：

一 為求法律適用之妥適或統一追訴標準，認有必要時。

二 有事實足認檢察官執行職務違背法令、顯有不當或有偏頗之虞時。

三 檢察官不同意前條第二項之書面命令，經以書面陳述意見後，指揮監督長官維持原命令，其仍不遵從。

四 特殊複雜或專業之案件，原檢察官無法勝任，認有移轉予其他檢察官處理之必要時。

II.前項情形，檢察總長、檢察長之命令應以書面附理由為之。

III.前二項指揮監督長官之命令，檢察官應服從之，但得以書面陳述不同意見。

第 94 條 （各級法院及其分院檢察署行政監督權之行使範圍）

I.各級法院及其分院檢察署行政之監督，依下列規定：

一 法務部部長監督各級法院及分院檢察署。

二 最高法院檢察署檢察總長監督該檢察署。

三 高等法院檢察署檢察長監督該檢察署及其分院檢察署與所屬地方法院及其分院檢察署。

四 高等法院檢察署智慧財產分署檢察長監督該分署。

五 高等法院分院檢察署檢察長監督該檢察署與轄區內地方法院及其分院檢察署。

六 地方法院檢察署檢察長監督該檢察署及其分院檢察署。

七 地方法院分院檢察署檢察長監督該檢察署。

II.前項行政監督權人為行使監督權，得就一般檢察行政事務頒布行政規則，督促全體檢察官注意辦理。但法務部部長不得就個別檢察案件對檢察總長、檢察長、主任檢察官、檢察官為具體之指揮、命令。

第 95 條 （職務監督權人之處分權限及行使方式）

前條所定監督權人，對於被監督之檢察官得為下列處分：

一 關於職務上之事項，得發命令促其注意。

二 有廢弛職務、侵越權限或行為不檢者，加以警告。

第 96 條 （懲戒權與職務監督處分權行使之範疇）

I.被監督之檢察官有前條第二款之情事，情節重大者，第九十四條所定監督權人得以所屬機關名義，請求檢察官評鑑委員會評鑑，或移由法務部準用第五十一條第二項、第三項規定辦理。

II.被監督之檢察官有前條第二款之情事，經警告後一年內再犯，或經警告累計達三次者，視同情節重大。

第十一章 附 則

第 97 條 （實任法官、檢察官申請免試取得律師考試及格資格之時間與應繳驗之文件）

I.實任法官、檢察官於自願退休或自願離職生效日前六個月起，得向考選部申請全部科目免試以取得律師考試及格資格。

II.前項申請應繳驗司法院或法務部派令、銓敘部銓敘審定函及服務機關出具之服務紀錄良好證明等文件；服務紀錄良好證明之內容、標準及其他應遵循事項之辦法，由司法院、法務部分別定之。

第 98 條 （本法施行前已取得法官、檢察官任用資格之規定）

I.現職法官於本法施行前已任命為實任法官者，毋須經法官遴選程序，當然取得法

法官法

（第九九～一○三條）

官之任用資格，且其年資之計算不受影響，本法施行前已任命為實任檢察官者，亦同。

II法官、檢察官之年資相互併計。

第 99 條　（本法施行前未取得法官、檢察官任用資格之規定）

於本法施行前尚未取得實任法官、檢察官資格者，仍依施行前之相關法令取得其資格。但有關候補法官於候補期間僅得擔任陪席法官或受命法官之限制，仍依本法規定。

第 100 條　（本法施行前已優遇之法官、檢察官權益適用規定）

本法施行前已依司法人員人事條例第四十條第一項或第二項停止辦理案件之實任法官、檢察官，支領現職法官、檢察官之俸給，不適用第七十七條第三項之規定。

第 101 條　（與本法牴觸之不適用情形）

自本法施行後，現行法律中有關法官、檢察官之相關規定，與本法牴觸者，不適用之。

第 101 條之 1　（修正前繫屬職務法庭案件之適用規定）

本法中華民國一百零八年六月二十八日修正之條文施行前，已繫屬於職務法庭之案件尚未終結者，於本法修正施行後，依下列規定辦理：

一　由職務法庭依修正後之程序規定繼續審理。但修正施行前已依法進行之程序，其效力不受影響。

二　其懲戒種類及其他實體規定，依修正施行前之規定。但修正施行後之規定有利於被付懲戒法官、檢察官者，依最有利於被付懲戒法官、檢察官之規定。

第 101 條之 2　（修正前法官退休或離職後始受懲戒）

第五十條之一修正施行前，有該條第一項

規定之情形者，不適用修正施行後之規定。

第 101 條之 3　（修正前已任職委員、法官之任期適用規定）

本法中華民國一百零八年六月二十八日修正之第七條、第三十四條及第四十八條施行前，已任法官遴選委員會委員、法官評鑑委員會委員及職務法庭法官者，任期至上開條文施行日前一日止，不受修正前任期之限制。

第 102 條　（施行細則之訂定）

I本法施行細則由司法院會同行政院、考試院定之。

II律師公會全國聯合會依本法授權訂定之辦法，其訂定、修正及廢止應經主管機關備查，並即送立法院。

第 103 條　（施行日期）

I本法除第五章法官評鑑自公布後半年施行、第七十八條自公布後三年六個月施行者外，自公布後一年施行。

II本法中華民國一百零八年六月二十八日修正之條文，除第二條、第五條、第九條、第三十一條、第四十三條、第七十六條、第七十九條及第一百零一條之三，自公布日施行者外，其餘條文自公布後一年施行。

法官倫理規範

一百零一年一月五日司法院令發布

①民國一百零一年一月五日司法院令發布全文

第 1 條　（訂定依據）
本規範依法官法第十三條第二項規定訂定之。

第 2 條　（司法獨立）
法官為捍衛自由民主之基本秩序，維護法治，保障人權及自由，應本於良心，依據憲法及法律，超然、獨立從事審判及其他司法職務，不受任何干涉，不因家庭、社會、政治、經濟或其他利害關係，或可能遭公眾批評議論而受影響。

第 3 條　（公正、中立）
法官執行職務時，應保持公正、客觀、中立，不得有損及人民對於司法信賴之行為。

第 4 條　（避免偏見、歧視）
法官執行職務時，不得因性別、種族、地域、宗教、國籍、年齡、身體、性傾向、婚姻狀態、社會經濟地位、政治關係、文化背景或其他因素，而有偏見、歧視、差別待遇或其他不當行為。

第 5 條　（避免不當行為）
法官應保有高尚品格，謹言慎行，廉潔自持，避免有不當或易被認為損及司法形象之行為。

第 6 條　（不得濫用職位）
法官不得利用其職務或名銜，為自己或他人謀取不當財物、利益或要求特殊待遇。

第 7 條　（不得關說或請託）
法官對於他人承辦之案件，不得關說或請託。

第 8 條　（不得收受不當之餽贈或其他利益）
I 法官不得收受與其職務上有利害關係者之任何餽贈或其他利益。
II 法官收受與其職務上無利害關係者合乎正常社交禮俗標準之餽贈或其他利益，不得有損司法或法官之獨立、公正、中立、廉潔、正直形象。
III 法官應要求其家庭成員或受其指揮、服從其監督之法院人員遵守前二項規定。

第 9 條　（專業職能㈠）
法官應隨時注意保持並充實執行職務所需之智識及能力。

第 10 條　（專業職能㈡）
法官應善用在職進修、國內外考察或進修之機會，增進其智識及能力。

第 11 條　（執行職務之方法）
法官應謹慎、勤勉、妥速執行職務，不得無故延滯或增加當事人、關係人不合理之負擔。

第 12 條　（聽審請求權之確保與法庭內之言行舉止）
I 法官開庭前應充分準備；開庭時應客觀、公正、中立、耐心、有禮聽審，維護當事人、關係人訴訟上權利或辯護權。
II 法官應維持法庭莊嚴及秩序，不得對在庭之人辱罵、無理之責備或有其他損其尊嚴之行為。
III 法官得鼓勵、促成當事人進行調解、和解或以其他適當方式解決爭議，但不得以不當之方式為之。

第 13 條　（法官之指揮、監督）
法官就審判職務上受其指揮或服從其監督之法院人員，應要求其切實依法執行職務。

法官倫理規範　（第一～一三條）

第 14 條　（利益衝突之告知）

法官知悉於收受案件時，當事人之代理人或辯護人與自己之家庭成員於同一事務所執行律師業務者，應將其事由告知當事人並陳報院長知悉。

第 15 條　（避免單方溝通）

I 法官就承辦之案件，除有下列情形之一者外，不得僅與一方當事人或其關係人溝通、會面：

一　有急迫情形，無法通知他方當事人到場。

二　經他方當事人同意。

三　就期日之指定、程序之進行或其他無涉實體事項之正當情形。

四　法令另有規定或依其事件之性質確有必要。

II 有前項各款情形之一者，法官應儘速將單方溝通、會面內容告知他方當事人。但法令另有規定者，不在此限。

第 16 條　（職務上之非公開訊息）

法官不得揭露或利用因職務所知悉之非公開訊息。

第 17 條　（法官之言論）

I 法官對於繫屬中或即將繫屬之案件，不得公開發表可能影響裁判或程序公正之言論。但依合理之預期，不足以影響裁判或程序公正，或本於職務上所必要之公開解說者，不在此限。

II 法官應要求受其指揮或服從其監督之法院人員遵守前項規定。

第 18 條　（一般原則）

法官參與職務外之團體、組織或活動，不得與司法職責產生衝突，或有損於司法或法官之獨立、公正、中立、廉潔、正直形象。

第 19 條　（為團體、組織募款或召募成員之禁止）

法官不得為任何團體、組織募款或召募成員。但為機關內部成員所組成或無損於司法或法官之獨立、公正、中立、廉潔、正直形象之團體、組織募款或召募成員，不在此限。

第 20 條　（司法職務優先性與報酬之申報）

I 法官參與司法職務外之活動，而收受非政府機關支給之報酬或補助逾一定金額者，應申報之。

II 前項所稱一定金額及申報程序，由司法院定之。

第 21 條　（政治活動之禁止）

I 法官於任職期間不得從事下列政治活動：

一　為政黨、政治團體、組織或其內部候選人、公職候選人公開發言或發表演說。

二　公開支持、反對或評論任一政黨、政治團體、組織或其內部候選人、公職候選人。

三　為政黨、政治團體、組織或其內部候選人、公職候選人募款或為其他協助。

四　參與政黨、政治團體、組織之內部候選人、公職候選人之政治性集會或活動。

II 法官不得指示受其指揮或服從其監督之法院人員或利用他人代為從事前項活動；並應採取合理措施，避免親友利用法官名義從事前項活動。

第 22 條　（避免不當往來）

法官應避免與司法或法官獨立、公正、中立、廉潔、正直形象不相容之飲宴應酬、社交活動或財物往來。

第 23 條　（不得經營商業或其他營利事業）

法官不得經營商業或其他營利事業，亦不得為有減損法官廉潔、正直形象之其他經濟活動。

第 24 條　（禁止擔任律師）

I 法官不得執行律師職務，並避免為輔佐人。但無償為其家庭成員、親屬提供法律

諮詢或草擬法律文書者，不在此限。

II.前項但書情形，除家庭成員外，法官應告知該親屬宜尋求其他正式專業諮詢或法律服務。

第 25 條　（家庭成員之定義）

本規範所稱家庭成員，指配偶、直系親屬或家長、家屬。

第 26 條　（舉發條款）

法官執行職務時，知悉其他法官、檢察官或律師確有違反其倫理規範之行為時，應通知該法官、檢察官所屬職務監督權人或律師公會。

第 27 條　（諮詢委員會之設置）

司法院得設諮詢委員會，負責本規範適用疑義之諮詢及研議。

第 28 條　（施行日期）

本規範自中華民國一百零一年一月六日施行。

法官倫理規範

（第二五～二八條）

律 師 法

一百零九年一月十五日總統令修正公布

①民國三十年一月十一日國民政府公布
②三十四年四月五日國民政府修正公布
③三十七年三月二十四日國民政府修正公布
④三十八年一月四日總統令修正公布
⑤五十一年六月五日總統令修正公布
⑥六十年十一月四日總統令修正公布
⑦六十二年一月十三日總統令修正公布
⑧六十二年六月七日總統令修正公布
⑨七十一年一月六日總統令修正公布
⑩七十三年十二月十日總統令修正公布
⑪八十一年十一月十六日總統令修正公布
⑫八十六年四月二十三日總統令修正公布
⑬八十七年六月二十四日總統令修正公布
⑭九十年十一月十四日總統令修正公布
⑮九十一年一月三十日總統令修正公布
⑯九十九年一月二十七日總統令修正公布
⑰一百零九年一月十五日總統令修正公布全文

第一章 律師之使命

第1條 （律師之使命）
I 律師以保障人權、實現社會正義及促進民主法治為使命。
II 律師應基於前項使命，本於自律自治之精神，誠正信實執行職務，維護社會公義及改善法律制度。

第2條 （律師之職責）
律師應砥礪品德、維護信譽、遵守律師倫理規範、精研法令及法律事務。

第二章 律師之資格及養成

第3條 （請領律師證書之積極資格）
I 經律師考試及格並完成律師職前訓練者，得請領律師證書。但有第五條第一項各款情形之一者，不得請領。
II 前項職前訓練，得以下列經歷代之：
　一 曾任實任、試署、候補達二年之法官或檢察官。

　二 曾任公設辯護人、軍事審判官或軍事檢察官合計達六年。
III 非領有律師證書，不得使用律師名銜。

第4條 （全國律師聯合會辦理律師職前訓練）
I 前條第一項律師職前訓練，由全國律師聯合會辦理。
II 前項訓練之實施期間、時間、方式及其他相關事項，由全國律師聯合會訂定，並報法務部備查。但退訓、停訓、重訓及收費事項，由全國律師聯合會擬訂，報請法務部核定。

第5條 （請領律師證書之消極資格）
I 申請人有下列情形之一者，不得發給律師證書：
　一 受一年有期徒刑以上刑之裁判確定，依其罪名及情節足認有害於律師之信譽。但受緩刑之宣告，緩刑期滿而未經撤銷，或因過失犯罪者，不在此限。
　二 曾受本法所定除名處分。
　三 曾任法官、檢察官而依法官法受免除法官、檢察官職務，並不得再任用為公務員。
　四 曾任法官、檢察官而依法官法受撤職處分。
　五 曾任公務人員而受撤職處分，其停止任用期間尚未屆滿，或現任公務人員而受休職、停職處分，其休職、停職期間尚未屆滿。
　六 受破產之宣告，尚未復權。
　七 受監護或輔助宣告，尚未撤銷。
　八 違法執行律師業務、有損司法廉潔性或律師職務獨立性之行為，且情節重大。
II 前項第一款及第八款之情形，法務部應徵詢全國律師聯合會之意見。

第6條　（請領律師證書之程序）

請領律師證書者，應檢具申請書及相關證明文件，報請法務部審查通過後核准發給。

第7條　（請領律師證書停止審查之情形）

請領律師證書者，因涉嫌犯最重本刑五年以上之貪污、行賄、侵占、詐欺、背信或最輕本刑一年以上有期徒刑之罪，經檢察官提起公訴，法務部得停止審查其申請。但所涉案件經宣判、改判無罪或非屬本條所列罪者，不在此限。

第8條　（受理律師證書請領之處理期間及程序）

Ⅰ法務部受理律師證書之請領，除有前條情形外，應自受理申請之日起三個月內為准駁之決定；必要時，得延長一次，延長期間不得逾三個月。

Ⅱ前項延長，應通知申請人。

第9條　（律師證書撤銷或廢止及律師停止職務之情形）

Ⅰ法務部核准發給律師證書後，發現申請人於核准前有第五條第一項各款情形之一者，撤銷其律師證書。但該條項第五款至第七款之原因，於撤銷前已消滅者，不在此限。

Ⅱ法務部核准發給律師證書後，律師有第五條第一項第二款至第四款情形之一者，法務部應廢止其律師證書。

Ⅲ法務部核准發給律師證書後，律師有下列要件之一者，法務部應命其停止執行職務：

　一　第五條第一項第五款至第七款情形之一。

　二　客觀事實足認其身心狀況不能執行業務，並經法務部邀請相關專科醫師組成小組認定。

Ⅳ前項受停止執行職務處分之律師於原因消滅後，得向法務部申請准其回復執行職務。

Ⅴ律師於本法中華民國一百零八年十二月十三日修正之條文施行前有第五條第一項第一款情形者，法務部應於修正施行後二年內廢止其證書。但修正施行前經律師懲戒委員會審議為除名以外之其他處分，或刑之執行完畢已逾七年者，不予廢止。

第10條　（律師資格審查會之設立）

Ⅰ法務部應設律師資格審查會，審議律師證書之核發、撤銷、廢止及律師執行職務之停止、回復等事項。

Ⅱ律師資格審查會由法務部次長、檢察司司長及高等行政法院法官、高等法院法官、高等檢察署檢察官各一人、律師四人、學者專家二人組成之；召集人由法務部次長任之。

Ⅲ前項委員之任期、產生方式、審查程序及其他相關事項之規則，由法務部定之。

第三章　律師入退公會

第11條　（地方律師公會及全國律師聯合會之加入）

Ⅰ擬執行律師職務者，應依本法規定，僅得擇一地方律師公會為其所屬地方律師公會，申請同時加入該地方律師公會及全國律師聯合會，為該地方律師公會之一般會員及全國律師聯合會之個人會員。

Ⅱ擇定前項所屬地方律師公會外，律師亦得申請加入其他地方律師公會為其特別會員。特別會員之權利義務除本法或地方律師公會章程另有規定者外，同於該地方律師公會之一般會員。

Ⅲ地方律師公會受理前項申請後，應逕予同意並自申請時生效，另應通知申請人、其所屬地方律師公會及全國律師聯合會，不適用第十二條至第十六條規定。

Ⅳ特別會員行使表決權、選舉權、罷免權或算入出席人數之累計總數，超過按一般會員及特別會員人數計算各該權利數或出席人數之四分之一者，該累計總數仍以四分之一權重計算。但地方律師公會章程就該累計總數比例另有規定者，從其規定。

Ⅴ前項情形，章程應就特別會員個人行使各該權利數或算入出席人數之權重計算方式併予規定。

律師法

（第一二～一七條）

Ⅵ.第四項但書及前項所定章程就累計總數比例、行使各該權利數或算入出席人數之權重計算方式之調整，應由一般會員決議為之。

第 12 條 （地方律師公會就入會之申請具實質審查權及拒絕入會之事由）

Ⅰ.地方律師公會對入會之申請，除申請人有下列情形之一者外，應予同意：

一　第五條第一項各款情形之一。

二　因涉嫌犯最重本刑五年以上之貪污、行賄、侵占、詐欺、背信或最輕本刑一年以上有期徒刑之罪，經檢察官提起公訴。

三　除前二款情形外，違反律師倫理規範，情節重大，自事實終了時起未逾五年。

四　除第一款及第二款情形外，於擔任公務員期間違反公務員服務法或倫理規範，情節重大，自事實終了時起未逾五年。

五　擔任中央或地方機關特定臨時職務以外之公務員。但其他法律有特別規定者，不在此限。

六　已為其他地方律師公會之一般會員。

Ⅱ.地方律師公會受理入會申請後，應於三十日內審核是否同意，並通知申請人。逾期未為決定者，視為作成同意入會之決定。

Ⅲ.申請人之申請文件有欠缺而可以補正者，地方律師公會應定期間命其補正，補正期間不計入前項審核期間。

Ⅳ.地方律師公會因天災或其他不可避之事故不能進行審核者，第二項審核期間，於地方律師公會重新進行審核前當然停止。

第 13 條 （同意入會申請之效果及審核入會結果後應行之程序）

Ⅰ.律師經地方律師公會審核同意入會者，即成為該地方律師公會及全國律師聯合會之會員。

Ⅱ.地方律師公會審核入會申請後，應將結果及其他相關資料轉送全國律師聯合會。如審核不同意者，並應檢附其理由，送請全國律師聯合會複審。

第 14 條 （全國律師聯合會複審之處理方式及申請人權益之保障）

Ⅰ.全國律師聯合會認地方律師公會不同意入會無理由者，應逕為同意申請人入會之決定，申請人即成為該地方律師公會及全國律師聯合會之會員。

Ⅱ.全國律師聯合會認地方律師公會不同意入會有理由者，應為維持之決定。

Ⅲ.全國律師聯合會對於地方律師公會不同意入會之複審，應於收件後三十日內作成決定，並通知送件之地方律師公會及申請人。逾期未決定者，視為作成同意入會之決定。

Ⅳ.申請人之申請文件有欠缺而可以補正者，全國律師聯合會應定期間命其補正，補正期間不計入前項審核期間。

Ⅴ.全國律師聯合會因天災或其他不可避之事故不能進行審核者，第三項審核期間，於全國律師聯合會重新進行審核前當然停止。

第 15 條 （同意入會決定違法之廢止）

Ⅰ.全國律師聯合會或地方律師公會認原同意入會之決定違法者，得廢止之。

Ⅱ.前項情形，由地方律師公會廢止者，準用第十三條第二項及前條之規定。

第 16 條 （拒絕及廢止入會之救濟程序）

申請人對全國律師聯合會不同意入會或廢止入會之決定不服者，得提起請求入會之民事訴訟。

第 17 條 （所屬會籍之變更）

Ⅰ.律師為變更所屬地方律師公會，得向其他地方律師公會申請入會。

Ⅱ.前項申請，應提出入會申請書及相關文件，並附具已向原所屬地方律師公會申請退會之證明。

Ⅲ.地方律師公會受理第一項申請後，應逕予同意，並通知申請人、原所屬地方律師公會及全國律師聯合會，不適用第十二條規定。

Ⅳ.前項同意，自申請時生效。但退出原所屬地方律師公會之效力發生在後者，自退出時生效。

第 18 條　（主動退會或除去會員資格之事由）

I.律師有下列情形之一者，應於事實發生之日起一個月內，向律師公會申請退會。未主動申請退會者，律師公會應除去其會員資格：

一　經法務部撤銷、廢止律師證書、停止執行職務或除名。

二　受停止執行職務之懲戒處分，其停止執行職務期間尚未屆滿。

三　擔任中央或地方機關特定臨時職務以外之公務員。但其他法律有特別規定者，不在此限。

II.律師死亡者，應由律師公會主動除去其會員資格。

第四章　律師職務之執行

第 19 條　（律師於全國執業之要件）

領有律師證書並加入地方律師公會及全國律師聯合會者，得依本法規定於全國執行律師職務。

第 20 條　（律師繳納全國或跨區執業費用之適用範圍及未繳費之法律效果）

I.律師於所加入地方律師公會區域外，受委任處理繫屬於法院、檢察署及司法警察機關之法律事務者，應依本法或章程規定，繳納全國或跨區執業費用。

II.律師於全國或跨區執業之相關程序、應收費用項目、數額、收取方式、公益案件優遇條件及其他相關事項，由全國律師聯合會以章程定之。

III.律師未依第一項規定繳納全國或跨區執業費用，全國律師聯合會或地方律師公會得依下列方式處理：

一　經催告後，仍未於催告期限內繳納者，律師公會得視違反情節，課予該律師未繳納費用十倍以下之滯納金。

二　其他依全國律師聯合會章程或律師倫理規範所定之處置方式。

IV.各級法院及檢察署就律師公會稽核第一項應繳納全國或跨區執業費用而未繳納

者，應予以協助，其方式由法務部會商司法院、律師公會及相關機關後定之。

第 21 條　（律師得辦理之事務）

I.律師得受當事人之委任，辦理法律事務。

II.律師得辦理商標、專利、工商登記、土地登記、移民、就業服務及其他依法得代理之事務。

III.律師辦理前項事務，應遵守有關法令規定。

第 22 條　（律師之在職進修）

I.律師執行職務期間，應依規定參加在職進修。

II.前項進修，由全國律師聯合會或地方律師公會辦理；其實施方式、最低進修時數、科目、收費、補修、違反規定之效果、處理程序及其他相關事項，由全國律師聯合會訂定，並報法務部備查。

III.律師違反前項關於最低時數或科目之規定，且情節重大者，全國律師聯合會得報請法務部命其停止執行職務；受命停止執行職務者，於完成補修後，得洽請全國律師聯合會報請法務部准其回復執行職務。

IV.律師進修專業領域課程者，得向全國律師聯合會申請核發專業領域進修證明。

V.前項專業領域之科目、請領之要件、程序、效期、收費及其他相關事項，由全國律師聯合會訂定，並報法務部備查。

第 23 條　（機構律師及其入會之規定）

I.律師因僱傭關係或委任關係專任於社團法人或財團法人，執行律師業務者，為機構律師。

II.機構律師應加入任職所在地之地方律師公會；任職所在地無地方律師公會者，應擇一鄰近地方律師公會入會。

第 24 條　（律師事務所之設立及入會）

I.除機構律師外，律師應設一主事務所，並加入主事務所所在地之地方律師公會，為其一般會員；主事務所所在地無地方律師公會者，應擇一鄰近地方律師公會入會。

II.前項情形，本法中華民國一百零八年十二

月十三日修正之條文施行後，依第五十一條第一項規定始納入特定地方律師公會之區域者，於本法一百零八年十二月十三日修正之條文施行前，已於該區域內設有主事務所之律師，得就該特定地方律師公會或其主事務所所在地鄰近之地方律師公會擇一入會，為其一般會員。

III.律師得於主事務所所在地之地方律師公會區域外設分事務所。

IV.律師於每一地方律師公會區域以設一事務所為限，並不得以其他名目另設事務所。

V.律師於設立律師事務所及分事務所十日內，應經各該地方律師公會向全國律師聯合會辦理登記；變更時，亦同。

VI.前項律師事務所及分事務所應登記及變更登記事項，由全國律師聯合會訂定，並報法務部備查。

VII.第五項之資料，全國律師聯合會應陳報法務部。

第 25 條　（分事務所常駐律師及其入會之規定）

I.前條分事務所應有一名以上常駐律師加入分事務所所在地地方律師公會，為其一般會員；分事務所所在地無地方律師公會者，應擇一鄰近地方律師公會入會。

II.前項常駐律師，不得再設其他事務所或為其他分事務所之常駐律師。

III.受僱律師除第一項情形外，應以僱用律師之事務所為其事務所。

第 26 條　（對律師為送達之處所）

對律師應為之送達，除律師另陳明收受送達之處所外，應向主事務所行之。

第 27 條　（個人與團體會員名簿之備置及應載事項）

I.全國律師聯合會及各地方律師公會，應置個人會員名簿，載明下列事項：
一　姓名、性別、出生年月日、身分證明文件編號及戶籍地址。
二　律師證書字號。
三　學歷及經歷。

四　主事務所或機構律師任職法人之名稱、地址、電子郵件信箱及電話。
五　加入律師公會年月日。
六　曾否受過懲戒。

II.前項會員名簿，除律師之出生月日、身分證明文件編號、戶籍地址外，全國律師聯合會及各地方律師公會應利用電信網路或其他方式提供公眾閱覽。

III.全國律師聯合會應置團體會員名簿，載明下列事項：
一　名稱及會址。
二　代表人。

第 28 條　（司法人員離職後之迴避）

司法人員自離職之日起三年內，不得在其離職前三年內曾任職務之法院或檢察署執行律師職務。但其因停職、休職或調職等原因離開上開法院或檢察署已滿三年者，不在此限。

第 29 條　（律師之迴避）

I.律師與法院院長有配偶、五親等內血親或三親等內姻親之關係者，不得在該法院辦理訴訟事件。

II.律師與檢察署檢察長有前項之親屬關係者，不得在該檢察署及對應配置之法院辦理刑事訴訟案件及以檢察署或檢察官為當事人或參加人之民事事件。

III.律師與辦理案件之法官、檢察官、司法事務官、檢察事務官、司法警察官或司法警察有第一項之親屬關係且受委任在後者，應行迴避。

第五章　律師之權利及義務

第 30 條　（執行法院或檢察官指定職務之義務）

律師非經釋明有正當理由，不得辭任法院或檢察官依法指定之職務。

第 31 條　（探案蒐證之義務）

律師為他人辦理法律事務，應探究案情，蒐集證據。

第 32 條　（終止委任契約之限制及權益保障）

律師接受委任後，非有正當理由，不得片面終止契約；終止契約時，應於相當期間前通知委任人，並採取必要措施防止當事人權益受損，及應返還不相當部分之報酬。

第 33 條　（怠忽致受損害之賠償責任）

律師如因懈怠或疏忽，致其委任人或當事人受損害者，應負賠償之責。

第 34 條　（不得執行職務之事件）

I.律師對於下列事件，不得執行其職務：

一　本人或同一律師事務所之律師曾受委任人之相對人之委任，或曾與商議而予以贊助者。

二　任法官、檢察官、其他公務員或受託行使公權力時曾經處理之事件。

三　依仲裁程序以仲裁人身分曾經處理之事件。

四　依法以調解人身分曾經處理之事件。

五　依法以家事事件程序監理人身分曾經處理之事件。

II.前項第一款事件，律師經利益受影響之當事人全體書面同意，仍得受任之。

III.當事人之請求如係違法或其他職務上所不應為之行為，律師應拒絕之。

第 35 條　（於法庭或偵查中執業應受尊重及遵守秩序）

I.律師在法庭或偵查中依法執行職務，應受尊重。

II.律師在法庭或偵查中執行職務時，應遵守法庭或偵查庭之秩序。

第 36 條　（保密之權利及義務）

律師有保守其職務上所知悉秘密之權利及義務。但法律另有規定者，不在此限。

第 37 條　（參與社會公益活動之義務）

I.律師應參與法律扶助、平民法律服務或其他社會公益活動。

II.前項律師參與社會公益活動之種類、最低時數、方式、違反規定之處理程序及其他相關事項，由全國律師聯合會徵詢法務部及各地方律師公會意見後訂定之，並報法務部備查。

第 38 條　（矇欺行為之禁止）

律師對於委任人、法院、檢察機關或司法警察機關，不得有矇蔽或欺誘之行為。

第 39 條　（保持名譽信用之義務）

律師不得有足以損害律師名譽或信用之行為。

第 40 條　（推展業務之限制）

I.律師不得挑唆訴訟，或以誇大不實、不正當之方法推展業務。

II.前項推展業務之限制，於律師倫理規範中定之。

第 41 條　（兼任公務員之禁止及例外）

律師不得兼任公務員。但擔任中央或地方機關特定之臨時職務或其他法律有特別規定者，不在此限。

第 42 條　（擔任各級民意代表者執業之禁止）

律師擔任中央或地方各級民意代表者，不得執行律師職務。

第 43 條　（從事行業之限制及善盡職責）

I.律師不得從事有辱律師尊嚴或名譽之行業。

II.律師對於受委任、指定或囑託之事件，不得有不正當之行為或違反其職務上應盡之義務。

第 44 條　（與司法人員及司法警察不當應酬之禁止）

律師不得與司法人員及司法警察官、司法警察為不正當之往還酬應。

第 45 條　（受讓當事人間系爭權利或標的之禁止）

律師不得利用職務上之機會，直接或間接受讓當事人間系爭之權利或標的。

第 46 條 （代顯無理由訴訟之禁止）

律師不得代當事人為顯無理由之起訴、上訴、抗告或其他濫行訴訟之行為。

第 47 條 （明示收取酬金之計算方法及數額）

律師應向委任人明示其收取酬金之計算方法及數額。

第六章 律師事務所

第 48 條 （律師事務所之型態分類）

I.律師事務所之型態分下列四種：
　一　獨資律師或法律事務所。
　二　合署律師或法律事務所。
　三　合夥律師或法律事務所。
　四　法人律師或法律事務所。
II.前項第一款稱獨資律師或法律事務所，指單一律師設立之律師事務所。
III.第一項第二款稱合署律師或法律事務所，指二人以上律師合用辦公處所及事務所名稱，個別承接業務，且個別承擔責任之事務所。
IV.第一項第三款稱合夥律師或法律事務所，指二人以上律師，依民法合夥之規定，就業務之執行負連帶責任之事務所。
V.第一項第四款之法人律師或法律事務所，另以法律定之。

第 49 條 （獨資及合署律師事務所應負民法合夥連帶責任之情形）

獨資及合署之律師或法律事務所使用之名稱或標示，足以使他人誤認為合夥律師或法律事務所者，事務所全體律師應依民法合夥之規定，就業務之執行負連帶責任。

第 50 條 （合夥律師事務所向全國律師聯合會申報之義務）

I.合夥律師或法律事務所應向全國律師聯合會申報合夥人姓名；合夥人有變更時，亦同。
II.全國律師聯合會應就前項申報事項為適當之揭露。

第七章 公　　會

第一節　地方律師公會

第 51 條 （地方律師公會之設立）

I.每一地方法院轄區設有事務所執業之律師三十人以上者，得成立一地方律師公會，並以成立時該法院轄區為其區域。但於本法中華民國一百零八年十二月十三日修正之條文施行前，地方律師公會原組織區域內，已因法院轄區異動而成立其他地方律師公會者，以異動後之法院轄區為其區域。
II.無地方律師公會之數地方法院轄區內，得共同成立一地方律師公會。
III.數地方律師公會得合併之。

第 52 條 （地方律師公會之法人地位、主管機關及成立目的）

I.地方律師公會為社團法人。其主管機關為所在地社會行政主管機關；目的事業主管機關為所在地地方檢察署。
II.地方律師公會應以提升律師之品格、能力、改善律師執業環境、督促律師參與公益活動為目的。

第 53 條 （地方律師公會理、監事之名額及選舉方式）

地方律師公會應置理事三人至二十一人、監事三人至七人，由會員或會員代表中選舉之。

第 54 條 （地方律師公會會員或會員代表大會之掌理事項）

地方律師公會之會員大會或會員代表大會掌理下列事項：
　一　預算之決議及決算之承認。
　二　章程之訂定及修正。
　三　會員大會或會員代表大會議事規則之訂定及修正。
　四　重大財產處分之議決。
　五　公會解散之議決。
　六　章程所定其他事項。

第 55 條 （地方律師公會之代表人及代理順序）

I 地方律師公會以理事長為代表人。

II 理事長因故無法執行職務時，由副理事長代理；無副理事長或副理事長無法執行職務時，置有常務理事者，應由理事長指定常務理事一人代理，無常務理事者，應由理事長指定理事一人代理；理事長未指定或不能指定時，由常務理事或理事互推一人代理。

第 56 條 （會員或會員代表大會之召開、出席及決議方式）

I 地方律師公會應每年召開會員大會或會員代表大會一次，由理事長召集之；經會員或會員代表五分之一以上或監事會請求時，理事長應召開臨時會。

II 會員大會或會員代表大會，應有會員或會員代表二分之一以上出席，始得開會。但章程另有規定者，從其規定。

III 前項會員代表應親自出席。

IV 第二項會員不能出席時，得以書面委任其他會員代理。但委任出席人數，不得超過該次會議親自出席人數之三分之一，且每一會員以受一人委任為限。

V 章程所定開會之應出席人數低於會員二分之一者，會員應親自出席。

VI 會員大會或會員代表大會之決議，應以較多數之同意行之。但下列事項應有出席人數三分之二以上同意行之：

　一　章程之訂定及修正。

　二　會員或會員代表資格之除名。

　三　理事長、副理事長、常務理事、理事、常務監事、監事及監事會召集人之罷免。

　四　重大財產之處分。

　五　公會之解散。

　六　其他與會員權利義務有關之重大事項。

第 57 條 （地方律師公會章程之訂定）

地方律師公會應訂定章程，報請所在地地方檢察署、所在地社會行政主管機關及全國律師聯合會備查；章程有變更時，亦同。

第 58 條 （地方律師公會章程之應載事項）

I 地方律師公會章程應記載下列事項：

　一　名稱、所在地及其組織區域。

　二　宗旨、任務及組織。

　三　理事長、理事、監事、候補理事、候補監事之名額、任期、職務、權限及選任、解任方式。

　四　置有副理事長、常務理事、監事會召集人、常務監事者，其名額、任期、職務、權限及選任、解任方式。

　五　理事會及監事會之職掌。

　六　理事長為專職者，其報酬事項。

　七　會員大會或會員代表大會及理事、監事會議規則。

　八　一般會員及特別會員之入會、退會。

　九　一般會員及特別會員應繳之會費。

　十　一般會員及特別會員之權利與義務。

　十一　關於會員共同利益之維護、增進及會員個人資料編製發送事項。

　十二　置有會員代表者，其名額及產生標準。

　十三　律師倫理之遵行事項及方法。

　十四　開會及會議事項之通知方法。

　十五　法律扶助、平民法律服務及其他社會公益活動之實施事項。

　十六　律師在職進修之事項。

　十七　律師之保險及福利有關事項。

　十八　經費及會計。

　十九　收支決算、現金出納、資產負債及財產目錄之公開方式。

　二十　重大財產處分之程序。

　二十一　章程修改之程序。

II 前項章程內容牴觸依法應由全國律師聯合會章程訂定且需全國一致適用者，無效。

第 59 條 （地方律師公會舉行會議之陳報）

地方律師公會舉行會員大會、會員代表大會及理事、監事會議時，應陳報所在地社會行政主管機關及地方檢察署。

律師法

（第六○～六五條）

第 60 條 　（地方律師公會違反法令章程或妨害公益情事之處分）

I 地方律師公會有違反法令、章程或妨害公益情事者，所在地社會行政主管機關得予警告、撤銷其決議、命其停止業務之一部或全部，並限期改善；屆期未改善或情節重大者，得為下列之處分：
一　撤免其職員。
二　限期整理。
三　解散。

II 前項警告及撤銷決議之處分，所在地地方檢察署報經法務部核准後，亦得為之。

第 61 條 　（地方律師公會資料之陳報）

I 地方律師公會應將下列資料，陳報所在地之社會行政主管機關及所在地之地方檢察署：
一　會員名簿或會員代表名冊及會員入會、退會資料。
二　會員大會或會員代表大會及理事、監事會議紀錄。
三　章程、選任職員簡歷冊。

II 前項第一款資料應陳報全國律師聯合會。

第二節　全國律師聯合會

第 62 條 　（全國律師聯合會之法人地位、主管機關及成立目的）

I 全國律師聯合會為社團法人。其主管機關為中央社會行政主管機關；目的事業主管機關為法務部。

II 全國律師聯合會應以促進法治社會發展、改善律師執業環境、落實律師自律自治、培育律師人才、提升律師服務品質及保障人權為目的。

第 63 條 　（全國律師聯合會之會員種類）

I 全國律師聯合會之會員分為下列二種：
一　個人會員：各地方律師公會之一般會員。
二　團體會員：各地方律師公會。

II 各地方律師公會為全國律師聯合會之當然會員。

第 64 條 　（全國律師聯合會理、監事會與常務理、監事之名額及選舉方式）

I 全國律師聯合會應設理事會、監事會，除依第一百四十二條規定選出之當屆外，其名額及組成如下：
一　理事會：理事三十七人至四十五人，其中一人為理事長、二人為副理事長。除由各地方律師公會理事長兼任當然理事外，理事長、副理事長及其餘理事由個人會員以通訊或電子投票方式直接選舉之。
二　監事會：監事十一人至十五人。由個人會員以通訊或電子投票方式直接選舉之。

II 前項理事、監事任期最長不得逾三年，連選得連任一次。

III 地方律師公會理事長如為該地方律師公會之特別會員，該地方律師公會理事、監事聯席會議應另推派具一般會員身分之理事兼任第一項第一款之當然理事。

IV 全國律師聯合會得置常務理事。常務理事之名額不超過理事名額三分之一，除理事長、副理事長為當然常務理事外，其餘名額由第一項理事互選之。

V 全國律師聯合會得置常務監事。常務監事之名額不超過監事名額三分之一，由第一項監事互選之；常務監事三人以上時，應互選一人為監事會召集人。

VI 理事長、副理事長、常務理事、理事、監事會召集人、常務監事、監事之名額、選任及解任方式，除依第一百四十二條規定選出之當屆外，由全國律師聯合會以章程定之。

第 65 條 　（全國律師聯合會會員代表大會之掌理事項）

全國律師聯合會會員代表大會掌理下列事項：
一　預算之決議及決算之承認。
二　章程之訂定及修正。
三　律師倫理規範之訂定及修正。
四　會員代表大會議事規則之訂定及修正。
五　重大財產處分之議決。

六　公會解散之議決。
七　章程所定其他事項。

第66條　（全國律師聯合會之代表人及代理順序）

I.全國律師聯合會以理事長為代表人。

II.理事長因故無法執行職務時，由副理事長代理；副理事長無法執行職務時，置有常務理事者，應由理事長指定常務理事一人代理，無常務理事者，應由理事長指定理事一人代理；理事長未指定或不能指定時，由常務理事或理事互推一人代理。

第67條　（會員代表大會之召開、出席及決議方式）

I.全國律師聯合會應每年召開會員代表大會一次，由理事長召集之；經會員代表五分之一以上或監事會請求時，理事長應召開臨時會。

II.會員代表大會應出席者如下：
一　當然會員代表：由全體理事、監事兼任。
二　個人會員代表：由全體個人會員以通訊或電子投票方式直接選舉之，其任期最長為三年，連選得連任；其名額、任期、選任及解任方式，除依第一百四十二條規定選出之當屆外，由全國律師聯合會以章程定之。
三　團體會員代表：由各地方律師公會理事、監事聯席會議推派其一般會員擔任，並得隨時改派之；其名額由全國律師聯合會以章程定之。

III.會員代表大會應出席之人數及決議事項，準用第五十六條第二項、第三項及第六項規定。

第68條　（全國律師聯合會章程及律師倫理規範之訂定）

I.全國律師聯合會應將其章程，報請法務部及中央社會行政主管機關備查；章程變更時，亦同。

II.全國律師聯合會應訂定律師倫理規範，經會員代表大會通過後，報法務部備查。

第69條　（全國律師聯合會章程之應載事項）

I.全國律師聯合會章程應記載下列事項：
一　名稱及所在地。
二　宗旨、任務及組織。
三　理事長、副理事長、理事、監事、候補理事、候補監事之名額、任期、職務、權限及選任、解任方式。
四　置有常務理事、監事會召集人、常務監事者，其名額、任期、職務、權限及選任、解任方式。
五　團體會員代表之名額。
六　理事會及監事會之職掌。
七　理事長為專職者，其報酬事項。
八　會員代表大會及理事、監事會議規則。
九　個人會員之入會、退會。
十　會員應繳之會費。
十一　會員之權利與義務。
十二　關於會員共同利益之維護、增進及會員個人資料編製發送事項。
十三　律師於全國或跨區執業之相關程序、應收費用項目、數額、收取方式、公益案件優遇條件等相關事項。
十四　對於各地方律師公會之會務協助及經費挹助之方式。
十五　律師倫理之遵行事項及方法。
十六　開會及會議事項之通知方法。
十七　法律扶助、平民法律服務及其他社會公益活動之實施事項。
十八　律師在職進修之事項。
十九　律師之保險及福利有關事項。
二十　經費及會計。
二十一　收支決算、現金出納、資產負債及財產目錄之公開方式。
二十二　重大財產處分之程序。
二十三　章程修改之程序。

II.前項第十四款所記載經費挹助方式，應考量各地方律師公會之財務狀況，及其一般會員、特別會員及跨區執業律師之人數，使其得以維持有效運作。

律師法

（第七〇～七六條）

第 70 條 （全國律師聯合會舉行會議之陳報）

全國律師聯合會舉行會員代表大會及理事、監事會議時，應陳報中央社會行政主管機關及法務部。

第 71 條 （全國律師聯合會違反法令章程或妨害公益情事之處分）

I.全國律師聯合會有違反法令、章程或妨害公益情事者，中央社會行政主管機關得予警告、撤銷其決議、命其停止業務之一部或全部，並限期令其改善；屆期未改善或情節重大者，得為下列之處分：
　一　撤免其職員。
　二　限期整理。
　三　解散。
II.前項警告及撤銷決議之處分，法務部亦得為之。

第 72 條 （全國律師聯合會資料之陳報）

全國律師聯合會應將下列資料，陳報中央社會行政主管機關及法務部：
　一　會員名簿及會員之入會、退會資料。
　二　會員代表大會及理事、監事會議紀錄。
　三　章程、選任職員簡歷冊。

第八章　律師之懲戒

第一節　總　則

第 73 條 （律師懲戒之事由）

律師有下列情事之一者，應付懲戒：
　一　違反第二十四條第四項、第二十五條第一項、第二項、第二十八條、第二十九條、第三十二條、第三十四條、第三十八條、第四十條第一項、第四十一條、第四十二條、第四十四條至第四十七條規定。
　二　犯罪行為經判刑確定。但因過失犯罪，不在此限。
　三　違反第二十一條第三項、第二十四條第五項、第三十條、第三十一

條、第三十五條第二項、第三十六條、第三十九條、第四十三條或違背律師倫理規範，情節重大。

第 74 條 （律師懲戒委員會命停止執行職務之情形）

I.律師有第七條所定情形者，律師懲戒委員會得命其停止執行職務，並應將停止執行職務決定書送司法院、法務部、受懲戒律師所屬地方律師公會及全國律師聯合會。
II.律師有前項停止執行職務情形，所涉案件經宣判、改判無罪或非屬第七條所定之罪者，得向律師懲戒委員會聲請准其回復執行職務。
III.律師未依前項規定回復執行職務者，自所涉案件判決確定時起，停止執行職務之決定失其效力；其屬有罪判決確定者，應依前條第二款規定處理。

第 75 條 （申覆救濟及律師倫理風紀委員會之設立）

I.律師涉及違反律師倫理規範案件，經所屬地方律師公會審議後，為移付懲戒以外處置，或不予處置者，受處置之律師或請求處置人得於處理結果送達二十日內，向全國律師聯合會申覆之。
II.全國律師聯合會為處理前項申覆案件，應設律師倫理風紀委員會，置主任委員一人，其中三分之一以上委員應由現非屬執業律師之社會公正人士擔任。
III.前項律師倫理風紀委員會就申覆案件，依其調查結果得為移付懲戒、維持原處置、另為處置或不予處置之決議。
IV.第二項委員會之委員人數、資格、遴選方式、任期、主任委員之產生、組織運作、申覆程序、決議及其他相關事項，由全國律師聯合會訂定，並報法務部備查。

第 76 條 （具移付律師懲戒權之機關團體）

I.律師應付懲戒或有第七條所定情形者，除法律另有規定外，由下列機關、團體移付律師懲戒委員會處理：
　一　高等檢察署以下各級檢察署及其

検察分署對在其轄區執行職務之律師為之。

二　地方律師公會就所屬會員依會員大會、會員代表大會或理事監事聯席會議決議為之。

三　全國律師聯合會就所屬個人會員依律師倫理風紀委員會決議為之。

II.律師因辦理第二十一條第二項事務應付懲戒者，中央主管機關就其主管業務範圍，於必要時，得逕行移付律師懲戒委員會處理。

第 77 條　（移送理由書之提出及應載事項）

I.移送懲戒之機關、團體應提出移送理由書及其繕本。

II.前項移送理由書，應記載被付懲戒律師之姓名、性別、出生年月日、身分證明文件編號、住居所、應付懲戒之事實及理由。

III.移送懲戒之機關、團體為提出第一項移送理由書，得依職權調查證據，並得函詢法院、檢察署或其他機關。有詢問被申訴律師之必要時，得通知其到場，並作成筆錄。

第 78 條　（律師懲戒委員會之組織）

律師懲戒委員會，由高等法院法官三人、高等檢察署檢察官三人、律師七人及學者或社會公正人士二人擔任委員；委員長由委員互選之。

第 79 條　（懲戒覆審之請求）

被付懲戒律師或原移送懲戒機關、團體，對於律師懲戒委員會之決議不服者，得向律師懲戒覆審委員會請求覆審。

第 80 條　（律師懲戒覆審委員會之組織）

律師懲戒覆審委員會，由最高法院法官三人、最高檢察署檢察官三人、律師七人及學者或社會公正人士二人擔任委員；委員長由委員互選之。

第 81 條　（懲戒委員之自行迴避）

律師懲戒委員會及律師懲戒覆審委員會之委員，有下列情形之一者，應自行迴避，不得執行職務：

一　為被付懲戒律師應付懲戒行為之被害人。

二　現為或曾為被付懲戒律師或其被害人之配偶、八親等內之血親、五親等內之姻親或家長、家屬。

三　與被付懲戒律師或其被害人訂有婚約。

四　現為或曾為被付懲戒律師或其被害人之法定代理人。

五　曾於訴願、訴願先行程序或訴訟程序中，為被付懲戒律師之代理人、辯護人或輔佐人。

六　曾參與該懲戒事件相牽涉之裁判、移送懲戒相關程序。

七　其他有事實足認其執行職務有偏頗之虞。

第 82 條　（懲戒委員之聲請或職權迴避）

I.律師懲戒委員會及律師懲戒覆審委員會之委員有前條情形而不自行迴避者，被付懲戒律師或原移送懲戒機關、團體得聲請迴避。

II.律師懲戒委員會及律師懲戒覆審委員會，如認委員有應自行迴避之原因者，應依職權為迴避之決定。

第 83 條　（聲請迴避之決定）

I.委員迴避之聲請，由律師懲戒委員會或律師懲戒覆審委員會決定之。被聲請迴避之委員，不得參與決定。

II.被聲請迴避之委員，認該聲請有理由者，不待決定，應即迴避。

第 84 條　（律師懲戒委員會及律師懲戒覆審委員會組織及審議細則之訂定）

律師懲戒委員會及律師懲戒覆審委員會之組織及審議細則，由法務部徵詢全國律師聯合會意見後擬訂，報請行政院會同司法院核定之。

律師法（第七七～八四條）

第二節　審議程序

第 85 條　（移送理由書繕本之送達及申辯書之提出；閱覽抄錄卷證之聲請）

I.律師懲戒委員會受理懲戒事件，應將移送理由書繕本送達被付懲戒律師。被付懲戒律師應於收受後二十日內提出申辯書，其不遵限提出者，於懲戒程序之進行不生影響。

II.移送機關、團體、被付懲戒律師及其代理人，得聲請閱覽及抄錄卷證。但有依法保密之必要或涉及第三人隱私、業務秘密者，律師懲戒委員會得拒絕或限制之。

第 86 條　（相關刑案偵審中得否停止懲戒程序）

同一事件，在刑事偵查或審判中，不停止懲戒程序。但懲戒處分應以犯罪是否成立為斷，律師懲戒委員會認有必要時，得於刑事判決確定前，停止懲戒程序。

第 87 條　（律師懲戒委員會調查證據之方式）

I.律師懲戒委員會應依職權調查證據，並得囑託地方法院或其他機關調查之。有詢問被付懲戒律師之必要時，得通知其到會，並作成筆錄。

II.前項職權調查證據，委員長得指派委員一人至三人為之。

III.第一項規定之受託法院或機關應將調查情形以書面答復，並應附具調查筆錄及相關資料。

第 88 條　（詢問調查之不公開）

I.律師懲戒委員會所為詢問及調查，均不公開。但被付懲戒律師聲請公開並經許可者，不在此限。

II.前項規定，於前條囑託地方法院或其他機關調查證據時，適用之。

第 89 條　（律師懲戒委員會審議之期間及程序）

I.律師懲戒委員會應於受理懲戒事件後三個月內完成審議，必要時得延長至六個月。

II.律師懲戒委員會開會審議時，應通知被付懲戒律師到場陳述意見。被付懲戒律師無正當理由不到場者，得不待其陳述逕行審議。

III.前項到場陳述意見，被付懲戒律師得委任律師為之。

第 90 條　（應為懲戒處分或不受懲戒決議之情形）

被付懲戒律師有第七十三條情事之一者，應為懲戒處分之決議；其證據不足或無第七十三條情事者，應為不受懲戒之決議。

第 91 條　（應為免議決議之情形）

懲戒案件有下列情形之一者，應為免議之決議：

一　同一行為，已受律師懲戒委員會之懲戒處分確定。

二　已逾第一百零二條規定之懲戒權行使期間。

第 92 條　（應為不受理決議之情形）

懲戒案件有下列情形之一者，應為不受理之決議：

一　移付懲戒之程序違背規定不能補正或經通知補正逾期不補正。

二　被付懲戒律師死亡。

第 93 條　（審議會議之出席人數、決議方式及是否公開）

I.律師懲戒委員會之審議會議，應有委員三分之二以上之出席，始得開會。但委員有第八十一條應迴避之事由者，不計入應出席人數。

II.審議應以過半數之意見決之。

III.審議之意見，分三說以上，均未達過半數時，以最不利於被付懲戒人之意見順次算入次不利於被付懲戒人之意見，至達過半數之意見為決議。

IV.審議不公開，其意見應記入審議簿，並應嚴守秘密。

第 94 條　（懲戒決議書之應載事項）

I.律師懲戒委員會之審議，應作成決議書，記載下列事項：

一　被付懲戒律師之姓名、性別、年齡及所屬地方律師公會。

二　懲戒之事由。

三　決議主文。

四　事實證據及決議之理由。

五　決議之年、月、日。

六　自決議書達之日起二十日內，得提起覆審之教示。

II.出席審議之委員長、委員應於決議書簽名。

第 95 條　（懲戒決議書之送達）

律師懲戒委員會應將決議書正本，送達移送懲戒之機關、團體及被付懲戒律師。

第 96 條　（審議程序之準用規定）

律師懲戒審議程序，除本章另有規定外，關於送達、期日、期間、通譯及筆錄製作，準用行政訴訟法之規定。

第三節　覆審程序

第 97 條　（請求覆審之方式）

I.被付懲戒律師或移送懲戒機關、團體，不服律師懲戒委員會之決議請求覆審者，應於決議書送達之日起二十日內為之。

II.請求覆審應提出理由書及繕本於律師懲戒委員會。

第 98 條　（覆議理由書繕本之送達、意見書或申辯書之提出及全卷之送交）

I.律師懲戒委員會應將請求覆審理由書繕本送達原移送懲戒機關、團體或被付懲戒律師。

II.前項受送達人得於十日內提出意見書或申辯書。

III.律師懲戒委員會應於前項期限屆滿後，速將全卷連同前項意見書、申辯書送交律師懲戒覆審委員會。

第 99 條　（應為駁回決議、無理由或更為決議之情形）

I.律師懲戒覆審委員會認請求覆審不合法或無理由者，應為駁回之決議。

II.原決議依其理由雖屬不當，而依其他理由

認為正當者，應以請求覆審為無理由。

III.律師懲戒覆審委員會認請求覆審有理由者，應撤銷原決議更為決議。

第 100 條　（覆審程序之準用規定）

律師懲戒覆審委員會之覆審程序，除本節另有規定外，準用第二節之規定。

第四節　懲戒處分

第 101 條　（懲戒處分）

I.懲戒處分如下：

一　命於一定期間內自費接受額外之律師倫理規範六小時至十二小時之研習。

二　警告。

三　申誡。

四　停止執行職務二月以上二年以下。

五　除名。

II.前項第二款至第四款之處分，應併為第一款之處分。

第 102 條　（懲戒權之行使期間）

I.律師有第七十三條應付懲戒情事者，自行為終了之日起至案件繫屬律師懲戒委員會之日止，逾十年者，不得予懲戒處分；逾五年者，不得再予除名以外之懲戒處分。

II.依第七十三條第二款規定移付懲戒者，前項期間自裁判確定之日起算。

第 103 條　（懲戒決議之主文公告及確定時點）

I.律師懲戒委員會及律師懲戒覆審委員會決議之主文，應由司法院公告之。

II.律師懲戒委員會之決議，無人請求覆審或撤回請求者，於請求覆審期間屆滿時確定。

III.律師懲戒覆審委員會之決議，於公告主文時確定。

第 104 條　（懲戒決議書之通知及對外公開方式）

I.律師懲戒委員會或律師懲戒覆審委員會應將決議書送司法院、法務部、受懲戒律

律師法

（第一〇五～一〇九條）

師所屬地方律師公會及全國律師聯合會，並應於懲戒處分決議確定後十日內將全卷函送法務部。

II法務部應將前項決議書，對外公開並將其置於第一百三十六條之律師及律師懲戒決議書查詢系統。

III前項公開內容，除受懲戒處分人之姓名、性別、年籍、事務所名稱及其地址外，得不含自然人之身分證明文件編號及其他足資識別該個人之資料。

第 105 條 （懲戒處分之執行方式）

懲戒處分之決議於確定後生效，其執行方式如下：

一 命於一定期間內自費接受額外之律師倫理規範之研習、警告或申誡之處分者，法務部於收受懲戒處分之決議書後，應即通知全國律師聯合會，督促其所屬地方律師公會執行。

二 受除名處分或一定期間停止執行職務處分者，法務部應將停止執行職務處分之起訖日期或除名處分生效日通知司法院、經濟部、全國律師聯合會及移送懲戒機關、團體。

第五節　再審議程序

第 106 條 （聲請再審議之事由）

律師懲戒委員會或律師懲戒覆審委員會之決議確定後，有下列各款情形之一者，原移送懲戒機關、團體或受懲戒處分人，得聲請再審議：

一 適用法規顯有錯誤。

二 律師懲戒委員會或律師懲戒覆審委員會之組織不合法。

三 依法律應迴避之委員參與決議。

四 參與決議之委員關於該決議違背職務，犯刑事上之罪已經證明，或關於該決議違背職務受懲戒處分，足以影響原決議。

五 原決議所憑之證言、鑑定、通譯或證物經確定判決，證明其為虛偽或

偽造、變造。

六 同一行為其後經不起訴處分確定，或為決議基礎之刑事判決，依其後之確定裁判已變更。

七 發現確實之新證據，足認應變更原決議。

八 就足以影響原決議之重要證據，漏未斟酌。

九 確定決議所適用之法律或命令，經司法院大法官解釋為牴觸憲法。

第 107 條 （聲請再審議之期間）

I聲請再審議，應於下列期間內為之：

一 依前條第一款至第三款、第八款為理由者，自原決議書送達之日起三十日內。

二 依前條第四款至第六款為理由者，自相關之刑事確定裁判送達受判決人之日起三十日內。但再審議之理由知悉在後者，自知悉時起算。

三 依前條第七款為理由者，自發現新證據之日起三十日內。

四 依前條第九款為理由者，自解釋公布之翌日起三十日內。

II再審議自決議確定時起，已逾五年者，不得聲請。但以前條第四款至第九款情形為聲請再審議之理由者，不在此限。

第 108 條 （受理再審議之機關及聲請之程序）

I再審議事件之原確定決議，為律師懲戒委員會作成者，由律師懲戒再審議委員會審議；為律師懲戒覆審委員會作成者，由律師懲戒覆審再審議委員會審議。

II聲請再審議，應以書面敘述理由，附具繕本，連同原決議書影本及證據，向律師懲戒再審議委員會或律師懲戒覆審再審議委員會提出。

第 109 條 （再審議之審議程序）

I律師懲戒再審議委員會或律師懲戒覆審再審議委員會受理再審議之聲請，應將聲請書繕本及附件，函送作成原決議之律師懲戒委員會或律師懲戒覆審委員會、原移

送懲戒機關、團體或受懲戒處分相對人，並告知得於指定期間內提出意見書或申辯書。但認其聲請不合法者，不在此限。

II.作成原決議之律師懲戒委員會或律師懲戒覆審委員會、原移送懲戒機關、團體或受懲戒處分人無正當理由，屆期未提出意見書或申辯書者，律師懲戒再審議委員會或律師懲戒覆審再審議委員會得逕為決議。

第110條 （聲請再審議之效力）

聲請再審議，無停止懲戒處分執行之效力。

第111條 （再審議聲請不合法或有無理由之決議方式）

I.律師懲戒再審議委員會或律師懲戒覆審再審議委員會認為再審議之聲請不合法或無理由者，應為駁回之決議。

II.律師懲戒再審議委員會或律師懲戒覆審再審議委員會認為再審議之聲請有理由者，應撤銷原決議更為決議。

III.前項情形，原懲戒處分應停止執行，依新決議執行，並回復未受執行前之狀況。但不能回復者，不在此限。

第112條 （再審議聲請之撤回及禁止再聲請再審議之情形）

I.再審議之聲請，於律師懲戒再審議委員會或律師懲戒覆審再審議委員會決議前得撤回之。

II.再審議之聲請，經撤回或決議者，不得更以同一事由聲請再審議。

第113條 （再審議委員會之準用規定與組織及審議細則之訂定）

I.律師懲戒再審議委員會及律師懲戒覆審再審議委員會之組織、迴避及審議相關事項，準用第一節之規定；再審議程序，除本節另有規定外，準用第二節、第三節之規定。

II.律師懲戒再審議委員會及律師懲戒覆審再審議委員會之組織及審議細則，由法務部徵詢全國律師聯合會意見後擬訂，報請行政院會同司法院核定之。

第九章　外國律師及外國法事務律師

第114條 （外國律師、外國法事務律師及原資格國之定義）

I.本法稱外國律師，指在中華民國以外之國家或地區，取得律師資格之律師。

II.本法稱外國法事務律師，指經法務部許可執行職務及經律師公會同意入會之外國律師。

III.本法稱原資格國，指外國律師取得外國律師資格之國家或地區。

第115條 （外國律師得執行職務之情形）

I.外國律師非經法務部許可，並於許可後六個月內加入律師公會，不得執行職務。但有下列情形之一者，不在此限：

一　受任處理繫屬於外國法院、檢察機關、行政機關、仲裁庭及調解機構等外國機關（機構）之法律事務。

二　我國與該外國另有條約、協定或協議。

II.依前項但書第一款規定進入中華民國境內之外國律師，其執業期間每次不得逾三十日，一年累計不得逾九十日。

第116條 （外國律師申請許可執行職務之資格）

外國律師向法務部申請許可執行職務，應符合下列資格之一：

一　在原資格國執業五年以上。但受中華民國律師聘僱於中華民國從事其原資格國法律事務助理或顧問性質之工作，或於其他國家、地區執行其原資格國法律業務之經歷，以二年為限，得計入該執業期間。

二　於中華民國九十一年一月一日前依律師聘僱外國人許可及管理辦法受僱擔任助理或顧問，申請時，受僱滿二年者。

第 117 條　（外國律師禁止許可執業之情形）

外國律師有下列情形之一者，不得許可其執業：

一　有第五條第一項各款情事之一。

二　曾受大陸地區、香港、澳門或外國法院有期徒刑一年以上刑之裁判確定。

三　受原資格國撤銷或廢止律師資格、除名處分或停止執業期間尚未屆滿。

第 118 條　（外國律師申請許可應提出之文件）

I.外國律師申請許可，應提出下列文件：

一　申請書：載明外國律師姓名、出生年月日、國籍、住所、取得外國律師資格年月日、原資格國名、事務所。

二　符合第一百十六條規定之證明文件。

II.法務部受理前項申請得收取費用，其金額另定之。

第 119 條　（外國律師入退公會程序之準用規定）

外國律師申請加入律師公會及退會之程序準用第十一條至第十八條規定。

第 120 條　（外國法事務律師得執行之法律事務）

I.外國法事務律師僅得執行原資格國之法律或國際法事務。

II.外國法事務律師依前項規定，辦理當事人一造為中華民國國民或相關不動產在中華民國境內之婚姻、親子或繼承事件，應與中華民國律師合作或取得其書面意見。

第 121 條　（外國法事務律師遵守我國法令規章之義務）

外國法事務律師應遵守中華民國法令、律師倫理規範及律師公會章程。

第 122 條　（外國法事務律師執行職務應表明身分、告知原資格國國名及設立事務所）

I.外國法事務律師執行職務時，應表明其為外國法事務律師並告知其原資格國之國名。

II.外國法事務律師執行職務，除受僱用外，應設事務所。

第 123 條　（外國法事務律師僱用或合夥我國律師之禁止及例外）

I.外國法事務律師不得僱用中華民國律師，或與中華民國律師合夥經營法律事務所。但為履行國際條約、協定或協議義務，經法務部許可者，不在此限。

II.前項但書之許可條件、程序及其他應遵行事項之辦法，由法務部徵詢全國律師聯合會意見後定之。

第 124 條　（外國法事務律師執業許可撤銷或廢止之情形）

外國法事務律師有下列情形之一者，其執業之許可應予撤銷或廢止：

一　喪失外國律師資格。

二　申請許可所附文件虛偽不實。

三　受許可者死亡、有第一百十七條各款情事之一或自行申請廢止。

四　業務或財產狀況顯著惡化，有致委任人損害之虞。

五　未於受許可後六個月內向事務所所在地之律師公會申請入會。

六　違反前條第一項規定。

第 125 條　（外國法事務律師懲戒之事由）

外國法事務律師有下列情事之一者，應付懲戒：

一　違反第一百二十條第二項、第一百二十一條或第一百二十二條規定。

二　犯罪行為經判刑確定。但因過失犯罪，不在此限。

第 126 條 （外國法事務律師移付懲戒程序之準用規定）

外國法事務律師應付懲戒者，其移付懲戒、懲戒處分、審議程序、覆審程序及再審議程序準用第八章之規定。

第十章 罰 則

第 127 條 （罰則㈠）

I.無律師證書，意圖營利而辦理訴訟事件者，除依法令執行業務者外，處一年以下有期徒刑，得併科新臺幣三萬元以上十五萬元以下罰金。

II.外國律師違反第一百十五條，外國法事務律師違反第一百二十條第一項規定者，亦同。

第 128 條 （律師出借資格之處罰）

I.律師非親自執行職務，而將事務所、章證或標識提供與無律師證書之人使用者，處一年以下有期徒刑，得併科新臺幣三萬元以上十五萬元以下罰金。

II.外國法事務律師非親自執行職務，而將事務所、章證或標識提供他人使用者，亦同。

第 129 條 （罰則㈡）

I.無律師證書，意圖營利，設立事務所而僱用律師或與律師合夥經營事務所執行業務者，處一年以下有期徒刑，得併科新臺幣三萬元以上十五萬元以下罰金。

II.外國人或未經許可之外國律師，意圖營利，僱用中華民國律師或與中華民國律師合夥經營律師事務所執行中華民國法律事務者，亦同。

第 130 條 （外國法事務律師洩漏業務上知悉秘密之處罰）

外國法事務律師無故洩漏因業務知悉或持有之他人秘密者，處一年以下有期徒刑、拘役或科新臺幣二十萬元以下罰金。

第 131 條 （領有律師證書未加入公會逕行執業之處罰）

領有律師證書，未加入律師公會，意圖營利而自行或與律師合作辦理下列各款法律事務者，由法務部處新臺幣十萬元以上五十萬元以下罰鍰，並限期命其停止其行為；屆期不停止者，處新臺幣二十萬元以上一百萬元以下罰鍰，並廢止其律師證書：

一 訴訟事件、非訟事件、訴願事件、訴願先行程序等對行政機關聲明不服事件。

二 以經營法律諮詢或撰寫法律文件為業。

第十一章 附 則

第 132 條 （外國人助理或顧問之聘僱）

律師或外國法事務律師得聘僱外國人從事助理或顧問性質之工作；其許可之條件、期限、廢止許可及管理等事項之辦法，由法務部會同勞動部定之。

第 133 條 （外國人得依法應律師考試）

外國人得依中華民國法律應律師考試。

第 134 條 （外國人執行律師職務遵守我國法令規章之義務）

外國人在中華民國執行律師職務者，應遵守中華民國關於律師之一切法令、律師倫理規範及律師公會章程。

第 135 條 （外國人於政府機關執行律師職務應用我國語文）

外國人在中華民國執行律師職務者，於我國政府機關執行職務時，應使用我國語言及文字。

第 136 條 （律師及律師懲戒決議書查詢系統之建置及得對外公開之資料）

I 法務部應於網站上建置律師及律師懲戒決議書查詢系統，供民眾查詢。

II.前項查詢系統公開之律師懲戒決議書，應註明該懲戒決定是否已確定。

律師法

（第一三七～一三九條）

Ⅲ第一項查詢系統得對外公開之個人資料如下：
一　姓名。
二　性別。
三　出生年。
四　律師證書之字號及相片。
五　事務所名稱、電子郵件、地址及電話。
六　所屬地方律師公會。
七　除名、停止執行職務及五年內之其他懲戒處分。

第 137 條　（律師職前訓練之適用及除外規定）

Ⅰ.本法中華民國八十一年十一月十六日修正施行前，已取得律師資格者，不適用第三條規定。

Ⅱ.本法中華民國八十一年十一月十六日修正施行之日起，經律師考試及格領得律師證書，尚未完成律師職前訓練者，除依八十六年四月二十三日修正施行之第七條第二項但書規定免予職前訓練者外，應依一百零八年十二月十三日修正之第三條第一項規定完成律師職前訓練，始得申請加入律師公會。

第 138 條　（地方律師公會會籍單一化過渡期間之轉銜處理機制）

Ⅰ.律師於本法中華民國一百零八年十二月十三日修正之條文施行前，已加入二以上地方律師公會者，應於修正施行後二個月內，依第二十四條第一項或第二項規定擇定一地方律師公會為其所屬地方律師公會；該地方律師公會並應將擇定情形陳報中華民國律師公會全國聯合會，由其轉知有關地方律師公會。

Ⅱ.律師未依前項規定擇定所屬地方律師公會者，中華民國律師公會全國聯合會應代為擇定，並於擇定後二個月內通知該律師及有關地方律師公會。

Ⅲ.依前二項規定擇定所屬地方律師公會後，律師與其他地方律師公會之關係，除該律師自行申請退出該公會者外，轉為特別會員，其會員年資應接續計算。

Ⅳ.各地方律師公會於本法中華民國一百零八年十二月十三日修正之條文施行後一個月內，應通知其會員依本法規定擇定所屬地方律師公會、擇定之效果及未擇定時依前二項規定辦理之處理程序。

Ⅴ.各地方律師公會未依前四項規定確認其所屬會員為一般會員或特別會員前，應暫停修正章程；其理事、監事或會員代表任期屆滿者，應暫停改選，原有理事、監事或會員代表之任期延長至改選完成後為止。

Ⅵ.本法中華民國一百零八年十二月十三日修正之條文施行前，各地方律師公會已當選會員代表之律師，已轉為該公會之特別會員者，其行使表決權、選舉權、罷免權或算入出席人數，不受第十一條第四項之限制。

第 139 條　（律師全國或跨區執業相關事項規定生效前之過渡條款）

Ⅰ.律師於全國律師聯合會之章程就律師於全國或跨區執業之相關事項規定生效以前，於所加入之地方律師公會及無地方律師公會之區域外，受委任處理繫屬於法院、檢察署及司法警察機關之法律事務者，應向該區域之地方律師公會申請跨區執業。但專任於公益法人之機構律師，無償受委任處理公益案件者，不在此限。

Ⅱ.律師於全國律師聯合會之章程就律師於全國或跨區執業之相關事項規定生效以前，依前項規定申請跨區執業者，應依下列規定之服務費數額，按月繳納予該地方律師公會。但該地方律師公會之章程關於服務費數額有較低之規定者，從其規定。
一　地方律師公會所屬一般會員達一百五十人者，新臺幣三百元。
二　地方律師公會所屬一般會員未達一百五十人者，新臺幣四百元。

Ⅲ.律師於全國律師聯合會之章程就律師於全國或跨區執業之相關事項規定生效以前，未依前項規定繳納跨區執業服務費者，其執業區域之地方律師公會對該律師經催告後，仍未於催告期限內繳納應繳納服務費，該公會得視違反情節，課予該律師未繳納服務費十倍以下之滯納金。

第 140 條 （已入地方律師公會者於本法修正施行後當然為中華民國律師公會全國聯合會之個人會員）

I.本法中華民國一百零八年十二月十三日修正之條文施行前，已加入地方律師公會者，於修正施行後，當然為中華民國律師公會全國聯合會之個人會員。

II.中華民國律師公會全國聯合會之個人會員，應按月繳納會費新臺幣三百元，至全國律師聯合會之章程就其會員應繳之會費規定生效為止。

第 141 條 （中華民國律師公會全國聯合會造具個人會員名冊之相關程序及效果）

I.各地方律師公會應於本法中華民國一百零八年十二月十三日修正之條文施行後四個月內，將該地方律師公會一般會員之會員名冊提報中華民國律師公會全國聯合會；律師未擇定其為所屬地方律師公會或屬其特別會員者，並應註記及提報之。

II.中華民國律師公會全國聯合會應於本法中華民國一百零八年十二月十三日修正之條文施行後六個月內，確定並造具個人會員名冊，陳報中央社會行政主管機關及法務部，並公告之。

III.前項個人會員，有全國律師聯合會理事、監事及個人會員代表之選舉權、被選舉權及罷免權。

第 142 條 （第一屆全國律師聯合會選舉之辦理規定）

I.中華民國律師公會全國聯合會應於依前條第二項規定公告個人會員名冊後一個月內，辦理全國律師聯合會理事長、副理事長、理事、監事及個人會員代表之選舉，由前條第二項確定之全體個人會員以通訊或電子投票方式直接選出之。

II.參選前項理事長、副理事長、理事、監事及個人會員代表之個人會員，為二種以上候選人之登記時，其登記均無效。

III.第一項選舉之應選名額及選舉辦法如下：
一　理事四十五人，其中一人為理事長、二人為副理事長，採聯名登記候選方式，由個人會員以無記名單記投票法行之。其餘理事除由各地方律師公會理事長兼任為當然理事外，採登記候選方式，由個人會員以無記名限制連記法行之，其連記人數為九人。
二　監事十一人，採登記候選方式，由個人會員以無記名限制連記法行之，其連記人數為四人。
三　個人會員代表七十八人，採登記候選方式，由個人會員以無記名限制連記法行之，其連記人數為二十六人。

IV.前項理事長、副理事長、理事、監事及個人會員代表之任期自中華民國一百十年一月一日起，為期二年。

V.地方律師公會理事長如為該地方律師公會之特別會員，該地方律師公會理事、監事聯席會議應另推派具一般會員身分之理事兼任第三項第一款之當然理事。

VI.中華民國律師公會全國聯合會為辦理第一項之選舉，應經由理事、監事聯席會議之決議，訂定選舉辦法，並報請中央社會行政主管機關備查。

第 143 條 （中華民國律師公會全國聯合會組織改制之相關規定）

I.依前條第一項規定當選之理事長、副理事長、理事、監事及前條第三項第一款之當然理事應於當選後組成組織改造委員會，依本法規定完成中華民國律師公會全國聯合會之組織改制事宜。

II.依前條第一項規定當選之理事長應於其就任後三個月內，將組織改造委員會決議通過之章程修正案，送請會員代表大會決議通過，並辦理相關登記。

III.前項會員代表大會應出席者如下：
一　當然會員代表：由全體理事、監事兼任。
二　個人會員代表。
三　團體會員代表：由各地方律師公會理事、監事聯席會會推派一般會員一人擔任。

IV.第二項會員代表大會之決議，應有過半數會員代表之出席，出席人數三分之二以上

　　之同意行之。

Ⅴ.中華民國律師公會全國聯合會於第一項之組織改造委員會成立後，關於內部規章之訂定、修正與廢止，應先徵詢其意見。

第 144 條　（中華民國律師公會全國聯合會改制為全國律師聯合會之轉銜規定）

Ⅰ.本法稱全國律師聯合會者，於中華民國一百零九年十二月三十一日以前，指中華民國律師公會全國聯合會。

Ⅱ.中華民國律師公會全國聯合會已公布施行之章程與本法牴觸者，自本法中華民國一百零八年十二月十三日修正之條文施行之日起，失其效力。

Ⅲ.中華民國律師公會全國聯合會第十一屆理事、監事及會員代表之任期，至中華民國一百零九年十二月三十一日為止。

Ⅳ.中華民國律師公會全國聯合會自中華民國一百十年一月一日起，更名為全國律師聯合會。

第 145 條　（施行細則）

本法施行細則，由法務部於徵詢全國律師聯合會意見後，會商內政部定之。

第 146 條　（施行日期）

本法自公布日施行。但第四條、第十條第一項、第七十八條、第八十條、第一百零六條至第一百十三條第一項及第一百三十六條之施行日期，由行政院以命令定之；第二十條、第二十二條、第三十七條、第六十三條第二項、第六十四條、第六十七條、第六十八條第二項、第七十五條、第七十六條第一項第三款及第一百二十三條第二項，自中華民國一百十年一月一日施行。

法規索引

【4 劃】

中華民國刑法...A-1

中華民國刑法施行法....................................A-137

少年事件處理法..B-243

【5 劃】

去氧核醣核酸採樣條例................................B-312

犯罪被害人保護法......................................B-319

【6 劃】

刑事妥速審判法..B-193

刑事訴訟法..B-1

刑事訴訟法施行法......................................B-189

刑事補償法..B-349

【8 劃】

兒童及少年性剝削防制條例........................A-186

兒童及少年性剝削防制條例施行細則........A-195

性侵害犯罪防治法......................................A-179

性騷擾防治法..A-198

毒品危害防制條例......................................A-149

【9 劃】

法官法..B-390

法官倫理規範..B-413

法院辦理刑事訴訟案件應行注意事項........B-354

法院辦理刑事訴訟簡易程序案件應行注意事項

....B-386

法院辦理停止羈押及再執行羈押注意要點

....B-388

保安處分執行法..B-258

律師法..B-416

洗錢防制法..A-173

軍事審判法..B-217

軍事審判法施行法......................................B-242

【10 劃】

家庭暴力防治法..A-202

【11 劃】

國民法官法..B-195

國際刑事司法互助法..................................B-211

組織犯罪防制條例......................................A-164

貪污治罪條例..A-169

通訊保障及監察法......................................B-293

通訊保障及監察法施行細則......................B-300

陸海空軍刑法..A-140

【12 劃】

提審法..B-267

【14 劃】

槍砲彈藥刀械管制條例..............................A-158

監獄行刑法..B-325

【19 劃】

懲治走私條例..A-167

證人保護法..B-315

【20 劃】

警察職權行使法..B-307

【24 劃】

羈押法..B-269

羈押法施行細則..B-287

國家圖書館出版品預行編目資料

圖解學習六法：刑事法／劉宗榮主編;謝國欣審訂.——初版一刷.——臺北市：三民，2021
面；　公分

ISBN 978-957-14-7253-9 （平裝）
1.刑法 2.刑事法

585 110012169

圖解學習六法：刑事法

主　　　編	劉宗榮
審　　　訂	謝國欣
責任編輯	沈家君

發 行 人	劉振強
出 版 者	三民書局股份有限公司
地　　　址	臺北市復興北路 386 號 (復北門市)
	臺北市重慶南路一段 61 號 (重南門市)
電　　　話	(02)25006600
網　　　址	三民網路書店 https://www.sanmin.com.tw

出版日期	初版一刷 2021 年 8 月
書籍編號	S586490
I S B N	978-957-14-7253-9

三民書局